专利复审和无效审查决定选编丛书

专利复审和无效审查决定选编

（2005）

机　械（下）

国家知识产权局专利复审委员会　编

知识产权出版社

内容提要

本书汇集了专利复审委员会2005年作出的54个机械专利复审审查决定和208个机械专利无效审查决定及相关审查决定和司法判决（根据法律规定需要保密的除外），比较全面地反映了专利复审委员会的审查工作和人民法院专利行政案件审理工作取得的进展，有利于当事人及广大公众对专利复审委员会的审查工作进行监督。

责任编辑：王　欣

封面设计：段维东　　**责任校对**：韩秀天

文字编辑：倪江云　　**责任出版**：卢运霞

图书在版编目（CIP）数据

专利复审和无效审查决定选编. 2005. 机械（下）/国家知识产权局专利复审委员会编. —北京：知识产权出版社，2009. 12

ISBN 978-7-80247-354-6

Ⅰ. 专…　Ⅱ. 国…　Ⅲ. 机械-专利-判决-法律文书-汇编-中国-2005　Ⅳ. D923. 42

中国版本图书馆 CIP 数据核字（2009）第220362号

专利复审和无效审查决定选编丛书

专利复审和无效审查决定选编（2005）

机　　械（下）

国家知识产权局专利复审委员会　编

出版发行：知识产权出版社

社　　址：北京市海淀区马甸南村1号　　邮　　编：100088

网　　址：http://www. ipph. cn　　邮　　箱：bjb@ cnipr. com

发行电话：010-82000860转8101/8102　　传　　真：010-82005070/82000893

责编电话：010-82000887　82000860转8116　　责编邮箱：wangxin@ cnipr. com

印　　刷：知识产权出版社电子制印中心　　经　　销：新华书店及相关销售网点

开　　本：880mm×1230mm　1/16　　总 印 张：90. 5

版　　次：2010年3月第1版　　印　　次：2010年3月第1次印刷

总 字 数：2480千字　　总 定 价：182. 00元（全二册）

ISBN 978-7-80247-354-6/D·673（2388）

本书编委会

前　　言

适逢《国家知识产权战略纲要》颁布之时，《专利复审和无效审查决定选编（2005）》出版了。

随着经济全球化和我国国民经济的飞速发展，专利制度在经济活动中的作用和地位越来越突出，国民的专利意识也在不断增强。目前，我国专利申请总量超过400万件，每年专利复审与无效宣告请求案件约5000件。作为专利复审和无效宣告请求案件审查的专属机构，专利复审委员会每年都要作出数以千计的审查决定。与之相对应，人民法院每年要作出数百篇司法判决。每一篇审查决定和判决书都凝聚着审查员和审判人员的心血和智慧，通过审查员和审判人员结合具体案情的创造性劳动，生硬的法律条文变得鲜活和丰满，形成一笔宝贵的精神财富和公共资源，并不断有专利代理机构、专利代理人以及审查员希望专利复审委员会能够结集出版专利复审和无效审查决定，作为学习和工作时的重要参考资料。

除根据法律规定需要保密的外，本选编汇集了专利复审委员会2005年作出的所有审查决定，包括针对相应审查决定的司法判决，以便读者了解审查决定的法律状态并对照阅读和分析。本选编按照技术专业领域将分为8卷，共13分册：机械（上、下）、电学（上、下）、通信、医药、化学、材料（上、下）、光电、外观设计（上、中、下）。因此，本选编比较全面地反映了专利复审委员会的审查工作和人民法院专利行政案件审理工作取得的进展。

我们相信，本选编对专利工作者具有一定借鉴和指导作用，也有利于当事人及广大公众对专利复审委员会的审查工作进行监督。本选编将为推动专利复审委员会的发展，促进专利代理业务水平的提高，为《国家知识产权战略纲要》又快又好地实施尽微薄之力。

本书编委会

2008年8月

目　录

自动连续离心下卸料过滤离心机案

无效宣告请求审查决定（第7197号）

决 定 号 第7197号
决 定 日 2005年5月27日
发明创造名称 自动连续离心下卸料过滤离心机
国际分类号 B04B 3/00 B04B 11/02
无效请求人 核工业烟台同兴实业有限公司
专 利 权 人 郭双庆
专 利 号 96110660.3
申 请 日 1996年7月18日
授权公告日 2003年4月9日
合议组组长 于 萍
主 审 员 陈海平
参 审 员 魏 屹

法 律 依 据 专利法第二十六条第三款、第四款 专利法实施细则第二十条第一款 专利法第二十二条第二款、第三款

决 定 要 点

如专利技术方案的技术构思与现有不同，其与现有技术的区别技术特征也具有积极的效果，则该专利具备创造性。

一、案由

本无效宣告请求案涉及郭双庆（下称专利权人）于1996年7月18日向国家知识产权局专利局提出的名称为“自动连续离心下卸料过滤离心机”的发明专利，其申请号为96110660.3。该专利于1997年6月25日公开，2003年4月9日公告授权（下称本专利），其授权公告的权利要求书如下：

“1. 一种自动连续离心下卸料过滤离心机，其特征是：电机出轴直接带动专门设计的离心叶轮和大口开口朝下的锥形转鼓；将电机置于该机内部的中心部位，向上立式传动，其轴端有起固定和密封作用的轴端压盖，并由电机支座将电机固定及与物料环境隔离，电机支座通过固定的支板与机体固定连接构成固定的、整体性的机体；机盖上的进料管插入离心叶轮上端盖中心处开设的进料口中，采用自上而下的轴向进料方式；离心叶轮和大口朝下的锥形转鼓是用螺栓紧固，与电机出轴保持同轴转动，并借以压紧该转鼓内壁敷设的过滤介质，使物料经离心叶轮均匀分布于开口向下并与该离心叶轮同步旋转的锥形转鼓内壁上，实现自动连续离心下卸料方式的固液过滤离心分离；滤出的液相进入机体的液槽里，并由出液管排出；滤渣则沿锥形转鼓内壁的过滤介质，自上而下离心卸出，经挡料后，由收料斗卸出；总体结构上，机盖、锥形转鼓、离心叶轮分别为独立的一体性结构，其他各部件构成固定的整体结构的机体。

2. 根据权利要求书1所述的离心机，其特征是：所述离心叶轮是特别设计的离心式整体叶轮，4～6片离心叶片均匀分布上部开有中心进料口，下部为与电机轴联结的离心叶轮轴毂（14），该离心叶轮与开口向下的锥形转鼓以紧固联接的方式同步旋转，且该件结构上设计在其下端盖有防止物料飞溅并可二次布料的挡料盘，整个部件为固定的一体式结构。”

针对上述专利权，核工业烟台同兴实业有限公司（下称请求人）于2004年8月3日向专利复审委员会提出了无效宣告请求，其中请求人所提出的无效理由是本专利不符合专利法第二十二条第二款、第三款、第二十六条第三款、第四款，专利法实施细则第二十条第一款、第二十一条第二款的规定，请求人同时提交了下述对比文件：

1287688号英国专利说明书及其中文译文，专利说明书公开日为1972年9月6日。

经形式审查合格，专利复审委员会受理了上述无效宣告请求并将无效宣告请求书及附件副本转给了专利权人（下称被请求人），同时成立合议组对上述无效宣告请求进行审查。

被请求人先后于2004年8月23日、9月5日提交两份内容相同的意见陈述进行答辩，对请求人的无效宣告请求及其提交的证据提出反对意见。

请求人于2004年9月10日补充提交了新证据，包括“检索报告”一份及美国专利说明书两份。

专利复审委员会本案合议组于2005年2月25日向双方当事人发出了口头审理通知书，并将专利权人于2004年9月5日提交“意见陈述书”转给了请求人。

口头审理于2005年4月4日举行，双方当事人出席了本次口头审理。

在口头审理过程中，合议组告知请求人其于2004年9月10日提交的补充证据属于逾期提交并与在先提交的证据无关联性的新证据，根据专利法实施细则第六十六条的规定及审查指南第四部分第三章第3.1节中的相应规定在本案中不予考虑。请求人明确其无效宣告请求的理由为专利法第二十二条第二款、第三款及第二十六条第三款、第四款，专利法实施细则第二十条第一款；无效请求的范围为本专利权利要求1～2；所使用的证据为本案请求日所提交的对比文件，被请求人对请求人提交的证据1的原文与译文相对应无异议。

在上述程序的基础上，合议组作出了本决定。

二、决定的理由

1. 关于专利法第二十六条第三款、第四款

专利法第二十六条第三款规定：说明书应当对发明或者实用新型作出清楚、完整的说明，以所属技术领域的技术人员能够实现为准；必要的时候，应当有附图。摘要应当简要说明发明或者实用新型的技术要点。

专利法第二十六条第四款规定：权利要求书应当以说明书为依据，说明要求专利保护的范围。

请求人认为：本专利权利要求1中叙述了技术特征“滤出的液相进入机体的液槽里”，而在说明书及附图中没有清楚表述液槽的结构和位置，故违反了专利法第二十六条第三款、第四款的规定。

专利权人在口头审理时的相应答辩意见如下：在本专利的“发明专利说明书”第4页倒数第4～3行有下列描述“液相则透过过滤介质和孔板制成的锥形转鼓（3）进入机体（9）的液槽内，由出液管（8）排出”。在对应的说明书附图中“液槽”位于标号9所指处，标号9所指部件的最左端的U形剖面为该环状“液槽”的“半剖”面。

合议组认为：专利权人的答辩意见可以成立，本专利说明书（包括附图）已清楚地表述了本专利产品中的“液槽”的结构和位置，故本专利说明书符合专利法第二十六条第三款的规定。相应地本专利权利要求1符合专利法第二十六条第四款的规定。

2. 关于专利法实施细则第二十条第一款

专利法实施细则第二十条第一款规定：权利要求书应当说明发明或者实用新型的技术特征，清楚、简要地表述请求保护的范围。

请求人认为：本专利权利要求 1 中要求保护的技术方案包含了该技术方案的实施方式及功能、用途，不能清楚表述权利要求，且导致了权利要求范围扩大；权利要求 2 中的“所述离心叶轮是特别设计的离心式整体叶轮”不能清楚表述权利要求，均违反了专利法实施细则第二十条第一款的规定。

合议组认为：本专利权利要求 1 对本发明的描述是基于产品的结构进行的，其所限定的产品具有清楚的结构；权利要求 2 限定部分中对于“离心式整体叶轮”的结构也作出了进一步的具体描述，故本专利的权利要求 1、2 具有清楚的保护范围，符合专利法实施细则第二十条第一款的规定。

3. 关于本专利的新颖性和创造性

专利法第二十二条第二款规定：新颖性，是指在申请日以前没有同样的发明或者实用新型在国内外出版物上公开发表过、在国内公开使用过或者以其他方式为公众所知，也没有同样的发明或者实用新型由他人向国务院专利行政部门提出过申请并且记载在申请日以后公布的专利申请文件中。

专利法第二十二条第三款规定：创造性，是指同申请日以前已有的技术相比，该发明有突出的实质性特点和显著的进步，该发明有实质性特点和进步。

请求人认为：本专利的权利要求 1、2 与对比文件对比不具备新颖性和创造性。

请求人所提交的对比文件经合议组核对其真实性无误；其所公开的技术方案与本专利均为固液分离离心机，属于相同技术领域；同时，该对比文件的公开日为 1972 年 9 月 6 日，在本专利申请日之前。故对比文件可以用于评价本专利新颖性与创造性。

本专利的权利要求 1 中所限定的产品如下：

“一种自动连续离心下卸料过滤离心机，其特征是：电机出轴直接带动专门设计的离心叶轮和大口开口朝下的锥形转鼓；将电机置于该机内部的中心部位，向上立式传动，其轴端有起固定和密封作用的轴端压盖，并由电机支座将电机固定及与物料环境隔离，电机支座通过固定的支板与机体固定连接构成固定的、整体性的机体；机盖上的进料管插入离心叶轮上端盖中心处开设的进料口中，采用自上而下的轴向进料方式；离心叶轮和大口朝下的锥形转鼓是用螺栓紧固，与电机出轴保持同轴转动，并借以压紧该转鼓内壁敷设的过滤介质，使物料经离心叶轮均匀分布于开口向下并与该离心叶轮同步旋转的锥形转鼓内壁上，实现自动连续离心下卸料方式的固液过滤离心分离；滤出的液相进入机体的液槽里，并由出液管排出；滤渣则沿锥形转鼓内壁的过滤介质，自上而下离心卸出，经挡料后，由收料斗卸出；总体结构上，机盖、锥形转鼓、离心叶轮分别为独立的一体性结构，其他各部件构成固定的整体结构的机体。”

将本专利的独立权利要求 1 的产品与对比文件产品相对比后可见，在对比文件的离心机中相应于本专利的电机设置位置处并未设置电机，相应于本专利的离心叶轮设置位置处也未设置离心叶轮。

本专利独立权利要求 1 产品中的电机设置位置可以使得产品结构紧凑、运行平稳；离心叶轮的设置方式有利于固液混合物料在锥形转鼓内壁上的附着与过滤。

综上所述，本专利独立权利要求 1 产品的技术方案的技术构思与对比文件产品不同，同时其与对比文件产品的区别结构特征也能够产生积极的技术效果，故本专利的独立权利要求 1 具备新颖性与创造性。

在权利要求 1 具备创造性的前提下，其从属权利要求 2 相应地也具备创造性。

三、决定

维持 96110660.3 号发明专利权有效。

当事人对本决定不服的，可以根据专利法第四十六条第二款的规定，自收到本决定之日起三个月内向北京市第一中级人民法院起诉。根据该款的规定，一方当事人起诉后，另一方当事人应当作为第三人参加诉讼。

091

小型多功能安全组合机床案

无效宣告请求审查决定（第7202号）

决 定 号 第7202号
决 定 日 2005年6月1日
发明创造名称 小型多功能安全组合机床
国际分类号 B23B 3/02 B23P 23/00
无效请求人 杨俊毅
专利权人 曹 静 王龙统
专 利 号 02235274.0
申 请 日 2002年5月24日
授权公告日 2004年1月14日
合议组组长 魏 屹
主 审 员 陈海平
参 审 员 陈 勇

法律依据 专利法第二十六条第四款 专利法实施细则第二十条第一款 专利法第二十二条第二款、第三款

决定要点

如果专利的权利要求相对于已有技术的区别技术特征仅为所属技术领域技术人员的一般常识，则该权利要求不具备创造性。

一、案由

本无效宣告请求案涉及国家知识产权局专利局于2004年1月14日授权公告的名称为“小型多功能安全组合机床”、专利号为02235274.0的实用新型专利（下称本专利），其申请日为2002年5月24日，专利权人为曹静、王龙统。授权公告的权利要求书为：

“1. 一种小型多功能组合机床，基本构件包括长短基座、马达、主轴构件共同组成的。其特征为：长短基座、马达、主轴构件是相互独立的部分，它还包括与其配套使用的大小组件和多个紧固件。各构件相结合时，相向放置，至少在一个面上设有T形槽。各构件上的T形槽有一个可插拔的紧固件连接，可在任何位置加以紧固，通过不同的组合方式组装成线锯床、磨床、金木车床、钻床、铣床多功能使用的机械教具，所有构件大小范围均不超过500厘米，属于小型机械组合设备类组合机床。

2. 根据权利要求1所述小型多功能组合机床，其特征在于所述的连接紧固件包括两个对应交叉卡槽的连接紧固件，连接紧固件的截面成弓子形，其上还开有一条轴垂线通孔，它的一端平行面为斜面，装配时两连接紧固件之间的端面相互接触，螺栓位于通孔中，并且螺母与之适配。连接紧固件上弓子形的端部插入需要连接部件上的T形槽中，螺栓与螺母旋紧时两个连接紧固件之间产生垂直于

轴向预紧力，使部件之间稳固连接。

3. 根据权利要求 1 所述的小型多功能组合机床，其特征在于所述的金木车床包括长基座左端的主轴箱、设在长基座上的大支撑组件、设在长基座尾部的尾架、金属三爪卡盘安装在主轴箱上，大支撑组件上装配有小支撑组件，上面设有车刀。

4. 根据权利要求 1 所述的小型多功能组合机床线锯床，包括顺序设置在短基座端部的中间块、主轴箱和锯床箱。

5. 根据权利要求 1 所述的小型多功能组合机床，其特征在于所述的钻床包括设置在垂直于短基座左端的长基座、设置在短基座右端支撑组件、在长基座的上侧依次设有中间块和小支撑组件及主轴箱、在大支撑组件上依次设有小支撑组件和卡具。

6. 根据权利要求 1 所述的多功能组合机床，其特征在于所述的铣床包括设置在长基座端部的短基座、依次设在短基座上侧的中间块、小支撑构件、主轴箱、设置在长基座中部的大支撑构件、小支撑构件及卡具。

7. 根据权利要求 1 所述的多功能组合机床，其特征在于所述的磨床包括设在长基座端部的主轴箱、设在长基座中部的大支撑构件及设在尾部的尾座；支撑器安装在大支撑构件上，顶尖装配在尾座上。

8. 根据权利要求 1 所述的多功能组合机床，其特征在于所述的主要部件上能够加装扩展零件，其作出的若干变形及改进，均视为本发明大同小异的应用，均属于本发明的保护范围。”

针对上述专利权，杨俊毅（下称请求人）于 2004 年 4 月 3 日向专利复审委员会提出无效宣告请求，理由是本专利权利要求 1 ~ 8 不符合专利法第二十二条第二款、第三款的规定，权利要求 2 不符合专利法第二十六条第四款的规定。请求人所提供的对比文件为 ZL01242873.6 号实用新型专利说明书。

经形式审查合格后，专利复审委员会于 2004 年 4 月 3 日受理了上述无效宣告请求，并于 2004 年 4 月 29 日将上述宣告专利权无效请求书及其证据副本转送给专利权人曹静、王龙统（下称被请求人），要求被请求人在一个月内陈述意见，同时成立合议组进行审理。

被请求人于 2004 年 6 月 16 日提交了意见陈述书，对上述无效宣告请求提出反对意见。被请求人同时提交了下述附件（复印件）：

附件 1：奥地利驻华大使馆确认书及译文；

附件 2：美国国家专利商标委员会公告及译文（专利号为 4566169）；

附件 3：专利申请文件（US4566169、EP0117973）及权利要求书译文；

附件 4：日本专利特许证书及译文（专利号为 1732366，公布号为平 4 - 18981）；

附件 5：欧洲专利局公告文本及德国专利局登记证书译文；

附件 6：南非专利证明文件译文；

附件 7：授权书二份及译文，企业法人营业执照一份。

合议组于 2005 年 1 月 31 日向双方当事人发出口头审理通知书，同时将被请求人的上述意见陈述书及其附件转送给请求人。

口头审理于 2005 年 3 月 9 日如期举行，请求人出席了口头审理，被请求人未出席口头审理。在口头审理过程中请求人明确其请求本专利权利要求 8 无效的法律理由为专利法实施细则第二十条第一款。

至此，合议组认为，本案事实已经清楚，可以作出如下决定。

二、决定的理由

1. 关于专利法第二十六条第四款

专利法第二十六条第四款规定：权利要求书应当以说明书为依据，说明要求专利保护的范围。

请求人认为，本专利权利要求2中的“连接紧固件的截面成弓子形”在说明书中没有描述，不符合专利法第二十六条第四款的规定。

合议组认为：根据本专利说明书附图（如图6）中所示“连接紧固件”的实际截面形状，本技术领域的技术人员可以想到上述本专利权利要求2中的“弓子形”实为“工字形”之误写，因此该权利要求2符合专利法第二十六条第四款的规定。

2. 关于专利法实施细则第二十条第一款

专利法实施细则第二十条第一款规定：权利要求书应当说明发明或者实用新型的技术特征，清楚、简要地表述请求保护的范围。

请求人认为本专利权利要求8不符合专利法实施细则第二十条第一款的规定。

本专利权利要求8全文如下：

“根据权利要求1所述的多功能组合机床，其特征在于所述的主要部件上能够加装扩展零件，其作出的若干变形及改进，均视为本发明大同小异的应用，均属于本发明的保护范围。”

合议组认为：该权利要求8限定部分所述内容没有清楚地描述本实用新型的技术特征，请求人认为本专利权利要求8不符合专利法实施细则第二十条第一款的规定的主张可以成立。

3. 关于本专利的创造性

请求人所提供的对比文件为中国实用新型专利说明书ZL01242873.6，该对比文件经合议组核实其真实性无误，其授权公告日为2002年4月3日，即公开于本专利申请日之前；其技术主题为“微型组合机床”，与本专利属于相同的技术领域。故该对比文件可以用于评判本专利的创造性。

下面以对比文件为基础对本专利的权利要求1~7的创造性加以评述：

(1) 关于本专利权利要求1的创造性

本专利权利要求1全文如下：

“1. 一种小型多功能组合机床，基本构件包括长短基座、马达、主轴构件共同组成的。其特征为：长短基座、马达、主轴构件是相互独立的部分，它还包括与其配套使用的大小组件和多个紧固件。各构件相结合时，相向放置，至少在一个面上设有T形槽。各构件上的T形槽有一个可插拔的紧固件连接，可在任何位置加以紧固，通过不同的组合方式组装成线锯床、磨床、金木车床、钻床、铣床多功能使用的机械教具，所有构件大小范围均不超过500厘米，属于小型机械组合设备类组合机床。”

参见对比文件说明书中“（五）具体实施方式”部分（及附图中的相应结构）中的对其所公开的“微型组合机床”的结构的对应描述：其中的“长床身1”与“短床身2”对应于该权利要求1中的“长短基座”，“电动机4”对应于该权利要求1中“马达”，“主轴箱3”对应于该权利要求1中的“主轴构件”，“大拖板组件5”、“小拖板组件6”、“中间块7”以及“机床辅件”的集合对应于该权利要求1中的“配套使用的大小组件”，“联接组件8”对应于该权利要求1中的“紧固件”，“T型槽23”对应于该权利要求1中的“T形槽”。

对比文件说明书第2页第3~6行中有下列叙述：“微型组合机床……可……组装成车床、铣床、钻床、锯床及锣床……用于制作各种机床模型”。

虽然对比文件中没有公开该权利要求1中的“所有构件大小范围均不超过500厘米”这一技术特征，但上述尺寸范围在本技术领域中属于通常会被采用的一般尺寸范围。

由上述对比可见，本专利权利要求 1 中所述之技术方案实质上已为对比文件所公开，该权利要求 1 不具备创造性。

（2）关于本专利从属权利要求 2 的创造性

本专利权利要求 2 全文如下：

“2. 根据权利要求 1 所述小型多功能组合机床，其特征在于所述的连接紧固件包括两个对应交叉卡槽的连接紧固件，连接紧固件的截面成弓子形，其上还开有一条轴垂线通孔，它的一端平行面为斜面，装配时两连接紧固件之间的端面相互接触，螺栓位于通孔中，并且螺母与之适配。连接紧固件上弓子形的端部插入需要连接部件上的 T 形槽中，螺栓与螺母旋紧时两个连接紧固件之间产生垂直于轴向预紧力，使部件之间稳固连接。”

参见对比文件说明书第 2 页倒数第 12～7 行中的下列叙述（并参见说明书附图中的对应结构）：“联接组件 8 包括两个相互配合的连接块 8－2、8－3，连接块的截面呈工字形，其上还开有通孔 8－5，它的一端面 8－6 为斜面，装配时两连接块之间的端面 8－6 相互接触，螺栓 8－1 位于通孔 8－5 中，且有螺母 8－4 与之适配，连接块上工字形的端部 8－7 插入需相互连接部件上的 T 型槽 23 中，螺栓与螺母旋紧时，两连接块之间产生垂直于轴向的预紧力 F，使部件之间稳固连接。”

由上述对比可见本专利权利要求 2 限定部分中所描述的“连接紧固件”的结构特征实质上已为对比文件所公开，在本专利独立权利要求 1 不具备创造性的基础上，其从属权利要求 2 也不具备创造性。

（3）关于本专利权利要求 3 的创造性

本专利权利要求 3 全文如下：

“3. 根据权利要求 1 所述的小型多功能组合机床，其特征在于：所述的金木车床包括长基座左端的主轴箱、设在长基座上的大支撑组件、设在长基座尾部的尾架、金属三爪卡盘安装在主轴箱上，大支撑组件上装配有小支撑组件，上面设有车刀。”

参见对比文件权利要求 3 中的对应描述：“……微型组合机床，其特征在于：所述的车床包括设在长床身（1）左端的主轴箱（3）、设在长床身（1）中部的大拖板组件（5）以及设置在长床身（1）尾部的尾架（17）；三爪卡盘（19）安装在主轴箱（3）上，大拖板组件（5）上还装配有小拖板组件（6），小拖板组件（6）上设有车刀（20）……”。

由上述对比不能看出本专利权利要求 3 限定部分中所限定的“金木车床”的结构特征相对于对比文件具有何种实质性的特点。在本专利独立权利要求 1 不具备创造性的基础上，其从属权利要求 3 也不具备创造性。

（4）关于本专利权利要求 4 的创造性

本专利权利要求 4 全文如下：

“4. 根据权利要求 1 所述的小型多功能组合机床线锯床，包括顺序设置在短基座端部的中间块、主轴箱和锯床箱。”

参见对比文件权利要求 6 中的对应描述：“……微型组合机床，其特征在于：所述的锯床包括依次设置长床身（1）端部的中间块（7）及主轴箱（3）以及设置在长床身（1）中部的锯床箱（28）。”

将本专利权利要求 4 与对比文件进行对比不能看出该权利要求 4 中所限定的“线锯床”的结构特征相对于对比文件具有何种实质性的特点。在本专利独立权利要求 1 不具备创造性的基础上，其从属权利要求 4 也不具备创造性。

（5）关于本专利权利要求 5 的创造性

本专利权利要求 5 全文如下：

"5. 根据权利要求 1 所述的小型多功能组合机床，其特征在于所述的钻床包括设置在垂直于短基座左端的长基座、设置在短基座右端支撑组件、在长基座的上侧依次设有中间块和小支撑组件及主轴箱、在大支撑组件上依次设有小支撑组件和卡具。"

参见对比文件权利要求 5 中的对应描述："……微型组合机床，其特征在于：所述的钻床包括设置在短床身（2）左端的长床身（1）、设置在短床身（2）右端的大拖板组件（5）、在长床身（1）的上侧依次设有的中间块（7）和小拖板组件（6b）及主轴箱（3）、在大拖板组件（5）上依次设有的小拖板组件（6a）及机床钳（16）。"

由上述对比可见本专利权利要求 5 限定部分中所描述的"钻床"的结构特征实质上已为对比文件所公开，在本专利独立权利要求 1 不具备创造性的基础上，其从属权利要求 5 也不具备创造性。

（6）关于本专利权利要求 6 的创造性

本专利权利要求 6 全文如下：

"6. 根据权利要求 1 所述的多功能组合机床，其特征在于所述的铣床包括设置在长基座端部的短基座、依次设在短基座上侧的中间块、小支撑构件、主轴箱、设置在长基座中部的大支撑构件、小支撑构件及卡具。"

参见对比文件权利要求 4 中的对应描述："……微型组合机床，其特征在于：所述的铣床包括设置长床身（1）端部的短床身（2）、依次设在短床身（2）上侧的中间块（7）、小拖板组件（6b）及主轴箱（3）、设置在长床身（1）中部的大拖板组件（5）、大拖板组件（5）上依次装配的小拖板组件（6a）及机床钳（16）。"

由上述对比可见本专利权利要求 6 限定部分中所描述的"铣床"的结构特征实质上已为对比文件所公开，在本专利独立权利要求 1 不具备创造性的基础上，其从属权利要求 6 也不具备创造性。

（7）关于本专利权利要求 7 的创造性

本专利权利要求 7 全文如下：

"7. 根据权利要求 1 所述的多功能组合机床，其特征在于所述的磨床包括设在长基座端部的主轴箱、设在长基座中部的大支撑构件及设在尾部的尾座；支撑器安装在大支撑构件上，顶尖装配在尾座上。"

参见对比文件权利要求 7 中的对应描述："……微型组合机床，其特征在于：所述的镠床包括设在长床身（1）端部的主轴箱（3）、设在长床身（1）中部的大拖板组件（5）以及设置长床身（1）尾部的尾架（17）……支撑器（32）安装在大拖板组件（5）上，顶尖（18）装配在尾架（17）上。"

由上述对比可见，对比文件中的"镠床"也具有与本专利权利要求 7 限定部分中所描述的"磨床"的结构特征，两者的区别仅在于加工工件所使用的刃具不同，即"磨床"所采用的是"磨轮"，而"镠床"所采用的是"凿刀"（参见对比文件说明书第 4 页第 12 ~ 13 行），而机床床体本身的结构是相同的。故不能认为上述"磨床"的结构相对于上述"镠床"的结构具有实质性的特点。在本专利独立权利要求 1 不具备创造性的基础上，其从属权利要求 7 也不具备创造性。

三、决定

宣告 02235274. 0 号实用新型专利权全部无效。

当事人对本决定不服的，可以根据专利法第四十六条第二款的规定，自收到本决定之日起三个月内向北京市第一中级人民法院起诉。根据该款的规定，一方当事人起诉后，另一方当事人应当作为第三人参加诉讼。

092

可置换表面的一种水上浮动平台案

无效宣告请求审查决定（第7204号）

决 定 号 第7204号

决 定 日 2005年6月1日

发明创造名称 可置换表面的一种水上浮动平台

国际分类号 B63B 38/00

无效请求人 邹国祥

专利权人 何智伟

专 利 号 03233278.5

申 请 日 2003年2月19日

授权公告日 2004年3月31日

合议组组长 魏 屹

主 审 员 陈 勇

参 审 员 徐媛媛

法律依据 专利法第二十二条第三款

决定要点

如果一项权利要求限定的技术方案属于多篇现有技术的简单组合，则该权利要求不具备专利法第二十二条第三款规定的创造性。

一、案由

本无效宣告请求案涉及申请日为2003年2月19日、授权公告日为2004年3月31日、名称为"可置换表面的一种水上浮动平台"的03233278.5号实用新型专利（下称本专利），专利权人为何智伟（下称被请求人）。授权公告的权利要求书如下：

"1. 可置换表面的一种水上浮动平台，它由浮筒体（1）所构成，其特征是：单个浮筒体（1）一角面设有凸耳（2）和带有凹槽的耳孔（3）及凸耳（2）上部的凹圆（4）、内圆锥面（5），插销（9）及在插销上设有的凸块（8）、凸圆（10）、外圆锥面（11）。

2. 根据权利要求1所述的可置换表面的一种水上浮动平台，其特征是：在制作浮筒体（1）上表面时设有十字形凹槽（6）。

3. 根据权利要求1所述的可置换表面的一种水上浮动平台，其特征是：浮筒体（1）上表面加封可置换的各类材质、图案、色彩的盖板（7）。

4. 根据权利要求1所述的可置换表面的一种水上浮动平台，其特征是：浮筒体（1）的四个侧面有相互吻合的凸凹形状（12）。"

针对上述专利权，邹国祥（下称请求人）于2004年8月11日向专利复审委员会提出了宣告专利权无效的请求，其理由是本专利不符合专利法第二十二条第二款、第三款的规定。同时，请求人提交了以下3份证据：

证据1：申请号为91201806.2的中国实用新型专利申请说明书复印件，公告日为1991年10月23日；

证据2：专利号为ZL98241888.4的中国实用新型专利说明书复印件，授权公告日为1999年10月6日；

证据3：专利号为5690523的美国专利说明书复印件及中文译文，公开日为1997年11月25日。

请求人认为：（1）证据1公开了权利要求1的全部技术特征，并能产生相同的技术效果，因此该权利要求不具备新颖性。（2）证据3公开了从属权利要求2和权利要求3的附加技术特征，证据2公开了从属权利要求4的附加技术特征，因此在它们分别引用的权利要求1不具备新颖性的基础上，权利要求2、3和权利要求4不具备创造性。

专利复审委员会经形式审查合格后，于2004年9月10日发出了无效宣告请求受理通知书，并将上述无效宣告请求书及所附相关文件副本转给被请求人，要求被请求人在指定期限内进行意见陈述。同时依法成立合议组对本案进行审查。

对此，被请求人于2004年10月13日提交了意见陈述书，认为证据3的中的“cavity”一词在其中文译文中应该译为“穴”。同时被请求人还对权利要求书进行了修改，修改后的权利要求书如下：

“1. 可置换表面的一种水上浮动平台，它由浮筒体和盖板构成，单个浮筒体一角设有凸耳和带有凹槽的耳孔，凸耳上部设定位凹槽和内圆锥面，插销上设有凸块、凸卡和外圆锥面，其特征在于：所述定位凹槽是凹圆（4），所述凸卡是凸圆（10）；且浮筒体（1）上表面设有十字形凹槽（6），浮筒体（1）上表面加封可置换的各类材质、图案、色彩的盖板（7）；浮筒体（1）的四个侧面有相互吻合的凸凹形状（12）。”

被请求人认为：修改后的权利要求1相对于证据1~3或者它们的结合，具有实质性特点和进步，因此具备创造性。

鉴于被请求人提交的上述修改不符合专利法实施细则第六十八条和审查指南第四部分第三章第5.4节的有关规定，因此本案合议组于2005年3月7日向双方当事人发出了无效宣告请求审查通知书，将上述事实告知双方当事人，要求被请求人在指定期限内对此进行答复；与此同时，本案合议组向双方当事人发出了无效宣告请求口头审理通知书，定于2005年4月25日在专利复审委员会对上述无效宣告请求举行口头审理。同时，将被请求人2004年10月13日提交的意见陈述书及其附件副本转给请求人。

2005年4月2日，被请求人提交意见陈述书，对权利要求书再次进行修改，本次修改的权利要求书为：

“1. 可置换表面的一种水上浮动平台，它由浮筒体和盖板构成，单个浮筒体一角设有凸耳和带有凹槽的耳孔，凸耳上部设内圆锥面，插销上设有凸块和外圆锥面，其特征在于：凸耳上部设有凹圆（4），插销上还设有凸圆（10）；且浮筒体（1）上表面设有十字形凹槽（6），浮筒体（1）上表面加封有可置换的各类材质、图案、色彩的盖板（7）；浮筒体（1）的四个侧面有相互吻合的凸凹形状（12）。”

2005年4月8日，本案合议组将被请求人2005年4月2日提交的意见陈述书及修改的权利要求书转给请求人。

口头审理如期举行，双方当事人对合议组成员无回避请求，对对方出庭人员的身份和资格无异议。被请求人当庭明确将本专利公告文本的权利要求书中的权利要求1~4合并为一个新的独立权利要求。合议组要求被请求人在口头审理结束五日内提交该文本，否则合议组将以授权公告的文本作为审查基础。在被请求人提交了上述修改文本的情况下，请求人也同意以此作为本次无效宣告请求的审查基础。被请求人对证据1~3的真实性无异议。请求人认为证据1为最接近的对比文件，证据1~3结合可以否定新的独立权利要求的创造性。

2005年4月26日，被请求人提交了新修改的权利要求书，该权利要求书如下：

“1. 可置换表面的一种水上浮动平台，它由浮筒体（1）所构成，其特征是：单个浮筒体（1）一角面设有凸耳（2）和带有凹槽的耳孔（3）及凸耳（2）上部的凹圆（4）、内圆锥面（5），插销（9）及在插销上设有的凸块（8）、凸圆（10）、外圆锥面（11）；在制作浮筒体（1）上表面时设有十字形凹槽（6）；浮筒体（1）上表面加封可置换的各类材质、图案、色彩的盖板（7）；浮筒体（1）的四个侧面有相互吻合的凸凹形状（12）。”

在上述程序基础上，合议组认为本案事实已经清楚，可以依法作出如下审查决定。

二、决定的理由

1. 本次无效宣告请求审查的权利要求书的确定

鉴于被请求人于2005年4月26日提交的经修改的权利要求书符合专利法实施细则第六十八条和审查指南第四部分第三章第5.4节的有关规定，所以合议组认定本次无效宣告请求审查的本专利权利要求书为：

“1. 可置换表面的一种水上浮动平台，它由浮筒体（1）所构成，其特征是：单个浮筒体（1）一角面设有凸耳（2）和带有凹槽的耳孔（3）及凸耳（2）上部的凹圆（4）、内圆锥面（5），插销（9）及在插销上设有的凸块（8）、凸圆（10）、外圆锥面（11）；在制作浮筒体（1）上表面时设有十字形凹槽（6）；浮筒体（1）上表面加封可置换的各类材质、图案、色彩的盖板（7）；浮筒体（1）的四个侧面有相互吻合的凸凹形状（12）。”

2. 关于创造性

专利法第二十二条第三款规定：创造性，是指同申请日以前已有的技术相比，该发明有突出的实质性特点和显著的进步，该实用新型有实质性特点和进步。

证据1~3均为专利文献，被请求人对其真实性无异议，且它们的公开日均早于本专利的申请日，因此证据1~3可以作为评价本专利创造性的现有技术。

证据1涉及一种组合式浮筒（相当于水上浮动平台），其中具体披露了以下技术内容（参见该证据说明书第5页第4~20行及附图1~4）：该组合式浮筒包括浮体10（相当于本专利中的浮筒体1）和嵌置装置20（相当于本专利中的插销9），单个浮体10四角设置有凸耳板111（相当于本专利中的凸耳2），凸耳板111上设有连结孔112（相当于本专利中的耳孔3），在连结孔112的周缘设有四个小圆弧113（相当于本专利中的凹槽），在凸耳板111的上方设有凹陷的第二定位槽13（相当于本专利中的凹圆4）和呈斜凹状的第一定位槽12（如证据1图4所示，当四块浮体10组合在一起时，第一定位槽12形成内圆锥面，所以其相当于本专利中的内圆锥面5），嵌置装置20是定位插杆，嵌置装置20设有对应于第一定位槽12和第二定位槽13的第一嵌置板21（相当于本专利中的外圆锥面11）和第二嵌置板22（相当于本专利中的凸圆10），在嵌置装置20上设有小凸肋23（相当于本专利中的凸块8）。

本专利权利要求1与证据1公开的技术方案相比具有以下区别技术特征：（1）在制作浮筒体上表面时设有十字形凹槽；（2）浮筒体上表面加封可置换的各类材质、图案、色彩的盖板；（3）浮筒体的四个侧面有相互吻合的凸凹形状。

证据2涉及一种浮筒，其中具体披露了以下技术内容（参见该证据说明书第2页第16~21行及附图2~3）：浮筒21各侧表面皆由凹部213和凸部214的波形表面组合而成，当浮筒结合在一起时凹部 213 和凸部 214 可以相互卡合。由此可见，上述区别技术特征 3 已经被证据 2 公开。

证据 3 涉及一种浮筒，其中具体披露了以下技术内容（参见该证据说明书第 2 栏第 31 ~ 42 行及附图 6 ~ 7）：浮筒体 10 上表面加装由可置换的盖板 15，并且浮筒体上表面设置有十字形凹槽 18，可以在十字形凹槽 18 内安装电缆和管线。由此可见，上述区别技术特征 1 和特征 2 已经被证据 3 公开。

通过上述分析可以知道，上述三份证据已经公开了权利要求 1 的全部技术特征。上述三份证据与本专利属于相同的技术领域，并且区别技术特征 1 ~ 3 的作用在证据 2、3 中的作用与在本专利中的作用完全相同，这些技术特征没有功能上的相互作用关系，其总的技术效果为各组合部分效果的总和，并没有带来更加优越的效果。本领域技术人员在上述三份证据的基础上得出权利要求 1 限定的技术方案，并不需要付出创造性的劳动。因此权利要求 1 不具备专利法第二十二条第三款规定的创造性。

三、决定

宣告 03233278. 5 号实用新型专利权无效。

当事人对本决定不服的，可以根据专利法第四十六条第二款的规定，自收到本决定之日起三个月内向北京市第一中级人民法院起诉。根据该款的规定，一方当事人起诉后，另一方当事人应当作为第三人参加诉讼。

093

一种高性能抽油线缆案

无效宣告请求审查决定（第7214号）

决　定　号　第7214号
决　定　日　2005年6月3日
发明创造名称　一种高性能抽油线缆
国际分类号　E21B 17/00　D07B 1/16
无效请求人　宁夏恒力集团有限公司
专利权人　杭州天海新材料科技有限公司
专　利　号　01221826. X
申　请　日　2001年4月25日
授权公告日　2002年1月2日
合议组组长　于　萍
主　审　员　魏　屹
参　审　员　吴亚琼

法律依据　专利法第二十二条第三款
决定要点

在判断一项实用新型的权利要求所限定的技术方案相对于已有技术是否具有实质性特点时，应分析要求保护的实用新型与最接近的现有技术有哪些区别特征，然后根据这些区别特征所能达到的技术效果确定该实用新型实际解决的技术问题，从实用新型实际解决的技术问题出发，判断要求保护的实用新型对本领域的技术人员来说是否显而易见，即判断现有技术中是否给出将上述区别特征应用到该最接近现有技术以解决其存在的技术问题（即该实用新型实际解决的技术问题）的启示。

根据审查指南第四部分第六章关于实用新型创造性审查的有关规定，在实用新型创造性审查过程中，对于不导致产品的形状、构造或者其结合产生变化的材料特征不予考虑。

一、案由

本无效宣告请求案涉及的是专利号为01221826. X、名称为“一种高性能抽油线缆”的实用新型专利，该专利申请日为2001年4月25日，授权公告日为2002年1月2日，专利权人为杭州天海新材料科技有限公司。

该专利授权时的权利要求如下：

“1. 一种高性能抽油线缆，其特征在于它有一根单捻钢丝绳（1），其外包覆有至少一层复合材料层（2）。

2. 根据权利要求1所述的高性能抽油线缆，其特征在于所述的单捻钢丝绳（1），其中心为至少一根钢丝，在该中心钢丝周围按螺旋状捻制有至少一层钢丝。

3. 根据权利要求1或2所述高性能抽油线缆，其特征在于所述的单捻钢丝绳（1）外包覆的复合材料由橡胶、聚乙烯、聚丙烯、聚烯烃、聚胺酸酯、聚酰胺酯、环氧树脂等一种或多种组合而成。

4. 根据权利要求3所述的高性能抽油线缆，其特征在于所述的复合材料还包括在上述复合材料共混或共聚时加入的0.05%～0.5%重量百分比的、如钛酸钾或石墨或玻璃纤维等增强晶须。”

针对上述专利权（下称本专利），宁夏恒力集团有限公司（下称请求人）于2003年7月29日向专利复审委员会提出了无效宣告请求，其理由是本专利不符合专利法第二十二条第二款和第三款关于新颖性和创造性的规定，请求专利复审委员会宣告该实用新型专利权全部无效，同时提交了下列证据：

证据1：授权公告号为CN 1055326C的中国发明专利说明书的复印件，其授权公告日为2000年8月9日；

证据2：发表于《石油矿场机械》杂志1998年27卷第4期中的文章“柔性抽油杆的研究与应用”的复印件（共3页）；

证据3：发表于《石油矿场机械》杂志1998年27卷第4期中的文章“钢丝绳连续抽油杆表面防护工艺研究”的复印件（共4页）；

证据4：宁夏恒力钢丝绳股份有限公司印制的《油井抽油用钢丝绳》产品说明书的原件（共8页）；

证据5：武汉汽车工业大学机电工程学院出具的关于“钢丝绳连续抽油杆表面防护成套技术研究”课题的阶段报告的复印件（共7页）；

证据6：国家经济贸易委员会出具的关于“柔性抽油杆”的新产品新技术鉴定验收证书的复印件（共6页）。

请求人在无效宣告请求书中的主要观点是：证据1结合证据2或者证据3可以破坏本专利权利要求1～4的创造性。

经审查，上述无效宣告请求符合专利法及专利法实施细则规定的形式要求，专利复审委员会于2003年8月18日予以受理并将专利权无效宣告请求书及所附证据材料的副本转送给专利权人，并成立合议组对此案进行审查。

专利权人杭州天海新材料科技有限公司（下称被请求人）于2003年9月12日针对上述无效宣告请求进行了意见陈述，被请求人认为：请求人提供的证据1～6不能破坏本专利的新颖性和创造性，要求专利复审委员会作出维持专利权有效的决定。

合议组于2003年12月26日向双方当事人发出口头审理通知书，定于2004年2月25日下午14时在专利复审委员会第一口审厅进行口头审理，并在发出口头审理通知书的同时将被请求人于2003年9月12日提交的意见陈述书转送给请求人。

口头审理如期进行，请求人和被请求人均参加了口头审理，在口头审理过程中，请求人当庭向合议组提交成人高校试用教材《钢绳生产工艺》封面、第4页和第5页的复印件（下称补充证据1）用以解释“单股钢丝绳”这一术语的含义，合议组当庭将补充证据1的副本转给被请求人，请求人当庭出示了补充证据1的原件，经核实原件与复印件内容相符，合议组当庭告知被请求人应在自口头审理之日起七日内针对请求人当庭提交的补充证据1进行书面意见陈述，逾期不提交，不影响合议组作出审查决定。双方当事人对双方出庭人员的身份和资格无异议，对合议组成员无回避请求。请求人当庭出示了证据1、证据2、证据3、证据5和证据6的原件，经核实原件与复印件内容相符，被请求人对证据1、证据2、证据3和证据6的真实性无异议。在口头审理过程中，双方当事人对各自的观点进行了充分论述。

至此，合议组经过合议，认为涉及本案的有关事实已经清楚，可以作出本审查决定。

二、决定的理由

1. 关于证据的认定

被请求人对请求人提交的证据1和证据2的真实性无异议，合议组对于证据1和证据2的真实性予以认可。另外，请求人在口头审理时提交了补充证据1用以解释“单股钢丝绳”这一术语的含义，虽然请求人提交补充证据1的时间超过专利法实施细则第六十六条规定的举证期限，但考虑到补充证据1是用于证明公知常识性的证据，因此合议组对其予以接受。另外，请求人在口头审理时出示了补充证据1的原件，经核实原件与复印件内容相符，故合议组对补充证据1的真实性予以认可。

2. 关于专利法第二十二条第三款

根据专利法第二十二条第三款，创造性是指同申请日以前已有的技术相比，该发明有突出的实质性特点和显著的进步，该实用新型有实质性特点和进步。

根据专利法实施细则第三十条的规定，专利法第二十二条第三款所称已有的技术是指在申请日（有优先权的，指优先权日）前在国内外出版物上公开发表、在国内公开使用或者以其他方式为公众所知的技术，即现有技术。创造性是相对于现有技术而言的，只有属于现有技术的内容才能用于评价创造性，证据1和证据2都是在本专利申请日之前公开的出版物，因此都可以作为用于评价本专利创造性的现有技术。

在判断一项实用新型的权利要求所限定的技术方案相对于已有技术是否具有实质性特点时，应分析要求保护的实用新型与最接近的现有技术有哪些区别特征，然后根据这些区别特征所能达到的技术效果确定该实用新型实际解决的技术问题，从实用新型实际解决的技术问题出发，判断要求保护的实用新型对本领域的技术人员来说是否显而易见，即判断现有技术中是否给出将上述区别特征应用到该最接近现有技术以解决其存在的技术问题（即该实用新型实际解决的技术问题）的启示。

本专利权利要求1所限定的技术方案为：“一种高性能抽油线缆，其特征在于它有一根单捻钢丝绳（1），其外包覆有至少一层复合材料层（2）”。

证据1公开了一种石油油井抽油钢丝绳，其中钢丝绳的绳芯为线、面接触的单股绳芯，外层为绳芯捻向相反的异型钢丝。补充证据1是一本关于钢绳生产工艺的教科书，其中对单捻钢丝绳这一技术术语进行了如下定义：单捻钢丝绳又称单股钢丝绳，单股钢丝绳一般是围绕中心钢丝包捻一层或者数层钢丝。因此，可以看出，证据1公开了一种利用单捻钢丝绳作为抽油线缆的技术方案，与本专利权利要求1所限定的技术方案相比，其中没有披露单捻钢丝绳外包覆有至少一层复合材料层这一技术特征，因此本发明实际解决的技术问题是，在单捻钢丝绳外包覆至少一层复合材料层以提高抽油线缆的耐磨损性、韧性和耐腐蚀性。

证据2公开了一种柔性抽油杆的表面防腐技术，其中在利用特殊的异型钢丝捻制的柔性抽油杆的表面包覆一层耐盐、耐酸、耐碱和耐硫化氢腐蚀的特殊材料，这种材料能够与柔性抽油杆表面紧密结合，况且非常耐磨、柔韧性好，反复弯曲也不开裂，可以在－40℃～170℃的环境下长期工作。由此可以看出，证据2已经给出了在利用特殊的异型钢丝捻制的柔性抽油杆的表面包覆一层复合材料以提高柔性抽油杆的耐磨损性、韧性和耐腐蚀性的技术启示。因此，本领域普通技术人员根据证据1和证据2所披露的技术内容得出本专利权利要求1所要求保护的技术方案是显而易见的，无需付出任何创造性劳动，并且没有带来任何意想不到的技术效果，因此本专利权利要求1所限定的技术方案不具备实质性特点和进步，不具备专利法第二十二条第三款规定的创造性。

本专利的权利要求2是权利要求1的从属权利要求，其限定部分的技术特征为“所述的单捻钢丝绳（1），其中心为至少一根钢丝，在该中心钢丝周围按螺旋状捻制有至少一层钢丝”。对于本领域技术人员来说，本专利的权利要求2的限定部分技术特征实际上是对单捻钢丝绳这一技术术语的解释，本专利的权利要求2的限定部分技术特征也已经被证据1公开，在本专利权利要求1没有创造性的情况下，因此本专利权利要求3所限定的技术方案不具备实质性特点和进步，不具备专利法第二十二条第三款规定的创造性。

本专利权利要求3和权利要求4的限定部分技术特征都是涉及材料的特征，本专利权利要求3和权利要求4都是在材料方面对在前引用的权利要求所限定的技术方案作了进一步限定，根据审查指南第四部分第六章关于实用新型创造性审查的有关规定，在实用新型创造性审查过程中，对于不导致产品的形状、构造或者其结合产生变化的材料特征不予考虑，因此，权利要求3和权利要求4对在前引用的权利要求在材料方面的进一步限定对于实用新型创造性的审查没有任何实质的意义，故在本专利权利要求1和权利要求2所限定的技术方案没有创造性的情况下，本专利权利要求3和权利要求4所限定的技术方案也不具备专利法第二十二条第三款规定的创造性。

三、决定

宣告ZL01221826.X号实用新型专利权全部无效。

当事人对本决定不服的，可以根据专利法第四十六条第二款的规定，自收到本决定之日起三个月内向北京市第一中级人民法院起诉。根据该款的规定，一方当事人起诉后，另一方当事人应当作为第三人参加起诉。

094

切割夹具案

无效宣告请求审查决定（第7221号）

决　定　号　第7221号
决　定　日　2005年5月19日
发明创造名称　切割夹具
国际分类号　B23Q 3/06
无效请求人　张志元
专利权人　周永苗
专　利　号　01268214.4
申　请　日　2001年10月17日
授权公告日　2002年8月28日
合议组组长　徐媛媛
主　审　员　杨克非
参　审　员　黄玉平

法律依据　专利法第二十六条第三款　专利法实施细则第二十条第一款、第二十一条第二款
决定要点

在权利要求中采用功能特征和工艺特征，只要这些功能特征和工艺特征是限定技术方案的需要，而且这些功能特征和工艺特征并没有造成权利要求的保护范围不清楚，则这些功能特征和工艺特征不能导致该权利要求不符合专利法实施细则第二十条第一款的规定。

与本专利所要解决的技术问题无关的技术特征不是本专利独立权利要求的必要技术特征，没有这些技术特征不能导致本专利不符合专利法实施细则第二十一条第二款的规定。

一、案由

本无效宣告请求案涉及的是专利号为01268214.4、名称为“切割夹具”的实用新型专利，该专利的申请日为2001年10月17日，授权公告日为2002年8月28日，专利权人为周永苗。该专利授权公告的权利要求书如下：

“1. 一种切割夹具，它主要包括一夹具，其特征在于：设置的下料夹具为长方形，进料口可让型材一直顶到定位销，使型材卡在卡料槽里，卡料槽的形状尺寸与型材相当，能将型材卡在卡料槽里，以利切断；片铣刀用螺母固定在刀杆上，夹在车床主轴卡盘上，由主轴带动片铣刀旋转，对下料夹具中铣刀槽上的型材进行切削；连杆由支持销与滑动拖板连接，连杆的另一头与转盘有螺钉连接，转盘设有螺钉、螺母与拖板动连接，转动手柄使转盘通过连杆带动滑动拖板上的下料夹具上的型材进行送料切断，在操作时可用手帮助固定型材。

2. 据权利要求1所述的切割夹具，其特征在于：所述的铣刀槽比卡料槽低，便于铣刀通过。

3. 根据权利要求1所述的切割夹具，其特征在于：所述的定位销可根据尺寸长短选用定位

销孔。”

张志元（下称请求人）针对上述专利权（下称本专利）于2003年11月10日向专利复审委员会提出了无效宣告请求，其依据的事实和理由是本专利权利要求1中的必要技术特征没有对夹具的结构进行限定，还包含加工方法的技术特征，因此本专利权利要求1~3不符合专利法第二十六条第四款及专利法实施细则第二十条第一款、第二条第二款的规定，本专利的权利要求2和专利要求3的附加技术特征属于机械加工技术领域的公知常识，因此权利要求2和权利要求3不符合专利法第二十二条第三款的规定，请求人未就上述无效宣告请求的理由提供任何证据。

经审查，上述无效宣告请求符合专利法及专利法实施细则规定的形式要求，专利复审委员会予以受理，并将无效宣告请求书及附件副本转给了专利权人（下称被请求人），要求其在指定期限内答复，同时成立合议组对此案进行审查。

专利复审委员会于2003年12月30日收到被请求人针对上述无效宣告请求书及附件副本作出的书面答复，在其提交的意见陈述书中，被请求人认为本专利的权利要求对所要保护的技术特征作出了清楚的描述，而且也得到了说明书的支持，请求人没有理解切割夹具同加工机床概念的含义及相互关系，请求人未提供任何证据，其认为本专利不具备创造性的观点是主观臆断。

专利复审委员会本案合议组于2004年10月27日向双方当事人发出了口头审理通知书，定于2004年12月20日在专利复审委员会举行口头审理，同时将被请求人的上述意见陈述书的副本转送给请求人。

口头审理如期举行，双方当事人均出席了口头审理。口头审理中，请求人声明放弃专利法第二十二条第三款、第二十六条第四款及专利法实施细则第二条第二款的无效理由，并明确其无效理由是本专利说明书不符合专利法第二十六条第三款，本专利权利要求1~3不符合专利法实施细则第二十条第一款、第二十一条第二款的规定。双方当事人就本专利是否符合专利法第二十六条第三款、专利法实施细则第二十条第一款、第二十一条第二款的规定充分陈述了意见。

被请求人于2004年12月21日向合议组提交了意见陈述书，其中对本专利夹具的工作原理进行了描述，合议组于2005年1月28日将该意见陈述书的副本转送给请求人，要求其在指定期限内答复。

本案合议组于2005年2月18日收到请求人针对上述意见陈述书所作的答复，在其提交的意见陈述书中，请求人认为被请求人对卡料槽的解释内容已经超出了本专利说明书的范围，其解释不能证明本专利说明书已对该特征充分公开；被请求人称“拖板14是固定的”没有任何事实根据。

本案合议组经过合议，认为本案的事实已经清楚，可以作出审查决定。

二、决定的理由

1. 关于专利法第二十六条第三款

根据专利法第二十六条第三款，说明书应当对发明或者实用新型作出清楚、完整的说明，以所属技术领域的技术人员能够实现为准；必要的时候，应当有附图。摘要应当简要说明发明或者实用新型的技术要点。

请求人主张本专利说明书对本专利所要解决的技术问题描述不清楚；说明书中的技术方案不完整，对进料口、卡料槽的形状、结构描述不清楚，技术方案中的特征有很多车床和工艺的特征，本领域技术人员要经过创造性的劳动，否则无法实施，因此本专利不符合专利法第二十六条第三款的规定。

合议组认为，本专利针对现有技术中将型材夹在虎钳上、用尺量、用锯子锯的型材切割及用车床来切断型材的切割方法所产生的零件尺寸长短不一、端面粗糙有毛刺、效率低、浪费材料等问题，提供了一种能够实现切割速度快、切口端面无毛刺、效率高、节省材料的切割夹具。该切割夹具设置有长方形的下料夹具 1，由压板 4、螺母 5、螺钉 6 将其固定在滑动拖板 15 上，型材 3 可穿过下料夹具 1 的进料孔 2 经铣刀槽 17、卡料槽 18 一直顶到定位销 16 上，卡料槽 18 的形状大小和型材 3 相当，以使型材 3 卡在卡料槽 18 里，固定在刀杆 19 上的片铣刀 20 由主轴带动旋转，实现对铣刀槽 17 上的型材 3 进行切削，支持销 7 将连杆 8 与滑动拖板 15 连接起来，连杆 8 的另一头与转盘 10 用螺钉 9 固定连接，而转盘 10 通过螺钉 11、螺母 12 与拖板 14 动连接，手柄 13 固定到转盘 10 上，这样转动手柄 13 使转盘 10 转动，连杆 8 就带动滑动拖板 15 在拖板 14 上移动，进而实现下料夹具 1 上的型材 3 的送料及退离片铣刀 17，参见本专利说明书第 1、2 页及附图 1 和附图 2。由此可见，本专利说明书已经对本专利所要解决的技术问题、所提出的技术方案作出了清楚、完整的描述，其中附图 1、附图 2 中已清楚地示出了进料孔、卡料槽的位置，说明书中明确指出“卡料槽 18 的形状大小和型材 3 相当”（参见本专利说明书第 2 页倒数第 9 行），说明书中虽然没有针对进料孔的形状大小的文字描述，但该术语本身即表明了其功能，本领域技术人员很容易了解而无需对其具体形状大小进行限定，只要可实现其进料的功能即可。另外，本专利技术方案中的车床和工艺特征并不能导致本专利说明书中的技术方案不清楚、完整。因此，本专利说明书符合专利法第二十六条第三款的规定。

2. 关于专利法实施细则第二十条第一款的规定

根据专利法实施细则第二十条第一款的规定，权利要求书应当说明发明或者实用新型的技术特征，清楚、简要地表述请求保护的范围。

请求人主张本专利权利要求 1 中的功能特征如“对下料夹具中铣刀槽上的型材进行切削”和工艺特征“在操作时可用手帮助固定型材”导致权利要求 1～3 的保护范围不清楚，不符合专利法实施细则第二十条第一款的规定。

合议组认为，当在权利要求中采用功能特征和工艺特征时，只要这些功能特征和工艺特征是限定技术方案的需要，而且这些功能特征和工艺特征并没有造成权利要求的保护范围不清楚，则这些功能特征和工艺特征不能导致该权利要求不符合专利法实施细则第二十条第一款的规定。

本专利权利要求 1 中的功能特征“对下料夹具中铣刀槽上的型材进行切削”不仅表示了片铣刀对型材“进行切削”的功能，还表述了下料夹具、铣刀槽、型材之间的相互关系，该特征并不能导致权利要求 1 的保护范围不清楚，权利要求 1 中的工艺特征“在操作时可用手帮助固定型材”的确使得权利要求 1 不简明，但该特征并没有导致权利要求 1 不清楚，使其保护范围无法界定，因此请求人基于上述理由认定本专利权利要求 1～3 不符合专利法实施细则第二十条第一款的规定的主张不能成立。

3. 关于专利法实施细则第二十一条第二款的规定

根据专利法实施细则第二十一条第二款，独立权利要求应当从整体上反映发明或者实用新型的技术方案，记载解决技术问题的必要技术特征。

请求人主张本专利权利要求 1 应当包括夹具在车床的什么位置、与其他部件的固定连接关系、进料口、卡料槽、定位销的位置形状特征，因此本专利权利要求 1 缺少必要技术特征，不符合专利法实施细则第二十一条第二款的规定。

合议组认为，本专利要解决的技术问题是克服现有技术中将型材夹在虎钳上、用尺量、用锯子锯的型材切割及用车床来切断型材的切割方法所产生的零件尺寸长短不一、端面粗糙有毛刺、效率低、浪费材料等缺陷，提供了一种能够实现切割速度快、切口端面无毛刺、效率高、节省材料的切割夹具。在其权利要求 1 限定的切割夹具的技术方案中，“设置的下料夹具为长方形，进料口可让型材一直顶到定位销，使型材卡在卡料槽里，卡料槽的形状尺寸与型材相当，能将型材卡在卡料槽里，以利切断”表述了该夹具中有下料夹具，其进料口可让型材进入夹具，型材的另一端顶在定位销上，型材卡在与其形状尺寸相当的卡料槽里；“片铣刀用螺母固定在刀杆上，夹在车床主轴卡盘上，由主轴带动片铣刀旋转，对下料夹具中铣刀槽上的型材进行切削”，限定了下料夹具中具有铣刀槽，型材的切割加工由车床主轴带动片铣刀旋转在铣刀槽内完成；“连杆由支持销与滑动拖板连接，连杆的另一头与转盘有螺钉连接，转盘设有螺钉、螺母与拖板动连接，转动手柄使转盘通过连杆带动滑动拖板上的下料夹具上的型材进行送料切断”则限定了下料夹具位于滑动拖板上，连杆将滑动拖板与转盘连接起来，转盘又与拖板动连接，转动手柄使转盘动作，转盘带动连杆使滑动拖板移动，进而使滑动拖板上的下料夹具移动，实现型材的送料切断。

可见，本专利权利要求1给出了在下料夹具中固定型材，利用滑动拖板的相对移动实现送料进给，再利用由车床主轴带动旋转的片铣刀对位于下料夹具的铣刀槽内的型材进行切割的技术方案，由于将型材固定在下料夹具中切割，型材一端顶在定位销上且卡在卡料槽中，由定位销的位置限定型材切割的尺寸，而卡料槽的采用使型材在将要切断时不会弹落，因此可避免端面粗糙有毛刺。也就是说，本专利权利要求1的技术方案能够解决现有技术中的将型材夹在虎钳上切割或用车床切割所产生的零件尺寸长短不一、端面粗糙有毛刺、效率低、浪费材料等问题。至于请求人主张的本专利权利要求1应当包括夹具在车床的什么位置及其与其他部件的固定连接关系则与本专利所要解决的技术问题无关，不应是本专利权利要求1的必要技术特征，而关于进料口、卡料槽、定位销的位置形状特征，合议组认为权利要求1中“进料口可让型材一直顶到定位销”已经对进料口、定位销的位置进行了限定，而解决本专利所要解决的技术问题并不需要对进料口和定位销的形状再作更具体的限定，只要其是能实现进料的口和能定位的销即可；权利要求1中的“使型材卡在卡料槽里，卡料槽的形状尺寸与型材相当，能将型材卡在卡料槽里，以利切断”通过对卡料槽的形状及功能的限定，已足以明确卡料槽的形状及位置，因此合议组对请求人的本专利权利要求1不符合专利法实施细则第二十一条第二款的规定的主张不予支持。

综上所述，合议组认为本专利符合专利法第二十六条第三款、专利法实施细则第二十条第一款及第二十一条第二款的规定。

三、决定

维持01268214.4号实用新型专利权有效。

当事人对本决定不服的，可以根据专利法第四十六条第二款的规定，自收到本决定之日起三个月内向北京市第一中级人民法院起诉。根据该款的规定，一方当事人起诉后，另一方当事人应当作为第三人参加诉讼。

095

带轴承手摇起动支架案

无效宣告请求审查决定（第 7226 号）

决　定　号　第 7226 号
决　定　日　2005 年 6 月 6 日
发明创造名称　带轴承手摇起动支架
国际分类号　F02N 1/00
无效请求人　周继家
专 利 权 人　肖向东　赵庆贵
专　利　号　02212277. X
申　请　日　2002 年 1 月 19 日
授权公告日　2002 年 11 月 27 日
合议组组长　徐媛媛
主　审　员　魏　屹
参　审　员　吴亚琼

法 律 依 据　专利法第二十二条第二款、第三款
决 定 要 点

本领域技术人员根据附件 1 所给出的在支架中安装轴承并使轴承与摇把紧密配合以减小摇把在转动时与支架之间产生的摩擦阻力的技术启示，结合本领域中关于轴承安装结构的公知常识，得到本专利权利要求 1 所限定的技术方案是显而易见的，无需付出创造性劳动，并且也没有带来任何意想不到的技术效果，因此本专利权利要求 1 所限定的技术方案不具有实质性特点和进步，不具备专利法第二十二条第三款的创造性。

一、案由

本无效宣告请求案涉及的是专利号为 02212277. X、名称为“带轴承手摇起动支架”的实用新型专利，该专利申请日为 2002 年 1 月 19 日，授权公告日为 2002 年 11 月 27 日，专利权人为肖向东和赵庆贵。

该专利授权公告时的权利要求书如下：

“1. 一种带轴承手摇起动支架，其特征在于它是由下面带有长条形调节孔（7）、上部为盘形支撑座（8）的冲压支架（1）、安装在支撑座（8）内的轴承（3、4、5）以及与冲压支架（1）相对应的端盖（2）构成，铆钉（6）将冲压支架（1）、轴承（3、4、5）、端盖（2）联为一体。

2. 按照权利要求 1 所述的带轴承手摇起动支架，其特征在于轴承（3、4、5）内圈（5）上的内孔（9）形状是圆形、一字形、十字形。”

针对上述专利权（下称本专利），周继家（下称请求人）于 2003 年 3 月 26 日向专利复审委员会提出了无效宣告请求，其理由是本专利不符合专利法第二十二条第二款、第三款关于新颖性和创造性

的规定，请求专利复审委员会宣告该实用新型专利权全部无效，同时提交了以下附件作为证据：

附件1：授权公告号为CN 2373587Y 的中国实用新型专利说明书的复印件，其授权公告日为2000年4月12日；

附件2：授权公告号为CN 2413042Y 的中国实用新型专利说明书的复印件，其授权公告日为2001年1月3日；

附件3：授权公告号为CN 2438844Y 的中国实用新型专利说明书的复印件，其授权公告日为2001年7月11日；

附件4：专利号为02212277. X 的中国实用新型专利说明书（即本专利的授权文本）；

附件5：山东巨力股份有限公司绘制的名称为“摇车支架”、图号为“T/00－17A”的产品加工图纸的复印件（共1页）；

附件6：山东巨力股份有限公司绘制的名称为“摇车支架”、图号为“T/00－17C”的产品加工图纸的复印件（共1页）；

附件7：山东青州市四通车辆配件厂绘制的名称为“轴承摇车支架”、图号为“T/00－17F”的产品加工图纸的复印件（共1页）；

附件8：山东青州市四通车辆配件厂绘制的名称为“轴承摇车支架”、图号为“T/00－17G”的产品加工图纸的复印件（共1页）；

附件9：本专利产品与山东巨力股份有限公司的轴承摇车支架的实物对比图片的复印件（共2页）；

附件10：表示山东巨力股份有限公司三轮车摇车支架位置和已经报废的北京吉普车的前面摇把孔的图片的复印件（共2页）。

请求人在无效宣告请求书中的主要观点是：本专利权利要求1和权利要求2相对于附件1、附件2、附件3所公开的技术内容不具备新颖性和创造性。

经审查，上述无效宣告请求符合专利法及其实施细则规定的形式要求，专利复审委员会于2003年4月15日予以受理并将专利权无效宣告请求书及所附证据材料的副本转送给专利权人，并成立合议组对此案进行审查。

专利权人肖向东和赵庆贵（下称被请求人）于2003年5月19日针对上述无效宣告请求进行了意见陈述，被请求人认为：请求人提供的所有证据都不能破坏本专利的新颖性和创造性，要求专利复审委员会作出维持专利权有效的决定。同时提交了以下证据：

证据1：本专利产品照片；

证据2：山东巨力股份有限公司的外协外购产品零件检验入库单的复印件；

证据3：山东巨力股份有限公司绘制的名称为“摇车支架”、图号为“T/00－17G”的产品加工图纸的复印件（共1页）；

证据4：被请求人向请求人发函挂号收据的复印件；

证据5：山东双力公司使用的原支架照片；

证据6：山东时风集团使用的原支架照片；

证据7：山东巨力公司使用的原支架照片；

证据8：南京金蛙公司使用的原支架照片。

被请求人于2003年10月23日再次提交了意见陈述书，认为申请号为03216622.2的实用新型专利申请不具备新颖性。

合议组于2003年12月26日向双方当事人发出口头审理通知书，定于2004年2月12日下午14

时在专利复审委员会第一口审厅进行口头审理，并在发出口头审理通知书的同时将被请求人于2003年5月21日提交的意见陈述书以及被请求人于2003年10月23日提交的意见陈述书转送给请求人。

针对上述转送文件通知书，请求人于2004年1月17日提交了相应的意见陈述书，坚持认为本专利不具备新颖性和创造性。

口头审理如期进行，请求人和被请求人均参加了口头审理，在口头审理开始前，合议组当庭将请求人于2004年1月17日提交的意见陈述书的副本转给被请求人。在口头审理过程中，双方当事人对双方出庭人员的身份和资格无异议，对合议组成员无回避请求。请求人当庭放弃附件7和附件8。被请求人对请求人提交的附件1～6以及附件9和附件10的真实性无异议。在口审过程中，双方当事人对各自的观点进行了充分论述。鉴于合议组当庭将请求人的意见陈述书转送给被请求人，故要求被请求人在口审十日内提交书面意见。

被请求人于2004年2月22日提交了意见陈述书，被请求人坚持其在口头审理时提出的意见，认为请求人提交的证据不能影响本专利的新颖性和创造性。

至此，合议组经过合议，认为涉及本案的有关事实已经清楚，可以作出本审查决定。

二、决定的理由

1. 关于证据的认定

附件1是专利文献，属于公开出版物，被请求人对附件1的真实性无异议，同时该附件的授权公告日早于本专利申请日，故附件1可作为评价本专利新颖性和创造性的现有技术。

2. 关于专利法第二十二条第三款

根据专利法第二十二条第三款，创造性是指同申请日以前已有的技术相比，该发明有突出的实质性特点和显著的进步，该实用新型有实质性特点和进步。

本专利所要解决的技术问题是，针对现有的摇把在手摇起动时与支架孔产生硬摩擦，阻力大的技术缺陷。本实用新型提供一种能够减小摩擦阻力的带轴承手摇起动支架，本专利通过采用这样的技术手段解决上述技术问题，即：在支架中安装轴承，使轴承内圈与摇把紧配合，从而在摇把转动时，使轴承随其转动，达到减小摩擦阻力的效果。

本专利权利要求1所限定的技术方案为："一种带轴承手摇起动支架，其特征在于它是由下面带有长条形调节孔（7）、上部为盘形支撑座（8）的冲压支架（1）、安装在支撑座（8）内的轴承（3、4、5）以及与冲压支架（1）相对应的端盖（2）构成，铆钉（6）将冲压支架（1）、轴承（3、4、5）、端盖（2）联为一体"。

附件1公开了一种农用三轮车用起动摇把装置，其中公开了一种带轴承的支架结构，支架上安装有轴承，摇把的轴套通过安装在支架上的轴承，并且支架上开有用于使其固定在机体上的孔槽（参见附件1的说明书第2页第6～7行以及图1）。附件1中公开的技术内容中已经给出了在支架中安装轴承并使轴承与摇把紧配合以减小摇把在转动时与支架之间产生的摩擦阻力的技术启示。

与本专利权利要求1所限定的技术方案相比，附件1中没有披露本专利权利要求1中的以下区别技术特征，即：支架包括具有用于安装轴承的支撑座的冲压支架和相应的端盖；以及利用铆钉将冲压支架、轴承、端盖联为一体。通过前面的描述可以看出，上述区别技术特征对实现本发明的目的不起任何实质性的作用，其实际上是轴承安装的常规结构，即将轴承安装在由轴承座和轴承盖构成的轴承安装结构中，以及利用铆钉将轴承、轴承座和轴承盖固定在一起使其成为一个整体结构，这些对本领域技术人员而言属常规的技术手段。因此本领域技术人员根据附件1所给出的在支架中安装轴承并使轴承与摇把紧配合以减小摇把在转动时与支架之间产生的摩擦阻力的技术启示，结合本领域中关于轴承安装结构的常识手段，得到本专利权利要求1所限定的技术方案是显而易见的，无需付出创造性劳动，并且也没有带来任何意想不到的技术效果，因此本专利权利要求 1 所限定的技术方案不具有实质性特定和进步，不具备专利法第二十二条第三款的创造性。

本专利的权利要求 2 是权利要求 1 的从属权利要求，其限定部分的技术特征为“轴承（3、4、5）内圈（5）上的内孔（9）形状是圆形、一字形、十字形”。将轴承内圈上的内孔作成圆形、一字形或者十字形，对于本领域技术人员来说，上述特征都是常规的选择，只要使得摇把与轴承内圈上的内孔实现紧密配合即可，同时由本专利的说明书可以看出，这些常规形状的选择也没有带来任何意想不到的技术效果，在本专利权利要求 1 没有创造性的情况下，对权利要求 1 在轴承内圈的内孔形状方面作进一步限定的权利要求 2 所限定的技术方案同样不具有实质性特点和进步，不具备专利法第二十二条第三款规定的创造性。

三、决定

宣告 ZL02212277. X 号实用新型专利权全部无效。

当事人对本决定不服的，可以根据专利法第四十六条第二款的规定，自收到本决定之日起三个月内向北京市第一中级人民法院起诉。根据该款的规定，一方当事人起诉后，另一方当事人应当作为第三人参加起诉。

096

玻璃钢夹砂顶管案

无效宣告请求审查决定（第7236号）

决 定 号 第7236号
决 定 日 2005年6月7日
发明创造名称 玻璃钢夹砂顶管
国际分类号 F16L 9/14　F16L 21/00
无效请求人 新疆永昌复合材料股份有限公司
专利权人 陕西竞业玻璃钢有限公司
专 利 号 00243741.4
申 请 日 2000年7月21日
授权公告日 2001年5月2日
合议组组长 杨克菲
主 审 员 陈 勇
参 审 员 于 萍

法律依据 专利法第二十六条第三款、第四款　专利法第二十二条第三款、第四款
决定要点

省略本领域中普通技术的描述，不能认为说明书公开不充分，也不能认为本专利不具备实用性。

现有技术仅公开了一项权利要求中的一部分技术特征，而另一部分技术特征没有被公开，且不能从现有技术中得到启示，由于这些特征的存在使得权利要求所限定的技术方案与现有技术的技术方案不同，且具有有益效果，故不能否定本专利的创造性。

一、案由

本无效宣告请求案涉及申请日为2000年7月21日，授权公告日为2001年5月2日，名称为“玻璃钢夹砂顶管”的00243741.4号实用新型专利（下称本专利），专利权人为陕西竞业玻璃钢有限公司（下称被请求人）。授权公告的权利要求书如下：

“1. 一种玻璃钢夹砂顶管，它由管头、管身以及管尾组成，管头和管尾管径一致，管尾连接部设有密封用套环，管头、管尾通过套环连接，其特征在于：所述的管头、管身以及管尾采用树脂基体，管身设有两维以上方向绕制的纤维层以及石英夹砂层，管头和管尾设有为两维以上方向绕制的纤维层，所述的套环紧密设置在管头或管尾外壁的凹台内。

2. 根据权利要求1所述的玻璃钢夹砂顶管，其特征在于：所述的管尾端部、外套环下开设凹道，凹道内套设密封橡胶环。

3. 根据权利要求1所述的玻璃钢夹砂顶管，其特征在于：所述的管尾和管头外壁上外、套环下设有凹槽，凹槽内分别设置密封橡胶环带。

4. 根据权利要求1所述的玻璃钢夹砂顶管，其特征在于：所述的管尾和管头内壁设有凹槽，内

套环设置在内壁凹槽内。”

针对上述专利权，新疆永昌复合材料股份有限公司（下称请求人）于2004年12月10日向专利复审委员会提出了宣告专利权无效的请求，其理由是本专利不符合专利法第二十二条第三款和第四款的规定。与此同时，请求人提交了以下证据：

证据1：中国建筑工业出版社1998年7月第1版《实用给水排水工程施工手册》封面、版权页以及第750~755页复印件；

证据2：人民交通出版社1998年8月第1版《顶管施工技术》封面、版权页以及第58页和第64~67页复印件；

证据3：1999年1月4日发布的中华人民共和国城镇建设行业标准CJ/T3079-1998《玻璃纤维增强塑料夹砂管》封面及有关内容复印件共17页；

证据4：1998年11月9日发布的中华人民共和国建材行业标准JC/T838-1998《玻璃纤维缠绕增强热固性树脂夹砂压力管》封面及有关内容复印件共5页。

请求人认为：（1）证据1和证据3、证据1和证据4、证据2和证据3或者证据2和证据4结合可以破坏本专利独立权利要求1的创造性；（2）权利要求2和权利要求3的附加技术特征已经被证据1公开，因此证据1和证据3结合破坏了权利要求2、权利要求3的创造性；（3）权利要求4的附加技术特征是一种可想而知的变型，因此权利要求4也不具备创造性；（4）如果将“两维以上方向绕制”解释为不只是沿管壁平面交叉绕制的两维，而且还有沿管径方向绕制的第三维的话，则无法完成本专利的技术方案。因此本专利不具备实用性。

经形式审查合格后，专利复审委员会受理了上述无效宣告请求，于2004年12月10日向请求人和被请求人发出了无效宣告请求受理通知书，并将上述无效宣告请求书及所附相关文件副本转送给被请求人，要求被请求人在指定期限内陈述意见。同时依法成立合议组对本案进行审查。

2005年1月10日，请求人又提交了意见陈述书，补充提交了以下三份证据：

证据5：科学出版社2001年3月第1版《纺织结构复合材料》有关内容复印件共13页；

证据6：科学出版社1998年4月第1版《玻璃钢夹砂管道》封面、版权页及第1页、第178~193页的复印件；

证据7：1987年第4期《纤维复合材料》封面及相关内容复印件共12页。

请求人在本次意见陈述中认为：证据6介绍了玻璃钢夹砂管缠绕结构层的工艺技术，即公开了本专利的技术方案；证据7也公开了本专利的技术方案。

2005年4月7日被请求人提交了意见陈述书，认为证据1~4单独或者结合均没有公开权利要求1的全部技术特征，因此权利要求1具备新颖性和创造性，从而其从属权利要求2~4也具备新颖性和创造性；而且认为本专利权利要求1具有工业再现性，也即具备实用性。

专利复审委员会于2005年4月8日将请求人2005年1月10日提交的意见陈述书及有关文件副本转给被请求人，将被请求人在2005年4月7日提交的意见陈述书副本转给请求人。于2005年4月13日向双方当事人发出口头审理通知书，定于2005年5月26日在专利复审委员会举行口头审理。

口头审理如期举行，双方当事人均参加了口头审理。双方当事人对变更后的合议组成员无回避请求，对对方出庭人员的身份和资格无异议。请求人口头审理时增加专利法第二十六条第三款和第四款为其无效理由，明确请求宣告本专利无效的理由为本专利不符合专利法第二十二条第三款和第四款以及专利法第二十六条第三款和第四款的规定。请求人认为：“两维以上方向绕制”没有在说明书中充分公开，因此本专利不符合专利法第二十六条第三款的规定；权利要求1中的“套环紧密设置在管头或管尾外壁的凹台内”和权利要求4中的“内套环设置在内壁凹槽内”没有记载在说明书中，因此不符合专利法第二十六条第四款的规定；“两维以上方向绕制”的工艺无法实现，且本专利说明书图1中的纤维层和石英夹砂层截然分开的技术方案技术效果有所退步，因此不符合专利法第二十二条第四款的规定。请求人认为，证据1或证据2与证据3或证据4结合、证据1或证据2与证据6结合破坏权利要求1~4的创造性。由于请求人在口头审理中新增加了专利法第二十六条第三款和第四款的无效理由，同时被请求人要求口头审理后再次提交书面意见，合议组要求被请求人在口头审理结束后五日内提交书面意见。请求人当庭提交了证据1、证据5和证据6的原件，被请求人对其真实性无异议。请求人没有提交证据2~4的原件，被请求人对这些证据的真实性有异议。请求人表示在口头审理结束后五日内提交证据2~4的原件，到时合议组和被请求人再核实其真实性，如果逾期不提交，合议组将不予考虑证据2~4。请求人使用证据5说明本专利不符合专利法第二十二条第四款，合议组当庭明确告知双方，证据5的出版公开日期为2001年3月，在本专利申请日之后，合议组对该证据不予采信。请求人提交了证据7的原件，但是其上载明的出版时间、期刊登记号、编辑、出版、发行及印刷单位的信息载体是另粘贴到封底上的，且被请求人对该证据有异议，合议组明确告知双方证据7不能作为公开出版物的证据，不予采信。

2005年5月30日，在专利复审委员会口审厅，双方当事人在合议组主持下对证据2~4进行了质证，请求人出具了证据2~4的原件，被请求人核实了这些证据，并表示对它们的真实性无异议。同时，被请求人向专利复审委员会本案合议组提交了意见陈述书，坚持认为本专利符合专利法第二十六条第三款和第四款的规定，并且认为本专利具备创造性。专利复审委员会本案合议组当即将被请求人的上述意见陈述书转给请求人，请求人表示不再提交书面意见陈述。

在上述程序基础上，合议组认为本案事实已经清楚，可以依法作出如下审查决定。

二、决定的理由

1. 关于本专利是否符合专利法第二十六条第三款的规定

专利法第二十六条第三款规定：说明书应当对发明或者实用新型作出清楚、完整的说明，以所属技术领域的技术人员能够实现为准。

请求人认为：“两维以上方向绕制”没有在说明书中充分公开，因此本专利不符合专利法第二十六条第三款的规定。

判断一项专利是否符合专利法第二十六条第三款的规定，应该站在本领域普通技术人员的角度来看，而本领域普通技术人员应该知晓申请日前所属技术领域的所有普通技术知识，能够获知该领域的所有现有技术。合议组认为，本实用新型专利要求保护的是一种玻璃钢夹砂顶管，权利要求1中的“管身设有两维以上方向绕制的纤维层以及石英夹砂层，管头和管尾设有为两维以上方向绕制的纤维层”中提及的“两维以上方向绕制”在说明书中的相应描述为“两维以上方向往复交叉绕制”，这一特征是对“纤维层”这一结构层的制造工艺的具体限定，对于管体而言，有轴向、径向和厚度方向三维方向存在，在这样的三维方向上实现往复交叉绕制，对于机械领域的技术人员来讲是很容易实现的。比如说，“两维以上方向往复交叉绕制”可以是在管道的管壁上沿着径向和轴向往复交叉缠绕纤维，同时使纤维层在管壁的厚度方向（也即高度方向）上进行叠加。所以本领域技术人员根据说明书的描述完全可以实现“两维以上方向绕制”，进而完全可以实施、再现本实用新型的技术方案，因此本专利符合专利法第二十六条第三款的规定。

2. 关于本专利是否符合专利法第二十二条第四款的规定

专利法第二十二条第四款规定：实用性，是指该发明或者实用新型能够制造或者使用，并且能够产生积极效果。

请求人认为：“两维以上方向绕制”的工艺无法实现，且本专利说明书图1中的纤维层和石英夹砂层截然分开的技术方案技术效果有所退步，因此不符合专利法第二十二条第四款的规定。

合议组认为：如果一件专利或专利申请请求保护一种产品，那么其具备实用性的标准是该产品必须在产业中能够制造，并且能够解决技术问题。本专利请求保护一种玻璃钢夹砂顶管，如上所述，“两维以上方向绕制”是指在管体上沿着径向、轴向和高度方向缠绕纤维层，本领域普通技术人员完全能够实现。对于请求人认为“图1中纤维层和石英夹砂层截然分开的技术方案技术效果有所退步”这一点，合议组认为，本专利请求保护的是一种玻璃钢夹砂顶管，这一技术方案由权利要求1记载的所有技术特征构成，它实际上是由管头、管尾和管身构成的管道，管头、管尾由树脂基体和纤维层构成，管身由树脂基体、纤维层以及石英夹砂层构成，在管头或管尾外壁上还紧密设置有套环。这种管道不同于现有技术中的顶管，它能够满足顶管的强度和韧度要求，且降低成本、顶进效率高，解决了现有技术中存在的相应技术问题。因此，合议组认为，即使纤维层和石英夹砂层截然分开可能造成局部强度变化，但是也不能认为本专利明显无益、整体变劣，不满足实用性的要求。故合议组对请求人提出的本专利不具备实用性的主张不予支持。

3. 关于本专利是否符合专利法第二十六条第四款的规定

专利法第二十六条第四款规定：权利要求书应当以说明书为依据，说明要求专利保护的范围。

请求人认为：权利要求1中的“套环紧密设置在管头或管尾外壁的凹台内”和权利要求4中的“内套环设置在内壁凹槽内”没有记载在说明书中，因此不符合专利法第二十六条第四款的规定。

在本专利说明书第3页第6~7行记载有“外套环4紧密设置在管头1或管尾3外壁的凹台13、33内”这一特征，并且在说明书附图1和附图2中也已经示意性地表示出这一内容；权利要求4中的“内套环设置在内壁凹槽内”这一特征在说明书第3页最后两行也有相应记载“内套环7设置在内壁凹槽36、15内”，并且通过阅读说明书附图5，也可以看出这一内容。因此合议组认为本专利的权利要求1和权利要求4符合专利法第二十六条第四款的规定。

4. 关于本专利是否符合专利法第二十二条第三款的规定

专利法第二十二条第三款规定：创造性，是指同申请日以前已有的技术相比，该发明有突出的实质性特点和显著的进步，该实用新型有实质性特点和进步。

请求人共提交了七份证据。如上所述，请求人提交的证据5和证据7不能作为本案的有效证据使用。证据1~4和证据6均为公开出版物，它们的公开日期均早于本专利的申请日，被请求人对它们的真实性无异议，故合议组认为证据1~4和证据6可以作为评价本专利创造性的证据使用。

请求人认为：证据1或证据2与证据3或证据4结合、证据1或证据2与证据6结合破坏权利要求1~4的创造性。

证据1涉及一种钢筋混凝土顶管，其中具体公开了以下技术内容（见该证据的第10.2.5.2节）：该管道包括管头、管尾和管身部分，管头和管尾管径一致，管尾连接部设有密封圈，管头管尾通过钢套管连接。

本专利权利要求1与证据1相比，至少存在以下的区别技术特征：a. 顶管为玻璃钢夹砂顶管；b. 该顶管的管头和管尾的结构由树脂基体和纤维层构成，管身的结构由树脂基体和纤维层以及石英夹砂层构成；c. 两维以上方向绕制的纤维层。

证据3是关于玻璃纤维增强塑料夹砂管的行业标准，其中（见该证据的第3.1节和第3.3节）具体披露了以下技术内容：玻璃纤维增强塑料夹砂管是以玻璃纤维及其制品为增强材料，以不饱和聚酯树脂、环氧树脂等为基体材料，以石英砂及碳酸钙等无机非金属颗粒材料作为主要原料，采用定长缠绕、连续缠绕等工艺制成的。

通过以上分析可知，即使证据1和证据3结合，也至少没有公开权利要求1中的区别技术特征

b，并且证据1和证据3中也没有给出任何相应的技术启示。由于该区别技术特征的存在，使得本专利权利要求1所限定的玻璃钢夹砂顶管成为一种与现有技术结构不同的顶管。这种顶管具有较高的强度和韧度，同时降低了成本，提高了顶进效率。因此该权利要求1具备专利法第二十二条第三款规定的创造性。

证据2涉及顶管施工技术，其中第三节和第四节具体披露了顶管T形套环管接口和F形管接口的形式；第五节披露了玻璃纤维加强管的结构，即在管子的表面缠绕强度很高的玻璃纤维。

证据4是玻璃纤维缠绕增强热固性树脂夹砂压力管的行业标准，其中（参见该证据第1、第5和第11页）具体描述了夹砂管的定义、管壁结构以及这种管子的缠绕工艺。

证据6涉及玻璃钢夹砂管道，其中具体描述了这种管道的缠绕结构层的工艺技术以及产品缺陷及质量控制。

综上所述，无论是证据1或证据2与证据3或证据4结合，还是证据1或证据2与证据6结合，都没有公开上述的区别技术特征b，也没有给出相应的技术启示。而且由于该区别技术特征的存在，使得权利要求1限定的技术方案具有实质性特点和进步。因此权利要求1具备专利法第二十二条第三款规定的创造性。

在权利要求1具备创造性的基础上，其从属权利要求2~4也具备专利法第二十二条第三款规定的创造性。

三、决定

维持00243741.4号的实用新型专利权有效。

当事人对本决定不服的，可以根据专利法第四十六条第二款的规定，自收到本决定之日起三个月内向北京市第一中级人民法院起诉。根据该款的规定，一方当事人起诉后，另一方当事人应当作为第三人参加诉讼。

北京市第一中级人民法院
行政判决书

（2005）一中行初字第953号

原告新疆永昌复合材料股份有限公司，住所地新疆维吾尔自治区米泉市振兴路。

法定代表人周永清，董事长。

委托代理人刘中岳，北京市鼎业律师事务所律师。

被告国家知识产权局专利复审委员会，住所地北京市海淀区北四环西路9号银谷大厦10~12层。

法定代表人廖涛，副主任。

委托代理人王颖，女，国家知识产权局专利复审委员会行政诉讼处审查员。

委托代理人陈勇，男，国家知识产权局专利复审委员会机械申诉处审查员。

第三人陕西竞业玻璃钢有限公司，住所地陕西省西安市长安南路三爻长延堡工业区1号。

法定代表人司金峰，董事长。

委托代理人刘芳，女，北京同立钧成知识产权代理有限公司专利代理人。

委托代理人庾国庆，陕西仁和万国律师事务所律师。

原告新疆永昌复合材料股份有限公司不服被告国家知识产权局专利复审委员会作出的第7236号

无效宣告请求审查决定（下称无效决定），向本院提起行政诉讼。本院于2005年9月9日受理后，依法组成合议庭，依照《中华人民共和国专利法》（下称《专利法》）第四十六条第二款、《中华人民共和国行政诉讼法》第二十七条的规定，通知利害关系人陕西竞业玻璃钢有限公司作为本案第三人参加诉讼，并于2005年10月27日公开开庭审理了本案。原告的法定代表人周永清及其委托代理人刘中岳，被告的委托代理人王颖、陈勇，第三人的法定代表人司金峰及其委托代理人刘芳、庾国庆到庭参加了诉讼。本案现已审理终结。

被告于2005年6月7日针对原告提出的无效宣告请求，作出无效决定：

本无效宣告请求案涉及申请日为2000年7月21日，授权公告日为2001年5月2日，名称为“玻璃钢夹砂顶管”的00243741.4号实用新型专利（下称本专利），专利权人为第三人。授权公告的权利要求书如下：

“1. 一种玻璃钢夹砂顶管，它由管头、管身以及管尾组成，管头和管尾管径一致，管尾连接部设有密封用套环，管头、管尾通过套环连接，其特征在于：所述的管头、管身以及管尾采用树脂基体，管身设有两维以上方向绕制的纤维层以及石英夹砂层，管头和管尾设有为两维以上方向绕制的纤维层，所述的套环紧密设置在管头或管尾外壁的凹台内。

2. 根据权利要求1所述的玻璃钢夹砂顶管，其特征在于：所述的管尾端部、外套环下开设凹道，凹道内套设密封橡胶环。

3. 根据权利要求1所述的玻璃钢夹砂顶管，其特征在于：所述的管尾和管头外壁上外、套环下设有凹槽，凹槽内分别设置密封橡胶环带。

4. 根据权利要求1所述的玻璃钢夹砂顶管，其特征在于：所述的管尾和管头内壁设有凹槽，内套环设置在内壁凹槽内。”

针对上述专利权，原告于2004年12月10日向被告提出了宣告专利权无效的请求，其理由是本专利不符合《专利法》第二十二条第三款、第四款的规定。与此同时提交了以下证据：

证据1：中国建筑工业出版社1998年7月第1版《实用给水排水工程施工手册》封面、版权页以及第750～755页复印件；

证据2：人民交通出版社1998年8月第1版《顶管施工技术》封面、版权页以及第58页和第64～67页复印件；

证据3：1999年1月4日发布的中华人民共和国城镇建设行业标准CJ/T3079—1998《玻璃纤维增强塑料夹砂管》封面及有关内容复印件共17页；

证据4：1998年11月9日发布的中华人民共和国建材行业标准JC/T838—1998《玻璃纤维缠绕增强热固性树脂夹砂压力管》封面及有关内容复印件共5页。

原告认为：（1）证据1和证据3、证据1和证据4、证据2和证据3或者证据2和证据4结合可以破坏本专利独立权利要求1的创造性；（2）权利要求2和权利要求3的附加技术特征已经被证据1公开，因此证据1和证据3结合破坏了权利要求2和权利要求3的创造性；（3）权利要求4的附加技术特征是一种可想而知的变型，因此权利要求4也不具备创造性；（4）如果将“两维以上方向绕制”解释为不只是沿管壁平面交叉绕制的两维，而且还有沿管径方向绕制的第三维的话，则无法完成本专利的技术方案。因此本专利不具备实用性。

经形式审查合格后，被告受理了上述无效宣告请求，于2004年12月10日向双方发出了无效宣告请求受理通知书，并将上述无效宣告请求书及所附相关文件副本转送给第三人，要求其在指定期限内陈述意见。同时依法成立合议组对本案进行审查。

2005年1月10日，原告又提交了意见陈述书，补充提交了以下三份证据：

证据5：科学出版社2001年3月第1版《纺织结构复合材料》有关内容复印件共13页；

证据6：科学出版社1998年4月第1版《玻璃钢夹砂管道》封面、版权页及第1页、第178～193页的复印件；

证据7：1987年第4期《纤维复合材料》封面及相关内容复印件共12页。

原告在本次意见陈述中认为：证据6介绍了玻璃钢夹砂管缠绕结构层的工艺技术，即公开了本专利的技术方案；证据7也公开了本专利的技术方案。

2005年4月7日第三人提交了意见陈述书，认为证据1～4单独或者结合均没有公开权利要求1的全部技术特征，因此权利要求1具备新颖性和创造性，从而其从属权利要求2～4也具备新颖性和创造性；而且认为本专利权利要求1具有工业再现性，也即具备实用性。

被告于2005年4月8日将原告2005年1月10日提交的意见陈述书及有关文件副本转给第三人，并将第三人在2005年4月7日提交的意见陈述书副本转给原告。于2005年4月13日向双方当事人发出口头审理通知书，定于2005年5月26日举行口头审理。

口头审理如期举行，双方当事人均参加了口头审理。双方当事人对变更后的合议组成员无回避请求，对对方出庭人员的身份和资格无异议。原告口头审理时增加《专利法》第二十六条第三款、第四款为其无效理由，明确请求宣告本专利无效的理由为本专利不符合《专利法》第二十二条第三款、第四款以及《专利法》第二十六条第三款、第四款的规定，其认为："两维以上方向绕制"没有在说明书中充分公开，因此本专利不符合《专利法》第二十六条第三款的规定；权利要求1中的"套环紧密设置在管头或管尾外壁的凹台内"和权利要求4中的"内套环设置在内壁凹槽内"没有记载在说明书中，因此不符合《专利法》第二十六条第四款专利法的规定；"两维以上方向绕制"的工艺无法实现，且本专利说明书图1中的纤维层和石英夹砂层截然分开的技术方案技术效果有所退步，因此不符合《专利法》第二十二条第四款专利法的规定。原告认为，证据1或证据2与证据3或证据4结合、证据1或证据2与证据6结合破坏权利要求1～4的创造性。由于原告在口头审理中新增加了《专利法》第二十六条第三款、第四款的无效理由，同时第三人要求口头审理后再次提交书面意见，被告要求第三人在口头审理结束后五日内提交书面意见。原告当庭提交了证据1、证据5和证据6的原件，第三人对其真实性无异议。原告没有提交证据2～4的原件，第三人对这些证据的真实性有异议。原告表示在口头审理结束后五日内提交证据2～4的原件，到时被告和第三人再核实其真实性，如果逾期不提交，被告将不予考虑证据2～4。原告使用证据5说明本专利不符合《专利法》第二十二条第四款，被告当庭明确告知双方，证据5的出版公开日期为2001年3月，在本专利申请日之后，被告对该证据不予采信。原告提交了证据7的原件，但是其上载明的出版时间、期刊登记号、编辑、出版、发行及印刷单位的信息载体是另粘贴到封底上的，且第三人对该证据有异议，被告明确告知双方证据7不能作为公开出版物的证据，不予采信。2005年5月30日，被告在口审厅对证据2～4进行了质证，原告出具了证据2～4的原件，第三人核实了这些证据，并表示对它们的真实性无异议。同时，第三人向被告提交了意见陈述书，坚持认为本专利符合《专利法》第二十六条第三款、第四款的规定，并且认为本专利具备创造性。被告当即将第三人的上述意见陈述书转给原告，原告表示不再提交书面意见陈述。在上述程序基础上，被告认为本案事实已经清楚，作出无效决定，其理由如下：

1. 关于本专利是否符合《专利法》第二十六条第三款的规定

《专利法》第二十六条第三款的规定：说明书应当对发明或者实用新型作出清楚、完整的说明，以所属技术领域的技术人员能够实现为准。

原告认为："两维以上方向绕制"没有在说明书中充分公开，因此本专利不符合《专利法》第二十六条第三款的规定。判断一项专利是否符合《专利法》第二十六条第三款的规定，应该站在本领域普通技术人员的角度来看，而本领域普通技术人员应该知晓申请日前所属技术领域的所有普通技术知识，能够获知该领域的所有现有技术。被告认为，本专利要求保护的是一种玻璃钢夹砂顶管，权利要求1中的“管身设有两维以上方向绕制的纤维层以及石英夹砂层，管头和管尾设有为两维以上方向绕制的纤维层”中提及的“两维以上方向绕制”在说明书中的相应描述为“两维以上方向往复交叉绕制”，这一特征是对“纤维层”这一结构层的制造工艺的具体限定，对于管体而言，有轴向、径向和厚度方向三维方向存在，在这样的三维方向上实现往复交叉绕制，对于机械领域的技术人员来讲是很容易实现的。比如说，“两维以上方向往复交叉绕制”可以是在管道的管壁上沿着径向和轴向往复交叉缠绕纤维，同时使纤维层在管壁的厚度方向（也即高度方向）上进行叠加。所以本领域技术人员根据说明书的描述完全可以实现“两维以上方向绕制”，进而完全可以实施、再现本实用新型的技术方案，因此本专利符合《专利法》第二十六条第三款的规定。

2. 关于本专利是否符合《专利法》第二十二条第四款的规定

《专利法》第二十六条第四款的规定：实用性，是指该发明或者实用新型能够制造或者使用，并且能够产生积极效果。

原告认为：“两维以上方向绕制”的工艺无法实现，本专利说明书图1中的纤维层和石英夹砂层截然分开的技术方案技术效果有所退步，因此不符合《专利法》第二十二条第四款的规定。被告认为：如果一件专利或专利申请请求保护一种产品，那么其具备实用性的标准是该产品必须在产业中能够制造，并且能够解决技术问题。本专利请求保护一种玻璃钢夹砂顶管，如上所述，“两维以上方向绕制”是指在管体上沿着径向、轴向和高度方向缠绕纤维层，本领域普通技术人员完全能够实现。对于原告认为“图1中纤维层和石英夹砂层截然分开的技术方案技术效果有所退步”这一点，合议组认为，本专利请求保护的是一种玻璃钢夹砂顶管，这一技术方案由权利要求1记载的所有技术特征构成，它实际上是由管头、管尾和管身构成的管道，管头、管尾由树脂基体和纤维层构成，管身由树脂基体、纤维层以及石英夹砂层构成，在管头或管尾外壁上还紧密设置有套环。这种管道不同于现有技术中的顶管，它能够满足顶管的强度和韧度要求，且降低成本、顶进效率高，解决了现有技术中存在的相应技术问题。因此，被告认为，即使纤维层和石英夹砂层截然分开可能造成局部强度变化，但是也不能认为本专利明显无益、整体变劣，不满足实用性的要求。故被告对原告提出的本专利不具备实用性的主张不予支持。

3. 关于本专利是否符合《专利法》第二十六条第四款的规定

《专利法》第二十六条第四款的规定：权利要求书应当以说明书为依据，说明要求专利保护的范围。原告认为：权利要求1中的“套环紧密设置在管头或管尾外壁的凹台内”和权利要求4中的“内套环设置在内壁凹槽内”没有记载在说明书中，因此不符合《专利法》第二十六条第四款的规定。在本专利说明书第3页第6~7行记载有“外套环4紧密设置在管头1或管尾3外壁的凹台13、33内”这一特征，并且在说明书附图1和附图2中也已经示意性地表示出这一内容；权利要求4中的“内套环设置在内壁凹槽内”这一特征在说明书第3页最后两行也有相应记载“内套环7设置在内壁凹槽36、15内”，并且通过阅读说明书附图5，也可以看出这一内容。因此被告认为本专利的权利要求1和权利要求4符合《专利法》第二十六条第四款的规定。

4. 关于本专利是否符合《专利法》第二十二条第三款的规定

《专利法》第二十二条第三款规定：创造性，是指同申请日以前已有的技术相比，该发明有突出的实质性特点和显著的进步，该实用新型有实质性特点和进步。原告共提交了七份证据。如上所述，原告提交的证据5和证据7不能作为本案的有效证据使用。证据1~4和证据6均为公开出版物，它们的公开日期均早于本专利的申请日，第三人对它们的真实性无异议，故被告认为证据1~4和证据

6 可以作为评价本专利创造性的证据使用。原告认为：证据 1 或证据 2 与证据 3 或证据 4 结合、证据 1 或证据 2 与证据 6 结合破坏权利要求 1 ~ 4 的创造性。

证据 1 涉及一种钢筋混凝土顶管，其中具体公开了以下技术内容（见该证据的第 10.2.5.2 节）：该管道包括管头、管尾和管身部分，管头和管尾管径一致，管尾连接部设有密封圈，管头管尾通过钢套管连接。

本专利权利要求 1 与证据 1 相比，至少存在以下的区别技术特征：a. 顶管为玻璃钢夹砂顶管；b. 该顶管的管头和管尾的结构为由树脂基体和纤维层构成，管身的结构为由树脂基体和纤维层以及石英夹砂层构成；c. 两维以上方向绕制的纤维层。

证据 3 是关于玻璃纤维增强塑料夹砂管的行业标准，其中（见该证据的第 3.1 节和第 3.3 节）具体披露了以下技术内容：玻璃纤维增强塑料夹砂管是以玻璃纤维及其制品为增强材料，以不饱和聚酯树脂、环氧树脂等为基体材料，以石英砂及碳酸钙等无机非金属颗粒材料作为主要原料，采用定长缠绕、连续缠绕等工艺制成的。

通过以上分析可知，即使证据 1 和证据 3 结合，也至少没有公开权利要求 1 中的区别技术特征 b，并且证据 1 和证据 3 中也没有给出任何相应的技术启示。由于该区别技术特征的存在，使得本专利权利要求 1 所限定的玻璃钢夹砂顶管成为一种与现有技术结构不同的顶管。这种顶管具有较高的强度和韧度，同时降低了成本，提高了顶进效率。因此该权利要求 1 具备《专利法》第二十二条第三款规定的创造性。

证据 2 涉及顶管施工技术，其中第三节和第四节具体披露了顶管 T 形套环管接口和 F 形管接口的形式；第五节披露了玻璃纤维加强管的结构，即在管子的表面缠绕强度很高的玻璃纤维。

证据 4 是玻璃纤维缠绕增强热固性树脂夹砂压力管的行业标准，其中（参见该证据第 1 页、第 5 页和第 11 页）具体描述了夹砂管的定义、管壁结构以及这种管子的缠绕工艺。

证据 6 涉及玻璃钢夹砂管道，其中具体描述了这种管道的缠绕结构层的工艺技术以及产品缺陷及质量控制。

综上所述，无论是证据 1 或证据 2 与证据 3 或证据 4 结合，还是证据 1 或证据 2 与证据 6 结合，都没有公开上述的区别技术特征 b，也没有给出相应的技术启示。而且由于该区别技术特征的存在，使得权利要求 1 限定的技术方案具有实质性特点和进步。因此权利要求 1 具备《专利法》第二十二条第三款的规定的创造性。在权利要求 1 具有创造性的基础上，其从属权利要求2 ~ 4 也具有《专利法》第二十二条第三款规定的创造性。据此，被告作出无效决定：维持本专利有效。

被告在法定期限内向本院提交无效决定复印件、本专利说明书、口头审理记录、2005 年 5 月 30 日的质证、转文记录以及原告在无效程序提交的证据 1 ~ 4 及证据 6（下称证据 1 ~ 4、证据 6），上述证据用以证明无效决定认定事实清楚，适用法律正确，程序合法，结论正确。

原告诉称，被告无效决定认定事实不清，其理由如下：1. 无效决定认定本专利的“两维以上方向绕制”在说明书中充分公开，符合《专利法》第二十六条第三款的规定错误；无效决定对本专利的“两维以上方向绕制”的解释和认定是错误的，其将“管体”与“制造工艺”两个概念混为一谈；其认定本专利的“两维以上方向绕制”是一种制造工艺，但未对“两维以上方向绕制”制造工艺的“三维”进行解释和认定；将“管体”的所谓的“三维”与“制造工艺”的“三维方向绕制”混为一谈犯了逻辑错误。因此，得出的“在这样的三维方向上实现往复交叉绕制，对于机械领域的技术人员来讲是很容易实现”的结论是错误的，无法实现本专利的技术方案，故本专利不具备实用性。2. 假设“两维以上方向绕制”在说明书中的相应描述为“两维以上方向往复交叉绕制”，而且根据无效决定解释和认定为“可以是在管道的管壁上沿着径向和轴向往复交叉缠绕纤维，同时使纤维层在管壁的厚度方向（也即高度方向）上进行叠加”是正确的，那么，已有技术就完全覆盖了本专利的独立权利要求的全部技术特征，因此，本专利不具备创造性。综上，被告作出的无效决定认定事实错误，原告请求法院撤销无效决定。

原告在提起诉讼时向本院提交了无效决定复印件以及以下证据：1. 期刊《高科技纤维与应用》，2000 年第 2 期，共 5 页；2. 期刊《纤维复合材料》，1998 年第 1 期，共 6 页；3. 期刊《材料工程》，1989 年第 3 期，共 9 页；4. 期刊《航空制造工程》，1997 年第 10 期，共 4 页。上述证据均证明二维和三维的区别。原告当庭提交如下证据：1.《玻璃钢夹砂管道》，1989 年出版，第 1 ~ 5 页，第 163 ~ 172 页、第 196 页、第 200 页，证明玻璃钢管道的管头都是玻璃钢的，200 页显示管道的结构，表明和本专利完全一样；2.《2000 年在湖南采用玻璃钢顶管》，证明 2000 年 1 月已经有人运用玻璃钢顶管；3. 公证书，证明现有玻璃钢夹砂管道所有的管道都是二维的。上述证据用以证明本专利不具备创造性。

原告在开庭前向本院申请证人陈博出庭作证，就二维与三维缠绕向法庭作出陈述与说明，本院经审查，准许证人陈博出庭作证。陈博作证认为：目前，玻璃钢夹砂顶管为二维结构，管道的缠绕就是一个螺旋线，管道的圆柱面可以展开，展开后可见螺旋线为一条直线，因为，螺旋线只有往复运动和拉动，不可能形成三维。所谓三维是要在三个方向上实现绕制，在本专利中是不可能实现的。

被告辩称，原告的诉讼理由及请求均不能成立，我委坚持无效决定认定的事实及理由。故被告请求人民法院在查明事实的基础上，依法驳回原告的诉讼请求、维持无效决定。

第三人陈述意见，被告无效决定认定事实清楚，适用法律正确，请求法院驳回原告的诉讼请求，维持无效决定。

经庭审质证，原告对被告提交的证据的关联性、合法性、真实性无异议，但认为不能支持被告的主张。第三人同意被告的举证。被告、第三人对原告提交的证据及证人证言有异议，认为原告的上述证据均未在无效程序中提交，不能作为本案无效决定的证据。第三人未向法院举证。

经庭审质证及合议庭评议，本院对以上各方当事人提交的证据认证如下：被告提交的证据与本案有关联性、真实、合法，能够证明本案的相关事实，本院予以确认。原告提交的证据未在无效程序中提交，证人证言亦未在无效程序中作证，对上述证据及证人证言，本院不予采纳。

经审理查明，第三人于 2000 年 7 月 21 日向国家知识产权局专利局提出本专利申请，2001 年 5 月 2 日授权公告。原告于 2004 年 12 月 10 日向被告提出无效宣告请求并提交了相关证据。被告受理后，依照法定程序进行转文，于 2005 年 5 月 26 日举行口头审理，在听取双方当事人的陈述意见后，于 2005 年 6 月 7 日作出无效决定。原告不服，向本院提起行政诉讼。

本院认为，根据《中华人民共和国专利法》第二十六条第三款的规定，说明书应当对发明作出清楚、完整的说明，以所属技术领域的技术人员能够实现为准；必要的时候，应当有附图。摘要应当简要说明发明的技术要点。《专利法》第二十二条第三款规定：实用新型的创造性是指与申请日以前已有的技术相比，该实用新型有实质性特点和进步；该条第四款规定：实用性，是指该实用新型能够制造或者使用，并且能够产生积极效果。根据《专利法》、《专利法实施细则》及《审查指南》的相关规定，请求宣告专利权无效的申请人对无效事实负有举证责任，即其提出无效申请的同时应就该专利与申请日以前已有的技术相比，是否有实质性特点和进步并是否公开提交证据。原告在无效程序中提交的证据 1 ~ 4 及证据 6 均为公开出版物，其公开日期早于本专利的申请日，且与本专利属相同的技术领域，可以作为评价本专利创造性的对比文件，本院对上述证据予以确认。原告当庭向本院提交的证据，因其未在无效程序中提交，故不能作为本案评价本专利的创造性对比文件，对原告当庭提交的证据本院不予确认。本案的争议焦点有三：一是本专利的“两维以上方向绕制”是否得到说明书的支持；二是本专利是否具备实用性；三是本专利是否具备创造性。

一、关于本专利的“两维以上方向绕制”是否得到说明书的支持

本专利要求保护的是一种玻璃钢夹砂顶管，其权利要求1中的“管身设有两维以上方向绕制的纤维层以及石英夹砂层，管头和管尾设有为两维以上方向绕制的纤维层”中提及的“两维以上方向绕制”在说明书中的相应描述为“两维以上方向往复交叉绕制”，是在管道的管壁上沿着径向和轴向往复交叉缠绕纤维，本领域技术人员根据说明书的描述完全可以实现“两维以上方向绕制”，进而可以实施本专利的技术方案，因此本专利符合《专利法》第二十六条第三款的规定。原告关于本专利“两维以上方向绕制”没有在说明书中充分公开，因此本专利不符合《专利法》第二十六条第三款的规定的主张缺乏事实及法院依据，对该主张本院不予支持。

二、关于本专利是否符合《专利法》第二十二条第四款的规定

本专利请求保护的是一种玻璃钢夹砂顶管，这一技术方案由权利要求1记载的所有技术特征构成，它是由管头、管尾和管身构成的管道，管头、管尾由树脂基体和纤维层构成，管身由树脂基体、纤维层以及石英夹砂层构成，在管头或管尾外壁上还紧密设置有套环。这种管道不同于现有技术中的顶管，它能够满足顶管的强度和韧度要求，且降低成本、顶进效率高，解决了现有技术中存在的相应技术问题，本领域普通技术人员完全能够实现。原告认为本专利不符合《专利法》第二十二条第四款规定实用性的主张不能成立，对该主张本院不予支持。

三、关于本专利是否符合《专利法》第二十二条第三款的规定

证据1涉及一种钢筋混凝土顶管，其中公开了以下技术内容：该管道包括管头、管尾和管身部分，管头和管尾管径一致，管尾连接部设有密封圈，管头管尾通过钢套管连接。

本专利权利要求1与证据1相比，存在以下的区别技术特征：a. 顶管为玻璃钢夹砂顶管；b. 该顶管的管头和管尾的结构由树脂基体和纤维层构成，管身的结构由树脂基体和纤维层以及石英夹砂层构成；c. 两维以上方向绕制的纤维层。

证据3是关于玻璃纤维增强塑料夹砂管的行业标准，其中公开以下技术内容：玻璃纤维增强塑料夹砂管是以玻璃纤维及其制品为增强材料，以不饱和聚酯树脂、环氧树脂等为基体材料，以石英砂及碳酸钙等无机非金属颗粒材料作为主要原料，采用定长缠绕、连续缠绕等工艺制成的。

证据1和证据3结合，没有公开权利要求1中的区别技术特征b，并且证据1和证据3中也没有给出任何相应的技术启示。由于该区别技术特征的存在，使得本专利权利要求1所限定的玻璃钢夹砂顶管成为一种与现有技术结构不同的顶管。这种顶管具有较高的强度和韧度，同时降低了成本，提高了顶进效率。因此该权利要求1具备《专利法》第二十二条第三款规定的创造性。

证据2涉及顶管施工技术，其中第三节和第四节具体披露了顶管T形套环管接口和F形管接口的形式；第五节披露了玻璃纤维加强管的结构，即在管子的表面缠绕强度很高的玻璃纤维。

证据4是玻璃纤维缠绕增强热固性树脂夹砂压力管的行业标准，其公开了夹砂管的定义、管壁结构以及这种管子的缠绕工艺。

证据6涉及玻璃钢夹砂管道，其描述了这种管道的缠绕结构层的工艺技术以及产品缺陷及质量控制。

从上述证据公开的内容以及证据1或证据2与证据3或证据4结合，还是证据1或证据2与证据6结合，均未公开上述的区别技术特征b，也没有给出相应的技术启示。由于该区别技术特征的存在，使得权利要求1限定的技术方案具有实质性特点和进步。因此权利要求1具备《专利法》第二十二条第三款规定的创造性。在权利要求1具备创造性的基础上，其从属权利要求2～4也具备《专利法》第二十二条第三款规定的创造性。故原告主张的本专利不具备创造性因缺乏事实及法律依据，

本院不予支持。

综上所述，被告作出的无效决定认定事实清楚，适用法律正确，程序合法，本院应予维持。原告要求撤销无效决定的诉讼请求，因缺乏事实及法律依据，本院不予支持。综上，依照《中华人民共和国行政诉讼法》第五十四条第（一）项之规定，判决如下：

维持被告国家知识产权局专利复审委员会于二〇〇五年六月七日作出的第7236号无效宣告请求审查决定。

案件受理费1000元，由原告新疆永昌复合材料股份有限公司负担（已交纳）。

如不服本判决，可在本判决书送达之日起十五日内，向本院提交上诉状，并按对方当事人人数提出副本，上诉于北京市高级人民法院。上诉人在接到人民法院预交诉讼费用通知后七日内未预交又不提出缓交申请的，按自动撤回上诉处理。

审 判 长 张 杰
代理审判员 乔 军
代理审判员 齐 莹
二〇〇五年十二月二十日
书 记 员 龙 非

北京市高级人民法院
行政判决书

（2006）高行终字第198号

上诉人（一审原告）新疆永昌复合材料股份有限公司，住所地新疆维吾尔自治区米泉市振兴路。

法定代表人周永清，董事长。

委托代理人蒋洪义，北京市金信立方律师事务所律师。

委托代理人马春生，男，北京市金信立方律师事务所律师助理，住北京市西城区新街口外大街新街口一区1号楼15—301。

被上诉人（一审被告）国家知识产权局专利复审委员会，住所地北京市海淀区北四环西路9号银谷大厦。

法定代表人廖涛，副主任。

委托代理人陈勇，男，国家知识产权局专利复审委员会机械申诉处审查员。

委托代理人王丽颖，女，国家知识产权局专利复审委员会行政诉讼处审查员。

被上诉人（一审第三人）陕西竞业玻璃钢有限公司，住所地陕西省西安市长安南路三爻长延堡工业区1号。

法定代表人司金峰，董事长。

委托代理人刘芳，北京同立钧成知识产权代理有限公司专利代理人。

上诉人新疆永昌复合材料股份有限公司（下称新疆永昌公司）因无效宣告请求审查决定，不服北京市第一中级人民法院（2005）一中行初字第953号行政判决，向本院提起上诉。本院受理后，依法组成合议庭，公开开庭审理了本案。上诉人新疆永昌公司的法定代表人周永清及其委托代理人蒋洪义、马春生，被上诉人中华人民共和国国家知识产权局专利复审委员会（下称专利复审委）的委托代理人陈勇、王丽颖，被上诉人陕西竞业玻璃钢有限公司（下称陕西竞业公司）的法定代表人司金峰及其委托代理人刘芳到庭参加诉讼。本案现已审理终结。

北京市第一中级人民法院认为，根据《中华人民共和国专利法》（下称《专利法》）、《中华人民共和国专利法实施细则》及《审查指南》的相关规定，请求宣告专利权无效的申请人对无效事实负有举证责任，即其提出无效申请的同时应就该专利与申请日以前已有的技术相比，是否有实质性特点和进步并是否公开提交证据。新疆永昌公司在无效程序中提交的证据1~4及证据6均为公开出版物，其公开日期早于本专利的申请日，且与本专利属相同的技术领域，可以作为评价本专利创造性的对比文件，本院对上述证据予以确认。新疆永昌公司当庭向本院提交的证据，因其未在无效程序中提交，故不能作为本案评价本专利的创造性对比文件，本院不予确认。本案的争议焦点有三：一是本专利的“两维以上方向绕制”是否得到说明书的支持；二是本专利是否具备实用性；三是本专利是否具备创造性。

一、关于本专利的“两维以上方向绕制”是否得到说明书的支持

本专利要求保护的是一种玻璃钢夹砂顶管，其权利要求1中的“管身设有两维以上方向绕制的纤维层以及石英夹砂层，管头和管尾设有为两维以上方向绕制的纤维层”中提及的“两维以上方向绕制”在说明书中的相应描述为“两维以上方向往复交叉绕制”，是在管道的管壁上沿着径向和轴向往复交叉缠绕纤维，本领域技术人员根据说明书的描述完全可以实现“两维以上方向绕制”，进而可以实施本专利的技术方案，因此本专利符合《专利法》第二十六条第三款的规定。新疆永昌公司关于本专利“两维以上方向绕制”没有在说明书中充分公开，因此本专利不符合《专利法》第二十六条第三款的规定的主张缺乏事实及法律依据，对该主张本院不予支持。

二、关于本专利是否符合《专利法》第二十二条第四款的规定

本专利请求保护的是一种玻璃钢夹砂顶管，这一技术方案由权利要求1记载的所有技术特征构成，是由管头、管尾和管身构成的管道，管头、管尾由树脂基体和纤维层构成，管身由树脂基体、纤维层以及石英夹砂层构成，在管头或管尾外壁上还紧密设置有套环。这种管道不同于现有技术中的顶管，它能够满足顶管的强度和韧度要求，且降低成本、顶进效率高，解决了现有技术中存在的相应技术问题，本领域普通技术人员完全能够实现。新疆永昌公司认为本专利不符合《专利法》第二十二条第四款规定的实用性的主张不能成立，对该主张本院不予支持。

三、关于本专利是否符合《专利法》第二十二条第三款的规定

本专利权利要求1与证据1相比，存在以下的区别技术特征：a. 顶管为玻璃钢夹砂顶管；b. 该顶管的管头和管尾的结构由树脂基体和纤维层构成，管身的结构由树脂基体和纤维层以及石英夹砂层构成；c. 两维以上方向绕制的纤维层。

证据1和证据3结合，没有公开权利要求1中的区别技术特征b，并且证据1和证据3中也没有给出任何相应的技术启示。由于该区别技术特征的存在，使得本专利权利要求1所限定的玻璃钢夹砂顶管成为一种与现有技术结构不同的顶管。这种顶管具有较高的强度和韧度，同时降低了成本，提高了顶进效率。因此该权利要求1具备《专利法》第二十二条第三款规定的创造性。

从证据2、证据4、证据6公开的内容以及证据1或证据2与证据3或证据4结合，还是证据1或证据2与证据6结合，均未公开上述的区别技术特征b，也没有给出相应的技术启示。由于该区别技术特征的存在，使得权利要求1限定的技术方案具有实质性特点和进步。因此权利要求1具备《专利法》第二十二条第三款规定的创造性。在权利要求1具有创造性的基础上，其从属权利要求2~4也具有《专利法》第二十二条第三款规定的创造性。

综上所述，专利复审委员会作出的无效决定认定事实清楚，适用法律正确，程序合法，本院应予维持。新疆永昌公司要求撤销无效决定的诉讼请求，因缺乏事实及法律依据，本院不予支持。综上，依照《中华人民共和国行政诉讼法》第五十四条第（一）项之规定，判决维持专利复审委员会作出的第7236号无效宣告请求审查决定（下称第7236号审查决定）。

上诉人新疆永昌公司上诉称：一、本专利明显不符合《专利法》第二十六条第三款的规定，第7236号审查决定在对本专利的相关技术特征进行错误解释的情况下维持本专利有效，明显与事实不符，依法应予撤销，一审判决维持第7236号审查决定显属错判。根据本专利说明书的描述和解释"两维以上方向绕制"是指"两维以上方向往复交叉绕制"，也就是说本专利的技术方案是在三维方向上实现往复交叉绕制，即第一维和第二维、第一维和第三维、第二维和第三维之间均要实现往复交叉绕制。第7236号审查决定却认为"两维以上方向往复交叉绕制"可以是在管道的管壁上沿着径向和轴向往复交叉缠绕纤维，同时使纤维层在管壁的厚度方向（也即高度方向）上进行叠加。按照这种解释，纤维仅是在第一维和第二维方向上实现"往复交叉绕制"，在第三维方向上只是"叠加"而不是"往复交叉绕制"。纤维层的"叠加"与纤维相互之间的"往复交叉绕制"是两种不同的技术方案，无论是本专利的权利要求书还是说明书均未出现"叠加"这一技术特征。因此第7236号审查决定在解释"两维以上方向往复交叉绕制"时，把第三维（即管壁的厚度）方向上的"往复交叉绕制"工艺解释为与其存在实质性区别的"叠加"工艺，是对本专利技术方案的歪曲和篡改。这也恰恰说明本领域技术人员根据本专利说明书所述无法实现"两维以上方向绕制"这一纤维层的制造工艺，本专利不符合《专利法》第二十六条第三款的规定，应宣告无效。二、本专利因其提出的"两维以上方向绕制"工艺无法实现，故该实用新型不能够制造，不具备实用性，不符合《专利法》第二十二条第四款的规定。第7236号审查决定及一审判决的认定显属不当，应予撤销。三、本专利相对于新缰永昌公司提交的证据1~4和证据6不具备创造性，第7236号审查决定及一审判决认定本专利具有创造性不符合事实。综上，请求二审法院撤销一审判决及第7236号审查决定。

专利复审委员会答辩认为，本专利要求保护的是一种玻璃钢夹砂顶管，权利要求1中提及的"两维以上方向绕制"在说明书中的相应描述为"两维以上方向往复交叉绕制"，这一特征是对"纤维层"这一结构层制造工艺的具体限定，对于夹砂顶管而言，有轴向、径向和厚度方向三维方向存在，在这样的三维方向上实现往复交叉绕制，对于机械领域的技术人员来讲是很容易实现的，进而完全可以实现、再现本实用新型的技术方案，因此，本专利符合《专利法》第二十六条第三款的规定。新疆永昌公司提出的三维绕制方式，站在本领域技术人员的角度来理解显然是错误的。由于"两维以上方向绕制"可以实现，故本专利具备实用性，本专利权利要求1~4具备创造性。综上，新疆永昌公司的上诉没有事实和法律依据，不能成立。请求二审法院驳回上诉，维持一审判决及复审委员会作出的第7236号审查决定。

被上诉人陕西竞业公司答辩认为，本专利系一项实用新型专利，新缰永昌公司要求保护的是玻璃钢夹砂顶管这一产品。本专利权利要求1叙述的"两维以上方向绕制"，是指与连续绕制相区别的往复交叉绕制方法，我公司认可这种绕制方法为现有技术。本专利在管头和管尾采用树脂基体和纤维层结构、在管身采用树脂基体和纤维层以及石英夹砂层的结构，这种结构的顶管没有被对比文件所公开。专利复审委员会认定本专利具备实用性及创造性是正确的。请求二审法院驳回新疆永昌公司的上诉，维持一审判决。

经审理查明，本无效宣告请求案涉及的实用新型专利（下称本专利）名称为"玻璃钢夹砂顶管"，专利权人为陕西竞业公司，申请号为00243741.4号，申请日为2000年7月21日，授权公告日为2001年5月2日。授权公告的权利要求书如下：

“1. 一种玻璃钢夹砂顶管，它由管头、管身以及管尾组成，管头和管尾管径一致，管尾连接部设有密封用套环，管头、管尾通过套环连接，其特征在于：所述的管头、管身以及管尾采用树脂基体，管身设有两维以上方向绕制的纤维层以及石英夹砂层，管头和管尾设有为两维以上方向绕制的纤维层，所述的套环紧密设置在管头或管尾外壁的凹台内。

2. 根据权利要求 1 所述的玻璃钢夹砂顶管，其特征在于：所述的管尾端部、外套环下开设凹道，凹道内套设密封橡胶环。

3. 根据权利要求 1 所述的玻璃钢夹砂顶管，其特征在于：所述的管尾和管头外壁上外、套环下设有凹槽，凹槽内分别设置密封橡胶环带。

4. 根据权利要求 1 所述的玻璃钢夹砂顶管，其特征在于：所述的管尾和管头内壁设有凹槽，内套环设置在内壁凹槽内。”

2004 年 12 月 10 日，新疆永昌公司向专利复审委员会提出宣告本专利无效的请求，专利复审委员会经审查后受理了上述无效宣告请求，并进行了转文。

在无效宣告请求审查程序中，新疆永昌公司先后提交了 7 份证据，即证据 1：中国建筑工业出版社 1998 年 7 月第 1 版《实用给水排水工程施工手册》封面、版权页以及第 750 ~ 755 页复印件；证据 2：人民交通出版社 1998 年 8 月第 1 版《顶管施工技术》封面、版权页以及第 58 页和第 64 ~ 67 页复印件；证据 3：1999 年 1 月 4 日发布的中华人民共和国城镇建设行业标准 CJ/T3079—1998《玻璃纤维增强塑料夹砂管》封面及有关内容复印件共 17 页；证据 4：1998 年 11 月 9 日发布的中华人民共和国建材行业标准 JC/T838—1998《玻璃纤维缠绕增强热固性树脂夹砂压力管》封面及有关内容复印件共 5 页；证据 5：科学出版社 2001 年 3 月第 1 版《纺织结构复合材料》有关内容复印件共 13 页；证据 6：科学出版社 1998 年 4 月第 1 版《玻璃钢夹砂管道》封面、版权页及第 1 页、第 178 ~ 193 页的复印件；证据 7：1987 年第 4 期《纤维复合材料》封面及相关内容复印件共 12 页。新疆永昌公司进行了意见陈述。陕西竞业公司针对新疆永昌公司提出的无效宣告理由，提交了意见陈述书，认为本专利具备新颖性、创造性和实用性。

专利复审委员会将双方当事人提交的意见陈述书及证据进行了转文，并举行了口头审理。双方当事人均参加了口头审理。新疆永昌公司在口头审理中明确其请求宣告本专利无效的理由为：1. “两维以上方向绕制”没有在说明书中充分公开，因此本专利不符合《专利法》第二十六条第三款的规定；2. 权利要求 1 中的“套环紧密设置在管头或管尾外壁的凹台内”和权利要求 4 中的“内套环设置在内壁凹槽内”没有记载在说明书中，因此不符合《专利法》第二十六条第四款的规定；3. “两维以上方向绕制”的工艺无法实现，且本专利说明书图 1 中的纤维层和石英夹砂层截然分开的技术方案技术效果有所退步，因此不符合《专利法》第二十二条第四款的规定；4. 证据 1 或证据 2 与证据 3 或证据 4 结合、证据 1 或证据 2 与证据 6 结合破坏权利要求 1 ~ 4 的创造性，证据 7 也公开了本专利的技术方案，本专利不符合《专利法》第二十二条第三款的规定。

2005 年 6 月 7 日，专利复审委员会作出第 7236 号审理决定，依照《专利法》第二十六条第三款、第四款和第二十二条第三款、第四款的规定，决定维持本专利有效。主要理由如下：

1. 关于本专利是否符合《专利法》第二十六条第三款的规定。本专利要求保护的是一种玻璃钢夹砂顶管，权利要求 1 中的“管身设有两维以上方向绕制的纤维层以及石英夹砂层，管头和管尾设有为两维以上方向绕制的纤维层”中提及的“两维以上方向绕制”在说明书中的相应描述为“两维以上方向往复交叉绕制”，这一特征是对“纤维层”这一结构层的制造工艺的具体限定，对于管体而言，有轴向、径向和厚度方向三维方向存在，在这样的三维方向上实现往复交叉绕制，对于机械领域的技术人员来讲是很容易实现的。比如说，“两维以上方向往复交叉绕制”可以是在管道的管壁上沿着径向和轴向往复交叉缠绕纤维，同时使纤维层在管壁的厚度方向（也即高度方向）上进行叠加。所以本领域技术人员根据说明书的描述完全可以实现“两维以上方向绕制”，进而完全可以实施、再现本实用新型的技术方案，因此本专利符合《专利法》第二十六条第三款的规定。

2. 关于本专利是否符合《专利法》第二十二条第四款的规定。如果一件专利或专利申请请求保护一种产品，那么其具备实用性的标准是该产品必须在产业中能够制造，并且能够解决技术问题。本专利请求保护一种玻璃钢夹砂顶管，如上所述，“两维以上方向绕制”是指在管体上沿着径向、轴向和高度方向缠绕纤维层，本领域普通技术人员完全能够实现。对于新疆永昌公司认为“图1中纤维层和石英夹砂层截然分开的技术方案技术效果有所退步”这一点，合议组认为，本专利请求保护的是一种玻璃钢夹砂顶管，这一技术方案由权利要求1记载的所有技术特征构成，它实际上是由管头、管尾和管身构成的管道，管头、管尾由树脂基体和纤维层构成，管身由树脂基体、纤维层以及石英夹砂层构成，在管头或管尾外壁上还紧密设置有套环。这种管道不同于现有技术中的顶管，它能够满足顶管的强度和韧度要求，且降低成本、顶进效率高，解决了现有技术中存在的相应技术问题。因此，即使纤维层和石英夹砂层截然分开可能造成局部强度变化，也不能认为本专利明显无益、整体变劣，不满足实用性的要求。故对新疆永昌公司提出的本专利不具备实用性的主张不予支持。

3. 关于本专利是否符合《专利法》第二十六条第四款的规定。在本专利说明书第3页第6~7行记载有“外套环4紧密设置在管头1或管尾3外壁的凹台13、33内”这一特征，并且在说明书附图1和附图2中也已经示意性地表示出这一内容；权利要求4中的“内套环设置在内壁凹槽内”这一特征在说明书第3页最后两行也有相应记载“内套环7设置在内壁凹槽36、15内”，并且通过阅读说明书附图5，也可以看出这一内容。因此本专利的权利要求1和权利要求4符合《专利法》第二十六条第四款的规定。

4. 关于本专利是否符合《专利法》第二十二条第三款的规定。新疆永昌公司共提交了7份证据，证据5和证据7不能作为本案的有效证据使用。证据1~4和证据6均为公开出版物，它们的公开日期均早于本专利的申请日，陕西竞业公司对其真实性无异议，故证据1~4和证据6可以作为评价本专利创造性的证据使用。证据1涉及一种钢筋混凝土顶管，其中具体公开了以下技术内容（见该证据的第10.2.5.2节）：该管道包括管头、管尾和管身部分，管头和管尾管径一致，管尾连接部设有密封圈，管头管尾通过钢套管连接。

本专利权利要求1与证据1相比，至少存在以下的区别技术特征：a. 顶管为玻璃钢夹砂顶管；b. 该顶管的管头和管尾的结构由树脂基体和纤维层构成，管身的结构由树脂基体和纤维层以及石英夹砂层构成；c. 两维以上方向绕制的纤维层。

证据3是关于玻璃纤维增强塑料夹砂管的行业标准，其中（见该证据的第3.1节和第3.3节）具体披露了以下技术内容：玻璃纤维增强塑料夹砂管是以玻璃纤维及其制品为增强材料，以不饱和聚酯树脂、环氧树脂等为基体材料，以石英砂及碳酸钙等无机非金属颗粒材料作为主要原料，采用定长缠绕、连续缠绕等工艺制成的。

通过以上分析可知，即使证据1和证据3结合，也至少没有公开权利要求1中的区别技术特征b，并且证据1和证据3中也没有给出任何相应的技术启示。由于该区别技术特征的存在，使得本专利权利要求1所限定的玻璃钢夹砂顶管成为一种与现有技术结构不同的顶管。这种顶管具有较高的强度和韧度，同时降低了成本，提高了顶进效率。因此该权利要求1具备《专利法》第二十二条第三款规定的创造性。

证据2涉及顶管施工技术，其中第三节和第四节具体披露了顶管T形套环管接口和F形管接口的形式；第五节披露了玻璃纤维加强管的结构，即在管子的表面缠绕强度很高的玻璃纤维。

证据4是玻璃纤维缠绕增强热固性树脂夹砂压力管的行业标准，其中（参见该证据第1、第5和第11页）具体描述了夹砂管的定义、管壁结构以及这种管子的缠绕工艺。

证据6涉及玻璃钢夹砂管道，其中具体描述了这种管道的缠绕结构层的工艺技术以及产品缺陷及质量控制。

综上所述，无论是证据1或证据2与证据3或证据4结合，还是证据1或证据2与证据6结合，都没有公开上述的区别技术特征b，也没有给出相应的技术启示。而且由于该区别技术特征的存在，使得权利要求1限定的技术方案具有实质性特点和进步。因此权利要求1具备《专利法》第二十二条第三款规定的创造性。在权利要求1具备创造性的基础上，其从属权利要求2~4也具备《专利法》第二十二条第三款规定的创造性。

新疆永昌公司不服第7236号审查决定，在法定期限内向一审法院提起诉讼。

一审期间，专利复审委员会在法定期限内提交了下列证据：1. 本专利说明书；2. 口头审理记录、2005年5月30日的质证记录、转文记录以及新疆永昌公司在无效审查程序提交的证据1~4及证据6。

新疆永昌公司一审诉讼期间提交了下列证据材料：1. 期刊《高科技纤维与应用》，2000年第2期，共5页；2. 期刊《纤维复合材料》，1998年第1期，共6页；3. 期刊《材料工程》，1989年第3期，共9页；4. 期刊《航空制造工程》，1997年第10期，共4页。上述证据均证明二维方向绕制和三维方向绕制的区别；5. 科学出版社1998年4月出版的《玻璃钢夹砂管道》一书第1~5页、第163~172页、第196页、第200页，证明玻璃钢管道的管头都是玻璃钢的，第200页显示管道的结构和本专利完全一样；6.《2000年在湖南采用玻璃钢顶管》，证明2000年1月已经有人运用玻璃钢顶管；7. 公证书，证明现有玻璃钢夹砂管道所有的管道都是二维的。上述证据用以证明本专利不具备创造性。上述证据在无效请求审查程序中均未提交。

一审法院根据新疆永昌公司的请求，准许专业人员陈博出庭就本案所涉二维方向及三维方向绕制纤维问题提供意见。陈博认为，玻璃钢夹砂顶管为二维结构，管道的缠绕就是一个螺旋线，管道的圆柱面可以展开，展开后可见螺旋线为一条直线。因此，螺旋线只能往复运动和拉动，不可能形成三维。所谓三维方向绕制是要在三个方向上实现绕制，在本专利中是不可能实现的。

陕西竞业公司没有提交证据。

上述证据均已随案移送本院。

二审庭审中，新疆永昌公司提出顶管采用玻璃钢夹砂结构为惯常做法，但其承认在复审程序中未向专利复审委员会提出这一主张，也未提交相关的证据材料。经新疆永昌公司申请，专业人员陈博在二审中再次出庭提供专家意见，内容与一审相同。

合议庭经评议认为：专利复审委员会提交的证据与本案有关联性、真实、合法，能够证明本案的相关事实，予以确认。新疆永昌公司在一审中提交的证据无正当理由未在无效程序中提交，一审法院不予确认的意见正确；因陈博系专业人员，其就本案涉及的专业技术问题提供专家意见不同于证明案件事实的证人证言，其提供的专家意见可供本院参考。

本院认为，一审法院确认的本案争议焦点仍然是二审的审查重点。关于本专利是否符合《专利法》第二十六条第三款的规定。本专利说明书对权利要求1中提及的“两维以上方向绕制”描述为“两维以上方向往复交叉绕制”。鉴于玻璃钢夹砂顶管的结构为管体，为二维结构，形成管体的纤维层以往复交叉缠绕的方法制成，就应当是在两维方向上进行交叉绕制。本专利权利要求书及说明书将纤维层的缠绕方向描述为“两维以上方向”，从字面上理解也应包括两维方向；且往复交叉绕制为现有技术。所以，本领域的技术人员基于对管体结构的理解，能够确定本专利说明书所述的缠绕方法即是指在两维方向上往复交叉绕制，通过利用这一绕制方法实现本专利技术方案。专利复审委员会将管体形状的纤维层解释为是在三维方向往复交叉缠绕形成，并不准确，但不能因此而认定本专利的权利要求1未得到说明书的支持、进而认定本专利不符合《专利法》第二十六条第三款的规定。故本院对于新疆永昌公司所持本专利所涉“两维以上方向绕制”技术方案无法实现的上诉理由不予采纳。

如上所述，本领域技术人员基于对管体结构的准确理解，能够明确本专利纤维层“两维以上方向绕制”的具体实现方法、实现本专利；本专利因在管头、管尾及管身采用不同结构取得了强度和韧度较高、成本降低、顶进效率提高的技术效果，专利复审委员会综合考虑上述因素认定本专利具备实用性不违反《专利法》第二十二条第四款的规定。

专利复审委员会认定本专利具备创造性，是依据新疆永昌公司在无效宣告请求审查程序中提出无效宣告理由及提交的证据，将本专利与对比文件进行逐一对比后得出的结论。需要强调的是，《中华人民共和国专利法实施细则》第六十四条及《审查指南》明确规定，在无效宣告请求审查程序中，请求人应当具体说明无效宣告请求的理由，并指明每项理由所依据的证据；专利复审委员会通常仅就请求人提出的无效宣告请求的范围、理由及提交证据进行审查，不负有全面审查的义务。由于新疆永昌公司在一审程序中提交的证据材料未在无效宣告程序中提交，从维护行政程序的固有价值、尊重行政机关的首次判断权的角度出发，本院不宜接纳上述证据材料并据此对专利复审委员会作出的本专利具备创造性的结论进行评价。新疆永昌公司应当对其在无效宣告审查程序中举证不足承担相应的不利后果。

综上，新疆永昌公司的上诉理由缺乏相应的事实依据及法律依据，本院不予采纳。一审判决符合法律规定，本院应予维持。据此，依照《中华人民共和国行政诉讼法》第六十一条第一项的规定，判决如下：

驳回上诉，维持一审判决。

二审案件受理费1000元，由上诉人新疆永昌复合材料股份有限公司负担（已交纳）。

本判决为终审判决。

审 判 长 王 燕

审 判 员 朱世宽

代理审判员 赵宇晖

二〇〇六年六月八日

书 记 员 马 军

097

包装卤肉食品的小包装案

无效宣告请求审查决定（第7238号）

决 定 号 第7238号
决 定 日 2005年6月7日
发明创造名称 包装卤肉食品的小包装
国际分类号 B65B 25/06　B65D 75/12
无效请求人 贵州永红食品有限公司
专 利 权 人 贵州牛来香实业有限公司
专 利 号 01129006.4
申 请 日 2001年10月25日
公 开 日 2002年12月11日
授权公告日 2003年11月26日
合议组组长 白剑锋
主 审 员 陈海平
参 审 员 宋鸣镝

法律依据 专利法第二十二条第二款、第三款
决定要点

本领域技术人员通过常规设计手段就可以取得的并且也未使得权利要求所要求保护的产品实现意想不到的技术效果的产品尺寸数据并不能使该权利要求具备创造性。

一、案由

本无效宣告请求案涉及贵州牛来香实业有限公司于2001年10月25日向国家知识产权局专利局提出的名称为“包装卤肉食品的小包装”的发明专利申请，其申请号为01129006.4。该专利申请于2003年11月26日公告授权（下称本专利），其授权公告的权利要求书如下：

“1. 一种包装卤肉食品的小包装，由铝箔纸构成，其上、下面的三边预先压合，其特征是小包装外形尺寸长×宽在55mm×70mm~135mm×170mm之间。”

针对上述专利权，贵州永红食品有限公司（下称请求人）于2004年5月15日向专利复审委员会提出了无效宣告请求，其理由是本发明专利不符合专利法第二十二条第二款、第三款。请求人同时提交了下述附件：

附件1：《罐头与软罐头生产技术》，化学工业出版社1993年10月第1版（版权页及第248~251页复印件）；

附件2：《耐蒸煮复合膜、袋》，中华人民共和国国家标准GB/T10004－1998，1998年5月19日发布（扉页、第1~2页复印件）；

附件3：浙江增值税专用发票及销货清单（复印件）。

请求人认为本专利相对于附件1与附件2不具备新颖性，相对于附件3不具备创造性。

经形式审查合格，专利复审委员会于2004年6月29日受理了上述无效宣告请求并通知了专利权人贵州牛来香实业有限公司（下称被请求人），同时将请求人所提交的上述附件的副本转送给被请求人。

被请求人于2004年7月28日提交了“意见陈述书”进行答辩，被请求人认为本专利具备新颖性与创造性。

专利复审委员会于2005年3月10日发出口头审理通知书，定于2005年4月18日进行本案的口头审理，同时将上述被请求人的“意见陈述书”转给请求人。

本案的口头审理按期举行，双方当事人出席了口头审理。请求人出示了上述附件1与附件3的原件，被请求人对上述原件的真实性予以承认。请求人补充增加了本专利相对于附件2不具备创造性的无效理由。双方当事人并在合议组主持下针对本案所涉及的理由和事实进行了辩论。口头审理程序结束时合议组允许请求人进一步提交附件2的原件，并允许被请求人针对请求人补充增加的无效理由提交书面答复。

口头审理后当日请求人补充提交了上述附件2的原件，被请求人对该原件的真实性予以承认。被请求人于2005年4月20日针对请求人在口头审理时补充增加的无效理由提交了书面答复。

在上述程序的基础上，合议组依法作出本决定。

二、决定的理由

1. 对本专利权利要求1的新颖性与创造性的评述

专利法第二十二条第二款规定：新颖性，是指在申请日以前没有同样的发明或者实用新型在国内外出版物上公开发表过、在国内公开使用过或者以其他方式为公众所知，也没有同样的发明或者实用新型由他人向国务院专利行政部门提出过申请并且记载在申请日以后公布的专利申请文件中。

专利法第二十二条第三款规定：创造性，是指同申请日以前已有的技术相比，该发明有突出的实质性特点和显著的进步，该实用新型有实质性特点和进步。

2. 本专利权利要求1的全文为：

“1. 一种包装卤肉食品的小包装，由铝箔纸构成，其上、下面的三边预先压合，其特征是小包装外形尺寸长×宽在55mm×70mm~135mm×170mm之间。”

请求人认为：根据其所提交的附件2即中华人民共和国国家标准GB/T10004-1998《耐蒸煮复合膜、袋》（扉页、第1~2页，发布日为1998年5月19日），本专利权利要求1不具备新颖性与创造性。

合议组的相应意见如下：

附件2公开于本专利申请日以前，可以作为本专利的已有技术对本专利的新颖性与创造性加以评判。

在附件2中所公开的与本专利权利要求1相关的技术内容包括：

a. 以塑料薄膜和铝箔为基材复合而制成的复合膜，主要用于蒸煮的食品包装（参见附件2正文中“1 范围”一节正文中第3~4行的记载）；

b. 袋的形状包括“三边封袋”（参见附件2中“3.2.2”一段中的记载）；

c. 膜、袋的宽度可以是任意尺寸（参见附件2“表2”中所记载的“膜、袋宽度”）；

在本专利权利要求1中所限定的包装材料为“铝箔纸”，与附件2中所述的以铝箔为基材复合而制成的复合膜称谓不同，但二者同系以铝箔为基材的包装材料，同时被请求人也未能证实二者间具有实质性的不同。

在请求人所提交的附件 2 中没有记载可用该复合膜包装的“蒸煮的食品”的具体种类，但对于本领域的技术人员来说，经过“蒸煮”的肉类显然是包括于其中的；同时对于包装袋本身来说，如果其可以装入一般的蒸煮过的肉类，当然也可以装入“卤肉”，这时并不需要对包装袋的构造作出实质性的改变。

在附件 2 中没有规定包装袋的具体外形尺寸，但该尺寸是本领域技术人员能够根据内容食物的体积等相关因素而设计出来的，设计出该尺寸无须进行创造性的思考。

故本专利权利要求 1 不具备创造性。

三、决定

宣告 01129006.4 号发明专利权无效。

当事人对本决定不服的，可以根据专利法第四十六条第二款的规定，自收到本决定之日起三个月内向北京市第一中级人民法院起诉。根据该款的规定，一方当事人起诉后，另一方当事人应当作为第三人参加诉讼。

一种藤的切皮加工工艺及其装置案

无效宣告请求审查决定（第7250号）

决　定　号　第7250号
决　定　日　2005年6月10日
发明创造名称　一种藤的切皮加工工艺及其装置
国际分类号　B27J 3/00
无效请求人　李志驱
专利权人　叶炽洪
专　利　号　00118912.3
申　请　日　2000年6月15日
授权公告日　2003年4月30日
合议组组长　白剑锋
主　审　员　陈海平
参　审　员　徐媛媛

法律依据　专利法第二十二条第二款
决定要点
如专利的技术方案与现有技术不相同，则该专利具备新颖性。

一、案由

本无效宣告请求案涉及叶炽洪（下称被请求人）于2000年6月15日向国家知识产权局专利局提出的名称为“一种藤的切皮加工工艺及其装置”的发明专利申请，其申请号为00118912.3。该专利申请于2003年4月30日公告授权（下称本专利），其授权公告的权利要求书如下：

“1. 一种藤的切皮加工工艺，其特征在于先将刀加工成刀口呈三面成刃的凹状，然后将刀口呈凹状的刀固接在藤的切皮机上，凹状刀口正对着藤的输送运动方向，凹状刀口与藤间的距离根据所需不利边皮的厚度来设定，藤在切边机上直线运行，遇到刀口呈凹状的刀时，藤皮被切割成厚度和宽度均符合成品要求的不利边皮。

2. 根据权利要求1所述的藤的切皮加工工艺，其特征在于在切边机上根据藤的粗细间隔设定4～9张刀口呈凹状的刀，刀口呈凹状的刀沿藤的横截面错开。

3. 一种藤的切皮加工装置，包括切边机、连接在切边机上的刀具固定装置，固定在刀具固定装置上的刀具，其特征在于刀具刀口呈三面成刃的凹状。

4. 根据权利要求3所述的切皮加工装置，其特征在于在一块钢板上连续设置一个以上的三面成刃的凹状刀口。

5. 根据权利要求4所述的切皮加工装置，其特征在于沿凹状刀口的钢板上设有楔形凹槽。”

针对上述专利权，李志驱（下称请求人）于2004年7月15日向专利复审委员会提出了无效宣告请求，其理由是本专利权利要求1~5不具备新颖性，请求人同时提交的证据为：

证据1：藤业同行多人的证明（复印件）。

经形式审查合格，专利复审委员会受理了上述无效宣告请求并通知了被请求人。

请求人于2004年8月13日补充提交了下述证据：

证据2（1）：中国实用新型专利申请说明书CN2057888U，公告日为1990年6月6日；

证据2（2）：中国实用新型专利申请说明书CN2076913U，公告日为1991年5月15日；

证据2（3）：中国实用新型专利说明书CN2333520Y，公告日为1999年8月18日；

证据2（4）：中国实用新型专利说明书CN2464518Y，申请日为2001年2月26日，公告日为2001年12月12日；

证据3：图纸复印件4页。

请求人认为本专利相对于上述证据不具备新颖性。

请求人又于2005年8月22日提交了2004年8月20日《广州日报》上所刊登的“百年藤加工技术遭抢注?”一文，但未要求将该文作为本案证据使用。

专利复审委员会本案合议组于2005年3月7日向双方当事人发出了口头审理通知书，并同时将请求人于2004年8月13日提交的意见陈述书及所附证据转给了被请求人。

口头审理于2005年4月14日举行，被请求人出席了本次口头审理，请求人未出席本次口头审理。在口头审理过程中，被请求人认为请求人仅提交了证据1、证据3的复印件，故不能对证据1、证据3本身的真实性予以认定。

在上述程序的基础上，合议组作出了本决定。

二、决定的理由

请求人认为：本专利的权利要求1~5相对于其所提交的证据不具备新颖性。

专利法第二十二条第二款规定：新颖性，是指在申请日以前没有同样的发明或者实用新型在国内外出版物上公开发表过、在国内公开使用过或者以其他方式为公众所知，也没有同样的发明或者实用新型由他人向国务院专利行政部门提出过申请并且记载在申请日以后公布的专利申请文件中。

请求人所提交的证据1属于证人证言，但该证据为复印件，且所涉及的证人未出庭作证；证据3为图纸复印件，其本身的真实性在本案中亦不能予以认定。故在本案中证据1、证据3不能作为评判本专利是否具备新颖性的有效证据。

请求人于2005年8月22日所提交的《广州日报》由于其提交日超过专利法实施细则第六十六条所规定的举证期限，故合议组不考虑将其作为本案证据使用。

请求人所提交的证据2（1）~2（4）经合议组核对其真实性无误。其中证据2（4）的申请日在本专利申请日以后，不能用于评判本专利的新颖性。证据2（1）~2（3）均公开于本专利申请日之前，同时其中所公开的技术方案与本专利均涉及植物枝条的剥皮这一技术领域的产品，故证据2（1）~2（3）均可以作为用于评价本专利新颖性的对比文件。

本专利独立权利要求1和权利要求3中所要求保护的技术方案分别为：

“1. 一种藤的切皮加工工艺，其特征在于先将刀加工成刀口呈三面成刃的凹状，然后将刀口呈凹状的刀固接在藤的切皮机上，凹状刀口正对着藤的输送运动方向，凹状刀口与藤间的距离根据所需不利边皮的厚度来设定，藤在切边机上直线运行，遇到刀口呈凹状的刀时，藤皮被切割成厚度和宽度均符合成品要求的不利边皮。”

“3. 一种藤的切皮加工装置，包括切边机、连接在切边机上的刀具固定装置，固定在刀具固定装置上的刀具，其特征在于刀具刀口呈三面成刃的凹状。”

请求人所提交的证据2（1）中所公开的技术方案涉及一种“树条扒皮”技术；证据2（2）、证据2（3）中所公开的技术方案均涉及柳条剥皮技术。在证据2（1）中的“树条扒皮装置”中采用一种“用有弹性金属材料制成”的“捋皮刀”对树条进行捋皮；在证据2（2）中的“柳条扒皮机”中采用一种“破皮力夹”对柳条进行破皮；在证据2（3）中的“柳条剥皮机”中采用“对辊”对柳条进行脱皮。在该三份证据的技术方案中均未公开上述本专利独立权利要求1和权利要求3中用于“藤的切皮”的“刀口呈三面成刃的凹状”的刀具。因此，本专利独立权利要求1和权利要求3所限定的技术方案相对于证据2（1）~2（3）均具备新颖性。在此基础上，从属于上述本专利独立权利要求1和权利要求3的权利要求2、权利要求4和权利要求5也均具备新颖性。

三、决定

维持00118912.3号发明专利权有效。

当事人对本决定不服的，可以根据专利法第四十六条第二款的规定，自收到本决定之日起三个月内向北京市第一中级人民法院起诉。根据该款的规定，一方当事人起诉后，另一方当事人应当作为第三人参加诉讼。

099

耐高温聚对苯二甲酸乙二醇酯啤酒瓶案

无效宣告请求审查决定（第7266号）

决　　定　　号　第7266号
决　　定　　日　2005年6月13日
发明创造名称　耐高温聚对苯二甲酸乙二醇酯啤酒瓶
国 际 分 类 号　B65D 85/72
无 效 请 求 人　曾颖娟
专 利 权 人　上海紫江企业集团股份有限公司
专　　利　　号　02260994.6
申　　请　　日　2002年10月24日
授 权 公 告 日　2003年9月24日
合 议 组 组 长　陈海平
主　　审　　员　杨克菲
参　　审　　员　宋鸣镝

法 律 依 据　专利法第二十二条第二款、第三款
决 定 要 点

请求人提供的对比文件1与本专利权利要求1属于相同的技术领域、解决相同的技术问题，但采取的解决技术问题的技术手段不同，因此对比文件1不能破坏本专利权利要求1的新颖性；请求人提供的对比文件2与本专利权利要求1相比存在区别技术特征，所述区别技术特征是解决本专利所要解决的技术问题所采取的技术手段，且能够带来有益效果，因此对比文件2不能破坏本专利权利要求1的创造性。

一、案由

本无效宣告请求案涉及的是专利号为02260994.6、名称为“耐高温聚对苯二甲酸乙二醇酯啤酒瓶”的实用新型专利，该专利的申请日为2002年10月24日，授权公告日为2003年9月24日，专利权人为上海紫江企业集团股份有限公司。该专利授权公告的权利要求书如下：

“1. 耐高温聚对苯二甲酸乙二醇酯啤酒瓶包括瓶身、瓶颈、结晶度70% ~80%的瓶口和瓶体下部的瓶底，其特征是该瓶的瓶底成内拱状、跟部与底部做成角接状相连，瓶底厚度3.8mm，跟部厚度2.0mm。”

曾颖娟（下称请求人）针对上述专利权（下称本专利）于2004年5月11日向专利复审委员会提出了无效宣告请求，其理由是本专利不符合专利法第二十二条第二款、第三款的规定，并同时提交了如下证据：

证据1：申请日为2001年12月4日、授权公告日为2003年9月3日、授权公告号为CN2570208Y、名称为“聚酯啤酒瓶”的实用新型专利说明书（下称对比文件1）；

证据2：授权公告日为2002年4月3日、授权公告号为CN2484280Y、名称为“一种高强度聚酯啤酒瓶”的实用新型专利说明书（下称对比文件2）。

请求人认为，对比文件1和对比文件2分别公开了本专利权利要求1的全部技术特征，权利要求1相对于对比文件1、对比文件2不具备新颖性；相对于对比文件2不具备创造性。

经审查，上述无效宣告请求符合专利法及专利法实施细则规定的形式要求，专利复审委员会予以受理，并将无效宣告请求书及附件副本转给了专利权人（下称被请求人），要求其在指定期限内答复，同时成立合议组对此案进行审查。

被请求人于2004年6月23日针对上述无效宣告请求书及附件副本作出答复，认为对比文件2没有提出采用高结晶度瓶口，没有内拱状瓶底，也没有提及瓶底与跟部的最佳厚度，对比文件2解决瓶底变形的技术方案与本专利不同，因此对比文件2不能破坏本专利权利要求的新颖性和创造性；对比文件1的基本结构与本专利不同，也不能破坏本专利的新颖性。

复审委员会本案合议组于2005年3月11日将被请求人的上述意见陈述书的副本转送给请求人，同时向双方当事人发出了口头审理通知书，定于2005年5月9日在专利复审委员会举行口头审理。

口头审理如期举行。口头审理中，请求人明确其无效理由为本专利权利要求相对于对比文件1不具备新颖性，相对于对比文件2不具备创造性，请求人认为本专利权利要求的技术方案与对比文件1给出的技术方案为实质上相同。被请求人对请求人提交的两份证据的真实性无异议。双方当事人还就本专利权利要求的新颖性和创造性充分陈述了意见。

本案合议组经过合议，认为本案的事实已经清楚，可以作出审查决定。

二、决定的理由

1. 关于证据的认定

请求人提供的对比文件1和对比文件2为专利文件，属于公开出版物，被请求人已认可其真实性，其中对比文件1的申请日在本专利的申请日之前、公开日在本专利的申请日之后，仅能用来评价本专利权利要求的新颖性；对比文件2的公开日在本专利的申请日之前，可以用来评价本专利权利要求的新颖性和创造性。

2. 关于专利法第二十二条第二款

根据专利法第二十二条第二款的规定：新颖性，是指在申请日以前没有同样的发明或者实用新型在国内外出版物上公开发表过、在国内公开使用过或者以其他方式为公众所知，也没有同样的发明或者实用新型由他人向国务院专利行政部门提出过申请并且记载在申请日以后公布的专利申请文件中。

请求人主张本专利权利要求1相对于对比文件1不具备新颖性，本专利权利要求1的技术方案与对比文件1的技术方案实质上相同。

对比文件1公开了一种聚对苯二甲酸乙二醇酯啤酒瓶，该啤酒瓶包括有瓶口、瓶颈、瓶身和瓶底，该啤酒瓶经吹塑成型，其瓶底与瓶身交接处至瓶底底平面的侧面呈圆弧形，瓶底向内凹入，形成凹圆形部分，所述瓶底的侧面圆弧与凹圆圆弧在瓶子底部分别通过不同半径的两个圆弧过渡（参见该对比文件的说明书第1页第3~6行、第3页倒数第5行至第7页倒数第1行以及说明书附图）。将本专利权利要求1的技术方案与对比文件1公开的技术内容相比较，可以看出，对比文件1没有公开本专利权利要求1中的“结晶度70%~80%的瓶口”和“跟部与底部做成角接状相连，瓶底厚度3.8mm，跟部厚度2.0mm”这些技术特征，即对比文件1与本专利权利要求1所限定的技术方案之间存在区别技术特征，而且这些区别技术特征并非本领域惯用手段的直接置换，本专利权利要求1的技术方案与对比文件1虽属于相同的技术领域、解决相同的技术问题，但采取的解决技术问题的技术手段不同，两者不属于相同的发明创造，因此本专利权利要求相对于对比文件1具备新颖性，对于请求人的对比文件1与本专利权利要求1实质上相同、对比文件1破坏本专利权利要求1的新颖性的主张，合议组不予支持。

3. 关于专利法第二十二条第三款

根据专利法第二十二条第三款的规定：创造性，是指同申请日以前已有的技术相比，该发明有突出的实质性特点和显著的进步，该实用新型有实质性特点和进步。

请求人主张本专利权利要求1相对于对比文件2不具备创造性。

对比文件2也公开了一种聚对苯二甲酸乙二醇酯啤酒瓶，包括瓶口、瓶颈、瓶身和瓶底，瓶口部分设有防盗螺纹2和凸台3，瓶底部设有凹进部分4，从该对比文件的附图可以看出其凹进部分4并非内拱状（参见该对比文件的说明书第1~2页及附图1）。将本专利权利要求1的技术方案与对比文件2公开的技术内容相比较，可看出对比文件2没有公开本专利权利要求2的“结晶度70%~80%的瓶口”和“该瓶的瓶底成内拱状、跟部与底部做成角接状相连，瓶底厚度3.8mm，跟部厚度2.0mm”这些技术特征。然而本专利正是通过将瓶的瓶底作成内拱状、把跟部与底部相连的转角做成角接状、瓶底厚度增加到3.8mm、跟部厚度增加到2.0mm，解决了现有技术的啤酒瓶瓶底受热向外凸出的问题，即上述区别技术特征能够带来有益的技术效果。也就是说，本专利权利要求1相对于对比文件2具有实质性特点和进步，因此本专利权利要求1具备创造性，请求人的本专利权利要求1相对于对比文件2不具备创造性的主张同样不能成立。

综上所述，合议组认为本专利权利要求1相对于对比文件1具备新颖性，相对于对比文件2具备创造性，请求人提供的所有证据均不能支持其无效理由。

三、决定

维持02260994.6号实用新型专利权有效。

当事人对本决定不服的，可以根据专利法第四十六条第二款的规定，自收到本决定之日起三个月内向北京市第一中级人民法院起诉。根据该款的规定，一方当事人起诉后，另一方当事人应当作为第三人参加诉讼。

玉米果穗剥皮装置案

无效宣告请求审查决定（第7267号）

决　定　号　第7267号
决　定　日　2005年6月15日
发明创造名称　玉米果穗剥皮装置
国际分类号　A01D 45/02
无效请求人　赵县富源机械厂
专利权人　郭占虎
专　利　号　02209265. X
申　请　日　2002年4月12日
授权公告日　2003年4月23日
合议组组长　白剑锋
主　审　员　陈　勇
参　审　员　杨克菲

法律依据　专利法第二十六条第三款　专利法第二十二条第三款
决定要点

说明书是否充分公开，应该站在本领域技术人员的角度来看，如果根据其具有的技术水平可以理解并且实施这一专利，则该专利符合专利法第二十六条第三款的规定。

对比文件仅公开了独立权利要求中的一部分技术特征，而另一部分技术特征没有被公开，且不能从现有技术中得到启示，由于这些特征的存在使得该权利要求所限定的技术方案具有有益效果，故现有技术不能否定本专利的创造性。

一、案由

本无效宣告请求案涉及申请日为2002年4月12日、授权公告日为2003年4月23日、名称为“玉米果穗剥皮装置”的02209265. X号实用新型专利（下称本专利），专利权人为郭占虎（下称被请求人）。授权公告的权利要求书如下：

“1. 一种玉米果穗剥皮装置，其特征是：各轴一头装有齿轮，相互啮合，左旋向铸铁主动轴定位装在中间右侧，右旋向铸铁主动轴装在中间左侧，两根橡胶剥皮轴装在其外侧斜上方，其角度在10°~45°之间可调，并在两铸铁主动轴之间下方装有防缠轴部件。”

针对上述专利权，赵县富源机械厂（下称请求人）于2004年10月27日向专利复审委员会提出了无效宣告请求，其理由是本专利不符合专利法第二十二条有关创造性的规定，也不符合专利法第二十六条第三款的规定。与此同时，请求人提交了以下证据：

证据1：ZL99222667. 8号中国实用新型专利说明书的复印件，授权公告日为2000年2月16日；

证据2：ZL01248171. 8号中国实用新型专利说明书的复印件，授权公告日为2002年4月10日；

证据3：北京农业工程大学出版社2002年2月第2版《农业机械学》封面及第184～186页复印件；

证据4：1997年第6期《农机与食品机械》上的文章《玉米剥皮机构探讨》复印件共2页；

证据5：1997年第2期《农业机械化论坛》上的文章《玉米剥皮机初步探讨》复印件共3页。

请求人认为：（1）证据1和证据3结合披露了本专利权利要求1的大部分技术特征，而防缠轴部件为本领域中的公知常识，并且也已被证据2公开，因此权利要求不具备创造性。（2）对于“橡胶剥皮轴的角度在10°～45°之间可调”这一技术特征，在说明书中没有描述其具体调节结构，因此本专利不符合专利法第二十六条第三款的规定。

专利复审委员会经形式审查合格后，于2004年10月27日发出了无效宣告请求受理通知书，并将上述无效宣告请求书及所附相关文件副本转给被请求人，要求其在指定期限内陈述意见。同时依法成立合议组对本案进行审查。

2004年11月21日，请求人再次提交意见陈述书，同时补充了以下两份证据：

证据6：机械工业出版社1997年8月第2版第3次印刷的《机械工程手册》专用机械卷（一）封面、版权页及第2－181页至第2－183页复印件共5页；

证据7：专利侵权纠纷处理请求书和郭占虎向石家庄市专利办提交的有关产品照片复印件共3页。

请求人还同时提交了证据2的遗漏页复印件2页。

请求人认为：（1）证据6公开了玉米剥皮机中两辊的配置关系，相应的角度落入10°～45°之间；（2）权利要求1中记载有“在两铸铁主动轴之间下方装有防缠轴部件”，但是在说明书中没有对“防缠轴部件”的结构、形状作进一步说明，因此本专利不符合专利法第二十六条第三款的规定。

针对上述无效宣告请求受理通知书，被请求人于2004年11月30日提交了意见陈述书，坚持认为本专利具备创造性，并且认为说明书已经对玉米果穗剥皮装置作出了清楚完整的说明，符合专利法第二十六条第三款的规定。同时，被请求人提交了“关于修改权利要求书的请求书”，要求将权利要求1中的“左旋向铸铁主动轴”和“右旋向铸铁主动轴”分别修改为“左旋向螺旋纹铁管主动轴”和“右旋向螺旋纹铁管主动轴”等，还提交了本专利技术附件和五份已有技术附件，这五份已有技术附件与请求人提交的证据1～5相同。

专利复审委员会于2005年4月5日向双方当事人发出口头审理通知书，定于2005年5月23日在专利复审委员会举行口头审理，同时书面告知被请求人，其2004年11月30日提交的“权利要求书”的修改不符合《审查指南》第四部分第三章第5.4节有关规定，合议组不予接受。并将请求人2004年11月21日提交的意见陈述书及其所附的补充证据副本转送给被请求人，将被请求人在2004年11月30日提交的意见陈述书及其附件的副本转送给请求人，要求他们在指定期限内分别陈述意见。

2005年4月30日，被请求人针对请求人2004年11月21日提交的意见陈述书再次提交意见陈述书，认为本专利相对于证据6也具备创造性，且符合专利法第二十六条第三款的规定。

2005年5月15日，被请求人提交了一份更正说明，针对2005年4月30日提交的意见陈述书中个别文字错误进行了更正。

口头审理如期举行，双方当事人均参加了口头审理。双方当事人对合议组成员无回避请求，对对方出庭人员的身份和资格无异议。合议组当庭明确告知双方，本次无效宣告请求审查针对的文本为授权公告时的文本。请求人当庭放弃证据4和证据5，并且明确无效宣告请求的理由为专利法第二十二条第三款和专利法第二十六条第三款。被请求人对证据1～3、证据6和证据7的真实性无异议。请求人认为：（1）证据6和证据2结合或者证据6、证据2和证据3结合破坏权利要求1的创造性，其中证据6为最接近对比文件；（2）证据1和证据2结合或者证据3和证据2结合破坏权利要求1的创造性；（3）证据7可以说明本专利不符合专利法第二十六条第三款的规定。合议组当庭将被请求人2005年4月30日提交的意见陈述书及2005年5月15日提交的更正说明转给请求人，告知请求人在口头审理结束后一周内提交书面意见陈述，逾期合议组将不再接受书面意见。

2005年6月6日，合议组收到请求人针对2005年5月23日口头审理时转送文件的意见陈述书，其内容为口审代理词，请求人陈述的意见与口头审理时一致。

在上述程序基础上，合议组认为本案事实已经清楚，可以依法作出如下审查决定。

二、决定的理由

1. 本专利是否符合专利法第二十六条第三款

专利法第二十六条第三款规定：说明书应当对发明或者实用新型作出清楚、完整的说明，以所属技术领域的技术人员能够实现为准。

请求人认为：本专利权利要求1中的“橡胶剥皮轴的角度在10°~45°之间可调”这一技术特征，在说明书中没有描述其具体调节结构；权利要求1中的“在两铸铁主动轴之间下方装有防缠轴部件”，在说明书中没有对“防缠轴部件”的结构、形状作进一步说明，因此本专利不符合专利法第二十六条第三款的规定。

合议组认为，判断一项专利是否符合专利法第二十六条第三款的规定，应该站在本领域普通技术人员的角度来看，而本领域普通技术人员应该知晓申请日前所属技术领域的所有普通技术知识，能够获知该领域的所有现有技术。对于“橡胶剥皮轴的角度在10°~45°之间可调”这一技术特征来讲，其强调的是橡胶剥皮轴的角度在一定范围内可以调节，虽然在本专利的说明书中没有描述采用什么样的具体调节结构，但是对于本领域技术人员来说，为了实现上述的“可调”这一目的，其可以采用本领域中公知的各种调节结构，只要能够达到这一目的即可。

对于在说明书中没有对“防缠轴部件”的结构、形状作进一步说明这一点，合议组认为，在说明书附图2中，已经示出了标号为5的这一部件，本领域技术人员通过阅读该图且结合这一部件所要实现的“防缠”这一功能，显然能够明白这一部件为能够发挥阻挡作用的板状物。并且，在农业机械的旋转机构处安装防缠装置也是一种公知的常规技术手段，关于这一点，请求人在意见陈述书中也是认可的。因此对于请求人认为本专利不符合专利法第二十六条第三款的规定的这一主张，合议组不予支持。

证据7为专利侵权纠纷处理请求书和郭占虎向石家庄市专利办提交的有关产品照片复印件，请求人认为该证据可以说明橡胶剥皮轴无法完成“10°~45°”这一范围的边界附近角度的调节，所以本专利不符合专利法第二十六条第三款的规定。合议组认为，这份证据仅仅反映出了本专利产品一个方向上的局部装配关系，并不能从整体上反映本专利产品的具体结构。因此，请求人提出上述主张的证据显然不充分，合议组不予支持。

2. 关于创造性

专利法第二十二条第三款规定：创造性，是指同申请日以前已有的技术相比，该发明有突出的实质性特点和显著的进步，该实用新型有实质性特点和进步。

请求人认为：（1）证据6和证据2结合或者证据6、证据2和证据3结合破坏权利要求1的创造性，其中证据6为最接近对比文件；（2）证据1和证据2结合或者证据3和证据2结合破坏权利要求1的创造性；（3）证据1和证据3结合公知常识破坏权利要求1的创造性。

证据1~3和证据6均为本专利申请日前的公开出版物，被请求人对它们没有异议，故它们披露的技术信息可以作为评价本专利权利要求的创造性的已有技术。

证据1涉及一种玉米穗剥皮机，其中具体披露了以下技术内容（参见该证据说明书第1页倒数第7行至第2页第5行以及附图1－3）：机架上装有对辊6和7，对辊6为主动辊，对辊7为被动辊，其两侧偏上靠接有托辊11、12，托辊11、12为自由回转辊，由对辊带动转动。对辊6、7表面可加工有螺纹线，托辊11、12可采用胶辊。

证据2涉及一种玉米收获机，其中具体披露了以下技术内容（参见该证据说明书第3页倒数第6行至倒数第3行以及附图2）：在工作台机架上设置有防缠绕板16。

证据3是《农业机械学》中相关内容的复印件，其中介绍了玉米联合收割机的剥皮装置，具体公开了以下技术内容（参见该证据第184～185页文字部分及图12－21和图12－22）：剥皮辊是剥皮装置的主要工作部件，该装置可以包括两对剥辊，一对剥辊布置在另一对剥辊的外上方，上置的剥皮辊一般为胶制，下置的剥皮辊为铸铁制，表面具有螺旋形槽纹。两剥辊的轴心高度差一般小于40mm。

证据6是《机械工程手册》专用机械卷（一）相关内容复印件，其中介绍了玉米剥皮机，具体披露了以下技术内容（参见该证据第2－182页至第2－183页文字部分及图2.10－108、图2.10－109和图2.10－110）：该玉米剥皮机包括两对剥皮辊，一对剥皮辊布置在另一对剥皮辊的外上方，剥皮辊以铸铁辊和橡胶辊组合应用较多，这时橡胶辊一般在上，铸铁辊表面铸有不连续的螺旋状凸起。在证据6中还给出了计算两辊之间高度差的计算公式。

通过上面的分析可知；证据1～3和证据6中均至少没有公开权利要求1中的“各轴一头装有齿轮，相互啮合”这一区别技术特征，也没有相应的技术启示存在，并且没有任何证据表明这一区别技术特征为本领域中的公知常识，因此无论证据1～3和证据6单独使用，还是它们之间任意相互组合使用，均不能得出权利要求1所限定的技术方案。且由于上述区别技术特征的存在，能够使两根铸铁主动轴和两根橡胶剥皮轴的旋转带有强制性，不会像两对辊子之间依靠摩擦传动那样，当玉米穗皮夹在两辊之间的时候可能打滑，因此本专利权利要求1限定的技术方案具有实质性特点和进步，因而具备创造性。

综上，合议组认为请求人提出的无效理由不成立。

三、决定

维持02209265.X号的实用新型专利权有效。

当事人对本决定不服的，可以根据专利法第四十六条第二款的规定，自收到本决定之日起三个月内向北京市第一中级人民法院起诉。根据该款的规定，一方当事人起诉后，另一方当事人应当作为第三人参加诉讼。

101

抽油泵防砂器案

无效宣告请求审查决定（第7268号）

决　定　号 第7268号
决　定　日 2005年6月15日
发明创造名称 抽油泵防砂器
国 际 分 类 号 F04B 53/20、47/02　E21B 43/00
无 效 请 求 人 王柳松
专 利 权 人 季会军
专　利　号 02273664.6
申　请　日 2002年6月7日
授 权 公 告 日 2003年5月7日
合 议 组 组 长 杨克菲
主　审　员 陈海平
参　审　员 陈　勇

法 律 依 据 专利法第二十二条第二款
决 定 要 点
如专利的技术方案与现有技术不相同，则该专利具备新颖性。

一、案由

本无效宣告请求案涉及季会军（下称被请求人）于2002年6月7日向国家知识产权局专利局提出的名称为“抽油泵防砂器”的实用新型专利申请，其申请号为02273664.6。该专利申请于2003年5月7日公告授权（下称本专利），其授权公告的权利要求书如下：

“1. 一种抽油泵防砂器，它包括上、下接头（1）、（3）、主体外管（2）、中心内管（8）、上、下凡尔罩（4）、（9）、上、下凡尔球（5）、（10）、上、下凡尔座（6）、（11），其特征在于：主体外管（2）的两端螺纹连接上、下接头（1）、（3），中心内管（8）的两端螺纹连接上、下凡尔罩（4）、（9），上、下凡尔球和上、下凡尔座分别设在各自的上、下凡尔罩内，中心内管（8）上端口设有加强环（7），下凡尔罩（9）的下端设有空心压帽（12），下凡尔罩（9）与下接头（3）螺纹连接，上、下凡尔罩上均开有出油孔（13）、（14），上凡尔罩（4）上的出油孔（13）沿轴向向下倾斜。”

针对上述专利权，王柳松（下称请求人）于2004年6月3日向专利复审委员会提出了无效宣告请求，其理由是本专利权利要求1不具备新颖性，请求人同时提交的证据为：

中国实用新型专利说明书CN2544091Y，申请日为2002年4月28日，授权公告日为2003年4月9日。

经形式审查合格后，专利复审委员会于2004年7月2日受理了上述无效宣告请求，并将上述宣告专利权无效请求书及其证据副本转送给被请求人，要求被请求人在一个月内陈述意见。

专利复审委员会本案合议组于2005年4月21日向双方当事人发出了口头审理通知书。

口头审理于2005年5月31日举行，请求人出席了本次口头审理，被请求人未出席本次口头审理。

在上述程序的基础上，合议组作出了本决定。

二、决定的理由

请求人认为：本专利的权利要求1相对于其所提交的证据不具备新颖性。

专利法第二十二条第二款规定：新颖性，是指在申请日以前没有同样的发明或者实用新型在国内外出版物上公开发表过、在国内公开使用过或者以其他方式为公众所知，也没有同样的发明或者实用新型由他人向国务院专利行政部门提出过申请并且记载在申请日以后公布的专利申请文件中。

请求人所提交的证据即中国实用新型专利说明书CN2544091Y经合议组核对其真实性无误，其申请日位于本专利申请日以前，公开日位于本专利申请日以后；该证据中公开了一种“双凡尔防渣器”，与本专利产品属于同一技术领域，故该证据可以作为用于评价本专利新颖性的对比文件（下称对比文件）。

本专利独立权利要求1所要求保护产品的技术方案为：

“1. 一种抽油泵防砂器，它包括上、下接头（1）、（3）、主体外管（2）、中心内管（8）、上、下凡尔罩（4）、（9）、上、下凡尔球（5）、（10）、上、下凡尔座（6）、（11），其特征在于：主体外管（2）的两端螺纹连接上、下接头（1）、（3），中心内管（8）的两端螺纹连接上、下凡尔罩（4）、（9），上、下凡尔球和上、下凡尔座分别设在各自的上、下凡尔罩内，中心内管（8）上端口设有加强环（7），下凡尔罩（9）的下端设有空心压帽（12），下凡尔罩（9）与下接头（3）螺纹连接，上、下凡尔罩上均开有出油孔（13）、（14），上凡尔罩（4）上的出油孔（13）沿轴向向下倾斜。”

上述本专利独立权利要求1中的产品技术方案中有多处结构特征与对比文件所公开的技术方案中的相应结构具有区别，例如：

a. 本专利独立权利要求1中的“中心内管（8）……端螺纹连接下凡尔罩（9）”这一结构特征在对比文件中的对应结构为“连接压罩7内侧与内管6螺纹连接”（参见对比文件说明书与说明书附图，下同），两者在结构上存在差别；

b. 本专利独立权利要求1中的“下凡尔座……设在……下凡尔罩内”这一结构特征在对比文件中的对应结构为“下凡尔座8置于下接头11内”，两者在结构上存在差别；

c. 本专利独立权利要求1中：“中心内管（8）上端口设有加强环（7）”，在对比文件中“内管6”的上端口未设有加强环；

d. 本专利独立权利要求1中：“下凡尔罩（9）的下端设有空心压帽（12）”，在对比文件中“下凡尔罩8”的下端未设有空心压帽；

e. 本专利独立权利要求1中的“下凡尔罩（9）与下接头（3）螺纹连接”在对比文件中的对应结构为“下凡尔罩8置于下接头11内”。

可见，本专利权利要求1的技术方案与对比文件公开的内容不相同，而且上述不同也并非本技术领域惯用手段的直接置换，因而本专利独立权利要求1相对于对比文件具备新颖性。

三、决定

维持02273664.6号实用新型专利权有效。

当事人对本决定不服的，可以根据专利法第四十六条第二款的规定，自收到本决定之日起三个月内向北京市第一中级人民法院起诉。根据该款的规定，一方当事人起诉后，另一方当事人应当作为第三人参加诉讼。

一种防滑水上浮体案

无效宣告请求审查决定（第7280号）

决 定 号 第7280号
决 定 日 2005年6月16日
发明创造名称 一种防滑水上浮体
国际分类号 B63B 38/00
无效请求人 邹国祥
专 利 权 人 何智伟
专 利 号 03234180.6
申 请 日 2003年4月23日
授权公告日 2004年5月12日
合议组组长 徐媛媛
主 审 员 宋鸣镝
参 审 员 陈海平

法律依据 专利法第二十二条第三款
决定要点

虽然涉案专利的权利要求相对于证据来说具有区别技术特征，但是本领域的技术人员可以在另一份证据所给出的启示下得出该区别技术特征，由这两份证据的结合得出权利要求所保护的技术方案无需付出创造性的劳动，同时也未带来任何预料不到的技术效果，故权利要求相对于这两份证据的结合不具备创造性。

一、案由

本无效宣告请求案涉及申请日为2003年4月23日、授权公告日为2004年5月12日、名称为“一种防滑水上浮体”的实用新型专利（下称本专利），其专利号为03234180.6，专利权人为何智伟。授权公告的权利要求书如下：

“1. 一种防滑水上浮体，它包括浮筒体（1）构成，其特征是：浮筒体（1）的上表面设有许多小凸块（2），在小凸块（2）上设有众多不规则的凸纹（3）。”

针对上述实用新型专利权，邹国祥（下称请求人）于2004年8月11日向专利复审委员会提出了无效宣告请求。其请求宣告专利权无效的理由是：本专利权利要求1不具备专利法第二十二条第三款规定的创造性。请求人同时提交了以下三份证据：

证据1：90218589.6号实用新型专利申请说明书复印件，其公告日为1991年5月22日；

证据2：美国专利公开文本US5690523说明书复印件及其中文译文，其公开日为1997年11月25日；

证据3：中国台湾专利公报329677号权利要求书及附图第1~3页复印件，其公开日为1998年4

月 11 日。

请求人认为：证据 1 公开了本专利权利要求 1 中“防滑浮体包括浮筒体，浮筒体的上表面设有许多小凸块”这一技术特征，证据 2 或证据 3 公开了本专利权利要求 1 中“在小凸块上设有众多不规则的凸纹”这一技术特征，此外，表面压花纹以防滑是本领域技术人员常用的常规技术，因此，本专利权利要求 1 相对于上述证据不具备专利法第二十二条第三款所规定的创造性。

经形式审查合格后，专利复审委员会受理了上述无效宣告请求，并于 2004 年 9 月 8 日向请求人和专利权人（下称被请求人）发出了无效宣告请求受理通知书，将上述专利权无效宣告请求书及其相关文件副本转送给被请求人，要求被请求人在指定期限进行意见陈述，同时依法成立合议组对本案进行审理。

针对上述无效宣告请求，被请求人于 2004 年 10 月 13 日提交了意见陈述书，被请求人认为：证据 3 与本专利所属技术领域既不相同也不类似，且该证据中“堡凸”的按摩作用与本专利中“凸块”的防滑作用也不相同，故本专利相对于该证据 3 具备创造性；证据 2 中文译文中对“protuberant patterns”的翻译有误，其应翻译为“凸出的结构”，该技术特征仅相当于本专利中的“凸块”，而不相当于本专利中的“凸纹”。因此，证据 1 和证据 2 中均未公开本专利权利要求 1 中“凸纹”这一技术特征。同时，本专利中的“凸纹”与请求人所称的“表面压花纹”具有不同的结构，故本专利相对于证据 1 和证据 2 具备创造性。

专利复审委员会于 2005 年 2 月 21 日向双方当事人发出口头审理通知书，定于 2005 年 4 月 26 日在专利复审委员会举行口头审理，同时将被请求人在 2004 年 10 月 13 日提交的意见陈述书副本转送给请求人，要求其在指定期限进行意见陈述。

口头审理如期举行，双方当事人均到庭。在口头审理过程中，请求人当庭声明放弃证据 3，并明确证据的使用方式，即证据 1 和证据 2 的结合破坏本专利权利要求 1 的创造性，其中证据 1 为最接近的对比文件。同时，双方当事人均认可证据 2 的中文译文翻译有误，其中的“protuberant patterns”应翻译为“凸出的图案”。此外，请求人还认可证据 2 中文译文第 2 页倒数第 11 行至第 3 页第 6 行的内容在原文中没有相对应的部分，其同意删除该部分内容。双方当事人结合证据分别就各自的观点充分发表了意见。

在上述程序的基础上，合议组认为本案事实已经清楚，可以依法作出如下审查决定。

二、决定的理由

专利法第二十二条第三款规定：创造性，是指同申请日以前已有的技术相比，该发明有突出的实质性特点和显著的进步，该实用新型有实质性特点和进步。

鉴于请求人在口头审理中宣告放弃其所提交的证据 3，故对该证据 3 在本案中不予考虑。

证据 1 为中国专利文献，它属于公开出版物，合议组核实了该证据的真实性，且其公开日早于本专利的申请日，故证据 1 可以作为评价本专利创造性的已有技术。

证据 2 为美国专利文献，属于公开出版物，该证据经合议组核实无误，且被请求人对证据 2 的真实性无异议，该证据 2 的公开日期早于本专利的申请日，故证据 2 可以作为评价本专利创造性的已有技术。鉴于双方当事人均认可对证据 2 相关部分中文译文的修正，同时请求人认可删除证据 2 在原文中没有相对应的部分，故合议组下面将以证据 2 的附图 1 ~ 7 以及修正后的相关部分的中文译文为依据来评述本专利的创造性。

关于本专利权利要求 1 的创造性：请求人认为证据 1 与证据 2 的结合破坏本专利权利要求 1 的创造性，其中证据 1 为最接近的对比文件。依据审查指南第四部分第三章第 3.1 节请求原则的规定，合议组将仅以请求人提出的上述证据对比方式评述本专利权利要求 1 的创造性。

本专利权利要求1如下：

“1. 一种防滑水上浮体，它包括浮筒体（1）构成，其特征是：浮筒体（1）的上表面设有许多小凸块（2），在小凸块（2）上设有众多不规则的凸纹（3）。”

证据1涉及一种可简易组合的多用途浮筒（参见证据1的附图1~2、说明书摘要和说明书第3页倒数第6~4行），其中具体披露了以下的技术特征：该浮筒具有一中空的本体，为增加顶端面的摩擦力，以避免人员活动时滑倒，于本体（1）及卡合杆（3）头部（31）的顶端面分别设有防滑的凸块（13）和（310）。

证据2涉及一种浮筒防滑结构（参见证据2的附图1~4和证据2中文译文第1页第17行至第2页倒数第12行），该浮筒防滑结构包括一中空的浮筒本体（10），浮筒本体（10）在其上侧具有一凹设容置部位（14），由橡胶或具有较大摩擦系数的材质制成的止滑板（15）设置在该容置部位（14）中，止滑板（15）在其上表面上具有凸出的图案，以提供所需的防滑功能。

将本专利权利要求1所保护的技术方案与证据1所公开的内容相比，其区别技术特征在于：证据1中未公开本专利权利要求1中的“在小凸块（2）上设有众多不规则的凸纹（3）”这一技术特征。对于该区别技术特征，合议组认为：证据2中公开了“止滑板（15）在其上表面上具有凸出的图案，以提供所需的防滑功能”这样的技术内容，可见证据2中的“凸出的图案”可以起到防滑的作用，即证据2给出了“凸出的图案”可以解决人们走在浮筒体上容易滑倒的技术问题的启示，本领域的普通技术人员在该技术启示的教导下，可以根据具体需要而将“凸出的图案”设置在容易发生滑倒的需要之处，如设置在小凸块的上表面上，而无需付出创造性劳动；至于该“凸出的图案”的数量是众多还是较少，该“凸出的图案”的形式是规则的还是不规则的，这些都是本领域中的一些常规选择，也无需付出创造性的劳动；同时证据2中的“凸出的图案”与本专利权利要求1中的“凸纹”仅仅是在文字表述上略有差别，它们实质上的技术内容是完全相同的。由此可见，本领域的普通技术人员在证据1的基础上，发现平的凸块表面容易产生滑倒的技术问题时，而从证据2中得到上述技术启示，并进而在证据1的基础上结合证据2而得出本专利权利要求1所保护的技术方案是显而易见的，该技术方案并未产生意想不到的技术效果。因此，本专利权利要求1相对于证据1和证据2的结合不具备专利法第二十二条第三款规定的创造性。

对于被请求人所主张的证据2中的“凸出的图案”仅相当于本专利中的“凸块”、而不相当于本专利中的“凸纹”的观点，合议组认为：证据2中的“凸出的图案”与本专利中的“凸纹”在结构形式上并无差别，所起到的作用也完全相同，只是在设置位置上略有不同，证据2中的“凸出的图案”设置在止滑板上表面上，本专利中的“凸纹”设置在小凸块上，本领域的普通技术人员可以根据具体需要而选择其设置位置而并不影响其所起到的作用，无需付出创造性的劳动。因此，对于被请求人的上述主张合议组不予支持。

三、决定

宣告03234180.6号实用新型专利权全部无效。

当事人对本决定不服的，可以根据专利法第四十六条第二款的规定，自收到本决定通知书之日起三个月内向北京市第一中级人民法院起诉。根据该款的规定，一方当事人起诉后，另一方当事人应当作为第三人参加诉讼。

103

冷辊压折角防劫隔离板案

无效宣告请求审查决定（第7281号）

决　定　号　第7281号
决　定　日　2005年4月16日
发明创造名称　冷辊压折角防劫隔离板
国际分类号　B60R 21/12
无效请求人　上海升捷工贸有限公司
专利权人　上海强生科技发展公司
专　利　号　00217177.5
申　请　日　2000年4月7日
授权公告日　2001年5月30日
合议组组长　徐媛媛
主　审　员　盛　昭
参　审　员　杜　军

法律依据　专利法第二十二条第二款、第三款　专利法第二十六条第三款、第四款　专利法实施细则第二条第二款

决定要点

根据请求原则的规定，合议组仅以请求人提出的证据对比方式评述权利要求的新颖性和创造性。请求人提供的有关本专利在先公开销售使用以及出版物公开的证据不充分，不足以破坏本专利的新颖性和创造性。

一、案由

本无效宣告请求案涉及国家知识产权局专利局2001年5月30日授权公告的、名称为“冷辊压折角防劫隔离板”的实用新型专利，其专利号为00217177.5，申请日为2000年4月7日，专利权人是上海强生科技发展公司。授权公告的权利要求书如下：

“1. 出租汽车防劫隔离板，特别是将透明工程塑料板冷折弯而成的冷辊压折角防劫隔离板，其特征是以冷辊压折角法将两面贴膜的工程塑料板折角弯成防劫隔离板（1），通过固定件（2）与金属管架（3）联结。

2. 根据权利要求1所述的冷辊压折角防劫隔离板，其特征是工程塑料板根据金属管架弯曲半径可用1~5条折角弯成。

3. 根据权利要求1、2所述的冷辊压折角防劫隔离板，其特征是折弯的防劫隔离板，另一边直接固定在金属管架（3）的另一端。”

针对上述专利权，上海升捷工贸有限公司（下称请求人）于2002年5月10日向专利复审委员会提出了无效宣告请求，其理由是本实用新型专利不符合专利法第二十二条第二款、第三款有关新颖性

和创造性的规定。与此同时，请求人提供了如下证据：

证据1：授权公告号为 CN3052982D 的外观设计专利公报复印件，授权公告日为 1997 年 1 月 1 日；

证据2：《塑料二次加工》封面、版权页以及第 112 页复印件，中国轻工业出版社 1999 年 5 月第 1 版第 1 次印刷；

证据3：《塑料制品生产工艺手册》封面、版权页以及第 14 页复印件，化学工业出版社 1998 年 5 月第 2 版、2000 年 6 月第 3 次印刷；

请求人认为，在本专利申请日前已有与本专利相同的产品公开销售、使用，从而使得本专利不具备新颖性。另外，在本专利申请日前已有与本专利相似的技术公开出版，从而使得本专不具备新颖性和创造性。

2002 年 6 月 3 日，请求人补充提交了如下六份证据，用以证明本专利在申请日前已公开销售和使用的事实：

证据4：中华人民共和国上海市黄浦区第一公证处出具的（2002）沪黄一证经字第 1827 号公证书；

证据5：中华人民共和国上海市黄浦区第一公证处出具的（2002）沪黄一证经字第 1828 号公证书；

证据6：中华人民共和国上海市黄浦区第一公证处出具的（2002）沪黄一证经字第 1829 号公证书；

证据7：中华人民共和国上海市黄浦区第一公证处出具的（2002）沪黄一证经字第 1830 号公证书；

证据8：上海园林宾馆汽服部出具的证明材料复印件 1 张；

证据9：宋学雷 2002 年 5 月 27 日出具的情况说明复印件 1 张。

专利复审委员会经形式审查合格后，于 2002 年 6 月 6 日发出了无效宣告请求受理通知书，同时将宣告专利权无效请求书以及有关文件副本转给专利权人（下称被请求人），要求被请求人在指定期限进行意见陈述。同时成立合议组对本案进行审理。

2002 年 6 月 6 日，请求人又补充提交了如下证据，用以证明本专利不具备创造性：

证据10：专利号为 99248419.7 的中国实用新型专利说明书复印件，申请日为 1999 年 10 月 13 日，授权公告日为 2000 年 11 月 1 日。

专利复审委员会本案合议组于 2002 年 7 月 17 日将请求人于 2002 年 6 月 6 日补充提交的证据转送被请求人，同时要求被请求人在指定期限进行答复。

针对无效宣告请求受理通知书，被请求人于 2002 年 7 月 14 日进行了意见陈述，其认为，本专利与证据1之加热圆弧成型防劫隔离板相比，具有实质性特点和进步，具备新颖性和创造性。请求人 2002 年 6 月 3 日补充提交的证据不足以证明本专利在申请日前已公开销售和使用的事实，进而不足以破坏本专利的新颖性。

针对 2002 年 7 月 17 日的转送文件通知书，被请求人于 2002 年 8 月 23 日进行了意见陈述，其认为本专利与证据 10 是两种不同形状、构造的专利。本专利采用冷折弯，而证据 10 采用热折弯，故证据 10 不足以破坏本专利的创造性。

专利复审委员会本案合议组于 2003 年 1 月 14 日向被请求人以及请求人发出了无效宣告请求口头审理通知书，定于 2003 年 3 月 12 日举行口头审理。同时将被请求人于 2002 年 7 月 14 日以及 8 月 23 日两次提交的意见陈述书随口头审理通知书转送请求人。

因故，口头审理日期变更为2003年9月1日。

口头审理如期举行，被请求人未参加口头审理，请求人对变更后的合议组成员无回避请求。在口头审理过程中，请求人向合议组出示了证据8及证据9的原件。并且提出了新的无效宣告请求的理由，即本专利不符合专利法第二十六条第三款、第四款的规定以及专利法实施细则第二条第二款的规定。此外，请求人结合证据就其认为本专利不具备新颖性和创造性进行了相应的意见陈述。

2003年9月2日请求人向专利复审委员会本案合议组提交了其在口头审理过程中所进行的意见陈述的书面整理文件。

2003年12月11日，合议组向被请求人发出了合议组成员告知通知书，将合议组成员变更的情况告知被请求人，同时告知被请求人，如对合议组成员有回避请求，应于收到本通知之日起7日内提交书面请求。逾期不答复的，视为无回避请求。对此，被请求人在指定期限未进行意见陈述。

在上述工作的基础上，合议组认为本案事实已经清楚，可以依法作出审查决定。

二、决定的理由

1. 无效宣告请求理由的确定

请求人在提出无效宣告请求时的理由是本专利不符合专利法第二十二条第二款、第三款的规定。在口头审理时，请求人又补充了新的无效宣告请求的理由，即本专利不符合专利法第二十六条第三款、第四款的规定以及专利法实施细则第二条第二款的规定。

专利法实施细则第六十六条规定：在专利复审委员会受理……逾期增加理由或者补充证据的，专利复审委员会可以不予考虑。同时，审查指南第四部分第三章第3.1节规定：对请求人在提出无效宣告请求之日起一个月后提出的需要新的证据支持的无效宣告理由和提交的用于证明在提出无效宣告之日起一个月内未举证主张的具体事实的新证据，合议组不予考虑。鉴于此，合议组对请求人在口头审理时新增加的无效宣告请求的理由予以考虑。

综上所述，请求人的无效宣告请求的理由为：本专利不符合专利法第二十六条第三款、第四款的规定、专利法第二十二条第二款、第三款有关新颖和创造性的规定以及专利法实施细则第二条第二款的规定。

2. 关于本专利是否符合专利法实施细则第二条第二款的规定

专利法实施细则第二条第二款规定：专利法所称实用新型，是指对产品的形状、构造或者其结合所提出的适于实用的新的技术方案。

请求人认为本专利仅仅以冷辊压折角法将工程塑料板折角弯成防劫隔离板，以取代现有技术中的热加工成型法。而这种成型加工塑料板的方法显然不属于实用新型保护的客体，不符合专利法实施细则第二条第二款的规定。

对此，合议组认为：首先，本专利之主题名称是一种产品。其次，虽然本专利对现有技术作出贡献的部分是由于加工工艺的不同所带来的，但是这种加工工艺的不同带来了产品形状、构造的不同，即不同于现有技术之热模压工艺的“圆弧弯曲”结构，通过冷辊压而带来了“折角”的结构，从而解决了现有技术之板材加热老化、应力脆裂的问题。同时由工艺所带来的产品结构的变化在本专利之权利要求所要求保护的技术方案中也有所体现。即本专利符合专利法实施细则第二条第二款的规定。

3. 关于本专利是否符合专利法第二十六条第三款的规定

专利法第二十六条第三款规定：说明书应当对发明或者实用新型作出清楚、完整的说明，以所属技术领域的技术人员能够实现为准……

请求人认为，本专利只是描述了如何采用冷辊压折角法加工形成防劫隔离板，而对进行改进所构成的防劫隔离板的结构的必要技术特征及形成的技术方案未进行清楚、完整的描述，未达到本领域技术人员在不需创造性劳动的情况下再现其技术方案的要求，故本专利不符合专利法第二十六条第三款的规定。

对此，合议组认为，通过阅读本专利的说明书可知，本专利是针对现有技术之工程塑料板在加热成型过程中因温度及应力所带来的成品老化、应力脆裂而进行的改进。其相应的技术解决方案是通过冷辊压形成折角结构取代现有技术之热模压形成的圆弧结构，以解决现有技术存在的上述问题。由此可见，本专利之说明书对改进的通过冷辊压形成的防劫隔离板的结构的必要技术特征及形成的技术方案进行了清楚、完整的描述，本领域的技术人员不需创造性的劳动即可再现本专利的技术方案，故本专利符合专利法第二十六条第三款的规定。

4. 关于本专利是否符合专利法第二十六条第四款的规定

专利法第二十六条第四款规定：权利要求书应当以说明书为依据，说明要求专利保护的范围。

请求人认为，本专利权利要求 2 限定部分的技术特征在说明书中未予披露，故本专利权利要求 2 不符合专利法第二十六条第四款的规定。

对此，合议组认为，虽然权利要求 2 限定部分的技术特征在本专利的说明书中未予披露，但是就本专利而言，由于采用冷辊压成型技术，金属管架只能折弯形成折角，因此金属管架的弯曲半径只能通过折角的数量进行控制。而这对于所述领域的技术人员而言显然属于常识性的技术。故上述特征虽未在说明书中披露，但是并不足以导致相应的权利要求 2 不符合专利法第二十六条第四款的规定。

5. 关于本专利的新颖性和创造性

专利法第二十二条第二款规定：新颖性，是指在申请日以前没有同样的发明或实用新型在国内外出版物上公开发表过、在国内公开使用过或者以其他方式为公众所知，也没有同样的发明或实用新型由他人向国务院专利行政部门提出过申请并记载在申请日以后公布的专利申请文件中。

专利法第二十二条第三款规定：创造性，是指同申请日以前已有的技术相比，该发明具有突出的实质性特点和显著的进步，该实用新型具有实质性特点和进步。

请求人提交的证据可分为两组，第一组证据为在先公开销售和使用的证据，其包括证据 4 至证据 9。第二组证据为出版物上公开的证据，其包括证据 1 至证据 3 以及证据 10。

在第一组证据中，证据 4 用以证明安装于车号为沪 BN8823 出租车上的防劫板的结构；证据 5 为园林宾馆 2000 年 3 月 2 日购买之防劫板的发票；证据 6 用以证明车号为沪 BN8823 的出租车归属上海园林宾馆；证据 7 为证据 9 出具者宋学雷的驾驶证；证据 8 为上海园林宾馆汽服部出具的情况说明，用以证明上海市园林宾馆于 2000 年 3 月 2 日购买了上海强生科技发展公司（即被请求人）的防劫板；证据 9 为宋学雷出具的情况说明，用以证明其所驾驶的车号为沪 BN8823 出租车上的防劫板的安装日期。请求人意以这一组证据证明上海园林宾馆在本专利申请日前购买并安装的防劫板即为本专利防劫板，进而证明本专利产品在其申请日前公开销售、使用的事实。对此，合议组认为，首先，证据 4 公证书只能证明公证之日安装于沪 BN8823 出租车上防劫板的结构，而不能证明所安装的防劫板在本专利申请日前所处的状态。其次，仅凭证据 5 发票的出具人为专利权人尚不足以证明发票中所涉及的防劫板即为本专利产品。就证据 8 及证据 9 而言，虽然请求人在口头审理时出具了上述证据的原件，但是证据 8 上无自然人签章，该证据不符合法人出证的形式要件。并且证据 8 及证据 9 均为对几年前所发生事件进行追诉以后所作的陈述，属于证人证言，此类证据的真实性与出证人的记忆力、理解力、表述能力以及对所证事物的介入程度等主观因素有关，在证人没有出庭接受质证及没有其他原始客观证据进行佐证的情况下，该类证据不能作为定案的依据。综上所述，证据 4 至证据 9 尚不足以构成一完整的证据链，不能证明本专利产品在先公开销售使用的事实，故不足以破坏本专利的新颖性。

就第二组证据而言，请求人未向合议组提交或出示证据 2 及证据 3 的原件，对其真实性无法核实，复印件本身不具有任何法律效力，故合议组对证据2及证据3不予采信。证据1及证据10为专利文献，属于公开出版物，合议组核实了上述证据的真实性。其中证据1的授权公告日早于本专利的申请日，故证据1可以用于评价本专利的新颖性和创造性。证据10的申请日早于本专利的申请日，授权公告日晚于本专利的申请日，故根据审查指南第二部分第三章第2.2节的规定，证据10只能用于评价本专利的新颖性。

根据审查指南第四部分第三章第3.1节关于请求原则的规定，合议组下面仅依据请求人提出的对比方式评述本专利的新颖和创造性。

请求人认为证据1破坏本专利的新颖性。

证据1披露了一种车用防劫器，根据其中的六面视图以及立体图不能得出所述防劫器是具有折角结构的两面贴膜的塑料板。而根据本专利说明书可知，上述两面贴膜且成折角结构的塑料板具有避免板材加热老化、应力脆裂以及表面不易擦毛的有益效果，同时由于该证据是一份外观设计专利，其显然不可能就上述区别技术特征给出任何技术启示或教导，故本领域的普通技术人员在证据1的基础上得到本专利权利要求1所要求保护的技术方案需付出创造性的劳动，本专利之权利要求1相对于证据1具备新颖性。

权利要求2及权利要求3直接或间接从属于权利要求1，在权利要求1具备新颖性的情况下，权利要求2及权利要求3同样具备新颖性。

请求人认为证据10破坏本专利的创造性。

由上面对证据的评述可知，证据10只能用于评价本专利的新颖性，而不能用于评价本专利的创造性，因此证据10不能破坏本专利权利要求1~3的创造性。

综上所述，请求人提供的证据不充分，不足以支持其认为本专利权利要求1~3不具备新颖性和创造性的主张。

三、决定

维持00217177.5号实用新型专利权1~3继续有效。

一方当事人对本决定不服的，可以根据专利法第四十六条第二款的规定，在收到本决定之日起三个月内向北京市第一中级人民法院起诉。根据该款的规定，一方当事人起诉后，另一方当事人可以作为第三人参加诉讼。

须破坏盒体才能启封的外包装纸盒案

无效宣告请求审查决定（第7285号）

决　定　号　第7285号
决　定　日　2005年6月15日
发明创造名称　须破坏盒体才能启封的外包装纸盒
国际分类号　B65D 49/12
无效请求人　北京红星股份有限公司
专利权人　高　庆　孔令泉
专　利　号　97206240.8
申　请　日　1997年3月12日
授权公告日　2000年8月9日
合议组组长　于　萍
主　审　员　陈海平
参　审　员　陈　勇

法律依据　专利法第二十六条第三款　专利法实施细则第二十条第一款、第二十一条第二款　专利法第二十二条第二款

决定要点

如专利的技术方案与现有技术不相同，则该专利具备新颖性。

一、案由

本无效宣告请求案涉及高庆、孔令泉（下称专利权人）于1997年3月12日向国家知识产权局专利局提出的名称为“须破坏盒体才能启封的外包装纸盒”的实用新型专利申请，其申请号为97206240.8。该专利申请于2000年8月9日公告授权（下称本专利），其授权公告的权利要求书如下：

“1. 一种须破坏盒体才能启封的外包装纸盒，为一长方体或正方体，由四个立面墙、底盖、上盖及盖内的三面支撑内盖组成，其特征在于盒底盖（10）、上盖（4）的末端有带三角锁齿的锁舌（15），其对面立墙上的内折盖（2、10）的根部有一折兜（14），折兜中部有与锁舌（15）对应的锁孔（21），盖与盒身通过锁舌与锁孔连为一体。

2. 如权利要求1所述的须破坏盒体才能启封的外包装纸盒，其特征在于两个对接的立墙面接合端有对应的带三角锁齿的边锁舌（13）及锁孔（21）。

3. 如权利要求1、2所述的须破坏盒体才能启封的外包装纸盒，其特征在于每个连接面上的对应锁舌（13、15）及锁孔（21）可为多个。”

针对上述专利权，北京红星股份有限公司（下称请求人）于2004年9月3日向专利复审委员会提出了无效宣告请求，其理由是本实用新型专利权利要求1～3不具备新颖性。请求人同时提交了下述对比文件：

96215719.8号中国实用新型专利说明书复印件，申请日为1996年7月19日，授权公告日为1997年9月24日。

经形式审查合格，专利复审委员会于2004年9月6日受理了上述无效宣告请求并将无效宣告请求书及对比文件副本转给了专利权人（下称被请求人）。

被请求人于2004年9月20日提交的意见陈述书进行答辩，并于同年11月28日又提交了补充的意见陈述。

请求人于2004年9月29日提交意见陈述书，请求人在该意见陈述书中进一步主张：由于在本专利中没有限定锁舌与锁孔之间的配合关系，故本专利也不符合专利法第二十六条第三款与专利法实施细则第二十条第一款、第二十一条第二款的规定。

专利复审委员会本案合议组于2005年2月1日将上述请求人于2004年9月29日提交的意见陈述书转寄给被请求人，将上述被请求人于2004年9月20日与11月28日又提交的意见陈述书转寄给请求人。

被请求人于2005年2月21日提交意见陈述书，针对上述请求人于2004年9月29日提交的意见陈述书进行答辩。

专利复审委员会于2005年4月18日发出口头审理通知书，要求双方当事人参加对本案的口头审理，并同时将上述被请求人于2005年2月21日提交的意见陈述书转给请求人。

口头审理于2005年5月25日在专利复审委员会审议厅举行，双方当事人出席了本次口头审理。

双方当事人对对方出席口头审理的人员的身份无异议，对合议组成员无回避请求。被请求人对请求人所提交的对比文件的真实性无异议。

口头审理中双方当事人就本案所涉及的理由及事实进行了辩论。

在上述程序的基础上，合议组作出了本决定。

二、决定的理由

1. 请求人认为：专利权人在申请文件中没有公开锁舌与锁孔的尺寸或配合关系，故本专利的说明书不符合专利法第二十六条第三款的规定，本专利独立权利要求不符合专利法实施细则第二十条第一款、第二十一条第二款的规定。

专利法第二十六条第三款规定：说明书应当对发明或者实用新型作出清楚、完整的说明，以所属技术领域的技术人员能够实现为准；必要的时候，应当有附图。摘要应当简要说明发明或者实用新型的技术要点。

专利法实施细则第二十条第一款规定：权利要求书应当说明发明或者实用新型的技术特征，清楚、简要地表述请求保护的范围。

专利法实施细则第二十一条第二款规定：独立权利要求应当从整体上反映发明或者实用新型的技术方案，记载解决技术问题的必要技术特征。

合议组认为：为实现本实用新型，锁舌和锁孔均应具有适当的尺寸配合关系以保证它们可以彼此锁固。对于所属技术领域的技术人员来说，虽然在本专利说明书中没有具体公开这些尺寸配合关系，但是包装纸盒中的锁舌和锁孔之间所存在的具体配合关系属于一般的技术常识，是不需要进行创造性的思维就可以想到的，不会因此使得本实用新型无法得以实现。故本专利说明书符合专利法第二十六条第三款的规定，相应地，本专利独立权利要求也符合专利法实施细则第二十条第一款、第二十一条第二款的规定。

2. 关于本专利的新颖性

专利法第二十二条第二款规定：新颖性，是指在申请日以前没有同样的发明或者实用新型在国内外出版物上公开发表过、在国内公开使用过或者以其他方式为公众所知，也没有同样的发明或者实用新型由他人向国务院专利行政部门提出过申请并且记载在申请日以后公布的专利申请文件中。

请求人所提交的对比文件1申请日为1996年7月19日，在本专利申请日1997年3月12日之前；授权公告日为1997年9月23日，在本专利申请日之后；其中公开了一种“一次性密封防伪包装酒盒”，与本专利属于同类产品。故对比文件1可用于评价本专利的新颖性。下面在对比文件1的基础上对本专利权利要求1的新颖性加以评述。

本专利的独立权利要求1的内容为：

“1. 一种须破坏盒体才能启封的外包装纸盒，为一长方体或正方体，由四个立面墙、底盖、上盖及盖内的三面支撑内盖组成，其特征在于盒底盖（10）、上盖（4）的末端有带三角锁齿的锁舌（15），其对面立墙上的内折盖（2、10）的根部有一折兜（14），折兜中部有与锁舌（15）对应的锁孔（21），盖与盒身通过锁舌与锁孔连为一体。”

上述本专利独立权利要求1中的产品技术方案中有多处结构特征与对比文件所公开的技术方案中的相应结构具有区别，例如：

a. 在对比文件的包装盒中虽然也设有与本专利的“锁舌（15）”对应的结构即“舌封105”，但对比文件中并未公开“三角锁齿”这一结构特征；

b. 本专利独立权利要求1的产品中，“内折盖（2、10）的根部有一折兜（14），折兜中部有与锁舌（15）对应的锁孔（21）”，而在对比文件中在内折盖上没有对应于上述本专利“折兜（14）”的结构，两者在结构上存在差别。

因此，本专利独立权利要求1具备专利法第二十二条第二款所规定的新颖性。

在本专利独立权利要求1具备新颖性的前提下，其从属权利要求2及权利要求3也相应具有新颖性。

三、决定

维持97206240.8号实用新型专利权有效。

当事人对本决定不服的，可以根据专利法第四十六条第二款的规定，自收到本决定之日起三个月内向北京市第一中级人民法院起诉。根据该款的规定，一方当事人起诉后，另一方当事人应当作为第三人参加诉讼。

105

汽车自动预热防盗器案

无效宣告请求审查决定（第7305号）

决　定　号　第7305号
决　定　日　2005年6月2日
发明创造名称　汽车自动预热防盗器
国际分类号　F02P 11/04
无效请求人　卢耀森
专　利　权　人　北京中油联自动化技术开发有限公司
专　利　号　03240078.0
申　请　日　2003年3月10日
授权公告日　2004年3月17日
合议组组长　马志远
主　审　员　翁晓君
参　审　员　高 栋

法律依据　专利法第二十六条第三款
决定要点

如果一件专利的说明书未对实用新型作出清楚、完整的说明，所属技术领域的技术人员据此不能够实现，则该专利的说明书不符合专利法第二十六条第三款的规定。

一、案由

本无效宣告请求案涉及国家知识产权局专利局于2004年3月17日授权公告的、名称为“汽车自动预热防盗器”的实用新型专利（下称本专利），其申请号是03240078.0，申请日是2003年3月10日，专利权人是北京中油联自动化技术开发有限公司。

本实用新型专利授权公告的权利要求书如下：

“1. 一种汽车自动预热防盗器，包括壳体（14）、集成稳压块（13）及电容（C1、C2），其特征在于：在壳体（14）内的单片微处理器（7）的输入、输出接口分别连接温度传感器（1）、人体红外传感器（2）、振动传感器（3）、无线接收模块（4）、信号监测器（5）及电阻（R1，R2，R3），电阻（R1，R2，R3）分别与三极管（BG1，BG2）的基极及警报迅响器（10）连接，三极管（BG1，BG2）的集电极分别连接继电器（J1，J2），继电器（J1，J2）的常闭触点（K1，K2）分别与起动机（8）及点火开关供电挡（9）相连。”

针对上述专利权，卢耀森（下称请求人）于2004年5月2日向专利复审委员会提出无效宣告请求，其理由是本专利的权利要求1不符合专利法第二十二条第二款、第三款的规定；权利要求1不符合专利法实施细则第二条的规定；说明书不符合专利法第二十六条第三款的规定；同时，请求人提交了如下附件作为证据：

附件1：ZL03202084.8号实用新型专利说明书，其名称为“机动车热车仪”，其申请日为2003年1月1日，授权公告日为2003年11月5日，申请人为卢耀森；

附件2：由吴定才编著，人民交通出版社于2000年9月出版发行的《汽车电子控制系统构造与维修》出版内容提要页、第239～241页的复印件；

附件3：大庆市森思特仪器仪表厂印制的《防冻防盗热车仪安装使用说明书》原件；

附件4：大庆市森思特仪器仪表厂于2003年1月8日开具的将防冻防盗热车仪售于中试厂的销售发票报销凭证联的复印件。

请求人指出：（1）本专利是两项已知技术的简单组合，即是机动车热车仪（附件1所示专利）与遥控汽车防盗器技术（附件2所示出版物）的简单组合，并且指出权利要求1中的汽车自动预热器部分相对于附件1中的机动车热车仪技术不具备新颖性，不符合专利法第二十二条第二款的规定；权利要求1中的汽车防盗器部分相对于附件2中的《汽车电子控制系统构造与维修》所公开的遥控汽车防盗器技术不具备新颖性和创造性，不符合专利法第二十二条第二款、第三款的规定；（2）由于本专利是两项已有技术的简单组合，防盗与热车各自功能独立，并没有产生新的技术效果，因此不符合专利法实施细则第二条第二款的规定；（3）根据附件3和附件4中的《防冻防盗热车仪安装使用说明书》和销售发票，证明采用上述组合技术的产品防冻防盗热车仪于2003年元月已经有厂家公开销售，因此不具备新颖性，不符合专利法第二十二条第二款的规定；（4）本专利说明书第2页第15～16行中记载了“继电器（J1，J2）的常闭触点（K1，K2）分别与起动机8及点火开关供电挡9相连”，常闭触点的电工含义是常态时开关接通，如果用继电器的常闭触点的话，平时起动机常转，仪表灯常亮，这是一个技术错误，正确应该为用继电器的常开触点，并且权利要求1引用了该部分作为主要技术特征，因此也是错误的；并且说明书没有说清各种情况的电器状态，常态时如何、温度达到下限时如何、达到上限时如何，也没说清楚继电器常闭触点的另一端与谁相接，无法确定与原车电路的开关是并联关系还是串联关系，电路图也没有画出，是一个悬浮状态，是不能工作的，因此本专利说明书不符合专利法第二十六条第三款的规定。

经形式审查合格后，专利复审委员会受理了该无效宣告请求，于2004年6月8日向双方当事人发出了无效宣告请求受理通知书，并将专利权无效宣告请求书及所附证据副本转给了专利权人（下称被请求人），要求其在指定的期限内答复。

被请求人于2004年7月7日寄交了针对上述无效宣告请求的答复意见，并在意见陈述书中指出：（1）本专利权人依据专利法实施细则第五十五条、第五十六条向专利行政部门申请，并得到检索报告证明没有相同专利，符合专利法第二十二条有关规定；（2）请求人所提供的证据附件4的发票公章中是大庆市让湖路森思特仪器仪表厂，正是请求人卢耀森为法人代表的工厂，发票填写人经办人正是卢耀森本人，并且证据附件3防冻防盗热车仪安装使用说明书是经他篡改过的，其产品根本不具有防盗功能，本专利权人有其向哈尔滨中级人民法院提交的“机动车热车仪安装使用说明书”为证，因此此证据不具有说服力；（3）本专利技术方案中大量应用和集成了世界最新传感器技术，例如专利说明书中所述的温度传感器1，它克服了该专利提出前该领域广泛使用的热敏电阻与AD转换所组成的温度转换方式分辨率低、热敏电阻元件参数离散性大、配件互换性差、生产中调试困难等缺点和不足，与其最接近的现有技术相比有非常显著的进步，显著提高了该项技术性能，使其更加简洁可靠、更具实用性；（4）专利权利人依法生产了该专利产品，并大量生产销售了该产品，得到了很好的经济效益和社会效益，受到广大用户的好评，经专家评审被认定为市级新产品，并获得荣誉证书，该产品代表大庆市参加了2004年第十五届哈尔滨国际经济贸易洽谈会，与国内外多家客商签订了订货合同。

合议组于2005年1月21日向双方当事人发出了口头审理通知书，定于2005年3月2日进行口头审理，并与口头审理通知书一起将被请求人于2004年7月7日寄交的意见陈述书转送给无效宣告请求人。

口头审理如期举行。双方当事人均出席口头审理并各自发表了意见。双方当事人对合议组成员无回避请求，对对方出庭人员的身份没有异议。在口头审理中，请求人增加的无效理由为：（1）以附件2的证据评价本专利权利要求1不具备创造性；（2）请求人在有关专利法第二十六条第三款的无效理由中引用了新的事实：本专利技术方案中的起动机8和警报迅响器10没有供电电源。请求人当庭出示了附件2的原件。请求人没有出示附件4中销售发票的报销凭证联的原件，仅出示了同序号记账联原件。被请求人当庭核实附件2复印件与原件内容一致，被请求人对附件4的真实性有异议，对附件1~3的真实性没有异议。请求人承认附件1的公开日晚于本专利的申请日，并表示附件1的同族发明专利公开日早于本案实用新型的申请日。合议组经过当庭核实确认该同族发明专利申请的公开日晚于本案实用新型的申请日。请求人认为在附件2第239页图10－28中公开了权利要求1中的振动传感器（3）、信号监测器（5）、电阻（R1、R2、R3）、三极管（BG1、BG2）、警报迅响器（10）、连接继电器（J1、J2）之一，并且承认权利要求1中其余技术特征均未在附件2中披露。请求人明确表示附件3、附件4结合用于证明附件3中所记载的产品在本实用新型申请日之前已经公开使用。请求人明确表示附件3的《防冻防盗热车仪安装使用说明书》中仅包含了产品使用方面内容，没有包含产品技术内容。请求人认为不工作状态下继电器触点应是断开的，否则起动机一直处于启动状态。被请求人认为K1不是用来接通起动机电路，起动机电路另有中间继电器。合议组要求被请求人在口头审理之日起一个月内提交能够证明常闭触点也能够保证起动机达到本实用新型的技术效果的证据，并且提交能够证明在电路图中省略电源是一种通常设计的证据。

被请求人于2005年4月5日提交了关于汽车自动预热防盗器的补充说明，与此同时，被请求人提交了如下文件作为证据：

证据1：专利申请技术交底书；

证据2：本专利电路原理图；

证据3：由天天汽车工作室编著，北京理工大学出版社于2005年2月出版发行的《轿车电控防盗系统维修技能实训》出版内容简介页、第127页的复印件。

被请求人指出：（1）在本案审理过程中发现确有笔误，但是所提交的专利申请技术交底书以及专利说明书附图清晰的画出了正确的电路原理图，即继电器J1对应的开关K1为常开触点，继电器J2对应的开关K2为常开触点。专利权人认为所属领域技术人员完全能够正确理解，这是汽车电路中最简单的接法；（2）本专利说明书第2页第6行记载“9－点火开关供电挡”，第2页第15行记载“（K1，K2）分别与起动机8及点火开关供电挡相连”，这说明该点由汽车电源供电。汽车电路画法的特点是尽量从简。如证据3中第127页图5－8，汽车喇叭继电器电路图中喇叭只画一条线连接。

合议组于2005年4月8日将被请求人于2005年4月5日提交的补充说明及证据转送给请求人。

请求人于2005年4月27日提交了针对关于汽车自动预热防盗器的补充说明的意见陈述书，并在意见陈述书中指出：（1）专利权人在补充说明中承认说明书有笔误，就是不合格专利，不取决于他当初怎么想的；（2）专利权人所提供的技术交底书与本专利说明书及附图描述的完全相同，即他已经承认接常闭触点是错的了，即使交底书是正确的，也不符合专利法第二十六条第三款的规定；（3）专利权人在补充说明中所说的：“K1、K2分别与起动机8及点火开关供电挡9相连，这说明该点由汽车电源供电”是技术原理错误；（4）专利权人所提供的新证据“喇叭电路”并没有节省电源，保险丝位置就是电源，喇叭的安装都是壳体接地，证据中省去接地线同行业技术人员是可以理解的，符合作业习惯，而该专利中的喇叭线一个也没省，是一端直接接地，另一端通过K1、K2、8、9也接地，就不能工作了。

至此，合议组认为本案事实已经清楚，依法作出审查决定。

二、决定的理由

1. 审查的基础

对本无效宣告请求案的审理，以授权公告的权利要求书及说明书为基础。

2. 关于证据

请求人提交的证据是附件1~4，被请求人对附件1~3的真实性没有异议，但对附件4的真实性有异议。其中附件1为实用新型专利，其申请日（2003年1月1日）早于本专利的申请日，其公开日（2003年11月5日）晚于本专利的申请日，并且经过当庭调查附件1的同族发明专利申请（02124979.2）的公开日（2003年4月30日）也晚于本专利的申请日，因此附件1所公开的内容只可作为抵触申请的对比文件来评价本专利权利要求的新颖性，而不能用来评价本专利权利要求的创造性；附件2为公开出版物，其出版日（2000年9月）早于本专利的申请日，因此附件2所公开的内容构成本专利的现有技术；附件3是一份防冻防盗热车仪安装使用说明书，附件4是一份防冻防盗热车仪的销售发票复印件，请求人认为，附件3与附件4共同构成一证据链，证明附件3中所记载的产品已在本专利的申请日前公开销售。合议组认为：使用说明书中只涉及其产品的工作原理和与安装使用相关的事项，没有披露其内部结构，所以不能证明此产品与本专利权利要求中所记载的汽车自动预热防盗器相同，因此附件3不能作为证明所销售产品结构的证据，并且附件4是销售此使用说明书中所记载产品的销售发票报销凭证联的复印件，而请求人未提供此发票报销凭证联的原件，仅出示了记账联的原件，所以此销售发票的真实性不能确认，因此附件4也不能证明此产品已经在本专利申请日之前销售。所以，附件3和附件4的结合不能形成完整的证据体系以证明本专利权利要求不具备新颖性。

被请求人提交的证据是证据1~3，请求人对这三份证据的真实性没有提出异议，因此证据1~3可以作为本案的证据使用。

3. 关于专利法第二十六条第三款

专利法第二十六条第三款规定：说明书应当对发明或实用新型作出清楚、完整的说明，以所属技术领域的技术人员能够实现为准。

本专利涉及一种汽车自动预热防盗器，在本专利说明书第2页第15行至第16行记载了："继电器（J1，J2）的常闭触点（K1，K2）分别与起动机8及点火开关供电挡9相连"，并且在权利要求1中也记载了与上述相同的技术特征，而根据本专利的说明书附图1所描绘的，继电器J1、J2的触点K1、K2却是打开的。

假设根据本专利说明书所记载的"继电器（J1，J2）的常闭触点（K1，K2）"，如果继电器J1的触点K1是常闭的，那么当汽车温度高于设定的温度即汽车处于熄火时，继电器J1的触点K1是闭合的，也就是说当汽车温度处在高于设定的温度的普通状态下，起动机8与点火开关供电挡9是连通的，并且如果此时继电器J2的触点K2也是常闭的，那么汽车的供电回路就是处于接通状态，则此时汽车的发动机就已经处于启动状态，即意味着平时起动机常转，也就不能够实现本发明所要达到的汽车自动预热和防盗的目的。

虽然在本专利的说明书附图1中描绘的继电器J1、J2的触点K1、K2是打开的，但是在说明书文字部分未见有关其使用状态的说明。虽然被请求人在于2005年4月5日提交的关于汽车自动预热防盗器的补充说明中提交了证据1，即专利申请技术交底书，但是此专利申请技术交底书是本专利的专利权人自己所书写的，并不具有法律效力。并且，在此专利申请技术交底书中的文字部分中也没有记载涉及继电器 J1、J2 的触点 K1、K2 是常开触点的内容。

所以本领域普通技术根据本专利说明书所记载的“继电器（J1，J2）的常闭触点（K1，K2）”不能够实现本发明所要达到的汽车自动预热和防盗的目的。因此，由于本专利说明书的技术方案存在上述错误，致使本领域普通技术人员根据本专利全文所记载的技术内容，在不经过创造性劳动的情况下，不能够实现本专利的技术方案，而且按照本专利技术方案所实施的电路不可能解决本专利所要解决的技术问题，也不可能得到本专利说明书中所预期的技术效果。因此，本专利的说明书未对本专利作出清楚、完整的说明，致使所属技术领域的技术人员不能实现，不符合专利法第二十六条第三款的规定。

因此，合议组作出如下决定。

三、决定

宣告 03240078.0 号实用新型专利权无效。

当事人对本决定不服的，可以根据专利法第四十六条第二款的规定，自收到本决定之日起三个月内向北京市第一中级人民法院起诉。根据该款规定，一方当事人起诉后，另一方当事人应当作为第三人参加诉讼。

106

抽油机的动力箱案

无效宣告请求审查决定（第7330号）

决　定　号　第7330号
决　定　日　2005年6月8日
发明创造名称　抽油机的动力箱
国际分类号　F04B 47/02
无效请求人　王艳文
专利权人　路卫革
专　利　号　00207089.8
申　请　日　2000年4月21日
授权公告日　2001年1月10日
合议组组长　徐媛媛
主　审　员　郭健国
参　审　员　魏　屹

法律依据　专利法第二十二条第三款
决定要点

若证据中的一些瑕疵能有其他证据对该瑕疵作出合理的解释，则不能以该瑕疵的存在而否定整个证据的真实性。

一、案由

本无效宣告请求案涉及国家知识产权局专利局于2001年1月10日授权公告的00207089.8号实用新型专利权、名称为"抽油机的动力箱"、申请日为2000年4月21日、专利权人为路卫革。授权公告的权利要求书如下：

"1. 抽油机的动力箱，它由箱体（1）组成，其特征在于箱体（1）的后侧是一向内倾斜的面板（2），在面板（2）的中心开有走导线的通孔（3），在面板（2）的四角上各开有一个固定连接螺栓的通孔（4）。

2. 根据权利要求1所述的抽油机的动力箱，其特征在于在箱体（1）的侧面板（5）上开有两个用于安装操作开关的通孔（6），在两通孔（6）的上方有与通孔（1）连为一体的防雨罩（8）。

3. 根据权利要求1、2所述的抽油机的动力箱，其特征在于在箱体（1）内后侧固定有三排端子架（9）。

4. 根据权利要求1、2所述的抽油机的动力箱，其特征在于在箱体（1）的前面板中间设有一门（10），门（10）上开有一玻璃窗（11）。

5. 根据权利要求1、2所述的抽油机的动力箱，其特征在于在箱体（1）的底面板（12）上开有散热孔（13）和进线孔（14）。"

针对上述专利权，王艳文（下称请求人）于2003年4月8日向专利复审委员会提出无效宣告请求，其理由是本实用新型专利不符合专利法第二十二条第三款和专利法实施细则第二条第二款的规定。请求人同时提交了下列证据：

证据1：第00207089.8号中国实用新型专利说明书，即本专利；

证据2-1：黑龙江省大庆市公证处出具的（2002）庆证内民字第217号公证书复印件；

证据2-2：济南航空科技公司2002年11月1日出具的证明复印件1页；

证据2-3：山东省济南市槐荫区公证处出具的（2002）济槐证民字第2120号公证书复印件；

证据2-4：山东省济南市槐荫区公证处出具的（2002）济槐证民字第2121号公证书复印件；

证据2-5：山东省济南市槐荫区公证处出具的（2002）济槐证民字第2122号公证书复印件；

证据2-6：山东省济南市槐荫区公证处出具的（2002）济槐证民字第2123号公证书复印件；

证据2-7：ZJK-3型智能节能控制器在抽油机井上节电效果测试报告复印件；

证据2-8：ZJK系列抽油机智能节能控制器测试报告复印件；

证据3：中华人民共和国石油工业部部标准SY 5226-87CJT系列抽油机节能拖动装置复印件共3页；

证据4：中国电力出版社出版发行的《建筑电气安装工程图集》第2版相关页复印件；

证据5：申请号为91106208.4号发明专利申请公开说明书，公开日为1993年1月13日。

经形式审查合格，专利复审委员会于2003年4月9日受理了上述无效宣告请求，并于同日将宣告专利权无效请求书及其他有关文件副本转送给了专利权人路卫革（下称被请求人），要求其在指定的期限内答复，同时成立合议组对此案进行审查。

2003年5月2日，请求人寄交了意见陈述书，并补充提交了证据6，认为本专利相对于证据6不具备创造性，证据6为：

证据6-1：大庆油田有限责任公司第一采油厂七矿与大庆市让胡路区世纪新科经贸有限公司签订的技术服务合同复印件；

证据6-2：大庆机械产品质量监督检验站作出的庆质检（机）字（WJ0004S）第018号“检验报告书”复印件；

证据6-3：第0023506号黑龙江增值税专用发票复印件；

证据6-4：申请号为00307194.4中国外观设计专利公报；

证据6-5：大庆市让胡路区世纪新科经贸有限公司的防盗电节能动力箱产品宣传册原件。

2003年5月9日，被请求人针对无效宣告请求书递交了意见陈述书，认为此无效请求属于“一事不再理”的情形，而不应受理。同时认为请求人提交的证据3、证据4及证据5与本专利不相关，也不能破坏本专利的创造性。

2005年3月3日，专利复审委员会向双方当事人发出了口头审理通知书，定于2005年4月8日进行口头审理，并将被请求人2003年5月9日提交的意见陈述书副本随口头审理通知书一起转送给了请求人；同时将请求人于2003年5月2日寄交的意见陈述书和补充证据转送给被请求人。

双方当事人都寄交了口头审理回执，表示参加口头审理。

口头审理如期举行。仅请求方参加了口头审理，被请求人未出席口头审理；请求人在口头审理中明确表示放弃证据6；请求人向合议组提交了证据2-1至2-6的原件，经合议组核实复印件与原件相符；请求人未出示证据2-7、证据2-8及证据4的原件，合议组当庭告知请求人对证据2-7、证据2-8及证据4不予考虑；请求人当庭明确其证据对比方式，即证据2-1破坏权利要求1~3、权利要求5的创造性，其与证据3、证据5结合可破坏本专利的创造性，证据3可破坏本专利权利要求1

的创造性，请求人根据上述证据的对比方式，就本专利的创造性充分发表了意见；在口头审理过程中，合议组要求请求人于十五日内提交证据3的原件或能够说明其出处的复印件。

2005年4月19日请求人提交了盖有“大庆开发区天州物资经销有限公司”印章的证据3的复印件。

本案合议组在此基础上作出如下结论。

二、决定的理由

1. 关于证据

请求人出示了证据2-1至证据2-6的原件，合议组认可这些证据的真实性。

其中证据2-1的（2002）庆证内民字第217号公证书是对大庆油田有限责任公司采油一厂七矿部分油井上所使用抽油机动力箱所作的证据保全，其公证的智能节能控制器铭牌上显示的内容包括：标准号Q101004HK001-94，型号ZJK-3，国家专利号94113868.2 9424120.X，延时16秒37KW，出厂日期9903，济南航空科技公司制造，地址为济兖路303号，电话0531-7983924。证据2-2为济南航空科技公司出具的证明，称该公司在制造上述铭牌时出现错误才导致专利号缺少一位数字，并指出正确的专利号为94241201.X，经合议组检索核实，该实用新型专利的权利人确为济南航空科技公司，发明创造的名称为“三相电动机节能控制器”；并解释94113868.2为发明专利申请号。被请求人在意见陈述中对上述两份证据提出异议，认为产品铭牌中出现上述错误是出于故意，济南航空科技公司的行为属于假冒专利的行为，公证书公证的是不合法的事实，公证书的内容应是无效的。

合议组认为：证据2-2已经对证据2-1中的错误作出了合理充分的解释，同时合议组也对94241201.X号实用新型专利进行了查实。被请求人所主张的公证书公证的是不合法的事实而导致其内容无效，没有事实和法律依据，合议组对该主张不予支持。证据2-5说明大庆石油管理局采油一厂与济南航空科技公司签订了技术服务合同，内容涉及的也是ZJK-3型抽油机智能节能控制器，未涉及保密条款；证据2-6的增值税专用发票表明证据2-5的合同已经实际履行。通过上述内容可以看出，证据2-5、证据2-6已经充分证明了证据2-1中ZJK-3型抽油机智能节能控制器已经于申请日前公开使用，证据2-1中的相关技术内容构成评价本专利创造性的现有技术。

证据5是专利文献，属于公开出版物，合议组对该证据的真实性进行了核实，同时该证据公开日早于本专利申请日，故证据5构成现有技术可用于评价本专利的创造性。

2. 关于创造性

专利法第二十三条第三款规定：创造性，是指同申请日以前已有的技术相比，该发明有突出的实质性特点和显著的进步，该实用新型有实质性特点和进步。

本专利权利要求1所要求保护的技术方案如下，一种抽油机的动力箱，它由箱体（1）组成，其特征在于箱体（1）的后侧是一向内倾斜的面板（2），在面板（2）的中心开有走导线的通孔（3），在面板（2）的四角上各开有一个固定连接螺栓的通孔（4）。

证据2-1照片5-8中公开了一种抽油机的动力箱，可以看出，其具有箱体，箱体后侧有一面板，面板的中心有一通孔，在面板的四角上各开有一个固定连接螺栓的通孔。其没有公开权利要求1中面板在箱体后部倾斜布置以及面板中心通孔用于走导线这两个技术特征。合议组认为箱体面板和接线盒之间是否能够实现无间隙的吻合和面板是否倾斜设置无必然联系，即使面板不采用倾斜设置结构，其同样也可实现无间隙吻合。就面板倾斜设置可以防止雨雪渗漏而言，其显然属于所属领域的公知常识，这一点由证据2-1照片6左侧倾斜结构所起的作用也可得到印证。至于面板中心通孔所起的作用，虽然由证据2-1图片所示无法看出面板中心的通孔是用于走导线的，但是根据证据2-1的照片2及照片3可以看出，其中的动力箱面板直接与电机相连，据此可以推知面板上的通孔用于走导线是最合理且通常所采用的方案。由此可见，虽然本专利与证据 2－1 存在区别之处，但是该区别技术特征对本领域普通技术人员而言是显而易见的，同时也没有带来明显的技术效果，权利要求 1 不具有实质性特点和进步，不符合专利法第二十二条第三款有关创造性的规定。

权利要求 2 的附加技术特征是在箱体（1）的侧面板（5）上开有两个用于安装操作开关的通孔（6），在两通孔（6）的上方有与通孔（1）连为一体的防雨罩（8）。权利要求 2 限定部分的技术特征已为证据 2－1 中照片 7、8 所披露，虽然两者通孔的数量有所不同，但是通孔的数量是可根据不同的需求而具体设定的，故在权利要求 1 不具备创造性的情况下，权利要求 2 同样也不具备创造性。

权利要求 3 对权利要求 1、2 的进一步限定是在箱体（1）内后侧固定有三排端子架（9）。虽然请求人提供的证据 2－1 未明确示出该特征，但由本专利的说明书可知，设置端子架起到固定箱体内各元件的作用，而这对所属技术领域的技术人员而言是一种常规的技术手段，故在权利要求 1、2 不具备创造性的情况下，权利要求 3 同样不具备创造性。

权利要求 4 中的附加技术特征是在箱体（1）的前面板中间设有一门（10），门（10）上开有一玻璃窗（11）。证据 5 中公开了箱体的前面板中间有一门，在箱门上加装一小门，该小门可以观察电动机的工作电流或者内部的运行及故障指示灯（参见证据 5 说明书第 1 页倒数第 2 行至第 2 页第 7 行），在证据 5 所给出的这一技术启示下，本领域技术人员认为便于观察的目的将玻璃窗取代小门无需付出创造性劳动，故在权利要求 1、权利要求 2 不具备创造性的情况下，权利要求 4 也不具备创造性。

权利要求 5 附加的技术特征是在箱体（1）的底面板（12）上开有散热孔（13）和进线孔（14）。虽然该特征在请求人提供的证据中未予披露，但设有用于散热和接线的通孔显然是所属领域的常规技术手段，故在权利要求 1、权利要求 2 不具备创造性的情况下，权利要求 5 同样不具备创造性。

三、决定

宣告第 00207089.8 号实用新型专利权全部无效。

当事人对本决定不服的，可以根据专利法第四十六条第二款的规定，自收到本决定之日起三个月内向北京市第一中级人民法院起诉。根据该款的规定，一方当事人起诉后，另一方当事人应当作为第三人参加诉讼。

107

一种软袋的注口结构案

无效宣告请求审查决定（第7332号）

决　定　号　第7332号
决　定　日　2005年6月27日
发明创造名称　一种软袋的注口结构
国 际 分 类 号　B65D 33/16
无 效 请 求 人　北京奥星恒讯包装科技有限公司
专 利 权 人　中山华翔医药包装技术有限公司
专　利　号　00233702.9
申　请　日　2000年5月12日
授 权 公 告 日　2001年5月9日
合 议 组 组 长　陈海平
主　审　员　黄玉平
参　审　员　杨克菲

法 律 依 据　专利法第二十二条第三款
决 定 要 点

当某一证据所使用的某一技术术语而导致对其技术内容的理解存在矛盾之处时，应当结合该证据的背景技术、发明目的、实施例给出的技术解决方案及效果等方面综合进行考虑，以便惟一地确定其技术术语在该证据中所表达的含义，进而正确地理解技术方案。

一、案由

本无效宣告请求案涉及国家知识产权局专利局于2001年5月9日授权公告的、名称为“一种软袋的注口结构”的实用新型专利，其专利号为00233702.9，申请日为2000年5月12日，专利权人是林紫朗，后变更为中山华翔医药包装技术有限公司。该专利授权公告的权利要求书如下：

“1. 一种软袋的注口结构，该注口结构是一端呈环状凸缘，凸缘处具有一注口，且连接一段导管，导管内则开设一导孔，其特征在于导管另端则为一连接部（35），该连接部（35）具有一上、下对称的上、下圆弧区段（361）、（362）及与上、下圆弧区段（361）、（362）滑顺交接的上、下斜弧面（371）、（372）；又该上、下斜弧面（371）、（372）间成适当的夹角角度，使注口结构（3）的上、下圆弧区段（361）、（362）及上、下斜弧面（371）、（372）与导孔（34）间的壁厚趋近于均匀。

2. 按照权利要求1所述的一种软袋的注口结构，其特征在于所说的连接部（35）的上、下斜弧面间的夹角角度，尤以90°~140°为较佳。”

针对上述实用新型专利权（下称本专利），北京奥星恒讯包装科技有限公司（下称请求人）于2004年8月13日向专利复审委员会提出了无效宣告请求，其理由是本专利不符合专利法第二十二条第二款、第三款有关新颖性和创造性的规定，请求宣告其专利权全部无效。请求人同时提交如下附件作为证据：

证据1：公告编号为381481的中国台湾实用新型专利公报首页复印件，公告日为2000年2月1日；

证据2：公告编号为381481的中国台湾实用新型专利说明书复印件。

请求人认为，本专利权利要求1所要求保护的内容已由证据1所公开，故本专利权利要求1不具备新颖性和创造性；权利要求2与证据1之间的区别仅在于角度范围不同，前者为90°~140°，而后者为30°~70°，但在证据1的说明书第6页中已给出“注射剂软袋注口结构采用钝角设计”的技术启示情况下，通过简单的实验、推算即可得出权利要求的内容，故本专利权利要求2不具备创造性。

经形式审查合格后，专利复审委员会于2004年8月30日依法受理了该无效宣告请求，并将无效宣告请求书以及相关文件副本转给了专利权人（下称被请求人），要求被请求人在指定期限内进行意见陈述。同时依法成立合议组对本案进行审查。

2004年9月10日，请求人提交了与证据1属于关联证据的两份补充证据：

证据3：公告编号为381481的中国台湾实用新型专利公报首页及附图1~9的复印件；

证据4：对公告编号为381481的中国台湾实用新型专利说明书进行公证的（2004）京国证民字第11658号公证书复印件。

针对提出无效宣告请求时的请求书及证据，被请求人于2004年9月30日提交了意见陈述书，同时 提交了修改后的权利要求书。被请求人针对修改后的权利要求书具体阐述了本专利具备新颖性和创造性的理由，其主要观点如下：本专利修改后的权利要求1具有证据1没有的必要技术特征，即“该上、下斜弧面（371）、（372）间的夹角角度为90°~140°”，该特征是实现本专利目的必不可少的技术特征，且带来了有益的效果。而证据1所披露了“该上、下斜弧面（371）、（372）间的夹角角度为30°~70°”，本专利的夹角范围未落入证据1的角度范围内，至于证据1中提到的“系将注射剂软袋注口结构采用钝角设计”纯属笔误，由所披露的30°~70°明显可知其为锐角，故本专利修改后的权利要求1相对于证据1具备创造性。

修改后的权利要求书如下：

“1. 一种软袋的注口结构，该注口结构是一端呈环状凸缘，凸缘处具有一注口，且连接一段导管，导管内则开设一导孔，其特征在于：导管另端则为一连接部（35），该连接部（35）具有一上、下对称的上、下圆弧区段（361）、（362）及与上、下圆弧区段（361）、（362）滑顺交接的上、下斜弧面（371）、（372）；又该上、下斜弧面（371）、（372）间的夹角角度为90°~140°，使注口结构（3）的上、下圆弧区段（361）、（362）及上、下斜弧面（371）、（372）与导孔（34）间的壁厚趋近于均匀。”

专利复审委员会本案合议组于2005年2月25日向双方当事人发出了口头审理通知书，定于2005年4月12日在专利复审委员会举行本案的口头审理，同时，将被请求人于2004年9月30日提交的意见陈述书以及修改后的权利要求书的副本转给了请求人。

口头审理如期举行，双方当事人均参加了口头审理。请求人当庭声明放弃本专利不符合专利法第二十二条第二款有关新颖性的无效理由，并当庭出具了证据4的原件。被请求人对证据4的真实性无异议，并对公告编号为381481的中国台湾实用新型专利说明书的真实性无异议。此外，请求人及被请求人就本专利修改后的权利要求相对于证据是否具备创造性充分陈述了意见，请求人坚持认为本专利与所述中国台湾专利的区别仅在于角度范围不同，但该中国台湾专利已给出“注射剂软袋注口结构采用钝角设计”的技术启示，本专利的90°~140°角度范围是通过简单的实验、推算即可得出的，故本专利不具备创造性。被请求人仍然强调中国台湾专利未披露90°～140°角度范围且其实际上也未披露呈钝角的技术方案。此外，请求人还表示对合议组于2005年2月25日转送的被请求人的意见陈述及修改文本于口头审理之后不再提交书面意见陈述。

在上述工作的基础上，合议组认为本案事实已经清楚，可以依法作出审查决定。

二、决定的理由

1. 本决定所依据的文本

被请求人于2004年9月30日提交了修改后的权利要求书，经审查，该修改符合专利法实施细则第六十八条以及审查指南第四部分第三章第5.4节的相关规定，故合议组以此修改文本作为审查基础。

2. 证据认定

证据2——公告编号为381481的中国台湾实用新型专利说明书是专利文献，属于公开出版物，请求人口头审理中出具了涉及证据2的公证书原件，且被请求人对该证据的真实性无异议。由证据1——公告编号为381481的中国台湾实用新型专利公报可知，其公告日早于本专利的申请日，故证据2可以作为评价本专利是否具备创造性的已有技术。

证据1～4均涉及公告编号为381481的中国台湾实用新型专利，故以下以证据2来评述本专利的创造性。

3. 关于本专利的创造性

专利法第二十二条第三款规定：创造性，是指同申请日以前已有的技术相比，该发明有突出的实质性特点和显著的进步，该实用新型有实质性特点和进步。

证据2涉及一种注射剂软袋之注口结构改良，其中披露了以下技术特征（参见证据2的说明书第7页第16行至第8页16行，附图7～9）：该注口结构（3）是一端呈环状凸缘（31），凸缘（31）处具有一注口（32），且连接一段导管（33），导管内则开设一导孔（34），导管（33）另端为一连接部（35），该连接部（35）具有一上、下对称的上、下圆弧区段（361）、（362）及与上、下圆弧区段（361）、（362）滑顺交接的上、下斜弧面（371）、（372）；该上、下斜弧面（371）、（372）间成适当的夹角角度，即30°～70°，以使注口结构（3）的上、下圆弧区段（361）、（362）及上、下斜弧面（371）、（372）与导孔（34）间的壁厚趋近于均匀。

请求人主张：本专利与证据2之间的区别仅在于角度范围不同，本专利的上、下斜弧面（371）、（372）间的夹角角度为90°～140°，而证据2的夹角角度为30°～70°，但在证据2的说明书第6页中已给出“注射剂软袋注口结构采用钝角设计”的技术启示情况下，通过简单的实验、推算即可得出本专利的角度范围，故本专利不具备创造性。

被请求人则认为，本专利的上、下斜弧面（371）、（372）间的夹角角度为90°～140°，而证据2的夹角角度为30°～70°，本专利的夹角范围未落入证据1的角度范围内，至于证据1中提到的“系将注射剂软袋注口结构采用钝角设计”纯属笔误，由所披露的30°～70°明显可知其为锐角，故本专利具备创造性。

对此，本案的争议焦点在于如何理解证据2所披露的技术方案及证据2是否给出“注射剂软袋注口结构采用钝角设计”的技术启示。对此，合议组认为，当某一证据所使用的某一技术术语导致对其技术内容的理解存在矛盾之处时，应当结合该证据的背景技术、发明目的、实施例给出的技术解决方案及效果等方面综合进行考虑，以便惟一地确定其技术术语在该证据中所表达的含义，进而正确地理解技术方案。就证据2而言，说明书存在的矛盾之处为：一方面，该发明的目的是旨在提供一种注射剂软袋之注口结构，即，将注射剂软袋注口结构采用钝角设计……；而另一方面，在其实施例中记载了“该上、下斜弧面（371）、（372）间成适当的夹角角度，尤以30°~70°为较佳，如此形成一钝角区”。由于说明书前后出现的矛盾带来的疑问是，说明书披露的是“30°~70°”角度范围还是“钝角”范围。对此，合议组认为，由该证据实施例记载的内容可以清楚得知，其公开的夹角角度为30°~70°，并已明确将此角度范围当作所谓的“钝角区”，据此，应当将其发明目的中所述的“钝角”理解成“30°~70°”角度范围，而非通常所理解的钝角。此外，根据该证据的背景技术记载的内容“对于此种注口结构……存有制作上的缺陷，因为该倾斜角板之夹角角度极小，呈锐角状……”该证据克服现有技术中存在的夹角角度极小这样的锐角状，相应地提出了“夹角角度为30°~70°”的技术方案。基于此，将证据2所披露的夹角角度理解为30°~70°才是合理的。

通过以上的分析可以确定，证据2实际上所披露的上、下斜弧面（371）、（372）间的夹角角度为30°~70°，而并未披露呈钝角的技术方案。合议组对请求人关于证据2披露了钝角的上述主张不予支持。

将本专利权利要求1所要求保护的技术方案与证据2所公开的内容相比，其区别在于，本专利的上、下斜弧面（371）、（372）间的夹角角度为90°~140°，而证据2为30°~70°，显然两者的角度范围不同，明显属于不同的技术方案。而证据2也未就“夹角角度为90°~140°”这一技术特征给出任何技术启示和教导，且由本专利的说明书可以看出上述技术特征带来一定的技术效果，即本专利的90°~140°角度范围相对于证据2中的30°~70°的设置更会使注口结构的圆弧区段及斜弧面与导孔间的壁厚趋近于均匀，便于软袋膜体于定压、定温下一次热封成形。故本专利权利要求1相对于证据2具备专利法第二十二条第三款规定的创造性。

三、决定

在被请求人于2004年9月30日提交的修改的权利要求书的基础上维持00233702.9号实用新型专利权有效。

当事人对本决定不服的，可以根据专利法第四十六条第二款的规定，自收到本决定通知书之日起三个月内向北京市第一中级人民法院起诉。根据该款的规定，一方当事人起诉后，另一方当事人应当作为第三人参加诉讼。

北京市第一中级人民法院
行政判决书

（2005）一中行初字第752号

原告北京奥星恒迅包装科技有限公司，住所地北京怀柔雁栖工业开发区滨河西路3号。

法定代表人何国强，董事长。

委托代理人杨文泉，男，中国专利代理（香港）有限公司律师。

委托代理人蔡民军，男，中国专利代理（香港）有限公司专利代理人。

被告国家知识产权局专利复审委员会，住所地北京市海淀区北四环西路9号银谷大厦10~12层。

法定代表人廖涛，副主任。

委托代理人高雪，女，国家知识产权局专利复审委员会行政诉讼处审查员。

委托代理人崔国振，男，国家知识产权局专利复审委员会行政诉讼处审查员。

第三人中山华翔医药包装技术有限公司，住所地广东省中山市南朗镇南岐路1号。

法定代表人陶志翔，董事长。

委托代理人曹洪进，男，北京北新智诚知识产权代理有限公司专利代理人。

委托代理人林紫朗，男，中山华翔医药包装技术有限公司股东。

原告北京奥星恒迅包装科技有限公司不服被告国家知识产权局专利复审委员会作出的第7332号无效宣告请求审查决定（下称无效决定），向本院提起行政诉讼。本院于2005年7月18日受理后，依法组成合议庭，依照《中华人民共和国专利法》（下称《专利法》）第四十六条第二款、《中华人民共和国行政诉讼法》第二十七条的规定，通知利害关系人中山华翔医药包装技术有限公司作为本案第三人参加诉讼，并于2005年9月14日公开开庭审理了本案。原告的委托代理人杨文泉、蔡民军，被告的委托代理人崔国振，第三人的委托代理人曹洪进、林紫朗到庭参加了诉讼。本案现已审理终结。

被告于2005年6月27日对原告提出的无效请求作出无效决定：

本无效宣告请求案涉及国家知识产权局专利局于2001年5月9日授权公告的、名称为“一种软袋的注口结构”的实用新型专利，其专利号为00233702.9（下称本专利），申请日为2000年5月12日，专利权人是林紫朗，后变更为第三人。本专利授权公告的权利要求书如下：

“1. 一种软袋的注口结构，该注口结构是一端呈环状凸缘，凸缘处具有一注口，且连接一段导管，导管内则开设一导孔，其特征在于导管另端则为一连接部（35），该连接部（35）具有一上、下对称的上、下圆弧区段（361）、（362）及与上、下圆弧区段（361）、（362）滑顺交接的上、下斜弧面（371）、（372）；又该上、下斜弧面（371）、（372）间成适当的夹角角度，使注口结构（3）的上、下圆弧区段（361）、（362）及上、下斜弧面（371）、（372）与导孔（34）间的壁厚趋近于均匀。

2. 按照权利要求1所述的一种软袋的注口结构，其特征在于所说的连接部（35）的上、下斜弧面间的夹角角度，尤以90°~140°为较佳。”

针对本专利，原告于2004年8月13日向被告提出了无效宣告请求，其理由是本专利不符合《专利法》第二十二条第二款、第三款有关新颖性和创造性的规定，请求宣告本专利全部无效。同时提交如下附件作为证据：

证据1：公告编号为381481的中国台湾实用新型专利公报首页复印件，公告日为2000年2月1日；

证据2：公告编号为381481的中国台湾实用新型专利说明书复印件。

原告认为，本专利权利要求1所要求保护的内容已由证据1所公开，故本专利权利要求1不具备新颖性和创造性；权利要求2与证据1之间的区别仅在于角度范围不同，前者为90°~140°，而后者为30°~70°，但在证据1的说明书第6页中已给出“注射剂软袋注口结构采用钝角设计”的技术启示情况下，通过简单的实验、推算即可得出权利要求的内容，故本专利权利要求2不具备创造性。

经形式审查合格后，被告于2004年8月30日依法受理了该无效宣告请求，并将无效宣告请求书以及相关文件副本转第三人，要求第三人在指定期限内进行意见陈述。同时依法成立合议组对本案进行审查。

2004年9月10日，原告提交了与证据1属于关联证据的两份补充证据：

证据3：公告编号为381481的中国台湾实用新型专利公报首页及附图1~9的复印件；

证据4：对公告编号为381481的中国台湾实用新型专利说明书进行公证的（2004）京国证民字第11658号公证书复印件。

第三人于2004年9月30日提交了意见陈述书，同时提交了修改后的权利要求书。第三人针对修改后的权利要求书具体阐述了本专利具备新颖性和创造性的理由，其主要观点如下：本专利修改后的权利要求1具有证据1没有的必要技术特征，即“该上、下斜弧面（371）、（372）间的夹角角度为90°~140°”，该特征是实现本专利目的必不可少的技术特征，且带来了有益的效果。而证据1所披露了“该上、下斜弧面（371）、（372）间的夹角角度为30°~70°”，本专利的夹角范围未落入证据1的角度范围内，至于证据1中提到的“系将注射剂软袋注口结构采用钝角设计”纯属笔误，由所披露的30°~70°明显可知其为锐角，故本专利修改后的权利要求1相对于证据1具有创造性。

修改后的权利要求书如下：

“1. 一种软袋的注口结构，该注口结构是一端呈环状凸缘，凸缘处具有一注口，且连接一段导管，导管内则开设一导孔，其特征在于：导管另端则为一连接部（35），该连接部（35）具有一上、下对称的上、下圆弧区段（361）、（362），及与上、下圆弧区段（361）、（362）滑顺交接的上、下斜弧面（371）、（372）；又该上、下斜弧面（371）、（372）间的夹角角度为90°~140°，使注口结构（3）的上、下圆弧区段（361）、（362）及上、下斜弧面（371）、（372）与导孔（34）间的壁厚趋近于均匀。”

被告于2005年2月25日向双方当事人发出了口头审理通知书，定于2005年4月12日举行口头审理，同时，将第三人于2004年9月30日提交的意见陈述书以及修改后的权利要求书的副本转给了原告。

口头审理如期举行，双方当事人均参加了口头审理。原告当庭声明放弃本专利不符合《专利法》第二十二条第二款有关新颖性的无效理由，并当庭出具了证据4的原件。第三人对证据4的真实性无异议，并对公告编号为381481的中国台湾实用新型专利说明书的真实性无异议。此外，双方当事人就本专利修改后的权利要求相对于证据是否具备创造性充分陈述了意见，原告坚持认为本专利与所述中国台湾专利的区别仅在于角度范围不同，但该中国台湾专利已给出“注射剂软袋注口结构采用钝角设计”的技术启示，本专利的90°~140°角度范围是通过简单的实验、推算即可得出的，故本专利不具备创造性。第三人仍然强调中国台湾专利未披露90°~140°角度范围且其实际上也未披露呈钝角的技术方案。此外，原告表示对被告于2005年2月25日转送的第三人的意见陈述及修改文本于口审之后不再提交书面意见陈述。

被告在充分听取双方当事人的意见后，作出无效决定。

1. 本决定所依据的文本

第三人于2004年9月30日提交了修改后的权利要求书，经审查，该修改符合《中华人民共和国专利法实施细则》（下称《实施细则》）第六十八条以及《审查指南》第四部分第三章第5.4节的相关规定，故以该修改文本作为审查基础。

2. 证据认定

证据2——公告编号为381481的中国台湾实用新型专利说明书是专利文献，属于公开出版物，原告口审中出具了涉及证据2的公证书原件，且第三人对该证据的真实性无异议。由证据1——公告编号为381481的中国台湾实用新型专利公报可知，其公告日早于本专利的申请日，故证据2可以作为评价本专利是否具备创造性的已有技术。

证据1~4均涉及公告编号为381481的中国台湾实用新型专利，故以下以证据2来评述本专利的创造性。

3. 关于本专利的创造性

《专利法》第二十二条第三款规定：创造性，是指同申请日以前已有的技术相比，该发明有突出的实质性特点和显著的进步，该实用新型有实质性特点和进步。

证据2涉及一种注射剂软袋之注口结构改良，其中披露了以下技术特征（参见证据2的说明书第7页第16行至第8页第16行，附图7~9）：该注口结构（3）是一端呈环状凸缘（31），凸缘（31）处具有一注口（32），且连接一段导管（33），导管内则开设一导孔（34），导管（33）另端为一连接部（35），该连接部（35）具有一上、下对称的上、下圆弧区段（361）、（362）及与上、下圆弧区段（361）、（362）滑顺交接的上、下斜弧面（371）、（372）；该上、下斜弧面（371）、（372）间成适当的夹角角度，即30°~70°，以使注口结构（3）的上、下圆弧区段（361）、（362）及上、下斜弧面（371）、（372）与导孔（34）间的壁厚趋近于均匀。

原告主张：本专利与证据2之间的区别仅在于角度范围不同，本专利的上、下斜弧面（371）、（372）间的夹角角度为90°~140°，而证据2的夹角角度为30°~70°，但在证据2的说明书第6页中已给出“注射剂软袋注口结构采用钝角设计”的技术启示情况下，通过简单的实验、推算即可得出本专利的角度范围，故本专利不具备创造性。

第三人认为，本专利的上、下斜弧面（371）、（372）间的夹角角度为90°~140°，而证据2的夹角角度为30°~70°，本专利的夹角范围未落入证据1的角度范围内，至于证据1中提到的“系将注射剂软袋注口结构采用钝角设计”纯属笔误，由所披露的30°~70°明显可知其为锐角，故本专利具备创造性。

对此，本案的争议焦点在于如何理解证据2所披露的技术方案及证据2是否给出“注射剂软袋注口结构采用钝角设计”的技术启示。对此，被告认为，当某一证据所使用的某一技术术语导致对其技术内容的理解存在矛盾之处时，应当结合该证据的背景技术、发明目的、实施例给出的技术解决方案及效果等方面综合进行考虑，以便惟一地确定其技术术语在该证据中所表达的含义，进而正确地理解技术方案。就证据2而言，说明书存在的矛盾之处为：一方面，该发明的目的是旨在提供一种注射剂软袋之注口结构，即，将注射剂软袋注口结构采用钝角设计……而另一方面，在其实施例中记载了“该上、下斜弧面（371）、（372）间成适当的夹角角度，尤以30°~70°为较佳，如此形成一钝角区”。由于说明书前后出现的矛盾带来的疑问是，说明书披露的是“30°~70°”角度范围还是“钝角”范围。对此，被告认为，由该证据实施例记载的内容可以清楚得知，其公开的夹角角度为30°~70°，并已明确将此角度范围当作所谓的“钝角区”，据此，应当将其发明目的中所述的“钝角”理解成“30°~70°”角度范围，而非通常所理解的钝角。此外，根据该证据的背景技术记载的内容“对于此种注口结构……存有制作上的缺陷，因为该倾斜角板之夹角角度极小，呈锐角状……”该证据克服现有技术中存在的夹角角度极小这样的锐角状，相应地提出了“夹角角度为30°~70°”的技术方案。基于此，将证据2所披露的夹角角度理解为30°~70°才是合理的。

通过以上的分析可以确定，证据2实际上所披露的上、下斜弧面（371）、（372）间的夹角角度为30°~70°，而并未披露呈钝角的技术方案。被告对原告关于证据2披露了钝角的上述主张不予支持。

将本专利权利要求1所要求保护的技术方案与证据2所公开的内容相比，其区别在于，本专利的上、下斜弧面（371）、（372）间的夹角角度为90°~140°，而证据2为30°~70°，显然两者的角度范围不同，明显属于不同的技术方案。而证据2也未就“夹角角度为90°~140°”这一技术特征给出任何技术启示和教导，且由本专利的说明书可以看出上述技术特征带来一定的技术效果，即本专利的90°~140°角度范围相对于证据2中的30°~70°的设置更会使注口结构的圆弧区段及斜弧面与导孔间的壁厚趋近于均匀，便于软袋膜体于定压、定温下一次热封成形。故本专利权利要求1相对于证据2具备《专利法》第二十二条第三款规定的创造性。

被告作出无效决定：在第三人于2004年9月30日提交的修改的权利要求书的基础上维持本专利

有效。

被告在法定期限内向本院提交了无效决定的复印件及以下证据用以证明无效决定认定事实清楚，适用法律正确。1. 本专利的授权公告文本；2. 第三人于2004年9月30日提交的意见陈述书及提交了修改后的权利要求书；3. 对公告编号为381481的中国台湾实用新型专利说明书进行公证的(2004)京国证民字第11658号公证书复印件。

原告诉称，无效决定中的证据2系第三人在先专利，本专利与证据2之间的区别仅在于角度范围不同，本专利的上、下斜弧面间的夹角角度为90°~140°，而证据2的夹角角度为30°~70°，但在证据2的说明书第6页中已给出“注射剂软袋注口结构采用钝角设计”的技术启示情况下，通过简单的实验、推算即可得出本专利的角度范围，故本专利不具备创造性。本专利与证据2的技术领域相同，发明目的、要解决的技术问题和要产生的技术效果完全相同，本专利的整体技术方案已被证据2完全公开，本专利的技术方案对本领域的技术人员而言是显而易见的。因此，被告作出的无效决定认定事实及适用法律错误，故原告请求法院撤销被告作出的无效决定，并判令被告重新作出无效宣告请求审查决定，承担本案的诉讼费用。原告向本院提交无效决定复印件及以下证据用以证明被告无效决定认定本专利具备创造性错误。1. 本专利说明书；2. 公告编号为381481的中国台湾实用新型专利说明书复印件；3. 第三人在无效程序中的答辩意见；4. 钝角的定义；5. 原告提供的本专利与无效决定中证据2的对比分析。

被告辩称，正如无效决定所认定的，在证据2的说明书中明确记载了“该上、下斜弧面间成适当的夹角角度，尤以30°~70°为较佳，如此形成一钝角区”的情况下，无效决定将证据2中公开的夹角理解为30°~70°是完全符合事实的。故请求法院驳回原告的诉讼请求，维持无效决定。

第三人发表诉讼意见，被告作出的无效决定证据充分、认定事实清楚、适用法律法规正确、审理程序合法，请求人民法院在查明事实的基础上，依法驳回原告的诉讼请求、维持无效决定。

经庭审质证，原告对被告提交的证据的关联性、合法性、真实性无异议，但认为不能支持被告的主张。第三人同意被告的举证。被告、第三人对原告提交的证据1~4关联性、合法性、真实性无异议，但认为不能支持原告的主张；被告、第三人认为证据5不符合证据形式要件，不能作为证据采用。第三人未向本院提交证据。

经庭审质证及合议庭评议，本院对以上双方当事人提交的证据认证如下：被告提交的证据及原告提交的证据1~4与本案有关联性、真实、合法，能够证明本案的相关事实，本院予以确认。原告提交的证据5是其分析意见，不能作为证据使用，本院对该证据不予确认。

经审理查明，第三人于2000年5月12日向国家知识产权局专利局提出本专利申请，2001年5月9日授权公告。原告于2004年8月13日向被告提出无效宣告请求并提交了相关证据。被告受理后，依照法定程序进行转文，于2005年4月12日举行口头审理，在充分听取双方当事人的陈述意见后，于2005年6月27日作出无效决定。原告不服，向本院提起行政诉讼。

本院认为，根据《专利法》第二十二条第三款的规定，创造性，是指同申请日以前已有的技术相比，该实用新型有实质性特点和进步。本案原告在无效程序中提交的证据2（下称对比文件1）与本专利属于同一技术领域，其公开日期早于本专利的申请日期，可以作为评价本专利创造性的对比文件。本案的争议焦点是本专利与对比文件1相比是否具备创造性。

首先，对比文件1已经公开了钝角的设计方案，使其能于定压、定温下，一次完成与注射计软袋模体间的热封成形作业，其技术效果与本专利的技术效果相同。在此基础上，本领域技术人员通过简单试验即可得到90°~140°的夹角的技术方案。

其次，关于对比文件1中30°~70°与钝角是哪个写错的问题，即使认为对比文件1采用的技术方案为30°~70°的锐角设计，但是本领域技术人员在实施对比文件1的方案时，当发现采用30°~70°的锐角设计不能达到其所称的技术效果时，必然会根据对比文件1的教导，采用钝角的设计方案，从而应当得到本专利权利要求1的技术方案。另外，在对比文件1的背景技术中，已明确指出“现有技术的倾斜板夹角呈锐角设计，会造成倾斜板端处热量集中，且比较圆弧区段处受热量为高，由于注口结构于热熔封合时，各部受热无法均匀，故在模压热封时，为防止注口结构端部有热熔解之虞，必须个别以不同温度分段热封，即厚度大者热封温度高，而厚度小者再以低热封温度处理，如此则在热封作业上，会出现二次分段加工之现象，相关模具及制作成本提高许多，不符合经济原则。此外，经二次分段加工过的注射剂软袋袋口，其热封后会有交叠皱纹出现，外形较不美观”。而对比文件1正是对现有技术中锐角设计的一种改进。因此，对比文件1的技术方案应理解为采用的是钝角设计方案，本领域技术人员根据对比文件1的教导，容易得到本专利权利要求1所述的90°~140°的夹角，从而实现本专利权利要求1的技术方案。因此，本专利权利要求1不具备创造性。

综上，被告作出的无效决定认定本专利具备创造性缺乏法律依据，本院应予撤销。原告认为被告作出的无效决定认定本专利具有创造性错误的诉讼主张成立，其请求本院应予支持。据此，依照《中华人民共和国行政诉讼法》第五十四条第（二）项第2目之规定，判决如下：

撤销被告国家知识产权局专利复审委员会于二〇〇五年六月二十七日作出的第7332号无效宣告请求审查决定。

案件受理费1000元，由国家知识产权局专利复审委员会负担（于本判决生效后七日内交纳）。

如不服本判决，可在本判决书送达之日起十五日内，向本院提交上诉状，并按对方当事人人数提出副本，上诉于北京市高级人民法院。上诉人在接到人民法院预交诉讼费用通知后七日内未预交又不提出缓交申请的，按自动撤回上诉处理。

审　判　长　张　杰
代理审判员　齐　莹
人民陪审员　原　琪
二〇〇五年十二月九日
书　记　员　郎莉萍

北京市高级人民法院
行政判决书

（2006）高行终字第231号

上诉人（一审被告）国家知识产权局专利复审委员会，住所地北京市海淀区北四环西路9号银谷大厦10~12层。

法定代表人廖涛，副主任。

委托代理人黄玉平，国家知识产权局专利复审委员会行政诉讼处审查员。

委托代理人崔国振，国家知识产权局专利复审委员会行政诉讼处审查员。

上诉人（一审第三人）中山华翔医药包装技术有限公司，住所地广东省中山市南朗镇南岐路1号。

法定代表人陶志翔，董事长。

委托代理人曹洪进，北京北新智诚知识产权代理有限公司专利代理人。

被上诉人（一审原告）北京奥星恒迅包装科技有限公司，住所地北京怀柔雁栖工业开发区滨河西路3号。

法定代表人何国强，董事长。

委托代理人杨文泉，中国专利代理（香港）有限公司律师。

委托代理人蔡民军，中国专利代理（香港）有限公司专利代理人。

上诉人国家知识产权局专利复审委员会、上诉人中山华医药包装技术有限公司因专利无效宣告审查决定一案，不服北京市第一中级人民法院（2005）一中行初字第752号行政判决，向本院提出上诉。本院依法组成合议庭，公开开庭审理了本案。上诉人国家知识产权局专利复审委员会（下称专利复审委）的委托代理人黄玉平、崔国振；上诉人中山华医药包装技术有限公司（下称华翔公司）的委托代理人曹洪进；被上诉人北京奥星恒迅包装科技有限公司（下称奥星公司）的委托代理人杨文泉、蔡民军到庭参加了诉讼。本案现已审理终结。

北京市第一中级人民法院（2005）一中行初字第752号行政判决认定，对比文件1已公开钝角的设计方案，使其能于定压、定温下，一次完成与注射剂软袋模体间的热封成形作业，其技术效果与本专利技术效果相同，在此基础上，本领域技术人员通过简单试验即可得到90°~140°的夹角的技术方案。关于对比文件1中30°~70°与钝角是否为笔误的问题，即使认为对比文件1采用的技术方案为30°~70°的锐角设计，但是本领域技术人员在实施对比文件1的方案时，当发现采用30°~70°的锐角设计不能达到其所称的技术效果时，必然会根据对比文件1的教导，采用钝角的设计方案，从而应当得到本专利权利要求1的技术方案。另外，在对比文件1的背景技术中，已明确指出“现有技术的倾斜板夹角呈锐角设计，会造成倾斜板端处热量集中，且比较圆弧区段处受热量为高，由于注口结构于热熔封合时，各部受热无法均匀，故在模压热封时，为防止注口结构端部有热熔解之虞，必须个别以不同温度分段热封，即厚度大者热封温度高，而厚度小者再以低热封温度处理，如此则在热封作业上，会出现二次分段加工之现象，相关模具及制作成本提高许多，不符合经济原则。此外，经二次分段加工过的注射剂软袋袋口，其热封后会有交叠皱纹出现，外形较不美观”，而对比文件1正是对现有技术中锐角设计的一种改进。因此，对比文件1的技术方案应理解为采用的是钝角设计方案，本领域技术人员根据对比文件1的教导，容易得到本专利权利要求1所述的90°~140°的夹角，从而实现本专利权利要求1的技术方案。因此，本专利权利要求1不具备创造性。专利复审委所作决定认定本专利具有创造性缺乏法律依据，应予撤销。奥星公司认为专利复审委认定本专利具备创造性错误的诉讼主张成立。依照《中华人民共和国行政诉讼法》第五十四条第二项第2目规定，判决撤销专利复审委所作第7332号无效宣告请求审查决定。

专利复审委、华翔公司均不服一审判决，向本院提出上诉。专利复审委上诉的主要理由是：由于对比文件的说明书前后出现不一致，所带来的疑问是，其披露的是30°~70°的角度范围还是“钝角”角度范围。由实施例记载内容可知，其公开夹角角度为30°~70°，并已明确将此角度范围当作所谓的“钝角区”，应将其发明目的中所述的“钝角”理解成30°~70°角度范围，而非通常所理解的钝角。在技术方案使用自定义的术语时，只能按其自定义含义进行理解，而非惯常理解。根据证据的背景技术记载的内容“对于此种注口结构……存有制作上的缺陷，因为该倾斜角板之夹角角度极小，呈锐角状……”是为了克服现有技术中存在的极小夹角这样的锐角状，即将极小角称作锐角，相应提出了“夹角角度30°~70°”的技术方案。因此，证据披露的夹角角度为30°~70°，而并未披露钝角技术方案，证据亦未就夹角角度为90°~140°这一技术特征给出任何技术启示和教导，且具有会使注口结构的圆弧区段及斜弧面与导孔间的壁厚趋近于均匀，便于软袋膜体于定压、定温下一次热封成形的技术效果，故而具备创造性。因此，一审判决认定事实有误，适用法律不当，请求撤销一审判决，维持专利复审委所作第7332号审查决定。

华翔公司的上诉理由主要是：证据中所公开的夹角角度为30°~70°为锐角，只不过在给这一角度定义时，把锐角错写成了钝角。本领域技术人员在证据所公开的角度范围即30°~70°的设计方案的基础上，不付出创造性劳动和投入大量金钱并经多次实验是不可能得到90°~140°的设计方案的，且最佳角度90°~140°能够提高成品的合格率，实现本专利的发明目的。故而本专利具备创造性，一审法院的认定没有法律依据。请求二审法院判决撤销一审判决，维持专利复审委所作第7332号审查决定。

奥星公司针对上述上诉意见，答辩认为：证据中在其背景技术部分描述了夹角呈锐角时的现有技术方案的缺陷，本专利要解决的技术问题正是提供了解决这一缺陷的技术方案，即夹角为钝角的技术方案；且在证据的说明书中先后五次表述为"钝角"，已并非笔误。本领域技术人员可以根据证据中所公开的钝角，从而获得本专利的技术方案，即夹角为90°~140°，因此证据已公开了本专利的钝角技术方案，本专利不具备创造性的事实清楚，一审法院认定事实清楚，适用法律正确，程序合法，请求二审法院维持一审判决。

经审理查明，2000年5月12日，林紫朗向国家知识产权局专利局提出名称为"一种软袋的注口结构"的实用新型专利申请，即本专利。2001年5月9日本专利获得授权并予公告，专利号为00233702.9，专利权人为林紫朗。其后，专利权人变更为华翔公司。本专利权利要求书载明：

"1. 一种软袋的注口结构，该注口结构是一端呈环状凸缘，凸缘处具有一注口，且连接一段导管，导管内则开设一导孔，其特征在于导管另端则为一连接部（35），该连接部（35）具有一上、下对称的上、下圆弧区段（361）、（362），及与上、下圆弧区段（361）、（362）滑顺交接的上、下斜弧面（371）、（372）；又该上、下斜弧面（371）、（372）间成适当的夹角角度，使注口结构（3）的上、下圆弧区段（361）、（362）及上、下斜弧面（371）、（372）与导孔（34）间的壁厚趋近于均匀。

2. 按照权利要求1所述的一种软袋的注口结构，其特征在于所说的连接部（35）的上、下斜弧面间的夹角角度，尤以90°~140°为较佳。"

2004年8月13日，奥星公司针对本专利，以其不符合《专利法》第二十二条第二款、第三款关于新颖性、创造性的规定为由，向专利复审委提出无效宣告申请，同时提交了证据：公告日为2000年2月1日的第381481号中国台湾实用新型专利公报首页及该专利说明书复印件。2004年9月10日，奥星公司又补充提交了前述证据的附图及说明书的公证书复印件。2004年9月30日，华翔公司提交了意见陈述书及权利要求书的修改文本，修改的权利要求书为：

"1. 一种软袋的注口结构，该注口结构是一端呈环状凸缘，凸缘处具有一注口，且连接一段导管，导管内则开设一导孔，其特征在于：导管另端则为一连接部（35），该连接部（35）具有一上、下对称的上、下圆弧区段（361）、（362），及与上、下圆弧区段（361）、（362）滑顺交接的上、下斜弧面（371）、（372）；又该上、下斜弧面（371）、（372）间的夹角角度为90°~140°，使注口结构（3）的上、下圆弧区段（361）、（362）及上、下斜弧面（371）、（372）与导孔（34）间的壁厚趋近于均匀。"

专利复审委于2005年4月12日举行了口头审理。奥星公司放弃本专利不符合新颖性的无效理由。专利复审委依照法定程序并在听取各方当事人意见的基础上，于2005年6月27日作出第7332号无效宣告请求审查决定。该决定在评价本专利的创造性方面认为，当某一证据所使用的某一技术术语导致对其技术内容的理解存在矛盾之处时，应结合该证据的背景技术、发明目的、实施例给出的技术解决方案及效果等方面综合进行考虑，以便惟一地确定其技术术语在该证据中所表达的含义，进而正确地理解技术方案。根据实施例，应将其发明目的中所述的“钝角”理解成“30°～70°”角度范围，而非通常理解的钝角，且这种理解是克服了现有技术缺陷的合理理解。另外，本专利“夹角为90°～140°”这一技术特征并未在证据中予以披露，且该技术特征能够带来一定的技术效果，因而本专利权利要求1具备创造性，在修改的权利要求书的基础上维持本专利有效。

专利复审委在一审中提交了以下证据：1. 本专利的受权公告文本；2. 华翔公司于2004年9月30日提交的意见陈述书及修改后的权利要求书；3. 第381481号中国台湾实用新型专利说明书的公证书复印件，编号为（2004）京国证民字第11658号。奥星公司一审中提交了以下证据：1. 本专利说明书；2. 第381481的中国台湾实用新型专利说明书复印件；3. 华翔公司在无效审查程序中的答辩意见；4. 钝角的定义；5. 奥星公司提交的本专利与证据的对比分析。华翔公司未向一审法院提交证据。

上述证据材料随案全部移送本院。经本院审查，专利复审委提交的证据以及奥星公司提交的证据1～4能够证明本案相关事实，且证据来源合法，内容真实，本院予以采信。奥星公司提交的证据5作为分析意见，一审法院不予采纳的认证意见是正确的，本院对此予以确认。

本院认为，基于奥星公司声明放弃本专利不具备新颖性的无效请求理由，故本案仅涉及评价本专利的创造性。本案中，因证据即第381481号中国台湾实用新型专利的公告日早于本专利的申请日，专利复审委以其作为评价本专利是否具备创造性的现有技术是正确的。

本案作为对比文件的证据中，有关背景技术的文字记载不仅提到了“30°～70°”的角度范围，而且多次提及“钝角”，作为现有的技术领域，本领域技术人员不仅能够从中得知30°～70°的角度范围，并且能够获得“钝角”角度范围的技术启示，或者能够促使本领域技术人员寻找有关“钝角”角度范围的技术手段。对于证据中的文字表述，其技术启示是明确的，根据“钝角”角度范围技术启示的教导，本领域技术人员较易得到本专利权利要求1所述“90°～140°”的角度范围，从而实现本专利权利要求1的技术方案。因此，一审法院认定本专利不具备创造性，事实清楚，适用法律正确，程序合法，本院应予维持。上诉人专利复审委员会、华翔公司的上诉理由均不能成立，本院不予支持。依据《中华人民共和国行政诉讼法》第六十一条第（一）项的规定，判决如下：

驳回上诉，维持一审判决。

二审案件受理费人民币1000元，由上诉人国家知识产权局专利复审委员会、上诉人中山华翔医药包装技术有限公司共同负担（已交纳）。

本判决为终审判决。

审　判　长　郭　宜
审　判　员　张学磊
代理审判员　赵宇晖
二〇〇六年九月十九日
书　记　员　程钰玮

薄型活塞环与活塞组合件案

无效宣告请求审查决定（第7334号）

决 定 号 第7334号
决 定 日 2005年6月27日
发明创造名称 薄型活塞环与活塞组合件
国 际 分 类 号 F02F 3/04
无 效 请 求 人 常州光阳摩托车有限公司
专 利 权 人 隆鑫集团有限公司
专 利 号 01270630.2
申 请 日 2001年11月14日
授 权 公 告 日 2002年9月4日
合 议 组 组 长 白剑锋
主 审 员 陈海平
参 审 员 徐媛媛

法 律 依 据 专利法第二十六条第三款
决 定 要 点

如记载在专利独立权利要求中的专利技术方案的必要技术特征是所属技术领域的技术人员不能从现有技术直接、惟一地得出的，而在专利说明书中又没有对该技术特征的具体内容进行说明，则该专利不符合专利法第二十六条第三款的规定。

一、案由

本无效宣告请求案涉及隆鑫集团有限公司（下称专利权人）于2001年11月14日向国家知识产权局专利局申请的名称为“薄型活塞环与活塞组合件”的实用新型专利，其申请号为01270630.2。该专利于2002年9月4日公告授权（下称本专利），其授权公告的权利要求书如下：

“1. 一种薄型活塞环与活塞组合件，由活塞环与活塞组成，其特征是活塞（2）上制有与薄型活塞环（1）相配合的密封槽，在活塞（2）下裙部制有成凹弧形裙带。

2. 如权利要求1所述的薄型活塞环与活塞组合件活塞环，其特征是活塞环为采用低面压设计结构的薄型活塞环（1）。

3. 如权利要求1所述的薄型活塞环与活塞组合件活塞环，其特征是活塞环为采用低面压设计结构的薄型活塞环（1），其厚度为1mm。

4. 如权利要求1所述的薄型活塞环与活塞组合件活塞环，其特征是活塞环为采用低面压设计结构的薄型活塞环（1），其厚度为1mm以下。

5. 如权利要求1所述的薄型活塞环与活塞组合件活塞环，其特征是活塞（2）上的密封槽宽度与薄型活塞环（1）厚度相匹配。”

针对上述专利权，常州光阳摩托车有限公司（下称请求人）于2004年4月5日向专利复审委员会提出了无效宣告请求，请求人所提出的无效理由是本专利不符合专利法第二十六条第三款、第四款，专利法第二十二条第二款、第三款的规定，请求人同时提交了下述对比文件：

对比文件1：日本公开实用新案公报昭60－69348（公开日为1985年5月16日）及其中文译文；

对比文件2：日本公开特许公报昭61－81558（公开日为1986年4月25日）及其中文译文。

经形式审查合格，专利复审委员会于2004年4月29日受理了上述无效宣告请求并将无效宣告请求书及附件副本转给了专利权人（下称被请求人），同时成立合议组对上述无效宣告请求进行审查。

被请求人于2004年6月8日提交“意见陈述书”进行答辩，对请求人的无效宣告请求提出反对意见，同时提交了如下经修改的权利要求书：

“1. 一种薄型活塞环与活塞组合件，由活塞环与活塞组成，其特征是活塞（2）上制有与厚度≤1mm的薄型活塞环（1）相配合的密封槽，在活塞（2）下裙部制有成凹弧形裙带。

2. 如权利要求1所述的薄型活塞环与活塞组合件，其特征是活塞环为采用低面压设计结构的薄型活塞环（1）。

3. 如权利要求1所述的薄型活塞环与活塞组合件，其特征是活塞（2）上的密封槽宽度与薄型活塞环（1）厚度相匹配。”

专利复审委员会本案合议组于2005年2月21日向双方当事人发出了口头审理通知书，并将专利权人于2004年6月8日提交“意见陈述书”转给了请求人。

口头审理于2005年3月29日举行，双方当事人出席了本次口头审理。双方当事人对对方的身份无异议，对合议组的成员无回避请求。

在口头审理过程中，请求人放弃对比文件2作为本案的证据，被请求人对对比文件1的真实性提出异议。

口头审理过程中，专利权人当庭提交了经再次修改的权利要求书，其修改方式是将本专利原授权文本中的权利要求1～4加以合并，该权利要求书全文如下：

“1. 一种薄型活塞环与活塞组合件，由活塞环与活塞组成，其特征是活塞（2）上制有与厚度≤1mm的薄型活塞环相配合的密封槽，在活塞（2）下裙部制有成凹弧形裙带，活塞环为采用低面压设计结构的薄型活塞环。

2. 如权利要求1所述的薄型活塞环与活塞组合件，其特征是活塞（2）上的密封槽宽度与薄型活塞环（1）厚度相匹配。”

请求人对该权利要求的修改方式无异议。

口头审理中，合议组要求专利权人于口头审理后十五日内提交证明本专利中活塞环的“低面压设计结构”为公知常识的证据。

请求人于口头审理结束后随即提交了经认证的对比文件1的副本，合议组将上述副本转给了被请求人，被请求人认为该副本与对比文件1不一致，故坚持对对比文件1的真实性不予认可。

在上述程序的基础上，合议组认为本案事实已经清楚，可以作出决定。

二、决定的理由

1. 口头审理过程中，专利权人当庭提交了经修改的最新的权利要求书，其修改方式是将本专利原授权文本中的权利要求1～4加以合并，该权利要求书全文如下：

“1. 一种薄型活塞环与活塞组合件，由活塞环与活塞组成，其特征是活塞（2）上制有与厚度≤1mm的薄型活塞环相配合的密封槽，在活塞（2）下裙部制有成凹弧形裙带，活塞环为采用低面压设计结构的薄型活塞环。

2. 如权利要求 1 所述的薄型活塞环与活塞组合件，其特征是活塞（2）上的密封槽宽度与薄型活塞环（1）厚度相匹配。”

合议组认为：请求人对权利要求的上述修改方式符合专利法实施细则与审查指南中的相应规定，合议组同意在上述最新修改的权利要求书的基础上对本案进行审理。

2. 请求人认为：本专利不符合第二十六条第三款的规定，请求人的具体意见为“低面压设计结构”在本专利说明书中没有描述，所以“低面压设计结构”没有被充分公开。

被请求人认为：“‘低面压设计结构’是本领域的一种普通技术人员都能理解的一种结构”。

在本案的口头审理程序中，合议组要求被请求人“于十五天内提交证明‘低面压设计结构’是公知常识的相应证据”，但专利权人未在指定期限内提交上述证据。

对此，合议组的相应意见如下：

专利法第二十六条第三款规定：说明书应当对发明或者实用新型作出清楚、完整的说明，以所属技术领域的技术人员能够实现为准；必要的时候，应当有附图。摘要应当简要说明发明或者实用新型的技术要点。

对于在上述最新修改的权利要求 1 中所描述的本专利活塞环的“低面压设计结构”这一本案实用新型的必要技术特征，在本专利说明书中的对应叙述中仅指出：“活塞环改制成薄环和低面压设计结构”，但未进一步描述该“低面压设计结构”的具体结构。同时，专利权人也未能举证证明该“低面压设计结构”是本领域的技术人员的公知常识。

合议组认为：具有“低面压设计结构”的活塞环的具体结构特征，是所属技术领域的技术人员不能从现有技术直接、惟一地得出的，而在本专利说明书中也没有对该“低面压设计结构”的具体技术内容加以说明，故本专利不符合专利法第二十六条第三款的规定。

三、决定

宣告 01270630. 2 号实用新型专利权无效。

当事人对本决定不服的，可以根据专利法第四十六条第二款的规定，自收到本决定之日起三个月内向北京市第一中级人民法院起诉。根据该款的规定，一方当事人起诉后，另一方当事人应当作为第三人参加诉讼。

109

多台肩十字轴万向节案

无效宣告请求审查决定（第7338号）

决　定　号　第7338号
决　定　日　2005年6月27日
发明创造名称　多台肩十字轴万向节
国际分类号　F16D 3/16
无效请求人　杭州德意万向节有限公司
专利权人　万向钱潮股份有限公司
专　利　号　03230903.1
申　请　日　2003年4月28日
授权公告日　2004年6月9日
合议组组长　魏　屹
主　审　员　白剑锋
参　审　员　杨克菲

法律依据　专利法第二十二条第二款、第三款　专利法实施细则第二十条第一款
决定要点

如果所属领域技术人员借助于已有技术获得涉案专利权利要求所限定的技术方案是显而易见的，即涉案专利权利要求的技术方案相对于已有技术不具有实质性特点和进步，则该权利要求不具备创造性。

一、案由

本无效宣告请求案涉及国家知识产权局专利局于2004年6月9日授权公告、名称为“多台肩十字轴万向节”的实用新型专利，其申请日为2003年4月28日，申请号为03230903.1，专利权人为万向钱潮股份有限公司。

本实用新型授权公告时的权利要求书如下：

“1. 一种多台肩十字轴万向节，由十字轴和设在轴头上的轴承外圈以及其间的滚针、轴油封组成，其特征是在所述的十字轴（1）根部由两段以上曲线为母线旋转而成，并由此构成若干个台肩（2）。

2. 根据权利要求1所述的多台肩十字轴万向节，其特征是在近十字轴（1）根部的母线围转半径较大，外侧段的围转半径较小，整体呈多级塔形。

3. 根据权利要求1或2所述的多台肩十字轴万向节，其特征是在所述的母线为3～4段，且由此构成的各台肩（2）之间采用圆弧过渡。

4. 根据权利要求1或2所述的多台肩十字轴万向节，其特征是在所述的母线为3～4段，且由此构成的各台肩（2）与轴线大体平行，各台肩的前端面向前倾且光顺过渡。

5. 根据权利要求1或2所述的多台肩十字轴万向节，其特征是在所述的母线为3~4段，且由此构成的各台肩（2）之间采用斜度过渡。

6. 根据权利要求1或2所述的多台肩十字轴万向节，其特征是在所述的轴油封（3）内侧的基部设置若干个唇口（4），且密封的唇口不在一条直线上，与十字轴根部的多个台肩相配置。

7. 根据权利要求3所述的多台肩十字轴万向节，其特征是在所述的轴油封（3）内侧的基部设置若干个唇口（4），且密封的唇口不在一条直线上，与十字轴根部的多个台肩相配置。

8. 根据权利要求4所述的多台肩十字轴万向节，其特征是在所述的轴油封（3）内侧的基部设置若干个唇口（4），且密封的唇口不在一条直线上，与十字轴根部的多个台肩相配置。"

针对上述专利权（下称本专利），杭州德意万向节有限公司（下称请求人）于2004年9月3日向专利复审委员会提出无效宣告请求，请求宣告本专利全部无效，请求的理由是本专利不符合专利法第二十二条的规定。同时请求人提供如下附件作为证据：

附件1：授权公告日为1998年6月23日、专利号为5769723的美国专利说明书（下称证据2）；

请求人未提供证据2的译文，但表示会在规定的举证期限内提交译文。

经形式审查合格，专利复审委员会受理了上述无效宣告请求，并将该无效请求书及证据副本转送给专利权人万向钱潮股份有限公司（下称被请求人），要求其在指定期限内答复，并成立合议组对本案进行审查。

请求人于2004年10月8日再次提供如下附件作为证据：

附件2：授权公告日为1998年2月10日、专利号为5716277的美国专利说明书（下称证据1）；

附件3：授权公告日为1989年5月30日、专利号为4834691的美国专利说明书（下称证据3）。

请求人同时还提供了证据1至证据3相关部分的译文，认为本专利权利要求1、2、4、5、6和权利要求8相对于证据1不具备新颖性；本专利的权利要求1~8相对于证据1~3不具备创造性；本专利权利要求1~8不符合专利法实施细则第二十条第一款的规定；本专利说明书不符合专利法第二十六条第三款的规定。

针对上述无效宣告请求，被请求人于2004年10月8日作出答复，认为本专利相对于尚无译文的证据1具备新颖性和创造性。

合议组于2005年3月3日将上述被请求人的意见陈述转送给请求人。同时将请求人补交的证据及其意见陈述书的副本转送给被请求人。

合议组于2005年3月3日向双方当事人发出口头审理通知书，定于2005年4月21日上午举行口头审理。

口头审理如期举行，双方当事人出席口头审理人员对变更后的合议组成员无回避请求，对对方当事人出席口头审理人员的资格无异议。请求人当庭放弃"本专利说明书不符合专利法第二十六条第三款"作为本案无效宣告请求的理由，并明确本案无效宣告的理由为本专利不符合专利法第二十二条第二款、第三款以及专利法实施细则第二十条第一款的规定；请求人认为证据1至证据3任意两两组合可以破坏本专利权利要求的创造性，证据2和证据3可以影响权利要求3的创造性。被请求人对请求人提交的证据1至证据3（3篇美国专利）的真实性无异议，对证据1至证据3相关部分的中文译文无异议。双方当事人出席口头审理人员就各自的观点均充分地发表了意见。

至此，合议组经合议认为事实已经清楚，可以作出审查决定。

二、决定的理由

鉴于请求人放弃了专利法第二十六条第三款作为本案无效宣告的理由，合议组对该无效宣告理由不予审查。

1. 关于专利法实施细则第二十条第一款的问题

专利法实施细则第二十条第一款规定：权利要求书应当说明发明或者实用新型的技术特征，清楚、简要地表述请求保护的范围。

请求人认为权利要求 1 中的“台肩”、“曲线”和“母线”术语不清楚，不能确定其具体形状，而且对台肩进行限定的“若干个”也不清楚；权利要求 2 中的“母线”、“外侧段”术语不清楚；权利要求 3 中的“母线”、“台肩”术语不清楚；权利要求 4 中的“母线”、“台肩”、“大体”、“台肩的前端面向前倾”以及“光顺过渡”不清楚；权利要求 5 中的“斜度过渡”在说明书中没有相应的实施例；权利要求 6、7 和权利要求 8 中的“若干个”与“多个”不清楚；上述不清楚导致权利要求保护范围的不清楚。

本领域技术人员应当清楚：母线系立体几何中常用术语，不同的母线绕轴旋转可以形成不同的回转体，例如，如果母线是与轴线平行的直线时，所形成的回转体即圆柱体（机械领域也可称作轴），而两段以上的与轴线平行的且与轴线距离不同的母线绕轴线旋转所形成的回转体为阶梯轴，每一阶梯状部分可以被称为台肩。本实用新型为了解决万向节十字轴根部应力比较集中的技术问题，权利要求 1 所限定的技术方案将十字轴根部设置成由两段以上曲线为母线旋转而成的回转体，由于形成的回转体也类似阶梯状，每一阶梯状部分可以被称为台肩，由于母线数量系“两段以上”，因而“构成若干个台肩”，即“两段以上”对应于“若干个”。因此权利要求 1 对所限定的技术方案及其技术特征作了清楚的描述，即权利要求 1 的保护范围是清楚的。同样对于其他权利要求中有关术语而言，“外侧段”应当理解为远离十字轴根部、靠近十字轴头端部的部分；“光顺过渡”应理解为平滑过渡，系为减少应力集中而设置；“斜度过渡”应理解为斜线过渡；“若干个”对应于“多个”；权利要求 4 中的“各台肩（2）与轴线大体平行”应理解为“各台肩的母线与轴线大体平行”，“各台肩的前端面向前倾”指各台肩的端面向着十字轴头的方向倾斜。因而本领域技术人员通过阅读本专利的说明书及其附图，是可以理解权利要求 1 ~ 8 所限定的各个技术方案，即权利要求 1 ~ 8 对各个技术方案的技术特征的说明足以清楚地表述各个权利要求的保护范围，因此权利要求 1 ~ 8 符合专利法实施细则第二十条第一款。合议组对请求人提出的本专利权利要求 1 ~ 8 不符合专利法实施细则第二十条第一款规定的无效理由不予支持。

2. 已有技术的认定

证据 1 至证据 3 作为专利文献，均属于公开出版物，它们的公开日也均早于本专利的申请日，而且被请求人对证据 1 至证据 3 相关部分的中文译文无异议，因此证据 1 至证据 3 相关部分中文译文以及附图所公开的内容均可以作为评价本专利新颖性和创造性的已有技术。

3. 关于本专利的新颖性

专利法第二十二条第二款规定：新颖性是指在申请日以前没有同样的发明或者实用新型在国内外出版物上公开发表过、在国内公开使用过或者以其他方式为公众所知，也没有同样的发明或者实用新型由他人向国务院专利行政部门提出过申请并且记载在申请日以后公布的专利申请文件中。

本专利权利要求 1 限定的技术方案为：一种多台肩十字轴万向节，由十字轴和设在轴头上的轴承外圈以及其间的滚针、轴油封组成，其特征是在所述的十字轴根部由两段以上曲线为母线旋转而成，并由此构成若干个台肩。

证据 1 公开一种多台肩十字轴万向节，其具有十字轴 10、滚动轴承套 20（相当于本专利的轴承外圈）、密封组件 25（相当于本专利的轴油封）、十字轴根部由多条母线（12a 至 12d）绕轴旋转而成，形成多个台肩（参见附图 1 ~ 4）。

比较本专利权利要求 1 和证据 1 的方案可知，两者的差别在于后者只公开在滚动轴承套 20 和十字轴头 12 之间设有滚动体 21，没有明确指明该滚动体即为滚针；后者的母线为直线。因此，权利要求 1 相对于证据 1 具备新颖性。

证据 2 也公开一种多台肩十字轴万向节，其具有十字轴、滚动轴承套 9（相当于本专利的轴承外圈）、密封组件 36、38 和 45（相当于本专利的轴油封）、十字轴根部由两条弯曲母线绕轴旋转而成，形成两个台肩（参见附图 2）。

比较本专利权利要求 1 和证据 2 的方案可知，两者的差别在于后者只公开在滚动轴承套 9 和十字轴头之间设有滚动体 32，没有明确指明该滚动体即为滚针。因此，权利要求 1 相对于证据 2 具备新颖性。

证据 3 也公开一种多台肩十字轴万向节，其具有十字轴、滚动轴承套 4（相当于本专利的轴承外圈）、密封组件 19、20、21（相当于本专利的轴油封）、十字轴根部由两条弯曲母线绕轴旋转而成，形成两个台肩（参见附图 2 ~4）。

比较本专利权利要求 1 和证据 3 的方案可知，两者的差别在于后者只公开在滚动轴承套 4 和十字轴头之间设有滚动体 6，没有明确指明该滚动体即为滚针。因此，权利要求 1 相对于证据 3 具备新颖性。

综上，权利要求 1 符合专利法第二十二条第二款的规定，具备新颖性。

在权利要求 1 具备新颖性的基础上，引用权利要求 1 的从属权利要求 2 ~8 同样具备新颖性。

4. 关于本专利的创造性

专利法第二十二条第三款规定：创造性，是指同申请日以前已有的技术相比，该实用新型有实质性特点和进步。

（1）权利要求 1 的创造性

由上述对本专利的新颖性的分析可知，本专利权利要求 1 和证据 1 的方案的差别在于后者只公开在滚动轴承套 20 和十字轴头 12 之间设有滚动体 21，没有明确指明该滚动体即为滚针；后者的母线为直线。滚动轴承包括滚针轴承、滚珠轴承、滚柱轴承等形式，万向节十字轴上的滚动轴承一般均采用滚针轴承，这对于所属领域技术人员而言属于公知技术；曲线并不排斥直线，本专利实施例中的母线也采用了直线（参见本专利附图 1、附图 2），因而本专利权利要求 1 中的曲线应当理解为包括直线和曲线。所属领域技术人员借助于证据 1 相关部分披露的技术信息和公知技术获得本专利权利要求 1 所限定的技术方案是不需要付出创造性劳动的，而且权利要求 1 限定的技术方案相对于证据 1 的方案也不具有预料不到的技术效果，因此权利要求 1 限定的方案是显而易见的，不具有实质性特点和进步。所以，本专利权利要求 1 不符合专利法第二十二条第三款的规定，不具备创造性。

（2）权利要求 2 ~4 和权利要求 5 的创造性

引用权利要求 1 的从属权利要求 2 限定部分的附加技术特征为：“在近十字轴（1）根部的母线围转半径较大，外侧段的围转半径较小，整体呈多级塔形”；

引用权利要求 1 或所属权利要求 2 的从属权利要求 3 限定部分的附加技术特征为：“在所述的母线为 3 ~4 段，且由此构成的各台肩（2）之间采用圆弧过渡”；

引用权利要求 1 或所属权利要求 2 的从属权利要求 4 限定部分的附加技术特征为：“在所述的母线为 3 ~4 段，且由此构成的各台肩（2）与轴线大体平行，各台肩的前端面向前倾且光顺过渡”；

引用权利要求 1 或所属权利要求 2 的从属权利要求 5 限定部分的附加技术特征为：“在所述的母线为 3 ~4 段，且由此构成的各台肩（2）之间采用斜度过渡”。

为了减少应力集中，在阶梯轴的轴肩过渡段采用圆滑的圆角过渡（圆弧过渡）或斜角过渡属于机械制造领域的公知技术，另外“各台肩之间采用圆弧过渡”的技术特征在证据 2、证据 3 中均有披露，也进一步佐证“圆弧过渡”属于消除应力集中的公知技术；而且上述附加技术特征均已经被证据1所公开（参见证据1第3页第3～37行和附图4以及相应的中文译文），在权利要求1相对于证据1相关部分无创造性的基础上，所属领域技术人员借助于证据1相关部分披露的技术信息和公知技术获得本专利权利要求2～4和权利要求5所限定的技术方案是不需要付出创造性劳动的，而且权利要求2～4和权利要求5限定的技术方案相对于证据1的方案也不具有预料不到的技术效果，因此权利要求2～4和权利要求5限定的技术方案是显而易见的，不具有实质性特点和进步。所以，本专利权利要求2～4和权利要求5不符合专利法第二十二条第三款的规定，不具备创造性。

（3）权利要求6、7和权利要求8的创造性

分别引用从属权利要求1或权利要求2～4的从属权利要求6～8限定部分的附加技术特征均是："在所述的轴油封（3）内侧的基部设置若干个唇口（4），且密封的唇口不在一条直线上，与十字轴根部的多个台肩相配置"。

该附加技术特征已经被证据1所公开（参见证据1第4页第5～63行、第6页第11～32行和附图2～4以及相应的中文译文），而且证据1方案中的多个不在一条直线上的密封唇口与十字轴台肩接触也是为了提高密封性能，与本专利权利要求6、7和权利要求8限定的技术方案所解决的技术问题相同；在权利要求1～4相对于证据1相关部分无创造性的基础上，所属领域技术人员借助于证据1相关部分披露的技术信息和公知技术获得本专利权利要求6、7和权利要求8所限定的技术方案是不需要付出创造性劳动的，而且权利要求6、7和权利要求8限定的技术方案相对于证据1的方案也不具有预料不到的技术效果，因此权利要求6、7和权利要求8限定的技术方案是显而易见的，不具有实质性特点和进步。所以，本专利权利要求6、7和权利要求8不符合专利法第二十二条第三款的规定，不具备创造性。

综上，权利要求1～8均不符合专利法第二十二条第三款的规定，不具备创造性。

三、决定

宣告03230903.1号实用新型专利权全部无效。

当事人对本决定不服的，可以根据专利法第四十六条第二款的规定，自收到本决定之日起三个月内向北京市第一中级人民法院起诉。根据该款的规定，一方当事人起诉后，另一方当事人应当作为第三人参加诉讼。

110

一种点焊机的焊头夹案

无效宣告请求审查决定（第7349号）

决 定 号 第7349号
决 定 日 2005年6月27日
发明创造名称 一种点焊机的焊头夹
国际分类号 B23K 9/28　B23K 20/06
无效请求人 滕章奇
专利权人 杨仕桐
专 利 号 01242321.1
申 请 日 2001年6月22日
授权公告日 2002年3月20日
合议组组长 白剑锋
主 审 员 耿 博
参 审 员 魏 屹

法律依据 专利法第二十二条
决定要点

1. 当事人应当对自己的主张举证予以证明，怠于举证应当承担举证不能的不利后果。

2. 在没有证据予以证明的情况下，不能认定同一产品名称的产品结构在相当长的一段时间里是固定不变的。

一、案由

本无效宣告请求案涉及国家知识产权局专利局于2002年3月20日授权公告的，名称为“一种点焊机焊头夹”的实用新型专利，其专利号是01242321.1，申请日是2001年6月22日，专利权人是杨仕桐（下称被请求人）。授权公告的权利要求如下：

“1. 一种点电焊机焊头夹，包括左右两夹块（1a、1b）、绝缘的连接套（2）、连接螺丝（5a、5b）和焊头松紧螺丝（3）；连接套装于焊头夹后部的圆孔（15）中，连接螺丝从侧面穿过夹块，顶住连接套；两夹块前端内侧各有一互相对称的夹槽（11a、11b）；焊头松紧螺丝（3）于焊头夹前部从侧面穿过一夹块，再拧于另一夹块相对应的螺孔上；其特征是在焊头夹中部设有稳定左右夹块相对位置的绝缘定位销（4），一夹块（1b）后部内侧有一弧形凸起（12），另一夹块（1a）有一与该弧形凸起相配合的凹槽（13），焊头夹上用于安装连接套（2）的圆孔（15）就位于该弧形凸起处；有一连接螺丝（5b）从外侧面穿过带弧形凸起的夹块（1b），顶住连接套（2），另一连接螺丝（5a）从外侧面穿过另一夹块（1a）拧于弧形凸起（12）上，该连接螺丝（5a）上套有绝缘套（51）。

2. 按照权利要求1所述的焊头夹，其特征是所说的弧形凸起（12）和与其相配合的凹槽（13）为半圆形。

3. 按照权利要求1或2所述的焊头夹，其特征是所说的两夹块前端的夹槽（11a、11b）为圆弧形，其深度小于圆弧的半径。

4. 按照权利要求3所述的焊头夹，其特征是所说的两夹块前端的夹槽（11a、11b）的圆周弧直径为2.8~3.5mm。”

针对上述专利权（下称本专利），滕章奇（下称请求人）于2003年7月19日向专利复审委员会提出无效宣告请求，其理由是本专利不符合专利法第二十二条第二款有关新颖性的规定，与此同时，请求人提交了如下证据：

证据1：《中国电子报》2001年1月2日发行第17版复印件；

证据2：《SW电子点焊机使用说明书》复印件；

证据3：广州微点焊设备有限公司宣传材料复印件。

请求人认为通过以上证据证明，本专利在其申请日之前，其技术产品已因为销售、宣传及公开使用而为公众所知，成为社会公有技术，所以不具备新颖性，请求宣告该专利无效。

对于上述无效宣告请求，专利复审委员会于2003年8月20日受理，并将无效请求书及相关材料副本转送给被请求人，要求被请求人在指定期限内进行意见陈述，并成立合议组对此案进行审查。

被请求人针对上述无效宣告请求于2003年10月3日提交了意见陈述书。被请求人在意见陈述书中认为，请求人所提交的证据并不能证明本专利的技术方案在申请日之前就已公开，证据1未公开本专利焊头夹的具体内容，从该文内容上也不能证明本专利焊头夹在该文发表时已公开使用；证据2不能表明是在本专利的申请日之前公开，而是先申请了本专利，继而才制定的该标准，发布日应在2002年4月4日之后（即在本专利的申请日之后），请求人所提交的证据3并没有公开本专利焊接头的内容，也无法断定证据3是何时出版发行的。被请求人认为本专利的技术特征并未在申请日之前以任何形式为公众所知，请求人的无效理由不能成立，恳请驳回无效请求，维持专利权有效。被请求人同时提交的附件为：

附件：广州市企业产品标准备案回执，回执编号：2002-07845；复印件。

合议组于2003年11月5日将被请求人的上述意见陈述及附件副本转给了请求人并向双方发出口审通知书，定于2004年2月12日在专利复审委员会举行口头审理。

请求人针对被请求人的答辩意见于2003年12月22日提交了意见陈述书，请求人认为被请求人未对自己提出的三份证据的真实性提出异议；并且在证据1中已经披露出的事实是在2001年1月2日前，SW电子点焊机已在国内外公开销售和使用；在证据2中认定了在SW电子点焊机中使用了本专利技术，被请求人不销售本专利技术产品而去销售陈旧的已有技术的点焊机及其焊头夹有悖常理，以上证据足以表明本专利产品在其申请日之前已经通过销售、使用而公开，故不具备新颖性。与此同时请求人还提交了如下证据：

证据4：广州微点焊设备有限公司所作的说明复印件1页；

证据5：广州微点焊设备有限公司的宣传资料传真件1页。

合议组将请求人的此次意见陈述于2004年2月3日转文给被请求人。

口头审理在专利复审委员会如期举行，请求人参加了此次口头审理，被请求人未参加此次口头审理。在口头审理中，请求人当庭提交了证据1、证据2的原件，并结合提交的证据充分阐述了自己的观点。

被请求人于2004年3月18日向合议组提交了意见陈述书。被请求人认为请求人将SW电子点焊机和使用本专利焊头夹的SW电子点焊机等同起来，SW电子点焊机可以使用本专利的焊头夹，也完全可以不用本专利的技术，而使用原来已有的焊头夹，因此SW电子点焊机的公开使用并不能证明本专利的焊头夹已公开使用。被请求人在本专利的申请日前就已生产和销售点焊机，这些点焊机上所使用的焊头夹也不是本专利技术，故请求人提交的证据不能证明在本专利的申请日之前已经公开销售使用，故符合专利法第二十二条的规定。

合议组于2005年5月20日将被请求人的以上意见陈述转文给请求人。但由于请求人的通信地址发生了变更，该次转送文件被退回，后专利复审委员会采用了公告送达的方式，并于2005年6月7日以传真的方式将上述文件发送给请求人。

请求人于2005年6月11日向合议组提交了意见陈述书。请求人认为以下几点应该引起合议组注意：（1）被请求人对中国电子报的报道事实既不认同亦不否定；（2）被请求人在其广告材料中全文转印了中国电子报的报道，说明对该报道是认同的；（3）被请求人在“SW电子点焊机说明书中”对在“SW电子点焊机”中使用该专利技术正是指总体机型，并未说明在何种点焊机中未使用该专利技术。

在以上工作的基础上，合议组认为本案事实清楚，可以依法作出审查决定。

二、决定的理由

1. 相关法律规定

根据专利法第二十二条第三款规定，新颖性，是指在申请日以前没有同样的发明或者实用新型在国内外出版物上公开发表过、在国内公开使用过或者以其他方式为公众所知，也没有同样的发明或者实用新型由他人向国务院专利行政部门提出过申请并且记载在申请日以后公布的专利申请文件中。

2. 证据的认定

请求人在口头审理时提交了证据1～3的原件，被请求人未对证据1～3的真实性提出异议。经合议组核实，可以确认这些证据的真实性，故合议组对这些证据予以采信。

请求人补充提交的证据4在口头审理时出示该证据的原件，经核实，可以确认其真实性，由于该证据所要证明的事实同证据1中所要证明的事实相关联，所以对该证据予以采信。

请求人补充提交的证据5是一份传真件，没有原件可供核实，并且由于其提交的期限超出了一个月补充证据的期限，且所要证明的事实与在举证期限内提交的证据没有关联性，故合议组对该证据不予采信。

3. 本专利是否具备新颖性

通过证据1可以认定的事实是：在该证据的发行日（2001年1月2日）之前，也就是在本专利的申请日之前，被请求人杨仕桐已经发明了SW电子点焊机，并由广州微点焊设备有限公司开始生产销售，该电子点焊机销售给了美国的Mini－Circuits公司、国防科委891厂等单位，这些事实也可以和证据3、证据4相互印证。即SW电子点焊机已经在本专利的申请日前通过销售而公开。但通过证据1、证据3、证据4无法认定在本专利申请日之前销售的SW电子点焊机的具体结构，也无法证明本专利所要求保护的焊头夹确实已经应用在当时销售的SW电子点焊机中，即这些证据无法得出本专利所要求保护的专利产品在申请日之前已经通过销售而公开的事实。而在证据2的第23页可以看到SW电子点焊机使用了本专利（即ZL01242321.1号专利）技术，但是证据2中标有产品的标准号“Q/（GZ）WDH1－2002”，而通过被请求人提交的附件——广州市企业产品标准备案回执可以认定，该证据的公开发行时间是在该“广州市企业产品标准备案回执”之后，即在2002年4月4日以后也即本专利的申请日之后，故该证据所能证明本专利所要求保护的点焊机焊头夹是在本专利的申请日之后应用于SW电子点焊机中。SW电子点焊机是一产品名称，而不是一产品的型号，所以在请求人没有提交证据表明该种点焊机的具体结构一直没有变化的情况下，不能认定在本专利的申请日之前销售的SW电子点焊机中使用了本专利产品。综上，请求人所提交的证据不能证明应用本专利技术产品的

SW 电子点焊机已经在本专利的申请日之前通过销售而公开，故合议组对其“本专利不具备新颖性”的主张不予支持。

三、决定

维持 01242321.1 号实用新型专利权有效。

当事人对本决定不服的，可以根据专利法第四十六条第二款的规定，自收到本决定之日起三个月内向北京市第一中级人民法院起诉。根据该款规定，一方当事人起诉后，另一方当事人应当作为第三人参加诉讼。

111

电子点焊机焊头案

无效宣告请求审查决定（第7350号）

决 定 号 第7350号
决 定 日 2005年6月27日
发明创造名称 电子点焊机焊头
国际分类号 B23K 35/28 H01R 43/02
无效请求人 滕章奇
专利权人 杨仕桐
专 利 号 00239588.6
申 请 日 2000年9月25日
授权公告日 2001年9月19日
合议组组长 魏 屹
主 审 员 耿 博
参 审 员 白剑锋

法律依据 专利法第二十二条
决定要点

1. 当事人应当对自己的主张举证予以证明，怠于举证应当承担举证不能的不利后果。

2. 在没有证据予以证明的情况下，不能认定同一产品名称的产品结构在相当长的一段时间里是固定不变的。

一、案由

本无效宣告请求案涉及国家知识产权局专利局于2001年9月19日授权公告的，名称为“电子点焊机焊头”的实用新型专利，其专利号是00239588.6，申请日是2000年9月25日，专利权人是杨仕桐（下称被请求人）。授权公告的权利要求如下：

“1. 一种电子点焊机焊头，由耐高温金属材料制作的、合在一起的两个平行电极组成，其特征是两个平行电极之间有一层作为粘合固连和绝缘分隔的绝缘粘胶。

2. 一种如权利要求1所述的电子点焊机焊头，其特征是组成焊头的两个电极末端端面呈平面型、圆柱面型、斜面型、V字型或楔型。”

针对上述专利权（下称本专利），滕章奇（下称请求人）于2003年7月19日向专利复审委员会提出无效宣告请求，其理由是本专利不符合专利法第二十二条第二款、第三款有关新颖性、创造性以及本专利不符合专利法实施细则第二条第二款的规定。与此同时，请求人提交了如下证据：

证据1：广州微点焊设备有限公司产品销售说明复印件1页；

证据2：美国MiNi－Circuits公司订货契约复印件1页；

证据3：《SW电子点焊机使用说明书》第23页复印件；

请求人认为通过证据1、证据2可以证明SW电子点焊机和焊头已在国内外公开销售；证据3中载明了在SW电子点焊机中使用了本专利（即00239588.6号专利）技术，电子点焊机焊头是由耐高温金属材料制成的，并由合在一起的两个平行电极组成，两平行电极之间有一层绝缘层，这是公知常识。本专利仅用绝缘粘胶代替通常的绝缘层，不符合实用新型的授权条件，即不符合专利法实施细则第二条第二款的规定。并且这种改变仅是本领域惯有技术手段的直接置换，所以不具备创造性，因而请求宣告该专利权无效。请求人并于2003年8月17日向专利复审委员会提交了证据2的中文译文。

对于上述无效宣告请求，专利复审委员会于2003年8月21日受理，并将无效宣告请求书及相关材料副本转送给被请求人，要求被请求人在指定期限内进行意见陈述，并成立合议组对此案进行审查。

被请求人针对上述无效宣告请求于2003年10月8日提交了意见陈述书。被请求人在意见陈述书中认为，请求人所提交的证据并不能证明本专利的技术方案在申请日之前就已公开，证据1的落款单位虽是“广州微点焊设备有限公司”，但所盖的公章却为“微点焊设备”的繁体字，这个印章并不代表“广州微点焊设备有限公司”，其中的说明的焊头也不是本专利产品“电子点焊机焊头”；证据2中并无专利权人和广州微点焊设备有限公司的内容，也无“电子点焊机焊头”的内容，所以无法证明请求人所述的美国MiNi-Circuits公司订货为本专利产品；证据3不能表明是在本专利的申请日之前公开，而事实上是先申请了本专利，继而才制定的“Q/（GZ）WDH1-2002”企业标准，该标准备案后才编制发行该证据，即该证据的公布时间应在2002年4月4日之后（即在本专利的申请日之后），并且在该证据发行之后SW电子点焊机上才开始使用本专利的焊头。请求人认为，由于本专利是将两个电极之间的云母片而换为绝缘粘胶，大大简化了生产工艺和成本，所以与现有技术相比具备创造性。被请求人认为请求人的无效理由不能成立，恳请驳回无效宣告请求，维持专利权有效。与此同时，被请求人还提交了如下附件：

附件：广州市企业产品标准备案回执，回执编号：2002-07845，复印件。

并一同提交的修改后的权利要求书为：

“1. 一种电子点焊机焊头，由耐高温金属材料制作的、合在一起的两个电极组成，其特征是两个电极之间为一层起粘合固定和绝缘分隔两个电极的绝缘粘胶。

2. 一种如权利要求1所述的电子点焊机焊头，其特征是两个电极之间的绝缘粘胶厚度为0.02~0.15mm。

3. 一种如权利要求1所述的电子点焊机焊头，其特征是组成焊头的两个电极末端端面呈平面型、圆柱面型、斜面型、V字型或楔型。”

合议组于2003年11月5日将被请求人的上述意见陈述及附件的副本转给了请求人，并将请求人提交的证据2的中文译文转给了被请求人，同时向双方发出口头审理通知书，定于2004年2月12日举行口头审理。合议组经审查认为被请求人所提交的修改后的权利要求新增加的技术特征在授权公告文本中的权利要求没有公开，违反了专利法第三十三条及审查指南第四部分第三章中的第5.4节中的规定，故于2003年11月6日向双方当事人发出了无效宣告请求审查通知书，指出了被请求人对权利要求书的修改不符合有关规定，由于增加了未包含在授权的权利要求书中的技术特征，而不能被接受，建议请求人将权利要求退回到授权文本。并要求双方当事人在收到本通知之日起一个月内陈述意见。

请求人针对被请求人的答辩意见于2003年12月15日提交了意见陈述书，进一步向合议组阐述了本专利不具备新颖性和创造性及专利法实施细则第二条第二款的理由，与此同时，请求人认为通过补充提交的如下证据可以证明广州微点焊设备有限公司在对外的业务往来中所使用的公章如证据1中的所盖的公章，用以证明证据1的真实性。其提交的证据为：

证据4：德龙工业有限公司与广州微点焊设备有限公司签订的《合同书》复印件；

证据5：广州微点焊设备有限公司出具的《说明》复印件（同证据1）；

证据6：《报价单》复印件；

证据7：《发票及送货单》之一复印件；

证据8：《发票及送货单》之二复印件；

证据9：《装箱清单》复印件；

证据10：《装箱清单》英文文本复印件；

证据11：《INVOECE》英文发票复印件；

证据12：意雅公司《收货证明单》英文文本复印件；

证据13：快马公司取货单及"微点焊设备"送货单复印件；

证据14：《付款指示》英文文本复印件；

证据15：SW电子点焊机说明书第2页传真件的复印件。

合议组于2004年2月3日将请求人此次提交的意见陈述书及证据副本转文给被请求人。

口头审理在专利复审委员会如期举行，请求人出席了口头审理，被请求人未出席口头审理。在口头审理中，无效宣告请求人当庭表示放弃提交的证据2作为证据使用，并提交了所使用的其他证据原件，经核实，原件与复印件一致，并有证人许宏兴、汪玉美出庭作证，两人均证明在与广州微点焊设备有限公司的业务往来中该公司所盖的公章均如证据1中所盖的公章。请求人结合所提交的证据向合议组详细阐述了本专利不具备新颖性和创造性以及不符合专利法实施细则第二条第二款要求的理由。

被请求人于2004年3月18日向合议组提交了意见陈述，被请求人认为请求人所提供的该印章的附件，均不能证明其中涉及的焊头就是本专利的电子点焊机焊头，也不能证明本专利的电子点焊机在申请日之前已公开销售或使用。请求人将SW电子点焊机和使用本专利焊头的SW电子点焊机等同起来，SW电子点焊机可以使用本专利的焊头，也完全可以不用本专利的技术，而使用原来已有的焊头，因此SW电子点焊机的公开使用并不能证明本专利的焊头已公开使用。被请求人在本专利的申请日前就已生产和销售点焊机，这些点焊机上所使用的焊头也不是本专利技术，故请求人提交的证据不能证明在本专利的申请日之前已经公开销售使用。

合议组于2005年5月20日将被请求人的以上意见陈述转文给请求人。但由于请求人的通信地址发生了变更，该次转送文件被退回，后专利复审委员会采用了公告送达的方式，并于2005年6月7日以传真的方式将上述文件发送给请求人。

请求人于2005年6月11日向合议组提交了意见陈述书。请求人认为以下几点应该引起合议组注意：（1）被请求人对中国电子报的报道事实既不认同亦不否定；（2）被请求人在其广告材料中全文转印了中国电子报的报道，说明对该报道是认同的；（3）被请求人在"SW电子点焊机说明书中"对在"SW电子点焊机"中使用该专利技术正是指总体机型，并未说明在何种点焊机中未使用该专利技术。

在上述工作的基础上，合议组认为本案事实清楚，可以依法作出审查决定。

二、决定的理由

1. 本决定所针对的权利要求书

被请求人于2003年10月3日提交了修改后的权利要求书，合议组经审查认为被请求人所提交的修改后的权利要求新增加的技术特征"两个电极之间的绝缘粘胶厚度为0.02~0.15mm"在授权公告文本中的权利要求没有公开，违反了专利法第三十三条及审查指南第四部分第三章中的第5.4节中的规定，所以对其修改不予接受，故本次审查是以授权时的权利要求书为审查基础的。

2. 证据的认定

请求人提交的证据1、证据3经核实，可以确认其真实性。

请求人补充提交的证据3～15虽然在提交的时间上已经超出了无效请求之日起一个月，但是其意图证明的事实是广州微点焊设备有限公司在日常的业务中使用的公章如证据1所盖的章，这一事实与证据1相关联，且通过核实原件可以认定其真实性。故应予以采信。对证人许宏兴、汪玉美出庭作证的证言可以和其他证据相互印证的部分本合议组也予以采信。

被请求人认为证据1的落款单位虽是“广州微点焊设备有限公司”，但所盖的公章却为“微点焊设备”的繁体字，这两者之间并不一致，所以这个印章并不代表“广州微点焊设备有限公司”。

合议组认为通过请求人补充提交的证据3～15及两个证人出具的证人证言可以认定，广州微点焊设备有限公司在日常的业务中使用的章就是如证据1中所盖的章，也即证据1的真实性可以认定，故对被请求人的以上主张不予支持。

3. 本专利是否符合专利法实施细则第二条第二款的规定

专利法实施细则第二条第二款规定：专利法所称实用新型，是指对产品的形状、构造或者其结合提出的适用于实用的新的技术方案。

本专利所要求保护的点焊机焊头，有两个平行的电极组成，该电极是由耐高温金属材料制作的，其间有一层起粘合固定和绝缘分隔两个电极的绝缘粘胶。可见本专利所要求保护的是一种产品的形状、构造，并且能够在工业化生产中应用的实用的技术方案，符合专利法实施细则第二条第二款规定的要求，所以对请求人的主张不予支持。

4. 本专利是否具备新颖性

专利法第二十二条第三款规定：新颖性，是指在申请日以前没有同样的发明或者实用新型在国内外出版物上公开发表过、在国内公开使用过或者以其他方式为公众所知，也没有同样的发明或者实用新型由他人向国务院专利行政部门提出过申请并且记载在申请日以后公布的专利申请文件中。

证据1是广州微点焊设备有限公司在日常的商业往来中向其客户（潜在客户）作出的销售情况的说明，以期能够取得客户信任而与之缔约。作为一个民事主体，应当认定其在日常行为的意思表示是其真实的意思表示，其主张的事实在没有相反证据予以否定的情况下，应当认定这些事实的真实性，即可以认定广州微点焊设备有限公司从1998年6月就开始销售SW电子点焊机，这一销售行为发生在本专利的申请日之前。即SW电子点焊机已经在本专利的申请日前通过销售而公开。但通过证据1无法认定在本专利申请日之前销售的SW电子点焊机的具体结构，也无法证明本专利所要求保护的焊头确实已经应用在当时销售的SW电子点焊机中，即这些证据无法得出本专利所要求保护的专利产品在申请日之前已经通过销售而公开的事实。而在证据3可以看到SW电子电焊机使用了本专利（即ZL00239589.4号专利）技术，但是证据3中标有产品的标准号“Q/（GZ）WDH1－2002”。而通过被请求人提交的附件——广州市企业产品标准备案回执可以认定，该证据的公开发行时间是在该“广州市企业产品标准备案回执”之后，即在2002年4月4日以后也即本专利的申请日之后，故该证据所能证明的事实是本专利所要求保护的焊头是在本专利的申请日之后应用于SW电子点焊机中。SW电子点焊机是一产品名称，而不是一产品的型号，对于一种同一产品名称的产品来说，其结构并不是惟一的，且在相当长的一段时间内往往由于生产者的改进而发生变化。所以在请求人没有提交证据表明该种点焊机的具体结构一直没有变化的情况下，不能认定在本专利的申请日之前销售的SW电子点焊机中使用了本专利产品。综上，请求人所提交的证据不能证明应用本专利技术产品的SW电子点焊机已经在本专利的申请日之前通过销售而公开，故合议组对其“本专利不具备新颖性”的主张不予支持。

5. 本专利是否具备创造性

专利法第二十二条第三款规定：创造性，是指同申请日以前已有的技术相比，该发明有突出的实质性特点和显著的进步，该实用新型有实质性特点和进步。

请求人认为本专利不具备创造性的理由是“两平行电极之间有一层绝缘层，这是公知常识，本专利仅用绝缘粘胶代替通常的绝缘层，这种改变仅是本领域惯有技术手段的直接置换”。合议组认为：由于本专利权利要求 1 中所要求保护的技术方案中“采用的绝缘粘胶将两个平行电极粘合固连和绝缘分隔”，这样相对于“两平行电极之间采用绝缘层”可以达到“结构简单，生产成本低”的技术效果。请求人没有提交有效的证据以证明“绝缘粘胶”可以应用到电子点焊机焊头中的技术启示，也没有提交有效的证据用以证明“绝缘粘胶”可以应用到电子点焊机焊头属于本领域的惯有手段，所以合议组对其主张不予支持，因而权利要求 1 具备创造性。相应的其从属权利要求 2 也具备创造性。

综上所述，请求人提出以上无效宣告请求的理由均不能成立。

三、决定

维持 00239586.6 号实用新型专利权有效。

当事人对本决定不服的，可以根据专利法第四十六条第二款的规定，自收到本决定之日起三个月内向北京市第一中级人民法院起诉。根据该款规定，一方当事人起诉后，另一方当事人应当作为第三人参加诉讼。

112

可除漆的点焊机焊头案

无效宣告请求审查决定（第7351号）

决　定　号　第7351号
决　定　日　2005年6月27日
发明创造名称　可除漆的点焊机焊头
国际分类号　B23K 9/12　H01R 43/02
无效请求人　滕章奇
专利权人　杨仕桐
专　利　号　00239589.4
申　请　日　2000年9月25日
授权公告日　2001年9月19日
合议组组长　白剑锋
主　审　员　耿　博
参　审　员　魏　屹

法律依据　专利法第二十二条
决定要点

1. 当事人应当对自己的主张举证予以证明，怠于举证应当承担举证不能的不利后果。

2. 在没有证据予以证明的情况下，不能认定同一产品名称的产品结构在相当长的一段时间里是固定不变的。

一、案由

本无效宣告请求案涉及国家知识产权局专利局于2001年9月19日授权公告的、名称为“可除漆的点焊机焊头”的实用新型专利，其专利号是00239589.4，申请日是2000年9月25日，专利权人是杨仕桐（下称被请求人）。授权公告的权利要求如下：

“1. 一种可除漆的点焊机焊头，由耐高温金属材料制作的、合在一起的两个平行电极组成，其特征是两个平行电极的末端部分相互欧姆接触，其余部分由绝缘层绝缘分隔开。

2. 一种如权利要求1所述的电子点焊机焊头，其特征是两个平行电极之间有一层粘合固定和绝缘分隔的绝缘粘胶。

3. 一种如权利要求1、2所述的点焊机焊头，其特征是焊头的末端形状呈平面形、圆柱面形、斜面形、V字形或楔形结构。”

针对上述专利权（下称本专利），滕章奇（下称请求人）于2003年7月19日向专利复审委员会提出无效宣告请求，其理由是本专利不符合专利法第二十二条第二款、第三款有关新颖性、创造性及专利法实施细则第二条第二款的规定。与此同时，请求人提交了如下证据：

证据1：广州微点焊设备有限公司产品销售说明复印件1页；

证据 2：美国 MiNi – Circuits 公司订货契约复印件 1 页；

证据 3：《SW 电子点焊机使用说明书》第 23 页复印件。

请求人认为通过证据 1、证据 2 可以证明 SW 电子点焊机和焊头已在国内外公开销售；证据 3 中载明了在 SW 电子点焊机中使用了 00239589.4 号专利（即本专利）技术，“欧姆接触”是一个模糊概念，焊头末端的接触电阻决定通过的电流，通过电流的大小决定了焊头末端的温度，焊头在去除漆包线的漆层时需要多高的温度，是本领域技术人员通过常规技术手段可以得到的，并且，“欧姆接触”这一结论并未在说明书中得到实施例的支持，因而不具备创造性。焊头末端部分电阻值的大小不符合专利法实施细则第二条第二款关于实用新型的授予条件，请求人并于 2003 年 8 月 17 日向专利复审委员会提交了证据 2 的中文译文。

对于上述无效宣告请求，专利复审委员会于 2003 年 8 月 21 日受理，并将无效请求书及相关材料副本转送给被请求人，要求被请求人在指定期限内进行意见陈述，并成立合议组对此案进行审查。

被请求人针对上述无效宣告请求于 2003 年 10 月 1 日提交了意见陈述书。被请求人在意见陈述书中认为，请求人所提交的证据并不能证明本专利的技术方案在申请日之前就已公开，证据 1 的落款单位虽是“广州微点焊设备有限公司”，但所盖的公章却为“微点焊设备”的繁体字，这个印章并不代表“广州微点焊设备有限公司”，其中的说明的焊头也不是本专利产品“可除漆的点焊机焊头”；证据 2 中并无专利权人和广州微点焊设备有限公司的内容，也无“电子点焊机焊头”的内容，所以无法证明请求人所述的美国 MiNi – Circuits 公司订货为本专利产品；证据 3 不能表明是在本专利的申请日之前公开，而事实上是先申请了本专利，继而才制定的该标准，发布日应在 2002 年 4 月 4 日之后（即在本专利的申请日之后），请求人所提交的证据 3 并没有公开本专利焊接头的内容，也无法断定证据 3 是何时出版发行的。请求人认为由于本专利是将现有技术中的“平行电极”焊头的尖端做成具有一定阻值的欧姆接触的“短路”焊头，使焊头尖端产生电火花，而又不会烧坏焊头，利用该电火花烧除漆包线上的绝缘漆，同时又利用焊机上设置好的焊接压力使绝缘漆烧除后焊头尖端两极之间接触电阻大于电极与被焊接件的接触电阻，使大量电流转而流入工件，实现点电焊焊接。所以被请求人认为本专利与现有技术相比具备创造性。被请求人认为请求人的无效理由不能成立，恳请驳回无效宣告请求，维持专利权有效，与此同时，被请求人还提交如下附件：

附件 1：广州市企业产品标准备案回执，回执编号：2002 – 07845 复印件 1 页。

并提交了修改后的权利要求如下：

“1. 一种可除漆的点焊机焊头，由耐高温金属材料制作的、合在一起的两个平行电极组成，其特征是两个平行电极的末端部分为相互接触电阻 $\leqslant 200\text{m}\Omega$ 的欧姆接触，其余部分由绝缘层绝缘分隔开。

2. 一种如权利要求 1 所述的电子点焊机焊头，其特征是两个平行电极之间的绝缘层为起粘合固定和绝缘分隔两个电极的绝缘粘胶。

3. 一种如权利要求 1、2 所述的点焊机焊头，其特征是焊头的末端形状呈平面形、圆柱面形、斜面形、V 字形或楔形结构。”

合议组于 2003 年 11 月 5 日将被请求人的上述意见陈述及对比文件副本转给了请求人，并将请求人提交的证据 2 的中文译文转给了被请求人，向双方发出口头审理通知书，定于 2004 年 2 月 12 日举行口头审理。合议组经审查认为被请求人所提交的修改后的权利要求新增加的技术特征在授权公告文本中的权利要求书中没有公开，违反了专利法第三十三条及审查指南第四部分第三章中的第 5.4 节中的规定，故于 2003 年 1 月 6 日向双方当事人发出了无效宣告请求审查通知书，指出了被请求人对权利要求书的修改不符合有关规定，由于增加了未包含在授权的权利要求书中的技术特征，而不能被接受，建议其退回到授权公告文本。并要求双方在收到本通知之日起一个月内陈述意见。

请求人针对专利权人的答辩意见于2003年12月15日提交了意见陈述书，进一步向合议组阐述了本专利不具备新颖性和创造性及专利法实施细则第二条第二款的理由。与此同时，请求人认为通过补充提交的如下证据可以证明广州微点焊设备有限公司在对外的业务往来中所使用的公章如证据1中的公章，用以证明证据1的真实性。其提交的证据为：

证据4：德龙工业有限公司与广州微点焊设备有限公司签订的《合同书》复印件；

证据5：广州微点焊设备有限公司出具的《说明》复印件（同证据1）；

证据6：《报价单》复印件；

证据7：《发票及送货单》之一复印件；

证据8：《发票及送货单》之二复印件；

证据9：《装箱清单》复印件；

证据10：《装箱清单》英文文本复印件；

证据11：《INVOECE》英文发票复印件；

证据12：意雅公司《收货证明单》英文文本复印件；

证据13：快马公司取货单及“微点焊设备”送货单复印件；

证据14：《付款指示》英文文本复印件；

证据15：SW电子点焊机说明书第2页传真件复印件。

合议组于2004年2月3日将请求人此次提交的意见陈述书及证据副本转文给被请求人。

口头审理在专利复审委员会如期举行，请求人出席了口头审理，被请求人未出席口头审理。在口头审理中，无效宣告请求人当庭表示放弃提交的证据2作为证据使用，并提交了所使用的证据原件，经核实，原件与复印件一致，并有证人许宏兴、汪玉美出庭作证，两人均证明在与广州微点焊设备有限公司的业务往来中该公司所盖的公章均如证据1中所盖的公章。请求人结合所提交的证据向合议组详细阐述了本专利不具备新颖性和创造性以及不符合专利法实施细则第二条第二款的要求。

被请求人于2004年3月18日向合议组提交了意见陈述，被请求人认为请求人所提供的该印章的附件，均不能证明其中涉及的焊头就是本专利的电子点焊机焊头，也不能证明本专利的电子点焊机在申请日之前已公开销售或使用。请求人将SW电子点焊机和使用本专利焊头的SW电子点焊机等同起来，SW电子点焊机可以使用本专利的焊头，也完全可以不用本专利的技术，而使用原来已有的焊头，因此SW电子点焊机的公开使用并不能证明本专利的焊头已公开使用。被请求人在本专利的申请日前就已生产和销售点焊机，这些点焊机上所使用的焊头也不是本专利技术，故请求人提交的证据不能证明在本专利的申请日之前已经公开销售使用。

合议组于2005年5月20日将被请求人的以上意见陈述转交给请求人。但由于请求人的通信地址发生了变更，该次转送文件被退回，后专利复审委员会采用了公告送达的方式，并于2005年6月7日以传真的方式将上述文件发送给请求人。

请求人于2005年6月11日向合议组提交了意见陈述书。请求人认为以下几点应该引起合议组注意：（1）被请求人对中国电子报的报道事实既不认同亦不否定；（2）被请求人在其广告材料中全文转印了中国电子报的报道，说明对该报道是认同的；（3）被请求人在“SW电子点焊机说明书中”对在“SW电子点焊机”中使用该专利技术正是指总体机型，并未说明在何种点焊机中未使用该专利技术。

在上述工作的基础上，合议组认为本案事实清楚，可以依法作出审查决定。

二、决定的理由

1. 本决定所针对的权利要求书

被请求人于2003年10月3日提交了修改后的权利要求书，合议组经审查认为被请求人所提交的修改后的权利要求新增加的技术特征在授权公告文本中的权利要求没有公开，违反了专利法第三十三条及审查指南第四部分第三章中的第5.4节中的规定，所以对其修改不予接受，故本次审查是以授权时的权利要求书为审查基础的。

2. 证据的认定

请求人提交的证据1、证据3经核实，可以确认其真实性。

请求人补充提交的证据3~15虽然在提交的时间上已经超出了无效请求之日起一个月，但是其意图证明的事实是广州微点焊设备有限公司在日常的业务中使用的公章如证据1所盖的章，这一事实与证据1相关联，且通过核实原件可以认定其真实性。故应予以采信。对证人许宏兴、汪玉美出庭作证的证言可以和其他证据相互印证的部分本合议组也予以采信。

被请求人认为证据1的落款单位虽是“广州微点焊设备有限公司”，但所盖的公章却为“微点焊设备”的繁体字，这两者之间并不一致，所以这个印章并不代表“广州微点焊设备有限公司”。

合议组认为通过请求人补充提交的证据3~15及两个证人出具的证人证言可以认定，广州微点焊设备有限公司在日常的业务中使用的章就是如证据1中所盖的章，也即证据1的真实性可以认定，故对被请求人的以上主张不予支持。

3. 本专利是否符合专利法实施细则第二条第二款的规定

专利法实施细则第二条第二款规定：专利法所称实用新型，是指对产品的形状、构造或者其结合提出的适用于实用的新的技术方案。

本专利所要求保护的点焊机焊头，有两个平行的电极组成，该电极是由耐高温金属材料制作的，在两个平行电极的末端部分相互欧姆接触，其余部分由绝缘层绝缘分隔开。可见本专利所要求保护的是一种产品的形状、构造，并且能够在工业化生产中应用的实用的技术方案，符合专利法实施细则第二条第二款规定的要求，所以对请求人的主张不予支持。

4. 本专利是否具备新颖性

专利法第二十二条第三款规定：新颖性，是指在申请日以前没有同样的发明或者实用新型在国内外出版物上公开发表过、在国内公开使用过或者以其他方式为公众所知，也没有同样的发明或者实用新型由他人向国务院专利行政部门提出过申请并且记载在申请日以后公布的专利申请文件中。

证据1是广州微点焊设备有限公司在日常的商业往来中向其客户（潜在客户）作出的销售情况的说明，以期能够取得客户信任而与之缔约。作为一个民事主体，应当认定其在日常行为的意思表示是其真实的意思表示，其主张的事实在没有相反证据予以证明的情况下，应当认定这些事实的真实性，即可以认定广州微点焊设备有限公司从1998年6月就开始销售SW电子点焊机，这一销售行为发生在本专利的申请日之前。即SW电子点焊机已经在本专利的申请日前通过销售而公开。但通过证据1无法认定在本专利申请日之前销售的SW电子点焊机的具体结构，也无法证明本专利所要求保护的焊头确实已经应用在当时销售的SW电子点焊机中，即这些证据无法得出本专利所要求保护的专利产品在申请日之前已经通过销售而公开的事实。而在证据3可以看到SW电子点焊机使用了本专利（即ZL00239589.4号专利）技术，但是证据3中标有产品的标准号“Q/（GZ）WDH1-2002”，而通过被请求人提交的附件——广州市企业产品标准备案回执可以认定，该证据的公开发行时间是在该“广州市企业产品标准备案回执”之后，即在2002年4月4日以后也即本专利的申请日之后，故该证据所能证明本专利所要求保护的焊头是在本专利的申请日之后应用于SW电子点焊机中。SW电子点焊机是一产品名称，而不是一产品的型号，对于一种同一产品名称的产品来说，其结构并不是惟一的，且在相当长的一段时间内往往由于生产者的改进而发生变化。所以在请求人没有提交证据表明该种点焊机的结构具体结构一直没有变化的情况下，不能认定在本专利的申请日之前销售的SW电子点焊机中使用了本专利产品。综上，请求人所提交的证据不能证明应用本专利技术产品的SW电子点焊机已经在本专利的申请日之前通过销售而公开，故合议组对其“本专利不具备新颖性”的主张不予支持。

5. 本专利是否具备创造性

专利法第二十二条第三款规定：创造性，是指同申请日以前已有的技术相比，该发明有突出的实质性特点和显著的进步，该实用新型有实质性特点和进步。

请求人认为本专利不具备创造性的理由是“‘欧姆接触’是一个模糊概念，焊头末端的接触电阻决定通过的电流，通过电流的大小决定了焊头末端的温度，焊头在去除漆包线的漆层时需要多高的温度，是本领域技术人员通过常规技术手段可以得到的，并且，‘欧姆接触’这一结论并未在说明书中得到实施例的支持，因而不具备创造性”。合议组认为：由于本专利权利要求1中所要求保护的技术方案中“两个平行电极的末端部分相互欧姆接触，其余部分由绝缘层绝缘分隔开”，这样相对于“两平行电极之间采用绝缘层”焊头由于欧姆的接触而使焊头的尖端发热，可以达到“熔去漆包线的绝缘漆，并由于焊接压力的作用，电流继续通过绝缘层下端的金属丝和金属片，产生点电焊的熔焊焊接，省去手工除漆”的技术效果，相对于现有技术具有实质性特点和进步。请求人没有提交有效的证据以证明“欧姆接触”可以应用到电子点焊机焊头中的技术启示，也没有提交用以证明“本领域的技术人员得到焊头在去除漆包线的漆层时需要多高的温度等”是通过常规技术手段可以得到的证据，所以合议组对其主张不予支持，因而权利要求1具备创造性。相应的其从属权利要求2、权利要求3也具备创造性。

综上所述，请求人提出以上无效宣告请求的理由均不能成立。

三、决定

维持00239589.4号实用新型专利权有效。

当事人对本决定不服的，可以根据专利法第四十六条第二款的规定，自收到本决定之日起三个月内向北京市第一中级人民法院起诉。根据该款规定，一方当事人起诉后，另一方当事人应当作为第三人参加诉讼。

自行车的换挡系统及其换挡方法案

无效宣告请求审查决定（第7353号）

决　定　号　第7353号
决　定　日　2005年6月28日
发明创造名称　自行车的换挡系统及其换挡方法
国际分类号　B62M 25/04
无效请求人　株式会社岛野
专利权人　斯拉姆公司
专　利　号　93102614.8
申　请　日　1993年3月17日
优先权日　1992年3月18日
授权公告日　1996年1月31日
合议组组长　于　萍
主　审　员　连书勇
参　审　员　杨克非

法律依据　专利法第二十二条第二款、第三款、第四款　专利法第二十六条第三款、第四款　专利法第二十九条第一款　专利法实施细则第十条第一款

决定要点

1. 当一项权利要求的技术方案不存在根本无法回避的矛盾时，不应认为其不能实施而不具备实用性。

2. 对于权利要求中所用名词术语的含义，应结合发明本意进行理解，脱离发明本意的仅从字面本身所作的解释是不可取的。

3. 专利法第二十六条第三款、第四款的立法宗旨在于平衡专利权人与公众之间的利益，专利权人获得一项专利权的同时所尽义务是将相应的发明创造内容公诸于世，其所获得的保护范围应该等价于其对公众所作的贡献。从公开的角度来说，专利文件的权利要求书和说明书所记载的内容都属于专利权人向公众公开的内容，只不过通常权利要求书的内容比较概括。当一项权利要求的技术方案在说明书中没有明确记载，但所属领域技术人员在说明书和该项权利要求所共同公开的内容的基础上，已经能够明确地实施该权利要求的技术方案而不需要付出创造性劳动时，则公众实质上已经获得了专利权人所作的贡献。这种情况下应该认为该权利要求能够得到说明书的支持。

4. 专利权的优先权不成立，其本身虽然不是无效宣告请求的理由，但是，如果请求人举证说明其优先权不成立，并因此不具备新颖性，则在审查专利权是否具备新颖性这一无效宣告请求的理由时，其优先权是否成立的问题就成为新颖性审查中首先需要调查的一个事实。

一、案由

本无效宣告请求案涉及国家知识产权局专利局于1996年1月31日授权公告、名称为“自行车的换挡系统及其换挡方法”的发明专利（下称本专利），其申请日为1993年3月17日，优先权日为1992年3月18日，专利号为93102614.8，专利权人是斯拉姆公司（下称被请求人）。

针对本专利，株式会社岛野（下称请求人）于2001年8月31日向专利复审委员会提出无效宣告请求，理由是本专利的权利要求1~79不具备新颖性或创造性，请求宣告本专利全部无效，其依据的证据如下：

证据1：美国专利说明书复印件，专利号为“4900291”，公告日为1990年2月13日；

证据2：日本实用新型公告说明书复印件，公告号为“昭44-26571”，公告日为1969年11月7日；

证据3：美国专利说明书复印件，专利号为“3633437”，公告日为1972年1月11日；

证据4：日本实用新型公开说明书复印件，公开号为“实开昭49-12643”，公开日为1974年2月2日；

证据5：美国专利说明书复印件，专利号为“4905537”，公告日为1990年3月6日；

证据6：日本实用新型公告说明书复印件，公告号为“昭62-13911”，公告日为1987年4月9日；

证据7：美国专利说明书复印件，专利号为“4260171”，公告日为1981年4月7日；

证据8：美国专利说明书复印件，专利号为“2874587”，公告日为1959年2月24日；

证据9：日本实用新型公开说明书复印件，公开号为“昭和57-117738”，公开日为1982年7月21日；

证据10：美国专利说明书复印件，专利号为“5102372”，公告日为1992年4月7日。

经形式审查合格，专利复审委员会受理了上述请求，并于2002年2月1日将该无效宣告请求书及其附件清单中所列附件副本转给了被请求人，并要求其在指定期限内陈述意见。

本无效宣告请求提出时，本专利正处于撤销专利权请求的审查程序中。因此，专利复审委员会暂缓对本无效宣告请求的审查。

被请求人于2003年4月14日陈述了意见。首先，被请求人指出：“本专利目前的撤销程序还没有结论，在此情况下，现在复审委员会又受理了一个无效请求。是否可在两个不同的部门分别对同一专利进行专利性审查？”同时，被请求人提供了在撤销程序中提交的修改后的权利要求书，并针对修改后的权利要求书陈述了本专利的核心技术以及专利性。其认为，本专利将钢绳第一端相对车把固定，再将钢绳固定端附近循绕凸轮轮廓面，致使凸轮转动时对钢绳进行一种“撑涨式”拉动方式，相对于请求人提出的证据1~9，本专利具备新颖性和创造性。对于请求人用证据10否定本专利优先权的问题，被请求人认为这不能作为无效请求的理由。

2003年8月8日，国家知识产权局专利局对上述撤销专利请求作出了审查决定，在被请求人1997年11月4日提交的权利要求书的基础上维持本专利继续有效。在法定期限内，撤销请求人没有提出复审请求，上述决定已发生法律效力。

2004年3月30日，专利复审委员会本案合议组发出无效宣告请求审查通知书，告知双方当事人，本专利当时有效的权利要求是被请求人1997年11月4日提交的权利要求，无效宣告请求人应针对当时有效的权利要求结合所提交的证据具体陈述无效宣告请求的理由。上述通知发给请求人时，被请求人1997年11月4日提交的权利要求书作为附件包括在其中。同日，合议组也将被请求人于2003年4月14日提交的意见陈述书及其附件清单中所列的附件的副本转送给请求人。

被请求人1997年11月4日提交的权利要求书共79项，其中权利要求1和权利要求44为独立权利要求。该两项独立权利要求的内容如下：

“1. 一种自行车换挡系统，包括：

安装在自行车把手上的手柄换挡致动装置，该装置与具有回位弹簧装置的拨链器（derailleur）换挡装置配合工作，而所述换挡装置与自行车后轮配合动作；

所述换挡致动装置包括可绕基本与把手共轴的第一轴线转动的手动的手柄转动装置；所述手柄转动装置可选择地在换低挡方向转动或在相反的换高挡方向转动；

控制钢绳装置，该装置其一端连接于所述换挡致动装置，其第二端工作中连于所述拨链器换挡装置；

其特征在于：所述换挡致动装置包括有位于所述手柄转动装置上的凸轮装置，所述钢绳装置的所述第一端相对于自行车把手固定，所述控制钢绳装置在其所述第一端附近接触于所述凸轮装置上，所述凸轮装置提供这样一种轮廓，即当凸轮装置在换低挡方向上转动时所述凸轮装置拉动所述钢绳装置，以便引起所述换挡装置换低挡，而当所述凸轮装置在换高挡方向上转动时所述凸轮装置松释所述钢绳装置，以便引起所述换挡装置的换高挡动作。”

“44. 一种自行车换挡系统的换挡方法，所述自行车换挡系统包括：具有转动装置的手柄换挡致动装置，该装置与具有回位弹簧装置的拨链器换挡装置配合工作，而所述换挡装置与自行车后轮配合工作，转动装置上带有凸轮装置，以及控制钢绳装置，控制钢绳装置第一端连接于所述换挡致动装置，第二端工作中连接于所述变速齿轮传动机构换挡装置，所述换挡方法包括以下步骤：

将所述控制钢绳在其所述第一端附近接触在所述凸轮装置上；所述钢绳装置的所述第一端相对于自行车把手固定，以及在所述凸轮装置上提供一种轮廓，使得凸轮装置在换低挡方向的转动时所述凸轮装置拉动所述钢绳装置，以便引起所述换挡装置的换低挡动作，而凸轮装置在换高挡方向转动时所述凸轮装置松释所述钢绳装置，以便引起所述换挡装置的换高挡动作。”

上述独立权利要求的从属权利要求的大体内容如下：在独立权利要求1的从属权利要求2~43中，权利要求2~36主要围绕带有凸轮的手柄转动装置进行限定，没有涉及绕线架装置，而权利要求37~43则含有绕线架装置；在独立权利要求44的从属权利要求45~79中，权利要求45~59、权利要求70、权利要求76、权利要求77主要围绕带有凸轮的转动装置进行限定，没有涉及绕线架装置，而权利要求60~69、权利要求71~75、权利要求78、权利要求79则直接记载或隐含有绕线架装置。

2004年5月13日，请求人提交了意见陈述书，声明其在提出无效宣告请求时提交的十个证据继续引用，并针对上述被请求人1997年11月4日提交的权利要求书陈述了无效宣告请求的理由，其认为：（1）修改后的权利要求1~79相对于证据1~9依然不具备新颖性或创造性；（2）权利要求1、权利要求44、权利要求37~43、权利要求60~69、权利要求71~75、权利要求78、权利要求79没有以说明书为依据，在说明书中没有作出清楚完整的说明，不符合专利法第二十六条第三款、第四款的规定；（3）权利要求1~36、权利要求44~59、权利要求70、权利要求76、权利要求77相对于证据10不具备新颖性。

2004年5月27日，专利复审委员会本案合议组将该意见陈述书转送给被请求人。被请求人在指定期限内没有对此陈述意见。

2004年5月27日，专利复审委员会本案合议组向请求人发出外文证据处理通知书，要求其补交证据1~10的中文译文。

2004年6月30日，请求人提交了意见陈述书和证据2、证据4、证据6、证据9、证据10的中文译文，同时声明证据1、证据3、证据5、证据7、证据8的中文译文已于2002年3月8日提交。

2004年8月11日，专利复审委员会本案合议组分别将请求人于2002年3月8日和2004年6月30日提交的意见陈述书及其附件的副本转送给被请求人。

2004年8月24日，专利复审委员会本案合议组向双方当事人发出口头审理通知书，定于2004年10月12日在专利复审委员会进行口头审理。

口头审理如期进行，双方当事人均出席了口头审理。

口头审理过程中请求人明确了无效宣告请求的理由和范围：在原来提出的无效理由中，除了不再坚持权利要求12、权利要求30～33相对于证据10不具备新颖性外，其他的理由仍然坚持；除此之外，还增加了新理由，认为权利要求37～43、权利要求60～69、权利要求78、权利要求79不能实现，不具备实用性，不符合专利法第二十二条第四款的规定。被请求人认为请求人提出的上述权利要求不具备实用性的理由是新的无效理由，其提出时间超过了法定期限。合议组认为，尽管该理由提出的日期距离无效宣告请求日超过了一个月的期限，但该理由不需要新的证据支持，依据审查指南第四部分第三章第3.1节的相关规定，不属于不予考虑的情况。据此，合议组当庭告知双方当事人，对该理由予以审查。

对于证据1～10的真实性以及译文的准确性，被请求人表示没有异议。但是，被请求人对证据译文的提交时间提出了异议。其认为，依据审查指南的相关规定，在提交外文证据的同时应提交中文译文。合议组认为，审查指南第四部分第一章第14节的相关规定是这样的：“当事人提交外文证据的，应当在提交外文证据的同时提交所使用部分的中文译文。提交外文证据的当事人未提交中文译文的，该外文证据视为未提交”。在其中的第二句话中，没有使用“同时”两字，即该规定并没有说未同时提交译文的该外文证据就视为未提交，因此并没有排除当事人的主动补交和应合议组的要求补交的情况。在本案中，证据2、证据4、证据6、证据9、证据10的中文译文是在合议组2004年5月27日发出的“外文证据处理通知书”指定的期限内提交的，证据1、证据3、证据5、证据7、证据8的中文译文是在此通知书发出之前于2002年3月8日提交的，并无不符合规定之处。合议组当庭告知双方当事人，证据1～10译文的提交期限符合规定。

口头审理过程中双方当事人就本专利的部分权利要求的优先权问题陈述了意见，其中对权利要求44～59、权利要求76的优先权是否成立存有明显分歧。请求人认为，尽管权利要求44保护的是一种自行车换挡系统的换挡方法，但相对于证据10中记载的自行车换挡系统来说，是对一个主题从不同的角度去描述，一种是用操作步骤去描述，一种是从产品结构进行描述，但其主题是一样的。被请求人认为，权利要求44保护的是一种方法，并且其中没有限定转动装置与自行车把手共轴，是一个上位的技术方案，与证据10不属于相同的主题。

口头审理过程中双方当事人还就本专利的部分权利要求的实用性问题、是否得到说明书支持的问题以及说明书公开是否充分的问题陈述了意见。请求人认为权利要求中的“钢绳装置”在说明书中没有提出过。被请求人认为权利要求中的“钢绳装置”就是钢绳的芯。请求人认为独立权利要求1和独立权利要求44中都限定了钢绳装置的第一端相对于自行车把手固定，因此其从属权利要求中涉及绕线架的权利要求都存在自相矛盾之处，因为绕线架中的钢绳装置的第一端相对于自行车把手是运动的，钢绳装置的第一端到底是动还是不动，显然是矛盾的、不能实现的结构。被请求人认为，权利要求1中没有限定钢绳是几根，其与拨链器的连接可以是直接连接，也可以通过如绕线架之类的其他的装置，即便说明书中没有具体的实施例，普通技术人员也可以实现。

口头审理过程中双方当事人就本专利的权利要求相对于证据1～9是否具备新颖性和创造性的问题陈述了意见，并表示坚持所提交过的书面意见。

至此，合议组认为本案事实已经清楚，可以作出审查决定。

二、决定的理由

1. 关于权利要求 37 ~ 43、权利要求 60 ~ 69、权利要求 78、权利要求 79 的实用性

专利法第二十二条第四款规定：实用性，是指该发明或者实用新型能够制造或者使用，并且能够产生积极效果。

对于本专利，其权利要求分为两组，权利要求 1 ~ 43 是一组产品权利要求，权利要求 44 ~ 79 是一组方法权利要求，请求人提出不具备实用性的权利要求在两组权利要求中都有涉及，并且都是包含有绕线架装置的权利要求。合议组认为：在第一组权利要求中，从属权利要求 37 所引用的独立权利要求 1 中确实已经限定“所述钢绳装置的所述第一端相对于自行车把手固定”，但是，权利要求 37 中并没有明确限定所述钢绳装置的所述第一端相对于自行车把手是可以运动的，权利要求 38 ~ 43 中也没有明确限定所述钢绳装置的所述第一端相对于自行车把手是可以运动的，因此这里并不存在必然的矛盾。在第二组权利要求中，从属权利要求 60 所引用的独立权利要求 44 中确实已经限定“所述钢绳装置的所述第一端相对于自行车把手固定”，但是，权利要求 60 中并没有明确限定所述钢绳装置的所述第一端相对于自行车把手是可以运动的，权利要求 61 ~ 69、权利要求 78、权利要求 79 中也没有明确限定所述钢绳装置的所述第一端相对于自行车把手是可以运动的，因此这里也并不存在必然的矛盾。请求人提出的“绕线架中的钢绳装置的第一端相对于自行车把手是可以运动的”仅是一种推测，但这种推测并不是可以毫无疑义地直接导出的。尽管本专利说明书中给出的实施例中，绕线架中的钢绳装置的第一端相对于自行车把手是可以运动的，但不能由此也认为上述权利要求中绕线架中的钢绳装置的第一端相对于自行车把手必然是可以运动的。因此，权利要求 37 ~ 43、权利要求 60 ~ 69、权利要求 78、权利要求 79 中并不存在明确的、不可回避的矛盾之处，不存在根本不能实现的结构。所以，对于请求人提出的上述权利要求不具备实用性的理由，合议组不予支持。

2. 关于权利要求 1、权利要求 37 ~ 43、权利要求 44、权利要求 60 ~ 69、权利要求 71 ~ 75、权利要求 78、权利要求 79 是否以说明书为依据以及说明书公开是否充分

专利法第二十六条第三款规定：说明书应当对发明或者实用新型作出清楚、完整的说明，以所属技术领域的技术人员能够实现为准；必要的时候，应当有附图。

专利法第二十六条第四款规定：权利要求书应当以说明书为依据，说明要求专利保护的范围。

对于独立权利要求 1 和独立权利要求 44，其是否以说明书为依据以及说明书中相关内容公开是否充分，双方当事人争议的焦点在于对“钢绳装置”的理解。合议组认为，权利要求 1 和权利要求 44 中都记载了“控制钢绳装置”和“所述钢绳装置的所述第一端相对于自行车把手固定”，尽管从字面上理解，“钢绳装置”可以包括控制钢绳及其外套，但是，在本专利的权利要求中，应将其理解为控制钢绳。如果将“所述钢绳装置的所述第一端相对于自行车把手固定”理解为控制钢绳外套的第一端相对于自行车把手固定，显然曲解了其本意。作为常识，控制钢绳外套的第一端相对于自行车把手固定是不言而喻的，权利要求中限定“所述钢绳装置的所述第一端相对于自行车把手固定”，显然不是为了强调一个常识性特征。从本专利的说明书来看，本专利的核心技术是将控制钢绳的第一端相对于自行车把手固定，以实现控制钢绳的撑涨式拉动，将权利要求中的“钢绳装置”理解为控制钢绳是合乎发明目的的。就控制钢绳的第一端相对于自行车把手固定来说，在说明书中有大量的记载，已作出清楚完整的说明。因此，对于请求人提出的权利要求 1 和权利要求 44 不符合专利法第二十六条第三款、第四款的无效理由，合议组不予支持。

在第一组权利要求中，从属权利要求 37 ~ 43 中包含有绕线架装置，并且直接或间接引用了独立权利要求 1。在权利要求 1 中，已经限定了“所述换挡致动装置包括可绕基本与把手共轴的第一轴线转动的手动的手柄转动装置”；在权利要求 37 的附加技术特征中，又限定了“所述换挡致动装置还

包括可绕与所述第一轴角度偏置的第二轴线转动的绕线架装置”。由此可以看出，权利要求37中的绕线架装置是与手柄转动装置并列的装置。在权利要求1中，已经限定了“凸轮装置”是“位于所述手柄转动装置上”的，并且限定了“所述控制钢绳装置在其所述第一端附近接触于所述凸轮装置上”，还限定了凸轮装置对控制钢绳的拉动。由此可以看出，控制钢绳装置与手柄转动装置具有连接关系，并且控制钢绳装置是被手柄转动装置中的凸轮直接拉动的。在权利要求37的附加技术特征中，限定了“使绕线架装置拉动所述控制钢绳装置”，其“所述控制钢绳装置”自然指的是权利要求1中限定的控制钢绳装置；另外，权利要求37中还限定了绕线架装置被手柄转动装置驱动。这样，在权利要求37限定的整体技术方案中，手柄转动装置直接拉动控制钢绳的同时还驱动绕线架，并且通过绕线架进一步拉动同一控制钢绳；也就是说，同一控制钢绳既被手柄转动装置中的凸轮直接拉动又被绕线架装置拉动，这样的技术方案没有在说明书中明确记载。在说明书中，控制钢绳或者直接被手柄转动装置中的凸轮直接拉动或者直接被绕线架拉动；当钢绳直接被绕线架拉动时，由于绕线架被手柄转动装置驱动，所以钢绳是被手柄转动装置间接驱动。如果像权利要求37那样，手柄转动装置和绕线架都作为主动件来拉动同一钢绳，虽然也不能从根本上排除其能够实施的可能性，但至少在本专利说明书的基础上得到该方案还存在一定的差距，其具体的技术手段以及预期的技术效果都是模糊不清的。对于被请求人提出的控制钢绳可以不止一根并且可以通过中间装置串接的说法，合议组不能认同，因为权利要求已经限定“控制钢绳装置，该装置其一端连接于所述换挡致动装置，其第二端工作中连于所述拨链器换挡装置”。也就是说，换挡致动装置与拨链器换挡装置之间的钢绳端点是两个，所以不可能是由多根钢绳通过中间连接装置串接成的。另外，说明书也不存在多根控制钢绳这一技术方案的明示或暗示。所以，权利要求37没有以说明书为依据，不符合专利法第二十六条第四款的规定。权利要求38~43直接或间接从属于权利要求37，其附加技术特征所作的限定并没有使其引用的权利要求37的上述缺陷得以消除，因此权利要求38~43也不符合专利法第二十六条第四款的规定。

在第二组权利要求中，从属权利要求60~69中包含有绕线架装置，其直接或间接地引用独立权利要求44。合议组认为，权利要求44与权利要求1相比，不仅是权利要求的类型不同，技术特征的实质也有不同。在权利要求44中，限定了“具有转动装置的手柄换挡致动装置”和“转动装置上带有凸轮装置”，但是没有限定转动装置的轴线与把手轴线的关系，因此没有排除凸轮装置位于绕线架中的情况。在权利要求60中，其附加技术特征限定了“所述转动装置具有从动绕线架装置”。也就是说，在权利要求60中，绕线架装置属于转动装置，两者不是并列的关系。这样，尽管权利要求44中限定了“将所述控制钢绳在其所述第一端附近接触在所述凸轮装置上；所述钢绳装置的所述第一端相对于自行车把手固定”，但其并没有排除控制钢绳仅连接至绕线架装置中的情况，因为如果凸轮装置位于绕线架装置中并且绕线架装置的一部分相对于自行车把手固定，那么当将控制钢绳第一端固定连接至绕线架装置中相对于把手固定的部分时，完全可以符合“将所述控制钢绳在其所述第一端附近接触在所述凸轮装置上；所述钢绳装置的所述第一端相对于自行车把手固定”的限定。在权利要求60中，其附加技术特征中限定的“所述钢绳装置的所述第一端固定于所述绕线架装置”与其引用的权利要求44中限定的“所述钢绳装置的所述第一端相对于自行车把手固定”共同限定的结果，恰好表明绕线架装置存在相对于自行车把手固定的一部分（如安装柱524或壳体）。所以，从权利要求60整体上所限定的技术方案来看，凸轮装置位于绕线架装置中，控制钢绳的第一端固定于绕线架装置中相对于把手固定的部分上，控制钢绳直接被该凸轮装置撑涨式拉动。该技术方案在说明书中虽然没有直接对应的记载，但权利要求60本身已经构成一个清楚完整的技术方案。权利要求应以说明书为依据，并不是指在说明书中是否有对应的文字记载，而是指是否得到说明书公开内容的支持。当一项发明有多种实施方式时，由于各种实施方式之间会有共有的技术特征，在实施例的描述方式上，并不要求每种实施方式都有独立并且具体的描述。当构成一个技术方案的各组成部分都已在其他实施例中有具体描述时，即便该技术方案是比较概括的，只要所属领域技术人员参照其他实施例中的具体描述可以清楚地将该技术方案各组成部分进行组合，则实质上该技术方案已经相当于一个具体实施例。权利要求60就属于这种情况。对于权利要求60来说，其实际上就是把控制钢绳直接被该凸轮装置撑涨式拉动的结构组合到绕线架中，控制钢绳直接被该凸轮装置撑涨式拉动的结构以及绕线架的结构都在其他实施例中有具体描述，当权利要求60给出这种组合方式后，所属领域技术人员已经能够清楚地得知其具体的组合结构。所以，对于请求人提出的本专利的权利要求60不符合专利法第二十六条第三款、第四款规定的理由，合议组不予支持。权利要求61～69直接或间接地从属于权利要求60，请求人认为权利要求61～69不符合专利法第二十六条第三款、第四款的规定，因为它们都是以权利要求60为基础的，并没有对权利要求61～69提出进一步的不符合专利法第二十六条第三款、第四款规定的理由。因此，在请求人提出的本专利的权利要求60不符合专利法第二十六条第三款、第四款规定的理由不能得到合议组支持的情况下，请求人提出的本专利的权利要求61～69不符合专利法第二十六条第三款、第四款规定的理由也不能得到合议组支持。

在第二组权利要求中，从属权利要求71～75、权利要求78、权利要求79中有的直接记载有绕线架装置，有的隐含有绕线架装置，它们都直接或间接地引用独立权利要求44。合议组认为，这些权利要求所描述的换挡方法与权利要求60类同。鉴于前面已对权利要求60的相关问题作出分析，这里不再对权利要求71～75、权利要求78、权利要求79的相关问题详加评述，但结论是显然的，请求人提出的本专利的权利要求71～75、权利要求78、权利要求79不符合专利法第二十六条第三款、第四款规定的理由也不能得到合议组支持。

3. 关于权利要求1～11、权利要求13～29、权利要求34～36、权利要求44～59、权利要求70、权利要求76、权利要求77相对于证据10是否具备新颖性

专利法第二十二条第二款规定：新颖性，是指在申请日以前没有同样的发明创造或者实用新型在国内外出版物上公开发表过、在国内公开使用过或者以其他方式为公众所知，也没有同样的发明或者实用新型由他人向国务院专利行政部门提出过申请并且记载在申请日以后公布的专利申请文件中。

关于申请日，依据专利法实施细则第十条第一款的规定：除专利法第二十八条和第四十二条规定的情形外，专利法所称申请日，有优先权的，指优先权日。本专利要求了优先权，在适用专利法第二十二条时，应该考虑优先权日。但是，要求了优先权不等于必然享有优先权，要享有优先权必须符合一定的条件。

专利法第二十九条第一款规定：申请人自发明或者实用新型在外国第一次提出专利申请之日起十二个月内，或者自外观设计在外国第一次提出专利申请之日起六个月内，又在中国就相同主题提出专利申请的，依照该外国同中国签订的协议或者共同参加的国际条约，或者依照互相承认优先权的原则，可以享有优先权。本专利要求的是外国优先权，应依据此条款审查。

对于被请求人提出的优先权是否成立不是无效理由、不应在无效程序进行审查的主张，合议组认为：请求人依据证据10对本专利的部分权利要求的优先权提出质疑，是为了主张相关的权利要求不符合专利法第二十二条第二款有关新颖性的规定，专利法第二十二条第二款属于无效宣告请求的理由，优先权是否成立的问题是请求人所主张的与该条款相关的事实，应在无效宣告请求审查程序中进行审查。

证据10是美国专利说明书复印件，专利号为“5102372”，合议组对该证据进行了核实。证据10的申请日为1991年3月20日，公告日为1992年4月7日，专利权人是斯拉姆公司，与本专利的专

利权人相同。本专利所要求的优先权基础是申请号为US07/853442的美国专利申请（下称本专利的优先权文本），其申请日（即本专利所要求的优先权日）为1992年3月18日，晚于证据10的申请日。因此，如果有与本专利的权利要求相同主题的技术方案在证据10中记载，则表明与该权利要求相同主题的技术方案在本专利的优先权文本中不是首次记载。也就是说，本专利的优先权文本不是该相同主题的技术方案的首次申请，这种情况下该权利要求的优先权就不能成立，则证据10公开的内容构成该项权利要求的已有技术。被请求人在口头审理过程中提出了首次申请到底是指相对第一次还是绝对第一次的问题。合议组认为，首次申请不是绝对的，按照巴黎公约的规定，在满足下列条件的情况下，在后提出的申请也可以被视为第一次申请：以在前第一次申请同样的主题所提出的后一申请，如果在提出该申请时前一申请已被撤回、放弃或驳回，没有提供公众阅览，也没有遗留任何权利，而且如果前一申请还没有成为要求优先权的基础，应认为是第一次申请。证据10作为在前的申请，已经被授权公告，不符合上述条件，与其相同主题的在后申请显然不能再被视为第一次申请。

关于“相同主题的发明或者实用新型”的概念以及对“记载”的要求，在审查指南第二部分第三章第4.1.2节有明确规定：相同主题的发明或者实用新型，是指技术领域、所要解决的技术问题和技术方案实质上相同，预期的效果相同的发明或者实用新型。但应注意这里所谓的相同，并不意味在文字记载或者叙述方式上完全一致。审查员应该注意，对于中国在后申请的主题，即其在权利要求中限定的技术方案，只要已记载在外国首次申请中就可享有该首次申请的优先权，而不必要求其包含在该首次申请的权利要求书中。

所以，在将本专利的权利要求与证据10进行对比时，应与证据10的申请文件整体进行比较，不应局限于权利要求书。

关于什么是“清楚地记载”，在审查指南第二部分第八章第4.6.2节有进一步的阐述：所谓清楚地记载，并不要求在叙述方式上完全一致，只要实质上阐明了申请的权利要求所述的技术方案即可。但是，如果在先申请对上述技术方案中某一或者某些技术特征只作了笼统或者含糊的阐述，甚至仅仅只有暗示，而要求优先权的申请增加了对这一或者这些技术特征的详细叙述，以至于所属技术领域的技术人员认为该技术方案不能从在先申请中直接和毫无疑义地得出，则该在先申请不能作为在后申请要求优先权的基础。

对于本专利的权利要求1~3，其已在证据10的权利要求1、权利要求3、权利要求4中记载，被请求人也对此事实表示认可。

对于本专利的权利要求4，被请求人认为其约等于证据10的权利要求5。合议组认为，证据10的权利要求5只是比本专利的权利要求4多限定了“所述拨链器换挡装置是一个后拨链器换挡装置”，但是，从证据10的说明书译文第12页第2段、第3段的描述中可以得知，证据10的权利要求5所记载的换挡系统同样适用于前部拨链器。因此，从证据10的整体来看，已经清楚地记载了本专利的权利要求4的技术方案。

对于本专利的权利要求5~7，被请求人认为其约等于证据10的权利要求6~8。合议组认为，证据10的权利要求6~8只是由于引用权利要求5才导致比本专利的权利要求5~7多限定了“所述拨链器换挡装置是一个后拨链器换挡装置”，但从前面的分析可知，应该认为，从证据10的整体来看，已经清楚地记载了本专利的权利要求5~7的技术方案。

本专利的权利要求8的附加技术特征限定了“所述凸轮是铲式凸轮，在换低挡期间扩张所述钢绳装置接触在所述凸轮装置上的部分，并在换高挡期间收缩所述钢绳装置的上述部分”。合议组认为，尽管该技术特征没有在证据10的权利要求书中记载，但在其说明书中对此有明确的记载，在说明书译文第12页第3段中就明确记载了上述特征。因此，应该认为，从证据10的整体来看，已经清楚地记载了本专利的权利要求 8 的技术方案。

本专利的权利要求 9 的附加技术特征限定了“所述换挡装置包括接合在相对自行车把手的固定结构和可转动结构之间定挡棘轮装置”。该特征在证据 10 的多个附图中都有记载，例如附图 24 ~ 26。尽管被请求人认为本专利的定挡棘轮装置还包括了证据 10 没有公开的本专利的附图 74 ~ 76 所示的形式，但合议组认为，由此并不能认定权利要求 9 的技术主题与证据 10 公开的相应主题不同。权利要求的主题应以其本身的技术特征为准，由于权利要求 9 限定的定挡棘轮装置并非什么特定的定挡棘轮装置，其功能仅是泛泛的定挡作用，而对于自行车换挡装置来说，定挡棘轮装置在现有技术中已属常见结构，本领域技术人员所理解的权利要求 9 所限定的定挡棘轮装置仅是泛指的定挡棘轮装置，从权利要求 9 本身并不能断定其包含有哪几种特定的定挡棘轮装置。这种情况下，只要证据 10 中记载了定挡棘轮装置，就不应该认为本专利权利要求 9 中的定挡棘轮装置与证据 10 中的定挡棘轮装置有什么不同。

对于本专利的权利要求 10、权利要求 11、权利要求 13 ~ 29，权利要求 34 ~ 36，双方当事人意见一致，认为其均已在证据 10 中记载。经合议组查证，本专利的权利要求 10、权利要求 11、权利要求 13 ~ 29，权利要求 34 ~ 36 所涉及的发明主题确已在证据 10 中清楚地记载。

对于本专利的权利要求 44，双方当事人的意见存在分歧。合议组认为，在权利要求 44 中，没有限定转动装置的轴线与把手轴线的关系，因此是一个更加上位的技术方案，但这并不意味着该技术方案在证据 10 中没有实质上的记载。在证据 10 中，虽然只记载了凸轮装置与把手基本共轴转动的实施方式，但是，本领域技术人员能够看到，证据 10 中列举了多个发明目的，说明书中的一个实施例能够同时完成多个发明目的，而对于一个单独的发明目的来说，实施例中的技术特征并非都是必要的。证据 10 译文第 10 页记载了其发明目的之一：“本发明的另一个目的是一种自行车拨链器换挡装置，具有一手柄换挡致动装置，该制动装置具有一个用于拉动和松释钢绳的新颖凸轮机构，其中一个固定钢绳端部被环绕在一个‘铲式凸轮’凸起结构上，该结构在沿一方向转动时滑动地拉动钢绳，再沿另一方向转动时滑动地松释钢绳”。这一发明目的，也就是申请人要解决的技术问题之一，就是靠所谓“撑涨式”钢绳拉动方式实现的，其关键的技术特征是接触凸轮的钢绳的一端相对于自行车把手固定，至于手柄换挡致动装置中的可旋转部分与自行车把手基本共轴，对于解决这一问题来说并不是必要的。在证据 10 的具体实施例和所列举的发明目的的基础上，本领域技术人员能够毫无疑义地得出针对不同发明目的的基本的技术方案，每一个基本的技术方案虽然在叙述方式上不一定形成单独的段落，但应该认为其在实质上已经被阐明了。这种情况下，应该认为证据 10 已经清楚地记载了本专利权利要求 44 的技术方案。

本专利的权利要求 45 ~ 52 中，其附加技术特征及引用关系都与本专利的权利要求 2 ~ 8 相对应，参照前面的分析可知，权利要求 45 ~ 52 的技术方案都已在证据 10 中清楚地记载。

本专利的权利要求 53 ~ 59 中，其附加技术特征及引用关系都与本专利的权利要求 45 ~ 51 相对应，只是在权利要求 45 ~ 51 的基础上增加了权利要求 52 的附加技术特征“所述凸轮是铲式凸轮，在换低挡期间扩张所述钢绳装置接触在所述凸轮装置上的部分，并在换高挡期间收缩所述钢绳装置的上述部分”。在证据 10 说明书译文第 12 页第 3 段中已经明确记载了“每个手柄换挡致动装置中都具有申请人所称的‘铲式凸轮’”，体现了“铲式凸轮”与各个具体实施方式的结合。因此，应该认为，权利要求 45 ~ 51 与权利要求 52 的附加技术特征结合所得到的权利要求 53 ~ 59 的技术方案都已在证据 10 中清楚地记载。

对于权利要求 70 和权利要求 77，双方当事人意见一致，认为其均已在证据 10 中记载。经合议组查证，本专利的权利要求 70 和权利要求 77 所涉及的发明主题确已在证据 10 中清楚地记载。

权利要求76引用权利要求44，其附加技术特征限定的是定挡棘轮装置，并且其中也没有限定转动装置的轴线与把手轴线的关系。参考前面对权利要求44的分析可知，省略限定转动装置的轴线与把手轴线的关系并不能说明其与证据10记载的主题不同，同时，权利要求76附加技术特征限定的定挡棘轮装置显然也已在证据10的附图22~29中记载，所以权利要求76实质上也已被证据10清楚地记载。

经过以上分析可知，本专利的权利要求1~11、权利要求13~29、权利要求34~36、权利要求44~59、权利要求70、权利要求76、权利要求77都已在证据10中清楚地记载，说明这些权利要求的主题在本专利的优先权文本中不是首次申请，不能享有优先权，这些权利要求的申请日应为1993年3月17日，不再指优先权日1992年3月18日。这样，证据10的公开日1992年4月7日就早于这些权利要求的申请日，证据10公开的内容构成了上述权利要求的已有技术。并且由于证据10公开了与这些权利要求相同主题的发明，因此这些权利要求相对于证据10不具备新颖性。

4. 关于本专利的权利要求1~79相对于证据1~9是否具备新颖性或创造性

鉴于本专利的权利要求1~11、权利要求13~29、权利要求34~36、权利要求44~59、权利要求70、权利要求76、权利要求77相对于证据10不具备新颖性，权利要求37~43不能得到说明书的支持，合议组对这些权利要求相对于证据1~9是否具备新颖性或创造性不再评述。

对于其他的权利要求，即权利要求12、权利要求30~33、权利要求60~69、权利要求71~75、权利要求78、权利要求79，请求人的理由是其相对于证据1与证据2~9中的一篇或多篇的结合不具备创造性，所用的最接近的对比文件是证据1。

专利法第二十二条第三款规定：创造性，是指同申请日以前已有的技术相比，该发明有突出的实质性特点和显著的进步，该实用新型有实质性特点和进步。

证据1~9是本专利申请日以前公开的专利文献，经查证属实，可以作为评价本专利是否具备创造性的证据。

合议组认为，对于权利要求12、权利要求30~33来说，它们都直接或间接地从属于权利要求1，因此它们都包含权利要求1的全部技术特征；同样，对于独立权利要求44的从属权利要求60~69、权利要求71~75、权利要求78、权利要求79来说，它们都包含权利要求44的全部技术特征。在权利要求1和权利要求44中，都包含有技术特征“所述钢绳装置的所述第一端相对于自行车把手固定”（下称特征B），因此，权利要求12、权利要求30~33、权利要求60~69、权利要求71~75、权利要求78、权利要求79中都包含有特征B。

证据1公开的自行车换挡装置中，也包括手握换挡驱动器、拨链器以及连接于两者之间的钢绳，手握换挡驱动器中具有凸轮元件，凸轮操作面形成于凸轮元件的轴向端面上，凸轮对钢绳的驱动有两种方式：一种是如其图5~8所示，凸轮操作面99与一个凸轮销94配合，凸轮销94固定于把手上，钢绳的一端连接于凸轮元件的背对凸轮操作面的一侧端面上，钢绳的外套固定于凸轮销94上，当凸轮元件绕其轴线转动时，其同时沿轴向移动，以拉动钢绳移动；另一种是如其图46~50所示，凸轮操作面420与一个从动器销426配合，从动器销426与凸轮从动器板424连接，钢绳的一端也连接于凸轮从动器板424，钢绳的外套固定于相对把手固定的支撑体396上，当凸轮元件绕其轴线转动时，从动器销426与凸轮从动器板424沿把手轴向移动，以拉动钢绳移动。

请求人主张特征B已被证据1公开，理由是证据1中的钢绳外套的第一端相对于自行车把手固定，对此合议组不能认同。对于本专利权利要求中的“钢绳装置”，应理解为钢绳，这在前面已经作过分析，在此不再重复。所以，特征B的含义是钢绳的第一端相对于自行车把手固定，而不是钢绳外套的第一端相对于自行车把手固定，该特征B没有被证据1公开。

从前面的分析可知，在请求人认为不具备创造性的权利要求 12、权利要求 30 ~ 33、权利要求 60 ~ 69、权利要求 71 ~ 75、权利要求 78、权利要求 79 中，至少其中的特征 B 没有被证据 1 公开。另外，特征 B 也没有被证据 2 ~ 9 公开。因此，无论证据 1 ~ 9 怎样组合，特征 B 始终是一个未被公开的区别技术特征。特征 B 是实现本专利中钢绳撑涨式拉动的关键，具有与现有技术明显不同的技术效果。仅就这一点区别来说，请求人所提出的权利要求 12、权利要求 30 ~ 33、权利要求 60 ~ 69、权利要求 71 ~ 75、权利要求 78、权利要求 79 相对于证据 1 与证据 2 ~ 9 中的一篇或多篇的结合不具备创造性的主张就不能得到合议组的支持。

综上所述，在请求人提出的无效宣告请求的理由中，能够得到合议组支持的是：权利要求 1 ~ 11、权利要求 13 ~ 29、权利要求 34 ~ 36、权利要求 44 ~ 59、权利要求 70、权利要求 76、权利要求 77 不具备新颖性，权利要求 37 ~ 43 没有以说明书为依据。

三、决定

宣告 93102614.8 号发明专利的权利要求 1 ~ 11、权利要求 13 ~ 29、权利要求 34 ~ 59、权利要求 70、权利要求 76、权利要求 77 无效，在权利要求 12、权利要求 30 ~ 33、权利要求 60 ~ 69、权利要求 71 ~ 75、权利要求 78、权利要求 79 的基础上维持该专利有效。

如果当事人对本无效宣告请求审查决定不服，可依据专利法第四十六条第二款的规定，在收到本决定之日起三个月内向北京市第一中级人民法院起诉。一方当事人起诉后，另一方当事人应当作为第三人参加诉讼。

114

一种管材铣孔机案

无效宣告请求审查决定（第7359号）

决　定　号　第7359号
决　定　日　2005年6月29日
发明创造名称　一种管材铣孔机
国际分类号　B23C 3/00　B23C 9/00　B23Q 3/06　B23Q 7/00
无效请求人　高密市宏泰机械有限公司
专 利 权 人　山东豪迈机械科技有限公司
专　利　号　02291633.4
申　请　日　2002年12月20日
授权公告日　2003年12月3日
合议组组长　白剑锋
主　审　员　陈海平
参　审　员　陈　勇

法 律 依 据　专利法第二十六条第三款、第四款　专利法第二十二条第三款
决 定 要 点

如不能看出权利要求中所限定的技术方案相对于已有技术具有何种实质性的特点和进步，则该权利要求不具备创造性。

一、案由

本无效宣告请求案涉及山东豪迈机械科技有限公司（下称被请求人）于2002年12月20日向国家知识产权局专利局提出的名称为“一种管材铣孔机”的实用新型专利申请，其申请号为02291633.4。该专利申请于2003年12月3日公告授权，其授权公告的权利要求书包括独立权利要求1与其从属权利要求2～6。权利要求书全文如下：

“1. 一种管材铣孔机，其特征是：所述的管材铣孔机包括床身（1），床身上设有动力铣头（2）、管材切断装置（3）、工件夹紧装置（4）、带动夹持有工件的工件夹紧装置（4）移动的送料装置（5）、将定位后的工件压紧的压紧装置（6），及控制操作装置。

2. 如权利要求1所述的一种管材铣孔机，其特征是：所述的动力铣头（2）与床身（1）之间设有一铣头连接座（21），铣头（2）可在铣头连接座（21）上沿管材的径向作铣孔进给运动。

3. 如权利要求1所述的一种管材铣孔机，其特征是：所述的管材切断装置（3）与床身（1）之间设有一切断装置连接座（31），管材切断装置（3）可在切断装置连接座（31）上沿管材的径向作切断进给运动。

4. 如权利要求1所述的一种管材铣孔机，其特征是：所述的工件夹紧装置（4）有两个夹紧点分别位于动力铣头（2）两侧。

5. 如权利要求1所述的一种管材铣孔机，其特征是：所述的压紧装置（6）正对铣头且压紧在管材的非加工表面。

6. 如权利要求1～5任一权利要求所述的一种管材铣孔机，其特征是：所述的动力铣头（2）、管材切断装置（3）、工件夹紧装置（4）、带动夹持有工件的工件夹紧装置（4）移动的送料装置（5）和将定位后的工件压紧的压紧装置（6）都由自动控制装置控制。"

针对上述专利权（下称本专利），高密市宏泰机械有限公司（下称请求人）于2004年7月22日向专利复审委员会提出了无效宣告请求，其理由是本专利不符合专利法实施细则第二条第二款的规定，本专利权利要求1～6不具备专利法第二十二条第三款规定创造性。请求人同时提交了下述作为证据的附件（复印件）：

附件1：LJJ－420×600铝门窗角码自动切割锯床资料（包括期刊《门窗幕墙与设备》总第43期扉页、末页及济南天辰铝窗机器制造有限公司LJJZ－420×600铝门窗角码自动切割锯使用说明书）；

附件2：LZF_3－300×100铝门窗钻孔仿形铣床资料（包括期刊《门窗幕墙与设备》总43期扉页、末页及济南天辰铝窗机器制造有限公司LZ_3F－300×100铝门窗仿形钻孔机使用说明书）；

附件3：LZZ_4－13铝门窗多头自动组合钻床资料（包括期刊《门窗幕墙与设备》总第43期扉页、末页）；

附件4：实用新型专利说明书CN2291251Y（授权公告日为1998年9月16日）；

附件5：实用新型专利说明书CN2403527Y（授权公告日为2000年11月1日）；

附件6：国家知识产权局专利检索咨询中心检索报告。

经形式审查合格，专利复审委员会受理了上述无效宣告请求，并将无效宣告请求书及所附证据材料的副本转送给被请求人，并成立合议组对本案进行审查。

被请求人于2004年8月31日提交了"意见陈述书"针对上述无效宣告请求进行了答辩。

请求人于2004年8月17日提交意见陈述书，其中补充增加了专利法第二十六条第三款、第四款及专利法实施细则第二十条第一款、第二十一条第二款作为请求本专利无效的理由。请求人同时请求对本案进行口头审理，并补充提交了下述附件（复印件）作为本案的证据：

附件7：本专利说明书；

附件8：实用新型专利说明书CN2364995Y；

附件9：实用新型专利说明书CN2573126Y；

附件10：期刊《门窗幕墙与设备》总第44期扉页、末页。

合议组于2005年5月8日向双方当事人发出了口头审理通知书，并同时将上述请求人于2004年8月17日提交的意见陈述书及附件的副本转给被请求人，将被请求人于2004年8月31日提交的意见陈述书转给请求人。

口头审理于2005年6月14日举行，双方当事人出席了本次口头审理。双方当事人对对方出席口头审理的人员的身份无异议，对合议组成员无回避请求。请求人当庭放弃以专利法实施细则第二条第二款、第二十条第一款、第二十一条第二款作为请求本专利无效的理由，放弃以附件8～10作为本案的证据。

口头审理过程中，合议组对请求人提供的证据进行了核实调查，被请求人对请求人所提交的证据中的期刊《门窗幕墙与设备》总第43期的真实性无异议。请求人当庭提交了济南天辰铝窗机器制造有限公司LZ_3F300×100铝门窗钻孔仿形钻孔机使用说明书的原件，被请求人认为该文件中无出版日期，作为公司制造的说明书内容也可随意改动，故不能作为本案的证据使用。双方当事人对本案的事实和理由进行了陈述和辩论。

在上述程序的基础上，合议组认为事实已经清楚，可以作出审查决定。

二、决定的理由

1. 关于专利法第二十六条第三款、第四款

（1）请求人认为本专利的说明书不符合专利法第二十六条第三款、第四款的规定

请求人在口头审理中对上述主张进行了相应的具体陈述，其意见的要点为：本专利权利要求中的“管材切断装置（3）”、“工件夹紧装置（4）”、“送料装置（5）”、“压紧装置（6）”及“控制操作装置”等各技术特征中的每个在现有技术中都分别具有多种结构形式，而在本专利说明书中没有具体指出它们应当采用何种结构形式，故所属技术领域的技术人员无法实现这些技术特征，因而本专利不符合专利法第二十六条第三款、第四款的规定。

被请求人认为：上述请求人所列举的各装置实际上均属于公知技术，本实用新型系将公知技术的装置组合而成形成新的技术方案，不必对这些装置本身进行详细描述。

（2）合议组的相应意见如下

专利法第二十六条第三款规定：说明书应当对发明或者实用新型作出清楚、完整的说明，以所属技术领域的技术人员能够实现为准；必要的时候，应当有附图。摘要应当简要说明发明或者实用新型的技术要点。

专利法第二十六条第四款规定：权利要求书应当以说明书为依据，说明要求专利保护的范围。

上述请求人所列举的“管材切断装置（3）”、“工件夹紧装置（4）”、“送料装置（5）”、“压紧装置（6）”及“控制操作装置”等各装置本身均属于本领域技术人员所熟知的一般已有技术，在本实用新型的技术方案中上述各装置均可以由本领域技术人员根据具体工况在现有技术中的相应装置中选用或再进行适应性的修改设计，即该技术方案在本专利说明书的基础上是可以实现的。因而，请求人的上述意见不能成立，本专利符合专利法第二十六条第三款、第四款的规定。

2. 对本专利创造性的评述

（1）专利法第二十二条第三款规定：创造性，是指同申请日以前已有的技术相比，该发明有突出的实质性特点和显著的进步，该实用新型有实质性特点和进步

请求人认为本专利的权利要求 1 ~6 均不具备专利法第二十二条第三款所规定的创造性。请求人所提交的用于评判本专利创造性的附件 4、附件 5 均为中国实用新型专利说明书，经合议组审核其真实性无误。附件 4、附件 5 均公开于本专利申请日以前，其中所公开的技术方案与本专利均涉及可以进行铣削加工的机床，故附件 4、附件 5 均可以作为评价本专利创造性的密切相关的已有技术（以下依次简称对比文件 1、对比文件 2）。

下文中，合议组结合对比文件 1、对比文件 2 对本专利的创造性加以评述。

（2）对本专利独立权利要求 1 创造性的评述

本专利独立权利要求 1 全文如下：

“1. 一种管材铣孔机，其特征是：所述的管材铣孔机包括床身（1），床身上设有动力铣头（2）、管材切断装置（3）、工件夹紧装置（4）、带动夹持有工件的工件夹紧装置（4）移动的送料装置（5）、将定位后的工件压紧的压紧装置（6）及控制操作装置。”

该独立权利要求 1 所描述的管材铣孔机中包括了下述结构特征：

a. “床身（1）”；

b. “床身上设有动力铣头（2）”；

c. “管材切断装置（3）”；

d. “工件夹紧装置（4）”；

e. “带动夹持有工件的工件夹紧装置（4）移动的送料装置（5）”；

f. “将定位后的工件压紧的压紧装置（6）”；

g. “控制操作装置”。

上述本专利独立权利要求1中所描述的管材铣孔机中的结构特征大部分已被对比文件1所公开，参见对比文件1说明书文字部分及附图中的描述：在该对比文件1中公开了一种可以进行“管壁铣孔”的“管工多用机床”，该机床具有“机架（1）”（对应于本专利权利要求1中的“床身（1）”）、“铣孔刀具卡座（5）”（相当于本专利权利要求1中的“动力铣头（2）”）、“锯断装置”（相当于本专利权利要求1中的“管材切断装置（3）”）、“铣孔夹具（3）”（相当于本专利权利要求1中的“工件夹紧装置（4）”）；“电气开关箱（13）”（相当于本专利权利要求1中的“控制操作装置”）（以上均参见对比文件1说明书第2页第10~21行中的叙述）。

通过对比可知，对比文件1公开了本专利权利要求1中除“e.”、“f.”两项结构特征以外的所有结构特征。

但在对比文件2中所公开的一种仿形铣床中公开了与上述“e.”、“f.”两项结构相应的结构，该铣床具有带有“夹具”的“工件纵向移动装置”（相当于本专利权利要求1中的“带动夹持有工件的工件夹紧装置（4）移动的送料装置（5）”）（参见对比文件2说明书第2页第8~11行中的叙述）；“可调活动垫铁30和压板29”（相当于本专利权利要求1中的“将定位后的工件压紧的压紧装置（6）”）（参见对比文件2说明书第3页倒2~1行中的叙述）。

综上所述，本专利权利要求1的技术方案的全部结构特征已被对比文件1、对比文件2所公开，本领域技术人员在对比文件1公开的技术方案的基础上进一步结合对比文件2即可获得与本专利权利要求1上相同的技术方案。因此，权利要求1相对于对比文件1、对比文件2的组合不具有实质性的特点和进步。

故本专利的独立权利要求1不具备专利法第二十二条第三款所规定的创造性。

（3）对本专利从属权利要求2创造性的评述

本专利从属权利要求2的全文如下：

“2. 如权利要求1所述的一种管材铣孔机，其特征是：所述的动力铣头（2）与床身（1）之间设有一铣头连接座（21），铣头（2）可在铣头连接座（21）上沿管材的径向作铣孔进给运动。”

从对比文件1图1中可以看到相当于本专利的“铣头（2）”的“铣孔刀具卡座5”与相当于本专利的“床身（1）”的“机架1”之间设有相当于本专利的“铣头连接座（21）”的“齿轮轴箱15”。对比文件1说明书第2页第23~24行中指出：“齿轮轴箱沿轨道作直线运动，实现……管壁铣孔……作业的进给和退刀。”

故从属权利要求2限定部分所述结构特征已为对比文件1所公开，在其所引用的权利要求1不具备创造性的前提下，该从属权利要求2也不具备创造性。

（4）对本专利从属权利要求3创造性的评述

本专利从属权利要求3的全文如下：

“3. 如权利要求1所述的一种管材铣孔机，其特征是：所述的管材切断装置（3）与床身（1）之间设有一切断装置连接座（31），管材切断装置（3）可在切断装置连接座（31）上沿管材的径向作切断进给运动。”

从对比文件1图1中可以看到相当于本专利的“管材切断装置（3）”的对比文件1中的“锯断装置”中的一部分的“锯片（16）”通过对应于本专利的“切断装置连接座（31）”的“齿轮轴箱15”与相当于本专利的“床身（1）”的“机架1”相联系。对比文件1说明书第2页第23~24行中指出："齿轮轴箱沿轨道作直线运动，实现……锯断作业的进给和退刀。"

故从属权利要求3限定部分所述结构特征已为对比文件1所公开，在其所引用的权利要求1不具备创造性的前提下，该从属权利要求3也不具备创造性。

（5）对本专利从属权利要求4创造性的评述

本专利从属权利要求4的全文如下：

"4. 如权利要求1所述的一种管材铣孔机，其特征是：所述的工件夹紧装置（4）有两个夹紧点分别位于动力铣头（2）两侧。"

在对比文件1图1中可见相当于本专利"工件夹紧装置（4）"的"铣孔夹具（3）"分别在相当于本专利"动力铣头（2）"的"铣孔刀具卡座（5）"两侧夹紧管件。

故从属权利要求4限定部分所述结构特征已为对比文件1所公开，在其所引用的权利要求1不具备创造性的前提下，该从属权利要求4也不具备创造性。

（6）对本专利从属权利要求5创造性的评述

本专利从属权利要求5的全文如下：

"5. 如权利要求1所述的一种管材铣孔机，其特征是：所述的压紧装置（6）正对铣头且压紧在管材的非加工表面。"

参见对比文件2图4，其中可见对应于上述本专利的"压紧装置（6）"的"可调活动垫铁30和压板29"压紧"工件31"的非加工表面。而本领域的技术人员也可以很容易地想到在对管材进行铣孔时其最佳"压紧"位置应当是"正对铣头"的（此时对被加工部位具有最佳的压紧效果）。

故在其所引用的权利要求1不具备创造性的前提下，该从属权利要求5也不具备创造性。

（7）对本专利从属权利要求6创造性的评述

本专利从属权利要求6的全文如下：

"6. 如权利要求1~5任一权利要求所述的一种管材铣孔机，其特征是：所述的动力铣头（2）、管材切断装置（3）、工件夹紧装置（4）、带动夹持有工件的工件夹紧装置（4）移动的送料装置（5）和将定位后的工件压紧的压紧装置（6）都由自动控制装置控制。"

可以用自动控制装置对机床各部进行自动控制是本领域技术人员知晓的已有技术，而从该权利要求6中不能看出其中所限定的"自动控制装置"相对于该已有技术中的"自动控制装置"具有何种实质性特点和进步。

故在其所引用的权利要求1不具备创造性的前提下，该从属权利要求6也不具备创造性。

三、决定

宣告02291633.4号实用新型专利权无效。

当事人对本决定不服的，可以根据专利法第四十六条第二款的规定，自收到本决定之日起三个月内向北京市第一中级人民法院起诉。根据该款的规定，一方当事人起诉后，另一方当事人应当作为第三人参加诉讼。

北京市第一中级人民法院
行政判决书

（2005）一中行初字第1010号

原告山东豪迈机械科技有限公司，住所地山东省高密市豪迈路1号。

法定代表人张恭运，总经理。

委托代理人党晓林，北京三友知识产权代理有限公司专利代理人。

被告国家知识产权局专利复审委员会，住所地北京市海淀区北四环西路9号银谷大厦。

法定代表人廖涛，副主任。

委托代理人陈海平，男，国家知识产权局专利复审委员会机械申诉处审查员。

委托代理人王颖，女，国家知识产权局专利复审委员会行政诉讼处审查员。

第三人山东宏泰机械科技有限公司，住所地山东省高密市柏城镇。

法定代表人杜明乾，董事长。

委托代理人刁玉生，北京北新智诚知识产权代理有限公司专利代理人。

原告山东豪迈机械科技有限公司不服被告国家知识产权局专利复审委员会第7359号无效宣告请求审查决定（下称无效决定），向本院提起行政诉讼。本院于2005年9月27日受理后，依法组成合议庭，依照《中华人民共和国行政诉讼法》第二十七条、《中华人民共和国专利法》（下称《专利法》）第四十六条第二款的规定，通知山东宏泰机械科技有限公司作为本案第三人参加诉讼，并于2005年11月8日公开开庭审理了本案。原告的委托代理人党晓林，被告的委托代理人陈海平、王颖，第三人的委托代理人刁玉生到庭参加了诉讼。本案现已审理终结。

被告于2005年6月29日针对第三人提出的无效宣告请求作出无效决定。

本无效宣告请求案涉及原告于2002年12月20日向国家知识产权局专利局（下称国知局专利局）提出的名称为“一种管材铣孔机”的实用新型专利申请，其申请号为02291633.4（以下简称本专利）。该专利申请于2003年12月3日公告授权，其授权公告的权利要求书包括独立权利要求1与其从属权利要求2~6。权利要求书全文如下：

“1. 一种管材铣孔机，其特征是：所述的管材铣孔机包括床身（1），床身上设有动力铣头（2）、管材切断装置（3）、工件夹紧装置（4）、带动夹持有工件的工件夹紧装置（4）移动的送料装置（5）、将定位后的工件压紧的压紧装置（6）及控制操作装置。

2. 如权利要求1所述的一种管材铣孔机，其特征是：所述的动力铣头（2）与床身（1）之间设有一铣头连接座（21），铣头（2）可在铣头连接座（21）上沿管材的径向作铣孔进给运动。

3. 如权利要求1所述的一种管材铣孔机，其特征是：所述的管材切断装置（3）与床身（1）之间设有一切断装置连接座（31），管材切断装置（3）可在切断装置连接座（31）上沿管材的径向作切断进给运动。

4. 如权利要求1所述的一种管材铣孔机，其特征是：所述的工件夹紧装置（4）有两个夹紧点分别位于动力铣头（2）两侧。

5. 如权利要求1所述的一种管材铣孔机，其特征是：所述的压紧装置（6）正对铣头且压紧在管材的非加工表面。

6. 如权利要求1~5任一权利要求所述的一种管材铣孔机，其特征是：所述的动力铣头（2）、管材切断装置（3）、工件夹紧装置（4）、带动夹持有工件的工件夹紧装置（4）移动的送料装置（5）和将定位后的工件压紧的压紧装置（6）都由自动控制装置控制。”

针对上述本专利，第三人于2004年7月22日向被告提出了无效宣告请求，其理由是本专利不符合《中华人民共和国专利法实施细则》（下称《实施细则》）第二条第二款的规定，本专利权利要求1~6不具备《专利法》第二十二条第三款规定创造性。第三人同时提交了下述作为证据的附件（复印件）：

附件1：LJJ-420×600铝门窗角码自动切割锯床资料（包括期刊《门窗幕墙与设备》总第43期扉页、末页及济南天辰铝窗机器制造有限公司LJJZ-420×600铝门窗角码自动切割锯使用说明书）；

附件2：LZF_3-300×100铝门窗钻孔仿形铣床资料（包括期刊《门窗幕墙与设备》总第43期扉页、末页及济南天辰铝窗机器制造有限公司LZ_3F-300×100铝门窗仿形钻孔机使用说明书）；

附件3：LZZ_4-13铝门窗多头自动组合钻床资料（包括期刊《门窗幕墙与设备》总第43期扉页、末页）；

附件4：实用新型专利说明书CN2291251Y（授权公告日为1998年9月16日）；

附件5：实用新型专利说明书CN2403527Y（授权公告日为2000年11月1日）；

附件6：国家知识产权局专利检索咨询中心检索报告。

经形式审查合格，被告受理了上述无效宣告请求，并将无效宣告请求书及所附证据材料的副本转送给原告，并成立合议组对本案进行审查。

原告于2004年8月31日提交了意见陈述书针对上述无效宣告请求进行了答辩。

第三人于2004年8月17日提交意见陈述书，其中补充增加了《专利法》第二十六条第三款、第四款及《实施细则》第二十条第一款、第二十一条第二款作为请求本专利无效的理由。第三人同时请求对本案进行口头审理，并补充提交了下述附件（复印件）作为本案的证据：

附件7：本专利说明书；

附件8：实用新型专利说明书CN2364995Y；

附件9：实用新型专利说明书CN2573126Y；

附件10：期刊《门窗幕墙与设备》总第44期扉页、末页。

被告于2005年5月8日向双方当事人发出了口头审理通知书，并同时将上述第三人于2004年8月17日提交的意见陈述书及附件的副本转给原告，将原告于2004年8月31日提交的意见陈述书转给第三人。

口头审理于2005年6月14日举行，双方当事人出席了本次口头审理。双方当事人对对方出席口头审理的人员的身份无异议，对合议组成员无回避请求。第三人当庭放弃以《实施细则》第二条第二款、第二十条第一款、第二十一条第二款作为请求本专利无效的理由，放弃以附件8~10作为本案的证据。

口头审理过程中，被告对第三人提供的证据进行了核实调查，原告对第三人所提交的证据中的期刊《门窗幕墙与设备》总第43期的真实性无异议。第三人当庭提交了济南天辰铝窗机器制造有限公司LZ_3F300×100铝门窗钻孔仿形钻孔机使用说明书的原件，原告认为该文件中无出版日期，作为公司制造的说明书内容也可随意改动，故不能作为本案的证据使用。双方当事人对本案的事实和理由进行了陈述和辩论。

在上述程序的基础上，被告认为事实已经清楚，作出以下几点审查决定。

1. 关于《专利法》第二十六条第三款、第四款

（1）第三人认为本专利的说明书不符合《专利法》第二十六条第三款、第四款的规定

第三人在口头审理中对上述主张进行了相应的具体陈述，其意见的要点为：本专利权利要求中的“管材切断装置（3）”、“工件夹紧装置（4）”、“送料装置（5）”、“压紧装置（6）”及“控制操作装置”等各技术特征中的每个在现有技术中都分别具有多种结构形式，而在本专利说明书中没有具体指出它们应当采用何种结构形式，故所属技术领域的技术人员无法实现这些技术特征，因而本专利不符合《专利法》第二十六条第三款、第四款的规定。

原告认为：上述第三人所列举的各装置实际上均属于公知技术，本实用新型系将公知技术的装置组合而成形成新的技术方案，不必对这些装置本身进行详细描述。

（2）被告的相应意见如下

《专利法》第二十六条第三款规定：说明书应当对发明或者实用新型作出清楚、完整的说明，以所属技术领域的技术人员能够实现为准；必要的时候，应当有附图。摘要应当简要说明发明或者实用新型的技术要点。

《专利法》第二十六条第四款规定：权利要求书应当以说明书为依据，说明要求专利保护的范围。

上述第三人所列举的“管材切断装置（3）”、“工件夹紧装置（4）”、“送料装置（5）”、“压紧装置（6）”及“控制操作装置”等各装置本身均属于本领域技术人员所熟知的一般已有技术，在本实用新型的技术方案中上述各装置均可以由本领域技术人员根据具体工况在现有技术中的相应装置中选用或再进行适应性的修改设计，即该技术方案在本专利说明书的基础上是可以实现的。因而，第三人的上述意见不能成立，本专利符合《专利法》第二十六条第三款、第四款的规定。

2. 对本专利创造性的评述

（1）《专利法》第二十二条第三款规定

创造性，是指同申请日以前已有的技术相比，该发明有突出的实质性特点和显著的进步，该实用新型有实质性特点和进步。

第三人认为本专利的权利要求 1 ~6 均不具备《专利法》第二十二条第三款所规定的创造性。第三人所提交的用于评判本专利创造性的附件 4、附件 5 均为中国实用新型专利说明书，经被告审核其真实性无误。附件 4、附件 5 均公开于本专利申请日以前，其中所公开的技术方案与本专利均涉及可以进行铣削加工的机床，故附件 4、附件 5 均可以作为评价本专利创造性的密切相关的已有技术（以下依次简称对比文件 1、对比文件 2）。

下文中，被告结合对比文件 1、对比文件 2 对本专利的创造性加以评述。

（2）对本专利独立权利要求 1 创造性的评述

本专利独立权利要求 1 全文如下：

“1. 一种管材铣孔机，其特征是：所述的管材铣孔机包括床身（1），床身上设有动力铣头（2）、管材切断装置（3）、工件夹紧装置（4）、带动夹持有工件的工件夹紧装置（4）移动的送料装置（5）、将定位后的工件压紧的压紧装置（6）及控制操作装置。”

该独立权利要求 1 所描述的管材铣孔机中包括了下述结构特征：

a. “床身（1）”；

b. “床身上设有动力铣头（2）”；

c. “管材切断装置（3）”；

d. “工件夹紧装置（4）”；

e. “带动夹持有工件的工件夹紧装置（4）移动的送料装置（5）”；

f. “将定位后的工件压紧的压紧装置（6）”；

g. “控制操作装置”。

上述本专利独立权利要求1中所描述的管材铣孔机中的结构特征大部分已被对比文件1所公开，参见对比文件1说明书文字部分及附图中的描述：在该对比文件1中公开了一种可以进行“管壁铣孔”的“管工多用机床”，该机床具有“机架（1）”（对应于本专利权利要求1中的“床身（1）”）、“铣孔刀具卡座（5）”（相当于本专利权利要求1中的“动力铣头（2）”）、“锯断装置”（相当于本专利权利要求1中的“管材切断装置（3）”）、“铣孔夹具（3）”（相当于本专利权利要求1中的“工件夹紧装置（4）”）；“电气开关箱（13）”（相当于本专利权利要求1中的“控制操作装置”）（以上均参见对比文件1说明书第2页10~21行中的叙述）。

通过对比可知，对比文件1公开了本专利权利要求1中除“e.”、“f.”两项结构特征以外的所有结构特征。

但在对比文件2中所公开的一种仿形铣床中公开了与上述“e.”、“f.”两项结构相应的结构，该铣床具有带有“夹具”的“工件纵向移动装置”（相当于本专利权利要求1中的“带动夹持有工件的工件夹紧装置（4）移动的送料装置（5）”）（参见对比文件2说明书第2页第8~11行中的叙述）；“可调活动垫铁30和压板29”（相当于本专利权利要求1中的“将定位后的工件压紧的压紧装置（6）”）（参见对比文件2说明书第3页倒2~1行中的叙述）。

综上所述，本专利权利要求1的技术方案的全部结构特征已被对比文件1、对比文件2所公开，本领域技术人员在对比文件1公开的技术方案的基础上进一步结合对比文件2即可获得与本专利权利要求1上相同的技术方案。因此，权利要求1相对于对比文件1、对比文件2的组合不具有实质性的特点和进步。

故本专利的独立权利要求1不具备《专利法》第二十二条第三款所规定的创造性。

（3）对本专利从属权利要求2创造性的评述

本专利从属权利要求2的全文如下：

“2. 如权利要求1所述的一种管材铣孔机，其特征是：所述的动力铣头（2）与床身（1）之间设有一铣头连接座（21），铣头（2）可在铣头连接座（21）上沿管材的径向作铣孔进给运动。”

从对比文件1图1中可以看到相当于本专利的“铣头（2）”的“铣孔刀具卡座5”与相当于本专利的“床身（1）”的“机架1”之间设有相当于本专利的“铣头连接座（21）”的“齿轮轴箱15”。对比文件1说明书第2页第23~24行中指出：“齿轮轴箱沿轨道作直线运动，实现……管壁铣孔……作业的进给和退刀。”

故从属权利要求2限定部分所述结构特征已为对比文件1所公开，在其所引用的权利要求1不具备创造性的前提下，该从属权利要求2也不具备创造性。

（4）对本专利从属权利要求3创造性的评述

本专利从属权利要求3的全文如下：

“3. 如权利要求1所述的一种管材铣孔机，其特征是：所述的管材切断装置（3）与床身（1）之间设有一切断装置连接座（31），管材切断装置（3）可在切断装置连接座（31）上沿管材的径向作切断进给运动。”

从对比文件1图1中可以看到相当于本专利的“管材切断装置（3）”的对比文件1中的“锯断装置”中的一部分的“锯片（16）”通过对应于本专利的“切断装置连接座（31）”的“齿轮轴箱15”与相当于本专利的“床身（1）”的“机架1”相联系。对比文件1说明书第2页第23~24行中指出："齿轮轴箱沿轨道作直线运动，实现……锯断作业的进给和退刀。"

故从属权利要求3限定部分所述结构特征已为对比文件1所公开，在其所引用的权利要求1不具备创造性的前提下，该从属权利要求3也不具备创造性。

（5）对本专利从属权利要求4创造性的评述

本专利从属权利要求4的全文如下：

"4. 如权利要求1所述的一种管材铣孔机，其特征是：所述的工件夹紧装置（4）有两个夹紧点分别位于动力铣头（2）两侧。"

在对比文件1图1中可见相当于本专利"工件夹紧装置（4）"的"铣孔夹具（3）"分别在相当于本专利"动力铣头（2）"的"铣孔刀具卡座（5）"两侧夹紧管件。

故从属权利要求4限定部分所述结构特征已为对比文件1所公开，在其所引用的权利要求1不具备创造性的前提下，该从属权利要求4也不具备创造性。

（6）对本专利从属权利要求5创造性的评述

本专利从属权利要求5的全文如下：

"5. 如权利要求1所述的一种管材铣孔机，其特征是：所述的压紧装置（6）正对铣头且压紧在管材的非加工表面。"

参见对比文件2图4，其中可见对应于上述本专利的"压紧装置（6）"的"可调活动垫铁30和压板29"压紧"工件31"的非加工表面。而本领域的技术人员也可以很容易地想到在对管材进行铣孔时其最佳"压紧"位置应当是"正对铣头"的（此时对被加工部位具有最佳的压紧效果）。

故在其所引用的权利要求1不具备创造性的前提下，该从属权利要求5也不具备创造性。

（7）对本专利从属权利要求6创造性的评述

本专利从属权利要求6的全文如下：

"6. 如权利要求1~5任一权利要求所述的一种管材铣孔机，其特征是：所述的动力铣头（2）、管材切断装置（3）、工件夹紧装置（4）、带动夹持有工件的工件夹紧装置（4）移动的送料装置（5）和将定位后的工件压紧的压紧装置（6）都由自动控制装置控制。"

可以用自动控制装置对机床各部进行自动控制是本领域技术人员知晓的已有技术，而从该权利要求6中不能看出其中所限定的"自动控制装置"相对于该已有技术中的"自动控制装置"具有何种实质性特点和进步。

故在其所引用的权利要求1不具备创造性的前提下，该从属权利要求6也不具备创造性。

综上，被告决定宣告本专利专利权无效。

被告在法定举证期限内向本院提交了以下证据：1. ZL02291633.4号实用新型专利说明书（即本专利）；2. 被诉无效决定；3. 第97233252.9号实用新型专利说明书（即附件4）；4. 第00226067.0号实用新型专利说明书（即附件5）。上述证据用以证明无效决定认定事实清楚、适用法律正确，审查程序合法。原告对被告提交的证据的真实性没有异议，但是认为上述证据不能支持被告的主张。第三人对被告提交的证据没有异议。

原告诉称：1. 无效决定对本专利权利要求1创造性的判断中认定事实不清、适用法律不正确。无效决定认定对比文件2中的带有"夹具"的"工件纵向移动装置"相当于本专利中的特征"e."，属于认定事实不清。二者的含义及作用均不相同。对于本领域技术人员来讲，在对比文件1的基础上结合对比文件2不能得到与本专利权利要求1相同的技术方案，并且对比文件1和对比文件2的结合不是显而易见的，本专利权利要求1的技术方案也不是显而易见的，因而本专利权利要求1具备创造性，在权利要求1具备创造性的基础上，其从属权利要求2~6也具备创造性。2. 无效决定中对本专利权利要求5的创造性判断中认定事实不清、适用法律不正确。本专利权利要求5中的其他特征“压紧装置（6）正对铣头”对于本领域技术人员来讲并不是显而易见的；无效决定中认定对管材进行铣孔时其最佳“压紧”位置应当是“正对铣头”的没有事实依据；对比文件中不存在与本专利权利要求5中“压紧装置（6）正对铣头”相关的技术启示。综上，无效决定程序不合法、认定事实错误、适用法律不当，请求法院撤销被告做出的无效决定。

原告在诉讼期间向本院提交了以下证据：1. ZL02291633.4号实用新型专利说明书（即本专利）；2. 第97233252.9号实用新型专利说明书（即附件4）；3. 第00226067.0号实用新型专利说明书（即附件5）；4. 被诉无效决定。上述证据用以证明无效决定认定事实不清、适用法律错误。被告及第三人对原告提交的证据的真实性没有异议，但是认为上述证据不能支持原告的主张。

被告辩称：第三人所提交的对比文件可以支持其无效宣告请求的理由之一即本专利不具备《专利法》第二十二条第三款所规定的创造性。综上，无效决定认定事实清楚、适用法律正确、审理程序合法，请求法院维持该无效决定。

第三人述称，无效决定认定事实清楚、适用法律正确、审查程序合法，请求法院维持无效决定。第三人在诉讼期间向本院提交了《门窗幕墙与设备》总第43期扉页、末页（即附件1）作为证据，用以证明在对管材进行铣孔其最佳压紧位置应当是正对铣头的是公知常识。原告认为该证据不是公开出版物，且与本案无关联性。被告对该证据的真实性没有异议，认为虽然该证据在无效程序中没有被采用，但是不反对法院在诉讼期间将其作为认定公知常识的依据。

经庭审质证及合议庭评议，本院对当事人提交的证据认证如下：被告及原告提交的证据符合关联性、合法性、真实性的要求，能够证明本专利、对比文件及被告作出无效决定的相关情况，本院予以确认。第三人提交的证据与本案无关联性，本院不予确认。

经审理查明，原告于2002年12月20日向国知局专利局申请名称为“一种管材铣孔机”的实用新型专利权（即本专利），申请号为02291633.4，专利权人为原告，2003年12月3日授权公告。第三人于2004年7月22日向被告提出无效宣告请求，并向被告提交了相关证据。被告受理后，经转文和听取了原告的陈述意见，于2005年6月14日进行了口头审理。被告经审查后，于2005年6月29日作出无效决定。原告不服该无效决定，向本院提起行政诉讼。

本院认为，根据《专利法》第四十六条第一款的规定，被告对宣告专利权无效的请求，具有审查和作出决定的法定职责。经各方当事人确认，本院认为本案争议焦点是本专利权利要求1、权利要求5的创造性。

《专利法》第二十二条第三款规定：创造性是指同申请日以前已有的技术相比，该发明有突出的实质性特点和显著的进步，该实用新型有实质性特点和进步。

本案中，各方当事人当庭明确表示无效决定中认定对比文件1公开了本专利权利要求1中除“e.”、“f.”两项结构特征以外的所有结构特征正确，本院对上述认定予以确认。对比文件2中所公开的该铣床具有带有“夹具”的“工件纵向移动装置”相当于本专利权利要求1中的结构特征“e.”，即“带动夹持有工件的工件夹紧装置（4）移动的送料装置（5）”；对比文件2中公开的“可调活动垫铁30和压板29”相当于本专利权利要求1中的结构特征“f.”，即“将定位后的工件压紧的压紧装置（6）”。综上，本专利权利要求1的技术方案的全部结构特征已被对比文件1、对比文件2所公开，本领域技术人员在对比文件1公开的技术方案的基础上进一步结合对比文件2即可获得本专利权利要求1上的技术方案。因此，本专利权利要求1相对于对比文件1、对比文件2的组合不具有实质性的特点和进步，不具备《专利法》第二十二条第三款所规定的创造性。无效决定中关于本专利权利要求1的创造性的认定正确，本院予以支持。

从对比文件2图4中可见“可调活动垫铁30和压板29”压紧“工件31”的非加工表面对应于本专利权利要求5中的“所述的压紧装置（6）压紧在管材的非加工表面”。本领域的技术人员可以很容易地想到为了达到最佳的压紧效果在对管材进行铣孔时其最佳压紧位置应当是正对铣头的。因此，在本专利权利要求5所引用的权利要求1不具备创造性的前提下，该从属权利要求5也不具备创造性。无效决定中关于本专利权利要求5的创造性的认定正确，本院予以支持。

综上所述，无效决定认定事实清楚，适用法律正确，程序合法，本院应予支持。原告的诉讼请求缺乏事实及法律依据，本院不予支持。据此，依据《中华人民共和国行政诉讼法》第五十四条第（一）项之规定，判决如下：

维持被告国家知识产权局专利复审委员会于二〇〇五年六月二十九日作出的第7359号无效宣告请求审查决定。

案件受理费1000元，由原告山东豪迈机械科技有限公司负担（已交纳）。

如不服本判决，原告山东豪迈机械科技有限公司，被告国家知识产权局专利复审委员会、第三人山东宏泰机械科技有限公司可在判决书送达之日起十五日内向本院递交上诉状，并按对方当事人人数提交副本，上诉于北京市高级人民法院。上诉人在接到人民法院预交诉讼费用通知后七日内未预交又不提出缓交申请的，按自动撤回上诉处理。

审 判 长 张 杰
代理审判员 齐 莹
代理审判员 乔 军
二〇〇五年十一月二十五日
书 记 员 龙 非

北京市高级人民法院
行政判决书

（2006）高行终字第208号

上诉人（一审原告）山东豪迈机械科技有限公司，住所地山东省高密市豪迈路1号。

法定代表人张恭运，总经理。

委托代理人党晓林，北京三友知识产权代理有限公司专利代理人。

委托代理人冯民堂，山东豪迈机械科技有限公司总工程师。

被上诉人（一审被告）国家知识产权局专利复审委员会，住所地北京市海淀区北四环西路9号银谷大厦。

法定代表人廖涛，副主任。

委托代理人陈海平，男，国家知识产权局专利复审委员会机械申诉处审查员。

委托代理人崔国振，男，国家知识产权局专利复审委员会行政诉讼处审查员。

被上诉人（一审第三人）山东宏泰机械科技有限公司，住所地山东省高密市柏城镇。

法定代表人杜明乾，董事长。

委托代理人刁玉生，北京国林贸知识产权代理有限公司专利代理人。

上诉人山东豪迈机械科技有限公司（下称豪迈机械公司）因专利宣告无效请求审查决定一案，不服北京市第一中级人民法院（2005）一中行初字第1010号行政判决，向本院提起上诉。本院依法组成合议庭，于2006年5月11日公开开庭审理了本案。上诉人豪迈机械公司的委托代理人党晓林、冯民堂，被上诉人国家知识产权局专利复审委员会（下称专利复审委）的委托代理人陈海平、崔国振，被上诉人山东宏泰机械科技有限公司（下称宏泰机械公司）的委托代理人刁玉生到庭参加了诉讼。本案现已审理终结。

北京市第一中级人民法院判决认为，各方当事人当庭明确表示无效决定中认定对比文件1公开了本专利权利要求1中除“e.”、“f.”两项结构特征以外的所有结构特征正确，本院对上述认定予以确认。对比文件2中所公开的该铣床具有带有“夹具”的“工件纵向移动装置”相当于本专利权利要求1中的结构特征“e.”，即“带动夹持有工件的工件夹紧装置（4）移动的送料装置（5）”；对比文件2中公开的“可调活动垫铁30和压板29”相当于本专利权利要求1中的结构特征“f.”，即“将定位后的工件压紧的压紧装置（6）”。综上，本专利权利要求1的技术方案的全部结构特征已被对比文件1、对比文件2所公开，本领域技术人员在对比文件1公开的技术方案的基础上进一步结合对比文件2即可获得本专利权利要求1的技术方案。因此，本专利权利要求1相对于对比文件1、对比文件2的组合不具有实质性的特点和进步，不具备《专利法》第二十二条第三款所规定的创造性。无效决定中关于本专利权利要求1的创造性的认定正确。

从对比文件2图4中可见“可调活动垫铁30和压板29”压紧“工件31”的非加工表面对应于本专利权利要求5中的“所述的压紧装置（6）压紧在管材的非加工表面”。本领域的技术人员可以很容易地想到为了达到最佳的压紧效果在对管材进行铣孔时其最佳压紧位置应当是正对铣头。因此，在本专利权利要求5所引用的权利要求1不具备创造性的前提下，该从属权利要求5也不具备创造性。无效决定中关于本专利权利要求5的创造性的认定正确。

综上所述，无效决定认定事实清楚，适用法律正确，程序合法，上诉人的诉讼请求缺乏事实及法律依据。据此，依据《中华人民共和国行政诉讼法》第五十四条第（一）项之规定，判决维持专利复审委国家知识产权局专利复审委员会于二○○五年六月二十九日作出的第7359号无效宣告请求审查决定。

豪迈机械公司不服一审判决，提出上诉称：1. 一审判决对本专利权利要求1创造性的判断中认定事实不清、适用法律不正确。对比文件2中并没有公开关于“送料装置”（特征e）的任何描述，本专利权利要求1中的特征没有被全部公开。同时，对比文件2中的“工件纵向移动装置”与权利要求1中的“送料装置”所起到的作用不同。因而本专利权利要求1具备创造性。在权利要求1具备创造性的基础上，其从属权利要求2~6也具备创造性。2. 无效决定中对本专利权利要求5的创造性判断中认定事实不清、适用法律不正确。本专利权利要求5中的其他特征“压紧装置（6）正对铣头”对于本领域技术人员来讲并不是显而易见的；无效决定中认定对管材进行铣孔时其最佳“压紧”位置应当是“正对铣头”没有事实依据；对比文件中不存在与本专利权利要求5中“压紧装置（6）正对铣头”相关的技术启示。请求撤销北京市第一中级人民法院作出的（2005）一中行初字第1010号行政判决书，撤销专利复审委做出的第7359号无效宣告请求审查决定。

被上诉人专利复审委辩称：宏泰机械公司所提交的对比文件可以支持其无效宣告请求的理由之一即本专利不具备《专利法》第二十二条第三款所规定的创造性。无效决定认定事实清楚、适用法律正确、审理程序合法，请求维持北京市第一中级人民法院作出的（2005）一中行初字第1010号行政判决书，维持专利复审委员会作出的第7359号无效宣告请求审查决定。

被上诉人宏泰机械公司述称：无效决定认定事实清楚、适用法律正确、审查程序合法，请求维持北京市第一中级人民法院作出的（2005）一中行初字第1010号行政判决书，维持专利复审委做出的第7359号无效宣告请求审查决定。

经审理查明，上诉人于2002年12月20日向国家知识产权局专利局（下称国知局）提出的名称为"一种管材铣孔机"的实用新型专利申请，其申请号为02291633.4（即本专利）。该专利申请于2003年12月3日公告授权，其授权公告的权利要求书包括独立权利要求1与其从属权利要求2~6。权利要求书全文如下：

"1. 一种管材铣孔机，其特征是：所述的管材铣孔机包括床身（1），床身上设有动力铣头（2）、管材切断装置（3）、工件夹紧装置（4）、带动夹持有工件的工件夹紧装置（4）移动的送料装置（5）、将定位后的工件压紧的压紧装置（6）及控制操作装置。

2. 如权利要求1所述的一种管材铣孔机，其特征是：所述的动力铣头（2）与床身（1）之间设有一铣头连接座（21），铣头（2）可在铣头连接座（21）上沿管材的径向作铣孔进给运动。

3. 如权利要求1所述的一种管材铣孔机，其特征是：所述的管材切断装置（3）与床身（1）之间设有一切断装置连接座（31），管材切断装置（3）可在切断装置连接座（31）上沿管材的径向作切断进给运动。

4. 如权利要求1所述的一种管材铣孔机，其特征是：所述的工件夹紧装置（4）有两个夹紧点分别位于动力铣头（2）两侧。

5. 如权利要求1所述的一种管材铣孔机，其特征是：所述的压紧装置（6）正对铣头且压紧在管材的非加工表面。

6. 如权利要求1~5任一权利要求所述的一种管材铣孔机，其特征是：所述的动力铣头（2）、管材切断装置（3）、工件夹紧装置（4）、带动夹持有工件的工件夹紧装置（4）移动的送料装置（5）和将定位后的工件压紧的压紧装置（6）都由自动控制装置控制。"

针对上述本专利，宏泰机械公司于2004年7月22日向专利复审委提出了无效宣告请求，其理由是本专利不符合《中华人民共和国专利法实施细则》（下称《实施细则》）第二条第二款的规定，本专利权利要求1~6不具备《中华人民共和国专利法》（下称《专利法》）第二十二条第三款规定的创造性。宏泰机械公司同时提交了下述作为证据的附件（复印件）：

附件1：LJJ－420×600铝门窗角码自动切割锯床资料（包括期刊《门窗幕墙与设备》总第43期扉页、末页及济南天辰铝窗机器制造有限公司LJJZ－420×600铝门窗角码自动切割锯使用说明书）；

附件2：LZ_3F－300×100铝门窗钻孔仿形铣床资料（包括期刊《门窗幕墙与设备》总第43期扉页、末页及济南天辰铝窗机器制造有限公司LZ_3F－300×100铝门窗仿形钻孔机使用说明书）；

附件3：LZZ_4－13铝门窗多头自动组合钻床资料（包括期刊《门窗幕墙与设备》总第43期扉页、末页）；

附件4：实用新型专利说明书CN2291251Y（授权公告日1998年9月16日）；

附件5：实用新型专利说明书CN2403527Y（授权公告日2000年11月1日）；

附件6：国家知识产权局专利检索咨询中心检索报告。

经形式审查合格，专利复审委员会受理了上述无效宣告请求，并将无效宣告请求书及所附证据材料的副本转送给上诉人，并成立合议组对本案进行审查。

上诉人于2004年8月31日提交了"意见陈述书"，针对上述无效宣告请求进行了答辩。

宏泰机械公司于2004年8月17日提交意见陈述书，其中补充增加了《专利法》第二十六条第三款、第四款及《实施细则》第二十条第一款、第二十一条第二款作为请求本专利无效的理由。宏泰机械公司同时请求对本案进行口头审理，并补充提交了下述附件（复印件）作为本案的证据：

附件7：本专利说明书；

附件8：实用新型专利说明书 CN2364995Y；

附件9：实用新型专利说明书 CN2573126Y；

附件10：期刊《门窗幕墙与设备》总第44期扉页、末页。

专利复审委员会于2005年5月8日向双方当事人发出了口头审理通知书，并同时将宏泰机械公司于2004年8月17日提交的意见陈述书及附件的副本转给上诉人，将上诉人于2004年8月31日提交的意见陈述书转给宏泰机械公司。

口头审理于2005年6月14日举行，双方当事人出席了本次口头审理。双方当事人对对方出席口头审理的人员的身份无异议，对合议组成员无回避请求。宏泰机械公司当庭放弃以《实施细则》第二条第二款、第二十条第一款、第二十一条第二款作为请求本专利无效的理由，放弃以附件8～10作为本案的证据。

口头审理过程中，专利复审委对宏泰机械公司提供的证据进行了核实调查，上诉人对宏泰机械公司所提交的证据中的期刊《门窗幕墙与设备》总第43期的真实性无异议。宏泰机械公司当庭提交了济南天辰铝窗机器制造有限公司 $LZ_3F300 \times 100$ 铝门窗钻孔仿形钻孔机使用说明书的原件，上诉人认为该文件中无出版日期，作为公司制造的说明书内容也可随意改动，故不能作为本案的证据使用。双方当事人对本案的事实和理由进行了陈述和辩论。

在上述程序的基础上，专利复审委认为事实已经清楚，于2005年6月29日针对宏泰机械公司提出的无效宣告请求作出了宣告本专利无效的第7359号无效宣告请求审查决定。其主要论述理由是：

1. 关于宏泰机械公司认为本专利的说明书不符合《专利法》第二十六条第三款、第四款的规定的问题。宏泰机械公司所列举的“管材切断装置（3）”、“工件夹紧装置（4）”、“送料装置（5）”、“压紧装置（6）”及“控制操作装置”等各装置本身均属于本领域技术人员所熟知的一般已有技术，在本实用新型的技术方案中上述各装置均可以由本领域技术人员根据具体工况在现有技术中的相应装置中选用或再进行适应性的修改设计，即该技术方案在本专利说明书的基础上是可以实现的。因而，宏泰机械公司的上述意见不能成立，本专利符合《专利法》第二十六条第三款、第四款的规定。

2. 关于对本专利创造性的评述问题。宏泰机械公司所提交的用于评判本专利创造性的附件4、附件5均为中国实用新型专利说明书，经专利复审委员会审核其真实性无误。附件4、附件5均公开于本专利申请日以前，其中所公开的技术方案与本专利均涉及可以进行铣削加工的机床，故附件4、附件5均可以作为评价本专利创造性的密切相关的已有技术（即对比文件1、对比文件2）。

（1）对本专利独立权利要求1创造性的评述。该独立权利要求1所描述的管材铣孔机中包括了下述结构特征：a.“床身（1）”；b.“床身上设有动力铣头（2）”；c.“管材切断装置（3）”；d“工件夹紧装置（4）”；e.“带动夹持有工件的工件夹紧装置（4）移动的送料装置（5）”f.“将定位后的工件压紧的压紧装置（6）”；g.“控制操作装置”。

参见对比文件1说明书文字部分及附图中的描述：在该对比文件1中公开了一种可以进行“管壁铣孔”的“管工多用机床”，该机床具有“机架（1）”（对应于本专利权利要求1中的“床身（1）”）、“铣孔刀具卡座（5）”（相当于本专利权利要求1中的“动力铣头（2）”）、“锯断装置”（相当于本专利权利要求1中的“管材切断装置（3）”）、“铣孔夹具（3）”（相当于本专利权利要求1中的“工件夹紧装置（4）”）；“电气开关箱（13）”（相当于本专利权利要求1中的“控制操作装置”）（以上均参见对比文件1说明书第2页第10～21行中的叙述）。

通过对比可知，对比文件1公开了本专利权利要求1中除“e.”、“f.”两项结构特征以外的所有结构特征。但在对比文件2中所公开的一种仿形铣床中公开了与上述“e.”、“f.”两项结构相应的结构，该铣床具有带有“夹具”的“工件纵向移动装置”（相当于本专利权利要求1中的“带动夹持有工件的工件夹紧装置（4）移动的送料装置（5）”）（参见对比文件2说明书第2页第8~11行中的叙述）；“可调活动垫铁30和压板29”（相当于本专利权利要求1中的“将定位后的工件压紧的压紧装置（6）”）（参见对比文件2说明书第3页倒2~1行中的叙述）。

综上所述，本专利权利要求1的技术方案的全部结构特征已被对比文件1、对比文件2所公开，本领域技术人员在对比文件1公开的技术方案的基础上进一步结合对比文件2即可获得与本专利权利要求1上相同的技术方案。因此，权利要求1相对于对比文件1、对比文件2的组合不具有实质性的特点和进步。独立权利要求1不具备创造性。

（2）对本专利从属权利要求2创造性的评述。从对比文件1图1中可以看到相当于本专利的“铣头（2）”的“铣孔刀具卡座5”与相当于本专利的“床身（1）”的“机架1”之间设有相当于本专利的“铣头连接座（21）”的“齿轮轴箱15”。对比文件1说明书第2页第23~24行中指出：“齿轮轴箱沿轨道作直线运动，实现……管壁铣孔……作业的进给和退刀。”故从属权利要求2限定部分所述结构特征已为对比文件1所公开，在其所引用的权利要求1不具备创造性的前提下，该从属权利要求2也不具备创造性。

（3）对本专利从属权利要求3创造性的评述。从对比文件1图1中可以看到相当于本专利的“管材切断装置（3）”的对比文件1中的“锯断装置”中的一部分的“锯片（16）”通过对应于本专利的“切断装置连接座（31）”的“齿轮轴箱15”与相当于本专利的“床身（1）”的“机架1”相联系。对比文件1说明书第2页第23~24行中指出：“齿轮轴箱沿轨道作直线运动，实现……锯断作业的进给和退刀。”故从属权利要求3限定部分所述结构特征已为对比文件1所公开，在其所引用的权利要求1不具备创造性的前提下，该从属权利要求3也不具备创造性。

（4）对本专利从属权利要求4创造性的评述。在对比文件1图1中可见相当于本专利“工件夹紧装置（4）”的“铣孔夹具（3）”分别在相当于本专利“动力铣头（2）”的“铣孔刀具卡座（5）”两侧夹紧管件。故从属权利要求4限定部分所述结构特征已为对比文件1所公开，在其所引用的权利要求1不具备创造性的前提下，该从属权利要求4也不具备创造性。

（5）对本专利从属权利要求5创造性的评述。参见对比文件2图4，其中可见对应于上述本专利的“压紧装置（6）”的“可调活动垫铁30和压板29”压紧“工件31”的非加工表面。而本领域的技术人员也可以很容易地想到在对管材进行铣孔时其最佳“压紧”位置应当是“正对铣头”的（此时对被加工部位具有最佳的压紧效果）。故在其所引用的权利要求1不具备创造性的前提下，该从属权利要求5也不具备创造性。

（6）对本专利从属权利要求6创造性的评述。可以用自动控制装置对机床各部进行自动控制是本领域技术人员知晓的已有技术，而从该权利要求6中不能看出其中所限定的“自动控制装置”相对于该已有技术中的“自动控制装置”具有何种实质性特点和进步。故在其所引用的权利要求1不具备创造性的前提下，该从属权利要求6也不具备创造性。

上诉人不服该无效决定，在法定的期限内向北京市第一中级人民法院提起行政诉讼。一审法院经审理，判决维持被诉的第7359号无效宣告请求审查决定。上诉人不服一审判决诉至本院。

被上诉人专利复审委员会在法定举证期限内向一审法院提交了四份证据。上诉人向一审法院提交了四份证据。被上诉人宏泰机械公司提交了《门窗幕墙与设备》总第43期扉页、末页（即附件1）作为证据。

上述证据以随案移送本院，经庭审质证及合议庭评议，一审法院对证据的审查认定正确，本院予以确认。

本院认为：根据《专利法》第二十二条第三款规定，实用新型创造性，是指同申请日以前已有的技术相比，该实用新型有实质性特点和进步。本案经开庭审理，各方当事人确认本案争议的焦点是本专利权利要求1、权利要求5是否具备创造性，对其他评述无异议。

1. 关于本专利权利要求1是否具备创造性的问题。本专利权利要求1共有a~g 7项结构特征，其中上诉人认为e特征"带动夹持有工件的工件夹紧装置（4）移动的送料装置（5）"没有被对比文件2公开，且与对比文件2中的带有"夹具"的"工件纵向移动装置"所起的作用不同；f特征"将定位后的工件压紧的压紧装置（6）"与对比文件2中的"压板29和可调活动垫铁30"所起的作用不同。同意专利复审委员会关于权利要求1其他结构特征已被对比文件1公开的认定。

本专利权利要求1中的e特征，公开了一种能够使被加工工件移动的送料装置。对比文件2的说明书中"在床身的另一端安装有导轨，在导轨上安装有工件纵向移动装置，用以使工件接近或离开铣削头，在工件纵向移动装置上安装有加工仿形工件用的十字工作台和仿型驱动机构，在十字工作台上安装有用作夹紧和翻转工件的可回转自定心定位夹具"的描述，也公开了移动工件这样的技术特征其与本专利权利要求1中的e特征同样起到了使工件移动，离开或接近铣头部位进行铣削的作用。对比文件2说明书中"用可调活动垫铁30和压板29将工件31锁紧就可以开始加工了"的描述，说明活动垫铁30和压板29所起的作用是使已被夹具固定的工件进一步固定夹紧，其与本专利权利要求1中f特征对定位后的工件再压紧所起的作用相同。综上，本专利权利要求1的技术方案的全部结构特征已被对比文件1、对比文件2所公开，本领域技术人员在对比文件1公开的技术方案的基础上进一步结合对比文件2即可获得本专利权利要求1上的技术方案。因此，本专利权利要求1相对于对比文件1、对比文件2的组合不具有实质性的特点和进步，不具备《专利法》第二十二条第三款所规定的创造性。

2. 关于本专利权利要求5是否具备创造性的问题。从对比文件2图4中可见"可调活动垫铁30和压板29"压紧在"工件31"的非加工表面对应于本专利权利要求5中的"所述的压紧装置（6）压紧在管材的非加工表面"。本领域的技术人员可以很容易地想到为了达到最佳的压紧效果，在对管材进行铣孔时其最佳压紧位置应当是正对铣头的。因此，在本专利权利要求5所引用的权利要求1不具备创造性的前提下，该从属权利要求5也不具备创造性。

综上，专利复审委员会作出的第7359号无效宣告请求审查决定认定事实清楚、适用法律正确、程序合法。一审判决维持正确。上诉人的上诉请求依法不成立。依据《中华人民共和国行政诉讼法》第六十一条第（一）项的规定，判决如下：

驳回上诉，维持原判。

二审案件受理费1000元，由上诉人山东豪迈机械科技有限公司负担（已交纳）。

本判决为终审判决。

审 判 长 景 滔
代理审判员 朱海宏
代理审判员 任全胜
二〇〇六年六月二日
书 记 员 王 芳

翻斗式防伪印章案

无效宣告请求审查决定（第7360号）

决　定　号　第7360号
决　定　日　2005年6月29日
发明创造名称　翻斗式防伪印章
国际分类号　B41K 1/02
无效请求人　无锡市海谊工艺雕刻公司
专利权人　武进市庙桥工艺雕刻厂
专　利　号　00220325.1
申　请　日　2000年5月18日
授权公告日　2001年2月28日
合议组组长　陈海平
主　审　员　宋鸣镝
参　审　员　魏　屹

法律依据　专利法第九条　专利法第二十二条第二款、第三款
决定要点

如果证据中没有明确公开某个技术特征，而且该技术特征也不属于那些虽未记载在证据中但是该证据中的产品或方法所必然包括的技术特征，即该技术特征不属于证据所隐含公开的技术内容，则不能认定证据公开了这一技术特征，该证据不能破坏包含该技术特征的权利要求的新颖性。

一、案由

本无效宣告请求案涉及申请日为2000年5月18日，授权公告日为2001年2月28日，名称为“翻斗式防伪印章”的实用新型专利（下称本专利），其专利号为00220325.1，专利权人为武进市庙桥工艺雕刻厂。授权公告的权利要求书如下：

“1. 翻斗式防伪印章，包括可在壳体（1）内可移动的支架（3），壳体（1）与支架（3）间设有弹簧（2），支架（1）上部有主印盒（4），轴销（6）穿过带有主章（5）的翻斗（7）设置在支架（1）两侧的导向槽（9）内，且穿在壳体（1）下部的槽孔（20）中，与导向槽（9）旁的限位块（8）构成翻斗机构，其特征在于：底面带有副章（19）且顶端开口的小支架（17）设置在支架（3）的导槽或导筋（15）内，支架（3）与小支架（17）之间连有小弹簧（14），小支架（17）下部有副印盒（10），副印盒（10）的上部与支架（3）凸出的支座（11）铰链，两只钢性连杆（13）的两端分别与壳体（1）和副印盒（10）的下部铰链。

2. 根据权利要求1所述的翻斗式防伪印章，其特征在于：支架（3）二侧的导向槽（9）为上下直形，中部为弧形的槽。

3. 根据权利要求1所述的翻斗式防伪印章，其特征在于：小支架（17）上端的开口与壳体（1）

上凸块（18）相接。

4. 根据权利要求1所述的翻斗式防伪印章，其特征在于：支架（3）的侧部有定位槽（12），并与装在壳体（1）上的定位块（16）构成锁定装置。”

针对上述实用新型专利权，国家知识产权局专利局于2003年1月3日作出了部分撤销专利权的决定，在专利权人于2002年9月20日所提交的权利要求书的基础上维持本专利权继续有效，专利权人于2002年9月20日所提交的权利要求书如下：

“1. 翻斗式防伪印章，包括可在壳体（1）内可移动的支架（3），壳体（1）与支架（3）间设有弹簧（2），支架（1）上部有主印盒（4），轴销（6）穿过带有主章（5）的翻斗（7）设置在支架（1）两侧的导向槽（9）内，且穿在壳体（1）下部的槽孔（20）中，与导向槽（9）旁的限位块（8）构成翻斗机构，底面带有副章（19）且顶端开口的小支架（17）设置在支架（3）的导槽或导筋（15）内，小支架（17）上端的开口与壳体（1）上凸块（18）相接，支架（3）与小支架（17）之间连有小弹簧（14），小支架（17）下部有副印盒（10），副印盒（10）的上部与支架（3）凸出的支座（11）铰链，两只钢性连杆（13）的两端分别与壳体（1）和副印盒（10）的下部铰链，所述的支架（3）二侧的导向槽（9）为上下直形，中部为弧形的槽，其特征在于：支架（3）的侧部有定位槽（12），并与装在壳体（1）上的定位块（16）构成锁定装置。”

针对上述所维持的专利权，无锡市海谊工艺雕刻公司（下称请求人）于2004年3月12日向专利复审委员会提出了无效宣告请求。请求宣告无效的范围和理由是：本专利的权利要求1不符合专利法第二十二条第二款、第三款有关新颖性和创造性的规定，以及不符合专利法第九条的有关规定。请求人同时提交了以下5份证据：

证据1：国家知识产权局专利局于2003年1月3日针对本专利作出的撤销专利权请求的审查决定书复印件；

证据2：中国实用新型99230402.4号专利说明书复印件，其申请日为1999年9月9日，授权公告日为2000年7月5日；

证据3：国家知识产权局专利复审委员会针对专利号为99229042.2、名称为“分体电火锅”的实用新型专利于2003年5月30日作出的第5042号无效宣告请求审查决定书复印件；

证据4：中国实用新型98233914.3号专利说明书复印件，其授权公告日为1999年6月16日；

证据5：中国实用新型98207099.3号专利说明书复印件，其授权公告日为1999年11月24日。

请求人认为：在权利要求中即使不写入本领域中所熟知的公知常识，亦不影响该权利要求所保护技术方案的清楚和完整性，这样的公知常识应被考虑在权利要求所限定的技术方案之中，证据4和证据5可以证明本专利权利要求1中的技术特征“支架（3）的侧部有定位槽（12），并与装在壳体（1）上的定位块（16）构成锁定装置”属于本领域中所熟知的公知常识，因此该技术特征虽未被证据2所披露，但并不影响证据2破坏本专利权利要求1的新颖性和创造性。

经形式审查合格后，专利复审委员会受理了上述无效宣告请求，并于2004年3月23日向请求人和专利权人武进市庙桥工艺雕刻厂（下称被请求人）发出了无效宣告请求受理通知书，并将上述专利权无效宣告请求书及其相关附件副本转送给被请求人，要求被请求人在指定期限内进行意见陈述，同时依法成立合议组对本案进行审理。

2004年4月10日，请求人补充提交了意见陈述书，同时还提交了以下六份证据：

证据6：中国实用新型96206488.2号专利说明书复印件，其授权公告日为1997年3月12日；

证据7：中国实用新型96213525.9号专利说明书复印件，其授权公告日为1997年4月30日；

证据8：中国实用新型96241015.2号专利说明书复印件，其授权公告日为1998年4月1日；

证据9：江苏省无锡市国家税务局于1999年12月22日制定的、编号为锡国税征（1999）32号、名称为《关于启用防伪发票专用章的通知》的无锡市国家税务局文件复印件（共1页）；

证据10：江苏省无锡市国家税务局于2004年3月27日出具的证明文件复印件（共1页）；

证据11：中华人民共和国江苏省无锡市公证处于2004年4月9日作出的、编号为（2004）锡证民内字第861号公证书原件，其公证员为刘笑玫。

请求人的主要观点如下：证据6～8可以进一步证明本专利权利要求1中的技术特征"支架（3）的侧部有定位槽（12），并与装在壳体（1）上的定位块（16）构成锁定装置"属于本领域中所熟知的公知常识，证据9～11可以证明与本专利完全相同的产品已在本专利申请日2000年5月18日以前公开使用过，因此本专利不具备新颖性。

专利复审委员会于2004年10月22日向双方当事人发出口头审理通知书，定于2005年1月11日在专利复审委员会举行口头审理，同时将请求人在2004年4月10提交的意见陈述书及其相关文件副本转送给被请求人。

针对上述无效宣告请求以及请求人所补充提交的意见陈述书和证据，被请求人于2004年11月18日提交了意见陈述书，认为请求人所提供的事实、理由和证据均不能破坏本专利权利要求1的新颖性和创造性，本专利权利要求1符合专利法第二十二条第二款、第三款的规定。

口头审理如期举行，双方当事人均到庭。在口头审理过程中，请求人当庭声明放弃证据10，请求人当庭未出示证据9的原件，被请求人对证据9的真实性有异议，被请求人对证据2～8和证据11的真实性无异议。同时合议组当庭将被请求人于2004年11月18日提交的意见陈述书副本转送给请求人，并告知请求人如需意见陈述应在口头审理后七日内提交。

请求人在指定期限内未进行意见陈述。

在上述程序的基础上，合议组认为本案事实已经清楚，可以依法作出如下审查决定。

二、决定的理由

1. 审查的基础

本无效宣告审查决定所针对的文本是：国家知识产权局专利局于2003年1月3日作出部分撤销专利权决定时所维持专利权继续有效的权利要求第1项和于2001年2月28日公告授权的说明书第1～3页和说明书附图第1～2页。

2. 证据的认定

证据1是国家知识产权局专利局针对本专利在先作出的撤销请求审查决定，不能构成用来评价本专利新颖性和创造性的已有技术。

证据2是中国专利文献，属于公开出版物，合议组已经核实了其真实性，其申请日早于本专利的申请日，其授权公告日晚于本专利的申请日，构成审查指南第二部分第三章第2.2节中所规定的抵触申请，故证据2仅能用于评价本专利的新颖性。

证据3是国家知识产权局专利复审委员会针对另案作出的无效审查决定，与本案无必然联系。

证据4～8为中国专利文献，属于公开出版物，合议组已经核实了它们的真实性，它们的授权公告日均早于本专利的申请日，故证据4～8可以作为评价本专利新颖性和创造性的已有技术。

证据9是江苏省无锡市国家税务局文件的复印件。从证据的形式上看，由于请求人在口头审理时未能出示该证据的原件，并且请求人也未提交能够印证该证据复印件与原件相符的其他证据，同时被请求人对该证据的真实性提出了异议，因此根据最高人民法院《关于行政诉讼证据若干问题的规定》之第五十七条的相关规定，该证据不能作为定案的依据。此外，从证据的内容上看，该证据中并未涉及"防伪发票专用章"的具体结构，即该证据并未涉及任何技术内容，也未涉及与其他任何技术内容相关联的信息，因此该证据不能构成已有技术来评价本专利的新颖性和创造性。

鉴于请求人在口头审理过程中放弃了证据10，故合议组对该证据不再予以考虑。

证据11是江苏省无锡市公证处作出的公证书，该公证书中包括公证书正文1页、粘连有三张照片的照片页1页和现场询问笔录复印件3页。根据该公证书正文可知：上述三张照片分别拍摄于2004年4月7日和2004年4月8日，照片中的物品与现场实际看到的物品相符；现场询问笔录复印件与公证员所制作的原件相符，其中所记载的内容为相关人员分别在2004年4月7日和2004年4月8日亲口所述。三张照片都是从外部进行拍摄的，未对其进行拆散拍摄，而这样的照片只能反映出其中物品"防伪发票专用章"的外部形状，而无法反映出其内部的具体结构，从而无法确定照片中的物品与本专利权利要求1所保护的技术方案是否完全相同。现场询问笔录中所记载的内容属于证人证言类证据，证人证言本身的客观性会受到知情者的感官能力、记忆力以及作证的主观动机等多方面因素的影响，在没有相关证人出庭接受质证及没有其他原始客观证据进行佐证的情况下，该证据只能证明相关人员在上述时间看到了照片中的物品、并口述了现场询问笔录中所记载的内容，但是无法确定相关人员在现场口述内容的真实性，从而无法确定照片中的物品在本专利申请日2000年5月18日以前是否公开使用过。

3. 关于本专利权利要求1的新颖性和创造性

专利法第二十二条第二款规定：新颖性，是指在申请日以前没有同样的发明或者实用新型在国内外出版物上公开发表过、在国内公开使用过或者以其他方式为公众所知，也没有同样的发明或者实用新型由他人向国务院专利行政部门提出过申请并且记载在申请日以后公布的专利申请文件中。

专利法第二十二条第三款规定：创造性，是指同申请日以前已有的技术相比，该发明有突出的实质性特点和显著的进步，该实用新型有实质性特点和进步。

证据2涉及一种防伪印章（参见证据2的附图1~3和说明书第1~2页），其中具体披露了以下技术特征：该印章包括外壳、弹簧、印盒、弹性夹头、固定轴、翻板、支架，推杆（8）安装在支架（7）一侧的定位槽架（12）内，拉簧（9）两端分别与推杆（8）和支架（7）相连，小翻板（11）上端通过连接轴（13）与定位槽架（12）相连，下端通过连杆（10）与外壳（1）相连，小章面（14）安装在推杆（8）下端面上，小印盒（15）固定在小翻板（11）的印盒槽中。

将本专利权利要求1所保护的技术方案与证据2所公开的内容相比，其区别在于：证据2并未公开本专利权利要求1中"支架（3）的侧部有定位槽（12），并与装在壳体（1）上的定位块（16）构成锁定装置"这一技术特征。

证据4涉及一种自动翻转印章（参见证据4的附图1~5和说明书第1~2页），其中具体披露了以下技术特征：该印章包括印章壳（1）、置于其内的中心架（2）以及压缩在两者之间的弹簧（3），在印章壳（1）两侧立壁上有双锁定机构（12），在中心架（2）平行于印章壳（1）两侧立壁的另两侧面上各有三道锁定槽（21），中心架（2）两侧立壁各有一条中间部位向一侧弯曲的槽（23）及推动印章（25）自动翻转的向内凸起物（24）；还有套装在中心架（2）的另一端头与印章壳（1）借止口（14）啮合的底盖（4）。

证据5涉及一种翻转式自供印油印章（参见证据5的附图1~11和说明书第1~3页），其中具体披露了以下技术特征：该印章的翻转机构由印章托（4）两侧面上的导引直槽（7）、翻转轴（8）与内套筒（2）两侧的V字形滑道（9）及位于V字凹部的凸键（10）或与内套筒（2）两侧的直线形滑道（9）及悬挂在滑道（9）上方的有U字形滑道（9a）的活动摆臂（11）和在活动摆臂（11）上U字凹部的凸键（10）构成，该印章还设置了由琴键式按钮锁钩（13）与锁定孔（12a）和锁定槽（12b）构成的锁定装置。

证据6涉及一种防伪自动印章（参见证据6的附图1~3和说明书第1~3页），其中具体披露了以下技术特征：该印章在外壳（1）内置有可滑动位移的支承架（3），支承架（3）与外壳（1）内之间设有一弹簧（2），支承架（3）的上部置有印泥盒（4），印泥盒（4）下方设有一通过固定在外壳（1）上的销轴（7）定位的印头（6），支承架（3）的相对侧面开有两个条形通孔（9），通孔（9）一侧设有使印头（6）翻转的转向机构。

证据7涉及一种防伪自供油印章（参见证据7的附图1~2和说明书第1~3页），其中具体披露了以下技术特征：该印章由外套筒、内套筒、印章体、印章托、印台和弹簧6个部件构成，印台中含有防伪印油，并被全封闭在内套筒内部，不能取出。

证据8涉及一种新型自动印章（参见证据8的附图1和说明书第1~2页），其中具体披露了以下技术特征：该印章主要由外壳、弹簧、支承架等组成，外壳与支承架相连接，外壳内设有弹簧、印油盒和印头，此印章可180°自动翻转、自动盖印、沾油一次完成。

将本专利权利要求1所保护的技术方案分别与证据4~8所公开的内容相比，其区别在于：证据4~8中的任意一份证据均未公开本专利权利要求1中“副章（19）”、“小支架（17）”和“副印盒（10）”这些技术特征。

鉴于证据2和4~8中的任意一份证据均未公开本专利权利要求1的全部技术特征，故本专利权利要求1相对于证据2和证据4~8具备专利法第二十二条第二款规定的新颖性。

本专利属于防伪印章技术领域，由于其权利要求1与证据4~8存在上述区别技术特征，而该权利要求1所保护的技术方案解决了现有技术中“印章的伪防区和图案区分别独立，防伪效果不佳”的技术问题，并且能够产生“盖章一次，能获得主副二种印纹，且主印纹能与副印纹重叠，以达到显著防伪效果”的技术效果。同时，在证据4~8中也未给出将上述区别技术特征应用到现有技术中以得到本专利权利要求1技术方案的启示，上述区别技术特征也不是本领域中的公知常识，即本专利权利要求1所保护的技术方案相对于证据4~8及其任意组合是非显而易见的。因此，本专利权利要求1相对于证据4~8具有实质性特点和进步，具备专利法第二十二条第三款规定的创造性。

针对请求人的观点：在权利要求中即使不写入本领域中所熟知的公知常识，亦不影响该权利要求所保护技术方案的清楚和完整性，这样的公知常识应被考虑在权利要求所限定的技术方案之中，证据4~8可以证明本专利权利要求1中的技术特征“支架（3）的侧部有定位槽（12），并与装在壳体（1）上的定位块（16）构成锁定装置”属于本领域中所熟知的公知常识，因此该技术特征虽未被证据2所披露，但并不影响证据2破坏本专利权利要求1的新颖性和创造性。对此，合议组认为：证据4~8虽然可以证明本专利权利要求1中的技术特征“支架（3）的侧部有定位槽（12），并与装在壳体（1）上的定位块（16）构成锁定装置”本身属于本领域中所熟知的公知常识，但是证据所公开的内容并不可能包括所有属于公知常识的技术特征，只有那些虽未记载在证据中但是该证据中的产品或方法所必然包括的技术特征属于该证据隐含公开的技术内容，上述技术特征“定位槽与定位块构成锁定装置”显然不属于这样的技术特征，因为锁定装置在翻斗式防伪印章上不是必然存在的，而是可选择存在的，即在没有该锁定装置的情况下，并不影响该翻斗式防伪印章进行沾油和盖章的正常操作，因此不能认定证据2隐含公开了本专利权利要求1中“支架（3）的侧部有定位槽（12），并与装在壳体（1）上的定位块（16）构成锁定装置”这一技术特征，故证据2不能破坏本专利权利要求1的新颖性；此外，证据2不能构成申请日以前的已有技术，在本专利申请之时证据2尚未公开，被请求人并不知晓证据2中的技术内容，其并非在证据2的基础上作出的改进，因此不能使用证据2来评价本专利权利要求1的创造性，故对于请求人的上述主张合议组不予支持。

4. 关于专利法第九条

专利法第九条规定：两个以上的申请人分别就同样的发明创造申请专利的，专利权授予最先申请的人。

合议组认为：在本专利权利要求 1 具备新颖性的前提下，应认为该权利要求 1 中的“翻斗式防伪印章”与上述证据所采取的是不同的技术方案，故它们不属于同样的发明创造。

因此，本专利权利要求 1 符合专利法第九条的规定，对于请求人的主张合议组不予支持。

三、决定

维持 00220325.1 号实用新型专利权有效。

当事人对本决定不服的，可以根据专利法第四十六条第二款的规定，自收到本决定之日起三个月内向北京市第一中级人民法院起诉。根据该款的规定，一方当事人起诉后，另一方当事人应当作为第三人参加诉讼。

摩托车金属尾箱案

无效宣告请求审查决定（第7361号）

决　定　号　第7361号
决　定　日　2005年6月28日
发明创造名称　摩托车金属尾箱
国际分类号　B62J 9/00
无效请求人　陈仕荣
专利权人　李池苟
专　利　号　03224535.1
申　请　日　2003年3月20日
授权公告日　2004年4月21日
合议组组长　杨克菲
主　审　员　陈　勇
参　审　员　陈海平

法律依据　专利法第二十二条第二款、第三款
决定要点

由于实用新型专利权保护的是产品的技术方案，因此相应的外观设计专利产品的公开并不一定能导致该实用新型专利的公开。

对比文件仅公开了独立权利要求中的一部分技术特征，而另一部分技术特征没有被公开，且不能从现有技术中得到启示，由于这些特征的存在使得权利要求所限定的技术方案与现有技术的技术方案不同，且具有有益效果，故该现有技术不能否定本专利的创造性。

一、案由

本无效宣告请求案涉及申请日为2003年3月20日、授权公告日为2004年4月21日、名称为“摩托车金属尾箱”的03224535.1号实用新型专利（下称本专利），专利权人为李池苟（下称被请求人）。授权公告的权利要求书如下：

“1. 一种摩托车金属尾箱，包括尾箱盖（1）和尾箱主体（2），其特征在于尾箱主体是由主体边沿（21）和主体底部（22）两部分组合固定而成。

2. 根据权利要求1所述的一种摩托车金属尾箱，其特征在于所述主体边沿（21）和主体底部（22）的组合固定方式为点焊。

3. 根据权利要求1所述的一种摩托车金属尾箱，其特征在于所述的主体边沿（21）是由一整块金属板首尾连接固定而成，其首尾两端的连接固定方式为点焊。

4. 根据权利要求1所述的一种摩托车金属尾箱，其特征在于所述主体边沿（21）上有支撑尾箱盖的凸边（4）。

5. 根据权利要求2所述的一种摩托车金属尾箱，其特征在于尾箱主体外部的主体边沿（21）和主体底部（22）接合处有密封装饰带（5）。”

针对上述专利权，陈仕荣（下称请求人）于2004年10月27日向专利复审委员会提出了宣告专利权无效的请求，其理由是本专利不符合专利法第二十二条第二款和专利法实施细则第二条第二款的规定。与此同时，请求人提交了以下证据：

证据1：ZL98331536.1号外观设计专利公报复印件，授权公告日为1999年7月21日；

证据2：ZL02362595.3号外观设计专利公报复印件，授权公告日为2003年4月30日；

证据3：ZL03317725.2号外观设计专利公报复印件，授权公告日为2003年8月13日；

证据4：2003年3月20日开具的收据复印件一份；

证据5：李池苟诉陈仕荣侵犯ZL98331536.1号外观设计专利权的起诉状复印件一份共2页；

证据6：广州市中级人民法院（2003）穗中法民三初字第00176号民事裁定书复印件一份共2页。

经形式审查合格后，专利复审委员会受理了上述无效宣告请求，于2004年10月27日发出了无效宣告请求受理通知书，并将上述无效宣告请求书及所附相关文件副本转给被请求人，要求被请求人在指定期限内陈述意见。同时依法成立合议组对本案进行审查。

2004年11月4日，请求人再次提交意见陈述书，同时补充了一份证据：

证据7：ZL01245441.9号实用新型专利说明书复印件，授权公告日为2002年7月24日。

请求人认为：本专利权利要求1~5相对于证据7不具备创造性。

2004年11月19日，请求人又一次提交意见陈述书，同时补充提交了一份证据：

证据8：载有大尾箱和小尾箱销售价格的价格单复印件一张。

2004年11月27日，请求人再次提交意见陈述书，同时补充提交了以下三份证据：

证据9：广州市中级人民法院（2004）穗中法民三知初字第573号开庭笔录复印件共3页；

证据10：申请号为03317725.2的专利申请文件及受理通知书复印件共6页；

证据11：机械工业出版社2003年1月第1版第3次印刷的《袖珍钣金冷作工手册》部分内容复印件共4页。

请求人认为：从证据9、证据10可以得知，ZL03317725.2专利产品与ZL98331536.1专利产品结构已经公开了本专利的技术方案，因此本专利不具备新颖性。另外，证据11可以说明钣金产品的构件之间常用焊接、铆接等方法进行连接。

2005年1月15日，请求人再次提交意见陈述书，同时补充提交了下面一份证据：

证据12：申请号为03317725.2的专利申请文件副本的复印件共5页。

针对专利复审委员会发出的无效宣告请求受理通知书，被请求人于2004年12月11日提交了陈述意见书，认为证据1~6均不能否定本专利的新颖性和创造性。

专利复审委员会于2005年3月8日向双方当事人发出口头审理通知书，定于2005年4月26日在专利复审委员会举行口头审理，并将被请求人在2004年12月11日提交的意见陈述书副本转给请求人，将请求人2004年11月4日、2004年11月19日、2004年11月27日和2005年1月15日提交的意见陈述书及其相关文件副本转给被请求人。

口头审理如期举行，双方当事人均参加了口头审理。双方当事人对变更后的合议组成员无回避请求，对对方出庭人员的身份和资格无异议。请求人放弃专利法实施细则第二条第二款作为无效理由。被请求人对证据1~12的真实性无异议。在口头审理中，请求人主张：（1）证据1、4、5、6、8和证据9组成证据链，证明本专利权利要求1~5不具备新颖性和创造性；（2）证据3、4、5、6、8、9、

10 和证据 11、12 组成证据链，证明本专利权利要求 1 ~5 不具备新颖性和创造性；（3）证据 7 和证据 11 结合证明权利要求 1 ~5 不具备创造性。其中证据 5 和证据 8 用来说明 2003 年 3 月 17 日之前证据 1 的产品已经公开销售，证据 6 和证据 9 说明请求人和被请求人均认可销售了同样的产品，即证据 1 和证据 3 的产品相同。证据 4 说明在本专利申请日之前确实已经有证据 1 的产品销售。请求人还明确，上述证据链（1）和证据链（2）中的技术方案的公开以法院保全的实物为依据。请求人口头审理时提出，请求合议组调取广州市中级人民法院（2003）穗中法民三初字第 00176 号裁定书中所保全的产品及广州市中级人民法院（2004）穗中法民三知初字第 573 号开庭笔录中涉及的产品实物。被请求人当庭提交了针对专利复审委员会 2005 年 3 月 8 日转送文件通知书的意见陈述书，合议组当即将其转给请求人，请求人表示在口头审理结束一周内针对此提交书面意见，合议组告知，逾期不提交不影响合议组作出决定。双方当事人结合证据就各自的观点进行了充分的论述。合议组当庭告知双方当事人，仅以请求人口头审理中提出的证据使用方式来评价本专利的新颖性和创造性。

2005 年 4 月 27 日，本案合议组收到了被请求人针对专利复审委员会 2005 年 3 月 8 日转送文件通知书的意见陈述书所作的意见陈述书，其内容与口头审理时提交的意见陈述书相同，鉴于合议组在口头审理时已经将其转给请求人，故合议组决定对此不再进行转文。

2005 年 4 月 30 日，针对口审时当庭转给请求人的由被请求人提交的意见陈述书及其附件，请求人提交了意见陈述书，其认为证据 1 和证据 3 已经公开了本专利权利要求 1 ~5 的技术方案，且证据 1 和证据 3 的产品已经在 2003 年 3 月 17 日前公开销售，并且对被请求人口头审理中提交的意见陈述书附件中的“陈炼春”的身份提出了质疑，其余的意见与口头审理时陈述的意见一致。

2005 年 5 月 8 日，请求人向专利复审委员会提交了一份由揭阳市东山区磐东荣兴五金厂出具的书面证明，其中说明了“陈炼春”的身份以及该厂生产摩托车尾箱的情况。

在上述程序的基础上，合议组认为本案事实已经清楚，可以依法作出如下审查决定。

二、决定的理由

关于本专利的新颖性和创造性

专利法第二十二条第二款规定：新颖性，是指在申请日以前没有同样的发明或者实用新型在国内外出版物上公开发表过、在国内公开使用过或者以其他方式为公众所知，也没有同样的发明或者实用新型由他人向专利局提出过申请并且记载在申请日以后公布的专利申请文件中。

专利法第二十二条第三款规定：创造性，是指同申请日以前已有的技术相比，该发明有突出的实质性特点和显著的进步，该实用新型有实质性特点和进步。

请求人认为：（1）证据 1、4、5、6、8 和证据 9 组成证据链，证明本专利权利要求 1 ~5 不具备新颖性和创造性；（2）证据 3、4、5、6、8、9、10 和证据 11、12 组成证据链，证明本专利权利要求 1 ~5 不具备新颖性和创造性；（3）证据 7 和证据 11 结合证明权利要求 1 ~5 不具备创造性。其中证据 5 和证据 8 用来说明 2003 年 3 月 17 日之前证据 1 的产品已经公开销售，证据 6 和证据 9 说明请求人和被请求人均认可销售了同样的产品，即证据 1 和证据 3 的产品相同。证据 4 说明在本专利申请日之前确实已经有证据 1 的产品销售。

合议组已经依审查指南第四部分第三章第 3.1 节的规定，当庭告知双方当事人仅以口头审理时请求人提出的上述证据对比方式评述本专利的新颖性和创造性，故合议组在下面将仅对此作出评述。

下面评述由证据 1、4、5、6、8 和证据 9 组成的证据链（1）。虽然被请求人对上述证据的真实性无异议，但是证据 1 为 ZL98331536.1 号外观设计专利公报，作为外观设计并不能充分反映出产品的具体结构。证据 4 为 2003 年 3 月 20 日开具的收据复印件一份，其上记载的日期为 2003 年 3 月 20 日，这一日期并非在本专利的申请日之前，且根据其上记载的型号，也无法断定所销售的是哪个专利产品，所以对该证据不予考虑。证据5是李池苟诉陈仕荣侵犯ZL98331536.1号外观设计专利权的起诉状，其中仅仅能够说明被请求人承认在2003年3月17日之前证据1的产品已经公开销售。证据6是广州市中级人民法院（2003）穗中法民三初字第00176号民事裁定书，其中仅仅说明了李池苟诉陈仕荣侵犯ZL98331536.1号外观设计专利权一案中的证据保全申请的裁定情况。证据8是载有大尾箱和小尾箱销售价格的价格单复印件，其上无任何时间信息和产品型号信息，所以该证据不能与其他证据构成证据链。证据9为广州市中级人民法院（2004）穗中法民三知初字第573号开庭笔录复印件，其中请求人和被请求人分别对证据1和证据3的产品陈述了各自的意见，但是其中并不能直接反映出这些产品的具体结构。

下面评述由证据3、4、5、6、8、9、10和证据11、12组成的证据链（2）。虽然被请求人对上述证据的真实性无异议，但是证据3为ZL03317725.2号外观设计专利公报，授权公告日为2003年8月13日，该日期在本专利申请日之后，因此不能单独作为评价本专利新颖性和创造性的公开出版物类现有技术，而且由于证据3为外观设计专利，而本专利为实用新型专利，所以其也不能作为抵触申请来评价本专利的新颖性。对证据4、5、6、8和证据9的评述与上面对证据链（1）的评述中的意见相同。证据10为申请号为03317725.2的专利申请文件及受理通知书复印件，证据12为03317725.2的专利申请文件副本，因为证据10和证据12只是申请文件，还未构成公开出版，其公开时间不能确认。如果请求人想以证据3、证据10和证据12来反映ZL03317725.2专利产品的结构，那么由于它们本身均为外观设计专利或者专利申请文件，所以并不能充分反映出产品的具体结构。证据11为机械工业出版社2003年1月第1版第3次印刷的《袖珍钣金冷作工手册》部分内容复印件，其只是公开了钣金、冷作产品常用的联接方式可以有咬接、焊接、螺纹连接和胀接，其中并未涉及本专利权利要求1所记载的摩托车金属尾箱的具体结构。

通过以上分析可知，不论是证据链（1）还是证据链（2），其中均未公开在本专利申请日之前公开的证据1和证据3产品的具体结构。尽管请求人在口头审理时还指出，上述证据链（1）和证据链（2）中的技术方案的公开以法院保全的实物为依据。但是请求人在口头审理时并未出示相应的实物证据；对于请求人提出的要求合议组调取证据的要求，合议组认为，从证据6和证据9中无法确认法院保全的产品是本专利申请日之前公开的产品。因此即使该产品公开了与本专利权利要求限定的技术方案完全相同的技术方案，也不能证明本专利权利要求所限定的技术方案在申请日之前公开的事实，所以合议组认为没有调取法院保全产品实物的必要。因此合议组认为，上述证据链（1）或证据链（2）均不能构成一个完整的证明体系，证明本专利权利要求的技术方案在申请日前公开，故对请求人的上述主张不予支持。

证据7为ZL01245441.9号实用新型专利说明书，被请求人对其真实性无异议，其为本专利申请日之前的公开出版物，因此可以作为已有技术来评价本专利权利要求的创造性。

证据7涉及一种摩托车尾箱，其中具体公开了以下技术内容（参见该证据说明书第1页倒数第5行至倒数第4行及附图1）：该摩托车尾箱包括箱体1和箱盖2，箱体1和箱盖2都由金属材料制成。

本专利权利要求1与证据7相比，具有下面的区别技术特征：尾箱主体由主体边沿和主体底部两部分组合固定而成。

证据11为机械工业出版社2003年1月第1版《袖珍钣金冷作工手册》部分内容复印件，其只是公开了钣金、冷作产品常用的联接方式可以有咬接、焊接、螺纹连接和胀接。

合议组认为，证据11仅仅公开了钣金产品常用的联接方式，但是没有具体公开上述区别技术特征。也就是说，证据7和证据11结合也没有公开权利要求1所限定的摩托车金属尾箱的具体结构，并且在证据7和证据11中均没有对其给出相应的技术启示。而且由于上述区别技术特征的存在，使得摩托车金属尾箱结构更加合理，可以避免整体加工在冲压拉伸过程中发生的起皱现象，因此权利要求1具备专利法第二十二条第三款规定的创造性。

在权利要求1具备新颖性和创造性的基础上，其从属权利要求2~5也具备新颖性和创造性。

综上所述，合议组认为本专利权利要求1~5符合专利法第二十二条第二款、第三款的规定。

三、决定

维持03224535.1号的实用新型专利权有效。

当事人对本决定不服的，可以根据专利法第四十六条第二款的规定，自收到本决定之日起三个月内向北京市第一中级人民法院起诉。根据该款的规定，一方当事人起诉后，另一方当事人应当作为第三人参加诉讼。

117

自然风电风扇案

无效宣告请求审查决定（第7372号）

决　　定　　号　第7372号
决　　定　　日　2005年7月8日
发明创造名称　自然风电风扇
国 际 分 类 号　F04D 29/38
无 效 请 求 人　北京迪兰恒进科技有限公司　林锦波
专 利 权 人　吴凤清
专　　利　　号　97116771.0
申　　请　　日　1997年8月19日
授权公告日　2001年1月31日
合议组组长　于　萍
主　　审　　员　崔　峥
参　　审　　员　杨克菲

法 律 依 据　专利法第三十三条　专利法第二十二条第二款、第三款　专利法第二十六条第三款、第四款　专利法实施细则第二十条第一款

决 定 要 点

1. 对于含有数值范围技术特征的权利要求中数值范围的修改，如果修改后数值范围的端值在原说明书和/或权利要求书中没有明确的记载，则认为这种修改超出了原说明书和权利要求书记载的范围。

2. 如果所属技术领域的技术人员在现有技术的启示和教导下将现有技术所公开的技术内容进行简单的组合并相应地作出具有预计效果的改变和/或等同替代从而得出涉案专利权利要求所限定的技术方案，则该涉案专利的该权利要求不具备创造性。

一、案由

本无效宣告请求案涉及申请日为1997年8月19日、授权公告日为2001年1月31日、名称为“自然风电风扇”的97116771.0号发明专利，专利权人为吴凤清（下称被请求人）。授权公告的权利要求书如下：

“1. 一种自然风电风扇，由电机、扇叶、控制系统组成，其特征在于：所述风扇风叶的数量在11～30之间，叶片有倾斜角度。

2. 如权利要求1所述的自然风电风扇，其特征在于：所述叶片的形状呈棒形，叶片数量18片，均分圆周，径向辐射状地固定在一轮毂上。

3. 如权利要求1所述的自然风电风扇，其特征在于：所述叶片形状呈“V”形，叶片数量28片，叶片之间设有一道加强环。

4. 如权利要求 1 所述的自然风电风扇，其特征在于：所述叶片形状呈棒形，叶片数量 28 片，叶片之间设有三道同心加强环。”

针对上述专利权，北京迪兰恒进科技有限公司（下称第一请求人）于 2004 年 7 月 15 日向专利复审委员会提出了无效宣告请求，其理由是本专利权利要求 1 不具备专利法第二十二条第二款和第三款规定的新颖性和创造性，权利要求 2 ~4 不具备专利法第二十二条第三款规定的创造性，本专利权利要求 1 ~4 不符合专利法第二十六条第四款和专利法实施细则第二十一条第二款的规定以及本专利说明书不符合专利法第二十六条第三款的规定，同时提交了如下证据：

证据 1 - 1：US5273400 美国专利说明书复印件及其中文译文（公开日为 1993 年 11 月 28 日）；

证据 1 - 2：EP0761979A1 欧洲专利申请说明书复印件及其中文译文（公开日为 1997 年 3 月 12 日）；

证据 1 - 3：US5513951 美国专利说明书复印件及其中文译文（公开日为 1996 年 5 月 7 日）；

证据 1 - 4：US5454695 美国专利说明书复印件及其中文译文（公开日为 1995 年 10 月 3 日）。

第一请求人认为，在本专利权利要求 1 中记载有“叶片有倾斜角度”的技术特征，但在该权利要求中并没有指出是叶片自身具有倾斜角度还是叶片相对于转动轴线具有倾斜角度，而且在本专利的说明书和附图中对此也没有明确的予以说明，另外，权利要求 2 ~4 限定了叶片的形状呈棒形或“V”形，但在这些权利要求以及说明书中均未记载叶片是在什么情况下呈棒形或“V”形，从而导致本领域技术人员无法实现本专利的发明目的，因此，本专利不符合专利法第二十六条第三款和第四款的规定。另外，证据 1 - 1 和证据 1 - 3 中的任意一篇都公开了本专利权利要求 1 的全部技术特征，故权利要求 1 相对于证据 1 - 1 和证据 1 - 3 中的任意一篇都不具备新颖性和创造性。同时，权利要求 1 相对于证据 1 - 1 与证据 1 - 3 的结合也不具备创造性。而且，在证据 1 - 1 和证据 1 - 3 分别公开了具有十四个叶片的电风扇和具有十一个或更多个叶片的电风扇的基础上，叶片的具体形状和数量的选择在实现其功能和效果上不再会产生任何实质性的变化，其技术效果应当是等同的，故从属权利要求 2 相对于证据 1 - 1 或证据 1 - 3 不具备创造性。证据 1 - 2 公开了一种在叶片之间设置加强环的风扇，故从属权利要求 3 和权利要求 4 相对于证据 1 - 1 与证据 1 - 2 的结合不具备创造性。另外，从属权利要求 2 ~4 相对于证据 1 - 1 与证据 1 - 4 的结合也不具备创造性。

经形式审查合格，专利复审委员会于 2004 年 7 月 16 日受理了上述无效宣告请求并将无效宣告请求书及证据副本转给了被请求人，同时成立合议组对上述无效宣告请求进行审查。

被请求人针对第一请求人于 2004 年 7 月 15 日提出的无效请求于 2004 年 8 月 30 日提交了意见陈述书并以附件的形式提交了第一请求人作为侵权诉讼的被告在侵权诉讼阶段所提交的证据的清单及相关的答辩意见。被请求人认为：对于本专利权利要求 1 中记载的“叶片有倾斜角度”和从属权利要求 2 ~4 中记载的叶片形状呈棒形或“V”形的技术特征，本专利的说明书和附图中均有清楚、明确的记载，符合专利法第二十六条第三款和第四款的相关规定。同时被请求人认为证据 1 - 1 至证据1 - 4 未履行相关的公证认证手续，无法确认其真实性。

专利复审委员会本案合议组于 2005 年 2 月 23 日向双方当事人发出了口头审理通知书，定于 2005 年 4 月 11 日举行口头审理，并将被请求人于 2004 年 8 月 30 日提交的意见陈述书及其附件转给了第一请求人。

第一请求人针对被请求人于 2004 年 8 月 30 日提交的意见陈述书于 2005 年 3 月 25 日向专利复审委员会提交了意见陈述书。第一请求人认为，其所提交的证据 1 - 1 至证据 1 - 4 分别来自于美国专利商标局和欧洲专利局的官方网站，均属于专利文献，并且是前述国家和地区专利局的正式出版物，而且可从国家知识产权局的数据库中检索得到，其真实性和有效性亦被世界各国所认可。此外，第一请求人进一步阐述了本专利不符合专利法第二十六条第三款和第四款的规定的理由，同时认为本专利权利要求 1 ~4 不符合专利法实施细则第二十条第一款的规定。合议组于 2005 年 4 月 25 日将该意见陈述书转给了被请求人。

口头审理于 2005 年 4 月 11 日如期举行，第一请求人和被请求人双方均出席了本次口头审理。在口头审理过程中，第一请求人放弃以专利法第二十六条第四款和专利法实施细则第二十一条第二款作为无效理由，并明确其无效理由为本专利的说明书不符合专利法第二十六条第三款的规定，本专利权利要求 1 ~4 不符合专利法实施细则第二十条第一款的规定，本专利权利要求 1 相对于证据 1 -1 至证据 1 -3 不具备新颖性，且相对于证据 1 -1 以及证据 1 -1 与证据 1 -3 的结合不具备创造性，权利要求 2 相对于证据 1 -1 以及证据 1 -1 与证据 1 -3 的结合不具备创造性，权利要求 3 相对于证据 1 -1 以及证据 1 -1 与证据 1 -2 的结合不具备创造性，权利要求 4 相对于证据 1 -1、证据 1 -1 与证据1 -2 的结合以及证据 1 -1 与证据 1 -4 的结合不具备创造性。

口头审理过程中，被请求人提出第一请求人提交的证据 1 -1 至证据 1 -4 均为域外证据，应办理公证认证手续，否则对其真实性不予认可。合议组当庭告知被请求人证据 1 -1 至证据 1 -4 为专利文献，可由专利局文献馆获得，无需办理公证认证手续，且合议组已对其真实性进行了核实。但被请求人仍以证据 1 -1 至证据 1 -4 未履行相关的公证认证手续无法确认其真实性为由拒绝对本专利的新颖性和创造性发表意见，同时被请求人拒绝在口头审理记录表中签字。

本次口头审理结束后，第一请求人于 2005 年 4 月 13 日提交了经国家知识产权局专利检索咨询中心认证的证据 1 -1 至证据 1 -4 的副本。随后，合议组于 2005 年 4 月 29 日将其转给了被请求人。

针对本专利的专利权，林锦波（下称第二请求人）于 2005 年 1 月 20 日向专利复审委员会提出了无效宣告请求，其理由是本专利说明书不符合专利法第二十六条第三款的规定，本专利权利要求1 ~4 不符合专利法第二十六条第四款的规定，且本专利权利要求 1 不具备专利法第二十二条第二款和第三款规定的新颖性和创造性，权利要求 2 ~4 不具备专利法第二十二条第三款规定的创造性，同时提交了如下证据：

证据 2 -1：US2500071 美国专利说明书复印件（公开日为 1950 年 3 月 7 日）；

证据 2 -2：日本专利公报特开平 6 -280799 的复印件（公开日为 1994 年 10 月 4 日）；

证据 2 -3：日本专利公报特开平 6 -336999 的复印件（公开日为 1994 年 12 月 6 日）；

证据 2 -4：US5513951 美国专利说明书复印件（公开日为 1996 年 5 月 7 日）；

证据 2 -5：US4474534 美国专利说明书复印件（公开日为 1984 年 10 月 2 日）；

证据 2 -6：DE4326147A1 德国专利申请说明书复印件（公开日为 1994 年 11 月 24 日）；

证据 2 -7：US5320493 美国专利说明书复印件（公开日为 1994 年 6 月 14 日）；

证据 2 -8：EP0553598A1 欧洲专利申请说明书复印件（公开日为 1993 年 8 月 4 日）；

证据 2 -9：CN2198423Y 中国实用新型专利说明书复印件（公开日为 1995 年 5 月 24 日）。

第二请求人认为，本专利说明书中仅仅记载了风扇具有五片至几十、几百片叶片，本领域技术人员无从得出几十、几百具体是多少，而且说明书也没有对权利要求所限定的技术方案的技术效果进行任何的说明，故不符合专利法第二十六条第三款的规定；同时，说明书中也未记载本专利权利要求 1 ~4 中所具体限定的叶片的数量和该数量叶片所具有的技术效果，因此，权利要求 1 ~4 不符合专利法第二十六条第四款的规定。另外，证据 2 -1 和证据 2 -2 均公开了本专利权利要求 1 的全部技术特征，因此权利要求 1 相对于证据 2 -1 或证据 2 -2 均不具备新颖性和创造性；权利要求 2 相对于证据 2 -1 或证据 2 -2 也不具备创造性；证据 2 -3、2 -4、2 -6、2 -7 和证据 2 -8 中的叶片均呈“V”形，而且在证据 2 -8 中，叶片之间设有加强环，因此本专利权利要求 3 同样也不具备创造性；同时权利要求4也不具备创造性。

随后，第二请求人又于2005年2月4日提交了意见陈述书和证据2－1至证据2－8相关使用部分的中文译文，同时补充了无效的理由和证据，其补充证据如下：

证据2－10：被请求人于申请日提交的本专利原始申请的说明书和权利要求书复印件（共6页）。

第二请求人认为，本专利权利要求1中的“风扇风叶的数量在11～30之间”，权利要求2中的“叶片数量18片，均分圆周，径向辐射状地固定在一轮毂上”以及权利要求3和权利要求4中的“叶片数量28片”在原始说明书和权利要求书中均无记载，故实质审查阶段修改并授权公告的本专利权利要求1～4超出了原说明书和权利要求书的记载范围，不符合专利法第三十三条的规定。

经形式审查合格，专利复审委员会于2005年3月10日受理了上述无效宣告请求并将第二请求人于2005年1月20日提交的无效宣告请求书及证据副本以及于2005年2月4日提交的意见陈述书及补充证据的副本以及证据2－1至证据2－8相关使用部分的中文译文转给了被请求人，并由本合议组将第一请求人和第二请求人所提出的这两次无效宣告请求合案进行审理。

第二请求人又于2005年4月15日提交了经国家知识产权局专利检索咨询中心认证的证据2－1至证据2－9的副本的复印件。随后，合议组于2005年4月25日将其转给了被请求人。

根据合案审理原则，专利复审委员会本案合议组决定对第一请求人和第二请求人针对本专利的无效宣告请求进行合案审理，并于2005年4月25日向第一请求人、第二请求人以及被请求人三方当事人发出了口头审理通知书，定于2005年6月6日举行口头审理。

口头审理如期举行，第一请求人、第二请求人和被请求人均出席了本次口头审理。

在口头审理过程中，第二请求人明确其无效理由为本专利的说明书不符合专利法第二十六条第三款的规定，本专利权利要求1～4不符合专利法第三十三条和第二十六条第四款的规定，本专利权利要求1相对于证据2－1不具备新颖性和创造性，权利要求2～4相对于证据2－1不具备创造性，同时权利要求2－4相对于证据2－1与证据2－2至证据2－9之一的结合不具备创造性，权利要求4相对于证据2－1与第一请求人的证据1－2的结合不具备创造性。另外，第二请求人当庭提交了盖有国家知识产权局专利检索咨询中心副本认证专用章的证据2－1至证据2－9的副本原件，合议组经核实，该副本原件与第二请求人之前所提交的副本复印件一致。

口头审理过程中，被请求人认可证据2－9的真实性，但仍坚持认为证据2－1至证据2－8未履行相关的公证认证手续，对其真实性具有异议，并以此为由拒绝对证据2－1至证据2－8的中文译文发表意见，同时拒绝对本专利的新颖性和创造性发表意见。合议组当庭告知被请求人证据2－1至证据2－8为专利文献，并已经过国家知识产权局专利检索咨询中心予以认证，且合议组已对其真实性进行了核实，若被请求人对其真实性仍持有异议，需提供相应的反证，若对其中文译文有异议，应具体指出异议之处并提交相应的译文，否则合议组对其主张不予支持。另外，被请求人拒绝对证据2－10的真实性发表意见，合议组当庭告知被请求人，证据2－10为被请求人于本专利申请日提交的原始专利申请的说明书和权利要求书复印件，其原件留存于本案案卷之中，合议组已核实了其真实性。口头审理结束后，被请求人仍拒绝在口头审理记录表中签字。

本次口头审理结束后，被请求人于2005年6月13日针对第一请求人于2005年3月25日提交的意见陈述书和2005年4月13日提交的经国家知识产权局专利检索咨询中心认证的证据1－1至证据1－4的副本向专利复审委员会提交了意见陈述书。被请求人仍坚持认为，本专利权利要求1中记载的“叶片有倾斜角度”在本专利的说明书和附图中均有清楚、明确的记载，符合专利法第二十六条第三款和第四款的相关规定。另外，证据1－1至证据1－4未履行法定的公证认证手续，其真实性依然无法得以确认。

同时，被请求人还针对第二请求人提出的无效宣告请求及证据副本和2005年4月15日提交的经国家知识产权局专利检索咨询中心认证的证据2-1至证据2-9的副本向专利复审委员会提交了意见陈述书。被请求人认为，从本专利说明书附图中可直接看出多叶风叶具体可以是十二、十八和二十八片，本领域技术人员完全可以理解多叶风叶有五片至几十、几百片叶片的含义，也完全可以实现本专利的技术方案，故本专利符合专利法第二十六条第三款的规定；而且“多叶风叶有五片至几十、几百片叶片”包括了“风扇风叶的数量在11~30之间”这一风扇风叶的范围，而本专利权利要求2~4的内容可直接从说明书附图中得到，故本专利权利要求1~4符合专利法第二十六条第四款和第三十三条的规定，另外，“风扇风叶的数量在11~30之间”的风叶不包括十一片和三十片的风叶；证据2-1至证据2-8未履行法定的公证认证手续，其真实性依然无法得以确认。

在上述程序的基础上，合议组认为本案事实已经清楚，可以依法作出本决定。

二、决定的理由

1. 证据认定

证据2-1和证据2-8属于专利文献，为公开出版物，其已经过国家知识产权局专利检索咨询中心予以认证，且合议组亦已对其真实性进行了核实，其真实性已得到确认，虽被请求人对其真实性持有异议，但并未提出相应的反证，故合议组对被请求人的主张不予支持，证据2-1和证据2-8的公开日均早于本专利的申请日，故而可以作为现有技术来评价本专利的新颖性和创造性。

证据2-10为被请求人于本专利申请日提交的原始专利申请的说明书和权利要求书的复印件，其原件留存于本案案卷之中，合议组已核实了其真实性，故可以作为判断本专利是否符合专利法第三十三条之规定的依据。

2. 关于专利法第三十三条

专利法第三十三条规定：申请人可以对其专利申请文件进行修改，但是，对发明和实用新型专利申请文件的修改不得超出原说明书和权利要求书记载的范围，对外观设计专利申请文件的修改不得超出原图片或者照片表示的范围。

根据审查指南的相关规定，专利申请文件经修改后，如果所属技术领域的技术人员认为修改后的说明书和/或权利要求书中存在着不能从原申请直接且毫无疑义地导出的内容，则认为修改超出了原说明书和权利要求书记载的范围。另外，对于含有数值范围技术特征的权利要求中数值范围的修改，只有在修改后数值范围的两个端值在原说明书和/或权利要求书中已确实公开的前提下，才是允许的，否则则认为修改超出了原说明书和权利要求书记载的范围。

本专利权利要求1的技术特征“风扇风叶的数量在11~30之间”应理解为风扇风叶的数量可以在包括数值端值11和30在内的11~30之间进行选择，而其中的数值范围“11~30”的数值端值11和30均未明确地记载在原说明书和/或权利要求书中。因此，权利要求1所限定的技术方案超出了原说明书和权利要求书的记载范围，不符合专利法第三十三条的规定。即使认为“风扇风叶的数量在11~30之间”不包括端值11和30，由于风扇风叶的数量应为自然数，在此情况下，“风扇风叶的数量在11~30之间”就相当于“风扇风叶的数量为12~29”，则同样由于数值端值29未明确地记载在原说明书和/或权利要求书中，权利要求1所限定的技术方案仍然超出了原说明书和权利要求书的记载范围，不符合专利法第三十三条的规定。

第二请求人认为，本专利权利要求2中的技术特征“叶片数量十八片，均分圆周，径向辐射状地固定在一轮毂上”以及权利要求3和权利要求4中的技术特征“叶片数量二十八片”在原始说明书和权利要求书中均无记载，超出了原说明书和权利要求书的记载范围，不符合专利法第三十三条的规定。

对此，合议组认为，说明书附图属于说明书的一部分，在原说明书附图1中已清楚和明确地示出了叶片的数目为18片，且亦可看出叶片基本是均分圆周，径向辐射状地固定在一圆盘状物体上，而且根据本领域的一般技术常识，风扇的叶片通常也是均分圆周进行分布并固定在轮毂上，且轮毂安装在风扇的转轴上，风扇转轴旋转进而带动轮毂和叶片旋转，因此，从附图1所显示和揭示的技术内容出发，所属技术领域的技术人员完全可以直接且毫无疑义地导出"叶片数量十八片，均分圆周，径向辐射状地固定在一轮毂上"这样的技术特征。当然，这里的"轮毂"应理解为用于固定风扇叶片并安装在风扇转轴上的盘状物。因此，权利要求2符合专利法第三十三条的规定。另外，在原说明书附图6和附图8中也已清楚和明确地示出了叶片的数目为二十八片，故权利要求3和权利要求4也符合专利法第三十三条的规定。

3. 关于专利法第二十六条第三款

专利法第二十六条第三款规定：说明书应当对发明或者实用新型作出清楚、完整的说明，以所属技术领域的技术人员能够实现为准。

第一请求人认为，本专利的说明书和附图均没有明确地说明"叶片具有倾斜角度"的具体技术含义，而且说明书也未记载叶片是在什么情况下呈棒形或"V"形，从而导致本领域技术人员无法实现本专利的发明目的，因此，本专利不符合专利法第二十六条第三款的规定。

对此，合议组认为，本专利说明书已明确说明叶片具有一定的倾斜角度，而且在作为附图1~8所示电风扇叶片A-A方向的剖视图的附图9中业已清楚地示出了叶片的倾斜方式，即叶片所在的平面倾斜于与纸面相垂直的水平面，也就是说，在图1~8中，叶片所在的平面相对于纸面是倾斜的，与纸面具有一定的倾斜角度。另外，对于叶片的形状呈棒形或"V"形在说明书中亦有明确的文字记载，而且附图1和附图6也清楚地示出了叶片的棒形形状，附图3和附图8也清楚地示出了叶片的"V"形形状。因此，所属技术领域的技术人员通过阅读本专利的说明书已完全能够实现"叶片具有一定的倾斜角度"的电风扇，而且也完全能够实现叶片形状为棒形或"V"形的电风扇，故合议组对第一请求人所提出的本专利说明书不符合专利法第二十六条第三款的主张不予支持。

第二请求人认为，本专利说明书中仅仅记载了风扇具有五片至几十、几百片叶片，本领域技术人员无从得出几十、几百具体是多少，而且说明书也没有对权利要求所限定的技术方案的技术效果进行任何的说明，故不符合专利法第二十六条第三款的规定。

对此，合议组认为，本专利所要解决的技术问题是消除或降低传统三叶电风扇在工作时所产生的旋风或涡流现象，使电风扇所形成的风更接近于自然风。本专利所采用的技术解决方案是将叶片的数量由传统电风扇的三片提高到五片至几十、几百片，同时说明书附图1~8也清楚地示出了电风扇叶片的具体数量均大于五片。由此，本领域技术人员在阅读了本专利的说明书之后，已能够清楚而明确地认识到通过将电风扇的叶片数量提高到五片以上即可消除或降低传统三叶电风扇在工作时所产生的旋风或涡流现象，使电风扇所形成的风更接近于自然风，从而实现本专利的发明目的，并获得相应的技术效果。因此，合议组对第二请求人所提出的本专利说明书不符合专利法第二十六条第三款的主张亦不予支持。

4. 关于专利法第二十六条第四款

专利法第二十六条第四款规定：权利要求书应当以说明书为依据，说明要求专利保护的范围。

第二请求人认为，本专利说明书中未记载本专利权利要求1~4中所具体限定的叶片的数量和该数量叶片所具有的技术效果，因此，权利要求1~4不符合专利法第二十六条第四款的规定。

对此，合议组认为，首先，鉴于本专利权利要求1已不符合专利法第三十三条的规定，故对权利要求1是否符合专利法第二十六条第四款的规定，合议组将不再予以评述。其次，说明书附图属于说明书的一部分，本专利说明书附图1已清楚和明确地示出了叶片的数目为十八片，而附图6和附图8也已清楚和明确地示出了叶片的数目为二十八片，而且根据说明书中的文字说明，叶片数量为十八片和二十八片的电风扇显然可实现本专利的发明目的并获得相应的技术效果，即在工作时可消除或降低旋风或涡流现象，所形成的风更接近于自然风。对本领域技术人员来说，完全可以根据说明书对技术方案及实施例的描述而直接得出该效果。因此，本领域技术人员能够从说明书中所公开的技术内容直接得到本专利权利要求2~4所要求保护的技术方案，因此本专利权利要求2~4符合专利法第二十六条第四款的规定。

5. 关于实施细则第二十条第一款

专利法实施细则第二十条第一款规定：权利要求书应当说明发明或者实用新型的技术特征，清楚、简要地表达请求保护的范围。

专利法第五十六条第一款规定：发明或者实用新型专利权的保护范围以其权利要求的内容为准，说明书及附图可以用于解释权利要求。

第一请求人认为，在本专利权利要求1~4中，未明确说明“叶片具有倾斜角度”的具体技术含义，另外，也未记载叶片是在什么情况下呈棒形或“V”形，因此不符合专利法实施细则第二十条第一款的规定。

对此，合议组认为，根据前面的有关论述，在本专利的说明书和附图中已清楚地描述了“叶片具有倾斜角度”以及棒形或“V”形叶片的具体技术含义，对于本领域技术人员来说，根据本专利说明书和附图的描述，显然能够对权利要求1~4中的“叶片具有倾斜角度”和叶片呈棒形或“V”形的技术特征的技术含义作出正确的理解和判断，而不会产生误解和歧义。本专利权利要求1~4已清楚地表达了请求保护的范围，符合专利法实施细则第二十条第一款的规定。

6. 关于本专利的新颖性和创造性

专利法第二十二条第二款规定：新颖性，是指在申请日以前没有同样的发明或者实用新型在国内外出版物上公开发表过、在国内公开使用过或者以其他方式为公众所知，也没有同样的发明或者实用新型由他人向国务院专利行政部门提出过申请并且记载在申请日以后公布的专利申请文件中。

专利法第二十二条第三款规定：创造性，是指同申请日以前已有的技术相比，该发明有突出的实质性特点和显著的进步，该实用新型有实质性特点和进步。

这里需要说明的是，由于本专利权利要求1已不符合专利法第三十三条的规定，因此再对其新颖性和创造性进行评价已显得毫无意义。但鉴于其仅仅是由于叶片数量的数值范围进行了超范围修改而不符合专利法第三十三条的规定。除此之外，该权利要求本身仍然是一个清楚的技术方案，而且其技术方案本身也正是本专利的发明构思所在，即通过将电风扇的叶片数量提高到五片以上（在该权利要求中是11~30）即可消除或降低传统三叶电风扇在工作时所产生的旋风或涡流现象，使电风扇所形成的风更接近于自然风。另外，第一和第二请求人均提出了权利要求1不具备新颖性和创造性的无效理由，且提供了多篇对比文件。为了对双方争议的焦点问题，即本专利的核心发明构思所体现的技术方案之新颖性和创造性有一个基本明确的结果，而且也为了便于对从属权利要求2~4的新颖性和创造性进行评价，因此，合议组也对本专利权利要求1的新颖性和创造性作出评价。

证据2-1公开了一种风扇，其包括电机（1）和叶片（9、9a），所述叶片具有倾斜角度，均分圆周分布，径向辐射状地一体设置在盘（8、8a）上，而盘（8、8a）安装在风扇轴（5）上，叶片的形状近似为棒状，且每一英寸直径的风扇的叶片从三片增加到六片（即8英寸直径的风扇的叶片从二十四增加到四十八片），风量的减少小于5%，如果每一英寸直径的风扇的叶片增加到七片（即8英寸直径的风扇的叶片数量为五十六片），则风量将显著减少。在实践中，这种多叶风扇的直径尺寸可以为4英寸至12英寸（即风扇的叶片数量可以为二十八片至八十四片）（参见证据2－1的附图1～7及说明书第1栏第33～37行、第1栏第55行至第2栏第8行、第2栏第37～51行和第3栏第9～10行）。

虽然证据2－1未明确说明风扇包括控制系统，但作为本领域的基本常识，作为控制风扇工作状态的一个必不可少的部分，风扇必然应当包括控制系统，因此，应当认为证据2－1已暗含地公开了风扇具有控制系统这一技术特征。

在权利要求1中，"风扇风叶的数量在11～30之间"，而证据2－1所公开的风扇的叶片数量可以是二十四、二十八等，已落入权利要求1所限定的数值范围之内。除此之外，证据2－1已公开了权利要求1的其他全部技术特征，由此可见，证据2－1与本专利权利要求1两者的技术方案基本相同，且均属于同一技术领域，并可产生相同的技术效果，因此，权利要求1不具备新颖性。

从属权利要求2限定部分的附加技术特征为"所述叶片的形状呈棒形，叶片数量十八片，均分圆周，径向辐射状地固定在一轮毂上"。显然，证据2－1中的盘（8）就相当于权利要求2中的轮毂。在证据2－1中，叶片与盘（8）形成一体，而在权利要求2中，叶片固定在轮毂上，两者并无实质性的区别，另外，在证据2－1已公开了采用多个叶片来降低风扇风量的基础上，将叶片的数量具体选择为18，对本领域技术人员来说，并不需要付出创造性的劳动，而且这种具体选择亦未带来任何预料不到的技术效果，因此，在其引用的权利要求1不具备新颖性的情况下，权利要求2不具备创造性。

从属权利要求3限定部分的附加技术特征为"所述叶片形状呈'V'形，叶片数量二十八片，叶片之间设有一道加强环"。显然，叶片数量为二十八片已被证据2－1所公开。另外，证据2－8也公开了一种多叶风扇，其包括电机和叶片（2），所述叶片具有倾斜角度，其形状为凸形，其中线向与旋转方向相反的方向弯曲，叶片通过加强环（4）相互连接在一起（参见证据2－8的附图1～3及说明书第2栏第20～33行）。因此，叶片之间设有一道加强环这一技术特征已被证据2－8所公开，证据2－1和证据2－8与本专利均属于同一技术领域，且该技术特征在证据2－8和本专利中所起的作用相同，都是为了对叶片进行加强。因此，应当认为证据2－8已给出了通过加强环连接叶片来对叶片进行加强的技术启示。

另外，对于叶片形状呈"V"形，合议组认为，根据本专利说明书的描述可知，本专利所要解决的技术问题是消除或降低传统三叶电风扇在工作时所产生的旋风或涡流现象，使电风扇所形成的风更接近于自然风。本专利所采用的技术解决方案是将叶片的数量由传统电风扇的三片提高到五片至几十、几百片，也就是风扇采用5片以上的多个叶片，具体到权利要求3就是采用二十八片。同时，在本专利说明书中给出了叶片所采用的具体形状可以是棒形、镰刀形、V形、蛇形和弯月形，但说明书中并未说明上述不同形状叶片所能带来怎样的不同技术效果。因此，对于本领域的普通技术人员来说，在阅读了本专利的说明书之后，可以认识到只要使风扇的叶片数量设定为五片以上即可实现本专利的发明目的，而叶片的具体形状可以选择为棒形、镰刀形、V形、蛇形、弯月形或其他类似的形状，并且这些具体形状的叶片所带来的技术效果应当是类似的或等同的。也就是说，叶片的这种具体形状的变化并没有带来任何预料不到的技术效果，叶片的形状变化不足以使所形成的风扇具备突出的实质性特点和显著的进步，更何况证据2－8的风扇叶片的形状与本专利的"V"形形状相类似，因此，可以说证据2－8也给出了将叶片形状设计为"V"形的某种技术启示。

综上所述，在证据2－1的基础上结合证据2－8而得出权利要求3所要求保护的技术方案，对本领域的技术人员来说是显而易见的，而且它们的结合没有产生预料不到的效果，因此该权利要求所要求保护的技术方案不具有突出的实质性特点和显著的进步，因而不具备创造性。

从属权利要求4限定部分的附加技术特征为"所述叶片形状呈棒形，叶片数量二十八片，叶片之间设有三道同心加强环”。显然，在证据2－8已给出了通过加强环连接叶片来对叶片进行加强的技术启示下，为了进一步地增强这种加强作用而设置三道同心加强环的技术方案，对于本领域技术人员来说，应当是显而易见的，因此，权利要求4与证据2－1和证据2－8的结合相比，不具有突出的实质性特点和显著的进步，不具备创造性。

三、决定

宣告97116771.0号发明专利权无效。

当事人对本决定不服的，可以根据专利法第四十六条第二款的规定，自收到本决定之日起三个月内向北京市第一中级人民法院起诉。根据该款的规定，一方当事人起诉后，另一方当事人应当作为第三人参加诉讼。

北京市第一中级人民法院
行政判决书

（2005）一中行初字第1104号

原告吴凤清，男，34岁，汉族，中国运载火箭技术研究院工程师，住所地北京市丰台区东高地万源南里甲43号。

被告国家知识产权局专利复审委员会，住所地北京市海淀区北四环西路9号银谷大厦10～12层。

法定代表人廖涛，副主任。

委托代理人郭健国，男，国家知识产权局专利复审委员会行政诉讼处复审员。

委托代理人柴爱军，女，国家知识产权局专利复审委员会行政诉讼处复审员。

第三人北京市迪兰恒进科技有限公司，住所地北京市海淀区北四环西路9号银谷大厦802房间。

法定代表人冯志强，总经理。

委托代理人杨文泉，中国专利代理（香港）有限公司律师。

委托代理人崔幼平，男，中国专利代理（香港）有限公司专利代理人。

第三人林锦波，男，51岁，中国台湾省人，暂住四川省成都市临江东路36号锦江花园城钻石座13楼A室。

委托代理人贾庆忠，男，永新专利商标代理有限公司专利代理人。

委托代理人董慧芳，女，永新专利商标代理有限公司专利代理人。

原告吴凤清不服被告国家知识产权局专利复审委员会作出的第7372号无效宣告请求审查决定（下称被诉决定），向本院提起行政诉讼。本院受理后，依法组成合议庭，并通知利害关系人北京迪兰科技有限公司（下称迪兰公司）、林锦波作为本案第三人参加诉讼。2005年12月1日，本院依法公开开庭审理了本案，原告吴凤清，被告的委托代理人郭健国、柴爱军，迪兰公司的委托代理人杨文泉、崔幼平，林锦波的委托代理人贾庆忠、董慧芳，到庭参加了诉讼。现本案已审理终结。

2005年7月8日，被告根据两第三人的请求，对申请日为1997年8月19日、名称为“自然风电风扇”、专利权人为吴凤清，经国家知识产权局专利局2001年1月31日授权公告的97116771.0号发明专利（下称本专利）作出被诉决定，认为本专利权利要求1不符合《专利法》第三十三条的规定，且不具备新颖性；权利要求2不具备创造性；权利要求3、权利要求4相对于对比文件1（US250071美国专利说明书复印件，公开日为1950年3月7日，下称对比文件1）、对比文件2（EP0553598A1

欧洲专利申请说明书复印件，公开日为1993年8月4日，下称对比文件2）的结合不具备创造性。故依据《中华人民共和国专利法》（下称《专利法》）第二十二条第二款及第三款、第二十六条第三款及第四款、第三十三条以及《中华人民共和国专利法实施细则》（下称《实施细则》）第二十条第一款，宣告本专利权无效。

原告不服，诉称：被诉决定证据认定错误，程序违法，且适用法律错误。被诉决定将未经公证、认证的域外证据认定为真实，且认定本专利权利要求1不符合《专利法》第三十三条的规定，属于认定事实错误，适用法律错误，请求本院撤销被诉决定。

被告辩称：我国最高人民法院制定的民事和行政诉讼证据规定中的要求，适用于诉讼而并非必然适用于专利无效案件的审查程序；司法解释要求域外证据进行公证、认证的目的是为了核实其真实性，而核实其真实性的途径并非惟一。本案中，两第三人提交的证据属于专利文献，在专利审批国的政府网站中都能够检索和查看，且经过国家知识产权局专利检索咨询中心（下称“检索中心”）进一步确认，其真实性应予认可，如果原告认为证据不真实，则应当提出反证。对于本专利权利要求是否超范围的问题，我委仍坚持被诉决定中的相关认定。综上，被诉决定认定事实清楚、适用法律正确、审查程序合法，请求本院驳回原告的诉讼请求，维持被诉决定。

第三人迪兰公司向本院陈述意见称，两第三人提交的对比文件均属于专利文献，是美国专利商标局和欧洲专利局的正式出版物，并且已经“检索中心”认证，故第三人的举证责任已经完成，且原告未提供相应的反证，故被诉决定对证据的认定准确、清楚。本专利权利要求1的技术特征不能从其原申请文件直接且毫无疑义地导出，被诉决定认定权利要求1不符合《专利法》第三十三条的规定正确。综上，请求本院驳回原告的诉讼请求，维持被诉决定。

第三人林锦波未向本院提交书面意见，庭审中表示同意被告的观点，请求维持被诉决定。

在法定期限内，被告向本院提交了以下证据：1. 对比文件1；2. 对比文件2；3. 吴凤清于本专利申请日提交的原始专利申请的说明书和权利要求书的复印件（下称“本专利申请文本”）；4. 本专利说明书；5. 2005年6月6日举行的口头审理记录表复印件。

此外，被告当庭出示了于2005年4月11日举行的口头审理记录表原件，并于开庭后向本院提交了复印件（下称证据6）。

原告向本院提交了以下证据：1. 原告在无效程序中于2004年8月15日向被告提交的意见陈述书及相关附页；2. 原告在无效程序中于2005年6月12日向被告提交的意见陈述书及相关附页；3. “检索中心”行政范围复印件。

第三人迪兰公司与林锦波均未向本院提交证据。

经庭审质证，原告认为被告提交的证据1、证据2未经公证、认证，该两份证据上的“检索中心”的认证章系假章，对其真实性不予认可；对被告的证据3不发表意见；对于被告的证据4无异议；对于被告证据5中的无效请求人之代理人的身份有异议；对于被告当庭出示的证据6，原告承认自己没有签字，但不能确定其记录的就是当时口头审理时的真实情况。两第三人对被告证据的真实性没有异议。被告、迪兰公司、林锦波对于原告的证据1、证据2的真实性无异议，但认为原告的证据3未向法院提交原件，对其真实性不予认可。

经审查，本院认证如下：原告认为被告的证据1、证据2未经公证、认证，在行政阶段不能采信的主张缺乏法律依据；该二份证据系美国、欧洲已经公开的专利文献，在“检索中心”即可查询到，且在该二份证据已经得到“检索中心”认证的情况下，其真实性即可确认，在诉讼阶段当事人也无需向法院提交该二份证据的公证、认证手续。对于被告的证据3、证据5、证据6，本院经核实，对其真实性予以确认；对于被告的证据4，本院经审查对其真实性予以认可。原告的证据1、证据2真实、合法，本院予以确认；因原告未向本院提交其证据3的原件，对其真实性本院不予确认。

另外，在庭审质证中，原告认为被告应当向法院提交两名第三人在无效程序中提交的所有证据。本院经审查认为，因原告对被诉决定的程序无异议，且被诉决定结论依据的是被告向本院提交的六份证据，故本院不必要求被告向本院提交两名第三人在无效程序中提交的其他证据。

根据上述有效证据，本院认定事实如下：

本专利的权利要求书如下：

"1. 一种自然风电风扇，由电机、扇叶、控制系统组成，其特征在于：所述风扇风叶的数量在11~30之间，叶片有倾斜角度。

2. 如权利要求1所述的自然风电风扇，其特征在于：所述叶片的形状呈棒形，叶片数量18片，均分圆周，径向辐射状地固定在一轮毂上。

3. 如权利要求1所述的自然风电风扇，其特征在于：所述叶片形状呈'V'形，叶片数量28片，叶片之间设有一道加强环。

4. 如权利要求1所述的自然风电风扇，其特征在于：所述叶片形状呈棒形，叶片数量28片，叶片之间设有三道同心加强环。"

针对本专利，迪兰公司于2004年7月15日向被告提出无效宣告请求，理由是其权利要求1不具备《专利法》第二十二条第二款和第三款的规定，权利要求2~4不具备《专利法》第二十二条第三款的规定，权利要求1~4不符合《专利法》第二十六条第四款和《实施细则》第二十一条第二款的规定，本专利说明书不符合《专利法》第二十六条第三款的规定，同时提交了四份证据。

被告受理后，将上述文件的副本转给了吴凤清。吴凤清于2004年8月30日提交了意见陈述书及相关附件，并认为本专利权利要求1符合《专利法》第二十六条第三款、第四款的相关规定；迪兰公司的证据未履行相关的公证、认证手续，无法确认其真实性。针对吴凤清提交的意见陈述书及其附件以及迪兰公司对此又行提交的意见陈述书等文件，被告依法进行了转文。

2005年4月11日被告进行口头审理，迪兰公司和吴凤清均出席了口头审理。迪兰公司明确其无效理由为本专利的说明书不符合《专利法》第二十六条第三款的规定，权利要求1~4不符合《实施细则》第二十条第一款的规定。被告将口审后当事人提交的材料依法进行了转文。

针对本专利，林锦波于2005年1月20日向被告提出无效宣告请求，理由是本专利说明书不符合《专利法》第二十六条第三款的规定，权利要求1~4不符合《专利法》第二十六条第四款的规定，权利要求1不符合《专利法》第二十二条第二款和第三款的规定，权利要求2~4不符合《专利法》第二十二条第三款的规定，同时提交了包括对比文件1、对比文件2在内的九份证据。

之后，林锦波又提交了意见陈述书和对比文件1、对比文件2等外国专利文献相关使用部分的中文译文，并补充了无效的理由和证据"本专利申请文本"。

被告受理林锦波提出的无效宣告请求后，将无效宣告请求书及相关文件的副本转给了吴凤清。此后，被告又将林锦波于2005年4月15日提交的经"检索中心"认证的对比文件1、对比文件2等外国专利文献副本的复印件转给了吴凤清。

对于前述两项无效宣告请求，被告决定合案审理。

2005年6月6日，被告进行口头审理，由迪兰公司、林锦波和吴凤清均出席了口头审理。林锦波明确其无效理由为本专利的说明书不符合《专利法》第二十六条第三款的规定，本专利权利要求1~4不符合《专利法》第三十三条和第二十六条第四款的规定。林锦波还当庭提交了盖有"检索中心"副本认证专用章的对比文件1、对比文件2等外国专利文献的副本原件。吴凤清仍坚持认为这些外国专利文献未履行相关的公证、认证手续，对其真实性有异议，并以此为由拒绝对该八份证据的中文译文发表意见，同时拒绝对本专利的新颖性和创造性发表意见。被告当庭告知吴凤清这些证据为专利文献，并已经过“检索中心”予以认证。被告在对该八份证据的真实性核实后，告知吴凤清若对其真实性仍持有异议，需提供相应的反证，若对其中文译文有异议，应具体指出异议之处并提交相应的译文，否则将对其主张不予支持。因吴凤清对“本专利申请文本”的真实性不发表意见，被告当庭告知吴凤清，此系吴凤清于本专利申请日提交的原始专利申请的说明书和权利要求书的复印件，其原件留存于本案案卷之中，被告已核实了其真实性。对于林锦波提交的另外一份中文证据，吴凤清对其真实性予以认可。口头审理结束后，原告仍拒绝在口头审理记录表中签字。之后，被告将当事人口头审理后提交的文件依法进行了转文。

被告认为对比文件1、对比文件2及“本专利申请文本”可用来与本专利进行相应的对比。因此，被告于2005年7月8日作出被诉决定。理由如下：

1. 关于《专利法》第三十三条

本专利权利要求1的技术特征“风扇风叶的数量在11~30之间”应理解为风扇风叶的数量可以在包括数值端值11和30在内的11~30之间进行选择，而其中的数值范围“11~30”的数值端值11和30均未明确地记载在原说明书和/或权利要求书中；即使认为“风扇风叶的数量在11~30之间”不包括端值11和30，由于风扇风叶的数量应为自然数，在此情况下，“风扇风叶的数量在11~30之间”就相当于“风扇风叶的数量为12~29”，而数值端值29同样未明确地记载在原说明书和/或权利要求书中。故本专利权利要求1不符合《专利法》第三十三条的规定。

2. 关于本专利的新颖性和创造性

鉴于权利要求1仅仅是由于叶片数量的数值范围进行了超范围修改而不符合《专利法》第三十三条的规定，除此之外，该权利要求本身仍是一个清楚的技术方案，且该技术方案本身也正是本专利的发明构思所在；另外，迪兰公司和林锦波均提出了权利要求1不具备新颖性和创造性的无效理由，且提供了多篇对比文件。为了对双方争议的焦点问题，即本专利的核心发明构思所体现的技术方案之新颖性和创造性有一个基本明确的结果，而且也为了便于对从属权利要求2~4的新颖性和创造性进行评价，因此，对本专利权利要求1的新颖性和创造性也进行评价。

对比文件1公开了一种风扇，其包括电机（1）和叶片（9、9a），所述叶片具有倾斜角度，径向辐射状地一体设置在盘（8、8a）上，而盘（8、8a）安装在风扇轴（5）上，叶片的形状近似为棒状，且每一英寸直径的风扇的叶片从三片增加到六片（即8英寸直径的风扇的叶片从二十四增加到四十八片），风量的减少小于5%，如果每一英寸直径的风扇的叶片增加到七片（即8英寸直径的风扇的叶片数量为五十六片），则风量将显著减少。在实践中，这种多叶风扇的直径尺寸可以为4英寸至12英寸（即风扇的叶片数量可以为二十八片至八十四片）。

对比文件1公开的内容虽未明确风扇包括控制系统，但作为本领域的基本常识，作为控制风扇工作状态的一个必不可少的部分，风扇必然应当包括控制系统，因此，应当认为其已暗含地公开了风扇具有控制系统这一技术特征。

对比文件1所公开的风扇的叶片数量可以是24、28等，已落入权利要求1所限定的“11~30”的数值范围之内；除此之外，对比文件1已公开了权利要求1的其他全部技术特征。对比文件1与本专利权利要求1两者的技术方案基本相同，且均属于同一技术领域，并可产生相同的技术效果，因此，权利要求1不具备新颖性。

对比文件1中的盘（8）就相当于权利要求2中的轮毂，其中的叶片与盘（8）形成一体，而在权利要求2中，叶片固定在轮毂上，两者并无实质性的区别。另外，在对比文件1已公开了采用多个叶片来降低风扇风量的基础上，将叶片的数量具体选择为18，对本领域技术人员来说，并不需要付出创造性的劳动，而且这种具体选择亦未带来任何预料不到的技术效果。因此，在其引用的权利要求1不具备新颖性的情况下，权利要求2不具备创造性。

对比文件2公开了一种多叶风扇，其包括电机和叶片（2），所述叶片具有倾斜角度，其形状为凸形，其中线向与旋转方向相反的方向弯曲，叶片通过加强环（4）相互连接在一起。

从属权利要求3限定的附加技术特征中叶片数量为28片已被证据2-1所公开。而且，叶片之间设有一道加强环这一技术特征已被对比文件2所公开。对比文件1、对比文件2与本专利均属于同一技术领域，且该技术特征在对比文件2和本专利中所起的作用都是为了对叶片进行加强。因此，对比文件2已给出了通过加强环连接叶片来对叶片进行加强的技术启示。

另外，虽然本专利说明书中给出了叶片所采用的一些具体形状，但并未说明这些不同形状叶片所能带来怎样的不同技术效果，因此，对于本领域的普通技术人员来说，在阅读了本专利的说明书之后，可以认识到只要使风扇的叶片数量设定为5片以上即可实现本专利的发明目的，而且可以选择其中说明的不同的叶片形状，并且这些具体形状的叶片所带来的技术效果应当是类似的或等同的；此外，对比文件2的风扇叶片的形状与本专利的“V”形形状相类似，因此，可以说对比文件2也给出了将叶片形状设计为“V”形的某种技术启示。

因而，在对比文件1的基础上结合对比文件2得出权利要求3所要求保护的技术方案，对本领域的技术人员来说是显而易见的，而且它们的结合没有产生预料不到的效果，因此该权利要求所要求保护的技术方案不具备突出的实质性特点和显著的进步，因而不具备创造性。

而在对比文件2已给出了通过加强环连接叶片来对叶片进行加强的技术启示下，为了进一步地增强这种加强作用而设置三道同心加强环的技术方案，对于本领域技术人员来说，应当是显而易见的。因此，权利要求4与对比文件1、对比文件2的结合相比，不具备突出的实质性特点和显著的进步，不具备创造性。

此外，被告经审查还认为：本专利权利要求3和权利要求4符合《专利法》第三十三条的规定；本专利说明书符合《专利法》第二十六条第三款的规定；权利要求2~4符合《专利法》第二十六条第四款的规定；权利要求1~4符合《实施细则》第二十条第一款的规定。

被告于2005年7月20日将上述被诉决定向各方当事人邮寄送达。原告不服被诉决定，在法定期限内向本院提起行政诉讼，请求本院撤销被诉决定。

本院认为：鉴于原告与两第三人对被诉决定的行政程序以及被告在被诉决定中对“案由”部分的叙述内容没有异议；对被诉决定关于本专利权利要求3和权利要求4符合《专利法》第三十三条、本专利说明书符合《专利法》第二十六条第三款、本专利权利要求2~4符合《专利法》第二十六条第四款、本专利权利要求1~4符合《实施细则》第二十条第一款的评述没有异议，本院经书面审查，对上述内容予以确认。根据各方当事人的陈述，本院确定本案争议焦点为：本专利权利要求1是否符合《专利法》第三十三条的规定；对比文件1、对比文件2是否可以作为本专利的对比文件；本专利是否具备新颖性和创造性。

关于本专利的权利要求1所限定的技术方案是否符合《专利法》第三十三条规定的问题。由于权利要求1的技术特征“风扇风叶的数量在11~30之间”的数值端值11、30均未明确记载在“本专利申请文本”中，故被告认为权利要求1限定的技术方案超出了“本专利申请文本”的记载范围，不符合《专利法》第三十三条规定的结论正确。

关于对比文件1、对比文件2是否可以作为本专利对比文件的问题。由于该二份对比文件的真实性已经得到本院确认，且公开日均早于本专利的申请日，故被告将其作为本专利的对比文件进行评述是正确的。

关于本专利的新颖性和创造性的问题。虽然本专利权利要求1已不符合《专利法》第三十三条的规定，但被告基于其不符合《专利法》第三十三条规定的原因、各方当事人争议的焦点等因素，继续评价其新颖性和创造性并无不当。

结合对比文件1、对比文件2所公开的内容与本专利比较可知：对比文件1已暗含地公开了风扇具有控制系统这一技术特征；对比文件1公开的风扇的叶片数量可以是24、28等，已落入本专利权利要求1所限定的数值范围之内，而且对比文件1也公开了本专利权利要求1的其他全部技术特征；对比文件2中的盘（8）相当于本专利要求2中的轮毂，其叶片与盘（8）形成一体与本专利权利要求2中的叶片固定在轮毂上并无实质区别，且将对比文件2叶片的数量具体选择为18本领域技术人员并不需要付出创造性劳动；本专利权利要求3中的“叶片数量28片”、“叶片之间设有一道加强环”的附加技术特征也已分别被对比文件1、对比文件2公开；本专利权利要求3中的“V”形叶片形状与对比文件2的风扇叶片形状类似，且本专利说明书中所述的叶片形状的变化不足以使所形成的风扇具备突出的实质性特点和显著的进步；在对比文件2已给出了叶片加强环的技术启示下，得出本专利权利要求4所述的“三道同心加强环”这一技术方案对于本领域技术人员来说是显而易见的。因此，被告认定本专利不具备新颖性和创造性的结论正确。

综上，被诉决定认定事实清楚，适用法律正确，程序合法，本院应予维持。原告的诉讼请求缺乏事实及法律依据，本院不予支持。依照《中华人民共和国行政诉讼法》第五十四条第（一）项，判决如下：

维持国家知识产权局专利复审委员会于二〇〇五年七月八日作出的第7372号无效宣告请求审查决定。

案件受理费1000元，由原告吴凤清负担（已交纳）。

如不服本判决，原告吴凤清、被告国家知识产权局专利复审委员会、第三人北京市迪兰恒进科技有限公司可在判决书送达之日起十五日内，第三人林锦波可在判决书送达之日起三十日内，向本院递交上诉状，并按对方当事人人数提出副本，同时预交上诉费1000元，上诉于中华人民共和国北京市高级人民法院。上诉人在接到人民法院预交诉讼费用的通知后七日内未预交，又不提出缓交申请的，按自动撤回上诉处理。

审　判　长　饶亚东
代理审判员　张靛卿
代理审判员　司品华
二〇〇五年十二月二十日
书　记　员　王　丽

北京市高级人民法院
行政判决书

（2006）高行终字第212号

上诉人（一审原告）吴凤清，男，34岁，汉族，中国运载火箭技术研究院工程师，住北京市丰台区东高地万源南里甲43号。

被上诉人（一审被告）国家知识产权局专利复审委员会，住所地北京市海淀区北四环西路9号银谷大厦10~12层。

法定代表人廖涛，副主任。

委托代理人柴爱军，国家知识产权局专利复审委员会行政诉讼处复审员。

委托代理人郭健国，国家知识产权局专利复审委员会行政诉讼处复审员。

被上诉人（一审第三人）北京市迪兰恒进科技有限公司，住所地北京市海淀区北四环西路9号银谷大厦802房间。

法定代表人冯志强，总经理。

委托代理人杨文泉，中国专利代理（香港）有限公司律师。

委托代理人崔幼平，中国专利代理（香港）有限公司专利代理人。

被上诉人（一审第三人）林锦波，男，51岁，中国台湾省人，暂住江苏省常州市新区百丈园。

委托代理人贾庆忠，男，永新专利商标代理有限公司专利代理人。

委托代理人董慧芳，女，永新专利商标代理有限公司专利代理人。

上诉人吴凤清因专利无效宣告审查决定一案，不服北京市第一中级人民法院（2005）一中行初字第1104号行政判决，向本院提起上诉。本院依法组成合议庭，公开开庭审理了本案。上诉人吴凤清；被上诉人国家知识产权局专利复审委员会（下称专利复审委）的委托代理人柴爱军；被上诉人北京市迪兰恒进科技有限公司（下称迪兰公司）的委托代理人杨文泉；林锦波的委托代理人贾庆忠、董慧芳到庭参加了诉讼。本案现已审理终结。

北京市第一中级人民法院（2005）一中行初字第1104号行政判决认定，鉴于吴凤清、迪兰公司以及林锦波对被诉决定的行政程序以及被诉决定中对“案由”部分的叙述内容没有异议；对被诉决定关于本专利权利要求3和权利要求4符合《中华人民共和国专利法》（下称《专利法》）第三十三条、本专利说明书符合《专利法》第二十六条第三款、本专利权利要求2~4符合《专利法》第二十六条第四款、本专利权利要求1~4符合《中华人民共和国专利法实施细则》（下称《实施细则》）第二十条第一款的评述没有异议，经审查，对上述内容予以确认。

根据各方当事人的陈述，本案争议焦点为：本专利权利要求1是否符合《专利法》第三十三条的规定；对比文件1、对比文件2是否可以作为本专利的对比文件；本专利是否具备新颖性和创造性。关于本专利的权利要求1所限定的技术方案是否符合《专利法》第三十三条规定的问题。由于权利要求1的技术特征“风扇风叶的数量在11~30之间”的数值端值11、30均未明确记载在“本专利申请文本”中，故专利复审委认为权利要求1限定的技术方案超出了“本专利申请文本”的记载范围，不符合《专利法》第三十三条规定的结论正确。关于对比文件1、对比文件2是否可以作为本专利对比文件的问题。由于该两份对比文件的真实性已得到本院确认，且公开日均早于本专利的申请日，故专利复审委将其作为本专利的对比文件进行评述是正确的。关于本专利的新颖性和创造性的问题。虽然本专利权利要求1已不符合《专利法》第三十三条的规定，但专利复审委基于其不符合《专利法》第三十三条规定的原因、各方当事人争议的焦点等因素，继续评价其新颖性和创造性并无不当。结合对比文件1、对比文件2所公开的内容与本专利比较可知：对比文件1已暗含地公开了风扇具有控制系统这一技术特征；对比文件1公开的风扇的叶片数量可以是二十四、二十八等。已落入本专利权利要求1所限定的数值范围之内，而且对比文件1也公开了本专利权利要求1的其他全部技术特征；对比文件2中的盘（8）相当于本专利要求2中的轮毂，其叶片与盘（8）形成一体与本专利权利要求2中的叶片固定在轮毂上并无实质区别，且将对比文件2叶片的数量具体选择为18本领域技术人员并不需要付出创造性劳动；本专利权利要求3中的“叶片数量二十八片”、“叶片之间设有一道加强环”的附加技术特征也已分别被对比文件1、对比文件2公开；本专利权利要求3中的“V”形叶片形状与对比文件2的风扇叶片形状类似，且本专利说明书中所述的叶片形状的变化不足以使所形成的风扇具备突出的实质性特点和显著的进步；在对比文件2已给出了叶片加强环的技术启示下，得出本专利权利要求4所述的“三道同心加强环”这一技术方案对于本领域技术人员来说是显而易见的。因此，决定认定本专利不具备新颖性和创造性的结论正确。依照《中华人民共和国行政诉讼法》第五十四条第一项，判决维持专利复审委所作第7372号无效宣告请求审查决定。

吴凤清不服一审判决，提起上诉。主要理由是：专利复审委所作第7372号决定中采用的“国家知识产权局专利检索咨询中心”认证的附件1、附件8是伪证，专利复审委认定该伪证是真实、合法的证据，属认定事实错误。第7372号决定认定本专利权利要求1的技术特征“风扇风叶的数量在11~30之间”所限定的技术方案超出了原说明书和权利要求书的记载范围，不符合《专利法》第三十三条的规定，属于认定事实错误，适用法律错误，应予撤销。请求本院撤销一审判决，撤销专利复审委所作第7372号审查决定。

专利复审委答辩认为，无效请求人所提交的证据属于专利文献，在专利的审批过的政府网站中都能够检索和查看，并且经过国家知识产权局专利检索中心进一步确认，这些外文专利文献的真实性应当予以认可。吴凤清并未提供反证，故应认可无效请求人提交外文专利文献的真实性。另外，第7372号决定认定事实清楚，适用法律正确，审理程序合法，请求二审法院维持一审判决。

迪兰公司答辩认为，无效程序中提交的对比文件，一个是美国专利，另一个是欧洲专利，两个文本均来源于官方网站，并且已经国家知识产权局专利检索咨询中心核实和认证，其真实性和有效性不容置疑。另外，本专利权利要求1的技术方案超出了原说明书和权利要求公开的范围，不符合《专利法》第三十三条的规定；本专利不具备新颖性和创造性，因此专利复审委所作决定认定事实清楚，程序合法，适用法律正确，一审判决是正确的，请求本院维持一审判决。

林锦波未向本院提交书面答辩意见，其代理人当庭答辩认为，一审判决认定事实清楚，程序合法，适用法律正确，请求本院予以维持。

经审理查明，1997年8月19日，吴凤清向国家知识产权局专利局即原中国专利局申请了“自然风电风扇”发明专利，并于2000年11月25日获得授权，专利号为97116771.0，即本专利。本专利权利要求书载明：

1. 一种自然风电风扇，由电机、扇叶、控制系统组成，其特征在于：所述风扇风叶的数量在11~30之间，叶片有倾斜角度。

2. 如权利要求1所述的自然风电风扇，其特征在于：所述叶片的形状呈棒形，叶片数量十八片，均分圆周，径向辐射状地固定在一轮毂上。

3. 如权利要求1所述的自然风电风扇，其特征在于：所述叶片形状呈“V”形，叶片数量二十八片，叶片之间设有一道加强环。

4. 如权利要求1所述的自然风电风扇，其特征在于：所述叶片形状呈棒形，叶片数量二十八片，叶片之间设有三道同心加强环。

2004年7月15日，迪兰公司针对本专利向专利复审委提出无效宣告请求。主要理由是，本专利权利要求1不符合《专利法》第二十二条第二款、第三款，权利要求2~4不符合《专利法》第二十二条第三款，权利要求1~4不符合《专利法》第二十六条第四款和《实施细则》第二十一条第二款，本专利说明书不符合《专利法》第二十六条第三款的规定，同时提交了四份证据：证据1-1：US5273400美国专利说明书复印件及其中文译文（公开日为1993年11月28日）；证据1-2：EP0761979A1欧洲专利申请说明书复印件及其中文译文（公开日为1997年3月12日）；证据1-3：

US5513951 美国专利说明书复印件及其中文译文（公开日为 1996 年 5 月 7 日）；证据 1－4：US5454695 美国专利说明书复印件及其中文译文（公开日为 1995 年 10 月 3 日）。经过依法转文等程序，2005 年 4 月 11 日专利复审委举行口头审理，迪兰公司明确其无效理由为本专利的说明书不符合《专利法》第二十六条第三款的规定，权利要求 1～4 不符合《实施细则》第二十条第一款的规定。

2005 年 1 月 20 日，林锦波向专利复审委提出宣告本专利无效的请求，理由是本专利说明书不符合《专利法》第二十六条第三款；权利要求 1～4 不符合《专利法》第二十六条第四款；权利要求 1 不符合《专利法》第二十二条第二款和第三款；权利要求 2～4 不符合《专利法》第二十二条第三款的规定。同时提交了九份证据：证据 2－1：US2500071 美国专利说明书复印件（公开日为 1950 年 3 月 7 日）；证据 2－2：日本专利公报特开平 6－280799 复印件（公开日为 1994 年 10 月 4 日）；证据 2－3：日本专利公报特开平 6－336999 复印件（公开日为 1994 年 12 月 6 日）；证据 2－4：US5513951 美国专利说明书复印件（公开日为 1996 年 5 月 7 日）；证据 2－5：US4474534 美国专利说明书复印件（公开日为 1984 年 10 月 2 日）；证据 2－6：DE4326147A1 德国专利申请说明书复印件（公开日为 1994 年 11 月 24 日）；证据 2－7：US5320493 美国专利说明书复印件（公开日为 1994 年 6 月 14 日）；证据 2－8：EP0553598A1 欧洲专利申请说明书复印件（公开日为 1993 年 8 月 4 日）；证据 2－9：CN2198423Y 中国实用新型专利说明书复印件（公开日为 1995 年 5 月 24 日）。2005 年 2 月 4 日，林锦波又提交了意见陈述书和证据 2－1、证据 2－8 相关使用部分的中文译文，同时补交了证据 2－10：吴凤清在申请日提交的本专利原始申请的说明书和权利要求书复印件。专利复审委进行转文，并将林锦波于 2005 年 4 月 15 日提交的经检索中心认证的外国专利文献副本的复印件转至吴凤清。

专利复审委决定将前述两项申请合案审查。

2005 年 6 月 6 日，专利复审委进行第二次口头审理。林锦波明确其无效理由为本专利的说明书不符合《专利法》第二十六条第三款的规定，本专利权利要求 1～4 不符合《专利法》第三十三条和第二十六条第四款的规定。林锦波还当庭提交了盖有检索中心副本认证专用章的对比文件 1、对比文件 2 等外国专利文献的副本原件。吴凤清坚持认为这些外国专利文献未履行相关的公证、认证手续，对其真实性有异议，并以此为由拒绝对该八份证据的中文译文发表意见，同时拒绝对本专利的新颖性和创造性发表意见。专利复审委告知吴凤清这些证据为专利文献，并已经过“检索中心”予以认证。专利复审委在对该八份证据的真实性核实后，告知吴凤清如果对其真实性仍持有异议，需提交反证，如对中文译文有异议，应具体指出异议之处，否则将对其主张不予支持。口头审理结束后，吴凤清拒绝在口头审理记录表上签字。后向专利复审委提交了意见陈述书。

2005 年 7 月 8 日，专利复审委作出第 7372 号决定。主要理由是：

1. 关于证据：证据 2－1 和证据 2－8 属于专利文献，且经国家知识产权局专利检索咨询中心予以认证，合议组亦予核实，虽吴凤清对真实性持有异议，但未提交反证，合议组对其异议主张不予支持。证据 2－10 为原始专利申请的说明书和权利要求书复印件，经与原件比对，已核实其真实性。上述证据可作为评价和判断本专利是否符合专利法第三十三条规定的依据。

2. 关于《专利法》第三十三条。本专利权利要求 1 的技术特征“风扇风叶的数量在 11～30 之间”应理解为风扇风叶的数量可以在包括数值端值 11 和 30 在内的 11～30 之间进行选择，而其中的数值范围“11～30”的数值端值 11 和 30 均未明确地记载在原说明书和/或权利要求书中；即使认为“风扇风叶的数量在 11～30 之间”不包括端值 11 和 30，由于风扇风叶的数量应为自然数，在此情况下，“风扇风叶的数量在 11～30 之间”就相当于“风扇风叶的数量为 12～29”，而数值端值 29 同样未明确地记载在原说明书和/或权利要求书中。故本专利权利要求 1 不符合《专利法》第三十三条的规定。

3. 根据审查，专利复审委认定本专利说明书符合《专利法》第二十六第三款，并因本专利权利要求1~4已清楚地表达了请求保护的范围，符合《实施细则》第二十条第一款的规定；本专利权利要求2~4符合《专利法》第二十六条第四款和第三十三条的规定。

4. 关于本专利的新颖性和创造性。鉴于权利要求1仅仅是由于叶片数量的数值范围进行了超范围修改而不符合《专利法》第三十三条的规定，除此之外，该权利要求本身仍是一个清楚的技术方案，且该技术方案本身也正是本专利的发明构思所在；另外，迪兰公司和林锦波均提出了权利要求1不具备新颖性和创造性的无效理由，且提供了多篇证据。为了对双方争议的焦点问题，即本专利的核心发明构思所体现的技术方案之新颖性和创造性有一个基本明确的结果，而且也为了便于对从属权利要求2~4的新颖性和创造性进行评价，因此，对本专利权利要求1的新颖性和创造性也作出评价。证据2-1公开了一种风扇，其包括电机（1）和叶片（9、9a），所述叶片具有倾斜角度，径向辐射状地一体设置在盘（8、8a）上，而盘（8、8a）安装在风扇轴（5）上，叶片的形状近似为棒状，且每一英寸直径的风扇的叶片从三片增加到六片（即8英寸直径的风扇的叶片从二十四增加到四十八片），风量的减少小于5%，如果每一英寸直径的风扇的叶片增加到七片（即8英寸直径的风扇的叶片数量为五十六片），则风量将显著减少。在实践中，这种多叶风扇的直径尺寸可以为4英寸至12英寸（即风扇的叶片数量可以为二十八片八十四片）。证据2-1公开的内容虽未明确风扇包括控制系统，但作为本领域的基本常识，作为控制风扇工作状态的一个必不可少的部分，风扇必然应当包括控制系统，因此，应认为其已暗含地公开了风扇具有控制系统这一技术特征。证据2-1公开的风扇的叶片数量可以是二十四、二十八等，已落入权利要求1所限定的“11~30”的数值范围之内；除此之外，证据2-1已公开了权利要求1的其他全部技术特征。证据2-1与本专利权利要求1两者的技术方案基本相同，且均属于同一技术领域，并可产生相同的技术效果，因此，权利要求1不具备新颖性。

证据2-1中的盘（8）就相当于权利要求2中的轮毂，其中的叶片与盘（8）形成一体，而在权利要求2中，叶片固定在轮毂上，两者并无实质性的区别。另外，在证据2-1已公开了采用多个叶片来降低风扇风量的基础上，将叶片的数量具体选择为18，对本领域技术人员来说，并不需要付出创造性的劳动，而且这种具体选择亦未带来任何预料不到的技术效果。因此，在其引用的权利要求1不具备新颖性的情况下，权利要求2不具备创造性。

从属权利要求3限定的附加技术特征中叶片数量为28片已被证据2-1所公开。而且，叶片之间设有一道加强环这一技术特征已被证据2-8所公开。证据2-1和证据2-8与本专利均属于同一技术领域，且该技术特征在证据2-8和本专利中所起的作用都是为了对叶片进行加强。因此，证据2-8已给出了通过加强环连接叶片来对叶片进行加强的技术启示。另外，虽然本专利说明书中给出了叶片所采用的一些具体形状，但并未说明这些不同形状叶片所能带来怎样的不同技术效果，因此，对于本领域的普通技术人员来说，在阅读了本专利的说明书之后，可以认识到只要使风扇的叶片数量设定为五片以上即可实现本专利的发明目的，而且可以选择其中说明的不同的叶片形状，并且这些具体形状的叶片所带来的技术效果应当是类似的或等同的。此外，证据2-8的风扇叶片的形状与本专利的“V”形形状相类似，因此，可以说证据2-8也给出了将叶片形状设计为“V”形的某种技术启示。在证据2-1的基础上结合证据2-8得出权利要求3所要求保护的技术方案，对本领域的技术人员来说是显而易见的，而且它们的结合没有产生预料不到的效果，因此该权利要求所要求保护的技术方案不具有突出的实质性特点和显著的进步，因而不具备创造性。在证据2-8已给出了通过加强环连接叶片来对叶片进行加强的技术启示下，为了进一步地增强这种加强作用而设置三道同心加强环的技术方案，对于本领域技术人员来说，应当是显而易见的，因此，权利要求4与证据2－1、证据2－8的结合相比，不具有突出的实质性特点和显著的进步，不具备创造性。

一审诉讼期间，专利复审委提交如下证据用以证明其所作决定的合法性：1. 证据2－1：US2500071美国专利说明书复印件及相关部分的中文译文；2. 证据2－8：EP0553598A1欧洲专利申请说明书复印件及相关部分的中文译文：3. 证据2－10：吴凤清于申请日提交的本专利原始申请的说明书和权利要求书复印件；4. 本专利说明书；5. 口头审理记录表复印件等。一审法院随案与吴凤清提交的本专利证书复印件、复审期间的意见陈述书以及专利检索中心行政范围等主要证据一并移送本院。上述证据能够证明本案相关事实，且证据来源合法，内容真实，本院予以采信。

本院认为，《专利法》第三十三条规定：申请人可以对其专利申请文件进行修改，但是，对发明专利申请文件的修改不得超出原说明书和权利要求书记载的范围……本案中，本专利原始说明书或权利要求书中未载明权利要求1的技术特征“风扇风叶的数量在11～30之间”的端值，故专利复审委认定权利要求1限定的技术方案超出了本专利申请文本的范围，不符合《专利法》第三十三条的规定，认定事实清楚，结论正确。

另外，关于证据2－1和证据2－8的真实性问题，吴凤清始终持有异议。域外形成的证据，经核查属实，即可确认其真实有效性。证据2－1和证据2－8均为专利文献，系对公众公开的文本，任何人均可通过专利检索或者在专利权属国官方网站查询而自行获得，不属于必须经公证认证方可确认其真实性的证据材料，且吴凤清对证据的真实性提出异议并无任何反证支持其主张，故专利复审委将其作为评价本专利的对比文件是正确的。

证据2－1暗含公开风扇具有控制系统，并公开风扇叶片数量可以是二十四、二十八，已经落入本专利权利要求1所限定的数值范围内，且该证据已公开了本专利权利要求1的其他技术特征；证据2－8中的“盘”相当于本专利权利要求2中的“轮毂”。叶片与盘形成一体和叶片固定在轮毂上并无实质差异和区别；证据2－1和证据2－8已将本专利权利要求3中的叶片二十八片和叶片间“设有一道加强环”的附加技术特征予以披露，从公开技术获得技术启示而得到“三道同心加强环”的技术方案；对于本领域技术人员是显而易见的。因此，专利复审委认定本专利不具备新颖性和创造性是正确的。综上，专利复审委所作第7272号无效宣告请求审查决定认定事实清楚，适用法律正确，程序合法，一审判决予以维持正确。上诉人吴凤清的上诉理由不能成立，本院不予支持。据此，依照《中华人民共和国行政诉讼法》第六十一条第一项的规定，判决如下：

驳回上诉，维持一审判决。

二审案件受理费人民币1000元，由上诉人吴凤清负担（已交纳）。

本判决为终审判决。

审 判 长 郭 宜
审 判 员 张学磊
代理审判员 赵宇晖
二〇〇六年六月二十日
书 记 员 程钰玮

118

双腔重叠式汽车制动阀节力装置案

无效宣告请求审查决定（第7373号）

决　定　号　第7373号
决　定　日　2005年7月21日
发明创造名称　双腔重叠式汽车制动阀节力装置
国际分类号　B60T 15/06
无效请求人　张应彪
专利权人　谢建成
专　利　号　02200457.2
申　请　日　2002年1月14日
授权公告日　2002年9月18日
合议组组长　杨克非
主　审　员　魏　屹
参　审　员　陈　勇

法律依据　专利法第二十二条第二款、第三款、第四款　专利法第二十六条第三款　专利法实施细则第二十一条第二款

决定要点

由他人提出的申请日在本专利申请日之前、公开日在本专利申请日之后的专利文献，不构成本专利的现有技术，不能用于评价本专利的创造性，但可以用于评价本专利的新颖性。

附件1所公开的技术方案与本专利权利要求1所限定的技术方案不同，所能够实现的技术效果不同，故本专利权利要求1所限定的技术方案相对于附件1所公开的技术方案具备新颖性。

附件2～5所披露的技术方案中都没有公开本专利权利要求1中的节力套，都没有给出通过设置节力套而使得活塞受力面积减小的技术启示，本领域技术人员根据附件2～5所公开的技术方案得到本专利权利要求1所限定的技术方案是非显而易见的，因此本专利权利要求1所限定的技术方案相对于附件2～5所公开的技术内容具有实质性特点和进步，具备创造性。

一、案由

本无效宣告请求案涉及的是专利号为02200457.2、名称为“双腔重叠式汽车制动阀节力装置”的实用新型专利，该专利申请日为2002年1月14日，授权公告日为2002年9月18日，专利权人为谢建成。

该专利授权公告时的权利要求如下：

“1. 一种双腔重叠式汽车制动阀节力装置，其特征是将平衡弹簧套在平衡弹簧座上，平衡弹簧和平衡弹簧座置入节力活塞中，并在节力活塞的上部有一卡簧；将回位弹簧套在节力活塞上，回位弹簧和节力活塞置入节力套中，在节力套的内腔下部有一内环槽，内环槽内有橡胶内密封圈；节力套的外

壁有一外环槽，外环槽内有橡胶外密封圈。

2. 根据权利要求1所述的双腔重叠式汽车制动阀节力装置，其特征是所述节力活塞的节力活塞推头的长度为8～22mm。”

针对上述专利权（下称本专利），张应彪（下称请求人）于2004年7月22日向专利复审委员会提出了无效宣告请求，其理由是本专利不符合专利法第二十二条第二款、第三款关于新颖性和创造性的规定，请求专利复审委员会宣告该实用新型专利权全部无效，同时提交了以下附件作为证据：

附件1：授权公告号为CN2486778Y的中国实用新型专利说明书的复印件，其申请日为2001年7月19日，其授权公告日为2002年4月17日；

附件2：授权公告号为US4712577的美国专利说明书的复印件，其授权公告日为1987年12月15日；

附件3：授权公告号为US4819992的美国专利说明书的复印件，其授权公告日为1989年4月11日；

附件4：授权公告号为US4741579的美国专利说明书的复印件，其授权公告日为1988年5月3日；

附件5：授权公告号为US4679594的美国专利说明书的复印件，其授权公告日为1987年7月14日；

附件6：国家知识产权局专利检索咨询中心出具的编号为G040923的检索报告的复印件（共4页）。

请求人在无效宣告请求书中的主要观点是：附件1破坏本专利权利要求1和权利要求2的新颖性，附件2破坏本专利权利要求1和权利要求2的创造性，附件3～5也可以破坏本专利权利要求1和权利要求2的创造性，供合议组在审查时参考。

经审查，上述无效宣告请求符合专利法及其实施细则规定的形式要求，专利复审委员会于2004年7月22日予以受理并将专利权无效宣告请求书及所附证据材料的副本转送给专利权人，并成立合议组对此案进行审查。

请求人于2004年8月18日补充提交了意见陈述书，坚持其提出的附件2～5分别破坏本专利权利要求1和权利要求2的创造性的主张，并提交了上述附件2～5的中文译文。

专利权人谢建成（下称被请求人）于2004年8月25日针对上述无效宣告请求进行了意见陈述，被请求人认为：请求人提供的所有证据都不能破坏本专利的新颖性和创造性，要求专利复审委员会作出维持专利权有效的决定。同时提交了由云南省汽车及发动机产品质量监督检验站出具的2002－017号检验报告的复印件作为反证。

合议组于2005年2月25日向双方当事人发出口头审理通知书，定于2004年4月6日上午9时在专利复审委员会第一口审厅进行口头审理，并在发出口头审理通知书的同时将被请求人于2004年8月25日提交的意见陈述书转送给请求人以及将请求人于2004年8月18日提交意见陈述书以及附件2～5的中文译文转送给被请求人。

专利复审委员会于2005年3月23日收到请求人针对被请求人于2004年8月25日提交的意见陈述书所做的意见陈述，请求人增加本专利不符合专利法第二十二条第四款的规定、专利法第二十六条第三款和第四款的规定、本专利不符合专利法实施细则第二十条第一款和第二十一条第二款的规定作为新的无效宣告请求的理由，并且坚持其在无效宣告请求书中提出的附件1破坏本专利的新颖性以及附件2破坏本专利的创造性的主张。

口头审理如期进行，请求人和被请求人均参加了口头审理，在口头审理开始前，合议组当庭将于

2005 年 3 月 23 日收到的请求人提交的意见陈述书的副本转给被请求人。在口头审理过程中，双方当事人对双方出庭人员的身份和资格无异议，对合议组成员无回避请求。被请求人对请求人提交的附件 1 ~5 的真实性无异议，对附件 2 ~5 的中文译文无异议。在口审过程中，请求人明确其无效宣告请求的理由是本专利不符合专利法第二十二条第二款、第三款和第四款的规定、专利法第二十六条第三款的规定、本专利不符合专利法实施细则第二十一条第二款的规定。请求人认为附件 1 破坏本专利权利要求 1 和权利要求 2 的新颖性，附件 2 为本专利的最接近现有技术，能够破坏本专利权利要求 1 和权利要求 2 的创造性，附件 3 ~5 也可以破坏本专利权利要求 1 和权利要求 2 的创造性，供合议组在审查时参考。双方当事人对各自的观点进行了充分论述。

至此，合议组经过合议，认为涉及本案的有关事实已经清楚，可以作出本审查决定。

二、决定的理由

1. 关于证据的认定

被请求人对请求人提交的附件 1 ~5 的真实性以及附件 2 ~5 的中文译文无异议，合议组对于请求人提交的附件 1 ~5 的真实性以及附件 2 ~5 的中文译文予以认可。

2. 关于专利法第二十六条第三款、第二十二条第四款、专利法实施细则第二十一条第二款

根据专利法第二十六条第三款的规定，说明书应当对发明或者实用新型作出清楚、完整的说明，以所属技术领域的技术人员能够实现为准；必要的时候，应当有附图。摘要应当简要说明发明或者实用新型的技术要点。

根据专利法第二十二条第四款的规定，实用性是指该发明或者实用新型能够制造或者使用，并且能够产生积极效果。

根据专利法实施细则第二十一条第二款的规定，独立权利要求应当从整体上反映发明或者实用新型的技术方案，记载解决技术问题的必要技术特征。

请求人认为：（1）本专利说明书中没有公开活塞定位装置、活塞内部开孔的结构以及节力套的内部结构，致使本领域技术人员无法实施本专利，因此本专利不符合专利法第二十六条第三款的规定；（2）由于说明书中没有公开上述技术内容导致本专利不能使用和产生积极效果，故本专利不符合专利法第二十二条第四款关于实用性的规定；（3）上述结构特征为实现本专利的必要技术特征，本专利独立权利要求 1 中未记载上述结构特征，故本专利不符合专利法实施细则第二十一条第二款的规定。

合议组认为：对于本领域技术人员来说，活塞定位装置以及活塞内部开孔结构都是现有技术的内容，不是本专利请求保护的内容，关于节力套的内部结构，说明书和权利要求中已经对其进行了清楚的描述。因此，合议组对于请求人提出的由于本专利说明书以及权利要求书中没有公开活塞定位装置、活塞内部开孔的结构以及节力套的内部结构而导致本专利不符合专利法第二十二条第四款的规定、专利法第二十六条第三款的规定以及专利法实施细则第二十一条第二款的规定的主张不予支持。

3. 关于新颖性

根据专利法第二十二条第二款的规定，新颖性是指在申请日以前没有同样的发明或实用新型在国内外出版物上公开发表过，在国内公开使用过或者以其他方式为公众所知，也没有同样的发明或者实用新型由他人向国务院专利行政部门提出过申请并且记载在申请日以后公布的专利申请文件中。

附件 1 是由他人提出的申请日在本专利申请日之前、公开日在本专利申请日之后的专利文献，可以用于评价本专利的新颖性。

附件 1 公开了一种汽车制动阀活塞，包括外套、活塞、顶杆座、弹性物，圆筒状外套的一端有一同轴圆缩孔，其孔内壁有一沿圆周的凹槽，在其内有密封圈，在该外套的外侧有沿圆周的凹槽，在其

内有密封圈，该外套的外径与汽车制动阀阀体内径相配合；活塞一端为细颈，该端穿过上述的缩孔并与其滑动配合，活塞另一端是凸缘，其外径与外套圆筒内径滑动配合，并被卡在外套内，在活塞细颈外套有弹性物；在活塞的轴心有直径不同的通孔，细颈端最细，在该细孔内较粗的孔中是所述的弹性物，顶杆座的顶端顶在该孔中的弹性物上，在顶杆座外侧有凸缘被卡在活塞有凸缘端的孔内，与其滑动配合；在活塞凸缘的两侧之间有气体通道。

附件1所公开的技术方案与本专利权利要求1所限定的技术方案的不同之处在于，在附件1所公开的技术方案中，顶杆座的顶端顶在设置于活塞内孔中的弹性物上，而在本专利权利要求1所限定的技术方案中，平衡弹簧套在平衡弹簧座上，平衡弹簧和平衡弹簧座置入节力活塞中。并且由于平衡弹簧套在平衡弹簧座上能够使得平衡弹簧座受力均匀，提高稳定性，因此附件1所公开的技术方案与本专利权利要求1所限定的技术方案所实现的技术效果也不同。由此可以看出，附件1所公开的技术方案与本专利权利要求1所限定的技术方案不同，所能够实现的技术效果不同，故本专利权利要求1所限定的技术方案相对于附件1所公开的技术方案具备新颖性。

权利要求2是独立权利要求1的从属权利要求，在本专利权利要求1所限定的技术方案具备新颖性的前提下，权利要求2所限定的技术方案也具备新颖性。

合议组对于请求人提出附件1破坏本专利权利要求1和权利要求2的新颖性的主张不予支持。

4. 关于专利法第二十二条第三款

根据专利法第二十二条第三款，创造性是指同申请日以前已有的技术相比，该发明有突出的实质性特点和显著的进步，该实用新型有实质性特点和进步。

根据专利法实施细则第三十条的规定，专利法第二十二条第三款所称的已有技术是指在申请日（有优先权的，指优先权日）前在国内外出版物上公开发表、在国内公开使用或者以其他方式为公众所知的技术，即现有技术。创造性是相对于现有技术而言的，只有属于现有技术的内容才能用于评价创造性，附件2~5是在本专利申请日之前公开的出版物，因此都可以作为用于评价本专利创造性的现有技术。

附件2公开了一种用于制动系统的气动阀，它包括阀体、活塞、安装在活塞内的驱动帽以及设置在驱动帽和活塞之间的三个弹簧以及设置在阀体和活塞之间的密封圈。

与本专利权利要求1所限定的技术方案相比，附件2中所公开的阀体结构中没有设置节力套，而对于本专利权利要求1所限定的技术方案，活塞和回位弹簧设置在节力套内，并且正是因为设置了节力套而使得活塞受力面积减小，从而达到减小踏板力的技术效果。附件2所公开的技术方案中没有给出通过设置节力套而使得活塞受力面积减小的技术启示，本领域技术人员根据附件2所公开的技术方案得到本专利权利要求1所限定的技术方案是非显而易见的，本专利权利要求1所限定的技术方案相对于附件2所公开的技术内容具有实质性特点和进步，具备创造性。

另外，请求人认为附件3~5也可以破坏本专利的创造性，供合议组在审查时参考。合议组认为，附件3~5所披露的技术方案中都没有公开本专利权利要求1中的节力套，都没有给出通过设置节力套而使得活塞受力面积减小的技术启示，本领域技术人员根据附件3~5所公开的技术方案得到本专利权利要求1所限定的技术方案是非显而易见的，因此本专利权利要求1所限定的技术方案相对于附件3~5所公开的技术内容具有实质性特点和进步，具备创造性。

权利要求2是独立权利要求1的从属权利要求，在本专利权利要求1所限定的技术方案具备创造性的前提下，权利要求2所限定的技术方案也具备创造性。

合议组对于请求人提出的附件2~5也可以破坏本专利权利要求1和权利要求2的创造性的主张不予支持。

三、决定

维持 ZL02200457.2 号实用新型专利权有效。

当事人对本决定不服的，可以根据专利法第四十六条第二款的规定，自收到本决定之日起三个月内向北京市第一中级人民法院起诉。根据该款的规定，一方当事人起诉后，另一方当事人应当作为第三人参加起诉。

北京市第一中级人民法院
行政裁定书

（2005）一中行初字第 1149 号

原告张应彪，男，42 岁，汉族，住贵州省盘县特区城关镇玉阳路 29 号附 16 号。

委托代理人金耀生，女，昆明正原专利代理有限责任公司专利代理人。

被告国家知识产权局专利复审委员会，住所地北京市海淀区北四环西路 9 号。

法定代表人廖涛，副主任。

委托代理人魏屹，男，国家知识产权局专利复审委员会审查员。

委托代理人王丽颖，女，国家知识产权局专利复审委员会审查员。

第三人谢建成，男，52 岁，汉族，住贵州省盘县城关镇解放北路 348 号。

委托代理人李荣仙，云南世达律师事务所律师。

原告张应彪不服被告国家知识产权局专利复审委员会作出的无效宣告请求审查决定，向本院提起行政诉讼。本院于 2005 年 11 月 7 日受理后，依法组成合议庭，对本案进行了审理。在本院审理期间，原告张应彪以将另行向国家知识产权局专利复审委员会提出无效宣告请求为由向法院提出撤诉申请。

本院经审查认为，原告有权在诉讼期间依法处分其诉讼权利。现原告张应彪申请撤回起诉，系其真实意思表示，未违反法律规定、妨害社会公共利益，本院应予准许。依照《中华人民共和国行政诉讼法》第五十一条，裁定如下：

准许原告张应彪撤回起诉。

案件受理费 1000 元，减半收取 500 元，由原告张应彪负担（已交纳）。

审 判 长　强刚华
代理审判员　梁　菲
代理审判员　贾志刚
二〇〇五年十二月十六日
书 记 员　张　莹

119

防止油、水、氢泄漏机构案

无效宣告请求审查决定（第7374号）

决　定　号　第7374号
决　定　日　2005年7月22日
发明创造名称　防止油、水、氢泄漏机构
国际分类号　F16J 15/32　H02K 5/124
无效请求人　吴雳鸣
专利权人　王胜五
专　利　号　94109382.4
申　请　日　1994年8月19日
授权公告日　1999年8月11日
合议组组长　杨克菲
主　审　员　陈　勇
参　审　员　魏　屹

法律依据　专利法第二十二条第三款
决定要点

对比文件仅公开了一项权利要求中的一部分技术特征，而另一部分技术特征没有被公开，也不能从现有技术中得到启示，而且由于这些技术特征的存在使得该权利要求所记载的技术方案与现有技术方案相比具有突出的实质性特点和显著的进步，故该权利要求具备创造性。

一、案由

本无效宣告请求案涉及国家知识产权局专利局1999年8月11日授权公告的第94109382.4号发明专利（下称本专利），其名称为“防止油、水、氢泄漏机构”，申请日为1994年8月19日，专利权人为王胜五（下称被请求人）。

授权公告的权利要求书内容如下：

“1. 一种防止油、水、氢泄漏机构，其特征在于：座板（1）上设有座板固定孔（2），弹簧片（3）固定在导板（4）的背部上，两块大挡油板（8）分别用挡油板固定螺钉（6）固定联接在导板（4）一端部两侧面上，两块小挡油板（7）分别用挡油板固定螺钉（6）固定联接在另一导板（4）一端部两侧面上，装有小挡油板（7）的导板（4）一端插入装有大挡油板（8）的导板（4）一端联接，背部装有弹簧（3）的导板（4）置于座板（1）的导槽内，并用定位螺杆（5）联接，组成防止油、水、氢泄漏机构。”

针对本专利，无效宣告请求人吴雳鸣（下称请求人）于2004年3月10日向专利复审委员会提出了宣告专利权无效的请求，请求宣告无效的理由是本专利不具备创造性。请求人同时提交了以下两份证据：

证据1：机械工业出版社1982年3月第1版、1984年3月第2次印刷的《机械工程手册》第5卷机械设计（二）封面、版权页及相关内容复印件共12页；

证据2. 化学工业出版社1993年5月出版的《机械设计手册》第3版第2卷封面、版权页及第11~50页复印件共3页。

请求人认为：证据1公开了一种浮动密封油挡，且公开了氟塑料V形密封圈；在证据2中公开了各种弹簧片，弹簧片的使用只是简单的替换，因此本专利的技术方案是现有技术的简单组合和替换，并没有带来意想不到的效果，所以本专利权利要求1不具备创造性。

经形式审查合格后，专利复审委员会受理了上述无效宣告请求，向请求人和被请求人发出了无效宣告请求受理通知书，并将上述无效宣告请求书及所附相关文件副本转送给被请求人，要求其在指定期限内答复，同时依法成立合议组对本案进行审查。

针对上述无效宣告请求，被请求人于2004年3月29日向专利复审委员会提交了意见陈述书，坚持认为本专利具备创造性。同时提交了八份附件作为反证，用以说明本专利的创造性。

专利复审委员会于2005年5月26日向双方当事人发出口头审理通知书，定于2005年7月5日在专利复审委员会举行口头审理，并将被请求人在2004年3月29日提交的意见陈述书及其相关附件副本转送给请求人，要求其在规定期限内进行意见陈述。

口头审理如期举行，双方当事人均参加了口头审理。双方当事人对合议组成员无回避请求，并对对方出庭人员的身份和资格无异议。被请求人对证据1和证据2的真实性无异议。

在口头审理中，请求人明确其无效理由为本专利不符合专利法第二十二条第三款有关创造性的规定。请求人放弃以证据1中第23~98页图23.5-6作为证据使用，请求人明确证据使用方式为：证据1中第23~84页的图23.4-25结合证据1中第23~42页中的表23.3-22阀门用氟塑料V形密封圈、附件3中第11~50页的成型片弹簧来否定权利要求1的创造性。双方当事人结合证据就各自的观点进行了充分的论述。

在上述程序基础上，合议组认为本案事实已经清楚，可以依法作出如下审查决定。

二、决定的理由

关于权利要求1的创造性

专利法第二十二条第三款规定：创造性，是指同申请日以前已有的技术相比，该发明有突出的实质性特点和显著的进步，该实用新型有实质性特点和进步。

证据1和证据2均为公开出版物，被请求人对它们的真实性无异议，同时它们的公开日早于本专利的申请日，故证据1和证据2可以作为评价本专利权利要求1创造性的现有技术。

请求人主张，证据1中第23~84页的图23.4-25结合证据1中第23~42页中的表23.3-22阀门用氟塑料V形密封圈、附件3中第11~50页的成型片弹簧可以否定权利要求1的创造性。

合议组认为，证据1中第23~84页的图23.4-25明显可见公开了以下技术内容：一种鼓风机用石墨填料密封装置，其包括壳体，壳体内有保持架，弹簧固定在斜肩榫接填料环的外周，外周装有弹簧的填料环置于保持架凹槽内，在保持架上设置有销子。本专利权利要求1与证据1公开的上述内容相比较，至少具有以下区别技术特征：a. 本专利权利要求1中具有“导板（4）”这一部件，而证据1中没有导板；b. “两块大挡油板（8）分别用挡油板固定螺钉（6）固定联接在导板（4）一端部两侧面上，两块小挡油板（7）分别用挡油板固定螺钉（6）固定联接在另一导板（4）一端部两侧面上”；c. “装有小挡油板（7）的导板（4）一端插入装有大挡油板（8）的导板（4）一端联接。”证据1中第23~42页中的表23.3-22列出了几种阀门用氟塑料V形密封圈，其中仅仅涉及具体密封元件本身的形状，并没有公开与上述区别技术特征对应的任何结构特征。证据2中第11~50页的片弹簧涉及片弹簧性能计算的公式，其中也并未涉及与上述区别技术特征对应的任何技术内容。

通过以上分析可知，即使证据1和证据2结合，也仍然没有披露上述区别技术特征a、b和c，同时也未就上述区别技术特征给出任何技术启示和教导。由于上述区别技术特征的存在，使得本专利权利要求1所限定的防止油、水、氢泄漏机构成为一种与现有技术不同的密封装置，这样的技术方案并非本领域技术人员不经创造性劳动就可以获得。而且，由于上述区别技术特征的存在，可以更加有效地防止流体泄漏，保证设备的安全运行。因此合议组认为，权利要求1限定的技术方案具备专利法第二十二条第三款规定的创造性。

三、决定

维持94109382.4号发明专利权有效。

当事人对本决定不服的，可以根据专利法第四十六条第二款的规定，自收到本决定之日起三个月内向北京市第一中级人民法院起诉。根据该款的规定，一方当事人起诉后，另一方当事人应当作为第三人参加诉讼。

密封电驱动压缩机的热保护器案

无效宣告请求审查决定（第7378号）

决　定　号　第7378号
决　定　日　2005年7月5日
发明创造名称　密封电驱动压缩机的热保护器
国际分类号　F04B 39/00　F04C 29/10　H02K 11/00
无效请求人　乐清市正博电气有限公司　钱根良
专利权人　株式会社生方制作所
专　利　号　94116451.9
申　请　日　1994年9月21日
授权公告日　2001年4月11日
合议组组长　张荣彦
主　审　员　王丽颖
参　审　员　吴亚琼

法律依据　专利法第二十六条第四款　专利法第二十二条第二款、第三款　专利法实施细则第二十一条第二款

决定要点

对于权利要求中采用的“包括”字样，应理解为是一种开放式限定，而不应理解成“仅仅包括”或“只包括”。

在评价一项权利要求是否得到说明书的支持时，应把权利要求书和说明书作为一个整体来看待，若本领域技术人员通过阅读该说明书和权利要求书能够理解权利要求所要求保护的技术方案，则该权利要求得到了说明书的支持。

一、案由

本无效宣告请求案涉及国家知识产权局专利局于2001年4月11日授权公告的94116451.9号发明专利权（下称本专利），名称为“密封电驱动压缩机的热保护器”，申请日为1994年9月21日，专利权人为株式会社生方制作所（下称被请求人）。

授权公告的权利要求书如下：

“1. 一种用于具有内装有一个供电接线器和封有一个电动机和一个压缩装置以及一定数量致冷气体的密封机壳的密封电驱动压缩机的热保护器，包括：一个配置在压缩机机壳内的热敏开关，它包括一个其中安置一个热敏元件的金属罩、一个安装在这个金属罩上的终端引线器以及一个固定在终端引线器上的终端连接器；其特征在于，还包括：一个用电绝缘材料制成的支架，它包括一个容纳热敏开关金属罩的第一腔、一个容纳终端引线器与终端连接器之间的固定部分的第二腔以及一个容纳终端连接器的第三腔，这三个腔各都在其一个侧面上有一个开口，以及一个配置在支架第二腔内的结合件，它将终端引线器与终端连接器之间的固定部分与支架基本上结合成一个整体。

2. 根据权利要求1所述的热保护器，其特征在于，所述结合件包括一种充填在支架第二腔内的使终端引线器与终端连接器之间的固定部分固定在第二腔内适当位置的可硬化的电绝缘填料。

3. 根据权利要求1所述的热保护器，其特征在于，在所述支架的第一腔内有一个构件，用来限定一个在第一腔的一个内周面和热敏开关金属罩的一个外周面之间的可容许致冷气体流过的间隙。

4. 根据权利要求2所述的热保护器，其特征在于，在所述支架的第一腔内有一个构件，用来限定一个在第一腔的一个内周面和热敏开关金属罩的一个外周面之间的可容许致冷气体流过的间隙。

5. 根据权利要求1所述的热保护器，其特征在于，所述第一腔的一个上表面和邻接这个上表面的至少一个表面是敞开的。

6. 根据权利要求1所述的热保护器，其特征在于，所述结合件与支架结合，形成支架的一个限定第二腔的壁，而终端引线器与终端连接器的固定部分通过夹物模压安装在这个壁上。

7. 根据权利要求5所述的热保护器，其特征在于，所述结合件与支架结合，形成支架的一个限定第二腔的壁，而终端引线器和终端连接器的固定部分通过夹物模压安装在这个壁上。

8. 根据权利要求7所述的热保护器，其特征在于，所述热敏开关有第一、第二终端引线件和第一、第二终端连接件，第一终端引线件在第二腔内固定在通过夹物模压安装在支架上的第一终端连接件上，而第二终端引线件在第二腔内固定在安置在第三腔内的第二终端连接件上。

9. 根据权利要求1所述的热保护器，其特征在于，所述终端连接器包括一个固定在终端引线器上的第一终端连接件和一个固定在热敏开关的金属罩上的第二终端连接件。

10. 根据权利要求5所述的热保护器，其特征在于，所述终端连接器包括一个固定在终端引线器上的第一终端连接件和一个固定在热敏开关的金属罩上的第二终端连接件。”

针对本专利权，乐清市正博电气有限公司、钱根良（下称请求人）于2003年7月9日向专利复审委员会提出无效宣告请求，其理由是本实用新型专利不符合专利法第二十二条第二款、第二十六条第四款以及专利法实施细则第二十一条第二款的规定，并同时提交了下列证据：

附件1：US5515217A美国专利说明书及其权利要求书的中文译文，公开日为1996年5月7日；

附件2：日本特许公报（B2）第2934571号及其权利要求书的中文译文，公开日为1999年8月16日；

附件3：日本特许公报（B2）第2769600号及其权利要求书的中文译文，公开日为1998年6月25日；

附件4：US4791329美国专利说明书，公开日为1988年12月13日。

经形式审查合格，专利复审委员会受理了上述请求，并于2003年7月10日将宣告专利权无效请求书及其他有关文件副本转送给了被请求人，要求其在指定的期限内答复。

被请求人于2003年8月25日提交了意见陈述，修改了权利要求书，并提交了上述附件1~4的中文译文。

其修改后的独立权利要求1为：

“1. 一种用于具有一个内装有一个供电接线器和封有一个电动机和一个压缩装置以及一定数量致冷气体的密封机壳的密封电驱动压缩机的热保护器，包括：一个配置在压缩机机壳内的热敏开关，它包括一个其中安置一个热敏元件的金属罩、安装在这个金属罩上的一对终端引线件以及分别固定在所述终端引线件上的相应的终端连接件；其特征在于，还包括：一个用电绝缘材料制成的支架，它包括一个容纳热敏开关金属罩的第一腔、一个容纳终端引线件与终端连接件之间的固定部分的第二腔以及一个容纳终端连接件中的一个的第三腔，这三个腔各都在其一个侧面上有一个开口，以及一个配置在支架第二腔内的结合件，它将终端引线件与终端连接件之间的固定部分与支架基本上结合成一个整体。”

2003 年 10 月 27 日，专利复审委员会将被请求人的上述意见陈述及中文译文转文给请求人，同时向请求人发出了外文证据处理通知书。

2003 年 8 月 6 日，请求人提交了补充理由及证据：

附件 5：US4499517 美国专利公开说明书，公开日为 1985 年 2 月 12 日；

附件 6：US4748531 美国专利公开说明书，公开日为 1988 年 5 月 31 日；

附件 7：US3586910 美国专利公开说明书，公开日为 1971 年 6 月 22 日。

请求人还同时提交了上述附件 4 ~ 7 的中文译文；并指出本专利权利要求 1 ~ 7 缺少必要技术特征，不符合专利法实施细则第二十一条第二款的规定；权利要求 1 ~ 10 得不到说明书的支持，不符合专利法第二十六条第四款的规定；权利要求 1 ~ 8 不具备新颖性或创造性。

2003 年 11 月 24 日，请求人就专利复审委员会 2003 年 10 月 27 日发出的通知书提交了意见陈述，认为被请求人对权利要求的修改不符合审查指南的规定，不能被接受。

2004 年 3 月 9 日，专利复审委员会将请求人于 2003 年 8 月 6 日提交的补充理由及证据以及请求人于 2003 年 11 月 24 提交的意见陈述转文给被请求人，并告知被请求人对权利要求书的修改应符合专利法及审查指南的相关规定。

2004 年 4 月 23 日，被请求人针对上述 2004 年 3 月 9 日的转文提交了意见陈述。被请求人认为其对权利要求的修改没有违反专利法及其实施细则和审查指南的有关规定；并对请求人所提交的 7 篇对比文件及无效理由一一进行了辩驳。

2004 年 5 月 8 日，专利复审委员会向双方发出了口头审理通知书定于 2004 年 7 月 8 日进行口头审理，并将被请求人 2004 年 4 月 23 日提交的意见陈述书一并转文。

口头审理如期举行。双方当事人均出席了口头审理。本案合议组当庭告知被请求人所提交的权利要求的修改文本不符合审查指南的规定，不予接受。被请求人在此基础上明确以原授权的权利要求书作为审查文本，请求人对此无异议。

请求人明确无效理由为权利要求 1 ~ 7 不符合专利法第二十六条第四款的规定；权利要求 1 ~ 7 不符合专利法实施细则第二十一条第二款的规定；权利要求 1 ~ 10 不符合专利法第二十二条第二款、第三款的规定，所使用的对比文件仅为附件 4、5、6、7；并当庭新增了无效理由，即权利要求 1 不符合专利法实施细则第二十条第一款的规定。被请求人对上述附件 4、5、6、7 作为对比文件使用无异议。双方当事人均认可附件 5 的中文译文中“安装在机壳上”应为“安装在机壳外部”。此外，被请求人对请求人提交的中文译文有异议，但其在口审时仅指出了上述附件 5 中的区别。合议组告知被请求人应于口审结束后两周内提交对译文的具体异议，逾期将视为接受请求人的中文译文。

被请求人在指定期限内未提交任何意见陈述。

至此，合议组认为本案事实已经清楚，在此基础上作出如下决定。

二、决定的理由

1. 关于审查的文本

本次审查所依据的文本是本专利授权公告时的文本。

2. 关于证据

由于请求人在口头审理时明确评价本专利权利要求的新颖性、创造性所使用的对比文件仅为附件 4、5、6、7，而被请求人对此并无异议，因此对于请求人在先提供的附件 1 ~ 3 将不予评述。对于请求人提交的附件4~7的中文译文，由于双方当事人均认可附件5的中文译文中“安装在机壳上”应为“安装在机壳外部”，而被请求人未在合议组指定期限内提交对上述附件4~7中文译文的具体异议，则可视为被请求人接受了上述中文译文。因此，对本专利权利要求新颖性、创造性审查中所使用的对比文件为请求人提交的附件4、5、6、7的中文译文（其中附件5的译文中“安装在机壳上”应为“安装在机壳外部”）（下称对比文件4、5、6、7）。

3. 关于专利法实施细则第二十一条第二款

专利法实施细则第二十一条第二款规定：独立权利要求应当从整体上反映发明或者实用新型的技术方案，记载解决技术问题的必要技术特征。

请求人认为，独立权利要求1所限定的技术方案缺少必要技术特征，是指根据本领域普通技术人员的常识，热敏开关只“包括一个终端引线器以及一个固定在终端引线器上的终端连接器”是不能工作的，它应当至少包括一对终端引线器和两个分别与这两个终端引线器相连的终端连接器。从属权利要求2~7中也没有记载上述技术特征，因此权利要求2~7也不符合专利法实施细则第二十一条第二款的规定。

根据审查指南的规定，必要技术特征是指“发明或者实用新型为解决其技术问题所不可缺少的技术特征，其总和足以构成发明或者实用新型的技术方案，使之区别背景技术中所述的其他技术方案。”

合议组认为，首先，该权利要求采用的“包括”是一种开放式限定，即权利要求1中，它（热敏开关）包括一个终端引线器，以及一个固定在终端引线器上的终端连接器，而非“只包括”；此外，权利要求1中“一个容纳终端引线器与终端连接器之间的固定部分的第二腔以及一个容纳终端连接器的第三腔”是对上述“一个终端引线器和一个固定在终端引线器上的终端连接器”的进一步限定。而本专利所要解决的技术问题是增强结合强度，使结合力传导到支架上，使连接件和支架形成一个整体。而实际上，只要一个端子按权利要求1所述的方案连接就可以解决上述问题，至于另一个端子可以按现有技术连接，也可以按本专利的方案连接。因此，在本专利的权利要求1中只针对热敏开关中的一个终端引线器及一个固定在该终端引线器上的终端连接器作出限定并不影响上述技术问题的解决。请求人所称权利要求1缺少必要技术特征的主张不能成立。权利要求1~7均符合专利法实施细则第二十一条第二款的规定。

4. 专利法实施细则第二十条第一款

被请求人于口头审理时提出了该项无效宣告理由。由于该理由属于无需新证据支持的新的无效宣告理由，根据审查指南的有关规定，合议组决定对该理由予以接受。

专利法实施细则第二十条第一款规定：权利要求书应当说明发明或者实用新型的技术特征，清楚、简要地表述请求保护的范围。

请求人认为，权利要求1中由于使用了“基本上”的用词，使权利要求1不符合专利法实施细则第二十条第一款的规定。合议组认为，根据权利要求1的描述“结合件将终端引线器与终端连接器之间的固定部分与支架基本上结合成一个整体”，尽管该处使用了“基本上”的用词，但该词的使用并没有导致权利要求1的保护范围不清楚，因此，应认为，该用词是允许的。权利要求1符合专利法实施细则第二十条第一的规定。

5. 专利法第二十六条第四款

专利法第二十六条第四款规定：权利要求书应当以说明书为依据，说明要求专利保护的范围。

请求人认为，权利要求1~7中，记载了特征“一个配置在压缩机机壳内的热敏开关，它包括一个其中安置一个热敏元件的金属罩、一个安装在这个金属罩上的终端引线器以及一个固定在终端引线器上的终端连接器”。而根据说明书的内容，也仅仅是在形式上记载了包括上述特征的技术方案，而实际上根据本领域普通技术人员的常识，本专利的热敏开关“包括至少一对终端引线器和两个分别与这两个终端引线器相连的终端连接器”，所以在本专利说明书中根本不存在一种由特征“它（热敏开关）包括一个其中安置一个热敏元件的金属罩、一个安装在这个金属罩上的终端引线器以及一个固定在终端引线器上的终端连接器”限定的技术方案。因此，权利要求 1 ~7 得不到说明书的支持，不符合专利法第二十六条第四款的规定；根据权利要求 8 的记载，其包括特征“它（热敏开关）包括一个其中安置一个热敏元件的金属罩、一个安装在这个金属罩上的终端引线器以及一个固定在终端引线器上的终端连接器”以及“热敏开关有第一、第二终端引线件和第一、第二终端连接件”，而根据说明书的记载，其中根本不存在同时包括上述特征的技术方案，所以权利要求 8 不符合专利法第二十六条第四款；权利要求 9 作为权利要求 1 的从属权利要求，而在本专利说明书中根本不存在这样一种技术方案，即“其一个终端连接器包括第一终端连接件和第二终端连接件，两个终端连接件同时与终端引线器相连，其中一个终端连接件又与热敏开关的金属罩相连”。因此权利要求 9 得不到说明书的支持。同样，权利要求 10 也得不到说明书的支持。

合议组认为，首先，如前评述，权利要求 1 ~7 所限定的技术方案是完整的。而由本专利说明书中的文字及附图描述可知，该说明书中已经给出了对热敏开关中的一个终端引线器及相应的终端连接器的具体的放置及连接方式，因此，权利要求 1 ~7 不仅在形式上得到了说明书的支持，而且在实质上也得到了说明书的支持，符合专利法第二十六条第四款的规定。

权利要求 8 作为从属权利要求，进一步限定了热敏开关有第一、第二终端引线件和第一、第二终端连接件及其连接和放置方式，纵观说明书和权利要求书，可以惟一得出，权利要求 8 中的终端引线件、终端连接件相当于权利要求 1 中的终端引线器、终端连接器。权利要求 8 无论在形式上还是在实质上都得到了说明书的支持。因此，权利要求 8 符合专利法第二十六条第四款的规定。

在权利要求 9 和权利要求 10 的描述中，已经明确限定了这样的技术方案，即“终端连接器包括第一终端连接件和第二终端连接件，其中第一终端连接件固定在终端引线器上，第二终端连接件固定在热敏开关的金属罩上”。而对于这样的技术方案在说明书中均得到了支持。因此，权利要求 9、权利要求 10 也符合专利法第二十六条第四款的规定。

6. 关于新颖性和创造性

对比文件 4 公开了一种封闭式电动压缩机马达保护器安装结构；对比文件 5 公开了一种适用压缩机马达的马达保护器，其中热敏开关配置在机壳外部；对比文件 6 公开了一种压缩机接线块和过载保护器组件；对比文件 7 公开了一个安装在外壳内的密封马达及电马达保护装置。上述对比文件 4 ~7 中至少都未公开本专利要求 1 中“它（支架）包括一个容纳热敏开关金属罩的第一腔、一个容纳终端引线件与终端连接件之间的固定部分的第二腔以及一个容纳终端连接件中的一个的第三腔”的技术特征。因此，权利要求 1 相对于对比文件 4 ~7 具备新颖性。且即使将对比文件 4 ~7 相结合也不能得到权利要求 1 所要求保护的技术方案。因此，权利要求 1 具备创造性。

由于独立权利要求 1 具备新颖性和创造性，直接或间接引用权利要求 1 的从属权利要求 2 ~10 也具备新颖性和创造性。

三、决定

维持 94116451.9 号发明专利权有效。

当事人对本决定不服的，可以根据专利法第四十六条第二款的规定，自收到本决定之日起三个月内向北京市第一中级人民法院起诉。根据该款的规定，一方当事人起诉后，另一方当事人应当作为第三人参加诉讼。

北京市第一中级人民法院
行政判决书

（2006）一中行初字第42号

原告钱根良，男，汉族，1963年6月6日出生，住浙江省兰溪市兰江镇园石洞2号。

委托代理人李浩成，男，汉族，1974年1月28日出生，北京汇泽知识产权代理有限公司专利代理人，住山东省莘县振兴街281号。

委托代理人武君，女，汉族，1979年1月7日出生，北京汇泽知识产权代理有限公司职员，住所地吉林省吉林市长春路街长春路169号。

被告国家知识产权局专利复审委员会，住所地北京市海淀区北四环西路9号银谷大厦10～12层。

法定代表人廖涛，副主任。

委托代理人王丽颖，国家知识产权局专利复审委员会审查员。

委托代理人耿博，国家知识产权局专利复审委员会审查员。

第三人株式会社生方制作所，住所地日本国名古屋市南区宝生町四丁目30番地。

法定代表人生方真哉，董事长。

委托代理人郭华，北京市商泰律师事务所律师。

委托代理人王晓彬，北京市商泰律师事务所律师。

原告钱根良不服被告国家知识产权局专利复审委员会（下称专利复审委员会）于2005年7月5日作出的第7378号无效宣告请求审查决定（下称第7378号决定），于法定期限内向本院提起行政诉讼。本院于2005年12月22日受理后，依法组成合议庭，并通知株式会社生方制作所（下称生方制作所）作为本案的第三人参加诉讼，于2006年2月27日公开开庭进行了审理。原告钱根良的委托代理人李浩成、武君，被告专利复审委员会的委托代理人王丽颖、耿博，第三人生方制作所的委托代理人王晓彬到庭参加了诉讼。本案现已审理终结。

第7378号决定系专利复审委员会针对钱根良、乐清市正博电气有限公司（下称正博公司）就生方制作所拥有的94116451.9号发明专利（下称本专利）所提出的无效宣告请求而作出的。专利复审委员会在第7378号决定中认定：

一、本次审查所依据的文本是本专利授权公告时的文本。二、关于证据。由于钱根良、正博公司在口头审理时明确评价本专利权利要求的新颖性、创造性所使用的对比文件仅为附件4～7，而生方制作所对附件4～7及其中文译文并无异议，因此，对附件4～7的中文译文予以采信。其中附件5的译文中“安装在机壳上”应为“安装在机壳外部”。三、本专利权利要求1～7均符合专利法实施细则第二十一条第二款的规定。四、关于专利法实施细则第二十条第一款。线根良、正博公司于口头审理时提出了该项无效宣告理由。由于该理由属于无需新证据支持的新的无效宣告理由，根据审查指南的有关规定，对该理由予以接受。根据权利要求1的描述“结合件将终端引线器与终端连接器之间的固定部分与支架基本上结合成一个整体”，尽管该处使用了“基本上”的用词，但该词的使用并没有导致权利要求1的保护范围不清楚，因此该用词是允许的。权利要求1符合专利法实施细则第二十条第一款的规定。五、本专利权利要求1～10均符合专利法第二十六条第四款的规定。六、关于新颖性和创造性。附件4～7中至少都未公开本专利权利要求1中“它（支架）包括一个容纳热敏开关金属罩的第一腔、一个容纳终端引线器与终端连接器之间的固定部分的第二腔以及一个容纳终端连接器的第三腔”的技术特征。因此，权利要求1相对于附件4~7具备新颖性。且即使将附件4~7相结合也不能得到权利要求1所要求保护的技术方案。因此，权利要求1具备创造性。由于独立权利要求1具备新颖性和创造性，直接或间接引用权利要求1的从属权利要求2~10也具备新颖性和创造性。据此，专利复审委员会作出第7378号决定，维持本专利权有效。

原告钱根良不服第7378号决定，在法定期限内向本院提起行政诉讼，其诉称：

一、本专利权利要求1不符合专利法实施细则第二十条第一款的规定。权利要求1中使用了“基本上”这样的用语，实际上表达了一种含糊的意思，使权利要求1没有清楚、简要地表述请求保护的范围，被告在决定中认为该词的使用并没有导致权利要求1的保护范围不清楚属于对专利法实施细则第二十条第一款的理解和适用错误。二、本专利不具备新颖性和创造性。本案中，最接近的现有技术是附件4。其图2公开了本专利的全部技术特征：一个用电绝缘材料制成的支架20，它包括一个容纳热敏开关金属罩的第一腔、一个容纳终端引线器31（在此金属罩是热敏开关的一个引线件）与终端连接器21A之间的固定部分的第二腔以及一个容纳终端连接器21A的第三腔，这三个腔各都在其一个侧面上有一个开口。此外，图2中结合件是一个弹性夹，实现了终端引线器31与终端连接器21A之间的固定部分与支架基本上结合成一个整体。故权利要求1相对于附件4不具备新颖性。权利要求1相对于附件4~7的结合不具备创造性。此外，权利要求2~10不具备新颖性和创造性。被告在进行新颖性和创造性的评价过程中受到具体实施例中所举的热保护器的形式的影响，错误地理解对比文件中的技术方案，认为对比文件中未公开三腔的结构，其实热保护器的形式很多，根据权利要求书对三个腔的定义，对比文件已经将其公开，被告对该问题认定错误。因此，被告作出的第7378号决定错误，请求人民法院依法予以撤销。

被告专利复审委员会坚持其在第7378号决定中对本专利的认定，认为该决定认定事实清楚，适用法律正确，审查程序合法，请求人民法院依法驳回原告的诉讼请求，维持第7378号决定。

第三人生方制作所述称：

一、权利要求1中所使用的“基本上”并无不清楚之处，“基本上”表述了结合件的连接方式，既表明“终端引线器与终端连接器之间的固定部分与支架”原非一体，又表明通过结合件的使用将“终端引线器与终端连接器之间的固定部分与支架”结合在一起。“基本上”在此是一种关于连接效果的表述，并不会引人误解。二、附件4的确存在着容纳热敏组件的第一腔，但并不存在第二腔，终端连接件与终端引线件之间的固定部分也并不存在于某一腔体内，也没有被某一结合件与支架“基本上”结合成一个整体。附件5中也没有第二腔与第三腔，由于其是配置在机壳外部，不受高温高压，所以也不需要与玻璃端子电焊而成的密封外套。并且，附件5中的“终端引线器和终端连接器之间的固定部分”根本不存在。因此，其也没有公开权利要求1的区别技术特征“一个配置在支架第二腔内的结合件，它将终端引线件与终端连接件之间的固定部分与支架基本上结合成一个整体”。附件6和附件7也均未能准确地给出腔体位置与结合件，因此权利要求1相对于附件4~7具备新颖性和创造性。三、权利要求2~10也具备新颖性和创造性。因此，第7378号决定并无不当，请求人民法院驳回原告的诉讼请求。

本院经审理查明：

名称为“密封电驱动压缩机的热保护器”的发明专利（即本专利）由生方制作所于1994年9月21日向原中国专利局提出申请，2001年4月11日被授权公告，专利号为94116451.9。

本专利授权公告文本包括10项权利要求，其中权利要求1为独立权利要求，权利要求2~10直接或间接地从属于权利要求1。

权利要求1的内容如下：

“1. 一种用于具有内装有一个供电接线器和封有一个电动机和一个压缩装置以及一定数量致冷气体的密封机壳的密封电驱动压缩机的热保护器，包括：一个配置在压缩机机壳内的热敏开关，它包括一个其中安置一个热敏元件的金属罩、一个安装在这个金属罩上的终端引线器以及一个固定在终端引线器上的终端连接器；其特征在于，还包括：

一个用电绝缘材料制成的支架，它包括一个容纳热敏开关金属罩的第一腔、一个容纳终端引线器与终端连接器之间的固定部分的第二腔以及一个容纳终端连接器的第三腔，这三个腔各都在其一个侧面上有一个开口，以及一个配置在支架第二腔内的结合件，它将终端引线器与终端连接器之间的固定部分与支架基本上结合成一个整体。”

本专利的说明书记载：现有技术中压缩机工作时的振动等所引起的力会作用到保护器与各接线端子之间的固定部分，使这部分弯曲变形。因此，就固定部分的机械强度而言，可靠性较差……本发明的一个目的是提供一种可以使与安装在密封压缩机机壳内的供电接线器连接的保护器部分的机械强度得到改善的改进型热保护器……由于热敏开关的终端引线器与终端连接器之间的固定部分在第二腔内由诸如电绝缘填料那样的结合件固定在支架上，与支架结合成一个整体，因此在固定部分隔住了振动，使振动不能从压缩机传到热敏开关上，从而就能防止由于振动而使固定部分变形或弯曲。

针对本专利正博公司、钱根良于2003年7月9日向专利复审委员会提出无效宣告请求，理由是本专利不符合专利法第二十二条第二款和第二十六条第四款、专利法实施细则第二十一条第二款的规定。同时，其提交了四份证据，其中：

附件4是US4791329美国专利说明书，涉及一种封闭式电动压缩机马达保护器安装结构，公开日为1988年12月13日。

2003年8月6日，正博公司、钱根良提交了补充理由，指出权利要求1~7缺少必要技术特征，不符合专利法实施细则第二十一条第二款的规定；权利要求1~10得不到说明书的支持，不符合专利法第二十六条第四款的规定；权利要求1~8不具备新颖性和创造性。同时，其提交了三份补充证据。其中：

附件5是US4499517美国专利公开说明书，涉及一种适用压缩机马达的马达保护器，公开日为1985年2月12日，其说明书记载：图4（见附图2）显示了安装在独立外壳74上的保护器10……外壳74上有四个壁，在一个封闭的末端74.5上有一缺口，通过这个缺口来接收保护器10的终端48，终端48可能焊接在一个刀片状的快速连接终端上以此接通电流；

附件6是US4748531美国专利公开说明书，涉及一种压缩机接线块和过载保护器组件，公开日为1988年5月31日；

附件7是US3586910美国专利公开说明书，涉及一种安装在外壳内的密封马达及电马达保护装置，公开日为1971年6月22日。

2003年8月25日，生方制作所提交了意见陈述，请求修改权利要求书。

2003年11月24日，正博公司、钱根良提交了意见陈述，认为生方制作所对权利要求的修改不符合审查指南的规定，不能允许。

2004年7月8日，专利复审委员会进行了口头审理，当庭告知生方制作所所提交的权利要求的修改文本不符合《审查指南》的规定，不予接受。生方制作所在此基础上明确以原授权的权利要求书作为审查文本，正博公司、钱根良对此无异议。正博公司、钱根良明确无效理由为：权利要求1~10不符合专利法第二十六条第四款的规定；权利要求1~7不符合专利法实施细则第二十一条第二款的规定；权利要求1~10不符合专利法第二十二条第二款、第三款的规定；新增了权利要求1不符合专利法实施细则第二十条第一款的无效理由；所使用的对比文件仅为附件4~7。生方制作所对上述附件 4～7 作为对比文件使用无异议。双方当事人均认可附件 5 的中文译文中马达保护器“安装在机壳上”应为“安装在机壳外部”。此外，生方制作所对正博公司、钱根良提交的中文译文有异议，但在口头审理时仅指出了上述附件 5 中的区别。专利复审委员会告知生方制作所应于口头审理结束后两周内提交对译文的具体异议，逾期将视为接受对方提交的中文译文。生方制作所在指定期限内未提交任何意见陈述。

2005 年 7 月 5 日，专利复审委员会作出第 7378 号决定。

在本院审理过程中，钱根良表示：附件 4 是最接近的现有技术，如附件 4 的图 2（见附图 1）显示，容纳马达保护器 30（包括金属罩和引线器）的腔是第一腔，容纳终端连接件 21A 的是第三腔，而第二腔并不像本专利的第二腔一样明显，不能将“腔”局限地仅仅理解为一个空间概念，因此本对比文件中马达保护器 30 和终端连接件 21A 之间的弹性夹紧部分是第二腔；附件 5 图 4 中容纳金属罩 10 的是第一腔，而第二腔和第三腔是结合在一起的；对于第 7378 号决定中关于附件 6、附件 7 公开内容的认定没有异议，使用附件 6、附件 7 作为对比文件的目的在于证明公开了“结合成整体”的技术特征。生方制作所认可附件 4 中存在容纳马达保护器 30 的第一腔和容纳终端连接件 21A 的第三腔。

上述事实有本专利授权公告文本、第 7378 号决定、附件 4～7、口头审理记录表及当事人陈述等证据在案佐证。

本院认为：

一、本专利权利要求 1 是否符合专利法实施细则第二十条第一款的规定。

专利法实施细则第二十条第一款规定：权利要求书应当说明发明或者实用新型的技术特征，清楚、简要地表述请求保护的范围。

原告认为，权利要求 1 中使用了“基本上”这样的用语，实际上表达了一种含糊的意思，使权利要求 1 没有清楚、简要地表述请求保护的范围。对此，本院认为：在权利要求 1 中有“一个配置在支架第二腔内的结合件，它将终端引线器与终端连接器之间的固定部分与支架基本上结合成一个整体”这样的描述，其中“基本上”在此表述的是一种连接效果，并不会使得权利要求 1 的保护范围不清楚。因此，对于原告的上述主张本院不予支持。

二、本专利是否具备新颖性和创造性。

根据专利法第二十二条的规定：新颖性是指在申请日以前没有同样的发明或实用新型在国内外出版物上公开发表过、在国内公开使用过或者以其他方式为公众所知，也没有同样的发明或者实用新型由他人向国务院专利行政部门提出过申请并且记载在申请日以后公布的专利申请文件中。发明的创造性是指同申请日以前已有的技术相比，该发明具有突出的实质性特点和显著的进步。

首先，关于本专利的新颖性。

根据原告诉讼中的表述，附件 4 是最接近的现有技术，其涉及一种封闭式电动压缩机马达保护器安装结构。从图 2 中可以看出，附件 4 中存在着容纳热敏组件的第一腔，以及容纳终端连接件的第三腔，第三人对此并无异议。但附件 4 并不存在如原告所述的“一个容纳终端引线器 31 与终端连接器 21A 之间的固定部分的第二腔”。因为根据通常语义，“腔”就是指器物的中空部分，原告关于不能将“腔”局限地仅仅理解为一个空间概念的主张不能成立。附件 4 中终端引线器 31 与终端连接器 21A 之间的弹性夹紧部分并非中空结构，故不是一个腔，且其亦不存在于某一腔体内并与支架“基本上”结合成一个整体。而原告在诉讼中亦承认“附件 4 第二腔并不像本专利的第二腔一样明显”。可见，附件 4 并没有公开权利要求 1 中绝缘支架包括三个腔以及在第二腔内设置的将终端引线器与终端连接器之间的固定部分与支架基本上结合成一个整体的结合件的技术特征，权利要求 1 相对于附件 4 具备新颖性。

附件5涉及一种适用压缩机马达的马达保护器，它安装在压缩机的机壳外部。如其图4显示，外壳74上有四个壁，形成了一个中空的结构，其内安装了保护器10，构成了如本专利权利要求1中的第一腔。但在独立外壳74上有一缺口，以此来接收保护器10的终端48，而终端48可能焊接在一个刀片状的快速连接终端上以此接通电流。结合图4可见，附件5并不存在容纳“终端引线器和终端连接器的固定部分”的第二腔，以及容纳终端连接器的第三腔，故其亦未公开权利要求1中绝缘支架包括三个腔的技术特征。此外，附件5也没有公开在第二腔内设置的将终端引线器与终端连接器之间的固定部分与支架基本上结合成一个整体的结合件。因此，权利要求1相对于附件5具备新颖性。

由于原告对于第7378号决定中关于附件6、附件7公开内容的认定没有异议，使用附件6、附件7作为对比文件的目的在于证明公开了“结合成整体”的技术特征，故附件6、附件7也没有公开如权利要求1所述的三腔结构以及在第二腔内“结合成整体”等技术特征，权利要求1相对于附件6、附件7也具备新颖性。

因此，本专利权利要求1具备新颖性，其从属权利要求2~10也具备新颖性。原告关于本专利不具备新颖性的主张不能成立，本院不予支持。

其次，关于本专利的创造性。

如前所述，附件4~7均未公开本专利权利要求1中“它（支架）包括一个容纳热敏开关金属罩的第一腔、一个容纳终端引线器与终端连接器之间的固定部分的第二腔以及一个容纳终端连接器的第三腔”的技术特征，当然亦未公开设置在第二腔内的将终端引线器与终端连接器之间的固定部分与支架基本上结合成一个整体的结合件的技术特征，且没有将附件4~7结合以得到上述技术特征的技术启示，亦不能实现如本专利所述的将热敏开关的终端引线器与终端连接器之间的固定部分在第二腔内由诸如电绝缘填料那样的结合件固定在支架上，从而隔住振动，防止固定部分变形或弯曲，进而提高热保护器机械强度的技术效果。因此，本领域普通技术人员在附件4~7或者其结合的基础上，不付出创造性的劳动就不能获得如权利要求1请求保护的技术方案，故权利要求1相对于附件4~7或者其结合具备创造性。

由于独立权利要求1相对于附件4~7具备创造性，其从属权利要求2~10也具备创造性。因此，对于原告提出的本专利权利要求1~10不具备专利法第二十二条第三款所规定的创造性的主张，本院不予支持。

综上，原告对第7378号决定提出的异议均不能成立，被告作出的第7378号决定认定事实清楚，适用法律正确，程序合法，应予维持。依照《中华人民共和国行政诉讼法》第五十四条第（一）项之规定，本院判决如下：

维持被告中华人民共和国国家知识产权局专利复审委员会作出的第7378号无效宣告请求审查决定。

案件受理费1000元，由原告钱根良负担（已交纳）。

如不服本判决，原告钱根良、被告中华人民共和国国家知识产权局专利复审委员会可在本判决书送达之日起十五内，第三人株式会社生方制作所可在本判决书送达之日起三十日内，向本院提交上诉状并交纳上诉案件受理费1000元，上诉于中华人民共和国北京市高级人民法院。

审 判 长 姜 颖

代理审判员 赵 明

人民陪审员 陈 源

二〇〇六年十二月二十七日

书 记 员 朱 平

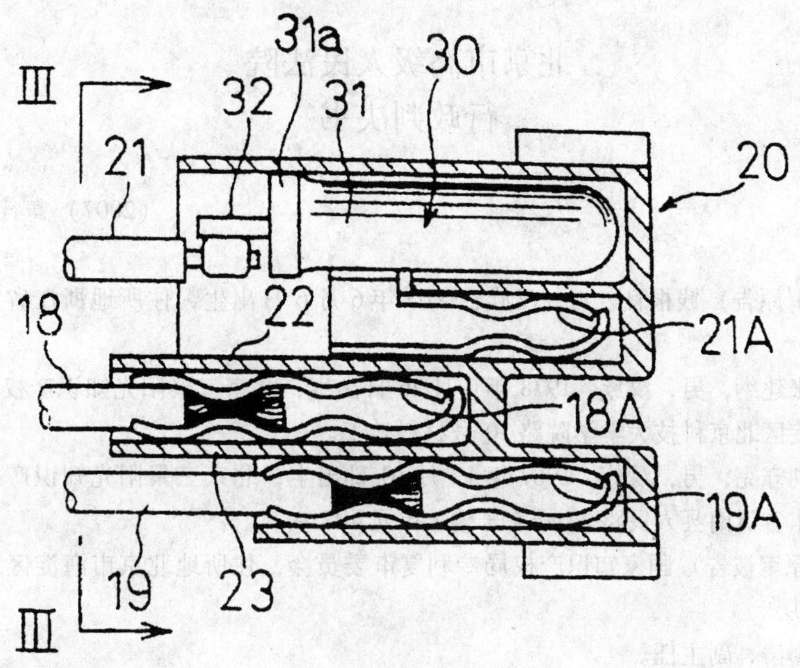

附图 1：附件 4 图 2

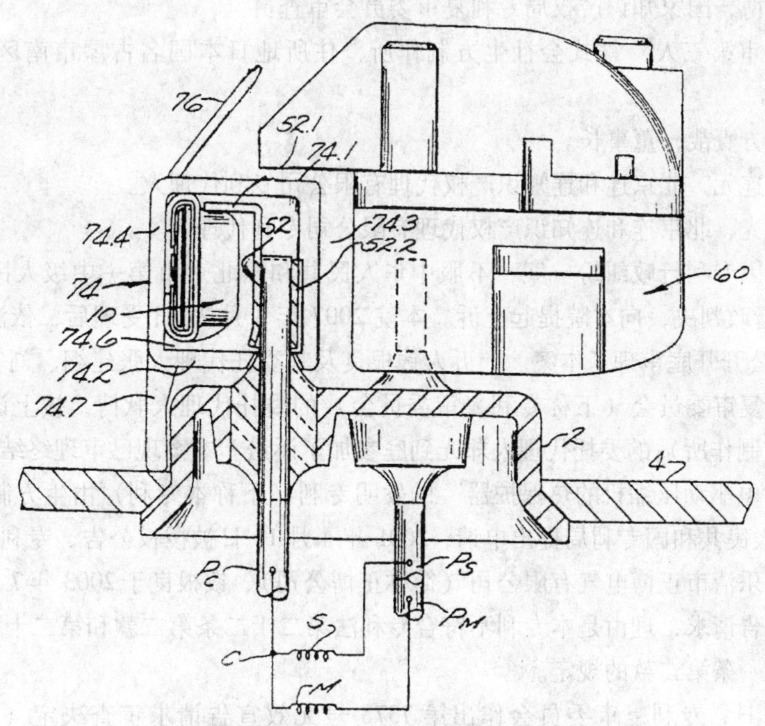

附图 2：附件 5 图 4

北京市高级人民法院
行政判决书

（2007）高行终字第139号

上诉人（原审原告）钱根良，男，汉族，1963年6月6日出生，住所地浙江省兰溪市兰江镇园石洞2号。

委托代理人张建纲，男，汉族，1978年6月26日出生，北京三聚阳光知识产权代理有限公司职员，住北京市海淀区北京科技大学学院路30号材料教工。

委托代理人刘守宪，男，汉族，1967年12月10日出生，北京三聚阳光知识产权代理有限公司职员，住所地山东省沂南县人民路22号4号楼1单元402室。

被上诉人（原审被告）国家知识产权局专利复审委员会，住所地北京市海淀区北四环西路9号银谷天厦10~12层。

法定代表人廖涛，副主任。

委托代理人王丽颖，国家知识产权局专利复审委员会审查员。

委托代理人耿博，国家知识产权局专利复审委员会审查员。

被上诉人（原审第三人）株式会社生方制作所，住所地日本国名古屋市南区宝生町四丁目30番地。

法定代表人生方真哉，董事长。

委托代理人马连元，北京连和连知识产权代理有限公司专利代理人。

委托代理人郑光，北京连和连知识产权代理有限公司专利代理人。

上诉人钱根良因专利行政纠纷一案，不服中华人民共和国北京市第一中级人民法院（2006）一中行初字第42号行政判决，向本院提起上诉。本院2007年3月27日受理后，依法组成合议庭，于2007年5月21日公开开庭审理了本案。上诉人钱根良及其委托代理人张建纲、刘守宪，被上诉人国家知识产权局专利复审委员会（下称专利复审委员会）的委托代理人耿博，被上诉人株式会社生方制作所（下称生方制作所）的委托代理人郑光到庭参加了诉讼。本案现已审理终结。

名称为“密封电驱动压缩机的热保护器”的发明专利（下称本专利）由生方制作所于1994年9月21日向原中华人民共和国专利局提出申请，2001年4月11日被授权公告，专利号为94116451.9。

针对本专利，乐清市正博电气有限公司（简称正博公司）、钱根良于2003年7月9日向专利复审委员会提出无效宣告请求，理由是本专利不符合专利法第二十二条第二款和第二十六条第四款、专利法实施细则第二十一条第二款的规定。

2005年7月5日，专利复审委员会作出第7378号无效宣告请求审查决定（下称第7378号决定），维持本专利权有效。钱根良不服第7378号决定，向北京市第一中级人民法院提起行政诉讼，认为专利复审委员会作出的第7378号决定错误，请求依法予以撤销。

北京市第一中级人民法院认为：在权利要求1中有“一个配置在支架第二腔内的结合件，它将终端引线器与终端连接器之间的固定部分与支架基本上结合成一个整体”这样的描述，其中“基本上”在此表述的是一种连接效果，并不会使得权利要求1的保护范围不清楚。

从图2中可以看出，附件4并没有公开权利要求1中绝缘支架包括三个腔以及在第二腔内设置的将终端引线器与终端连接器之间的固定部分与支架基本上结合成一个整体的结合件的技术特征，权利要求1相对于附件4具备新颖性。附件5涉及一种适用压缩机马达的马达保护器，它安装在压缩机的机壳外部。附件5也没有公开在第二腔内设置的将终端引线器与终端连接器之间的固定部分与支架基本上结合成一个整体的结合件。因此，权利要求1相对于附件5具备新颖性。附件6、附件7也没有公开如权利要求1所述的三腔结构以及在第二腔内"结合成整体"等技术特征，权利要求1相对于附件6、附件7也具备新颖性。因此，本专利权利要求1具备新颖性，其从属权利要求2~10也具备新颖性。钱根良关于本专利不具备新颖性的主张不能成立。

本领域普通技术人员在附件4~7或者其结合的基础上，不付出创造性的劳动就不能获得如权利要求1请求保护的技术方案，故权利要求1相对于附件4~7或者其结合具备创造性。由于独立权利要求1相对于附件4~7具备创造性，其从属权利要求2~10也具备创造性。

北京市第一中级人民法院依照《中华人民共和国行政诉讼法》第五十四条第（一）项之规定，判决：维持专利复审委员会作出的第7378号决定。

钱根良不服原审判决，向本院提起上诉，请求撤销原审判决及专利复审委员会第7378号决定，改判本专利全部无效。其主要理由是：一、本专利权利要求1不符合专利法实施细则第二十一条第一款的规定。本专利权利要求1中"一个配置在支架第二腔内的结合件……固定部分与支架基本上结合成一个整体"，其中"基本上"一词在此表达了"终端引线器与终端连接器之间的固定部分与支架结合成一个整体"或"终端引线器与终端连接器之间的固定部分与支架未结合成一个整体"两个意思。二、本专利权利要求1不符合专利法第二十二条第二款所规定的新颖性。1. 从附件4图2可以看出一个用电绝缘材料制成的支架含有的三个腔已经公开，此外，图2中结合体是一个弹性夹，终端引线器与终端连接器之间固定部分的弹性结构件与支架壁之间的弹性靠压，实现了终端引线器与终端连接器之间的固定部分与支架基本上结合成一个整体。2. 附件5除公开了权利要求1中绝缘支架包括三个腔的技术特征外，还公开了两个结合件，即热敏开关的金属罩、终端连接器弹性靠压与支架基本上结合成一个整体；将终端嵌入到支架上的一个缺口而与支架基本上结合成一个整体。三、附件4~7及其结合已将权利要求1的技术特征全部公开，本专利权利要求1不符合专利法第二十二条第三款所规定的创造性。四、由于权利要求1不具备专利法第二十二条所规定的新颖性和创造性，因此权利要求2~10也不符合专利法第二十二条的规定。

专利复审委员会、生方制作所服从原审判决。

经审理查明：

名称为"密封电驱动压缩机的热保护器"的发明专利（即本专利）由生方制作所于1994年2月21日向原中华人民共和国专利局提出申请，2001年4月11日被授权公告，专利号为94116451.9。

本专利授权公告文本包括10项权利要求，其中权利要求1为独立权利要求，权利要求2~10直接或间接地从属于权利要求1。

权利要求1的内容如下：

"1. 一种用于具有内装有一个供电接线器和封有一个电动机和一个压缩装置以及一定数量致冷气体的密封机壳的密封电驱动压缩机的热保护器，包括：一个配置在压缩机机壳内的热敏开关，它包括一个其中安置一个热敏元件的金属罩、一个安装在这个金属罩上的终端引线器以及一个固定在终端引线器上的终端连接器；其特征在于，还包括：一个用电绝缘材料制成的支架，它包括一个容纳热敏开关金属罩的第一腔、一个容纳终端引线器与终端连接器之间的固定部分的第二腔以及一个容纳终端连接器的第三腔，这三个腔各都在其一个侧面上有一个开口；以及一个配置在支架第二腔内的结合件，它将终端引线器与终端连接器之间的固定部分与支架基本上结合成一个整体。"

本专利的说明书载明：现有技术中压缩机工作时的振动等所引起的力会作用到保护器与各接线端子之间的固定部分，使这部分弯曲变形。因此，就固定部分的机械强度而言，可靠性较差……本发明的一个目的是提供一种可以使与安装在密封压缩机机壳内的供电接线器连接的保护器部分的机械强度得到改善的改进型热保护器……由于热敏开关的终端引线器与终端连接器之间的固定部分在第二腔内由诸如电绝缘填料那样的结合件固定在支架上，与支架结合成一个整体，因此在固定部分隔住了振动，使振动不能从压缩机传到热敏开关上，从而就能防止由于振动而使固定部分变形或弯曲。

针对本专利，正博公司、钱根良于2003年7月9日向专利复审委员会提出无效宣告请求，理由是本专利不符合专利法第二十二条第二款和第二十六条第四款、专利法实施细则第二十一条第二款的规定。正博公司、钱根良提交了七份证据，其中：

附件4是US4791329美国专利说明书，涉及一种封闭式电动压缩机马达保护器安装结构，公开日为1988年12月13日。

附件5是US4499517美国专利公开说明书，涉及一种适用压缩机马达的马达保护器，公开日为1985年2月12日，其说明书记载：图4（见附图2）显示了安装在独立外壳74上的保护器10……外壳74上有四个壁，在一个封闭的末端74.5上有一缺口，通过这个缺口来接收保护器10的终端48，终端48可能焊接在一个刀片状的快速连接终端上以此接通电流；

附件6是US4748531美国专利公开说明书，涉及一种压缩机接线块和过载保护器组件，公开日为1988年5月31日；

附件7是US3586910美国专利公开说明书，涉及一种安装在外壳内的密封马达及电马达保护装置，公开日为1971年6月22日。

2003年8月25日，生方制作所提交了意见陈述，请求修改权利要求书。

2003年11月24日，正博公司、钱根良提交了意见陈述，认为生方制作所对权利要求的修改不符合《审查指南》的规定，不能被接受。

2004年7月8日，专利复审委员会进行了口头审理，当庭告知生方制作所所提交的权利要求的修改文本不符合《审查指南》的规定，不予接受。生方制作所在此基础上明确以原授权的权利要求书作为审查文本，正博公司、钱根良对此无异议。正博公司、钱根良明确无效理由为：权利要求1~10不符合专利法第二十六条第四款的规定；权利要求1~7不符合专利法实施细则第二十一条第二款的规定；权利要求1~10不符合专利法第二十二条第二款、第三款的规定；新增了权利要求1不符合专利法实施细则第二十条第一款的无效理由；所使用的对比文件为附件4~7。生方制作所对附件4~7作为对比文件使用无异议。双方当事人均认可附件5的中文译文中马达保护器“安装在机壳上”应为“安装在机壳外部”。

2005年7月5日，专利复审委员会作出第7378号决定。该决定认定：对附件4~7的中文译文予以采信。其中附件5的译文中“安装在机壳上”应为“安装在机壳外部”；本专利权利要求1~7均符合专利法实施细则第二十一条第二款的规定；根据权利要求1的描述“结合件将终端引线器与终端连接器之间的固定部分与支架基本上结合成一个整体”，尽管该处使用了“基本上”的用词，但该词的使用并没有导致权利要求1的保护范围不清楚，因此该用词是允许的。权利要求1符合专利法实施细则第二十条第一款的规定；本专利权利要求1~10均符合专利法第二十六条第四款的规定；附件4~7中至少都未公开本专利权利要求1中“它（支架）包括一个容纳热敏开关金属罩的第一腔、一个容纳终端引线器与终端连接器之间的固定部分的第二腔以及一个容纳终端连接器的第三腔”的技术特征。因此，权利要求1相对于附件4~7具备新颖性。且即使将附件4~7相结合也不能得到权利要求1所要求保护的技术方案。因此，权利要求1具备创造性。由于独立权利要求1具备新颖性和创造性，直接或间接引用权利要求 1 的从属权利要求 2 ~ 10 也具备新颖性和创造性。据此，专利复审委员会作出第 7378 号决定，维持本专利权有效。

在诉讼过程中，钱根良表示，附件 4 是最接近的现有技术，如附件 4 的图 2（见附图 1）显示，容纳马达保护器 30（包括金属罩和引线器）的腔是第一腔，容纳终端连接件 21A 的是第三腔，而第二腔并不像本专利的第二腔一样明显，不能将“腔”仅仅理解为一个空间概念，因此本对比文件中马达保护器 30 和终端连接件 21A 之间的弹性夹紧部分是第二腔；附件 5 图 4 中容纳金属罩 10 的是第一腔，而第二腔和第三腔是结合在一起的；对于第 7378 号决定中关于附件 6、附件 7 公开内容的认定没有异议，使用附件 6、附件 7 作为对比文件的目的在于证明公开了“结合成整体”的技术特征。生方制作所认可附件 4 中存在容纳马达保护器 30 的第一腔和容纳终端连接件 21A 的第三腔。

上述事实有本专利授权公告文本、第 7378 号决定、附件 4 ~ 7、口头审理记录表及当事人陈述等证据在案佐证。

本院认为：

专利法实施细则第二十条第一款规定：权利要求书应当说明发明或者实用新型的技术特征，清楚、简要地表述请求保护的范围，在权利要求 1 中有“一个配置在支架第二腔内的结合件，它将终端引线器与终端连接器之间的固定部分与支架基本上结合成一个整体”的描述，其中“基本上”在此表述的是一种连接效果，并非表达了“终端引线器与终端连接器之间的固定部分与支架结合成一个整体”或“终端引线器与终端连接器之间的固定部分与支架未结合成一个整体”的两个意思。因此，权利要求 1 的上述表述不会导致保护范围不清楚。对于钱根良提出的权利要求 1 不符合专利法实施细则第二十条第一款规定的主张本院不予支持。

专利法第二十二条规定：新颖性是指在申请日以前没有同样的发明或实用新型在国内外出版物上公开发表过、在国内公开使用过或者以其他方式为公众所知，也没有同样的发明或者实用新型由他人向国务院专利行政部门提出过申请并且记载在申请日以后公布的专利申请文件中。发明的创造性是指同申请日以前已有的技术相比，该发明具有突出的实质性特点和显著的进步。从附件 4 图 2 中可以看出，附件 4 中存在着容纳热敏组件的第一腔，以及容纳终端连接件的第三腔，但是，附件 4 中终端引线器 31 与终端连接器 21A 之间的弹性夹紧部分并非中空结构，故并不存在“一个容纳终端引线器 31 与终端连接器 21A 之间的固定部分的第二腔”，且其亦不存在于某一腔体内并与支架“基本上”结合成一个整体。因此，附件 4 并没有公开权利要求 1 中绝缘支架包括三个腔以及在第二腔内设置的将终端引线器与终端连接器之间的固定部分与支架基本上结合成一个整体的结合件的技术特征，权利要求 1 相对于附件 4 具备新颖性。

附件 5 图 4 显示，外壳 74 上有四个壁，形成了一个中空的结构，其内安装了保护器 10，构成了如本专利权利要求 1 中的第一腔。但在独立外壳 74 上有一缺口，以此来接收保护器 10 的终端 48。可见，附件 5 并不存在容纳终端引线器和终端连接器的固定部分的第二腔，以及容纳终端连接器的第三腔，故其亦未公开权利要求 1 中绝缘支架包括三个腔的技术特征。此外，附件 5 也没有公开在第二腔内设置的将终端引线器与终端连接器之间的固定部分与支架基本上结合成一个整体的结合件。因此，权利要求 1 相对于附件 5 具备新颖性。

关于钱根良提出的附件 5 还公开了两个结合件，即热敏开关的金属罩、终端连接器弹性靠压与支架基本上结合成一个整体；将终端嵌入到支架上的一个缺口而与支架基本上结合成一个整体的主张，因其并未在复审程序中提出，对此，本院不予审理。

另外，附件 6、附件 7 作为对比文件的目的在于证明公开了“结合成整体”的技术特征，故附件 6、附件 7 也没有公开权利要求 1 所述的三个腔的技术特征，权利要求 1 相对于附件 6、附件 7 也具备新颖性。

因此，本专利权利要求 1 具备新颖性，其从属权利要求 2 ~ 10 也具备新颖性。钱根良关于本专利不具备新颖性的主张不能成立，本院不予支持。

由于附件 4 ~ 7 均未公开本专利权利要求 1 中“它（支架）包括一个容纳热敏开关金属罩的第一腔、一个容纳终端引线器与终端连接器之间的固定部分的第二腔以及一个容纳终端连接器的第三腔”的技术特征，当然亦未公开设置在第二腔内的将终端引线器与终端连接器之间的固定部分与支架基本上结合成一个整体的结合件的技术特征，且没有将附件 4 ~ 7 结合以得到上述技术特征的技术启示，亦不能实现如本专利所述的将热敏开关的终端引线器与终端连接器之间的固定部分在第二腔内由诸如电绝缘填料那样的结合件固定在支架上，从而隔住振动，防止固定部分变形或弯曲，进而提高热保护器机械强度的技术效果。因此，本领域普通技术人员在附件 4 ~ 7 或者其结合的基础上，不付出创造性的劳动就不能获得如权利要求 1 请求保护的技术方案，故权利要求 1 相对于附件 4 ~ 7 或者其结合具备创造性。

由于独立权利要求 1 相对于附件 4 ~ 7 具备创造性，其从属权利要求 2 ~ 10 也具备创造性。因此，对于钱根良提出的本专利权利要求 1 ~ 10 不具备专利法第二十二条第三款所规定的创造性的主张，本院不予支持。

综上，原审判决及专利复审委员会作出的第 7378 号决定认定事实清楚，适用法律正确，程序合法，应予维持。钱根良的上诉理由均不能成立，其上诉请求本院不予支持。依照《中华人民共和国行政诉讼法》第六十一条第（一）项之规定，判决如下：

驳回上诉，维持原判。

一、二审案件受理费各 1000 元，均由钱根良负担（已交纳）。

本判决为终审判决。

审　判　长　张　冰
代理审判员　焦　彦
代理审判员　钟　鸣
二〇〇七年七月三十一日
书　记　员　迟雅娜

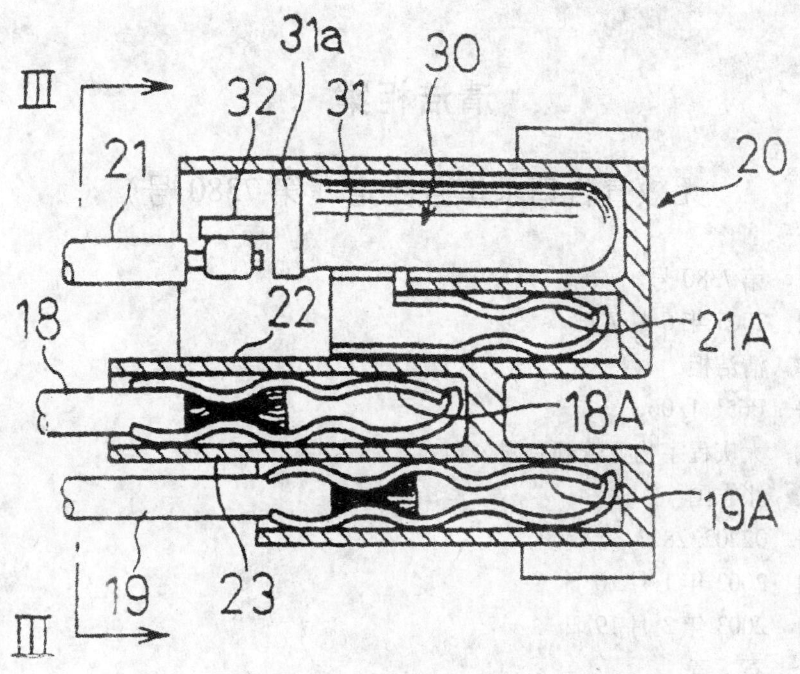

附图 1：附件 4 图 2

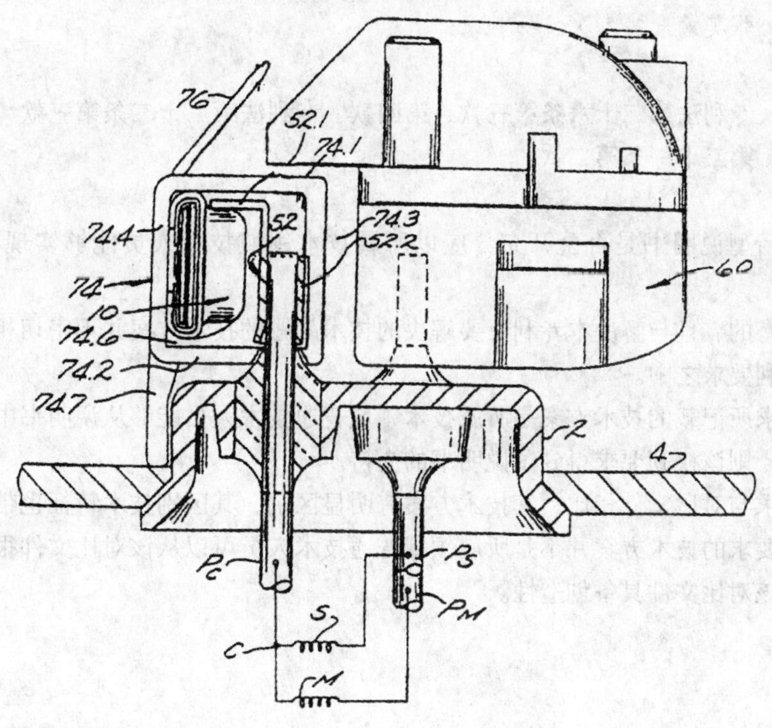

附图 2：附件 5 图 4

清洁柜案

无效宣告请求审查决定（第7380号）

决　定　号　第7380号
决　定　日　2005年6月7日
发明创造名称　清洁柜
国际分类号　B65F 1/06
无效请求人　大庆程宇物业管理有限公司
专利权人　张志国
专　利　号　02202328.3
申　请　日　2002年1月10日
授权公告日　2003年3月19日
合议组组长　石　竞
主　审　员　马红梅
参　审　员　张美菊

法律依据　专利法第二十六条第三款、第四款　专利法第二十二条第三款　专利法实施细则第二十一条第二款

决定要点

判断一项实用新型说明书是否公开充分应以所属技术领域技术人员能够实现其所述技术方案为准。

与现有技术共有的、且与解决本专利所要解决的技术问题的技术方案并不密切相关的技术特征并不需要写入独立权利要求之中。

若一项权利要求所记载的技术方案是所属技术领域普通技术人员能够从说明书中公开的内容直接得到或概括得出的，则该权利要求得到了说明书的支持。

若一项权利要求与对比文件相比，其技术方案有明显区别，其区别技术特征也带来了有益的技术效果，并且该权利要求的技术方案并不是所属领域普通技术人员可以从该对比文件很容易得出的，则该权利要求相对于该对比文件具备创造性。

一、案由

本无效宣告请求案涉及国家知识产权局专利局于2003年3月19日授权公告的02202328.3号实用新型专利权，名称为“清洁柜”，申请日为2002年1月10日，专利权人为张志国（下称被请求人）。

授权公告的权利要求书如下：

“1. 一种清洁柜，其箱体（2）上装有内胆提升装置（11），其特征是，清洁柜的上盖（1）装有防盗锁、投入口小盖（8）、垃圾入斗（7），内部有内胆（3），底部有污水排放管（5），上盖（1）

与箱体（2）、投入口小盖（8）与上盖（1）都是采用铰链联接；其中的垃圾入斗（7）是由两块梯形板和两块矩形板组成装在投入口小盖（8）的背面。

2. 根据权利要求1所述的清洁柜，其特征是：清洁柜的上盖（1）上面开有的投入口小盖（8）可以是单个、两个或多个。

3. 根据权利要求1或权利要求2所述的清洁柜，其特征是：在清洁柜箱体（2）上安装的内胆提升装置（11）可以是手动的、也可以是电动的。”

针对上述专利权（下称本专利），大庆程宇物业管理有限公司（下称请求人）于2003年11月21日向专利复审委员会提出无效宣告请求，其主要事实和理由是：（1）本专利说明书未对本实用新型作出清楚完整的说明，不符合专利法第二十六条第三款的规定；（2）本专利独立权利要求1缺少必要技术特征“把手4”，不符合专利法实施细则第二十一条第二款的规定；（3）权利要求1、权利要求3未得到说明书的支持，不符合专利法第二十六条第四款的规定；（4）权利要求2中“单个、两个或多个”的叙述与权利要求1属于重复叙述，没有独立存在的意义。请求人同时提交了下列附件：

附件a-1：本实用新型专利说明书；

经形式审查合格，专利复审委员会受理了上述无效宣告请求，并于2003年11月21日将请求人提交的专利权无效宣告请求书及其附件副本转送给了被请求人，要求其在指定的期限内答复。

2003年12月22日，被请求人递交了意见陈述书，被请求人认为：（1）“把手”为所属技术领域的普通技术知识，因此说明书公开充分，符合专利法第二十六条第三款的规定；（2）没有“把手”不影响该权利要求从整体上反映技术方案，因此独立权利要求1的技术方案完整，符合专利法实施细则第二十一条第二款的规定；（3）“内胆提升装置”通过日常生活常识和普通技术手段即可实现，而且在权利要求1中也被写入了前序部分，因此权利要求1、权利要求3能够得到说明书的支持，符合专利法第二十六条第四款的规定；（4）请求人的无效宣告理由4不符合专利法实施细则第六十四条第二款的规定，因此不针对其进行答复；（5）被请求人提供了两份附件，用以证明脚踏开盖和提升装置均为现有技术。所述两份附件如下：

附件b-1：2000年11月1日授权公告的公告号为CN2403716Y、名称为“移动式垃圾箱脚踏开盖装置”的实用新型专利说明书；

附件b-2：2000年12月13日授权公告的公告号为CN2410265Y、名称为“可消毒落地式垃圾中转箱”的实用新型专利说明书。

2003年12月16日，请求人提交了补充的证据及材料，请求人重申了前述无效理由，同时提出：本专利权利要求1相对于附件a-2和a-3不具备专利法第二十二条第三款规定的创造性。补充证据如下：

附件a-2：2000年11月1日授权公告的公告号为CN2403735Y、名称为“垃圾箱”的实用新型专利说明书；

附件a-3：1998年4月29日授权公告的公告号为CN2280068Y、名称为“防水、防冻、防腐地下放置梯形垃圾箱”的实用新型专利说明书。

2004年6月28日，专利复审委员会向双方当事人发出了口头审理通知书，定于2004年8月24日下午2时进行口头审理，并将被请求人于2003年12月22日提交的意见陈述书及附件转送给了请求人，将请求人提交的补充的证据及材料转送给了被请求人。

口头审理因故需延期举行，因此专利复审委员会于2004年7月20日再次向双方当事人发出了口头审理通知书，定于2004年9月7日上午9时进行口头审理。

口头审理于2004年9月7日上午如期举行，在口审过程中，请求人明确其无效理由为：（1）本专利说明书不符合专利法第二十六条第三款的规定，因为其未记载投入口小盖与把手之间的传动机构及内胆提升装置的具体结构；（2）本专利权利要求1不符合专利法实施细则第二十一条第二款的规定，因为其缺少必要技术特征把手、把手与投入口小盖之间的传动机构；（3）本专利权利要求1、权利要求3不符合专利法第二十六条第四款的规定，因为权利要求1中的内胆提升装置、权利要求3中的“内胆提升装置可以是电动也可以是手动”未得到说明书支持；此外，因为说明书仅公开了通过踩踏把手使得投入口小盖打开的技术方案，而未记载通过手掀或其他开启方式打开投入口小盖的技术方案，因此本专利权利要求1的技术方案未得到说明书的支持；（4）本专利权利要求1、权利要求2相对于附件a-2、a-3不具备创造性。请求人及被请求人就上述无效理由进行了各自的意见陈述。

在上述工作的基础上，合议组认为，本案事实已经调查清楚，可以依法作出审查决定。

二、决定的理由

1. 关于专利法第二十六条第三款

专利法第二十六条第三款规定：说明书应当对发明或者实用新型作出清楚、完整的说明，以所属技术领域的技术人员能够实现为准；必要的时候，应当有附图。摘要应当简要说明发明或者实用新型的技术要点。

审查指南第二部分第二章第2.1.3节中指出：所属技术领域的技术人员能够实现，是指所属技术领域的技术人员按照说明书记载的内容，不需要创造性的劳动，就能够再现该发明或者实用新型的技术方案，解决其技术问题，并且产生预期的技术效果。

审查指南第二部分第四章第2.2节中指出：所属技术领域的技术人员，也可以称为本领域的技术人员，是指一种假设的“人”，假定他知晓申请日或者优先权日之前所属技术领域所有的普通技术知识，能够获知该领域中所有的现有技术，并且具有应用该日期之前常规实验的手段和能力，但他不具备创造能力。如果所要解决的技术问题能够促使本领域的技术人员在其他技术领域寻找技术手段，他也应具有从该其他技术领域中获知该申请日或优先权日之前的相关现有技术、普通技术知识和常规实验手段的能力。

请求人认为，本专利说明书未记载投入口小盖与把手之间的传动机构及内胆提升装置的具体结构，因此导致说明书公开不充分。对此，合议组认为，判断一项实用新型说明书是否公开充分应以所属技术领域的技术人员能够实现其所述技术方案为准。

就本案而言，本专利说明书第3页中记载：“当投放垃圾时，用脚踏下把手4，则投入口小盖8打开，将垃圾置于垃圾入斗7内，抬脚后投入口小盖8关闭，垃圾从垃圾入斗7内落入内胆3里”，该部分内容表明，本专利所述的清洁柜的把手是脚踏式的，可以通过用脚踩踏该把手来实现投入口小盖的开启。而对于具有普通技术知识、能够获知本领域中所有的现有技术的本领域普通技术人员来讲，通过踩踏把手来实现对垃圾筒盖的开启关闭的控制所利用的仅仅是简单的杠杆原理，而且这样的控制方式以及其所使用的传动结构也是为本领域技术人员所惯常使用的，例如，在本专利的申请日2002年1月10日之前被广泛使用的医用污物筒以及家庭用踩踏式垃圾筒，其所使用的均是杠杆传动结构。

此外，本专利说明书第2页记载：“本实用新型可根据使用者需要设计成地下垃圾储柜、大型垃圾箱或垃圾中转站，配备有内胆提升装置11。内胆提升装置11可以是手动的，也可以是电动的。在不使用叉车的情况下，将盛放垃圾的内胆从地下提升到地上，便于收运”；本专利说明书第3页记载：“垃圾收运工人收运垃圾时，用专用钥匙打开上盖1防盗锁6，掀开上盖1，提出内胆3，将投入的垃圾取出”。

该部分内容表明：本专利的内胆既可以直接用手提出，也可以使用内胆提升装置提出。虽然本专利说明书中没有记载所述内胆提升装置的具体结构，但本领域的普通技术人员完全可以利用常规的提升装置来实现所述提升内胆的功能，即根据本专利说明书公开的内容，所属技术领域的技术人员完全能够实现所述技术方案。

综上所述，合议组认为，所属技术领域的技术人员按照本专利说明书记载的内容，不需要花费创造性的劳动，就能够再现本实用新型的技术方案，解决其技术问题，并且产生预期的技术效果。因此，本专利的说明书符合专利法第二十六条第三款有关公开充分的规定。

2. 关于专利法实施细则第二十一条第二款

专利法实施细则第二十一条第二款规定：独立权利要求应当从整体上反映发明或者实用新型的技术方案，记载解决技术问题的必要技术特征。

请求人认为，本专利独立权利要求1因为缺少必要技术特征把手、把手与投入口小盖之间的传动机构而不符合专利法实施细则第二十一条第二款的规定。

对此，合议组认为，审查指南第二部分第二章第3.1.2节指出：必要技术特征是指，发明或者实用新型为解决其技术问题所不可缺少的技术特征，其总和足以构成发明或者实用新型的技术方案，使之区别于背景技术中所述的其他技术方案。

审查指南第二部分第二章第3.3.1节指出：独立权利要求的前序部分中，除写明要求保护的发明或者实用新型技术方案的主题名称外，仅需写明那些与发明或实用新型技术方案密切相关的、共有的必要技术特征。例如，一项涉及照相机的发明。该发明的要点在于照相机布帘式快门的改进，其权利要求的前序部分只要写出“一种照相机，包括布帘式快门……”就可以了，不需要将其他共有特征，例如透镜和取景窗等照相机零部件都写在前序部分中。

就本案而言，由本专利说明书可知，本专利要解决的技术问题是：在保留清洁柜的原有功能的基础上，加强防盗扒功能、增加污水排放功能和内胆提升功能。为了解决防盗扒问题，本专利设置了一个位于上盖之上的防盗锁以及一个由两块梯形板和两块矩形板组成装在投入口小盖背面的垃圾入斗；为了解决污水排放问题，本专利在箱体底部安放有污水排放管；为了解决内胆提升问题，本专利设置了内胆提升装置。而用于解决上述技术问题的上述技术特征已经全部记载于独立权利要求1中。而至于说是在清洁柜的盖子上设置把手以利于该盖子的开关以及该把手与投入口小盖之间的传动机构，如前所述，其均为清洁柜、垃圾筒领域所惯常使用的结构，其与本专利的用于解决上述技术问题的技术方案并不是密切相关的，因此，其并不需要写入独立权利要求1中。所以，请求人有关权利要求1缺少必要技术特征的主张并不成立，合议组不予支持。

3. 关于专利法第二十六条第四款

专利法第二十六条第四款规定：权利要求书应当以说明书为依据，说明要求专利保护的范围。

请求人认为，本专利权利要求1、3不符合专利法第二十六条第四款的规定，因为权利要求1中的内胆提升装置、权利要求3中的“内胆提升装置可以是电动也可以是手动”未得到说明书支持。此外，因为说明书仅公开了通过踩踏把手使得投入口小盖打开的技术方案，而未记载通过手掀或其他开启方式打开投入口小盖的技术方案，因此本专利权利要求1的技术方案未得到说明书的支持。

对此，合议组认为，若一项权利要求所记载的技术方案是所属技术领域的普通技术人员能够从说明书中公开的内容直接得到或概括得出的，则该权利要求得到了说明书的支持。

就本案而言，首先，本专利说明书第2页记载了“本实用新型可根据使用者需要设计成地下垃圾储柜、大型垃圾箱或垃圾中转站，配备内胆提升装置11。内胆提升装置11可以是手动的，也可以是电动的”的内容。由此可见，权利要求1中的“内胆提升装置”已经记载在了说明书中。此外，如前所述，“内胆提升装置”的结构也是为所属技术领域普通技术人员所公知的。因此，权利要求中记载“内胆提升装置”并无不当；其次，本专利权利要求1中虽未明确记载把手这一技术特征，但是从通常意义上理解，作为一个用于投放垃圾的清洁柜，其投入口小盖必然可以打开、关闭。虽然本专利说明书中仅提到了使用踩踏式把手以打开投入口小盖的技术方案，但是，由于在现实生活中采用直接用手掀盖、设置提手或踩踏式把手、设置声控感应开关等手段实现垃圾箱的开闭是非常普遍的，因此本领域普通技术人员能够明了实现投入口小盖的开闭还可以采用说明书中未提到的其他诸多替代方式来完成。所以权利要求1中不对投入口小盖的开闭装置进行限定并无不当。基于上述两点理由，合议组认为，请求人关于本专利权利要求1未得到说明书的支持的主张并不成立。

此外，如前所述，权利要求3中的“内胆提升装置可以是手动的、也可以是电动的”的技术特征已经记载在了说明书中，而且采用手动或电动方式提升清洁柜、垃圾箱的内胆的内胆提升装置的结构也是为本领域普通技术人员所公知的，因此，本专利权利要求3是能够得到说明书支持的。所以，请求人关于本专利权利要求3未得到说明书支持的主张也不成立，合议组不予支持。

4. 关于专利法第二十二条第三款

专利法第二十二条第三款规定：创造性，是指同申请日以前已有的技术相比，该发明有突出的实质性特点和显著的进步，该实用新型有实质性特点和进步。

请求人认为，本专利权利要求1、权利要求2相对于附件a-2、附件a-3不具备创造性。对此，合议组认为，附件a-2、附件a-3均为中国实用新型专利说明书，其授权公告日期早于本专利的申请日，可以作为本专利的现有技术。

本专利权利要求1为“一种清洁柜，其箱体（2）上装有内胆提升装置（11），其特征是，清洁柜的上盖（1）装有防盗锁、投入口小盖（8）、垃圾入斗（7），内部有内胆（3），底部有污水排放管（5），上盖（1）与箱体（2）、投入口小盖（8）与上盖（1）都是采用铰链联接；其中的垃圾入斗（7）是由两块梯形板和两块矩形板组成装在投入口小盖（8）的背面”。

附件a-2公开了一种垃圾箱（参见附件a-2说明书第1页最后1段—第2页第4段，以及附图3-6），其箱体1内的上部设置有垃圾袋固定梁2，固定梁的一端与箱体活接，固定梁上设置有1-4个垃圾袋固定圆环4，垃圾袋固定圆环上固定的垃圾袋为抽口式编织袋7，箱体的上面设置有上盖3，上盖上开有与垃圾袋固定圆环相对应的垃圾进口5，上盖与固定梁之间对应垃圾进口的位置设置有一斜板6，斜板的一端与上盖连接，斜板的作用是防止社会闲杂人员从外面掏垃圾，垃圾进口的上方设置有倒放的三棱柱形的防雪垃圾进口门8，防雪垃圾进口门的底面与上盖的垃圾进口相对应，垃圾进口的上方还可设置有挡板9，挡板9可由脚踏板10控制开启。垃圾袋固定梁2可掀起，便于垃圾袋的拆卸。

附件a-3公开了一种防水、防冻、防腐地下放置梯形垃圾箱（参见其说明书第2页最后一段及图1-3），其箱体5三面为梯形，其上装有箱盖7，盖上有带有把手16的投物开启盖15，箱体的底部开门通过铰链3与箱体相连，在箱体的底部设有多个下水孔17，箱体的外表面四周和底部均设置有四个支点2，箱体的底板18通过铰链1用钢索10连接有吊环8，叉车9插入吊环内，箱体一侧12作为与滑道接触面。

通过将本专利权利要求1与附件a-2、附件a-3进行比对可知，权利要求1中的技术特征“箱体（2）上装有内胆提升装置”、“清洁柜的上盖（1）装有防盗锁”“其中的垃圾入斗（7）是由两块梯形板和两块矩形板组成装在投入口小盖（8）的背面”均未被附件a-2和附件a-3公开。

由本专利的说明书内容可知，本专利要解决的技术问题之一是增强清洁柜的防盗扒功能，为了实现该功能，本专利结合使用了下述两种技术手段：（一）在清洁柜上盖上安装一个防盗锁，这样就使得只有专门的垃圾收运工人才能使用专用钥匙打开清洁柜从而取出垃圾；（二）设置一个垃圾入斗，该垃圾入斗由两块梯形板和两块矩形板组成，其尺寸略小于内胆，当投入口小盖处于打开状态时，垃圾入斗的底边10与上盖的垃圾入口9平行，这样使得翻捡垃圾的人员无法从垃圾入口处掏取清洁柜内部的垃圾。

附件a-2中虽然提到了其中所述的垃圾箱也能防止社会闲杂人员从外面掏垃圾，但是其所采用的结构是：在上盖与固定梁之间对应垃圾进口的位置设置有一斜板6，该斜板的一端与上盖连接。由此可见，附件a-2中用以解决防盗扒垃圾的技术问题所采用的技术手段与本专利是截然不同的，而且附件a-2中也没有给出任何可以通过设置如本专利权利要求1所述的防盗锁及由两块梯形板和两块矩形板组成的垃圾入斗来防止盗扒垃圾的技术启示。

附件a-3要解决的技术问题是设计一种具有防水、防腐、防冻功能的地下放置垃圾箱，其中既未明确提到该垃圾箱具有防盗扒垃圾的功能，也未记载任何可以实现防盗扒垃圾功能的结构特征，由此可见，附件a-3也没有给出任何可以通过设置如本专利权利要求1所述的防盗锁及由两块梯形板和两块矩形板组成的垃圾入斗来防止盗扒垃圾的技术启示。

综上所述，本专利权利要求1与附件a-2、附件a-3相比，其技术方案有明显区别，并且其区别技术特征也带来了有益的技术效果，而且本专利权利要求1的技术方案不是本领域普通技术人员可以从附件a-2、附件a-3中很容易得出的，因此，本专利权利要求1所述的技术方案相对于附件a-2、附件a-3具备创造性，相应的，从属于权利要求1的权利要求2也具备创造性。

三、决定

维持02202328.3号实用新型专利权有效。

当事人对本决定不服的，可以根据专利法第四十六条第二款的规定，自收到本决定之日起三个月内向北京市第一中级人民法院起诉。根据该款的规定，一方当事人起诉后，另一方当事人应当作为第三人参加诉讼。

122

青贮铡草机案

无效宣告请求审查决定（第7387号）

决　定　号　第7387号
决　定　日　2005年8月5日
发明创造名称　青贮铡草机
国际分类号　A01F 29/02
无效请求人　洛阳市环保设备一厂
专　利　权　人　洛阳四达农机有限公司
专　利　号　03245832.0
申　请　日　2003年5月19日
授权公告日　2004年8月4日
合议组组长　白剑锋
主　审　员　宋鸣镝
参　审　员　徐媛媛

法律依据　专利法第二十二条第二款
决定要点

如果证据中没有公开权利要求的某个技术特征，即该证据所公开的技术内容与权利要求所保护的技术方案存在区别之处，则它们属于不同的技术方案，此证据不能破坏该权利要求的新颖性。

一、案由

本无效宣告请求案涉及申请日为2003年5月19日，授权公告日为2004年8月4日，名称为“青贮铡草机”的实用新型专利（下称本专利），其专利号为03245832.0，专利权人为洛阳四达农机有限公司。

授权公告的权利要求书如下：

“1. 一种青贮铡草机，是机架（2）下部装有行走轮（11）和活动地轮（1），机架上有机壳（5），机壳（5）内装有动刀架（9），动刀架（9）上装有动刀（3），机架左上方有出草口（6），右侧的开口处装有喂料台（8），喂料台（8）中部装有输送带（15），动刀架（9）的一端装有皮带轮（13），另一端装有主动齿轮（12），主动齿轮（12）与齿轮箱（4）上的从动齿轮（14）啮合，机架一侧上的电动机（10）经皮带轮（13）和动刀架（9）相连，其特征在于是喂料台（8）与动刀架（9）之间装有喂入机构（7），喂入机构（7）是一侧装有定刀（21），定刀（21）与其上方的门字形导向垫铁（20）组成封闭环，靠近定刀（21）处装有下草辊（17），下草辊（17）上部装有可随草层厚度上下滑动的上草辊（16），前方装有输送带主动链轮（19），输送带主动链轮（19）上装有输送带（15），上草辊（16）的上前方设有喂草辊（18）。

2. 根据权利要求1所述的青贮铡草机，其特征在于所说的齿轮箱（4）是齿轮箱内在齿轮轴上装有离合器（23），离合器（23）两边的齿轮轴上分别装有锥齿轮（22）和锥齿轮（24），离合器（23）上有伸出箱体的手柄（28），离合器（23）处轴上的孔内装有弹簧（25）和钢球（26），离合器（23）内孔上有三个定位槽（27）。”

针对上述实用新型专利权，洛阳市环保设备一厂（下称请求人）于2004年10月18日向专利复审委员会提出了无效宣告请求。请求宣告无效的理由是：本专利的权利要求1~2不具备专利法第二十二条第二款规定的新颖性。请求人同时提交了以下1份证据：

证据1：机械工业出版社1997年8月第2版第3次印刷的《机械工程手册》专用机械卷（一）一书的封面、版权页以及第4章饲料加工机械第5~29页的复印件共3页。

请求人认为：证据1公开了本专利中“在压草辊前设喂料辊”等技术内容，故本专利不具备新颖性，不符合专利法第二十二条的有关规定。

经形式审查合格后，专利复审委员会受理了上述无效宣告请求，并于2004年10月18日向请求人和专利权人（下称被请求人）发出了无效宣告请求受理通知书，将上述专利权无效宣告请求书及其相关文件副本转送给被请求人，要求被请求人在指定期限内进行意见陈述，同时依法成立合议组对本案进行审理。

针对上述无效宣告请求，被请求人于2004年11月1日提交了意见陈述书。被请求人认为：本专利与证据1相比具有明显的区别之处，故本专利具备专利法第二十二条第二款规定的新颖性。

2004年11月15日，请求人补充提交了如下证据：

证据2：在超星阅览器（www. ssreader. com）下载的《农业机械及其运用原理》一书的第149、第150及第151页的复印件（共3页），请求人声称该证据的出版日期为1989年3月。

2004年11月24日，请求人结合上述两份证据就本专利不具备新颖性进行了意见陈述。请求人认为：证据1或证据2均公开了本专利中“在压草辊前设喂料辊”的技术内容，故本专利不符合专利法第二十二条有关新颖性的规定。

专利复审委员会于2005年3月21日向双方当事人发出口头审理通知书，定于2005年5月17日在专利复审委员会举行口头审理，同时将被请求人在2004年11月1日提交的意见陈述书副本转送给请求人，将请求人在2004年11月15日和2004年11月24日提交的相关文件副本转送给被请求人，并要求双方当事人在指定期限进行意见陈述。

2005年3月29日，被请求人进行了意见陈述，表示不能认同请求人的观点。

2005年4月26日，请求人进行了意见陈述，表示不能认同被请求人的观点。

2005年5月12日，被请求人进行了意见陈述。

口头审理如期举行，被请求人缺席。在口头审理过程中，请求人当庭出示了证据1的原件，并明确了其宣告无效的理由，即本专利权利要求1~2相对于证据1或证据2不具备专利法第二十二条第二款规定的新颖性。合议组当厅告知请求人，如其不能在口头审理后三日内提交证据2的原件，合议组将对该证据不予采信。同时合议组当厅将被请求人在2005年3月29日提交的意见陈述书副本转送给请求人。

请求人在指定期限未提交证据2的原件以及能够印证该证据真实性的其他证据。

2005年5月20日，合议组向双方当事人发出转送文件通知书，将请求人在2005年4月26日提交的意见陈述书副本转送给被请求人，将被请求人在2005年5月12日提交的意见陈述书副本转送给请求人。2005年6月12日，请求人进行了意见陈述。

在上述程序的基础上，合议组认为本案事实已经清楚，可以依法作出如下审查决定。

二、决定的理由

1. 证据的认定

证据1是《机械工程手册》一书的相关页复印件，该书属于公开出版物，请求人在口头审理时出示了该证据的原件，该证据经合议组核实与原件相符，该书的出版日期为1997年8月，早于本专利的申请日，故证据1可以用于评价本专利的新颖性。

证据2是《农业机械及其运用原理》一书的相关页复印件，由于请求人在口头审理时以及合议组指定的期限内未能出示或提交该证据2的原件，也未提交能够印证该证据复印件与原件相符的其他证据，根据最高人民法院《关于行政诉讼证据若干问题的规定》第五十七条的相关规定，该证据不能作为定案的依据，合议组对该证据不予采信。

2. 关于本专利的新颖性

专利法第二十二条第二款规定：新颖性，是指在申请日以前没有同样的发明或者实用新型在国内外出版物上公开发表过、在国内公开使用过或者以其他方式为公众所知，也没有同样的发明或者实用新型由他人向国务院专利行政部门提出过申请并且记载在申请日以后公布的专利申请文件中。

证据1涉及一种圆盘式铡草机（参见证据1的第5~29页），其中具体披露了以下技术特征：

该铡草机包括喂入链、喂草轮、喂草辊、刀盘、固定底刀、切刀和抛送叶板，动刀呈垂直于回转轴平面轨迹运动，喂入链和喂草辊将饲草夹送至圆盘动刀和定刀，切成草段并被抛送叶板抛出；该铡草机能把切碎的草料抛送到较远处，多用于大中型铡草机上。

将本专利权利要求1所保护的技术方案与证据1所公开的内容相比，证据1至少未公开本专利权利要求1中的“定刀（21）与其上方的门字形导向垫铁（20）组成封闭环”这一技术特征，即证据1未公开本专利权利要求1的全部技术特征，故本专利权利要求1相对于证据1具备专利法第二十二条第二款规定的新颖性。

本专利权利要求2从属于权利要求1，在权利要求1具备新颖性的前提下，从属权利要求2同样具备新颖性。

三、决定

维持03245832.0号实用新型专利权有效。

当事人对本决定不服的，可以根据专利法第四十六条第二款的规定，自收到本决定之日起三个月内向北京市第一中级人民法院起诉。根据该款的规定，一方当事人起诉后，另一方当事人应当作为第三人参加诉讼。

北京市第一中级人民法院
行政判决书

（2005）一中行初字第1147号

原告洛阳市环保设备一厂，住所地河南省孟津县王良街。

法定代表人赵克壮，厂长。

委托代理人涂家龙，河南振山律师事务所律师。

委托代理人胡应民，男，洛阳市环保设备一厂职工。

被告国家知识产权局专利复审委员会，住所地北京市海淀区北四环西路9号。

法定代表人廖涛，副主任。

委托代理人宋鸣镝，男，国家知识产权局专利复审委员会审查员。

委托代理人郭健国，男，国家知识产权局专利复审委员会审查员。

第三人洛阳四达农机有限公司，住所地河南省孟津县黄河路西口。

法定代表人孔进生，总经理。

委托代理人聂孟民，男，郑州天阳专利事务所专利代理人。

委托代理人孔玉兴，男，洛阳四达农机有限公司副总经理。

原告洛阳市环保设备一厂（下称环保设备厂）不服被告国家知识产权局专利复审委员会（下称专利复审委）作出的无效宣告请求审查决定，于2005年11月3日向本院提起行政诉讼，本院于当日受理后，依法组成合议庭，并依法通知与被诉具体行政行为有利害关系的洛阳四达农机有限公司（下称四达公司）参加诉讼。本院于2005年12月7日公开开庭审理了本案。原告环保设备厂的法定代表人赵克壮，被告专利复审委的委托代理人宋鸣镝、郭健国，第三人四达公司的委托代理人聂孟民、孔玉兴到庭参加了诉讼。本案现已审理终结。

2005年8月5日，被告作出第7387号无效宣告请求审查决定（下称第7387号决定），决定维持03245832.0号实用新型专利权（下称本专利）有效。

被告于答辩期内向本院提交了作出被诉具体行政行为的证据材料：1. 本专利；2. 机械工业出版社1997年8月第2版第3次印刷的《机械工程手册》专用机械卷（一）一书的封面、版权页以及第四章饲料加工机械第5～29页的复印件（下称对比文件）。上述证据用以证明被告作出被诉决定认定事实清楚、适用法律正确、程序合法。

原告环保设备厂诉称，其在被告审查过程中提交的在本专利申请日之前出版的《机械工程手册》的有关内容，证明本专利涉及的“在压草辊前设喂草辊”这一核心技术，在申请日前已公开出版为公众所知，本专利已不具备新颖性；并指出，专利权是对关键、核心技术的专有权利。本专利的技术精髓在于喂草辊的发明创造，只要该部分不具备新颖性，这个专利即应属无效。综上，请求法院撤销第7387号决定，判令被告重新作出具体行政行为。

原告向法院提交了以下证据：对比文件，用以证明本专利不具备新颖性。

被告专利复审委辩称，根据《审查指南》第二部分第三章第3.1节审查原则和第3.2节审查基准的规定，同样的发明或者实用新型，是指技术领域、所要解决的技术问题和技术方案实质上相同，预期效果相同的发明或者实用新型。将本专利权利要求1所保护的技术方案与对比文件所公开的内容相比，对比文件至少未公开本专利权利要求1中的“定刀（21）与其上方的门字形导向垫铁（20）组成封闭环”这一技术特征，即对比文件未公开本专利权利要求1的全部技术特征，本专利权利要求1所保护的技术方案与对比文件所公开的内容是不同的技术方案，故本专利权利要求1具备新颖性。综上，第7387号决定认定事实清楚、适用法律正确、审理程序合法，审查结论正确，请求法院予以维持。

第三人四达公司述称，原告提交的证据与本专利技术相比，无论是外观还是整体结构既不相同，也不近似。特别是本专利中定刀与其上部门字形导向垫铁组成封闭环，有效防止动、定刀相撞的问题，是现有铡草机所没有的。发明或者实用新型专利权的保护范围以其权利要求的内容为准，这表明专利保护的是权利要求的整个内容，决非是一部分。原告之所以宣告第三人的专利权无效，是一种逃避侵权的拖延手段。综上，请求维持第7387号决定，驳回原告的诉讼请求。

第三人未向法院提交证据。

经庭审质证，原告对被告证据的真实性无异议，但是对于证据的证明作用有异议。第三人对被告的证据无异议。被告对原告的证据的真实性无异议，但是对证据的证明内容有异议。第三人对原告的证据无异议。

经审查，被告及原告的证据与本案具有关联性，且合法真实，本院予以确认。

经审理查明，本案涉及申请日为2003年5月19日，授权公告日为2004年8月4日，名称为"青贮铡草机"的实用新型专利（即本专利），其专利号为03245832.0，专利权人为本案第三人。授权公告的权利要求书如下：

"1. 一种青贮铡草机，是机架（2）下部装有行走轮（11）和活动地轮（1），机架上有机壳（5），机壳（5）内装有动刀架（9），动刀架（9）上装有动刀（3），机架左上方有出草口（6），右侧的开口处装有喂料台（8），喂料台（8）中部装有输送带（15），动刀架（9）的一端装有皮带轮（13），另一端装有主动齿轮（12），主动齿轮（12）与齿轮箱（4）上的从动齿轮（14）啮合，机架一侧上的电动机（10）经皮带轮（13）和动刀架（9）相连，其特征在于是喂料台（8）与动刀架（9）之间装有喂入机构（7），喂入机构（7）是一侧装有定刀（21），定刀（21）与其上方的门字形导向垫铁（20）组成封闭环，靠近定刀（21）处装有下草辊（17），下草辊（17）上部装有可随草层厚度上下滑动的上草辊（16），前方装有输送带主动链轮（19），输送带主动链轮（19）上装有输送带（15），上草辊（16）的上前方设有喂草辊（18）。

2. 根据权利要求1所述的青贮铡草机，其特征在于所说的齿轮箱（4）是齿轮箱内在齿轮轴上装有离合器（23），离合器（23）两边的齿轮轴上分别装有锥齿轮（22）和锥齿轮（24），离合器（23）上有伸出箱体的手柄（28），离合器（23）处轴上的孔内装有弹簧（25）和钢球（26），离合器（23）内孔上有三个定位槽（27）。"

针对上述实用新型专利权，原告于2004年10月18日向被告提出了无效宣告请求。请求宣告无效的理由是：本专利的权利要求1~2不具备《中华人民共和国专利法》（下称《专利法》）第二十二条第二款规定的新颖性。原告同时提交了以下证据：

证据1：机械工业出版社1997年8月第2版第3次印刷的《机械工程手册》专用机械卷（一）一书的封面、版权页以及第4章饲料加工机械第5~29页的复印件共3页。

原告认为，证据1公开了本专利中"在压草辊前设喂草辊"等技术内容，故本专利不具备新颖性，不符合《专利法》第二十二条的有关规定。

经形式审查合格后，被告受理了上述无效宣告请求，并于2004年10月18日向原告和第三人发出了无效宣告请求受理通知书，将上述专利权无效宣告请求书及其相关文件副本转送给第三人，要求第三人在指定期限内进行意见陈述，同时依法成立合议组对本案进行审理。

针对上述无效宣告请求，第三人于2004年11月1日提交了意见陈述书。其中认为，本专利与证据1相比具有明显的区别之处，故本专利具备《专利法》第二十二条第二款规定的新颖性。

2004年11月15日，原告补充提交了如下证据：

证据2：在超星阅览器（www.ssreader.com）下载的《农业机械及其运用原理》一书的第149、第150及第151页的复印件共3页，原告声称该证据的出版日期为1989年3月。

2004年11月24日，原告结合上述两份证据就本专利不具备新颖性进行了意见陈述。其中认为，证据1或证据2均公开了本专利中"在压草辊前设喂草辊"的技术内容，故本专利不符合《专利法》第二十二条有关新颖性的规定。

被告于2005年3月21日向双方当事人发出口头审理通知书，定于2005年5月17日举行口头审理，同时将第三人在2004年11月1日提交的意见陈述书副本转送给原告，将原告在2004年11月15日和2004年11月24日提交的相关文件副本转送给第三人，并要求双方当事人在指定期限进行意见陈述。

口头审理如期举行，第三人缺席。在口头审理过程中，原告当厅出示了证据1的原件，并明确了其宣告无效的理由，即本专利权利要求1～2相对于证据1或证据2不具备《专利法》第二十二条第二款规定的新颖性。被告当厅告知原告，如其不能在口头审理后三日内提交证据2的原件，被告将对该证据不予采信。同时被告当庭将第三人在2005年3月29日提交的意见陈述书副本转送给原告。

原告在指定期限未提交证据2的原件以及能够印证该证据真实性的其他证据。

经审查，被告认为，证据1是《机械工程手册》一书的相关页复印件，该书属于公开出版物，原告在口头审理时出示了该证据的原件，该证据经被告核实与原件相符，该书的出版日期为1997年8月，早于本专利的申请日，故证据1可以用于评价本专利的新颖性。

证据2是《农业机械及其运用原理》一书的相关页复印件，由于原告在口头审理时以及被告指定的期限内未能出示或提交该证据2的原件，也未提交能够印证该证据复印件与原件相符的其他证据，根据最高人民法院《关于行政诉讼证据若干问题的规定》第五十七条的相关规定，该证据不能作为定案的依据，被告对该证据不予采信。

《专利法》第二十二条第二款规定：新颖性，是指在申请日以前没有同样的发明或者实用新型在国内外出版物上公开发表过、在国内公开使用过或者以其他方式为公众所知，也没有同样的发明或者实用新型由他人向国务院专利行政部门提出过申请并且记载在申请日以后公布的专利申请文件中。

对比文件即证据1涉及一种圆盘式铡草机，其中具体披露了以下技术特征：

该铡草机包括喂入链、喂草轮、喂草辊、刀盘、固定底刀、切刀和抛送叶板，动刀呈垂直于回转轴平面轨迹运动，喂入链和喂草辊将饲草夹送至圆盘动刀和定刀，切成草段并被抛送叶板抛出；该铡草机能把切碎的草料抛送到较远处，多用于大中型铡草机上。

将本专利权利要求1所保护的技术方案与证据1所公开的内容相比，证据1至少未公开本专利权利要求1中的“定刀（21）与其上方的门字形导向垫铁（20）组成封闭环”这一技术特征，即证据1未公开本专利权利要求1的全部技术特征，故本专利权利要求1相对于证据1具备《专利法》第二十二条第二款规定的新颖性。

本专利权利要求2从属于权利要求1，在权利要求1具备新颖性的前提下，从属权利要求2同样具备新颖性。

据此，被告作出第7387号决定，维持本专利权有效。原告不服，诉至本院。

本院认为，原告在行政程序中提交的证据2即《农业机械及其运用原理》一书的相关页复印件，由于原告在法律规定的期间内没有提交该证据的原件，因此，被告对该证据不予采纳正确。对比文件即原告在行政程序中提交的证据1是《机械工程手册》一书的相关页复印件，该书属于公开出版物，且出版日期早于本专利的申请日，故被告将此证据作为评价本专利新颖性的对比文件符合法律规定。

《专利法》第二十二条第二款规定：新颖性，是指在申请日以前没有同样的发明或者实用新型在国内外出版物上公开发表过、在国内公开使用过或者以其他方式为公众所知，也没有同样的发明或者实用新型由他人向国务院专利行政部门提出过申请并且记载在申请日以后公布的专利申请文件中。并且《审查指南》第二部分第三章第3.2节规定，同样的发明或实用新型，是指技术领域、所要解决的技术问题和技术方案实质上相同，预期效果相同的发明或实用新型。

本案中，将本专利权利要求1所保护的技术方案与对比文件所公开的内容相比，对比文件至少未公开本专利权利要求1中“定刀（21）与其上方的门字形导向垫铁（20）组成封闭环”这一技术特征。故对比文件未公开本专利权利要求1的全部技术特征，本专利权利要求1所要保护的技术方案与对比文件所公开的内容不是相同的技术方案，因此，本专利权利要求1具备新颖性。被告作出的第

7387号决定认定事实清楚，适用法律正确，行政程序合法，本院应予维持。原告的主张缺乏事实和法律依据，本院不予支持。依照《中华人民共和国行政诉讼法》第五十四条第（一）项之规定，判决如下：

维持被告国家知识产权局专利复审委员会于二〇〇五年八月五日作出的第7387号无效宣告请求审查决定。

案件受理费1000元，由原告洛阳市环保设备一厂负担（已交纳）。

如不服本判决，可在本判决书送达之日起十五日内，向本院提交上诉状，并按对方当事人人数提出副本，上诉于北京市高级人民法院。上诉人在接到人民法院预交诉讼费用通知后七日内未预交又不提出缓交申请的，按自动撤回上诉处理。

审 判 长 梁 菲
代理审判员 强刚华
代理审判员 贾志刚
二〇〇五年十二月二十二日
书 记 员 许 纯

123

一种电梯专用板案

无效宣告请求审查决定（第7391号）

决 定 号 第7391号
决 定 日 2005年8月5日
发明创造名称 一种电梯专用板
国 际 分 类 号 B66B 11/00
无 效 请 求 人 无锡华美电梯装潢有限公司　刘焯群
专 利 权 人 海宁市红狮电梯装饰有限公司
专 利 号 98249370.3
申 请 日 1998年11月30日
授 权 公 告 日 1999年11月17日
合 议 组 组 长 白剑锋
主 审 员 崔　峥
参 审 员 陈　勇

法 律 依 据 专利法第二十二条第三款、第二十六条第三款　专利法实施细则第二条第二款、第二十条第一款

决 定 要 点

虽然涉案实用新型专利涉及的是一个特定的具体应用领域，但上述特定具体应用领域仅仅是通过文字字面而表明的，而该涉案专利技术方案本身的技术构成并不能反映出该涉案专利所要求保护的技术方案是专用于该特定的具体应用领域，而不属于其他的应用领域，特别是与上述特定应用领域相类似、相近或相关的应用领域。在判断该涉案实用新型专利的创造性时，除了要考虑其直接所属的应用领域的现有技术之外，还应当考虑与上述特定应用领域相类似、相近或相关的应用领域的现有技术。

一、案由

本无效宣告请求案涉及申请日为1998年11月30日、授权公告日为1999年11月17日、名称为“一种电梯专用板”的98249370.3号实用新型专利，专利权人为海宁市红狮电梯装饰有限公司（下称被请求人）。

授权公告的权利要求书如下：

“一种电梯专用板，是由金属面板［1］，底封板［2］等组成，其特征在于，金属面板［1］与底封板［2］之间组成一个封闭空腔体［3］，空腔体［3］内通过注塑孔［5］注满发泡填充料［4］。”

针对上述专利权，无锡华美电梯装潢有限公司（下称第一请求人）于2004年11月29日向专利复审委员会提出了无效宣告请求，其理由是本专利权利要求1不具备专利法第二十二条第二款和第三款规定的新颖性和创造性，同时提交了如下证据：

证据1－1：US4430835美国专利说明书复印件，公开日为1984年2月14日；

证据1－2：US4462193美国专利检索文本的说明书、权利要求书及说明书摘要，公开日为1984年7月31日；

证据1－3A：公告号为2251013的中国实用新型专利检索文本的摘要公告日为1997年4月2日；

证据1－4：被请求人向杭州中院提交的民事诉状的复印件。

请求人认为，证据1－1和证据1－2均已公开了本专利权利要求1的全部技术特征，因此本专利权利要求1不具备新颖性，而且证据1－3A也公开了在两铁皮之间夹有聚苯板或聚氨酯发泡层的结构，因此本专利权利要求1也不具备创造性。

经形式审查合格，专利复审委员会于2005年2月3日受理了上述无效宣告请求并将无效宣告请求书及证据副本转给了被请求人，并向第一请求人发出了外文证据处理通知书，要求其在一个月内补交证据1－1和证据1－2的中文译文，同时成立合议组对上述无效宣告请求进行审查。

第一请求人又于2004年12月27日向专利复审委员会提交了意见陈述书并补充了证据，同时提交了证据1－1和证据1－2使用部分的中文译文，其提交的补充证据如下：

证据1－3：CN2251013Y中国实用新型专利说明书的扉页、权利要求书和说明书的复印件共4页，公告日为1997年4月2日；

证据1－5：江苏科学技术出版社出版发行的《工程师通用手册》1989年6月第1版版权页和214页的复印件；

证据1－6：镇江第二轻工机械厂《R型系列低压反应灌注机及生产线》相关内容的复印件共4页；

证据1－7：CN1087873A中国发明专利申请公开说明书的扉页及说明书第1～4页的复印件共5页，公开日为1994年6月15日；

证据1－8：日本专利公报特开平9－267768的扉页的复印件，公开日为1997年10月14日；

证据1－9：日本专利公报特开平8－73157的扉页的复印件，公开日为1996年3月19日；

证据1－10：1996年第2期《聚氨酯工业》第27页的复印件；

证据1－11：1997年第2期《聚氨酯工业》封面和广告页的复印件共2页；

证据1－12：1997年第4期《聚氨酯工业》封面和第14页的复印件共2页；

证据1－13：化学工业出版社出版发行的《塑料制品生产工艺手册》1991年2月第1版版权页和第306～309页的复印件；

证据1－14：机械工业出版社出版发行的《塑料制品设计》下册1993年11月第1版版权页、前言和第774～777页的复印件共3页；

证据1－15：CN2097862U中国实用新型专利申请说明书的扉页、权利要求书和说明书的复印件共5页，公开日为1992年3月4日。

第一请求人认为，证据1－1、1－2、1－7和证据1－15均已公开了本专利权利要求1的全部技术特征，因此本专利权利要求1不具备新颖性，而且，证据1－3、1－5、1－6、1－8、1－9、1－11、1－13、1－14和证据1－15中的任何一篇都公开了泡沫塑料的注射方法，因此本专利权利要求1相对于证据1－1、1－2和证据1－7中的任何一篇与证据1－3、1－5、1－6、1－8、1－9、1－11、1－13、1－14和证据1－15中的任何一篇的结合不具备创造性。

被请求人针对第一请求人于2004年11月29日提出的无效请求于2005年3月11日提交了意见陈述书，并认为：证据1－1和证据1－2为美国专利，第一请求人未提交相应的中文译文，因此不应作为有效证据使用；证据1－3A根本没有公开本专利权利要求1中的“注塑孔”，因此本专利具备新颖性和创造性。

第一请求人又于2005年4月15日向专利复审委员会提交了三份补充证据，并结合该补充证据陈述了意见。由于该补充证据超过了专利法实施细则第六十六条规定的法定期限，故合议组不予考虑。

专利复审委员会本案合议组于2005年4月28日向第一请求人和被请求人双方发出了口头审理通知书，定于2005年6月14日举行口头审理，并将第一请求人于2004年12月27日提交的意见陈述书及其附件转给了被请求人，同时将被请求人于2005年3月11日提交的意见陈述书转给了第一请求人，并向第一请求人发出了外文证据处理通知书，要求其在一个月内补交证据1-8和证据1-9的中文译文。

针对本专利的专利权，刘焯群（下称第二请求人）于2005年4月21日也向专利复审委员会提出了无效宣告请求，其理由是本专利不符合专利法第二十六条第三款和第四款、专利法实施细则第二条、第二十条第一款和第二十一条的规定，并且，本专利权利要求1不具备专利法第二十二条第二款和第三款规定的新颖性和创造性。第二请求人同时提交了如下证据：

证据2-1：国家知识产权局专利检索咨询中心G050229号检索报告的复印件；

证据2-2：CN2184075Y中国实用新型专利说明书复印件（授权公告日为1994年11月30日）；

证据2-3：CN2348080Y中国实用新型专利说明书的扉页、权利要求书、说明书和附图第1~3页的复印件共7页（申请日为1998年5月21日，授权公告日为1999年11月10日）；

证据2-4：CN2160734Y中国实用新型专利说明书复印件（授权公告日为1994年4月6日）；

证据2-5：CN2178273Y中国实用新型专利说明书的扉页、说明书和附图第1页的复印件（共5页）（授权公告日为1994年9月28日）；

证据2-6：CN2194965Y中国实用新型专利说明书的扉页、权利要求书和说明书第1页的复印件（共3页）（授权公告日为1995年4月19日）；

证据2-7：CN2267312Y中国实用新型专利说明书的扉页和说明书的复印件（共2页）（授权公告日为1997年11月12日）；

证据2-8：CN2271595Y中国实用新型专利说明书的扉页和说明书第1页的复印件（共2页）（授权公告日为1997年12月31日）；

证据2-9：CN2264237Y中国实用新型专利说明书扉页的复印件（共1页）（授权公告日为1997年10月8日）。

另外，第二请求人还提交了专利复审委员会向第一请求人发出的无效宣告请求受理通知书的复印件。

第二请求人认为，本专利说明书未能清楚地说明具体如何注满“发泡填充料”且是何种“发泡填充料”，故本专利不符合专利法第二十六条第三款和第四款的规定。另外，本专利权利要求书中含有方法特征“通过注塑孔（5）注满发泡填充料”，因此不符合专利法实施细则第二条第二款的规定，同时这也导致权利要求的保护范围不清楚，而且权利要求中也未清楚地限定“注塑孔”是否是必要技术特征，因此本专利也不符合实施细则第二十条第一款和第二十一条第二款之规定；证据2-2至证据2-8均公开了本专利权利要求1的全部技术特征，而且它们与本专利的技术领域相同。因此本专利权利要求1不具备新颖性和创造性。

经形式审查合格，专利复审委员会于2005年5月24日受理了第二请求人的上述无效宣告请求并将无效宣告请求书及证据副本转给了被请求人，并由本合议组将第一请求人和第二请求人所提出的这两次无效宣告请求合案进行审理。由于第二请求人已经得知第一请求人已针对本专利提出了无效宣告请求，且根据审查指南的相关规定，合议组于当日向第二请求人和被请求人双方发出了口头审理通知书，决定于2005年6月14日对这两次无效宣告请求共同举行口头审理。

口头审理如期举行，第一请求人、第二请求人和被请求人均出席了本次口头审理。

第一请求人当庭提交了证据1-8使用部分的中文译文。合议组当庭将其转给了被请求人。

被请求人针对第一请求人于2004年12月27日提交的意见陈述书和补充证据当庭提交了意见陈述书。被请求人认为，证据1-1、1-2和证据1-3均未公开“注塑孔”这一技术特征，故本专利具备新颖性和创造性，另外，证据1-5至证据1-14也不能影响本专利的新颖性和创造性。被请求人还针对第二请求人于2005年4月21日提出的无效宣告请求当庭提交了意见陈述书和两份附件，其中，附件1为国家知识产权局出具的实用新型专利检索报告复印件，附件2为上海交通大学电梯检测中心出具的具有聚合物发泡充料的新型轿厢壁板的固有特性试验分析报告。被请求人认为，证据2-2至证据2-9与本专利的技术领域不同，它们均不能影响本专利的新颖性和创造性。合议组当庭将被请求人所提交的上述意见陈述书及相关附件转给了相应的对方当事人。

在口头审理过程中，第一请求人未能出示证据1-6的原件，并明确放弃了证据1-9。第二请求人明确放弃了以专利法第二十六条第四款和专利法实施细则第二十一条第二款作为无效理由。被请求人对证据1-1至证据1-5、证据1-7、证据1-8、证据1-10至证据1-15以及证据2-1至证据2-9的真实性无异议，并对证据1-1、1-2和证据1-8的中文译文无异议，同时认为“注塑孔”为本专利权利要求1的必要技术特征。第一和第二请求人当庭要求将其所提供的证据进行组合来评价本专利的新颖性和创造性，并认为本专利相对于证据1-1、1-2、1-7、1-8、1-15、2-2、2-3、2-4和证据2-6不具备新颖性，而证据1-1、1-2和证据1-7中的任意一篇与证据1-13、1-15、2-2以及证据2-4至证据2-9中的任意一篇相结合破坏本专利的创造性。同时，双方当事人围绕专利法第二十六条第三款、专利法实施细则第二条第二款和第二十条第一款以及专利法第二十二条第二款和第三款的无效理由进行了充分的辩论。

口头审理结束后，被请求人于2005年6月16日向专利复审委员会提交了意见陈述书。被请求人依然认为，证据2-2至证据2-9与本专利的技术领域不同，它们均不能影响本专利的新颖性和创造性；另外，本专利的说明书和权利要求书均已清楚地描述了“电梯专用板”的结构特征，本领域技术人员完全能够容易地实施本专利，至于使用何种“发泡填充料”，可以根据需要进行选择，且无须付出创造性的劳动。因此本专利符合专利法第二十六条第三款的规定；再者，本专利权利要求1中的“通过注塑孔[5]注满发泡填充料[4]”是对“电梯专用板”结构的具体限定，而不是工艺方法特征，故本专利符合专利法实施细则第二条第二款和第二十条第一款之规定。

第一和第二请求人共同于2005年6月24日向专利复审委员会提交了意见陈述书，进一步阐述了口头审理过程中所发表的意见，并坚持认为本专利不具备新颖性和创造性。

在上述程序的基础上，合议组认为本案事实已经清楚，可以依法作出本决定。

二、决定的理由

1. 关于专利法第二十六条第三款

专利法第二十六条第三款规定：说明书应当对发明或者实用新型作出清楚、完整的说明，以所属技术领域的技术人员能够实现为准。

第二请求人认为，本专利说明书未能清楚地说明具体如何注满“发泡填充料”且是何种“发泡填充料”，故本专利不符合专利法第二十六条第三款的规定。

合议组认为，本专利的发明目的是提供一种结构简单、重量轻、隔音效果好的电梯专用板，其由金属面板[1]和底封板[2]等组成，在金属面板[1]与底封板[2]之间所形成的一个封闭空腔体[3]内通过注塑孔[5]注满发泡填充料[4]。而“发泡填充料”具体采用什么材料以及如何在空腔体中注满“发泡填充料”对实现本专利的技术方案来说并不重要，在本专利说明书未对其作出任何限定的情况下，应认为可采用所属技术领域中常规的各种发泡填充料并可利用常规的技术手段来进行填充，而说明书未公开其具体的材料和填充手段并不影响所属技术领域的技术人员实现本专利的技术方案。因此，本专利的说明书符合专利法第二十六条第三款的规定。

2. 关于专利法实施细则第二条第二款和第二十条第一款

专利法实施细则第二条第二款规定：专利法所称实用新型，是指对产品的形状、构造或者其结合所提出的适于实用的新的技术方案。

专利法实施细则第二十条第一款规定：权利要求书应当说明发明或者实用新型的技术特征，清楚、简要地表达请求保护的范围。

第二请求人认为，本专利权利要求1中含有方法特征“通过注塑孔（5）注满发泡填充料”，因此不符合专利法实施细则第二条第二款的规定，同时这也导致该权利要求的保护范围不清楚，不符合专利法实施细则第二十条第一款的规定。

合议组认为，本专利权利要求1为“一种电梯专用板，是由金属面板［1］，底封板［2］等组成，其特征在于，金属面板［1］与底封板［2］之间组成一个封闭空腔体［3］，空腔体［3］内通过注塑孔［5］注满发泡填充料［4］。”该权利要求通过描述电梯专用板的构成部件及各部件的相互结合关系而对电梯专用板进行了限定，虽然其中包含有方法特征“通过注塑孔（5）注满发泡填充料”，但这只是限定了“注塑孔”是用于充注发泡填充料的，而且限定了发泡填充料是通过注塑的方式充满封闭空腔体，在整体上并不影响权利要求1是对产品的形状和构造所作改进而形成的技术方案，也不会对本领域技术人员正确理解该权利要求所限定的技术方案造成任何影响。因此，权利要求1限定的技术方案符合专利法实施细则第二条第二款和第二十条第一款的规定。

3. 关于本专利的创造性

专利法第二十二条第三款规定：“创造性，是指同申请日以前已有的技术相比，该发明有突出的实质性特点和显著的进步，该实用新型有实质性特点和进步。”

证据1-7和证据2-2均为专利文献，属于公开出版物，被请求人对其真实性无异议。其公开日均早于本专利的申请日，因此，证据1-7和证据2-2可以作为现有技术来评价本专利的新颖性和创造性。

鉴于第一和第二请求人在口头审理过程中明确表示要将两者所提交的证据进行组合来评价本专利的新颖性和创造性，被请求人对此并无异议，且当庭对本专利相对于证据1-7与证据2-2的组合的创造性发表了相应的意见，故根据请求原则，合议组将证据1-7和证据2-2进行组合来评价本专利的创造性。

本专利权利要求1保护一种电梯专用板，其由金属面板［1］和底封板［2］等组成，金属面板［1］与底封板［2］之间组成一个封闭空腔体［3］，空腔体［3］内通过注塑孔［5］注满发泡填充料［4］。

证据1-7公开了一种电梯轿厢的壁结构，该壁结构由至少两块相邻的板（1）组成，其中，板（1）是金属制成的，并通过其边缘弯曲形成的回折（3）和凸缘（4）与内壁构件（6）一起构成一个封闭的空腔（10），整个空腔（10）内可以填充有隔音材料，从而形成一种隔音且在低频下也能有效吸收噪音的电梯轿厢的壁结构（参见证据1-7的说明书第3和第4页的文字描述及摘要附图）。

显然，证据1-7与本专利均属于同一技术领域，本专利权利要求1与证据1-7所公开的技术内容相比，存在如下区别技术特征，在本专利中，填充材料为发泡填充料且电梯板上设有注塑孔，发泡填充料通过该注塑孔注入空腔体内。

证据2－2公开了一种安全门，该安全门的金属门体由外侧板（1）、内侧板（2）、上下梁（4）、中梁（7）和纵梁（6）焊接而成，且在门体的上下梁上设有用于向门腔内喷涂塑料泡沫的工艺孔（相当于本专利中的注塑孔），通过该工艺孔在门体腔内喷涂有塑料泡沫（3）（相当于本专利中的发泡填充料），从而形成一种隔热、隔音且重量轻的安全门（参见证据2－2的说明书第1和第2页及附图1－4）。

显然，证据2－2已公开了本专利权利要求1的上述区别技术特征。虽然证据2－2涉及的是一种安全门，即建筑物内用的门板，与本专利的电梯专用板的技术领域略有不同，但是，由于电梯也是用于建筑物内并与建筑物相配合，是建筑物内安装的一种升降装置，其与建筑物内用的一般门板都是建筑设计人员进行建筑物设计时所需考虑的要素，特别是电梯的厅门更是直接安装在建筑物的电梯井道楼层口处。由此可见，两者所涉及的技术领域是相近的。另外，根据本专利说明书和权利要求书中的描述，本专利的电梯专用板并不涉及电梯领域中所特有的技术特点，并不涉及该电梯板与电梯其他部件的连接与配合。也就是说，除了由“电梯专用”四个字表明板材是专用于电梯之外，本专利技术方案的技术特征的构成并不能反映出所限定的板材是专用于电梯，而不是用于其他的技术领域，特别是与电梯厅门板、轿门板相类似的建筑物门板。再者，从国际专利分类号考虑，有关电梯轿厢及轿厢结构的国际分类号为B66B 11/02，而有关电梯轿厢的轿厢门或厅门的结构的国际分类号为B66B 13/30，根据本专利说明书的描述，本专利涉及的是电梯轿厢的壁板、轿门板和厅门板，因此，本专利的技术内容应直接涉及B66B 11/02和B66B 13/30两个国际分类号，而在涉及轿厢厢门或厅门结构的B66B 13/30分类号后的标引中已明确说明“本项应用以外的此类特征入E06B”，也就是说，如果涉及轿厢厢门或厅门的结构但又与电梯这一具体应用领域不密切关联的技术内容应分入到E06B分类号中，因此从国际分类表中亦给出了明确的指示，指示本领域技术人员在设计电梯轿厢厢门或厅门时去参考E06B分类号下的文献，而证据2－2的国际分类号E06B 5/20又恰恰属于该范围内。因此，对于本领域技术人员而言，在设计轿厢壁板、轿门板和厅门板这类电梯板时，除了考虑和借鉴直接所属的技术领域（国际分类号B66B）的技术文献之外，还会去考虑和借鉴建筑物门这类相近技术领域（国际分类号E06B）的技术文献。

而且，由于证据2－2已公开了本专利权利要求1的上述区别技术特征，也就是说，证据2－2已给出了采用塑料泡沫作为隔音材料，并在门板上设置工艺孔作为注塑孔，通过该工艺孔将塑料泡沫填充到门板空腔中的技术启示。因此，在证据1－7所公开的技术内容的基础上，本领域技术人员在具体选择隔音填充材料和填充方式并为此而对板材作出相应的结构变化时，会显而易见地将证据2－2所公开的技术内容引入到证据1－7中，进而得出本专利权利要求1所限定的技术方案，这并不需要付出创造性的劳动。因此，本专利权利要求1所要求保护的技术方案不具有实质性特点和进步，因而不具备创造性。

至于被请求人所提交的欲证明本专利具备新颖性和创造性的附件1和附件2，合议组认为，附件1为国家知识产权局出具的实用新型专利检索报告，为国家知识产权局专利检索部门对本专利新颖性和创造性所发表的部门意见，其对专利复审委员会没有法律约束力；附件2为上海交通大学电梯检测中心出具的具有聚合物发泡充料的新型轿厢壁板的固有特性试验分析报告，并不能证明本专利具备创造性。

三、决定

宣告98249370.3号实用新型专利权无效。

当事人对本决定不服的，可以根据专利法第四十六条第二款的规定，自收到本决定之日起三个月内向北京市第一中级人民法院起诉。根据该款的规定，一方当事人起诉后，另一方当事人应当作为第三人参加诉讼。

北京市第一中级人民法院
行政判决书

（2005）一中行初字第 1221 号

原告海宁市红狮电梯装饰有限公司，住所地浙江省海宁市硖石镇由拳路 66 号。

法定代表人沈建一，董事长。

委托代理人徐关寿，浙江杭州金通专利事务所有限公司专利代理人。

被告国家知识产权局专利复审委员会，住所地北京市海淀区北四环西路 9 号银谷大厦 10～12 层。

法定代表人廖涛，副主任。

委托代理人王丽颖，国家知识产权局专利复审委员会行政诉讼处审查员。

委托代理人崔国振，国家知识产权局专利复审委员会行政诉讼处审查员。

第三人无锡华美电梯装潢有限公司，住所地江苏省无锡市蠡园开发区南中路 8 号。

法定代表人龚仁源，经理。

委托代理人陈建和，南京天翼专利代理有限责任公司专利代理人。

第三人刘焯群，男，汉族，1939 年 11 月 21 日出生，住江苏省无锡市靖海新村 52 号 103 室。

原告海宁市红狮电梯装饰有限公司（下称红狮公司）不服被告国家知识产权局专利复审委员会（下称专利复审委员会）于 2005 年 8 月 5 日作出的第 7391 号无效宣告请求审查决定（下称第 7391 号决定），于法定期限内向本院提起行政诉讼。本院于 2005 年 11 月 21 日受理后，依法组成合议庭，并通知无锡华美电梯装潢有限公司（下称华美公司）和刘焯群作为第三人参加诉讼，于 2006 年 1 月 10 日公开开庭进行了审理。原告红狮公司的委托代理人徐关寿，被告专利复审委员会的委托代理人王丽颖、崔国振，第三人华美公司的委托代理人陈建和，第三人刘焯群到庭参加了诉讼。本案现已审理终结。

第 7391 号决定系专利复审委员会针对华美公司和刘焯群就红狮公司所拥有的第 98249370.3 号实用新型专利（下称本专利）所提出的无效宣告请求而作出的。专利复审委员会在第 7391 号决定中认定：1. 本专利的说明书符合专利法第二十六条第三款的规定。2. 本专利权利要求 1 符合专利法实施细则第二条第二款和第二十条第一款的规定。3. 关于本专利的创造性。证据 1～7 与本专利属于同一技术领域，本专利权利要求 1 与证据 1～7 的区别技术特征是：填充材料为发泡填充料且电梯板上设有注塑孔，发泡填充料通过该注塑孔注入空腔体内。证据 2－2 涉及的是一种安全门，其与本专利的电梯专用板的技术领域是相近的。另外，本专利的电梯专用板并不能反映出所限定的板材是专用于电梯，而不是用于其他的技术领域，特别是与电梯厅门板、轿门板相类似的建筑物门板。再者，从国际专利分类号考虑，本专利涉及的电梯轿厢的壁板、轿门板和厅门板应直接分到 B66B 11/02 和 B66B 13/30 两个国际分类号中，而在涉及轿厢厢门或厅门结构的 B66B 13/30 分类号后的标引中已明确说明“本项应用以外的此类特征入 E06B”，因此从国际分类表中亦给出了明确的指示，指示本领域技术人员在设计电梯轿厢厢门或厅门时去参考 E06B 分类号下的文献，而证据 2－2 的国际分类号 E06B 5/20 又恰恰属于该范围内。因此，对于本领域技术人员而言，在设计轿厢壁板、轿门板和厅门板这类电梯板时，除了考虑和借鉴直接所属的技术领域（国际分类号 B66B）的技术文献之外，还会去考虑和借鉴建筑物门这类相近技术领域（国际分类号 E06B）的技术文献。由于证据 2－2 已公开了本专利权利要求 1 的上述区别技术特征，因此，在证据 1－7 所公开的技术内容的基础上，本领域技术人员在具体选择隔音填充材料和填充方式并为此而对板材作出相应的结构变化时，会显而易见地将证据 2－2 所公开的技术内容引入到证据 1－7 中，进而得出本专利权利要求 1 的技术方案，这并不需要付出创造性的劳动。因此，本专利权利要求 1 不具备创造性。

据此，专利复审委员会作出第 7391 号决定，宣告本专利权无效。

原告红狮公司不服第 7391 号决定，在法定期限内向本院提起行政诉讼，其诉称：一、专利复审委员会违反法定程序。1. 专利复审委员会于 2005 年 4 月 28 日发出口头审理通知，在 5 月 24 日受理了另一无效请求人刘焯群的无效宣告请求后，于当日向红狮公司再次发出受理通知书，以十五日计算送达的时间，红狮公司于 6 月 8 日收到刘焯群的证据，而在 6 月 14 日进行口头审理，红狮公司只有 6 天答复期，没有获得指定的一个月的答复期。2. 专利复审委员会在第 7391 号决定中把华美公司和刘焯群的证据 1－7 和证据 2－2 结合使用，而未给红狮公司陈述意见的机会，违反了听证原则。二、本专利权利要求 1 具备创造性。1. 本专利权利要求 1 中"金属面板与底面板之间组成一个封闭空腔体"这一技术特征没被证据 1－7 和证据 2－2 公开，也不能从中得到启发或教导。2. 证据 2－2 与本专利不是相同或类似技术领域。一是专利复审委员会引入的 E06B 分类号不是本专利的分类所引入的，因而不是本专利技术领域的类似技术领域；二是国家知识产权局出具的本专利的检索报告也没有引入 E06B 分类；三是专利文献分类以产品或其应用分类，而非技术领域的分类。综上所述，专利复审委员会违反法定程序，认定事实不清，适用法律错误，请求人民法院依法撤销第 7391 号决定。

被告专利复审委员会辩称：一、关于审理程序。首先，红狮公司在参加口头审理时已经提交了针对刘焯群提出的无效宣告请求的意见陈述书；在口头审理中，华美公司和刘焯群当庭要求将其所提供的证据进行组合来评价本专利的新颖性和创造性，其中明确包括以证据 1－7 与证据 2－2 相结合破坏本专利的创造性的理由。其次，口头审理结束后，红狮公司又于 2005 年 6 月 16 日提交了意见陈述书。专利复审委员会在 2005 年 5 月 24 日针对刘焯群提出的无效宣告请求向红狮公司发出受理通知书后，距 2005 年 8 月 5 日第 7391 号决定的作出，已经完全考虑了红狮公司的一个月答复期限。二、关于本专利的创造性。专利复审委员会坚持其在第 7391 号决定中的意见。综上，专利复审委员会认为其在第 7391 号决定中认定事实清楚、适用法律正确、审理程序合法，红狮公司的诉讼理由不能成立，请人民法院驳回红狮公司诉讼请求，维持第 7391 号决定。

第三人华美公司述称：一、合案审理前和口头审理过程中专利复审委员会均征求红狮公司是否同意合案审理，红狮公司均表示同意。专利复审委员会已经考虑到刘焯群提出无效宣告请求时给予红狮公司的时间不够，并同意口头审理后可以延期提交书面答辩意见，红狮公司认可此安排。红狮公司在口头审理后的第三天就针对刘焯群并结合两次无效宣告请求的证据提交了书面意见。二、第 7391 号决定对创造性认定的证据和理由是充分的。1. 通过注塑孔注满发泡填充料已被众多现有技术所公开，本专利并未限定注塑孔与金属封闭腔体是如何进行封闭的，上述现有技术所有的发泡金属板均明示或隐含了封闭空腔，这种空腔只要求不漏料即可。2. 本专利的技术领域与证据 2－2 的技术领域相近。本专利没有电梯专用的连接构件或用于电梯所需要的附加特征，只是一块极普通的发泡板，而冠以一个电梯专用板的名称。三、根据华美公司和刘焯群提供的证据，"注满发泡材料的金属板"在建筑、冷藏库、家具、汽车等行业广泛应用，可以从上述多方面证据和理由宣告本专利权无效。

总之，专利复审委员会作出第 7391 号决定的审理程序合法、证据充分、认定事实清楚、适用法律正确，红狮公司的诉讼请求不成立，请求人民法院维持第 7391 号决定。

本院经审理查明：

本案涉及国家知识产权局专利局于 1999 年 11 月 17 日授权公告的第 98249370.3 号、发明名称为

“一种电梯专用板”的实用新型专利（即本专利），其申请日是1998年11月30日，专利权人是红狮公司，其授权公告的权利要求书如下：

“一种电梯专用板，是由金属面板（1），底封板（2）等组成，其特征在于，金属面板（1）与底封板（2）之间组成一个封闭空腔体（3），空腔体（3）内通过注塑孔（5）注满发泡填充料（4）。”

本专利说明书载明，本实用新型提供一种电梯上的轿厢壁板、轿门板、厅门板，结构简单、重量轻、隔音效果好的电梯专用板。

针对本专利，华美公司于2004年11月29日向专利复审委员会提出无效宣告请求，其理由是本专利权利要求1不具备专利法第二十二条第二款和第三款规定的新颖性和创造性，华美公司共提交了15份证据，其中：

证据1-7：第93117130.X号发明专利申请公开说明书的扉页及说明书第1~4页，公开日是1994年6月15日。证据1-7公开了一种电梯车厢的壁结构，该壁结构由两块相邻的板1构成，带有由弯曲边缘3和4构成的边缘部分的板1和内壁构件6构成一内有空腔10的厢式结构。在厢式结构内，面向电梯车厢的板面衬有防火的隔音材料9。如果需要，整个空腔10内也可以充填隔音材料。整个壁结构由封闭的厢构成，并具有刚性的弯曲型面。板1是金属制成的，构件6可以用木纤维板、热塑性材料、金属或其他适当材料制成。本发明的中空结构形成一种刚性的封闭弯曲形状。厢式结构易于充填隔音材料，本发明的壁结构，即使在低频下也能有效地吸收噪音。

针对本专利，刘焯群于2005年4月21日向专利复审委员会提出无效宣告请求，其理由是本专利不符合专利法第二十六条第三款和第四款和第二十二条第二款和第三款、专利法实施细则第二条第二款、第二十条第一款和第二十一条第二款的规定，同时提交了9份证据，其中：

证据2-2：第94202083.9号实用新型专利说明书，授权公告日是1994年11月30日。证据2-2公开了一种家庭及公共场合使用的安全门，该安全门的门体由大体截面为U形的外侧板（1）和约为平面的内侧板（2），U形的门骨架上、下梁（4），中梁（7）及不等边U形纵梁（6）经焊接而成，在门的上、下梁的两端都做上2~4个圆孔作为往门腔内喷涂塑料泡沫的工艺孔。本实用新型的优点是：重量轻，外形美观，其结构用薄金属板经冲压加工，并采用电焊工艺焊接成型；防撬、隔热、隔音、密封性能好。

专利复审委员会于2005年4月28日向华美公司和红狮公司发出了口头审理通知书，定于2005年6月14日举行口头审理。2005年5月24日，专利复审委员会受理了刘焯群的上述无效宣告请求并将无效宣告请求书及证据副本转给了红狮公司，受理通知书载明红狮公司在收到本通知之日起一个月内对刘焯群的无效宣告请求陈述意见。当日，专利复审委员会向刘焯群和红狮公司发出了口头审理通知书，决定于2005年6月14日对两次无效宣告请求合并进行口头审理。

口头审理过程中，刘焯群明确放弃了以专利法第二十六条第四款和实施细则第二十一条第二款作为无效理由。华美公司和刘焯群当厅要求将其所提供的证据进行组合来评价本专利的创造性，认为本专利相对于证据1-1、1-2和证据1-7中的任意一篇与证据1-13、1-15、2-2以及证据2-4至证据2-9中的任意一篇相结合均不具备创造性。红狮公司针对刘焯群于2005年4月21日提出的无效宣告请求当厅提交了意见陈述书和两份附件，其中，附件1为国家知识产权局出具的实用新型专利检索报告复印件。红狮公司认为，证据2-2至证据2-9与本专利的技术领域不同，它们均不能影响本专利的新颖性和创造性。在口头审理记录表中载明，华美公司、刘焯群和红狮公司于10日内提交书面意见陈述，逾期不提交不影响合议组作出决定。口头审理记录表上有红狮公司代理人朱世东的签字。

口头审理结束后，红狮公司于2005年6月16日向专利复审委员会提交了意见陈述书，对本专利权利要求的新颖性和创造性问题陈述了意见。华美公司和刘焯群共同于2005年6月24日向专利复审委员会提交了意见陈述书。

2005年8月5日，专利复审委员会作出第7391号决定宣告本专利权无效，同时将华美公司和刘焯群于6月24日提交的意见陈述书转给了红狮公司。

在本案庭审过程中，红狮公司主张，专利复审委员会在送达第7391号决定的同时转送了华美公司和刘焯群于6月24日提交的意见陈述书，但没有给红狮公司陈述意见的机会。证据1-7涉及一种电梯车厢的壁结构，本专利涉及一种电梯专用板，证据1-7轿厢的壁结构与本专利封闭的板结构是不同的，是不属于相同的技术主题。证据2-2涉及一种安全门，是一种骨架结构，是门不是板。专利复审委员会主张，随第7391号决定转送的意见陈述书是对口头审理的概括总结，并没有新的理由和事实，由于红狮公司在口头审理时已经了解了这些内容，所以没有必要再一次给红狮公司答复的期限。

上述事实有本专利授权公告说明书，第7391号决定，证据1-7，证据2-2，红狮公司分别于2005年6月14日和6月16日提交的意见陈述书，华美公司和刘焯群于2005年6月24日提交的意见陈述书，2005年5月24日发出的无效宣告请求受理通知书和无效宣告请求口头审理通知书，口头审理记录表及当事人陈述等证据在案佐证。

本院认为：

一、关于答复期限

专利法实施细则第六十七条规定：专利复审委员会应当将专利权无效宣告请求书和有关文件的副本送交专利权人，要求其在指定期限内陈述意见。专利法实施细则第五条规定：国务院专利行政部门邮寄的各种文件，自文件发出之日起满15日，推定为当事人收到文件之日。在审查指南第四部分第三章第5.1节关于文件的转送中明确规定，“专利复审委员会根据案件审查需要将有关文件转送有关当事人。在需要指定答复期限的情况下，其指定答复期限为一个月。”木案中，首先，专利复审委员会于2005年5月24日发出无效宣告请求受理通知书，按15日推定送达时间，红狮公司在2005年6月8日收到刘焯群的无效宣告请求书和证据副本时距口头审理还有6天，如红狮公司认为因距离口头审理的时间过短而无法答复或认为可能其在口头审理中无法陈述意见，其可以请求专利复审委员会延期审理。其次，口头审理结束后，专利复审委员会又给予红狮公司10天的时间提交意见陈述书，红狮公司的代理人在口头审理记录表中签字表示认可，可见红狮公司亦认可专利复审委员会已经给予了足够的答复时间，红狮公司有机会对有关问题陈述意见。事实上，红狮公司在2005年6月14日和6月16日分别提交了意见陈述书，也说明其完全有机会就刘焯群的无效宣告理由和证据以及证据1-7和证据2-2的结合陈述意见。而且，红狮公司对于10天答复期限也没有提出延长的要求。因此，红狮公司关于没有获得专利复审委员会指定的一个月答复期的主张理由尚不充分，本院不予支持。

二、关于听证原则

审查指南第四部分第一章第5.5节关于听证原则中规定，“在作出审查决定之前，应当给予审查决定对其不利的当事人针对审查决定所采用的理由、证据和认定的事实陈述意见的机会，即审查决定对其不利的当事人在通知书、转送文件或者口头审理过程中已经被告知过审查决定所采用的理由、证据和认定的事实”。口头审理时，华美公司和刘焯群要求将两者所提交的证据进行组合来评价本专利的创造性，即将证据1-1、1-2和证据1-7中的任意一篇与证据1-13、1-15、2-2以及证据2-4至证据2-9中的任意一篇相结合破坏本专利的创造性，该组合已经包含了证据1-7和证据2-2结合评价本专利的创造性，红狮公司在口头审理中就已知道上述组合，并在2005年6月16日提交了意见陈述书。红狮公司主张专利复审委员会违反听证原则缺乏事实依据，本院不予支持。

此外，专利复审委员会随第 7391 号决定转送的华美公司和刘焯群于 2005 年 6 月 24 日提交的意见陈述书是对口头审理意见的总结，其内容没有超出口头审理时的范围，因此，专利复审委员会未给红狮公司再次答复的机会并无不妥。

三、关于创造性

根据专利法第二十二条第三款规定，实用新型创造性是指同申请日以前已有的技术相比，该实用新型有实质性特点和进步。

1."封闭空腔体"是否已被证据 1－7 公开

证据 1－7 公开了一种电梯车厢的壁结构，该壁结构由两块相邻的板 1 构成，带有由弯曲边缘 3 和 4 构成的边缘部分的板 1 和内壁构件 6 构成一内有空腔 10 的厢式结构。整个壁结构由封闭的厢构成，并具有刚性的弯曲型面。板 1 是金属制成的，构件 6 可以用木纤维板、热塑性材料、金属或其他适当材料制成。而本专利涉及轿厢壁板，证据 1－7 中的壁结构和本专利中的板结构都是电梯上的空腔金属板结构，均能实现减轻重量的目的，两者涉及具体技术领域相同。红狮公司关于证据 1－7 轿厢的壁结构与本专利板结构不同，是不同的技术主题的主张缺乏事实依据，本院不予支持。上述证据 1－7 的技术方案中已经公开了权利要求 1 中的技术特征"金属面板与底封板之间组成一个封闭空腔体"。红狮公司主张上述技术特征没被证据 1－7 公开，也不能从中得到启发或教导没有事实依据，本院不予支持。

2. 证据 2－2 与本专利是否属于类似、相近的技术领域

技术领域是否类似、相近应该从两专利的技术方案所属或者直接应用的具体技术领域、所解决的技术问题等方面综合判断。发明或实用新型的技术领域往往与其在国际专利分类表中可能分入的最低位置有关，但是专利分类的目的是为了便于检索和系统向公众公布或公告专利，专利行政部门给出的专利分类号有可能不够准确、全面。因此，国际分类号并非用于确定两专利是否属于相同技术领域的惟一依据。本专利涉及一种电梯上的轿厢壁板、轿门板、厅门板。证据 2－2 涉及一种家庭及公共场所使用的安全门，其也是腔内喷涂塑料泡沫的金属板。而且证据 2－2 与本专利都能够实现重量轻，隔音好的发明目的，两者的具体技术领域虽略有不同，但均属于建筑物内门板中类似或相近的技术领域。

3. 证据 1－7 与证据 2－2 结合是否破坏本专利权利要求 1 的创造性

本专利与证据 1－7 属于相同技术领域，本专利权利要求 1 与证据 1－7 的区别特征是空腔体内通过注塑孔注满发泡材料。证据 1－7 中载明如果需要，整个空腔 10 内也可以充填隔音材料。本领域技术人员在改进证据 1－7 中的电梯板时，除了参考相同技术领域的技术文献外，还会考虑相近技术领域的技术文献。证据 2－2 公开了一种安全门，而本专利的板结构与证据 2－2 的门骨架结构除骨架外都是空腔金属板结构，均能实现减轻重量的目的，两者属于相近的技术领域。红狮公司关于证据2－2 涉及的安全门是门不是板的主张缺乏事实依据，本院不予支持。证据 2－2 公开了在门的上、下梁的两端都做上 2－4 个圆孔作为往门腔内喷涂塑料泡沫的工艺孔，即证据 2－2 已经公开了上述区别技术特征，给出了如何在空腔内充填隔音材料的技术启示。基于上述事实，证据 1－7 和证据 2－2 可以结合来破坏本专利权利要求 1 的创造性。

综上所述，红狮公司的起诉理由没有事实和法律依据，本院不予支持。专利复审委员会的第 7391 号决定证据充分，适用法律正确，程序并无不当，应予维持。依照《中华人民共和国行政诉讼法》第五十四条第（一）项之规定，本院判决如下：

维持被告国家知识产权局专利复审委员会作出的第 7391 号无效宣告请求审查决定。

案件受理费1000元，由海宁市红狮电梯装饰有限公司负担（已交纳）。

如不服本判决，各方当事人可在本判决书送达之日起十五日内，向本院提交上诉状并交纳上诉案件受理费1000元（开户行：中国工商银行北京分行黄楼支行；户名：北京市第一中级人民法院；账号：144537－48），上诉于北京市高级人民法院。

审 判 长 仪 军
代理审判员 江建中
人民陪审员 陈 源
二〇〇六年三月二十八日
书 记 员 牛 捷

一种环卫方便捡拾器案

无效宣告请求审查决定（第7392号）

决 定 号 第7392号
决 定 日 2005年8月5日
发明创造名称 一种环卫方便捡拾器
国际分类号 B65G 47/90 B65F 5/00
无效请求人 北京市辽海律师事务所
专利权人 孔庆杰
专 利 号 01233550.9
申 请 日 2001年8月20日
授权公告日 2002年5月15日
合议组组长 杨克非
主 审 员 徐媛媛
参 审 员 崔 峥

法律依据 专利法第二十二条第三款
决定要点

本专利之权利要求1所要求保护的技术方案相对于请求人提供的证据虽然具有区别之处，但是区别之处是所属技术领域之公知常识，同时，本专利说明书也未指出区别之处能够带来其他意想不到的技术效果，故本专利之权利要求1相对于请求人提供的证据不具备创造性。

一、案由

本无效宣告请求案涉及国家知识产权局专利局2002年5月15日授权公告的、名称为“一种环卫方便捡拾器”的实用新型专利，其专利号为01233550.9，申请日为2001年8月20日，专利权人是孔庆杰。

授权公告的权利要求书如下：

“1. 一种环卫方便捡拾器，其特征在于：它主要由一个臂杆（3），铰接在臂杆（3）下端的一对夹钳（5），铰接在臂杆（3）顶部的压力柄（1），连接夹钳（5）和压力柄（1）的拉线（10）及位于夹钳（5）根部的复位弹簧（8）组成。

2. 根据权利要求1所述的一种环卫方便捡拾器，其特征在于：臂杆（3）的顶部套接有一握持手柄（2），压力柄（1）铰接于手柄（2）的上部。

3. 根据权利要求1所述的一种环卫方便捡拾器，其特征在于：臂杆（3）的下端套接有一Y型固定毂（4），夹钳（5）铰接在固定毂（4）内，固定毂（4）内位于夹钳（5）的根部上端有一复位弹簧（8）。”

针对上述专利权，北京市辽海律师事务所（下称请求人）于2004年5月13日向专利复审委员会提出了无效宣告请求，其理由是本实用新型专利不符合专利法实施细则第十三条第一款以及专利法第二十二条第二款、第三款有关新颖性和创造性的规定。与此同时，请求人提供了如下证据：

证据1：专利号为00244097.0的中国实用新型专利说明书复印件，授权公告日为2001年7月4日。

请求人认为：在本专利申请日前已有与其相同的技术方案获得专利，同时相应的专利产品已投放市场，从而使得本专利不具备新颖性。将本专利与证据1相比，两者主要技术特征、操作方式均相同，惟一不同的地方在于压力柄，而该区别之处是本领域技术人员无须创造性的劳动即可得到的，故本专利相对于证据1不具备创造性。

专利复审委员会经形式审查合格后，于2004年5月26日发出了无效宣告请求受理通知书，同时将宣告专利权无效请求书以及有关文件副本转给专利权人（下称被请求人），要求被请求人在指定期限进行意见陈述。同时成立合议组对本案进行审理。

对此，被请求人于2004年6月26日进行了意见陈述，其认为，本专利与证据1工作机理不同，证据1不足以破坏本专利的新颖性和创造性。同时证据1的实际发明人应为孔庆杰。

专利复审委员会本案合议组于2005年2月7日将被请求人的意见陈述转送请求人，要求其在指定期限进行意见陈述。与此同时，合议组还向请求人以及被请求人发出了无效宣告请求口头审理通知书，定于2005年3月30日举行口头审理。

针对合议组转送的被请求人于2004年6月26日提交的意见陈述，请求人于2005年3月17日进行了意见陈述，仍坚持认为本专利不具备新颖性及创造性。合议组于2005年3月30将请求人的上述意见陈述转送被请求人，同时要求其在指定期限进行意见陈述。

口头审理如期举行，被请求人缺席，请求人对合议组成员无回避请求。请求人放弃本专利不符合专利法实施细则第十三条第一款的无效宣告请求的理由，明确其无效宣告请求的理由为本专利不符合专利法第二十二条第二款、第三款有关新颖性和创造性的规定。请求人结合证据1就其相应的观点进行了充分的意见陈述。

针对合议组转送的请求人于2005年3月17日提交的意见陈述，被请求人在指定期限未进行相应的意见陈述。

在上述工作的基础上，合议组认为本案事实已经清楚，可以依法作出审查决定。

二、决定的理由

证据1是专利文献，属于公开出版物，合议组核实了该证据的真实性。同时证据1的授权公告日早于本专利的申请日，故证据1可作为现有技术评价本专利的新颖性和创造性。

专利法第二十二条规定：创造性，是指同申请日以前已有的技术相比，该实用新型具有实质性特点和进步。

证据1涉及一种清洁卫生夹，并具体披露了以下技术内容（具体参见证据1说明书第1页第10行至第2页第12行，附图1及附图2）：所述清洁卫生夹便于捡、拾物或垃圾，其具有一个夹管3（对应于本专利之臂杆），夹管3的下端套接一Y型夹套4（对应于本专利之固定毂），通过销轴12铰接在夹管3下端之夹套4内的一对夹子5（对应于本专利之夹钳），夹管3的顶部插接一把手套1（对应于本专利之握持手柄），夹子5的一端通过销轴12与拉吊头10轴接，拉吊头10与套装弹簧11的钢丝绳8（对应于本专利之拉线）的一端连接，钢丝绳8的另一端穿套在夹管3中并与拉卡头9的一端相连，拉卡头9的另一端与把手套1内的板扣7靠接，把手扣2（对应于本专利之压力柄）通过轴13与把手套1轴接。使用时，当手用力握把手套1以及把手扣2时，把手扣2的下压使得钢丝绳8受拉，进而使得夹子5工作。

通过上述的描述可以看出，本专利权利要求1所要求保护的技术方案与证据1存在如下的区别之处：（1）在本专利中，压力柄直接与拉线连接，而在证据1中，把手扣2通过板扣7以及拉卡头9间接与钢丝绳相连。（2）在本专利中弹簧起复位的作用，而证据1对弹簧所起作用未予说明。对此，合议组认为，虽然在本专利以及证据1中操作部件与拉线（钢丝绳）的连接方式有所不同，但是两者所起作用相同，同时上述连接方式也是所属领域的技术人员根据结构设计、具体的操作方式等一些具体的情况无须付出创造性的劳动即可设计确定的。就区别特征（2）而言，虽然证据1中对弹簧的作用未予明确说明，但是根据上述弹簧与夹子的相对位置关系以及工作过程的描述可知，弹簧实际上必然起到复位的作用，只有这样在松开把手扣时，夹于夹子之间的物品才能得以掉落。综上所述，本领域的技术人员在证据1的基础上结合所属领域的常识性技术得到本专利权利要求1所要求保护的技术方案无须付出创造性的劳动，本专利权利要求1相对于证据1不具备创造性。

本专利之权利要求2从属于权利要求1，通过上述的描述可知，其限定部分的技术特征已为证据1所披露，同时由本专利说明书也无法看出上述限定部分的技术特征能够带来意想不到的技术效果。故在权利要求1不具备创造性的情况下，权利要求2同样不具备创造性。

本专利之权利要求3从属于权利要求1，通过上述的描述可知，其与证据1所披露的内容仅存在如下区别之处，在本专利中，弹簧起复位的作用，而证据1对弹簧所起作用未予说明。但是正如上面对权利要求1创造性的评述可知，证据1中的弹簧实际上必然起到复位的作用。故在权利要求1不具备创造性的情况下，权利要求3同样不具备创造性。

三、决定

宣告01233550.9号实用新型专利权权利要求1～3全部无效。

一方当事人对本决定不服的，可以根据专利法第四十六条第二款的规定，在收到本决定之日起三个月内向北京市第一中级人民法院起诉。根据该款的规定，一方当事人起诉后，另一方当事人可以作为第三人参加诉讼。

125

刷柄案

无效宣告请求审查决定（第7395号）

决　定　号　第7395号
决　定　日　2005年6月27日
发明创造名称　刷　柄
国际分类号　A46B 5/00
无效请求人　陈实贵
专利权人　贾　莹
专　利　号　03203869.0
申　请　日　2003年2月14日
授权公告日　2004年1月14日
合议组组长　王桂莲
主　审　员　柴爱军
参　审　员　王　颖

法律依据　专利法第二十二条第二款、第三款　专利法实施细则第二条第二款
决定要点
请求人未能提供有效的证据证明本专利不具备新颖性和创造性，其上述无效理由不成立。

一、案由

本无效宣告请求案涉及国家知识产权局专利局于2004年1月14日授权公告的、名称为“刷柄”的实用新型专利权（下称本专利），其专利号是03203869.0，申请日是2003年2月14日，专利权人是贾莹。

本实用新型专利授权的权利要求书为：

“1. 一种刷柄，其特征在于：在柄体的前部设有刷毛固定体。

2. 根据权利要求1所述的刷柄，其特征在于：上述固定体可以为凹槽。

3. 根据权利要求1所述的刷柄，其特征在于：上述固定体可以为凸台。

4. 根据权利要求1所述的刷柄，其特征在于：上述固定体可以为凹槽和凸台。

5. 根据权利要求1所述的刷柄，其特征在于：上述固定体上可以安装栓体。

6. 根据权利要求5所述的刷柄，其特征在于：上述栓体可为钉子或小圆柱体。

7. 根据权利要求1所述的刷柄，其特征在于：上述柄体的中部向内呈凹陷状。

8. 根据权利要求1所述的刷柄，其特征在于：上述柄体为空心结构。

9. 根据权利要求1所述的刷柄，其特征在于：上述柄体的后端可为封闭结构，也可装有可拆卸的封闭盖。”

针对上述专利权，陈实贵（下称请求人）于2004年5月24日向专利复审委员会提出无效宣告请

求，请求人认为：（1）本专利不符合专利法第二十二条第一、第二、第三款的要求，不具备新颖性和创造性；（2）本专利不符合专利法实施细则第二条第一、第二款的规定；（3）本专利不符合专利法实施细则第二十二条第一、第二款的规定。与此同时，请求人提交了如下附件以支持其无效理由：

附件1：合同，复印件1页；

附件2：请求人声称“使用多年的，带有凸台和凹槽的木柄”实物照片2张，复印件1页；

附件3：2002年和2003年颁发的个体工商户营业执照，复印件2页；

附件4：出证人范志辉出具的证人证言，其上盖有五常市山河百利木制品加工厂的印章，复印件1页；

附件5：黑龙江省工商业统一发票，复印件1页；

附件6：本专利权利要求书，复印件1页。

请求人认为，附件1~5说明了民间的凸台、凹槽式的刷柄式样与本专利所述的刷柄是一样的，是公知公用的技术，并没有看到专利权人为此付出过什么创造性的劳动。因此，本专利不具备新颖性和创造性。附件6说明本专利的独立权利要求的前序部分只有主题名称，而没有“实用新型主题与最接近的现有技术共有的必要技术特征”，专利权人将现有的公知公用的技术特征作为自己的独立权利要求是不合适的，独立权利要求的撰写不符合专利法实施细则第二十二条第一款、第二款的要求。

经形式审查合格后，专利复审委员会受理了该无效宣告请求，于2004年6月7日向双方当事人发出了无效宣告请求受理通知书，并将无效请求书及所附附件的副本转送给了专利权人贾莹（下称被请求人），并要求其在指定的期限内答复。

2004年6月22日，请求人提交了意见陈述书，并补充提交了附件7和附件8，进一步证明敲锣的锣棒、敲鼓的鼓槌、旗杆的顶端头都是带凸台或带凹槽的柄杆，均是沿用了几十年、几百年或几千年的物品，本专利不具备新颖性和创造性。

附件7：敲锣的锣棒和敲鼓的鼓槌的照片3张；

附件8：1997年7月7日《经济导报》刊载的图片复印件1页，图片上显示了悬挂国旗的旗杆。

2004年7月6日，被请求人针对无效宣告请求书提交了意见陈述书，被请求人表示对附件1的真实性有异议；附件2中的实物与本专利所述的刷柄无关联性；附件3仅是营业执照，但是否营业则不清楚；附件4是证人证言，其上所述的购销行为应当提供发票予以证明；附件5的发票中标注为刷子，但并不知道是什么样的刷子，对该发票的真实性也存有异议。

2005年3月18日，合议组向双方当事人发出了口头审理通知书，定于2005年5月18日对本案进行口头审理，并随该口头审理通知书将请求人于2004年6月22日提交的意见陈述书及其补充证据的副本转送给被请求人，将被请求人于2004年7月6日提交的意见陈述书的副本转送给请求人。

口头审理如期进行，请求人的代理人出席了口头审理，被请求人未出席口头审理。在口头审理中，合议组向请求人说明了合议组成员变更的情况，请求人表示对变更后的合议组成员无回避请求。请求人明确本案的无效理由是：权利要求1~9不符合专利法第二十二条第二款、第三款规定的新颖性、创造性；权利要求1~9不符合专利法实施细则第二条第二款的规定，其理由是权利要求1~9所述的技术方案不是新的技术方案。请求人明确表示放弃所提出的本专利不符合专利法实施细则第二条第一款和第二十二条第一款、第二款规定的理由。在庭审中，请求人出示了附件2、5、7的原件，未出示附件1、3、4、8的原件。

口头审理结束后当天，合议组向被请求人发出了合议组成员告知通知书，告知了本案合议组变更后的成员组成、当事人享有申请回避的权利以及对本通知书逾期未答复的后果。

在指定期限内，被请求人未提出回避请求。

至此，合议组认为本案事实已经清楚，可以依法作出审查决定。

二、决定的理由

在口头审理中，请求人未出示附件1、3、4、8的原件，也未能提交佐证上述附件真实性的有关证据，因此，合议组对附件1、3、4、8的真实性无法确认，对这些证据不予采信。

请求人出示了附件2、5、7的原件。附件2是农具耙子的照片，附件7是敲锣的锣棒和敲鼓的鼓槌的照片。合议组认为，附件2中所示的耙子以及附件7中所示的锣棒和鼓槌与本专利所述刷柄的技术领域相差甚远，与本专利所要解决的技术问题也不相同，本领域普通技术人员从中并不能获得任何的技术启示以得到本专利所述的技术方案。因此，附件2和附件7均不能证明本专利不具备新颖性和创造性。

附件5是2004年5月12日天隆综合商店出具给鑫达木器厂的发票，其上显示了销售刷子两把，但附件5上显示出具该发票的日期为2004年5月12日，在本专利申请日之后，而且其上的货物名称仅显示为刷子，并没有其他相关证据显示该刷子的具体形状。因此，附件5不能证明在本专利申请日之前本专利所述的刷柄在国内公开销售过。因此，附件5同样不能证明本专利不具备新颖性和创造性。

请求人提交的附件6是本专利的权利要求书，该证据同样也不能作为本案无效理由成立的有效证据。

请求人除提出本专利不具备新颖性和创造性的无效理由以外，还提出了本专利由于不是新的技术方案，故不符合专利法实施细则第二条第二款规定的无效理由。合议组认为，请求人并未提出有效的证据证明本专利所述的技术方案不是新的技术方案，故请求人的该无效理由同样不能够成立。

基于以上理由，合议组作出如下决定。

三、决定

维持第03203869.0号实用新型专利权全部有效。

当事人对本决定不服的，可以根据专利法第四十六条第二款的规定，自收到本决定之日起三个月内向北京市第一中级人民法院起诉。根据该款规定，一方当事人起诉后，另一方当事人应当作为第三人参加诉讼。

126

免充气内胎案

无效宣告请求审查决定（第7407号）

决 定 号 第7407号
决 定 日 2005年8月11日
发明创造名称 免充气内胎
国际分类号 B60C 7/00
无效请求人 李同乐
专利权人 刘顺舟
专 利 号 03267085.0
申 请 日 2003年7月10日
授权公告日 2004年10月13日
合议组组长 杨克非
主 审 员 冯 涛
参 审 员 祁铁军

法律依据 专利法第二十二条第三款和第二十六条第三款 专利法实施细则第二条第二款
决定要点

如果在权利要求中对某一技术特征进行了形状不确定的限定，而在说明书中未说明该限定所带来的特殊的作用和效果，则对该限定应作常规意义上的一般理解。

一、案由

本无效宣告请求案涉及的是专利号为03267085.0、名称为“免充气内胎”的实用新型专利，该专利的申请日为2003年7月10日，授权公告日为2004年10月13日，专利权人为刘顺舟。

该专利授权公告的权利要求书如下：

“1. 一种免充气内胎，是一闭合的橡胶圆环实心体，其特征在于：该橡胶圆环实心体由微闭孔橡胶芯体和外层弹性体构成，该外层弹性体的内环部件设有梨头形安装凸起。

2. 根据权利要求1所述的免充气内胎，其特征在于：该微闭孔芯体和外层弹性体均由发泡橡胶发泡制成。

3. 根据权利要求1所述的免充气内胎，其特征在于：该梨头形安装凸起的两侧各设有弧形卡块。”

李同乐（下称请求人）针对上述专利权（下称本专利）于2005年2月28日向专利复审委员会提出了无效宣告请求，其理由是本专利权利要求1~3不符合专利法第二十二条第二款、第三款和专利法实施细则第十三条第一款的规定，权利要求2不符合专利法实施细则第二条第二款的规定，并同时提交了两附件作为证据：

附件1：公开日为2002年9月11日的中国实用新型专利说明书ZL01278994.1（下称对比文件1）；

附件2：公开日为2003年8月13日的中国实用新型专利说明书ZL02269148.0（下称对比文件2）。

经审查，上述无效宣告请求符合专利法及其实施细则规定的形式要求，专利复审委员会予以受理，并将无效宣告请求书及附件副本转给了专利权人（下称被请求人），要求其在指定期限内答复，同时成立合议组对此案进行审查。

被请求人未于指定期限内对合议组转送的上述无效宣告请求书及附件副本作出答复。

复审委员会本案合议组于2005年6月29日向双方当事人发出了无效宣告请求口头审理通知书，定于2005年8月9日在专利复审委员会举行口头审理。

口头审理如期举行。被请求人未出席口头审理。请求人增加新的无效宣告请求理由为“梨头形安装凸起”形状不确定，本领域技术人员无法实施，不符合专利法第二十六条第三款的规定。请求人放弃的无效宣告请求理由是：专利法第二十二条第二款和专利法实施细则第十三条第一款，并放弃以对比文件2作为证据使用。请求人明确其无效理由为：本专利权利要求1~3不符合专利法第二十二条第三款、专利法第二十六条第三款和权利要求2不符合专利法实施细则第二条第二款的规定，宣告本专利全部无效。请求人结合证据和本专利针对其提出的无效理由充分陈述了意见。

本案合议组经过合议，认为本案的事实已经清楚，可以作出审查决定。

二、决定的理由

根据专利法第二十六条第三款的规定，说明书应当对发明或者实用新型作出清楚、完整的说明，以所属技术领域的技术人员能够实现为准。

根据专利法实施细则第二条第二款的规定，专利法所称实用新型，是指对产品的形状、构造或者其结合所提出的适于实用的新的技术方案。

根据专利法第二十二条第三款的规定，创造性，是指同申请日以前已有的技术相比，该发明有突出的实质性特点和显著的进步，该实用新型有实质性特点和进步。

1. 关于专利法第二十六条第三款

请求人认为因为梨的形状有多种，“梨头形安装凸起”形状不确定，本领域技术人员无法实施，不符合专利法第二十六条第三款的规定。对此，合议组认为，在本专利的说明书中描述“梨头形安装凸起”是用于本专利的安装和固定，在说明书附图中未明确示出“梨头形安装凸起”的具体形状，在说明书文字部分也未描述对“安装凸起”进行“梨头形”的限定所带来的特殊的效果和作用，因此对“梨头形”的理解应当是常规意义上的梨的头部形状，根据说明书文字部分对其功能的限定并结合附图，本领域技术人员很容易理解和实现本专利，即“梨头形”的限定不足以影响本领域技术人员实施本专利的技术方案，因此符合专利法第二十六条第三款的规定，合议组对请求人的上述观点不予支持。

2. 关于专利法实施细则第二条第二款

请求人认为权利要求2的附加技术特征中包含有材料特征和方法特征，不是实用新型的保护客体，不符合专利法实施细则第二条第二款的规定。对此，合议组认为，权利要求1是产品权利要求，是实用新型保护的客体，权利要求2从属于权利要求1，包含权利要求1的全部技术特征，即权利要求2也包含产品的结构特征，因此该权利要求符合专利法实施细则第二条第二款的规定，合议组对请求人的上述观点不予支持。

3. 关于专利法第二十二条第三款

4. 关于证据的认定

请求人提供的对比文件1为专利文件，属于公开出版物，且公开日在本专利的申请日之前，构成了本专利的已有技术，可以作为评价本专利的新颖性和创造性的对比文件。

对比文件1公开了一种耐扎免充气内胎，并具体公开了如下技术特征（参见对比文件1的说明书第2页第3~5行及附图）：具有圆环状本体，圆环状本体包括由微闭孔橡胶发泡体制作的内部胎芯体和包裹着胎芯体而靠其支撑的由微闭孔橡胶发泡体制作的外部弹性缓冲层。

权利要求1所要求保护的技术方案与对比文件1的技术方案相比区别仅在于，外层弹性体的内环部位设有梨头形安装凸起。然而在对比文件1中还公开了以下内容（参见说明书第2页第5~6行）：圆环状本体的横截面与外胎及车圈之间的空腔横截面形状相一致。由该技术内容并结合对比文件1的附图可知，外部弹性缓冲层的横截面带有类似半圆形凸起，且设置在内环部位，其作用与本发明中的安装凸起相同，都是用于内胎的安装和固定。至于"梨头形"的限定，如上所述，说明书中并没有说明"梨头形"有特殊的作用和效果，而且从对比文件1中给出的类似半圆形而得出常规意义的梨头形对本领域技术人员来讲也是容易想到的，因此在对比文件1的基础上得出权利要求1所要求保护的技术方案，对本领域技术人员来说，不需要花费创造性的劳动，是显而易见、容易做到的。所以，权利要求1不具备创造性。

权利要求2是权利要求1的从属权利要求，其限定部分的附加技术特征已在对比文件1中公开（参见对比文件1的说明书第2页第3~5行），因此权利要求2也不具备创造性。

权利要求3是权利要求1的从属权利要求，其限定部分的附加技术特征未在对比文件1中公开，在该对比文件中也没有给出任何足以使本领域技术人员不花费创造性的劳动就能够得出该权利要求所要求保护的技术方案的启示或教导，因此该权利要求具备创造性。

综上所述，合议组认为本专利权利要求1和权利要求2均不具备创造性，权利要求3具备创造性。

三、决定

宣告ZL03267085.0号实用新型专利权权利要求1和权利要求2无效，在权利要求3的基础上维持该专利权继续有效。

当事人对本决定不服的，可以根据专利法第四十六条第二款的规定，自收到本决定之日起三个月内向北京市第一中级人民法院起诉。根据该款的规定，一方当事人起诉后，另一方当事人应当作为第三人参加诉讼。

127

玻璃酒瓶案

无效宣告请求审查决定（第7412号）

决　定　号　第7412号
决　定　日　2005年8月12日
发明创造名称　玻璃酒瓶
国 际 分 类 号　B65D 13/02　B65D 85/72
无 效 请 求 人　四川省成都全兴酒厂
专　利　权　人　深圳市雅仕彩包装设计有限公司
专　利　号　01203549.1
申　请　日　2001年2月19日
授 权 公 告 日　2001年12月5日
合 议 组 组 长　魏　屹
主　审　员　武树辰
参　审　员　宋鸣镝

法 律 依 据　专利法第二十二条第二款、第三款
决 定 要 点

如果一件实用新型专利（专利A）是由他人在本专利（专利B）的申请日以前向专利局提出并且在申请日以后（含申请日）公布的与本专利（专利B）同样的实用新型专利，则专利A可以作为专利B的抵触申请而破坏专利B的新颖性。

如果一项权利要求与对比文件的区别特征是本领域的公知常识，则该权利要求不具备创造性。

一、案由

本无效宣告请求案涉及的是专利号为01203549.1、名称为“玻璃酒瓶”的实用新型专利（下称本专利），该专利的申请日为2001年2月19日，授权公告日为2001年12月5日，专利权人为深圳市雅仕彩包装设计有限公司。

本专利授权公告的权利要求书如下：

“1. 一种玻璃酒瓶，具有瓶体、瓶口和瓶盖，其特征在于：在瓶体（1）内有一个直筒状内罩（3），内罩（3）的开口在瓶底（2）的中心位置上，内罩（3）呈垂直状态并与瓶体（1）连成一个整体，内罩（3）的尺寸和形状与瓶体（1）相适应。

2. 根据权利要求1所述的玻璃酒瓶，其特征在于：内罩（3）的空腔内有立体装饰品（4），立体装饰品（4）通过与内罩（3）内壁的两个或两个以上的接触点与内罩（3）呈固定连接，立体装饰品（4）的尺寸与内罩（3）的内腔相适应。

3. 根据权利要求1所述的玻璃酒瓶，其特征在于：内罩（3）的内壁周边上贴有一层与内壁贴合的画面朝壁的图片或照片。

4. 根据权利要求 1 所述的玻璃酒瓶，其特征在于：内罩（3）的横截面呈圆形或椭圆形。”

针对上述实用新型专利权，四川省成都全兴酒厂（下称请求人）于 2005 年 4 月 11 日向专利复审委员会提出了无效宣告请求，其理由是本专利不符合专利法第二十二条第二款、第三款的规定，故请求专利复审委员会宣告该专利权全部无效。请求人同时提交了下列两份证据：

证据 1：授权公告号为 CN2428450Y 的中国实用新型专利说明书复印件，其申请日为 2000 年 6 月 15 日，授权公告日为 2001 年 5 月 2 日（下称对比文件 1）；

证据 2：授权公告号为 CN2300589Y 的中国实用新型专利说明书复印件，其授权公告日为 1998 年 12 月 16 日（下称对比文件 2）。

经审查，上述无效宣告请求符合专利法及其实施细则规定的形式要求，专利复审委员会予以受理，于 2005 年 4 月 11 日向请求人和专利权人（下称被请求人）发出了无效宣告请求受理通知书，并将专利权无效宣告请求书及所附证据副本转送给被请求人，要求被请求人在指定期限内进行意见陈述，同时成立合议组对此案进行审查。

被请求人在指定期限内未针对上述无效宣告请求提交意见陈述书。

专利复审委员会于 2005 年 7 月 1 日向双方当事人发出口头审理通知书，定于 2005 年 8 月 9 日在专利复审委员会进行口头审理。

口头审理如期进行，被请求人缺席，在口头审理过程中，请求人对本专利不具备新颖性和创造性的理由进行了充分的论述，其主要观点如下：

对比文件 1 是本专利的抵触申请，对比文件 2 是本专利的已有公知技术，权利要求 1 相对于对比文件 1 和对比文件 2 都不具备新颖性；权利要求 2 相对于对比文件 2 和公知常识不具备创造性；权利要求 3 相对于对比文件 1 不具备新颖性；权利要求 4 相对于对比文件 2 和公知常识不具备创造性。

至此，合议组经过合议，认为涉及本案的有关事实已经清楚，可以作出本审查决定。

二、决定的理由

根据专利法第二十二条第二款的规定，新颖性是指在申请日以前没有同样的发明或者实用新型在国内外出版物上公开发表过、在国内公开使用过或者以其他方式为公众所知，也没有同样的发明或者实用新型由他人向国务院专利行政部门提出过申请并且记载在申请日以后公布的专利申请文件中。

审查指南第二部分第三章第 2. 2 节中指出，根据专利法第二十二条第二款的规定，在一件专利申请的新颖性判断中，由他人在该申请的申请日以前向专利局提出并且在申请日以后（含申请日）公布的同样的发明或者实用新型专利申请，损害该申请日提出的专利申请的新颖性。为描述简便，在判断新颖性时，将这种损害新颖性的专利申请，称为抵触申请。对比文件 1 的申请人是四川省成都全兴酒厂，其申请日 2000 年 6 月 15 日早于本专利的申请日 2001 年 2 月 19 日，其授权公告日 2001 年 5 月 2 日晚于本专利的申请日。合议组已经核实了其真实性，因此可以作为用于评价本专利新颖性的抵触申请。

根据专利法第二十二条第三款的规定，创造性是指同申请日以前已有的技术相比，该发明有突出的实质性特点和显著的进步，该实用新型有实质性特点和进步。

对比文件 2 是在本专利申请日之前公开的中国实用新型专利说明书，合议组已经核实了其真实性，因此可以作为用于评价本专利新颖性和创造性的已有技术。

本专利权利要求 1 所要求保护的技术方案不具备专利法第二十二条第二款规定的新颖性。对比文件 1 公开了一种带装饰的酒瓶，并在说明书的技术方案部分具体公开了以下的特征“酒瓶包括透明玻璃酒瓶本体（相当于本专利的瓶体）、瓶口，在酒瓶本体有瓶底向上凸立的槽座（相当于本专利的直筒状内罩），另外，从附图1和附图2中可以清楚地看出：槽座（相当于内罩）的开口在瓶底的中心位置上，操作呈垂直状态并与瓶体连成一个整体，槽座（相当于内罩）的尺寸和形状与瓶体相适应”，而技术特征“酒瓶包括瓶盖”是可以从对比文件1中直接导出的惟一内容，因为对比文件1中虽然未明确提到，但酒瓶必然会包括一个瓶盖。由此可知，权利要求1所要求保护的技术方案与对比文件1公开的技术方案，实质上是相同的。因此，参照上文所述，对比文件1构成了本申请权利要求1的“抵触申请”，从而使权利要求1所要求保护的技术方案不具备新颖性。

另外，对比文件2公开了一种玻璃酒瓶，并在说明书实施例部分公开了以下特征：玻璃酒瓶包括酒瓶本体（即瓶体）、瓶口和瓶盖，在瓶体内有一个圆柱形管槽座11（相当于本专利的直筒状内罩），从对比文件2的附图1－4中可以清楚地看出，管槽座（相当于内罩）的开口在瓶底的中心位置上，管槽座（相当于内罩）呈垂直状态与瓶体连成一个整体，管槽座（相当于内罩）的尺寸和形状与瓶体相适应。由此可见，对比文件2已经公开了权利要求1的全部技术特征，且对比文件2所公开的技术方案与该权利要求所要求保护的技术方案属于同一技术领域，并能产生相同的技术效果，因此权利要求1所要求保护的技术方案不具备新颖性。

本专利从属权利要求2对权利要求1作了进一步的限定，其限定部分的技术特征“内罩的空腔内有立体装饰品，且立体装饰品的尺寸与内罩的内腔相适应”已在对比文件2中公开（参见对比文件2的附图1～4）。另外，对比文件2的权利要求2中指出“该造型饰物（相当于本专利的立体装饰品）粘着固定在瓶体的管槽座（相当于本专利的内罩）内”，权利要求2相对于对比文件2而言，其区别点仅仅在于本专利的立体装饰品是通过与内罩内壁的两个或两个以上的接触点与内罩呈固定连接的，而对比文件2中是将造型饰物（相当于本专利的立体装饰品）粘着固定在瓶体的管槽座（相当于本专利的内罩）内。虽然对比文件2中并未明确指出造型饰物的具体粘着固定方式，但通过与内罩内壁的两个或两个以上的接触点与内罩固定连接的这种固定方式是本领域普通技术人员通常采用的技术，即本领域的公知常识。本领域普通技术人员在对比文件2的基础上结合上述公知常识得到本专利权利要求2所限定的技术方案不需付出创造性劳动。因此，当其引用的权利要求1由于不具备新颖性而不能接受时，权利要求2所要求保护的技术方案不具有实质性特点和进步，因而不具备专利法第二十二条第三款规定的创造性。

本专利从属权利要求3对权利要求1作了进一步的限定，其限定部分的附加技术特征同样已被对比文件1公开，对比文件1中公开了一种带装饰的酒瓶，在槽座形成的凹孔的周边壁上设置有通过粘贴等方式形成的饰片（图片或照片）（参见该对比文件的说明书技术方案部分和附图1、附图2），因此当其引用的权利要求1不具备新颖性时，该从属权利要求所要求保护的技术方案也不具备专利法第二十二条第二款所规定的新颖性。

本专利从属权利要求4对权利要求1作了进一步的限定，其附加技术特征是“内罩的横截面呈圆形或椭圆形”。管槽座（内罩）的横截面呈圆形已经被对比文件2公开，而对于椭圆形横截面的内罩而言，本领域普通技术人员为了选择管槽座（内罩）的形状而可以根据实际需要任意选择内罩的截面形状，其中椭圆形的截面形状也是经常选择的一种形状，对于本领域普通技术人员而言，这种截面形状的选择是本领域通常采用的技术，本领域普通技术人员在对比文件2的基础上结合这种公知技术得到本专利权利要求4所限定的技术方案不需付出创造性劳动。因此，当其引用的权利要求1由于不具备新颖性而不能接受时，权利要求4所要求保护的技术方案不具有实质性特点和进步，因而不具备专利法第二十二条第三款规定的创造性。

三、决定

宣告01203549.1号实用新型专利权全部无效。

当事人对本决定不服的，可以根据专利法第四十六条第二款的规定，自收到本决定之日起三个月内向北京第一中级人民法院起诉。根据该款的规定，一方当事人起诉后，另一方当事人应当作为第三人参加诉讼。

128

自行车一体式前叉结构案

无效宣告请求审查决定（第7413号）

决　定　号　第7413号
决　定　日　2005年8月12日
发明创造名称　自行车一体式前叉结构
国际分类号　B62K 21/02
无效请求人　苏建辉
专利权人　曾介东
专　利　号　ZL03249079.8
申　请　日　2003年9月26日
授权公告日　2004年11月10日
合议组组长　魏　屹
主　审　员　祁轶军
参　审　员　武树辰

法律依据　专利法第二十二条第二款
决定要点

对比文件的申请日早于本专利的申请日，公开日晚于本专利的申请日，故可以用于评价本专利的新颖性。

一、案由

本无效宣告请求案涉及的是专利号为ZL03249079.8，名称为“自行车一体式前叉结构”的实用新型专利，该专利的申请日为2003年9月26日、授权公告日为2004年11月10日，专利权人为曾介东。

该专利授权公告时的权利要求书如下：

“1. 一种自行车一体式前叉结构，其特征在于：该前叉本体是由金属毛材一体成型，其中，该前叉本体上包含有竖管及肩座，呈没有任何接点的自然结合状态。”

针对上述专利权，苏建辉（下称请求人）于2005年3月14日向专利复审委员会提出了无效宣告请求，其理由是本专利不具备新颖性，不符合专利法第二十二条第二款的规定。请求人同时提交了附件1作为证据：

附件1：申请日为2003年6月17日、授权公告日为2004年8月18日、专利号为ZL03257870.9的中国实用新型专利说明书（下称对比文件1）。

经审查，上述无效宣告请求符合专利法及其实施细则的形式要求，专利复审委员会对上述无效宣告请求予以受理并将上述无效宣告请求书及其附件的副本转给了专利权人（下称被请求人），要求其在指定的期限内答复，同时依法成立合议组对本案进行审查。

被请求人没有在指定期限内对合议组转送的上述无效宣告请求及其附件的副本作出答复。

专利复审委员会本案合议组于2005年7月1日向双方当事人发出了无效宣告请求口头审理通知书，定于2005年8月11日在专利复审委员会举行口头审理。

口头审理如期举行。仅请求人一方参加了口头审理，被请求人未出席口头审理。在口头审理过程中，请求人结合证据和本专利针对其提出的无效宣告理由充分陈述了意见。

本案合议组经过合议，认为本案的事实已经清楚，可以作出审查决定。

二、决定的理由

按照专利法第二十二条第二款的规定，新颖性是指在申请日以前没有同样的发明或者实用新型在国内外出版物上公开发表过、在国内公开使用过或者以其他方式为公众所知，也没有同样的发明或者实用新型由他人向国务院专利行政部门提出过申请并且记载在申请日以后公布的专利申请文件中。

经核实，合议组对对比文件1的真实性予以认可。对比文件1的申请日为2003年6月17日，早于本专利的申请日，公开日为2004年8月18日，晚于本专利的申请日。因此，根据专利法第二十二条第二款的有关规定，该对比文件1可以用于评价本专利的新颖性。

该对比文件1公开了一种自行车前叉管，该前叉管本体由前叉管状铝材20经锻造一体成型并包括一根竖管10和一个U形接合座11（相当于本专利中提及的“肩座”），而且竖管与肩座之间没有任何接点（见对比文件1的说明书及附图）。由本专利权利要求1限定的技术方案与该对比文件所公开的技术内容相比，其区别仅在于表述方式上略有不同，其技术方案实质上相同，而且两者属于相同的技术领域，具有基本相同的发明目的并产生了基本相同的技术效果，属于同样的发明。因此，根据专利法第二十二条第二款的规定，权利要求1限定的技术方案不具备新颖性。

三、决定

宣告ZL03249079.8号实用新型专利权无效。

当事人如对本决定不服，可以根据专利法第四十六条第二款的规定，自收到本决定之日起三个月内向北京市第一中级人民法院起诉。根据该款的规定，一方当事人起诉后，另一方当事人应当作为第三人参加诉讼。

129

一种紧固件案

无效宣告请求审查决定（第7415号）

决　定　号 第7415号
决　定　日 2005年8月15日
发明创造名称 一种紧固件
国际分类号 F16B 39/28
无效请求人 深圳市三鑫特种玻璃技术股份有限公司
专利权人 徐跃华
专　利　号 01233848.6
申　请　日 2001年7月30日
授权公告日 2002年6月5日
合议组组长 魏　屹
主　审　员 陈　勇
参　审　员 陈海平

法律依据 专利法第二十六条第四款、第二十二条第三款
决定要点

本领域技术人员根据说明书中公开的内容可以直接得到一项权利要求所限定的技术方案，则应认为该权利要求得到了说明书的支持。

对比文件仅公开了独立权利要求中的一部分技术特征，而另一部分技术特征没有被公开，且不能从现有技术中得到启示，由于这些特征的存在使得权利要求所限定的技术方案与现有技术的技术方案不同，且具有有益效果，故该现有技术不能否定本专利的创造性。

一、案由

本无效宣告请求案涉及申请日为2001年7月30日、授权公告日为2002年6月5日、名称为"一种紧固件"的01233848.6号实用新型专利（下称本专利），专利权人为徐跃华（下称被请求人）。

授权公告的权利要求书如下：

"1. 一种紧固件，其特征在于它包括螺杆头呈锥台形的螺杆及套在螺杆外侧的套筒，套筒下部为与螺杆头配合的可扩张片，可扩张片的下端部具有向外的突出，套筒在可扩张片上具有螺杆头上升限位口。

2. 如权利要求1所述的一种紧固件，其特征在于所述可扩张片在其下端具有螺杆头上升的导角。

3. 如权利要求1或2所述的一种紧固件，其特征在于可扩张片向内倾斜。

4. 如权利要求1或2所述的一种紧固件，其特征在于所述套筒的外侧设有弹性防震材料层。

5. 如权利要求1或2所述的一种紧固件，其特征在于所述套筒的外侧套有弹性防震材料套。"

针对上述专利权，深圳市三鑫特种玻璃技术股份有限公司（下称请求人）于2004年10月22日

向国家知识产权局专利复审委员会提出了宣告专利权无效的请求。其请求宣告无效的理由是：本专利不符合专利法第二十二条第二款、第三款，第二十六条第四款以及专利法实施细则第二条第二款的规定。与此同时，请求人提交了以下证据：

证据1：申请号为91100552.8的中国发明专利申请公开说明书的复印件，公开日为1991年8月14日；

证据2：申请号为91100209.X的中国发明专利申请公开说明书的复印件，公开日为1991年9月25日。

请求人认为：证据1公开了本专利权利要求1中记载的所有技术特征，且证据2也公开了其中部分技术特征。本领域技术人员可以根据证据1和证据2不经创造性劳动就可以实现本专利，因此本专利不具备创造性。

经形式审查合格后，专利复审委员会受理了上述无效宣告请求，于2004年10月25日向请求人和被请求人发出了无效宣告请求受理通知书，并将上述无效宣告请求书及所附相关文件副本转送给被请求人，同时依法成立合议组对本案进行审查。

2004年11月14日，请求人提交意见陈述书，对上述无效宣告请求补充了以下1份证据：

证据3：申请号为90106792.X的中国发明专利申请公开说明书的复印件，公开日为1991年2月20日。

请求人认为：（1）证据1和证据2破坏了本专利的创造性；（2）根据证据2和证据3的教导，本行业技术人员不经创造性劳动即可实现本专利的技术方案，因此本专利不具备创造性。

针对上述无效宣告请求受理通知书，被请求人于2005年1月7日提交了意见陈述书，坚持认为本专利符合专利法第二十二条第二款、第三款的规定。

专利复审委员会于2005年4月1日向双方当事人发出口头审理通知书，定于2005年5月17日在专利复审委员会举行口头审理，并将请求人2004年11月14日提交的意见陈述书及相关文件副本转送给被请求人，将被请求人在2005年1月7日提交的意见陈述书转送给请求人。

口头审理如期举行，双方当事人均参加了口头审理。双方当事人对合议组成员无回避请求，对对方出庭人员的身份和资格无异议。口头审理中，请求人放弃专利法第二十二条第二款和专利法实施细则第二条第二款作为无效理由，同时放弃证据1。请求人明确其无效理由为：权利要求1~5不符合专利法第二十二条第三款的规定，权利要求3~5不符合专利法第二十六条第四款的规定。被请求人对证据2和证据3的真实性无异议。请求人认为证据3为最接近对比文件，证据2、证据3结合可以否定权利要求1~5的创造性。双方当事人结合证据就各自的观点进行了充分的论述。同时合议组告知双方当事人，仅以口头审理时请求人提出的无效范围和理由来作出审查决定。

被请求人于2005年5月17日向专利复审委员会提交了意见陈述书，其中陈述的意见与口头审理时陈述的意见基本一致。

在上述程序基础上，合议组认为本案事实已经清楚，可以依法作出如下审查决定。

二、决定的理由

1. 关于本专利是否符合专利法第二十六条第四款的规定

专利法第二十六条第四款规定：权利要求书应当以说明书为依据，说明要求专利保护的范围。

请求人认为：本专利权利要求3~5不符合专利法第二十六条第四款的规定。

本专利权利要求3~5的内容为：

“3. 如权利要求1或2所述的一种紧固件，其特征在于可扩张片向内倾斜。

4. 如权利要求1或2所述的一种紧固件，其特征在于所述套筒的外侧设有弹性防震材料层。

5. 如权利要求1或2所述的一种紧固件，其特征在于所述套筒的外侧套有弹性防震材料套。”

合议组认为：在说明书第3页第2行明确记载有“可扩张片向内倾斜”的内容，也即从属权利要求3的附加技术特征；在说明书第3页第3~4行明确记载有“所述套筒的外侧设有弹性防震材料层5”、“也可在套筒的外侧设置弹性防震材料套”，这些内容显然与从属权利要求4和权利要求5的附加技术特征相对应。而且在说明书附图1~4中也可以清楚地看出上述内容。本领域技术人员根据说明书中公开的内容，完全可以直接得到权利要求3~5分别限定的技术方案，因此本专利权利要求3~5符合专利法第二十六条第四款的规定。

2. 关于本专利的创造性

专利法第二十二条第三款规定：创造性，是指同申请日以前已有的技术相比，该发明有突出的实质性特点和显著的进步，该实用新型有实质性特点和进步。

请求人认为：证据3为最接近对比文件，证据2、证据3结合可以否定权利要求1~5的创造性。

依据审查指南第四部分第三章第3.1节关于请求原则的规定，合议组在下面仅以口头审理时请求人指明的证据使用方式来评述本专利的创造性。

证据3涉及一种可膨胀的柱塞，其中具体披露了以下技术内容（参见该证据第5页第3~6行及第19~20行）：可膨胀柱塞包括可膨胀套筒1与膨胀套筒连接成一体的固定柱塞2和膨胀件3，膨胀件3具有一个膨胀件圆锥头4和一个整体形成的螺杆5，螺杆5啮合在固定柱塞2上形成的螺孔6中。在可膨胀柱塞被固定在钻孔内时，膨胀套筒1的膨胀段21在根切部分22处形成相适的配合接触。

本专利权利要求1与证据3公开的技术内容相比，具有以下区别技术特征：(1) 在权利要求1限定的技术方案中，螺杆外侧套有套筒，套筒由上、下两部分构成，套筒下部为可扩张片。而在证据3公开的技术方案中，螺杆外侧套有一个由膨胀套筒和固定柱塞一体形成的部件，该膨胀套筒在其整个长度上均为可扩张部分，该固定柱塞内部则形成有螺孔；(2) 可扩张片的下端部具有向外的突出；(3) 套筒在可扩张片上具有螺杆头上升限位口。

证据2涉及一种膨胀螺栓，其中具体披露了以下技术内容（参见该证据第4页第1~4行）：膨胀套筒3的一边开有两条或多条轴向槽，把这部分分成两条或多条弹簧瓣，弹簧瓣的内表面为圆柱面或在入口处做成锥面。

通过以上分析可知，即使证据2和证据3结合也至少没有公开上述区别技术特征 (2)，并且在证据2或者证据3中没有给出相应的技术启示。由于区别技术特征 (2) 的存在，使得权利要求1限定的紧固件成为与现有技术中的紧固件结构不同的部件，而且该紧固件用于固定脆性材料薄板，可扩张片在不接触安装孔壁的情况下由螺杆的锥台形段引导扩张，可扩张片下部突出的形状与薄板上安装孔底部形状相配，从而在不破坏板材的情况下实现紧固。因此该权利要求限定的技术方案具有实质性特点和进步，故具备创造性。

在权利要求1具有创造性的基础上，其从属权利要求2~5也具备专利法第二十二条第三款规定的创造性。

三、决定

维持01233848.6号的实用新型专利权有效。

当事人对本决定不服的，可以根据专利法第四十六条第二款的规定，自收到本决定之日起三个月内向北京市第一中级人民法院起诉。根据该款的规定，一方当事人起诉后，另一方当事人应当作为第三人参加诉讼。

接触密封圈案

无效宣告请求审查决定（第7420号）

决　　定　　号 第7420号
决　　定　　日 2005年8月16日
发明创造名称 接触密封圈
国 际 分 类 号 F16J 15/16
无 效 请 求 人 吴雳鸣
专 利 权 人 王胜五
专　　利　　号 02204254.7
申　　请　　日 2002年1月24日
授 权 公 告 日 2002年10月23日
合 议 组 组 长 魏　屹
主　　审　　员 陈海平
参　　审　　员 陈　勇

法 律 依 据 专利法第二十二条第三款
决 定 要 点

如果实用新型专利的技术方案与已有技术具有区别，同时该区别具有积极的技术效果，则该实用新型专利具备创造性。

一、案由

本无效宣告请求案涉及王胜五（下称专利权人）于2002年1月24日向国家知识产权局专利局提出的名称为“接触密封圈”的实用新型专利（下称本专利），其申请号为02204254.7。该专利于2002年10月23日公告授权。其授权公告的权利要求书包括6项权利要求即独立权利要求1及从属权利要求2-6，其中的独立权利要求1全文如下：

“1. 接触密封圈，由安装螺栓、联接螺栓、小座板、大座板、弹簧、螺钉、定位螺钉、密封管、定位孔、回油孔、挡油板等组成，其特征在于：小座板、大座板均为二等分，是骨架，如果密封是一道或二道就单体使用，如果密封是三道以上就组合使用，用联接螺栓联接，并在小、大座板的内径方向开出为挡油板提供滑动导向的矩形槽，再在槽壁上开出小槽，挤入密封管，在多等分的挡油板背部加以弹簧，用螺钉固定，然后精密地配合在矩形槽内，挡油板在弹簧的作用下，使内径紧密地与转轴表面接触，构成了挡油板有效浮动，达到接触密封的目的，用安装螺栓把合在待用的真机上。”

针对上述专利权，吴雳鸣（下称请求人）于2004年3月10日向专利复审委员会提出了无效宣告请求，其中请求人所提出的无效理由是本专利不具备专利法第二十二条第三款所规定的创造性，请求人同时提交了下述附件（公开出版物复印件）作为已有技术证据：

附件2：《机械工程手册》第5卷机械设计（二），机械工业出版社1982年3月北京第1版扉页、版权页、序，第23篇“密封”目录、首页及第33、第42、第81、第84、第98页的复印件；

附件3：《机械设计手册》第3版第2卷，化学工业出版社1993年5月出版扉页、版权页及第11~50页的复印件。

经形式审查合格，专利复审委员会受理了上述无效宣告请求并将无效宣告请求书及附件副本转给了专利权人（下称被请求人），要求其在指定期限内答复，同时成立合议组对上述无效宣告请求进行审查。

被请求人于2004年3月29日提交意见陈述书（并附有相关附件）进行答辩，对请求人的无效宣告请求及其提交的证据提出反对意见。

专利复审委员会本案合议组于2005年5月26日向双方当事人发出了口头审理通知书，并同时将被请求人于2004年3月29日提交意见陈述书及其相关附件转给请求人。

口头审理于2005年7月5日举行，双方当事人出席了本次口头审理。双方当事人对对方的出庭资格无异议，对合议组的成员无回避请求，被请求人对请求人提交的证据的真实性无异议。

口头审理过程中，请求人明确以附件2的图23.4-25、图23.3-9、图23.5-6与附件3相组合以评判本专利权利要求1的创造性。双方在请求人所提交的附件2与附件3的基础上针对本专利的创造性进行了辩论。

在上述程序的基础上，合议组作出了本决定。

二、决定的理由

专利法第二十二条第三款规定：创造性，是指同申请日以前已有的技术相比，该实用新型有突出的实质性特点和显著的进步，该实用新型有实质性特点和进步。

请求人认为：本专利的权利要求1~6与作为对比文件的附件2、3对比不具备创造性。

被请求人未对请求人所提交的附件2、附件3本身的真实性提出异议，合议组对附件2、附件3的真实性予以认可。同时该二附件属于公开出版物，其公开日亦位于本专利申请日之前，故该二附件可以作为评价本专利创造性的对比文件。

对本专利独立权利要求1创造性的评述如下：

本专利权利要求1所限定的本专利产品结构如下为“接触密封圈，由安装螺栓、联接螺栓、小座板、大座板、弹簧、螺钉、定位螺钉、密封管、定位孔、回油孔、挡油板等组成，其特征在于：小座板、大座板均为二等分，是骨架，如果密封是一道或二道就单体使用，如果密封是三道以上就组合使用，用联接螺栓联接，并在小、大座板的内径方向开出为挡油板提供滑动导向的矩形槽，再在槽壁上开出小槽，挤入密封管，在多等分的挡油板背部加以弹簧，用螺钉固定，然后精密地配合在矩形槽内，挡油板在弹簧的作用下，使内径紧密地与转轴表面接触，构成了挡油板有效浮动，达到接触密封的目的，用安装螺栓把合在待用的真机上”。

但在上述本专利独立权利要求1所描述的“接触密封圈”所具有的“小座板、大座板”这一组结构特征在前述请求人所提交的并经进一步明确的用以评价本专利的创造性的附件2的图23.4-25、图23.3-9、图23.5-6及附件3（其第11~50页）中均未披露。

同时，本专利独立权利要求1所描述的本专利的“接触密封圈”所具有的该项结构特征的设置有利于进一步解决如本专利说明书中所述的已有技术中的“旋转机械的油水气泄漏问题”。

综上所述，本专利独立权利要求1所限定的产品结构与上述附件2、附件3中所公开的相关技术方案的结合相对比仍存在区别，同时该区别也具有积极的技术效果，故本专利的独立权利要求1相对于已有技术具有实质性的特点与进步，即具备创造性。

在本专利独立权利要求1具备创造性的前提下，其从属权利要求2~6相应地也具备创造性。

三、决定

维持 02204254.7 号实用新型专利权有效。

当事人对本决定不服的，可以根据专利法第四十六条第二款的规定，自收到本决定之日起三个月内向北京市第一中级人民法院起诉。根据该款的规定，一方当事人起诉后，另一方当事人应当作为第三人参加诉讼。

131

射流式自吸离心泵案

无效宣告请求审查决定（第7421号）

决　定　号　第7421号
决　定　日　2005年8月15日
发明创造名称　射流式自吸离心泵
国际分类号　F04D 1/00
无效请求人　广东凌霄泵业股份有限公司
专利权人　阳江市新粤华不锈钢泵有限公司
专　利　号　99200350.4
申　请　日　1999年1月14日
授权公告日　2000年3月8日
合议组组长　魏　屹
主　审　员　陈海平
参　审　员　崔　峥

法律依据　专利法第二十二条第三款
决定要点

如对比文件附图中的部分结构没有对应的文字说明，但是根据本领域技术人员的一般常识可以判断出上述结构在附图所示产品中所具有的功能，则应认为该结构在该对比文件中已经公开。

一、案由

本无效宣告请求案涉及阳江市新粤华不锈钢泵有限公司（下称专利权人）于1999年1月14日向国家知识产权局专利局提出的名称为“射流式自吸离心泵”的实用新型专利申请，其申请号为99200350.4。该专利申请于2000年3月8日公告授权（下称本专利），其授权公告的权利要求书如下：

“1. 一种射流式自吸离心泵，由进口管（2）、出口管（9）、后盖（12）、泵壳（1）、叶轮（11）、导叶体（10）、射流器（4）构成，其特征在于泵壳（1）为一金属板冲压成的筒形，泵壳（1）的一端面为一球面，另一端设有与电机（14）连接的法兰（25）。

2. 根据权利要求1所述的射流式自吸离心泵，其特征在于泵体上设有一个圆形的出口管（9）和一个圆形的进口管（2），出口管（9）与出口管道可以通过螺纹或法兰方式连接，进口管（2）与进口管道也可以螺纹或法兰形式连接。

3. 根据权利要求1所述的射流式自吸离心泵，其特征在于射流器（4）内有一在液流方向截面积逐渐变小的喷嘴（21）和一截面积逐渐增大的圆锥形液流管道（31），液流管道（31）的进口处和喷嘴（21）的出口处距离短，射流器（4）上有两个以上均匀分布的筋条（32），射流器（4）的进、出口两端分别有两个以上均匀分布的支架（33）和支架（35）。

4. 根据权利要求1所述的射流式自吸离心泵，其特征在于射流器（4）与叶轮（11）前端配合处装有密封口环（20），与叶轮（11）组成一迷宫密封。

5. 根据权利要求1所述的射流式自吸离心泵，其特征在于泵壳内设有导叶体（10），导叶体上由多个均匀分布的导叶片（41），导叶体上还有一个以上的定位导流叶片（42），设有用于导叶体与射流器（4）定位的定位销（43）。

6. 根据权利要求1所述的射流式自吸离心泵，其特征在于叶轮（11）由叶轮前盖板（62）、叶轮后盖板（61）及其中间夹持的螺旋线型叶片（63）组成，叶轮通过叶轮螺母（19）固定在电机轴（18）上。

7. 根据权利要求1所述的射流式自吸离心泵，其特征在于泵壳进口和射流器（4）间采用O型圈（3）密封。

8. 根据权利要求2所述的射流式自吸离心泵，其特征在于泵体上设有上螺栓（6）、下螺栓（22）。

9. 根据权利要求1所述的射流式自吸离心泵，其特征在于后盖（12）与电机轴（18）之间的轴向密封采用机械密封（16）密封。”

2003年4月21日，专利复审委员会作出第5050号无效宣告请求审查决定，宣告99200350.4号实用新型的权利要求1~2、权利要求6~9无效，在权利要求3~5的基础上维持本专利权有效。北京市第一中级人民法院在2004年6月18日作出的（2003）一中行初字第623号行政判决书中维持了上述专利复审委员会作出第5050号无效宣告请求审查决定。

针对上述专利权（下称本专利），广东凌霄泵业股份有限公司（下称请求人）于2004年3月18日向专利复审委员会提出了无效宣告请求，其理由是该专利权利要求3~5不具备创造性，请求人并提交了下述附件作为对比文件：

对比文件1：欧洲专利申请说明书EP－0552661A1及其中文译文，公开日为1993年7月28日；

对比文件2：欧洲专利申请说明书EP－0401670A2及其中文译文，公开日为1990年5月3日；

对比文件3：日本公开特许公报平3－107596及其部分中文译文，公开日为1991年5月7日；

对比文件4：《现代泵技术手册》的封面、版权页与第255~261页复印件，其中版权页中标注有该书由“宇航出版社出版，1995年9月第1版”。

请求人认为：对比文件1与对比文件2或对比文件3结合可以否定本专利权利要求3的创造性，对比文件1与对比文件3结合可以否定本专利权利要求4的创造性，对比文件1与对比文件2或对比文件4结合可以否定本专利权利要求5的创造性。

经形式审查合格，专利复审委员会于2004年3月29日受理了上述无效宣告请求，并将上述无效宣告请求书及附件副本转寄给专利权人（下称被请求人），并成立合议组对本案进行审查。

针对上述无效宣告请求，被请求人于2004年5月13日提交了意见陈述书，其中认为本专利权利要求3~5具备创造性。

2005年4月29日，合议组向双方当事人发出口头审理通知，定于2005年6月7日在专利复审委员会对本案进行口头审理，并将被请求人的上述意见陈述书转送给请求人。

口头审理于2005年6月7日如期举行，双方当事人均出席了口头审理。双方当事人对合议组成员无回避请求，对对方的出庭资格无异议。在口头审理中，双方当事人就各自的观点进行了意见陈述和辩论。被请求人对对比文件1~4的真实性与对比文件1~2的译文无异议；对于对比文件3的中文译文被请求人认为其中的“口环”一词应当改译为“衬垫”。

在上述工作的基础上，合议组经合议认为本案事实已经清楚，可以作出审查决定。

二、决定的理由

1. 证据认定

被请求人在口审时对对比文件 1 ~4 的真实性以及对比文件 1、对比文件 2 的中文译文无异议，故本案合议组对上述对比文件的真实性予以认可，对对比文件 1、对比文件 2 的中文译文予以认可。对于被请求人认为对比文件 3 的中文译文中的“口环”一词应当改译为“衬垫”这一观点，合议组认为：该零件的结构已在对比文件 3 附图中被清楚示出，因此无论将其译为“口环”或“衬垫”对该结构本身无任何影响，因此合议组对对比文件 3 的中文译文也予以认可。对比文件 1 ~4 的公开日均在本专利申请日之前，其中所述技术内容均涉及射流自吸离心泵，与本专利属于相同的技术领域。故对比文件 1 ~4 可以作为本专利的已有技术用以评价本专利的创造性。

2. 关于本专利权利要求 3 ~5 的创造性

（1）专利法第二十二条第三款规定：创造性，是指同申请日以前已有的技术相比，该发明有突出的实质性特点和显著的进步，该实用新型有实质性特点和进步。

（2）本专利权利要求 3 ~5 均为本专利权利要求 1 的从属权利要求，在专利复审委员会作出已生效的第 5050 号无效宣告请求审查决定中已认定本专利权利要求 1 不具备创造性，所依据的对比文件即本无效宣告请求案中请求人所提交的对比文件 1。

（3）本专利权利要求 3 限定部分中所描述的附加技术特征是：“射流器（4）内有一在液流方向截面积逐渐变小的喷嘴（21）和一截面积逐渐增大的圆锥形液流管道（31），液流管道（31）的进口处和喷嘴（21）的出口处距离短，射流器（4）上有两个以上均匀分布的筋条（32），射流器（4）的进、出口两端分别有两个以上均匀分布的支架（33）和支架（35）”。

在上述专利复审委员会作出的生效的第 5050 号无效宣告请求审查决定中已指出，在对比文件 1 未公开该权利要求 3 中的“射流器（4）的进、出口两端分别有两个以上均匀分布的支架（33）和支架（35）”这一技术特征。

在本案中，请求人认为，在对比文件 2 图 1 中可以看出在射流器 16 的喷嘴 17 与泵壳 2 之间有相当于支架的结构，在对比文件 3 图 4 中也可以看出在射流器 22 的喷嘴 23 与泵壳 1 之间有相当于支架的结构。故本专利权利要求 3 中的“支架”这一结构特征已在对比文件 2、对比文件 3 中被公开，本专利权利要求 3 相对于对比文件 1、对比文件 2 或对比文件 1、对比文件 3 的结合无创造性。

合议组认为，虽然在上述请求人所指出的对比文件 2、对比文件 3 中相当于支架的结构中没有对应的文字说明，但是根据本领域技术人员的一般常识，上述结构在其所处位置应当具有支撑射流器的功能，故可以认为其与该权利要求 3 中所述的“支架”属于具有同样功能的结构，而对此类支撑结构的具体数量与设置位置则是本领域技术人员可以根据产品的具体构造不需经过创造性的思考就可以设计出来的。因此，请求人的上述观点可以成立，即本专利权利要求 3 相对于对比文件 1、对比文件 2 或对比文件 1 与对比文件 3 的结合不具备创造性。

（4）本专利权利要求 4 限定部分中所描述的附加技术特征是：“射流器（4）与叶轮（11）前端配合处装有密封口环（20），与叶轮（11）组成一迷宫密封”。

请求人认为，本专利权利要求 4 相对于对比文件 1、对比文件 3 的结合不具备创造性。

在对比文件 3 图 1 中，标号 31 所指示的安装于射流器一端 22a 与叶轮 12 前端之间的环状零件与叶轮 12 共同组成一迷宫密封，该零件与该权利要求 4 中所述的“密封口环”具有相同的功能。故请求人的上述观点可以成立，即本专利权利要求 4 相对于对比文件 1、对比文件 3 的结合无创造性。

（5）本专利权利要求 5 限定部分中所描述的附加技术特征是：“泵壳内设有导叶体（10），导叶体上由多个均匀分布的导叶片（41），导叶体上还有一个以上的定位导流叶片（42），设有用于导叶体与射流器（4）定位的定位销（43）。”

请求人认为，对比文件1与对比文件2或对比文件4结合可以否定本专利权利要求5的创造性。

合议组认为，在对比文件1、对比文件2、对比文件4中均没有公开本专利的“用于导叶体与射流器（4）定位的定位销（43）”这一技术特征。由于在本专利中，作为离心泵的组成部分的“导叶体”与“射流器”是分体制造的（在对比文件2、对比文件4中均未公开这一结构特征），故该权利要求5中所限定的本专利采用该项技术特征具有防止导叶体在旋转流体作用下与射流器之间产生位移的技术效果。因此，本专利权利要求5具有相对于已有技术具有实质性特点和进步，具备创造性。

三、决定

宣告99200350.4号实用新型的权利要求3、权利要求4无效，在权利要求5的基础上维持本专利有效。

当事人对本决定不服的，可以根据专利法第四十六条第二款的规定，自收到本决定之日起三个月内向北京市第一中级人民法院起诉。根据该款的规定，一方当事人起诉后，另一方当事人应当作为第三人参加诉讼。

北京市第一中级人民法院
行政判决书

（2005）一中行初字第1199号

原告阳江市新粤华不锈钢泵有限公司，住所地广东省阳江市区城北第二工业区。

法定代表人梁元敏，董事长

委托代理人林建军，北京金之桥知识产权代理有限公司专利代理人。

委托代理人沈锦华，北京金之桥知识产权代理有限公司专利代理人。

被告国家知识产权局专利复审委员会，住所地北京市海淀区北四环西路9号银谷大厦10～12层。

法定代表人廖涛，副主任。

委托代理人陈海平，国家知识产权局专利复审委员会机械申诉处审查员。

委托代理人崔国振，国家知识产权局专利复审委员会行政诉讼处审查员。

第三人广东凌霄泵业股份有限公司，住所地广东省阳春市春城镇春江大道117号。

法定代表人王海波，总经理。

委托代理人张中，珠海智专专利商标代理有限公司专利代理人。

委托代理人吴景华，男，汉族，1957年10月29日出生，广东凌霄泵业股份有限公司技术部部长，住广东省阳春市春城红旗居委会南新大道126号。

原告阳江市新粤华不锈钢泵有限公司（下称新粤华公司）不服被告国家知识产权局专利复审委员会（下称专利复审委员会）于2005年8月15日作出的第7421号无效宣告请求审查决定（下称第7421号决定），于法定期限内向本院提起行政诉讼。本院于2005年11月15日受理后，依法组成合议庭，并通知广东凌霄泵业股份有限公司（下称凌霄公司）作为第三人参加本案诉讼，于2006年2月14日公开开庭进行了审理。原告新粤华公司的委托代理人林建军、沈锦华，被告专利复审委员会的委托代理人陈海平、崔国振，第三人凌霄公司的委托代理人张中、吴景华到庭参加了诉讼。本案现已审理终结。

第 7421 号决定系专利复审委员会针对凌霄公司就新粤华公司所拥有的 99200350.4 号实用新型专利（下称本专利）所提出的无效宣告请求而作出的。专利复审委员会在第 7421 号决定中认定：1。证据认定。对于新粤华公司认为对比文件 3 的中文译文中的“口环”一词应当改译为“衬垫”这一观点，由于该零件的结构已在对比文件 3 附图中被清楚示出，因此无论将其译为“口环”或“衬垫”对该结构本身无任何影响，因此对对比文件 3 的中文译文予以认可。对比文件 1～4 可以作为本专利的已有技术用以评价本专利的创造性。2. 关于本专利权利要求 3～5 的创造性。在专利复审委员会作出的生效的第 5050 号无效宣告请求审查决定（下称第 5050 号决定）中已指出：在对比文件 1 未公开该权利要求 3 中的“射流器（4）的进、出口两端分别有两个以上均匀分布的支架（33）和支架（35）”这一技术特征。虽然在对比文件 2、对比文件 3 中相当于支架的结构中没有对应的文字说明，但是根据本领域技术人员的一般常识，上述结构在其所处位置应当具有支撑射流器的功能，故可以认为其与该权利要求 3 中所述的“支架”属于具有同样功能的结构，而对此类支撑结构的具体数量与设置位置则是本领域技术人员可以根据产品的具体构造不需经过创造性的思考就可以设计出来的。因此，本专利权利要求 3 相对于对比文件 1、对比文件或对比文件 1、对比文件 3 的结合不具备创造性。在对比文件 3 图 1 中，标号 31 所指示的安装于射流器一端 22a 与叶轮 12 前端之间的环状零件与叶轮 12 共同组成一迷宫密封，该零件与该权利要求 4 中所述的“密封口环”具有相同的功能。故本专利权利要求 4 相对于对比文件 1、对比文件 3 的结合无创造性。本专利权利要求 5 具有相对于已有技术具有实质性特点和进步，具备创造性。基于上述理由，专利复审委员会作出第 7421 号决定，宣告本专利权利要求 3、权利要求 4 无效，在权利要求 5 的基础上维持本专利有效。

原告新粤华公司不服，向本院提起行政诉讼，其诉称：

一、被告忽视了第三人的翻译错误，既认定事实不清，也违反了法定程序。第三人故意将对比文件 3 中本应翻译成“衬垫”的零件 31，错译成与本专利中相同的名称“口环”。原告认为，“口环”和“衬垫”这两个词，无论是按其字面意思理解，还是结合本案具体技术问题分析，二者都截然不同。如本专利的附图 1 和附图 3 所示，该口环是横截面为 L 型并安装于射流器出口端的密封环；而对比文件 3 中的衬垫 31 是一装于射流器出口端深槽内的横截面为 U 型的零件，二者根本不同。按照《审查指南》第四部分第一章的规定，无效程序中对方当事人对译文有异议的，应当委托双方当事人认可的单位进行全文、所使用部分或者有异议部分的翻译。而本案中尽管原告提出针对对比文件 3 译文的异议，但被告并没有严格按照《审查指南》的上述规定，委托双方当事人共同认可的翻译机构对对比文件 3 进行翻译，因而明显违反了法定程序。

二、第 7421 号决定认定事实不清，错误地评判了本专利权利要求 3 的创造性。首先，本专利权利要求 3 有两个技术特征未被对比文件 1 所公开：“支架 33”和“支架 35”；而且这两个特征是完全不同，也是没有任何对应关系的相互独立的两个技术特征。第 7421 号决定中尽管多次提到“支架”一词，但从来都没有说明该“支架”是指“支架 33”还是指“支架 35”，或是同时指这两个支架，只是笼统地认定对比文件 2、对比文件 3 具有“与该权利要求 3 中的所述‘支架’属于具有同样功能的结构”。其次，如本专利说明书中所述，权利要求 3 中的“支架 33”是用于射流器的定位，而“支架 35”用于支撑导叶体，二者都不是第 7421 号决定中所描述的“具有支撑射流器的功能”。对比文件“支架”与本专利中的支架 33 或支架 35 完全不同。再次，《审查指南》规定只有从附图中明显看出的内容才属于公开的内容。在本案中，“支架”恰恰是被告从对比文件 2 和对比文件 3 的附图中推测的内容，因为在没有标号及文字说明的情况下，被告和第三人均不能证明对比文件 2 和对比文件 3 的附图一定公开了“支架”这一特征，更不可能证明公开了本专利的“支架 33、35”。

三、第 7421 号决定事实认定不清，错误地评判了本专利权利要求 4 的创造性。首先，如前所述，第三人所提供的对比文件3关键部分的译文存在瑕疵，被告在该译文的基础上作出第7421号决定，当然无法得到正确的结论。其次，本专利权4所描述的密封结构与对比文件3所公开的结构完全不同。对比文件3中的U型衬垫本身就包围着叶轮入口，其直接和叶轮入口之间形成迷宫密封；而本专利是叶轮入口与射流器的前端U型槽之间形成迷宫密封，在此基础上再在U型槽内增设有一密封口环，密封口环与叶轮入口及U型槽之间仍然形成迷宫密封。因此，对比文件3是公开了一个特征，而本专利权利要求4具备两个特征："迷宫密封"与"口环密封"，二者形成复合密封结构，其防泄露效果绝对优于对比文件3中的结构。再次，将本专利的"密封口环20"与对比文件3中"衬垫31"的结构单独对比也可发现，本专利"密封口环"的加工难度、加工成本及精度、装配难度要求都远远低于对比文件3的"U型衬垫"结构，而密封效果与对比文件3相同，甚至更优于对比文件3。

综上所述，第7421号决定不仅违反了法定程序，而且存在严重的事实认定不清，因而错误地评述了本专利权利要求3和权利要求4的创造性。请求法院依法撤销第7421号决定并判令本专利权利要求3、权利要求4有效。

被告专利复审委员会辩称，被告作出的第7421号决定认定事实清楚、适用法律正确、审查程序合法，原告的诉讼请求不能成立，请求人民法院维持第7421号决定。

第三人凌霄公司未提交书面陈述意见，其在庭审中述称，第7421号决定正确，原告起诉理由不能成立，请求人民法院驳回原告的诉讼请求，维持第7421号决定。

本院经审理查明：

本案涉及国家知识产权局专利局于2000年3月8日授权公告的名称为"射流式自吸离心泵"的实用新型专利（即本专利），其申请日为1999年1月14日、专利号为99200350.4、专利权人为新粤华公司。本专利授权公告的权利要求包括独立权利要求1及其从属权利要求2~9，其中权利要求1、3、4为：

"1.一种射流式自吸离心泵，由进口管（2）、出口管（9）、后盖（12）、泵壳（1）、叶轮（11）、导叶体（10）、射流器（4）构成，其特征在于泵壳1为金属板冲压成的筒形，泵壳（1）的一端面为一球面，另一端设有与电机（14）连接的法兰（25）。"

"3.根据权利要求1所述的射流式自吸离心泵，其特征在于射流器（4）内有一在液流方向截面积逐渐变小的喷嘴（21）和一截面积逐渐增大的圆锥形液流管道（31），液流管道（31）的进口处和喷嘴（21）的出口处距离短，射流器（4）上有两个以上均匀分布的筋条（32），射流器（4）的进、出口两端分别有两个以上均匀分布的支架（33）和支架（35）。"

"4.根据权利要求1所述的射流式自吸离心泵，其特征在于射流器（4）与叶轮（11）前端配合处装有密封口环（20），与叶轮（11）组成一迷宫密封。"

本专利说明书记载："本实用新型的目的是提供一种全部采用冲压和焊接工艺制造的泵……泵壳有足够的强度和刚度来承受管路作用力和内部压力的射流式自吸离心泵。""在喷嘴21上有两个以上均匀配置的支架33，用于定位……射流器4的进、出口端分别有两个以上均匀分布的支架33和支架35，支架35用于支撑导叶体10。""射流器与叶轮进口处设有密封口环20，与叶轮11组成一迷宫密封，动静密封的密封面间隙少于0.5mm，能有效地减少叶轮的回流，保证水泵的运行参数，提高泵的效率。"

2003年4月21日，专利复审委员会作出第5050号决定，认定本专利权利要求1相对于对比文件1欧洲专利申请说明书EP-0552661A1及其中文译文（下称对比文件1）不具备创造性，并指出对比文件1未公开权利要求3中的"射流器（4）的进、出口两端分别有两个以上均匀分布的支架（33）和支架（35）"这一技术特征，从而宣告本专利权利要求1~2、权利要求6~9无效，在权利要求3~

5 的基础上维持本专利权有效。2004 年 6 月 18 日，我院作出（2003）一中行初字第 623 号行政判决书，维持了第 5050 号决定。第 5050 号决定现已生效。

针对本专利权利要求 3 ~5，凌霄公司于 2004 年 3 月 18 日以其不具备创造性为由，向专利复审委员会提出无效宣告请求，并提交四份证据，其中包括：

对比文件 1：欧洲专利申请说明书 EP- 0552661A1 及其中文译文，公开日 1993 年 7 月 28 日，其公开了一种自吸离心泵；

对比文件 2：欧洲专利申请说明书 BP- 0401670A2 及其中文译文，公开日 1990 年 5 月 3 日，其公开了一种特别含有内装射流器的自吸离心泵，从其附图 1 可以看出有两个部件存在于射流器 16 的喷嘴 17 和泵壳 2 之间，该两部件未命名；

对比文件 3：日本公开特许公报平 3-107596 及其部分中文译文，公开日 1991 年 5 月 7 日，其公开了一种离心泵，从其附图 4 中可以看出在射流器 22 的喷嘴 23 和泵壳 1 之间存有两支架，根据凌霄公司提交的说明书译文得知，在其喷嘴 22 的端部 22a 上有环形的沟 30，在沟 30 中压入截面大致呈 U 字形的口环 31，口环 31 的内凹处松动嵌入叶轮 12 的入口部分 12b。这个口环 31 因而可抑制在吸入喷嘴 22 和叶轮 12 的入口部分 12b 之间的流体逆流。

2005 年 6 月 7 日，专利复审委员会主持进行了口头审理。在口头审理中，新粤华公司对对比文件 1、对比文件 2 的译文无异议，但认为对比文件 3 中文译文中的“口环”应当译为“衬垫”。

2005 年 8 月 15 日，专利复审委员会作出第 7421 号决定。

在开庭审理过程中，新粤华公司表示本专利权利要求 4 限定的是复合密封结构，既有口环密封也有迷宫密封，与对比文件 3 中的结构和效果均不同，同时承认口环不一定是环状。

上述事实有本专利授权公告说明书、第 7421 号决定、对比文件 1 ~3 及当事人陈述等证据在案佐证。

本院认为：

一、关于本案审查程序是否合法

根据审查指南第四部分第一章规定，当事人提交外文证据的，应当同时提交所使用部分的中文译文。对方当事人对译文内容有异议的，应当对有异议的部分提交中文译文。必要时，可以委托双方当事人认可的单位进行翻译。双方当事人对委托翻译达不成协议的，专利复审委员会可以委托专业翻译单位进行翻译。由此可见，只有在双方当事人对委托翻译达不成协议且专利复审委员会认为确属必要时，才需委托专业翻译单位进行翻译。本案中，原告和第三人虽然对对比文件 3 中部件 31 的翻译存在不同意见，但结合对比文件 3 的附图可以清楚得知附件 31 的结构及其与其他部件的连接关系，其公开的内容是客观的，无须再委托专业翻译单位就此进行翻译。因此被告未委托专业翻译单位进行翻译未损害当事人的权益，没有违反法定程序，原告关于被告违反法定程序的主张没有法律依据，本院不予支持。

二、关于本专利权利要求 3、权利要求 4 是否具备创造性

根据专利法第二十二条第三款的规定，实用新型的创造性是指同申请日以前已有的技术相比，该实用新型具有实质性特点和进步。

根据已经生效的第 5050 号决定，本专利权利要求 3 相对于对比文件 1 相比，对比文件 1 未公开权利要求 3 中的“射流器（4）的进、出口两端分别有两个以上均匀分布的支架（33）和支架（35）”这一技术特征，其中支架 33 用于定位，支架 35 用于支撑导叶体 10。对比文件 2、对比文件 3 和对比文件 1 均涉及离心泵，可以结合用于评价本专利的创造性。对于对比文件公开的内容，应当以本领域普通技术人员作为认定主体。对于本领域普通技术人员来说，虽然对比文件 2 和对比文件 3 中

在射流器的进口处没有标注相位部件的名称，但在阅读专利文件及其附图的基础上，可以认定其应当是用于定位的支架，因此对比文件2、对比文件3公开了本专利权利要求3中的支架33。对于支架35，虽然对比文件2、对比文件3中未明确公开，但对于本领域技术人员来说，在已经公开支架33用于定位的基础上，在相应的位置设置两个以上的支架用于支撑导叶体是容易想到的，因此本领域技术人员在对比文件1的基础上结合对比文件2或者对比文件3容易想到本专利权利要求3的技术方案，这种区别不是非显而易见的，因此权利要求3不具备创造性。第7421号决定虽然没有区分支架33和支架35，但其认定结论正确，本院予以支持。

本专利权利要求4从属于权利要求1，其附加的技术特征为“射流器与叶轮前端配合处装有密封口环，与叶轮组成一迷宫密封”。根据本专利说明书的记载，该技术特征的作用在于有效地减少叶轮的回流，保证水泵的运行参数，提高泵的效率。对比文件3的附图1中，标号31为安装于射流器一端和叶轮前端之间的U形零件，它与叶轮共同组成一迷宫密封，从而抑制在吸入喷嘴22和叶轮12的入口部分12b之间的流体逆流。虽然双方当事人对部件31的翻译存在争议，但是对比文件3公开的内容是客观存在的，正如原告在庭审中认可的，本专利的口环也可以不是环状的，对比文件3中的31具有与本专利密封口环相同的作用，本领域技术人员结合对比文件1和对比文件3可以在不付出创造性劳动的情况下得到本专利权利要求4的技术方案，因此权利要求4不具备创造性。原告关于本专利权利要求4中的口环横截面是L形、本专利的密封效果明显优于对比文件3等主张没有事实和法律依据，本院不予支持。

综上，被告作出的第7421号决定审查程序合法，认定事实清楚，适用法律正确，本院予以维持。原告请求撤销该决定的理由不能成立，本院不予支持。依照《中华人民共和国行政诉讼法》第五十四条第（一）项之规定，本院判决如下：

维持被告国家知识产权局专利复审委员会作出的第7421号无效宣告请求审查决定。

案件受理费1000元，由原告阳江市新粤华不锈钢泵有限公司负担（已交纳）。

如不服本判决，各方当事人可于本判决送达之日起十五日内，向本院提交上诉状及其副本，并交纳上诉案件受理费1000元（开户行：中国工商银行北京分行黄楼支行，户名：北京市第一中级人民法院，账号：144537-48），上诉于北京市高级人民法院。

审 判 长 刘海旗
审 判 员 任 进
代理审判员 周云川
二〇〇六五月十六日
书 记 员 王 溪

北京市高级人民法院
行政判决书

（2006）高行终字第368号

上诉人（原审原告）阳江市新粤华不锈钢泵有限公司，住所地广东省阳江市区城北第二工业区。法定代表人梁元敏，董事长。

委托代理人朱黎光，男，汉族，1961 年 12 月 26 日出生，北京金之桥知识产权代理有限公司职员，住北京市海淀区复兴路甲 49 号院 2 楼 4 单元 306 号。

委托代理人焦烨鋆，女，蒙古族，1978 年 4 月 20 日出生，北京金之桥知识产权代理有限公司职员，住广东省深圳市蛇口工业大道联检楼 8 号。

被上诉人（原审被告）国家知识产权局专利复审委员会，住所地北京市海淀区北四环西路 9 号银谷大厦 10 ~ 12 层。

法定代表人廖涛，副主任。

委托代理人陈海平，该委员会审查员。

委托代理人杨存吉，该委员会审查员。

原审第三人广东凌霄泵业股份有限公司，住所地广东省阳春市春城镇春江大道 117 号。

法定代表人王海波，总经理。

委托代理人吴景华，男，汉族，1957 年 10 月 29 日出生，该公司技术部部长，住广东省阳春市春城南新大道 126 号。

委托代理人张中，男，汉族，1957 年 6 月 14 日出生，珠海智专专利商标代理有限公司职员，住广东省珠海市香洲区南屏珠海大道 1 号 1 栋 504 房。

上诉人阳江市新粤华不锈钢泵有限公司（下称新粤华公司）因实用新型专利权无效行政纠纷一案，不服北京市第一中级人民法院（2005）一中行初字第 1199 号行政判决，向本院提出上诉。本院 2006 年 9 月 4 日受理后，依法组成合议庭，于 2006 年 10 月 19 日公开开庭审理了此案。上诉人新粤华公司的委托代理人朱黎光、焦烨鋆，被上诉人国家知识产权局专利复审委员会（下称专利复审委员会）的委托代理人陈海平、杨存吉，原审第三人广东凌霄泵业股份有限公司（下称凌霄公司）的委托代理人张中、吴景华到庭参加了诉讼。本案现已审理终结。

北京市第一中级人民法院认定，本案涉及国家知识产权局专利局于 2000 年 3 月 8 日授权公告的名称为“射流式自吸离心泵”的实用新型专利（下称本专利），其申请日为 1999 年 1 月 14 日、专利号为 99200350.4、专利权人为新粤华公司。2003 年 4 月 21 日，专利复审委员会作出第 5050 号无效宣告请求审查决定（下称第 5050 号决定），宣告本专利权利要求 1 ~ 2、权利要求 6 ~ 9 无效，在权利要求 3 ~ 5 的基础上维持本专利权有效。2004 年 6 月 18 日，北京市第一中级人民法院做出（2003）一中行初字第 623 号行政判决，维持了第 5050 号决定。针对本专利权利要求 3 ~ 5，凌霄公司于 2004 年 3 月 18 日以其不具备创造性为由，向专利复审委员会提出无效宣告请求。2005 年 6 月 7 日，专利复审委员会进行了口头审理。2005 年 8 月 15 日，专利复审委员会做出第 7421 号无效宣告请求审查决定（下称第 7421 号决定），宣告本专利权利要求 3、权利要求 4 无效，在权利要求 5 的基础上维持本专利权有效。

北京市第一中级人民法院认为，双方虽然对对比文件 3 中部件 31 的翻译存在不同意见，但结合对比文件 3 的附图可以清楚得知附件 31 的结构及其与其他部件的连接关系，其公开的内容是客观的，无须再委托专业翻译单位就此进行翻译。因此专利复审委员会未委托专业翻译单位进行翻译未损害当事人的权益，没有违反法定程序。对于本领域普通技术人员来说，虽然对比文件 2 和对比文件 3 中在射流器的进口处没有标注相应部件的名称，但在阅读专利文件及其附图的基础上，可以认定其应当是用于定位的支架，因此对比文件 2、对比文件 3 公开了本专利权利要求 3 中的支架（33）。对于支架（35），虽然对比文件 2、对比文件 3 中未明确公开，但对于本领域技术人员来说，在已经公开支架（33）用于定位的基础上，在相应的位置设置两个以上的支架用于支撑导叶体是容易想到的，因此本领域技术人员在对比文件 1 的基础上结合对比文件 2 或者对比文件 3 容易想到本专利权利要求 3 的技术方案，这种区别不是非显而易见的，因此权利要求3不具备创造性。本专利权利要求4从属于权利要求1，对比文件3的附图1中，标号31为安装于射流器一端和叶轮前端之间的U型零件，它与叶轮共同组成一迷宫密封。虽然双方当事人对部件31的翻译存在争议，但是对比文件3公开的内容是客观存在的，对比文件3中的31具有与本专利密封口环相同的作用，本领域技术人员结合对比文件1和对比文件3可以在不付出创造性劳动的情况下得到本专利权利要求4的技术方案，因此权利要求4不具备创造性。

北京市第一中级人民法院依照《中华人民共和国行政诉讼法》第五十四条第（一）项之规定，判决：维持专利复审委员会做出的第7421号决定。

新粤华公司不服原审判决，向本院提出上诉，请求撤销原审判决及第7421号决定，维持本专利权利要求3、权利要求4有效。其理由是：关于本专利权利要求3的创造性，支架（33）和支架（35）是两个不同的技术特征，起到的作用也是不同的，对比文件2、3专利说明书文字的部分没有涉及射流器进口处的部件，其附图也没有进行标注，因此，对比文件1、对比文件2、对比文件3均没有公开本专利权利要求3中支架（33）和（35）的技术特征，专利复审委员会及原审判决的认定完全是出于推定，违反了审查指南的规定；而且在先无效宣告请求审查决定已认定对比文件1、对比文件2没有公开支架（33）和支架（35），专利复审委员会不应以同样证据得出相反的结论；关于本专利权利要求4的创造性，作为本专利权利要求1的从属权利要求，权利要求4的附加技术特征公开了一种复合密封结构，而对比文件3仅仅是单一的迷宫密封，从密封效果上说，本专利的效果远远优于对比文件的密封效果，而加工难度、成本、精度、装配难度要求均低于对比文件3中的衬垫结构。因此，本专利权利要求3、权利要求4均具备创造性。专利复审委员会、凌霄公司服从原审判决。

经审理查明，本案涉及国家知识产权局专利局于2000年3月8日授权公告的名称为“射流式自吸离心泵”的实用新型专利，申请日为1999年1月14日，专利号为99200350.4，专利权人为新粤华公司。本专利授权公告的权利要求包括独立权利要求1及其从属权利要求2~9，其中权利要求1、3、4为：

“1. 一种射流式自吸离心泵，由进口管（2）、出口管（9）、后盖（12）、泵壳（1）、叶轮（11）、导叶体（10）、射流器（4）构成，其特征在于泵壳（1）为一金属板冲压成的筒形，泵壳（1）的一端面为一球面，另一端设有与电机（14）连接的法兰（25）。”

“3. 根据权利要求1所述的射流式自吸离心泵，其特征在于射流器（4）内有一在液流方向截面积逐渐变小的喷嘴（21）和一截面积逐渐增大的圆锥形液流管道（31），液流管道（31）的进口处和喷嘴（21）的出口处距离短，射流器（4）上有两个以上均匀分布的筋条（32），射流器（4）的进、出口两端分别有两个以上均匀分布的支架（33）和支架（35）。”

“4. 根据权利要求1所述的射流式自吸离心泵，其特征在于射流器（4）与叶轮（11）前端配合处装有密封口环（20），与叶轮（11）组成一迷宫密封。”

本专利说明书记载：“本实用新型的目的是提供一种全部采用冲压和焊接工艺制造的泵……泵壳有足够的强度和刚度来承受管路作用力和内部压力的射流式自吸离心泵”、“在喷嘴（21）上有两个以上均匀配置的支架（33），用于定位……射流器4的进、出口端分别有两个以上均匀分布的支架（33）和支架（35），支架（35）用于支撑导叶体（10）”、“射流器与叶轮进口处设有密封口环（20），与叶轮（11）组成一迷宫密封，动静密封的密封面间隙少于0.5mm，能有效地减少叶轮的回流，保证水泵的运行参数，提高泵的效率。”

2003年4月21日，专利复审委员会作出第5050号决定，认定本专利权利要求1相对于欧洲专利申请说明书EP－0552661A1及其中文译文（即对比文件1）不具备创造性，并指出对比文件1未公开权利要求3中的“射流器（4）的进、出口两端分别有两个以上均匀分布的支架（33）和支架（35）”这一技术特征，从而宣告本专利权利要求1~2、权利要求6~9无效，在叔利要求3~5基础上维持本专利权有效。2004年6月18日，北京市第一中级人民法院做出（2003）一中行初字第623号行政判决，判决维持第5050号决定。

针对本专利权利要求3~5，凌霄公司于2004年3月18日以其不符合专利法第二十二条第三款的规定，不具备创造性为由，向专利复审委员会提出无效宣告请求，并提交了四份证据，其中包括：

对比文件1：欧洲专利申请说明书EP-0552661A1及其中文译文，公开日1993年7月28日，其公开了一种自吸离心泵；

对比文件2：欧洲专利申请说明书EP-0401670A2及其中文译文，公开日1990年5月3日，其公开了一种特别含有内装射流器的自吸离心泵，从其附图1可以看出有两个部件存在于射流器16的喷嘴17和泵壳2之间，该两部件未命名；

对比文件3：日本公开特许公报平3-107596及其部分中文译文，公开日1991年5月7日，其公开了一种离心泵，从其附图4中可以看出在射流器22的喷嘴23和泵壳1之间存有两支架，根据凌霄公司提交的说明书译文得知，在其喷嘴22的端部22a上有环形的沟30，在沟30中压入截面大致呈U字形的口环31，口环31的内凹处松动嵌入叶轮12的入口部分12b。这个口环31因而可抑制在吸入喷嘴22和叶轮12的入口部分12b之间的流体逆流。

2005年6月7日，专利复审委员会进行了口头审理。在口头审理中，新粤华公司对对比文件1、对比文件2的译文无异议，但认为对比文件3中文译文中的“口环”应当译为“衬垫”。

2005年8月15日，专利复审委员会做出第7421号决定，宣告本专利权利要求3、权利要求4无效，在权利要求5的基础上维持专利权有效。其理由是：1. 证据认定。对于新粤华公司认为对比文件3的中文译文中的“口环”一词应当改译为“衬垫”这一观点，由于该零件的结构已在对比文件3附图中被清楚示出，因此无论将其译为“口环”或“衬垫”对该结构本身无任何影响，因此对对比文件3的中文译文予以认可。对比文件1~4可以作为本专利的已有技术用以评价本专利的创造性。2. 关于本专利权利要求3~5的创造性。在专利复审委员会作出第5050号决定中已指出：在对比文件1未公开该权利要求3中的“射流器（4）的进、出口两端分别有两个以上均匀分布的支架（33）和支架（35）”这一技术特征。虽然在对比文件2、对比文件3中相当于支架的结构中没有对应的文字说明，但是根据本领域技术人员的一般常识，上述结构在其所处位置应当具有支撑射流器的功能，故可以认为其与该权利要求3中所述的“支架”属于具有同样功能的结构，而对此类支撑结构的具体数量与设置位置则是本领域技术人员可以根据产品的具体构造不需经过创造性的思考就可以设计出来的。因此，本专利权利要求3相对于对比文件1、对比文件2或对比文件1、对比文件3的结合不具备创造性。在对比文件3图1中，标号31所指示的安装于射流器一端22a与叶轮12前端之间的环状零件与叶轮12共同组成一迷宫密封，该零件与该权利要求4中所述的“密封口环”具有相同的功能。故本专利权利要求4相对于对比文件1、对比文件3的结合无创造性。本专利权利要求5具有相对于已有技术具有实质性特点和进步，具有创造性。基于上述理由，专利复审委员会做出第7421号决定，宣告本专利权利要求3、权利要求4无效，在权利要求5的基础上维持本专利有效。

上述事实有本专利授权公告说明书、第5050号决定、第7421号决定、对比文件1~3事人陈述等证据在案证明。

本院认为，实用新型的创造性是指同申请日以前已有的技术相比，该实用新型具有实质性特点和进步。

由于凌霄公司在本案无效宣告请求审查程序中新提交了对比文件3，所以，专利复审委员会引入对比文件3，将对比文件1和对比文件3结合评价本专利权利要求3的创造性，符合法律规定。新粤华公司关于专利复审委员会以同样的证据得出相反结论的主张不能成立，本院不予支持。

本专利权利要求3与对比文件1的区别技术特征是“射流器（4）的进、出口两端分别有两个以上均匀分布的支架（33）和支架（35）”，说明书载明，其中支架（33）用于定位，支架（35）用于支撑导叶体（10）。对于所属技术领域的技术人员来说，通过阅读对比文件的专利权利要求书、说明书及其附图，可以认定对比文件3中在射流器的进口处设置有用于定位的支架，因此，对比文件3公开了本专利权利要求3中的支架（33）。在已经公开支架（33）用于定位的基础上，对于所属技术领域的技术人员来说，对比文件3给出了在相应的位置设置两个以上的支架用于支撑导叶体的技术启示，因此，所属技术领域的技术人员在对比文件1的基础上结合对比文件3不付出创造性劳动就可以得出本专利权利要求3的技术方案，权利要求3不具备创造性。

本专利权利要求4从属于权利要求1，其附加的技术特征为“射流器与叶轮前端配合处装有密封口环，与叶轮组成一迷宫密封”。对比文件3的附图1中，标号31为安装于射流器一端和叶轮前端之间的U形零部件，它与叶轮共同组成一迷宫密封，从而抑制在吸入喷嘴22和叶轮12的入口部分12b之间的流体逆流。虽然新粤华公司主张对比文件3附图中标号31的零部件应当翻译为“衬垫”，而“口环”与“衬垫”是不同的技术特征，但是所属技术领域的技术人员通过阅读对比文件3的附图可以了解对比文件3中的零部件31具有与本专利密封口环相同的作用，均与叶轮组成一迷宫密封，新粤华公司亦认可本专利的口环也可以不是环状的，故所属技术领域的技术人员结合对比文件1和对比文件3可以在不付出创造性劳动的情况下得到本专利权利要求4的技术方案，因此，权利要求4不具备创造性。新粤华公司关于本专利权利要求4中是复合结构的迷宫密封，没有得到专利文件和说明书的支持，其关于本专利权利要求4具有创造性的上诉主张不能成立。

综上，新粤华公司的上诉请求和理由缺乏事实和法律依据，本院不予支持。原审判决认定事实清楚，适用法律正确。依照《中华人民共和国行政诉讼法》第六十一条第一款第（一）项之规定，判决如下：

驳回上诉，维持原判。

一、二审案件受理费各1000元，均由阳江市新粤华不锈钢泵有限公司负担（已交纳）。本判决为终审判决。

审 判 长 刘 辉
代理审判员 岑宏宇
代理审判员 张冬梅
二〇〇六十一月三日
书 记 员 耿巍巍

132

低地板机坪旅客车案

无效宣告请求审查决定（第7422号）

决　定　号　第7422号
决　定　日　2005年8月15日
发明创造名称　低地板机坪旅客车
国际分类号　B62D 21/18
无效请求人　民航协发机场设备有限公司
专利权人　周吟吟
专　利　号　95221632.9
申　请　日　1995年9月15日
授权公告日　1996年8月28日
合议组组长　魏　屹
主　审　员　耿　博
参　审　员　陈海平

法律依据　专利法第二十二条
决定要点

当本领域的技术人员根据现有技术公开的技术内容并结合本领域的常规技术手段无须花费创造性劳动来实现一专利所要求保护的技术方案时，应当认为该专利没有创造性。

一、案由

本无效宣告请求案涉及国家知识产权局专利局于1996年8月28日授权公告的、名称为“低地板机坪旅客车”的实用新型专利，其专利号是95221632.9，申请日是1995年9月15日，专利权人是周吟吟（下称被请求人）。

授权公告的权利要求如下：

“1. 低地板机坪旅客车，其特征在于：低地板机坪旅客车的后桥（1）的中间部位呈凹形，底盘（2）的最底面距离地平面在170毫米（mm）至350毫米（mm）之间，地板（3）的最顶面距离地平面小于500毫米（mm）或等于320毫米（mm）。”

针对上述专利权（下称本专利），民航协发机场设备有限公司（下称请求人）于2003年11月26日向专利复审委员会提出了无效宣告请求，理由是本专利不符合专利法第二十二条第三款有关创造性的规定。与此同时，请求人提交以下证据：

证据1：中国航空器材进出口总公司作出的说明复印件1页；

证据2：COBUS300机场摆渡车的随车说明书的后桥结构图复印件1页。

请求人认为证据1、证据2已经充分地证明了本专利权利要求1所限定的结构在本专利申请日之前在国内公开使用。而权利要求1中对底盘和地板的高度参数的限定与其结构没有任何的有机联系，参数的多少是个设计问题，所以本专利所要求保护的技术方案同现有技术没有实质性特点和进步。

经形式审查合格后，专利复审委员会于2003年11月26日受理了上述无效宣告请求，并将无效宣告请求书及相关材料副本转送给被请求人，要求被请求人在指定期限内进行意见陈述。但由于被请求人的通信地址发生变更，专利复审委员会的受理通知书及其转送的其他文件被邮政部门退回，后专利复审委员会对这些文件和材料采用了公告送达的方式予以送达。

请求人于2003年12月25日向专利复审委员会提交意见陈述书及补充了两份证据：

证据3：COBUS300机场摆渡车的购销合同附件的技术说明书复印件；

证据4：欧洲专利申请文件EP0456096A1，公开日为1991年11月13日。

请求人认为证据3可以和证据1相佐证来证明COBUS300机场摆渡车在本专利的申请日之前公开使用的事实；证据4中公开了除“底盘（2）的最底面距离地平面在170mm至350mm”之外的所有特征，而参数多少是个设计问题，两者的结构和效果是完全相同的，所以本专利相对于现有技术不具备创造性。

专利复审委员会于2004年11月3日将请求人的以上意见陈述及证据副本转文给被请求人，并要求被请求人在指定的时间内答复。同时向双方当事人发出口头审理通知书，定于2005年1月19日在专利复审委员会举行口头审理。并告知请求人在一个月内将补充提交的证据3、证据4的中文译文交上，否则，该证据视为未提交。后因故此次指定的口头审理时间变更为2005年3月21日。

针对上述专利权（下称本专利），民航协发机场设备有限公司（下称请求人）于2005年3月15日向专利复审委员会提出了无效宣告请求，理由是本专利不符合专利法第二十二条第三款有关创造性的规定。与此同时，请求人提交以下证据：

证据1：中国航空器材进出口总公司作出的说明复印件1页；

证据2：COBUS300机场摆渡车的随车说明书的后桥结构图复印件1页；

证据3：COBUS300机场摆渡车的购销合同附件的技术说明书复印件；

证据4：欧洲专利申请文件EP0456096A1及其译文，公开日为1991年11月13日。

请求人认为证据1、证据2已经充分地证明了本专利权利要求1所限定结构的旅客车在本专利的申请日之前在国内公开使用。而权利要求1中对底盘和地板的高度参数的限定与其结构没有任何的有机联系，证据3可以和证据1相佐证来证明COBUS300机场摆渡车在本专利的申请日之前公开使用的事实；证据4中公开了除“底盘（2）的最底面距离地平面在170mm至350mm”之外的所有特征，而参数多少是个设计问题，两者的结构和效果是完全相同的，所以本专利相对于现有技术不具实质性特点和进步，不具备创造性。

经形式审查后，专利复审委员会于2005年3月16日受理了上述无效宣告请求，并将无效宣告请求书及相关材料转送给被请求人，要求被请求人在指定期限内进行意见陈述。

口头审理于2005年3月21日在专利复审委员会如期举行，双方当事人均参加了口头审理。双方当事人同意将请求人先后提出的两次无效宣告请求合并进行审理。由于被请求人参加口头审理的时间在第二次无效宣告请求的答辩期内，故被请求人保留核对证据4译文的正确性及进一步意见陈述的权利。双方当事人针对证据4公开的内容是否破坏本专利的新颖性、创造性进行了意见陈述。被请求人指出请求人提交的证据4不完整，证据3没有原件可供核实。

被请求人于2005年4月6日向合议组提交了意见陈述书。被请求人认为请求人提交的证据1是一份复印件，其真实性无法证明，证据2仅为半张图纸的复印件，本身没有标明日期和出处，图纸也看不出与本案专利相关的结构特征，该证据不应被采信；证据3是境外取得的一份外文说明书，按照证据规则的规定，该证据应该经过公证认证手续，而该证据由于不具备构成证据的所述要件，故不能被采信；证据4中的图中给人的感觉是后桥形成一个类似的U形的形状，但这U形的两边是传动系统的壳体，并非如本专利权利要求书中所述“后桥的中间部位呈凹形”，虽然该证据中公开了“地板3离地面的高度大约为35cm”，但未公开“底盘（2）的最底面距离在170mm至350mm之间”这一部分技术特征，也没有公开“地板（3）的最顶面距离地平面……或等于320mm”的技术特征。并且从附图可以看出，桥管47由于其内部含有轴24，轴24又偏心设置，桥管的直径应当在20cm以上，且桥管离地面的最低距离不能小于10cm，且桥管上和地板间的支撑横梁未画出，弹簧的变形也未计算在内，故证据4的方案不能实现35cm的指标的。另外，本专利的权利要求1实质上还包括了两个并列的技术方案，即“地板（3）的最顶面距离地平面小于500mm；以及……或等于320mm。”综上，被请求人认为本专利相对于现有技术具有结构简单、造价低、地板更低等特点，进而具备创造性。

请求人于2005年4月13日向合议组提交了意见陈述书及证据4的完整文本。请求人在意见陈述中进一步重申了本专利相对于证据4不具备创造性的理由。合议组于2005年4月27日将其意见陈述和证据4的副本转文给被请求人。

被请求人于2005年5月19日向合议组提交了意见陈述书。被请求人强调证据4公开的技术方案中只有被驱动桥系统的概念而没有后桥的描述，从该证据图3、图4中看出中间轴24与两端的齿轮27、28剖面图形成了U形，但这不同于权利要求所述的“后桥的中间部位呈凹形”。中间的圆柱形外壳36、47也并不是后桥或者桥管，仅是外壳。另外在证据4中降低地板高度所采用的方案完全不同于本专利所采用的技术方案。被请求人重申了本专利的权利要求1包含有两个并列的技术方案。与此同时，被请求人提交了证人杨景义、余志生出具的证言复印件。

合议组经过合议后认为本案事实已经清楚，可以依法作出审查决定。

二、决定的理由

1. 证据的认定

请求人提交的证据1是中国航空器材进出口总公司作出的说明复印件，请求人未能出示该证据的原件，出具说明单位的负责人也未到庭接受质证，也没有其他证据能够和该证据相互印证，故合议组对该证据不予采信；证据2是COBUS300机场摆渡车的随车说明书的后桥结构图复印件1页；请求人未能出示该证据的原件，合议组无法核实其真实性，且其本身没有标明日期和出处，其公开的内容无法认定为本专利的现有技术，故合议组对该证据不予采信；证据3是一份COBUS300机场摆渡车的购销合同附件的技术说明书复印件；该证据属于一份域外形成的证据，根据证据规则的相关规定，该证据应该通过公证认证手续来证实其真实性，而该证据不具备这些必要的形式要件，并且合议组也无法通过其他途径来核实该证据的真实性，故合议组对该证据不予采信；证据4是申请号为91107044.9的欧洲专利申请文件，请求人在第二次无效请求时一并提交了该证据的译文，口头审理时，被请求人指出该证据的申请文件不完整，对其真实性表示质疑。请求人于2005年4月13日提交了该证据的完整文本。转文给被请求人后，被请求人未对该证据的真实性及译文的准确性提出异议。经合议组核实，可以确认其真实性，也认可其译文的准确性，对该证据予以采信。该证据的公开日为1991年11月13日，早于本专利的申请日，故可以作为评价本专利是否具备创造性的对比文件。

2. 相关法律规定

专利法第二十二条规定：创造性，是指同申请日以前已有的技术相比，该发明有突出的实质性特点和显著的进步，该实用新型有实质性特点和进步。

3. 本专利是否具备创造性

在证据4中公开了如下技术内容：一种公共汽车，其后桥7、8的中间部位呈凹形，地板3离地面的高度大约为35cm。(参见说明书第2栏第19~21行及译文第2页倒数第13~14行，说明书附图1)。由此可见，证据4已经公开了本专利权利要求1所要求保护技术方案的如下技术特征："低地板机坪旅客车的后桥（1）的中间部位呈凹形，地板（3）的最顶面距离地平面小于500毫米（mm)"。"底盘（2）的最底面距离地平面在170毫米（mm）至350毫米（mm）之间"这一技术特征虽然没有被证据4公开，但是本领域的技术人员可以根据本领域的常规技术手段并结合发明目的的需要，在确定汽车地板的最顶端距离地平面距离的前提下来实现其底盘的最底面距离地平面的高度，这是无须花费创造性劳动可以实现的。并且，"地板（3）的最顶面距离地平面等于320毫米（mm)"这一技术特征是本领域的技术人员通过证据4公开的内容无须创造性劳动即可实现的。并且由该技术特征所限定的技术方案并没有取得意想不到的技术效果。

综上所述，本领域的技术人员能够在证据4所公开的内容的基础上，结合本领域的常规技术手段，无须花费创造性劳动，来实现本专利权利要求1所要求保护的技术方案，所以本专利权利要求1不具备创造性。

被请求人强调指出，"证据4中所公开的汽车后桥和本专利所要求保护技术方案中的汽车后桥的悬挂类型不同；证据4公开的技术方案中只有被驱动桥系统的概念而没有后桥的描述，从该证据图3、4中看出中间轴24与两端的齿轮27、28剖面图形成了U形，但这不同于权利要求所述的"后桥的中间部位呈凹形"。另外，本专利的权利要求1实质上还包括了两个并列的技术方案，即"地板（3）的最顶面距离地平面小于500mm；以及……或等于320mm。"

合议组认为，纵观本专利的说明书及权利要求书，均没有明确本专利所要求保护技术方案中汽车后桥的悬挂类型，并且通过证据4的附图1中可以明确地看到该公共汽车的后桥的中间部位呈凹形，证据4附图1中标号7、8所指示的部件应当认为即是汽车的后桥，与本专利中的附图标记1所示的部件相同。本专利权利要求1所要求保护的技术方案虽然可以认为是两个并列的技术方案，但是其第二个技术方案的保护范围即"地板（3）的最顶面距离地平面等于320毫米（mm)"已经被"地板（3）的最顶面距离地平面小于500毫米（mm)"所限定的技术方案的保护范围所涵盖，并且截取"地板（3）的最顶面距离地平面等于320mm"这一点予以保护也无法预见其能取得意想不到的技术效果，只是本领域技术人员根据实际情况作出的常规技术选择。所以合议组对被请求人的以上主张不予支持。

三、决定

宣告95221632.9号实用新型专利权无效。

当事人对本决定不服的，可以根据专利法第四十六条第二款的规定，自收到本决定之日起三个月内向北京市第一中级人民法院起诉。根据该款规定，一方当事人起诉后，另一方当事人应当作为第三人参加诉讼。

北京市第一中级人民法院
行政判决书

(2005）一中行初字第1212号

原告周吟吟，女，65岁，汉族，中国民航实业开发总公司退休干部、高级工程师，住北京市海淀区花园东路8号楼4082室。

委托代理人刘岩，北京市紫光达律师事务所律师。

委托代理人王永俊，北京市紫光达律师事务所律师。

被告国家知识产权局专利复审委员会，住所地北京市北四环西路9号银谷大厦。

法定代表人廖涛，副主任。

委托代理人耿博，男，国家知识产权局专利复审委员会干部。

委托代理人程强，男，国家知识产权局专利复审委员会干部。

第三人民航协发机场设备有限公司，住所地北京市西城区西长安街15号。

法定代表人刘金玉，董事长。

委托代理人高建华，男，民航协发机场设备有限公司经理高级工程师。

原告周吟吟不服被告国家知识产权局专利复审委员会（下称专利复审委）于2005年8月15日作出的第7422号无效宣告请求审查决定（下称第7422号决定），于2005年11月14日向本院提起行政诉讼。本院于2005年11月18日受理后，依法组成合议庭，并通知民航协发机场设备有限公司（下称民航协发公司）作为第三人参加诉讼。本院于2005年11月21日向被告送达了起诉状副本及应诉通知书，并于2005年12月7日公开开庭审理了本案。原告周吟吟及其委托代理人刘岩、王永俊，被告专利复审委员会的委托代理人耿博、程强，第三人民航协发公司的委托代理人高建华到庭参加了诉讼。本案现已审理终结。

2005年8月15日，被告针对第三人申请宣告名称为“低地板机坪旅客车”的实用新型专利权（下称本专利）无效的请求作出了第7422号决定，认为：

1. 证据的认定。第三人提交的证据1是中国航空器材进出口总公司作出的说明复印件（下称证据一），第三人未能出示该证据的原件，出具说明单位的负责人也未到厅接受质证，也没有其他证据能够和该证据相印证，故对该证据不予采信；证据2是COBUS300机场摆渡车的随车说明书的后桥结构图复印件1页（下称证据二），第三人未能出示该证据为本专利的现有技术，故该证据不予采信；证据3是一份COBUS300机场摆渡车的购销合同附件的技术说明书复印件（下称证据三），该证据属于一份域外形成的证据，根据证据规则的相关规定，该证据应该通过公证认证手续来证实其真实性，而该证据不具备这些必要的形式要件，并且合议组也无法通过其他途径来核实该证据的真实性，故对该证据不予采信；证据4是申请号为91107044.9的欧洲专利申请文件（下称证据四），第三人在第二次无效请求时一并提交了该证据的译文。口头审理时，原告指出该证据的申请文件不完整，对其真实性表示质疑。第三人于2005年4月13日提交了该证据的完整文本。转文给原告后，原告未对该证据的真实性及译文的准确性提出异议。经合议组核实，可以确认其真实性，也认可其译文的准确性，对该证据予以采信。该证据的公开日为1991年11月13日，早于本专利的申请日，故可以作为评价本专利是否具备创造性的对比文件。

2. 相关法律规定。《中华人民共和国专利法》（下称《专利法》）第二十二条规定：创造性，是指同申请日以前已有的技术相比，该发明有突出的实质性特点和显著的进步，该实用新型有实质性特点和进步。

3. 本专利是否具备创造性。在证据四中公开了如下技术内容：一种公共汽车，其后桥7、8的中间部位呈凹形，地板3离地面的高度大约为35cm。由此可见，证据四已经公开了本专利权利要求1所要求保护技术方案的如下技术特征：“低地板机坪旅客车的后桥（1）的中间部位呈凹形，地板（3）的最顶面距离地平面小于500毫米（mm）”。“底盘（2）的最底面距离地平面在170毫米（mm）至350毫米（mm）之间”这一技术特征虽然没有被证据四公开，但是本领域的技术人员可以根据本领域的常规技术手段并结合发明目的的需要，在确定汽车地板的最顶端距离地平面距离的前提下来实现其底盘的最底面距离地平面的高度，这是无须花费创造性劳动可以实现的。并且，“地板（3）的最顶面距离地平面等于 320 毫米（mm）”这一技术特征是本领域的技术人员通过证据四公开的内容无须创造性劳动即可实现的。并且由该技术特征所限定的技术方案并没有取得意想不到的技术效果。综上，本领域的技术人员能够在证据四所公开的内容的基础上，结合本领域的常规技术手段，无须花费创造性劳动，来实现本专利权利要求 1 所要求保护的技术方案，所以本专利权利要求 1 不具备创造性。

据此，被告依据《专利法》第二十二条的规定，决定宣告本专利无效。

被告在法定的举证期限内向本院提交并经庭审质证的证据有：1. 证据四及其译文；2. 本专利授权公告文本。以上证据用以证明被诉具体行政行为的合法性。

原告周吟吟诉称：一、被告拖延近一年的时间转送无效请求的材料，有损公正、及时的执法原则。二、被告改动推迟已确定的口头审理日期，是为第三人未能在一个月内补充证据再造机会，违反了《专利法》及《审查指南》的规定。三、被告受理第三人两次相同的无效宣告请求，并将两次请求合案审理，允许第三人违规补正，属规避法律的违法行为。四、被告认定一项历经十年实践检验的专利技术不具备创造性，缺乏确凿的证据和事实依据。证据四缺乏证据来源及合法性的证明，不具备作为认定事实的证据的基本条件。证据四是一项“用于本地交通的公共汽车的传动系统”技术方案。而本专利是“半承载结构，钢板弹簧悬挂，前桥驱动，后桥随动弯桥”的设计理念。二者采用的是截然不同的两种途径和结构，不具有同一性或者相近性。原告请求撤销第 7422 号决定，并判令被告承担本案的诉讼费用。

原告向本院提交并经庭审质证的证据有：

第一部分：1. 原告与捷新公司于2000 年6 月签订的《协议书》等相关材料；2. 中国民航实业开发总公司《关于申请更改机场摆渡车生产许可证的报告》；3. 中国民航协会咨询公司总经理李振达与原告的《会议纪要》等相关材料；4. 原告代表实业公司与红星工厂签订的机场摆渡车加工生产《协议》及据此第三人与红星工厂签订的机坪客车加工生产《合同》；5. 原告以第三人和捷新公司为被告向法院提起侵权民事诉讼的《起诉书》及相应的案件受理通知书；6. 空港 KG-B5300 机场摆渡车《简介》。以上证据用以证明第三人等对原告侵权的事实及第三人为什么提出无效宣告请求。

第二部分：7. 鉴字（1996）第 13 号《科学技术成果鉴定证书》、《机场摆渡车产品鉴定意见》等，用以证明对原告技术方案所作的科技成果鉴定，该技术具备独特性和创造性。

第三部分：8. 国家知识产权局专利检索咨询中心《检索报告》，用以证明该检索报告检索范围广泛，经过对中外专利文献系统和检索工具广泛检索没有发现有证据四，说明在本专利申请日前证据四并不存在，经与检索出的 4 份相关专利文献比对，本专利具备新颖姓、创造性。

第四部分：9. 清华大学出版社《汽车设计》高等学校教材《汽车设计》；10. 本专利说明书；11. 证据四说明书；12、证人余志生证言；13. 证人杨景义证言。两证人并出庭作证，作证内容为本专利与现有技术的差异等。以上证据用以证明证据四与本专利不具有可比性，本专利具备创造性。

被告专利复审委辩称：一、审理程序拖延是因为原告作为专利权人在自己的通信地址发生变更之后，没有按照规定进行著录项目的变更。由于专利权人搬迁致使信件不能送达，被告按照相关规定对这些文件进行了公告送达。联系到原告后，被告要求原告及时对著录项目进行了变更，并考虑到原告对第三人的无效宣告请求及其证据并不知晓，影响到口头审理的效率，所以将口头审理日期向后变更。《专利法》、《中华人民共和国专利法实施细则》（下称《实施细则》）、《审查指南》的规定，无效宣告请求人可以提出若干个无效宣告请求。另外，对针对同一专利权提出的不同无效宣告请求尽可能地合并审理。二、由于本专利的权利要求保护的范围是一个相当大的技术方案，并且被现有技术揭示了实现这一技术方案的启示，本领域的技术人员根据证据4公开的内容结合常规的技术手段无须创造性劳动即可实现该技术方案，所以认定该技术方案不具备创造性是合法的。被告认为第7422号决定认定事实清楚、适用法律正确。审理程序合法，请求法院维持第7422号决定。

第三人民航协发公司同意被告的答辩意见。

第三人未向本院提交证据。

经庭审质证，原告对被告提交的证据的真实性没有异议，但不同意证明作用。第三人对被告提交的证据没有异议。被告对原告提交的第四部分中证据10～11没有异议；对第一部分、第二部分及第四部分中证据9，认为与本案没有关联性；第三部分证据在无效程序中没有涉及；第四部分证据12～13，认为两证人与原告是否存在利害关系被告不清楚，且教授考虑问题的出发点是否按照《专利法》进行评判也不明确，而且无权对本专利是否具有创造性进行评判。第三人同意被告对原告证据的质证意见。

经审查本院认为，被告提交的证据能够证明案件事实，本院予以确认。原告提交的第四部分中证据10～11，能够证明案件事实，本院予以确认；原告提交的第一部分、第二部分及第四部分中证据9，与本案没有关联性，本院不予确认；原告提交的第三部分证据，在行政程序中没有提交，本院不予采信；原告提交的第四部分中证据12～13，证人关于本专利及证据四内容的描述，可以证明案件的事实，本院予以确认，但关于本专利具备创造性的评价，超出证人作证范围，本院不予采信。

根据上述有效证据及各方当事人在庭审中无争议的陈述，本院确认如下事实：

本专利的专利号为95221632.9，申请日为1995年9月15日，专利权人是原告。本专利权利要求书如下：

"1. 低地板机坪旅客车，其特征在于低地板机坪旅客车的后桥（1）的中间部位呈凹形，底盘（2）的最底面距离地平面在170毫米（mm）至350毫米（mm）之间，地板（3）的最顶面距离地平面小于500毫米（mm）或等于320毫米（mm）。"

2003年11月26日，第三人针对上述专利权向被告提出无效宣告请求，并提交了证据1和证据2，其理由为：证据1和证据2已经充分证明本专利权利要求1所限定的结构在本专利申请日之前在国内公开使用。而权利要求1中对底盘和地板的高度参数的限定与其结构没有任何的有机联系，参数的多少是个设计问题，所以本专利所要求保护的技术方案同现有技术没有实质性特点和进步。当日，被告受理了第三人提出的无效宣告请求。由于原告通信地址变更，被告采用了公告送达的方式予以转文。同年12月25日，第三人向被告提交了证据3和证据4。2004年11月3日，被告将第三人的意见陈述及证据副本转文给原告，并定于2005年1月19日举行口头审理。后因故口头审理日期变更为2005年3月21日。

2005年3月15日，第三人针对本专利以同一理由和证据向被告提出无效宣告请求。当月16日，被告受理了第三人的无效宣告请求，并按规定进行了转文。当月21日，被告进行了口头审理，第三人提出的两次无效宣告请求合并进行了审理。同年8月15日，被告作出第7422号决定。原告不服该决定，向本院提起行政诉讼。

本院认为：关于行政程序的合法性问题。被告受理了第三人的无效宣告请求后按照规定进行了转文，因原告地址变更后没有进行著录项目变更，被告采取了公告送达的方式，被告在对原告进行转文的过程中没有违反相关法律法规。根据审查指南第四部分第四章第3节的规定，被告可以依职权变更口头审理的日期。另外，被告将第三人提出的两次无效请求合并审理亦不违反法律规定。被告作出第7422号决定的程序合法，原告关于被告审理程序违法的诉讼主张，缺乏事实和法律依据，本院不予支持。

证据4是欧洲专利申请文件，其公开日在本专利的申请日之前，被告将证据四作为评价本专利是否具有创造性的对比文件，符合法律规定。

关于本专利的创造性问题。《专利法》第二十二条第三款规定，实用新型的创造性是指同申请日以前已有的技术相比，该实用新型有实质性特点和进步。根据《专利法》第五十六条规定，发明或者实用新型专利权的保护范围以其权利要求的内容为准，说明书及附图可以用于解释权利要求。本案中，本专利的权利要求书是："1. 低地板机坪旅客车，其特征在于低地板机坪旅客车的后桥（1）的中间部位呈凹形，底盘（2）的最底面距离地平面在170毫米（mm）至350毫米（mm）之间，地板（3）的最顶面距离地平面小于500毫米（mm）或等于320毫米（mm）。"证据4披露了本专利权利要求1中"低地板机坪旅客车的后桥（1）的中间部位呈凹形，地板（3）的最顶面距离地平面小于500mm"。对比文件虽然没有公开本专利权利要求1中"底盘（2）的最底面距离地平面在170mm至350mm之间"的内容，但是此项内容本领域技术人员能够在证据四公开的内容的基础上，结合常规的技术手段，无须创造性的劳动即可实现。对于"地板（3）的最顶面距离地平面等于320毫米（mm）"的内容，本领域技术人员亦可根据证据4披露的内容，无须创造性的劳动即可实现。因此，本专利权利要求1不具有突出的实质性特点和进步，不具备创造性。原告关于本专利具备创造性的诉讼主张，缺乏事实依据，本院不予支持。

综上，第7422号决定认定事实清楚，适用法律正确，本院应予维持。依照《中华人民共和国行政诉讼法》第五十四条第（一）项之规定，判决如下：

维持被告国家知识产权局专利复审委员会于二〇〇五年八月十五日作出的第7422号无效宣告请求审查决定。

案件受理费1000元，由原告周吟吟负担（已交纳）。

如不服本判决，可于本判决书送达之日起十五日内，向本院递交上诉状，并按对方当事人的人数提交副本，上诉于北京市高级人民法院。上诉人在接到人民法院预交诉讼费用的通知后七日内未预交又不提出缓交申请的，按自动撤回上诉处理。

审 判 长　娄宇红
审 判 员　李纪红
代理审判员　何君慧
二〇〇五年十二月二十日
书 记 员　郎莉萍

北京市高级人民法院
行政判决书

（2006）高行终字第233号

上诉人（一审原告）周吟吟，女，1940年3月7日出生，汉族，中国民航实业开发总公司退休高级工程师，住北京市海淀区花园东路8号楼4082室。

委托代理人王永俊，北京市紫光达律师事务所律师。

委托代理人刘岩，北京市紫光达律师事务所律师。

被上诉人（一审被告）国家知识产权局专利复审委员会，住所地北京市海淀区北四环西路9号银谷大厦。

法定代表人廖涛，副主任。

委托代理人耿博，男，国家知识产权局专利复审委员会审查员。

委托代理人王丽颖，女，国家知识产权局专利复审委员会审查员。

被上诉人（一审第三人）民航协发机场设备有限公司，住所地北京市西城区西长安街15号。

法定代表人刘金玉，董事长。

委托代理人高建华，男，民航协发机场设备有限公司高级工程师。

上诉人周吟吟因专利无效宣告请求审查决定，不服北京市第一中级人民法院（2005）一中行初字第1212号行政判决，向本院提起上诉。本院受理后，依法组成合议庭，公开开庭审理了本案。上诉人周吟吟及其委托代理人王永俊，被上诉人国家知识产权局专利复审委员会（下称专利复审委）的委托代理人耿博、王丽颖，被上诉人民航协发机场设备有限公司（下称民航协发公司）的委托代理人高建华到庭参加诉讼。本案现已审理终结。

北京市第一中级人民法院判决认为，关于行政程序的合法性问题。专利复审委受理了民航协发公司的无效宣告请求后按照规定进行了转文，因周吟吟地址变更后没有进行著录项目变更，专利复审委采取了公告送达的方式，专利复审委在对周吟吟进行转文的过程中没有违反相关法律法规。根据审查指南第四部分第四章第3节的规定，专利复审委可以依职权变更口头审理的日期。另外，专利复审委将民航协发公司提出的两次无效请求合并审理亦不违反法律规定。专利复审委作出第7422号无效宣告请求审查决定（下称第7422号决定）的程序合法，周吟吟关于专利复审委审理程序违法的诉讼主张，缺乏事实和法律依据，不予支持。

证据4是欧洲专利申请文件，其公开日在本专利的申请日之前，专利复审委将证据4作为评价本专利是否具备创造性的对比文件，符合法律规定。

关于本专利的创造性问题。《中华人民共和国专利法》（下称《专利法》）第二十二条第三款规定，实用新型的创造性是指同申请日以前已有的技术相比，该实用新型有实质性特点和进步。根据《专利法》第五十六条规定，发明或者实用新型专利权的保护范围以其权利要求的内容为准，说明书及附图可以用于解释权利要求。本案中，证据4披露了本专利权利要求1中“低地板机坪旅客车的后桥（1）的中间部位呈凹形，地板（3）的最顶面距离地平面小于500mm”。对比文件虽然没有公开本专利权利要求1中“底盘（2）的最底面距离地平面在170毫米至350毫米之间”的内容，但是此项内容本领域技术人员能够在证据4公开的内容的基础上，结合常规的技术手段，无须创造性的劳动即可实现。对于“地板（3）的最顶面距离地平面等于320毫米（mm）”的内容，本领域技术人员亦可根据证据4披露的内容，无须创造性的劳动即可实现。因此，本专利权利要求1不具有突出的实质性特点和进步，不具备创造性。周吟吟关于本专利具备创造性的诉讼主张，缺乏事实依据，不予支持

综上，第7422号决定认定事实清楚，适用法律正确，应予维持。依照《中华人民共和国行政诉讼法》第五十四条第（一）项之规定，判决维持专利复审委于2005年8月15日作出的第7422号决定。

上诉人周吟吟不服上述一审判决，向本院提起上诉，上诉称，一审判决认定第7422号决定审理程序合法，不仅有损实事求是的原则，亦同相关法律规定相悖。专利复审委有多种方式可以联系到我，即便采取公告方式，也不需要一年的时间转文，将拖延转文的时间归罪于我没有进行地址著录变更，缺乏事实根据。“依职权变更口头审理日期”的前提是遇有特殊情况，本案中不存在法定需要变更审理日期的特殊情况。一审判决称“专利复审委将民航协发公司提出的两次无效请求合并审理亦不违反法律规定”，那《中华人民共和国专利法实施细则》第六十六条、第七十条的相关规定如何理

解？同一当事人对一项专利以相同的理由和证据提出多个无效请求的法律依据在哪里？我在一审起诉状和庭审中对证据4的真实性和合法性问题专门进行了质疑，一审判决认定我对证据4的真实性没有异议，是错误的。证据4公开的技术方案中只有“被驱动桥系统”的概念，没有“后桥”的概念，更没有“后桥或者车桥中间部位呈凹形”的技术性描述。上述认定结论，完全是专利复审委凭借说明书附图3剖面图两车桥头外壳与车轴之间形成的U字形视觉效果所作的主观判断，并非对比文件所揭示的技术特征。因此，一审判决对本专利不具备创造性的认定是错误的。新颖性、创造性和实用性是《专利法》第二十二条规定的授予专利权的法定条件，《专利法》第五十六条是对专利权保护的规定，旨在保护后发明人的发明权，对发明人已有的专利权不构成效力上的影响。一审判决混淆了上述规定，适用法律错误。综上所述，证据4是一种用于公共汽车传动系统的发明，本专利的发明点在于放弃传统的锻造与铸造结构，采用焊接结构，以几根直径较小的钢管代替单根直径较大的钢梁，使后桥成直角下凹，从而实现降低地板高度、增加走道宽度的发明目的，取得了利用常规思维方式无法达到的技术效果。因此，证据4与本专利相比，从技术方案本身、发明目的以及所产生的技术效果都有着显著区别；也不可能对本专利技术方案的获得产生任何启示和教导，更谈不上本领域内技术人员无须花费创造性劳动就可以实现。为此，请求二审法院判决撤销一审判决和第7422号审查决定。

被上诉人专利复审委答辩认为，造成本案审理程序拖延的原因在于周吟吟在通信地址变更后没有按照规定进行著录项目变更，我委按照原地址寄发的文件全部被退回，按照相关规定进行公告送达。后我委几经周折与周吟吟联系上，考虑到其不知晓请求人提出的无效宣告理由及证据，可能影响到口头审理的效率，所以推迟口头审理的时间。按照现行法律规定，无效宣告请求人可以提出若干个无效宣告请求，应尽可能地将针对同一专利权提出的不同无效宣告请求予以合并审理；所以，我委将民航协发公司提出的新的无效宣告请求合并审理，并不是为了让民航协发公司补充证据。由于本专利的权利要求保护的范围是一个相当大的技术方案，实现这一技术方案的启示也被现有技术揭示，本领域的技术人员根据对比文件公开的内容结合常规的技术手段无须创造性劳动即可实现该技术方案，所以我委认定该技术方案不具备创造性合法。另需说明的是，一申请能否被授予专利权和研制该技术方案的途径无关，不论申请人是否借鉴了国内外资料，只要该技术方案客观上在申请日前已被公开，则该技术方案就不能被授予专利权。综上，我委第7422号决定认定事实清楚，适用法律正确，审理程序合法，一审判决维持符合法律规定，请求二审法院驳回上诉，维持一审判决。

被上诉人民航协发公司同意专利复审委的意见，请求驳回上诉，维持一审判决。

经审理查明，本案所涉实用新型专利（以下简称本专利）名称为“低地板机坪旅客车”，专利号为95221632.9，申请日为1995年9月15日，授权公告日为1996年8月28日，专利权人为周吟吟。本专利授权公告的权利要求为：“1. 低地板机坪旅客车，其特征在于，低地板机坪旅客车的后桥（1）的中间部位呈凹形，底盘（2）的最底面距离地平面在170毫米（mm）至350毫米（mm）之间，地板（3）的最顶面距离地平面小于500毫米（mm）或等于320毫米（mm）。”

2003年11月26日，民航协发公司请求专利复审委宣告本专利无效，并提交以下证据：1. 中国航空器材进出口总公司出具的说明复印件；2. COBUS300机场摆渡车的随车说明书的后桥结构图复印件，理由是证据1和证据2已经充分证明本专利权利要求1所限定的结构在本专利申请日之前在国内公开使用，本专利所要求保护的技术方案同现有技术相比没有实质性特点和进步，本专利不符合《专利法》第三十二条第三款有关创造性的规定。专利复审委予以受理。因周吟吟未及时办理通信地址变更登记，专利复审委无法以邮寄方式向其转文，故采用公告方式转文。同年12月25日，民航协发公司向专利复审委补充提交两份证据：3. COBUS300机场摆渡车的购销合同所附技术说明书复印件；4. 申请号为91107044.9的欧洲专利申请文件。此后，专利复审委联系上周吟吟，于2004年11

月 3 日将民航协发公司提交的意见陈述及证据副本直接送达给周吟吟，决定于 2005 年 1 月 19 日举行口头审理，要求民航协发公司在一个月内提交证据 3 ~ 4 的中文译文。民航协发公司在指定的期限内未提交证据 3 ~ 4 的中文译文。专利复审委此后决定将口审日期变更至 2005 年 3 月 21 日。

2005 年 3 月 15 日，民航协发公司针对本专利以同一理由再次向专利复审委提出无效宣告请求，并提交了证据 4 及中文译文。专利复审委予以受理并转文。同年 3 月 21 日，专利复审委将民航协发公司两次提出的无效宣告请求予以合并审理。口头审理后，周吟吟针对证据 4 的完整文本及译文先后提交了两份意见陈述书。

专利复审委经审查，认为民航协发公司提交的证据 1、证据 2 因无原件进行核对，无法确认是否真实，不予认定；证据 3 为域外形成的证据，未办理公证认证手续，亦不认定；因周吟吟未对证据 4 完整文本的真实性和译文的准确性提出异议，对证据 4 予以采信。证据 4 的公开日期为 1991 年 11 月 13 日，可以作为评价本专利是否具备创造性的对比文件。证据 4 公开了如下技术内容：一种公共汽车，其后桥 7、8 的中间部位呈凹形，地板 3 离地面的高度大约为 35cm。由此可见，证据 4 已经公开了本专利权利要求所要求保护技术方案的如下技术特征："低地板机坪旅客车的后桥（1）的中间部位呈凹形，地板（3）的最顶面距离地平面小于 500 毫米（mm）"。"底盘（2）的最底面距离地平面在 170 毫米（mm）至 350 毫米（mm）之间"这一技术特征虽然没有被证据 4 公开，但本领域的技术人员可以根据本领域的常规技术手段并结合发明目的的需要，在确定汽车地板的最顶端距离地平面距离的前提下来实现其底盘的最底面距离地平面的高度，这无须花费创造性劳动可以实现的。"地板（3）的最顶面距离地平面等于 320 毫米（mm）"这一技术特征是本领域的技术人员通过证据 4 公开的内容无须创造性劳动即可实现的，并且由该技术特征所限定的技术方案并没有取得意想不到的技术效果。专利复审委认为本领域的技术人员能够在证据 4 所公开的内容的基础上，结合本领域的常规技术手段，无须花费创造性劳动，能够实现本专利权利要求所要求保护的技术方案。所以本专利权利要求 1 不具备创造性。2005 年 8 月 15 日，专利复审委依据《专利法》第二十二条的规定，作出第 7422 号决定宣告本专利无效。

周吟吟不服第 7422 号决定，向一审法院提起诉讼。

一审期间，专利复审委在法定期限内向一审法院提交了下列证据材料：

1. 证据 4 及其中文译文；

2. 本专利授权公告文本。

周吟吟向本院提交了下列证据材料：1. 周吟吟与北京捷新机场设备公司就生产机坪旅客车签订的相关协议；2. 中国民航实业开发总公司《关于申请更改机场摆渡车生产许可证的报告》；3. 中国民航协会咨询公司总经理李振达与周吟吟的《会谈纪要》等相关材料；4. 机场摆渡车加工生产协议等相关材料；5. 周吟吟与北京捷新机场设备公司、民航协发公司之间专利侵权民事案件的诉讼材料；6. 空港 KG-B5300 机场摆渡车《简介》；7. 鉴字（1996）第 13 号《科学技术成果鉴定证书》及《机场摆渡车产品鉴定意见》；8. 国家知识产权局专利检索咨询中心《检索报告》；9. 清华大学出版社出版的《汽车设计》节选、机械工业出版社出版的《汽车设计》节选；10. 本专利授权公告文本；11. 证据 4 说明书；12. 证人余志生证言；13. 证人杨景义证言。

民航协发公司未向一审法院提交证据。

上述证据材料均已随卷移送本院。二审期间，各方当事人均未提交新证据。

经审查，本院认为，专利复审委提交的证据 1 ~ 2 与周吟吟提交的证据 10 ~ 11 相同，与本案有关联，内容真实、合法，予以认证。周吟吟提交的证据 12 ~ 13，证人关于本专利与证据 4 内容的叙述，可以证明本案相关事实，予以采信；但证人关于本专利创造性的评价，超出证人作证的范围，不予采信；周吟吟提交的证据9未在无效宣告请求审查程序中提交，不予评述；周吟吟提交的其他证据与本案无关联，不予评述。本院根据上述经认证的证据及当事人无异议的陈述确认本案事实。

本院认为，行政程序的设置目的在于规范行政权力、保障行政相对人的程序权益、提高行政效率。本案中，专利复审委的审查程序较长事出有因，与周吟吟没有及时办理地址著录项目的变更有关联；审查指南许可专利复审委在特殊情况下可以变更指定的口头审理日期，周吟吟实际参加了变更日期后进行的口头审理，其依法享有的陈述意见的权利未受到损害；民航协发公司两次提出的无效宣告请求的依据有所不同，专利复审委予以合并审理不违反《审查指南》的相关规定。因此，周吟吟主张专利复审委所作第7422号审查决定违反法定程序，事实依据不足，本院不予采纳。

关于本专利的创造性问题，专利复审委将本专利权利要求所要求保护的技术方案的技术特征归纳为4点：1. 低地板机坪旅客车的后桥（1）的中间部位呈凹形；2. 地板（3）的最顶面距离地平面小于500毫米（mm）；3. 底盘（2）的最底面距离地平面在170毫米（mm）至350毫米（mm）之间；4. 地板（3）的最顶面距离地平面等于320毫米（mm）。将证据4的权利要求8结合说明书附图与本专利的权利要求1对比可见，专利复审委认定证据4公开了本专利的技术特征1、2，本领域的技术人员根据证据4公开的内容，结合常规技术手段，无须花费创造性劳动即可实现技术特征3、4，据此得出本专利权的要求不具有突出的实质性特点和进步的结论成立。周吟吟所主张本专利的发明点在权利要求书中未见体现，说明书中最佳实施例的内容不能等同于权利要求所保护的技术方案，因此，对于周吟吟主张本专利具备创造性的诉讼主张，本院无法支持。综上，一审判决维持第7422号决定，事实清楚，适用法律正确，程序合法，本院应予维持。依照《中华人民共和国行政诉讼法》第六十一条第（一）项之规定，判决如下：

驳回上诉，维持一审判决。

二审案件受理费1000元，由上诉人周吟吟负担（已交纳）

本判决为终审判决。

审 判 长 王 燕
审 判 员 朱世宽
代理审判员 任全胜
二〇〇六年十月一日
书 记 员 马 军

133

带激光对准装置的曲线锯案

无效宣告请求审查决定（第7428号）

决　定　号　第7428号
决　定　日　2005年8月16日
发明创造名称　带激光对准装置的曲线锯
国际分类号　B23D 51/00　B23D 59/00
无效请求人　苏州宝时得电动工具有限公司
专利权人　南京泉峰国际贸易有限公司
专　利　号　02220128.9
申　请　日　2002年4月23日
授权公告日　2003年7月30日
合议组组长　魏　屹
主　审　员　宋鸣镝
参　审　员　杨克菲

法律依据　专利法实施细则第七十一条
决定要点

对于无效宣告请求人在专利权人所修改的权利要求的基础上与其达成一致意见，并且无效宣告请求人主动放弃其全部无效理由的，合议组不再对此进行评述。

一、案由

本无效宣告请求案涉及申请日为2002年4月23日、授权公告日为2003年7月30日、名称为"带激光对准装置的曲线锯"的实用新型专利（下称本专利），其专利号为02220128.9，专利权人为南京泉峰国际贸易有限公司。

授权公告的权利要求书如下：

"1. 一种曲线锯，包括主机身（1）、把手（2）、锯片（5）、底板（6）、电源开关（8），其特征在于：在所述机身（1）的前部还装有一个激光对准装置（3），该激光对准装置（3）可以向被加工件（10）上发出一束光线（11）用于指示被切割线，该光线（11）与锯片（5）是对齐的。

2. 如权利要求1所述的曲线锯，其特征在于：在底板（6）的前缘（12）的内侧有一个槽口（9），该槽口（9）与锯片（5）对齐，而激光对准装置（3）所发出的光束（11）通过所述槽口（9），同时与锯片（5）对齐。

3. 如权利要求1或2所述的曲线锯，其特征在于所述的激光对准装置（3）包含外壳（13）、激光发射器（14）、激光对准装置的开关（7）及作为所述激光发射器（14）的电源的内置式电池（19）等，所述外壳（13）的两侧边上各有一个向内翻的凸片（15），曲线锯主机身（1）的前面为支承面（16），所述支承面（16）的两侧各有一个凹槽（17），所述凹槽（17）的下边有一个止口

(18)，所述凹槽（17）的形状与所述凸片（15）相适配，将所述外壳（13）的两侧边上的所述凸片（15）对准所述凹槽（17）往下插直到所述止口（18），这样就可以不借助于任何工具、不需任何附加连接装置即可将激光对准装置（3）固定在曲线锯的主机身（1）上。

4. 如权利要求3所述的曲线锯，其特征在于：在所述主机身（1）的前面有一个台阶（24），所述台阶（24）上有凹槽（27），在主机身（1）的上面还有一个凹槽（25），另外，在所述凹槽（17）上还有一个凸起（26），而在激光对准装置（3）上分别在底面（22）上有对应于所述凹槽（27）的搭扣（23），在顶部有对应于所述凹槽（25）的搭扣（21），在所述凸片（15）上有对应于所述凸起（26）的凹口（20），这样就可以保证所述激光对准装置（3）插装到曲线锯的所述主机身（10）上后，具有尽可能小的配合缝隙，同时也可以防松。”

针对上述实用新型专利权，苏州宝时得电动工具有限公司（下称请求人）于2004年7月19日向专利复审委员会提出了无效宣告请求。请求宣告无效的范围和理由是：本专利的权利要求1~2不符合专利法第二十二条第二款、第三款有关新颖性和创造性的规定，以及不符合专利法实施细则第二条第二款的有关规定，本专利的权利要求3~4不符合专利法实施细则第二十条第一款的有关规定。请求人同时提交了以下一份证据：

证据1：欧洲专利授权文本EP0504745B1说明书复印件及其中文译文，其授权公告日为1995年1月18日。

经形式审查合格后，专利复审委员会受理了上述无效宣告请求，并于2004年8月18日向请求人和专利权人（下称被请求人）发出了无效宣告请求受理通知书，将上述专利权无效宣告请求书及其相关文件副本转送给被请求人，要求被请求人在指定期限内进行意见陈述，同时依法成立合议组对本案进行审理。

针对上述无效宣告请求，被请求人于2004年9月20日提交了意见陈述书，同时对权利要求书进行了修改，即将原权利要求1、权利要求3合并成新权利要求1，将原权利要求2修改为新权利要求2，将原权利要求4修改为新权利要求3，并删除了各项权利要求中带功能性的语言。被请求人认为：修改后的权利要求1~3具备新颖性和创造性，并且符合专利法实施细则第二十条第一款以及专利法实施细则第二条第二款的有关规定。

被请求人提交的修改后的权利要求书具体如下：

“1. 一种曲线锯，包括主机身（1）、把手（2）、锯片（5）、底板（6）、电源开关（8），在所述机身（1）的前部还装有一个激光对准装置（3），该激光对准装置（3）可以向被加工件（10）上发出一束光线（11）用于指示被切割线，该光线（11）与锯片（5）是对齐的，其特征在于：所述的激光对准装置（3）包含外壳（13）、激光发射器（14）、激光对准装置的开关（7）及作为所述激光发射器（14）的电源的内置式电池（19），所述外壳（13）的两侧边上各有一个向内翻的凸片（15），曲线锯主机身（1）的前面为支承面（16），所述支承面（16）的两侧各有一个凹槽（17），所述凹槽（17）的下边有一个止口（18），所述凹槽（17）的形状与所述凸片（15）相适配。

2. 如权利要求1所述的曲线锯，其特征在于：在底板（6）的前缘（12）的内侧有一个槽口（9），该槽口（9）与锯片（5）对齐，而激光对准装置（3）所发出的光束（11）通过所述槽口（9），同时与锯片（5）对齐。

3. 如权利要求1所述的曲线锯，其特征在于：在所述主机身（1）的前面有一个台阶（24），所述台阶（24）上有凹槽（27），在主机身（1）的上面还有一个凹槽（25），另外，在所述凹槽（17）上还有一个凸起（26），而在激光对准装置（3）上分别在底面（22）上有对应于所述凹槽（27）的搭扣（23），在顶部有对应于所述凹槽（25）的搭扣（21），在所述凸片（15）上有对应于所述凸起

（26）的凹口（20）。”

针对被请求人于2004年9月20日提交的意见陈述书和修改后的权利要求书，合议组经过合议后，于2005年2月24日向双方当事人发出了无效宣告请求审查通知书，同时将该被请求人所提交的意见陈述书及修改后的权利要求书副本转送给请求人。在上述审查通知书中，合议组认为修改后的权利要求3和权利要求4由于被请求人删除了部分技术特征而导致其扩大了原权利要求的保护范围，这不符合专利法实施细则第六十八条第一款及审查指南第四部分第三章第5.4节的规定。

2005年2月25日，被请求人提交了意见陈述书和经再次修改的权利要求书。

修改后的权利要求书如下：

“1. 一种曲线锯，包括主机身（1）、把手（2）、锯片（5）、底板（6）、电源开关（8），在所述机身（1）的前部还装有一个激光对准装置（3），该激光对准装置（3）可以向被加工件（10）上发出一束光线（11）用于指示被切割线，该光线（11）与锯片（5）是对齐的，其特征在于：所述的激光对准装置（3）包含外壳（13）、激光发射器（14）、激光对准装置的开关（7）及作为所述激光发射器（14）的电源的内置式电池（19）等，所述外壳（13）的两侧边上各有一个向内翻的凸片（15），曲线锯主机身（1）的前面为支承面（16），所述支承面（16）的两侧各有一个凹槽（17），所述凹槽（17）的下边有一个止口（18），所述凹槽（17）的开头与所述凸片（15）相适配，将所述外壳（13）的两侧边上的所述凸片（15）对准所述凹槽（17）往下插直到所述止口（18），这样就可以不借助于任何工具、不需任何附加联接装置即可将激光对准装置（3）固定在曲线锯的主机身（1）上。

2. 如权利要求1所述的曲线锯，其特征在于：在底板（6）的前缘（12）的内侧有一个槽口（9），该槽口（9）与锯片（5）对齐，而激光对准装置（3）所发出的光束（11）通过所述槽口（9），同时与锯片（5）对齐。

3. 如权利要求1所述的曲线锯，其特征在于：在所述主机身（1）的前面有一个台阶（24），所述台阶（24）上有凹槽（27），在主机身（1）的上面还有一个凹槽（25），另外，在所述凹槽（17）上还有一个凸起（26），而在激光对准装置（3）上分别在底面（22）上有对应于所述凹槽（27）的搭扣（23），在顶部有对应于所述凹槽（25）的搭扣（21），在所述凸片（15）上有对应于所述凸起（26）的凹口（20），这样就可以保证所述激光对准装置（3）插装到曲线锯的所述主机身（10）上后，具有尽可能小的配合缝隙，同时也可以防松。”

专利复审委员会于2005年6月30日向双方当事人发出口头审理通知书，定于2005年8月8日在专利复审委员会举行口头审理，同时将被请求人在2005年2月25日提交的意见陈述书和修改后的权利要求书副本转送给请求人。

请求人于2005年7月12日提交了意见陈述书。在该意见陈述书中，请求人认为修改后的权利要求具有新颖性和创造性，并请求取消口头审理。

2005年8月1日，请求人再次提交了意见陈述书，请求人表示：在被请求人修改后的权利要求的基础上放弃其他无效请求的理由。

在上述程序的基础上，合议组认为本案事实已经清楚，可以依法作出如下审查决定。

二、决定的理由

鉴于请求人认为被请求人于2005年2月25日所提交的权利要求具备新颖性和创造性，并表示在此基础上放弃全部无效理由，故合议组不再对此进行评述。

三、决定

在被请求人于2005年2月25日提交的权利要求书基础上维持02220128.9号实用新型专利权

有效。

当事人对本决定不服的，可以根据专利法第四十六条第二款的规定，自收到本决定之日起三个月内向北京市第一中级人民法院起诉。根据该款的规定，一方当事人起诉后，另一方当事人应当作为第三人参加诉讼。

134

一种夹钳式驻车制动器案

无效宣告请求审查决定（第7434号）

决　定　号　第7434号
决　定　日　2005年8月18日
发明创造名称　一种夹钳式驻车制动器
国际分类号　B60T 1/06
无效请求人　山东省苍山县工程机械配件厂
专利权人　山东省郯城县液压件厂
专　利　号　03271411.4
申　请　日　2003年8月14日
授权公告日　2004年5月5日
合议组组长　陈海平
主　审　员　武树辰
参　审　员　宋鸣镝

法律依据　专利法第二十二条第二款
决定要点

如果现有证据能够构成在一件专利的申请日之前已经有与该专利所保护的技术方案同样的产品在国内公开使用的完整的证据链，则该专利不具备专利法第二十二条第二款规定的新颖性。

一、案由

本无效宣告请求案涉及的是专利号为03271411.4、名称为“一种夹钳式驻车制动器”的实用新型专利（下称本专利），该专利的申请日为2003年8月14日，授权公告日为2004年5月5日，专利权人为山东省郯城县液压件厂。

本专利授权公告的权利要求书如下：

“1. 一种夹钳式驻车制动器，制动盘的两侧、作为夹钳的大拖架、小拖架安装在车身的固定支架上；大拖架、小拖架上装有摩擦片；大拖架上还装有起杠杆作用的拉柄，拉动拉柄一端，通过一根贯穿于拉柄和大拖架、小拖架的螺栓螺母组合使大拖架、小拖架夹紧制动盘；大拖架、小拖架之间装有拖架复位弹簧、拉柄与大拖架之间装有拉柄复位弹簧。其特征是：制动盘的两侧有作为夹钳的大拖架、小拖架，大拖架、小拖架上装有摩擦片；

2. 根据权利要求1所述的夹钳式驻车制动器，其特征是：所述的大拖架上还装有起杠杆作用的拉柄，并通过一根贯穿于拉柄和大拖架、小拖架的螺栓螺母组合使大拖架、小拖架夹紧制动盘；

3. 根据权利要求2所述的夹钳式驻车制动器，其特征是：所述的螺栓螺母组合还可以微调制动盘与摩擦片之间的自由间隙。”

针对上述实用新型专利权，山东省苍山县工程机械配件厂（下称请求人）于2004年6月8日向专利复审委员会提出了无效宣告请求。其理由是本专利不符合专利法第二十二条第二款的规定并请求专利复审委员会宣告该专利权全部无效。请求人同时提交了下列三份证据：

证据1：山东省苍山县公证处于2004年5月27日作出的（2004）苍证民字第71号公证书原件，其中包括正文1页和第02404530号山东增值税专用发票复印件1页；

证据2：山东省苍山县公证处于2004年5月27日作出的（2004）苍证民字第70号公证书原件，其中包括正文2页、山东临工－苍山配件厂16D手制动器和山东郯城液压件厂TC30驻车制动器照片原件8张共2页、苍山工程机械配件厂16D手制动图纸复印件1份共2页及山东省郯城县液压件厂TC30驻车制动器产品合格证复印件1份共1页；

证据3：出卖人苍山工程机械配件厂与买受人青州威猛工程机械有限公司于2002年11月25日签订的工业品买卖合同复印件共1页。

经审查，上述无效宣告请求符合专利法及其实施细则规定的形式要求，专利复审委员会予以受理，于2004年7月9日向请求人和专利权人（下称被请求人）发出了无效宣告请求受理通知书，并将专利权无效宣告请求书及所附证据副本转送给被请求人，要求被请求人在指定期限内进行意见陈述，同时成立合议组对此案进行审查。

请求人于2004年8月5日又补充提交了一份证据：

证据4：徐州华东机械厂于2003年3月20日在郯城县液压件厂购买TC30制动器的付款收条原件一张。

被请求人于2004年8月13日针对上述无效宣告请求提交意见陈述书，其中的主要观点为：

（1）山东省苍山县工程机械配件厂2003年8月10日从郯城县液压件厂购买30台型号为TC30的制动器（含支架）的增值税发票，不但不能证明山东省苍山县工程机械配件厂在本专利申请日之前已公开生产和销售该类产品，反而说明在此之前山东省苍山县工程机械配件厂并未生产该产品；

（2）山东省苍山县工程机械配件厂2002年11月25日与青州威猛工程机械有限公司所签买卖合同上买受人及公证机关未盖章，有造假嫌疑，该合同上所列产品的型号、名称、价格等与专利产品全不相符；

（3）2004年5月27日公证的图片资料、图纸资料、产品合格证，不能作为“在专利申请日之前，我厂（山东省郯城县液压件厂）该类产品已销往青州威猛工程机械有限公司及山东临沂工程机械有限公司等企业”的证明，本证据只能说明对方目前生产的产品与本专利产品是相同的，而不能证明该型产品在专利申请日之前已经生产。

专利复审委员会于2005年7月1日向双方当事人发出口头审理通知书，定于2005年8月15日在专利复审委员会进行口头审理。并将请求人于2004年8月5日提交的补充证据副本转送给被请求人；将被请求人于2004年8月13日提交的意见陈述书副本转送给请求人。

2005年7月11日，请求人提交了口头审理通知书回执，表示不能参加口头审理。

被请求人和请求人均缺席口头审理。

至此，合议组经过合议，认为涉及本案的有关事实已经清楚，可以作出本审查决定。

二、决定的理由

1. 证据认定

证据1是山东省苍山县公证处于2004年5月27日作出的（2004）苍证民字第71号公证书原件，其中包括正文1页和第02404530号山东增值税专用发票复印件1页。根据公证书中的内容可知，其中的发票复印件与发票原件完全相同，故该证据可以作为定案的依据。

证据2是山东省苍山县公证处于2004年5月27日作出的（2004）苍证民字第70号公证书原件，其中包括正文2页、山东临工－苍山配件厂16D手制动器和山东郯城液压件厂TC30驻车制动器照片原件8张共2页、苍山工程机械配件厂16D手制动图纸复印件1份共2页及山东省郯城县液压件厂TC30驻车制动器产品合格证复印件1份共1页。根据公证书中的内容可知，其中的照片与原物相符，图纸和产品合格证复印件与原件相符，故该证据可以作为定案的依据。

证据3是出卖人苍山工程机械配件厂与买受人青州威猛工程机械有限公司于2002年11月25日签订的工业品买卖合同复印件共1页。由于请求人既没有提交合同原件也没有提交其他能够证明其真伪的佐证，根据最高人民法院《关于行政诉讼证据若干问题的规定》第五十七条之规定，该证据不能作为定案的依据，故合议组对该证据不予采信。

请求人提出无效宣告请求的日期为2004年6月8日，而证据4的提交日期为2004年8月5日，显然证据4为请求人在提出无效宣告请求之日起一个月后补充提交的证据，并且该证据是用于证明在提出无效宣告请求之日起一个月内未举证主张的具体事实的新证据，根据专利法实施细则第六十六条及审查指南第四部分第三章第3.1节之规定，本案合议组对该证据不予考虑。

2. 关于本专利的新颖性

根据专利法第二十二条第二款：新颖性，是指在申请日以前没有同样的发明或者实用新型在国内外出版物上公开发表过、在国内公开使用过或者以其他方式为公众所知，也没有同样的发明或者实用新型由他人向国务院专利行政部门提出过申请并且记载在申请日以后公布的专利申请文件中。

审查指南第二部分第三章第2.1.3.2节中对使用公开进行了解释，其中指出："由于使用导致一项或者多项技术方案的公开，或者导致该技术方案处于公众中任何一个人都可以得知的状态，这种公开方式称为使用公开。即使所使用的产品或者装置需要经过破坏才能得知其结构和功能，也仍然属于使用公开；使用公开不仅包括通过制造、使用、销售或者进口，而且还包括通过模型演示使公众能够了解其技术内容的情况。但是，未给出任何有关技术内容的说明，以致所属技术领域的技术人员无法得知其结构和功能或材料成分的产品展示，不属于使用公开；使用公开是以公众能够得知该产品或者方法之日为公开日。"

由本案证据2的照片材料中有关山东郯城液压件厂TC30驻车止动器的四面视图可以看出：其中所示装置为一种夹钳式驻车制动器；制动盘的两侧，作为夹钳的大拖架、小拖架安装在车身的固定支架上；大拖架、小拖架上装有摩擦片；大拖架上还装有起杠杆作用的拉柄，拉动拉柄一端，通过一根贯穿于拉柄和大拖架、小拖架的螺栓螺母组合使大拖架、小拖架夹紧制动盘；大拖架、小拖架之间装有拖架复位弹簧、拉柄与大拖架之间装有拉柄复位弹簧；从正面图和背面图中还可以看出，由于螺栓螺母组合的存在，显然可以对制动盘与摩擦片之间的自由间隙进行微调。

由此可知，证据2照片中所示的产品（即TC30驻车制动器）与本专利权利要求1～3所保护的技术方案完全相同。

由证据1中的增值税发票可知，山东省苍山县工程机械配件厂于2003年8月10日（早于本专利的申请日2003年8月14日）向郯城县液压件厂购买了30台型号为TC30的制动器（含支架），该型号与证据2照片中所示产品的型号一致。因此证据1和证据2可以构成在本专利申请日之前已经有与本专利权利要求1～3所保护的技术方案相同的产品在国内公开销售的完整证据链。根据审查指南的规定，公开销售属于公开使用的一种，因此可以证明本专利产品已于本专利的申请日之前公开使用。因此，本专利权利要求1～3不具备专利法第二十二条第二款规定的新颖性。

三、决定

宣告03271411.4号实用新型专利权全部无效。

当事人对本决定不服的，可以根据专利法第四十六条第二款的规定，自收到本决定之日起三个月内向北京第一中级人民法院起诉。根据该款的规定，一方当事人起诉后，另一方当事人应当作为第三人参加诉讼。

135

具有袋嘴的软包装袋案

无效宣告请求审查决定（第7435号）

决　定　号　第7435号
决　定　日　2005年8月18日
发明创造名称　具有袋嘴的软包装袋
国际分类号　B65D 33/24
无效请求人　上海味好美食品有限公司　联合利华股份有限公司
专利权人　刘和平
专　利　号　00257830.1
申　请　日　2000年10月13日
授权公告日　2001年10月3日
合议组组长　杨克菲
主　审　员　魏　屹
参　审　员　郭健国

法律依据　专利法第二十二条第二款、第三款
决定要点

若一篇在本专利申请日前公开的对比文件公开了本专利权利要求中的全部技术特征，且该对比文件所公开的技术方案与本专利的权利要求所限定的技术方案属于同一技术领域，并能够产生相同的技术效果，则本专利的权利要求所限定的技术方案不具备专利法第二十二条第二款规定的新颖性。

一、案由

本无效宣告请求案涉及的是专利号为00257830.1、名称为“具有袋嘴的软包装袋”的实用新型专利，该专利申请日为2000年10月13日，授权公告日为2001年10月3日，专利权人为刘和平。

该专利授权时的权利要求如下：

“1. 一种具有袋嘴的软包装袋，其特征在于：在包装袋的一侧压合有一中间设有通孔的袋嘴，该袋嘴上设有一可开启和密封的密封帽；该袋嘴的一端设有一用于与包装袋压合的结合部。

2. 如权利要求1所说的具有袋嘴的软包装袋，其特征在于：上述结合部是截面为橄榄核形的柱形结合部。

3. 如权利要求1所说的具有袋嘴的软包装袋，其特点在于：圆柱形袋嘴的中部设有供密封帽螺合的公螺纹，袋嘴通孔的出口处为锥形孔；该密封帽是为一端密封一端开口的柱形体，其内设有与袋嘴螺纹螺合的母螺纹，密封端的内部端面上设有可与袋嘴通孔的出口处的锥形孔相密合的锥体；密封帽螺合于袋嘴上，密封端内部端面的锥体与袋嘴通孔的锥形孔紧密压合。

4. 如权利要求1所说的具有袋嘴的软包装袋，其特征在于：圆柱形袋嘴的中部设有供密封帽螺合的公螺纹，袋嘴根部位置，结合部的上方设有锥形凸环，该密封帽是为一端密封一端开口的柱形

体，其内设有与袋嘴螺纹螺合的母螺纹，密封端的开口端设有与上述袋嘴上的锥形凸环相密合的锥孔；密封帽螺合于袋嘴上，开口端的锥孔与袋嘴上的锥形凸环紧密压合。

5. 如权利要求1或2或3或4所说的具有袋嘴的软包装袋，其特征在于：密封帽的外表面设有压花刻痕。”

针对上述专利权（下称本专利），上海味好美食品有限公司（下称第一请求人）于2004年1月17日向专利复审委员会提出了无效宣告请求，其理由是本专利不符合专利法第二十二条第二款、第三款关于新颖性和创造性的规定；以及本专利不符合专利法实施细则第二条第二款的规定，请求专利复审委员会宣告该实用新型专利权全部无效。第一请求人同时提交了以下附件作为证据：

附件2（下称证据1-1）：公开号为CN1155869A的中国发明专利申请公开说明书的复印件，其公开日为1997年7月30日；

附件3（下称证据1-4）：公开号为CN1175235A的中国发明专利申请公开说明书的复印件，其公开日为1998年3月4日。

第一请求人在无效宣告请求书中的主要观点是：附件2破坏了本专利权利要求1、权利要求2的新颖性，附件2和附件3破坏了本专利权利要求2~5的创造性。

经审查，上述无效宣告请求符合专利法及其实施细则规定的形式要求，专利复审委员会于2004年1月19日予以受理并将第一请求人提交的无效宣告请求书及所附证据材料的副本转送给专利权人，并成立合议组对此案进行审查。

第一请求人于2004年2月17日补充提交了意见陈述书，并补充提交了以下附件作为证据：

附件4（下称证据1-2）：公开号为DE3222507A1的德国专利申请公开说明书的复印件及其相关部分的中文译文，其公开日为1983年12月22日；

附件5（下称证据1-3）：授权公告号为CN2366366Y的中国实用新型专利说明书的复印件，其授权公告日为2000年3月1日；

附件6：授权公告号为US4887912的美国专利说明书的复印件及其相关部分的中文译文，其授权公告日为1989年12月19日；

附件7：授权公告号为CN2299818Y的中国实用新型专利说明书的复印件，其授权公告日为1998年12月9日。

第一请求人认为附件4~7也能够破坏本专利权利要求1~5的创造性。

专利权人刘和平（下称被请求人）于2004年2月27日针对第一请求人提出的无效宣告请求提交了意见陈述书，被请求人认为本专利符合专利法第二十二条第二款、第三款以及专利法实施细则第二条第二款的规定，第一请求人提供的证据不能破坏本专利的新颖性和创造性。因此，要求专利复审委员会作出维持专利权有效的决定。

合议组于2004年10月12日向双方当事人发出口头审理通知书，定于2004年12月1日9时在专利复审委员会第五口审厅进行口头审理，并在发出口头审理通知书的同时将被请求人于2004年2月27日提交的意见陈述书转送给第一请求人以及将第一请求人于2004年2月17日提交的意见陈述书及其附件清单中所列附件的副本转送给被请求人。

被请求人于2004年11月11日针对第一请求人于2004年2月17日提交的意见陈述书进行了意见陈述，坚持认为第一请求人提供的所有证据不足以破坏本专利的新颖性和创造性。

针对本专利，联合利华股份有限公司（下称第二请求人）于2004年4月14日向专利复审委员会提出了无效宣告请求，其理由是本专利不符合专利法第二十二条第二款关于新颖性的规定，请求专利复审委员会宣告该实用新型专利权全部无效。第二请求人同时提交了以下附件作为证据：

附件1：香港包装专业协会刊物1999年出版的《香港包装及设计指南'99》的封面、广告第4页和封底的复印件；

附件2：授权公告号为CN2299818Y的中国实用新型专利说明书的复印件，其授权公告日为1998年12月9日。

第二请求人在无效宣告请求书中的主要观点是：附件1破坏了本专利权利要求1、2、5的新颖性，附件2破坏了本专利权利要求1、3、4的新颖性。

经审查，上述无效宣告请求符合专利法及其实施细则规定的形式要求，专利复审委员会于2004年4月15日予以受理并将第二请求人提交的无效宣告请求书及所附证据材料的副本转送给专利权人，并成立合议组对此案进行审查。

第二请求人于2004年4月28日补充提交了意见陈述书，其中增加本专利不符合专利法第二十二条第三款的规定作为无效宣告请求的理由，并补充提交了以下附件作为证据：

补充附件1：国家知识产权局专利检索咨询中心出具的编号为G040479的检索报告的复印件；

补充附件2：公开号为特开2000－33957的日本公开特许公报的复印件，其公开日为2000年2月2日；

补充附件3：公开号为DE3701430A1的德国专利申请公开说明书的复印件，其公开日为1988年7月28日；

补充附件4：授权公告号为US5823383的美国专利说明书的复印件，其授权公告日为1998年10月20日；

补充附件5：公开号为特开2000－7002的日本公开特许公报的复印件，其公开日为2000年1月11日；

补充附件6：公开号为特开2000－62813的日本公开特许公报的复印件，其公开日为2000年2月29日；

补充附件7：公开号为特开平11－180463的日本公开特许公报的复印件，其公开日为1999年7月6日；

补充附件8：公开号为特开平10－129689的日本公开特许公报的复印件，其公开日为1998年5月19日；

补充附件9：公开号为特开平11－1268的日本公开特许公报的复印件，其公开日为1999年1月6日；

补充附件10：公开号为特开平11－180462的日本公开特许公报的复印件，其公开日为1999年7月6日；

补充附件11：国际公开号为WO98/45188的PCT专利申请公开说明书的复印件，其公开日为1998年10月15日；

补充附件12：公开号为DE2755491A1的德国专利申请公开说明书的复印件，其公开日为1979年6月21日。

第二请求人认为其提交补充附件1～12也能够破坏本专利权利要求1～5的新颖性或者创造性。

被请求人于2004年5月11日针对第二请求人提出的无效宣告请求提交了意见陈述书，被请求人认为本专利符合专利法第二十二条第二款关于新颖性的规定，第二请求人提供的证据不能破坏本专利的新颖性和创造性，要求专利复审委员会作出维持专利权有效的决定。

第二请求人于2004年5月17日补充提交了意见陈述书，其中增加本专利不符合专利法实施细则第二十条第一款的规定作为无效宣告请求的理由，并补充提交了补充附件3、8、9、10、12的相关部分中文译文，并提交了公证机关出具的证明上述中文译文与外文内容相符的三份公证书的复印件。

专利复审委员会于2004年6月23日收到第二请求人提出的合案请求书，第二请求人请求专利复审委员会对不同请求人提出的针对该专利提出的多个无效宣告请求进行合案审查。

合议组根据合案审查原则于2004年10月12日向双方当事人发出口头审理通知书，定于2004年12月1日9时在专利复审委员会第五口审厅与第一请求人提出的无效宣告请求一并进行口头审理，并在发出口头审理通知书的同时将被请求人于2004年5月11日提交的意见陈述书转送给第二请求人以及将第二请求人于2004年4月28日和2004年5月17日提交的意见陈述书及其附件清单中所列附件的副本转送给被请求人。

被请求人于2004年11月11日针对第二请求人于2004年4月28日和2004年5月17日提交的意见陈述书进行了意见陈述，坚持认为第二请求人提供的所有证据不足以否定本专利的新颖性和创造性。

口头审理如期进行，第一请求人和第二请求人和被请求人均参加了口头审理，在口头审理开始前，合议组当庭将被请求人于2004年11月11日分别针对第一请求人和第二请求人的意见陈述进行的意见陈述分别转给第一请求人和第二请求人。在口审过程中，双方当事人对双方出庭人员的身份和资格无异议，双方当事人对合议组成员无回避请求。第一请求人当庭明确其无效宣告请求的理由为，本专利不符合专利法第二十二条第二款、第三款的规定，并且放弃本专利不符合专利法实施细则第二条第二款作为无效宣告请求的理由，并且放弃附件6和附件7。第一请求人在无效程序中所使用的证据为证据1-1（即附件2）、证据1-2（即附件4）、证据1-3（即附件5）、证据1-4（即附件3），被请求人对这四份证据的真实性以及外文证据的中文译文无异议。第一请求人认为证据1-1破坏本专利权利要求1的新颖性，证据1-1是本专利的最接近现有技术，证据1-1破坏本专利权利要求2的创造性；证据1-1和证据1-2的结合破坏权利要求3的创造性；证据1-1、证据1-2和证据1-3的结合破坏权利要求4的创造性；证据1-1、证据1-2、证据1-3和证据1-4破坏权利要求5的创造性。第二请求人当庭明确其无效宣告请求的理由为，本专利不符合专利法第二十二条第二款、第三款的规定以及本专利不符合专利法实施细则第二十条第一款的规定。

第二请求人当庭明确表示，仅保留以下证据，即证据2-1：公开号为特开平10-129689的日本公开特许公报的复印件及其相关部分的中文译文；证据2-2：授权公告号为CN2299818Y的中国实用新型专利说明书的复印件；证据2-3：授权公告号为US5823383的美国专利说明书的复印件；证据2-4：公开号为DE2755491A1的德国专利申请公开说明书的复印件及其相关部分的中文译文；证据2-5：公开号为特开平11-180462的日本公开特许公报的复印件及其相关部分的中文译文；证据2-6：公开号为DE3701430A1的德国专利申请公开说明书的复印件及其相关部分的中文译文，放弃其在无效程序中提交的其他证据。

需要说明的是，第二请求人未提交证据2-3的中文译文，当庭声明使用附图来评价本专利的创造性。被请求人对第二请求人提交的上述六份证据的真实性以及外文证据的中文译文无异议。第二请求人认为证据2-1是本专利最接近现有技术。第二请求人认为：证据2-1、证据2-2分别破坏本专利权利要求1的新颖性；证据2-1单独使用、证据2-2与证据2-3结合可以破坏本专利权利要求2的创造性；证据2-1和证据2-4的结合或者证据2-1与证据2-5的结合可以破坏本专利权利要求3的创造性；证据2-1单独使用、证据2-1和证据2-4的结合、证据2-1与证据2-5的结合或者证据2-1与证据2-6的结合可以破坏本专利权利要求4和权利要求5的创造性。在口头审理过程中，双方当事人对各自的观点进行了充分论述。

专利复审委员会于2004年12月13日收到第一请求人于2004年11月24日提交的意见陈述书，

鉴于第一请求人和被请求人已经在口审中对此次意见陈述书中的内容发表过意见，故合议组不再将该意见陈述书转给被请求人。

专利复审委员会于2004年12月7日收到第二请求人于2004年11月19日提交的意见陈述书，第二请求人提交了证据2-3的相关部分中文译文以及公证机关出具的证明该中文译文与外文内容相符的一份公证书的复印件，鉴于第二请求人已经在口头审理中明确表示仅使用证据2-3的附图来评价本专利的创造性，因此合议组对于此次提交的中文译文不予考虑。另外，第二请求人和被请求人已经在口头审理中对此次意见陈述书中的内容发表过意见，故合议组不再将该意见陈述书转给被请求人。

专利复审委员会于2004年12月2日收到第二请求人提交的关于口头审理内容的书面材料。

专利复审委员会于2004年12月6日收到被请求人提交的关于口头审理内容的书面材料。

至此，合议组经过合议，认为涉及本案的有关事实已经清楚，可以作出本审查决定。

二、决定的理由

合议组根据审查指南第四部分第三章第3.5节关于合案审查原则的规定对第一请求人和第二请求人针对本专利分别提出的无效宣告请求进行合案审查。

1. 关于证据的认定

被请求人对第二请求人提交的证据2-1和证据2-4的真实性及其相关部分的中文译文无异议，合议组对证据2-1和证据2-4的真实性及其相关部分的中文译文予以认可。证据2-1、证据2-4都是在本专利申请日之前公开的出版物，因此都可以作为用于评价本专利新颖性和创造性的已有技术。

2. 关于专利法第二十二条第二款和第三款

根据专利法第二十二条第二款的规定：新颖性是指在申请日以前没有同样的发明或实用新型在国内外出版物上公开发表过，在国内公开使用过或者以其他方式为公众所知，也没有同样的发明或者实用新型由他人向国务院专利行政部门提出过申请并且记载在申请日以后公布的专利申请文件中。

根据专利法第二十二条第三款：创造性是指同申请日以前已有的技术相比，该发明有突出的实质性特点和显著的进步，该实用新型有实质性特点和进步。

证据2-1公开了一种合成树脂带嘴袋，该合成树脂带嘴袋具有以下结构：合成树脂薄片袋8的对角线8′、8′之间夹着合成树脂袋嘴9的根部（即嘴和袋的结合部），袋嘴9的圆柱形口上设有盖子2，圆柱形口的上部外围形成螺纹10，配合上与螺纹10咬合的盖子2。另外，从附图中可以看出，圆柱形口1为通孔。

通过对比可以看出，证据2-1所公开的上述合成树脂带嘴袋结构与本专利的权利要求1中所限定的技术方案完全相同，且证据2-1所公开的技术方案与本专利的权利要求1所限定的技术方案属于同一技术领域，并能够产生相同的技术效果，因此本专利的权利要求1所限定的技术方案不具备专利法第二十二条第二款规定的新颖性。

本专利权利要求2是权利要求1的从属权利要求，其限定部分技术特征为“上述结合部是截面为橄榄核形的柱形结合部”，证据2-1（参见证据2-1的图2和图6）公开的结合部的截面近似菱形，与本专利权利要求2中所限定的橄榄核形类似。本专利说明书中并没有对“橄榄核形的柱形结合部”有何特殊效果进行说明，而从实现便于与包装袋压合的功能上讲，橄榄核形与菱形可达到相同的效果，实现相同的功能，因此，在本专利权利要求1没有新颖性的情况下，因此本专利权利要求2所限定的技术方案也不具备专利法第二十二条第三款规定的创造性。

本专利权利要求3是权利要求1的从属权利要求，其限定部分技术特征为“圆柱形袋嘴的中部设有供密封帽螺合的公螺纹，袋嘴通孔的出口处是为锥形孔；该密封帽是为一端密封一端开口的柱形体，其内设有与袋嘴螺纹螺合的母螺纹，密封端的内部端面上设有可与袋嘴通孔的出口处的锥形孔相密合的锥体；密封帽螺合于袋嘴上，密封端内部端面的锥体与袋嘴通孔的锥形孔紧密压合”，也就是在密封帽和袋嘴的上部形成了一个密封或者限位结构。证据 2－4 公开了一种带盖的瓶口结构，其中塞子帽罩 10 是环形的空心圆柱 14，它具有封闭的上表面 16，圆柱体的内表面有螺纹 20 用来与法兰螺纹进行咬合，上表面 16 的内侧具有环形的密封圆锥体 22，密封圆锥体 22 用来与法兰开口进行接触，并且从图中可以看到法兰开口与密封圆柱体 22 接触之处有锥形的斜面。可以看出，本专利权利要求 3 的限定部分技术特征已完全被证据 2－4 公开，并且证据 2－4 中所公开的上述结构与本专利权利要求 3 的限定部分技术特征所限定的结构作用是相同的，因此本领域技术人员基于证据 2－1 和证据 2－4 所公开的技术内容得到本专利权利要求 3 所限定的技术方案是显而易见的，无须付出创造性劳动，故本专利权利要求 3 所限定的技术方案也不具备专利法第二十二条第三款规定的创造性。

本专利权利要求 4 是权利要求 1 的从属权利要求，其限定部分技术特征为“圆柱形袋嘴的中部设有供密封帽螺合的公螺纹，袋嘴根部位置，结合部的上方设有锥形凸环，该密封帽是为一端密封一端开口的柱形体，其内设有与袋嘴罗纹螺合的母螺纹，密封端的开口端设有与上述袋嘴上的锥形凸环相密合的锥孔；密封帽螺合于袋嘴上，开口端的锥孔与袋嘴上的锥形凸环紧密压合”，也就是在密封帽和袋嘴的下部形成了一个密封或者限位结构。证据 2－1 中也公开了一种类似的密封或者限位结构，盖子 2 具有裙盖 12，其位于盖子 2 的开口端，其外部形状为一周带有锥度的凸环，法兰凸缘 13 位于袋嘴 9 的根部上方和螺纹 10 的下方，法兰凸缘 13 的下部为锥形，并且在使用时，盖子 2 通过螺纹 10 接合密封袋嘴的圆柱形口 1。虽然证据 2－1 中没有明确示出盖子 2 开口端裙盖 12 部位的锥孔，但从法兰凸缘 13 的下部形状以及袋嘴 9 与盖子 2 的配合关系上，本领域技术人员可以推知，盖子 2 的内部在裙盖 12 处必然具有能够与法兰凸缘 13 的锥形下部相配合的锥形孔，以在使用的过程中通过相互配合达到密封的效果。可见本专利权利要求 4 的附加技术特征已在证据 2－1 中公开，在其引用的权利要求 1 不具备新颖性的前提下，本专利权利要求 4 不具备新颖性。

本专利权利要求 5 是引用权利要求 1～4 中任何一项的从属权利要求，其限定部分技术特征“密封帽的外表面设有压花刻痕”也已被证据 2－1 公开。因此，在本专利权利要求 1、权利要求 4 没有新颖性的情况下，本专利权利要求 5 中引用权利要求 1 或者权利要求 4 的技术方案不具备专利法第二十二条第二款规定的新颖性；在本专利权利要求 2、权利要求 3 没有创造性的情况下，本专利权利要求 5 中引用权利要求 2 或者权利要求 3 的技术方案不具备专利法第二十二条第三款规定的创造性。

三、决定

宣告 ZL00257830.1 号实用新型专利权全部无效。

当事人对本决定不服的，可以根据专利法第四十六条二款的规定，自收到本决定之日起三个月内向北京第一中级人民法院起诉。根据该款的规定，一方当事人起诉后，另一方当事人应当作为第三人参加起诉。

136

汽车螺旋弹簧用缓冲器案

无效宣告请求审查决定（第7437号）

决　定　号　第7437号
决　定　日　2005年8月16日
发明创造名称　汽车螺旋弹簧用缓冲器
国际分类号　B60G 11/52
无效请求人　北京特特舒汽车缓冲器科技有限公司
专利权人　全东鹤
专　利　号　200320101980.1
申　请　日　2003年10月27日
授权公告日　2004年11月3日
合议组组长　杨克非
主　审　员　祁轶军
参　审　员　白剑锋

法律依据　专利法实施细则第二条第二款　专利法第二十二条第二款
决定要点

对比文件虽为韩国专利文献，但由于被请求人对其真实性未提出异议，而且合议组对该对比文件的真实性进行了核实，因此对该外文证据的真实性可以予以确认。

一、案由

本无效宣告请求案涉及的是专利号为200320101980.1，名称为“汽车螺旋弹簧用缓冲器”的实用新型专利，该专利的申请日为2003年10月27日、授权公告日为2004年11月3日，专利权人为全东鹤。

该专利授权公告时的权利要求书如下：

“1. 一种汽车螺旋弹簧用缓冲器，该缓冲器主体为环形橡胶（1），带有轴向的开口，其特征在于：环形橡胶（1）的上下端面各带有环形的上加工槽（2）和下加工槽（3），加工槽截面呈圆底烧瓶形，开口小，槽内呈圆形截面，在环形橡胶侧面还带有贯通内外壁的贯通孔（4）。

2. 根据权利要求1所述的汽车螺旋弹簧用缓冲器，其特征在于：贯通孔（4）数量为两个，对称开在环形槽轴向开口的两侧。”

针对上述专利权，北京特特舒汽车缓冲器科技有限公司（下称请求人）于2005年2月2日向专利复审委员会提出了无效宣告请求，其理由是：a. 本专利权利要求中出现的技术特征“橡胶”仅涉及材料，不属于实用新型保护的范围；b. 本专利不具备新颖性和创造性，不符合专利法第二十二条第二款和第三款的规定。同时提交了附件2作为证据：

附件2：申请日为1999年9月29日、授权公告日为2000年3月15日、专利号为KR0173999的韩国实用新型专利说明书（下称对比文件 1）及相应的中文译文共 11 页。

经审查，上述无效宣告请求符合专利法及其实施细则的形式要求，专利复审委员会对上述无效宣告请求予以受理并将上述无效宣告请求书及其附件的副本转给了专利权人（下称被请求人），要求其在指定的期限内答复，同时依法成立合议组对本案进行审查。

针对上述无效宣告请求，被请求人于 2005 年 2 月 28 日作出了答复，被请求人认为：a. 本专利与附件 2 相比，结构上有很大差别，如开口锥度和加强筋；b. 与附件 2 相比，虽图形类似，但权利要求对开口槽的形状描述不同，“葫芦形”是由两个圆组成的，而与圆底烧瓶形状不同；c. 权利要求无法对图形确定保护范围，因而本专利与附件 2 保护范围是有区别的。

专利复审委员会本案合议组于 2005 年 6 月 30 日向双方当事人发出了合议组成员告知通知书，双方当事人在指定期限内没有对合议组成员提出回避请求。

本案合议组经过合议，认为本案的事实已经清楚，可以作出审查决定。

二、决定的理由

1. 关于实施细则第二条第二款

根据专利法实施细则第二条第二款的规定：专利法所称实用新型，是指对产品的形状、构造或者其结合所提出的适于实用的新的技术方案。

本专利涉及一种具有特定形状和构造的汽车螺旋弹簧用缓冲器，虽然权利要求 1 中出现了特征“该缓冲器主体为环形橡胶（1）”，但从整体上看，权利要求 1 限定的技术方案仍然是针对产品的形状和构造所提出的技术方案，属于实用新型专利保护的范围。基于此，合议组对请求人认为本专利不属于实用新型保护范围的主张不予支持。

2. 关于专利法第二十二条

根据专利法第二十二条第二款的规定：新颖性，是指在申请日以前没有同样的发明或者实用新型在国内外出版物上公开发表过、在国内公开使用过或者以其他方式为公众所知，也没有同样的发明或者实用新型由他人向国务院专利行政部门提出过申请并且记载在申请日以后公布的专利申请文件中。

被请求人在对合议组转送的上述无效宣告请求及其附件的副本作出答复时，未对附件 2（即对比文件 1）的真实性提出异议。经核实，合议组对对比文件 1 的真实性予以认可。对比文件 1 的申请日为 1999 年 9 月 29 日，授权公告日为 2000 年 3 月 15 日，早于本专利的申请日。因此，根据专利法第二十二条第二款和实施细则第三十条的有关规定，该对比文件 1 所公开的技术内容可以作为评价本专利的新颖性和创造性的已有技术。请求人在提交对比文件 1 的同时提交了其中文译文，被请求人对该中文译文亦无异议，故合议组以对比文件 1 的中文译文所公开的内容作为评价本专利新颖性和创造性的基础。

该对比文件 1 公开了一种汽车高压线圈弹簧用缓冲器 1，该缓冲器由橡胶制成并为环形（该环形结构具有轴向的开口），其上、下面形成有葫芦形凹槽 2、3（相当于本专利权利要求 1 中提及的加工槽 2、3），开口小，槽内呈圆形截面，在环形橡胶侧面形成有贯通内外壁面的通孔 4。虽然对比文件 1 将凹槽的横截面形状描述为葫芦形，但从附图中可以清楚地看到：其横截面实际上就是圆底烧瓶形（见对比文件 1 的说明书摘要及附图）。由本专利权利要求 1 限定的技术方案与该对比文件所公开的技术内容相比，其区别仅在于表述方式上略有不同，其技术方案实质上相同，而且两者属于相同的技术领域，具有相同的发明目的并能够产生相同的技术效果，属于同样的发明。因此，根据专利法第二十二条第二款的规定，由独立权利要求 1 所限定的技术方案不具备新颖性。

从属权利要求 2 对权利要求 1 作出了进一步的限定，其限定部分的附加技术特征“通孔 4 的数量为 2 个并对称设置在环形槽轴向开口的两侧”同样已被对比文件 1 公开（参见该对比文件 1 的说明书摘要及附图），因此当其引用的权利要求 1 不具备新颖性时，该从属权利要求所要求保护的技术方案也不具备专利法第二十二条第二款所规定的新颖性。

综上所述，本专利的全部权利要求 1 和权利要求 2 均不具备专利法第二十二条第二款所规定的新颖性。

三、决定

宣告 200320101980. 1 号实用新型专利权无效。

当事人如对本决定不服，可以根据专利法第四十六条第二款的规定，自收到本决定之日起三个月内向北京市第一中级人民法院起诉。根据该款的规定，一方当事人起诉后，另一方当事人应当作为第三人参加诉讼。

137

一种机床用自动夹紧装置案

无效宣告请求审查决定（第7442号）

决　定　号　第7442号
决　定　日　2005年8月22日
发明创造名称　一种机床用自动夹紧装置
国际分类号　B23Q 3/12
无效请求人　慈溪市掌起镇科生五金塑料厂
专利权人　慈溪市三酉实业有限公司
专　利　号　02254196.9
申　请　日　2002年9月12日
授权公告日　2003年10月8日
合议组组长　徐媛媛
主　审　员　魏　屹
参　审　员　耿　博

法律依据　专利法第二十二条第二款、第三款
决定要点

请求人提供的证据不足以否定本专利的新颖性和创造性，故合议组对于请求人提出的本专利不符合专利法第二十二条第二款关于新颖性和本条第三款关于创造性的规定的主张不予支持。

一、案由

本无效宣告请求案涉及的是专利号为02254196.9、名称为“一种机床用自动夹紧装置”的实用新型专利，该专利的申请日为2002年9月12日，授权公告日为2003年10月8日，专利权人为慈溪市三酉实业有限公司。

该专利授权公告时的权利要求如下：

“1. 一种机床用自动夹紧装置，由机床主轴、卡头夹紧机构、拨叉机构、执行凸轮机构和皮带传动轮组成，夹紧装置由卡头、拉杆构成，并安装在主轴右端内腔，主轴通过一对轴承安装在传动箱两侧，其特征在于：在主轴上套装有推爪，推爪通过轴承、轴承座上的凹槽与拨叉机构相连，拨叉机构上的滑动头与机床上的凸轮执行机构相接触，在主轴上还套有带槽的轴套，在槽内安装有一对拨爪，拨爪通过销轴与轴套连接，拨叉内侧有凸缘，凸缘穿过主轴和拉杆上的孔槽嵌入拉杆内腔，拨爪左端呈圆孤状与推爪的锥面相触，拉杆左端与主轴内肩之间设有一个弹簧。

2. 根据权利要求1所述的一种机床用自动夹紧装置，其特征在于：在拨叉的一端与手动把柄相连接。

3. 根据权利要求1所述的一种机床用自动夹紧装置，其特征在于：在皮带轮是通过联轴块将它和主轴的左端相连接的。

4. 根据权利要求1所述的一种机床用自动夹紧装置，其特征在于：轴套是套装在主轴上，并由锁紧螺母锁定位置。”

针对上述专利权（下称本专利），慈溪市掌起镇科生五金塑料厂（下称请求人）于2004年8月10日向专利复审委员会提出了无效宣告请求，其理由是本专利不符合专利法第二十二条第二款关于新颖性和第三款关于创造性的规定，请求专利复审委员会宣告该实用新型专利权全部无效。请求人同时提交了下列证据：

证据1：中华人民共和国浙江省慈溪市公证处出具的（2004）慈证民字第612号公证书原件；

证据2：电话号码升位通告复印件1页；

证据3：慈溪市三酉实业有限公司工商登记变更资料复印件1份。

请求人在提出无效宣告请求时的主要观点如下：（1）证据1~3可以证明在本专利申请日之前就已经有与本专利权利要求1~4所限定的夹紧装置相同的产品在国内公开使用，故本专利权利要求1~4所限定的技术方案不具备新颖性；（2）本专利权利要求1~4所限定的夹紧装置是公知技术，不具有实质性特点和进步，故本专利权利要求1~4所限定的技术方案不具备创造性。

经审查，上述无效宣告请求符合专利法及其实施细则规定的形式要求，专利复审委员会于2004年8月26日予以受理并将专利权无效宣告请求书及所附证据材料的副本转送给专利权人，并成立合议组对此案进行审查。

请求人于2004年9月7日进行了意见陈述，并补充提交了下列证据：

证据4：慈溪市三酉机械设备有限公司的产品宣传件的复印件；

证据5：浙江省慈溪市星丽佳机械工业设备制造厂的产品宣传件的复印件。

请求人认为证据4可以证明包括本专利所涉及的夹紧装置的设备在本专利申请日之前在国内公开使用，证据5可以证明包括本专利所涉及的自动夹紧装置的设备在本专利申请日之前已是公知技术。

请求人于2004年9月11日进行了意见陈述，并补充提交了下列附件作为证据：

附件6：上海丰华圆珠笔厂的单轴自动车床的设计图纸的复印件。

请求人认为附件6也可以证明包括本专利所涉及的自动夹紧装置的设备在本专利申请日之前已是公知技术。

专利权人慈溪市三酉实业有限公司（下称被请求人）于2004年10月8日针对上述无效宣告请求受理通知书进行了意见陈述。被请求人认为，请求人未对本专利权利要求书就丧失新颖性和创造性提供令人信服的有效证据，要求复审委员会维持专利权有效。

合议组于2004年10月18日向双方当事人发出口头审理通知书，定于2004年12月3日9时在专利复审委员会进行口头审理，并在发出口头审理通知书的同时将被请求人于2004年10月8日提交的意见陈述书转送给请求人以及将请求人于2004年9月7日和9月11日提交的意见陈述书及所附证据材料的副本转送给被请求人。

口头审理如期进行，双方当事人均参加了口头审理，在口头审理过程中，双方当事人对对方出庭人员的身份和资格无异议，双方当事人对合议组成员无回避请求。合议组当庭告知请求人提交的附件6超过专利法实施细则第六十六条规定的举证期限，对于附件6不予接受。请求人当庭出示了证据4和证据5的原件，被请求人对请求人提交的证据1~5的真实性无异议，但对这些证据的关联性和证明力有异议。双方当事人在口头审理过程中对其各自的观点进行了充分的意见陈述。

至此，合议组经过合议，认为涉及本案的有关事实已经清楚，可以作出本审查决定。

二、决定的理由

被请求人对请求人提交的证据1~5的真实性无异议，合议组对证据1~5的真实性予以认可。

证据1是中华人民共和国浙江省慈溪市公证处出具的（2004）慈证民字第612号公证书，该公证书所涉及的内容是证据保全，该公证处的公证人员对浙江省慈溪市掌起镇周家段村刘月娥五金加工厂内的一台车床及其组件进行现场拍照，并制作了现场记录，该公证书中包括现场拍摄的照片二十六张以及现场记录一份。

请求人认为，从该公证书中对该车床的铭牌现场拍摄的照片中可以看出该车床的制造厂家是慈溪市三酉机械设备有限公司，出厂日期为1997年4月10日，并且该铭牌上还留有制造厂家的电话号码（0574）3742007。证据2是电话号码升位通告，根据该通告的内容可知，宁波地区的固定电话号码于2001年5月18日零时升至8位，因此根据证据1中的现场拍摄的铭牌照片上留下的制造厂家的电话号码为7位，可以认定证据1中所涉及的车床的生产日期在2001年5月18日之前，也在本专利申请日之前。另外，证据3可以证明慈溪市三酉实业有限公司（即被请求人）的前身为慈溪市三酉机械设备有限公司，结合证据1、证据2和证据3可以看出，证据1中所涉及的车床是被请求人在本专利申请日之前制造并公开销售的产品。

合议组认为，请求人未能提供被请求人销售证据1中所涉及的机床的任何凭证，仅凭借该机床上铭牌所给出的信息不能证明被请求人在本专利申请日前公开销售过证据1中所涉及的机床。另外，请求人也未提供上述机床在本专利申请日前处于在国内公开使用状态的其他证据，因此合议组无法确定证据1中所涉及的车床在本专利申请日之前处于在国内公开使用的状态，证据1中所涉及的车床不能作为评价本专利的新颖性和创造性的现有技术。证据4和证据5是两份产品宣传件，首先其上没有印刷日期，并且就其内容而言也只是反映了一些机床的外形，没有公开与本专利所限定的自动夹紧装置相关的任何结构，即没有记载可以和本专利所要求保护的技术方案相比对的技术信息，因此证据4和证据5不能证明在本专利申请日之前就已经有与本专利权利要求1～4所限定的夹紧装置相同的产品在国内公开使用。

鉴于请求人提供的证据1～5不足以否定本专利的新颖性和创造性，故合议组对于请求人提出的本专利不符合中国专利法第二十二条第二款关于新颖性和第三款关于创造性的规定的主张不予支持。

三、决定

维持02254196.9号实用新型专利权有效。

当事人对本决定不服的，可以根据专利法第四十六条第二款的规定，自收到本决定之日起三个月内向北京第一中级人民法院起诉。根据该款的规定，一方当事人起诉后，另一方当事人应当作为第三人参加起诉。

138

导角器案

无效宣告请求审查决定（第7453号）

决　定　号　第7453号
决　定　日　2005年3月16日
发明创造名称　导角器
国 际 分 类 号　B23B 51/08
无 效 请 求 人　陈昆镇
专　利　权　人　丹阳力克工具制造有限公司
专　利　号　02239966.6
申　请　日　2002年6月14日
授 权 公 告 日　2003年4月9日
合 议 组 组 长　蒋　彤
主　审　员　何怀燕
参　审　员　高　栋

法 律 依 据　专利法第二十二条第三款
决 定 要 点

如果与本专利属于相同领域的对比文件1所示产品结合所属领域公知参数规格，不需要花费创造性劳动就可得出本专利权利要求所保护的技术方案，则本专利不具备创造性。

结构简单的产品，如果从对比文件1的附图和照片能得出产品结构，则该产品结构本身可以作为与本专利比较的对象，而并不必须有文字描述。

一、案由

本无效宣告请求案涉及国家知识产权局专利局于2003年4月9日授权公告的、申请号为02239966.6、名称为“导角器”的实用新型专利权（以下称本专利），其申请日为2002年6月14日，专利权人为丹阳力克工具制造有限公司（下称被请求人）。

授权公告的权利要求书如下：

“1. 一种导角器，由柱形主体和柄部两部分连成一体，柱形主体内有内孔，内孔大小与相对应配合使用的钻头直径相等，其特征在于：

柱形主体头部呈锥形切削刃，在柱形主体前部侧壁轴向开口，开口一边缘呈弧形，在导角器柱形主体后部垂直于内孔开通一个固定钻头用的螺丝孔；

导角器柄部是横截面为等六边形的角柄，在角柄上设有一凹形环槽，凹形环槽的横截面为圆形，纵截面为弧形。

2. 根据权利要求1所述的导角器，其特征在于：所述切削刃带后角。

3. 根据权利要求1或2所述的导角器，其特征在于：所述导角器柱形主体的前部直径较后部直径小。

4. 根据权利要求1或2所述的导角器，其特征在于：所述角柄横截面的边是直边或圆弧边。

5. 根据权利要求1或2所述的导角器，其特征在于：所述角柄长度范围为20～30mm。

6. 根据权利要求1或2所述的导角器，其特征在于：所述等六边形角柄的对角距离尺寸范围为6.35～11.12mm，即1/4～7/16英寸，外接圆直径范围为Φ7.03～Φ12.15mm。"

针对上述专利权，陈昆镇（下称请求人）于2003年10月17日向专利复审委员会提出无效宣告请求，其理由是本实用新型专利不具备新颖性和创造性，不符合专利法第二十二条第二款、第三款的规定。请求人同时提交了作为证据使用的附件如下：

附件1：Trade Winds HARDWARE & BUILDING MATERIALS BUYER'S GUIDE 2001－2002（贸易风 五金器具及建筑物料2001～2002采购指南）的封面以及第416页的复印件；

附件2：TAIWAN Hardware March 2002（台湾五金杂志2002年三月刊）的封面以及第57页的复印件。

请求人认为：本专利权利要求1、2、3、4的技术方案已被附件1和附件2所公开，而不具备新颖性，权利要求5、6的附加技术特征为公知常识，从而不具备创造性。

经形式审查合格，专利复审委员会受理了上述请求，并于2003年11月13日向双方当事人发出无效宣告请求受理通知书，并将专利权无效宣告请求书及其附件清单中所列附件副本转送给了被请求人，要求其在指定的期限内答复。

被请求人于2003年12月29日向专利复审委员会递交了意见陈述书，其中指出，（1）被请求人对请求人提交的附件1是否为公开出版物提出疑义，附件1是企业内部的印刷品，并非专利法意义上的公开出版物，并对该附件2的真实性提出疑义，该附件1、附件2仅列出类似产品的照片，未给出任何有关技术内容的说明，没有任何关于产品的描述性语言，仅凭模糊的照片无法认定其技术内容和技术特征，无法与本案所涉专利的结构形状、内部结构及其连接的技术特征进行对比。因此附件1、附件2不能作为判定本专利是否具备新颖性、创造性的对比文件；（2）对于小五金工具来说，某个具体部位的创新和革新、某个相关部位关键尺寸的实质性变化，只要带来使用上的方便和有益效果，都应作为一个实用新型专利而存在，不能因为从外观上与已有产品相似而否定它的新颖性。本专利的权利要求1～6中，柄部与主体的连接部位、连接方式、柄部的形状、角柄的长度、各部位比例，柄部上凹槽的部位、凹槽形状、凹槽的深浅、切削刃的形状和位置、轴向开口的位置和形状、内孔、螺丝孔的位置和形状、结构技术参数等等，这些特征在附件1、附件2中均没有陈述和表示，故附件1和附件2不能损害本专利的新颖性；（3）一般技术人员仅凭外形照片、不经创造性劳动无法得出本专利权利要求1～6的技术方案，本专利有关柄部与主体的连接部位、连接方式、柄部的形状、角柄的长度、各部位比例，柄部上凹槽的部位、凹槽形状、凹槽的深浅、切削刃的形状和位置、轴向开口的位置和形状、内孔、螺丝孔的位置和形状、结构技术参数等特征并不是显而易见的，一些具体参数数据都需要在开发实践中摸索创新，并付出创造性的劳动，因此具备创造性。本专利可以配合不同的快换接头用于不同的电动工具使产品使用方便，相对于已有技术产生了实质性特点和进步，创造性不容置疑，而请求人无任何证据来说明这些技术特征如何"早已众所皆知"，附件1、附件2都不能支持其有关创造性的无效宣告理由。

专利复审委员会依法成立本案合议组，并于2004年5月25日向双方当事人发出了无效宣告请求口头审理通知书，定于2004年7月12日进行口头审理，同时将被请求人于2003年12月29日递交的意见陈述书转送给请求人。

请求人于2004年6月7日向专利复审委员会递交了无效宣告请求口头审理通知书回执，请求人表示参加2004年7月12日的口头审理，被请求人未递交无效宣告请求口头审理通知书回执。

口头审理于2004年7月12日如期举行，请求人参加了口头审理并就己方观点进行了相应的陈述，被请求人未出席口头审理。请求人提交了附件1（即口头审理记录表中的证据1）、附件2（即口头审理记录表中的证据2）的原件，指出这些原件是公开出版物，通过二者封页上的网站信息（http：//www.hardwareB2B.com、http：//www.cens.com、http：//www.cens.com.tw）可以在国内获得，且正在办理有关附件1、附件2的公证认证的手续，将在口头审理之后提交；而附件1第317页表明出版日期为2002年3月，附件2的封面和其第21页的版权页信息表明出版日期为2002年3月；请求人明确了无效理由仅仅涉及新颖性、创造性，其中权利要求1~4不具备新颖性和创造性，权利要求5~6不具备创造性，有关权利要求1~4不具备创造性的理由是当庭提出的。

合议组在当庭通知请求人自口头审理之日起两个月内提交与附件1、2相关的公证认证文件，逾期提交视为未提交所述文件。

请求人于2004年7月16日取回附件1、附件2的原件。

请求人于2004年9月1日向合议组提交了由北京市公证员协会向国家知识产权局转送海基会寄来的陈昆镇的有关附件1、附件2的认证书副本的证明的复印页，以及中国台湾台北地方法院所属民间公证人赵原孙事务所出具的具结书：关于附件1的具结书，包括附件1的封面、第243页和第416页的复印页，表明附件1为台湾地区Trade Winds Inc.（贸易风股份有限公司）于2001年在台湾地区定期公开发行的杂志文书；关于附件2的具结书，包括附件2的封面、第21页、第55页和第57页的复印页，表明附件2为台湾地区中国经济通讯社股份有限公司于2002年3月在台湾地区定期公开发行的杂志文书。关于附件1、附件2的各具结书的原始副本，保留在申请号为02239964.X的案卷中，并复印后保留在本案案卷中，关于北京市公证员协会的转文证明的复印页保留在本案案卷中。同时，请求人提交了附件1、附件2的原件。

合议组于2004年9月6日向被请求人发出无效宣告请求审查通知书，通知被请求人在接到该通知书之日起一个月内来复审委员会核实附件1、附件2的公证认证文件以及原件，或者提交相应的书面意见陈述书，逾期不答复且不来核实上述附件1、附件2的公证认证文件以及原件，则视为被请求人对该附件1、附件2的真实性无异议。

被请求人逾期未提交任何意见陈述书并且也未来复审委员会核实附件1、附件2的原件和相关公证认证文件。

在上述工作的基础上，合议组认为本案事实已经清楚，在此基础上依法作出本审查决定。

二、决定的理由

1. 文本认定

本无效宣告请求审查决定以2003年4月9日授权公告的文本作为审查的文本基础。

2. 关于证据

（1）关于真实性

请求人在口头审理时提交了附件1、附件2的原件，合议组当庭核实各原件相应的页码与请求人提出无效宣告请求时提交的附件1、附件2的复印件的内容一致，请求人在指定的期限内提交了相关的公证认证文件，证明附件1、附件2为定期公开发行的杂志文书，并提供了相应杂志在台湾地区的新闻局的登记证字号等。由于合议组已经通过无效宣告请求审查通知书告知被请求人应当到复审委员会进行核实或者提交相应的意见陈述书对此陈述意见，否则视为被请求人对该附件1、附件2的真实性无异议，而被请求人没有在指定期限内核实原件及公证文件，并且也未对此陈述任何意见，因而应视为其对附件1、附件2的真实性无异议。

（2）关于公开日期

请求人指出附件1的第317页（该页的页码未标示，其位于标注了页码的第315页与第319页之间，依顺序推出其页码号为第317页）所示日期“March 3－6，2002”为附件1的公开日期，合议组注意到，附件1的第317页上印有名称为“International Hardware Fair”的图片，图片的左下角招贴画有“DIY'DEC”字样，图片下印有日期“March 3－6，2002”，在附件1的第411页“Calendar of International Hardware Shows”（国际五金工具展览日程表）的“Shows”（展览）栏下有“Int'l Hardware Fair – DIY' TEC”，其“Date”（展览日期）为“March 3－6，2002”，由于“Int'l”是“International”的缩写，可知上述包含“DIY' TEC”字样招贴画的“International Hardware Fair”图片，与“Int'l Hardware Fair – DIY' TEC”涉及相同的内容，由此可见，附件1的第317页是宣传“Int'l Hardware Fair – DIY' TEC”展览的广告画面，其“March 3－6，2002”表示“Int'l Hardware Fair – DIY' TEC”的展览日期，而不是附件1的出版日期。因此，附件1的公开出版时间不能确定，附件1不能作为评价本专利的新颖性、创造性的现有技术。

附件2（下称对比文件1）的封面和第21页的出版信息表明其公开出版日期为2002年3月，其公开日在本专利的申请日之前，因此附件2可以作为评价本专利的新颖性、创造性的现有技术。

3. 关于新颖性

专利法第二十二条第二款规定：新颖性，是指在申请日以前没有同样的发明或者实用新型在国内外出版物上公开发表过、在国内公开使用过或者以其他方式为公众所知，也没有同样的发明或者实用新型由他人向国务院专利行政部门提出过申请并且记载在申请日以后公布的专利申请文件中。

由于请求人的无效宣告理由中仅提出权利要求1～4不具备新颖性，因此对新颖性的评价仅涉及权利要求1～4。

权利要求1包括如下技术特征：

（1）一种导角器，由柱形主体和柄部两部分连成一体；

（2）柱形主体内有内孔，内孔大小与相对应配合使用的钻头直径相等；

（3）柱形主体头部呈锥形切削刃；

（4）在柱形主体前部侧壁轴向开口；

（5）开口一边缘呈弧形；

（6）在导角器柱形主体后部垂直于内孔开通一个固定钻头用的螺丝孔；

（7）导角器柄部是横截面为等六边形的角柄；

（8）在角柄上设有一凹形环槽；

（9）凹形环槽的横截面为圆形，纵截面为弧形。

对比文件1第57页的735型（或735－3型）导角器清楚地表明了导角器具有柱形主体和柄部两部分连成一体，相应于本专利权利要求1的特征（1），柱形主体内都有内孔，并且插入了具有与内孔大小相对应的直径尺寸的钻头，相应于本专利权利要求1的特征（2），柱形主体头部具有塑料材质的锥形切削刃（735－3S型为金属材质），相应于本专利权利要求1的特征（3），在柱形主体前部侧壁有轴向开口，相应于本专利权利要求1的特征（4），开口一边缘有呈弧形的趋势，柱形主体后部垂直于内孔开通有一个固定钻头用的螺丝孔，相应于本专利权利要求1的特征（6），柄部是横截面为多边形的角柄，在角柄上设有一凹形环槽，相应于本专利权利要求1的特征（8），将其与本专利权利要求1的技术方案所对应的实施例附图相比较，735型（或735－3S型）导角器的角柄上的凹形环槽也为光滑的圆环状，即可推出从横截面来看是圆形，从纵截面来看是弧形，相应于本专利权利要求1的特征（9）。

将对比文件1第57页的735型、735-3S型、714型、714-H型导角器与权利要求1中的技术特征进行对比发现，虽然各型号的导角器都具有横截面为多边形的角柄，但没有明确表示为正六边形，并且该735型和735-3S型的导角器虽然开口一边缘有呈弧形的趋势，但也不能确定该开口一边缘一定是弧形，因而不能确定这几款导角器的角柄和/或开口的一边缘与该权利要求1的上述特征（5）、（7）完全一致，可见对比文件1所公开的各个导角器与权利要求1的导角器分别对比，在技术特征上都存在区别，即不是完全相同的技术方案，因此，权利要求1相对于对比文件1具备专利法第二十二条第二款规定的新颖性。由于权利要求2~4从属于权利要求1，因此，权利要求2~4相对于对比文件1也具备专利法第二十二条第二款规定的新颖性。

4. 关于创造性

专利法第二十二条第三款规定：创造性，是指同申请日以前已有的技术相比，该发明有突出的实质性特点和显著的进步，该实用新型有实质性特点和进步。

本专利的目的是提供一种截面为六边形的角柄上具有凹形环槽的导角器，使得其在配合其他工具使用时，夹持牢靠。其权利要求1所限定的技术方案中包括上述技术特征（1）~（9）。

根据上述"3. 关于新颖性"的评述可知，权利要求1与对比文件1的735型（或735-3S型）导角器区别在于上述特征（5）和特征（7）：权利要求1中明确表示了开口的一边缘呈弧形，且角柄是截面为正六边形的，而对比文件1中的735型（或735-3S型）导角器虽然开口的一边缘有呈弧形的趋势，角柄截面为多边形，但都不能惟一、明确地确定该开口一边一定是弧形、角柄一定是正六边形横截面的角柄。

但是，小五金工具的角柄设计为截面呈正六边形、正八边形等结构是所属技术领域的公知常识，把角柄设计成截面为正多边形的结构能加大与夹持工具的摩擦，其中截面为正六边形正是最常见的一种角柄形状；开口的一边缘呈弧形也是开口导角器设计的常识，具有弧度的设计是根据切削操作所决定的，也是必需的。由此可见，在对比文件1公开的735型（或735-3S型）导角器的基础上，由于进行切削操作而需要将其开口的一边缘设有弧度，并将横截面为多边形的角柄设定为正六边形截面的角柄，从而得到权利要求1的技术方案，这对所属领域技术人员来说是显而易见的，不需要花费创造性劳动的。因此，该权利要求1相对于对比文件1的735型（或735-3S型）导角器不具有实质性特点和进步，不具备专利法第二十二条第三款规定的创造性。

同理，对比文件1中的714型、714-H型导角器清楚地披露了权利要求1的特征（1）、（2）、（6）、（8）、（9），由于设计带有切削刃的开口式导角器即上述特征（3）、（4），是所属领域公知常识（由735型的塑料材质的切削刃和开口、735-3S型导角器的金属材质的切削刃和开口可见），再基于以上对于特征（5）、（7）的评述，因此，权利要求1相对于对比文件1中的714型、714-H型导角器也不具备专利法第二十二条第三款规定的创造性。

权利要求2引用权利要求1，其附加技术特征为："所述切削刃带后角"。该特征从对比文件1图示的导角器中不能看出，但是由于导角器切削刃的功能确定了其结构必须是带有后角的结构形状，是所属领域、行业的常识。因此，当权利要求1不具备创造性时，从属权利要求2相对于对比文件1也不具备专利法第二十二条第三款规定的创造性。

权利要求3~6均引用权利要求1或权利要求2，各自限定的附加技术特征依次为："所述导角器柱形主体的前部直径较后部直径小"、"所述角柄横截面的边是直边或圆弧边"、"所述角柄长度范围为20~30mm"、"所述等六边形角柄的对角距离尺寸范围为6.35~11.12mm，即1/4~7/16英寸，外接圆直径范围为Φ7.03~Φ12.15mm"。其中，对比文件1所示的714型、714-H型、735型、735-3S型导角器都清楚表示出柱形主体前部直径小于后部直径，角柄的边为直边或圆弧边为所属领域公知的、常规的设计，角柄长度范围、角柄截面的对角线距离范围、粗细（外接圆）大小等尺寸特征属于行业领域的规格尺寸，即针对不同的作用对象和匹配不同的器具就有不同的粗细、大小、长短等变化，如对比文件1所揭示的几款导角器就具有粗细、大小、长短等尺寸上的不同；同时，这些具体参数特征也不是本发明对现有技术作出实质性贡献从而实现发明目的、达到其技术效果的特征。因此，当权利要求1、权利要求2不具备创造性时，从属权利要求3~6相对于对比文件1也不具备专利法第二十二条第三款规定的创造性。

被请求人认为对比文件1仅列出类似产品的照片，没有产品相关技术的语言描述，无法认定其技术内容和特征，进而无法与本专利的产品的结构形状等特征进行比较，因此不能作为判定本专利是否具备新颖性和创造性的对比文件。合议组认为：小五金工具产品结构简单，从附图和照片上得出的产品结构本身就可以作为与本专利比较的对象，并不一定必须有文字描述。

被请求人还在意见陈述中指出：小五金工具某个部位的创新和革新、相关部位的关键尺寸的实质性变化只要带来使用上的方便和有益效果，都应作为一个实用新型专利存在，不能因为从外观上与已有产品相似就否定其专利性；本专利权利要求1~6的尺寸、形状结构等技术参数都不是显而易见的，是在开发实践中摸索创新的，可以与各类相应的器具匹配使用，因而是具备新颖性、创造性的。

合议组认为：判断一个实用新型产品是否具备新颖性、创造性是与最接近的现有技术相比较而言的，现有技术即对比文件1的735型（或735－3S型、714型、714－H型）导角器与本专利所保护的产品具有相似的结构形状特征，并且正如被请求人所述，各个尺寸等相关参数应当是与作用的对象以及其配合使用的器具相匹配的，比如不同规格的电动工具，其具有固定的公知的参数范围，其决定了导角器诸如角柄等结构部分的相关参数，这些都是所属技术领域公知的工具配置规格，另外，这些具体参数特征也并不是本发明为解决现有技术的缺陷从而对现有技术改进而作出实质性贡献的特征，因此，在具有相同或相似的结构形状的产品的基础上，采用这种公知的技术参数变化所得到的产品并不需要所属领域技术人员付出创造性的劳动，即本专利所保护的技术方案相对于对比文件1不具备专利法所规定的创造性，从而被请求人陈述的理由不能被接受。

三、决定

宣告第02239966.6号实用新型专利的全部权利要求无效。

当事人对本决定不服的，可以根据专利法第四十六条第二款的规定，自收到本决定之日起三个月内向北京市第一中级人民法院起诉。根据该款的规定，一方当事人起诉后，另一方当事人应当作为第三人参加诉讼。

柱锥复合型金属容器桶身胀锥机案

无效宣告请求审查决定（第7454号）

决　定　号 第7454号
决　定　日 2005年8月26日
发明创造名称 柱锥复合型金属容器桶身胀锥机
国际分类号 B21D 51/18
无效请求人 赵建良
专利权人 王　民
专　利　号 03244611. X
申　请　日 2003年4月3日
授权公告日 2004年3月31日
合议组组长 魏　屹
主　审　员 冯　涛
参　审　员 祁轶军

法律依据 专利法第二十二条第二款、第三款、第四款
决定要点

本领域技术人员依照权利要求的技术方案能够实现发明目的，并能够产生积极效果，则满足专利法第二十二条第四款的规定。

权利要求所要求保护的技术方案与请求人所提供的证据相比具有明显的区别之处，这种结构上的区别之处又带来了明显的技术效果，同时请求人提供的证据也未就区别之处给出任何启示或教导，故该权利要求相对于请求人提供的证据具备新颖性和创造性。

一、案由

本无效宣告请求案涉及的是专利号为03244611. X、名称为“柱锥复合型金属容器桶身胀锥机”的实用新型专利，该专利的申请日为2003年4月3日，授权公告日为2004年3月31日，专利权人为王民。

该专利授权公告的权利要求书如下：

“1. 一种柱锥复合型金属容器桶身胀锥机，其特征在于：

一减速机，固定在机架上，

该减速机上有一转臂，该转臂通过连杆与滑块连接，同时滑块与滑轨连接；

一油缸，固定在滑轨上，并通过连杆与机械手连接；

一提升油缸，固定在机架上，并通过滑轨连接升降托板；

一胀锥成型系统，由机座、油缸、芯轴和围绕芯轴的胀锥模块组成，其中，芯轴与设置在机座上部的油缸连接；一连接盘，位于机座上，该连接盘上固定一大导向盘，芯轴垂直向下地穿过连接盘和导向盘，进入轴套中，该轴套的上端与大导向盘固定，下端与小导向盘固定；

一胀锥模块，设置于大、小导向盘之间，环绕芯轴和轴套呈圆周分布，该胀锥模块的两端插入大、小导向盘的径向矩形导向槽中；

模块构成的腔体内的芯轴中部的上端连接有轴销，轴销与固定在同一位置的轴套上的锥套相连；在芯轴中部的下端连接着另一只轴销，该轴销通过固定在轴套上的螺纹套，与固定在螺纹套上的另一组锥套相连；模块的上端和下端分别装有回位弹簧。

2. 根据权利要求 1 所述的柱锥复合型金属容器桶身胀锥机，其特征在于，固定在胀锥模下方机架上并与胀锥模同一轴线上的油缸、滑轨和托板组成升降系统。

3. 根据权利要求 1 所述的柱锥复合型金属容器桶身胀锥机，其特征在于，胀锥模块内表面为阶梯形平面，外表面上段为圆柱面，中段和下段为两种角度的圆锥面，中段的角度小于下段的角度。

4. 根据权利要求 1 或 3 所述的柱锥复合型金属容器桶身胀锥机，其特征在于，胀锥模块上下端各安装有径向导向滚轮。

5. 根据权利要求 1 所述的柱锥复合型金属容器桶身胀锥机，其特征在于，芯轴穿过大导向盘进入轴套内，通过两径向轴销与轴套外的两锥套相连。”

赵建良（下称请求人）针对上述专利权（下称本专利）于 2004 年 12 月 15 日向专利复审委员会提出了无效宣告请求，认为本专利不符合专利法第二十二条第二款、第三款、第四款的规定，请求复审委员会宣告本专利全部无效，并同时提交了四篇附件作为证据：

附件 1：中国实用新型专利说明书申请号为 01263998.2，授权公告日为 2002 年 8 月 21 日；

附件 2：中国实用新型专利说明书申请号为 00211276.0，授权公告日为 2001 年 4 月 25 日；

附件 3：中国实用新型专利说明书申请号为 02231040.1，授权公告日为 2003 年 4 月 16 日；

附件 4：图一、柱锥复合型钢桶。

请求人在请求书中认为：证据 1 已披露了权利要求 1 胀锥成型系统的主要内容，则权利要求 1 不具备新颖性和创造性；权利要求 4 的附加技术特征是本领域技术人员容易作出的，则权利要求 4 不具备创造性；权利要求 5 的附加技术特征已在证据 2 中公开，则权利要求 5 不具备创造性；根据证据 3 和权利要求 4，由于权利要求 3 所要求保护的柱锥复合型金属容器桶身胀锥机胀出的柱锥复合型钢桶不能互相套装，则权利要求 3 不具备实用性。

经审查，上述无效宣告请求符合专利法及其实施细则规定的形式要求，专利复审委员会于 2005 年 2 月 25 日予以受理，并将无效宣告请求书及附件副本转给了专利权人（下称被请求人），要求被请求人在指定期限进行答复。同时成立合议组对此案进行审查。

被请求人于 2005 年 4 月 5 日针对上述无效宣告请求书及附件副本作出答复，认为本专利的权利要求所要求保护的技术方案与证据 1 或证据 2 所公开的技术内容相比，在设计原理、技术特点和实用等方面具有很大差别；由于加强筋位置的合理布置，使桶体中段圆锥体上部直径小于上段圆柱体直径，使桶体套叠抽拔容易；本专利具备专利法意义上的专利性。

复审委员会本案合议组于 2005 年 7 月 1 日向双方当事人发出了无效宣告请求口头审理通知书，定于 2005 年 8 月 15 日在专利复审委员会举行口头审理，并将被请求人于 2005 年 4 月 5 日意见陈述书的副本转给请求人。

口头审理如期举行，请求人于口头审理之前提交口头审理回执，明确表示不参加口头审理，仅被请求人一方参加口头审理。被请求人对请求人提交的附件 1 ~ 3 的真实性无异议，对附件 4 的真实性提出质疑，被请求人结合证据和本专利针对请求人在请求书中提出的主张进行意见陈述。

本案合议组经过合议，认为本案的事实已经清楚，可以作出审查决定。

二、决定的理由

1. 关于实用性

根据专利法第二十二条的规定，实用性是指该发明或者实用新型能够制造或者使用，并且能够产生积极效果。

请求人认为：由证据3、证据4可知，由于该机胀出的柱锥复合型钢桶在中段和上段的交界处有一环筋，环筋处的外径大于桶口处的内径，因此这种柱锥复合型钢桶是不能套装的，则权利要求3不具备实用性。

合议组认为：首先，证据4是柱锥复合型钢桶的产品图，是复印件，其来源不清，属于非公开出版物，合议组对证据4不予采信。其次，实用性不是针对某一项权利要求来说的，针对的应是说明书和权利要求书所公开的整体技术内容，本专利请求保护的是一种柱锥复合型金属容器桶身胀锥机，是一种制造柱锥复合型金属容器的设备，本领域技术人员依照说明书的技术方案能够实现本发明的目的，并能够产生易抽拔、便于运输、堆码和使用的积极效果。最后，请求人认为桶与桶之间能够互相套装，桶口处的内径必须大于环筋处桶身的外径是不正确的，因为套装并不意味着全部容纳在其内，正如请求人提供的证据3图2所示，环筋处以上的桶身未置于桶身内，也能够实现套装，因此本专利满足专利法第二十二条第四款的规定。

2. 关于新颖性和创造性

根据专利法第二十二条的规定，新颖性，是指在申请日以前没有同样的发明或者实用新型在国内外出版物上公开发表过、在国内公开使用过或者以其他方式为公众所知，也没有同样的发明或者实用新型由他人向国务院专利行政部门提出过申请并且记载在申请日以后公布的专利申请文件中。

创造性，是指同申请日以前已有的技术相比，该发明有突出的实质性特点和显著的进步，该实用新型有实质性特点和进步。

请求人认为证据3、证据4用于评价本专利的实用性，而证据1、证据2用于评价本专利的新颖性和创造性。根据请求原则，合议组仅对本专利权利要求1、权利要求4相对于证据1是否具备新颖性和创造性，本专利权利要求5相对于证据1和证据2是否具备创造性作如下评述。

3. 证据的认定

证据1和证据2是专利文献，属于公开出版物，且其授权公告日均在本专利的申请日之前，故可以作为判断本专利新颖性和创造性的已有技术。

证据1公开了一种圆锥形容器桶身胀锥机，并具体公开了以下的技术特征（参见证据1的说明书第2页和附图）：胀锥成型系统，由机座、油缸、芯轴和围绕芯轴的胀锥模块组成，芯轴两端分别固定着大头导向盘和小头导向盘，圆周分布的胀块两头与大导向盘和小导向盘圆周分布的导向槽配合，使胀块只能做径向运动，大导向盘固定在连接座上，固定在连接座另一端的油缸通过推盘、连接盘、推杆推动套在芯轴上的两锥套，再同时推动胀块上的两滚轮使胀块作径向运动，回位由绕在胀块外表面及端面的弹簧完成，胀块两头为矩形径向导向面。

权利要求1所要求保护的技术方案与证据1所披露的技术方案之间的区别在于：一减速机，固定在机架上，该减速机上有一转臂，该转臂通过连杆与滑块连接，同时滑块与滑轨连接；一油缸，固定在滑轨上，并通过连杆与机械手连接；一提升油缸，固定在机架上，并通过滑轨连接升降托板；模块构成的腔体内的芯轴中部的上端连接有轴销，轴销与固定在同一位置的轴套上的锥套相连；在芯轴中部的下端连接着另一只轴销，该轴销通过固定在轴套上的螺纹套，与固定在螺纹套上的另一组锥套相连。上述区别技术特征在证据1中均未公开，因此权利要求1所要求保护的技术方案具备新颖性。

鉴于请求人针对权利要求1不具备新颖性和创造性只提供了一份证据即证据1，由于本领域技术人员仅凭证据1不花费创造性的劳动不能获得权利要求1所要求保护的技术方案，并且该权利要求所要求保护的技术方案能够实现桶身输送、定位提升、胀锥成型、复位移出的全部自动化，具有实质性的特点和进步，因此该权利要求具备创造性。

权利要求2~5是权利要求1的从属权利要求，在权利要求1具备新颖性和创造性的情况下，权利要求2~5也具备新颖性和创造性。

三、决定

维持03244611. X号实用新型专利权有效。

当事人对本决定不服的，可以根据专利法第四十六条第二款的规定，自收到本决定之日起三个月内向北京市第一中级人民法院起诉。根据该款的规定，一方当事人起诉后，另一方当事人应当作为第三人参加诉讼。

140

车把盖案

无效宣告请求审查决定（第7458号）

决　　定　　号　第7458号
决　　定　　日　2005年8月16日
发明创造名称　车把盖
国 际 分 类 号　B62J 23/00
第一无效请求人　重庆宗申集团进出口有限公司
第二无效请求人　重庆力帆实业（集团）有限公司重庆摩托车行业协会
第三无效请求人　重庆摩托车行业协会
专　利　权　人　本田技研工业株式会社
专　　利　　号　94113542. X
申　　请　　日　1994年12月30日
授 权 公 告 日　2000年2月2日
合 议 组 组 长　于　萍
主　　审　　员　杨克菲
参　　审　　员　魏　屹

法律依据　专利法第二十二条第三款

决定要点

本专利权利要求1所限定的技术方案与对比文件相比不具有突出的实质性特点和显著的进步，因此不具备创造性。

一、案由

本无效宣告请求案涉及的是专利号为94113542. X、名称为“车把盖”的发明专利权，该专利的申请日为1994年12月30日，优先权日为1993年12月30日，授权公告日为2000年2月2日，专利权人为本田技研工业株式会社。

该专利授权公告的权利要求书如下：

“1. 一种车把盖，它由塑料制成，并安装在支承前轮的前叉上端的、向左右伸出的棒形车把上，其特征在于：在其前面的左右形成具有一定间隔的与方向指示器的镜片表面相向的开口，在夹在这些左右开口中间的宽度很大的中央部分内面的上述开口边缘附近，一体地形成安装凸台，方向指示器的安装部分中至少一部分安装在这个安装凸台上；与此同时，在中央部分的外表面上安装着另外的装饰件，而且这个装饰件的端部面临着开口的边缘。”

针对本专利，重庆宗申集团进出口有限公司（下称第一请求人）于2004年2月12日向专利复审委员会提出了无效宣告请求，其理由是本专利不符合专利法第二十六条第三款、第四款，专利法实施细则第二十条一款以及专利法第二十二条第三款的规定。第一请求人并同时提交了两份证据：

证据1－1：公开号为昭64－74187的日本公开专利公报的中文译文，共6页；

证据1－2：公开号为昭64－74189的日本公开专利公报的中文译文，共6页。

第一请求人认为，本专利说明书中没有对“宽度很大”和“中央部分内面的上述开口边缘附近”作出清楚、完整的解释，上述描述存在矛盾之处，使得所属技术领域的技术人员无法实现；权利要求书中的“在其前面的左右两侧以一定间隔，形成与方向指示器的镜片表面相向的开口”及“在夹在这些左右开口中间的宽度很大的中央部分内面的上述开口边缘附近，一体地形成安装凸台”与说明书中的相应描述不一致，因而得不到说明书的支持；权利要求书中的“在夹在这些左右开口中间的宽度很大的中央部分内面的上述开口边缘附近，一体地形成安装凸台”表达前后矛盾、含糊不清，不符合专利法实施细则第二十条第一款的规定，证据1－1和证据1－2的公开日在本专利申请日之前，可以破坏本专利的创造性。

经审查，上述无效宣告请求符合专利法及其实施细则规定的形式要求，专利复审委员会于2004年2月16日予以受理，同日向双方当事人发出无效宣告请求受理通知书，并同时将无效宣告请求书及证据副本转给了专利权人（下称被请求人），同时依法成立合议组对此案进行审查。

第一请求人于2004年3月12日向复审委员会提交了意见陈述书及补充证据，其中的补充证据如下：

证据1－3：公开号为昭64－74187、公开日为1989年3月20日的日本公开专利公报复印件，共4页；

证据1－4：公开号为昭64－74189、公开日为1989年3月20日的日本公开专利公报复印件，共3页；

证据1－5：公开号为实开平7－42738、公开日为1995年8月11日的日本专利公报首页复印件；

证据1－6：公开号为实开平7－42738、公开日为1995年8月11日的日本专利公报的中文译文，共3页；

证据1－7：94113542. X号专利申请的第一次审查意见通知书、针对第一次审查意见通知书的意见陈述书、第二次审查意见通知书、针对第二次审查意见通知书的意见陈述书及授予发明专利权通知书复印件，共14页；

证据1－8：福建科学技术出版社出版、发行的《台湾摩托车构造图解》的相关页复印件，共9页，1993年10月出版；

证据1－9：福建科学技术出版社出版、发行的《日本产摩托车构造图解》的相关页复印件，共4页，1994年10月出版；

证据1－10：人民邮电出版社出版发行的《风火轮92机车年鉴》相关页复印件，共3页，1993年2月出版；

证据1－11：（2004）湛证内字第211号公证书复印件，共14页；

证据1－12：（2004）湛证内字第208号公证书复印件，共3页。

第一请求人认为证据1－8中所披露的内容破坏了本专利权利要求的新颖性；证据1－8中公开的风速、风速和迪爵的结合、风速和迪奥的结合、迪爵和迪奥的结合分别破坏本专利权利要求的创造性；证据1－7表明本专利的授权不合法；证据1－5和证据1－6表明本专利不具有突出的实质性特点和显著的进步，应予无效。

被请求人于2004年4月1日针对2004年2月16日发出的无效宣告请求受理通知书及转送文件提交了意见陈述书，其中被请求人认为本专利的说明书已经对请求人所提出的“宽度很大”和“中央部分内面的上述开口边缘附近”作出了清楚、完整的说明，不存在本领域技术人员无法实现的问题；至于权利要求书中的“相向”和说明书中的“相对”两个表述，根据《辞海》中的解释，两者意思相同，权利要求书中的“一体地形成安装凸台”与说明书中的“整体地形成安装凸台”两者意义并无不同，权利要求书得到了说明书的充分支持；本专利的权利要求书清楚地表明了请求保护的范围；证据1-1中没有公开本专利权利要求1中的“在夹在这些左右开口中间的宽度很大的中央部分内面的上述开口边缘附近，一体地形成安装凸台，方向指示器的安装部分中至少一部分安装在这个安装凸台上；与此同时，在中央部分的外表面上安装着另外的装饰件，而且这个装饰件的端部面临着开口的边缘”这些技术特征，本专利权利要求1与证据1-1相比具有突出的实质性特点和显著的进步，具备创造性。被请求人对请求人提供的证据1-1的中文译文有异议，并提交了有异议部分的中文译文1页，还向合议组提交了上海辞书出版社的《辞海》的封面及相关页的复印件（共3页）。

重庆摩托车行业协会、重庆力帆实业（集团）有限公司（下统称第二请求人），针对本专利于2004年2月16日向专利复审委员会提出了无效宣告请求，其理由是本专利不符合专利法第二十六条第三款、第四款，专利法实施细则第二十条一款以及专利法第二十二条第三款的规定。并同时提交了两份证据：

证据2-1：公开号为昭64-74187的日本公开专利公报的中文译文，共6页；

证据2-2：公开号为昭64-74189的日本公开专利公报的中文译文，共6页。

第二请求人主张的具体事实和理由与第一请求人在提出无效宣告请求时的主张相同。

经审查，上述无效宣告请求符合专利法及其实施细则规定的形式要求，专利复审委员会于2004年2月24日予以受理，同日向双方当事人发出受理通知书，并同时将无效宣告请求书及证据副本转给了被请求人，同时依法成立合议组对此案进行审查。

第二请求人于2004年3月15日向复审委员会提交了意见陈述书及补充证据，其中的补充证据如下：

证据2-3：公开号为昭64-74187、公开日为1989年3月20日的日本公开专利公报复印件，共4页；

证据2-4：公开号为昭64-74189、公开日为1989年3月20日的日本公开专利公报复印件，共3页；

证据2-5：公开号为实开平7-42738、公开日为1995年8月11日的日本专利公报首页复印件；

证据2-6：公开号为实开平7-42738、公开日为1995年8月11日的日本专利公报的中文译文，共3页；

证据2-7：94113542.X号专利申请的第一次审查意见通知书、针对第一次审查意见通知书的意见陈述书、第二次审查意见通知书、针对第二次审查意见通知书的意见陈述书及授予发明专利权通知书复印件，共14页；

证据2-8：福建科学技术出版社出版发行的《台湾摩托车构造图解》的相关页复印件，共10页，1993年10月公开；

证据2-9：福建科学技术出版社出版发行的《日本产摩托车构造图解》的相关页复印件，共5页，1994年10月公开；

证据2-10：人民邮电出版社出版发行的《风火轮92机车年鉴》相关页复印件，共5页，1993年2月公开；

证据2-11：（2004）湛证内字第211号公证书复印件，共14页；

证据2-12：协查机动车情况回函复印件1页、旧摩托车买卖协议复印件1页、摩托车转让协议复印件1页、机动车行驶证及其副页复印件各1页、车船使用税纳税卡复印件1页、车辆购置附加费缴费凭证复印件1页、购买本田摩托车收款收据及养路费专用收据复印件1页；

证据2-13：（2004）湛证内字第208号公证书复印件，共3页；

证据2-14：人民邮电出版社出版发行的《国外现代摩托车》相关页复印件共4页，1992年4月公开；

证据2-15：中国轻工业出版社出版的《台湾摩托车零部件图解集》相关页复印件共9页，1994年10月公开；

证据2-16：江西科学技术出版社出版发行的《进口/国产摩托车构造及维修图解》的相关页复印件，共4页，1995年8月公开。

第二请求人认为证据2-8破坏本专利权利要求的新颖性；证据2-8中公开的风速、风速和迪爵的结合、风速和迪奥的结合、迪爵和迪奥的结合分别破坏本专利权利要求的创造性；证据2-7表明本专利的授权不合法；证据2-5和证据2-6表明本专利不具有突出的实质性特点和显著的进步，应予无效，证据2-9表明本田CH125N/P型摩托车的车把盖结构，证据2-10表明SPACY125和豪迈125系列摩托车在申请日之前面市；证据2-11、2-12、2-13表明本田CH125型摩托车在申请日之前已经国内销售，证据2-14表明SPACY125和DI0/50均在申请日之前面市，证据2-15和证据2-16均反映豪迈125系列摩托车的车把盖结构。

被请求人于2004年4月9日针对复审委员会于2004年2月24日发出的无效宣告请求受理通知书及转送的文件作出答复，被请求人此次提交的意见陈述书及附件与2004年4月1日针对第一请求人提交的意见陈述书及附件完全相同。

根据审查指南中的相关规定，复审委员会本案合议组将上述两无效宣告请求合案审理。

专利复审委员会本案合议组于2004年8月10日分别将被请求人于2004年4月1日提交的意见陈述书及附件的副本转给第一请求人，将被请求人于2004年4月9日提交的意见陈述书及附件的副本转给第二请求人，将第一请求人于2004年3月12日提交的补充证据及意见陈述书的副本转给了被请求人，将第二请求人于2004年3月15日提交的补充证据及意见陈述书的副本转给了被请求人，同时向第一请求人、第二请求人及被请求人发出口头审理通知书，定于2004年9月22日在专利复审委员会举行口头审理。

第二请求人于2004年9月15日向专利复审委员会寄交了证据2-12中的“协查机动车情况回函”和“旧摩托车买卖协议”的原件、证据2-8《台湾摩托车构造图解》的原件、证据2-10《风火轮92机车年鉴》的原件和证据2-14《国外现代摩托车》的原件。

口头审理如期举行，第一请求人、第二请求人及被请求人均出席了口头审理。请求人明确其无效理由是本专利不符合专利法第二十六条第三款、第四款，专利法实施细则第二十条第一款和专利法第二十二条第二、第三款的规定，请求无效范围是全部无效。请求人补充说明书第2页第2自然段倒数第3行中的“安装部位”和权利要求书中的“安装部分”的含义是不同的，本专利权利要求1不符合专利法第二十六条第四款的规定。请求人提供了与证据2-11、2-12、2-13对应的实物证据，请求人出具了证据2-11、2-12、2-13的原件，被请求人对公证书和实物封箱没有异议，请求人主张该实物既否定本专利的创造性又否定其新颖性。被请求人对证据2-5、2-6、2-7、2-8、2-9、2-10、2-14的真实性无异议，被请求人认为证据2-15和证据2-16都是在本专利优先权日之后，是无法结合的。口头审理中请求人提交了本专利说明书背景技术部分提到的一篇日本专利文件，并提供了相应的译文。被请求人认为该证据已经超出举证期限，为新证据。合议组当庭告知双方当事人上述文件不符合专利法实施细则及审查指南的相关规定，不予接受。

口头审理结束后，被请求人于2004年9月27日提交了针对合议组转送的第一请求人于2004年3

月12日提交的意见陈述书及第二请求人于2004年3月15日提交的意见陈述书所作的答复意见，其中被请求人针对第一、第二请求人在上述意见陈述书中提出的证据和主张的观点陈述了意见，并认为请求人提供的所有的对比文件均没有公开“在中央部分的外表面上安装着另外的装饰件，而且这个装饰件的端部面临着开口的边缘”这些技术特征，而且没有一份对比文件给出产生本发明的思路或要解决的技术问题、达到的技术效果的任何启示。

重庆摩托车行业协会（下称第三请求人）针对本专利于2004年9月28日向专利复审委员会提出了无效宣告请求，其理由是本专利不符合专利法第二十二条第二款、第三款的规定，并同时提交了两份证据：

证据3－1：公开号为昭63－39476、公开日为1988年8月5日的日本特许公报复印件及其中文译文，其中原文7页，中文译文5页；

证据3－2：公开号为昭58－118089、公开日为1983年8月11日的日本公开实用新案公报复印件，共3页。

第三请求人认为，证据3－2是记载于本专利说明书中的现有技术，是被请求人熟知的，对于本领域技术人员而言，在证据3－2的基础上，为了尽可能地减少安装部件以增加外表美观，增大、增强隔片19b，将装饰罩盖31和前照灯盖24改装为一个装饰件并将方向指示灯的安装部分中的一部分安装到隔片19b上是容易的，本专利权利要求1不具备创造性，第三请求人还请求合议组将本次无效宣告请求同前次提出的无效宣告请求合案审理。

经审查，上述无效宣告请求符合专利法及其实施细则规定的形式要求，专利复审委员会于2004年11月26日予以受理，同日向第三请求人和被请求人发出无效宣告请求受理通知书，同时将无效宣告请求书及证据副本转给了被请求人，并依法成立合议组对此案进行审查。

应第三请求人的请求并根据审查指南中的相关规定，专利复审委员会本案合议组将第三请求人的无效宣告请求与上述两无效宣告请求案合案审理。

被请求人于2005年1月10日针对第三请求人提出的上述无效宣告请求书及证据副本作出答复，在其提交的意见陈述书中，被请求人认为从证据3－1的内容看，属于本专利说明书背景技术部分中阐述过的技术内容，不能否定本专利的新颖性和创造性。

专利复审委员会本案合议组于2005年4月30日向第三请求人和被请求人发出口头审理通知书，定于2005年6月7日在专利复审委员会举行口头审理，同时将被请求人的上述意见陈述书的副本转送给第三请求人。

口头审理如期举行。双方当事人均出席了口头审理。合议组当庭将第三请求人提交的收文日分别为2004年10月14日和2005年6月1日的两份意见陈述书及附件的副本转送给被请求人。第三请求人明确其无效理由是本专利权利要求1不具备创造性，依据的证据为三份同族专利文件即昭63－39476、昭58－118089和昭62－23883及其中文译文，主张这三份专利文件分别破坏本专利权利要求1的创造性。第三请求人明确放弃本专利不符合专利法第二十二条第二款的无效理由，被请求人对第三请求人提交的昭63－39476及其中文译文（即证据3－1）没有异议。第三请求人还主张证据3－1与上次口头审理中使用的实物证据结合破坏本专利权利要求1的创造性，被请求人对此证据组合有异议。口头审理中，双方当事人就本专利权利要求1相对于证据3－1是否具备创造性陈述了意见。合议组给被请求人一个月的时间可以就上述转文提交书面意见陈述。

专利复审委员会本案合议组于2005年7月7日收到被请求人的意见陈述书，其中被请求人认为证据3－1是在本专利的背景技术中提出的、被本发明排除在本发明之外的方案，本专利明确排除了将前照灯作为装饰件的可能性；证据3－1的隔片部宽度狭窄，想扩大其宽度以增加车把盖的强度则由于中央部分前照灯的关系很难扩大；装饰件 31 是覆盖和遮蔽内侧的部件，而前照灯是透光部件，二者功能构造不同，不能合二为一。

本案合议组经过合议，认为本案的事实已经清楚，可以作出审查决定。

二、决定的理由

根据专利法第二十二条第三款的规定，创造性，是指同申请日以前已有的技术相比，该发明有突出的实质性特点和显著的进步，该实用新型有实质性特点和进步。

第三请求人提供的证据 3－1（下称对比文件）为专利文件，其公开日在本专利的申请日之前，属于本专利的申请日前公开的现有技术，被请求人对其中的中文译文未提出异议，该证据可以用来评价本专利的创造性。

对比文件公开了一种摩托车的前灯装置，该装置包括有安装在支承前轮的前叉上端的车把前罩 19，该前罩 19 装在左右方向延伸的把手管 13 上，把手管 13 的两端部 13b 上装有车把套管 14 分别从前罩 19 的左右两侧伸出。该前罩 19 由合成树脂制成，该前罩 19 呈横向的长的框体形状，左右间隔形成两个开口 A，夹在左右开口 A 中间的中央部分为开口 B，与开口 A 之间靠隔片 19b 分隔开，隔片 19b 一体地形成在框架 19 上，两开口 A 内分别安装左右方向指示灯装置组件 20，其中该组件 20 的安装片 21a 和 21b 通过其上的安装孔 21c 用螺丝固定在前罩 19 的上下框体 19c 和 19d 的后端面上，开口 B 内安装前照灯组件 24，前罩 19 框体所围住的前照灯组件 24 和左右方向指示灯装置组件 20 之间露出隔片 19b，在该间隔处装有刚好覆盖该间隔的装饰罩 31，该隔片 19b 上设置有安装孔和安装槽，装饰罩 31 通过该隔片 19b 的安装孔和安装槽安装在框架 19 上，参见该对比文件的原文第 3 栏第 18 行到第 6 栏第 40 行及相应的中文译文和附图所示。

对比文件公开的上述技术方案与本专利的权利要求 1 所限定的技术方案相比较，可以看出，本专利的“方向指示器的安装部分中至少一部分安装在这个安装凸台上”，而对比文件中的左右指示灯装置组件 20 没有安装在隔片 19b 上的部分，本专利中“在中央部分的外表面上安装着另外的装饰件，而且这个装饰件的端部面临开口的边缘”，而对比文件中中央部分的外表面上安装着前照灯组件 24 和两个装饰罩 31，而且两个装饰罩 31 的端部分别面临着开口的边缘。

针对上述区别，合议组认为，首先从问题的发现看，由于已有技术的左右方向指示灯装置组件 20 的安装片 21a 和 21b 是通过其上的安装孔 21c 用螺丝固定在前罩 19 的上下框体 19c 和 19d 上的，存在着安装强度不够的问题，这样的技术问题是客观存在并且以直观的方式呈现在每个本领域技术人员甚至用户面前，因此，本领域技术人员发现这样的技术问题并不困难；其次，从解决方案看，机械领域的技术人员都知道解决强度不够的技术问题最直接最简便的技术手段就是增大尺寸，本领域技术人员在现有技术的基础上，为了解决其存在的缺陷，容易想到通过增大隔片 19b 的尺寸来实现增加安装部位的强度的目的，以便将左右方向指示灯装置组件 20 的安装部分中的一部分安装到隔片 19b 上以使该组件均匀地支撑在前罩 19 的框体上；而增大尺寸直接带来的问题就是空间问题，自然想到把前照灯移走，并将前照灯组件 24 和两个装饰罩 31 改装成一个装饰件，以利于避免在左右方向指示灯装置组件 20 和装饰件之间出现缝隙，并减少安装部件以降低修改模具的工作量，进而得出本专利权利要求 1 的技术方案，这样改进后的技术方案不具有突出的实质性特点，而且没有带来显著的技术进步，因为去掉了前照灯组件 24，相应地去掉了其相应的功能，而且通过增大尺寸的方式来增加该部件的强度在机械领域也是司空见惯的，本领域普通技术人员无须付出创造性的劳动即可实现，因此，合议组认为，本专利的权利要求 1 相对于对比文件不具备创造性。

至于被请求人在其意见陈述书中提出的意见，合议组认为，对比文件是本专利在其说明书的背景技术中提到的现有技术，本专利是在这样的现有技术的基础上针对其存在的缺陷即车把盖附近安装部位的强度不够及调整灯具与灯具用孔之间的间隙时修改模具的工作费时费事而提出的改进的技术方案，其改进的方式即是通过将两个装饰罩31之间的前照灯组件24去掉，进而可以增加隔片19b的宽度和强度，以便左右方向指示灯装置组件20的安装部分中的一部分安装到隔片19b上，去掉前照灯组件24之后，将两个装饰罩31改装成一个大的装饰件以覆盖和遮蔽内侧的部件及制造缺陷则是顺理成章的事。专利权利要求的创造性要从本领域技术人员的角度来判断，本领域技术人员在对比文件给出的现有技术的基础上通过简单的分析推理、采用机械领域中简单而惯常的技术手段即可实现的改进对本领域技术人员来讲是显而易见的，不具有突出的实质性特点，不符合专利法第二十二条第三款中对发明的创造性的规定。

鉴于相对于第三请求人提供的上述对比文件，本专利权利要求1不具备创造性，合议组对其他请求人提供的其他证据不再予以评述。

三、决定

宣告94113542.X发明专利权无效。

当事人对本决定不服的，可以根据专利法第四十六条第二款的规定，自收到本决定之日起三个月内向北京市第一中级人民法院起诉。根据该款的规定，一方当事人起诉后，另一方当事人应当作为第三人参加诉讼。

北京市第一中级人民法院
行政判决书

(2006)一中行初字第62号

原告本田技研工业株式会社，住所地日本国东京都港区南青山2丁目1番1号。

法定代表人萩野道義，董事长。

委托代理人孙纪泉，男，汉族，1967年5月8日出生，中科专利商标代理有限责任公司职员，住北京市朝阳区惠新里17楼1单元103号。

委托代理人韩登营，北京市金杜律师事务所律师。

被告国家知识产权局专利复审委员会，住所地北京市海淀区北四环西路9号银谷大厦10~12层。

法定代表人廖涛，副主任。

委托代理人魏屹，国家知识产权局专利复审委员会审查员。

委托代理人耿博，国家知识产权局专利复审委员会审查员。

第三人重庆宗申集团进出口有限公司，住所地重庆市巴南区花溪镇民主村。

法定代表人左宗申，董事长。

委托代理人张利，重庆利君律师事务所律师。

委托代理人郑华，北京安博达知识产权代理有限公司专利代理人。

第三人重庆力帆实业（集团）有限公司，住所地重庆市沙坪坝区上桥张家湾60号。

法定代表人陈巧凤，董事长。

委托代理人张利，重庆利君律师事务所律师。

委托代理人徐国文，北京安博达知识产权代理有限公司专利代理人。

第三人重庆摩托车行业协会，住所地重庆市高新区科园一路166号。

法定代表人戴祯龙，秘书长。

委托代理人张利，重庆利君律师事务所律师。

委托代理人徐国文，北京安博达知识产权代理有限公司专利代理人。

原告本田技研工业株式会社不服被告国家知识产权局专利复审委员会（下称专利复审委员会）于2005年8月16日做出的第7458号无效宣告请求审查决定（下称第7458号决定），于法定期限内向本院提起行政诉讼。本院于2005年12月23日受理后，依法组成合议庭，并通知重庆宗申集团进出口有限公司（下称宗申集团公司）、重庆力帆实业（集团）有限公司（下称力帆实业公司）、重庆摩托车行业协会（下称摩托车协会）作为第三人参加本案诉讼，于2006年4月5日公开开庭进行了审理。原告本田技研工业株式会社的委托代理人孙纪泉、韩登营，被告专利复审委员会的委托代理人魏屹、耿博，第三人宗申集团公司的委托代理人张利、郑华，第三人力帆实业公司和第三人摩托车协会的共同委托代理人张利、徐国文到庭参加了诉讼。本案现已审理终结。

第7458号决定系专利复审委员会针对宗申集团公司、力帆实业公司和摩托车协会就本田技研工业株式会社所拥有的名称为“车把盖”的发明专利（下称本专利）所提出的无效宣告请求而作出的。专利复审委员会在该决定中认定：公开号为昭63－39476的日本专利（下称证据3－1）与本专利相比，区别在于本专利的“方向指示器的安装部分中至少一部分安装在这个安装凸台上”，而证据3－1中的左右指示灯装置组件20没有安装在隔片19b上的部分；本专利中“在中央部分的外表面上安装着另外的装饰件，而且这个装饰件的端部面临开口的边缘”，而证据3－1中的中央部分的外表面上安装着前照灯组件24和两个装饰罩31，而且两个装饰罩31的端部分别面临着开口的边缘。分析上述区别，首先，从问题的发现看，本领域技术人员发现已有技术的左右方向指示灯装置存在安装强度不够的问题并不困难；其次，从解决方案看，机械领域技术人员都知道解决强度不够的技术问题最直接最简便的技术手段就是增大尺寸。本领域技术人员在现有技术基础上，为了解决其存在的缺陷，容易想到通过增大隔片19b的尺寸来实现增加安装部位的强度的目的，以便将左右方向指示灯装置组件20的安装部分中的一部分安装到隔片19b上，使该组件均匀地支撑在前罩19的框体上。而增大尺寸直接带来的问题就是空间问题，自然会想到把前照灯移走，同时，将前照灯组件24和两个装饰罩31改装成一个装饰件以覆盖和遮蔽内侧的部件及制造缺陷也是顺理成章的事，这样有利于避免在左右方向指示灯装置组件20和装饰件之间出现缝隙，并减少安装部件以降低修改模具的工作量，进而得出本专利权利要求1的技术方案。本领域技术人员在证据3－1给出的现有技术的基础上通过增大尺寸的方式来增加该部件的机械强度在机械领域也是司空见惯的，本领域技术人员无须付出创造性的劳动即可实现，因此，本专利的权利要求1相对于证据3－1不具备创造性。据此，专利复审委员会作出第7458号决定，宣告本专利权无效。

本田技研工业株式会社不服第7458号决定，在法定期间内向本院提起行政诉讼，其诉称：一、专利复审委员会作出第7458号决定的程序不合法。首先，专利复审委员会在第7458号决定中以摩托车协会提出的证据3－1作为对比文件，但是摩托车协会在无效请求书中没有对证据3－1作任何说明，专利复审委员会受理该无效请求违反了《中华人民共和国专利法实施细则》（下称专利法实施细则）第六十四条第一项及《审查指南》第四部分第三章第4.2节之（5）中关于“无效宣告请求没有结合提交的所有证据具体说明无效宣告请求的理由，或者未指明每项理由所依据的证据的，不予受理”的规定。其次，在前两次无效宣告请求已经进行了口头审理的情况下，专利复审委员会已经可以作出审查决定，但是专利复审委员会仍将摩托车协会于2004年9月28日再次提出的无效宣告请求与前两次无效宣告请求合案审理，相当于允许第一、第二请求人补充新的证据，违反了专利法实施细则第六十六条和《审查指南》的相关规定。二、专利复审委员会关于本专利是否具备创造性的评价错误。1. 在技术方案的对比上，首先，专利复审委员会遗漏了本专利与证据 3-1 之间最大的区别技术特征，即"中央部分"，没有指出本专利的中央部分和证据 3-1 的开口 B 不同；其次，根据证据 3-1 的技术启示，本领域技术人员不容易想到将转向指示灯的至少一部分安装在车把罩中央部分所设的安装凸台上，不可能将前照灯移走；第三，在认定本专利没有创造性的过程中，审查员仅凭自己的主观臆断将本专利与已有技术的区别特征认定为公知常识，却不能举证证明其认定。2. 本专利与证据 3-1 相比具有以下有益的技术效果：通过在车把罩中央部分宽度很大中央部分设置安装凸台，可以提高方向指示器的安装强度；通过另外设置的装饰部件，解决了因设置上述凸台而在车把罩的外表面产生的"热缩凹陷"问题，提高了外观质量；只要矫正装饰部件的模具就能方便地调整开口部与方向指示器之间的间隙。综上所述，专利复审委员会认定事实不清，适用法律错误，请求人民法院判决撤销该决定。

被告专利复审委员会辩称：一、关于审理程序。《审查指南》第四部分第三章第 3.5 节明确指出，对一项专利权提出了多个无效宣告请求的，应当尽可能合案审查，其中所有的请求人均为当事人。第三请求人摩托车协会提出第三次无效宣告请求时前两个无效宣告请求尚未审结，考虑到行政效率和程序经济，专利复审委员会将三个无效请求案合案审理并无不当，且并不存在第一、第二请求人补充证据的事实。二、关于本专利的创造性评价坚持在第 7458 号决定中的论述。综上，专利复审委员会作出第 7458 号决定认定事实清楚，适用法律、法规正确，审理程序合法，请求人民法院维持该决定。

第三人宗申集团公司、力帆实业公司、摩托车协会均未提交书面意见陈述，其在本案庭审过程中表示同意专利复审委员会作出的第 7458 号决定，请求人民法院予以维持。

本院经审理查明：

本案涉及国家知识产权局专利局于 2000 年 2 月 2 日授权公告、专利号为 94113542.X、名称为"车把盖"的发明专利（即本专利），其申请日是 1994 年 12 月 30 日，优先权日是 1993 年 12 月 30 日，专利权人为本田技研工业株式会社。本专利授权公告的权利要求书如下：

"1. 一种车把盖，它由塑料制成，并安装在支承前轮的前叉上端的、向左右伸出的棒形车把上，其特征在于：在其前面的左右形成具有一定间隔的与方向指示器的镜片表面相向的开口，在夹在这些左右开口中间的宽度很大的中央部分内面的上述开口边缘附近，一体地形成安装凸台，方向指示器的安装部分中至少一部分安装在这个安装凸台上；与此同时，在中央部分的外表面上安装着另外的装饰件，而且这个装饰件的端部面临着开口的边缘。"

本专利说明书载明，现有技术中，安装灯具的圆柱形安装部位的宽度很窄，因此很难确保足够的安装部位强度。在车把盖加工成型时，要调整灯具与灯具用孔之间的间隙时，由于车把盖成形的模具较大，因此修改模具的工作费时费事。

针对本专利，宗申集团公司于 2004 年 2 月 12 日向专利复审委员会提出了无效宣告请求，其理由是本专利不符合《中华人民共和国专利法》（下称专利法）第二十六条第三款、第四款，专利法实施细则第二十条第一款以及专利法二十二条第三款的规定。

针对本专利，摩托车协会和力帆实业公司于 2004 年 2 月 16 日向专利复审委员会提出了无效宣告请求，其理由是本专利不符合专利法第二十六条第三款、第四款，专利法实施细则第二十条第一款以及专利法二十二条第三款的规定。

2004 年 9 月 22 日，专利复审委员会进行了口头审理。

针对本专利，摩托车协会于 2004 年 9 月 28 日再次向专利复审委员会提出了无效宣告请求，其理由是本专利不符合专利法第二十二条第二款、第三款的规定，并请求专利复审委员会将本次无效宣告请求同前次提出的无效宣告请求合案审理。在无效宣告请求书中，摩托车协会明确了其认为本专利不符合专利法第二十二条第二款、第三款的证据为日本专利昭63－39476和昭58－118089。

其中：日本专利昭63－39476（即证据3－1）的公开日为1988年8月5日，其公开了一种机动二轮车等的前部灯具类装置。实施例为踏板式车型，车体1前部下方，有支撑在前撑脚2上的前轮3，中间有低踏板4，前部有前罩9，把手管13向左右方向延伸，两端部13b、13b装有车把套管14。车把前罩19横向长度与把手管13大致等长，用合成树脂等材料成型。车把前罩19呈横向长的框体形状，有贯通前后的横向长开口部19a，中间部左右，有上下方向装设的隔片19b、19b，19b的上下两端连接上下框体19c和19d，该前罩19的隔片19b和19b外侧开口部A和A预先组装上方向指示灯装置20和20。方向指示灯装置20由嵌入开口部A和A的左右对称形状基座部件21和表面着色的透镜22组成。透镜22为盆状向前突出，连接于基座部件21，基座部件21的后面上下突出设有安装片21a和21b，将该装置20和20从开口部A和A的里侧插入，并使透镜22从开口部露出至前面，安装片21a和21b顶住隔片16b和19b各自外侧方向的上下框体19c和19d的后端面，由设于安装片上的安装孔21c用螺丝固定，使装置20和20连接前罩19左右开口部A和A形成一体化。24为头灯组件，该组件24由底座部件25和设置为如同覆盖其前面的透镜26组成。组件中透镜26有嵌入中央开口部B的外形，底座25的左右两端中间部位突出有安装片25a和25a，将其同把手管13的支架内侧安装孔15a和15a从正面重合，安装片25a上设有安装孔25b，将其对准安装孔15a，用螺丝组件24的左右分别与左右支架连接固定。组件20和20的罩19置于把手管13的前方，使头灯组件24嵌入于中间开口部，使其正面露出，左右隔片19b的安装孔19h对准支架15的安装孔15c，用螺丝29和螺母30同支架15连接，这样，罩19有两处固定支撑在把手管13的前方。罩19固定在前罩9的上方，且在把手管13的前方，罩19的框体所围住的中间头灯组件24和左右方向指示灯组件20和20之间露出隔片19b和19b。在其间隔处还装有刚好覆盖该间隔的装饰罩盖31和31。罩盖31与隔片19b的纵向尺寸大致相同，上端有顶端带固定爪31b的固定片31a，下方有安装孔31c；罩31和31插在组件20、24、20之间，固定爪31b插入隔片19b上方固定孔19j内，这样，罩引上部与隔片19b连接，另外，从安装孔31c穿过螺丝至隔片19b的安装孔19i，并进行固定，且装饰罩31和31隔片通过19b被安装于罩19上。

2005年1月10日，本田技研工业株式会社针对摩托车协会提出的上述无效宣告请求书及证据做出答复，其认为从证据3－1的内容看，属于本专利说明书背景技术部分中阐述过的技术内容，不能否定本专利的新颖性和创造性。

专利复审委员会于2004年11月26日受理了上述无效宣告请求后，决定将这一无效宣告请求与前述两次无效宣告请求案合案审理，并于2005年4月30日向摩托车协会和本田技研工业株式会社发出口头审理通知书。2005年6月7日，专利复审委员会再次举行口头审理，在口头审理中，摩托车协会明确放弃本专利不符合专利法第二十二条第二款的无效理由。

2005年8月16日，专利复审委员会做出第7458号决定。

在庭审过程中，本田技研工业株式会社陈述，将前照灯从车把罩上移到前罩上属于现有技术的范围。专利复审委员会陈述，第二次口头审理是针对第三次无效宣告请求进行的，只有第三请求人出席了口审。从权利要求1中可以看出本专利所述的中央部分没有限定，所以不能认为证据3－1和本专利不同。

以上事实有本专利授权公告文本、第7458号决定、证据3－1及当事人陈述等证据在案佐证。

本院认为：

一、关于专利复审委员会的审理程序是否合法

1. 摩托车协会是否对证据3－1作出相关的说明。

专利法实施细则第六十四条规定：依照专利法第四十五条的规定，请求宣告专利权无效或者部分无效的，应当向专利复审委员会提交专利权无效宣告请求书和必要的证据一式两份。无效宣告请求书应当结合提交的所有证据，具体说明无效宣告请求的理由，并指明每项理由所依据的证据。

鉴于摩托车协会在其于2004年9月28日提出的无效宣告请求书中已经明确了将证据3－1作为认定本专利不具备创造性的证据，故本田技研工业株式会社关于摩托车协会未对证据3－1作出相关说明而不应受理的主张没有事实依据，本院不予支持。

2. 合案审理是否相当于允许第一、第二请求人补充新证据。

《审查指南》第四部分第三章第3.5节规定：对一项专利权提出了多个无效宣告请求的，应当尽可能合案审查，其中所有的请求人均为当事人。专利复审委员会根据上述规定，在对前两次无效宣告请求尚未审结的情况下，决定对三次无效宣告请求进行了合案审理并无不妥。由于第二次口头审理仅有本田技研工业株式会社和摩托车协会参加，第一、第二请求人没有参加，而且没有给第一、第二请求人补充新证据的机会，故本田技研工业株式会社关于合案审理相当于允许第一、第二请求人补充新的证据的主张没有事实依据，本院不予支持。

二、关于本专利是否具备创造性

将本专利与证据3－1相比，存在以下区别技术特征：

（1）在夹在这些左右开口中间的宽度很大的中央部分内面的上述开口边缘附近，一体地形成安装凸台，方向指示器的安装部分中至少一部分安装在这个安装凸台上；（2）在中央部分的外表面上安装着另外的装饰件，而且这个装饰件的端部面临着开口的边缘。

由于证据3－1公开了在左右开口部A之间的开口部B和在开口部A边缘附近形成有两个具有安装孔的隔片19b。从证据3－1公开的内容可以看出，本专利权利要求1中所述的“中央部分”在证据3－1中也有相应的结构。区别在于本专利的“中央部分”用于在其内面设置安装凸台，而在证据3－1中，开口B是用于嵌入透镜26。但是，本田技研工业株式会社将“中央部分”与凸台、方向指示器的安装位置等特征分割开来，单独作为一个区别特征考虑缺乏事实依据，本院不予支持。

在证据3－1公开的技术方案基础上，首先，本领域的技术人员为了解决左右方向指示器安装强度不够及调整灯具与灯具用孔之间的间隙时修改模具费时费力的问题，根据所掌握的公知常识，容易想到通过增加方向指示器安装基座的尺寸、数量等技术手段加以解决，而在采用上述技术手段与前照灯的安装产生一定程度的冲突时，减少前照灯的尺寸或者将前照灯移走均是本领域技术人员容易想到的解决方案。而将前照灯从车把罩移到前罩上对本领域技术人员来说不存在技术上的困难。本田技研工业株式会社关于“本领域技术人员不容易想到将转向指示灯的至少一部分安装在中央部分的安装凸台上，不可能将前照灯移走”以及专利复审委员会对公知常识的认定系主观臆断的主张说服力不足，本院不予支持。其次，移走前照灯后，为了遮蔽中央部分上的凹陷或缝隙，在其表面设置装饰罩是本领域技术人员容易想到的，而且证据3－1中也给出了相关技术启示，故用装饰罩覆盖中央部分以美化其外观不需要付出创造性的劳动。综上，本领域技术人员在证据3－1给出的技术启示并结合公知常识得到本专利权利要求1的技术方案并不需要花费创造性劳动。本专利与证据3－1相比不具有发明专利应当具有的突出的实质性特点和显著的进步，故专利复审委员会认定本专利权利要求1不具备创造性是正确的。

综上，本田技研工业株式会社对第7458号决定提出的异议均不能成立，专利复审委员会作出第7458号决定认定事实清楚，适用法律正确，程序合法，应予维持。依照《中华人民共和国行政诉讼法》第五十四条第（一）项之规定，本院判决如下：

维持被告国家知识产权局专利复审委员会作出的第7458号无效宣告请求审查决定。

案件受理费1000元，由原告本田技研工业株式会社负担（已交纳）。

如不服本判决，原告本田技研工业株式会社可于本判决送达之日起三十日内，其他当事人可于本判决送达之日起十五日内，向本院提交上诉状及其副本，并交纳上诉案件受理费1000元（开户行：中国工商银行北京分行黄楼支行，户名：北京市第一中级人民法院，账号：144537-48），上诉于中华人民共和国北京市高级人民法院。

审 判 长 仪 军
代理审判员 江建中
代理审判员 侯占恒
二〇〇六年六月二十日
书 记 员 朱 平

北京市高级人民法院
行政判决书

（2006）高行终字第386号

上诉人（原审原告）（日本国）本田技研工业株式会社，住所地日本国东京都港区南青山2丁目1番1号。

法定代表人白石基厚，董事长。

委托代理人汪惠民，中科专利商标代理有限责任公司专利代理人。

委托代理人陈桢，中科专利商标代理有限责任公司专利代理人。

被上诉人（原审被告）国家知识产权局专利复审委员会，住所地中华人民共和国北京市海淀区北四环西路9号银谷大厦10~12层。

法定代表人廖涛，副主任。

委托代理人魏屹，该委员会审查员。

委托代理人耿博，该委员会审查员。

原审第三人重庆宗申集团进出口有限公司，住所地重庆市九龙坡区石桥铺二郎路25号。

法定代表人左宗申，董事长。

委托代理人张利，重庆利君律师事务所律师。

委托代理人徐国文，北京安博达知识产权代理有限公司专利代理人。

原审第三人力帆实业（集团）有限公司，住所地重庆市沙坪坝区上桥张家湾60号。

法定代表人陈巧凤，董事长。

委托代理人张利，重庆利君律师事务所律师。

委托代理人徐国文，北京安博达知识产权代理有限公司专利代理人。

原审第三人重庆摩托车行业协会，住所地重庆市高新区科园四街金冠大厦六楼。

法定代表人戴祯龙，会长。

委托代理人张利，重庆利君律师事务所律师。

委托代理人徐国文，北京安博达知识产权代理有限公司专利代理人。

上诉人（日本国）本田技研工业株式会社（下称本田株式会社）因专利无效行政纠纷一案，不服北京市第一中级人民法院于2006年6月20日作出的（2006）一中行初字第62号行政判决，向本院提起上诉。本院2006年9月4日受理本案后，依法组成合议庭，于2006年10月12日公开开庭进行了审理。上诉人本田株式会社的委托代理人汪惠民、陈桢，被上诉人国家知识产权局专利复审委员会（下称专利复审委员会）的委托代理人魏屹、耿博，原审第三人宗申集团进出口有限公司（下称宗申集团公司）、重庆力帆实业（集团）有限公司（下称力帆实业公司）、重庆摩托车行业协会（下称摩托车协会）的共同委托代理人张利、徐国文到庭参加了诉讼。本案现已审理终结。

本田株式会社系第94113542. X号“车把盖”发明专利（下称本专利）的专利权人。2004年2月12日、16日，宗申集团公司、摩托车协会、力帆实业公司分别向专利复审委员会提出无效宣告请求，其理由是本专利不符合《中华人民共和国专利法》（下称专利法）第二十六条第三款、第四款及《中华人民共和国专利法实施细则》（下称专利法实施细则）第二十条第一款、专利法第二十二条第三款的规定。2004年9月28日，摩托车协会再次向专利复审委员会提出无效宣告请求，理由是本专利不符合专利法第二十二条第二款、第三款的规定。2005年8月16日，专利复审委员会作出第7458号无效宣告请求审查决定（下称第7458号决定），宣告本专利权无效。本田株式会社不服第7458号决定，在法定期限内向北京市第一中级人民法院提起诉讼。

北京市第一中级人民法院经审理认定：摩托车协会于2004年9月28日提出的无效宣告请求书中已经明确了将证据3－1作为认定本专利不具备创造性的证据，故本田株式会社关于摩托车协会未对证据3－1做出相关说明而不应受理的主张不能成立。专利复审委员会根据《审查指南》第四部分第三章第3.5节的规定决定对三次无效宣告请求进行合案审理并无不妥。由于第二次口头审理仅有本田株式会社和摩托车协会参加，第一、第二请求人没有参加，而且没有给其补充新证据的机会，故本田株式会社关于合案审理相当于允许第一、第二请求人补充新的证据的主张没有事实依据。

将本专利与证据3－1相比，存在以下区别技术特征：

（1）在夹在这些左右开口中间的宽度很大的中央部分内面的上述开口边缘附近，一体地形成安装凸台，方向指示器的安装部分中至少一部分安装在这个安装凸台上；（2）在中央部分的外表面上安装着另外的装饰件，而且这个装饰件的端部面临着开口的边缘。

由于证据3－1公开了在左右开口部A之间的开口部B和在开口部A边缘附近形成有两个具有安装孔的隔片19b。从证据3－1公开的内容可以看出，本专利权利要求1中所述的“中央部分”在证据3－1中也有相应的结构。区别在于本专利的“中央部分”用于在其内面设置安装凸台，而在证据3－1中，开口B是用于嵌入透镜26。但是，本田株式会社将“中央部分”与凸台、方向指示器的安装位置等特征分割开来，单独作为一个区别特征考虑缺乏事实依据，不予支持。

在证据3－1公开的技术方案基础上，首先，本领域的技术人员为了解决左右方向指示器安装强度不够及调整灯具与灯具用孔之间的间隙时修改模具费时费力的问题，根据所掌握的公知常识，容易想到通过增加方向指示器安装基座的尺寸、数量等技术手段加以解决，而在采用上述技术手段与前照灯的安装产生一定程度的冲突时，减少前照灯的尺寸或者将前照灯移走均是本领域技术人员容易想到的解决方案。而将前照灯从车把罩移到前罩上对本领域技术人员来说不存在技术上的困难。本田株式会社关于“本领域技术人员不容易想到将转向指示灯的至少一部分安装在中央部分的安装凸台上，不可能将前照灯移走”以及专利复审委员会对公知常识的认定系主观臆断的主张说服力不足，不予支持。其次，移走前照灯后，为了遮蔽中央部分上的凹陷或缝隙，在其表面设置装饰罩是本领域技术人员容易想到的，而且证据3－1中也给出了相关技术启示，故用装饰罩覆盖中央部分以美化其外观不需要付出创造性的劳动。综上，本领域技术人员在证据3－1给出的技术启示并结合公知常识得到本专利权利要求1的技术方案并不需要花费创造性劳动。本专利与证据3－1相比不具有发明专利应当具有的突出的实质性特点和显著的进步，故专利复审委员会认定本专利权利要求1不具备创造性是正确的。

综上，北京市第一中级人民法院依照《中华人民共和国行政诉讼法》第五十四条第（一）项之规定，判决维持第7458号决定。

本田株式会社不服一审判决，向本院提起上诉，请求撤销一审判决及第7458号决定。其上诉的主要理由为：一、专利复审委员会做出第7458号决定的程序不符合相关法律、法规的规定。摩托车协会除在请求书列表中说明以证据3－1评述本专利的新颖性、创造性以外，在请求书主文中没有对证据3－1作任何说明，一审判决对本田株式会社提出的不应采用证据3－1的主张不予支持是错误的。其次，一审判决对本田株式会社主张的专利复审委员会将第三次无效宣告请求与前两次无效宣告请求合案审理，相当于允许第一、第二请求人补充新的证据不予支持是错误的。二、一审判决对本专利是否具备创造性的判断有误。1. 一审判决认定本田株式会社将“中央部分”等单独作为一个区别技术特征考虑缺乏事实依据的观点有误。2. 一审判决虽然认同本专利与证据3－1相比存在两个区别技术特征，但对它们的差别的实质问题理解有误，具体讲就是对“中央部分”的结构理解有误。3. 一审判决认定现有技术给出的技术启示的观点有误。三、一审判决认定事实有误。专利复审委员、宗申集团公司、摩托车协会、力帆实业公司服从一审判决。

经审理查明：

本案涉及国家知识产权局专利局于2000年2月2日授权公告、专利号为94113542. X、名称为“车把盖”的发明专利（即本专利），其申请日是1994年12月30日，优先权日是1993年12月30日，专利权人为本田株式会社。本专利授权公告的权利要求书如下：

“1. 一种车把盖，它由塑料制成，并安装在支承前轮的前叉上端的、向左右伸出的棒形车把上，其特征在于：在其前面的左右形成具有一定间隔的与方向指示器的镜片表面相向的开口，在夹在这些左右开口中间的宽度很大的中央部分内面的上述开口边缘附近，一体地形成安装凸台，方向指示器的安装部分中至少一部分安装在这个安装凸台上；与此同时，在中央部分的外表面上安装着另外的装饰件，而且这个装饰件的端部面临着开口的边缘。”

本专利说明书载明，现有技术中，安装灯具的圆柱形安装部位的宽度很窄，因此很难确保足够的安装部位强度。在车把盖加工成型时，要调整灯具与灯具用孔之间的间隙时，由于车把盖成形的模具较大，因此修改模具的工作费时费事。

针对本专利，宗申集团公司于2004年2月12日向专利复审委员会提出了无效宣告请求，理由是本专利不符合专利法第二十六条第三款、第四款，专利法实施细则第二十条第一款以及专利法第二十二条第三款的规定。

针对本专利，摩托车协会和力帆实业公司于2004年2月16日向专利复审委员会提出了无效宣告请求，理由是本专利不符合专利法第二十六条第三款、第四款，专利法实施细则第二十条第一款以及专利法第二十二条第三款的规定。

2004年9月22日，专利复审委员会进行了口头审理。

针对本专利，摩托车协会于2004年9月28日再次向专利复审委员会提出了无效宣告请求，理由是本专利不符合专利法第二十二条第二款、第三款的规定，并请求专利复审委员会将本次无效宣告请求同前次提出的无效宣告请求合案审理。在无效宣告请求书中，摩托车协会明确了本专利不符合专利法第二十二条第二款、第三款的证据为日本专利昭63－39476和昭58－118089的主张。其中：

日本专利昭63－39476，即证据3－1的公开日为1988年8月5日，其公开了一种机动二轮车等具有车把的车辆所用前照灯具类装置。实施例为踏板式车型，车体1前部下方，有支撑在前撑脚2上的前轮3，中间有低踏板4，前部有前罩9，把手管13向左右方向延伸，两端部13b、13b装有车把套管14。车把前罩19横向长度与把手管13大致等长，用合成树脂等材料成型。车把前罩19呈横向长的框体形状，有贯通前后的横向长开口部19a，中间部左右，有上下方向装设的隔片19b，19b的上下两端连接上下框体19c和19d，该前罩19的隔片19b和19b外侧开口部A和A预先组装上方向指示灯装置20和20。方向指示灯装置20由嵌入开口部A和A的左右对称形状基座部件21和表面着色的透镜22组成。透镜22为盆状向前突出，连接于基座部件21，基座部件21的后面上下突出设有安装片21a和21b，将该装置20和20从开口部A和A的里侧插入，并使透镜22从开口部露出至前面，安装片21a和21b顶住隔片19b和19b各自外侧方向的上下框体19c和19d的后端面，由设于安装片上的安装孔21c用螺丝固定，使装置20和20连接前罩19左右开口部A和A形成一体化。24为头灯组件，该组件24由底座部件25盒设置为如同覆盖其前面的透镜26组成。组件中透镜26有嵌入中央开口部B的外形，底座25的左右两端中间部位突出有安装片25a和25a，将其同把手管13的支架内侧安装孔15a和15a从正面重合，安装片25a上设有安装孔25b，将其对准安装孔15a，用螺丝组件的左右分别与左右支架连接固定。组件20和20的罩19置于把手管13的前方，使头灯组件24嵌入于中间开口部，使其正面露出，左右隔片19b的安装孔19h对准支架15的安装孔15c，用螺丝29和螺母30同支架15连接，这样，罩19有两处固定支撑在把手管13的前方。罩19固定在前罩9的上方，且在把手管13的前方，罩19的框体所围住的中间头灯组件24和左右方向指示灯组件20和20之间露出隔片19b和19b。在其间隔处还装有刚好覆盖该间隔的装饰罩盖31和31。罩盖31与隔片19b的纵向尺寸大致相同，上端有顶端带固定爪31b的固定片31a，下方有安装孔31c；罩31和31插在组件20、24、20之间，固定爪31b插入隔片19b上方固定孔19j内，这样，罩引上部与隔片19b连接，另外，从安装孔31c穿过螺丝至隔片19b的安装孔19i，并进行固定，且装饰罩31和31隔片通过19b被安装于罩19上。

专利复审委员会于2004年11月26日受理了上述无效宣告请求后，决定将此无效宣告请求与前述两次无效宣告请求案合案审理。

2005年1月10日，本田株式会社针对摩托车协会提出的上述无效宣告请求书及证据作出答复，其认为，证据3－1的内容，属于本专利说明书背景技术部分中阐述过的技术内容，不能够否定本专利的新颖性和创造性。

2005年4月30日，专利复审委员会向摩托车协会和本田株式会社发出口头审理通知书。2005年6月7日，专利复审委员会再次举行口头审理。在口头审理中，摩托车协会明确放弃本专利不符合专利法第二十二条第二款的无效理由，双方当事人当庭就本专利权利要求1相对于证据3－1是否具备创造性陈述了意见。

2005年8月16日，专利复审委员会做出第7458号决定。该决定认定：公开号为昭63－39476的日本专利（下称证据3－1）与本专利相比，区别在于本专利的“方向指示器的安装部分中至少一部分安装在这个安装凸台上”，而证据3－1中的左右指示灯装置组件20没有安装在隔片19b上的部分；本专利中“在中央部分的外表面上安装着另外的装饰件，而且这个装饰件的端部面临开口的边缘”，而证据3－1中中央部分的外表面上安装着前照灯组件24和两个装饰罩31，而且两个装饰罩31的端部分别面临着开口的边缘。分析上述区别，首先，从问题的发现看，本领域技术人员发现已有技术的左右方向指示灯装置存在安装强度不够的问题并不困难；其次，从解决方案看，机械领域技术人员都知道解决强度不够的技术问题最直接最简便的技术手段就是增大尺寸。本领域技术人员在现有技术基础上，为了解决其存在的缺陷，容易想到通过增大隔片 19b 的尺寸来实现增加安装部位的强度的目的，以便将左右方向指示灯装置组件 20 的安装部分中的一部分安装到隔片 19b 上，使该组件均匀地支撑在前罩 19 的框体上。而增大尺寸直接带来的问题就是空间问题，自然会想到把前照灯移走，同时，将前照灯组件 24 和两个装饰罩 31 改装成一个装饰件以覆盖和遮蔽内侧的部件及制造缺陷也是顺理成章的事，这样有利于避免在左右方向指示灯装置组件 20 和装饰件之间出现缝隙，并减少安装部件以降低修改模具的工作量，进而得出本专利权利要求 1 的技术方案。本领域技术人员在证据 3－1 给出的现有技术的基础上通过增大尺寸的方式来增加该部件的机械强度在机械领域也是司空见惯的，本领域技术人员无须付出创造性的劳动即可实现，因此，本专利的权利要求 1 相对于证据 3－1 不具备创造性。据此，专利复审委员会作出第 7458 号决定，宣告本专利权无效。

以上事实有本专利授权公告文本、第 7458 号决定、证据 3－1、口头审理记录及当事人陈述等证据在案佐证。

本院认为：专利法实施细则第六十四条规定，依照专利法第四十五条的规定，请求宣告专利权无效或者部分无效的，应当向专利复审委员会提交专利权无效宣告请求书和必要的证据一式两份。无效宣告请求书应当结合提交的所有证据，具体说明无效宣告请求的理由，并指明每项理由所依据的证据。

具体到本案而言，根据本案查明的事实，摩托车协会在 2004 年 9 月 28 日提出的无效宣告请求书中明确了本专利不符合专利法第二十二条第二款、第三款的证据为日本专利昭 63－39476（即证据 3－1）和昭 58－118089 的主张，该作法符合专利法实施细则的相关规定，而且本田株式会社亦针对证据 3－1 陈述了意见，在专利复审委员会举行的第二次口头审理中，双方当事人当庭还就本专利权利要求 1 相对于证据 3－1 是否具备创造性陈述了意见。故本田株式会社关于一审法院及专利复审委员会对证据 3－1 予以采信是错误的上诉主张不能成立，本院不予支持。

专利复审委员会作出第 7458 号决定的时间是 2005 年 8 月 16 日前，当时有效的《审查指南》第四部分第三章第 3.5 节规定：对一项专利权提出了多个无效宣告请求的，应当尽可能合案审查，其中所有的请求人均为当事人。专利复审委员会根据上述规定，在前两次无效宣告请求尚未审结的情况下，依据请求人的申请，对第三次无效宣告请求进行合案审理并无不妥。第二次口头审理，仅有本田株式会社和摩托车协会参加，专利复审委员会并没有给第一、第二请求人补充新证据的机会，故本田株式会社关于合案审理相当于允许第一、第二请求人补充新的证据的主张没有事实依据，一审法院不予支持正确，本田株式会社此项上诉主张不能成立，本院不予支持。

本田株式会社认可将本专利与证据 3－1 相比，本专利存在以下两点区别技术特征：

（1）在夹在这些左右开口中间的宽度很大的中央部分内面的上述开口边缘附近，一体地形成安装凸台，方向指示器的安装部分中至少一部分安装在这个安装凸台上；

（2）在中央部分的外表面上安装着另外的装饰件，而且这个装饰件的端部面临着开口的边缘。

在此基础上，本田株式会社进一步主张将"中央部分"与凸台、方向指示器的安装位置等特征分割开来，单独作为一个区别技术特征。对此本院认为，根据证据 3－1 公开的"在左右开口部 A 之间的中央开口部 B 和在开口部 A 边缘附近形成有两个具有安装孔的隔片 19b"内容可以看出，本专利权利要求 1 中所述的"宽度很大的中央部分"在证据 3－1 中具有相应的结构即中央开口部 B，其区别仅在于证据 3－1 中的中央开口部 B 用于嵌入透镜 26，而本专利的"宽度很大的中央部分"一体地形成"安装凸台"，因此，所谓"中央部分"并不构成本专利与证据 3－1 的区别技术特征。一审判决对此认定是正确的，本田株式会社关于将"中央部分"作为独立的区别技术特征的上诉主张不能成立，本院不予支持。

在证据3－1公开的技术方案基础上，本领域的技术人员为了解决左右方向指示器安装强度不够及调整灯具与灯具用孔之间的间隙时修改模具费时费力的问题，根据所掌握的公知常识，容易想到通过增加方向指示器安装基座的尺寸、数量等技术手段加以解决，在采用上述技术手段与前照灯的安装产生一定程度的冲突时，减少前照灯的尺寸或者将前照灯移走，这些均是本领域技术人员容易想到的解决方案。将前照灯从车把罩移到前罩上对本领域技术人员来说不存在技术上的困难。而在移走前照灯后，为了遮蔽中央部分上的凹陷或缝隙，在其表面设置装饰罩亦是本领域技术人员容易想到的。综上，本领域技术人员在证据3－1给出的技术启示的基础上并结合公知常识得到本专利权利要求1的技术方案并不需要花费创造性劳动。本专利与证据3－1相比不具有突出的实质性特点和显著的进步。一审判决对此认定正确。

综上，一审判决认定事实清楚，适用法律正确，应予维持。本田株式会社的上诉理由不能成立，对其上诉请求，本院不予支持。依照《中华人民共和国行政诉讼法》第六十一条第（一）项之规定，判决如下：

驳回上诉，维持原判。

本案一审、二审案件受理费各1000元，均由（日本国）本田技研工业株式会社负担（均已交纳）。

本判决为终审判决。

审 判 长 张 冰
代理审判员 李燕蓉
代理审判员 焦 彦
二〇〇七年五月十八日
书 记 员 张见秋

141

无机质防静电活动地板的板基案

无效宣告请求审查决定（第7468号）

决　定　号　第7468号
决　定　日　2005年8月29日
发明创造名称　无机质防静电活动地板的板基
国际分类号　B27M 3/04
无效请求人　焦敬波
专利权人　张金良
专　利　号　00238968.1
申　请　日　2000年6月23日
授权公告日　2001年3月21日
合议组组长　杨克菲
主　审　员　陈　勇
参　审　员　宋鸣镝

法律依据　专利法第二十二条第二款
决定要点

请求人提交的证据无法证明与本专利相同的产品已经在本专利申请日之前公开销售，故不能否定本专利权利要求的新颖性。

一、案由

本无效宣告请求案涉及申请日为2000年6月23日、授权公告日为2001年3月21日、名称为“无机质防静电活动地板的板基”的00238968.1号实用新型专利（下称本专利），专利权人为张金良（下称被请求人）。

授权公告的权利要求书如下：

“1. 无机质防静电活动地板的板基，其特征是：它包括骨架、网格布和基体，骨架、网格布均埋于基体内，网格布位于基体的表面下方，骨架位于网格布的下方。

2. 根据权利要求1所述的无机质防静电活动地板的板基，其特征是：所述骨架包括两组拉杆，每组拉杆包括若干支互相平行的拉杆，两组拉杆呈互相垂直方向布置。

3. 根据权利要求2所述的无机质防静电活动地板的板基，其特征是：所述两组拉杆的布置为在基体中，一端的网格布下方埋设一组横向拉杆，在另一端的网格布的下方埋设一组竖向拉杆。

4. 根据权利要求2所述的无机质防静电活动地板的板基，其特征是：所述两组拉杆的布置为在基体中，在一端的网格布下方埋设有一组横向拉杆和一组竖向拉杆，两组拉杆互相按垂直方向叠靠在一起。

5. 根据权利要求1所述的无机质防静电活动地板的板基，其特征是：所述骨架中的拉杆为由竹或木制成的。

6. 根据权利要求1所述的无机质防静电活动地板的板基，其特征是：所述网格布为由玻璃纤维制成的。

7. 根据权利要求1所述的无机质防静电活动地板的板基，其特征是：所述基体由磷镁粉、氯化镁、锯末混合制成的 。"

针对上述专利权，焦敬波（下称请求人）于2004年9月30日向专利复审委员会提出了宣告专利权无效的请求。请求宣告无效的理由是：本专利的全部权利要求不具备专利法第二十二条第二款规定的新颖性。请求人同时提交了以下4份附件作为证据：

证据1：河北玉龙电子防静电设备有限公司出具的"经销处第　批发货价格表"的复印件1页；

证据2：中国电子仪器行业协会颁发的"防静电工程推荐优质产品证书"的复印件1页；

证据3：秦皇岛市第一公证处出具的（2004）秦一证经字第4086号公证书的复印件，该公证书包括正文复印件2页、《现场笔录》复印件1页和3张照片复印件1页；

证据4：秦皇岛市自来水总公司出具的（98）国字4771043号发票的复印件1页。

请求人认为：证据1和证据2以及证据3和证据4可以证明在本专利申请日之前与本专利相同的产品就已经公开销售，因此本专利不具备新颖性，不符合专利法第二十二条第二款的规定。

经形式审查合格后，专利复审委员会受理了上述无效宣告请求，向请求人和被请求人发出了无效宣告请求受理通知书，并将上述无效宣告请求书及所附相关文件副本转送给被请求人，要求其在指定期限内陈述意见，同时依法成立合议组对本案进行审查。

2004年12月8日，请求人向专利复审委员会提交意见陈述书，表示要向专利复审委员会提交某些证据的原件。请求人同时提交了以下三份证据：

证据5：证据3公证书的原件；

证据6：关于证据4的公证书原件，即秦皇岛市第一公证处出具的（2004）秦一证民字第2779号公证书原件；

证据7：秦皇岛市自来水总公司出具的证明材料原件一份。

针对上述的无效宣告请求受理通知书，被请求人于2005年1月4日提交了意见陈述书，其中认为请求人提供的证据1~4均不能说明与本专利相同的产品已经在申请日前公开销售和使用，因此本专利具备专利法第二十二条第二款所规定的新颖性。

被请求人于2005年1月10日再次向专利复审委员会提交意见陈述书，补充了一份附件作为反证：

反证1：秦皇岛市自来水总公司出具的证明材料复印件1份。

被请求人以该反证说明，秦皇岛市自来水总公司的地板曾经于2001年6月更换过。

专利复审委员会于2005年7月1日向双方当事人发出口头审理通知书，定于2005年8月8日在专利复审委员会举行口头审理，同时将请求人于2004年12月8日提交的意见陈述书及相关文件副本转给被请求人，将被请求人在2005年1月4日和2005年1月10日提交的意见陈述书及相关文件副本转给请求人。

2005年7月20日，请求人再次向专利复审委员会提交意见陈述书，对被请求人于2005年1月4日提交的意见陈述书中的"复印件不清，难以辨认，从图中可看出，其外形结构与本专利的不同"这一观点提出质疑。

口头审理如期举行，双方当事人均出席了口头审理，且对合议组成员无回避请求，对对方出庭人员的身份和资格无异议。请求人明确宣告本专利无效的理由为本专利不符合专利法第二十二条第二款的规定，无效范围为权利要求1～7全部无效。被请求人当庭提交了2005年1月10日向专利复审委员会提交的反证1的原件，另外还提交了一份由秦皇岛市自来水总公司出具的证明原件（下称反证2）。被请求人声称该反证已于2005年7月29日递交给专利局受理处，合议组当庭将其复印件转给请求人。请求人对被请求人提交的上述两份反证的原件形式上的真实性无异议。被请求人对请求人提交的证据1～6的真实性无异议。合议组当庭将请求人于2005年7月20日提交的意见陈述书的副本转给被请求人。请求人当庭提交了其主张为4086号公证书中记载的由公证处封装的地板物证，封条上盖有"秦皇岛市第一公证处"的公章，但是没有封装日期，地板物证上仅有一张"合格证"，该合格证上记载的信息与第4086号公证书原件中所附的照片上的信息完全相同。

之后，专利复审委员会于2005年8月15日收到了被请求人2005年7月29日提交的反证2的复印件，其内容与口头审理时当庭提交的相同。

在上述程序基础上，合议组认为本案事实已经清楚，可以依法作出如下审查决定。

二、决定的理由

专利法第二十二条第二款规定：新颖性，是指在申请日以前没有同样的发明或者实用新型在国内外出版物上公开发表过、在国内公开使用过或者以其他方式为公众所知，也没有同样的发明或者实用新型由他人向专利局提出过申请并且记载在申请日以后公布的专利申请文件中。

请求人认为，证据1～2可以说明河北玉龙电子防静电设备有限公司的一个销售事实，证据3～4可以说明河北玉龙电子防静电设备有限公司销售给秦皇岛市自来水总公司地板的另一销售事实。上述事实均可以说明与本专利相同的产品已经在本专利申请日之前公开销售，因此本专利不符合专利法第二十二条第二款有关新颖性的规定。

合议组认为：请求人提供证据1～4来否定本专利的新颖性，证据5为证据3公证书本身的原件，证据6是对证据4所作的公证书，且被请求人对请求人提供的证据1～6的真实性无异议，因此合议组对上述证据的真实性予以认可。

证据1为河北玉龙电子防静电设备有限公司出具的"经销处第　批发货价格表"，其说明河北玉龙电子防静电设备有限公司曾于1999年7月13日发送过HDW－（S）三防抗静电地板的产品；证据2为中国电子仪器行业协会颁发的"防静电工程推荐优质产品证书"，其说明中国电子仪器行业协会曾于2000年10月给河北玉龙电子防静电设备有限公司的HDW（F）.600.Q和HDW（S）.600.Q防静电活动地板颁发了证书。在证据1和2中均未反映出产品的具体结构。故在无其他辅证的情况下，合议组认为，证据1和2仅能证明河北玉龙电子防静电设备有限公司销售过HDW－（S）防静电地板，而不能证明其所销售的地板为本专利所要求保护的产品。因此证据1和证据2的组合不能破坏本专利权利要求的新颖性。

证据3和证据5为秦皇岛市第一公证处出具的（2004）秦一证经字第4086号公证书，该公证书包括"现场笔录"复印件1份和3张照片，其说明公证人员于2004年9月28日在秦皇岛市自来水公司15层能源设备处工作间取下一块地板，并进行了拍照；证据4和证据6涉及一张由秦皇岛市自来水总公司出具的（98）国字4771043号发票，其说明秦皇岛自来水公司曾于1999年8月25日购买过（S）防静电地板。证据3和证据4均不能直接反映出请求人提交的证据中的产品——防静电地板的具体结构。请求人在口头审理时出示了其主张为4086号公证书中记载的由公证处封装的地板物证，包装封条上盖有"秦皇岛市第一公证处"的公章，但是没有封装日期。经当场打开包装查验发现，地板上仅有一张"合格证"，该合格证上记载的信息与第4086号公证书原件中所附的照片上的信息完全相同，即上面记载有厂名、厂址、电话和传真等信息，但是未记载该地板的具体型号信息，也即不能证明该物证就是请求人主张的证据4中涉及的产品。因此本案合议组认为，上述证据3和证据5

及证据4和证据6之间无法形成一个完整的证据链，来证明与本专利相同的产品在本专利申请日前已经公开销售，故请求人主张的第二个销售事实也无法破坏本专利权利要求的新颖性。

证据7为秦皇岛市自来水总公司出具的证明材料，其要证明的事实是秦皇岛市自来水公司15层能源设备处工作间现在使用的地板为1999年8月25日前安装的地板。虽然1999年8月25日这一日期与证据4发票的开票日期一致。但是因为：第一，证据7本身为秦皇岛市自来水总公司出具的证明材料，其属于证人证言，该证据的真实性与出证人的感觉、记忆力、理解力、表述能力以及对所证事物的介入程度等主观因素有关，在证人未出庭接受质证的情况下，该证据本身不能被采信；第二，从证据7提供的证言内容本身来看，出证人认为秦皇岛市自来水公司15层能源设备处工作间现在使用的地板为1999年8月25日前安装，而在被请求人口头审理时当庭提交的另一份由同一出证人出具的证明原件即反证2中，出证人又认为秦皇岛市自来水（总）公司15层能源设备处工作间现在使用的地板为2001年6月更换过的地板。同一证人的证言前后出现矛盾，显然对其所要证明的事实不能认可。因此合议组认为，证据7所证内容的真实性无法确认，对该证据不予采信。

综上所述，合议组认为请求人所提交的证据不充分，无法证明与本专利相同的产品在本专利申请日前已经公开销售。故合议组对其主张不予支持。

三、决定

维持00238968.1号实用新型专利权有效。

当事人对本决定不服的，可以根据专利法第四十六条第二款的规定，自收到本决定之日起三个月内向北京市第一中级人民法院起诉。根据该款的规定，一方当事人起诉后，另一方当事人应当作为第三人参加诉讼。

探纱器案

无效宣告请求审查决定（第7469号）

决　　定　　号　第7469号
决　　定　　日　2005年8月31日
发明创造名称　探纱器
国 际 分 类 号　B65H 54/70
无 效 请 求 人　慈溪市太阳纺织器材有限公司
专　利　权　人　IROPA股份公司
专　　利　　号　98803150.7
优　先　权　日　1997年12月17日
国 际 申 请 日　1998年12月17日
国 际 公 布 日　1999年6月24日
进入国家阶段日　1999年9月7日
公　　开　　日　2000年4月5日
授 权 公 告 日　2003年5月28日
合 议 组 组 长　魏　屹
主　　审　　员　陈海平
参　　审　　员　宋鸣镝

法　律　依　据　专利法第二十二条第二款、第三款
决　定　要　点

如权利要求中所限定的技术方案相对于已有技术的区别技术特征是本领域技术人员在已有技术的基础上所易于想到的，则该权利要求不具备创造性。

一、案由

本无效宣告请求涉及IROPA股份公司（下称专利权人）向国家知识产权局专利局提出的名称为“探纱器”的发明专利申请，其申请号为98803150.7，其优先权日为1997年12月17日、国际申请日为1998年12月17日、国际公布日为1999年6月24日、进入中国国家阶段日为1999年9月7日、公开日为2000年4月5日、授权公告日为2003年5月28日（下称本专利）。

其授权公告的权利要求书如下：

“1. 用于喂纱器中的纱线检测设备的探纱器，它有一个触脚（A），触脚构成一个可与纱线（Y）接触基本上平的接触面（B），其特征为：触脚（A）至少在其接触面（B）区有一不间断的表面（P）。

2. 按照权利要求1所述的探纱器，其特征为：触脚（A）有一个相对于接触面（B）主平面折弯的与接触面（B）连接的柄（6）；以及，表面（P）可从接触面（B）一直延长至柄（6）内。

3. 按照权利要求1所述的探纱器，其特征为：表面（P）有一根基本上平行于纱线轴大体上直的母线。

4. 按照权利要求3所述的探纱器，其特征为：表面（P）沿垂直于母线的方向相对于纱线弯曲成凸状的，或由多个互相折弯成隆凸的表面段（12）组成。

5. 按照权利要求1所述的探纱器，其特征为：支承（B）在触脚端部有一个与纱线（4）运动方向基本平行和大体上平的部分，这部分的尺寸能覆盖至少两根并列的纱线或两个纱线线圈。

6. 按照权利要求1所述的探纱器，其特征为：封闭的表面（P）沿其外边缘修圆或成斜面。

7. 按照权利要求1所述的探纱器，其特征为：触脚（A）是实心或空心的最好用金属或塑料制成的模制件，表面（P）组合在模制件内成一整体。

8. 按照权利要求1所述的探纱器，其特征为：在柄（6）和在触脚（A）内设两个相隔一定距离的边（2、3；2′、3′），它们的外轮廓形状互相平行地或沿着朝接触面（B）的延伸方向会聚地从柄（6）过渡到触脚（A）内。

9. 按照权利要求1所述的探纱器，其特征为：触脚（A）由一线材段（1）双边式地构成并且在边（2、3）之间有一空间（5）；以及，至少在接触面（B）区内一个空心或实心的插入件（11）填满此空间（5），表面（P）设在此插入件（11）上。

10. 按照权利要求9所述的探纱器，其特征为：表面（P）和接触面（B）设在插入件（11）上。

11. 按照权利要求1所述的探纱器，其特征为：触脚（A）由一线材段（1）双边式地构成并且在边（2、3）之间有一空间（5）；以及，在接触面（B）区内在触脚（A）上装有一鞋状护套（7″），所述鞋状护套构成接触面（B）和表面（P）。

12. 按照权利要求1所述的探纱器，其特征为：触脚（A）设计为双边式的并且边（2、3）之间有一空间（5）；以及，空间（5）用至少一个薄膜状平面的构件（7、7′、7″）覆盖，所述构件构成表面（P）并且或布置在边（2、3）上或插入边（2、3）之间。

13. 按照权利要求1所述的探纱器，其特征为：触脚（A）是一个滑橇形扁平构件（7′），它有表面（P）和接触面（B），以及，它自由悬臂地装在柄（6）上，最好装在边（2、3）上。

14. 按照权利要求1所述的探纱器，其特征为：在触脚（A）中的空腔含有填充物（10）。”

针对上述专利权，慈溪市太阳纺织器材有限公司（下称请求人）于2004年5月19日向专利复审委员会提出了无效宣告请求，其理由是本发明专利权利要求1~5、权利要求7不符合专利法第二十二条第二款、第三款的规定、权利要求6不符合专利法第二十二条第三款的规定。请求人并提交了下述对比文件作为证据：

对比文件1：中国发明专利申请审定说明书CN1009912B，审定公告日为1990年10月10日。

经形式审查合格，专利复审委员会于2004年5月19日受理了上述无效宣告请求并将无效宣告请求书及对比文件副本转给了专利权人，同时成立合议组对本案进行审查。

专利权人于2004年6月28日针对上述无效宣告请求提交意见陈述书进行答辩。

2004年6月10日请求人提交意见陈述书，并同时补充提交了下述对比文件（附部分译文）作为本案的证据：

对比文件2：美国专利文件US5211207以及相关部分中文译文，其公开日为1993年5月18日；

对比文件3：美国专利文件US3759455以及相关部分中文译文，其公开日为1973年9月18日；

对比文件4：美国专利文件US5424723以及相关部分中文译文，其公开日为1995年6月13日。

专利复审委员会本案合议组于2005年4月21日进行转文，将上述请求人于2004年6月10日提交的意见陈述书及附件转给专利权人，将上述专利权人于2004年6月28日提交的意见陈述书转给请求人。

请求人于2005年5月23日提交意见陈述书进行答复。

专利复审委员会于2005年6月29日发出口头审理通知书，定于同年8月9日对本案进行口头审理，同时将请求人于2005年5月23日提交的意见陈述书转给专利权人。

专利权人于2005年6月8日提交意见陈述书与有关对比文件部分中文译文的异议，合议组于同年7月4日将专利权人所提交的上述文件转给请求人。

口头审理如期举行，双方当事人均出席了口头审理。双方当事人对合议组成员无回避请求，对对方的出庭资格无异议。在口头审理中，请求人放弃对比文件3、对比文件4作为本案的证据，专利权人对对比文件1、对比文件2的真实性无异议。请求人对专利权人提交的“有关对比文件部分中文译文的异议”涉及对比文件2部分的第1~4项意见无异议，专利权人对请求人所翻译的其他内容无异议。双方当事人并就各自的观点进行了意见陈述和辩论。

在上述程序的基础上，合议组作出了本决定。

二、决定的理由

请求人认为：依据其所提交的对比文件1、对比文件2，本专利权利要求1~5、权利要求7不符合专利法第二十二条第二款、第三款的规定、权利要求6不符合专利法第二十二条第三款的规定。

被请求人对请求人所提交的用于评判本专利新颖性与创造性的对比文件1、对比文件2的真实性无异议。上述对比文件1（CN1009912B）的审定公告日1990年10月10日与对比文件2（US5211207）的公告日1993年5月18日均位于本专利申请日之前，其所公开的技术方案与本专利均涉及同一技术领域，合议组认为对比文件1、对比文件2均可用于评价本专利新颖性与创造性。

在下文中合议组对本专利权利要求1~7的新颖性与创造性加以评述。

1. 有关专利法第二十二条第二款规定

专利法第二十二第二款规定：新颖性，是指在申请日以前没有同样的发明或者实用新型在国内外出版物上公开发表过、在国内公开使用过或者以其他方式为公众所知，也没有同样的发明或者实用新型由他人向国务院专利行政部门提出过申请并且记载在申请日以后公布的专利申请文件中。

专利法第二十二条第三款规定：创造性，是指同申请日以前已有的技术相比，该发明有突出的实质性特点和显著的进步，该实用新型有实质性特点和进步。

2. 对本专利独立权利要求1的评述

本专利独立权利要求1全文如下：

“1. 用于喂纱器中的纱线检测设备的探纱器，它有一个触脚（A），触脚构成一个可与纱线（Y）接触基本上平的接触面（B），其特征为：触脚（A）至少在其接触面（B）区有一不间断的表面（P）。”

在对比文件1图2a、2b中公开了一种相当于本专利的“用于喂纱器中的纱线检测设备的探纱器”（图2a中标号18所指）的机构，其中标号66所指零件的两翼部分均相当于本专利的“触脚”，从图2b中可见零件66与纱线27的接触面基本上是平而不间断的。

可见本专利权利要求1的技术方案已被对比文件1所公开，该权利要求1不具备新颖性。

3. 对本专利从属权利要求2的评述

本专利从属权利要求2的全文如下：

“2. 按照权利要求1所述的探纱器，其特征为：触脚（A）有一个相对于接触面（B）主平面折弯的与接触面（B）连接的柄（6）；以及，表面（P）可从接触面（B）一直延长至柄（6）内。”

在对比文件1图2a、2b中标号71所指部位即相当于本专利的“柄”，从图2a中并可看出其中零件66也具有与本专利的“表面（P）可从接触面（B）一直延长至柄（6）内”这一结构特征相同的结构。故，在其所引用的权利要求1不具备新颖性的前提下，该从属权利要求2也不具备新颖性。

4. 对本专利从属权利要求3的评述

本专利从属权利要求3的全文如下：

“3. 按照权利要求1所述的探纱器，其特征为：表面（P）有一根基本上平行于纱线轴大体上直的母线。”

从对比文件1图2a中可看出其中零件66也具有与本专利的“表面（P）有一根基本上平行于纱线轴大体上直的母线”这一结构特征相同的结构。故，在其所引用的权利要求1不具备新颖性的前提下，该从属权利要求3也不具备新颖性。

5. 对本专利从属权利要求4的评述

本专利从属权利要求4的全文如下：

“4. 按照权利要求3所述的探纱器，其特征为：表面（P）沿垂直于母线的方向相对于纱线弯曲成凸状的，或由多个互相折弯成隆凸的表面段（12）组成。”

从对比文件1图2a中可看出其中零件66的左翼的端部65′与中间部70处的二表面“沿垂直于母线的方向相对于纱线”“互相折弯成隆凸”。故，在其所引用的权利要求3不具备新颖性的前提下，该从属权利要求4也不具备新颖性。

6. 对本专利从属权利要求5的评述

本专利从属权利要求5的全文如下：

“5. 按照权利要求1所述的探纱器，其特征为：支承（B）在触脚端部有一个与纱线（4）运动方向基本平行和大体上平的部分，这部分的尺寸能覆盖至少两根并列的纱线或两个纱线线圈。”

参见对比文件1图2a，其中标号70所指部分即具有上述权利要求5限定部分所述技术特征。故，在其所引用的权利要求1不具备新颖性的前提下，该从属权利要求5也不具备新颖性。

7. 对本专利从属权利要求6的评述

本专利从属权利要求6的全文如下：

“6. 按照权利要求1所述的探纱器，其特征为：封闭的表面（P）沿其外边缘修圆或成斜面。”

参见对比文件1图2b，其中可见与上述“封闭的表面（P）”对应的以标号65所指示的表面的外边缘是修圆的。因为该表面与纱线表面在工作时密切接触，此时在其外边缘上制作出斜面以防刮伤纱线亦为本领域技术人员所易于想到的。故，在其所引用的权利要求1不具备新颖性的前提下，该从属权利要求6不具备创造性。

8. 对本专利从属权利要求7的评述

本专利从属权利要求7的全文如下：

“7. 按照权利要求1所述的探纱器，其特征为：触脚（A）是实心或空心的最好用金属或塑料制成的模制件，表面（P）组合在模制件内成一整体。”

参见对比文件1说明书第15页倒数第6行，其中指出具有与本专利“触脚（A）”对应部分的零件66为一“单金属弹簧片”，即相当于本权利要求中所述的“整体金属模制件”。至于其可以改用“塑料”制造、制作成“空心的”等也均属于本领域技术人员的常识。故，在其所引用的权利要求1不具备新颖性的前提下，该从属权利要求7也不具备创造性。

三、决定

宣告98803150.7号发明专利权利要求1~7无效，在本专利权利要求8~14的基础上维持本专利有效。

当事人对本决定不服的，可以根据专利法第四十六条第二款的规定，自收到本决定之日起三个月内向北京市第一中级人民法院起诉。根据该款的规定，一方当事人起诉后，另一方当事人应当作为第三人参加诉讼。

143

加力管钳案

无效宣告请求审查决定（第7470号）

决　　定　　号　第7470号
决　　定　　日　2005年8月31日
发明创造名称　加力管钳
国 际 分 类 号　B25B 13/50
第一无效请求人　威海东田设备有限公司
第二无效请求人　招远市鲁鑫工具厂
第三无效请求人　烟台正泰化工公司
专 利 权 人　王忠安
专　　利　　号　98221359. X
申　　请　　日　1998年5月29日
授 权 公 告 日　1999年8月18日
合 议 组 组 长　魏　屹
主　　审　　员　宋鸣镝
参　　审　　员　陈海平

法 律 依 据　专利法第二十二条第二、第三款　专利法第二十六条第三、第四款　专利法实施细则第二十条第一款

决 定 要 点

如专利复审委员会在此之前已经对本专利作出过无效宣告请求审查决定且已生效，而以相同事实再次提出相同的无效宣告请求理由的，合议组不予审查。

所有证据或它们的组合中均未公开某个技术特征，并且也没有其他证据可以证明该技术特征属于本领域中的公知常识，那么包含该技术特征的技术方案相对于这些证据来说具备创造性。

一、案由

本无效宣告请求案涉及的是专利号为ZL98221359. X、名称为“加力管钳”的实用新型专利（下称本专利），该专利的申请日为1998年5月29日，授权公告日为1999年8月18日，专利权人为王忠安。该专利经由生效的第4806号无效宣告请求审查决定所确定的权利要求书如下：

“1. 一种加力管钳，其由活动钳口、调节螺母、钳体、钳柄组成，其特征在于：钳柄采用套管式结构，由套管和加力拉杆组成，加力拉杆可在套管中伸缩，套管上设有加力拉杆定位装置，其是在套管尾端套设一定位堵环，定位堵环中设有一卡簧，卡簧径向夹紧加力拉杆。

2. 如权利要求1所述的加力管钳，其特征在于所说的钳体后端还套设一偏心调节环。”

针对上述实用新型专利权，威海东田设备有限公司（下称第一请求人）于2004年12月22日向专利复审委员会提出了无效宣告请求。请求宣告专利权无效的理由是本专利说明书不符合专利法第二

十六条第三款的规定，本专利权利要求1不符合专利法第二十六条第四款以及专利法实施细则第二十条第一款的规定，该权利要求1不具备专利法第二十二条第二款规定的新颖性和第二十二条第三款规定的创造性。第一请求人同时提交了以下两份证据：

证据1：公告号为CN2054736U的中国实用新型专利申请说明书复印件，其公告日为1990年3月21日；

证据2：甲方王忠安与乙方威海高技术产业开发区隆安机械制造有限公司于1997年8月17日签订的专利技术许可合同复印件（共1页）。

第一请求人认为：本专利说明书中所包含的文字表述“在套管尾端采用自紧定位堵环定位”不清楚，这导致说明书内容不清楚、不完整；本专利说明书中未记载权利要求1中的技术特征“在套管尾端套设一定位堵环”，并且从说明书中也无法直接得出权利要求1所保护的技术方案，这导致该权利要求1得不到说明书的支持；本专利权利要求1中包含有不清楚的文字表述，即“在套管尾端套设一定位堵环”，这导致其所保护的范围不清楚；本专利权利要求1所保护的技术方案与证据1所公开的内容属于相同的技术领域、具有相同的发明目的、并采取相同的技术方案，故该权利要求1相对于证据1不具备创造性；证据2可以证明本专利产品在本专利申请日以前已经公开使用，这导致本专利权利要求1不具备新颖性。

经形式审查合格后，专利复审委员会受理了上述无效宣告请求，并于2004年12月23日向第一请求人和专利权人（下称被请求人）发出了无效宣告请求受理通知书，将第一请求人提交的专利权无效宣告请求书及其相关文件副本转送给被请求人，要求被请求人在指定期限内进行意见陈述，同时依法成立合议组对本案进行审理。

针对第一请求人提出的无效宣告请求，被请求人于2005年1月20日提交了意见陈述书。被请求人认为：本专利说明书符合专利法第二十六条第三款的规定，本专利权利要求1符合专利法第二十六条第四款和专利法实施细则第二十条第一款的规定，并具有专利法第二十二条第二、第三款所规定的新颖性和创造性。

专利复审委员会于2005年7月5日向第一请求人和被请求人发出口头审理通知书，定于2005年8月24日在专利复审委员会举行口头审理，同时将被请求人在2005年1月20日提交的针对第一请求人的意见陈述书及其相关文件副本转送给第一请求人，要求第一请求人在指定期限内进行意见陈述。

2005年7月22日，第一请求人进行了意见陈述，其表示不能认同被请求人的观点。

针对上述实用新型专利权，招远市鲁鑫工具厂（下称第二请求人）于2004年12月22日向专利复审委员会提出了无效宣告请求。第二请求人请求宣告专利权无效的理由及证据均与第一请求人请求宣告专利权无效的理由及证据相同。

经形式审查合格后，专利复审委员会受理了上述无效宣告请求，并于2004年12月23日向第二请求人和被请求人发出了无效宣告请求受理通知书，将第二请求人提交的专利权无效宣告请求书及其相关文件副本转送给被请求人，要求被请求人在指定期限内进行意见陈述，同时依法成立合议组对本案进行审理。

针对第二请求人提出的无效宣告请求，被请求人于2005年1月20日提交了意见陈述书。被请求人答复第二请求人的意见与其答复第一请求人的意见相同。

专利复审委员会于2005年7月5日向第二请求人和被请求人发出口头审理通知书，告知双方当事人，根据审查指南第四部分第三章第3.5节之规定，将第二请求人所提出的无效宣告请求与第一请求人所提出的无效宣告请求合案审理，定于2005年8月24日在专利复审委员会与第一请求人的无效宣告请求一并口头审理，同时将被请求人在2005年1月20日提交的针对第二请求人的意见陈述书及其相关文件副本转送给第二请求人，要求第二请求人在指定期限内进行意见陈述。

2005 年 7 月 22 日，第二请求人进行了意见陈述，其表示不能认同被请求人的观点。

针对上述实用新型专利权，烟台正泰化工公司（下称第三请求人）于 2005 年 3 月 21 日向专利复审委员会提出了无效宣告请求。请求宣告专利权无效的理由是：本专利权利要求 1 不具备专利法第二十二条第三款规定的创造性。第三请求人同时提交了以下两份证据：

证据 3－1：美国专利授权文本 US4409866 说明书复印件及其中文译文，其授权公告日为 1983 年 10 月 18 日；

证据 3－2：美国专利授权文本 US5285702 说明书复印件及其中文译文，其授权公告日为 1994 年 2 月 15 日。

第三请求人认为：证据 3－1 为最接近的对比文件，证据 3－1 与证据 3－2 的结合公开了本专利权利要求 1 的全部内容，该权利要求 1 相对于证据 3－1 和证据 3－2，其技术方案是显而易见的，不具备专利法第二十二条第三款规定的创造性。

经形式审查合格后，专利复审委员会受理了上述无效宣告请求，并于 2005 年 5 月 20 日向第三请求人和被情求人发出了无效宣告请求受理通知书，将第三请求人提交的专利权无效宣告请求书及其相关文件副本转送给被请求人，要求被请求人在指定期限内进行意见陈述，同时依法成立合议组对本案进行审理。

针对第三请求人提出的无效宣告请求，被请求人于 2005 年 6 月 9 日提交了意见陈述书。被请求人认为：本专利权利要求 1 具备专利法第二十二条第三款规定的创造性。

专利复审委员会于 2005 年 7 月 5 日向第三请求人和被请求人发出口头审理通知书，告知双方当事人，根据审查指南第四部分第三章第 3.5 节之规定，将第三请求人所提出的无效宣告请求与第一请求人、第二请求人所提出的无效宣告请求合案审理，定于 2005 年 8 月 24 日在专利复审委员会与第一请求人、第二请求人的无效宣告请求一并口头审理，同时将被请求人在 2005 年 6 月 9 日提交的针对第三请求人的意见陈述书副本转送给第三请求人，要求第三请求人在指定期限内进行意见陈述。

2005 年 7 月 22 日，第三请求人进行了意见陈述，其表示不能认同被请求人的观点。

口头审理如期举行，第一请求人、第二请求人、第三请求人和被请求人均到庭。在口头审理过程中，合议组当庭将第一请求人、第二请求人及第三请求人于 2005 年 7 月 22 日分别提交的意见陈述书副本均转送给被请求人；第一请求人当庭未出示证据 2 的原件，被请求人对第一请求人所提交的证据 1 的真实性无异议，对第一请求人所提交的证据 2 的真实性有异议；第二请求人当庭表示其提出无效宣告请求的理由及证据均与第一请求人相同；被请求人对第三请求人所提交的证据 3－1 和证据 3－2 的真实性无异议，对其中文译文的正确性无异议，第三请求人当庭明确证据的使用方式，即证据 3－1 和证据 3－2 的结合破坏本专利权利要求 1 的创造性。第一请求人、第二请求人、第三请求人和被请求人分别结合证据就各自的主张充分发表了意见，并分别声称他们的意见与无效宣告请求书及意见陈述书中的意见相同，当庭未发表新的意见；合议组还当庭告知第一请求人、第二请求人、第三请求人及被请求人，鉴于专利复审委员会在此之前已经对本专利作出了三个无效宣告请求审查决定且已生效，根据专利法实施细则第六十五条第二款及审查指南第四部分第三章第 3.3 节之规定，以相同的事实再次提出相同的无效宣告请求理由的，合议组不予审查。

在上述程序的基础上，合议组认为本案事实已经清楚，可以依法作出如下审查决定。

二、决定的理由

（一）对于第一请求人：

1. 证据的认定

证据1是中国专利文献，属于公开出版物，被请求人对其真实性无异议，并且合议组已经核实了其真实性，其公告日早于本专利的申请日，故证据1可以作为评价本专利创造性的已有技术。

证据2是甲方王忠安与乙方威海高技术产业开发区隆安机械制造有限公司于1997年8月17日签订的专利技术许可合同复印件，由于第一请求人在口头审理时未出示该证据2的原件，也未提交能够印证该证据复印件与原件相符的其他证据，且被请求人对该证据的真实性有异议，根据最高人民法院《关于行政诉讼证据若干问题的规定》第五十七条的相关规定，该证据不能作为定案的依据，故合议组对该证据不予采信。

2. 关于专利法第二十六条第三款

鉴于专利复审委员会在2003年2月20日作出的第4806号无效宣告请求审查决定中已经对此进行了评述，原合议组认为：本专利说明书中对有关作为加力拉杆定位装置的自紧定位堵环定位的描述是清楚的，本专利说明书符合专利法第二十六条第三款的规定。而在本案中第一请求人的主张为：本专利说明书中所包含的文字表述“在套管尾端采用自紧定位堵环定位”不清楚，本专利说明书不符合专利法第二十六条第三款的规定。这属于基于相同的事实再次提出相同的无效宣告请求理由，根据专利法实施细则第六十五条第二款及审查指南第四部分第三章第3.3节规定，合议组在口头审理过程中明确告知双方当事人对此情况不予审查，故合议组对第一请求人所提出的本专利不符合专利法第二十六条第三款规定的主张不予支持。

3. 关于专利法第二十六条第四款

专利法第二十六条第四款规定：权利要求书应当以说明书为依据，说明要求专利保护的范围。

第一请求人认为本专利权利要求1未以说明书为依据，不符合专利法第二十六条第四款的规定。本专利说明书中未记载权利要求1中“在套管尾端套设一定位堵环”这一技术特征，并且从说明书中也无法直接得出权利要求1所保护的技术方案，这导致该权利要求1得不到说明书的支持。

合议组认为：在本专利说明书文字部分中描述了作为加力拉杆定位装置的自紧定位堵环定位由定位堵环和卡簧两个部件组成，而将说明书文字部分与附图相结合即可得出该定位堵环和卡簧的相互位置关系和结构形式以及定位堵环和卡簧与所连接部件——加力拉杆和套管之间的相互位置关系和连接关系，本领域的普通技术人员根据这样的描述可以概括出权利要求1中“在套管尾端套设一定位堵环，定位堵环中设有一卡簧，卡簧径向夹紧加力拉杆”这一技术特征，故本专利权利要求1符合专利法第二十六条第四款的规定。

4. 关于专利法实施细则第二十条第一款

专利法实施细则第二十条第一款规定：权利要求书应当说明发明或者实用新型的技术特征，清楚、简要地表述请求保护的范围。

第一请求人认为本专利权利要求1的保护范围不清楚，不符合专利法实施细则第二十条第一款的规定，其中所包含的文字表述“在套管尾端套设一定位堵环”含糊不清，这导致该权利要求1所保护的范围不清楚。

合议组认为：本专利权利要求1中所包含的技术特征“在套管尾端套设一定位堵环”对该权利要求所保护的技术方案的限定是清楚的，其中清楚地限定了该定位堵环所设置的位置——即在套管尾端，也清楚地限定了套管与定位堵环的位置关系——即定位堵环套在套管上，还清楚地限定了该定位堵环的形状和功能——即能够起到定位作用的环状件，故本专利权利要求1符合专利法实施细则第二十条第一款的规定。

5. 关于本专利权利要求1的创造性

鉴于专利复审委员会在2003年2月20日作出的第4806号无效宣告请求审查决定中已经对此进

行了评述，原合议组认为：本专利权利要求1相对于证据1具备专利法第二十二条第三款所规定的创造性。而在本案中第一请求人在无效宣告请求书中及口头审理时主张：本专利权利要求1相对于证据1不具备专利法第二十二条第三款所规定的创造性。这属于基于相同的事实再次提出相同的无效宣告请求理由，根据专利法实施细则第六十五条第二款及审查指南第四部分第三章第3.3节规定，合议组在口头审理过程中明确告知双方当事人对此情况不予审查，故合议组对第一请求人所提出的本专利权利要求1相对于证据1不具备专利法第二十二条第三款规定的创造性的主张不予支持。

（二）对于第二请求人

鉴于第二请求人在无效宣告请求书及意见陈述书中的主张及观点与第一请求人在无效宣告请求书及意见陈述书中的主张及观点完全相同，且第二请求人在口头审理过程中当庭表示其提出无效宣告请求的理由及证据均与第一请求人相同，故合议组对第二请求人所持观点的评述也与对第一请求人所持观点的评述相同。

（三）对于第三请求人

1. 证据的认定

证据3-1和证据3-2均是美国专利文献，属于公开出版物，被请求人对它们的真实性无异议，且合议组已经核实了它们的真实性，它们的授权公告日均早于本专利的申请日，故证据3-1和证据3-2可以作为评价本专利创造性的已有技术。鉴于被请求人对它们的中文译文的正确性无异议，故合议组下面将以证据3-1的附图1~17、证据3-2的附图1~5及相关部分的中文译文为依据来评述本专利的创造性。

2. 关于本专利权利要求1的创造性

专利法第二十二条第三款规定：创造性，是指同申请日以前已有的技术相比，该发明有突出的实质性特点和显著的进步，该实用新型有实质性特点和进步。

第三请求人认为证据3-1与证据3-2的结合破坏本专利权利要求1的创造性，其中证据3-1为最接近的对比文件。依据审查指南第四部分第三章3.1节关于请求原则的规定，合议组将仅以第三请求人提出的上述证据对比方式评述本专利权利要求1的创造性。

本专利权利要求1如下："1、一种加力管钳，其由活动钳口、调节螺母、钳体、钳柄组成，其特征在于：钳柄采用套管式结构，由套管和加力拉杆组成，加力拉杆可在套管中伸缩，套管上设有加力拉杆定位装置，其是在套管尾端套设一定位堵环，定位堵环中设有一卡簧，卡簧径向夹紧加力拉杆。"

证据3-1涉及一种管扳手（参见证据3-1的附图12~14和证据3-1中文译文第7页第1~13行），其中具体披露了以下技术特征：该管扳手带有固定件（250）和可移动爪（252），可通过传统使用的螺母（254）来调节，固定件（250）与通常矩形的加力拉杆（256）组装在一起，在该拉杆部上有许多对角定位槽（248、249），通过按压手柄（210）上的触发器（224），并在弹簧（32）的作用下，使其前腿片的啮合角（246、247）进入到定位槽（248、249）中，从而使得手柄（210）定位在所需的位置上。

证据3-2涉及一种可伸缩工具手柄（参见证据3-2的附图1~5和证据3-2中文译文第2页22行至第3页第4行），其中具体披露了以下技术特征：该可伸缩工具手柄（10）包括外手柄件（11）和内手柄件（14），内手柄件（14）具有一工具端（16）和一远端（17），其在工具端（16）连接有夹持工具装置，在远端（17）螺纹固定有内套筒件（18、40），内套筒件（18、40）通过其所具有的外表面（33）以及在其O形环槽（34）中设置的O形环（37、38），而将外手柄件（11）的内部空间和内部圆柱形开口（19）分成一个前气室（29）和一个后气室（30），当手柄被拉出时，空气从前气室（29）经轴向伸展的拱形槽（35）通到后气室（30），该通行空气必须经过一小通道，而引起阻挡作用，从而使工具处于任意所需求的位置上。

将本专利权利要求1所保护的技术方案与证据3-1所公开的内容相比，其区别技术特征在于：证据3-1中至少未公开本专利权利要求1中的“在套管尾端套设一定位堵环，定位堵环中设有一卡簧，卡簧径向夹紧加力拉杆”这一技术特征。而将本专利权利要求1所保护的技术方案与证据3-2所公开的内容相比，证据3-2中也未公开上述区别技术特征。

本专利属于手工工具技术领域，由于上述区别技术特征的存在，权利要求1所保护的技术方案能够产生如下的技术效果：“这样可方便地确定整个伸缩式钳柄的长度，便于操作加力”。证据3-1和证据3-2所公开的技术内容与本专利相比采取的是不同的技术方案，并且在证据3-1和证据3-2中也未给出将它们结合在一起以得到本专利权利要求1技术方案的启示，同时上述区别技术特征也不是本领域中的公知常识，本专利权利要求1所保护的技术方案相对于证据3-1和证据3-2的结合是非显而易见的，因此，本专利权利要求1具有实质性特点和进步，具备中国专利法第二十二条第三款规定的创造性。

三、决定

维持98221359. X号实用新型专利权有效。

当事人对本决定不服的，可以根据专利法第四十六条第二款的规定，自收到本决定之日起三个月内向北京市第一中级人民法院起诉。根据该款的规定，一方当事人起诉后，另一方当事人应当作为第三人参加诉讼。

北京市第一中级人民法院
行政判决书

（2006）一中行初字第82号

原告烟台正泰化工公司，住所地山东省招远市泉山街道办事处闫家庄村。

法定代表人范利明，总经理。

委托代理人巩同海，青岛发思特专利商标代理有限公司专利代理人。

委托代理人时惠平，男，汉族，1957年1月24日出生，青岛发思特专利商标代理有限公司职员，现住山东省青岛市香港中路6号世贸中心A座309室。

被告国家知识产权局专利复审委员会，住所地北京市海淀区北四环西路9号银谷大厦10~12层。

法定代表人廖涛，副主任。

委托代理人宋鸣镝，国家知识产权局专利复审委员会审查员。

委托代理人耿博，国家知识产权局专利复审委员会审查员。

第三人王忠安，男，汉族，1952年6月17日出生，无业，住山东省威海市田村镇万家疃村。

委托代理人马良悦，男，汉族，1964年2月16日出生，威海科星专利事务所职员，住山东省威海市环翠区少年路1号。

原告烟台正泰化工公司（下称正泰公司）不服被告国家知识产权局专利复审委员会（下称专利复审委员会）作出的第7470号无效宣告请求审查决定（简称第7470号决定），于法定期限内向本院提起诉讼。本院于2005年12月26日受理本案后，依法组成合议庭，并依法通知王忠安作为第三人参加诉讼，于2006年3月6日公开开庭进行了审理。原告正泰公司的委托代理人巩同海、时惠平，被告专利复审委员会的委托代理人宋鸣镝、耿博，第三人王忠安及其委托代理人马良悦到庭参加诉讼。本案现已审理终结。

2005年3月21日，原告正泰公司就第三人王忠安获得的第98221359.X号“加力管钳”实用新型专利（下称本专利）向被告专利复审委员会提出无效宣告请求，理由是，本专利权利要求1不符合专利法第二十二条第三款规定的创造性，其所提交的美国专利US4409866授权文本说明书（下称证据3-1）是最接近的对比文件，并结合美国专利US5285702授权文本说明书（下称证据3-2）便可得出本专利权利要求1所保护的技术方案，而且是显而易见的，应予无效。

被告专利复审委员会于2005年8月31日作出第7470号决定，该决定认为，将本专利权利要求1所保护的技术特征与正泰公司的证据3-1所公开的内容相比，其区别特征在于：后者中至少未公开本专利权利要求1中的“在套管尾端套设一定位堵环，定位堵环中设有一卡簧，卡簧径向夹紧加力拉杆”这一技术特征。而将本专利权利要求1所保护的技术方案与正泰公司证据3-2说明书所公开的内容相比，后者也未公开上述区别技术特征。本专利属于手工工具技术领域，由于上述区别技术特征的存在，权利要求1所保护的技术方案能够产生如下的技术效果：“这样可方便地确定整个伸缩式钳柄的长度，便于操作加力”。证据3-1和证据3-2公开的技术内容与本专利相比采取的是不同的技术方案，正泰公司两证据中也未给出将两者结合后便得到本专利权利要求1技术方案的启示，同时上述区别技术特征也不是本领域的公知常识，本专利权利要求1所保护的技术方案相对于正泰公司两证据的结合是非显而易见的，因此具有实质性特点和进步，符合专利法第二十二条第三款规定的创造性。决定维持本专利权有效。

原告正泰公司不服该决定，向本院起诉称：其除向被告提交证据3-1和证据3-2外，还提交了G050068号检索报告，进一步印证其主张。本专利权利要求1并未对定位堵环和卡簧的结构、设置作出限定，而证据3-1公开了“加力拉杆可在套管中伸缩”这一技术特征。后者图14中给出了加力拉杆（250）可在套管（256）中伸缩，从图15中加力拉杆（266）可在套管（210）中伸缩也可得到进一步印证。证据3-2中披露了在套管尾端设置定位堵环，图4（18）、图5（40），该堵环内具有卡紧机构0型环，图5（37、38）及该卡紧机构径向卡紧加力拉杆的相关技术手段，该相关技术手段所产生的作用与相应技术特征与本专利权利要求1技术方案所起的作用相同。据此请求法院撤销专利复审委员会第7470号决定，判决被告重新作出审查决定。

被告专利复审委员会辩称，证据3-2中所公开的0型环起的是密封作用，而权利要求1中的卡簧起的是夹紧作用，故本专利权利要求1中的卡簧不同于证据3-2中的0型环，本专利权利要求1相对于证据3-1和证据3-2的结合具备创造性。综上，被告作出的第7470号决定正确，法院应当驳回原告的诉讼请求，维持第7470号决定。

第三人王忠安同意第7470号决定。

经审理查明：

1998年5月29日，第三人王忠安申请了名称为“加力管钳”的实用新型专利，1999年8月18日，获得授权，此后该专利经由被告作出的第4091号无效宣告请求审查决定确定了修改后的本专利权利要求书：

“1. 一种加力管钳，其由活动钳口、调节螺母、钳体、钳柄组成，其特征在于：钳柄采用套管式结构，由套管和加力拉杆组成，加力拉杆可在套管中伸缩，套管上设有加力拉杆定位装置，其是在套管尾端套设一定位堵环，定位堵环中设有一卡簧，卡簧径向夹紧加力拉杆。

2. 如权利要求1所述的加力管钳，其特征在于所说的钳体后端还套设一偏心调节环。在本专利说明书中载明："本实用新型套管上还可设有加力拉杆定位装置，例如：其可以采用顶丝定位销定位，也可以在套管尾端采用自紧定位堵环定位，定位堵环中设有卡簧10，径向卡紧随时拉出的加力拉杆。这样可方便地确定整个伸缩式钳柄的长度，便于操作加力。"

各方当事人对上述事实没有异议。

2005年3月21日，原告就本专利向被告提出无效宣告请求，其理由是：本专利权利要求1不符合专利法第二十二条第三款之规定，不具备创造性，为此原告向被告提交了证据3-1与证据3-2。证据3—1用以证明本专利的"加力拉杆可在套管中伸缩"的技术特征已被公开，证据3-2用以证明本专利中"在套管尾端套设一定位堵环，定位堵环中设有一卡簧，卡簧径向夹紧加力拉杆"的技术特征已被公开，两证据结合证明本专利不具备创造性。

在本院审理中，原告对被告第7470号决定关于两证据所示技术特征的描述不持异议，同时因第三人承认证据3-1在于证明"加力拉杆在套管中可伸缩"的技术特征已属公知技术，原告鉴于此放弃了证据3-1不再主张。

将证据3-2（授权公告日为1994年2月15日）的说明书及附图结合显示：该专利涉及一种可伸缩的工具手柄，该手柄（10）包括外手柄件（11）和内手柄件（14），内手柄件（14）具有一工具端（16）和一远端（17），在其工具端（16）连接有夹持工具装置，在远端（17）螺纹固定有内套筒件（18、40），内套筒件（18、40）通过其所具有的外表面（33）以及在其0形环槽（34）中设置的0形环（37、38），将外手柄件（11）的内部空间和内部圆柱形开口（19）分成一个前气室（29）和一个后气室（30），当手柄被拉出时，空气进入前气室（29）经轴向伸展的拱形槽（35）通到后气室（30），该通行空气必须经过一小通道，而引起阻挡作用，从而使工具处于任意所需的位置上。

在庭审中，原告表示，证据3-2上的0形环（37、38）可以对应本专利上的卡簧结构，证据3-2上的内套筒件（18、40）可以对应本专利的定位堵环。被告及第三人均表示卡簧与0形环是完全不同的两种部件，其结构不同，且功能也有差异。第三人还表示，卡簧在拉杆磨损变细后可以起到跟进夹紧作用，而0形环主要起密闭气室作用，实践中0形环磨损后就会与内套筒件的内径距离发生变化，从而无法实现密闭气室作用。

原告为证明本专利不具备创造性，提交了国家知识产权局专利检索咨询中心检索报告，该报告的结论是本专利权利要求1和权利要求2不具备创造性。被告表示，该检索报告只是初步的、参考性的结论，不能约束我委作出审查决定。

上述事实有第7470号决定书、本专利、证据3-1与证据3-2、G050068号检索报告，以及当事人陈述等证据在案佐证。本院认为：

鉴于第三人承认证据3-1在于证明"加力拉杆在套管中可伸缩"的技术特征已属公知技术，且原告放弃了证据3-1不再主张，本院对于证据3-1公开了本专利的"加力拉杆可在套管中伸缩"的技术特征，但未公开其他技术特征的事实予以认定。根据各方陈述，对比原告证据3-2与本专利权利要求1，证据3-2上的0形环（37、38）与本专利上的卡簧，证据3-2上的内套筒件（18、40）与本专利的定位堵环，可见其部件自身结构及其与相关部件的关系构造完全不同，且功能也有差异，卡簧的作用在于夹紧拉杆，而0形环的主要作用在于密闭气室，原告做此相同比较，显属牵强，证据3-2没有公开本专利"在套管尾端套设一定位堵环，定位堵环中设有一卡簧，卡簧径向夹紧加力拉杆"这一技术特征，本专利所具有的区别技术特征是非公知的，证据3-1与证据3-2结合所示技术方案不能破坏本专利的创造性。被告作出"本专利权利要求1所保护的技术方案相对于原告两证据的结合是非显而易见的，具有实质性特点和进步，符合专利法第二十二条第三款规定的创造性”的评判是恰当的。

原告提交的检索报告一证，属于参考信息，不是法律事实，不产生任何法律后果，对被告依法实施无效宣告行政审查没有拘束力，原告以此为由提出无效，本院不予支持。

综上所述，专利复审委员会作出的第7470号决定认定事实清楚，适用法律正确，程序合法，依照《中华人民共和国行政诉讼法》第五十四条第（一）项之规定，本院判决如下：

维持中华人民共和国国家知识产权局专利复审委员会做出的第7470号无效宣告请求审查决定。

一审案件受理费1000元，由原告烟台正泰化工公司负担（已交纳）。

如不服本判决，各方当事人于本判决书送达之日起十五日内，向本院递交上诉状，并按对方当事人人数提交上诉状副本，同时交纳上诉案件受理费1000元，上诉于北京市高级人民法院。

审　判　长　刘海旗
审　判　员　任　进
代理审判员　周云川
二〇〇六年十一月二十日
书　记　员　王　溪

北京市第一中级人民法院
行政判决书

（2006）一中行初字第85号

原告威海东田设备有限公司，住所地山东省威海市青岛路东海南路南。

法定代表人曲献波，董事长。

委托代理人巩同海，青岛发思特专利商标代理有限公司专利代理人。

委托代理人时惠平，男，汉族，1957年1月24日出生，青岛发思特专利商标代理有限公司职员，现住山东省青岛市香港中路6号世贸中心A座309室。

被告国家知识产权局专利复审委员会，住所地北京市海淀区北四环西路9号银谷大厦10~12层。

法定代表人廖涛，副主任。

委托代理人宋鸣镝，国家知识产权局专利复审委员会审查员。

委托代理人耿博，国家知识产权局专利复审委员会审查员。

第三人王忠安，男，汉族，1952年6月17日出生，无业，住山东省威海市田村镇万家疃村。

委托代理人马良悦，男，汉族，1964年2月16日出生，威海科星专利事务所职员，住山东省威海市环翠区少年路1号。

原告威海东田设备有限公司（下称东田公司）不服被告国家知识产权局专利复审委员会（下称专利复审委员会）做出的第7470号无效宣告请求审查决定（下称第7470号决定），于法定期限内向本院提起诉讼。本院于2005年12月26日受理本案后，依法组成合议庭，并依法通知王忠安作为第三人参加诉讼，于2006年3月6日公开开庭进行了审理。原告东田公司的委托代理人巩同海、时惠平，被告专利复审委员会的委托代理人宋鸣镝、耿博，第三人王忠安及其委托代理人马良悦到庭参加诉讼。本案现已审理终结。

2004年12月22日，原告东田公司就第三人王忠安获得的第98221359. X号“加力管钳”实用新型专利（下称本专利）向专利复审委员会提出无效宣告请求，理由之一是：本专利说明书中的“在套管尾端采用自紧定位堵环定位”表述不清楚，导致说明书内容不清楚、不完整；说明书中未记载权利要求1中的“在套管尾端设一定位堵环”的技术特征，并且说明书中也无法直接得出权利要求1所保护的技术方案，导致该权利要求1得不到说明书的支持；权利要求1中含有“在套管尾端套设一定位堵环”这一不清楚的文字表述，导致其所保护的范围不清楚。

综上，本专利不符合专利法第二十六条第三款、第四款和专利法实施细则第二十条第一款之规定（注：不符合创造性不作为本诉讼理由）。

被告专利复审委员会于2005年8月31日作出第7470号决定，该决定中认为：

1. 关于专利法第二十六条第三款，鉴于专利复审委员会在2003年2月20日作出的第4806号无效宣告请求审查决定（下称第4806号决定）中已经对此进行了评述，认为：本专利说明书中对有关作为加力拉杆定位装置的自紧定位堵环定位的描述是清楚的，本专利说明书符合专利法第二十六条第三款的规定。而本次审理中东田公司的主张依然是“本专利说明书中的‘在套管尾端采用自紧定位堵环定位’表述不清楚，导致说明书内容不清楚、不完整”，这属于基于相同事实和理由再次提出的无效宣告请求，依照专利法实施细则第六十五条第二款及《审查指南》第四部分第三章第3.3节之规定，不予审查，对其主张不予支持。

2. 关于专利法第二十六条第四款，本专利说明书的文字部分描述了作为加力拉杆定位装置的自紧定位堵环定位由定位堵环和卡簧两个部分组成，将说明书文字部分与附图结合即可得出该定位堵环和卡簧的相互位置关系和结构形式，以及定位堵环和卡簧与所连接部件——加力拉杆和套管之间的相互位置关系和连接关系。本领域的普通技术人员根据这样的描述可以概括出权利要求1中“在套管尾端套设一定位堵环，定位堵环中设有一卡簧，卡簧径向夹紧加力拉杆”这一技术特征，符合“权利要求书应当以说明书为依据，说明要求专利保护的范围”，故权利要求1符合专利法第二十六条第四款的规定。

3. 关于专利法实施细则第二十条第一款，本专利权利要求1中包含的“在套管尾端套设一定位堵环”这一技术特征，对该权利要求所保护的技术方案限定是清楚的，其中清楚地限定了该定位堵环所设位置——在套管尾端，也清楚地限定了套管与定位堵环的位置关系——定位堵环套在套管上，还清楚地限定了该定位堵环的形状和功能——能够起到定位作用的环状件，故本权利要求1符合专利法实施细则第二十条第一款的规定。据此，被告决定：维持本专利权有效。

原告东田公司不服该决定，向本院起诉称，我公司在请求审查本专利涉及专利法第二十六条第三款规定时，根据该规定，除“说明书的内容是否清楚、完整”需要审查外，还要审查“所属领域技术人员是否能够实现”，对此，被告未给予审查，属于遗漏。被告以此前已有三个生效的无效宣告决定对该项内容作出审查为由，不再予以审查，但在第7470号决定中并未予以引证，至今我公司不知道三个决定所指为何，也未得到陈述的机会。关于对本专利不符合专利法第二十六条第四款的问题，我公司认为权利要求1未以说明书为依据，且概括超出了说明书公开的范围，被告在此所作确认没有证据支持，在本专利说明书文字部分找不到有关“自紧定位堵环定位由定位堵环和卡簧两个部件组成”的描述。被告也未对我公司提出的“在套管尾端套设一定位堵环”问题进行评述。关于对本专利不符合专利法实施细则第二十条第一款的问题，我公司认为权利要求1中的“套设”一词，无法确定套管尾端与定位堵环的连接与配合关系，属于自造词语，不清楚其特定含义，或可理解为定位堵环“设”在“尾端套”上，或可理解为定位堵环“套设”在“套管尾端”上。被告却在此情况下作出“权利要求1对权利要求所保护的技术方案的限定是清楚的”的错误认定。综上，我公司认为被告作出的 7470 号无效宣告决定是错误的，请求法院撤销专利复审委员会第 7470 号决定，判决被告重新作出审查决定。

被告专利复审委员会辩称，第 7470 号决定对东田公司意见陈述的概括并无遗漏，准确地反映东田公司的观点及所依据的证据；对相关部分请求作出“不予审查”的决定符合有关法规、规章的规定，并不违反程序，所作决定认定事实清楚、适用法律准确、程序合法，请求驳回原告的诉讼请求，维持第 7470 号决定。

第三人王忠安同意第 7470 号决定。

经审理查明：

1998 年 5 月 29 日，第三人王忠安申请了名称为“加力管钳”的实用新型专利，1999 年 8 月 18 日，获得授权，此后，该专利经由被告作出的第 4091 号无效宣告请求审查决定确定了修改后的本专利权利要求书：

“1. 一种加力管钳，其由活动钳口、调节螺母、钳体、钳柄组成，其特征在于：钳柄采用套管式结构，由套管和加力拉杆组成，加力拉杆可在套管中伸缩，套管上设有加力拉杆定位装置，其是在套管尾端套设一定位堵环，定位堵环中设有一卡簧，卡簧径向夹紧加力拉杆。

2. 如权利要求 1 所述的加力管钳，其特征在于所说的钳体后端还套设一偏心调节环。”

在本专利说明书中第三人作出如下说明：“本实用新型套管上还可设有加力拉杆定位装置，例如：其可以采用顶丝定位销定位，也可以在套管尾端采用自紧定位堵环定位，定位堵环中设有卡簧 10，径向卡紧随时拉出的加力拉杆。这样可方便地确定整个伸缩式钳柄的长度，便于操作加力。”

各方当事人对上述事实没有异议。

2004 年 12 月 22 日，原告就本专利向专利复审委员会提出无效宣告请求，其理由之一是：本专利说明书不符合专利法第二十六条第三款。本专利权利要求 1 不符合专利法第二十六条第四款以及专利法实施细则第二十条第一款的规定。被告在第 7470 号决定中概括东田公司具体意见如下：“本专利说明书中所包含的文字表述‘在套管尾端采用自紧定位堵环定位’不清楚、不完整；专利说明书中未记载权利要求 1 中的技术特征‘在套管尾端套设一定位堵环’，并且说明书中也无法直接得出权利要求 1 所保护的技术方案，这导致该权利要求 1 得不到说明书的支持；本专利要求 1 中包含有不清楚的文字表述‘在套管尾端套设一定位堵环’，这导致其所保护的范围不清楚。”

2005 年 8 月 24 日，被告在口头审理中，就有关本专利不符合专利法第二十六条第三款等请求，向原告告知在既往已生效的 3 个审查决定中进行了审查，本案不再就相同问题重复审查。在本诉讼中，原告对此表示认可，但同时提出被告当时并未明确告知具体的生效决定和案号，其始终不知是哪些生效决定，与此同时原告也承认没有进一步予以了解。被告表示 3 个决定是分别针对于杨松堂提起的 3133 号无效请求、招远市鲁鑫工具厂提起的 4091 号无效请求、招远市鲁鑫工具厂与威海嘉诚工贸有限公司提起的 4806 号无效请求作出的。被告表示原告即使不承认其知晓也可以推知其知晓，原因在于包括本次请求在内，每次提起无效请求基本都有招远市鲁鑫工具厂的参与，且所有决定书都要对外公告，原告应当知晓。

被告提交的第 4806 号决定显示，该无效请求的提起人是第一请求人招远市鲁鑫工具厂和第二请求人威海嘉诚工贸有限公司，针对第二请求人提出的本专利不符合专利法第二十六条第三款规定，被告于 2003 年 2 月 20 日作出决定认为：“第二请求人所称本专利权利要求 1 中提到的加力拉杆定位装置在说明书中的相应描述不清楚，说明书未对本专利作出清楚、完整的说明，不符合专利法第二十六条第三款的规定。根据说明书给出的简单附图和文字记载不能反映出定位装置的结构，更不能清楚地反映出拉动加力拉杆这一运动过程和夹紧定位装置静止过程，不能理解定位堵环和卡簧的自紧定位方式与顶丝定位销的定位方式之间的等同效应。合议组认为，本专利说明书中有关加力拉杆定位装置的描述是清楚的，其中给出了两种定位方式，一种是顶丝定位销定位，一种是自紧定位堵环定位，两者都可以起到将加力拉出的拉杆定位在相应的长度上的作用，其中在用定位堵环定位的装置中，其组成部件包括定位堵环和卡簧，说明书文字部分及附图中具体给出了该定位堵环和卡簧的相互位置关系和结构形式，以及定位堵环和卡簧与所连接部件——加力拉杆和套管之间的相互位置关系和连接关系，本领域技术人员根据这样的描述可以做出这样的定位装置，所以本专利说明书符合专利法第二十六条第三款的规定。"

上述事实有第7470号决定书、本专利、第4806号决定，以及当事人陈述等证据在案佐证。

本院认为：

综观原告诉讼理由，其始终围绕本专利权利要求1中所述的“在套管尾端套设一定位堵环，定位堵环中设有一卡簧，卡簧径向夹紧加力拉杆”及说明书中有关实施例的描述一节，据以认为本专利不符合专利法第二十六条第三款、第四款、专利法实施细则第二十条第一款等规定。由此，被告将其归纳于第7470号决定中并无遗漏，被告依照上述法律、法规予以行政审查，也确立了本案司法审查的范围，在此本院评判如下：

一、关于专利法第二十六条第三款

原告对被告审查本专利是否符合专利法第二十六条第三款规定的根本异议在于，被告是否有合法的依据作出“不予重复审查”的决定，根据双方陈述，原告认可了被告如下陈述，即已经告知其不予重复审查的原因在于相同问题已在“既往生效的审查决定中审查过”，原告只是对被告同时也告知其具体案件及案号一节不予认可，被告是否“确已详细告知”，缺乏直接证据印证。在此，本院认为，根据常理，原告作为无效请求的提起人，理当是不利后果的关注人，在得知被告不予重复审查的情况出现时，理应积极求证，其有权利且有条件要求并获得必要信息，以便及时提出反对意见，但其怠于行使权利，由此产生的不利后果应由其自行承担。结合第4806号决定，不难看到该决定已就与本请求相同的事由进行了审查，被告依据专利法实施细则第六十五条第二款及审查指南第四部分第3.3节规定，作出不予审查的决定正确。

二、关于专利法第二十六条第四款

该条法律规定：权利要求书应当以说明书为依据，说明要求专利保护的范围。原告认为本专利权利要求1中确定了“在套管尾端套设一定位堵环”这一技术特征，但在说明书中却没有找到支持这一技术特征的解释。然而，结合附图，根据本专利说明书及其对实施例的介绍可见，文中讲述了定位堵环、卡簧与套管、加力拉杆间的设置结构，即在“在套管尾端采用自紧定位堵环定位，定位堵环中设有卡簧10，径向卡紧随时拉出的加力拉杆。”本领域普通技术人员由此便可概括得出定位堵环与卡簧，以及它们与套管和加力拉杆之间的位置关系与结构形式，即“在套管尾端套设一定位堵环”这一技术特征。被告审查认定本专利符合上述法律规定，所作判定并无不当。

三、关于专利法实施细则第二十条第一款

该项规定是：“权利要求书应当说明发明或者实用新型的技术特征，清楚、简要地表述请求保护的范围。”原告认为本专利权利要求1中“在套管尾端套设一定位堵环”一语含糊不清，“套设”一词易生歧义，本院认为，没有证据显示本领域普通技术人员在综合了权利要求书全文后，还会将“套管尾端”理解为“套管尾端套”，此理解有悖常理，“套设”一词确定了套管与定位堵环的结构关系即套装关系，显然后一解释更为简单合理，符合常规（惟一）认知。被告对该项无效请求的审查，并无不当。

综上所述，专利复审委员会做出的第7470号决定认定事实清楚，适用法律正确，程序合法，依照《中华人民共和国行政诉讼法》第五十四条第（一）项之规定，本院判决如下：

维持被告国家知识产权局专利复审委员会作出的第 7470 号无效宣告请求审查决定。

一审案件受理费 1000 元，由原告威海东田设备有限公司负担（已交纳）。

如不服本判决，各方当事人于本判决书送达之日起十五日内，向本院递交上诉状，并按对方当事人人数提交上诉状副本，同时交纳上诉案件受理费 1000 元，上诉于北京市高级人民法院。

审 判 长 刘海旗
审 判 员 任 进
代理审判员 周云川
二〇〇六年三月二十日
书 记 员 王 溪

折光压纹机案

无效宣告请求审查决定（第7472号）

决　定　号　第7472号
决　定　日　2005年8月31日
发明创造名称　折光压纹机
国际分类号　B41F 16/00
无效请求人　瑞安市华威印刷机械有限公司
专利权人　王昌琦
专　利　号　03209589.9
申　请　日　2003年9月16日
授权公告日　2004年9月8日
合议组组长　白剑锋
主　审　员　冯　涛
参　审　员　武树辰

法律依据　专利法第二十二条第二款、第三款
决定要点

权利要求所要求保护的技术方案与对比文件所披露的技术内容相比，技术领域不同，结构、功能和效果也不同，因而该权利要求具备新颖性和创造性。

一、案由

本无效宣告请求案涉及的是专利号为03209589.9、名称为“折光压纹机”的实用新型专利，该专利的申请日为2003年9月16日，授权公告日为2004年9月8日，专利权人为王昌琦。

该专利授权公告的权利要求书如下：

“1. 一种折光压纹机，有印版辊筒（1）和压印辊筒（3），其特征在于在印版辊筒（1）上包有薄不锈钢模板（2），所述压印辊筒（3）上包有橡胶层。

2. 根据权利要求1所述的折光压纹机，其特征在于在所述不锈钢模板（2）上刻有花纹。

3. 根据权利要求1或2所述的折光压纹机，其特征在于所述不锈钢模板（2）在所述印版辊筒（1）的两侧有折边，在折边外侧用两块夹板将不锈钢模板（2）固定在印版辊筒（1）上。

4. 根据权利要求1或2所述的折光压纹机，其特征在于所述不锈钢模板（2）在所述印版辊筒（1）的两侧有折边，在折边上通过螺钉将不锈钢模板（2）固定在印版辊筒（1）上。

5. 根据权利要求1或2所述的折光压纹机，其特征在于在所述印版辊筒（1）内装有电阻，所述电阻与380V电源相连接。”

瑞安市华威印刷机械有限公司（下称请求人）针对上述专利权（下称本专利）于2005年3月25日向专利复审委员会提出了无效宣告请求，其理由是本专利的权利要求1～5不符合专利法第二十二条第二款、第三款的规定，并同时提交了一篇附件作为证据：

附件1：印刷工业出版社于2002年6月第1版第8次印刷《胶印技术问答》的复印件6页（下称对比文件1）。

经审查，上述无效宣告请求符合专利法及其实施细则规定的形式要求，专利复审委员会予以受理，并将无效宣告请求书及附件副本转给了专利权人（下称被请求人），要求被请求人在指定的期限内作出答复，同时成立合议组对此案进行审查。

被请求人于2005年4月27日针对上述无效宣告请求作出答复，认为本专利的权利要求与对比文件1相比具备专利法意义上的专利性。

复审委员会本案合议组于2005年7月1日向双方当事人发出了无效宣告请求口头审理通知书，定于2005年8月18日在专利复审委员会举行口头审理。

口头审理如期举行。在口头审理过程中，请求人出示对比文件1的原件，请求人还认为对比文件1中公开的三滚筒胶印机与本专利中的两辊压纹机在技术上实质相同，直接去掉一个辊筒不需要花费创造性的劳动。被请求人对该对比文件1的真实性无异议。

本案合议组经过合议，认为本案的事实已经清楚，可以作出审查决定。

二、决定的理由

1. 关于证据的认定

由于口头审理过程中，请求人出示了对比文件1的原件，被请求人对其真实性无异议，因而合议组对该对比文件1的真实性予以确认。对比文件1属于公开出版物，其公开日在本专利的申请日之前，可以作为评价本专利的新颖性和创造性的证据。

2. 关于新颖性

根据专利法第二十二条的规定第二款，新颖性，是指在申请日以前没有同样的发明或者实用新型在国内外出版物上公开发表过、在国内公开使用过或者以其他方式为公众所知，也没有同样的发明或者实用新型由他人向国务院专利行政部门提出过申请并且记载在申请日以后公布的专利申请文件中。

对比文件1是关于胶印的基本知识和胶印机各部分结构原理等的介绍（参见对比文件1的内容提要），即涉及的技术领域是胶印技术，胶印机大都由三滚筒即印版滚筒、橡胶滚筒和压印滚筒组成，是本领域技术人员熟知的，在该对比文件中还具体公开了以下技术特征：在印版滚筒与橡胶滚筒的转动接触过程中，把版面上的图文传递给橡胶滚筒的橡皮布表面；橡皮滚筒的主要功能在于传递图文；压印滚筒的作用在于将传递的图文压印到纸张上（参见对比文件1的第199页和第201页、第202页）。

权利要求1所要求保护的技术方案与该对比文件所披露的技术内容之间的区别在于：权利要求1涉及的是一种压纹机，仅包括印版辊筒和压印辊筒，在印版辊筒上包有薄不锈钢模板，压印辊筒上包有橡胶层。由于权利要求1所要求保护的技术方案与该对比文件所披露的技术内容之间存在上述差异，所以本专利权利要求1相对于对比文件1具备新颖性，符合专利法第二十二条第二款的规定。在权利要求1具备新颖性的情况下，从属权利要求2~5也具备新颖性。

3. 关于创造性

依据专利法第二十二条第三款的规定，创造性，是指同申请日以前已有的技术相比，该发明有突出的实质性特点和显著的进步，该实用新型有实质性特点和进步。

本专利权利要求1所要求保护的技术方案和对比文件1所披露的技术内容所涉及的技术领域不相同，并且本专利在印刷时纸张经过印版辊筒和压印辊筒之间直接形成折光镭射图案，没有橡胶辊筒，本专利的压纹机和对比文件1的胶印机中的印版辊筒和压印辊筒的结构和作用也不相同，且产生了明显不同的技术效果。本领域技术人员不花费创造性的劳动不能获得权利要求 1 所要求保护的技术方案，具有实质性特点和进步，因此权利要求 1 相对于对比文件 1 具备创造性，符合专利法第二十二条第三款的规定。在权利要求 1 具备创造性的情况下，从属权利要求 2 ~5 也具备创造性。

请求人认为对比文件 1 中公开的三滚筒胶印机与本专利中的两辊压纹机在技术上实质相同，直接去掉一个辊筒不需要花费创造性的劳动。对此，合议组认为，二者虽然都属于印刷机械，技术领域较相近但并不相同，如上所述它们的技术方案在结构、功能和效果上均不相同，因此合议组对请求人的上述观点不予支持。

三、决定

维持 03209589. 9 号实用新型专利权有效。

当事人对本决定不服的，可以根据专利法第四十六条第二款的规定，自收到本决定之日起三个月内向北京市第一中级人民法院起诉。根据该款的规定，一方当事人起诉后，另一方当事人应当作为第三人参加诉讼。

145

婴儿推车的推把护套案

无效宣告请求审查决定（第7476号）

决　定　号　第7476号
决　定　日　2005年8月11日
发明创造名称　婴儿推车的推把护套
国际分类号　B62B 9/20
无效请求人　中山宝宝好日用制品有限公司
专利权人　好孩子儿童用品有限公司
专　利　号　97243172.1
申　请　日　1997年12月29日
授权公告日　1999年4月21日
合议组组长　杨克菲
主　审　员　白剑锋
参　审　员　崔　峥

法律依据　专利法第二十二条第二款、第三款
决定要点

受终审法院生效判决的约束，本案合议组根据该行政判决书中对本专利权利要求1～4创造性的认定，认定本专利权利要求1～4所要求保护的技术方案相对于证据1具备创造性。

一、案由

本无效宣告请求案涉及国家知识产权局专利局1999年4月21日授权公告的、名称为“婴儿推车的推把护套”的实用新型专利，其专利号为97243172.1，申请日为1997年12月29日，专利权人是好孩子集团公司，2003年2月14日，专利权人变更为好孩子儿童用品有限公司。

授权公告的权利要求书如下：

“1. 一种婴儿推车的推把护套，由闭合的外层（5）形成带有管腔（3）的管状体，其特征在于：围绕着所述的外层（5）的内壁排列有多个轴向的孔。

2. 根据权利要求1所述的婴儿推车的推把护套，其特征在于：所述的管腔（3）的内壁设有多个向管腔凸出的内凸起（4），所述的孔位于该内凸起（4）内。

3. 根据权利要求1所述的婴儿推车的推把护套，其特征在于：所述的外层（5）内还设有内层（8），所述的孔位于外层（5）和内层（8）之间。

4. 根据权利要求3所述的婴儿推车的推把护套，其特征在于：所述的内层（8）的内壁设有多个向管腔凸出的内凸起（4），该内凸起（4）上设有轴向的内孔（6）。”

针对上述专利权（下称本专利），中山宝宝好日用制品有限公司（下称请求人）于2003年3月17日向专利复审委员会提出了无效宣告请求，其理由是本专利不符合专利法第二十二条的规定，不

具备新颖性和创造性。并提供如下四份附件作为证据：

证据1：国际公开号为WO93/00251的PCT申请公开文本的复印件，公开日1993年1月7日；

证据2：专利号为5579556的美国专利说明书的复印件，授权公告日1996年12月3日；

证据3：专利号为5711720的美国专利说明书的复印件，授权公告日1998年1月27日；

证据4：专利号为5267487的美国专利说明书的复印件，授权公告日1993年12月7日。

经形式审查合格后，专利复审委员会依法受理了此案，并于同日发出了无效宣告请求受理通知书，同时将无效宣告请求及其相关文件副本转送专利权人（下称被请求人），要求被请求人在指定期限进行意见陈述。

2003年4月15日，请求人提交了证据1~4的中文译文。合议组于2003年4月29日将上述证据1~4的中文译文转送被请求人，要求被请求人在指定期限进行意见陈述。对此，被请求人在指定期限未进行任何意见陈述。

2003年6月1日，请求人提交了补充意见陈述，就其提供的证据破坏本专利的新颖性和创造性进行了详细的意见陈述，认为证据1破坏本专利权利要求1和权利要求2的新颖性和创造性。证据4破坏本专利权利要求1~4的新颖性和创造性。合议组于2003年6月6日将该意见陈述转送被请求人，要求被请求人在指定期限进行意见陈述。对此，被请求人在指定期限未进行任何意见陈述。

经过文件转送和口头审理等中间程序，专利复审委员会于2003年9月12日作出第5395号无效宣告请求审查决定，宣告本专利权利要求1~4全部无效。该决定中认定本专利权利要求1~4相对于证据1不具备创造性，具体认定如下：

证据1是专利文献，属于公开出版物，被请求人在口头审理时对该证据的真实性表示无异议。并且上述证据的授权公告日早于本专利的申请日，故证据1构成本专利的现有技术，可以用于评价本专利的新颖性和创造性。

审查指南第四部分第一章第14节规定：当事人提交外文证据的，应当在提交外文证据的同时提交所使用部分的中文译文。提交外文证据的当事人未提交中文译文的，该外文证据视为未提交。鉴于请求人提交了证据1全文的中文译文，同时被请求人未对上述中文译文提出异议，故合议组以请求人所提交的证据1的中文译文的内容评价本专利的新颖性和创造性。

独立权利要求1限定的是一种婴儿推车的推把护套，该推把护套由闭合的外层［5］形成带有管腔［3］的管状体，其特征在于，围绕着所述的外层［5］的内壁排列有多个轴向的孔。证据1涉及一种扶手护套，并具体披露了以下内容（参见证据1译文第1页摘要部分、权利要求书以及附图6及附图7）：一种由可变形物质制造的各种扶手的护套，该护套由闭合的外层形成内部空心的管状体，围绕所述的外层的内壁排列有多个轴向的凹槽。与本专利的权利要求1相比，两者的区别之处仅在于：本专利中围绕着所述外层的内壁排列有多个轴向的孔，而在证据1中，围绕着所述外层的内壁排列有多个轴向的凹槽。

对此，合议组认为，由本专利的说明书可以看出，“围绕着所述外层的内壁排列有多个轴向的孔”所起的作用只是为了增加扶手的弹性，进而改善手感。在受力一定的情况下，护套的弹性取决于刚度，刚度越小，弹性越好。而刚度由两个因素决定，一是护套所用材料本身固有的特性参数，一是护套的几何结构。在此，护套的几何结构包括传力面积和受力长度。在其他参数一定的情况下，刚度和传力面积成正比。基于此，“沿所述外层内壁排列多个轴向的孔”和“沿所述外层内壁排列多个轴向的凹槽”可以起到同等的减少传力面积、改善弹性的作用，即两者几何形状的差异并不会带来实质性的差别。同时由本专利的说明书所公开的内容也无法看出“多个轴向的孔”较“多个轴向的凹槽”能够带来意想不到的技术效果。另外，由证据1的权利要求5可知该扶手护套可用于任何需要抓握压力的扶手，很显然，证据1所述的扶手护套可用于婴儿推车。虽然证据1未就“围绕着所述外层的内壁排列有多个轴向的凹槽”可以起到增加弹性进而改善手感的作用予以说明，但是通过上述的分析可知该结构可起到上述作用是不言而喻的。本领域的普通技术人员根据证据1所披露的技术内容得到本专利权利要求1所要求保护的技术方案无须付出任何创造性的劳动，本专利的权利要求1相对于证据1不具有实质性特点和进步，不具备专利法第二十二条第三款有关创造性的规定。

权利要求2是独立权利要求1的从属权利要求，其限定部分的技术特征是：“所述的管腔（3）的内壁设有多个向管腔凸出的内凸起（4），所述的孔位于该内凸起（4）内”。由证据1所披露的下列内容：“所述管腔的内壁设有多个向内凸出的内凸起，形成梳子形状。”可知，两者的区别之处在于：本专利中的内凸起中设有孔，而证据1的内凸起中无孔。

对此，合议组认为，正如上述所分析的，在其他参数一定的情况下，刚度和传力面积成正比，传力面积越小，刚度越小，相应的弹性越好。基于此，本领域的普通技术人员在证据1所披露的技术内容的基础上，可以想到各种措施来进一步减少受力面积，进而增加弹性，如在内凸起上形成孔，而无须付出任何创造性的劳动。同时由本专利的说明书中也无法看出“内凸起中设有孔”可以带来其他意想不到的技术效果，故在权利要求1不具备创造性的情况下，权利要求2同样不具备创造性。

从属权利要求3限定部分的技术特征为“所述的外层（5）内还设有内层（8），所述的孔位于外层（5）和内层（8）之间”。从属权利要求4限定部分的技术特征为“所述的内层（8）的内壁设有多个向管腔凸出的内凸起（4），该内凸起（4）上设有轴向的内孔（6）。”被请求人在口头审理过程中认为其中的内层以及外层是在一整体件上由于加工有孔分隔而形成的。基于被请求人的这一认定，合议组认为权利要求3及权利要求4所要求保护的技术方案实际上就是在一整体件上加工有多个孔，进而改善推把护套的弹性。因此将其和证据1相比，两者的区别之处仅在于：本专利的外层内设有孔，而证据1的外层内设有凹槽。而由上面对权利要求1的创造性的评述可知，“孔”和“凹槽”可以起到同等的减少传力面积、改善弹性的作用，即两者几何形状的差异并不会带来实质性的差别，本领域的普通技术人员在证据1的基础上，完全可以想到通过设置孔来增大弹性，至于孔的数量（或层数）则可根据具体情况及需求而加以选择，无须付出任何创造性的劳动，同时由本专利的说明书所公开的内容也无法看出“孔”较“凹槽”能够带来意想不到的技术效果。故在权利要求1不具备创造性的情况下，权利要求3及权利要求4同样不具备创造性。

被请求人对专利复审委员会作出的第5395号无效宣告请求审查决定不服，在法定期限内向北京市第一中级人民法院提起行政诉讼，认为专利复审委员会在无效程序中，事实认定有误，请求法院撤销第5395号无效宣告请求审查决定，维持本专利权有效。

对此，北京市第一中级人民法院于2004年5月21日作出（2003）一中行初字第769号行政判决书，其中认为，本案专利相对于证据1不具有实质性特点和进步，从现有证据中也无法得出本案专利能够带来意想不到的技术效果，因此本案专利不具备专利法第二十二条第三款规定的创造性；被告（专利复审委员会）所作结论并无不当，适用法律正确，程序合法，应予维持。据此判决如下：维持被告国家知识产权局专利复审委员会作出的第5395号无效宣告请求审查决定。

原告（即好孩子儿童用品有限公司）对北京市第一中级人民法院作出的（2003）一中行初字第769号行政判决书不服，在法定期限内向北京市高级人民法院提起上诉，请求撤销原审判决及专利复审委员会作出的第5395号无效宣告请求审查决定。

对此，北京市高级人民法院于2005年1月5日作出（2004）高行终字第282号行政判决书。该判决书就本专利权利要求1~4相对于证据1的创造性作出了如下认定：

好孩子公司对于原审判决有关证据1附图4技术方案的认定持有异议。如果将附图4认定为管状体内部有轴向的孔，那么该证据的附图4、6、7就分别披露了两种不同的技术方案，即管腔的内壁有“孔”或者“内凸起”。在当事人对附图中的“圆圈”表示的是轴向的孔还是其他结构存在争议时，应当从证据1的文字说明部分寻求进一步的解释。从证据1的文字说明部分看，该项专利的发明目的、权利要求、附图说明均没有涉及在管腔内壁设有轴向的孔这样的结构，所以证据1披露的技术方案保护的范围并不包括扶手护套管腔内壁设有轴向的孔，原审判决认定附图4中“轴向的孔”，缺乏依据，对事实认定有误，应当结合证据1的全部内容确定其所披露的技术方案。所以，证据1与本案专利权利要求1技术方案在结构上有所不同，证据1并没有给出在管状体外层的内壁排列有多个轴向的孔的技术启示。本案专利权利要求1中限定的“孔”是封闭的，受力后其中空结构的反弹力显然大于“凹槽”的结构，具有有益的技术效果，符合专利法第二十二条第三款对实用新型创造性的要求。由于本案专利权利要求1具备创造性，其从属权利要求2、3、4同样具备创造性。所以，本案专利权应当维持有效。

据此，北京市高级人民法院判决如下：撤销北京市第一中级人民法院（2003）一中行初字第769号行政判决；撤销国家知识产权局专利复审委员会作出的第5395号无效宣告请求审查决定；维持好孩子儿童用品有限公司拥有的97243172.1号“婴儿推车的推把护套”实用新型专利权有效。

基于上述判决为终审判决，即生效判决，故专利复审委员会重新成立合议组，对上述无效宣告请求重新进行审查。

合议组于2005年4月15日向被请求人以及请求人发出合议组成员告知通知书。同时告知双方当事人如对合议组成员有回避请求的，请于收到本通知之日起七日内提交书面请求书，并且说明理由，逾期未答复，视为无回避请求。

对此，被请求人以及请求人在指定的期限内均未提交任何书面请求书。

在上述程序的基础上，合议组作出本审查决定。

二、决定的理由

由于北京市高级人民法院于2005年1月5日作出的（2004）高行终字第282号行政判决书中认定本专利权利要求1～4相对于证据1具备创造性，而且该判决为终审判决，即生效判决，因此受该生效判决的约束，本案合议组根据该行政判决书中对本专利权利要求1～4创造性的认定，认定本专利权利要求1～4所要求保护的技术方案相对于证据1具备创造性。

三、决定

维持97243172.1号实用新型专利权有效。

当事人对本决定不服的，可以根据专利法第四十六条第二款的规定，自收到本决定之日起三个月内向北京市第一中级人民法院起诉。根据该款的规定，一方当事人起诉后，另一方当事人应当作为第三人参加诉讼。

146

通用高压轻便自封案

无效宣告请求审查决定（第7487号）

决　定　号　第7487号
决　定　日　2005年9月12日
发明创造名称　通用高压轻便自封
国际分类号　E21B 33/03
无效请求人　江汉油田广顺实业有限责任公司
专 利 权 人　湖北省潜江恒能达工贸有限公司
专　利　号　200320116394.4
申　请　日　2003年12月16日
授权公告日　2004年12月22日
合议组组长　魏　屹
主　审　员　陈海平
参　审　员　宋鸣镝

法律依据　专利法第二十二条第二款
决定要点

在案件审理过程中，未能与原件相核对的证据复印件，不能单独作为认定案件事实的依据。

一、案由

湖北省潜江恒能达工贸有限公司（下称专利权人）于2003年12月16日向国家知识产权局专利局提交了名称为“通用高压轻便自封”的实用新型专利申请，其申请号为200320116394.4。该专利申请于2004年12月22日公告授权（下称本专利）。

授权公告的权利要求书如下：

“1. 一种用于油田作业的通用高压轻便自封，其特征是：自封芯（3）装在井口大四通上法兰（4）中，高压自封压盘（1）装在自封芯（3）上，井口螺栓（2）将高压自封压盘（1）连接在井口大四通上法兰（4）上。

2. 根据权利要求1所述的通用高压轻便自封，其特征是：所述自封芯（3）上开有一道环形槽，在高压自封压盘（1）相应处设有一道环形凸台。”

针对上述专利权，江汉油田广顺实业有限责任公司（下称请求人）于2005年1月4日向专利复审委员会提出了无效宣告请求，其理由是本专利不具备新颖性。请求人同时提交了下述附件：

附件1：申请宣告专利权无效的事实和理由；

附件2：“注册税务登记证”复印件1页；

附件3：江汉石油管理局市场管理办公室出具的“证明”一份；

附件4：江汉油田分公司井下作业处试油大队出具的“证明”一份；

附件5：产品发票、销售清单复印件共七件；

附件6：工矿产品订货合同一份；

附件7：产品照片两张；

附件8：江质字（1994）1号文件复印件。

经形式审查合格，专利复审委员会于2005年2月23日受理了上述无效宣告请求，并将无效宣告请求书及其附件的副本转送给专利权人，同时成立合议组对本案进行审查。

专利权人于2005年3月14日提交意见陈述书，陈述对上述无效宣告请求的反对意见。专利权人并提交了下述附件作为反证：

反证附件1：涉及安爱军的“协议解除劳动合同通知书”；

反证附件2：涉及方红的“协议解除劳动合同通知书”；

反证附件3：潜江市人民政府广华寺办事处出具的“证明”一份；

反证附件4：江汉油田分公司井下作业处试油大队出具的“证明”一份，其内容为声明本证明出具人在本案中在先出具“证明”（前述附件4）作废。

专利复审委员会本案合议组于2005年6月30日向双方当事人发出了口头审理通知书，并将专利权人于2005年3月14日提交意见陈述书的副本转给了请求人。

口头审理于2005年8月23日按期举行，双方当事人出席了本次口头审理。在口头审理过程中，请求人确定其无效理由与范围为本专利的权利要求1~2不具备专利法第二十二条第二款所规定的新颖性。

请求人当庭出示了其所提交的附件中的附件2的原件，专利权人对请求人所提交的用作证据的附件中除附件5以外的各附件本身的真实性无异议。

双方当事人对有关本案的事实和理由进行了陈述和辩论。

在上述程序的基础上，专利复审委员会本案合议组作出审查决定。

二、决定的理由

1. 关于本专利的新颖性

请求人认为本专利的权利要求1~2不具备专利法第二十二条所规定的新颖性。

专利法第二十二条第二款规定：新颖性，是指在申请日以前没有同样的发明或者实用新型在国内外出版物上公开发表过、在国内公开使用过或者以其他方式为公众所知，也没有同样的发明或者实用新型由他人向国务院专利行政部门提出过申请并且记载在申请日以后公布的专利申请文件中。

请求人以其所提交的用作证据的附件3~8证明本专利在申请日以前已经在国内公开使用过。

但请求人所提交的附件3、4即分别由“江汉石油管理局市场管理办公室”与“江汉油田分公司井下作业处试油大队”所出具的“证明”均属于证人证言，但其上均无自然人的签字，实际的证据出具人在本案口头审理程序中亦未出庭参加对其所出具的证据的质证，因而在本案中合议组对上述两证据不予以采信。

请求人所提交的附件5系产品发票及销售清单，其均为复印件，专利权人对该附件的真实性提出了异议，而请求人也未能提交其他的可以证明其真实性的佐证，故在本案中合议组对该证据也不予以采信。

附件6系一份“工矿产品订货合同”，但从该证据中不能看出其中所涉及的产品的具体结构，故该证据不足以否定本专利的新颖性。

附件7为产品照片（两张），虽然在上述照片上印制有时间标记，但是由于照片上的时间标记是在摄制照片时可以随意设定的。故在缺乏佐证的情况下，不能认定上述照片上所标记的时间即为摄制照片的实际时间，故合议组认为该证据亦不能用于评判本专利的新颖性。

从附件8即“江质字（1994）1号文件”中也不能看出其所涉及的产品的具体结构，故不能据其否定本专利的新颖性。

综上，请求人所提交的上述各项证据均不能否定本专利权利要求1的新颖性。

2. 关于专利法第六条

请求人在无效宣告请求书中以专利法第六条为理由并以所提交的附件2为佐证对本专利的权属提出异议，但由于专利法第六条不属于专利法实施细则第六十四条第二款所规定的无效宣告请求的理由范围，因而合议组对请求人的该项理由在本无效宣告审查决定中不进行评述。

三、决定

维持200320116394.4号实用新型专利权有效。

当事人对本决定不服的，可以根据专利法第四十六条第二款的规定，自收到本决定之日起三个月内向北京市第一中级人民法院起诉。根据该款的规定，一方当事人起诉后，另一方当事人应当作为第三人参加诉讼。

玉米秸秆粉碎灭茬还田机案

无效宣告请求审查决定（第7488号）

决　定　号　第7488号
决　定　日　2005年9月12日
发明创造名称　玉米秸秆粉碎灭茬还田机
国际分类号　A01D 82/00
无效请求人　河南省沈丘县新宇机械有限公司
专利权人　牛青山
专　利　号　03284171. X
申　请　日　2003年8月29日
授权公告日　2004年10月27日
合议组组长　白剑锋
主　审　员　陈　勇
参　审　员　魏　屹

法律依据　专利法第二十二条第二款、第三款
决定要点

由于请求人提交的证据为企业内部图纸，并非专利法意义上的公开出版物，同时在没有其他辅证的情况下，也不能形成完整的证据链证明与本专利相同的产品已经在本专利申请日之前公开销售，因此该证据不能破坏本专利权利要求的新颖性和创造性。

一、案由

本无效宣告请求案涉及申请日为2003年8月29日、授权公告日为2004年10月27日，名称为“玉米秸秆粉碎灭茬还田机”的03284171. X号实用新型专利（下称本专利），专利权人为牛青山（下称被请求人）。

本专利授权公告的权利要求书如下：

“1. 一种玉米秸秆粉碎灭茬还田机，包括安装在机架（1）上并且其一端通过外部动力装置驱动的主动轴（2）、主动轴（2）驱动的切削机构（3）、安装在机架（1）后部并由主动轴（2）另一端通过动力传动装置（4）驱动的旋耕机构，其特征在于：主动轴（2）另一端与旋耕机构的动力传动装置（4）输入端之间是一种柔性连接。

2. 根据权利要求1所述的一种玉米秸秆粉碎灭茬还田机，其特征在于：所述的柔性连接是指在主动轴（2）另一端上安装有链轮（5），动力传动装置（4）输入端的输入轴（6）上也安装有链轮（7），链轮（5）与链轮（7）通过双排链条（8）相连接，主动轴（2）和输入轴（6）是两个分离的转动轴，双排链条（8）是单排链条合并成两排并固定成一体转动的链条。

3. 根据权利要求1、2所述的一种玉米秸秆粉碎灭茬还田机，其特征在于：主动轴（2）是通过轴承及轴承座安装在机架（1）上的，其一端通过轴端安装的传动轮（16）与外部动力装置相连接，另一端固装有链轮（5），主动轴（2）通过其上安装的锥形齿轮（17）与切削机构（3）中的粉碎刀轴（9）上安装的锥形齿轮相啮合，带动粉碎刀轴及粉碎刀轴上的组合刀片（10）转动，粉碎刀轴通过轴承及轴承座安装在机架上。

4. 根据权利要求3所述的一种玉米秸秆粉碎灭茬还田机，其特征在于：旋耕机构的动力传动装置（4）包括变速箱、变速箱输入轴（6）上安装的链轮（7）、变速箱输出轴上安装的链轮（12）、旋耕机构中旋耕轴（15）上安装的链轮（13）、连接变速箱输出轴上的链轮和旋耕轴上的链轮的链条（14）。

5. 根据权利要求4所述的一种玉米秸秆粉碎灭茬还田机，其特征在于：所述的切削机构（3）包括粉碎刀轴（9）及其上安装的组合刀片（10），对应组合刀片（10）在机架上每片组合刀片（10）经过的机架外侧和机架内部每片组合刀片上下各设置有付刀片（11），两个付刀片形成一V形组合刀，V形开口迎向组合刀片的旋转方向。”

针对上述专利权，河南省沈丘县新宇机械有限公司（下称请求人）于2005年2月28向专利复审委员会提出了宣告专利权无效的请求。请求宣告无效的理由是：本专利不符合专利法第二十二条第二款、第三款的规定。请求人同时提交了以下一份证据：

证据1：4JFM－100（2）型秸秆粉碎灭茬还田机有关零件的图纸复印件共42页。

请求人认为，与本专利相同的产品已经在本专利申请日之前公开生产和销售，故本专利不具备新颖性和创造性。

经形式审查合格后，专利复审委员会受理了上述无效宣告请求，向请求人和被请求人发出了无效宣告请求受理通知书，并将上述无效宣告请求书及所附相关文件副本转送给被请求人，要求被请求人在指定期限内进行意见陈述。同时依法成立合议组对本案进行审查。

针对上述无效宣告请求受理通知书，被请求人于2005年4月29日向专利复审委员会提交意见陈述书，认为请求人提出的无效理由没有任何根据，不能否定本专利的新颖性和创造性。

专利复审委员会于2005年7月7日向双方当事人发出口头审理通知书，定于2005年8月25日在专利复审委员会举行口头审理，同时将被请求人于2005年4月29日提交的意见陈述书副本转给请求人。后因故将口头审理的时间重新确定为2005年9月2日。

口头审理如期举行，双方当事人均参加了口头审理，双方当事人对合议组成员无回避请求，对对方出庭人员的身份和资格无异议。请求人明确宣告本专利无效的范围为全部无效，无效理由为本专利不符合专利法第二十二条第二款、第三款的规定。请求人声称曾于2005年3月31日向专利复审委员会提交过两份公证书和两张照片，但是专利复审委员会并未收到。请求人当庭出示了“国内特快专递邮件详情单”和“特快专递邮件收据”来说明上述公证书和照片已经提交。合议组当庭告知，根据审查指南中有关期限计算的规定，上述公证书和照片属于超期证据，不予接受。请求人还声称提出无效宣告请求时提交了六十一份图纸，但是合议组核实案卷中为四十二张图纸，被请求人核实收到四十二张图纸。合议组告知双方，仅以这四十二张图纸作为本无效宣告请求的审查基础。被请求人对上述四十二张图纸的真实性无异议。

在上述程序基础上，合议组依法作出如下审查决定。

二、决定的理由

专利法第二十二条第二款规定：新颖性，是指在申请日以前没有同样的发明或者实用新型在国内外出版物上公开发表过、在国内公开使用过或者以其他方式为公众所知，也没有同样的发明或者实用新型由他人向专利局提出过申请并且记载在申请日以后公布的专利申请文件中。

专利法第二十二条第三款规定：创造性，是指同申请日以前已有的技术相比，该发明有突出的实质性特点和显著的进步，该实用新型有实质性特点和进步。

合议组认为：请求人提交的证据1为企业内部图纸，虽然被请求人对其真实性无异议，但是内部图纸并非专利法意义上的公开出版物；同时在没有其他辅证的情况下，也不能形成完整的证据链，证明与本专利相同的产品已经在本专利申请日之前公开销售，因此该证据本身并不能否定本专利权利要求的新颖性和创造性。

综上所述，请求人提供的证据不充分，不足以否定本专利的新颖性和创造性。

三、决定

维持03284171. X号实用新型专利权有效。

当事人对本决定不服的，可以根据专利法第四十六条第二款的规定，自收到本决定之日起三个月内向北京市第一中级人民法院起诉。根据该款的规定，一方当事人起诉后，另一方当事人应当作为第三人参加诉讼。

148

具有凹设油室螺栓的剪具案

无效宣告请求审查决定（第7495号）

决　定　号　第7495号
决　定　日　2005年9月12日
发明创造名称　具有凹设油室螺栓的剪具
国际分类号　B26B 13/00
无效请求人　宝兴园艺工具股份有限公司
专利权人　百龄国际公司
专　利　号　00265965.4
申　请　日　2000年12月21日
授权公告日　2001年10月17日
合议组组长　白剑锋
主　审　员　陈海平
参　审　员　陈　勇

法律依据　专利法第二十二条第二款
决定要点
如果专利的权利要求所限定的产品与对比文件所公开的产品是同样的，则该权利要求不具备新颖性。

一、案由

本无效宣告请求案涉及国家知识产权局专利局于2001年10月17日授权公告的、名称为“具有凹设油室螺栓的剪具”、专利号为00265965.4的实用新型专利（下称本专利），其申请日为2000年12月21日，专利权人为百龄国际公司。

授权公告的权利要求书为：

“1. 一种具有凹设油室螺栓的剪具，它包括两交叉叠合的第一刀体、第二刀体、两分别设于刀体一端的握柄及螺栓；第一刀体的身部设有圆形通孔，第二刀体与第一刀体圆形通孔对应处设有异形通孔；螺栓以其栓身穿过第一、二刀体的圆形通孔及异形通孔后螺锁螺母将第一、二刀体枢接在一起；其特征在于：所述的螺栓的栓头顶端凹设圆形油室，栓身设有连通油室及外界的通路。

2. 根据权利要求1所述的具有凹设油室螺栓的剪具，其特征在于：所述的凹设于螺栓的栓头顶端的油室内依序容置弹性元件及封盖件；于油室开放端设有与受弹性元件弹力顶抵封盖件相顶抵的卡止环。

3. 根据权利要求2所述的具有凹设油室螺栓的剪具，其特征在于：所述的弹性元件为弹簧。

4. 根据权利要求2所述的具有凹设油室螺栓的剪具，其特征在于：所述的封盖件为呈球形的圆珠体。

5. 根据权利要求1所述的具有凹设油室螺栓的剪具，其特征在于：所述的圆形油室开放端设有螺锁栓塞件的内螺纹。

6. 根据权利要求5所述的具有凹设油室螺栓的剪具，其特征在于：所述的栓塞件为顶部设有一字槽并与圆形油室内螺纹螺锁的螺钉。”

针对上述专利权，宝兴园艺工具股份有限公司（下称请求人）于2004年8月20日向专利复审委员会提出无效宣告请求，理由是本专利权利要求1不符合专利法实施细则第二十一条第二款的规定、权利要求1~6不符合专利法第二十二条第二款的规定。请求人提供了下述附件作为证据：

附件1：403039号中国台湾专利公报（经国家知识产权局专利检索咨询中心确认）；

附件2：403039号中国台湾专利公报及其说明书（在台湾取得并公证，并经由北京市公证员协会查证）。

以上附件均为复印件。

经形式审查合格后，专利复审委员会于2004年8月31日受理了上述无效宣告请求，并将上述宣告专利权无效请求书及其证据副本转送给专利权人百龄国际公司（下称被请求人），要求被请求人在一个月内陈述意见，同时成立合议组进行审理。

被请求人未针对上述无效宣告请求进行答复。

合议组于2005年7月5日向双方当事人发出口头审理通知书。

口头审理于2005年9月6日如期举行，请求人出席了口头审理，被请求人未出席口头审理。在口头审理程序中请求人出示了上述附件2的原件。

至此，合议组认为，本案事实已经清楚，可以作出如下决定。

二、决定的理由

请求人认为：本专利权利要求1~6相对于其所提供的对比文件即403039号中国台湾专利（以下简称对比文件）不具备新颖性。

专利法第二十二条第二款规定：新颖性，是指在申请日以前没有同样的发明或者实用新型在国内外出版物上公开发表过、在国内公开使用过或者以其他方式为公众所知，也没有同样的发明或者实用新型由他人向国务院专利行政部门提出过申请并且记载在申请日以后公布的专利申请文件中。

请求人所提供的对比文件在台湾地区取得并公证，并经由北京市公证员协会查证，可采信为本案的证据。

对比文件所公开的技术方案涉及一种与本专利同种类的“剪具”，对比文件授权公告日为2000年8月21日，在本专利申请日之前，故该对比文件可以用于评判本专利的新颖性。

下面以对比文件为基础对本专利的权利要求1~6的新颖性加以评述。

1. 关于本专利权利要求1的新颖性

本专利权利要求1全文如下：

“1. 一种具有凹设油室螺栓的剪具，它包括两交叉叠合的第一刀体、第二刀体、两分别设于刀体一端的握柄及螺栓；第一刀体的身部设有圆形通孔，第二刀体与第一刀体圆形通孔对应处设有异形通孔；螺栓以其栓身穿过第一、二刀体的圆形通及异形通孔后螺锁螺母以将第一、二刀体枢接在一起；其特征在于所述的螺栓的栓头顶端凹设圆形油室，栓身设有连通油室及外界的通路。”

参见对比文件第二图及第三图（及说明书中的对应文字叙述），其中，标号10所指零件相当于本专利的“剪具”；标号12、13所指零件分别相当于本专利的“两交叉叠合的第一刀体、第二刀体”；标号14、15所指部位分别相当于本专利的“两分别设于刀体一端的握柄”；标号17、18所指部位分别相当于本专利的“第一刀体的身部设有”的“圆形通孔”与“第二刀体与第一刀体圆形通孔对应处设有”的“异形通孔”；标号20所指零件相当于本专利的“以其栓身穿过第一、二刀体的圆形通孔及异形通孔后螺锁螺母以将第一、二刀体枢接在一起”的“螺栓”（标号36所指零件相当于本专利的“螺锁螺母”）；标号26所指部位相当于本专利的在“螺栓的栓头顶端凹设”的“圆形油室”；标号28所指部位相当于本专利的在“栓身设有”的“连通油室及外界的通路”。

由上述对比可见，本专利权利要求1所述之技术方案实质上已为对比文件所公开，该权利要求1不具备新颖性。

2. 关于本专利从属权利要求2的新颖性

本专利权利要求2全文如下：

“2. 根据权利要求1所述的具有凹设油室螺栓的剪具，其特征在于所述的凹设于螺栓的栓头顶端的油室内依序容置弹性元件及封盖件；于油室开放端设有与受弹性元件弹力顶抵封盖件相顶抵的卡止环。”

参见对比文件第三图（及说明书中的对应文字叙述），其中，标号30与标号32所指零件依次相当于本专利的“凹设于螺栓的栓头顶端的油室内依序容置”的“弹性元件”与“封盖件”；标号34所指零件相当于本专利的“于油室开放端设有”的“与受弹性元件弹力顶抵封盖件相顶抵的卡止环”。

由上述对比可见本专利权利要求2限定部分中所描述的本专利的结构特征实质上已为对比文件所公开，在本专利独立权利要求1不具备新颖性的基础上，其从属权利要求2也不具备新颖性。

3. 关于本专利权利要求3的新颖性

本专利权利要求3全文如下：

“3. 根据权利要求2所述的具有凹设油室螺栓的剪具，其特征在于所述的弹性元件为弹簧。”

参见对比文件第三图，其中标号30所指零件相当于本专利的“弹簧”。

由上述对比可见本专利权利要求3限定部分中所描述的本专利的结构特征已为对比文件所公开，在所引用的从属权利要求2不具备新颖性的前提下，该从属权利要求3也不具备新颖性。

4. 关于本专利权利要求4的新颖性

本专利权利要求4全文如下：

“4. 根据权利要求2所述的具有凹设油室螺栓的剪具，其特征在于所述的封盖件为呈球形的圆珠体。”

参见对比文件第三图，其中标号32所指零件相当于本专利的“呈球形的圆珠体”的“封盖件”。

由上述对比可见本专利权利要求4限定部分中所描述的本专利的结构特征已为对比文件所公开，在所引用的从属权利要求2不具备新颖性的前提下，该从属权利要求4也不具备新颖性。

5. 关于本专利权利要求5的新颖性

本专利权利要求5全文如下：

“5. 根据权利要求1所述的具有凹设油室螺栓的剪具，其特征在于所述的圆形油室开放端设有螺锁栓塞件的内螺纹。”

参见对比文件第五图（及说明书中的对应文字叙述），其中标号48所指结构即对应于本专利的在“圆形油室开放端设有”的“螺锁栓塞件的内螺纹”。

由上述对比可见本专利权利要求5限定部分中所描述的本专利的结构特征已为对比文件所公开，在所引用的权利要求1不具备新颖性的前提下，该从属权利要求5也不具备新颖性。

6. 关于本专利权利要求6的新颖性

本专利权利要求6全文如下：

“6. 根据权利要求5所述的具有凹设油室螺栓的剪具，其特征在于所述的栓塞件为顶部设有一字槽并与圆形油室内螺纹螺锁的螺钉。”

参见对比文件第五图（及说明书中的对应文字叙述），其中，标号50所指零件相当于本专利的“顶部设有一字槽并与圆形油室内螺纹螺锁的螺钉”；标号52所指部位为该零件上的“一字槽”。

由上述对比可见本专利从属权利要求6限定部分中所描述的本专利的结构特征已为对比文件所公开，在所引用的从属权利要求5不具备新颖性的前提下，该从属权利要求6也不具备新颖性。

综上所述，本专利的权利要求1~6均不具备新颖性。因此，合议组对请求人提出的本专利的权利要求1不符合专利法实施细则第二十一条第一款规定的无效理由不再予以审查。

三、决定

宣告00265965.4号实用新型专利权全部无效。

当事人对本决定不服的，可以根据专利法第四十六条第二款的规定，自收到本决定之日起三个月内向北京市第一中级人民法院起诉。根据该款的规定，一方当事人起诉后，另一方当事人应当作为第三人参加诉讼。

149

一种背负喷雾器可调式防漏手动泵案

无效宣告请求审查决定（第 7507 号）

决　定　号　第 7507 号
决　定　日　2005 年 9 月 16 日
发明创造名称　一种背负喷雾器可调式防漏手动泵
国际分类号　B05B 9/08
无效请求人　廖德云
专利权人　刘名龙
专　利　号　02247615.6
申　请　日　2002 年 8 月 6 日
授权公告日　2003 年 6 月 11 日
合议组组长　白剑锋
主　审　员　陈海平
参　审　员　郭健国

法律依据　专利法实施细则第二条第二款　专利法第二十二条第三款
决定要点

如权利要求所限定的技术方案与最接近的对比文件相比具有区别技术特征，本领域技术人员在其他对比文件中也不能获得将该区别技术特征结合于最接近的对比文件的技术启示，同时该区别技术特征可使本专利相对于现有技术取得积极的技术效果，则该权利要求具备创造性。

一、案由

本无效宣告请求案涉及刘名龙（下称被请求人）于 2002 年 8 月 6 日向国家知识产权局专利局提出的名称为“一种背负喷雾器可调式防漏手动泵”的实用新型专利申请，其申请号为 02247615.6。该专利申请于 2003 年 6 月 11 日公告授权，其授权公告的权利要求书如下：

“1. 一种由泵体、柱塞式塞杆、活塞、密封圈、油环所构成的背负喷雾器可调式防漏手动泵，其特征在于泵体（1）分为泵头和泵身，泵头（2）大于泵身（3）。

2. 根据权利要求 1 所述的一种背负喷雾器可调式防漏手动泵，其特征在于泵头（2）内腔中设有支承环（4），支承环（4）上装有密封圈（5）、油环（6）、导管式调节螺栓（7）。

3. 根据权利要求 1 所述的一种背负喷雾器可调式防漏手动泵，其特征在于柱塞式塞杆（8）的一端设有可拆卸带孔的塞杆头（9）。

4. 根据权利要求 1 所述的一种背负喷雾器可调式防漏手动泵，其特征在于泵身（3）的上部设有一个双联垫（10）。”

针对上述专利权（下称本专利），廖德云（下称请求人）于 2004 年 4 月 26 日向专利复审委员会提出了无效宣告请求，其理由是本实用新型专利权利要求 1 ~2 不具备新颖性、权利要求 1 ~4 不具备创造性、权利要求 3 不具备实用性。请求人同时提交了下述对比文件作为证据：

对比文件 1：中国实用新型专利说明书 CN2390702Y，公告日 2000 年 8 月 9 日；

对比文件 2：中国实用新型专利申请说明书 CN2070983U，公告日 1991 年 2 月 13 日；

对比文件 3：中国发明专利申请公开说明书 CN1123198A，公告日 1996 年 5 月 29 日。

请求人并具体指出本专利权利要求 1 ~2 相对于对比文件 1 不具备新颖性、权利要求 1 ~4 相对于对比文件 1 ~3 不具备创造性。

经形式审查合格，专利复审委员会 2004 年 4 月 28 日受理了上述无效宣告请求，将无效宣告请求书及所附证据材料的副本转送给被请求人，要求被请求人在一个月内陈述意见。

请求人于 2004 年 5 月 25 日提交了对上述无效宣告请求书的修改文本，请求人同时提交了下述补充证据：

证据 1：3WQ 型轻便式新型踏板喷雾器《技术转让合同书》（复印件共 9 页）；

证据 2：《3WT－4 型甲山牌踏脚式高压摇杆喷雾器使用说明书》（复印件共 3 页）；

证据 3：3WT－4 型踏板式喷雾器《检测报告》（复印件共 2 页）；

证据 4：《97 桂林电话号簿》封面及第 108 页（复印件）；

证据 5：3WB 型$^{12}_{16}$背负式喷雾器《标准化审查报告》（复印件，封面及图纸 2 页）；

证据 6：照片两张。

修改后的请求无效理由为：本专利权利要求 1 ~3 相对于对比文件 1 与证据 1 ~4 不符合专利法第九条第一款、专利法实施细则第十三条第一款的规定；本专利权利要求 1 ~3 相对于对比文件 1 与证据 1 ~4 不具备新颖性；权利要求 1 ~4 相对于对比文件 1 ~3 与证据 1 ~6 不具备创造性。

被请求人于 2004 年 6 月 8 日提交"意见陈述书"对上述无效宣告请求进行答复，同时提交了经修改的权利要求书，其中将权利要求 2、4 合并形成新的独立权利要求 1，权利要求 2、3、4 合并形成新的从属权利要求 2。该新修改的权利要求书全文如下：

"1. 一种背负喷雾器可调式防漏手动泵，包括：泵体（1）、柱塞式塞杆（8）、泵体（1）分为泵头（2）和泵身（3），泵头（2）内腔中设有支承环（4），支承环（4）上装有密封圈（5）、油环（6）、导管式调节螺栓（7），其特征在于：还包括活塞（11），泵头（2）大于泵身（3），泵身（3）的上部设有一个双联垫（10）。

2. 根据权利要求 1 所述的一种背负喷雾器可调式防漏手动泵，其特征在于：柱塞式塞杆（8）的一端设有可拆卸带孔的塞杆头（9）。"

专利复审委员会本案合议组于 2005 年 2 月 2 日向双方当事人发出了口头审理通知书，并同时将请求人于 2004 年 5 月 25 日提交的修改后的无效宣告请求书及补充证据转给被请求人，将被请求人于 2004 年 6 月 8 日提交的"意见陈述书"及新修改的权利要求书转给请求人。

口头审理于 2005 年 3 月 15 日举行，双方均出席了本次口头审理。双方对对方出席口头审理的人员的身份无异议，对合议组成员无回避请求。

请求人对被请求人提交的新修改的权利要求书的修改方式无异议，口头审理以被请求人于 2004 年 6 月 8 日提交的修改的权利要求作为审理的基础。请求人放弃以专利法第九条第一款、专利法实施细则第十三条第一款作为无效理由；但增加以专利法实施细则第二条第二款作为无效理由。

口头审理过程中，请求人同时出示了前述证据 1 ~5 的原件，被请求人认为上述原件与复印件相符。针对该新修改的权利要求请求人当庭又出示了证据 7、8（均为原件）作为本专利不具备新颖性与创造性的补充证据，其中：

证据 7：（2005）桂桂证民字第 0511 号公证书；

证据 8：可调式防漏手动泵使用说明书。

被请求人对证据 7、8 的真实性无异议。

请求人并以对比文件 1 作为评价本专利创造性的最接近的对比文件。在合议组主持下，双方当事人针对上述本案的理由和事实进行了陈述和辩论。口头审理结束时被请求人表示不再针对请求人补充提交的证据 7、8 提交书面意见。

在上述程序的基础上，合议组作出了本决定。

二、决定的理由

1. 根据请求人于 2004 年 5 月 25 日提交的经修改的无效宣告请求书文本，请求人的无效理由为本专利不符合专利法第九条第一款、专利法实施细则第十三条第一款；以及专利法第二十二条第二款、第三款的规定。在口头审理程序中，合议组明确本案改以被请求人于 2004 年 6 月 8 日提交的修改的权利要求作为审理的基础。请求人相应放弃了上述无效理由中的专利法第九条第一款、专利法实施细则第十三条第一款两项法律条款，但增加以专利法实施细则第二条第二款作为无效理由。

2. 关于专利法实施细则第二条第二款

专利法实施细则第二条第二款规定：专利法所称实用新型，是指对产品的形状、构造或者其结合所提出的适于实用的新的技术方案。

合议组认为，在本专利权利要求中所记载的内容是对本专利的产品即一种“泵”的构造所进行的描述，故本专利符合专利法实施细则第二条第二款中对实用新型的定义。

3. 关于本专利的创造性

专利法第二十二条第三款规定：创造性，是指同申请日以前已有的技术相比，该发明有突出的实质性特点和显著的进步，该实用新型有实质性特点和进步。

在被请求人于 2004 年 6 月 8 日提交的修改的权利要求书中的全部权利要求（权利要求 1、2）均包括有原权利要求 4 中的附加技术特征，而在前述请求人于 2004 年 5 月 25 日提交的无效宣告请求书修改文本中，请求人针对原权利要求 4 的具体无效意见为：“本领域技术人员在对比文件 1 或证据 2 的基础上，结合对比文件 2、3、或证据 5，或仅结合技术手册，或一般的公知的简单技术，即可得到被比专利权利要求 4 中的技术方案，因此，权利要求 4 没有创造性。”其后请求人未针对被请求人所提出的新修改的权利要求书对其提出的上述证据使用方式进行修改，故在下文中合议组即以上述请求人所明示的证据使用方式作为评判本专利创造性的依据。

在上述证据中，对比文件 1 ~ 3 与本专利所公开的产品均涉及背负式喷雾器，被请求人对对比文件 1 ~ 3 的真实性均无异议，同时对比文件 1 ~ 3 均公开于本专利申请日以前，故对比文件 1 ~ 3 可以作为评价本专利创造性的密切相关的现有技术。

证据 2 为《3WT－4 型甲山牌踏脚式高压摇杆喷雾器使用说明书》，在该证据中没有标注其公开发表或出版时间，不属于在审查指南第二部分第三章第 2.1.3.1 节出版物公开一节中所规定的“专利法意义上的出版物”。产品的“使用说明书”会随产品本身的销售而进入公开状态，致使该“使用说明书”中的技术内容也被“使用公开”，但证据 2 并未反映出该“使用公开”开始的时间，因而无法确定该证据的公开时间是否早于本专利的申请日。虽然请求人主张结合证据 3、4 可以说明证据 2 的公开时间，但证据 3、4 与证据 2 所涉及的主体并不相同，故请求人的上述主张不能成立。在本案中合议组对该证据 2 不予以采信。

请求人所提交的证据 5 为一份 3WB 型$^{12}_{16}$背负式喷雾器《标准化审查报告》，其上虽然标注有若干时间信息，但不能认定这些时间信息即为本证据的公开发表或出版时间，故证据 5 也不属于专利法意义上的公开出版物。在没有其他佐证可以进一步证明该证据的确切公开时间的情况下，合议组对该证据 5 亦不予以采信。

在上述对比文件 1 ~ 3 中均未公开本专利权利要求 1 中的下述结构特征："泵身（3）的上部设有一个双联垫（10）"。

在口头审理程序中，请求人进一步确定以对比文件 1 作为评价本专利创造性的最接近的对比文件，而在对比文件 1 所公开的"背负式农用喷雾器防漏手动泵"中未使用"双联垫"这一结构件。

同时，在对比文件 2 与 3 中，虽然出现了"双联垫"这一结构件（参见对比文件 2 第 7 页倒数第 3 ~ 2 行与对比文件 3 第 17 页倒数第 8 行），但其中"双联垫"也未设置在"泵身（3）的上部"。

同时，在本专利中，将"双联垫"设置在本专利的"防漏手动泵"的"泵身（3）的上部"系以一种简单的技术手段来达到其目的在于"防漏"的技术效果。

综上所述，本专利权利要求 1 与对比文件 1 相比属于不同的技术方案，而在对比文件 2 或对比文件 3 中也没有给出使得本领域技术人员从中获得本专利权利要求 1 与对比文件 1 之间的区别结构特征的技术启示。同时该区别技术特征在本专利中相对于现有技术具有积极的技术效果。

因此，对比文件 1 与对比文件 2 或对比文件 3 结合不能否定本专利权利要求 1 的创造性。

请求人认为以对比文件 1 结合技术手册或一般的公知的简单技术，即可得到本专利的技术方案，但是请求人没有进一步对其上述主张进行举证说明，合议组认为仅根据请求人的上述主张不足以证明本专利不具备创造性。

请求人针对被请求人于 2004 年 6 月 8 日提交的修改的权利要求书进一步提出新的证据即证据 7 与证据 8 以证明本专利不具备新颖性与创造性。

合议组认为：请求人所提交的证据 7［（2005）桂桂证民字第 0511 号公证书］所公证的内容为一份证人证言，但公证书本身仅能证明该证人证言确由出证人所出具，而在证人证言中所陈述之事实的真实性则应通过由出证人出庭接受质证来进行认定。但该证人证言的出证人在本案的口头审理程序中未出庭作证，故证据 7 在本案中不能作为用于评判本专利的新颖性与创造性的证据。在证据 8（可调式防漏手动泵使用说明书）中没有标注其公开发表或出版时间，其不属于专利法意义上的出版物，在没有其他佐证可以进一步证明该证据的确切公开时间的情况下，合议组对该证据 8 亦不予以采信。

在本专利独立权利要求 1 具备创造性的前提下，其从属权利要求 2 也相应地具备创造性。

三、决定

维持 02247615.6 号实用新型专利权有效。

当事人对本决定不服的，可以根据专利法第四十六条第二款的规定，自收到本决定之日起三个月内向北京市第一中级人民法院起诉。根据该款的规定，一方当事人起诉后，另一方当事人应当作为第三人参加诉讼。

北京市第一中级人民法院
行政判决书

（2006）一中行初字第 111 号

原告廖德云，男，汉族，1964 年 10 月 18 日出生，住广西壮族自治区桂林市秀峰区甲山乡矮山村委矮山塘村 21 号。

委托代理人马兰，桂林市持衡专利商标事务所有限公司专利代理人。

被告国家知识产权局专利复审委员会，住所地北京市海淀区北四环西路 9 号银谷大厦。

法定代表人廖涛，副主任。

委托代理人陈海平，男，国家知识产权局专利复审委员会审查员。

委托代理人柴爱军，女，国家知识产权局专利复审委员会审查员。

第三人刘名龙，男，1952 年 5 月 24 日出生，瑶族，住广西壮族自治区兴安县兴安镇红卫村委会桐冲村。

委托代理人吴鸿维，北京华进专利事务所专利代理人。

原告廖德云不服被告国家知识产权局专利复审委员会作出的无效宣告请求审查决定，于 2005 年 12 月 16 日向本院提起行政诉讼。本院受理后，依法组成合议庭，并依照《中华人民共和国行政诉讼法》第二十七条的规定，通知被诉具体行政行为的利害关系人刘名龙作为第三人参加诉讼。本院于同年 2 月 20 日公开开庭审理了本案。原告的委托代理人马兰、被告的委托代理人陈海平、柴爱军、第三人刘名龙及其委托代理人吴鸿维到庭参加了诉讼，本案现已审理终结。

2005 年 9 月 16 日，被告作出第 7507 号无效宣告请求审查决定（下称第 7507 号决定），维持第三人所有的“一种背负喷雾器可调试防漏手动泵”实用新型专利权（下称本专利）有效。

为证明第 7507 号决定合法，被告在法定举证期限内向本院提交了以下证据：1. CN2390702Y 实用新型专利说明书，即对比文件 1；2. CN2070983U 实用新型专利申请说明书，即对比文件 2；3. CN1123198A 发明专利申请公开说明书，即对比文件 3；4. 3WQ 型轻便式新型踏板喷雾器《技术转让合同书》；5. 《3WT－4 型甲山牌踏脚式高压摇杆喷雾器使用说明书》；6. 3WT－4 型踏板式喷雾器《检测报告》；7. 《97 桂林电话号簿》封面及第 108 页；8. 3WB 型$^{12}_{16}$背负式喷雾器《标准化审查报告》（复印件，封面及图纸 2 页）；9. 照片两张；10. （2005）桂桂证民字第 0511 号公证书；11. 可调式防漏手动泵使用说明书；12. 无效请求书、无效程序中无效请求人及被请求人的意见陈述书。

上述证据用以证明第 7507 号决定认定事实清楚、行政程序合法，以及其确定的无效理由与引证的根据。

原告诉称：其在专利请求无效程序中提交的证据 2、3、4 已经形成了完整的证据链，被告对上述证据不予采信错误；本专利中双联垫与螺帽、螺杆、螺钉一样，是一种通用件，用于“管道与板孔的连接”，对比文件 2、3 中，双联垫起到管道与板孔的连接的作用，本专利权利要求 1 中双联垫起到同样的作用，因此，权利要求 1 无新颖性和创造性；由于双联垫起到管道与板孔的连接的作用是公知技术，故不需举证说明。本案开庭审理中原告还提出了以下诉讼意见：1. 第三人修改权利要求不符合《审查指南》的规定，被告同意其修改错误；2. 被告在第 7507 号决定中对其在专利无效请求程序中提交的证据 1 和证据 6 未予评述违法。

综上，原告请求撤销第 7507 号决定。

原告为支持其诉讼主张向本院提交了以下证据：1. 购买双联垫圈的发票（2006 年）；2. 购买堵头的发票（2006 年）；3. 桂林市独秀喷雾器厂的喷雾器配件价格目录表（2005 年）。上述证据用以证明本专利技术属于公知技术。4. 本专利说明书。其余证据同被告证据 1～11。

被告辩称，第 7507 号决定中对原告提交的证据及对比文件的认定并无不当之处，依据原告提交的证据不足以认定本专利不具备创造性。第 7507 号决定认定事实清楚，适用法律正确，请求予以维持。

第三人陈述意见，原告所提出的关于证据 2、3、4 的诉讼理由不能成立，同意被告在第 7507 号决定中对上述证据的认定。本专利实际所解决的技术问题在于：为一种背负式农用喷雾器防漏手动泵，提供一种可提高工作效率并与柱塞式塞杆相连接的活塞；提供一种能直接安装在现有唧筒泵式喷雾器的储水箱顶部开孔中、便于安装维修并与储水箱实现密封连接的泵体结构；以及提供一种可更换柱塞头的柱塞式塞杆的结构。对比文件2或者在对比文件3中所用的双联垫圈（片）皆未设置在各自的泵身上部，并且它们的受力状况以及与其他零件的联接结构也与本专利所用双联垫完全不同，因此，现有技术整体上没有给出将所述区别技术特征应用到对比文件1以解决其存在的技术问题的启示。由此可以得出，本专利新权利要求1非显而易见，具有实质性特点。本专利新权利要求1与对比文件1相比取得了进步：(1) 区别技术特征（6）表明，在柱塞式塞杆的另一端装有活塞，该区别技术特征可提高手动泵的工作效率，增加柱塞式塞杆作往复运动时的工作稳定性。(2) 区别技术特征（7）表明，本实用新型所述“泵头”不含有对比文件1所述的“泵体上部外圆平台上的调节螺柱上配有一个旋紧螺母”的结构特征，由此，本实用新型可直接安装于国内仍大量使用的唧筒泵式喷雾器上，而不要扩大其储水箱顶部开孔的直径，这既节省了改装费用，又降低了所述泵头的生产成本；此外，该区别技术特征（7），还可使本实用新型所述手动泵的安装变得十分方便，甚至在储水箱存有喷洒药液的情况下，也可直接更换手动泵，而无须将喷洒药液倒出，也无须拆卸其他零部件。(3) 区别技术特征（8）具有改善储水箱与泵体间的密封性的功能，同时兼有对泵体减振的功能。由于新权利要求2引用新权利要求1，其附加技术特征（9）说明，柱塞式塞杆的一端为可拆卸带孔的塞杆头，这样，当塞杆头因与金属连杆摩擦而损坏时，只更换塞杆头即可，从而节省了维修费用，还使柱塞式塞杆的加工变得容易，提高了产品的质量。显然，新权利要求2同样具备创造性。根据《审查指南》规定，实用新型的创造性的审查标准低于发明的创造性的标准，一般情况下，可以引用一篇或者两篇现有技术评价其创造性。由于手动喷雾器之类的产品属于技术较成熟的技术领域，对其进行一点改进是件不容易的事情，本实用新型以一种简单的技术手段实现其发明目的并取得了有益的效果，这正是其具备创造性的根据所在，完全符合实用新型的创造性的审查标准。综上，请求维持第7507号决定。

第三人未提交证据。

经庭审质证，原告、第三人对被告证据关联性、合法性、真实性无异议，本院予以确认，但原告对被告证据1~11的证明作用有异议，其坚持起诉状中的相关意见。关于被告证据的证明作用，本院认为，证据1~3公开于本专利申请日以前，属于同一技术领域，能够作为评价本专利创造性的现有技术；证据12能够证明在无效宣告审查程序中原告和第三人的请求和理由；证据5缺少其公开发表的时间，不能认定其于本专利申请日前已公开的事实；证据6、7不能证明其与证据5涉及同一主体，故不能作为印证证据5公开发表时间的证据；证据8、11不能确定其公开发表或出版的时间，该证据不属于《中华人民共和国专利法》（下称《专利法》）意义上的公开出版物；证据4、9非被告在第7507号决定中使用的证据，本院不予评述；证据10的内容涉及证人证言，但有关证人在无效宣告审查程序的口头审理中未出庭作证，故该证据内容的真实性无法判断。原告证据1~3形成于本专利申请日以后，与审查第7507号决定的合法性无关联，本院不予采纳。

本院根据以上有效证据确认事实如下：2003年6月11日，国家知识产权局专利局授权公告了名称为“一种背负喷雾器可调式防漏手动泵”的实用新型专利权，即本专利，申请号为02247615.6，专利权人为本案第三人刘名龙。本专利授权公告的权利要求书如下：

“1. 一种由泵体、柱塞式塞杆、活塞、密封圈、油环所构成的背负喷雾器可调式防漏手动泵，其特征在于泵体（1）分为泵头和泵身，泵头（2）大于泵身（3）。

2. 根据权利要求1所述的一种背负喷雾器可调式防漏手动泵，其特征在于泵头（2）内腔中设有支承环（4），支承环（4）上装有密封圈（5）、油环（6）、导管式调节螺栓（7）。

3. 根据权利要求1所述的一种背负喷雾器可调式防漏手动泵，其特征在于柱塞式塞杆（8）的一端设有可拆卸带孔的塞杆头（9）。

4. 根据权利要求1所述的一种背负喷雾器可调式防漏手动泵，其特征在于泵身（3）的上部设有一个双联垫（10）。”

2004年4月26日，原告针对本专利向被告提出了无效宣告请求，理由是本专利要求1~2不具备新颖性、权利要求1~4不具备创造性、权利要求3不具备实用性，并提交了以下对比文件作为证据：对比文件1：中国实用新型专利说明书CN2390702Y，公告日2000年8月9日；对比文件2：中国实用新型专利申请说明书CN2070983U，公告日1991年2月13日；对比文件3：中国发明专利申请公开说明书CN1123198A，公告日1996年5月29日。同时，原告明确指出本专利权利要求1~2相对于对比文件1不具备新颖性、权利要求1~4相对于对比文件1~3不具备创造性。

经形式审查合格，被告于2004年4月28日受理了上述无效宣告请求，并将无效宣告请求书及所附证据材料的副本转送给第三人，要求其在一个月内陈述意见。

同年5月25日原告提交了对上述无效宣告请求书的修改文本，并补充提交了以下证据：证据1：3WQ型轻便式新型踏板喷雾器《技术转让合同书》（复印件共9页）；证据2：《3WT-4型甲山牌踏脚式高压摇杆喷雾器使用说明书》（复印件共3页）；证据3：3WT-4型踏板式喷雾器《检测报告》（复印件共2页）；证据4：《97桂林电话号簿》封面及第108页（复印件）；证据5：3WB型$^{12}_{16}$背负式喷雾器《标准化审查报告》（复印件，封面及图纸2页）；证据6：照片两张。原告修改后的请求无效理由为：本专利权利要求1~3相对于对比文件1与证据1~4不符合《专利法》第九条第一款、《中华人民共和国专利法实施细则》（下称《专利法实施细则》）第十三条第一款的规定；本专利权利要求1~3相对于对比文件1与证据1~4不具备新颖性；权利要求1~4相对于对比文件1~3与证据1~6不具备创造性。原告针对原权利要求4的具体无效意见为：“本领域技术人员在对比文件1或证据2的基础上，结合对比文件2、3、或证据5，或仅结合技术手册，或一般的公知的简单技术，即可得到被比专利权利要求4中的技术方案，因此，权利要求4没有创造性。”原告未修改此项无效理由。

2004年6月8日，第三人提交意见陈述书对上述无效宣告请求进行答复，同时提交了经修改的权利要求书，将权利要求2、4合并形成新的独立权利要求1，权利要求2、3、4合并形成新的从属权利要求2。修改后的权利要求书全文如下：

“1. 一种背负喷雾器可调式防漏手动泵，包括：泵体（1）、柱塞式塞杆（8）、泵体（1）分为泵头（2）和泵身（3），泵头（2）内腔中设有支承环（4），支承环（4）上装有密封圈（5）、油环（6）、导管式调节螺栓（7），其特征在于：还包括活塞（11），泵头（2）大于泵身（3），泵身（3）的上部设有一个双联垫（10）。

2. 根据权利要求1所述的一种背负喷雾器可调式防漏手动泵，其特征在于：柱塞式塞杆（8）的一端设有可拆卸带孔的塞杆头（9）。”

2005年2月2日，被告向双方当事人发出了口头审理通知书，同时将原告修改后的无效宣告请求书及补充证据转给第三人，将第三人提交的上述意见陈述书及修改后的权利要求书转给原告。原告于同年3月10日针对第三人修改后的权利要求作出了意见陈述并要求补充证据。

被告于同年3月15日主持举行了口头审理，双方当事人均出席。被告在口头审理中以第三人于提交的修改后权利要求作为审理基础。在口头审理中原告放弃以《专利法》第九条第一款、《专利法实施细则》第十三条第一款作为无效理由；原告增加以《专利法实施细则》第二条第二款作为无效理由。原告在口头审理中出示了前述证据1~5的原件，第三人对其真实性无异议。针对修改后的权利要求原告当庭又出示了证据7、8（均为原件）作为本专利不具备新颖性与创造性的补充证据，即证据7（2005）桂桂证民字：第0511号公证书和证据8可调式防漏手动泵使用说明书。第三人对证据7、8的真实性无异议。原告提出以对比文件1作为评价本专利创造性的最接近的对比文件。口头审理结束时，第三人表示不再针对上述证据7、8提交书面意见。

被告经审查认为，在本专利权利要求中所记载的内容是对本专利的产品即一种“泵”的构造所进行的描述，故本专利符合《专利法实施细则》第二条第二款中对实用新型的定义。

关于本专利的创造性问题，被告认为：第三人于2004年6月8日提交的修改后权利要求书中的全部权利要求（权利要求1、2）均包括有原权利要求4中的附加技术特征，而在前述原告于2004年5月25日提交的无效宣告请求书修改文本中，未针对上述附加技术特征有关证据的使用方式进行修改，故被告以上述原告所明示的证据使用方式作为评判本专利创造性的依据。

由于第三人对比文件1~3的真实性均无异议，且对比文件1~3均公开于本专利申请日以前，故被告确定对比文件1~3为评价本专利创造性现有技术。关于证据2、3、4、5，被告经审查认为：证据2为《3WT-4型甲山牌踏脚式高压摇杆喷雾器使用说明书》，该证据没有标注其公开发表或出版时间，不属于在《审查指南》第二部分第三章第2.1.3.1节出版物公开一节中所规定的“专利法意义上的出版物”。产品的“使用说明书”会随产品本身的销售而进入公开状态，致使该“使用说明书”中的技术内容也被“使用公开”，但证据2并未反映出该“使用公开”开始的时间，因而无法确定该证据的公开时间是否早于本专利的申请日。由于证据3、4与证据2所涉及的主体不相同，故原告关于结合证据3、4可以说明证据2的公开时间的主张不能成立，被告对证据2不予采信。证据5为一份3WB型$^{12}_{16}$背负式喷雾器《标准化审查报告》，其上虽然标注有若干时间信息，但不能认定这些时间信息即为该证据的公开发表或出版时间，其亦不属于专利法意义上的公开出版物。在没有其他佐证可以进一步证明该证据的确切公开时间的情况下，被告对证据5亦不予以采信。关于证据7、8被告认为：证据7［（2005）桂桂证民字第0511号公证书］所公证的内容为一份证人证言，但公证书本身仅能证明该证人证言确由出证人所出具，而在证人证言中所陈述之事实的真实性则应通过由出证人出庭接受质证来进行认定。但该证人证言的出证人在本案的口头审理程序中未出庭作证，故证据7不能作为用于评判本专利的新颖性与创造性的证据。证据8为可调式防漏手动泵使用说明书，没有标注其公开发表或出版时间，不属于专利法意义上的出版物，在没有其他佐证可以进一步证明该证据的确切公开时间的情况下，对证据8亦不予以采信。

被告将本专利权利要求与对比文件1~3进行比较，认为对比文件1~3中均未公开本专利权利要求1中的下述结构特征：“泵身（3）的上部设有一个双联垫（10）”，即对比文件1所公开的“背负式农用喷雾器防漏手动泵”中未使用“双联垫”这一结构件。对比文件2与对比文件3中，虽然出现了“双联垫”这一结构件，但其中“双联垫”也未设置在“泵身（3）的上部”。在本专利中，将“双联垫”设置在“防漏手动泵”的“泵身（3）的上部”系以一种简单的技术手段来达到其目的在于“防漏”的技术效果。因此，本专利权利要求1与对比文件1相比属于不同的技术方案，而在对比文件2或对比文件3中也没有给出使得本领域技术人员从中获得本专利权利要求1与对比文件1之间的区别结构特征的技术启示。同时该区别技术特征在本专利中相对于现有技术具有积极的技术效果。对比文件1与对比文件2或对比文件3结合不能否定本专利权利要求1的创造性。且原告未就对比文件1结合技术手册或一般的公知的简单技术，即可得到本专利的技术方案的主张进行举证说明，不足以证明本专利不具备创造性。

综上，被告认为在本专利独立权利要求1具备创造性的前提下，其从属权利要求2也相应地具备创造性，故作出第7507号决定，维持本专利权有效。原告不服，诉至本院。

本院认为，《专利法实施细则》第六十八条第一款规定：“在无效宣告请求的审查过程中，发明或者实用新型的专利权人可以修改其权利要求书，但是不得扩大原专利的保护范围。”《审查指南》

第四部分第三章第5.4节规定，修改权利要求书的具体方式一般指权利要求的删除、合并和技术方案的删除。本案中，第三人将本专利授权公告的权利要求在专利无效审查程序中进行修改，即将公告的权利要求2、4合并成新的独立权利要求1，将公告的权利要求2、3、4合并成新的从属权利2，其修改方式属于将权利要求合并的情形，因此，第三人对权利要求的修改符合上述法律及规章的规定，且原告在专利无效审查程序中针对该修改内容亦进行了意见陈述。被告以本专利修改后的权利要求为基础评价本专利的创造性并无违法之处。故原告关于被告同意第三人对权利要求的修改错误之诉讼意见本院不予支持。

关于本专利的创造性，原告认可对比文件1、2、3均未公开本专利权利要求1中“泵身（3）的上部设有一个双联垫（10）”的技术特征。由于对比文件1未使用结构件“双联垫”，故本专利权利要求1与对比文件1属于不同的技术方案。对比文件2、3未给出结构件“双联垫”设置在“泵身的上部”的技术启示。且本专利的区别技术特征导致了本专利权利要求1所保护的技术方案相对于现有技术具有积极的技术效果。因此本专利权利要求1具备创造性，其从属权利要求2相应的具备创造性正确，本院应予维持。原告关于“双联垫”的使用系公知技术的主张无证据佐证，其认为本专利权利要求1不具备创造性的理由缺乏事实依据，本院不予支持。因修改后的权利要求书中的权利要求1、2均包含了原权利要求4附加技术特征“泵身的上部设有一个双联垫”，而原告对原权利要求4主张的对比文件结合方式未作修改，故在无效宣告审查程序中的原告证据2、5不能采信、“技术手册或一般公知的简单技术”没有证据证明、对比文件1、2、3均未公开双联垫位置的前提下，被告作出本专利具备创造性的决定正确。原告关于被告漏审其在无效宣告审查程序中提交的证据1、6的主张，本院不予支持。综上，第7507号决定认定事实清楚，适用法律正确，行政程序合法，本院应予维持。依照《中华人民共和国行政诉讼法》第五十四条第（一）项，判决如下：

维持中华人民共和国国家知识产权局专利复审委员会于二〇〇五年九月十六日作出的第7507号无效宣告请求审查决定。

一审案件受理费1000元，由原告廖德云负担（已交纳）。

如不服本判决，各方当事人可在判决书送达之日起十五日内，向本院递交上诉状，并按对方当事人的人数提出副本，上诉于北京市高级人民法院。上诉人在接到人民法院预交诉讼费用的通知后七日内未预交又不提出缓交申请的，按自动撤回上诉处理。

审 判 长 梁 菲
代理审判员 贾志刚
代理审判员 胡华峰
二〇〇六年六月二十二日
书 记 员 许 纯

双联袋竖封虚线刀装置案

无效宣告请求审查决定（第7511号）

决　定　号　第7511号
决　定　日　2005年9月16日
发明创造名称　双联袋竖封虚线刀装置
国 际 分 类 号　B65B 61/02
无 效 请 求 人　上海圣顺包装机械有限公司
专 利 权 人　上海迈威包装机械有限公司
专　利　号　03256020.6
申　请　日　2003年7月28日
授 权 公 告 日　2004年7月28日
合 议 组 组 长　陈海平
主　审　员　陈　勇
参　审　员　武树辰

法 律 依 据　专利法第二十六条第三款　专利法实施细则第二十一条第二款　专利法第二十二条第二款、第三款

决 定 要 点

说明书是否充分公开，应该站在本领域技术人员的角度来看，如果根据其具有的技术水平可以理解并且实施这一专利，则该专利符合专利法第二十六条第三款的规定。

独立权利要求记载了解决某技术问题的所有必要技术特征，构成了一个完整的技术方案，则符合专利法实施细则第二十一条第二款的规定。

不能证明在本专利申请日之前发生过公开销售行为，则不涉及在申请日之前使用公开的问题。

一、案由

本无效宣告请求案涉及申请日为2003年7月28日、授权公告日为2004年7月28日、名称为“双联袋竖封虚线刀装置”的03256020.6号实用新型专利（下称本专利），专利权人为上海迈威包装机械有限公司（下称被请求人）。

授权公告的权利要求书如下：

“1. 一种双联袋竖封虚线刀装置，包括竖封块（1）、封块座板（4）、托架（2）、凸轮（13）、连杆（14）、支架（3），其特征在于，所述的封块座板（4）两侧各设有两块角尺联接板（5），左侧两块角尺联接板（5）之间连有一组竖封封块（1），右侧两块角尺联接板（5）之间设有加热压痕封块（6），锯齿状刀片（7）固定在加热压痕封块（6）的侧面，与锯齿状刀片（7）相对处设有橡胶条封块（8），封块（8）背后设有弹簧调节装置（9）。

2. 根据权利要求1所述的双联袋竖封虚线刀装置，所述的橡胶条封块（8）是由耐高温的橡胶制成。

3. 根据权利要求1所述的双联袋竖封虚线刀装置，所述的弹簧调节装置（9）是由三组弹簧（10）、固定螺杆（12）、调节螺母（11）组成。

4. 根据权利要求1所述的双联袋竖封虚线刀装置，所述的锯齿状刀片（7）外侧设有一块挡膜板条。”

针对上述实用新型专利权，上海圣顺包装机械有限公司（下称请求人）于2004年12月6日向专利复审委员会提出了无效宣告请求，其理由是本专利不符合专利法第二十二条第二款、第三款的规定。与此同时，请求人提交了以下三份证据（均为复印件）：

证据1：关于BOSSAR公司水平包装机的宣传资料；

证据2：上海迈威包装机械有限公司的产品宣传资料；

证据3：上海迈威包装机械有限公司和上海威敌生化（南昌）有限公司签订的合同编号为No. SMW－20030625的订货合同书。

请求人认为，证据1和证据2公开的包装装置与本专利权利要求限定的技术方案相似，证据3涉及的包装机为本专利权利要求涉及的技术方案，因此本专利不具备新颖性和创造性。

专利复审委员会经形式审查合格后，于2004年12月7日发出了无效宣告请求受理通知书，并将上述无效宣告请求书及所附相关文件副本转给被请求人，要求其在指定期限内陈述意见。同时依法成立合议组对本案进行审查。

2005年1月5日，请求人再次向专利复审委员会陈述意见，增加专利法第二十六条第三款和专利法实施细则第二十一条第二款作为其无效宣告请求的理由，并且补充提交了以下证据（均为复印件）：

证据4.1：上海迈威包装机械有限公司和惠阳中迅化工有限公司签订的合同编号为NO. SMW－20030418的订货合同书；

证据4.2：上海迈威包装机械有限公司开具给惠阳中迅化工有限公司的发票，发票号为“沪Ⅱ02－1 1345899”；

证据4.3：惠州市中迅化工有限公司出具的“证明”；

证据5.1：本专利侵权诉讼程序中上海迈威包装机械有限公司于2004年11月15日提供给法院的“证据清单”；

证据5.2：上海迈威包装机械有限公司的“C－180Ⅱ型水平式全自动包装机”的产品介绍共2页；

证据5.3：上海迈威包装机械有限公司的“C－110型水平式全自动包装机”的产品介绍共2页；

证据5.4：上海迈威包装机械有限公司的“C－180T型高效双联袋包装机”的产品介绍共2页；

证据5.5：上海迈威包装机械有限公司关于型号为“C－180T”的包装机的“报价单”共4页；

证据5.6：双联袋竖封装置有关图纸共4页，其中两张图纸上盖有“上海迈威包装机械有限公司”公章，另两张图纸上没有公章；

证据5.7：本专利说明书附图；

证据6：上海迈威包装机械有限公司2003年2月的“C－180（T）水平式自动包装机使用说明书”封面、目录页及有关内容共8页。

请求人主张：（1）本领域技术人员不能从说明书中清楚了解本专利如何能加工出虚线状撕离口印痕，因此说明书没有作出清楚、完整的说明；（2）独立权利要求中记载的一些必要技术特征在说明书中没有记载它们分别具有的功能，也没有说明如何通过它们的组合所构成的技术方案来解决本专利说明书中提出的技术问题，因此本专利独立权利要求不符合专利法实施细则第二十一条第二款的规定；（3）证据4.1至证据6说明被请求人在本专利申请日之前已经销售与本专利相同的产品，因此本专利不具备新颖性和创造性。

针对上述无效宣告请求受理通知书，被请求人于2005年1月6日向专利复审委员会提交意见陈述书，认为证据1~3并不能否定本专利的新颖性和创造性。

专利复审委员会于2005年7月7日向双方当事人发出口头审理通知书，定于2005年8月17日在专利复审委员会举行口头审理。并将请求人2005年1月5日提交的意见陈述书及其所附的补充证据副本转送给被请求人，将被请求人在2005年1月6日提交的意见陈述书的副本转送给请求人，要求他们在指定期限内分别陈述意见。

口头审理如期举行，双方当事人均参加了口头审理。双方当事人对合议组成员无回避请求，对对方出庭人员的身份和资格无异议。请求人当庭放弃证据1和证据2，并且主张：（1）本专利说明书中没有记载整个机器的工作原理，因此不符合专利法第二十六条第三款的规定；（2）本专利独立权利要求1中没有记载电器控制部分，因此独立权利要求中缺少必要技术特征，不符合专利法实施细则第二十一条第二款的规定；（3）证据3~6构成证据链，说明与本专利相同的产品已经在本专利申请日之前公开销售，因此本专利不具备新颖性，更不具备创造性。请求人请求宣告本专利权利要求1~4全部无效。请求人当庭提交了证据4.2、证据4.3和证据6的原件，被请求人对证据4.2的真实性无异议，对证据4.3上所盖公章为合同专用章、证据6封面上的日期标记提出异议，其认为证据4.3不应使用“合同专用章”。请求人没有提供证据3和证据4.1的原件。被请求人对证据3和证据4.1的真实性有异议，被请求人对证据5.1至证据5.6本身的真实性无异议。合议组当庭告知双方，仅以口头审理时请求人提出的无效范围、理由和证据来作出审查决定。

在口头审理结束之后，合议组收到被请求人于2005年8月8日寄给专利复审委员会的意见陈述书，其内容针对2005年7月7日专利复审委员会作出的转送文件通知书，该意见陈述书中的所有观点与被请求人出席口头审理时陈述的观点一致。

在上述程序基础上，合议组认为本案事实已经清楚，可以依法作出如下审查决定。

二、决定的理由

请求人提出的上述无效理由即本专利不符合专利法第二十六条第三款、专利法实施细则第二十一条第二款和专利法第二十二条第二款、第三款的规定，以及请求人提出的证据1~6均符合专利法实施细则第六十六条所规定的时限要求，因此应予考虑。

合议组已经依审查指南第四部分第三章第3.1节的规定，当庭告知双方当事人仅以口头审理时请求人提出的无效范围、理由和证据来作出审查决定，故下面的评述将针对这些内容。

1. 本专利是否符合专利法第二十六条第三款

专利法第二十六条第三款规定：说明书应当对发明或者实用新型作出清楚、完整的说明，以所属技术领域的技术人员能够实现为准。

请求人认为：本专利说明书中没有记载整个机器的工作原理，因此不符合专利法第二十六条第三款的规定。

合议组认为，判断一项专利是否符合专利法第二十六条第三款的规定，应该站在本领域普通技术人员的角度来看，而本领域普通技术人员应该知晓申请日前所属技术领域的所有普通技术知识，能够获知该领域的所有现有技术。就本专利而言，虽然在说明书中没有详细描述整个机器的工作原理，但是本专利所涉及的包装机已经是现有技术中的产品，本领域技术人员都已清楚它的工作原理，对于这种已知技术的省略描述不能认为是说明书没有作出清楚、完整的描述。至于本专利所要求保护的双联袋竖封虚线刀装置，其只是包装机上的一个组装部件，通过阅读说明书文字部分和附图部分，结合机械领域技术人员应该具有的普通常识，完全也可以清楚其结构和工作过程，所以本领域技术人员根据说明书的描述完全可以实现本专利的技术方案。故本专利符合专利法第二十六条第三款的规定。

2. 关于本专利是否符合专利法实施细则第二十一条第二款的规定

专利法实施细则第二十一条第二款规定：独立权利要求应当从整体上反映发明或者实用新型的技术方案，记载解决技术问题的必要技术特征。

请求人认为：本专利独立权利要求1中没有记载电器控制部分，因此独立权利要求中缺少必要技术特征，不符合专利法实施细则第二十一条第二款的规定。

合议组认为：本专利所要解决的技术问题是现有的包装机无法在竖封条纹上加工出虚线状撕离口印痕，针对该技术问题，本专利提供了一种双联袋竖封虚线刀装置，即权利要求1要求保护的技术方案。就本专利要求保护的双联袋竖封虚线刀装置而言，权利要求1中的所有技术特征构成了一个完整的技术方案，其已经可以解决上述技术问题。故本专利符合专利法实施细则第二十一条第二款的规定。

对于整台包装机来讲，其包含有电器控制部分，这是本领域技术人员都已经公知的常识。本专利要求保护的双联袋竖封虚线刀装置包含在包装机内，当电器控制部分控制整台机器工作时，双联袋竖封虚线刀装置自然也会按照设计要求完成相应的动作，从而实现其功能。

3. 关于新颖性和创造性

专利法第二十二条第二款规定：新颖性，是指在申请日以前没有同样的发明或者实用新型在国内外出版物上公开发表过、在国内公开使用过或者以其他方式为公众所知，也没有同样的发明或者实用新型由他人向专利局提出过申请并且记载在申请日以后公布的专利申请文件中。

专利法第二十二条第三款规定：创造性，是指同申请日以前已有的技术相比，该发明有突出的实质性特点和显著的进步，该实用新型有实质性特点和进步。

请求人认为：证据3~6构成证据链，说明与本专利相同的产品已经在本专利申请日之前公开销售，因此本专利不具备新颖性，更不具备创造性。

合议组认为：请求人提供的证据3和证据4.1均为复印件，其本身不具有任何法律效力，在口头审理时请求人没有提供证据3和证据4.1的原件，且被请求人对证据3和证据4.1的真实性有异议，故合议组对证据3和证据4.1不予采信。证据4.3为惠州市中迅化工有限公司出具的证明复印件，其性质属于证人证言，而该单位又没有相应的工作人员出庭接受询问，进行质证，所以其内容的真实性无法核实，故合议组对证据4.3不予采信。

请求人当庭提交了证据4.2原件，被请求人对证据4.2的真实性无异议。被请求人对证据5.1至证据5.6本身的真实性无异议。故合议组认可证据4.2和证据5.1至证据5.6的真实性。

证据4.2为上海迈威包装机械有限公司开具给惠阳中迅化工有限公司的发票，其上记载的日期为2003年7月28日，说明上海迈威包装机械有限公司曾于该日期销售过C-180T包装机；证据5.1是上海迈威包装机械有限公司2004年11月15日提供给法院的“证据清单”，其说明上海迈威包装机械有限公司曾经给法院提供了什么证据；证据5.2至证据5.4为上海迈威包装机械有限公司的C-180Ⅱ型水平式全自动包装机、C-110型水平式全自动包装机、C-180T型高效双联袋包装机的产品介绍，证据5.5为上海迈威包装机械有限公司关于型号为C-180T的包装机的报价单，证据5.2至证据5.5具体介绍了上海迈威包装机械有限公司生产的不同型号包装机产品；证据5.6为双联袋竖封装置有关图纸共4页；证据5.7为本专利说明书附图，其不能作为有效证据；证据6为上海迈威包装机械有限公司的C-180（T）水平式自动包装机使用说明书封面、目录页及有关内容。

上述证据中，只有证据4.2即上海迈威包装机械有限公司开具给惠阳中迅化工有限公司的发票，反映了一种国内销售行为，但是上述发票开具日期为2003年7月28日，而本专利的申请日也为2003年7月28日，因此证据1不能表明上述销售行为发生在本专利申请日之前。而上述证据中的其他证据均不能反映出上海迈威包装机械有限公司的销售行为，所以证据4.2和证据5.1至证据5.6及证据6不能构成一个完整的证明体系，证明与本专利相同的产品已经在本专利申请日之前公开销售。故合议组认为，请求人提供的证据不充分，不足以否定本专利的新颖性和创造性。

综上，合议组认为请求人提出的无效理由不成立。

三、决定

维持03256020.6号实用新型专利权有效。

当事人对本决定不服的，可以根据专利法第四十六条第二款的规定，自收到本决定之日起三个月内向北京市第一中级人民法院起诉。根据该款的规定，一方当事人起诉后，另一方当事人应当作为第三人参加诉讼。

151

无水击节能油罐加热器案

无效宣告请求审查决定（第7529号）

决　定　号　第7529号
决　定　日　2005年9月26日
发明创造名称　无水击节能油罐加热器
国际分类号　B65D 88/74　F28D 1/00
无效请求人　刘文秀
专利权人　孙宝祥　王　勇　郭普晨
专　利　号　02209796.1
申　请　日　2002年1月21日
授权公告日　2002年10月16日
合议组组长　白剑锋
主　审　员　宋鸣镝
参　审　员　魏　屹

法律依据　专利法第二十二条第二款、第三款、第四款

决定要点

是否具备实用性与是否已经实施无关。

如果证据中未公开权利要求中的某个技术特征，并且也未涉及由该技术特征所解决的技术问题，同时由于该技术特征的存在，权利要求所保护的技术方案能够产生一定的技术效果，则该权利要求具备创造性。

一、案由

本无效宣告请求案涉及申请日为2002年1月21日、授权公告日为2002年10月16日、名称为“无水击油罐加热器”的实用新型专利（下称本专利），其专利号为02209796.1，专利权人为孙宝祥、王勇和郭普晨。

授权公告的权利要求书如下：

“1. 无水击节能油罐加热器，包括立管［2］、排管［3］和/或扩容管［5］及连接管［1］，其特征在于在一组加热器的两个立管内或其中一个立管内装汽水分离板［4］。

2. 按照权利要求1所述的无水击节能油罐加热器，其特征在于汽水分离板［4］上钻有若干个通汽孔［6］。”

针对上述实用新型专利权，刘文秀（下称请求人）于2005年1月15日向专利复审委员会提出了无效宣告请求，请求专利复审委员会宣告本专利全部无效。请求宣告无效的理由是本专利权利要求1~2不具备专利法第二十二条第二款、第三款和第四款规定的新颖性、创造性及实用性。请求人同时提交了以下五份证据：

证据1：专利号为95232673.6的中国实用新型专利说明书复印件，其授权公告日为1997年2月19日；

证据2：中国石油大庆炼化公司储运厂于2001年12月12日编制并于2001年12月25日经过审核的、编码为QLMR－SY0004－2001的“原料车间004#罐储罐改立式加热盘项目标定报告”复印件共10页；

证据3：辽宁工业建筑设计院于1973年5月编写的《燃油设计参考资料》一书的封面和第144页复印件共2页；

证据4：石油化学工业出版社与1978年9月第1版出版的《炼油厂油品储运工艺设计》一书的封面和第15页复印件共2页；

证据5：烃加工出版社与1989年11月第1版出版的《炼油厂油品储运》一书的封面和第158～161页复印件共3页。

请求人认为：本专利权利要求1与证据1相比，名称和总体上的基本结构相同，本专利与证据1的区别在于立管内加装了汽水分离板，这一改进可有可无、无实际意义，因而不具备新颖性；本专利是一个错误的方案，其具有浪费材料、增加工时、影响传热效果、易于腐蚀等缺点，与证据1相比没有实质性特点和进步，因而不具备创造性；本专利不能产生良好的技术效果，没有实用价值，至今仍未推广，因而不具备实用性。

经形式审查合格后，专利复审委员会受理了上述无效宣告请求，并于2005年3月1日向请求人和专利权人孙宝祥、王勇和郭普晨（下称被请求人）发出了无效宣告请求受理通知书，并将上述专利权无效宣告请求书及其相关附件副本转送给被请求人，要求被请求人在指定期限内进行意见陈述，同时依法成立合议组对本案进行审理。

2005年2月1日，请求人补充提交了意见陈述书，同时还提交了以下两份证据：

证据6：人民教育出版社出版的、全日制普通高级中学教科书（必修）《化学》第1册一书的封面和第51页复印件共2页；

证据7：化学工业出版社于1986年6月第1版出版的《化工原理》上册一书的封面和第286～288页复印件共4页。

请求人在此次意见陈述书中的主要观点如下：本专利在管束（排管）的底管处设置扩容管没有任何意义，因而不具备新颖性和创造性。

针对上述无效宣告请求，被请求人于2005年3月29日提交了意见陈述书及本专利说明书和证据1的部分相关页复印件。被请求人认为：本专利权利要求1与请求人所提交的证据相比具备新颖性、创造性和实用性，符合专利法第二十二条第二款、第三款及第四款的规定，要求维持该专利权有效。

专利复审委员会于2005年7月4日向双方当事人发出口头审理通知书，定于2005年8月18日在专利复审委员会举行口头审理，同时将请求人在2005年2月1日提交的意见陈述书及相关文件副本转送给被请求人，将被请求人在2005年3月29日提交的意见陈述书及相关文件副本转送给请求人，并要求双方当事人在指定期限内进行意见陈述。

2005年8月5日，请求人进行了意见陈述，其观点与提出无效宣告请求时的观点基本相同。

口头审理如期举行，双方当事人均到庭。在口头审理过程中，合议组当庭将请求人于2005年8月5日提交的意见陈述书副本转送给被请求人；被请求人当庭表示其对请求人所提交的证据1～7的真实性无异议；请求人当庭明确了证据的使用方式，即引用证据1来破坏本专利权利要求1～2的新颖性和创造性，引用证据2～7来说明本专利权利要求1～2不具备实用性。双方当事人分别结合证据就各自的观点充分发表了意见。

在上述程序的基础上，合议组认为本案事实已经清楚，可以依法作出如下审查决定。

二、决定的理由

1. 关于本专利的实用性

专利法第二十二条第四款规定：实用性，是指该发明或者实用新型能够制造或者使用，并且能够产生积极效果。

请求人认为：本专利不能产生良好的技术效果，浪费材料、制作施工困难、没有实用价值，至今仍未推广，因而不具备实用性。

合议组认为：本专利涉及一种油罐加热器，其说明书和权利要求书中记载了这样的技术内容：该加热器包括立管、排管和/或扩容管及连接管，在一组加热器的两个立管内或其中一个立管内装汽水分离板，该汽水分离板上钻有若干个通汽孔。本领域的技术人员根据说明书和权利要求书所记载的内容，能够清楚地得知该油罐加热器所具有的结构特征，能够制造出这样的油罐加热器，并且可以预料到该油罐加热器能够产生使汽水分离、防止水击产生的技术效果。审查指南第二部分第五章第3.2.5节无积极效果中规定："明显无益、脱离社会需要、严重污染环境、严重浪费能源或者资源、损害人身健康的发明或者实用新型申请的主题不具备实用性"，而本专利所保护的技术方案不属于上述情况，同时本专利是否具备实用性与是否已经实施无关，因此本专利具备专利法第二十二条第四款所规定的实用性。请求人所提交的证据2~7并未涉及本专利整体上的技术方案，不能证明本专利不具备实用性，故合议组对请求人的主张不予支持。

2. 关于本专利的新颖性和创造性

专利法第二十二条第二款规定：新颖性，是指在申请日以前没有同样的发明或者实用新型在国内外出版物上公开发表过、在国内公开使用过或者以其他方式为公众所知，也没有同样的发明或者实用新型由他人向国务院专利行政部门提出过申请并且记载在申请日以后公布的专利申请文件中。

专利法第二十二条第三款规定：创造性，是指同申请日以前已有的技术相比，该发明有突出的实质性特点和显著的进步，该实用新型有实质性特点和进步。

证据1是中国专利文献，属于公开出版物，被请求人对其真实性无异议，且合议组已经核实了它的真实性，其授权公告日早于本专利的申请日，故证据1可以作为评价本专利新颖性和创造性的已有技术。

请求人认为证据1破坏本专利权利要求1~2的新颖性和创造性，依据审查指南第四部分第三章第3.1节请求原则的规定，合议组将仅以请求人提出的上述证据对比方式评述本专利权利要求1~2的新颖性和创造性。

(1) 关于本专利权利要求1的新颖性和创造性

本专利权利要求1如下："1. 无水击节能油罐加热器，包括立管［2］、排管［3］和/或扩容管［5］及连接管［1］，其特征在于在一组加热器的两个立管内或其中一个立管内装汽水分离板［4］。"

证据1涉及一种用于石油集输和储存流程等场所的无水击节能油罐加热器（参见证据1的附图1~3和说明书第1~3页），该油罐加热器分成两组，每组分别由9个长加热排管和2个短加热排管组成，每一个长加热排管均由4根水平钢管和其两侧的2根垂直钢管焊接为一体，并互相连通，两根垂直钢管的上、下端用钢板焊死，外侧分别上、下平行地焊接有上连通管和下连通管；每一个短加热排管均由3根水平钢管和两侧的2根垂直钢管焊接为一体，并互相连通，垂直钢管上、下端用钢板焊死，外侧平行焊接有上、下连通管。

将本专利权利要求1所保护的技术方案与证据1所公开的内容相比，区别在于证据1至少未公开权利要求1中"在一组加热器的两个立管内或其中一个立管内装汽水分离板"这一技术特征，即证据1未公开本专利权利要求1的全部技术特征，故本专利权利要求1相对于证据1具备专利法第二十二条第二款规定的新颖性。

本专利属于油罐加热器技术领域，由于上述区别技术特征的存在，权利要求1所保护的技术方案解决了证据1中未曾涉及的技术问题，即“汽与水在加热器内分离不彻底，冷凝水不能有效地沉人立管底部”，并且能够产生“防水击产生”的技术效果，同时在证据1中也未给出设置“汽水分离板”这一区别技术特征的启示，上述区别技术特征也不是本领域中的公知常识，本专利权利要求1所保护的技术方案相对于证据1是非显而易见的。因此，本专利权利要求1具备实质性特点和进步，具备专利法第二十二条第三款规定的创造性。

（2）关于本专利权利要求2的新颖性和创造性

权利要求2从属于权利要求1，在权利要求1具备新颖性和创造性的前提下，从属权利要求2同样具备新颖性和创造性。

三、决定

维持02209796.1号实用新型专利权有效。

当事人对本决定不服的，可以根据专利法第四十六条第二款的规定，自收到本决定之日起三个月内向北京市第一中级人民法院起诉。根据该款的规定，一方当事人起诉后，另一方当事人应当作为第三人参加诉讼。

北京市第一中级人民法院
行政裁定书

（2006）一中行初字第592号

原告刘文秀，男，汉族，1938年2月9日出生，住辽宁省盘锦市兴隆台区新工街12委13组。

被告国家知识产权局专利复审委员会，住所地北京市海淀区北四环西路9号银谷大厦10～12层。

法定代表人廖涛，副主任。

第三人孙宝祥，男，汉族，1967年3月18日出生，住辽宁省辽阳市白塔区东文化委11组。

第三人王勇，男，汉族，1970年10月30日出生，住辽宁省辽阳市文圣区西二道街56－4号。

第三人郭普晨。

原告刘文秀不服被告国家知识产权局专利复审委员会于2005年9月26日作出的第7529号无效宣告请求审查决定，向本院提起行政诉讼。本院于2006年4月21日受理后，依法组成合议庭，并通知孙宝祥、王勇、郭普晨作为第三人参加诉讼。在本案审理过程中，原告刘文秀于2006年6月1日向本院提出撤诉申请，请求撤回对被告国家知识产权局专利复审委员会的起诉。

本院认为：原告的撤诉申请未违反法律规定，应予准许。依照《中华人民共和国行政诉讼法》第五十一条之规定，裁定如下：

准许原告刘文秀撤回对被告国家知识产权局专利复审委员会的起诉。

案件受理费1000元，减半收取500元，由原告刘文秀负担（已交纳）。

审 判 长 张晓霞
代理审判员 姜庶伟
人民陪审员 李 渤
二〇〇六年十月六日
书 记 员 瞿文伟

行星式轮碾混合机案

无效宣告请求审查决定（第7537号）

决　定　号　第7537号
决　定　日　2005年9月27日
发明创造名称　行星式轮碾混合机
国际分类号　B02C 7/00
无效请求人　南昌星火机床有限公司
专利权人　江西省建筑材料工业科学研究设计院
专　利　号　01202615.8
申　请　日　2001年1月19日
授权公告日　2002年1月16日
合议组组长　陈海平
主　审　员　陈　勇
参　审　员　武树辰

法律依据　专利法第二十二条第二款、第三款
决定要点

产品的外形图片并不能反映其具体的结构，因此不能否定产品权利要求的新颖性。

现有技术仅公开了独立权利要求中的一部分技术特征，而另一部分技术特征没有被公开，且不能从现有技术中得到启示，且这些特征的存在使得权利要求所限定的技术方案具有有益效果，故该现有技术不能否定本专利权利要求的创造性。

一、案由

本无效宣告请求案涉及申请日为2001年1月19日、授权公告日为2002年1月16日、名称为“行星式轮碾混合机”的01202615.8号实用新型专利（下称本专利），专利权人为江西省建筑材料工业科学研究设计院（下称被请求人）。

授权公告的权利要求书如下：

“1. 一种行星式轮碾混合机包括机架（11）、收尘管（2）、上壳体（4）、碾盘（19）、电机（8）、传动带（10）、减速箱（9）、进料口（14）、观察窗（17）、出料口（18），电机（8）通过传动带（10）与减速箱（9）相连，其特征在于：减速箱（9）上部的立轴（13）设在上壳体（4）与碾盘（19）中，立轴（13）与行星齿轮箱（5）相连，碾轮（16）、侧刮板（15）安装在行星齿轮箱的两侧，行星齿轮箱（5）下部安装1—4组行星搅拌铲（6），每组行星搅拌铲（6）设2—3只铲片（7），进水管（1）、收尘管（2）设在上壳体（4）上端，进水管（1）与上壳体（4）内的活接头（3）相连，活接头（3）安装在行星齿轮箱（5）上，喷头（12）与活接头（3）相连。

2. 根据权利要求1所述的行星式轮碾混合机，其特征在于：碾轮（16）表面形状可为圆柱、圆台、圆锥、腰鼓形中的任意一种。

3. 根据权利要求1所述的行星式轮碾混合机，其特征在于：铲片（7）工作表面形状可为平面、双曲面、抛物面中的任意一种。”

针对上述实用新型专利权，南昌星火机床有限公司（下称请求人）于2004年9月27日向专利复审委员会提出了宣告专利权无效的请求，其理由是本专利不符合专利法第二十二条第二款、第三款有关新颖性和创造性的规定。与此同时，请求人提交了以下证据：

证据1：专利号为97237139.7的中国实用新型专利说明书的复印件，授权公告日为1998年11月25日；

证据2：专利号为93230927.5的中国实用新型专利说明书的复印件，授权公告日为1994年3月16日。

请求人认为：证据1和证据2均已公开了本专利权利要求的内容，因此本专利不具备新颖性，更不具备创造性。

经形式审查合格后，专利复审委员会受理了上述无效宣告请求，于2004年9月27日向请求人和被请求人发出了无效宣告请求受理通知书，并将上述无效宣告请求书及所附相关文件副本转送给被请求人，同时依法成立合议组对本案进行审查。

2004年10月20日，请求人再次向专利复审委员会提交意见陈述书，补充提交了以下一份证据：

证据3：2000年8月出版发行的《耐火材料》杂志2000年第4期封面、目录页及相关内容复印件共4页。

2004年11月8日，被请求人针对上述无效宣告请求受理通知书，向专利复审委员会提交了意见陈述书，认为本专利要求保护的技术方案与证据1和证据2所公开的功能和结构不同，所以本专利具备新颖性和创造性。

专利复审委员会于2005年7月28日向双方当事人发出口头审理通知书，定于2005年9月12日在专利复审委员会举行口头审理，并将被请求人于2004年11月8日提交的意见陈述书副本转给请求人，同时将请求人于2004年10月20日提交的意见陈述书副本转给被请求人，要求双方当事人分别在指定期限内进行答复。

2005年8月16日，针对专利复审委员会于2005年7月28日发出的转送文件通知书，被请求人提交了意见陈述书，认为本专利与证据3公开的产品并不相同。

口头审理如期举行，双方当事人均参加了口头审理。双方当事人对合议组成员无回避请求，对对方出庭人员的身份和资格无异议。合议组当庭将被请求人于2005年8月16日提交的意见陈述书转给了请求人。被请求人对证据1~3的真实性无异议。在口头审理中，请求人明确：证据3可以否定本专利权利要求1~3的新颖性；证据1、证据2单独使用可以否定本专利权利要求1~3的创造性。合议组当庭告知双方，仅以口头审理时请求人提出的证据使用方式、无效理由和范围作为审理基础，作出审查决定。

在上述程序基础上，合议组认为本案事实已经清楚，可以依法作出如下审查决定。

二、决定的理由

1. 关于证据

请求人在无效过程中共提交了三份证据，这三份证据的举证期限符合专利法实施细则第六十六条的规定。且证据1~3为公开出版物，被请求人对它们的真实性无异议，同时其公开出版日均早于本专利的申请日，故证据1~3可以作为评价本专利的新颖性和创造性的现有技术。

2. 关于本专利的新颖性和创造性

专利法第二十二条第二款规定：新颖性，是指在申请日以前没有同样的发明或者实用新型在国内外出版物上公开发表过、在国内公开使用过或者以其他方式为公众所知，也没有同样的发明或者实用新型由他人向专利局提出过申请并且记载在申请日以后公布的专利申请文件中。

专利法第二十二条第三款规定：创造性，是指同申请日以前已有的技术相比，该发明有突出的实质性特点和显著的进步，该实用新型有实质性特点和进步。

请求人认为：证据3可以否定本专利权利要求1~3的新颖性；证据1、证据2单独使用可以否定本专利权利要求1~3的创造性。

合议组已经依审查指南第四部分第三章第3.1节的规定，当庭告知双方当事人仅以口头审理时请求人提出的上述证据对比方式评述本专利的新颖性和创造性，故合议组在下面将按此进行评述。

证据3为《耐火材料》杂志2000年第4期中的有关内容，在该证据中介绍了"XLH系列混合机"的外形、技术参数和产品特点，但是该证据并不能清楚地反映出产品的具体结构，无法证明证据3中的"XLH系列混合机"就是与本专利权利要求1限定的技术方案完全相同的产品。因此，合议组认为该证据不足以破坏本专利权利要求1的新颖性。

下面评述本专利的创造性：

证据1涉及一种复合行星搅拌机，并具体披露了以下技术内容（参见该证据说明书第2页第25行~第3页第6行及附图1~2）：复合行星搅拌机包括搅拌筒体1、动力和减速机构2、行星传动系统3和搅拌系统。动力减速机构2通过螺钉与固连在搅拌筒体1上的主轴传动机构15上部连接，动力减速输出轴6通过齿轮传动连接主轴11。主轴11通过键12固定连接公转回转体13。主轴11外设定齿空心轴14与主轴传动机构15固定连接，并与主轴11间隙配合。定齿空心轴14通过键16连接公转回转体13内的定齿17，定齿17与行星齿18啮合，行星齿18通过键19与行星轴20连接。行星轴20与行星搅拌铲组4固定连接，行星搅拌铲组4由四把分布在以行星轴轴心为圆心的不同回转圆周上的行星铲22组成，其中有两把位于与主轴11轴心线相交的回转圆周上，两把位于超越主轴11轴心线的回转圆周上。行星铲22通过螺钉锁定在行星支架21上。搅拌铲组5通过螺钉与公转回转体13连接，搅拌铲组5中配有边铲23和中间犁铲24。

证据2涉及一种行星式双立轴搅拌机，并具体披露了以下技术内容（参见该证据说明书第2页第3~10行及附图1~2）：在搅拌筒11顶端的中心位置装有减速器4，减速器4的主轴3垂于搅拌筒11的内腔中心。电机6经皮带5和减速器4带动主轴3转动。固定齿轮2与减速器4一起固定连接在搅拌筒11上。大搅拌架8与主轴3为固定连接，并随主轴3同速转动。在大搅拌架8上固装两个轴承座12，每个轴承座装有一个搅拌轴9，每个搅拌轴的上端与行星齿轮1固定连接，行星齿轮则与固定齿轮2啮合。搅拌轴的下端固定连接一个小搅拌架10，每个小搅拌架10装有两个对称的搅拌叶7。搅拌叶7的工作面采用犁铧形曲面。

通过上面的分析可知，无论证据1还是证据2均至少未公开本专利权利要求1中的"碾轮（16）安装在行星齿轮箱（5）的两侧"和"进水管（1）、收尘管（2）设在上壳体（4）上端，进水管（1）与上壳体（4）内的活接头（3）相连"这些区别技术特征，同时也未就上述区别技术特征给出任何技术启示和教导。而由于上述区别技术特征的存在，使得本专利权利要求1所限定的轮碾混合机与证据1和证据2中公开的搅拌机不同，证据1和证据2仅仅涉及搅拌机，而本专利要求保护的轮碾混合机则能够在搅拌的同时实现碾压，还能保证喷水均匀同步，确保混合搅拌质量。本领域技术人员在证据1或者证据2的基础上得到本专利权利要求1要求保护的技术方案需要付出创造性的劳动，因此本专利权利要求1相对于证据1或者证据2具备创造性。

在权利要求 1 具备新颖性和创造性的基础上，其从属权利要求 2 和权利要求 3 也具备新颖性和创造性。

三、决定

维持 01202615.8 号实用新型专利权有效。

当事人对本决定不服的，可以根据专利法第四十六条第二款的规定，自收到本决定之日起三个月内向北京市第一中级人民法院起诉。根据该款的规定，一方当事人起诉后，另一方当事人应当作为第三人参加诉讼。

153

天下第一刀案

无效宣告请求审查决定（第7541号）

决　定　号　第7541号
决　定　日　2005年9月16日
发明创造名称　天下第一刀
国际分类号　F41B 13/02
无效请求人　叶新华
专利权人　沈从岐　沈　俊
专　利　号　00242955.1
申　请　日　2000年7月10日
授权公告日　2001年4月25日
合议组组长　杨克菲
主　审　员　陈　勇
参　审　员　宋鸣镝

法律依据

决定要点

根据北京市高级人民法院的生效判决，维持专利权部分有效。

一、案由

本无效宣告请求案涉及国家知识产权局专利局2001年4月25日授权公告的、名称为"天下第一刀"的实用新型专利，其专利号为00242955.1，申请日为2000年7月10日，专利权人是沈从岐和沈俊。

授权公告的权利要求书如下：

"1. 一种天下第一刀，它由刀身、手把和刀鞘组成，其特征在于：刀身为直线形，其一端安有木鞘，外面包上牛皮，上面有多道螺旋沟槽，将金丝镶嵌在内，即为手把；他的端头设有护头，手把与护头间为过盈配合；手把上还配有护手，其一端与刀体呈15°斜角，另一端与护头连接为一体；刀身外套有刀鞘，刀鞘一端设有刀鞘帽，距刀鞘另一端近处设有环形凸起的挂环座，挂环装在座孔内。

2. 根据权利要求1所述的天下第一刀，其特征在于：刀鞘与护手间装有一皮垫圈。

3. 根据权利要求1或2所述的天下第一刀，其特征在于：刀鞘内表面设有一凹槽；此处外表面为一楔形突起，在刀身与手把之间安有一带有弹簧的销子。

4. 根据权利要求1所述的天下第一刀，其特征在于：护手上刻有凤翅的花纹，护手外形像一只凤凰，侧看又似一只和平鸽；刀鞘上刻有一条巨龙、并有山、有水和白云，巨龙底下刻有横格，龙图镀金。

5. 根据权利要求1所述的天下第一刀，其特征在于：刀身采用钛合金钢，手把上的木鞘选用花梨木。

6. 根据权利要求1所述的天下第一刀，其特征在于：护手用黄铜铸造而成，刀鞘采用不锈钢抛光镀铬。

7. 根据权利要求1所述的天下第一刀，其特征在于：整个刀长100cm，宽2.5cm；刀护手宽11.5cm。”

针对上述专利权（下称本专利），叶新华（下称请求人）于2002年4月15日向专利复审委员会提出了无效宣告请求，其理由是本专利不符合专利法第二十二条第二款、第三款，专利法第二十六条第三款，专利法实施细则第二条第二款以及专利法实施细则第十八条第一款的规定。并提交如下一份附件作为证据：

证据1：专利号为94248645.5的中国实用新型专利说明书复印件，授权公告日1995年9月27日。

经形式审查合格后，专利复审委员会依法受理了此案，并于2002年5月17日发出了无效宣告请求受理通知书，同时将无效宣告请求及其相关文件副本转送专利权人（下称被请求人），要求被请求人在指定期限进行意见陈述。对此，被请求人在指定期限内未进行任何意见陈述。

2003年2月21日，本案合议组向被请求人以及请求人发出了合议组成员告知通知书，告知双方当事人如对合议组成员有回避请求，应在收到本通知之日起七日内提交书面请求书，逾期不答复的，视为无异议。对此，请求人在指定期限未进行意见陈述。被请求人于2003年3月6日进行了意见陈述，表示对本案原合议组成员无回避请求，但是要求进行口头审理。

本案合议组于2003年3月11日向被请求人以及请求人发出了无效宣告请求口头审理通知书，定于2003年5月27日进行口头审理。因故，该口头审理日期重新确定为2003年7月25日。

口头审理如期举行，在口头审理过程中，请求人放弃了本专利不符合专利法第二十六条第三款的无效理由，双方当事人对本案原合议组成员无回避请求。同时，请求人以及被请求人就各自的观点进行了相应的意见陈述。

请求人的观点归纳如下：

1. 证据1披露了本专利权利要求1、2以及证据4~7的全部技术特征，同时权利要求4~6限定部分的技术特征不符合专利法实施细则第二条第二款的规定，不属于实用新型的保护范围，故本专利的权利要求1、2以及证据4~7相对于证据1不具备新颖性和创造性。

2. 从属权利要求3所披露的技术特征是制刀领域的常用手段，无实质性特点和进步，故相对于证据1不具备创造性。

被请求人的主要观点如下：

（1）证据1未公开本专利独立权利要求特征部分的特征“手把与护头间为过盈配合”，而该特征能够起到防止手把和护头松动的问题，同时兼顾考虑本专利的特殊用途，故本专利的权利要求1相对于证据1具备新颖性和创造性。

（2）本专利权利要求3所披露的防止刀与刀鞘滑脱的技术方案与证据1所披露的相应的技术方案相比，还可起到定位的作用，此外证据1所披露的防止刀与刀鞘滑脱的技术方案基于摩擦的原理，易产生松动，从而影响使用的可靠性，故权利要求3相对于证据1同样具备创造性。

针对上述专利权，叶新华（鉴于两次无效宣告请求人均相同，故统称为请求人）于2003年8月6日再次向专利复审委员会提出无效宣告请求，其理由是本专利不符合专利法第二十二条第二款、第三款、专利法实施细则第二条第二款以及专利法实施细则第十八条第三款的规定。并提交三份附件作为证据，其中一份证据同证据1，其余两份证据是：

证据2：中华人民共和国长安公证处出具的（2003）长证内经字第03139号公证书原件；

证据3：浙江省庆元县石龙武术器械厂向中国革命博物馆捐赠欧冶宝刀的捐赠证书复印件。

请求人认为：本专利的权利要求1、2、4~7所述的技术方案不具备新颖性和创造性，权利要求4及权利要求5不是实用新型专利的保护对象，不符合专利法实施细则第二条第二款的规定，权利要求3所述的技术方案不具备创造性，同时本专利的名称不符合专利法实施细则第十八条第三款以及审查指南第一部分第一章第2.1.1节的规定，故本专利应全部无效。

专利复审委员会经形式审查合格后，于2003年8月21日发出了无效宣告请求受理通知书，同时将宣告专利权无效请求书以及相关文件副本转送被请求人，要求被请求人在指定期限进行意见陈述。同时成立了本案原合议组对本案进行审理。

根据审查指南第四部分第三章第3.5节关于合案审查原则，本案原合议组将本次无效宣告请求与请求人2002年4月15日提出的无效宣告请求合案审理，同时于2003年10月31日向被请求人以及请求人再次发出了无效宣告请求口头审理通知书，定于2003年12月5日举行口头审理。

口头审理如期举行，被请求人以及请求人对本案原合议组成员无回避请求，对对方出庭人员资格无异议。被请求人对证据1及证据2的真实性无异议，鉴于请求人未当庭出示证据3的原件，被请求人对证据3的真实性提出异议。针对证据2，被请求人提交了中国国家博物馆出具的一份证明材料，证明证据2中所涉及的YMB4型欧冶（50-50号）宝刀虽入馆收藏，但至今未曾公开展出。同时该博物馆保管部员工陈禹作为证人出庭，证明证据2中所涉及的YMB4型欧冶（50-50号）宝刀至今未曾公开展出这一事实，并指出在同业中，“收藏”和“展出”的意义不同。据此，被请求人认为公证书中的内容尚不足以构成本专利的现有技术。对此，请求人认为，中国革命博物馆收藏YMB4型欧冶（50-50号）宝刀是一种事实，是否展出不清楚。鉴于上述原因，本案原合议组同意请求人在10天内就被请求人当庭提交的中国国家博物馆的证明材料以及证人出庭作证的内容举反证的要求。

请求人在指定的期限提交了如下反证：

反证1：中华人民共和国浙江省庆元县公证处出具的（1999）浙庆证字第208号公证书复印件；

反证2：陈风英证明复印件1页及照片1张；

反证3：庆元县广播电视台证明复印件1张及录像光盘1盘；

反证4：《中国革命博物馆50年》相关页复印件10页；

反证5：1994年10月4日的北京日报复印件摘选；

反证6：1999年10月12日人民政协报复印件摘选；

反证7：1999年11月8日菇城报复印件摘选。

在上述工作的基础上，本案合议组认为本案事实已经清楚，依法于2004年1月15日作出第5738号无效宣告请求审查决定，决定中认为本专利权利要求1~7相对于证据1不具备创造性，宣告本专利权利要求1~7全部无效。

针对上述决定，被请求人于法定期限内向北京市第一中级人民法院提起行政诉讼，北京市第一中级人民法院于2004年8月25日作出（2004）一中行初字第379号行政判决书，维持专利复审委员会作出的第5738号无效宣告请求审查决定。

其后，被请求人对北京市第一中级人民法院（2004）一中行初字第379号行政判决不服，上诉至北京市高级人民法院。北京市高级人民法院经过审理，于2005年3月25日作出了（2004）高行终字第442号行政判决书，撤销了北京市第一中级人民法院（2004）一中行初字第379号行政判决和专利复审委员会作出的第5738号无效宣告请求审查决定，判决中认为原审判决及第5738号无效宣告请求审查决定关于本案专利权利要求1、2、4~7不具备创造性的认定证据充分，应予维持，关于权利要求3创造性的认定依据不足，并判决在本专利权利要求3的基础上维持00242955.1号实用新型专利有效。

二、决定的理由

鉴于北京市高级人民法院已经作出的（2004）高行终字第442号行政判决书已经生效，本案合议组根据北京市高级人民法院的生效判决作出决定，在权利要求3的基础上维持00242955.1号实用新型专利有效。

三、决定

宣告权利要求1、2、4~7无效，在权利要求3的基础上维持00242955.1号实用新型专利有效。

一方当事人对本决定不服的，可以根据专利法第四十六条第二款的规定，在收到本决定之日起三个月内向北京市第一中级人民法院起诉。根据该款的规定，一方当事人起诉后，另一方当事人应当作为第三人参加诉讼。

154

拨杆式心轴陶瓷片结构改良案

无效宣告请求审查决定（第7545号）

决　定　号 第7545号
决　定　日 2005年9月15日
发明创造名称 拨杆式心轴陶瓷片结构改良
国际分类号 F16K 11/06
无效请求人 李丽敏
专利权人 昆山康勤精密阀芯有限公司
专　利　号 03220598.8
申　请　日 2003年3月21日
授权公告日 2004年3月31日
合议组组长 杨克菲
主　审　员 祁轶军
参　审　员 武树辰

法律依据 专利法第二十二条第二款、第三款　专利法第二十六条第三款　专利法实施细则第二十一条第二款

决定要点

请求人未提供证据证明在本专利说明书中所描述的背景技术为本专利申请日前公开的现有技术，因此其本专利说明书中描述的背景技术破坏本专利权利要求1的创造性的主张不能成立。

一、案由

本无效宣告请求案涉及的是专利号为03220598.8、名称为"拨杆式心轴陶瓷片结构改良"的实用新型专利，该专利的申请日为2003年3月31日、授权公告日为2004年3月31日，专利权人为昆山康勤精密阀芯有限公司。

该专利授权公告时的权利要求书如下：

"1. 一种拨杆式心轴陶瓷片结构改良，其主要包括水龙头主体（10）、龙头上盖锁（13）、阀壳体（40）、座体（41）、控制杆（42）、定位体（43）、上切控阀（44）、下切控阀（45）及龙头把手（30），上切控阀（44）顶面设有一连动槽（441），上切控阀（44）的底面设有切控槽，下切控阀（45）上设有二进水孔（451，452）及一出水孔（453），下切控阀（45）的底面结合有底座（454），所述的上切控阀（44）的底面与下切控阀（45）的顶面相接触并滑动连接，其特征在于：所述的切控槽具有槽宽并呈'Λ'状。"

针对上述实用新型专利权，李丽敏（下称请求人）于2005年3月8日向专利复审委员会提出了无效宣告请求，其理由是本专利不具备新颖性、创造性，不符合专利法第二十二条第二款、第三款的规定；本专利的说明书没有充分公开，不符合专利法第二十六条第三款的规定；权利要求书未记载解

决技术问题的全部必要技术特征，不符合专利法实施细则第二十一条第二款的规定，同时提交了附件1作为证据：

附件1：申请日为2002年12月18日、授权公告日为2003年12月24日、授权公告号为CN2594582Y的中国实用新型专利说明书（下称对比文件1）。

经审查，上述无效宣告请求符合专利法及其实施细则的形式要求，专利复审委员会对上述无效宣告请求予以受理并将上述无效宣告请求书及其附件的副本转给了专利权人（下称被请求人），要求其在指定的期限内答复，同时依法成立合议组对本案进行审查。

被请求人没有在指定期限内对合议组转送的上述无效宣告请求及其附件的副本作出答复。

专利复审委员会本案合议组于2005年7月1日向双方当事人发出了无效宣告请求口头审理通知书，定于2005年8月17日在专利复审委员会举行口头审理。

口头审理如期举行。请求人和被请求人双方均参加了口头审理。在口头审理过程中，合议组对请求人提出的无效理由及提交的证据进行了调查，被请求人对请求人提交的证据（即对比文件1）的真实性无异议。请求人结合证据和本专利针对其提出的无效宣告理由充分陈述了意见并明确其无效理由为：

本专利说明书未对切控槽的位置及其与进、出水孔的配合关系作出清楚的描述，权利要求中也未对其进行限定，故不符合专利法第二十六条三款及专利法实施细则第二十一条第二款的规定；本专利权利要求1相对对比文件1不具备新颖性，相对于本专利说明书背景技术部分所描述的现有技术不具备创造性。当事人双方还就本专利公开是否充分、是否缺乏必要技术特征、是否具备新颖性和创造性的问题进行了辩论。

至此，合议组经过合议，认为双方已充分陈述意见，而且本案的事实已经清楚，可以对本案作出审查决定。

二、决定的理由

1. 证据认定

在口头审理过程中，合议组对请求人提交的证据进行了调查，被请求人对请求人提交的对比文件1的真实性无异议，合议组经核实对对比文件1的真实性予以认可。对比文件1的申请日为2002年12月18日，早于本专利的申请日，公开日为2003年12月24日，晚于本专利的申请日，因此，根据专利法第二十二条第二款及审查指南中的有关规定，该对比文件1仅可以用于评价本专利的新颖性。

2. 关于充分公开

专利法第二十六条第三款规定：说明书应当对发明或者实用新型作出清楚、完整的说明，以所属技术领域的技术人员能够实现为准；必要的时候，应当有附图。摘要应当简要说明发明或者实用新型的技术要点。

请求人认为：本专利的说明书未对切控槽的位置及其与进、出水孔的配合关系作出清楚的描述。合议组认为：本领域技术人员根据本专利说明书所公开的内容并结合附图完全可以清楚地理解切控槽的位置及其与进、出水孔的配合关系，从而再现本实用新型的技术方案，实现本实用新型的发明目的，达到其预期的效果而无需付出创造性的劳动。

根据本专利说明书的记载，“本实用新型的目的在于提供一种拨杆式心轴陶瓷片结构改良，将龙头把手扳向左侧时为热水出水，将龙头把手扳向右侧时则为冷水出水”。换言之，本实用新型的目的就在于通过改变上切控阀的切控槽的结构形状来克服背景技术中所存在的容易将使用者烫伤的技术问题。由于只需对切控槽的结构形状作出改变，而无需对阀芯的整体结构作出大的改动，因此可以降低该产品的改造成本。至于该切控槽的位置及其与进、出水孔的操作或配合关系已经在说明书第5页第

6～9 行、第 7 页第 7～11 行及附图 5、7 和附图 8 中公开，本领域技术人员据此完全可以再现本实用新型的技术方案，实现其发明目的，达到其预期效果。

3. 关于必要技术特征

专利法实施细则第二十一条第二款规定：独立权利要求应从整体上反映发明或者实用新型的技术方案，记载解决技术问题的必要技术特征。审查指南第二部分第二章第 3.1.2 节中指出："必要技术特征"是指，发明或者实用新型为解决其技术问题所不可缺少的技术特征，其总和足以构成发明或者实用新型的技术方案，使之区别于背景技术中所述的其他技术方案。

请求人认为：权利要求书中未记载解决技术问题的全部必要技术特征，包括未对切控槽的位置及其与进、出水孔的配合关系作出限定，故不符合实施细则第二十一条第二款的规定。合议组认为：本专利权利要求 1 中的技术特征"上切控阀（44）的底面设有切控槽，下切控阀（45）上设有二进水孔（451，452）及一出水孔（453）"和"所述的上切控阀（44）的底面与下切控阀（45）的顶面相接触并滑动连接"已表明了切控槽的位置及其与进、出水孔的配合关系，权利要求 1 的技术方案能够解决本专利所要解决的技术问题，并达到预期的效果，因此符合专利法实施细则第二十一条第二款的规定。

4. 关于新颖性

按照专利法第二十二条第二款的规定，新颖性是指在申请日以前没有同样的发明或者实用新型在国内外出版物上公开发表过、在国内公开使用过或者以其他方式为公众所知，也没有同样的发明或者实用新型由他人向国务院专利行政部门提出过申请并且记载在申请日以后公布的专利申请文件中。

该对比文件 1 涉及一种背对背嵌入式水龙头阀体的底座构造，其包括有：阀座 10、组接槽 11 和壳体 21，在壳体 21 内部依次安装有旋控件 22、控水件 23、分水座 24 及底座 25，其中控水块 23 上设置有穿水槽 231，分水座 24 设置有冷、热水入孔 241、242 及一出水孔 243，底座 25 封闭于壳体 21 的最底端，其设有与分水座 24 的冷、热水孔和出水孔相对应的冷、热水入孔 251、252 和一出水孔 253。通过旋转该旋控件 22 带动控水块 23 转动，以控制冷、热水的启闭及流量大小状态。

从该对比文件的说明书及附图中可以看出，该对比文件中的壳体 21 相当于本专利的阀壳体（40）；旋控件 22 相当于本专利的座体（41）、控制杆（42）以及定位体（43）；控水块 23 及设置有槽孔的部件相当于本专利的上切控阀（44）及上切控阀连动槽（441）；分水座 24 和底座 25 相当于本专利的下切控阀（45）和底座（454）；设置于控水块 23 上的穿水槽 231 相当于本专利上切控阀（44）底面上的切控槽；设置在分水座 24 和底座 25 上的两个进水孔和一个出水孔与设置在本专利下切控阀（45）上的两个进水孔和一个出水孔相对应；控水块 23 的底面与分水座 24 的顶面相接触并滑动连接，这与本专利的上切控阀（44）的底面与下切控阀（45）的顶面相接触并滑动连接相对应；从对比文件 1 的附图 2 中，可以看出：穿水槽 231 呈"Λ"状，这与本专利所述的切控槽呈"Λ"状相对应。

据此，由本专利权利要求 1 所限定的技术方案与对比文件 1 所公开的内容相比，区别点主要在于：a. 本专利还包括水龙头主体（10）、龙头上盖锁（13）和龙头把手；b. 二者的类型及操作方式不同：本专利具有拨杆式结构，就是说，它是通过将控制杆扳向两侧的方式进行操作的，而对比文件则涉及一种背靠背嵌入式水龙头阀体，它是通过旋控件 22 的旋转来进行操作的。

可见，对比文件 1 没有公开与本专利权利要求 1 相同的技术方案，因此根据专利法第二十二条第二款的规定，权利要求 1 限定的技术方案相对该对比文件 1 具备新颖性。

5. 关于创造性

按照专利法第二十二条第三款的规定：创造性，是指同申请日以前已有的技术相比，该发明具有突出的实质性特点和显著的进步，该实用新型有实质性特点和进步。

按照专利法实施细则第三十条的规定：专利法第二十二条第三款所称已有的技术，是指申请日（有优先权的，指优先权日）前在国内外出版物上公开发表、在国内公开使用或以其他方式为公众所知的技术，即现有技术。

请求人认为：将权利要求1所限定的技术方案与本专利说明书中提及的背景技术相比，本专利的结构改进仅仅是将设置在上切控阀（44）底面上的切控槽（442）设计成“Λ”状。对于本领域技术人员而言，是显而易见的，而且这种变化并未产生意料不到的有益效果。因此，本专利不具备创造性。

合议组认为：请求人没有提供相应的证据表明上述背景技术所公开的内容在申请日前在国内外公开出版物上公开发表、在国内公开使用或以其他方式为公众所知，即无法证明上述背景技术即是现有技术，因此不能以此来评价本专利权利要求1的创造性。

其次，即使将本专利说明书中的背景技术视为现有技术，那么由本专利权利要求1限定的技术方案与该“现有技术”的主要区别点在于：本专利将类似于“8”形的下切控槽设计为“Λ”形。通过对下切控槽作出这种形状或结构上的改变，能够解决该背景技术所存在的容易将使用者烫伤的技术问题，产生了明显的技术效果，这对本领域技术人员而言并非是显而易见的，需要付出创造性的劳动，因此本专利权利要求1限定的技术方案相对该“现有技术”具有实质性特点和进步，仍然具备创造性。

三、决定

维持03220598.8号实用新型专利权有效。

当事人如对本决定不服，可以根据专利法第四十六条第二款的规定，自收到本决定之日起三个月内向北京市第一中级人民法院起诉。根据该款的规定，一方当事人起诉后，另一方当事人应当作为第三人参加诉讼。

北京市第一中级人民法院
行政判决书

（2006）一中行初字第123号

原告李丽敏，女，1976年4月27日出生，住台湾省彰化县员林镇三和里18邻和平东街一段170巷9号。

委托代理人李东辉，上海市一平律师事务所律师。

被告国家知识产权局专利复审委员会，住所地北京市海淀区北四环西路9号银谷大厦10~12层。

法定代表人廖涛，副主任。

委托代理人祁轶军，国家知识产权局专利复审委员会审查员。

委托代理人杜微科，国家知识产权局专利复审委员会审查员。

第三人昆山康勤精密阀芯有限公司，住所地江苏省昆山开发区高科技工业园。

法定代表人陈美莉，董事长。

委托代理人张瀚浓，男，1960年1月31日出生，昆山康勤精密阀芯有限公司经理，住台湾省台北市。

委托代理人王莉莉，女，满族，1982 年 10 月 22 日出生，住辽宁省大连市得胜街 21 号。

原告李丽敏不服被告国家知识产权局专利复审委员会（下称专利复审委员会）于 2005 年 9 月 15 日作出的第 7545 号无效宣告请求审查决定书（下称第 7545 号决定），向本院提起行政诉讼。本院于 2006 年 1 月 10 日受理此案后，依法组成合议庭并通知昆山康勤精密阀芯有限公司（下称昆山康勤公司）作为第三人参加诉讼，于 2006 年 4 月 5 日公开开庭进行了审理。原告李丽敏的委托代理人李东辉，被告专利复审委员会的委托代理人祁轶军、杜微科，第三人昆山康勤公司委托代理人张瀚浓、王莉莉到庭参加诉讼。本案现已审理终结。

2005 年 3 月 8 日，李丽敏针对昆山康勤公司拥有的名称为“拨杆式心轴陶瓷片结构改良”的实用新型专利（专利号为 03220598.8，下称本专利）向专利复审委员会提出无效宣告请求。2005 年 9 月 15 日，专利复审委员会作出第 7545 号决定，其中认为：

1. 证据认定

昆山康勤公司对李丽敏提交的对比文件 1 的真实性无异议，专利复审委员会认可对比文件 1 的真实性。对比文件 1 的申请日为 2002 年 12 月 18 日，早于本专利的申请日，公开日为 2003 年 12 月 24 日，晚于本专利的申请日。因此根据专利法第二十二条第二款及审查指南中的有关规定，对比文件 1 仅可以用于评价本专利的新颖性。

2. 关于充分公开

李丽敏认为本专利的说明书未对切控槽的位置及其与进、出水孔的配合关系作出清楚的描述。专利复审委员会认为：根据本专利说明书的记载，“本实用新型的目的在于提供一种拨杆式心轴陶瓷片结构改良，将龙头把手扳向左侧时为热水出水，将龙头把手扳向右侧时则为冷水出水”。换言之，本专利的目的就在于通过改变上切控阀的切控槽的结构形状来克服背景技术中所存在的容易将使用者烫伤的技术问题。由于只需对切控槽的结构形状作出改变，而无需对阀芯的整体结构作出大的改动，因此可以降低该产品的改造成本。至于该切控槽的位置及其与进、出水孔的操作或配合关系已经在说明书及附图中公开，本领域技术人员据此完全可以再现本专利的技术方案，实现其发明目的，达到其预期效果。

3. 关于必要技术特征

李丽敏认为：权利要求书中未记载解决技术问题的全部必要技术特征，包括未对切控槽的位置及其与进、出水孔的配合关系作出限定，故不符合专利法实施细则第二十一条第二款的规定。专利复审委员会认为：本专利权利要求 1 中的技术特征“上切控阀（44）的底面设有切控槽，下切控阀（45）上设有二进水孔（451，452）及一出水孔（453）”和“所述的上切控阀（44）的底面与下切控阀（45）的顶面相接触并滑动连接”已表明了切控槽的位置及其与进、出水孔的配合关系，权利要求 1 的技术方案能够解决本专利所要解决的技术问题，并达到预期的效果，因此符合专利法实施细则第二十一条第二款的规定。

4. 关于新颖性

由本专利权利要求 1 所限定的技术方案与对比文件 1 所公开的内容相比，区别点主要在于：a. 本专利还包括水龙头主体（10）、龙头上盖锁（13）和龙头把手；b. 二者的类型及操作方式不同：本专利具有拔杆式结构，是通过将控制杆扳向两侧的方式进行操作的，而对比文件则涉及一种背靠背嵌入式水龙头阀体，是通过旋控件 22 的旋转来进行操作的。对比文件 1 没有公开与本专利权利要求 1 相同的技术方案，根据专利法第二十二条第二款的规定，权利要求 1 限定的技术方案相对该对比文件 1 具备新颖性。

5. 关于创造性

李丽敏没有提供相应的证据表明本专利说明书中提及的背景技术所公开的内容即是现有技术，不能以此来评价本专利权利要求 1 的创造性。即使将本专利说明书中的背景技术视为现有技术，那么由本专利权利要求 1 限定的技术方案与该“现有技术”相比具有实质性特点和进步，因此本专利权利要求 l 限定的技术方案相对该“现有技术”仍然具备创造性。

基于上述理由，专利复审委员会作出第 7545 号决定，维持本专利权有效。

原告李丽敏不服第 7545 号决定，在法定期限内向本院提起行政诉讼称：1. 本专利说明书公开不充分。本专利所要解决的技术问题是提供一种改进的拨杆式心轴陶瓷片结构，使水龙头能够按照传统的方式出冷、热水，即龙头把手扳向左侧时出热水，将龙头把手扳向右侧时出冷水，而第 7545 号决定却错误地认定本专利的发明目的是“通过改变上切控阀槽的结构形状来克服背景技术中所存在的容易将使用者烫伤的技术问题”。本专利的发明点仅在于将现有技术中上切控槽的“8”字状改为“Λ”状，说明书中关于上切控槽改进后呈“Λ”状出冷水的状态与改进前呈“8”字状的出冷水状态相同，均是将把手扳向左侧；同样，关于上切控槽改进后呈“Λ”状出热水状态与改进前呈“8”字状的出热水状态相同，均是将把手扳向右侧。仅改变上切控槽的形状不能达到改变冷热水出水状况的发明目的。本领域的技术人员按照说明书记载的内容不能解决其技术问题并产生预期的技术效果，不符合专利法第二十六条第三款的规定。2. 本专利独立权利要求缺少必要技术特征。本专利仅改变上切控槽的形状不能达到改变冷热水出水状况解决技术问题，还需要上切控阀在拨动时旋转使其“Λ”状上切控槽与下切控阀的进出水口进行配合才能实现发明目的，而本专利独立权利要求并未记载这些必要技术特征。3. 本专利不具备新颖性。本专利的发明主题是对水龙头内的心轴陶瓷片结构的改良，水龙头主体、龙头上盖锁和龙头把手不属于必要技术特征，对于本领域的普通技术人员属于公知常识。而对比文件 1 涉及的也是一种水龙头内的陶瓷控制阀，并且公开了本专利的全部必要技术特征，因此本专利相对对比文件 1 而言不具备新颖性。本专利作为实用新型专利所保护的客体仅为心轴陶瓷片产品的形状、构造或者其结合。然而，第 7545 号决定有关本专利与对比文件 1 二者的类型及操作方式不同从而具备新颖性的认定错误。请求法院依法撤销第 7545 号决定，判决本专利无效。

被告专利复审委员会辩称：1 本专利的目的在于通过改变上切控阀的切控槽的结构形状来克服背景技术中所存在的容易将使用者烫伤的技术问题。该切控槽的位置及其与进、出水孔的操作或配合关系已经在说明书及附图中公开，本领域技术人员据此完全可以再现本专利的技术方案，实现其发明目的，达到其预期效果。原告在起诉状中认为本专利与背景技术所涉产品的出水状态相同系对本专利与背景技术所涉产品的结构及操作方式理解有误。2. 本专利独立权利要求 1 中的技术特征“上切控阀（44）的底面设有切控槽，下切控阀（45）上设有二进水孔（451，452）及一出水孔（453）”和“所述的上切控阀（44）的底面与下切控阀（45）的顶面相接触并滑动连接”已表明了切控槽的位置及其与进、出水孔的配合关系，而且独立权利要求 l 所限定的技术方案已经能够解决本专利所要解决的技术问题，达到预期的效果，并能够区别于背景技术中所述的技术方案。3. 对比文件 1 的申请日为 2002 年 12 月 18 日，早于本专利的申请日，公开日为 2003 年 12 月 24 日，晚于本专利的申请日，因此对比文件 l 仅可用于评价本专利的新颖性。本专利权利要求 1 所限定的技术方案与对比文件 1 所公开的内容相比，区别点至少包括：a. 本专利还包括水龙头主体（10）、龙头上盖锁（13）和龙头把手；b. 二者的结构类型及操作方式不同：本专利具有拨秆式结构，通过将控制杆扳向两侧的方式进行操作，而对比文件 1 则涉及一种背靠背嵌入式水龙头阀体，通过旋控件 22 的旋转来进行操作。可见，对比文件 l 没有公开与本专利权利要求 1 相同的技术方案，因此根据专利法第二十二条第二款的规定，权利要求 l 限定的技术方案具备新颖性。至于原告声称“水龙头主体、龙头上盖锁和龙头把手对于本领域技术人员来说属于公知常识”，这本身就证明原告已经承认本专利权利要求1所限定的技术方案不同于对比文件1所公开的技术方案，从而承认本专利权利要求1具备专利法第二十二条第二款所规定的新颖性。

第三人昆山康勤公司述称：对于第7545号决定没有异议，请求法院维持该决定。

本院经审理查明：

本案涉及的争议专利系名称为“拨杆式心轴陶瓷片结构改良”的实用新型专利（即本专利），专利号为03220598.8，申请日为2003年3月21日，授权公告日为2004年3月31日，专利权人为昆山康勤公司，其授权的权利要求书为：

“1. 一种拨杆式心轴陶瓷片结构改良，其主要包括水龙头主体（10）、龙头上盖锁（13）、阀壳体（40）、座体（41）、控制杆（42）、定位体（43）、上切控阀（44）、下切控阀（45）及龙头把手（30），上切控阀（44）顶面设有一连动槽（441），上切控阀（44）的底面设有切控槽，下切控阀（45）上设有二进水孔（451，452）及一出水孔（453），下切控阀（45）的底面结合有底座（454），所述的上切控阀（44）的底面与下切控阀（45）的顶面相接触并滑动连接，其特征在于：所述的切控槽具有槽宽并呈‘Λ’状。”

本专利说明书“发明内容”项下记载“本实用新型的目的在于提供一种拨杆式心轴陶瓷片结构改良，将龙头把手扳向左侧时为热水出水，将龙头把手扳向右侧时则为冷水出水”；“本实用新型与现有技术相比具有下列优点：当龙头把手向右侧扳动时，上切控阀向左移动，而使上切控阀的切控槽同时盖在冷水的进水孔及出水孔上，此时出冷水。当龙头把手向左侧扳动时，上切控阀向右移动，而使上切控阀的切控槽同时盖在热水的进水孔及出水孔上，此时出热水，与现有的龙头操作习惯相同，避免了被热水烫伤的情况”。

针对上述专利权，李丽敏于2005年3月8日向专利复审委员会提出了宣告无效请求，其理由是本专专利不具备新颖性、创造性，不符合专利法第二十二条第二款、第三款的规定；本专利的说明书没有充分公开，不符合专利法第二十六条第三款的规定；权利要求书未记载解决技术问题的全部必要技术特征，不符合专利法实施细则第二十一条第二款的规定，同时提交了申请日为2002年12月18日、授权公告日为2003年12月24日、授权公告号为CN2594582Y的中国实用新型专利说明书（下称对比文件1）作为证据。

专利复审委员会受理了该无效宣告请求，并于2005年8月17日进行了口头审理。在口头审理中，昆山康勤公司对李丽敏提交的对比文件1的真实性无异议。李丽敏明确其无效理由为：本专利说明书未对切控槽的位置及其与进、出水孔的配合关系作出清楚的描述，权利要求中也未对其进行限定，故不符合专利法第二十六条三款及专利法实施细则第二十一条第二款的规定；本专利权利要求1相对对比文件1不具备新颖性，相对于本专利说明书背景技术部分所描述的现有技术不具备创造性。口头审理后，专利复审委员会于2005年9月15日作出第7545号决定，维持本专利权有效。

李丽敏在庭审中明确表示对于第7545号决定中有关本专利创造性的认定不持异议。

以上事实有第7545号决定、本专利授权文件、对比文件1的专利说明书、李丽敏向专利复审委员会提交的专利权无效宣告请求书、口头审理记录表（附页）及当事人庭审陈述在案佐证。

本院认为，根据当事人的诉辩主张，本案涉及以下几个问题：

一、关于充分公开

《专利法》第二十六条第三款规定：说明书应当对发明或者实用新型作出清楚、完整的说明，以所属技术领域的技术人员能够实现为准；必要的时候，应当有附图。摘要应当简要说明发明或者实用新型的技术要点。

从本专利说明书可知，本专利所要实现的直接目的是提供一种拨杆式心轴陶瓷片结构改良，将龙头把手扳向左侧时为热水出水，将龙头把手扳向右侧时则为冷水出水。而实现这一目的正是为了克服背景技术中存在的容易将使用者烫伤的技术问题。因此，第7545号决定中对本专利发明目的所作认定并无不当，李丽敏相关主张不能成立，本院不予支持。

通过本专利说明书的记载以及附图可知，在"Λ"状切控槽的技术方案（即本专利）中，当龙头把手向右侧扳动时，由于龙头把手扳动所带动的控制杆的转动支点是一个旋动球，"Λ"状切控槽所在的上切控阀在整体向左移动的同时，顺时针旋动，使其上的"Λ"状切控槽右侧的"\"槽随之顺时针旋动盖在冷水的进水孔上，此时出冷水（详见本判决书附图中的本专利图一）；同理，当龙头把手向左侧扳动时，"Λ"状切控槽所在的上切控阀在整体向右移动的同时逆时针旋动，使其上的"Λ"状切控槽左侧的"/"槽随之逆时针旋动盖在热水的进水孔上，此时出热水（详见本判决书附图中的本专利图二）。而在改良前"8"字状切控槽的技术方案（即背景技术）中，当龙头把手向右侧扳动时，由于转动支点是一个旋动球的结构与上述本专利相关结构相同，"8"字状切控槽所在的上切控阀同样在整体向左移动且同时顺时针旋动，但由于其上的切控槽是"8"字状，"8"字下半部的大孔槽跟随切控阀向左旋动盖在热水的进水孔上，此时出热水（详见本判决书附图中的背景技术图一）；同理，当龙头把手向左侧扳动时，"8"字切控槽所在的上切控阀在整体向右移动的同时逆时针旋动，使其上的"8"字下半部的大孔槽跟随切控阀向右旋动盖在冷水的进水孔上，此时出冷水（详见本判决书附图中的背景技术图二）。因此，通过本专利说明书及附图，所属技术领域的技术人员完全可以再现本专利的技术方案，实现龙头把手扳向右侧时出冷水、扳向左侧时出热水的发明目的。李丽敏主张的仅改变上切控槽的形状不能达到改变冷热水出水状况的发明目的，没有事实依据，不能成立，本院不予支持。

二、关于必要技术特征

《专利法实施细则》第二十一条第二款规定：独立权利要求应从整体上反映发明或者实用新型的技术方案，记载解决技术问题的必要技术特征。《审查指南》第二部分第二章第3.1.2节中指出："必要技术特征"是指，发明或者实用新型为解决其技术问题所不可缺少的技术特征，其总和足以构成发明或者实用新型的技术方案，使之区别于背景技术中所述的其他技术方案。本院认为本专利权利要求1中所记载的"上切控阀（44）的底面设有切控槽，下切控阀（45）上设有二进水孔（451，452）及一出水孔（453）"和"所述的上切控阀（44）的底面与下切控阀（45）的顶面相接触并滑动连接"能够表明切控槽的位置及其与进、出水孔的配合关系。而且本专利的技术方案仅仅是对切控槽的形状作出改变，对背景技术阀芯的整体结构的其他部分未作改动，权利要求1能够从整体上反映本专利的技术方案，解决本专利所要解决的技术问题，并能够区别于背景技术中所述的技术方案，因此符合专利法实施细则第二十一条第二款的规定。李丽敏关于本专利独立权利要求没有记载上切控阀在拨动时旋转使其"Λ"状上切控槽与下切控阀的进出水口进行配合的必要技术特征，仅改变上切控槽的形状不能实现发明目的的主张，不能成立，本院不予支持。

三、关于新颖性

专利法第二十二条第二款规定：新颖性，是指在申请日以前没有同样的发明或者实用新型在国内外出版物上公开发表过、在国内公开使用过或者以其他方式为公众所知，也没有同样的发明或者实用新型由他人向国务院专利行政部门提出过申请并且记载在申请日以后公布的专利申请文件中。本院认为，李丽敏并未否认本专利权利要求1所限定的技术方案与对比文件1所公开的内容相比，本专利还包括水龙头主体、龙头上盖锁和龙头把手。因此，对比文件1没有披露本专利权利要求1所记载的全部技术特征；而且本专利所具有的拨杆式结构导致其与对比文件1结构类型不同，对比文件1没有公开与本专利权利要求1相同的技术方案，根据专利法第二十二条第二款的规定，权利要求1限定的技术方案相对于对比文件1具备新颖性。原告有关本专利与对比文件1的不同点均属公知常识、类型和操作方式的不同不能得出本专利具有新颖性等主张，不是否定本专利权利要求1限定的技术方案具备新颖性的理由，本院不予支持。

综上，专利复审委员会做出的第7545号决定认定事实清楚，适用法律正确，程序合法，应予维持。依照《中华人民共和国行政诉讼法》第五十四条第（一）项之规定，本院判决如下：

维持被告国家知识产权局专利复审委员会作出的第7545号无效宣告请求审查决定。

案件受理费1000元，由原告李丽敏负担（已交纳）。

如不服本判决；原告李丽敏可在本判决书送达后30日内，被告国家知识产权局专利复审委员会、第三人昆山康勤精密阀芯有限公司可在本判决书送达后十五日内，向本院提交上诉状，并按对方当事人人数提交副本，交纳上诉案件受理费1000元，上诉于北京市高级人民法院。

审　判　长　张晓霞
代理审判员　姜庶伟
代理审判员　芮松艳
二〇〇六年八月八日
书　记　员　王　晫

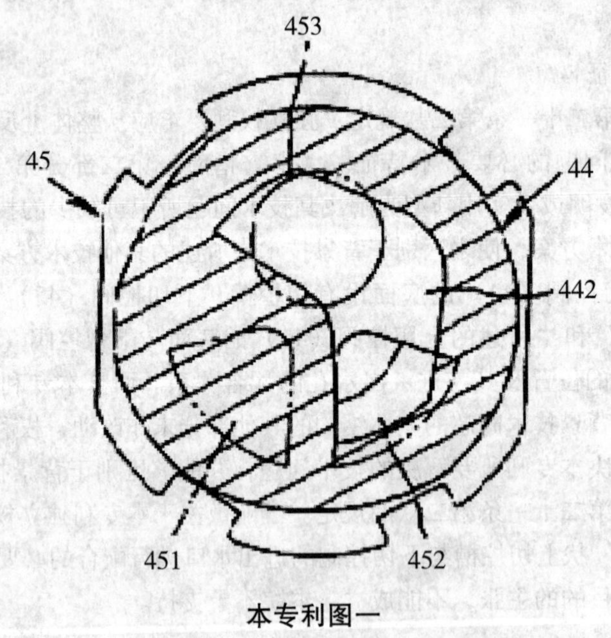

本专利图一

龙头把手向右侧扳动→上切控阀整体左移并顺时针旋动→上切控阀上的“Λ”状切控槽右侧“\”槽随之顺时针旋动盖在冷水进水孔（452）上→出冷水

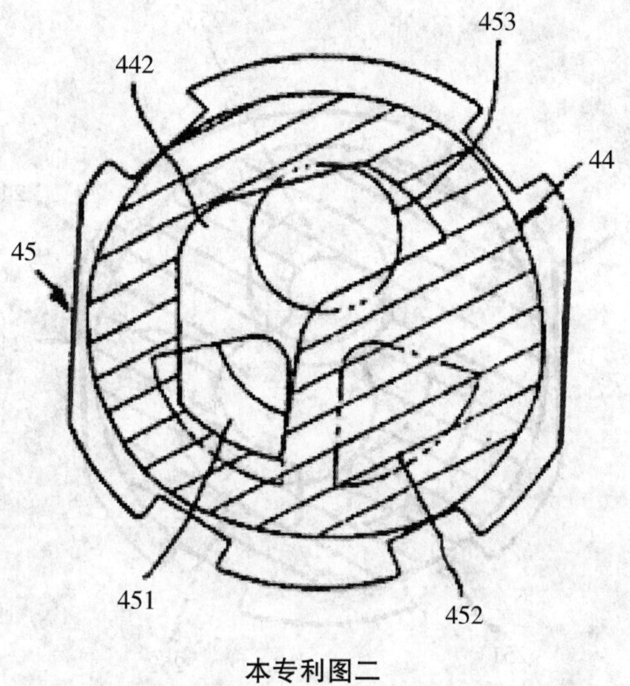

本专利图二

龙头把手向左侧扳动→上切控阀整体右移并逆时针旋动→上切控阀上的“Λ”状切控槽左侧“/”槽随之逆时针旋动盖在热水进水孔（451）上→出热水

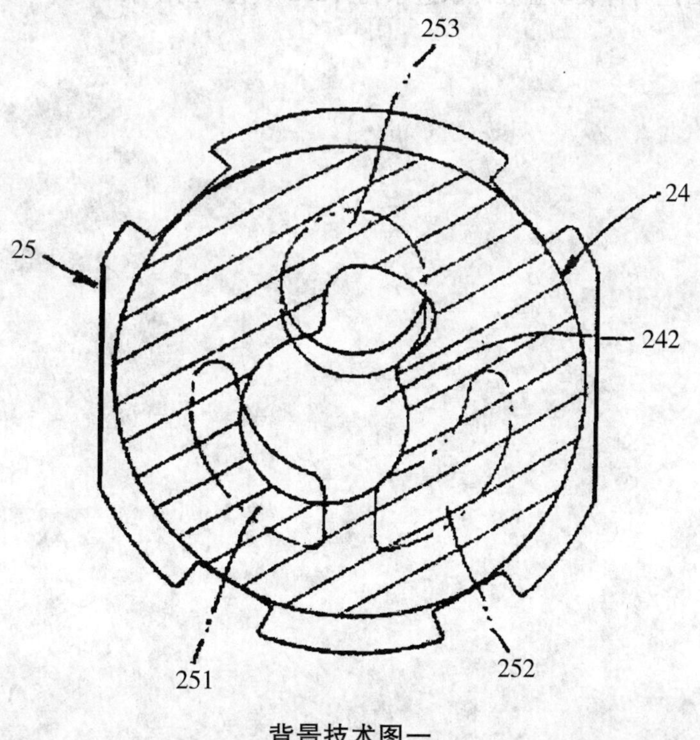

背景技术图一

龙头把手向右侧扳动→上切控阀整体左移并顺时针旋动→上切控阀上的“8”字切控槽下半部的大孔槽跟随切控阀向向左侧顺时针旋动盖在热水进水孔（251）上→出热水

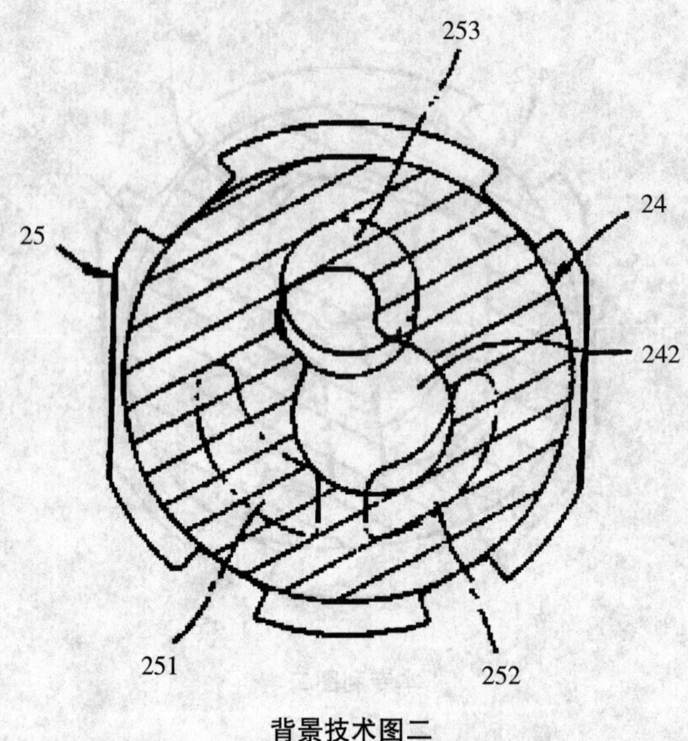

背景技术图二

龙头把手向左侧扳动→上切控阀整体右移并逆时针旋动→上切控阀上的“8”字切控槽下半部的大孔槽跟随切控阀向右逆时针旋动盖在冷水进水孔（252）上→出冷水

155

一种的士靠枕案

无效宣告请求审查决定（第7546号）

决　定　号　第7546号
决　定　日　2005年9月29日
发明创造名称　一种的士靠枕
国际分类号　B60N 2/48
无效请求人　上海埃莱弗软件科技（上海）有限公司
专利权人　魅惑广告电视有限公司
专　利　号　02232900.5
申　请　日　2002年5月23日
授权公告日　2002年12月25日
合议组组长　白剑锋
主　审　员　祁铁军
参　审　员　冯　涛

法律依据　专利法第二十二条第二款
决定要点

本专利权利要求1限定的技术方案已经被一份现有技术所公开，因此本专利权利要求1不具备新颖性。

一、案由

本无效宣告请求案涉及的是专利号为02232900.5、名称为“一种的士靠枕”的实用新型专利(下称本专利)、该专利的申请日为2002年5月23日、授权公告日为2002年12月25日，专利权人为魅惑广告电视有限公司。

该专利授权公告时的权利要求书如下：

“1. 一种的士靠枕，有一枕头（1），其特征在于：在枕头（1）的背后固定有一显示屏（2）。”

针对上述专利权，上海埃莱弗软件科技（上海）有限公司（下称请求人）于2005年3月7日向专利复审委员会提出了无效宣告请求，其理由是：本专利不具备新颖性和创造性，不符合专利法第二十二条的规定，同时提交了附件1~6作为证据：

附件1：广州市索卡科技电子有限公司的宣传资料；

附件2：漳州利普电子有限公司的宣传资料；

附件3：Wired News；

附件4：沈阳火炬北泰数码科技有限公司的宣传资料；

附件5：AIFA 深圳鑫鑫成实业发展有限公司的宣传资料；

附件6：从网上下载的有关出租车专用数字电视频道的资料。

请求人于2005年3月17日向专利复审委员会提交了附件7~11作为补充证据并以新提交的证据为基础认为本专利不具备专利法第二十二条第二款规定的新颖性，其中：

附件7：国家知识产权局专利局检索咨询中心出具的关于本专利的检索报告；

附件8：授权公告日为2001年9月26日的中国实用新型专利CN2449576Y的专利说明书；

附件9：授权公告日为2002年8月21日的中国实用新型专利CN2506484Y的专利说明书；

附件10：授权公告日为1998年2月3日的美国专利US5713633的专利说明书；

附件11：授权公告日为2001年1月26日的美国专利US6250967B1的专利说明书。

经审查，上述无效宣告请求符合专利法及其实施细则的形式要求，专利复审委员会对上述无效宣告请求予以受理并于2005年4月5日将上述无效宣告请求书及其附件的副本转给了专利权人（下称被请求人），要求其在指定的期限内答复，同时依法成立合议组对本案进行审查。

针对上述无效宣告请求，被请求人于2005年5月16日作出了答复，被请求人认为：附件1~11不能否定本专利的新颖性和创造性。

专利复审委员会本案合议组于2005年8月9日向双方当事人发出了无效宣告请求口头审理通知书，定于2005年9月28日在专利复审委员会举行口头审理。

口头审理如期举行。仅请求人一方参加了口头审理，请求方对变更后的合议组成员无回避请求。在口头审理过程中，合议组对请求人提出的理由及提交的证据进行了调查。请求人明确表示：放弃将附件1~6及附件10~11作为证据使用，同时结合附件8和附件9和本专利针对其提出的无效宣告理由充分陈述了意见并明确其无效理由为：本专利权利要求1相对附件8不具备新颖性和创造性，相对附件9不具备新颖性。

本案合议组经过合议，认为本案的事实已经清楚，可以作出审查决定。

二、决定的理由

关于专利法第二十二条第二款。

专利法第二十二条第二款的规定：新颖性，是指在申请日以前没有同样的发明或者实用新型在国内外出版物上公开发表过、在国内公开使用过或者以其他方式为公众所知，也没有同样的发明或者实用新型由他人向国务院专利行政部门提出过申请并且记载在申请日以后公布的专利申请文件中。

证据8和证据9均为中国实用新型专利说明书，经核实，合议组对附件8和附件9的真实性予以认可。

作为专利文献的附件8属于公开出版物，其授权公告日为2001年9月26日，早于本专利的申请日，因此，根据专利法第二十二条第二款及审查指南中的有关规定，附件8可以用于评价本专利的新颖性。

附件8公开了一种用于交通工具上的靠背上装有彩色液晶电视机的座椅，该座椅1的靠背2上装有一彩色液晶电视接收机3，其中彩色液晶电视接收机3安装于座椅靠背2上部的头靠9的背面（见对比文件1的说明书及说明书附图）。由本专利权利要求1限定的技术方案与该对比文件所公开的技术内容相比，其区别仅在于表述方式上略有不同，其技术方案实质上相同，而且两者属于相同的技术领域，具有相同的发明目的并能够产生相同的技术效果，属于同样的发明，因此根据专利法第二十二条第二款的规定，由独立权利要求1所限定的技术方案不具备新颖性。

三、决定

宣告02232900.5号实用新型专利权无效。

当事人如对本决定不服，可以根据专利法第四十六条第二款的规定，自收到本决定之日起三个月内向北京市第一中级人民法院起诉。根据该款的规定，一方当事人起诉后，另一方当事人应当作为第三人参加诉讼。

156

切管机的长管自动整理装置案

无效宣告请求审查决定（第7553号）

决　定　号　第7553号
决　定　日　2005年9月28日
发明创造名称　切管机的长管自动整理装置
国际分类号　A63C 17/04　A63C 17/20
无效请求人　玉环康力达机械设备有限公司
专利权人　盛建保　林军华　陈万顺　张永明
专　利　号　03229289.9
申　请　日　2003年3月5日
授权公告日　2004年1月14日
合议组组长　陈迎春
主　审　员　欧　岚
参　审　员　丁惠玲

法律依据　专利法第二十二条第二款
决定要点

当请求人提供的证据无法证明一项实用新型专利所保护的技术方案在申请日之前已处于公众能够得知的状态时，则该实用新型专利具备新颖性。

一、案由

本无效宣告请求案涉及国家知识产权局专利局于2004年1月14日授权公告的名称为“切管机的长管自动整理装置”的03229289.9号实用新型专利权，其申请日为2003年3月5日，专利权人为盛建保、林军华、陈万顺和张永明（下称被请求人）。

其授权公告的权利要求书为：

“1. 一种切管机的长管自动整理装置，设置于用于输送被切断软管（3）的输送带（4）处，其特征在于它包括一根管状的吹气管（1），吹气管（1）与输送带（4）平行设置，且位于输送带（4）的侧上方，一根与气泵联接的导气管（2）接于吹气管（1）上，在吹气管（1）中开有若干个气孔（11），气孔（11）朝向于输送带（4），在输送带（4）的另一侧下方放置一个用于收集软管（3）的成品箱（5）。

2. 根据权利要求1所述的切管机的长管自动整理装置，其特征在于在导气管（2）上设置电磁阀。”

针对上述专利权，玉环康力达机械设备有限公司（下称请求人）于2004年8月10日向专利复审委员会提出无效宣告请求，请求依法宣告本专利权利要求全部无效，其理由是本专利不符合专利法第二十二条第二款、第三款的规定，并提交了以下附件作为证据：

附件1：台州迈得自动化有限公司散发的企业产品样本的复印件4页；

附件2：《机械设计与制造》杂志2004年4月第2期刊载的“自动软管截断机的研制”的复印件。

请求人在无效宣告请求书中指出，附件1为被请求人就职单位台州迈得自动化有限公司于2002年下半年散发的企业产品样本，其封面产品即为本专利所称的产品；附件2公开发表的时间虽晚于本专利申请日，但是该文章中记载了一项事实：威海医用高分子有限公司经过一年时间研制出塑料软管截断机，又经过一年多的连续运转，该机完全满足生产需要。由此请求人通过附件2的投稿时间2003年8月18日推算出威海医用高分子有限公司研制成功并投入使用软管截断机的时间应在2002年8月18日之前；同时请求人了解到本专利的设计人在2002年间在威海医用高分子有限公司工作。因此，请求人认为本专利的权利要求1和权利要求2由于在专利申请日之前已由他人在先公开和使用公开而丧失了新颖性。请求人还认为本专利权利要求1的把切断后的软管采用气流方式吹落收集的方式属于塑料制品加工行业中极为普通的做法，与传统式的挡杆机械落料相比没有产生意想不到的技术效果，因此权利要求1不具备创造性。

经形式审查合格，专利复审委员会于2004年8月10日受理了上述无效宣告请求，同日将宣告专利权无效请求书及其附件副本转送给了被请求人，要求其在指定的期限内答复。被请求人逾期未答复。

2005年6月30日，合议组向双方当事人发出口头审理通知书，定于2005年8月23日举行口头审理。

口头审理如期举行，请求人一方参加了口头审理。

在口头审理中，请求人明确其无效宣告请求的理由、范围和证据为：权利要求1和权利要求2不符合专利法第二十二条第二款、第三款规定的新颖性和创造性。并当庭提交了附件1台州迈得自动化有限公司的企业产品样本的原件。请求人明确承认附件1没有具体的印制时间，但声称附件1是在2002年下半年的食品机械展览会上分发的产品样本。请求人主张通过附件2证明本专利在申请日之前公开使用的事实，但未提交附件2的原件，合议组要求其在口头审理后一周之内补交附件2的真实性证明材料。

在规定的期限内请求人提交了证明附件2真实性的材料。

至此，合议组认为本案事实清楚，现依法作出审查决定。

二、决定的理由

在无效程序中，请求人共提交了两份附件作为证据。

附件1是台州迈得自动化有限公司散发的企业产品样本的复印件。在口头审理中，请求人当庭提交了附件1的原件，并声称附件1是在2002年下半年的食品机械展览会上分发的上述公司的企业产品样本，但请求人明确承认附件1没有具体的印制时间，也没能提供任何证据来证明附件1为公众所知的日期在本专利的申请日之前，因此合议组无法确认附件1实际的散发时间是否在本专利申请日之前，故附件1不能作为本案的有效证据使用。

附件2是《机械设计与制造》杂志2004年4月第2期刊载的“自动软管截断机的研制”的复印件。虽然在口头审理之后请求人提交了证明附件2真实性的材料，但是附件2的文章公开发表的时间晚于本专利申请日，故附件2不能作为本专利的出版物公开的证据使用。请求人认为附件2公开发表的时间虽晚于本专利申请日，但是该文章中记载了一项事实：“威海医用高分子有限公司投资8万元，经过近一年时间，研制出塑料软管截断机，经过一年多的连续运行，该机完全满足生产需要”。由附件2的投稿时间2003年8月18日可推算出威海医用高分子有限公司研制成功并投入使用软管截断机的时间应在2002年8月18日之前。因此，通过附件2可证明本专利在申请日之前公开使用的事实。

审查指南第二部分第三章第2.1.3.2节对“使用公开”的解释为：由于使用导致一项或者多项技术方案的公开，或者使公众处于任何一个人都可以使用该技术方案的状态，这种公开方式称为使用公开。

根据指南对“使用公开”的解释，合议组认为，虽然附件2中记载了上述这样一段文字，但仅描述了威海医用高分子有限公司在2002年8月18日之前研制出塑料软管截断机并将其投入运转。由于一个公司对其产品的研制通常处于保密状态，且产品研制阶段的状态不同于产品在制造、销售及使用阶段的状态；而所述“一年多的连续运行”不能确定其是否属于研制期间的实验运行，还是属于产品销售后的生产运行。故从目前附件2公开的内容来看，无法得知所述产品的“连续运行”是否为公开的使用行为或状态。因此，附件2无法证明在本专利申请日之前，威海医用高分子有限公司研制并投入运转的塑料软管截断机的技术方案已处于公众中任何一个人都可以得知的状态。所以附件2不能够证明本专利在申请日之前公开使用的事实。

综上所述，请求人主张的本专利与现有技术相比不具备新颖性和创造性的理由由于没有证据支持，故其无效宣告请求合议组不予支持。

三、决定

维持03229289.9号实用新型专利权有效。

当事人对本决定不服的，可以根据专利法第四十六条第二款的规定，自收到本决定之日起三个月内向北京市第一中级人民法院起诉。根据该款的规定，一方当事人起诉后，另一方当事人应当作为第三人参加诉讼。

157

重型高强度紧缩形打包带案

无效宣告请求审查决定（第7556号）

决　定　号　第7556号
决　定　日　2005年9月16日
发明创造名称　重型高强度紧缩形打包带
国际分类号　B65D 63/00
无效请求人　元贝实业股份有限公司
专 利 权 人　莱芜戈瑞实业有限公司
专　利　号　03213221.2
申　请　日　2003年5月19日
授权公告日　2004年4月7日
合议组组长　杨克菲
主　审　员　武树辰
参　审　员　祁轶军

法律依据　专利法第二十二条第二款、第三款　专利法实施细则第二十条第一款

决定要点

如果一项权利要求与对比文件的区别技术特征仅仅在于长度、尺寸和角度的变化，然而这种长度、尺寸和角度的大小是本领域普通技术人员根据实际情况在不付出创造性劳动的情况下可以进行选择的，而且这种选择也没有产生意想不到的技术效果，则该权利要求不具备创造性。

一、案由

本无效宣告请求案涉及的是专利号为03213221.2、名称为“重型高强度紧缩形打包带”的实用新型专利（下称本专利），本专利的申请日为2003年5月19日，授权公告日为2004年4月7日，专利权人为莱芜戈瑞实业有限公司。

本专利授权公告的权利要求书如下：

“1. 一种重型高强度紧缩形打包带，它包括扁带（1），其特征在于它还包括带扣（2），所述带扣（2）为固定成一体结构的四根金属条。

2. 根据权利要求1所述的重型高强度紧缩形打包带，其特征在于：金属条（2-1）和金属条（2-4）基本平行并组成一个基础平面（3），金属条（2-2）和金属条（2-3）在基础平面（3）之上，金属条（2-2）和金属条（2-3）的长度略长于基础平面（3）的长度。

3. 根据权利要求2所述的重型高强度紧缩形打包带，其特征在于：金属条（2-2）和金属条（2-3）的长度比基础平面（3）的长度长1~5mm。

4. 根据权利要求2所述的重型高强度紧缩形打包带，其特征在于：金属条（2-2）和金属条

(2－3）基本平行且金属条（2－2）与金属条（2－3）之间的距离 A 略短于金属条（2－1）与金属条（2－4）之间的距离 B。

5. 根据权利要求 4 所述的重型高强度紧缩形打包带，其特征在于：金属条（2－2）和金属条（2－3）之间的距离 A 比金属条（2－1）与金属条（2－4）之间的距离 B 小 0.2～1mm。

6. 根据权利要求 2 所述的重型高强度紧缩形打包带，其特征在于：金属条（2－1）与金属条（2－2）、金属条（2－4）基本平行，金属条（2－3）与金属条（2－4）之间形成5°～6°的夹角。”

针对上述实用新型专利权，元贝实业股份有限公司（下称请求人）于2005 年2 月22 日向专利复审委员会提出了无效宣告请求，其理由是本专利权利要求 1～6 不符合专利法第二十二条第二款、第三款的规定，本专利权利要求 6 不符合专利法第二十六条第三款和专利法实施细则第二十条第一款的规定。请求专利复审委员会宣告该专利权全部无效。请求人同时提交了下列三份证据：

证据 1：公告号为 084780 的中国台湾专利公报及其专利说明书，公告日为 1987 年 2 月 1 日；

证据 2：公告号为 200816 的中国台湾专利公报及其专利说明书，公告日为 1993 年 2 月 21 日；

证据 3：公告号为 468617 的中国台湾专利公报及其专利说明书，公告日为 2001 年 12 月 11 日。

经审查，上述无效宣告请求符合专利法及其实施细则规定的形式要求，专利复审委员会予以受理，于 2005 年 5 月 8 日向请求人和专利权人（下称被请求人）发出了无效宣告请求受理通知书，并将专利权无效宣告请求书及所附证据副本转送给被请求人，要求被请求人在指定期限内进行意见陈述，同时成立合议组对此案进行审查。

被请求人在指定期限内未针对上述无效宣告请求提交意见陈述书。

专利复审委员会于 2005 年 7 月 4 日向双方当事人发出口头审理通知书，定于 2005 年 8 月 23 日在专利复审委员会进行口头审理。

口头审理如期进行，被请求人缺席，在口头审理过程中，请求人放弃专利法第二十六条第三款的无效理由，明确其无效理由是本专利不符合专利法第二十二条第二款、第三款和专利法实施细则第二十条第一款的规定。请求人还结合证据对上述无效理由进行了充分的论述，其主要观点如下：

本专利权利要求 1 相对于证据 1～3 分别不具备新颖性，权利要求 2～6 相对于证据 1～3 分别不具备创造性，权利要求 6 特征部分的技术特征“金属条（2－3）与金属条（2－4）之间形成 5°～6°的夹角”虽然对金属条之间夹角的度数进行了限定，但并未限定金属条（2－3）的倾斜方向，因此导致权利要求 6 的保护范围不清楚，不符合专利法实施细则第二十条第一款的规定。

口头审理结束后，请求人于 2005 年 8 月 29 日向本案合议组提交了三份证据：

证据 4：经国家知识产权局专利局检索咨询中心认证的公告号为 084780 的中国台湾专利公报，公告日为 1987 年 2 月 1 日；

证据 5：经国家知识产权局专利局检索咨询中心认证的公告号为 200816 的中国台湾专利公报及说明书，公告日为 1993 年 2 月 21 日；

证据 6：经国家知识产权局专利局检索咨询中心认证的公告号为 468617 的中国台湾专利公报及说明书，公告日为 2001 年 12 月 11 日；

至此，合议组经过合议，认为涉及本案的有关事实已经清楚，可以作出本审查决定。

二、决定的理由

1. 关于证据认定

请求人提交的证据 2（下称对比文件）为专利文献，合议组已核实其真实性，其公开日在本专利申请日之前，可以用来评价本专利的新颖性和创造性。

2. 关于专利法实施细则第二十条第一款

专利法实施细则第二十条第一款规定：权利要求书应当说明发明或者实用新型的技术特征，清楚、简要地表述请求保护的范围。

请求人认为，本专利权利要求6的技术方案没有确定金属条（2－3）和（2－4）之间形成的5°～6°夹角的角度形成的方向，即没有对技术方案进行清楚、简要的表述，因此不符合专利法实施细则第二十条第一款的规定。

合议组认为，虽然权利要求6中没有对金属条（2－3）与金属条（2－4）形成夹角的倾斜方向进行限定，且上述技术特征的描述包括金属条（2－3）相对于金属条（2－4）向内倾斜或者相对于金属条（2－4）向外倾斜两种形式，然而根据说明书中对该夹角功能的说明，本领域普通技术人员可以理解，无论金属条（2－3）相对于金属条（2－4）向内倾斜或是向外倾斜，当用力固紧扁带时，金属条（2－3）总是朝着靠近金属条（2－4）的方向运动，即这两种方式都能实现本专利的说明书中所描述的功能——增大扁带与带扣之间的摩擦力。因此权利要求6的保护范围是清楚的，符合专利法实施细则第二十条第一款的规定。

3. 关于新颖性和创造性

专利法第二十二条第二款规定：新颖性，是指在申请日以前没有同样的发明或者实用新型在国内外出版物上公开发表过、在国内公开使用过或者以其他方式为公众所知，也没有同样的发明或者实用新型由他人向国务院专利行政部门提出过申请并且记载在申请日以后公布的专利申请文件中。

专利法第二十二条第三款规定的创造性是指同申请日以前已有的技术相比，该发明有突出的实质性特点和显著的进步，该实用新型有实质性特点和进步。

本专利权利要求1所要求保护的技术方案不具备专利法第二十二条第二款规定的新颖性。对比文件公开了一种打包带扣环结构，并在其说明书第6～7页以及附图1～3中具体公开了以下内容：一种打包带与打包扣环的结合（相当于权利要求1中的重型高强度紧缩形打包带），它包括扁平绳索21（相当于权利要求1中的扁带），还包括以一金属条先后弯折成的、由本体10、两倾斜边11和两承套端12组成的扣环（相当于权利要求1中的带扣），由此可见，对比文件已经公开了权利要求1的全部技术特征，且对比文件所公开的技术方案与该权利要求所要求保护的技术方案属于同一技术领域，并能产生相同的技术效果，因此权利要求1所要求保护的技术方案不具备新颖性。

从属权利要求2对权利要求1作了进一步的限定，其限定部分的技术特征中的“金属条（2－1）和金属条（2－4）基本平行并组成一个基础平面（3），金属条（2－2）和金属条（2－3）在基础平面（3）之上”已在对比文件中公开（参见对比文件的附图1和附图3及说明书中相应文字描述），权利要求2相对于对比文件而言，其区别点仅仅在于本专利的“金属条（2－2）和金属条（2－3）的长度略长于基础平面（3）的长度”。然而，本领域普通技术人员公知的是，要想将扁带固紧在带扣上，金属条（2－2）和金属条（2－3）的长度至少应等于基础平面（3）的长度，金属条（2－2）和金属条（2－3）的长度略长些则可以更可靠地保持住扁带，防止其滑脱，而且这种位于上部的金属条较下部的基础平面略长的技术也是本领域普通技术人员通常采用的技术，即本领域的公知常识。本领域普通技术人员在对比文件的基础上结合上述公知常识得到本专利权利要求2所限定的技术方案不需付出创造性劳动，因此，在其引用的权利要求1不具备新颖性的前提下，权利要求2所要求保护的技术方案不具备实质性特点和进步，因而不具备专利法第二十二条第三款规定的创造性。

从属权利要求3对权利要求2作了进一步的限定，其附加技术特征是“金属条（2－2）和金属条（2－3）的长度比基础平面（3）的长度长1～5mm”。如上所述，本领域普通技术人员为了更好地用带扣固紧扁带，容易想到使金属条（2－2）和金属条（2－3）的长度比基础平面（3）的长度长，对于本领域普通技术人员而言，长出的具体数值可以根据带扣的实际长度选择，这样的选择是无需付出创造性劳动的，而且本专利说明书中也未说明“1～5mm”的长度能够带来意想不到的技术效果。因此，在其引用的权利要求2不具有创造性的前提下，权利要求3所要求保护的技术方案相对于对比文件不具备实质性特点和进步，因而不具备专利法第二十二条第三款规定的创造性。

从属权利要求4对权利要求2作了进一步的限定，其附加技术特征是：“金属条（2－2）和金属条（2－3）基本平行且金属条（2－2）与金属条（2－3）之间的距离A略短于金属条（2－1）与金属条（2－4）之间的距离B”。本领域普通技术人员为了更好地用带扣固紧扁带，可以对上部金属条之间的距离A和下部金属条之间的距离B进行选择，对于本领域普通技术人员而言，在得知对比文件的基础上，对A和B的选择可以采用的结构是上窄下宽（A<B），宽度相同（A＝B）和上宽下窄（A>B），从这三种结构中选择一种是很容易的，其效果也是可以预知的。因此，在其引用的权利要求2不具备创造性的前提下，权利要求4所要求保护的技术方案相对于对比文件不具备实质性特点和进步，因而不具备专利法第二十二条第三款规定的创造性。

从属权利要求5对权利要求4作了进一步的限定，其附加技术特征是：“金属条（2－2）和金属条（2－3）之间的距离A比金属条（2－1）与金属条（2－4）之间的距离B小0.2～1mm”。如上所述，本领域普通技术人员为了实现更好的紧固效果，容易想到使金属条（2－2）和金属条（2－3）之间的距离A比金属条（2－1）与金属条（2－4）之间的距离B小。对于本领域普通技术人员而言，距离B与距离A之差的具体数值可以根据带扣的实际尺寸选择，这样的选择是无需付出创造性劳动的，而且本专利说明书中也未说明“0.2～1mm”的距离差能够带来意想不到的技术效果。因此，在其引用的权利要求4不具备创造性的前提下，权利要求5所要求保护的技术方案相对于对比文件不具备实质性特点和进步，因而不具备专利法第二十二条第三款规定的创造性。

从属权利要求6对权利要求2作了进一步的限定，其附加技术特征是：“金属条（2－1）与金属条（2－2）、金属条（2－4）基本平行，金属条（2－3）与金属条（2－4）之间形成5°～6°的夹角。”本领域普通技术人员从对比文件出发，在使用时，承套端会产生一定角度的倾斜，本领域普通技术人员出于增大摩擦力的目的，可以想到使其先有一定角度倾斜，具体的倾斜角度可以根据实际需要进行选择，这样的选择是无需付出创造性劳动的。而且，本专利说明书中也未说明“5°～6°”的夹角能够带来意想不到的技术效果。因此，在其引用的权利要求2不具备创造性的前提下，权利要求6所要求保护的技术方案相对于对比文件不具备实质性特点和进步，因而不具备专利法第二十二条第三款规定的创造性。

三、决定

宣告03213221.2号实用新型专利权全部无效。

当事人对本决定不服的，可以根据专利法第四十六条第二款的规定，自收到本决定之日起三个月内向北京第一中级人民法院起诉。根据该款的规定，一方当事人起诉后，另一方当事人应当作为第三人参加诉讼。

158

玻璃基片输送箱案

无效宣告请求审查决定（第7557号）

决 定 号 第7557号
决 定 日 2005年9月30日
发明创造名称 玻璃基片输送箱
国际分类号 B65D 85/48
无效请求人 韩华综合化学株式会社
专 利 权 人 淀川惠德株式会社 夏普公司
专 利 号 94120062.0
申 请 日 1994年11月9日
优 先 权 日 1993年11月9日
授权公告日 1999年4月7日
合议组组长 白剑锋
主 审 员 武树辰
参 审 员 陈 勇

法 律 依 据 专利法第三十三条、第二十六条第四款、第二十二条第三款
决 定 要 点

如果经修改的权利要求中包含了在原始申请文件中没有记载且本领域普通技术人员不能从原始申请文件中直接地、毫无疑义地导出的技术特征，则这种修改超出了原始申请文件的范围，不符合专利法第三十三条的规定。

一、案由

本无效宣告请求案涉及的是专利号为94120062.0、名称为“玻璃基片输送箱”的发明专利（下称本专利），本专利的优先权日为1993年11月9日，申请日为1994年11月9日，授权公告日为1999年4月7日，专利权人为淀川惠德株式会社和夏普公司。

本专利授权公告的权利要求书如下：

“1. 一种玻璃基片输送箱，包括：(A)，一般呈矩形有底的箱体和箱盖；或者为(B)，一般呈矩形无底的箱体、箱盖和底件，所述有底或无底的箱体具有位于至少其相对的一对内壁上的槽，用于支承玻璃基片，其改进特征在于：

每个所述的箱体、箱盖和底件都是发泡率为4－25的整体泡沫聚烯烃树脂模件，

所述箱体壁、箱盖和底件的内侧和外侧具有比壁内的中间部分较致密的表皮层，所述相对较致密的表皮层的深度为从其表面向下1mm厚，其致密的密度为壁内的中间部分的至少两倍，和

所述泡沫聚烯烃树脂模件是通过向金属模具中注入带有发泡介质的聚烯烃树脂粒或由这种聚烯烃树脂粒获得初始发泡的树脂并加热所述模具而形成的。

2. 按照权利要求 1 的玻璃基片输送箱，其特征是：所述泡沫聚烯烃树脂的体积电阻为 $10^3 \sim 10^{12}$ Ω. CM。”

针对上述发明专利权，韩华综合化学株式会社（下称请求人）于 2004 年 8 月 25 日向专利复审委员会提出了无效宣告请求，其理由是本专利不符合专利法第三十三条，专利法第二十六条第四款，专利法第二十二条第三款的规定。请求专利复审委员会宣告该专利权全部无效。请求人同时提交了以下六份证据：

证据 1：日本平 3 - 81945 号实用新型专利公开公报及相关部分中文译文；

证据 2：国际公开编号为 WO92/17330 的发明专利说明书及相关部分中文译文；

证据 3：美国 4830798 号发明专利说明书；

证据 4：日本特开平 5 - 178381 号公开特许公报及相关部分中文译文；

证据 5：中国 94120062. 0 号发明专利申请的公开说明书；

证据 6：中国 94120062. 0 号发明专利说明书。

经审查，上述无效宣告请求符合专利法及其实施细则规定的形式要求，专利复审委员会予以受理，于 2004 年 9 月 8 日向请求人和专利权人（下称被请求人）发出了无效宣告请求受理通知书，并将专利权无效宣告请求书及所附证据副本转送给被请求人，要求被请求人在指定期限内进行意见陈述，同时成立合议组对此案进行审查。

被请求人于 2004 年 10 月 25 日提交了意见陈述书，在意见陈述书中指出，相对于无效宣告请求中所列举的证据 1 ~ 4，本专利具备创造性，而且符合专利法第三十三条、第二十六条第四款的规定，同时提交了如下十份反证（均为复印件）：

反证 1：本专利发明的发泡箱的表皮层截面与壁内部截面的 SEM 摄影照片；

反证 2：实验报告书；

反证 3：磨耗试验结果书及相关部分中文译文；

反证 4：日本专利（专利第 2552625 号）的异议决定书（维持决定）；

反证 5：US5588531；

反证 6：台湾实用新型授权证以及说明书；

反证 7：韩国专利证以及专利公报；

反证 8：科学技术振兴突出者候补者调查书；

反证 9：记载了优秀发明奖得奖内容的宣传材料；

反证 10：深圳莱宝高科技股份有限公司的会谈记录。

专利复审委员会于 2005 年 8 月 1 日向双方当事人发出口头审理通知书，定于 2005 年 9 月 21 日在专利复审委员会进行口头审理。并将被请求人于 2004 年 10 月 25 日提交的反证 1 ~ 10 的副本转送给请求人。

本案合议组于 2005 年 9 月 12 日收到被请求人提交的关于其反证 1 ~ 5，反证 7 ~ 9 的部分中文译文，并通知请求人，请求人于 2005 年 9 月 14 日到专利复审委员会当面领取了上述中文译文的复印件。

本案合议组于 2005 年 9 月 16 日收到请求人提交的关于证据 3 和证据 4 的部分中文译文。

2005 年 9 月 21 日口头审理如期举行，双方当事人均出席口头审理。双方当事人对合议组成员无回避请求，对对方出席口头审理人员的身份和资格无异议。在口头审理过程中，合议组将 2005 年 9 月 16 日收到的请求人提交的关于证据 3 和证据 4 的部分中文译文转交给被请求人，被请求人对请求人提交的证据 1 ~ 6 的真实性无异议，对证据 1 ~ 4 的中文译文的准确性基本无异议。被请求人在口头审理过程中对证据2、3的部分内容进行了翻译，合议组当庭将上述证据2、3的部分译文转交给请求人，请求人对其准确性无异议。在口头审理中，双方当事人结合证据充分发表了意见。请求人明确：其请求无效的范围是全部无效；理由是权利要求书修改超范围，不符合专利法第三十三条的规定、权利要求书得不到说明书的支持，不符合专利法第二十六条第四款的规定、权利要求1和权利要求2不具备创造性，不符合专利法第二十二条第三款的规定。请求人在评价本专利权利要求1的创造性时，明确其证据的结合方式是（1）证据2及其背景技术结合本专利的背景技术。（2）证据2及其背景技术结合证据3和本专利的背景技术；在评价本专利权利要求2的创造性时，证据的结合方式是在上述结合方式的基础上（1）再结合证据4。（2）再结合公知常识。被请求人结合证据1~4陈述了本专利权利要求1和权利要求2相对于证据1~4而言具备专利法第二十二条第三款所规定的创造性的理由；指出对申请文件的修改符合专利法第三十三条的规定；另外还指出，权利要求书中的技术方案是可以得到说明书支持的，因此符合专利法第二十六条第四款的规定。

口头审理结束之后，合议组于2005年9月20日收到请求人提交的证据4的部分中文译文，合议组将该译文副本转送给被请求人，被请求人对其准确性无异议。

至此，合议组经过合议，认为涉及本案的有关事实已经清楚，可以作出本审查决定。

二、决定的理由

1. 关于修改超范围

中国专利法第三十三条规定：申请人可以对其专利申请文件进行修改，但是，对发明和实用新型专利申请文件的修改不得超出原说明书和权利要求书记载的范围，对外观设计专利申请文件的修改不得超出原图片或者照片表示的范围。

本案请求人认为：本案权利要求书在实质审查阶段进行了修改，将本专利的公开文本和授权文本对比可知，授权文本中的权利要求中包含以下技术特征："所述箱体壁、箱盖和底件的内侧和外侧具有比壁内的中间部分较致密的表皮层，所述相对较致密的表皮层的深度为从其表面向下1mm厚，其致密的密度为壁内的中间部分的至少两倍"。而在公开文本中与上述技术特征相应的内容为："从其表面深到1mm厚度上表皮结构密度最好是内部密度的1.5倍，或者2倍（箱体壁内部的密度在发泡率为10的情况下是0.1左右），箱盖2的各表面和底件3也有类似的表皮结构"（公开文本说明书第4页第6~7行）。被请求人在本案实质审查过程中，将原来仅在说明书中的关于表皮结构的技术特征增加到权利要求1中，是允许的，但原始公开文本说明书中对上述技术特征的说明为："表皮结构密度最好是内部密度的1.5倍，或者2倍"，而其修改后的权利要求书中的技术特征为："其致密的密度为壁内的中间部分的至少两倍"，权利要求书中表皮结构密度为壁内中间部分密度至少两倍，即包含"两倍"和"两倍以上"的技术特征。对此，从其原始公开文本中找不到任何记载，本领域普通技术人员也不能从原始申请文件中不经创造性劳动而无异议的直接导出。显然这种修改超出了原始公开文本的范围，不符合专利法第三十三条的规定。

被请求人辩称：首先，在原始公开文本的说明书第4页第6~7行中，对于壁的内部密度，记载有1.5倍或2倍。且不管其精确的数值，可以认为在1.5倍左右，或者2倍左右是合适的。另外，在原始公开文本的说明书第6页第7~8行的括号内，明确了发泡率和密度的关系，记载有发泡率为10倍的话大致为0.1。这意味着，发泡率为10倍的话其密度为倒数的0.1（1/10）。例如，发泡率为5的话，密度为0.2（1/5）。本申请原始公开的说明书中，记载了基于发明的实施例1~3。在实施例1（或例1）中，原始中文说明书第6页第23行~第24行中，记载有"发泡体全体的发泡率为12倍，从内外表面至1mm深的发泡率为4~5倍"。这里，发泡率为12倍的情况下，密度为0.08（1/12），发泡率为5倍的情况下，密度为0.2（1/5），相对壁的内部密度的表皮层为2.5倍（0.2/0.08）~3.125倍（0.25/

0.08）。另外在实施例3中，中文说明书第7页第18～19行中，记载有“发泡体全体的发泡率为6倍，从内外表面至1mm深的发泡率为2倍～2.5倍，在两表面形成表皮层”。这里发泡率为6倍的情况下，密度为0.17（1/6），发泡率为2倍的情况下，密度为0.5（1/5），相对壁的内部密度的表皮层为2.35倍（0.4/0.17）～2.94倍（0.5/0.17）。其结果，由实施例记载，可以得到2.5倍～3.125倍、2.35倍～2.94倍的数值范围。这里考虑如上所述的1.5倍、2倍的记载以及由上述实施例得到的2.5倍～3.125倍、2.35倍～2.94倍，并考虑粉粒发泡的特性，从说明书中导出“至少是壁的内部密度的2倍”的技术思想是显而易见的，因此可以认为在权利要求1中记载的上述特征是记载在原始申请文件中的内容，因此符合专利法第三十三条的规定。

合议组经合议后认为：根据1993年4月1日起实施的审查指南第二部分第八章第5.2.3节中关于不允许的修改的规定，“作为一个原则，凡是对说明书（及其附图）和权利要求书，作出不符合专利法第三十三条规定的修改，均是不允许的。具体地说，如果申请的内容通过增加、改变和/或删除其中的一部分，致使所属技术领域的技术人员看到的信息与原申请公开的信息不同，而且又不能从原申请公开的信息中直接地、毫无疑义地导出，那么，这种修改就是不允许的”。虽然根据被请求人的意见陈述，可以得出，在原始申请文件中，公开了较致密的表皮层的密度是壁内中间部分的1.5、2倍，以及根据推导得出的2.5倍～3.125倍、2.35倍～2.94倍，然而，在经修改的最终授权文本的权利要求1中的相应特征是较致密的表皮层的密度为壁内中间部分的至少2倍。也就是说，授权文本权利要求1中所要求保护的范围包括2倍、和2倍以上，其中2倍及2倍以上的范围中除去2倍、2.5倍～3.125倍和2.35倍～2.94倍之外的其他范围，在原始申请文件中并未公开，而且本领域技术人员也不能从原始申请文件中直接地、毫无疑义地导出，也就是说经修改的授权文本中的权利要求1中包含了在原始申请文件中未记载且本领域技术人员也不能从原始申请文件中直接地、毫无疑义地导出的技术特征。例如对于2倍和2倍以上的范围中3倍以上如4倍或者5倍的范围在原始申请文件中没有记载且本领域技术人员也不能从原始申请文件中直接地、毫无疑义地导出。

综上所述，经修改的授权文本的权利要求1中的“其致密的密度（较致密的表皮层的密度）为壁内的中间部分的至少两倍”这个技术特征在原始申请文件中没有记载，而且本领域技术人员不能从原始申请文件所记载的内容中直接地、毫无疑义地导出。因此导致本专利不符合专利法第三十三条的规定。

鉴于本专利不符合专利法第三十三条的规定，导致本专利被全部无效，因此对于请求人在本案无效阶段提出的其他理由和证据，本案合议组不再加以评述。

三、决定

宣告94120062.0号发明专利权全部无效。

当事人对本决定不服的，可以根据专利法第四十六条第二款的规定，自收到本决定之日起三个月内向北京第一中级人民法院起诉。根据该款的规定，一方当事人起诉后，另一方当事人应当作为第三人参加诉讼。

北京市第一中级人民法院
行政判决书

（2006）一中行初字第125号

原告淀川惠德株式会社，住所地日本国大阪市北区中津七丁目4番23号。

法定代表人小川勉，董事长。

原告夏普公司，住所地日本国大阪市阿倍野区长池町22番22号。

法定代表人町田胜彦，董事长。

以上二原告之共同委托代理人吴玉和，中国专利代理（香港）有限公司专利代理人。

以上二原告之共同委托代理人胡强，中国专利代理（香港）有限公司专利代理人。

被告中华人民共和国国家知识产权局专利复审委员会，住所地北京市海淀区北四环西路9号银谷大厦10～12层。

法定代表人廖涛，副主任。

第三人韩华综合化学株式会社，住所地大韩民国首尔特别市中区长桥洞1号韩华大厦。

法定代表人赵昌镐，代表理事。

委托代理人周标雯，北京市中伦金通律师事务所律师。

委托代理人薛俊英，北京信慧永光知识产权代理有限责任公司专利代理人。

原告淀川惠德株式会社、夏普公司不服被告中华人民共和国国家知识产权局专利复审委员会（下称专利复审委员会）2005年10月1日作出的第7557号无效宣告请求审查决定（下称第7557号决定），于法定期限内向本院提起诉讼。本院于2006年1月10日受理本案后，依法组成合议庭，并按照法律有关规定通知韩华综合化学株式会社作为第三人参加诉讼，于2006年12月13日公开开庭进行了审理。原告淀川惠德株式会社、夏普公司的共同委托代理人吴玉和、胡强；第三人韩华综合化学株式会社的委托代理人周标雯、薛俊英到庭参加了诉讼。被告专利复审委员会经合法传唤未到庭参加本案诉讼，本院依法缺席审理。

专利复审委员会第7557号决定系就韩华综合化学株式会社针对淀川惠德株式会社、夏普公司享有的申请号为94120062.0、名称为“玻璃基片输送箱”的发明专利（下称本专利）所提出的无效宣告请求作出的。该决定认定：经修改的授权文本的权利要求1中的“其致密的密度（较致密的表皮层的密度）为壁内的中间部分的至少两倍”这个技术特征在原始申请文件中没有记载，而且本领域技术人员不能从原始申请文件所记载的内容中直接地、毫无疑义地导出。因此，本专利不符合《中华人民共和国专利法》（下称专利法）第三十三条的规定，应被宣告全部无效，对于韩华综合化学株式会社在无效阶段提出的其他理由和证据，不再予以评述。据此，专利复审委员会作出第7557号决定，宣告本专利权全部无效。

原告淀川惠德株式会社、夏普公司不服该决定，在法定期限内向本院提起行政诉讼，其诉称：首先，授权权利要求1的相应内容“其致密的密度（较致密的表皮层的密度）为壁内的中间部分的至少两倍”虽然在字义上没有记载在原始申请的文件中，但本领域普通技术人员完全能够从原始公开文本中直接地、毫无疑义地推导出这样的技术内容。权利要求1的技术方案，是原始说明书公开内容的合理概括，没有超出原始申请文件的公开范围，因此符合专利法第三十三条的规定。其次，被告在无效审查阶段中，将“至少两倍”的技术方案分成“等于两倍”、“大于两倍”两种并列的方案来进行审查，但没有给予原告对此发表意见并针对上述两种方案作出修改的机会，违反法定程序。因此，第7557号决定主要证据不足，适用法律、法规错误，违反法定程序，请求人民法院依法予以撤销。

被告专利复审委员会在法定期限内没有进行答辩。

第三人韩华综合化学株式会社未提交书面意见陈述，其在庭审中表示第7557号决定的结论正确，请求人民法院予以维持。

本院经审理查明：

本案涉及中华人民共和国国家知识产权局专利局于1999年4月7日授权公告、专利号为94120062.0、名称为“玻璃基片输送箱”的发明专利（即本专利），其申请日是1994年11月9日，优先权日是1993年11月9日，专利权人为淀川惠德株式会社、夏普公司。

2004年8月25日，韩华综合化学株式会社以本专利不符合中国专利法第三十三条、第二十六条第四款、第二十二条第三款为由，向专利复审委员会提出无效宣告请求。

2005年9月21日，专利复审委员会进行了口头审理。同年10月1日，专利复审委员会作出第7557号决定，宣告本专利权全部无效。

淀川惠德株式会社、夏普公司不服第7557号决定，在法定期限内向本院提起行政诉讼。本院受理本案后，于2006年2月24日通过邮寄方式向专利复审委员会送达了起诉状副本，同时寄送的文件还包括应诉通知书、举证通知书、诉讼须知以及淀川惠德株式会社、夏普公司提交的证据等。

2006年2月25日，专利复审委员会在邮件回执的收件人一栏上加盖了“中国专利局收发专用章”。但专利复审委员会未在法定期限内提交答辩状，也未提交其作出第7557号决定的证据和法律依据。

以上事实，有第7557号决定、邮件回执等证据在案佐证。

本院认为：

根据《中华人民共和国行政诉讼法》第三十二条的规定，被告对作出的具体行政行为负有举证责任，应当提供作出该具体行政行为的证据和所依据的规范性文件。《最高人民法院关于执行〈中华人民共和国行政诉讼法〉若干问题的解释》第二十六条进一步规定，在行政诉讼中，被告对其作出的具体行政行为承担举证责任。被告应当在收到起诉状副本之日起十日内提交答辩状，并提供作出具体行政行为时的证据、依据；被告不提供或者无正当理由逾期提供的，应当认定该具体行政行为没有证据、依据。

本案中，被告对其作出的第7557号决定负有举证责任。本院于2006年2月24日向被告邮寄送达了起诉状副本等相关诉讼材料，被告于次日在邮件回执上加盖“收发专用章”，应视为其已收到上述材料。被告应在十日内，即2006年3月7日前向本院提交答辩状及其作出具体行政行为的证据和法律依据。但被告在法律规定的期限内未向本院提交其作出第7557号决定的相关证据，该行为违反了行政诉讼法及其司法解释的相关规定。

综上，被告作出的第7557号决定证据不足，应予撤销，被告应就本专利重新作出无效宣告请求审查决定。依照《中华人民共和国行政诉讼法》第三十二条、第五十四条第（二）项第1目、《最高人民法院关于执行〈中华人民共和国行政诉讼法〉若干问题的解释》第二十六条之规定，本院判决如下：

一、撤销被告中华人民共和国国家知识产权局专利复审委员会作出的第7557号无效宣告请求审查决定；

二、被告中华人民共和国国家知识产权局专利复审委员会针对94120062.0号发明专利重新作出无效宣告请求审查决定。

案件受理费1000元，由被告中华人民共和国国家知识产权局专利复审委员会负担（于本判决生效之日起7日内交纳）。

如不服本判决，原告淀川惠德株式会社、原告夏普公司、第三人韩华综合化学株式会社可于本判决送达之日起三十日内，被告中华人民共和国国家知识产权局专利复审委员会可于本判决送达之日起十五日内，向本院提交上诉状及其副本，并交纳上诉案件受理费1000元，上诉于中华人民共和国北京市高级人民法院。

审 判 长 张广良

代理审判员 仪 军

代理审判员 赵 明

二〇〇六年十二月二十二日

书 记 员 谭北川

开罐匙案

无效宣告请求审查决定（第7570号）

决　定　号　第7570号
决　定　日　2005年10月12日
发明创造名称　开罐匙
国际分类号　B67B 7/40
无效请求人　四川高金食品股份有限公司
专利权人　四川省美宁食品有限公司
专　利　号　00223311.8
申　请　日　2000年8月18日
授权公告日　2001年7月18日
合议组组长　魏　屹
主　审　员　王丽颖
参　审　员　陈　勇

法律依据　专利法第二十二条第三款
决定要点

若一项权利要求与现有技术相比，其区别技术特征为另一篇对比文件中披露的相关技术手段，且该技术手段在对比文件中所起的作用与该区别技术特征在所要求保护的技术方案中所起的作用相同，则该项权利要求不具备创造性。

一、案由

本无效宣告请求案涉及国家知识产权局专利局于2001年7月18日授权公告的00223311.8号实用新型（下称本专利）专利权，名称为“开罐匙”，申请日为2000年8月18日，专利权人为四川省美宁食品有限公司（下称被请求人）。

本专利授权公告的权利要求书如下：

“1. 开罐匙，由圆铁丝卷曲制成，匙头一端呈扁平块状、端部制有一开口孔，匙柄呈圆环状，其特征在于：开罐匙的纵面呈扁平块状。

2. 根据权利要求1所述的开罐匙，其特征在于：匙柄的中央制有一孔，其长度为30~70mm，厚度为0.8~2.2mm，匙头的宽度为2.5~6mm。”

针对本专利权，四川高金食品股份有限公司（下称请求人）于2005年2月1日向专利复审委员会提出无效宣告请求，其理由是本专利权利要求1~2不符合专利法第二十二条第三款、权利要求2不符合专利法第二十条第一款、专利法第二十六条第四款的规定。请求人同时提交了如下证据：

证据1：US2229275美国专利说明书复印件，公开日1941年1月21日，及所使用部分的中文译文；

证据2：《罐头工业手册》（第一分册），版权页、第150~151页，第154~155页的复印件，轻工业出版社出版，印刷日为1980年1月。

请求人认为，本专利权利要求1～2相对于证据1、2不具备创造性；权利要求2不符合专利法实施细则第二十条第一款、专利法第二十六条第四款的规定。

专利复审委员会于2005年3月22日向双方当事人发出了无效宣告请求受理通知书，并将上述无效请求书及其所附附件的副本一并转送给了被请求人。被请求人于2005年4月22日对无效宣告请求进行了意见陈述。被请求人认为：本专利在结构、形状以及制造方式、功能效果等方面与证据1有明显区别，证据2正是本专利说明书的背景技术，因此本专利权利要求1～2具备创造性；并认为权利要求2也符合专利法实施细则第二十条第一款的规定。

合议组于2005年8月4日将被请求人的上述答复意见转文给请求人，并向双方当事人发出口头审理通知书，定于2005年9月1日对本案进行口头审理。口头审理如期举行。双方当事人对合议组成员无回避请求，对对方出庭人员身份和资格无异议。被请求人对证据1、2的真实性无异议。被请求人认可本专利现有技术部分描述的开罐匙的结构因为已有20多年历史，属于在本专利申请日前的已有技术，并认为证据2中所描述的开罐匙也是本专利申请日前的现有技术。双方当事人对本专利权利要求1～2是否具备创造性、权利要求2是否符合专利法实施细则第二十条第一款、专利法第二十六条第四款充分陈述了意见。

至此，本案合议组认为案件事实已清楚，在此基础上作出如下审查决定。

二、决定的理由

1. 证据的认定

由于证据1和证据2的公开日均在本专利的申请日之前，且被请求人对证据1和证据2的真实性无异议，因此可以作为对比文件来评价本专利的创造性。

2. 关于本专利的创造性

本专利权利要求1所限定的技术方案为："开罐匙，由圆铁丝卷曲制成，匙头一端呈扁平块状、端部制有一开口孔，匙柄呈圆环状，其特征在于：开罐匙的纵面呈扁平块状"。

证据2公开了一种开罐钥匙，由钢丝制成，匙头一端呈扁平块状、在其中央位置制有一开口孔，匙柄呈圆环状。可见，本专利权利要求1与证据2相比，其主要区别在于开罐匙的纵面呈扁平块状，而本专利中的开罐匙由于采用了纵面呈扁平块状的结构，因而解决了现有技术中的开罐匙由于由圆铁丝制成所带来的不宜握牢、贴合不牢靠、使上下开口线受力不均匀等问题。证据1公开了一种开罐匙，开罐匙由平板金属经锻压制成，匙柄宽阔平坦，从该匙柄上延伸出匙头，在匙头上，在其中央部沿纵向设有开口孔。由上述文字描述可知，证据1中所公开的开罐匙的纵面是呈扁平块状的，而这一特征从其附图中也可看出。证据1中采用了这种结构的开罐匙，在使用中势必也将带来易握、贴合牢靠、上、下开口线受力均匀等技术效果。本专利权利要求1与证据2相比，其另一区别技术特征在于匙头上开口孔的位置不同。而实际上，匙头上的开口孔设置在中央还是在端部属于本领域技术人员的惯常设计。综上所述，本领域技术人员将证据1和证据2结合得到本专利权利要求1所要求保护的技术方案是容易想到的。因此本专利权利要求1不具备创造性。

证据2中公开的开罐匙还包括匙柄的中央制有一孔，开罐匙的长度为58mm，厚度为1.5mm，匙头的宽度为4.5mm。可见，本专利权利要求2限定部分的技术特征已被证据2公开，而实际上这些技术特征也属于本领域的惯常设计。因此，当权利要求1不具备创造性时，引用权利要求1的权利要求2也不具备创造性。

本专利权利要求1～2均不具备创造性。

鉴于本专利权利要求1～2已不具备创造性，故合议组不再对请求人提出的其他无效理由进行评述。

三、决定

宣告 00223311.8 号实用新型专利权全部无效。

当事人对本决定不服的，可以根据专利法第四十六条第二款的规定，自收到本决定之日起三个月内向北京市第一中级人民法院起诉。根据该款的规定，一方当事人起诉后，另一方当事人应当作为第三人参加诉讼。

北京市第一中级人民法院
行政判决书

（2006）一中行初字第 263 号

原告四川省美宁食品有限公司，住所地四川省遂宁市开善东路 246 号。

法定代表人唐和林，董事长。

委托代理人张涛，北京海虹嘉诚知识产权代理有限公司专利代理人。

委托代理人吴小灿，北京海虹嘉诚知识产权代理有限公司专利代理人。

被告国家知识产权局专利复审委员会，住所地北京市海淀区北四环西路 9 号银谷大厦 10～12 层。

法定代表人廖涛，副主任。

委托代理人王丽颖，国家知识产权局专利复审委员会行政诉讼处审查员。

委托代理人耿博，国家知识产权局专利复审委员会行政诉讼处审查员。

第三人四川高金食品股份有限公司，住所地四川省遂宁市广德路 10 号。

法定代表人金翔宇，董事长。

委托代理人史玉生，北京市金杜律师事务所律师。

委托代理人矫鸿彬，北京市金杜律师事务所律师。

原告四川省美宁食品有限公司（下称美宁公司）不服被告国家知识产权局专利复审委员会（下称专利复审委员会）于 2005 年 10 月 12 日作出的第 7570 号无效宣告请求审查决定（简称第 7570 号决定），于法定期限内向本院提起行政诉讼。本院于 2006 年 2 月 9 日受理后，依法组成合议庭，并通知第 7570 号决定的相对方四川高金食品股份有限公司（下称高金公司）作为第三人参加本案诉讼，于 2006 年 4 月 20 日公开开庭进行了审理。原告美宁公司的委托代理人张涛、吴小灿，被告专利复审委员会的委托代理人王丽颖，第三人高金公司的委托代理人矫鸿彬到庭参加了诉讼。本案现已审理终结。

第 7570 号决定系专利复审委员会就高金公司针对美宁公司享有的专利号为 00223311.8、名称为“开罐匙”的实用新型专利（下称本专利）所提出的无效宣告请求作出的。专利复审委员会在该决定中认为：证据 1 和证据 2 的公开日均在本专利的申请日之前，因此可以作为对比文件评判本专利的创造性。本专利权利要求 1 所限定的技术方案为：“开罐匙，由圆铁丝卷曲制成，匙头一端呈扁平块状、端部制有一开口孔，匙柄呈圆环状，其特征在于：开罐匙的纵面呈扁平块状”。本专利权利要求 1 与证据 2 相比，其主要区别在于开罐匙的纵面呈扁平块状。本专利的开罐匙由于采用了纵面呈扁平块状的结构，因而解决了现有技术中的开罐匙由于由圆铁丝制成所带来的不宜握牢、贴合不牢靠、使上下开口线受力不均匀等问题。证据 1 所公开的开罐匙的纵面是呈扁平块状的，而这一特征从其附图中也可看出。证据 1 中采用了这种结构的开罐匙，在使用中势必也将带来易握、贴合牢靠、上、下开口线受力均匀等技术效果。本专利权利要求 1 与证据 2 相比，其另一区别技术特征在于匙头上开口孔的位置不同。而实际上，匙头上的开口孔设置在中央还是在端部属于本领域技术人员的惯常设计。综上所述，本领域技术人员将证据 1 和 2 结合得到本专利权利要求 1 所要保护的技术方案是容易想到的。因此权利要求 1 不具备创造性。证据 2 中公开的开罐匙还包括匙柄的中央制有一孔，开罐匙的长度为 58mm，厚度为 1.5mm，匙头的宽度为 4.5mm。可见，本专利权利要求 2 限定部分的技术特征已被证据 2 公开，而实际上这些技术特征也属于本领域的惯常设计。因此，当权利要求 1 不具备创造性时，引用权利要求 1 的权利要求 2 也不具备创造性。鉴于本专利权利要求 1、2 已不具备创造性，故专利复审委员会在决定中不再对高金公司提出的其他无效理由进行评述。基于此，专利复审委员会作出第 7570 号无效审查决定书，宣告本专利专利权全部无效。

原告美宁公司不服该决定，向本院提起诉讼称：一、第 7570 号决定违反了请求原则。无效请求人高金公司提交了证据 1 和证据 2 两个对比文件，却没有指明最接近的对比文件，在具体意见陈述中采用的仅仅是单独对比，即使用证据 1 单独对比本专利权利要求 1。而第 7570 号决定采用结合对比即在证据 2 的基础上结合证据 l 对比本专利权利要求 1。因此，第 7570 号决定违反了审查原则中的请求原则。

二、第 7570 号决定在否定本专利权利要求 1 的创造性时违反了整体评价原则。整体评价原则不仅适用于本专利权利要求 1，而且也应当适用于对比文件所披露的技术内容。具体到本案，虽然第 7570 号决定在叙述本专利权利要求 1 时考虑到了整体评价原则，但是在叙述证据 1 和证据 2 所披露的技术内容时，完全无视对比文件本身或其技术特征所涉及的技术问题和所产生的技术效果，导致了不恰当的对比和不恰当的评价。

三、第 7570 号决定对本专利权利要求 1 的创造性评价认定事实错误。1. 对本专利权利要求 1 区别技术特征的实质性理解。区别特征“开罐匙的纵面呈扁平块状”并非开罐匙产品的实体组成部分（匙柄、匙杆和匙头）之一，其限定作用在于使得实体组成部分的形状发生改变。根据前序特征“匙头一端呈扁平块状”的记载，可以推定，区别特征所导致的形状改进就在匙柄和匙杆上，也就是形成“扁铁丝环形匙柄”和“扁铁丝匙杆”，由此回到了本专利的发明点：将圆环状匙柄的圆铁丝圆形截面通过加工改进为扁铁丝方形截面，同样也将匙杆的圆铁丝圆形截面通过加工改进为扁铁丝方形截面。2. 本专利发明点具有专利性。本专利的发明点在于将圆环状匙柄的圆铁丝圆形截面改进为扁铁丝方形截面，从而改进了现有技术中开罐匙产品的形状，符合实用新型的法定定义。3. 本专利权利要求 1 相对于证据 1 和证据 2 具有的实质性特点和进步。本专利权利要求 1 与证据 2 相比具有如下区别技术特征：（1）扁铁丝环形匙柄（其截面为方形截面）；（2）扁铁丝匙杆（其截面为方形截面）；（3）点焊于罐体的连接部（包括扁平块状连接体、V 形折断缺口和点焊凸起）。其中特征（2）已被证据 1 所披露，特征（1）和（3）没有被证据 1 所披露，构成本专利的实质性特点和进步。综上，请求法院依法判决撤销第 7570 号无效宣告请求审查决定。

被告专利复审委员会辩称：一、关于请求原则。高金公司在口头审理中明确：对比文件 1（即决定中证据 1）公开了权利要求 1 中的开罐匙的纵面呈扁平块状，权利要求 l 中的其他特征均在本专利的现有技术中公开。美宁公司在口头审理中亦认可本专利现有技术部分描述的开罐匙的结构已有 20 多年的历史，属于在本专利申请日前的已有技术，并认为对比文件 2（即决定中证据 2）中所描述的开罐匙也是本专利的现有技术。在此基础上，决定将对比文件 1 与现有技术（对比文件 2）结合来评价权利要求 1 的创造性符合请求原则，也满足听证原则。二、关于创造性评价，仍坚持第 7570 号决定中的认定。综上，专利复审委员会认为其作出的第 7570 号决定认定事实清楚，适用法律正确，审理程序合法，原告的诉讼理由不能成立，请求法院驳回原告的诉讼请求，维持第 7570 号决定。

第三人高金公司述称：本专利权利要求1的必要技术特征已被对比文件1、2公开，不具备创造性，故请求法院维持第7570号决定。

经本院审理查明：四川省遂宁罐头食品厂于2000年8月18日向国家知识产权局提出了名称为“开罐匙”的实用新型专利申请，2001年7月18日被授权公告，专利号为00223311.8。2003年8月29日专利权人变更为美宁公司。授权公告的权利要求如下：

“1. 开罐匙，由圆铁丝卷曲制成，匙头一端呈扁平块状、端部制有一开口孔，匙柄呈圆环状，其特征在于：开罐匙的纵面呈扁平块状。

2. 根据权利要求1所述的开罐匙，其特征在于：匙柄的中央制有一孔，其长度为30～70mm，厚度为08～2.2mm，匙头的宽度为2.5～6mm。”

2005年2月1日，高金公司以本专利权利要求1、2不符合专利法第二十二条第三款，权利要求2不符合专利法第二十条第一款、第二十六条第四款为由，向专利复审委员会提出无效宣告请求，并提供了证据1和证据2。证据1为US2229275美国专利说明书复印件，公开日为1941年1月21日及所使用部分的中文译文。证据2为《罐头工业手册》（第一分册，轻工业出版社出版，印刷日为1980年1月）的版权页、第150～151页、第154～155页的复印件。

证据1为一种开罐匙，开罐匙由平板金属经锻压制成，匙柄宽阔平坦（呈圆状），从该匙柄上延伸至匙头，在匙头上的中央部延纵向设有开口孔。

证据2为一种开罐钥匙，采用12号钢丝制成，匙头一端呈扁平状，在匙头中央位置有一开口孔，匙柄呈圆状环。

无效程序中，在2005年9月1日的口头审理记录表及附页明确记载“……请求人认为本专利权利要求1与对比文件1（证据1）相比：对比文件1公开了本专利权利要求1中的开罐匙的纵面呈扁平块状，且本专利权利要求1中的其他特征均在本专利的现有技术中公开，因此，本专利权利要求1相对于对比文件1不具备创造性……被请求人认同本专利现有技术部分描述的开罐匙的结构因为已有20多年历史，属于在本专利申请日前的已有技术，并认为证据2（对比文件2）中所描述的开罐钥匙也是本专利申请日前的现有技术……被请求人认为本专利权利要求2中的尺寸限定属于优化选择。”

2005年10月12日，专利复审委员会作出第7570号决定。

上述事实有本专利说明书、第7570号决定、US2229275美国专利说明书、罐头工业手册、口头审理记录表及附表以及当事人陈述等证据在案佐证。

本院认为：专利法第二十二条第三款规定了评判实用新型创造性的法定标准，即实用新型的创造性，应同申请日以前已有的技术相比具有实质性特点和进步。本案中，各方当事人争议的焦点仅限于第7570号决定是否违反请求原则和整体评价原则，以及本专利与现有技术相比，是否具备创造性。

根据本案查明的事实可以确认，高金公司在口头审理中明确表示，证据1公开了本专利权利要求1中开罐匙的纵面呈扁平块状，美宁公司亦确认权利要求1中的其他特征均在本专利的现有技术中公开，并认可本专利现有技术部分的结构已有20多年的历史，属于在本专利申请日前的已有技术，同时认为第7570号决定中证据2所描述的开罐匙也是本专利的现有技术。根据当事人自认原则，足以认定第7570号决定引用的证据1和证据2均系在本专利申请日之前已为公众所知的现有技术，该事实是不争的法律事实，因此第7570号决定并未违反请求原则。同时，第7570号决定根据证据1和证据2所披露的技术方案与本专利权利要求进行对比没有违反整体评价原则，美宁公司关于第7570号决定违反请求原则及整体评价原则的主张缺乏事实和法律依据，对其上述主张本院不予支持。

本专利与现有技术对比最显著的区别技术特征在于开罐匙的匙柄，本专利匙柄呈圆环状，匙柄纵面为扁平状，对比文件2的匙柄为采用12号钢丝制成，匙柄纵面为圆弧状。对于上述区别技术特征，就本领域普通技术人员而言，根据证据1和证据2所披露的技术方案，无需进行创造性劳动即可实现。因此，美宁公司关于本专利权利要求1具备创造性的主张本院不予支持。

综上，原告美宁公司的诉讼请求缺乏事实和法律依据，本院不予支持。被告专利复审委员会所作的第7570号决定认定事实清楚，证据充分、程序合法，适用法律正确，应予维持。依照《中华人民共和国行政诉讼法》第五十四条第（一）项之规定，判决如下：

维持国家知识产权局专利复审委员会第7570号无效宣告请求审查决定。

案件受理费1000元，由四川省美宁食品有限公司负担（已交纳）。

如不服本判决，各方当事人可于本判决送达之日起十五日内，向本院提交上诉状及其副本，并交纳上诉案件受理费1000元，上诉于北京市高级人民法院。

审 判 长 刘海旗
代理审判员 侯占恒
人民陪审员 李 渤
二〇〇六年五月八日
书 记 员 乔 平

北京市高级人民法院
行政判决书

（2006）高行终字第334号

上诉人（原审原告）四川省美宁实业集团食品有限公司，住所地四川省遂宁市开善东路228号。

法定代表人唐和林，董事长。

委托代理人张涛，北京海虹嘉诚知识产权代理有限公司专利代理人。

委托代理人吴小灿，北京海虹嘉诚知识产权代理有限公司专利代理人。

被上诉人（原审被告）国家知识产权局专利复审委员会，住所地北京市海淀区北四环西路9号银谷大厦10～12层。

法定代表人廖涛，副主任。

委托代理人王丽颖，该委员会审查员。

委托代理人耿博，该委员会审查员。

原审第三人四川高金食品股份有限公司，住所地四川省遂宁市广德路10号。

法定代表人金翔宇，董事长。

四川省美宁实业集团食品有限公司（下称美宁公司）因专利无效行政纠纷一案，不服北京市第一中级人民法院（2006）一中行初字第263号行政判决，向本院提出上诉。本院于2006年7月18日受理后，依法组成合议庭进行了审理。本案现已审理终结。

本案涉及名称为“开罐匙”的实用新型专利（下称本专利）。本专利申请日为2000年8月18日，授权公告日为2001年7月18日、专利号为00223311.8，专利权人为四川省遂宁罐头食品厂。2003年8月29日专利权人变更为四川省美宁食品有限公司。2006年4月6日，四川省美宁食品有限公司经核准变更企业名称为美宁公司。2005年2月1日，四川高金食品股份有限公司（下称高金公司）以本专利权利要求 1、2 不符合专利法第二十二条第三款，权利要求 2 不符合专利法第二十条第一款、第二十六条第四款为由，向国家知识产权局专利复审委员会（下称专利复审委员会）提出无效宣告请求。

2005 年 10 月 12 日，专利复审委员会作出的第 7570 号无效宣告请求审查决定（下称第 7570 号决定），宣告本专利无效。美宁公司不服该决定，于法定期限内向北京市第一中级人民法院提起诉讼。

北京市第一中级人民法院认为，本专利与现有技术对比最显著的区别技术特征在于开罐匙的匙柄，本专利匙柄呈圆环状，匙柄纵面为扁平状，对比文件 2 的匙柄为采用 12 号钢丝制成，匙柄纵面为圆弧状。对于上述区别技术特征，就本领域普通技术人员而言，根据证据 1 和证据 2 所披露的技术方案，无需进行创造性劳动即可实现。

综上，依照《中华人民共和国行政诉讼法》第五十四条第（一）项之规定，北京市第一中级人民法院判决：维持第 7570 号决定。

美宁公司不服原审判决，向本院提出上诉，请求撤销原审判决，撤销第 7570 号决定，依法判决本专利有效。其理由为原审法院曲解了专利法关于实用新型创造性的评判标准。具有扁平截面的圆环状匙柄是本专利开罐匙的实质性特点，但是原审判决却把该最显著的区别技术特征作为技术方案本身来对待，以该区别技术特征的实现是否需要进行创造性劳动为由来否定技术方案的创造性，这显然曲解了专利法关于创造性的规定。对于本专利开罐匙而言，其发明点并非在于提供一种制造具有扁平截面的圆环状匙柄的方法，而是在于将具有扁平截面的圆环状匙柄这个形状构造特征直接结合到开罐匙中。

专利复审委员会和高金公司服从原审判决。

本院经审理查明，四川遂宁罐头食品厂于 2000 年 8 月 18 日向国家知识产权局专利局提出了名称为“开罐匙”的实用新型专利申请（即本专利），2001 年 7 月 18 日被授权公告，专利号为 00223311.8。2003 年 8 月 29 日专利权人变更为四川省美宁食品有限公司。2006 年 4 月 6 日，四川省美宁食品有限公司经核准变更企业名称为美宁公司。本专利授权公告的权利要求如下：

“1. 开罐匙，由圆铁丝卷曲制成，匙头一端呈扁平块状、端部制有一开口孔，匙柄呈圆环状，其特征在于：开罐匙的纵面呈扁平块状。

2. 根据权利要求 1 所述的开罐匙，其特征在于：匙柄的中央制有一孔，其长度为 30～70mm，厚度为 0.8～22mm，匙头的宽度为 2.5～6mm。”

2005 年 2 月 1 日，高金公司以本专利权利要求 1、2 不符合专利法第二十二条第三款，权利要求 2 不符合专利法第二十条第一款、第二十六条第四款为由，向专利复审委员会提出无效宣告请求，并提供了证据 1 和证据 2。

证据 1 为 US2229275 美国专利说明书复印件，公开日为 1941 年 1 月 21 日及所使用部分的中文译文。证据 1 披露了一种开罐匙，开罐匙由平板金属经锻压制成，匙柄宽阔平坦（呈圆状），从该匙柄上延伸至匙头，在匙头上的中央部沿纵向设有开口孔。

证据 2 为《罐头工业手册》（第一分册，轻工业出版社出版，印刷日为 1980 年 1 月。）的版权页、第 150～151 页、第 154～155 页的复印件。证据 2 记载了一种开罐钥匙：采用 12 号钢丝制成，匙头一端呈扁平状，在匙头中央位置有一开口孔，匙柄呈圆状环。

2005 年 10 月 12 日，专利复审委员会作出第 7570 号决定，认为：证据 1 和证据 2 的公开日均在本专利的申请日前，因此可以作为对比文件评判本专利的创造性。本专权利要求 1 所限定的技术方案为：开罐匙，由圆铁丝卷曲制成，匙头一端呈扁平块状、端部制有一开口孔，匙柄呈圆环状，其特征在于：开罐匙的纵面呈扁平块状。本专利权利要求 1 与证据 2 相比，其主要区别在于开罐匙的纵面呈扁平块状。本专利的开罐匙由于采用了纵面呈扁平块状的结构，因而解决了现有技术中的开罐匙由于由圆铁丝制成所带来的不宜握牢、贴合不牢靠、使上下开口线受力不均匀等问题。证据1所公开的开罐匙的纵面是呈扁平块状的，而这一特征从其附图中也可看出。证据1中采用了这种结构的开罐匙，在使用中势必也将带来易握、贴合牢靠、上下开口线受力均匀等技术效果。本专利权利要求1与证据2相比，其另一区别技术特征在于匙头上开口孔的位置不同。而实际上，匙头上的开口孔设置在中央还是在端部属于本领域技术人员的惯常设计。综上所述，本领域技术人员将证据1和2结合得到本专利权利要求1所要保护的技术方案是容易想到的。因此权利要求1不具备创造性。证据2中公开的开罐匙还包括匙柄的中央制有一孔，开罐匙的长度为58mm，厚度为1.5mm，匙头的宽度为4.5mm。可见，本专利权利要求2限定部分的技术特征已被证据2公开，而实际上这些技术特征也属于本领域的惯常设计。因此，当权利要求1不具备创造性时，引用权利要求1的权利要求2也不具备创造性。鉴于本专利权利要求1、2已不具备创造性，故专利复审委员会在决定中不再对高金公司提出的其他无效理由进行评述。基于此，专利复审委员会宣告本专利全部无效。

上述事实有本专利说明书、第7570号决定、US2229275美国专利说明书、《罐头工业手册》以及当事人陈述等证据在案佐证。

本院认为，根据专利法第二十二条第三款的规定，实用新型的创造性，应同申请日以前已有的技术相比具有实质性特点和进步。本案的核心问题在于相对于证据1、2，本专利权利要求1、2是否具备创造性。

本案中，将证据2与本专利权利要求1限定的技术方案相比，其区别技术特征在于本专利开罐匙的匙柄、匙杆纵面均呈扁平块状。该区别技术特征解决的技术问题为现有技术中的开罐匙由于由圆铁丝制成所带来的不宜握牢、贴合不牢靠、使上下开口线受力不均匀等问题。证据1公开的开罐匙由平板金属经锻压制成，匙柄宽阔平坦，从该匙柄上延伸出匙头，在匙头上，在其中央纵向设有开口孔，该开罐匙的匙柄和匙杆的纵面也均呈扁平块状。因此，该区别技术特征已经为证据1所公开。相对于证据1和证据2，本专利权利要求1不具备创造性。

本专利权利要求2进一步限定匙柄的中央制有一孔，开罐匙的长度为30～70mm，厚度为0.8～2.2mm，匙头的宽度为2.5～6mm。证据2中公开的开罐匙匙柄中央制有一孔，开罐匙的长度为58mm，厚度为1.5mm，匙头的宽度为4.5mm。由此可见，证据2已经披露了权利要求2中限定的数值范围中的数值，而且权利要求2限定的数值范围并未产生意想不到的技术效果。因此，在权利要求1不具备创造性时，引用权利要求1的权利要求2也不具备创造性。

综上，原审判决认定事实清楚，适用法律正确，应予维持。美宁公司的上诉主张没有事实和法律依据，本院不予支持。依照《中华人民共和国行政诉讼法》第六十一条第（一）项之规定，本院判决如下：

驳回上诉，维持原判。

一审案件受理费1000元，由四川省美宁实业集团食品有限公司负担（已交纳）；二审案件受理费100元，由四川省美宁实业集团食品有限公司负担（已交纳）

本判决为终审判决。

审　判　长　刘继祥
审　判　员　孙苏理
代理审判员　焦　彦
二〇〇六年九月六日
书　记　员　刘　悠

小型车辆座下方收纳盒的支承结构案

无效宣告请求审查决定（第7571号）

决　　定　　号　第7571号
决　　定　　日　2005年10月12日
发明创造名称　小型车辆座下方收纳盒的支承结构
国 际 分 类 号　B62J 39/00　B62J 7/04　B62J 9/00
第一无效请求人　重庆宗申集团进出口有限公司
第二无效请求人　重庆摩托车行业协会　重庆力帆实业（集团）有限公司
专　利　权　人　本田技研工业株式会社
专　　利　　号　95104356.0
申　　请　　日　1995年3月30日
授 权 公 告 日　2000年1月26日
合 议 组 组 长　于　萍
主　　审　　员　魏　屹
参　　审　　员　杨克菲

法　律　依　据　专利法第二十六条第三款、第四款　专利法第二十二条第三款　专利法第三十三条　专利法实施细则第二十条第一款

决　定　要　点

虽然对比文件所公开的技术方案与本专利权利要求1所限定的技术方案相比，在结构上存在区别，但这些区别之处对于本领域技术人员来说是常规的设计以及具体实施方式的常规选择，而且这些结构上的区别在技术效果方面也没有超出常规设计的范畴，本领域技术人员在对比文件1所公开的技术方案的基础上得出本专利权利要求1所要求保护的技术方案是显而易见的，无需付出任何创造性劳动，本专利权利要求1所限定的技术方案不具备专利法第二十二条第三款规定的创造性。

一、案由

本无效宣告请求案涉及的是专利号为95104356.0、名称为“小型车辆座下方收纳盒的支承结构”的发明专利，该专利申请日为1995年3月30日，优先权日为1994年4月4日，授权公告日为2000年1月26日，专利权人为本田技研工业株式会社。

该专利授权公告时的权利要求如下：

“1. 一种小型车辆的车座下方收纳盒支承结构，在车座下方配置收纳盒的小型车辆中，其特征在于：该小型车辆的后部车体的左右框架从车体中央延伸到车体后部，并从车体下部向上方倾斜，在该左右框架的后部，一体地安装围绕车座后部并向上凸起的把手，上述车座下方的收纳盒的前部支承在上述框架上，同时，从该收纳盒的收纳部向后的延长部支承于上述把手的左右内侧凸出支承部上，由上述把手的左右侧凸出支承部和车座后部底板夹持收纳盒向后的延长部。

2. 如权利要求 1 记载的小型车辆的车座下方收纳盒支承结构，其特征是：上述收纳盒可以容纳头盔。

3. 如权利要求 1 记载的小型车辆的车座下方收纳盒支承结构，其特征在于：上述收纳盒的前部下端支承于将左右框架相互连接的横架上。

4. 如权利要求 1 记载的小型车辆的车座下方收纳盒支承结构，其特征在于：从上述收纳盒的收纳部向后的延长部大致呈平板状，在平板延长部的下方配设燃料箱，在该平板状延长部上，在位于燃料箱注油口盖上方的地方形成开口。”

针对上述专利权（下称本专利），重庆宗申集团进出口有限公司（下称第一请求人）于 2004 年 2 月 12 日向专利复审委员会提出了无效宣告请求，其理由是本专利不符合专利法第二十六条第三款、第四款的规定；本专利不符合专利法第三十三条的规定；本专利不符合专利法第二十二条第三款的规定；以及本专利不符合专利法实施细则第二十条第一款的规定，请求专利复审委员会宣告该发明专利权全部无效，同时提交了下列证据：

证据 1 - 1：授权公告号为 US5044646 的美国专利说明书的复印件，其授权公告日为 1991 年 9 月 3 日；

证据 1 - 2：授权公告号为 US5044646 的美国专利说明书的中文译文共 7 页。

第一请求人认为证据 1 - 1 和证据 1 - 2 所涉及的授权公告号为 US5044646 的美国专利文献破坏本专利权利要求 1 ~ 4 的创造性。

经审查，上述无效宣告请求符合专利法及其实施细则规定的形式要求，专利复审委员会于 2004 年 2 月 16 日予以受理并将第一请求人提交的无效宣告请求书及所附证据材料的副本转送给专利权人，并成立合议组对此案进行审查。

第一请求人于 2004 年 3 月 12 日补充提交了意见陈述书，并补充提交了以下证据：

证据 1 - 3：公开号为 EP 0323908 A2 的欧洲专利申请公开说明书的复印件，其公开日为 1989 年 7 月 12 日；

证据 1 - 4：公开号为 EP 0323908 A2 的欧洲专利申请公开说明书的中文译文共 16 页；

证据 1 - 5；公开号为特开平 1 - 202589 的日本公开专利公报第 4 ~ 6 页的复印件，其公开日为 1989 年 8 月 15 日；

证据 1 - 6：公开号为特开平 1 - 202589 的日本公开专利公报的中文译文共 3 页；

证据 1 - 7：授权公告号为 US5094315 的美国专利说明书的复印件，其授权公告日为 1992 年 3 月 10 日；

证据 1 - 8：授权公告号为 US5094315 的美国专利说明书的中文译文共 12 页；

证据 1 - 9：授权公告号为 US4915188 的美国专利说明书的复印件，其授权公告日为 1990 年 4 月 10 日；

证据 1 - 10：授权公告号为 US4915188 的美国专利说明书的中文译文共 10 页；

证据 1 - 11：在本专利的实质审查过程中专利局发出的第一次审查意见通知书、专利权人的意见陈述书以及国家知识产权局专利局发出的授权通知书的复印件；

证据 1 - 12：申请号为 95104356.0 的发明专利申请公开说明书的复印件（即本专利在申请阶段的公开文本）。

第一请求人认为，证据 1 - 2 能够破坏本专利的新颖性，证据 1 - 2、1 - 4、1 - 6、1 - 8、1 - 10 两两组合能够破坏本专利的创造性，证据 1 - 2 单独使用也可以破坏本专利的创造性。

专利权人本田技研工业株式会社（下称被请求人）于 2004 年 4 月 2 日针对第一请求人提出的无

效宣告请求提交了意见陈述书，被请求人认为本专利符合专利法第二十六条第三款、第四款、专利法第三十三条和专利法实施细则第二十条第一款的规定，第一请求人提供的证据不能破坏本专利的创造性，要求专利复审委员会作出维持专利权有效的决定。

合议组于2005年2月28日向双方当事人发出口头审理通知书，定于2005年4月15日在专利复审委员会进行口头审理，并在发出口头审理通知书的同时将被请求人于2004年4月2日提交的意见陈述书转送给第一请求人以及将第一请求人于2004年3月12日提交的意见陈述书及其附件清单中所列附件的副本转送给被请求人。

针对本专利，重庆摩托车行业协会和重庆力帆实业（集团）有限公司作为共同请求人（下称第二请求人）于2004年2月16日向专利复审委员会提出了无效宣告请求，其理由是本专利不符合专利法第二十六条第三款、第四款的规定；本专利不符合专利法第三十三条的规定；本专利不符合专利法第二十二条第三款的规定；以及本专利不符合专利法实施细则第二十条第一款的规定，请求专利复审委员会宣告该发明专利权全部无效，同时提交了下列证据：

证据2-1：授权公告号为US5044646的美国专利说明书的复印件，其授权公告日为1991年9月3日；

证据2-2：授权公告号为US5044646的美国专利说明书的中文译文共7页。

第二请求人主张的具体事实和理由与第一请求人在针对本专利提出无效宣告请求时所主张的具体事实和理由相同。

经审查，上述无效宣告请求符合专利法及其实施细则规定的形式要求，专利复审委员会于2004年2月24日予以受理并将第二请求人提交的无效宣告请求书及所附证据材料的副本转送给被请求人，并成立合议组对此案进行审查。

第二请求人于2004年3月15日补充提交了意见陈述书，请求专利复审委员会将第二请求人针对本专利提出的无效宣告请求与第一请求人针对本专利提出的无效宣告请求合案审理，并补充提交了以下证据：

证据2-3：公开号为EP0323908 A2的欧洲专利申请公开说明书的复印件，其公开日为1989年7月12日；

证据2-4：公开号为EP0323908 A2的欧洲专利申请公开说明书的中文译文共16页；

证据2-5；公开号为特开平1-202589的日本公开专利公报第4~6页的复印件，其公开日为1989年8月15日；

证据2-6：公开号为特开平1-202589的日本公开专利公报的中文译文共3页；

证据2-7：授权公告号为US5094315的美国专利说明书的复印件，其授权公告日为1992年3月10日；

证据2-8：授权公告号为US5094315的美国专利说明书的中文译文共12页；

证据2-9：授权公告号为US4915188的美国专利说明书的复印件，其授权公告日为1990年4月10日；

证据2-10：授权公告号为US4915188的美国专利说明书的中文译文共9页；

证据2-11：在本专利的实质审查过程中国家知识产权局专利局发出的第一次审查意见通知书、专利权人的意见陈述书以及国家知识产权局专利局发出的授权通知书的复印件；

证据2-12：申请号为95104356.0的发明专利申请公开说明书的复印件（即，本专利在申请阶段的公开文本）；

证据2-13：福建科学技术出版社出版、发行的《台湾产摩托车构造图解》的封面、版权页、第

28、第 57、第 59～64、第 71、第 235、第 262、第 263、第 275、第 284 页的复印件，共 16 页，公开日为 1993 年 10 月；

证据 2－14：人民邮电出版社出版发行的《风火轮 92 机车年鉴》的封面、版权页、第 30 和第 31 页的复印件，共 4 页，公开日为 1993 年 2 月；

证据 2－15：江西科学技术出版社出版发行的《进口/国产摩托车构造及维修图解》的相关页复印件，共 4 页，1995 年 8 月公开；

证据 2－16：中国轻工业出版社出版的《台湾摩托车零部件图解集》相关页复印件共 11 页，1994 年 10 月公开。

第二请求人认为，证据 1－2 能够破坏本专利的新颖性，证据 1－2、1－4、1－6、1－8、1－10 两两组合能够破坏本专利的创造性，证据 1－2 单独使用也可以破坏本专利的创造性。

被请求人于 2004 年 4 月 9 日针对第二请求人提出的无效宣告请求提交了意见陈述书，被请求人认为本专利符合专利法第二十六条第三款、第四款、专利法第三十三条和专利法实施细则第二十条第一款的规定，第二请求人提供的证据不能破坏本专利的创造性，要求专利复审委员会作出维持专利权有效的决定。

合议组根据合案审查原则于 2005 年 2 月 28 日向双方当事人发出口头审理通知书，定于 2005 年 4 月 15 日在专利复审委员会与第一请求人提出的无效宣告请求一并进行口头审理，并在发出口头审理通知书的同时将被请求人于 2004 年 4 月 9 日提交的意见陈述书转送给第二请求人以及将第二请求人于 2004 年 3 月 15 日提交的意见陈述书及其附件清单中所列附件的副本转送给被请求人。

口头审理如期进行，第一、第二请求人和被请求人均参加了口头审理。在口审过程中，双方当事人对双方出庭人员的身份和资格无异议，双方当事人对合议组成员无回避请求。合议组考虑到第一请求人的十二份证据（即证据 1－1 至1－12）和第二请求人所提交的前十二份证据（即证据 2－1 至 2－12）相同，为了方便起见，将这十二份证据统称为证据 1 至证据 12，另外将第二请求人提交的其余四份证据称为证据 13～16。第一、第二请求人当庭明确其无效宣告请求的理由为，本专利不符合专利法第二十六条第三款、第四款、专利法第三十三条、专利法实施细则第二十条第一款和专利法第二十二条第三款的规定，并且放弃本专利不符合专利法第二十二条第二款的规定作为无效宣告请求的理由。第一、第二请求人放弃证据 3、4、9、10、11。第二请求人还放弃证据 15、16 以及证据 13 中的第 263 页。第一请求人所使用的证据为：证据 1（授权公告号为 US5044646 的美国专利说明书的复印件）、证据 2（证据 1 的中文译文）、证据 5（公开号为特开平 1－202589 的日本公开专利公报第 4～6 页的复印件）、证据 6（公开号为特开平 1－202589 的日本公开专利公报的中文译文）、证据 7（授权公告号为 US5094315 的美国专利说明书的复印件）、证据 8（证据 7 的中文译文）、证据 12（本专利在申请阶段的公开文本）。第二请求人所使用的证据为：证据 1、2、5、6、7、8、12、14（《风火轮 92 机车年鉴》的封面、版权页、第 30 和第 31 页的复印件）以及证据 13 中除第 263 页以外的内容（《台湾产摩托车构造图解》的封面、版权页、第 28、第 57、第 59～64、第 71、第 235、第 262、第 275、第 284 页的复印件）。被请求人对证据 1、2、7、8、12 和证据 13 中除第 263 页以外的内容以及证据 14 的真实性没有异议。第一、第二请求人认为证据 1 和证据 2 所涉及的 US5044646 等专利是本专利的最接近现有技术，US5044646 单独使用能够破坏本专利的创造性，US5044646 分别和证据 5、证据 7 结合使用能够破坏本专利的创造性。第一、第二请求人认为本专利权利要求 1 中的“把手”已被 US5044646 中的图公开，被请求人认为 US5044646 中的图公开的“把手”不同于本专利权利要求 1 中的“围绕车座后部并向上凸起的把手”。第一、第二请求人认为证据 5、7 都公开了本专利权利要求 1 中的“把手”，并且明确所提交的证据 5、6、7、8、13、14 都是用于说明本专利中所涉及的

“把手”已在现有技术中公开。第一、第二请求人认为本专利权利要求2、3、4的附加技术特征已在US5044646中公开，被请求人对此没有提出异议。在口审过程中，双方当事人对各自的观点进行了充分论述。

专利复审委员会于2005年4月15日收到被请求人分别对第一请求人于2004年3月12日提交的意见陈述书和第二请求人于2004年3月15日提交的意见陈述书作出的意见陈述，鉴于第一、第二请求人和被请求人已经在口审中对此次意见陈述书中的内容发表过意见，故合议组不再将此次意见陈述书转给第一、第二请求人。

至此，合议组经过合议，认为涉及本案的有关事实已经清楚，可以作出本审查决定。

二、决定的理由

合议组根据审查指南第四部分第三章第3.5节关于合案审查原则的规定对第一请求人和第二请求人针对本专利分别提出的无效宣告请求进行合案审查。

1. 关于证据的认定

第一和第二请求人提交的证据1、2、7、8均为专利文献及其中文译文，且被请求人对真实性无异议，合议组对证据1、2、7、8的真实性予以认可。鉴于证据1是授权公告号为US5044646的美国专利说明书、证据2是证据1的中文译文，故将证据1和证据2所涉及的授权公告号为US5044646的美国专利称为对比文件1；证据7是授权公告号为US5094315的美国专利说明书、证据8是证据7的中文译文，故将证据7和证据8所涉及的授权公告号为US5094315的美国专利称为对比文件2。

2. 关于专利法第三十三条的规定

专利法第三十三条规定、申请人可以对其专利申请文件进行修改，但是，对发明和实用新型专利申请文件的修改不得超出原说明书和权利要求书记载的范围。

第一和第二请求人认为：本专利权利要求1中的“由上述把手的左右侧凸出支承部和车座后部底板夹持收纳盒向后的延长部”这一技术特征并未记载在本专利的公开文本中，因此该授权专利修改超出原说明书和权利要求书中记载的范围，不符合中国专利法第三十三条的规定。

合议组认为，结合本专利在申请阶段公开的文本（即证据12）的说明书第6页第15行所述的“在把手29的向左右内侧凸出的支承部31的前端，安放有与头盔收纳盒18一体的燃料箱盖19的后方外周部”以及第7页第4行所述的“车座34通过与座底板35的外周部的支垫支承于头盔收纳盒18的车座支承部33上”以及附图3、4、6，本领域技术人员可以得出“由上述把手的左右侧凸出支承部和车座后部底板夹持收纳盒向后的延长部”这一技术特征，因而本专利授权文本所作的修改未超出原说明书和权利要求书中记载的范围。据此，合议组对于第一和第二请求人提出的上述关于本专利不符合专利法第三十三条的规定的主张不予支持。

3. 关于专利法第二十六条第三款

根据专利法第二十六条第三款的规定，说明书应当对发明或者实用新型作出清楚、完整的说明，以所属技术领域的技术人员能够实现为准；必要的时候，应当有附图。摘要应当简要说明发明或者实用新型的技术要点。

第一和第二请求人认为：本专利权利要求1中的“由上述把手的左右侧凸出支承部和车座后部底板夹持收纳盒向后的延长部”这一技术特征在说明书中没有提及并且说明书中也没有对这一技术特征作出说明，另外本专利权利要求1中的“从该收纳盒的收纳部向后的延长部支承于上述把手的左右内侧凸出支承部上”这一特征中提及的“收纳部”在说明书中没有清楚完整地说明，使得所属技术领域的技术人员无法实现，故本专利不符合专利法第二十六条第三款的规定。

合议组认为：本领域技术人员根据本专利说明书第6页第15行~17行所记载的内容，“在上述把手 29 的向左右内侧凸出的支承部 31 的前端，安放有与头盔收纳盒 18 一体的燃料箱盖 19 的后方外周部”；以及本专利说明书第 6 页第 19 行所记载的内容，“在头盔收纳盒 18 的上部整个外周缘上形成车座支撑部 33”，结合附图 6，可以得出“由上述把手的左右侧凸出支承部和车座后部底板夹持收纳盒向后的延长部”这一技术特征。另外，本领域技术人员根据本专利说明书第 3 页第 12 ~ 15 行和第 5 页第 16 ~ 17 行所记载的内容可以看出本专利权利要求 1 中所涉及的“收纳部”指的是收纳盒中用于收纳物品的凹空置物部分。因此，综合本专利说明书及附图公开的内容，本领域技术人员可以清楚地理解“由上述把手的左右侧凸出支承部和车座后部底板夹持收纳盒向后的延长部”这一技术特征的含义，并且能够实现，故合议组对于第一和第二请求人提出的上述关于本专利不符合专利法第二十六条第三款的规定的主张不予支持。

4. 关于专利法第二十六条第四款的规定

专利法第二十六条第四款规定：权利要求书应当以说明书为依据，说明要求专利保护的范围。

第一和第二请求人认为：本专利权利要求 1 中的“由上述把手的左右侧凸出支承部和车座后部底板夹持收纳盒向后的延长部”这一技术特征在说明书中没有提及，因此本专利权利要求 1 所限定的技术方案没有得到说明书的支持，故本专利不符合专利法第二十六条第四款的规定。

如上所述，说明书第 6 页第 15 ~ 17 行、第 19 行以及图 6 均有对“由上述把手的左右侧凸出支承部和车座后部底板夹持收纳盒向后的延长部”这一技术特征的相应说明和显示，即这一特征在说明书中有相应的依据，因此合议组对于第一和第二请求人提出的上述关于本专利不符合专利法第二十六条第四款的规定的主张不予支持。

5. 关于专利法实施细则第二十条第一款的规定

专利法实施细则第二十条第一款规定：权利要求书应当说明发明或者实用新型的技术特征，清楚、简要地表述请求保护的范围。

第一和第二请求人认为：本专利的技术主题为“一种小型车辆的车座下方收纳盒支承结构”，而结构是指部件跟部件之间的一种连接关系，木专利的技术主题不能反映一个产品所要保护的范围。另外，本专利权利要求 1 中的“从该收纳盒的收纳部向后的延长部支承于上述把手的左右内侧凸出支承部上”这一特征中提及的“收纳部”在说明书中没有清楚完整地说明，权利要求 1 无法清楚地表明所要保护的范围，本专利不符合专利法实施细则第二十条第一款的规定。

合议组认为，本专利权利要求所要求保护的技术主题是一个支承结构，其限定范围是清楚的。另外，如上所述的，本领域技术人员从本专利说明书中记载的内容中可以明确地得出本专利权利要求 1 中所涉及的“收纳部”的含义。因此合议组对于第一和第二请求人提出的上述关于本专利不符合专利法实施细则第二十条第一款的规定的主张不予支持。

6. 关于专利法第二十二条第三款

根据专利法第二十二条第三款：创造性是指同申请日以前已有的技术相比，该发明有突出的实质性特点和显著的进步，该实用新型有实质性特点和进步。

根据专利法实施细则第三十条的规定，专利法第二十二条第三款所称已有的技术是指“在申请日（有优先权的，指优先权日）前在国内外出版物上公开发表、在国内公开使用或者以其他方式为公众所知的技术，即现有技术”。创造性是相对于已有技术而言的，只有属于已有技术的内容才能用于评价创造性，对比文件 1 和对比文件 2 都是在本专利申请日之前公开的出版物，因此都可以作为用于评价本专利的创造性的已有技术。

对比文件 1 是本专利的最接近现有技术，其中公开了一种小型摩托车的结构，该摩托车的左右机架（对应于本专利权利要求 1 中的左右框架）从车体中央向后延伸并从车体的下部向上方倾斜，在车座下方配置有储物箱 160（对应于本专利权利要求 1 中的收纳盒），该储物箱的前部支承在连接于机架之间的横梁上，储物箱具有向后延伸的呈板状的暗盘 180（对应于本专利权利要求 1 中的收纳盒向后的延长部），暗盘 180 配置在燃料箱上方并且被夹在车座底座和燃料箱盖之间，暗盘上具有开口，并且暗盘具有两个安装孔，该摩托车的机架后部装有托架（参见证据 1 的图 1 至图 22 和证据 2 第 6 ~ 8 页）。

本专利权利要求 1 所限定的技术方案与对比文件 1 所公开的上述技术方案相比，区别仅在于：(A) 在本专利权利要求 1 所限定的技术方案中，在左右框架的后部一体地安装围绕车座后部并向上凸起的把手，而在对比文件 1 所公开的上述技术方案中，在左右框架的后部安装有托架；(B) 在本专利权利要求 1 所限定的技术方案中，从该收纳盒的收纳部向后的延长部支承于上述把手的左右内侧凸出支承部上，而在对比文件 1 所公开的上述技术方案中没有具体公开暗盘的安装位置，只是公开了在暗盘上设有两个安装孔；(C) 在本专利权利要求 1 所限定的技术方案中，由上述把手的左右侧凸出支承部和车座后部底板夹持收纳盒向后的延长部，而在对比文件 1 所公开的上述技术方案中，暗盘被固定在车座底板下方。

合议组认为：在车体左右框架后部设置固定的把手或者托架均是本领域的常规设计，例如在对比文件 2 中所涉及的摩托车中采用了在左右框架的后部一体地安装围绕车座后部并向上凸起的把手的结构（即图 2 中的围栏扶手 83 和横梁片 84），故上述区别（A），即在左右框架的后部一体地安装围绕车座后部并向上凸起的把手，这是本领域一种常规设计。另外从功能上考虑，对比文件 1 中的托架也可起到把手的作用，故上述区别（A）没有超出常规设计的范畴。

对于上述区别（B），虽然在对比文件 1 所公开的上述技术方案中没有具体公开暗盘的安装位置，只是公开了在暗盘上设有两个安装孔，但是对于本领域技术人员来说，暗盘必然要固定在车架上，而且暗盘上设有两个安装孔说明暗盘是通过两个支承点安装在车体上，同时对比文件 1 中的托架是与车架固连的。而在本专利权利要求 1 所限定的技术方案中，收纳盒向后的延长部支承于上述把手的左右内侧凸出支承部上，收纳盒向后的延长部也是以两点支承的方式固定在车体上。两者没有实质性差别，均属于常规设计的选择，这种具体的支承形式在技术效果方面也没有超出常规设计的范畴，本领域技术人员可以根据具体的设计情况来选择支承位置，这种支承位置的选择无需付出任何创造性劳动。

对于上述区别（C），在对比文件 1 所公开的上述技术方案中，暗盘被固定在车座底板下方，即支承点和车座底板夹持暗盘，而在本专利权利要求 1 所限定的技术方案中，由上述把手的左右侧凸出支承部和车座后部底板夹持收纳盒向后的延长部，也是支承点和车座底板夹持收纳盒向后的延长部，该区别（C）也是由于收纳盒向后的延长部在车体上的支承位置决定的。如上所述，本领域技术人员可以根据具体的设计情况来选择支承位置，这种支承位置的选择无需付出任何创造性劳动。

综上所述，木领域技术人员根据对比文件 1 所公开的上述技术方案结合本领域的常规设计得出本专利权利要求 1 所要求保护的技术方案是显而易见的，无需付出任何创造性劳动。并且本专利权利要求 1 所要求保护的技术方案也没有带来任何意想不到的技术效果，因此本专利权利要求 1 所限定的技术方案不具有突出的实质性特点和显著的进步，不具备专利法第二十二条第三款规定的创造性。

本专利权利要求 2 ~ 4 是独立权利要求 1 的从属权利要求，它们的附加技术特征分别为“上述收纳盒可以容纳头盔”、“上述收纳盒的前部下端支承于将左右框架相互连接的横架上”、“从上述收纳盒的收纳部向后的延长部大致呈平板状，在平板延长部的下方配设燃料箱，在该平板状延长部上，在位于燃料箱注油口盖上方的地方形成开口”，这些附加技术特征均已在对比文件 1 中公开（参见证据 1 的图1 至图22 和证据2 第6 ~ 8 页），因此在本专利独立权利要求 1 所限定的技术方案没有创造性的情况下，本专利权利要求2~4所限定的技术方案也不具有突出的实质性特点和显著的进步，不具备专利法第二十二条第三款规定的创造性。

鉴于根据对比文件1已经得出本专利不具备创造性的结论，对于第一、第二请求人提交的其他证据，本决定不再予以评述。

三、决定

宣告ZL95104356.0号专利权全部无效。

当事人对本决定不服的，可以根据专利法第四十六条第二款的规定，自收到本决定之日起三个月内向北京第一中级人民法院起诉。根据该款的规定，一方当事人起诉后，另一方当事人应当作为第三人参加起诉。

北京市第一中级人民法院
行政判决书

（2006）一中行初字第261号

原告本田技研工业株式会社，住所地日本国东京都港区南青山2-1-1。

法定代表人萩野道义，董事长。

委托代理人辛哲生，中国国际贸易促进委员会专利商标事务所专利代理人。

委托代理人陈健，中国国际贸易促进委员会专利商标事务所专利代理人。

被告中华人民共和国国家知识产权局专利复审委员会，住所地北京市海淀区北四环西路9号银谷大厦10~12层。

法定代表人廖涛，副主任。

委托代理人魏屹，中华人民共和国国家知识产权局专利复审委员会审查员。

委托代理人王丽颖，中华人民共和国国家知识产权局专利复审委员会审查员。

第三人重庆宗申集团进出口有限公司，住所地重庆市巴南区花溪镇民主村。

法定代表人左宗申，董事长。

委托代理人张利，重庆利君律师事务所律师。

委托代理人郑华，北京安博达知识产权代理有限公司专利代理人。

第三人重庆力帆实业（集团）有限公司，住所地重庆市沙坪坝区上桥张家湾60号。

法定代表人陈巧凤，董事长。

委托代理人张利，重庆利君律师事务所律师。

委托代理人郑华，北京安博达知识产权代理有限公司专利代理人。

第三人重庆摩托车行业协会，住所地重庆市高新区科园一路166号。

法定代表人戴祯龙，秘书长。

委托代理人张利，重庆利君律师事务所律师。

委托代理人郑华，北京安博达知识产权代理有限公司专利代理人。

原告本田技研工业株式会社不服被告中华人民共和国国家知识产权局专利复审委员会（下称专利复审委员会）于2005年10月12日作出的第7571号无效宣告请求审查决定（下称第7571号决定），于法定期限内向本院提起行政诉讼。本院于2006年2月8日受理后，依法组成合议庭，并通知重庆宗申集团进出口有限公司（下称宗申集团公司）、重庆力帆实业（集团）有限公司（下称力帆实业公司）、重庆摩托车行业协会（下称摩托车协会）作为第三人参加本案诉讼，于2006年6月22日公开开庭进行了审理。原告本田技研工业株式会社的委托代理人辛哲生、陈健，被告专利复审委员会的委托代理人魏屹、王丽颖，第三人宗申集团公司、第三人力帆实业公司和第三人摩托车协会的共同委托代理人张利、郑华到庭参加了诉讼。本案现已审理终结。

第7571号决定系专利复审委员会针对宗申集团公司、力帆实业公司和摩托车协会就本田技研工业株式会社拥有的名称为“小型车辆座下方收纳盒的支承结构”的发明专利（下称本专利）所提出的无效宣告请求做出的。专利复审委员会在该决定中认定；本专利权利要求1与公告号为US5044646的美国专利（下称对比文件1）相比，区别在于：（A）在本专利中，在左右框架的后部一体地安装围绕车座后部并向上凸起的把手，而在对比文件1中，在左右框架的后部安装有托架；（B）在本专利中，从该收纳盒的收纳部向后的延长部支承于上述把手的左右内侧凸出支承部上，而在对比文件1中没有具体公开暗盘的安装位置，只是公开了在暗盘上设有两个安装孔；（C）在本专利中，由上述把手的左右侧凸出支承部和车座后部底板夹持收纳盒向后的延长部，而在对比文件1中，暗盘被固定在车座底板下方。分析上述区别，在车体左右框架后部设置固定的把手或者托架均是本领域的常规设计，例如在授权公告号为US5094315的美国专利公告（下称对比文件2）中的摩托车就采用了在左右框架的后部一体地安装围绕车座后部并向上凸起的把手的结构，从功能上考虑，对比文件1中的托架也可起到把手的作用，故区别（A）没有超出常规设计的范畴；对于区别（B），虽然对比文件1中没有具体公开暗盘的安装位置，只是公开了在暗盘上设有两个安装孔，但是对于本领域技术人员来说，暗盘必然要固定在车架上，而且暗盘上设有两个安装孔说明暗盘是通过两个支承点安装在车体上，同时对比文件1中的托架是与车架固连的，而在本专利中，收纳盒向后的延长部支承于上述把手的左右内侧凸出支承部上，收纳盒向后的延长部也是以两点支承的方式固定在车体上，两者没有实质性差别，均属于常规设计的选择；对于区别（C），在对比文件1中，暗盘被固定在车座底板下方，即支承点和车座底板夹持暗盘，而在本专利中，由上述把手的左右侧凸出支承部和车座后部底板夹持收纳盒向后的延长部，也是支承点和车座底板夹持收纳盒向后的延长部，该区别（C）也是由于收纳盒向后的延长部在车体上的支承位置决定的，如上所述的，本领域技术人员可以根据具体的设计情况来选择支承位置，这种支承位置的选择无需付出任何创造性劳动。因此，本专利权利要求1相对于对比文件1和本领域的公知常识不具备突出的实质性特点和显著的进步，不具备《中华人民共和国专利法》（下称专利法）第二十二条第三款规定的创造性。

本田技研工业株式会社不服第7571号决定，在法定期间内向本院提起行政诉讼，其诉称：一、专利复审委员会做出第7571号决定的程序不合法，没有充分考虑专利权人和无效宣告请求人的意见和观点，不符合《审查指南》“对于决定的结论对其不利当事人的全部理由、证据和主要观点应当进行具体分析，阐明其理由不成立、观点不被采纳的原因”的规定。二、专利复审委员会关于本专利是否具有创造性的评判过程中认定事实不清、适用法律错误。1. 本专利权利要求1中的“把手”上设有左右内侧凸出支承部，由此具有支承夹持固定收纳盒向后的延长部的重要功能，该“把手”在对比文件1、2中均无记载，因此决定中认定的“区别（A）是本领域的常规设计”和“区别（A）没有超出常规设计”的认定是错误的。2. 在对区别技术特征（B）的认定中，决定仅从暗盘上的两个安装孔就去推定暗盘是通过两个支承点安装在车体上，从而得出本专利的技术特征与对比文件1没有实质性差别、没有超出常规设计的范畴的结论是不科学的；实际上，本专利并未将收纳部向后的延长部用紧固件固定在车架上，而仅将其放置并支承在上述把手的左右内侧凸出支承部上，靠该支承部与车座后部底板的两个反方向的作用力夹持固定，由此才能实现本专利的目的，在没有考虑安装位置和安装方式的情况下得出的上述结论显然是错误的。3. 所谓“夹持”至少意味着车座底板与暗盘以及支承点接触，在对比文件1中没有车座底板和支承点夹持的记载，暗盘180是通过螺栓和螺母固定在U形支柱221上的，与本专利中收纳盒向后的延长部是通过由把手的左右侧凸出支承部和车后部底板夹持来固定的方式明显不同，因此专利复审委员会对于区别技术特征（C）的认定也是错误的。4. 专利复审委员会没有按照《审查指南》的规定从整体上评述技术方案的创造性，也没有考虑上述三个区别技术特征对于本发明的贡献，而是仅仅对这三个区别特征本身进行了评述，并认为（A）、（B）没有超出常规设计的范畴，特征（C）无需付出创造性的劳动。但是在法律法规中并没有对“常规设计的范畴”给出定义，也没有要求发明的各技术特征必须“超出常规设计的范畴”，而且在第7571号决定中也没有对什么是“常规设计的范畴”进行说明。另外对于“区别技术特征（A）和（B）没有超出常规设计的范畴”也没有给出证据。因此专利复审委员会对于创造性的评价是错误的。综上，请求人民法院撤销第7571号决定，维持本专利权有效。

被告专利复审委员会在答辩中坚持在第7571号决定中关于事实认定和法律适用的评述，认为其认定事实清楚，适用法律、法规正确，审理程序合法，请求人民法院维持该决定。

第三人宗申集团公司、力帆实业公司和摩托车协会没有提交书面答辩意见，其在本案庭审过程中表示同意专利复审委员会作出的第7571号决定，请求人民法院予以维持。

本院经审理查明：

本案涉及中华人民共和国国家知识产权局专利局于2000年1月26日授权公告、专利号为95104356.0、名称为“小型车辆座下方收纳盒的支承结构”的发明专利（即本专利），其申请日是1995年3月30日，专利权人为本田技研工业株式会社。本专利授权公告的权利要求书如下：

“1. 一种小型车辆的车座下方收纳盒支承结构，在车座下方配置收纳盒的小型车辆中，其特征在于：该小型车辆的后部车体的左右框架从车体中央延伸到车体后部，并从车体下部向上方倾斜，在该左右框架的后部，一体地安装围绕车座后部并向上凸起的把手，上述车座下方的收纳盒的前部支承在上述框架上，同时，从该收纳盒的收纳部向后的延长部支承于上述把手的左右内侧凸出支承部上，由上述把手的左右侧凸出支承部和车座后部底板夹持收纳盒向后的延长部。

2. 如权利要求1记载的小型车辆的车座下方收纳盒支承结构，其特征是：上述收纳盒可以容纳头盔。

3. 如权利要求1记载的小型车辆的车座下方收纳盒支承结构，其特征在于：上述收纳盒的前部下端支承于将左右框架相互连接的横架上。

4. 如权利要求1记载的小型车辆的车座下方收纳盒支承结构，其特征在于：从上述收纳盒的收纳部向后的延长部大致呈平板状，在平板延长部的下方配设燃料箱，在该平板状延长部上，在位于燃料箱注油口盖上方的地方形成开口。”

针对本专利，宗申集团公司于2004年2月12日向专利复审委员会提出了无效宣告请求，其理由是本专利不符合专利法第二十六条第三款、第四款，第三十三条、第二十二条第三款的规定，不符合专利法实施细则第二十条第一款的规定。针对本专利，摩托车协会和力帆实业公司作为共同请求人于2004年2月16日向专利复审委员会再次提出了无效宣告请求，其理由是本专利不符合专利法第二十六条第三款、第四款，第三十三条，第二十二条第三款的规定，不符合专利法实施细则第二十条第一款的规定。宗申集团公司、摩托车协会和力帆实业公司均提交了对比文件1和对比文件2作为证据，对比文件1是授权公告号为US5044646的美国专利说明书复印件及其中文译文，该专利授权公告日为1991年9月3日，其公开了一种小型摩托车的结构，该摩托车的左右机架从车体中央向后延伸并从车体的下部向上方倾斜，在车座下方配置有储物箱，该储物箱的前部支承在连接于机架之间的横梁上，储物箱具有向后延伸的呈板状的暗盘（相当于本专利权利要求 1 中的收纳盒向后的延长部），暗盘配置在燃料箱上方并且被夹在车座底座和燃料箱盖之间，暗盘上具有开口，并且暗盘具有两个安装孔，该摩托车的机架后部装有托架。对比文件 2 是授权公告号为 US5094315 的美国专利说明书，授权公告日为 1992 年 3 月 10 日，该专利公开的摩托车采用了在左右框架的后部一体地安装围绕车座后部并向上凸起的把手的结构。

2005 年 4 月 15 日，专利复审委员会进行了口头审理。在口头审理中，宗申集团、摩托车协会和力帆实业公司明确其无效宣告请求的理由为：本专利不符合专利法第二十六条第三款、第四款，专利法第三十三条，专利法实施细则第二十条第一款和专利法第二十二条第三款的规定；对比文件 1 是本专利的最接近现有技术，单独使用能够破坏本专利的创造性，分别与证据 5（公开号为特开平 1—202589 的日本公开专利公报第 4 ~ 6 页）、对比文件 2 结合使用能够破坏本专利的创造性。宗申集团、摩托车协会和力帆实业公司还认为本专利权利要求 1 中的“把手”已被对比文件 1 中的图公开，本田技研工业株式会社认为对比文件 1 中的图公开的“把手”不同于本专利权利要求 1 中的“围绕车座后部并向上凸起的把手”。宗申集团、摩托车协会和力帆实业公司认为证据 5、对比文件 2 都公开了本专利权利要求 1 中的“把手”，并且明确所提交的证据 5、6、7、8、13、14 都是用于说明本专利中所涉及的“把手”已在现有技术中公开，并且认为本专利权利要求 2、3、4 的附加技术特征已在对比文件 1 中公开，本田技研工业株式会社对此没有提出异议。

2005 年 10 月 12 日，专利复审委员会作出第 7571 号决定。

在本案庭审过程中，本田技研工业株式会社对于决定中关于本专利不符合专利法第三十三条、第二十六条第三款、第四款，专利法实施细则第二十条第一款的相关评述不持异议，对于决定中关于本专利权利要求 1 与对比文件 1 存在三个区别技术特征的认定没有异议。

以上事实有本专利授权公告文本，第 7571 号决定，对比文件 1、2，口头审理记录表及当事人陈述等证据在案佐证。

本院认为：

关于本专利创造性的评述。发明专利的创造性是指，同申请日以前已有的技术相比，该发明有突出的实质性特点和显著的进步。将本专利与对比文件 1 相比，存在前述由专利复审委员会确认的三个区别技术特征。

对于上述区别技术特征，本院认为：1. 尽管在本专利权利要求 1 中，是在左右框架的后部一体地安装围绕车座后部并向上凸起的把手，而在对比文件 1 中，在左右框架的后部安装有托架，但对比文件 1 中的托架也可起到把手的作用，当本领域普通技术人员面对需要增大收纳盒的收纳空间、支撑车体后部或者作为提起的把手等技术问题时，由对比文件 1“在左右框架的后部安装有托架”的技术方案得到权利要求 1 中“在左右框架的后部一体地安装围绕车座后部并向上凸起的把手”的技术方案，是不需要付出创造性劳动的。2. 虽然在对比文件 1 中没有具体公开暗盘的安装位置，只是公开了在暗盘上设有两个安装孔，但是对于本领域技术人员来说，暗盘必然要被支承并固定在车架上，且对比文件 1 给出了暗盘通过两个安装孔安装、固定的技术启示，由对比文件 1 给出的技术启示得到本专利权利要求 1“从该收纳盒的收纳部向后的延长部支承于上述把手的左右内侧凸出支承部上”的技术方案是不需要付出创造性劳动的。而相反，如果暗盘不是被支承、固定在车架上，那么对于暗盘还可以被支承、固定在哪个部件上以及安装孔的作用如何实现，本田技研工业株式会社未给出合理的解释。且该特征主要限定了支承结构的位置关系，安装方式的差异对此并无影响，故本田技研工业株式会社主张“专利复审委员会没有考虑安装位置和安装方式的情况下得出的结论错误”缺乏事实依据，本院不予支持。3. 在对比文件 1 所公开的上述技术方案中，暗盘被固定在车座底板下方，即支承点和车座底板夹持暗盘，而在本专利权利要求1所限定的技术方案中，由上述把手的左右侧凸出支承部和车座后部底板夹持收纳盒向后的延长部，也是支承点和车座底板夹持收纳盒向后的延长部，该区别也是由于收纳盒向后的延长部在车体上的支承位置决定的，本领域技术人员可以根据具体的设计情况来选择支承位置，这种支承位置的选择无需付出任何创造性劳动。而且，即使固定的方式有所区别，也没有使得本专利相对于对比文件1具有突出的实质性特点。本田技研工业株式会社主张本专利中收纳盒向后的延长部的固定方式明显不同于对比文件，并据此认为专利复审委员会对区别C的评述错误缺乏事实依据，本院不予支持。通过上述分析，本领域技术人员根据对比文件1所公开的上述技术方案结合本领域的公知常识得出本专利权利要求1所要求保护的技术方案无需付出任何创造性劳动，本专利权利要求1所限定的技术方案不具备突出的实质性特点和显著的进步，不具备专利法第二十二条第三款规定的创造性。

本专利从属权利要求2~4的附加技术特征分别为“上述收纳盒可以容纳头盔”、“上述收纳盒的前部下端支承于将左右框架相互连接的横架上”、“从上述收纳盒的收纳部向后的延长部大致呈平板状，在平板延长部的下方配设燃料箱，在该平板状延长部上，在位于燃料箱注油口盖上方的地方形成开口”，这些附加技术特征均已在对比文件1中公开，因此，在本专利独立权利要求1所限定的技术方案没有创造性的情况下，本专利权利要求2~4所限定的技术方案也不具备突出的实质性特点和显著的进步，不具备专利法第二十二条第三款规定的创造性。

关于第7571号决定的撰写。根据上述分析可知，专利复审委员会对于创造性的判断是适当的，在此基础上，本田技研工业株式会社并未举证证明专利复审委员会剥夺了其陈述意见的权利，即使在该决定中没有将本田技研工业株式会社的所有观点全部给予详尽评述，也只是撰写的问题，不涉及违反法定程序，不能构成撤销决定的实质理由。因此，本田技研工业株式会社的这一起诉理由也不能成立。

综上，本田技研工业株式会社对第7571号决定提出的异议不能成立，专利复审委员会做出第7571号决定认定事实清楚，适用法律正确，程序合法，应予维持。依照《中华人民共和国行政诉讼法》第五十四条第（一）项之规定，本院判决如下：

维持被告中华人民共和国国家知识产权局专利复审委员会作出的第7571号无效宣告请求审查决定。

案件受理费1000元，由原告本田技研工业株式会社负担（已交纳）。

如不服本判决，原告本田技研工业株式会社可于本判决送达之日起三十日内，其他当事人可于本判决送达之日起十五日内，向本院提交上诉状及其副本，并交纳上诉案件受理费1000元（开户行：中国工商银行北京分行黄楼支行，户名：北京市第一中级人民法院，账号：144537-48），上诉于中华人民共和国北京市高级人民法院。

审 判 长 仪 军
代理审判员 侯占恒
人民陪审员 陈 源
二〇〇六年十月二十日
书 记 员 谭北川

161

吸糠式稻麦脱粒机案

无效宣告请求审查决定（第7572号）

决　定　号　第7572号
决　定　日　2005年10月13日
发明创造名称　吸糠式稻麦脱粒机
国际分类号　A01F 12/22
无效请求人　遂宁市船山区明鑫机械厂
专利权人　郭大兴
专　利　号　03249571.4
申　请　日　2003年7月18日
授权公告日　2004年9月8日
合议组组长　魏　屹
主　审　员　陈　勇
参　审　员　冯　涛

法律依据　专利法第二十六条第三款、第四款　专利法第二十二条第二款、第三款
决定要点

说明书是否充分公开，应该站在本领域技术人员的角度来看，如果根据其具有的技术水平可以理解并且实施这一专利，则该专利符合专利法第二十六条第三款的规定。

对比文件仅公开了独立权利要求中的一部分技术特征，而另一部分技术特征没有被公开，且不能从现有技术中得到启示，由于这些特征的存在使得该权利要求所限定的技术方案具有有益效果，故现有技术不能否定本专利的创造性。

一、案由

本无效宣告请求案涉及申请日为2003年7月18日、授权公告日为2004年9月8日、名称为“吸糠式稻麦脱粒机”的03249571.4号实用新型专利（下称本专利），专利权人为郭大兴（下称被请求人）。

授权公告的权利要求书如下：

“1. 一种吸糠式稻麦脱粒机，由机架、传动部分、脱粒部分、分离部分构成，其特征在于：所述的脱粒部分由滚筒、滚筒轴、三角架、滚动轴承，轴承座、螺母、机罩、筛网、接料斗组成，三角架固定在机架的一端，用二个滚动轴承将滚筒轴的一端固定在三角架上，滚筒套在滚筒轴上；滚筒的表面有4~6排弓形齿，一排为3 ~4个弓形齿、另一排为4~5个齿交叉设置，滚筒的悬空端为圆锥形，圆锥形表面有3~4个多边形端面齿；机罩的一端装有喂料斗，与滚筒圆锥形端面对应，另一侧开有一粗渣出口；滚筒安装在接粒斗内，筛网安装在滚筒下面，机罩与接料斗连接。

2. 根据权利要求1所述的吸糠式稻麦脱粒机，其特征在于：机罩内顶部用螺钉固定2~3个隔

板，隔板与弓形齿的轴向距离为5～15mm，隔板与滚筒表面的径向距离5～10mm。

3. 根据权利要求1所述的吸糠式稻麦脱粒机，其特征在于：所述传动部分由动力机、动力轴轮、滚筒轴轮、扬粒轴轮、三角带组成，动力轴轮、滚筒轴轮、扬粒轴轮的轴线相互平行，三角带套在其上。

4. 根据权利要求3所述的吸糠式稻麦脱粒机，其特征在于：所述的动力机为电动机或柴油机或汽油机。

5. 根据权利要求1所述的吸糠式稻麦脱粒机，其特征在于：所述的分离装置由扬粒轴，扬粒器、扬粒管、吸糠扇、吸风管，分粒筒、出糠管组成，扬粒轴两轴颈装滚动轴承，安装在机架上的轴承座孔内，扬粒轴中部制有螺纹线，螺纹线的尾端装一个扬粒器，扬粒器里有2～3片扬粒铲叶装固在扬粒轴上，扬粒器的出口接扬粒管，扬粒管另一端接分粒筒的入口；扬粒轴的另一端安有吸糠扇，吸糠扇有3～5片扇叶，安装在扬粒轴上，吸风管一端接分粒筒，另一端接吸糠扇入口，吸糠扇的出口接出糠管。

6. 根据权利要求5所述的吸糠式稻麦脱粒机，其特征在于：所述的分粒筒内悬吊着一个分粒器，分粒器呈圆锥形。"

针对上述专利权，遂宁市船山区明鑫机械厂（下称请求人）于2004年12月3日向专利复审委员会提出了无效宣告请求，其理由是本专利不符合专利法第二十六条第三款、第四款和专利法第二十二条第二款、第三款的规定。与此同时，请求人提交了以下证据：

证据1：ZL00259824.8号中国实用新型专利说明书的复印件，授权公告日为2001年12月12日；

证据2：ZL97205162.7号中国实用新型专利说明书的复印件，授权公告日为1998年3月11日；

证据3：ZL97237365.9号中国实用新型专利说明书的复印件，授权公告日为1998年12月23日；

证据4：ZL95208326.4号中国实用新型专利说明书的复印件，授权公告日为1996年3月27日；

证据5：ZL92214173.8号中国实用新型专利说明书的复印件，授权公告日为1993年6月2日；

证据6：ZL02238660.2号中国实用新型专利说明书的复印件，授权公告日为2003年5月28日。

请求人认为：(1) 证据3公开了本专利权利要求1～6要求保护的技术方案，因此证据3可以否定本专利权利要求1～6的新颖性，当然也可以否定本专利权利要求1～6的创造性；(2) 证据3与证据1、2、4、5和证据6中的任一结合，可以否定本专利权利要求1～6的创造性。

专利复审委员会经形式审查合格后，于2004年10月3日发出了无效宣告请求受理通知书，并将上述无效宣告请求书及所附相关文件副本转给被请求人，要求其在指定期限内陈述意见。同时依法成立合议组对本案进行审查。

针对上述无效宣告请求受理通知书，被请求人于2005年1月10日提交了意见陈述书，坚持认为本专利权利要求相对于证据3具备新颖性，相对于证据1～6具备创造性，并且认为本专利符合专利法第二十六条第三款、第四款的规定。

专利复审委员会于2005年7月28日向双方当事人发出口头审理通知书，定于2005年9月15日在专利复审委员会举行口头审理，并将被请求人在2005年1月10日提交的意见陈述书转送给请求人，要求其在指定期限内陈述意见。

口头审理如期举行，仅请求人一方参加了口头审理，请求人对合议组成员无回避请求。请求人主张：(1) 本专利采用的"滚筒轴悬空"的结构不稳定，从而不能实现本专利的发明目的，故本专利不符合专利法第二十六条第三款的规定；(2) 本专利权利要求1中限定的技术方案比说明书中公开的技术方案的保护范围宽，体现在权利要求1中没有记载"脱粒机包括喂料斗、出渣口"的技术特征，因此本专利不符合专利法第二十六条第四款的规定；(3) 证据3破坏本专利权利要求1～6的新颖性；（4）证据3和证据6结合可以否定权利要求1的创造性，证据3和证据6结合或者证据3和证据2结合可以否定权利要求2~6的创造性。请求人认为，证据1、4和证据5仅仅作为背景技术，供合议组参考。合议组当庭明确告知请求人，审查决定中不再评述证据1、4和证据5，合议组将以口头审理中请求人明确的无效理由和证据使用方式来作出审查决定。

在上述程序的基础上，合议组认为本案事实已经清楚，可以依法作出如下审查决定。

二、决定的理由

1. 本专利是否符合专利法第二十六条第三款

专利法第二十六条第三款规定：说明书应当对发明或者实用新型作出清楚、完整的说明，以所属技术领域的技术人员能够实现为准。

请求人认为：本专利采用的“滚筒轴悬空”的结构不稳定，从而不能实现本专利的发明目的，故本专利不符合专利法第二十六条第三款的规定。

合议组认为，所属技术领域的技术人员能够实现，是指所属技术领域的技术人员按照说明书记载的内容，不需要创造性的劳动，就能够再现该发明或者实用新型的技术方案，解决其技术问题，并且产生预期的技术效果。本专利要求保护的技术方案中采用了“滚筒轴悬空”的结构，这种悬空结构是机械领域常见的一种普通结构，并且在本领域技术人员看来，按照说明书的记载，包括这一结构的本专利要求保护的脱粒机完全可以被制造出来，从而对稻麦进行脱粒。因此本专利符合专利法第二十六条第三款的规定。

2. 本专利是否符合专利法第二十六条第三款的规定

专利法第二十六条第四款规定：权利要求书应当以说明书为依据，说明要求专利保护的范围。

请求人认为：本专利权利要求1中限定的技术方案比说明书中公开的技术方案的保护范围宽，体现在权利要求1中没有记载“脱粒机包括喂料斗、出渣口”的技术特征，因此本专利不符合专利法第二十六条第四款的规定。

合议组认为：从本专利说明书第1页第11~20行可以看出，权利要求1的技术方案已经记载在说明书中；并且在权利要求1的第7~8行记载有“机罩的一端装有喂料斗……另一侧开有一粗渣出口”这样的技术特征，因此在权利要求1要求保护的技术方案中也已经明确记载了“脱粒机包括喂料斗、出渣口”的技术特征。故合议组对请求人的上述主张不予支持。

3. 关于新颖性和创造性

专利法第二十二条第二款规定：新颖性，是指在申请日以前没有同样的发明或者实用新型在国内外出版物上公开发表过、在国内公开使用过或者以其他方式为公众所知，也没有同样的发明或者实用新型由他人向国务院专利行政部门提出过申请并且记载在申请日以后公布的专利申请文件中。

同时，专利法第二十二条第三款规定：创造性，是指同申请日以前已有的技术相比，该发明有突出的实质性特点和显著的进步，该实用新型有实质性特点和进步。

请求人认为：（1）证据3破坏本专利权利要求1~6的新颖性；（2）证据3和证据6结合可以否定权利要求1的创造性，证据3和证据6结合或者证据3和证据2结合可以否定权利要求2~6的创造性。

依据审查指南第四部分第三章第3.1节请求原则的规定，合议组在下面将仅以上述证据使用方式来评述本专利的新颖性和创造性。

证据2、3和证据6均为专利文献，属于公开出版物，合议组已经核实其真实性，且它们的授权公告日均位于本专利申请日之前，故它们可以作为现有技术来评价本专利权利要求的新颖性和创造性。

证据3涉及一种吸糠式脱粒机，其中具体披露了以下技术内容（参见该证据说明书第2页第11行～第29行以及附图1～2）：该脱粒机由动力机1、主动轮2、传动皮带3、护罩4、机罩5、消音窗6、弓形齿7、工作台8、搬动把9、滚筒轴10、衬套11、机座架12、护板13、插板14、筛网15、滚筒16、切杆刀17、推粒螺旋线18、扬粒铲19、扬粒器20、分粒轮21、扬粒轴22、并紧螺母23、28、吸糠扇24、接粒斗25、吸风管26、动力机架27、轴承29、滚筒带轮30、出糠管道31、分粒筒32、扬粒管33、分粒器34、观察窗35、调整螺栓36构成，滚筒轴10的两轴颈上装的轴承选用滚动轴承，安装于机罩5两边的轴承孔内。滚筒轴10上装滚筒16，滚筒16上装6排弓形齿7，其中3排装7个齿，3排装8个齿，相邻排的弓形齿7交叉安装。机罩5的底部压紧筛网15的四周边沿。筛网15的下面贴着接粒斗25的入口，接粒斗25的出口接扬粒器20的进粒口。接粒斗25的后面下部开有一个除渣口，将插板14盖住。

通过上述描述可知，证据3至少未公开本专利权利要求1中的以下区别技术特征：a. 三角架固定在机架的一端，用两个滚动轴承将滚筒轴的一端固定在该三角架上，也即滚筒轴采用了一端支承而另一端悬空的支承结构；b. 滚筒的悬空端为圆锥形，圆锥形表面有3～4个多边形端面齿；c. 机罩一端的喂料斗与滚筒圆锥形端面对应。由于存在上述的区别技术特征，因此本专利权利要求1要求保护的技术方案与证据3公开的技术方案不同，因此权利要求1相对于证据3具有新颖性。

证据2涉及一种双筒稻麦脱粒机，其中具体披露了以下技术内容（参见该证据说明书第3页第18～19行以及附图3～4）：在主滚筒36的上面装有筒盖6，筒盖6的内侧装有物料导向板26。

证据6涉及一种回转筛吸糠式脱粒机，其中具体披露了以下技术内容（参见该证据说明书第4页第2～3行、第19～20行以及附图1）：在滚筒5两端、机罩11上，焊制有拦草环。螺旋输送轴33右端由轴承内继续延伸，用于安装输送轮33，该轴左端延伸部分用于固定风机骨架24，由三片叶片23组成。

通过上面的分析可知，证据2、3和证据6中均至少没有公开权利要求1中的上述区别技术特征a、b和c，并且在上述证据中也不存在相应的技术启示，因此无论证据2、3和证据6单独使用，还是它们之间任意相互组合使用，均不能得出权利要求1所限定的技术方案。且由于上述区别技术特征的存在，能够使权利要求1要求保护的脱粒机能够产生向脱粒机内的吸力，便于送料和分散，将谷穗和麦穗沿轴向吸入脱粒机内，并且加料时仅需一人，减少了人力。因此本专利权利要求1限定的技术方案具有实质性特点和进步，因而具有创造性。

在权利要求1具备新颖性和创造性的基础上，其从属权利要求2～6也具备新颖性和创造性。

综上，合议组认为请求人提出的无效理由不成立。

三、决定

维持03249571.4号的实用新型专利权有效。

当事人对本决定不服的，可以根据专利法第四十六条第二款的规定，自收到本决定之日起三个月内向北京市第一中级人民法院起诉。根据该款的规定，一方当事人起诉后，另一方当事人应当作为第三人参加诉讼。

除臭过滤纸案

无效宣告请求审查决定（第7573号）

决 定 号 第7573号
决 定 日 2005年10月10日
发明创造名称 除臭过滤纸
无效请求人 顺德市北滘镇科惠实业有限公司
专 利 权 人 山东雪圣科技股份有限公司
专 利 号 98250815.8
申 请 日 1998年12月31日
授权公告日 2000年2月2日
合议组组长 杨克菲
主 审 员 王 颖
参 审 员 魏 屹

法 律 依 据 专利法第二十二条第三款
决 定 要 点

依据人民法院生效判决所认定的事实，专利复审委员会重新审查了本专利请求保护的技术方案的创造性，该方案相对于现有技术与公知常识的结合显而易见，且并未带来预料不到的技术效果。故本专利请求保护的技术方案不具有实质性特点和进步，不符合专利法第二十二条第三款规定的创造性。

一、案由

本无效宣告请求案涉及国家知识产权局专利局于2000年2月2日授权公告、名称为“除臭过滤纸”的实用新型专利（下称本专利），其申请日为1998年12月31日，申请号为98250815.8，专利权人是山东雪圣科技股份有限公司（下称被请求人）。

本实用新型授权公告时的权利要求书如下：

“1. 一种除臭过滤纸，是由纸、活性炭和光催化剂加工而成；其特征在于：它被制成条状平板纸（1）和瓦楞纸（2），条状平板纸（1）和瓦楞纸（2）相互间隔由胶结剂（3）粘接在一起，呈蜂窝状，周边由一平板纸粘接成边框（4）。”

针对上述专利权，顺德市北滘镇科惠实业有限公司（下称请求人）于2002年6月5日向专利复审委员会提出无效宣告请求，其请求的理由是本专利不具备专利法第二十二条第三款规定的创造性。所依据证据如下：

证据1：US5817427号美国专利说明书复印件，公开日为1998年10月6日；

证据2：实开平4－106624号日本实用新型专利公报复印件，公开日为1992年9月14日；

证据3：证据1的节选翻译1页。

经形式审查合格，专利复审委员会受理了上述无效宣告请求，并将无效宣告请求书及其附带的证据副本转送给被请求人。

针对上述无效宣告请求，被请求人于2002年7月24日提交了意见陈述书，陈述了本专利具备创造性的理由。

专利复审委员会于2002年9月10日将被请求人的意见陈述转送给请求人，并向双方当事人发出口头审理通知书，定于2002年11月6日9时进行口头审理。

口头审理如期进行，双方当事人均到庭。

在口头审理中，被请求人对请求人提交的证据3的准确性提出质疑，请求人当庭递交了证据1的翻译本，并称该翻译本（下称证据4）是双方当事人侵权诉讼的审判法院指定的翻译机构所译出的，后请求人和被请求人双方同意以证据4与证据3结合作为进一步审查所依据的翻译本。

在上述审查的基础上，专利复审委员会于2002年11月15日针对上述无效宣告请求做出第4592号决定，维持专利权有效。在该决定中对本专利权利要求1的创造性认定如下：

证据1是US5817427号美国专利说明书，公开日为1998年10月6日，其公开日在本专利的申请日之前，合议组予以采信；证据2是JP－H4－106624号日本实用新型专利公报，公开日为1992年9月14日，其公开日在本专利的申请日之前，合议组予以采信。证据3是请求人提供的证据1的节选翻译；证据4是证据1的翻译文件，在本案口审程序中经查证是在双方当事人侵权诉讼中审判法院指定的翻译机构青岛市国际商务翻译事务所译出的中文译文，可以视作证据1准确、公正的中文译文。

本专利的除臭过滤纸，是由纸、活性炭和光催化剂加工而成，它被制成条状平板纸和瓦楞纸，条状平板纸和瓦楞纸相互间隔由胶结剂粘接在一起，呈蜂窝状，周边由一平板纸粘接成边框。即本专利的除臭过滤纸是在一条状瓦楞纸与一条状平板纸由胶粘剂粘接后，再在平板纸的另一面与另一张瓦楞纸粘接，然后再粘接一张平板纸，这样依次下去。

证据4描述了一种波纹纸板及其除臭元件，其中在“发明背景”部分中描述了上述证据2的结构，即：“该除臭过滤器采用多层波纹板蜂窝结构，结构中包含一个多层平板和一个多层波纹板，并设有多个平行的沟槽，以便使空气在流经所述的平行沟槽时得到净化”。证据3在“发明的背景”部分中的对应描述中指出：除臭过滤器包含蜂窝状结构……并包含多数水平通道。

证据3中对证据1中的部件结构的描述为“以弯折机械制成单面弯折板，单面弯折板包括一个波纹状片与一个平面光片。单面弯折板被切成15mm×300mm大小，并相叠50层形成部件”。但是证据3没有描述其中的相叠的方式。

从请求人提出的证据3和证据4的文字描述中没有公开本专利的以平板纸和瓦楞纸相互间隔布置并粘接在一起并由一平板纸粘接成边框的除臭过滤纸，从证据2的附图中也无法认定其对上述本专利的技术特征予以了公开。请求人提供的证据不足以否定本专利权利要求1所限定的技术方案的创造性。

请求人不服专利复审委员会作出的第4592号无效宣告请求审查决定，在法定期限内向北京市第一中级人民法院提起诉讼，请求人认为本专利所请求保护的技术方案不具备创造性，请求法院撤销第4592号无效宣告请求审查决定。

被请求人在法定期限内没有对专利复审委员会作出的第4592号无效宣告请求审查决定提出行政诉讼。

北京市第一中级人民法院针对请求人的上述诉讼请求于2003年12月1日作出（2003）一中行初字第18号行政判决。法院认为证据2中的专利说明书附图可以用于评价本案专利的创造性。证据4与本案专利同属于空气净化领域，而且证据4又引用证据2作为其背景技术，证据4公开的技术内容和证据2中专利说明书附图所披露的技术信息已经覆盖了本案专利唯一的权利要求所记载的技术方案的大部分技术特征，仅仅没有明确披露采用胶结剂将平板纸和瓦楞纸粘接在一起的特征，而该特征属于加工工艺特征，在评价实用新型的创造性时不予考虑；即使考虑该加工工艺特征，瓦楞纸板机中必然要设置涂胶部件对于本领域普通技术人员而言属于公知技术，即借助于证据4和证据2所公开的技术信息以及本领域公知技术获得本案专利惟一的权利要求所保护的技术方案是显而易见的。故本案专利权利要求不具备实质性特点和进步，不具备专利法第二十二条第三款规定的创造性。依照《中华人民共和国行政诉讼法》第五十四条第（二）项第1目之规定，判决如下：

一、撤销被告国家知识产权局专利复审委员会作出的第4592号无效宣告请求审查决定。二、被告国家知识产权局专利复审委员会就原告顺德市北滘镇科惠实业有限公司针对专利号为98250815.8的实用新型专利提出的无效宣告请求重新作出无效宣告请求审查决定。

原告（即请求人）、被告（即专利复审委员会）和第三人（被请求人）均未在法定期限内向北京市高级人民法院提起上诉，故北京市第一中级人民法院作出的（2003）一中行初字第18号行政判决业已生效。专利复审委员会重新成立合议组对上述无效宣告请求进行审查。

合议组于2005年8月23日分别向请求人和被请求人发出合议组成员告知通知书，告知双方当事人本案合议组成员为：合议组组长杨克菲、主审员王颖、参审员魏屹。如对上述合议组成员有回避请求的，应在收到本通知之日起七日内提交书面请求书，并且说明理由，必要时附具有关证据。逾期未答复，视为无回避请求。

双方当事人均未在指定的期限内对上述合议组成员告知通知书进行答复。

在上述程序的基础上，合议组作出本审查决定。

二、决定的理由

由于在已生效的（2003）一中行初字第18号行政判决中认定本专利权利要求1所限定的技术方案不具备创造性，受已生效的法院判决的约束，本案合议组根据已生效的（2003）一中行初字第18号行政判决中对本专利权利要求1的创造性的认定，认定本专利权利要求1所限定的技术方案不具备创造性。

三、决定

宣告第98250815.8号实用新型专利权无效。

当事人对本决定不服的，可以根据专利法第四十六条第二款的规定，自收到本决定之日起三个月内向北京市第一中级人民法院起诉。

根据该条款的规定，一方当事人起诉后，另一方当事人应当作为第三人参加诉讼。

163

软包装容器案

无效宣告请求审查决定（第7576号）

决　定　号　第7576号
决　定　日　2005年10月17日
发明创造名称　软包装容器
国际分类号　B65D 30/20、85/72
无效请求人　爱克林（天津）有限公司
专利权人　顾　庆
专　利　号　00240880.5
申　请　日　2000年11月6日
授权公告日　2001年10月3日
合议组组长　陈海平
主　审　员　祁轶军
参　审　员　宋鸣镝

法律依据　专利法第二十二条第三款
决定要点

权利要求所限定的技术方案已经被两篇对比文件所公开，而且第二篇对比文件已经给出了相应的技术启示来解决相应的技术问题，因此权利要求所限定的技术方案相对于这两篇对比文件的结合不具备创造性。

一、案由

本无效宣告请求案涉及的是专利号为00240880.5、名称为“软包装容器”的实用新型专利（下称本专利），该专利的申请日为2000年11月6日、授权公告日为2001年10月3日，专利权人为顾庆。

该专利授权公告时的权利要求书如下：

“1. 软包装容器，在软包装袋上设有液体倒出通道口，其特征是：在软包装袋下端设有折叠、粘合形成的容器底面。

2. 根据权利要求1所述的软包装容器，其特征是：折叠、粘合后形成的容器底面为平面或凹面。

3. 根据权利要求2或3所述的软包装容器，其特征是：液体灌入容器后，由底面向顶部的容器横截面为变截面过渡，从大到小，直至顶部收缩为一直线。

4. 根据权利要求1或2所述的软包装容器，其特征是：在倒出口的对侧的容器边设有把手。

5. 根据权利要求3所述的软包装容器，其特征是：在倒出口的对侧的容器边设有把手。”

针对上述专利权，爱克林（天津）有限公司（下称请求人）于2005年4月30日向专利复审委员会提出了无效宣告请求，其理由是：本专利权利要求1~5不具备新颖性和创造性，不符合专利法第二十二条的规定；本专利权利要求4和权利要求5不符合专利法第二十六条第三款和第四款的规定，同时提交了附件1~3作为证据：

附件1：授权公告日为2002年12月11日的中国发明专利CN1095795C的专利说明书（下称对比文件1）；

附件2：公开日为1990年9月26日的欧洲专利申请EP0389257的说明书（下称对比文件2）；

附件3：公开日为1989年12月14日的PCT专利申请WO89/12006的说明书（下称对比文件3）。

经审查，上述无效宣告请求符合专利法及其实施细则的形式要求，专利复审委员会对上述无效宣告请求予以受理并于2005年5月30日发出无效宣告请求受理通知书，将上述无效宣告请求书及其附件的副本转给了专利权人（下称被请求人），要求其在指定的期限内答复，同时依法成立合议组对本案进行审查。

请求人于2005年5月30日向专利复审委员会提交了附件4~7作为补充证据并以附件1~7为基础认为本专利不符合专利法第二十二条第二款、第三款及专利法第二十六条第三款、第四款的有关规定，其中：

附件4：公开日为1973年9月21日的法国专利申请FR2171001的专利说明书（下称对比文件4）；

附件5：对比文件2的相关部分的中文译文；

附件6：对比文件3的中文译文；

附件7：对比文件4的相关部分的中文译文。

专利复审委员会本案合议组于2005年8月23日向双方当事人发出了无效宣告请求口头审理通知书，定于2005年10月10日在专利复审委员会举行口头审理。同时将请求人于2005年5月30日提交的意见陈述书及其附件的副本转给了被请求人，要求其在指定的期限内答复。

针对上述无效宣告请求，被请求人于2005年10月4日作出了答复并提交了经修改后的权利要求书。被请求人认为：对比文件1~4及其相关部分的中文译文不能否定本专利的新颖性和创造性。

口头审理如期举行。双方当事人均参加了口头审理，双方当事人对合议组成员无回避请求，对对方当事人出席本次口头审理人员的身分无异议。在口头审理过程中，合议组对请求人提出的理由及提交的证据进行了调查，被请求人请求合议组核实对比文件1~4的真实性，对对比文件2~4的中文译文的正确性无异议。被请求人当庭提交了其声称与2005年10月4日所提交的意见陈述书及修改后的权利要求书完全相同的意见陈述书及修改后的权利要求书，合议组将该意见陈述书及修改后的权利要求书的副本当庭转给请求人，并告知被请求人修改后的权利要求书不符合审查指南的相关规定。被请求人按照审查指南的相关规定，当庭明确表示：删除权利要求1~4，仅保留权利要求5（即，将权利要求1~4的技术特征合并到一起形成新的权利要求，同时删除权利要求5），并以此新权利要求作为审查的基础。

对此，请求人相应地明确表示：对比文件2为最接近的对比文件，其与对比文件1、3、4或公知常识的结合可否定上述本专利新权利要求的创造性。

合议组告知双方当事人，如果需要，可在七日内提交意见陈述书，在该期限内不提交，不影响审查决定的作出。

被请求人于2005年10月13日向合议组提交了意见陈述书及在口头审理时声明其修改方式的权利要求书的书面文本，该修改的权利要求书全文如下：

“1. 软包装容器，其特征是在软包装袋上设有液体倒出通道口；在软包装袋下端设有折叠、粘合形成的容器底面；折叠、粘合后形成的容器底面为平面或凹面；液体灌入容器后，由底面向顶部的容器横截面为变截面过渡，从大到小，直至顶部收缩为一直线；在倒出口的对侧的容器边设有把手。”

本案合议组经过合议，认为本案的事实已经清楚，可以作出审查决定。

二、决定的理由

合议组经过合议后，认为被请求人于2005年10月13日所提交的经修改的权利要求书与其在口头审理时所声明的修改方式完全一致，而且该修改后的权利要求1所要求保护的技术方案与原权利要求5所要求保护的技术方案相同，该修改符合审查指南的相关规定，故合议组将以被请求人于2005年10月13日所提交的修改文本为基础作出审查决定。

根据专利法第二十二条第三款的规定，创造性，是指同申请日以前已有的技术相比，该发明具有突出的实质性特点和显著的进步，该实用新型有实质性特点和进步。

对比文件1~4均为专利文献，应被请求人的要求，合议组对对比文件1~4的真实性进行了核实，并对对比文件1~4的真实性予以认可。请求人对对比文件2~4的相关部分的译文的正确性无异议。

作为专利文献的对比文件2和对比文件4属于公开出版物，其公开日分别为1990年9月26日和1973年9月21日，均早于本专利的申请日，因此，根据专利法第二十二条第三款及审查指南中的有关规定，对比文件2和对比文件4属于申请日以前已有的技术。故合议组将以对比文件2和对比文件4的附图及相关部分的译文作为依据来评价本专利的创造性。

被请求人在2005年10月13日提交的意见陈述书中认为：本专利修改后的权利要求1所限定的技术方案相对对比文件1~4及其组合具备创造性，而且具有显著的技术效果。该修改后的权利要求书全文如下：

"1. 软包装容器，其特征是在软包装袋上设有液体倒出通道口；在软包装袋下端设有折叠、粘合形成的容器底面；折叠、粘合后形成的容器底面为平面或凹面；液体灌入容器后，由底面向顶部的容器横截面为变截面过渡，从大到小，直至顶部收缩为一直线；在倒出口的对侧的容器边设有把手。"

合议组认为：被请求人所声称的技术效果是由产品的特定结构特征产生的，但这种特定的结构特征及由这种特定的结构特征所带来的技术效果并未明确记载在本专利的说明书中，而且也不能直接从本专利的说明书中毫无疑义地、惟一地导出，因此合议组对此不予支持。

对比文件2公开了一种柔性包装袋，在该柔性包装袋上设置有液体倒出口24，包装袋下端设置有经折叠、热封或粘接形成的容器底面，该容器底面可以为内凹形；在将液体灌注到容器内后，容器的横截面从底面向顶部为变截面，底部截面大，顶部截面小，而且到顶部基本收缩成一条直线（见对比文件2相关部分的中文译文及说明书附图）。

对比文件4公开了一种由软塑料制成的袋子，该袋子设置有一个把手7，当使用者想倒出内容物时，可以握着把手7，例如借助于剪刀，切割对着该把手7的袋子的上角，然后稍微抬起袋子，就如同抬起一个普通的壶一样，然后将其内容物倒出（见对比文件4相关部分的中文译文及说明书附图）。由此，对比文件2和对比文件4已经公开了修改后的权利要求1的全部技术特征，而且对比文件4已经给出了为了便于将袋内的内容物倒出，可在软包装袋上设置把手并将把手设置在倒出口对侧的技术启示。本领域技术人员可以很容易地将这种技术启示应用到对比文件2所公开的技术方案中，无需付出创造性的劳动，而且也未产生意料不到的技术效果。因此，修改后的权利要求1所限定的技术方案相对对比文件2和对比文件4的结合不具备实质性特点和进步，不具备专利法第二十二条第三款所规定的创造性。

三、决定

宣告00240880.5号实用新型专利权无效。

当事人如对本决定不服，可以根据专利法第四十六条第二款的规定，自收到本决定之日起三个月内向北京市第一中级人民法院起诉。根据该款的规定，一方当事人起诉后，另一方当事人应当作为第三人参加诉讼。

北京市第一中级人民法院
行政判决书

（2006）一中行初字第 176 号

原告顾庆，男，汉族，1960 年 10 月 6 日出生，户籍所在地江苏省扬州市念泗二村 3 幢 303 室。

被告国家知识产权局专利复审委员会，住所地北京市海淀区北四环西路 9 号银谷大厦 10～12 层。

法定代表人廖涛，副主任。

委托代理人祁轶军，国家知识产权局专利复审委员会审查员。

委托代理人王丽颖，国家知识产权局专利复审委员会审查员。

第三人爱克林（天津）有限公司。

原告顾庆不服被告国家知识产权局专利复审委员会作出的第 7576 号无效宣告请求审查决定，于 2006 年 1 月 17 日向本院提起行政诉讼。本院受理后依法组成合议庭，在法定期限内向被告送达了起诉状副本及应诉通知书，同时通知被诉具体行政行为的利害关系人爱克林（天津）有限公司作为第三人参加诉讼，并于 2006 年 3 月 10 日公开开庭审理了本案。原告顾庆，被告委托代理人祁轶军、王丽颖到庭参加了诉讼，第三人爱克林（天津）有限公司经本院合法传唤未到庭。本案现已审理终结。

2005 年 10 月 17 日，被告依据《中华人民共和国专利法》（下称《专利法》）第二十二条第三款的规定，作出第 7576 号无效宣告请求审查决定（以下简称第 7576 号决定），宣告原告名称为“软包装容器”，专利号为 00240880.5 的实用新型专利权（以下简称本专利）无效。

被告在法定期限内向本院提交并经当庭质证的证据、依据有：1. 公开日为 1990 年 9 月 26 日的欧洲专利申请 EP0389257 的说明书（对比文件 2）；1－1：对比文件 2 的相关部分的中文译文的复印件；2. 公开日为 1973 年 9 月 21 日的法国专利申请 FR2171001 的专利说明书（对比文件 4）；2－1：对比文件 4 的相关部分的中文译文的复印件；3. 口头审理记录表的复印件；4. 原告于 2005 年 10 月 13 日提交的意见陈述书及权利要求书的修改文本的复印件；5. 本专利说明书公开文本的复印件。被告同时提交《专利法》第二十二条第三款的规定，作为其作出第 7576 号决定的法律依据。

原告诉称：1. 在本专利申请日之前的所有对比文件都没有公开本人专利的“在倒出通道口的对侧的容器边设有把手”的技术方案；2. 第 7576 号决定的决定要点（第 2 要点）称：“而且第二篇对比文件已经给出了相应的技术启示来解决相应的技术问题”，也是不存在的，是被告强加的；3. 本专利与四个对比文件相比确实产生了有益的技术效果，本专利应该是具有《专利法》第二十二条第三款所要求的“实质性特点和进步”的，应该是具有创造性的，应该是有效的；4. 参照对比文件 1（发明专利）的授权标准和尺度，相对于第三人提供的四个对比文件，本专利应该是具备创造性的，是具有实质性特点和进步的。本专利是使用性能最佳的技术方案（最好的技术效果），这是不争的事实，不可否认的事实！对比文件 2 没有壶把设计（三缺一）；对比文件 4 没有倒出通道口（壶嘴）设计（三缺一）。就是提手设计也不如本专利的把手更有利于倒出。本专利是一把完整的“壶”的结构，不仅具有最基本的储运功能，还具有良好的倒出性能，与两个对比文件相比有质的飞跃。5. 当发明的产品在商业上获得成功时，如果这种成功是由于发明的技术特征直接导致的，则一方面反映了发明具有有益效果，同时也说明了发明是非显而易见的，因而这类发明具有突出的实质性特点和显著的进步，具备创造性。6. 01820538.0 号专利（申请日 2001 年 12 月 12 日）于 2005 年 12 月 7 日被授权，说明是经过了实质性审查的，该专利在本质上与本专利（申请日2000年11月06日）设计方案完全一样，其实质特点和进步就是将对比文件1的技术方案改成了本专利的技术方案，这说明被告也认为该技术方案是有创造性的，而且是有突出的实质性特点和显著的进步。这更进一步证明了本专利具备创造性，应该有效；7. 对比文件4是将提手改在角位，本专利是将把手改设在侧边，仅此一项就已达到了相同的创造性的尺度标准；8. 本决定中存在所述内容不清，概念模糊，让人费解的表述。综上所述，依据《审查指南》第二部分第四章第3.3节的4条辅助性判断基准中的任何一条来判断，本专利都具备创造性，所以应该有效。第7576号决定没有事实和法律依据，请求法院予以撤销，并责令被告重新审理。原告在庭审中进一步强调，本专利还具有利用特殊刀具连续切割，一次加工成型、没有下脚料，在产业上能够有效节约成本等技术特征和效果。

原告同时提交以下证据：1. 第三人酸牛奶包装袋。证明第三人使用本专利的技术方案获得了商业成功。2. 律师函。证明对比文件2是第三人的；3. 爱克林牵手三鹿。用以证明第三人通过利用本专利获得商业成功。

被告辩称，原告于2005年10月13日向我委提交的意见陈述书中认为：在本专利经修改后的权利要求1中出现的技术特征"在倒出通道口对侧设有把手"可产生显著的技术效果，相对对比文件1~4的组合具备创造性。但原告在该意见陈述书中同时指出，其所声称的技术效果是由该产品的特定结构特征（原告声称此结构特征属于商业秘密）产生的。但是由于这种作为商业秘密的特定的结构特征及由这种特定的结构特征所带来的技术效果并未明确记载在本专利的说明书中，而且也不能直接从本专利的说明书中毫无疑义地、惟一地导出，因此我委对此不予支持。本专利经修改后的权利要求1所限定的技术方案与对比文件2所公开的技术内容相比，其区别点实质上仅在于：在倒出通道口的对侧的容器边设有把手。对比文件4已经给出了为了便于将袋内的内容物倒出，可在软包装袋上设置把手并将把手设置在倒出口对侧的容器边上的技术启示。本领域技术人员可以很容易地将这种技术启示应用到对比文件2所公开的技术方案中，无需付出创造性的劳动，而且也未产生意料不到的技术效果。因此对比文件2和对此文件4已经公开了修改后的权利要求1的全部技术特征，修改后的权利要求1所限定的技术方案相对对比文件2和对比文件4的结合不具备实质性特点和进步，不具备《专利法》第二十二条第三款所规定的创造性。综上所述，第7576号决定认定事实清楚、适用法律正确、审理程序合法，审查结论正确，请求法院予以维持；原告的诉讼理由不能成立，请求法院驳回原告请求。

经庭审质证，被告提交的证据与本案具有关联性，且合法、真实，能够证明本案的基本事实，本院经审查予以采纳；原告提交的证据未在行政程序中提交，本院不予接受。本院根据上述有效证据及各方当事人在庭审中无争议的陈述，确认如下事实：

第7576号决定涉及的本专利的申请日为2000年11月6日、授权公告日为2001年10月3日。该专利授权公告时的权利要求书如下：

"1. 软包装容器，在软包装袋上设有液体倒出通道口，其特征是在软包装袋下端设有折叠、粘合形成的容器底面。

2. 根据权利要求1所述的软包装容器，其特征是折叠、粘合后形成的容器底面为平面或凹面。

3. 根据权利要求2或3所述的软包装容器，其特征是液体灌入容器后，由底面向顶部的容器横截面为变截面过渡，从大到小，直至顶部收缩为一直线。

4. 根据权利要求1或2所述的软包装容器，其特征是在倒出口的对侧的容器边设有把手。

5. 根据权利要求3所述的软包装容器，其特征是在倒出口的对侧的容器边设有把手。"

针对本专利，第三人爱克林（天津）有限公司于2005年4月30日向被告提出无效宣告请求，其理由是：本专利权利要求1至5不具备新颖性和创造性，不符合《专利法》第二十二条的规定；本专利权利要求4和权利要求5不符合《专利法》第二十六条第三款和第四款的规定，同时提交了附件1～3作为证据：

附件1：授权公告日为2002年12月11日的中国发明专利CN1095795C的专利说明书（即对比文件1）；

附件2：公开日为1990年9月26日的欧洲专利申请EP0389257的说明书（即对比文件2）；

附件3：公开日为1989年12月14日的PCT专利申请WO 89/12006的说明书（即对比文件3）。

经审查，被告对该无效宣告请求予以受理，于2005年5月30日发出无效宣告请求受理通知书，并将上述无效宣告请求书及其附件的副本转给了原告，要求其在指定的期限内答复。

第三人于2005年5月30日向被告提交了附件4～7作为补充证据，并以附件1～7为基础认为本专利不符合《专利法》第二十二条第二款、第三款及第二十六条第三款、第四款的有关规定，其中：

附件4：公开日为1973年9月21日的法国专利申请FR2171001的专利说明书（即对比文件4）；

附件5：对比文件2的相关部分的中文译文；

附件6：对比文件3的中文译文；

附件7：对比文件4的相关部分的中文译文。

被告于2005年8月23日向双方当事人发出了无效宣告请求口头审理通知书，同时将第三人于2005年5月30日提交的意见陈述书及其附件的副本转给了原告，要求其在指定的期限内答复。

针对上述无效宣告请求，原告于2005年10月4日作出了答复并提交了经修改后的权利要求书。原告认为：对比文件1～4及其相关部分的中文译文不能否定本专利的新颖性和创造性。

被告于2005年10月10日举行了口头审理。双方当事人均参加了口头审理。在口头审理过程中，被告对第三人提出的理由及提交的证据进行了调查，原告请求被告核实对比文件1～4的真实性，同时表示对对比文件2～4的中文译文的正确性无异议。原告当庭提交了其声称与2005年10月4日所提交的意见陈述书及修改后的权利要求书完全相同的意见陈述书及修改后的权利要求书，被告将该意见陈述书及修改后的权利要求书的副本当庭转给第三人，并告知原告修改后的权利要求书不符合《审查指南》的相关规定。原告按照《审查指南》的相关规定，当庭明确表示：删除权利要求1～4，仅保留权利要求5（即，将权利要求1～4的技术特征合并到一起形成新的权利要求，同时删除权利要求5），并以此新权利要求作为审查的基础。第三人明确表示：对比文件2为最接近的对比文件，其与对比文件1、3、4或公知常识的结合可否定本专利新权利要求的创造性。

原告于2005年10月13日向被告提交了意见陈述书及在口头审理时声明其修改方式的权利要求书的书面文本，该修改的权利要求书全文如下：

“1. 软包装容器，其特征是在软包装袋上设有液体倒出通道口；在软包装袋下端设有折叠、粘合形成的容器底面；折叠、粘合后形成的容器底面为平面或凹面；液体灌入容器后，由底面向顶部的容器横截面为变截面过渡，从大到小，直至顶部收缩为一直线；在倒出口的对侧的容器边设有把手。”

被告经审查认为，原告于2005年10月13日所提交的经修改的权利要求书与其在口头审理时所声明的修改方式完全一致，而且该修改后的权利要求1所要求保护的技术方案与原权利要求5所要求保护的技术方案相同，该修改符合《审查指南》的相关规定，故将以原告于2005年10月13日所提交的修改文本为基础作出审查决定。

原告所声称的技术效果是由产品的特定结构特征产生的，但这种特定的结构特征及由这种特定的结构特征所带来的技术效果并未明确记载在本专利的说明书中，而且也不能直接从本专利的说明书中毫无疑义地、惟一地导出，故对此不予支持。

对比文件2公开了一种柔性包装袋，在该柔性包装袋上设置有液体倒出口24，包装袋下端设置有经折叠、热封或粘接形成的容器底面，该容器底面可以为内凹形；在将液体灌注到容器内后，容器的横截面从底面向顶部为变截面，底部截面大，顶部截面小，而且到顶部基本收缩成一条直线（见对比文件2相关部分的中文译文及说明书附图）。

对比文件4公开了一种由软塑料制成的袋子，该袋子设置有一个把手7，当使用者想倒出内容物时，可以握着把手7，例如借助于剪刀，切割对着该把手7的袋子的上角，然后稍微抬起袋子，就如同抬起一个普通的壶一样，然后将其内容物倒出（见对比文件4相关部分的中文译文及说明书附图）。由此，对比文件2和对比文件4已经公开了修改后的权利要求1的全部技术特征，而且对比文件4已经给出了为了便于将袋内的内容物倒出，可在软包装袋上设置把手并将把手设置在倒出口对侧的技术启示。本领域技术人员可以很容易地将这种技术启示应用到对比文件2所公开的技术方案中，无需付出创造性的劳动，而且也未产生意料不到的技术效果。因此修改后的权利要求1所限定的技术方案相对对比文件2和4的结合不具备实质性特点和进步，不具备《专利法》第二十二条第三款所规定的创造性。综上，被告作出第7576号决定，宣告00240880.5号实用新型专利权无效。原告不服，诉至本院。

本院认为，《专利法》第二十二条规定，授予专利权的实用新型，应当具备创造性。实用新型的创造性是指同申请日以前已有的技术相比，该实用新型有实质性特点和进步。《审查指南》进一步指出“专利法所称实用新型，是指对产品的形状、构造或者其结合所提出的适于实用的新的技术方案”。本案中，第7576号决定所引用的相关证据已经证明，本专利修改后的权利要求1所要保护的技术方案的基本技术特征已被现有技术所公开或揭示，亦未产生意想不到的技术效果，本领域普通技术人员结合这些现有技术，不需再进行创造性劳动即可获得本专利修改后的权利要求1所要保护的技术方案；原告强调本专利特定的结构特征及由这种特定的结构特征所带来的技术效果并未明确记载在本专利的说明书中，而且也不能直接从本专利的说明书中毫无疑义地、惟一地导出；原告所称第7576号决定所引用的相关证据没有充分公开本专利修改后的权利要求的全部技术特征，理由不充分，且缺乏事实根据。综上所述，第7576号决定认定事实清楚，对证据的判断与使用适当，适用法律正确，符合法定程序，本院应予维持。原告提出本专利具有创造性的观点，事实和法律依据不充分，其诉讼请求本院不予支持；依照《中华人民共和国专利法》第二十二条第三款、《中华人民共和国行政诉讼法》第五十四条第（一）项，判决如下：

维持被告国家知识产权局专利复审委员会于二〇〇五年十月十七日作出的第7576号无效宣告请求审查决定。

案件受理费1000元，由原告顾庆负担（已交纳）。

如不服本判决，可在判决书送达之日起十五日内，向本院递交上诉状，并按对方当事人的人数提出副本，预交上诉案件受理费1000元，上诉于北京市高级人民法院。

审　判　长　吴　月
审　判　员　刘景文
代理审判员　何君慧
二〇〇六年六月二十日
书　记　员　毛天鹏

北京市高级人民法院
行政判决书

（2006）高行终字第 579 号

上诉人（一审原告）顾庆，男，汉族，46 岁，户籍所在地江苏省扬州市维扬区扬子江北路念泗二村 3 幢 303 室。

委托代理人张学明，男，42 岁，居民，住天津市蓟县城兴里小区 4－1－102 室。

被上诉人（一审被告）国家知识产权局专利复审委员会，住所地北京市海淀区北四环西路 9 号银谷大厦 10～12 层。

法定代表人廖涛，副主任。

委托代理人祁轶军，国家知识产权局专利复审委员会审查员。

委托代理人王丽颖，国家知识产权局专利复审委员会审查员。

被上诉人（一审第三人）爱克林（天津）有限公司，住所地天津经济技术开发区。

法定代表人 Jorgen Johansson，生产及技术总监。

委托代理人杨晓光，北京市中咨律师事务所律师。

委托代理人郑中军，北京市中咨律师事务所律师。

上诉人顾庆因专利行政裁决一案，不服北京市第一中级人民法院（2006）一中行初字第 176 号行政判决，向本院提起上诉。本院依法组成合议庭，公开开庭审理了本案。上诉人顾庆及其委托代理人张学明；被上诉人国家知识产权局专利复审委员会（下称专利复审委员会）的委托代理人祁轶军、王丽颖、被上诉人爱克林（天津）有限公司的委托代理人杨晓光、郑中军出庭参加了诉讼。本案现已审理终结。

2005 年 10 月 17 日，专利复审委员会依据《中华人民共和国专利法》（下称《专利法》）第二十二条第三款的规定，作出第 7576 号无效宣告请求审查决定，宣告名称为“软包装容器”的 00240880.5 实用新型专利权（以下简称本专利）无效。

北京市第一中级人民法院判决认为，第 7576 号无效宣告请求审查决定所引用的相关证据已经证明，本专利修改后的权利要求 1 所要保护的技术方案的基本技术特征已被现有技术所公开或揭示，亦未产生意想不到的技术效果，本领域普通技术人员结合这些现有技术，不需再进行创造性劳动即可获得本专利修改后的权利要求 1 所要保护的技术方案；顾庆强调本专利特定的结构特征及由这种特定的结构特征所带来的技术效果并未明确记载在本专利的说明书中，而且也不能直接从本专利的说明书中毫无疑义地、惟一地导出；顾庆所称第 7576 号无效宣告请求审查决定所引用的相关证据没有充分公开本专利修改后的权利要求的全部技术特征，理由不充分，且缺乏事实根据。综上所述，第 7576 号无效宣告请求审查决定认定事实清楚，对证据的判断与使用适当，适用法律正确，符合法定程序。顾庆提出本专利具有创造性的观点，事实和法律依据不充分。据此，依照《专利法》第二十二条第三款、《中华人民共和国行政诉讼法》第五十四条第（一）项，判决维持第 7576 号无效宣告请求审查决定。

顾庆不服一审法院判决，向本院提起上诉。上诉人顾庆认为，1. 一审判决以其向一审法院提交的证据未在行政程序中提交为由不予接受没有法律依据。2. 一审判决和第 7576 号无效宣告请求审查决定关于本专利修改后的权利要求1所要保护的技术方案的基本技术特征已被现有技术所公开或揭示，亦未产生意想不到的技术效果，本领域普通技术人员结合这些现有技术，不需再进行创造性劳动即可获得本专利修改后的权利要求1所要保护的技术方案的认定没有事实依据。本专利符合《审查指南》关于创造性的判断基准，符合《专利法》第二十二条第三款的规定，故请求撤销一审判决，撤销第7576号无效宣告请求审查决定。

被上诉人专利复审委员会在答辩意见中坚持其在第7576号无效宣告请求审查决定的有关认定，认为第7576号无效宣告请求审查决定认定事实清楚，适用法律正确，审理程序合法，顾庆的上诉理由不能成立，请求维持无效宣告请求审查决定。

被上诉人爱克林（天津）有限公司答辩意见与专利复审委员会相同。

经审理查明：本专利是名称为“软包装容器”的00240880.5实用新型专利，其申请日为2000年11月6日、授权公告日为2001年10月3日，专利权人为顾庆。本专利授权公告时的权利要求书共5项。

2005年4月30日，爱克林（天津）有限公司针对本专利向专利复审委员会提出无效宣告请求，其理由是：本专利权利要求1~5不具备新颖性和创造性，不符合《专利法》第二十二条的规定；本专利权利要求4和5不符合《专利法》第二十六条第三款和第四款的规定，同时提交了3份附件作为证据。

专利复审委员会受理后，于2005年5月30日发出无效宣告请求受理通知书并进行了转文。

2005年5月30日，爱克林（天津）有限公司向专利复审委员会提交了对比文件2、3的相关中文译文和附件4作为补充证据，并以所提交的证据为基础认为本专利不符合《专利法》第二十二条第二款、第三款及第二十六条第三款、第四款的有关规定。2005年8月23日，专利复审委员会再次进行转文并发出了口头审理通知书。

至此，爱克林（天津）有限公司向专利复审委员会提交的证据如下：

附件1：授权公告日为2002年12月11日的中国发明专利CNl095795C的专利说明书（即对比文件1）。

附件2：公开日为1990年9月26日的欧洲专利申请EP0389257的说明书及相关部分的中文译文（即对比文件2）。对比文件2公开了一种柔性包装袋，在该柔性包装袋上设置有液体倒出24，包装袋下端设置有经折叠、热封或粘接形成的容器底面，该容器底面可以为内凹形；在将液体灌注到容器内后，容器的横截面从底面向顶部为变截面，底部截面大，顶部截面小，而且到顶部基本收缩成一条直线。

附件3：公开日为1989年12月14日的PCT专利申请WO89/12006的说明书及中文译文（即对比文件3）。

附件4为公开日为1973年9月21日的法国专利申请FR2171001的专利说明书及相关部分的中文译文（即对比文件4）。对比文件4公开了一种由软塑料制成的袋子，该袋子设置有一个把手7，当使用者想倒出内容物时，可以握着把手7，例如借助于剪刀，切割对着该把手7的袋子的上角，然后稍微抬起袋子，就如同抬起一个普通的壶一样，然后将其内容物倒出。

2005年10月4日，顾庆针对上述无效宣告请求作出了答复并提交了修改后的权利要求书。顾庆认为，对比文件1~4不能否定本专利的新颖性和创造性。

2005年10月10日，专利复审委员会举行了口头审理。在口头审理过程中，专利复审委员会对爱克林（天津）有限公司提出的理由及提交的证据进行了调查，顾庆请求专利复审委员会核实对比文件1~4的真实性，同时表示对对比文件2~4的中文译文的正确性无异议。顾庆提交了其声称与

2005 年 10 月 4 日所提交的意见陈述书及修改后的权利要求书完全相同的意见陈述书及修改后的权利要求书，专利复审委员会当庭转给爱克林（天津）有限公司，并告知顾庆修改后的权利要求书不符合《审查指南》的相关规定。顾庆当庭明确表示：删除权利要求 1 ~ 4，仅保留权利要求 5，并以此新权利要求作为审查的基础。爱克林（天津）有限公司明确表示：对比文件 2 为最接近的对比文件，其与对比文件 1、3、4 或公知常识的结合可否定本专利新权利要求的创造性。

2005 年 10 月 13 日，顾庆向专利复审委员会提交了意见陈述书认为，本专利修改后的权利要求 1 中“在倒出通道口对侧设有把手”这一技术特征可产生显著的技术效果，相比对比文件 1 ~ 4 及其组合具备创造性。同时指出，其所声称的技术效果是由产品的特定结构特征产生的，但这种特定的结构特征及其所带来的技术效果为商业秘密。同时，顾庆提交了口头审理时声明其修改方式的权利要求书的书面文本。修改后的权利要求书为：

“1. 软包装容器，其特征是在软包装袋上设有液体倒出通道口；在软包装袋下端设有折叠、粘合形成的容器底面；折叠、粘合后形成的容器底面为平面或凹面；液体灌入容器后，由底面向顶部的容器横截面为变截面过渡，从大到小，直至顶部收缩为一直线；在倒出口的对侧的容器边设有把手。”

在此基础上，专利复审委员会依据《专利法》第二十二条第三款对本专利进行了审理。专利复审委员会经审查认为：

1. 顾庆于 2005 年 10 月 13 日所提交的权利要求书修改文本与其在口头审理时所声明的修改方式完全一致，而且修改后的权利要求 1 所要求保护的技术方案与原权利要求 5 所要求保护的技术方案相同，该修改符合《审查指南》的相关规定，故以该修改文本为基础进行审查。

2. 对比文件 1 ~ 4 均为专利文献，经核实具有真实性。顾庆对相关译文的正确性无异议。对比文件 2 和 4 的公开日均早于本专利的申请日，属于申请日前已有的技术，故以对比文件 2 和对比文件 4 的附图和相关部分的译文为依据审查本专利的创造性。

3. 顾庆 2005 年 10 月 13 日提交的意见陈述书中认为，本专利修改后的权利要求 1 所限定的技术方案相对对比文件 1 ~ 4 及其组合具备创造性，而且具有显著的技术效果。其所声称的技术效果是由产品的特定结构特征产生的，但这种特定的结构特征及由这种特定的结构特征所带来的技术效果并未明确记载在本专利的说明书中，而且也不能直接从本专利的说明书中毫无疑义地、惟一地导出，故对此不予支持。

4. 对比文件 2 和对比文件 4 已经公开了修改后的权利要求 1 的全部技术特征，而且对比文件 4 已经给出“为了便于将袋内的口对侧”的技术启示。本领域技术人员可以很容易地将这种技术启示应用到对比文件 2 所公开的技术方案中，无需付出创造性的劳动，而且也未产生意料不到的技术效果，因此修改后的权利要求 1 所限定的技术方案相对对比文件 2 和对比文件 4 的结合不具备实质性特点和进步，不具备《专利法》第二十二条第三款所规定的创造性。

2005 年 10 月 17 日，专利复审委员会作出第 7576 号无效宣告请求审查决定，宣告本专利无效。

顾庆不服，于 2006 年 1 月 17 日向北京市第一中级人民法院提起行政诉讼。

一审法院审理期间，专利复审委员会就其行为的合法性提交了对比文件 2、4 及相关部分中文译文、口头审理记录表、顾庆于 2005 年 10 月 13 日提交的意见陈述书及权利要求书的修改文本以及本专利说明书作为证据。顾庆提交了 2005 年 12 月 7 日授权公告的 ZL01820538.0 号发明专利说明书、爱克林（天津）有限公司酸牛奶包装袋、律师函、三鹿集团牵手瑞典爱克林一文作为证据。

上述证据均随案移送本院，经当庭质证及本院审查核实，专利复审委员会提交的证据与本案有关联，且真实、合法，能够证明本案的相关事实，本院予以采纳；顾庆提交的 ZL01820538.0 号发明专利说明书虽是在行政程序结束后产生，但该证据与本案不具有关联性；其提交的其他证据无正当理由未在行政程序提交，因此，本院对顾庆提交的证据不予采纳。

本院认为，顾庆于2005年10月13日所提交的权利要求书修改文本采用删除权利要求的方式，缩小了权利要求的范围，该修改符合《专利法实施细则》的第六十八条的规定，专利复审委员会以该修改文本为基础进行审查合法。

对比方件1~4均为专利文献，真实合法。顾庆对相关译文的正确性无异议。对比文件2和对比文件4的公开日均早于本专利的申请日，属于申请日前已有的技术，故专利复审委员会以对比文件2和对比文件4的附图和相关部分的译文为依据审查本专利的创造性正确。

本专利与对比文件2相比，其区别技术特征为在倒出口的对侧的容器边设有把手。对比文件4公开了一种由软塑料制成的袋子，该袋子设置有一个把手7，并给出了为了便于将袋内的内容物倒出，可在软包装袋上设置把手并将把手设置在倒出口对侧的技术启示。专利复审委员会据此认定，本专利所限定的技术方案相对对比文件2和对比文件4的结合不具备实质性特点和进步，不具备《专利法》第二十二条第三款所规定的创造性正确。

顾庆在庭审中陈述，本专利具有显著的技术效果，该技术效果是由产品的特定结构特征产生的。经审查，顾庆陈述的这种特定的结构特征及由这种特定的结构特征所带来的技术效果并未明确记载在本专利的说明书中，而且也不能直接从本专利的说明书中毫无疑义地、惟一地导出。顾庆的上述理由没有事实依据，本院不予支持。

综上，第7576号复审请求审查决定认定事实清楚，审查程序合法，适用法律适当。一审法院判决予以维持正确。顾庆的上诉理由不能成立，本院不予支持。依照《中华人民共和国行政诉讼法》第六十一条第（一）项之规定，判决如下：

驳回上诉，维持一审判决。

二审案件受理费人民币1000元，由上诉人顾庆负担（已交纳）。

本判决为终审判决。

审　判　长　任全胜
代理审判员　景　滔
代理审判员　朱海宏
二〇〇六年十二月十九日
书　记　员　王　芳

164

固液分离机案

无效宣告请求审查决定（第7579号）

决 定 号 第7579号
决 定 日 2005年10月13日
发明创造名称 固液分离机
国际分类号 B03B 5/04
无效请求人 龙岩市顺添环保科技有限公司
专 利 人 福建省农业科学院地热农业利用研究所
泉州市丰泽华兴建筑机械设备有限公司
专 利 号 03253639.9
申 请 日 2003年9月19日
授权公告日 2004年10月13日
合议组组长 白剑锋
主 审 员 祁铁军
参 审 员 武树辰

法律依据 专利法第二十二条第二款、第三款
决定要点

对比文件没有给出相应的技术启示令本领域技术人员在不付出创造性劳动的前提下将倾斜的筛网替换成斜置的振动筛，而且这种结构替换取得了显著的技术效果，具有实质性特点和进步，具备专利法第二十二条第三款所规定的创造性。

一、案由

本无效宣告请求案涉及的是专利号为03253639.9、名称为“固液分离机”的实用新型专利（下称本专利），本专利的申请日为2003年9月19日、授权公告日为2004年10月13日，专利权人为福建省农业科学院地热农业利用研究所和泉州市丰泽华兴建筑机械设备有限公司。

该专利授权公告时的权利要求书如下：

“1. 一种固液分离机，包括机体，其特征在于：在机体上设有斜置的振动筛，振动筛的较低的一端设有储渣槽，较高的一端设有污物进入口，在振动筛的下方设有具有污水排放口的储水池。

2. 根据权利要求1所述的固液分离机，其特征在于：所述的振动筛的上方设有其下侧开设有喷水孔的喷水管，喷水管与清水水箱内的潜水泵输出口相连接，所述的储渣槽旁设有粪渣螺旋送料挤压机，在粪渣螺旋送料挤压机上设有末端具有挡块的用以推动粪渣的螺旋推料叶片，该螺旋推料叶片设置于储渣槽内，在储渣槽的末端下侧设有出渣口，其上侧设有封闭罩板，所述的出渣口后侧设有粪渣挤压污水出口。

3. 根据权利要求1所述的固液分离机，其特征在于：机体上联接有用以支承振动筛的橡胶支柱，

与振动筛联成一体的支板上设有振动电机。

4. 根据权利要求1所述的固液分离机，其特征在于：所述的污物进入口与一缓冲水箱相连通，缓冲水箱上设有具有与污物输送泵输出管路相连接的输入管口，所述的清水水箱与自来水入水口相连接，在机体上还设有用于推动螺旋送料挤压机工作的电机。

5. 根据权利要求1所述的固液分离机，其特征在于：所述的振动筛采用铸铝材料。"

针对上述实用新型专利权，龙岩市顺添环保科技有限公司（下称请求人）于2005年3月1日向专利复审委员会提出了无效宣告请求，其理由是本专利不具备新颖性和创造性，不符合专利法第二十二条第二款、第三款的规定，同时提交了附件1至5作为证据：

附件1：《福建畜牧兽医》2001年第1期（共摘选4页）的复印件（下称证据1）；

附件2：《养猪》2000年第3期（共摘选3页）的复印件（下称证据2）；

附件3：申请日为1993年3月6日、授权公告日为1994年3月16日、授权公告号为CN2155939Y的中国实用新型专利说明书（下称证据3）；

附件4：申请日为1993年7月3日、授权公告日为1994年12月7日、授权公告号为CN2184467Y的中国实用新型专利说明书（下称证据4）；

附件5：《福州市中级人民法院应诉通知书》和《福建省福州市中级人民法院庭前会议通知书》的复印件（下称证据5）。

经审查，上述无效宣告请求符合专利法及其实施细则的形式要求，专利复审委员会于2005年3月30日对上述无效宣告请求予以受理，同时将上述无效宣告请求书及其附件的副本转给了专利权人（下称被请求人），要求其在指定的期限内答复，同时依法成立合议组对本案进行审查。

请求人于2005年3月23日向合议组提交了附件6：《化工机械工程手册》中卷（摘选6页）（下称证据6）。

专利复审委员会本案合议组于2005年8月8日向双方当事人发出了无效宣告请求口头审理通知书，定于2005年9月20日在专利复审委员会举行口头审理。同时将请求人于2005年3月23日提交的意见陈述及其附件的副本转给了被请求人，要求其在指定的期限内答复。

被请求人分别于2005年8月29日和9月12日对合议组转送的上述无效宣告请求及其附件的副本作出答复，并于2005年9月12日提交了如下反证1~8：

反证1：国家知识产权局2005年3月15日出具的《专利登记簿副本》复印件；

反证2：龙岩市康顺养殖有限公司出具的产品质量用户报告书复印件；

反证3：福建省农科院农业工程与环境保护研究中心出具的产品质量用户报告书复印件；

反证4：福建省星源农牧业开发有限公司出具的产品质量用户报告书复印件；

反证5：福建省农业科学院动物营养研究中心出具的产品质量用户报告书复印件；

反证6：FZ-12固液分离机现场考察验收专家意见复印件；

反证7："环保型振动式固液分离机"省级环保产品专家评审会资料复印件；

反证8：福建省农科院科技情报所出具的FZ-12固液分离机的科技创新报告复印件。

口头审理如期举行。请求人和被请求人双方均参加了口头审理，双方对对方出席口头审理人员的身份无异议，对变更后的合议组成员无回避请求。在口头审理过程中，合议组对请求人提出的理由及提交的证据进行了调查并当庭将被请求人于2005年8月29日和9月12日提交的意见陈述书及其反证转给请求人。请求人当庭提交了证据1、证据2和证据6的原件，被请求人对请求人提交的证据1~4和6的真实性无异议。请求人明确将证据1和证据2用作背景技术并放弃将附件5作为证据使用。请求人明确其无效理由为：本专利权利要求1不具备新颖性；本专利相对证据3与证据6的组合或证据4与证据6的组合不具备创造性，同时结合证据和本专利针对其提出的无效宣告理由充分陈述了意见。

至此，合议组经过合议，认为双方已充分陈述意见，而且本案的事实已经清楚，可以作出审查决定。

二、决定的理由

1. 证据认定

请求人在口头审理过程中明确表示证据1和证据2作为背景技术用于理解本专利的技术方案，同时放弃将证据5作为证据使用。根据审查指南第四部分第三章第3.1节关于请求原则的规定，合议组在评价本专利新颖性和创造性时，仅考虑证据3、证据4和证据6。证据3、证据4和证据6均为公开出版物，其中证据3的授权公告日为1994年2月16日，证据4的授权公告日为1994年12月7日，证据6的出版日为2003年1月，均早于本专利的申请日。因此，根据专利法第二十二条第二款和第三款及审查指南中的有关规定，证据3、证据4和证据6所披露的技术内容可以作为评价本专利新颖性和创造性的已有技术。

2. 关于新颖性

按照专利法第二十二第二款的规定，新颖性，是指在申请日以前没有同样的发明或者实用新型在国内外出版物上公开发表过、在国内公开使用过或者以其他方式为公众所知，也没有同样的发明或者实用新型由他人向国务院专利行政部门提出过申请并且记载在申请日以后公布的专利申请文件中。

证据3涉及一种改进型浆类固液分离装置，该装置包括一个机架1，在该机架上设置有一倾斜网12，该倾斜网12的底部下方设有一壳管2，该倾斜网12的下方设置有一个水液集收槽15，而且该水液集收槽具有排放口。

从证据3的说明书及附图中可以看出，证据3中的机架相当于本专利的机体；壳管2相当于本专利的储渣槽；水液集收槽15相当于本专利的储水池；从证据3的附图3中，可以清楚地看到：水液集收槽15具有一个排放口。

据此，由本专利权利要求1所限定的技术方案与证据3所公开的内容相比，区别点主要在于所采用的筛分设备不同，即本专利采用的是斜置的振动筛，而证据3所公开的技术方案则采用了倾斜的筛网。

可见，证据3没有公开与本专利权利要求1相同的技术方案，因此根据专利法第二十二条第二款的规定，权利要求1限定的技术方案相对该证据3所公开的技术内容具备新颖性。

证据4公开了一种固液分离机，该分离机包括本体3，斜置的滤网32、33，在滤网的下端设有输送螺旋挤压装置，在滤网的上端设置有入水口，在滤网的下方设置有排水板39和出水口391。

从证据4的说明书及附图中可以看出，证据4中的本体3相当于本专利的机体；输送螺旋挤压装置相当于本专利的储渣槽；由排水板39和本体3构成的箱体相当于本专利的储水池；出水口391相当于本专利的污水排放口。

据此，由本专利权利要求1所限定的技术方案与证据4所公开的内容相比，区别点主要在于所采用的筛分设备不同，即本专利采用的是斜置的振动筛，而证据4所公开的技术方案则采用了倾斜的滤网。

可见，证据4也没有公开与本专利权利要求1相同的技术方案，因此根据专利法第二十二条第二款的规定，权利要求1限定的技术方案相对证据4所公开的技术内容具备新颖性。

证据6为《化工机械工程手册》（中卷）第24－30至24－33页，该证据仅涉及常规的振动筛，没有公开振动筛在固液分离机内的具体位置和设置方式以及与储渣槽、污物进入口、储水池之间的连接配置关系。因此，由本专利权利要求1所限定的技术方案与对比文件6所公开的内容相比，具备新颖性。

3. 关于创造性

按照专利法第二十二条第三款的规定：创造性，是指同申请日以前已有的技术相比，该发明具有突出的实质性特点和显著的进步，该实用新型有实质性特点和进步。

请求人认为：将权利要求1所限定的技术方案与证据3或证据4所公开的技术内容相比，本专利的结构改进仅仅是将倾斜的筛网或滤网替换成斜置的振动筛，而振动筛本身的结构作为本领域的公知常识已经在《化工机械工程手册》（即证据6）中公开。对于本领域技术人员而言，将证据3或证据4与证据6组合起来，将倾斜的筛网或滤网替换成斜置的振动筛，从而构成权利要求1所限定的技术方案是显而易见的，而且这种结构替换并未产生意料不到的技术效果。因此，本专利不具备创造性。

合议组认为：尽管证据3或证据4所公开的技术内容与本专利权利要求1所限定的技术方案相比，其区别点主要在于本专利利用斜置的振动筛替代了倾斜的筛网或滤网，而振动筛本身的结构和功能属于本领域技术人员的公知常识，但证据3或证据4并未给出相应的技术启示令本领域技术人员在不付出创造性劳动的前提下可以将倾斜的筛网或滤网替换成斜置的振动筛。另外，这种结构替换取得了显著的技术效果，具备实质性特点和进步。因此，由权利要求1限定的技术方案相对证据3或证据4所公开的技术内容与证据6的组合具备创造性。

三、决定

维持03253639.9号实用新型专利权有效。

当事人如对本决定不服，可以根据专利法第四十六条第二款的规定，自收到本决定之日起三个月内向北京市第一中级人民法院起诉。根据该款的规定，一方当事人起诉后，另一方当事人应当作为第三人参加诉讼。

北京市第一中级人民法院
行政裁定书

（2006）一中行初字第998号

原告龙岩市顺添环保科技有限公司，住所地福建省龙岩市新罗区凤凰北路2-1号。

法定代表人杜军，总经理。

委托代理人林天凯，男，福州展晖专利事务所专利代理人。

被告国家知识产权局专利复审委员会，住所地北京市海淀区北四环西路9号银谷大厦10~12层。

法定代表人廖涛，副主任。

委托代理人祁轶军，国家知识产权局专利复审委员会审查员。

委托代理人杨存吉，国家知识产权局专利复审委员会审查员。

第三人泉州市丰泽华兴建筑机械设备有限公司，住所地泉州市丰泽区后茂工业区。

法定代表人苏美章，董事长。

委托代理人陈红，女，北京三聚阳光知识产权代理有限公司专利代理人。

委托代理人张建纲，男，北京三聚阳光知识产权代理有限公司专利代理人。

第三人福建省农业科学院农业工程技术研究所。

原告龙岩市顺添环保科技有限公司不服被告国家知识产权局专利复审委员会作出的第7579号无效宣告请求审查决定，向本院提起行政诉讼。本院受理后依法组成合议庭，并通知与本案有利害关系的福建省农业科学院农业工程技术研究所、泉州市丰泽华兴建筑机械设备有限公司作为本案第三人参加诉讼，并于2006年10月25日、2006年12月12日两次公开开庭审理了本案。经本院合法传唤，原告均未到庭参加上述两次庭审，且未向本院说明正当理由。根据《中华人民共和国行政诉讼法》第四十八条的规定，经人民法院两次合法传唤，原告无正当理由拒不到庭的，视为申请撤诉。

本院认为，当事人有权在诉讼期间依法处分其诉讼权利。经审查，原告的撤诉申请系其真实意思表示，且未侵犯国家、集体和他人的合法权益，本院应予准许。故依照《中华人民共和国行政诉讼法》第四十八条、第五十一条的规定，裁定如下：

准许原告龙岩市顺添环保科技有限公司撤回起诉。

案件受理费1000元，由原告龙岩市顺添环保科技有限公司负担（已交纳）。

审　判　长　张　杰
审　判　员　李纪红
代理审判员　刘井玉
二〇〇六年十二月十二日
书　记　员　许　纯

165

辊式磨机案

无效宣告请求审查决定（第7581号）

决　定　号　第7581号
决　定　日　2005年10月19日
发明创造名称　辊式磨机
国际分类号　B02C 4/10
无效请求人　湖南广义科技有限公司
专利权人　郝志刚
专　利　号　94110912.7
申　请　日　1994年4月6日
授权公告日　2000年8月2日
合议组组长　杨克非
主　审　员　宋鸣镝
参　审　员　陈海平

法律依据　专利法第二十二条第三款
决定要点

所有证据或它们的组合均未公开权利要求的全部技术特征，并且也没有其他证据可以证明其区别技术特征属于本领域中的公知常识，因此该权利要求所保护的技术方案相对于这些证据来说是非显而易见的，具备创造性。

一、案由

本无效宣告请求案涉及国家知识产权局专利局于2000年8月2日公告授权的、专利号为94110912.7、名称为“辊式磨机”的发明专利（下称本专利），其申请日为1994年4月6日，专利权人为郝志刚。

授权公告的权利要求书如下：

“1. 一种辊式磨机，包括磨盘、磨辊、主轴、支架、机座和上下机壳，磨盘位于下机壳内，在磨盘上方通过支架活动装有磨辊，支架通过主轴装在机座上并位于上机壳内，由主轴、皮带轮驱动，在机座上装有料斗，下机壳的下面装有出料套管，其特征是：磨盘的磨面与磨辊之间存在可调节的间隙而构成间隙式磨合面。

2. 根据权利要求1所述的辊式磨机，其特征是：磨盘的环形磨面为锥形，与倾斜的磨辊构成斜置的间隙式磨合面。

3. 根据权利要求1或2所述的辊式磨机，其特征是：在上下机壳之间装有调节螺钉。

4. 根据权利要求1或2所述的辊式磨机，其特征是：在上下机壳之间的连接螺钉上装有弹性机构。

5. 根据权利要求1或2所述的辊式磨机，其特征是：磨辊通过铰链装在支架上。

6. 根据权利要求1或2所述的辊式磨机，其特征是：在支架和磨辊之间装有弹性机构。

7. 根据权利要求1或2所述的辊式磨机，其特征是：支架和机座之间装有弹性机构。

8. 根据权利要求1或2所述的辊式磨机，其特征是：磨辊上装有叶片。

9. 根据权利要求1或2所述的辊式磨机，其特征是：出料管可上下移动。"

针对上述发明专利权，湖南广义科技有限公司（下称请求人）于2004年6月18日向专利复审委员会提出了无效宣告请求，请求专利复审委员会宣告本专利全部无效。请求宣告无效的理由是：本专利的权利要求1~3不具备专利法第二十二条第三款规定的创造性，权利要求1~2和权利要求4~9所请求保护的范围不清楚，不符合专利法实施细则第二十条第一款的有关规定。请求人同时提交了以下5份证据：

证据1：美国专利公开文本US3339853号说明书复印件，其公开日期为1967年9月5日；

证据2：美国专利公开文本US4606506号说明书复印件，其公开日期为1986年8月19日；

证据3：授权公告号为CN2156933Y的中国实用新型专利说明书复印件，其授权公告日为1994年2月23日；

证据4：《水泥·石灰》杂志1991年第2期第22~24页的复印件共3页；

证据5：《动力工程》杂志第13卷第1期第53~58页复印件共6页，其中在第53页的页眉中所标明的出版日期为1993年2月。

请求人认为：本专利权利要求1与证据1的区别技术特征"磨盘的磨面与磨辊之间存在可调节的间隙而构成间隙式磨合面"已经被证据2~5所披露，权利要求2和权利要求3的附加技术特征也已经被证据2所披露，因此本专利权利要求1~3不具备创造性；权利要求1中的文字表述"可调节的间隙"属于纯功能性的限定，这使得该权利要求所限定的保护范围不清楚，同时，在权利要求1所限定的保护范围不清楚的情况下，其从属权利要求2和权利要求4~9的保护范围也不清楚。

经形式审查合格后，专利复审委员会受理了上述无效宣告请求，并于2004年6月21日向请求人和专利权人（下称被请求人）发出了无效宣告请求受理通知书，同时将上述专利权无效宣告请求书及其相关文件副本转送给被请求人，要求被请求人在指定期限内进行意见陈述，并依法成立合议组对本案进行审理。

2004年7月18日，请求人提交了意见陈述书，并补充提交了如下2份证据：

证据6：美国专利公开文本US4022387号说明书复印件，其公开日期为1977年5月10日；

证据7：欧洲专利公开文本EP0141982A2号说明书复印件，其公开日期为1985年5月22日。

请求人认为：证据1与证据6结合破坏本专利权利要求1的创造性，证据1与证据7结合破坏本专利权利要求2的创造性。

针对上述无效宣告请求，被请求人于2004年8月3日提交了意见陈述书。被请求人认为：证据1~2是外文证据，且请求人未提交所使用部分的中文译文，该外文证据应视为未提交；本专利权利要求1与证据1相比除具有区别技术特征"磨盘的磨面与磨辊之间存在可调节的间隙而构成间隙式磨合面"外，它们的出料方式也不相同，证据2~5中"磨辊只能自转"的工作方式与本专利中"磨辊既自转又公转"的工作方式不同，因此本专利权利要求1具备创造性；在权利要求1具备创造性的情况下，权利要求2~3也具有创造性；本专利权利要求1中的文字表述"可调节的间隙"是对发明创造结构的一种描述，本领域技术人员可以清楚地理解其结构特征，因此这样的描述是清楚的；在权利要求1所限定的保护范围清楚的情况下，其从属权利要求2和权利要求4~9的保护范围也是清楚的。被请求人要求维持专利权全部有效，同时提交了如下7份反证：

反证1：甲方郝志刚先生（即被请求人）与乙方长沙深湘通用机器公司于1997年4月10日签署的专利许可使用协议复印件共1页；

反证2：长沙市工商行政管理局于2003年12月24日签发的、长沙深湘通用机器有限公司的企业法人营业执照复印件共1页，其中所登记的营业期限为自1992年10月28日至2009年12月31日；

反证3：湖南省科学技术委员会于1997年12月23日鉴定批准的、湘科鉴字［1997］第156号科学技术成果鉴定证书复印件共14页；

反证4：国家科学技术委员会火炬计划办公室颁发的、项目编号为97D231D7700446、批准文号为国科发计字［1997］074号的国家级火炬计划项目证书复印件共1页；

反证5：科学技术部火炬高技术产业开发中心于2003年7月21日颁发的、项目编号为97D231D7700446的国家级火炬计划项目验收合格证书复印件共1页；

反证6：中华人民共和国科学技术部、国家税务总局、对外贸易经济合作部、国家质量技术监督局、国家环境保护总局联合批准的、项目编号为98G041D7700039的国家重点新产品证书复印件共1页；

反证7：长沙深湘通用机器有限公司的产品样本复印件共4页。

2004年8月13日，请求人补充提交了证据1、证据2、证据6及证据7相关部分的中文译文，其中证据1的中文译文共6页，证据2的中文译文共4页，证据6的中文译文共4页，证据7的中文译文共3页。

专利复审委员会于2005年3月22日向双方当事人发出口头审理通知书，定于2005年5月24日在专利复审委员会举行口头审理，同时将被请求人在2004年8月3日提交的意见陈述书及其相关文件副本转送给请求人，将请求人在2004年7月18日和2004年8月13日提交的意见陈述书及其相关文件副本转送给被请求人，并要求双方当事人在指定期限进行意见陈述。

2005年4月28日，请求人提交了意见陈述书，并补充提交了证据8（即英国专利公开文本No1860　A. D. 1903号说明书复印件，其公开日期为1903年5月7日）及其中文译文，同时再次提交了证据1、证据2、证据6及证据7的中文译文。请求人在该意见陈述书中认为：本专利权利要求1与证据1的区别技术特征“磨盘的磨面与磨辊之间存在可调节的间隙而构成间隙式磨合面”已经被证据2～6中任意一篇所披露，而被请求人所说的“磨辊既自转又公转”以及“出料方式不同”并未记载在权利要求1中，因此该权利要求1不具备创造性；此外，请求人还提出了“授权公告的文本超出了原说明书和权利要求书的记载范围，该修改不符合专利法第三十三条的有关规定”以及“权利要求1缺乏必要技术特征，不符合专利法实施细则第二十一条第二款的有关规定”的无效理由；请求人的其他观点均与其在先所提交的无效宣告请求书和意见陈述书中的观点一致。

2005年5月8日，被请求人提交了意见陈述书，被请求人认为：本专利权利要求所保护的范围与各证据相比均不同，其具有显著的效果，并在商业上取得了成功，因此上述证据不能破坏本专利的创造性。

口头审理如期举行，双方当事人均到庭。在口头审理过程中，合议组当庭将请求人于2005年4月28日提交的意见陈述书及相关文件副本转送给被请求人，将被请求人于2005年5月8日提交的意见陈述书副本转送给请求人，同时告知双方当事人，请求人于2005年4月28提交的相关文件中的证据8属于超期证据，合议组对该证据不予考虑。请求人当庭明确其于2004年8月13日和于2005年4月28日两次提交的证据1、证据2、证据6和证据7的中文译文是完全一致的，合议组当庭告知双方当事人本无效宣告请求的审查将以请求人于2004年8月13日提交的中文译文为准。被请求人当庭表示对请求人所提的证据1～7的真实性无异议。请求人当庭明确增加本专利授权公告的文本超出原公开文本的范围、不符合专利法第三十三条有关规定，以及权利要求1缺少必要技术特征、不符合专利法实施细则第二十一条第二款有关规定的无效理由。同时请求人还明确了证据的使用方式：即证据1为与本专利最接近的现有技术，并引用证据1、或证据1与证据3结合、或证据1与证据4结合、或证据1与证据5结合、或证据1与证据6结合破坏本专利权利要求1的创造性，引用证据1与证据2结合、或证据1与证据7结合破坏本专利权利要求2的创造性，引用证据1与证据7结合破坏本专利权利要求3的创造性。双方当事人结合证据就请求人所提出的无效理由充分发表了意见。对于请求人在该口头审理中所新增加的无效理由以及证据1、2、6和证据7中文译文的正确性，合议组告知被请求人其如需意见陈述应在口头审理后十日内提交，逾期不提交书面意见陈述的，不影响合议组对本案作出审查决定。

2005年6月18日，被请求人提交了意见陈述书，其对请求人于2004年8月13日提交的证据1、2、6和证据7的中文译文的正确性无异议，其他观点与在口头审理中的观点基本相同。

在上述程序的基础上，合议组认为本案事实已经清楚，可以依法作出如下审查决定。

二、决定的理由

1. 关于专利法第三十三条

专利法第三十三条规定：申请人可以对其专利申请文件进行修改，但是，对发明和实用新型专利申请文件的修改不得超出原说明书和权利要求书记载的范围，对外观设计专利申请文件的修改不得超出原图片或者照片表示的范围。

请求人认为：本专利授权公告文本与原公开文本相比是进行了重新的撰写，其在发明目的、技术方案、技术效果等多方面均超出了原权利要求书和说明书记载的范围，其中技术方案中的“磨盘的磨面与磨辊之间存在可调节的间隙而构成间隙式磨合面”在专利申请公开文本中没有记载。

合议组认为：本专利授权公告文本的权利要求书和说明书中均记载有“磨盘的磨面与磨辊之间存在可调节的间隙而构成间隙式磨合面”这一文字表述，而在原公开文本的权利要求书和说明书中均未有这样的文字表述。原公开文本的说明书中公开了三个实施例：第一个实施例为“在上下机壳（7）、（8）之间的连接螺钉上装有弹性机构（2），并装有调节螺钉（9），弹性机构（2）还迫使磨辊（12）向磨盘（10）施加压力”，第二个实施例为“磨辊（12）通过铰链装在支架（4）上，并在两者之间装有弹性装置，使磨辊（12）在一定范围内摆动，并具有一定弹性，并使磨辊（12）向磨盘（10）施加压力”，第三个实施例为“在支架（4）和磨辊（12）之间的主轴（6）上装有弹性机构，这样可使支架（4）在主轴（6）上作轴向移动和具有一定的弹性，并可以使磨辊（12）向磨盘（10）施加压力”（参见本专利申请公开文本的说明书第2页第4～15行）。

通过上述三个实施例可知：在这三个实施例中磨辊均在弹性机构的弹性力作用下向磨盘施加压力，调节螺钉可以调节磨辊与磨盘之间的预置间距，当辊式磨机处于未工作状态时，磨辊与磨盘之间没有物料，磨辊在上述弹性力的作用下与磨盘压合在一起，或者调节螺钉与下机壳压合在一起以形成预置间距，该预置间距可以通过调节螺钉来调节；当辊式磨机处于正常工作状态时，磨辊与磨盘之间存在有均匀的物料，在物料颗粒尺寸大于预置间距时，磨辊在上述弹性力作用下压在物料上，物料压在磨盘上，此时不存在间隙，在物料颗粒尺寸小于预置间距时，调节螺钉与下机壳压合在一起，而停止对物料的进一步磨碎，此时磨辊与物料之间存在微小的间隙；当辊式磨机处于非正常工作状态时，即当有过大的例如杂铁等不可粉碎的物料进入时，由于该物料的进入将克服上述弹性力而迫使下机壳下移并偏转，从而使得物料通过而不会出现卡死现象，此时由于下机壳的下移或偏转，而在磨辊与物料之间存在瞬间较大的间隙。在这三种工作状态中，磨辊与磨盘之间的间距既可以通过调节螺钉来主动调节，也可以根据物料的大小而发生相对移动来被动调节，它们之间也存在着不同程度的间隙。因此，从本专利原公开文本的权利要求书和说明书中能够导出授权公告文本所记载的“磨盘的磨面与磨辊之间存在可调节的间隙而构成间隙式磨合面”这一文字表述，该表述并未超出原说明书和权利要求书记载的范围。至于请求人所提及的涉及超范围的其他之处均是由上述文字表述所引出的，因此也未超出原说明书和权利要求书记载的范围。故合议组对请求人所提出的本专利不符合专利法第三十三条规定的主张不予支持。

2. 关于专利法实施细则第二十一条第二款

专利法实施细则第二十一条第二款规定：独立权利要求应当从整体上反映发明或者实用新型的技术方案，记载为达到发明或者实用新型目的的必要技术特征。

请求人认为：本专利的独立权利要求 1 缺少实现发明目的的必要技术特征，本发明的目的将无法得以实现。“粉磨力产生装置”、“上下机壳之间的联结手段”、“磨辊倾斜设置”以及“磨面与磨辊之间间隙调节的技术手段”均是实现本发明目的的必要技术特征，这些必要技术特征都未记载在独立权利要求 1 中，故该权利要求 1 不符合专利法实施细则第二十一条第二款的规定。

合议组认为：本发明所要解决的技术问题是由于磨辊与磨盘直接接触而导致的所得到物料粒度的大小无法控制以及磨辊和磨盘严重磨损，为了解决该技术问题，本发明在上下机壳之间装有调节螺钉，通过调节该调节螺钉，即可调节磨盘的磨面与磨辊之间的间隙，从而满足所得到的不同粒度物料的需求，并减少磨辊与磨盘的磨损。虽然“粉磨力产生装置”和“上下机壳之间的联结手段”均是辊式磨机所必然具备的，但是它们与本发明所要解决的上述技术问题无必然的直接联系，即它们并非是实现本发明目的的必要技术特征，为了权利要求的简明起见，这样的技术特征可以不记载在独立权利要求 1 中。“磨辊倾斜设置”是为了延长物料被碾磨的时间，从而提高磨碎效率和作业产量，该技术特征并非实现的是本发明最基本的发明目的，其所达到的是更好的技术效果，该技术特征在本发明中可有可无，有则可达到更好的技术效果，没有也可实现本发明最基本的发明目的，故其不是实现本发明目的的必要技术特征。“磨面与磨辊之间间隙调节的技术手段”是实现本发明中“磨盘的磨面与磨辊之间存在可调节的间隙”的具体实施方式，本发明说明书中给出了一种具体的实施方式，即采用调节螺钉来调节磨盘与磨辊之间的间隙，权利要求 1 中的技术特征“磨盘的磨面与磨辊之间存在可调节的间隙”是对具体实施方式的上位概括，其除了包含采用调节螺钉来调节间隙之外，还包含本领域中所通常采用的其他调节方式来调节磨盘与磨辊之间的间隙，这些调节方式均可以实现本发明最基本的发明目的，因此“磨盘的磨面与磨辊之间存在可调节的间隙”是实现本发明目的的必要技术特征，而其具体的技术手段则不是实现本发明目的的必要技术特征。故合议组对请求人所提出的本专利不符合专利法实施细则第二十一条第二款规定的主张不予支持。

3. 关于专利法实施细则第二十条第一款

专利法实施细则第二十条第一款规定：权利要求书应当说明发明或者实用新型的技术特征，清楚并简要地表述请求保护的范围。

请求人认为：本专利权利要求 1 中的文字表述“可调节的间隙”属于纯功能性的限定，这使得该权利要求所限定的保护范围不清楚，同时，在权利要求 1 所限定的保护范围不清楚的情况下，其从属权利要求 2 和权利要求 4 ~9 的保护范围也不清楚。

合议组认为：本专利权利要求 1 中所记载的技术特征为“磨盘的磨面与磨辊之间存在可调节的间隙而构成间隙式磨合面”，该技术特征限定了磨盘与磨辊之间的相对位置关系，即磨盘与磨辊之间存在间隙，同时还对该间隙进行了进一步限定，即该间隙是可以调节的，这样限定的保护范围是清楚的。在权利要求 1 所限定的保护范围清楚的情况下，其从属权利要求 2 和权利要求 4 ~9 的保护范围也是清楚的。故合议组对请求人所提出的本专利不符合专利法实施细则第二十条第一款规定的主张不予支持。

4. 关于创造性

专利法第二十二条第三款规定：创造性，是指同申请日以前已有的技术相比，该发明有突出的实质性特点和显著的进步，该实用新型有实质性特点和进步。

证据1、证据2和证据6为美国专利文献，证据7为欧洲专利文献，它们均属于公开出版物，这些证据经合议组核实无误，且被请求人对证据1、2、6和证据7的真实性无异议，这些证据的公开日期均早于本专利的申请日，故证据1、2、6和证据7可以作为评价本专利创造性的已有技术。同时被请求人对证据1、2、6和证据7相关部分中文译文的正确性无异议，故合议组下面将以证据1的附图1~5、证据2的附图1~3、证据6的附图1~3、证据7的附图1~2以及请求人于2004年8月13日提交的这些证据相关部分的中文译文为依据来评述本专利的创造性。

证据3为中国专利文献，属于公开出版物，合议组已经核实了其真实性，且被请求人对其真实性无异议，其授权公告日早于本专利的申请日，故证据3可以作为评价本专利创造性的已有技术。

证据4和证据5为中国期刊，属于公开出版物，被请求人对它们的真实性无异议，其公开日期早于本专利的申请日，故证据4和证据5可以作为评价本专利创造性的已有技术。

在口头审理过程中，请求人明确证据1为与本专利最接近的现有技术，并引用证据1、或证据1与证据3结合、或证据1与证据4结合、或证据1与证据5结合、或证据1与证据6结合来评价本专利权利要求1的创造性，引用证据1与证据2结合、或证据1与证据7结合来评价本专利权利要求2的创造性，引用证据1与证据7结合来评价本专利权利要求3的创造性。故根据审查指南第四部分第三章第3.1节请求原则的规定，合议组将仅以请求人提出的上述证据对比方式评述本专利权利要求1~3的创造性。

（1）关于本专利权利要求1的创造性

本专利权利要求1如下：“1. 一种辊式磨机，包括磨盘、磨辊、主轴、支架、机座和上下机壳，磨盘位于下机壳内，在磨盘上方通过支架活动装有磨辊，支架通过主轴装在机座上并位于上机壳内，由主轴、皮带轮驱动，在机座上装有料斗，下机壳的下面装有出料套管，其特征是磨盘的磨面与磨辊之间存在可调节的间隙而构成间隙式磨合面。”

证据1涉及一种粉磨机（参见证据1的附图1~3和说明书中文译文第2页第19行~第4页第6行），该粉磨机包括磨环34、磨辊32、主轴4、支架2、箱体36，箱体36为整体结构，磨环34位于箱体36内，在磨环34内侧通过支架2活动装有磨辊32，支架2通过主轴4装在箱体36上并位于其内部，并由主轴4、齿轮6驱动，在箱体36上方装有料斗67，被粉碎过的物料由与管道相联的旋风收集器输到上端排出。

将本专利权利要求1所保护的技术方案与证据1所公开的技术内容相比，区别在于：①本专利中磨辊位于磨盘的上方，证据1中磨辊位于磨环的内侧；②本专利中支架由皮带轮驱动，证据1中支架由齿轮驱动；③本专利中出料套管位于下机壳的下面，证据1中出料是通过旋风收集器由上端排出；④证据1中未涉及磨盘的磨面与磨辊之间具有可调节的间隙。上述区别的存在使得本专利权利要求1限定出一个完全不同于证据1的辊式磨机的技术方案，因此证据1不能破坏权利要求1的创造性。

证据3涉及一种辊盘式破碎机（参见证据3的附图和说明书第3页第1~11行），该破碎机在上机体2和下机体12内部具有破碎圆盘6，破碎圆盘6通过花键轴9、传动装置7与电机8相连接，由辊轮电机3驱动的破碎辊轮4与上机体2形成破碎腔5，花键轴9下端的下机体12的底部装有液压装置10，用以调整破碎辊轮与破碎圆盘的间隙和压力，上机体2上部装有给矿漏斗1，下机体12底部装有排矿口11。

将本专利权利要求 1 所保护的技术方案与证据 3 所公开的技术内容相比，区别在于本专利中磨辊装在活动支架上，支架由主轴驱动，磨盘位于下机壳内；证据 3 中破碎辊轮和破碎圆盘分别由各自的电机驱动，其中没有用于带动磨辊旋转的活动支架。本专利与证据 3 的具体结构和工作方式均不相同，证据 3 中不存在将其与证据 1 结合以得出本专利权利要求 1 的技术方案的技术启示，故即使将证据 3 与证据 1 相结合也不能破坏本专利权利要求 1 的创造性。

证据 4 涉及一种立磨（参见证据 4 的第 22 ~ 24 页），该立磨包括检修油缸 1、磨盘 2、磨辊 3、顶丝 4、分离器 5、液压站 6、压紧油缸 7、拉杆 8、外壳 9、机座 10、减速器 11 和排渣门 12 等主要部件，其电动机通过联轴器与减速机输入轴相联，经齿轮减速后得到磨盘所需的转速。该证据 4 中没有用于带动磨辊旋转的活动支架，其具体结构和工作方式与本专利均不相同，其中不存在将其与证据 1 结合以得出本专利权利要求 1 的技术方案的技术启示，故即使将证据 4 与证据 1 相结合也不能破坏本专利权利要求 1 的创造性。

证据 5 涉及一种 RP 型中速磨煤机（参见证据 5 的第 53 ~ 58 页），该证据 5 仅涉及了中速磨煤机的结构性能特点、运行情况分析、选型制造运行方面的建议以及应用前景等方面的内容，而未涉及磨煤机的具体驱动结构形式，故即使将证据 5 与证据 1 相结合也不能破坏本专利权利要求 1 的创造性。

证据 6 涉及一种辊式磨装置（参见证据 6 的附图 1 ~ 3 和说明书中文译文第 2 页第 11 行 ~ 第 3 页第 29 行），该辊式磨装置包括磨环 39、磨辊 38、传动轴 17、法兰 40、主框架结构 10 和机架 48，主框架结构 10 构成下机壳，磨环 39 位于主框架结构 10 内部，磨辊 38 活动装在磨环 39 内侧的法兰 40 上，法兰 40 通过传动轴 17 装在主框架结构 10 上并位于机架 48 内，由传动轴 17、齿轮 15 驱动，机架上装有进料斜道 50，主框架结构 10 下部具有用来排出部分碾磨过物料的孔 45，磨辊 38 与法兰 40 之间装有弹簧 54。当离心力作用使辊子向外抛出时，弹簧可以控制辊子的位置，使辊子与磨环之间保持一恒定间距，通过改变弹簧的数量可以调整辊子与磨环间的间隙大小。

将本专利权利要求 1 所保护的技术方案与证据 6 所公开的技术内容相比，区别在于：①本专利中磨辊位于磨盘的上方，证据 6 中磨辊位于磨环的内侧；②本专利中支架由皮带轮驱动，证据 6 中法兰由齿轮驱动；③本专利中磨盘的磨面与磨辊之间的间隙在不改变磨机结构的情况下是可以调节的，证据 6 中虽然也可以调整辊子与磨环之间的间隙，但其必须通过改变弹簧的数量来实现，这样就改变了磨机的结构，而在不改变磨机结构的情况下，辊子与磨环之间的间隙保持一恒定间距。可见证据 6 没有公开本专利权利要求 1 与证据 1 的区别技术特征，即使将证据 6 与证据 1 相结合也不能破坏本专利权利要求 1 的创造性。

由此可见，证据 1、证据 1 与证据 3 的结合，证据 1 与证据 4 的结合、证据 1 与证据 5 的结合以及证据 1 与证据 6 的结合均未公开本专利权利要求 1 的全部技术特征，并且请求人也没有提供可以证明这些区别技术特征属于本领域中公知常识的其他证据，本专利权利要求 1 所保护的技术方案相对于证据 1、证据 1 与证据 3 的结合、证据 1 与证据 4 的结合、证据 1 与证据 5 的结合以及证据 1 与证据 6 的结合均是非显而易见的。因此，本专利权利要求 1 具有突出的实质性特点和显著的进步，具备创造性。

（2）关于本专利权利要求 2 和权利要求 3 的创造性

证据 2 涉及一种物料粉碎用的立式辊磨（参见证据 2 的附图 1 ~ 3 和说明书中文译文第 2 页第 17 行至第 4 页第 6 行）。该立式辊磨包含相互关联的磨盘和轮胎状磨辊，磨盘有一个辗磨面，是一个虚拟圆锥面的一部分，这个圆锥的顶点正好落在磨盘的纵轴线上，磨盘上与该磨面相邻还有一个向外的曲面；每个磨辊的辗磨面是另一个虚拟圆锥面的一部分，该圆锥的顶点与之前的一个圆锥共一个顶点，同样地，磨辊上与该磨面相邻也有一个向外的曲面，而且，该曲面的弯曲度比相对应的磨盘上向外的曲面弯曲度大。本专利与证据2的具体结构和工作方式均不相同，证据2中不存在将其与证据1结合以得出本专利权利要求1的技术方案的技术启示，故即使将证据2与证据1相结合也不能破坏本专利权利要求1的创造性。权利要求2从属于权利要求1，在权利要求1具备创造性的前提下，从属权利要求2相对于证据1与证据2的结合同样具备创造性。

证据7涉及一种粉磨机（参见证据7的附图1~2和说明书中文译文第1页第25行~第2页第22行），该粉磨机有一个装在旋转的主轴上的磨盘及一个圆锥形磨辊，其表面与磨盘的磨面平行，磨盘由电动机通过蜗轮蜗杆驱动来旋转，磨辊可转动地安装在耳轴上，止动部件阻止磨辊自动靠向磨盘的磨面。本专利与证据7的具体结构和工作方式均不相同，证据7中不存在将其与证据1结合以得出本专利权利要求1的技术方案的技术启示，故即使将证据7与证据1相结合也不能破坏本专利权利要求1的创造性。权利要求2和3均从属于权利要求1，在权利要求1具备创造性的前提下，从属权利要求2和权利要求3相对于证据1与证据7的结合同样具备创造性。

三、决定

维持94110912.7号发明专利权有效。

当事人对本决定不服的，可以根据专利法第四十六条第二款的规定，自收到本决定之日起三个月内向北京市第一中级人民法院起诉。根据该款的规定，一方当事人起诉后，另一方当事人应当作为第三人参加诉讼。

北京市第一中级人民法院
行政判决书

（2006）一中行初字第477号

原告湖南广义科技有限公司，住所地湖南省长沙市东屯渡。

法定代表人夏纪勇，总经理。

委托代理人宁星耀，长沙星耀专利事务所专利代理人。

委托代理人武君，女，汉族，1979年1月7日出生，北京汇泽知识产权代理有限公司职员，住河北省邯郸市丛台区光明北大街175号2号楼3单元13号。

被告国家知识产权局专利复审委员会，住所地北京市海淀区北四环西路9号银谷大厦10~12层。

法定代表人廖涛，副主任。

委托代理人宋鸣镝，国家知识产权局专利复审委员会第一申诉处审查员。

委托代理人郭健国，国家知识产权局专利复审委员会行政诉讼处审查员。

第三人郝志刚，男，汉族，1954年3月3日出生，住湖南省长沙市雨花区广济桥鸿园小区3栋402号。

委托代理人刘熙，男，汉族，1955年1月31日出生，住湖南省长沙市岳麓区学堂坡省知识产权局宿舍南栋201号。

原告湖南广义科技有限公司（下称广义公司）不服被告国家知识产权局专利复审委员会（下称专利复审委员会）于2005年10月19日作出的第7581号专利无效宣告请求审查决定（下称第7581号决定），于法定期限内向本院提起行政诉讼。本院于2006年3月27日受理后，依法组成合议庭，并通知郝志刚作为第三人参加本案诉讼，于2006年6月21日公开开庭进行了审理。原告广义公司的法定代表人夏纪勇、委托代理人宁星耀、武君，被告专利复审委员会的委托代理人宋鸣镝、郭健国，第三人郝志刚及其委托代理人刘熙到庭参加了诉讼。本案现已审理终结。

第7581号决定系专利复审委员会针对广义公司就郝志刚所拥有的94110912.7号发明专利（下称本专利）所提出的无效宣告请求而作出的。专利复审委员会在第7581号决定中认为：一、证据认定。

证据1~7均属于本专利申请日前的公开出版物，且本专利的专利权人郝志刚对其真实性均无异议，故证据1~7可以作为评价本专利创造性的已有技术。证据8属于超期提交的证据而不予考虑。

二、关于专利法第三十三条。原公开文本的说明书中公开了三个实施例，在这三种工作状态中，磨辊与磨盘之间的间距既可以通过调节螺钉来主动调节，也可以根据物料的大小而发生相对移动来被动调节，它们之间也存在着不同程度的间隙。因此，从本专利原公开文本的权利要求书和说明书中能够导出授权公告文本所记载的“磨盘的磨面与磨辊之间存在可调节的间隙而构成间隙式磨合面”这一文字表述，该表述并未超出原说明书和权利要求书记载的范围。至于广义公司所提及的涉及超范围的其他之处均是由上述文字表述所引出的，因此也未超出原说明书和权利要求书记载的范围。

三、关于专利法实施细则第二十一条第二款。虽然“粉磨力产生装置”和“上下机壳之间的联结手段”均是辊式磨机所必然具备的，但是它们与本发明所要解决的上述技术问题无必然的直接联系，并非是实现本发明目的的必要技术特征。“磨辊倾斜设置”是为了延长物料被碾磨的时间，从而提高磨碎效率和作业产量，该技术特征并非实现的是本发明最基本的发明目的，其所达到的是更好的技术效果，故其不是实现本发明目的的必要技术特征。“磨面与磨辊之间间隙调节的技术手段”是实现本发明中“磨盘的磨面与磨辊之间存在可调节的间隙”的具体实施方式。后者是对具体实施方式的上位概括，包含本领域中所通常采用的调节方式来调节磨盘与磨辊之间的间隙，是实现本发明目的的必要技术特征，而其具体的技术手段则不是实现本发明目的的必要技术特征。

四、关于专利法实施细则第二十条第一款。权利要求1所限定的保护范围是清楚的，其从属权利要求2和权利要求4~9的保护范围也是清楚的。

五、关于创造性。首先，关于本专利权利要求1的创造性。将本专利权利要求1所保护的技术方案与证据1所公开的技术内容相比，区别在于：1. 本专利中磨辊位于磨盘的上方，证据1中磨辊位于磨环的内侧；2. 本专利中支架由皮带轮驱动，证据1中支架由齿轮驱动；3. 本专利中出料套管位于下机壳的下面，证据1中出料是通过旋风收集器由上端排出；4. 证据1中未涉及磨盘的磨面与磨辊之间具有可调节的间隙。因此，证据1不能破坏权利要求1的创造性。本专利与证据3或证据4的具体结构和工作方式均不相同，都不存在将其与证据1结合以得出本专利权利要求1的技术方案的技术启示，故即使将证据3或证据4与证据1相结合也不能破坏本专利权利要求1的创造性。证据5未涉及磨煤机的具体驱动结构形式，故即使将证据5与证据1相结合也不能破坏本专利权利要求1的创造性。证据6中虽然也可以调整辊子与磨环之间的间隙，但其必须通过改变弹簧的数量来实现，这样就改变了磨机的结构，而在不改变磨机结构的情况下，辊子与磨环之间的间隙保持一恒定间距。可见证据6没有公开本专利权利要求1与证据1的区别技术特征，即使将证据6与证据1相结合也不能破坏本专利权利要求1的创造性。因此，本专利权利要求1具有突出的实质性特点和显著的进步，具备创造性。其次，关于本专利权利要求2和权利要求3的创造性。权利要求2、3均从属于权利要求1，在权利要求1具备创造性的前提下，从属权利要求2相对于证据1与证据2的结合或证据1与证据7的结合，从属权利要求3相对于证据1与证据7的结合同样都具备创造性。

据此，专利复审委员会作出第7581号决定，维持本专利权有效。

原告广义公司不服第7581号决定，在法定期限内向本院提起行政诉讼，其诉称：

一、本专利的权利要求1缺少必要技术特征，不符合专利法实施细则第二十一条第二款的规定。

作为独立权利要求，其所记载的技术特征之总和首先必须是一个完整的技术方案，其次还必须能够解决其技术问题，这两个条件缺一不可。根据本专利说明书记载的发明目的，其所要解决的技术问题应当是“结构不合理，产量低、磨碎效果差，体积大，振动大，噪音大，使用寿命短”，而且这些要解决的技术问题是并列的，并无主次或“基本”与“非基本”之分。因此，凡实现上述各项目的必不可少的技术特征，如“上下机壳之间的联结手段”、“磨面与磨辊之间间隙调节的技术手段”及“磨碎效果好的技术手段”均是实现本发明目的的必要技术特征。另外，本专利说明书中所述“磨辊和磨盘磨面之间构成的间隙式磨合面”显然只能达到“使磨辊的转速高，作业产量高”的目的，而要达到发明目的中的“使物料磨碎时间长，磨碎效果好”的目的，只能靠“磨辊和磨盘磨面倾斜设置”这一特征才能实现，也就是现有权利要求2的内容应当记入权利要求1。

二、本专利的权利要求1~3不具备创造性。首先，权利要求1所保护的技术方案与证据1所公开的技术内容相比，二者均采用磨辊和磨盘作为粉磨介质。证据1是一种立式磨机，其磨辊与磨盘间也存在“可调节的间隙”，在证据1就有“把原料向下导入碾磨环和磨辊之间”的描述，这至少说明磨环与磨辊之间存在被动可调的间隙，至于是否存在预设间隙，该文献中未记载，但也不能排除，何况本专利独立权利要求中也并没有明确是何种“可调节的间隙”。“磨盘的磨面与磨辊之间存在可调节的间隙而构成间隙式磨合面”这一特征早已是公知技术，如古时农村广泛使用的依靠人力或畜力作为动力的石碾就是一种磨辊自转又公转，磨盘不转，同时磨辊与磨盘设置“可调节的间隙”的磨机，这种间隙至少是“被动可调”。惟一的区别特征“可调节的间隙”产生的技术效果“允许磨辊产生较高的转速和更大的压力，以提高产量”，“减少作业时的碰撞和振动，降低噪音，减少机械磨损，延长使用寿命”，这对同行技术人员来说，是完全可以预料到的，不具有突出的实质性特点，更没有显著的进步。另外，证据1与证据6结合，本专利没有突出的实质性特点和显著的进步。证据6公开的就是一种“磨辊转动、磨盘不转，磨辊与磨盘间有可调间隙”的立式磨机。根据证据6说明书的记载，其与本专利的发明目的完全一样。在证据1已有充足的理由破坏本专利权利要求1的创造性，只是没有明确阐述预设间隙的手段的前提下，再加上证据6与本专利几乎没有区别的事实，所属领域的技术人员都知道在磨辊与磨盘间设置可调节的间隙，足以否定本专利的权利要求1的创造性。其次，权利要求2是从属权利要求，其特征“锥形磨面”在证据2、7中均已公开，具体结构虽有所区别，但这种区别并没有实质性特点，更没有产生预料不到的效果，即没有显著的进步。因此，将证据1与证据2或证据7公开的技术方案相结合，当本专利的权利要求1不具备创造性时，从属权利要求2必然不具备创造性。从属权利要求3限定的特征为“在上下机壳之间装有调节螺钉”，证据2公开的磨辊与磨盘之间间隙的调节机构为“调节螺栓”，与本专利的调节螺钉实际上没有区别。因此，当本专利的权利要求1不具备创造性时，从属权利要求3也必然不具备创造性。

三、本专利不符合专利法第二十六条第三款的规定以及专利法实施细则第二十条第一款的规定。

综上所述，专利复审委员会认定事实不清，适用法律错误，请求人民法院判决撤销该决定，责令被告重新作出审查决定。

被告专利复审委员会在其答辩状中坚持第7581号决定的意见，认为该决定认定事实清楚、适用法律正确、审理程序合法，审查结论正确，原告的诉讼理由不能成立，请求人民法院驳回原告诉讼请求，维持第7581号决定。

第三人郝志刚提交书面意见陈述，认为该决定认定事实清楚、适用法律正确，审理程序合法，审查结论正确，应当维持，原告的诉讼理由不能成立，请求人民法院驳回原告的诉讼请求。

本院经审理查明：

本案涉及国家知识产权局专利局于2000年8月2日授权公告、专利号为94110912.7、名称为

“辊式磨机”的发明专利（即本专利），其申请日是1994年4月6日，专利权人为郝志刚。

本专利授权公告的权利要求书包含一项独立权利要求和8项从属权利要求，其中权利要求1~3如下：

“1. 一种辊式磨机，包括磨盘、磨辊、主轴、支架、机座和上下机壳，磨盘位于下机壳内，在磨盘上方通过支架活动装有磨辊，支架通过主轴装在机座上并位于上机壳内，由主轴、皮带轮驱动，在机座上装有料斗，下机壳的下面装有出料套管，其特征是磨盘的磨面与磨辊之间存在可调节的间隙而构成间隙式磨合面。

2. 根据权利要求1所述的辊式磨机，其特征是磨盘的环形磨面为锥形，与倾斜的磨辊构成斜置的间隙式磨合面。

3. 根据权利要求1或2所述的辊式磨机，其特征是在上下机壳之间装有调节螺钉。”

本专利说明书记载：本专利所要实现的发明目的是提供一种辊式磨机，具有结构合理、产量高、磨碎效果好、体积小的特点，而且振动小、噪音低、使用寿命长……其特征是磨盘的磨面与磨辊之间存在可调节的间隙而构成间隙式磨合面……本发明在上下机壳之间装有调节螺钉，通过调节螺钉，即可以调节磨盘的磨面与磨辊之间的间隙，使间隙式磨合面能满足不同粒度物料的需要和磨损造成间隙增加后进行调整。

本专利原始公开文本的说明书中记载了三个实施例，第一个实施例为“在上下机壳（7）、（8）之间的连接螺钉上装有弹性机构（2），并装有调节螺钉（9），当有过大的杂铁等不可粉碎的物料进入时，由于上下机壳（7）、（8）之间的调节螺钉（9）的调节以及弹性机构（2）的弹性作用，迫使下机壳（8）下移并偏转，使得磨辊（12）与磨盘（10）之间的间隙增大而通过，而不会出现卡死现象。同时，弹性机构（2）还迫使磨辊（12）向磨盘（10）施加压力”；第二个实施例为“磨辊（12）通过铰链装在支架（4）上，并在两者之间装有弹性装置，使磨辊（12）在一定范围内摆动，并具有一定弹性，并使磨辊（12）向磨盘（10）施加压力”；第三个实施例为“在支架（4）和磨辊（12）之间的主轴（6）上装有弹性机构，这样可使支架（4）在主轴（6）上作轴向移动和具有一定的弹性，并可以使磨辊（12）向磨盘（10）施加压力”。

针对本专利，广义公司于2004年6月18日向专利复审委员会提出了无效宣告请求，其理由是本专利权利要求1~3不符合专利法第二十二条第三款的规定，权利要求1、2、4~9不符合专利法实施细则第二十条第一款的规定，并提交5份证据，其中，证据1为美国专利公开文本US3339853号说明书复印件，公开日期为1967年9月5日。其公开了一种立式粉磨机，包括磨环34、磨辊32、主轴4、支架2、箱体36，箱体36为整体结构，磨环34位于箱体36内，在磨环34内侧通过支架2活动装有磨辊32，支架2通过主轴4装在箱体36上并位于其内部，并由主轴4、齿轮6驱动，在箱体36上方装有料斗67，被粉碎过的物料在离心力的作用下由与管道相联的旋风收集器输到上端排出。

2004年7月18日广义公司再次提交了意见陈述书并补充证据6、7，其中，证据6为美国专利公开文本US4022387号说明书复印件，公开日期为1977年5月10日。其涉及一种立式的辊式磨装置，包括磨环39、磨辊38、传动轴17、法兰40、主框架结构10和机架48，主框架结构10构成下机壳，磨环39位于主框架结构10内部，磨辊38活动装在磨环39内侧的法兰40上，法兰40通过传动轴17装在主框架结构10上并位于机架48内，由传动轴17、齿轮15驱动，机架上装有进料斜道50，主框架结构10下部具有用来排出部分碾磨过物料的孔45，磨辊38与法兰40之间装有弹簧54。当离心力作用使辊子向外抛出时，弹簧可以控制辊子的位置，使辊子与磨环之间保持一恒定间距，通过改变弹簧的数量可以调整辊子与磨环间的间隙大小。其说明书记载：“这项发明的主要目的就是要构建一个这样的辊式磨机，磨辊与磨环之间保持一个想得到的间隙，从而避免物料供给中断或粉碎过程中断时辊与环接触、摩擦产生噪音及毁坏设备。”

2005 年 5 月 24 日，专利复审委员会进行了口头审理。口头审理中广义公司当庭明确增加本专利授权公告的文本超出原公开文本的范围不符合专利法第三十三条以及权利要求 1 缺少必要技术特征，不符合专利法实施细则第二十一条第二款有关规定的无效理由。2005 年 10 月 24 日，专利复审委员会作出第 7581 号决定。

在本院开庭审理过程中，广义公司不再坚持其主张的本专利不符合专利法实施细则第二十条第一款有关规定的无效理由，但增加本专利不符合专利法第三十三条的规定，属于修改超范围的诉讼理由，并且本次诉讼中仅主张以证据 1 结合公知常识（石碾子）、证据 1 与证据 6 结合评价权利要求 1 的创造性。专利复审委员会及郝志刚认可广义公司在复审阶段曾主张以证据 1 与公知常识（石碾子）结合评价本专利权利要求 1 的创造性。

上述事实有第 7581 号决定、本专利原始公告文本、本专利授权公告文本、证据 1、证据 6、口头审理记录表及当事人陈述等证据在案佐证。

本院认为：

一、关于本专利是否修改超范围

专利法第三十三条规定：申请人可以对其专利申请档进行修改，但是，对发明和实用新型专利申请档的修改不得超出原说明书和权利要求书记载的范围。也就是说，如果申请的内容通过增加、改变和/或删除其中的一部分，致使所属技术领域的技术人员看到的信息与原申请公开的信息不同，而且又不能从原申请公开的信息中直接地、毫无疑义地导出，那么，这种修改就是不允许的。

本专利授权公告文本的权利要求书和说明书中记载有“磨盘的磨面与磨辊之间存在可调节的间隙而构成间隙式磨合面”的文字表述，而在原公开文本的权利要求书和说明书中均未有这样的文字表述。但在本专利公开文本记载的三个实施例中磨辊均在弹性机构的弹性力作用下向磨盘施加压力。调节螺钉可以调节磨辊与磨盘之间的间隙为一预置间隙，以适应不同粒度大小的物料进入磨合面并磨碎；当辊式磨机处于正常工作状态时，磨辊与磨盘之间存在有均匀的物料，在物料粒度大于预置间隙时，磨辊在上述弹性力作用下压在物料上，物料压在磨盘上，此时磨盘的磨面与磨辊之间存在的间隙大于预置间隙；当辊式磨机处于非正常工作状态时，即当有粒度过大的杂铁等不可粉碎的物料进入磨合面时，由于该物料的进入将克服上述弹性力而迫使下机壳下移并偏转，从而使得物料通过而不会出现卡死现象，此时由于下机壳的下移或偏转，而在磨辊与物料之间存在瞬间较大的间隙。

综上，磨辊与磨盘之间的间隙既可以通过调节螺钉来主动调节，也可以根据物料的粒度大小通过位于上、下机壳之间的弹性机构所产生的弹性力而使下机壳下移并偏转而发生相对移动，或者通过位于磨辊与支架之间的弹性装置所产生的弹性力使磨辊在一定范围内摆动，或者通过装在支架和磨辊之间的主轴上的弹性机构所产生的弹性力迫使磨辊下移来被动调节磨盘的磨面与磨辊之间的间隙。显然，“磨盘的磨面与磨辊之间存在可调节的间隙而构成间隙式磨合面”是本专利原公开文本的权利要求书和说明书中能够直接地、毫无疑义地导出的内容，并未超出原说明书和权利要求书记载的范围。广义公司关于本专利不符合专利法第三十三条规定的主张不能成立，本院不予支持。

二、关于本专利是否缺少必要技术特征

专利法实施细则第二十一条第二款规定：独立权利要求应当从整体上反映发明或者实用新型的技术方案，记载为达到发明或者实用新型目的的必要技术特征。所谓必要技术特征是指发明或者实用新型为解决其技术问题所不可缺少的技术特征，其总和足以构成本发明或者实用新型的技术方案，使之区别于背景技术中所述的其他技术方案。

广义公司主张“粉磨力产生装置”、“上下机壳之间的联结手段”、“磨面与磨辊之间间隙调节的技术手段”特别是“磨辊和磨盘磨面倾斜设置”均是实现本发明目的的必要技术特征，均应记载在权利要求1中。从本专利说明书可知，本专利所要实现的发明目的是提供一种辊式磨机，具有结构合理、产量高、磨碎效果好、体积小的特点，而且振动小、噪音低、使用寿命长。本院认为，专利所要实现的多个发明目的仅是其多个实施方式的集中体现，而一项独立权利要求的一个技术方案并不必须实现该专利的所有发明目的。作为一项独立权利要求，其只要能够实现其中一个发明目的就不缺少必要技术特征。具体到本专利而言，其权利要求1的出发点或者说其要解决的技术问题是由于磨辊与磨盘直接接触而导致的不能适应不同粒度大小的物料以及当有大粒度的杂铁等异物进入磨合面时导致的磨辊和磨盘严重磨损。技术特征"磨盘的磨面与磨辊之间存在可调节的间隙"正是为了解决这一基本技术问题而提出的具体技术措施，该技术特征已经使本专利明显区别于其背景技术中提到的技术方案，是本专利的必要技术特征，因此本专利的独立权利要求并不缺少必要技术特征。

判断某一技术特征是否为必要技术特征，应当从所要解决的技术问题出发并考虑说明书描述的整体内容，不应简单地将实施例中的技术特征直接认定为必要技术特征。

本案中，虽然"粉磨力产生装置"和"上下机壳之间的联结手段"均是辊式磨机所必然具备的，但是它们与本发明所要解决的上述技术问题没有必然的直接联系，故其并非实现本发明目的的必要技术特征。

"磨面与磨辊之间间隙调节的技术手段"是实现本发明中"磨盘的磨面与磨辊之间存在可调节的间隙"的具体实施方式，本发明说明书中给出了一种具体的实施方式，即采用调节螺钉来调节磨盘与磨辊之间的间隙，权利要求1中的技术特征"磨盘的磨面与磨辊之间存在可调节的间隙"是对具体实施方式的功能性概括，其包含所有能够实现磨盘的磨面与磨辊之间的间隙可调节的具体技术手段，除了包括采用调节螺钉来调节间隙的实施方式之外，还包括其他调节磨合面之间间隙的方式，这些调节方式均可以实现本发明的发明目的，因此技术特征"磨盘的磨面与磨辊之间存在可调节的间隙"才是实现本发明目的的必要技术特征。

此外，本专利权利要求2中记载的"磨辊和磨盘磨面倾斜设置"虽然能够延长物料被碾磨的时间，从而实现"磨碎效果好、产量高"的发明目的，但该技术特征并非为了解决本发明的上述技术问题，其所达到的是更好的技术效果，具备该技术特征的技术方案属于优选的技术方案，故其不是实现本发明目的的必要技术特征。

因此，本专利权利要求1符合专利法实施细则第二十一条第二款规定，广义公司关于本专利缺少必要技术特征的主张不能成立，本院不予支持。

三、关于本专利是否具备创造性

根据专利法第二十二条第三款规定，发明的创造性是指同申请日以前已有的技术相比，该发明有突出的实质性特点和显著的进步。

1. 关于本专利权利要求1的创造性。

证据1公开了一种立式的粉磨机，将其与本专利权利要求1所保护的技术方案相比，二者的区别在于：（1）本专利中磨辊位于磨盘的上方，证据1中磨辊位于磨环的内侧；（2）本专利中支架由皮带轮驱动，证据1中支架由齿轮驱动；（3）本专利中出料套管位于下机壳的下面，证据1中出料是通过旋风收集器由上端排出；（4）证据1中未涉及磨盘的磨面与磨辊之间具有可调节的间隙。

广义公司主张的公知常识是石碾子，它依靠人力或畜力按照杠杆原理产生转动力矩，进而驱动磨辊在磨盘表面转动，物料自磨辊上方进料孔进入磨辊与磨盘之间的磨面，磨碎后的物料自磨辊与磨盘之间的磨面周边不断出料，其磨碎物料所需的力来自于磨辊的自身重量，磨辊越重产生的磨碎力越大。显然证据1与石碾子的工作原理以及具体结构都不相同，作为最原始的磨碎工具，石碾子给出的启示仅仅是物料在磨辊自身重力作用下和磨盘之间的相互运动可以磨碎物料，二者不存在任何能够结合的技术启示。即使公知的石碾子和证据 1 能够结合，其也仅仅披露了上述区别特征中的特征（1）磨辊位于磨盘的上方，特征（3）出料口位于磨盘下方。至于区别特征（2），由于本专利中皮带轮驱动与证据 1 中齿轮驱动都是常见的驱动方式，二者功能相同，且未产生意料不到的技术效果，故二者并无实质性差别。但是，证据 1 与公知的石碾子结合，并未披露区别特征（4）即“磨盘的磨面与磨辊之间具有可调节的间隙”，也没有提供相关的技术启示，本领域的技术人员在证据 1 与公知的石碾子结合的基础上得出本专利的技术方案需要付出创造性的劳动。因此，本专利权利要求 1 相对于证据 1 和公知常识的结合具备突出的实质性特点和显著进步，符合专利法第二十二条第三款规定的创造性。

证据 6 亦涉及一种立式的辊式磨装置，其没有披露上述区别特征中的特征（1）磨辊位于磨盘的上方、特征（2）支架由皮带轮驱动，且证据 6 中虽然也可以调整辊子与磨环之间的间隙，但其必须通过改变磨机的结构即改变弹簧的数量来实现，这与本专利在不改变磨机结构的情况下，辊子与磨环之间的间隙保持一恒定间距的技术方案存在差异。由于证据 1 与证据 6 均是立式的辊式磨机，其具体结构和工作方式均与本专利不相同，故不存在将证据 1 与证据 6 结合以得出本专利权利要求 1 技术方案的技术启示，即使将二者相结合也不能得出本专利权利要求 1 所要求保护的技术方案的全部技术特征。因此本专利权利要求 1 相对于证据 1 与证据 6 的结合同样具备突出的实质性特点和显著进步，符合专利法第二十二条第三款规定的创造性。

综上所述，广义公司关于本专利权利要求 1 不符合专利法第二十二条第三款规定的主张不能成立，本院不予支持。

2. 关于本专利权利要求 2、3 的创造性。

由于广义公司在诉讼过程中当庭表示不再坚持本专利权利要求 2、3 不符合专利法第二十二条第三款有关规定的主张，故本院对此不予审理。

四、关于本专利是否符合专利法实施细则第二十条第一款以及专利法第二十六条第三款的规定。

鉴于在本院开庭审理过程中，广义公司明确表示不再坚持本专利不符合专利法实施细则第二十条第一款的主张，本院对此不予审理。

根据行政诉讼法第五条的规定，人民法院审理行政案件，对具体行政行为是否合法进行审查。就本案而言，即审查专利复审委员会作出的第 7581 号决定是否具有事实及法律依据。由于专利法第二十六条第三款并非广义公司在行政阶段提出的无效理由，不属于行政机关的审查范围，故本院对此亦不予审理。

综上，湖南广义科技有限公司对第 7581 号决定提出的异议均不能成立。专利复审委员会作出第 7581 号决定认定事实清楚，适用法律正确，程序合法，应予维持。依照《中华人民共和国行政诉讼法》第五十四条第（一）项之规定，本院判决如下：

维持被告国家知识产权局专利复审委员会作出的第 7581 号无效宣告请求审查决定。

案件受理费 1000 元，由原告湖南广义科技有限公司负担（已交纳）。

如不服本判决，各方当事人可于本判决送达之日起十五日内，向本院提交上诉状及其副本，并交纳上诉案件受理费 1000 元，上诉于北京市高级人民法院。

审 判 长　仪　军
代理审判员　侯占恒
人民陪审员　陈　源
二〇〇六年十月十日
书 记 员　朱　平

北京市高级人民法院
行政判决书

（2007）高行终字第 27 号

上诉人（原审原告）湖南广义科技有限公司，住所地湖南省长沙市东屯渡。

法定代表人夏纪勇，董事长。

委托代理人宁星耀，男，汉族，1942 年 3 月 25 日出生，长沙星耀专利事务所专利代理人，住湖南省长沙市岳麓区潇湘中路 113 号北栋 201 房。

被上诉人（原审被告）国家知识产权局专利复审委员会，住所地北京市海淀区北四环西路 9 号银谷大厦 10～12 层。

法定代表人廖涛，副主任。

委托代理人宋鸣镝，国家知识产权局专利复审委员会审查员。

委托代理人郭健国，国家知识产权局专利复审委员会审查员。

原审第三人郝志刚，男，汉族，1954 年 3 月 3 日出生，住湖南省长沙市雨花区广济桥鸿园小区 3 栋 402 号。

委托代理人刘熙，男，汉族，1955 年 1 月 31 日出生，住湖南省长沙市岳麓区学堂坡省知识产权局宿舍南栋 201 号。

上诉人湖南广义科技有限公司（下称广义公司）因发明专利权确权纠纷一案，不服北京市第一中级人民法院（2006）一中行初字第 477 号行政判决，向本院提出上诉。本院 2007 年 1 月 15 日受理本案后，依法组成合议庭，于 2007 年 3 月 19 日公开开庭进行了审理。上诉人广义公司的法定代表人夏纪勇、委托代理人宁星耀，被上诉人国家知识产权局专利复审委员会（下称专利复审委员会）的委托代理人宋鸣镝、郭健国，原审第三人郝志刚及其委托代理人刘熙到庭参加了诉讼。本案现已审理终结。

北京市第一中级人民法院认定，本案涉及专利号为 94110912.7、名称为“辊式磨机”的发明专利（下称本专利）。针对本专利，广义公司于 2004 年 6 月 18 日向专利复审委员会提出了无效宣告请求，其理由是本专利权利要求 1～3 不符合专利法第二十二条第三款的规定，权利要求 1、2、4～9 不符合专利法实施细则第二十条第一款的规定，并提交了相关证据。针对广义公司的无效请求，专利复审委员会于 2005 年 10 月 24 日作出第 7581 号无效宣告请求审查决定（下称第 7581 号决定），维持本专利权有效。

北京市第一中级人民法院认为，本专利授权公告的权利要求书和说明书中有“磨盘的磨面与磨辊之间存在可调节的间隙而构成间隙式磨合面”的文字表述，而在公开文本的权利要求书和说明书中均未有这样的文字表述。但在本专利公开文本的说明书记载的三个实施例中可以了解到：磨辊与磨盘之间的间隙既可以通过调节螺钉来主动调节，也可以根据物料的粒度大小通过位于上、下机壳之间的弹性机构所产生的弹性力而使下机壳下移并偏转而发生相对移动，或者通过位于磨辊与支架之间的弹性装置所产生的弹性力使磨辊在一定范围内摆动，或者通过装在支架和磨辊之间的主轴上的弹性机构所产生的弹性力迫使磨辊下移来被动调节磨盘的磨面与磨辊之间的间隙。显然，“磨盘的磨面与磨辊之间存在可调节的间隙而构成间隙式磨合面”是从本专利公开文本的权利要求书和说明书中能够直接地、毫无疑义地导出的内容，并未超出原说明书和权利要求书记载的范围。

本专利所要实现的发明目的是提供一种辊式磨机，具有结构合理、产量高、磨碎效果好、体积小的特点，而且振动小、噪音低、使用寿命长。“磨盘的磨面与磨辊之间存在可调节的间隙”是为了解决磨辊、磨盘不能适应不同粒度大小的物料及有异物进入时导致磨辊、磨盘严重磨损而提出的具体技术措施，该技术特征使本专利区别于其背景技术中提到的技术方案，是本专利的必要技术特征，因此本专利的独立权利要求并不缺少必要技术特征。本案中，虽然“粉磨力产生装置”和“上下机壳之间的联结手段”均是辊式磨机所必然具备的，但是它们与本发明所要解决的上述技术问题没有必然的直接联系，故其并非实现本发明目的的必要技术特征。此外，本专利权利要求2中记载的“磨辊和磨盘磨面倾斜设置”并非为了解决本发明的前述技术问题，不是实现本发明目的的必要技术特征。证据1与石碾子的工作原理以及具体结构都不相同，二者不存在任何能够结合的技术启示。即使公知的石碾子和证据1能够结合，也并未披露“磨盘的磨面与磨辊之间具有可调节的间隙”的区别特征，也没有提供相关的技术启示。证据1与证据6均是立式的辊式磨机，其具体结构和工作方式均与本专利不相同，故不存在将证据1与证据6结合以得出本专利权利要求1技术方案的技术启示。因此，本专利权利要求1相对于对比文件具有创造性。专利复审委员会作出的第7581号决定认定事实清楚，适用法律正确，程序合法，应予维持。

北京市第一中级人民法院依照《中华人民共和国行政诉讼法》第五十四条第（一）项之规定，判决维持专利复审委员会作出的第7581号决定。

广义公司不服原审判决，向本院提出上诉，请求撤销原审判决及第7581号决定，责令专利复审委员会针对本专利重新作出无效宣告请求审查决定，由专利复审委员会承担本案诉讼费用。其理由是：

1. 本专利权利要求1中的“磨盘的磨面与磨辊之间存在可调节的间隙而构成间隙式磨合面”这一技术特征超出了专利申请公开说明书的记载，不符合专利法第三十三条的规定。

2. 本专利的权利要求1缺少必要技术特征，不符合专利法实施细则第二十一条第二款的规定。作为独立权利要求，其所记载的技术特征之总和首先必须是一个完整的技术方案，其次还必须能够解决其技术问题，这两个条件缺一不可。本专利所要解决的技术问题应当是“结构不合理，产量低、磨碎效果差，体积大，振动大，噪音大，使用寿命短”，而且这些要解决的技术问题是并列的，并无主次或“基本”与“非基本”之分。因此，凡是实现上述各项目的必不可少的技术特征，均是实现本发明目的的必要技术特征。本专利说明书中所述“磨辊和磨盘磨面之间构成的间隙式磨合面”显然只能达到“使磨辊的转速高，作业产量高”的目的，而要达到发明目的中的“使物料磨碎时间长，磨碎效果好”的目的，只能靠“磨辊和磨盘磨面倾斜设置”这一特征才能实现，也就是现有权利要求2的内容应当记入权利要求1。

3. 本专利权利要求1~3不具备创造性。首先，权利要求1所保护的技术方案与证据1所公开的技术内容相比，二者均采用磨辊和磨盘作为粉磨介质。证据1是一种立式磨机，其磨辊与磨盘间也存在“可调节的间隙”，在证据1就有“把原料向下导入碾磨环和磨辊之间”的描述，这至少说明磨环与磨辊之间存在被动可调的间隙，而石碾就是一种磨辊与磨盘设置“可调节的间隙”的磨机，这种间隙至少是“被动可调”。另外，根据证据6说明书的记载，其与本专利的发明目的完全一样。在证据1已有充足的理由破坏本专利权利要求1的创造性，只是没有明确阐述预设间隙的手段的前提下，再加上证据6与本专利几乎没有区别的事实，所属领域的技术人员都知道在磨辊与磨盘间设置可调节的间隙，足以否定本专利的权利要求1的创造性。专利复审委员会、郝志刚服从原审判决。

经审理查明，郝志刚于1994年4月6日向中国专利局提出名称为“辊式磨机”的发明专利，专利号为94110912.7，2000年8月2日被公告授予专利权，专利权人为郝志刚。

本专利授权公告的权利要求包含一项独立权利要求和8项从属权利要求，其中权利要求1～3如下：

“1. 一种辊式磨机，包括磨盘、磨辊、主轴、支架、机座和上下机壳，磨盘位于下机壳内，在磨盘上方通过支架活动装有磨辊，支架通过主轴装在机座上并位于上机壳内，由主轴、皮带轮驱动，在机座上装有料斗，下机壳的下面装有出料套管，其特征是磨盘的磨面与磨辊之间存在可调节的间隙而构成间隙式磨合面。

2. 根据权利要求1所述的辊式磨机，其特征是磨盘的环形磨面为锥形，与倾斜的磨辊构成斜置的间隙式磨合面。

3. 根据权利要求1或2所述的辊式磨机，其特征是在上下机壳之间装有调节螺钉。”

本专利说明书记载：本专利所要实现的发明目的是提供一种辊式磨机，具有结构合理、产量高、磨碎效果好、体积小的特点，而且振动小、噪音低、使用寿命长……其特征是磨盘的磨面与磨辊之间存在可调节的间隙而构成间隙式磨合面……本发明在上下机壳之间装有调节螺钉，通过调节螺钉，即可以调节磨盘的磨面与磨辊之间的间隙，使间隙式磨合面能满足不同粒度物料的需要和磨损造成间隙增加后进行调整。

本专利申请于1995年10月18日公开，公开文本中权利要求1～3为：

“1. 一种辊式磨机，包括磨盘和磨辊，本发明的特征是磨盘（10）位于下机壳（8）内，磨盘（10）上面通过支架（4）活动装有磨辊（12）、支架（4）通过主轴（6）装在机座（1）上并位于上机壳（7）内，由主轴（6）、皮带轮（3）带动旋转，在机座（1）上开有料斗（5），下机壳下面开有出料管套（11）。

2. 根据权利要求1所述的辊式磨机，其特征是在上下机壳（7）、（8）之间的连接螺钉上装有弹性机构（2）。

3. 根据权利要求1所述的辊式磨机，其特征是在上下机壳（7）、（8）之间装有调节螺钉（9）。”

本专利公开文本的说明书中记载了三个实施例，第一个实施例为“在上下机壳（7）、（8）之间的连接螺钉上装有弹性机构（2），并装有调节螺钉（9），当有过大的杂铁等不可粉碎的物料进入时，由于上下机壳（7）、（8）之间的调节螺钉（9）的调节以及弹性机构（2）的弹性作用，迫使下机壳（8）下移并偏转，使得磨辊（12）与磨盘（10）之间的间隙增大而通过，而不会出现卡死现象。同时，弹性机构（2）还迫使磨辊（12）向磨盘（10）施加压力”；第二个实施例为“磨辊（12）通过铰链装在支架（4）上，并在两者之间装有弹性装置，使磨辊（12）在一定范围内摆动，并具有一定弹性，并使磨辊（12）向磨盘（10）施加压力”；第三个实施例为“在支架（4）和磨辊（12）之间的主轴（6）上装有弹性机构，这样可使支架（4）在主轴（6）上作轴向移动和具有一定的弹性，并可以使磨辊（12）向磨盘（10）施加压力”。

针对本专利，广义公司于2004年6月18日向专利复审委员会提出了无效宣告请求，其理由是本专利权利要求1～3不符合专利法第二十二条第三款的规定，权利要求1、2、4～9不符合专利法实施细则第二十条第一款的规定，并提交了五份证据，其中，证据1为美国专利公开文本US3339853号说明书复印件，公开日期为1967年9月5日。其公开了一种立式粉磨机，包括磨环34、磨辊32、主轴4、支架2、箱体36，箱体36为整体结构，磨环34位于箱体36内，在磨环34内侧通过支架2活动装有磨辊32，支架2通过主轴4装在箱体36上并位于其内部，并由主轴4、齿轮6驱动，在箱体36上方装有料斗67，被粉碎过的物料在离心力的作用下由与管道相联的旋风收集器输到上端排出。

2004年7月18日广义公司再次提交了意见陈述书并补充证据6、7，其中，证据6为美国专利公开文本US4022387号说明书复印件，公开日期为1977年5月10日。其涉及一种立式的辊式磨装置，包括磨环39、磨辊38、传动轴17、法兰40、主框架结构10和机架48，主框架结构10构成下机壳，磨环39位于主框架结构10内部，磨辊38活动装在磨环39内侧的法兰40上，法兰40通过传动轴17装在主框架结构10上并位于机架48内，由传动轴17、齿轮15驱动，机架上装有进料斜道50，主框架结构10下部具有用来排出部分碾磨过物料的孔45，磨辊38与法兰40之间装有弹簧54。当离心力作用使辊子向外抛出时，弹簧可以控制辊子的位置，使辊子与磨环之间保持一恒定间距，通过改变弹簧的数量可以调整辊子与磨环间的间隙大小。其说明书记载："这项发明的主要目的就是要构建一个这样的辊式磨机，磨辊与磨环之间保持一个想得到的间隙，从而避免物料供给中断或粉碎过程中断时辊与环接触、摩擦产生噪音及毁坏设备。"

2005年5月24日，专利复审委员会进行了口头审理。口头审理中，广义公司明确增加本专利授权公告的文本超出原公开文本的范围，因此不符合专利法第三十三条的规定，以及本专利权利要求1的技术方案不符合专利法实施细则第二十一条第二款有关的规定，缺少必要技术特征的无效理由。

2005年10月24日，专利复审委员会作出第7581号决定，维持本专利专利权有效。理由是：一、证据认定。证据1~7均属于本专利申请日前的公开出版物，且本专利的专利权人郝志刚对其真实性均无异议，故证据1~7可以作为评价本专利创造性的已有技术。证据8属于超期提交的证据而不予考虑。

二、关于专利法第三十三条。原公开文本的说明书中公开了三个实施例，在这三种工作状态中，磨辊与磨盘之间的间距既可以通过调节螺钉来主动调节，也可以根据物料的大小而发生相对移动来被动调节，它们之间也存在着不同程度的间隙。因此，从本专利原公开文本的权利要求书和说明书中能够导出授权公告文本所记载的"磨盘的磨面与磨辊之间存在可调节的间隙而构成间隙式磨合面"这一文字表述，该表述并未超出原说明书和权利要求书记载的范围。至于广义公司所提及的涉及超范围的其他之处均是由上述文字表述所引出的，因此也未超出原说明书和权利要求书记载的范围。

三、关于专利法实施细则第二十一条第二款。虽然"粉磨力产生装置"和"上下机壳之间的联结手段"均是辊式磨机所必然具备的，但是它们与本发明所要解决的上述技术问题无必然的直接联系，并非是实现本发明目的的必要技术特征。"磨辊倾斜设置"是为了延长物料被碾磨的时间，从而提高磨碎效率和作业产量，该技术特征并非实现的是本发明最基本的发明目的，其所达到的是更好的技术效果，故其不是实现本发明目的的必要技术特征。"磨面与磨辊之间间隙调节的技术手段"是实现本发明中"磨盘的磨面与磨辊之间存在可调节的间隙"的具体实施方式。后者是对具体实施方式的上位概括，包含本领域中所通常采用的调节方式来调节磨盘与磨辊之间的间隙，是实现本发明目的的必要技术特征，而其具体的技术手段则不是实现本发明目的的必要技术特征。

四、关于专利法实施细则第二十条第一款。权利要求1所限定的保护范围是清楚的，其从属权利要求2和权利要求4~9的保护范围也是清楚的。

五、关于创造性。首先，关于本专利权利要求1的创造性。将本专利权利要求1所保护的技术方案与证据1所公开的技术内容相比，区别在于：1. 本专利中磨辊位于磨盘的上方，证据1中磨辊位于磨环的内侧；2. 本专利中支架由皮带轮驱动，证据1中支架由齿轮驱动；3. 本专利中出料套管位于下机壳的下面，证据1中出料是通过旋风收集器由上端排出；4. 证据1中未涉及磨盘的磨面与磨辊之间具有可调节的间隙。因此，证据1不能破坏权利要求1的创造性。本专利与证据3或证据4的具体结构和工作方式均不相同，都不存在将其与证据1结合以得出本专利权利要求1的技术方案的技术启示，故即使将证据3或证据4与证据1相结合也不能破坏本专利权利要求1的创造性。证据5未涉及磨煤机的具体驱动结构形式，故即使将证据5与证据1相结合也不能破坏本专利权利要求1的创造性。证据6中虽然也可以调整辊子与磨环之间的间隙，但其必须通过改变弹簧的数量来实现，这样就改变了磨机的结构，而在不改变磨机结构的情况下，辊子与磨环之间的间隙保持一恒定间距。可见证据6没有公开本专利权利要求1与证据1的区别技术特征，即使将证据6与证据1相结合也不能破坏本专利权利要求1的创造性。因此，本专利权利要求1具有突出的实质性特点和显著的进步，具备创造性。其次，关于本专利权利要求2和权利要求3的创造性。权利要求2、3均从属于权利要求1，在权利要求1具备创造性的前提下，从属权利要求2相对于证据1与证据2的结合或证据1与证据7的结合，从属权利要求3相对于证据1与证据7的结合同样都具备创造性。

据此，专利复审委员会作出第7581号决定。

在一审法院审理过程中，广义公司不再坚持其主张的本专利不符合专利法实施细则第二十条第一款有关规定的无效理由，并且仅以证据1结合公知常识（石碾子）、证据1与证据6结合评价权利要求1的创造性。

上述事实有第7581号决定、本专利申请公开说明书文本、本专利授权公告文本、证据1、证据6、口头审理记录表及当事人庭审陈述等证据在案证明。

本院认为，根据专利法第三十三条的规定，申请人可以对其专利申请文件进行修改，但是，对发明和实用新型专利申请文件的修改不得超出原说明书和权利要求书记载的范围。本案中，在原公开文本的权利要求书和说明书中均未有“磨盘的磨面与磨辊之间存在可调节的间隙而构成间隙式磨合面”的文字表述，但在本专利公开文本记载的三个实施例中磨辊均在弹性机构的弹性力作用下向磨盘施加压力。调节螺钉可以调节磨辊与磨盘之间的间隙为一预置间隙，以适应不同粒度大小的物料进入磨合面并磨碎；当辊式磨机处于正常工作状态时，磨辊与磨盘之间存有均匀的物料，在物料粒度大于预置间隙时，磨辊在上述弹性力作用下压在物料上，物料压在磨盘上，此时磨盘的磨面与磨辊之间存在的间隙大于预置间隙；当辊式磨机处于非正常工作状态时，即当有粒度过大的杂铁等不可粉碎的物料进入磨合面时，由于该物料的进入将克服上述弹性力而迫使下机壳下移并偏转，从而使得物料通过而不会出现卡死现象，此时由于下机壳的下移或偏转，而在磨辊与物料之间存在瞬间较大的间隙。在以上三种工作状态中，磨辊与磨盘之间的间隙既可以通过调节螺钉来主动调节，也可以根据物料的粒度大小通过位于上、下机壳之间的弹性机构所产生的弹性力而使下机壳下移并偏转而发生相对移动，或者通过位于磨辊与支架之间的弹性装置所产生的弹性力使磨辊在一定范围内摆动，或者通过装在支架和磨辊之间的主轴上的弹性机构所产生的弹性力迫使磨辊下移来被动调节磨盘的磨面与磨辊之间的间隙。本领域技术人员通过阅读本专利公开文本的权利要求书和说明书，可以直接地、毫无疑义地得出“磨盘的磨面与磨辊之间存在可调节的间隙而构成间隙式磨合面”这一技术特征，且该技术特征是对公开文本的权利要求1的进一步限定，并未超出原说明书和权利要求书记载的范围。因此，广义公司关于本专利不符合专利法第三十三条规定的上诉主张不能成立。

根据专利法实施细则第二十一条第二款的规定，独立权利要求应当从整体上反映发明或者实用新型的技术方案，记载为达到发明或者实用新型目的的必要技术特征。所谓必要技术特征是指发明或者实用新型为解决其技术问题所不可缺少的技术特征，其总和足以构成本发明或者实用新型的技术方案，使之区别于背景技术中所述的其他技术方案。

广义公司主张“粉磨力产生装置”、“上下机壳之间的联结手段”、“磨面与磨辊之间间隙调节的技术手段”特别是“磨辊和磨盘磨面倾斜设置”均是实现本发明目的的必要技术特征，均应记载在权利要求1中。本专利权利要求1要解决的技术问题是由于磨辊与磨盘直接接触而导致的不能适应不同粒度大小的物料以及当有大粒度的杂铁等异物进入磨合面时导致的磨辊和磨盘严重磨损。而技术特征“磨盘的磨面与磨辊之间存在可调节的间隙”正是为了解决这一基本技术问题而提出的具体技术措施，该技术特征已经使本专利明显区别于其背景技术中提到的技术方案，是本专利的必要技术特征。虽然“粉磨力产生装置”和“上下机壳之间的联结手段”均是辊式磨机所必然具备的，但是它们与本发明所要解决的上述技术问题无必然的直接联系，并非是实现本发明目的的必要技术特征，可以在权利要求书中省略。“磨辊倾斜设置”是为了延长物料被碾磨的时间，从而提高磨碎效率和作业产量，该技术特征属于优选的特征，其所要达到的是更好的技术效果，而不是本专利基本发明目的所要求的，故不是本专利权利要求1的必要技术特征。因此，本专利的独立权利要求并不缺少必要技术特征。

发明的创造性是指同申请日以前已有的技术相比，该发明有突出的实质性特点和显著的进步，即对所属技术领域的技术人员而言，相对于现有技术是非显而易见的，且能够产生有益的技术效果。

证据1公开了一种立式的粉磨机，将其与本专利权利要求1所保护的技术方案相比，二者存在以下区别技术特征：（1）本专利中磨辊位于磨盘的上方，证据1中磨辊位于磨环的内侧；（2）本专利中支架由皮带轮驱动，证据1中支架由齿轮驱动；（3）本专利中出料套管位于下机壳的下面，证据1中出料是通过旋风收集器由上端排出；（4）证据1中未涉及磨盘的磨面与磨辊之间具有可调节的间隙。证据1中“……把原料向下导入碾磨环和磨辊中间。”的表述并未公开碾磨环与磨辊之间的间隙是可调节的。广义公司主张将证据1的技术方案与人们所熟知的石碾子结合，与本专利权利要求1进行对比。作为一种磨碎工具，石碾子给出的启示仅仅是物料在磨辊自身重力作用下和磨盘之间的相互运动可以磨碎物料，证据1与公知的石碾子结合，也没有披露区别特征（4）即“磨盘的磨面与磨辊之间具有可调节的间隙”，也没有提供相关的技术启示，本领域的技术人员在证据1与公知的石碾子结合的基础上得出本专利的技术方案需要付出创造性的劳动。且该技术特征能够产生减少机械磨损的有益技术效果。因此，本专利权利要求1相对于证据1和公知常识的结合具备突出的实质性特点和显著进步。

证据6亦涉及一种立式的辊式磨装置，其与本专利权利要求1的技术方案的区别在于：（1）本专利权利要求1中磨辊位于磨盘的上方，而证据6中磨辊位于磨环的内侧；（2）本专利支架由皮带轮驱动，证据6中法兰由齿轮驱动；（3）证据6中虽然也可以调整辊子与磨环之间的间隙，但其必须通过改变弹簧的数量来实现，这与本专利在不改变磨机结构的情况下，辊子与磨环之间的间隙保持一恒定间距的技术方案存在差异。证据6也没有公开本专利权利要求1与证据1的区别技术特征，即使将二者相结合也不能得出本专利权利要求1所要求保护的技术方案的全部技术特征。因此，本专利权利要求1相对于证据1与证据6的结合同样具备突出的实质性特点和显著进步，符合专利法第二十二条第三款规定的创造性。

综上，广义公司的上诉理由均不能成立，其上诉请求本院不予支持。原审判决认定事实清楚，适用法律正确。依照《中华人民共和国行政诉讼法》第六十一条第一款第（一）项之规定，判决如下：

驳回上诉，维持原判。

一、二审案件受理费各1000元，均由湖南广义科技有限公司负担（已交纳）。

本判决为终审判决。

审 判 长 刘 辉

代理审判员 岑宏宇

代理审判员 张冬梅

二〇〇七年四月六日

书 记 员 耿巍巍

166

喷码机的油墨盒结构案

无效宣告请求审查决定（第7583号）

决　定　号 第7583号
决　定　日 2005年10月14日
发明创造名称 喷码机的油墨盒结构
国际分类号 B41J 2/305
无效请求人 厦门英克尔标码工业有限公司
专利权人 厦门依玛士·金陵喷码机有限公司
专　利　号 96219824.2
申　请　日 1996年7月26日
授权公告日 1997年7月2日
合议组组长 魏　屹
主　审　员 武树辰
参　审　员 陈海平

法律依据 专利法第二十二条第二款
决定要点

现有技术中所记载的技术方案与本专利的技术领域、所要解决的技术问题和技术方案实质上相同、预期效果也相同，因此本专利相对于该现有技术不具备新颖性。

一、案由

本无效宣告请求案涉及的是专利号为96219824.2、名称为“喷码机的油墨盒结构”的实用新型专利（下称本专利），本专利的申请日为1996年7月26日，授权公告日为1997年7月2日，专利权人为厦门依玛士·金陵喷码机有限公司。

本专利授权公告的权利要求书如下：

“1. 一种喷码机的油墨盒结构，其特征在于：油墨盒结构由带有接口端的封闭盒组成。

2. 根据权利要求1所述的一种喷码机的油墨盒结构，其特征在于：封闭盒为软质封闭盒。

3. 根据权利要求1、2所述的一种喷码机的油墨盒结构，其特征在于：封闭盒放置在固定盒中。

4. 根据权利要求3所述的一种喷码机的油墨盒结构，其特征在于：固定盒内形成孔槽，且孔槽恰与封闭盒上接口端配合。”

针对本专利，厦门英克尔标码工业有限公司（下称请求人）于2005年2月2日向专利复审委员会提出了无效宣告请求，其理由是本专利权利要求1～4不符合专利法第二十二条第二款的规定，故请求专利复审委员会宣告该专利权全部无效。请求人同时提交了下列两份附件：

附件1：专利号为96219824.2的中国实用新型专利说明书（即本专利的授权文本）；

附件2：美国专利文献US5307091，公开日为1994年4月26日。

经审查，上述无效宣告请求符合专利法及其实施细则规定的形式要求，专利复审委员会予以受理，于2005年2月4日向请求人和专利权人（下称被请求人）发出了无效宣告请求受理通知书，并将专利权无效宣告请求书及所附证据副本转送给被请求人，要求被请求人在指定期限内进行意见陈述，同时成立合议组对此案进行审查。

请求人于2005年3月2日提交了附件2的中文译文。

被请求人于2005年3月18日针对上述无效宣告请求提交了意见陈述书和供参考用的照片九张，被请求人认为：附件2所公开的技术方案与本专利所要求保护的技术方案并非是同样的发明创造，两者应用的具体领域不同，解决的技术问题不同，达到的技术效果亦不同；另外，附件2也未公开本专利的全部技术特征，因此请求人的无效理由不能成立。

专利复审委员会于2005年8月16日向双方当事人发出口头审理通知书，定于2005年10月13日在专利复审委员会进行口头审理。随同口头审理通知书，将请求人于2005年3月2日提交的附件2的中文译文副本转送给被请求人，将被请求人于2005年3月18日提交的意见陈述书和供参考用的九张照片复印件转送给请求人。

口头审理如期进行，双方当事人均参加了口头审理。在口头审理过程中，双方当事人对对方出席口头审理人员的资格无异议，对合议组成员无回避请求。请求人明确其无效理由是本专利不符合专利法第二十二条第二款的规定，范围是全部无效。被请求人对附件2的真实性无异议，对附件2的中文译文的准确性无异议。双方当事人结合证据对上述无效理由充分发表了意见。

至此，合议组经过合议，认为涉及本案的有关事实已经清楚，可以作出本审查决定。

二、决定的理由

1. 关于证据认定

请求人提交的附件2（下称对比文件）为专利文献，被请求人对其真实性无异议，对其中文译文的准确性无异议，其公开日在本专利申请日之前，可以用来评价本专利的新颖性。

2. 关于新颖性

专利法第二十二条第二款规定：新颖性，是指在申请日以前没有同样的发明或者实用新型在国内外出版物上公开发表过、在国内公开使用过或者以其他方式为公众所知，也没有同样的发明或者实用新型由他人向国务院专利行政部门提出过申请并且记载在申请日以后公布的专利申请文件中。

审查指南第二部分第三章第3.1节对新颖性的审查原则进行了规定，即“审查新颖性时，应当根据以下原则进行判断：（1）同样的发明或者实用新型。被审查的发明或者实用新型专利申请与现有技术或者申请日前由他人向专利局提出申请、并在申请日后（含申请日）公布的（以下简称申请在先公布在后的）发明或者实用新型的相关内容相比，如果其技术领域、所要解决的技术问题和技术方案实质上相同、预期效果相同，则认为两者为同样的发明或者实用新型。”

请求人认为：对比文件的技术领域、所要解决的技术问题和技术方案以及预期的效果与本专利的均相同，因此本专利权利要求1～4相对于对比文件不具备专利法第二十二条第二款所规定的新颖性。

被请求人认为：首先，本专利的技术领域是喷码机的油墨盒结构，而对比文件的技术领域是喷墨打印机的油墨盒结构，两者的技术领域不同，因此对比文件不能用来评价本专利的新颖性；其次，本专利的喷码机油墨盒的结构与对比文件的喷墨打印机油墨盒的结构是不同的，因此本专利相对于对比文件而言具备专利法第二十二条第二款所规定的新颖性。

合议组经合议后认为：本专利的技术领域是喷码机的油墨补给系统具体而言是喷码机的油墨盒结构，对比文件的技术领域喷墨打印机的油墨补给系统，具体而言是喷墨打印机的油墨盒结构。实际上喷码机是喷墨打印机中的一种，是一种专门用途的喷墨打印机，它们的供墨系统实质上是相同的。因此对比文件的技术领域与本专利的技术领域实质上是相同的。

本专利权利要求1所要求保护的技术方案不具备专利法第二十二条第二款规定的新颖性。对比文件公开了一种喷墨打印机的油墨盒结构，并在其说明书技术方案部分具体公开了以下内容：油墨盒结构由带有金属插头（metal plug）13（相当于权利要求1中的接口端）的油墨袋15（相当于权利要求1中的封闭盒）组成。由此可见，对比文件已经公开了权利要求1的全部技术特征，且对比文件所公开的技术方案与该权利要求所要求保护的技术方案实质上属于同一技术领域，并能产生相同的技术效果，即为喷码机或喷墨打印机供墨，且能容易地检测盒中的油墨的液位，因此权利要求1所要求保护的技术方案不具备新颖性。

从属权利要求2对权利要求1作了进一步的限定，其限定部分的附加技术特征“封闭盒为软质封闭盒”同样已被对比文件公开，该对比文件的第2栏第26～27行中公开了袋25（相当于权利要求2中的封闭盒）由柔性热塑料如高密度聚乙烯制成，因此当其引用的权利要求1不具备新颖性时，该从属权利要求所要求保护的技术方案也不具备专利法第二十二条第二款所规定的新颖性。

从属权利要求3对权利要求1或2作了进一步的限定，其限定部分的附加技术特征“封闭盒放置在固定盒中”同样已被对比文件公开，对比文件的附图及说明书实施例部分公开了油墨袋15（相当于权利要求3中的封闭盒）放置在墨盒1（相当于权利要求3中的固定盒）中。因此当其引用的权利要求1或2不具备新颖性时，该从属权利要求所要求保护的技术方案也不具备专利法第二十二条第二款所规定的新颖性。

从属权利要求4对权利要求3作了进一步的限定，其限定部分的附加技术特征“固定盒内形成孔槽，且孔槽恰与封闭盒上接口端配合”同样已被对比文件公开，对比文件的附图及说明书实施例部分公开了在墨盒1内由支架（bracket）9和11形成孔槽，且该孔槽恰与墨水袋15上的插头（plug）13（相当于权利要求4中的封闭盒上的接口端）配合。因此当其引用的权利要求3不具备新颖性时，该从属权利要求所要求保护的技术方案也不具备专利法第二十二条第二款所规定的新颖性。

三、决定

宣告96219824.2号实用新型专利权全部无效。

当事人对本决定不服的，可以根据专利法第四十六条第二款的规定，自收到本决定之日起三个月内向北京第一中级人民法院起诉。根据该款的规定，一方当事人起诉后，另一方当事人应当作为第三人参加诉讼。

北京市第一中级人民法院
行政判决书

（2005）一中行初字第1206号

原告厦门依玛士·金陵喷码机有限公司，住所地厦门市湖里区天安工业村1号厂房。

法定代表人Kerbage Qmar，董事长。

委托代理人包宇霆，男，汉族，1957年7月22日出生，户籍所在地上海市静安区长寿路999弄61号4C室。

委托代理人原素雨，男，汉族，1980年7月9日出生，户籍所在地上海市长宁区万航渡路1575号。

被告国家知识产权局专利复审委员会，住所地北京市海淀区北四环西路9号银谷大厦10~12层。

法定代表人廖涛，副主任。

委托代理人武树辰，男，国家知识产权局专利复审委员会机械申诉处审查员。

委托代理人王颖，国家知识产权局专利复审委员会行政诉讼处审查员。

第三人厦门英克尔标码工业有限公司。

原告厦门依玛士·金陵喷码机有限公司不服被告国家知识产权局专利复审委员会作出的第7583号无效宣告请求审查决定，于2005年11月11日向本院提起诉讼。本院受理后，依法组成合议庭并通知被诉具体行政行为的利害关系人厦门英克尔标码工业有限公司作为第三人参加诉讼，于2005年12月13日公开开庭审理了本案。原告的委托代理人包宇霆、原素雨，被告的委托代理人武树辰、王颖到庭参加了诉讼，第三人收到本院开庭通知后表示不参加庭审。本案现已审理终结。

2005年10月14日，被告作出第7583号无效宣告审查决定（下称7583号决定），依据《中华人民共和国专利法》（下称《专利法》）第二十二条第二款，宣告96219824.2号实用新型专利权（下称本专利）全部无效。被告在法定的举证期限内向本院提交并经庭审质证的证据有：1. 本专利公告文本；2. 对比文件（美国专利第US5307091号，公开日为1994年4月26日，下称对比文件）的英文原文及中文译文。

原告诉称，按照《审查指南》的规定，只有技术领域相同、所要解决的技术问题相同、技术方案实质上相同、预期效果相同四个要件同时具备，才能认定对比文件和涉案专利属于"同一个实用新型或发明"。被告在对本专利是否具有新颖性的事实审查时，没有严格遵照该原则进行审查，导致认定事实错误。第一，本专利的主题是喷码机的油墨盒结构，是一种喷码机专用的墨盒，7583号决定将喷码机认定为"是喷墨打印机中的一种"缺乏事实依据。喷码机根本不是喷墨打印机，其供墨系统的原理完全不同，喷墨打印机属于打印（或印刷），而喷码机属于标记，两者属于不同的技术领域。第二，本专利的油墨盒要解决空气中的不洁成分的渗入和溶剂的挥发和解决液位检测两个技术问题，其作用除了作为油墨的容器外，还具有利用真空来检测液位的功能。而对比文件的墨袋只是起到一种简单放置油墨的作用，其说明书记载："本项发明目的在于避免加墨时更换硬质外壳"，没有任何资料表明可以检测盒中的油墨的液位。7583号决定违反单独对比的审查原则，在判断的同时加上了主观推测，导致得出的对比文件"且能容易地检测盒中的油墨的液位"的错误结论。

第三，两者的技术方案不能等同对比。本专利的固定盒起到装饰作用，若没有，喷码机也可以正常工作，而对比文件中的墨盒1在喷墨打印机中是必不可少要件。对比文件不仅包括内袋和外袋，而且还包括吸墨纸。并且吸墨纸是实现该发明的必备要件，两者的技术方案也是明显不同的，7583号决定在附加技术特征判断中偷换概念。第四，本专利的预期效果是提供一种封闭式的油墨盒结构，且盒中消耗品液位易检测；对比文件所要达到的预期效果仅仅是换袋时不必将外壳一起换掉，只将外袋及袋内容物换掉即可，由此可以清楚地看到两者的预期效果也是完全不同的。

综上，本专利和对比文件的技术领域、所要解决的技术问题、技术方案、预期效果完全不相同，因此两者不是"同样的发明或实用新型"。

在庭审中，原告进一步表示，本专利的权利要求书在撰写上是存在一些问题，但是由于本实用新型的主题是一种喷码机的墨盒结构。就已经限定在喷码机的范围之内，不会造成保护范围的扩大。何况，还可以通过修改权利要求书来缩小保护范围。本专利中的"软质封闭盒"表明盒的状态为软质，而对比文件中的袋25"柔性热塑料如高密度聚乙烯制成"表明的是袋的材料组成，本专利的封闭盒具有即"软"又"硬"的特点，这点对比文件是不具备的，两者是不能相比的。对比文件技术特征没有全部覆盖本专利的技术特征，其技术方案没有全部覆盖本专利的权利要求，对比文件的“油墨袋”不能替代本专利的“封闭盒”，不属于“惯用手段”的直接置换，本专利具备新颖性。综上，请求法院依法撤销7583号决定。

被告坚持7583号决定中关于本专利具有创造性的意见及理由。并辩称，7583号决定审理程序合法、认定事实清楚、适用法律正确，原告的诉讼请求没有事实和法律依据，请求法院在查明事实的基础上，依法驳回原告的诉讼请求，维持7583号决定。

原告在法定的举证期限内向本院提交并经庭审质证的证据与被告证据1、2相同，原告同时提交7583号决定书复印件。

原告对被告提交证据的真实性、合法性及关联性均无异议。但认为不能达到证明目的。

被告对原告上述证据的真实性、合法性及关联性均无异议。但认为不能达到证明目的。

经庭审质证，本院对原、被告提交的证据认证如下：被告及原告提交的上述证据与被诉7583号决定具有关联性，且合法、真实，能够证明本案的事实，本院予以采纳。

根据上述有效证据及各方当事人在庭审中无争议的陈述，本院确认如下事实：

1996年7月26日，原告向国家知识产权局专利局申请名称为“喷码机的油墨盒结构”的实用新型专利权，申请号为96219824.2号，该申请于1997年7月2日获得授权并予公告。

授权公告时的权利要求书如下：

“1. 一种喷码机的油墨盒结构，其特征在于：油墨盒结构由带有接口端的封闭盒组成。

2. 根据权利要求1所述的一种喷码机的油墨盒结构，其特征在于：封闭盒为软质封闭盒。

3. 根据权利要求1、2所述的一种喷码机的油墨盒结构，其特征在于：封闭盒放置在固定盒中。

4. 根据权利要求3所述的一种喷码机的油墨盒结构，其特征在于：固定盒内形成孔槽，且孔槽恰与封闭盒上接口端配合。”

针对本专利，第三人作为申请人于2005年2月2日向被告提出无效宣告请求，同时提交了两份附件即：1. 本专利的授权文本；2. 对比文件。第三人认为对比文件的技术领域、所要解决的技术问题和技术方案以及预期的效果与本专利的均相同，因此本专利权利要求1~4相对于对比文件不具备《专利法》第二十二条第二款所规定的新颖性。

被告受理了上述无效宣告请求，并向原告和第三人发出了无效宣告请求受理通知书，并将上述无效宣告请求书及所附证据副本转送给原告。第三人于2005年3月2日提交了对比文件的中文译文。针对上述无效宣告请求，原告在规定期限内提交意见陈述书进行答复并提交供参考用的照片九张。原告认为，对比文件所公开的技术方案与本专利所要求保护的技术方案并非是同样的发明创造，两者应用的具体领域不同，解决的技术问题不同，达到的技术效果亦不同；另外，对比文件也未公开本专利的全部技术特征，因此无效理由不能成立。

被告于2005年10月13日举行口头审理，在口头审理中，第三人明确以本专利不符合《专利法》第二十二条第二款的规定为理由，请求宣告本专利权利要求全部无效。原告对对比文件的真实性及中文译文的准确性无异议。

被告经审查认为，第三人提交的对比文件为专利文献，原告对其真实性无异议，对其中文译文的准确性无异议，其公开日在本专利申请日之前，可以用来评价本专利的新颖性。

关于本专利的新颖性，本专利的技术领域是喷码机的油墨补给系统，具体而言是喷码机的油墨盒结构。对比文件的技术领域喷墨打印机的油墨补给系统，具体而言是喷墨打印机的油墨盒结构。实际上喷码机是喷墨打印机中的一种，是一种专门用途的喷墨打印机，它们的供墨系统实质上是相同的。

因此对比文件的技术领域与本专利的技术领域实质上是相同的。

对比文件公开了一种喷墨打印机的油墨盒结构，并在其说明书技术方案部分具体公开了以下内容：油墨盒结构由带有金属插头（metal plug）13（相当于权利要求1中的接口端）的油墨袋15（相当于权利要求1中的封闭盒）组成。由此可见，对比文件已经公开了权利要求1的全部技术特征，且对比文件所公开的技术方案与该权利要求所要求保护的技术方案实质上属于同一技术领域，并能产生相同的技术效果，即为喷码机或喷墨打印机供墨，且能容易地检测盒中的油墨的液位。因此权利要求1所要求保护的技术方案不具备《专利法》第二十二条第二款规定的新颖性。

从属权利要求2对权利要求1作了进一步的限定，其限定部分的附加技术特征“封闭盒为软质封闭盒”同样已被对比文件公开，该对比文件的第2栏第26～27行中公开了袋25（相当于权利要求2中的封闭盒）由柔性热塑料如高密度聚乙烯制成，因此当其引用的权利要求1不具备新颖性时，该从属权利要求所要求保护的技术方案也不具备新颖性。

从属权利要求3对权利要求1或权利要求2作了进一步的限定，其限定部分的附加技术特征“封闭盒放置在固定盒中”同样已被对比文件公开，对比文件的附图及说明书实施例部分公开了油墨袋15（相当于权利要求3中的封闭盒）放置在墨盒1（相当于权利要求3中的固定盒）中，因此当其引用的权利要求1或2不具备新颖性时，该从属权利要求所要求保护的技术方案也不具备新颖性。

从属权利要求4对权利要求3作了进一步的限定，其限定部分的附加技术特征“固定盒内形成孔槽，且孔槽恰与封闭盒上接口端配合”同样已被对比文件公开，对比文件的附图及说明书实施例部分公开了在墨盒1内由支架（bracket）9和11形成孔槽，且该孔槽恰与墨水袋15上的插头（plug）13（相当于权利要求4中的封闭盒上的接口端）配合。因此当其引用的权利要求3不具备新颖性时，该从属权利要求所要求保护的技术方案也不具备新颖性。

被告据此作出第7583号决定。原告不服，向本院提起行政诉讼。

本院认为，《专利法》第二十二条规定：授予专利权的实用新型，应当具备新颖性。新颖性，是指在申请日以前没有同样的发明或者实用新型在国内外出版物上公开发表过、在国内公开使用过或者以其他方式为公众所知，也没有同样的发明或者实用新型由他人向国务院专利行政部门提出过申请并且记载在申请日以后公布的专利申请文件中。《审查指南》进一步指出：被审查的发明或者实用新型专利申请与现有技术或者申请日前由他人向专利局提出申请、并在申请日后（含申请日）公布的发明或者实用新型的相关内容相比，如果其技术领域、所要解决的技术问题和技术方案实质上相同、预期效果相同，则认为两者为同样的发明或者实用新型。

本案中，对比文件的公开时间早于本专利的申请日，且与本专利的技术领域实质上相同可以进行对比审查。本专利权利要求1～4的全部技术特征及效果已为对比文件全部公开，不具备新颖性。第7583号决定认定事实清楚，对证据的判断与使用适当，适用法律正确，符合法定程序，本院应予维持；原告所强调的本专利中的封闭盒为软质且具有刚性的特征，未在权利要求书及其说明书中明确表示，缺乏证据支持；原告提出本专利和对比文件的技术领域、所要解决的技术问题、技术方案、预期效果完全不相同，因此两者不是同样的实用新型等观点，事实和法律依据不充分，其诉讼请求本院不予支持。综上所述，依照《专利法》第二十二条第三款、《中华人民共和国行政诉讼法》第五十四条第（一）项，判决如下：

维持被告国家知识产权局专利复审委员会于二〇〇五年十月十四日作出的第7583号无效宣告请求审查决定。

案件受理费1000元，由原告厦门依玛士·金陵喷码机有限公司负担（已交纳）。

如不服本判决，可在判决书送达之日起十五日内向本院递交上诉状，并按对方当事人的人数提出副本，预交上诉案件受理费1000元，上诉于北京市高级人民法院。

审 判 长　吴　月
审 判 员　刘景文
代理审判员　刘井玉
二〇〇五年十二月二十六日
书 记 员　毛天鹏

167

机动车玻璃喷砂用模具案

无效宣告请求审查决定（第7585号）

决　定　号 第7585号
决　定　日 2005年10月20日
发明创造名称 机动车玻璃喷砂用模具
国 际 分 类 号 B24C 1/04
无 效 请 求 人 济南欧亚科技发展有限公司
专 利 权 人 蔡全华
专　利　号 03216506.4
申　请　日 2003年4月13日
授 权 公 告 日 2004年4月28日
合 议 组 组 长 魏　屹
主　审　员 武树辰
参　审　员 冯　涛

法 律 依 据 专利法第二十二条第二款
决 定 要 点

所有证据的结合不能组成证明在本专利的申请日以前有同样产品在国内公开销售的完整的证据链，也就是说所有证据并不能组成证明在本专利的申请日以前有同样的产品在国内公开使用过的完整的证据链，因此本专利具备新颖性。

一、案由

本无效宣告请求案涉及的是专利号为03216506.4、名称为“机动车玻璃喷砂用模具”的实用新型专利（下称本专利），本专利的申请日为2003年4月13日，授权公告日为2004年4月28日，专利权人为蔡全华。

本专利授权公告的权利要求书如下：

“1. 一种机动车玻璃喷砂用模具，包括模架（1）、多个模片（2）和定位装置（4），其中每个模片（2）上设置有镂空的文字或数字字型，其特征在于：模架（1）为具有一定深度的框架，其相对的侧壁上设置有插槽（3），多个模片（2）依次插入插槽（3）内构成一组字符信息，定位装置（4）设置在模架（1）上并从末端模片（2）向前顶压，模片（2）上面距模架（1）顶面有一定距离，其底面高于模架（1）底面或与之齐平。

2. 如权利要求1所述的机动车玻璃喷砂用模具，其特征在于：插槽（3）垂直设置在模架（1）相对两侧壁的底部，与其对应模片（2）与两插槽（3）同宽，其两端部设置有垂直向上的插头（5），模片（2）从模架（1）的底部由插头（5）依次插入插槽（3）内构成一组字符信息，定位装置（4）从末端模片（2）向前将其顶压固定。

3. 如权利要求1所述的机动车玻璃喷砂用模具，其特征在于：模架（1）包括主体（6）和子体（7）两部分，其中主体（6）侧壁的底部阶梯性内陷，构成一槽体（8），同槽体（8）大小的子体（7）其相对的侧壁上设置有水平插槽（3），多个模片（2）依次插入插槽（3）内构成一组字符信息，插有多个模片（2）的子体（7）从主体（6）底面放置在槽体（8）上，定位装置（4）从末端模片（2）向前将其顶压固定。

4. 如权利要求1所述的机动车玻璃喷砂用模具，其特征在于：定位装置（4）为设置在模架（1）上的螺栓，旋动螺栓即可将模片（2）从末端向前顶压固定。"

针对上述实用新型专利权，济南欧亚科技发展有限公司（下称请求人）于2005年1月11日向专利复审委员会提出了无效宣告请求，其理由是本专利权利要求1~4不符合专利法第二十二条第二款、第三款的规定。请求专利复审委员会宣告该专利权全部无效。请求人同时提交了下列五份附件作为证据：

附件1：使用单位淄博市公安局交警支队车管所下属的淄博市张店元通劳动服务公司提供的证明原件；

附件2：济南欧亚科技发展有限公司的收款收据复印件；

附件3：济南欧亚科技发展有限公司售出的机动车玻璃喷砂用模具实物照片；

附件4：淄博市公安局交警支队车管所对机动车喷砂牌号工作通告的照片；

附件5：2002年3月28日《淄博晚报》对淄博市公安局交警支队车管所开展机动车喷砂牌号工作的报道复印件。

经审查，上述无效宣告请求符合专利法及其实施细则规定的形式要求，专利复审委员会予以受理，于2005年6月6日向请求人和专利权人（下称被请求人）发出了无效宣告请求受理通知书，并将专利权无效宣告请求书及所附证据副本转送给被请求人，要求被请求人在指定期限内进行意见陈述，同时成立合议组对此案进行审查。

被请求人在指定期限内未针对上述无效宣告请求提交意见陈述书。

专利复审委员会于2005年8月23日向双方当事人发出口头审理通知书，定于2005年10月17日在专利复审委员会进行口头审理。

口头审理如期进行，被请求人缺席，在口头审理过程中，请求人对合议组成员无回避请求，明确其无效理由是本专利权利要求1、3、4不符合专利法第二十二条第二款的规定，权利要求2不符合专利法第二十二条第三款的规定。请求人当庭出示了附件2和附件5的原件，经合议组核实，复印件与原件相符。请求人还结合证据对上述无效理由进行了充分的论述。

至此，合议组经过合议，认为涉及本案的有关事实已经清楚，可以作出本审查决定。

二、决定的理由

1. 关于证据

请求人共计提交了五份附件，其中附件1淄博市公安局交警支队车管所下属的淄博市张店元通劳动服务公司提供的证明原件，该证据是书面证明，其上无自然人签章，且在口头审理时没有证人出庭质证，合议组无法调查其真实性，因此不予考虑；附件2是济南欧亚科技发展有限公司的收款收据复印件，请求人在口头审理时当庭出示了附件2原件，然而该附件只能证明济南欧亚科技发展有限公司于2002年1月16日向淄博市张店元通劳动服务公司出售了汽车喷砂模具耗材的事实，并不能证明所出售的喷砂模具耗材是何种模具耗材；附件3是实物照片，照片上显示了一种模具，但无型号；附件4是淄博市公安局交警支队车管所对机动车喷砂牌号工作通告的照片，无喷砂模具的型号或具体结构；附件5是2002年3月28日《淄博晚报》对淄博市公安局交警支队车管所开展机动车喷砂牌号工作的报道复印件，请求人在口头审理时当庭出示了附件5的原件，然而该附件只能证明从2002年3月1日开始，淄博市公安局交警支队开始对机动车进行喷砂工作的事实，并未公开采用何种喷砂模具以及喷砂模具的具体结构。

2. 关于新颖性

专利法第二十二条第二款规定：新颖性，是指在申请日以前没有同样的发明或者实用新型在国内外出版物上公开发表过、在国内公开使用过或者以其他方式为公众所知，也没有同样的发明或者实用新型由他人向国务院专利行政部门提出过申请并且记载在申请日以后公布的专利申请文件中。

附件1～5并不能组成证明在本专利的申请日以前有同样产品在国内公开销售的完整的证据链，也就是说附件1～5并不能组成证明在本专利的申请日以前有同样的产品在国内公开使用过的完整的证据链，因此本专利权利要求1～4具备专利法第二十二条第二款所规定的新颖性。

由于权利要求1具备新颖性，因此权利要求2具备专利法第二十二条第三款所规定的创造性。

三、决定

维持03216506.4号实用新型专利权有效。

当事人对本决定不服的，可以根据专利法第四十六条第二款的规定，自收到本决定之日起三个月内向北京市第一中级人民法院起诉。根据该款的规定，一方当事人起诉后，另一方当事人应当作为第三人参加诉讼。

168

一种装饰用的成串亮珠片机织带案

无效宣告请求审查决定（第7589号）

决 定 号 第7589号
决 定 日 2005年10月21日
发明创造名称 一种装饰用的成串亮珠片机织带
国际分类号 D04D 9/00
无效请求人 潘庆光
专利权人 蔡志明
专 利 号 03209357.8
申 请 日 2003年9月9日
授权公告日 2004年10月13日
合议组组长 魏 屹
主 审 员 王丽颖
参 审 员 陈 勇

法律依据 专利法第二十二条第二款　专利法第二十六条第三款　专利法实施细则第二十条第一款

决定要点

若一份公证书仅仅是对《声明书》上的签名和捺指印进行了公证，则并不意味着声明书中所声明的内容也得到了公证，这种公证书只能用来证明陈述人（即声明人）的主观意思表示，而不能证明客观情况是否真实存在，即还需要有一套完整的证据链来证明其内容的真实性。

一、案由

本无效宣告请求案涉及国家知识产权局专利局于2004年10月13日授权公告的03209357.8号实用新型专利权（下称本专利），名称为“一种装饰用的成串亮珠片机织带”，申请日为2003年9月9日，专利权人为蔡志明。

授权公告的权利要求书如下：

“1. 一种装饰用的成串亮珠片机织带，包括若干亮珠片和若干根固定亮珠片用的纱线，纱线中至少有一根是穿过每一亮珠片中心孔的穿线，所有亮珠片都趋大致相同的间距并呈鱼鳞状排列成一串，其特征是纱线中还至少有一根是垫在亮珠片背面的垫线，纱线中至少有两根是从不同方向缠绕在穿线和垫线上的绕线、以固定亮珠片的位置和状态。

2. 按权利要求1所述的亮珠片机织带，其特征是所述垫线为二根。”

针对本专利权，潘庆光（下称请求人）于2005年3月21日向专利复审委员会提出无效宣告请求，其理由是本专利要求1~2不符合专利法第二十二条第二款、第三款的规定，请求宣告本专利全部无效。并提交了如下证据：

证据 1－1：02260510. X 中国实用新型专利说明书共 5 页；

证据 1－2：95223114. X 中国实用新型专利说明书共 4 页。

请求人认为本专利不符合专利法第二十二条第二款、第三款的规定，其技术方案、技术特征与 02260510. X 和 95223114. X 中国专利所公开的技术方案、技术内容和技术特征相同。

经形式审查合格后，专利复审委员会于 2005 年 3 月 21 日受理了上述无效宣告请求，并将无效请求书及其所附附件的副本转送给了专利权人（下称被请求人），并成立合议组对此案进行审查。

被请求人于 2005 年 4 月 17 日提交了意见陈述，认为请求人提供的证据不能破坏本专利权利要求 1、2 的新颖性和创造性。

请求人又于 2005 年 4 月 18 日及 2005 年 4 月 20 日补交了如下证据：

证据 1－3：大陆制品采购指南 2002 上半年复印件共 2 页；

证据 1－4：2002 文笔英文贸易采购电话簿复印件共 2 页；

证据 1－5：2002 广州联通黄页复印件共 3 页；

证据 1－6：Catalogue－06 2003 春交会刊复印件共 2 页；

证据 1－7：（2005）浙义证字第 1391 号公证书复印件共 3 页；

证据 1－8：（2005）浙义证字第 1392 号公证书复印件共 5 页；

证据 1－9：由台湾神成企业股份有限公司出具的证明复印件。

请求人认为本专利的珠片串形状、构造、技术特征与证据 1－3 至证据 1－8 所披露的珠片串的形状、构造、技术特征相同；证据 1－9 由台湾神成企业股份有限公司证明其对外公开散发的《采购指南》和 2001 年制作的网页中的片串公开了本专利的结构。

2005 年 7 月 1 日，专利复审委员会本案合议组将被请求人 2005 年 4 月 17 日寄交的意见陈述书转给了请求人，将请求人于 2005 年 4 月 18 日及 2005 年 4 月 20 日提交的补充证据及意见陈述书转给被请求人，同时向双方当事人发出口头审理通知书，定于 2005 年 8 月 11 日举行口头审理。

双方当事人都提交了口头审理回执，表示参加口头审理。

针对本专利，请求人又于 2005 年 8 月 8 日向专利复审委员会提出无效宣告请求，其理由是本实用新型专利不符合专利法第二十二条第二款、第三款，第二十六条第三款、第四款以及实施细则第二十条第一款的规定。并提交了如下证据：

证据 2－1：03209357. 8 中国实用新型专利说明书（本专利）；

证据 2－2：2002 广州联通黄页复印件共 3 页；

证据 2－3：2002 大陆制品采购指南复印件共 2 页；

证据 2－4：2002 文笔英文贸易采购电话簿复印件共 2 页；

证据 2－5：由台湾神成企业股份有限公司出具的证明复印件共 1 页；

证据 2－6：（2005）浙义证字第 1391 号公证书复印件共 3 页；

证据 2－7：（2005）浙义证字第 1392 号公证书复印件共 5 页；

证据 2－8：（2005）揭证内民字 653 号公证书复印件共 7 页；

证据 2－9：（2005）州证民字第 102 号公证书复印件共 5 页；

证据 2－10：02260510. X 中国实用新型专利说明书共 5 页；

证据 2－11：95223114. X 中国实用新型专利说明书共 4 页。

请求人认为本专利的规定不具有专利法第二十二条第二款、第三款的规定的新颖性和创造性，其技术方案、技术特征与中国专利 02260510. X 和 95223114. X 所公开的技术方案、技术内容和技术特征相同。

口头审理如期举行，双方当事人均参加了口头审理。根据审查指南关于无效程序中合案审查原则的规定，合议组决定对请求人针对一项专利权提出的两个无效请求进行合案审查。合议组在口头审理前当庭将请求人于2005年8月8日提出的无效宣告请求书及所附证据副本转给被请求人，被请求人核对后予以签收，并同意将该两个无效请求案在本次口头审理中合案审查。鉴于此，本次口头审理是对请求人针对同一专利权所提出的两个无效请求进行的合案审理。

在口头审理中，双方当事人对合议组成员无回避请求，对对方出庭人员的身份、资格无异议。请求人声明放弃02260510.X号专利说明书及95223114.X号专利说明书作为证据使用；放弃于2005年4月18日提交的附件4，即Catalogue－06 2003春交会刊作为证据使用。请求人明确其无效理由为：专利法第二十二条第二款、第三款，专利法第二十六条第三款、专利法实施细则第二十条第一款、专利法实施细则第二十一条第二款。请求人明确仅以2005年8月8日提出无效请求时所附的证据2－2至证据2－9作为证据使用，并出示了上述证据的原件。被请求人核实后对证据2－2至证据2－9的复印件与原件相符无异议。请求人明确以证据2－2至证据2－4来证明本专利已于申请日前被出版物公开。合议组当庭告知双方当事人由于证据2－2至证据2－4中不能反映出产品的具体结构，合议组对证据2－2至证据2－4不予考虑。

请求人所提交的证据2－6和证据2－7中声明书上的声明人吴玲玲、骆有专均出庭作证。对于被请求人关于描述一下片带的具体结构的询问，吴玲玲称："片带由5条线绕成，具体怎么绕我们就不管了。"而骆有专称："有5根线嘛，有一根穿过来，具体结构我们不去管它，也描述不出来。"

由于请求人对本专利不符合专利法第二十六条第三款、第二十二条第三款及专利法实施细则第二十一条第二款的无效理由在口头审理前并未提出书面意见，合议组当庭告知请求人在口头审理结束后七日内提交对上述无效理由的具体书面意见，否则合议组对上述无效理由不予接受。

口头审理结束后，请求人于2005年8月16日仅就本专利不符合专利法第二十六条第三款提交了书面意见陈述，合议组将其转文给被请求人。专利复审委员会于2005年9月6日收到了被请求人的答复意见，鉴于该答复意见的主要观点与口审时所陈述的观点相同，故合议组不再转文。

至此，本案合议组认为案件事实已调查清楚，在此基础上做出如下审查决定。

二、决定的理由

1. 关于证据

证据2－5是由台湾神成企业股份有限公司出具的证明，称该公司2002年对外公开散发的《采购指南》和2001年制作的网页中的片串公开了本专利的结构。合议组认为证据2－5的来源地在台湾地区，应履行公证认证手续；且其作为单位出具的证明，应由相关人员签字，并出庭作证，鉴于证据2－5不具备上述要件，故合议组对证据2－5不予采信。

证据2－6和证据2－7是两份公证书，其公证事项仅为声明人在声明书上的签名、捺指印属实，其中声明书的内容均包括声明人对所卖（买）的片带的具体结构的描述。声明人骆有专、吴玲玲均作为证人出庭，在庭审中骆有专和吴玲玲对所卖（买）的片带的具体结构均不能描述，合议组对声明书内容的真实性不能确认。

证据2－8和证据2－9也是两份公证书，其公证的事项也仅是声明书上的签名和公司印章属实，其中声明书的内容也包括声明人对所述片带的具体结构的描述，而该两份公证书中的声明人均未出庭作证，合议组对声明书内容的真实性亦无法确认。

合议组认为：若一份公证书仅仅是对《声明书》上的签名和捺指印进行了公证，则并不意味着声明书中所声明的内容也得到了公证，这种公证书只能用来证明陈述人（即声明人）的主观意思表示，而不能证明客观情况是否真实存在，即还需要有一套完整的证据链来证明声明书中所陈述的客观情况的真实性。由于请求人并未提供一套完整的证据链来证明上述证据 2 -6 至证据 2 -9 中声明书内容的真实性，因此合议组对证据 2 -6 至证据 2 -9 中声明书内容的真实性不予采信。

2. 关于专利法第二十六条第三款

专利法第二十六条第三款规定：说明书应当对发明或者实用新型作出清楚、完整的说明，以所属技术领域的技术人员能够实现为准。

所属技术领域的技术人员能够实现，是指所属技术领域的技术人员按照说明书记载的内容，不需要创造性劳动，就能够再现该发明或者实用新型的技术方案，解决其技术问题并且产生预期的技术效果。

请求人主要认为，本专利限定的主题为“一种机织带”，而不仅仅是编织带，所以作为机织带的整体技术方案中应该体现出与“机织”相关联的特征描述；“机织”是本案专利的必要技术手段，而用于“机织”的机器却是专用的、非公知的，则本领域技术人员无法根据说明书的记载具体实施。

合议组认为：实用新型专利所保护的是产品的形状、结构，或者其结合。就本专利来说，其所要求保护的是带子这种产品的结构，并且在说明书中对带子的结构作出了清楚、完整的说明，本领域普通技术人员通过阅读说明书完全可以得知本专利带子的编织结构。而实际上，该带子的结构都是由一些较简单的编织动作完成的，即在亮珠片的中心孔上穿线使亮珠片成为一串、在亮珠片的背面拉上垫线、再用两根线分别从正反两个不同方向对串线和垫线进行缠绕，这些动作对纺织机械行业来说都是最简单、最基本、最原始的动作。本专利中采用了“机织”一词，是限定了获得这种带子的一种方法，至于实现这种结构的带子的“专用机器”，应该理解成专门用于生产这种带子的机器。而对于生产这种带子的机器，本领域普通技术人员基于对编织机器的认识，利用常规的技术手段能够很容易得到实现上述动作的机器，从而编织出本专利所要求保护的带子。因此，本专利符合专利法第二十六条第三款的规定。

3. 关于专利法实施细则第二十条第一款

专利法实施细则第二十条第一款规定：权利要求书应当说明发明或者实用新型的技术特征，清楚、简要地表述请求保护的范围。

请求人认为：权利要求 1 中“大致相同”、“不同方向”不清楚。

权利要求 1 请求保护的是一种装饰用的成串亮珠片机织带，包括若干亮珠片和若干根固定亮珠片用的纱线，纱线中至少有一根是穿过每一亮珠片中心孔的穿线，所有亮珠片都趋大致相同的间距并呈鱼鳞状排列成一串，其特征是纱线中还至少有一根是垫在亮珠片背面的垫线，纱线中至少有两根是从不同方向缠绕在穿线和垫线上的绕线、以固定亮珠片的位置和状态。

合议组认为：权利要求 1 中出现了“大致相同”的用词，但该词的使用在本专利中的含义是清楚的，并不会导致权利要求 1 不清楚。对于“不同方向”，本领域普通技术人员通过阅读权利要求 1 可完全清楚其限定。因此，权利要求 1 所确定的保护范围是清楚的，符合专利法实施细则第二十条第一款的规定。

4. 关于新颖性

根据专利法第二十二条第二款的规定，新颖性是指在申请日以前没有同样的发明或者实用新型在国内外出版物上公开发表过、在国内公开使用过或者以其他方式为公众所知，也没有同样的发明或者实用新型由他人向国务院专利行政部门提出过申请并且记载在申请日以后公布的专利申请文件中。

请求人以证据 2 -2 至证据 2 -4 来证明本专利所要求保护的技术方案已在其申请日前被出版物公开，但合议组从证据 2 -2 至证据 2 -4 中无法得出其中所反映出的产品的具体结构，自然也就无法与本专利进行对比，因此对请求人的这一主张，合议组不予支持。

基于上述1中对证据2-5至证据2-9的评价，请求人以证据2-5至证据2-9来证明本专利已经在先公开使用的主张也不能成立。

综上，本专利具备新颖性。

三、决定

维持03209357.8号实用新型专利权有效。

当事人对本决定不服的，可以根据专利法第四十六条第二款的规定，自收到本决定之日起三个月内向北京市第一中级人民法院起诉。根据该款的规定，一方当事人起诉后，另一方当事人应当作为第三人参加诉讼。

液体软包装袋案

无效宣告请求审查决定（第7590号）

决　定　号　第7590号
决　定　日　2005年10月21日
发明创造名称　液体软包装袋
国际分类号　B65D 30/10、33/16、85/72
无效请求人　爱克林（天津）有限公司
专利权人　顾　庆
专　利　号　00221489. X
申　请　日　2000年8月22日
授权公告日　2001年8月8日
合议组组长　白剑锋
主　审　员　祁轶军
参　审　员　武树辰

法律依据　专利法第二十二条第三款
决定要点

权利要求5的附加技术特征未被对比文件1~6所公开，对比文件1~6也未给出相应的技术启示来解决相应的技术问题，因此权利要求5所限定的技术方案相对对比文件1~6具备创造性。

一、案由

本无效宣告请求案涉及的是专利号为00221489. X、名称为“液体软包装袋”的实用新型专利（下称本专利），本专利的申请日为2000年8月22日、授权公告日为2001年8月8日，专利权人为顾庆。

本专利授权公告时的权利要求书如下：

“1. 液体软包装袋，其特征是在袋上设有液体倒出通道口。

2. 根据权利要求1所述的液体软包装袋，其特征是：所说液体倒出通道口设于袋的侧边角处，是由袋边缘的间断形成的。

3. 根据权利要求1或2所述的液体软包装袋，其特征是：所说倒出通道口由袋边上的一个凹缺的一侧或两个凹缺的中间形成。

4. 根据权利要求1或2所述的液体软包装袋，其特征是：所说倒出通道口由袋边至袋内的狭缝形成。

5. 根据权利要求1或2所述的液体软包装袋，其特征是：在倒出通道口的下方设有通道口的压口带，压口带粘接在袋外表。”

针对上述专利权，爱克林（天津）有限公司（下称请求人）于2005年4月30日向专利复审委员会提出了无效宣告请求，其理由是：本专利权利要求1～3不具备新颖性，不符合专利法第二十二条第二款的规定；本专利权利要求4和权利要求5不具备创造性，不符合专利法第二十二条第三款的规定，同时提交了附件1～4作为证据：

附件1：授权公告日为2002年12月11日的中国发明专利CN1095795C的专利说明书复印件（下称对比文件1）；

附件2：公开日为1990年9月26日的欧洲专利申请EP0389257A1的说明书复印件（下称对比文件2）；

附件3：公开日为1989年12月14日的PCT专利申请WO89/12006A1的说明书复印件（下称对比文件3）；

附件4：公开日为1995年11月23日的PCT专利申请WO95/31329A1的说明书复印件（下称对比文件4）。

经审查，上述无效宣告请求符合专利法及其实施细则的形式要求，专利复审委员会对上述无效宣告请求予以受理并于2005年5月23日将上述无效宣告请求书及其附件的副本转送给专利权人（下称被请求人），要求其在指定的期限内答复，同时依法成立合议组对本案进行审查。

请求人于2005年5月30日向专利复审委员会提交了附件5～11作为补充证据并以附件1～11为基础认为本专利不符合专利法第二十二条第二款和第三款的规定，其中：

附件5：公开日为1997年2月4日的日本专利申请特开平9－30540的专利说明书复印件（下称对比文件5）；

附件6：公开日为1973年9月21日的法国专利申请FR2171001的专利说明书复印件（下称对比文件6）；

附件7：对比文件2的相关部分的中文译文；

附件8：对比文件3的中文译文；

附件9：对比文件4的相关部分的中文译文；

附件10：对比文件5的摘要部分的中文译文；

附件11：对比文件6的相关部分的中文译文。

专利复审委员会本案合议组于2005年8月23日向双方当事人发出了无效宣告请求口头审理通知书，定于2005年10月11日在专利复审委员会举行口头审理。同日将请求人于2005年5月30日提交的意见陈述书及其附件的副本转给了被请求人，要求其在指定的期限内答复。

口头审理如期举行。双方均参加了口头审理，双方对合议组成员无回避请求，对对方出席本次口头审理人员的身份无异议。在口头审理过程中，合议组对请求人提出的理由及提交的证据进行了调查。被请求人当庭明确表示：如果请求方提供能够证明对比文件1～6之真实性的文本，则被请求人承认本专利的权利要求1～4不具备新颖性和创造性，同时被请求人强调：本专利的权利要求5相对所有对比文件具备新颖性和创造性。请求方结合对比文件1～6和本专利针对其提出的无效宣告理由充分陈述了意见并明确其无效理由为：本专利权利要求1～5相对对比文件1～6不具备新颖性和创造性。双方针对权利要求5相对对比文件是否具备创造性进行了充分的辩论。

合议组明确告知请求方：要求其在口头审理结束后三日内提交能够证明对比文件1～6之真实性的文本，被请求人到时来复审委员会对上述文本的真实性进行核实。

请求人于2005年10月13日提交了经过国家知识产权局专利局检索咨询中心认证的对比文件1～6的副本及与对比文件1相关的PCT专利申请WO99/41155的国际公开文本并以该国际公开文本作为对比文件1来评价本专利的新颖性和创造性。同日，被请求人对上述对比文件1～6的副本进行了核实并认可其真实性。

本案合议组经过合议，认为本案的事实已经清楚，可以作出审查决定。

二、决定的理由

请求人已经提供了能够证明对比文件 1 ~6 之真实性的文本，而且被请求人也认可了对比文件1 ~6 的真实性。由于被请求人已经自认：本专利权利要求 1 ~4 不具备新颖性和创造性，故合议组对请求人所提出的本专利权利要求 1 ~4 不具备新颖性和创造性的主张予以支持。鉴于请求人针对权利要求 5 提出的无效宣告理由为权利要求 5 不具备创造性，合议组仅就本专利权利要求 5 的创造性作出评价。

根据专利法第二十二条第三款的规定，创造性，是指同申请日以前已有的技术相比，该发明具有突出的实质性特点和显著的进步，该实用新型有实质性特点和进步。

作为专利文献的对比文件 1 ~6 均属于公开出版物，其公开日分别为 1999 年 8 月 19 日、1990 年 9 月 26 日、1989 年 12 月 14 日、1995 年 11 月 23 日、1997 年 2 月 4 日和 1973 年 9 月 21 日，均早于本专利的申请日。因此，根据专利法第二十二条第三款及审查指南中的有关规定，对比文件 1 ~6 属于申请日以前已有的技术，可以用于评价本专利的创造性。

在本专利的权利要求书中，由权利要求 5 所限定的技术方案实际上就在于：“一种液体软包装袋，在袋上设有液体倒出通道口；所说液体倒出通道口设于袋的侧边角处，是由袋边缘的间断形成的；其特征是在倒出通道口的下方设有通道口的压口带，压口带粘接在袋外表。”

请求人认为：对比文件 5 公开了“在包装袋 4 的上部左角部 6 的附近，形成将表面材料 1 和内部材料 2 切除为同样的大致三角形的形状而形成的左缺口部 7L、上缺口部 7U。在表面材料 1 与内部材料 2 的 2 个缺口部 7L、7U 之间，形成在其前端部具有上部左角部 6 的突片 8、9。该突片 8、9 通过沿着左缺口部 7L 的边缘连接至左密封 5L 处的左弯曲密封部 10L，和沿着上缺口部 7U 的边缘连接至上密封 5U 处的上弯曲密封部 10U，将侧部连接起来。从而在包装袋 4 的上端左部形成其端部连通内部的注入口”，即对比文件 5 已经公开了权利要求 5 中除附加技术特征外的全部技术特征，权利要求 5 的附加技术特征为“在倒出通道口的下方设有通道口的压口带，压口带粘接在袋外表”。请求人认为：“在袋上设置压口带，是为了当袋内液体倒出一部分之后，剩余量的保存时，将倾倒口折叠穿入压带口下再封口。”虽然对比文件 1 ~6 均未公开该附加技术特征，但在对比文件 5 的基础上，该附加技术特征对本领域技术人员而言是显而易见的，因此权利要求 5 相对对比文件 5 不具备创造性。

合议组认为：对比文件 1 ~6 均未公开权利要求 5 的附加技术特征，即“在倒出通道口的下方设有通道口的压口带，压口带粘接在袋外表”，而且在上述对比文件所公开的技术内容中也未给出相应的技术启示来解决袋内剩余液体的保存问题，压口带的设置产生了明显的技术效果，这对本领域技术人员而言并非显而易见的，需要付出创造性的劳动。因此权利要求 5 所限定的技术方案相对对比文件 1 ~6 具备实质性特点和进步，具备专利法第二十二条第三款所规定的创造性。

综上所述，本专利的权利要求 1 ~4 相对请求人提交的证据不具备新颖性和创造性，本专利的权利要求 5 相对请求人提交的证据具备创造性。

三、决定

针对授权公告的 00240880. 5 号实用新型专利权，宣告权利要求 1 ~4 无效，在权利要求 5 的基础上维持专利权继续有效。

当事人如对本决定不服，可以根据专利法第四十六条第二款的规定，自收到本决定之日起三个月内向北京市第一中级人民法院起诉。根据该款的规定，一方当事人起诉后，另一方当事人应当作为第三人参加诉讼。

油井自热源超导防蜡降粘装置案

无效宣告请求审查决定（第7596号）

决　定　号　第7596号
决　定　日　2005年10月20日
发明创造名称　油井自热源超导防蜡降粘装置
国际分类号　E21B 37/00
无效请求人　黄孟柱
专利权人　王　钢　韩春娥
专　利　号　01279530.5
申　请　日　2001年12月26日
授权公告日　2002年9月11日
合议组组长　魏　屹
主　审　员　宋鸣镝
参　审　员　陈　勇

法律依据　专利法第二十二条第二款、第三款　专利法实施细则第二条第二款

决定要点

虽然对比文件与本专利可以实现相同或类似的目的，但是它们采用的是不同的实现方式，并且具有不同的结构形式，故对比文件未给出技术启示，本专利权利要求所保护的技术方案具备创造性。

一、案由

本无效宣告请求案涉及国家知识产权局专利局于2002年9月11日公告授权的、专利号为01279530.5的实用新型专利（下称本专利），其名称为“油井自热源超导防蜡降粘装置”，申请日为2001年12月26日，专利权人为王钢和韩春娥。

授权公告的权利要求书如下：

“1. 一种用于高粘度高含蜡原油防蜡降粘开采的油井自热源超导防蜡降粘装置，其特征是：该装置由多级空心抽油杆密封连接抽真空并充装导热介质组成真空管（1），真空管（1）下部装有与抽油泵连接的下接头（3），管内充装导热介质（2），真空管（1）上部装有充液抽气接头（4），充液抽气接头（4）上部与上接头（5）连接，各连接部位分别用‘O’形密封圈（6）和密封脂（7）作径向密封和轴向端面密封。

2. 根据权利要求1所叙的油井自热源超导防蜡降粘装置，其特征是：导热介质（2）由蒸馏水、汽油、重铬酸钾、硫酸钾按一定配比在小于50℃的温度下完全溶解，然后加入一定比例乙醇、乙醛配制而成。

3. 根据权利要求1所叙的油井自热源超导防蜡降粘装置，其特征是：真空管（1）内导热介质（2）的充装量一般为真空管容积的10%～20%。

4. 根据权利要求1所叙的油井自热源超导防蜡降粘装置，其特征是：端面密封脂（7）为WH-2型专用密封脂。”

针对本专利，黄孟柱（下称请求人）于2003年8月25日向专利复审委员会提出了无效宣告请求，请求专利复审委员会宣告本专利全部无效。请求宣告无效的理由是本专利权利要求1~4不具备专利法第二十二条第二款、第三款规定的新颖性和创造性，以及不符合专利法实施细则第二条第二款的有关规定。请求人同时提交了以下七份附件作为证据：

附件1：授权公告号为CN2520410Y的中国实用新型专利说明书复印件，其申请日为2001年12月17日，授权公告日为2002年11月13日（以下称对比文件1）；

附件2：公开号为CN1055794A的中国发明专利申请公开说明书复印件，其公开日为1991年10月30日（以下称对比文件2）；

附件3：授权公告号为CN2350713Y的中国实用新型专利说明书复印件，其授权公告日为1999年11月24日（以下称对比文件3）；

附件4：授权公告号为CN2408236Y的中国实用新型专利说明书复印件，其授权公告日为2000年11月29日（以下称对比文件4）；

附件5：授权公告号为CN2318394Y的中国实用新型专利说明书复印件，其授权公告日为1999年5月12日（以下称对比文件5）；

附件6：授权公告号为CN2451732Y的中国实用新型专利说明书复印件，其授权公告日为2001年10月3日（以下称对比文件6）；

附件7：授权公告号为CN1101534C的中国发明专利说明书复印件，其申请日为1998年1月9日，授权公告日为2003年2月12日（以下称对比文件7）。

经形式审查合格后，专利复审委员会受理了上述无效宣告请求，并于2003年10月9日向请求人和专利权人王钢和韩春娥（下称被请求人）发出了无效宣告请求受理通知书，并将上述专利权无效宣告请求书及其相关附件副本转送给被请求人，要求被请求人在指定期限内进行意见陈述，同时依法成立合议组对本案进行审理。

针对上述无效宣告请求，被请求人于2003年11月7日提交了意见陈述书。被请求人认为：本专利与对比文件1的区别在于，对比文件1并未公开本专利中的“WH-2型专用端面密封脂”、“O型径向密封圈”以及“导热介质配比配方”这些技术特征，故本专利具备专利法第二十二条第二款、第三款规定的新颖性和创造性。

专利复审委员会于2004年2月19日向双方当事人发出口头审理通知书，定于2004年3月31日在专利复审委员会举行口头审理，同时将被请求人在2003年11月7日提交的意见陈述书副本转送给请求人，要求其在指定期限内进行意见陈述。

针对被请求人的意见陈述，请求人于2004年3月26日提交了意见陈述书。请求人认为：权利要求2中对导热介质的配比及制备方法的限定以及权利要求4中对密封材料的限定不是实用新型的保护客体，这不符合专利法实施细则第二条第二款的规定；本专利与对比文件1相比其密封形式的不同是惯用技术手段的置换，导热介质的充装量已经被对比文件1所公开，“导热介质的配比配方”、“O型密封圈”以及“WH-2密封脂”均属于本领域的公知常识，故本专利权利要求1~4相对于对比文件1不具备新颖性；此外对比文件2和对比文件3的结合也公开了本专利的全部技术特征，故本专利也不具备创造性。

口头审理如期举行，被请求人缺席口头审理。请求人当庭声明放弃对比文件4、5、6，仅以对比文件1评价本专利的新颖性，以对比文件2、3、7评价本专利的创造性，并进一步指出本专利权利要求1～4相对于对比文件1不具备新颖性，相对于对比文件2和对比文件3的结合不具备创造性，对比文件7仅用于说明权利要求2、4中限定部分的技术特征属于公知常识；此外，请求人还认为权利要求2、4不符合专利法实施细则第二条第二款的规定。请求人明确对比文件1与本专利的权利要求1相比存在如下区别：接头称谓及接头密封方式的不同，并认为上述区别属本领域公知常识，是惯用手段的直接置换。

在上述程序的基础上，本案合议组认为本案事实已经清楚，依法于2004年6月22日作出第6210号无效宣告请求审查决定，维持本实用新型专利权全部有效。该第6210号无效宣告请求审查决定的理由如下：

1. 关于证据

请求人提供的证据，即附件1、2、3、7为专利文献，其中对比文件2、3的公开日均早于本专利的申请日。因此构成本专利的现有技术，可以用来评价本专利的创造性；对比文件1和对比文件7与本专利相比属抵触申请，因此只能用于评价本专利的新颖性。

2. 关于专利法实施细则第二条第二款

根据专利法实施细则第二条第二款的规定，专利法所称实用新型，是指对产品的形状、构造或者其结合所提出的适于实用的新的技术方案。

本专利权利要求1要求保护的是一种油井自热源超导防蜡降粘装置，其要求保护的客体是产品，且该权利要求的特征部分描述了该产品的形状、构造，权利要求1整体上构成了专利法上的技术方案。因此，权利要求1符合专利法实施细则第二条第二款的规定。而权利要求2、4作为权利要求1的从属权利要求，当然包含权利要求1中所限定的技术方案。因此权利要求2、4也符合专利法实施细则第二条第二款的规定。

3. 关于权利要求1的新颖性

对比文件1公开了一种地热式原油助采器，与权利要求1相比，其主要区别特征在于接头的密封方式不同，即木专利权利要求1中采用了“O”形密封圈和密封脂作径向密封和轴向端面密封；而对比文件1中仅公开了采用密封胶粘接层的轴向端面密封。合议组认为本专利中由于采用了“O”形密封圈，从而达到了对接头部位进行径向密封的效果，这与对比文件1中采用密封胶粘接层所达到的轴向端面密封效果不同。因此，请求人所称该区别属本领域惯用手段的直接置换的主张，合议组不予支持。权利要求1相对于对比文件1具备新颖性。

4. 关于权利要求1～4的创造性

对比文件2公开了一种从深井中开采石油的热采装置，由空心管、电热元件及绝缘导热体组成电加热管，电加热管相互连接成泵杆，上端与抽油杆和连接吊卡相连，下端与抽油泵相连，通过控制电源提供电力。其空心管的一端有外螺纹，另一端有内螺纹，两空心管通过螺纹螺旋连接；也可将空心管制成现有泵杆的外形，通过管箍连接两空心管。

将本专利权利要求1与对比文件2相比，其区别在于：油井自热源、真空管内抽真空并充装导热介质，真空管上部装有充液抽气接头，各连接部位分别用“O”形密封圈和密封脂作径向密封和轴向端面密封。

对比文件3公开了一种用于油田油井口冬季防冻保温的电加热热管散热器，包括散热管、加热室、温度控制器和防爆接线盒，在管壁上均布着散热片的散热管，其端部封闭，散热管的下端连接着在外壁上安装有电热膜的加热室，在加热室中装有液态介质，散热管内抽真空。

可见，对比文件3中没有公开上述区别特征中的“油井自热源、各连接部位分别用‘O’形密封圈和密封脂作径向密封和轴向端面密封”的技术特征，也不存在得出上述区别特征的技术启示，因此，本专利权利要求1相对于对比文件2和对比文件3的结合具备创造性。而引用权利要求1的从属权利要求2、3、4同样也具备创造性。

综上所述，本专利全部权利要求1～4均具备创造性。

无效宣告请求人对上述决定不服，在法定期限内向北京市第一中级人民法院提起行政诉讼，请求人认为：（1）对比文件1的技术中涉及的真空密封是指在两杆体的连接处施涂密封胶，连接处既包括轴向端，也包括径向端。对比文件1并非仅仅是在轴向端采用了密封措施。密封胶沿螺纹连接段径向构成径向密封，沿轴向拧压后，轴向之间的密封胶起到了轴向密封的作用，而起径向密封作用的密封胶等同于本专利中的径向密封圈。密封胶和密封圈的作用相同，属于本领域内普通技术人员最惯用的直接置换手段，因此无新颖性可言。（2）第6210号决定认定对比文件2、3中，在油井自热源和密封圈及在轴向和径向端采用密封脂密封方面，没有给出技术启示，该认定错误。本专利涉及的油井自热源和密封措施在对比文件中已给出明确启示，要采用真空技术，密封是关键，而密封技术系公知技术，无需付出创造性劳动。因此不具有创造性。

据此，请求人请求北京市第一中级人民法院撤销专利复审委员会作出的第6210号无效宣告请求审查决定。

北京市第一中级人民法院于2004年12月20日作出（2004）一中行初字第842号行政判决书，在该判决书中北京市第一中级人民法院认为：第6210号决定认定本专利与对比文件1的主要区别特征在于密封方式不同，认为本专利权利要求1中采用了“O”形密封圈和密封脂作径向密封和轴向密封的方式，而在对比文件1中仅公开了采用涂施密封胶的轴向密封方式。对此，本院认为：本专利和对比文件均涉及管道的密封连接，通过密封达到真空的技术效果。众所周知，管道密封的方式有多种多样，如橡胶密封垫、“O”形密封圈、密封胶、麻丝、油灰、生胶带等等。为达到良好的密封效果，上述密封材料可以相互替换，同时进行轴向和径向密封。虽然本专利采用“O”形密封圈进行端向密封和施涂密封脂进行轴向密封方式，与对比文件1仅采用轴向密封存在区别且效果不同，但上述区别应属本领域普通技术人员惯用的直接置换的技术手段。第6210号决定关于本专利权利要求1采用“O”形密封圈相对于对比文件1具备新颖性且将其认定为主要区别特征的认定错误。专利复审委员会在引用对比文件2、3评价本专利权利要求1的创造性时，均涉及本专利权利要求1中“O”形密封圈的技术特征，并主要以“O”形密封圈作为依据，而对本专利权利要求1与对比文件2存在油井自热源、真空管内抽真空并充装导热介质，真空管上部装有充液抽气接头等区别技术特征未予详细评述，对本专利权利要求2～4的创造性评价也是基于上述观点作出的，因此导致第6210号决定认定错误。由于第6210号决定关于本专利采用“O”形密封圈具备新颖性并且具备创造性的认定错误，应当依法撤销。专利复审委员会应在纠正该认定错误的基础上，重新对本专利权利要求的新颖性和创造性进行评述。

据此，北京市第一中级人民法院判决如下：一、撤销专利复审委员会作出的第6210号无效宣告请求审查决定，二、复审委员会重新对该无效请求作出无效宣告请求审查决定。

专利复审委员会对北京市第一中级人民法院（2004）一中行初字第842号行政判决不服，上诉至北京市高级人民法院，请求二审法院撤销一审判决。北京市高级人民法院经过审理，于2005年4月15日作出（2005）高行终字第38号行政判决书，在该判决书中北京市高级人民法院认为：1. 本专利权利要求1相对于对比文件1不具备新颖性，一审判决对此认定并无不当。2. 专利复审委员会所得出的本专利权利要求1相对于对比文件2和对比文件3的结合具备创造性的结论不能令人信服，一审法院鉴于专利复审委员会作出的第6210号无效决定认定错误，对此予以纠正是正确的。二审法院的理由与一审法院的理由基本相同。

北京市高级人民法院判决如下：驳回专利复审委员会的上诉请求，维持北京市第一中级人民法院

(2004) 一中行初字第 842 号行政判决。

根据北京市高级人民法院所作出的（2005）高行终字第 38 号生效判决，专利复审委员会重新成立合议组对该无效宣告请求进行审理。

专利复审委员会于 2005 年 8 月 22 日向双方当事人发出口头审理通知书，定于 2005 年 10 月 10 日在专利复审委员会举行口头审理。

2005 年 9 月 12 日，被请求人进行了意见陈述，被请求人认为：本专利具备新颖性和创造性，符合专利法实施细则第二条第二款的规定，要求维持专利权有效。

口头审理如期举行，被请求人缺席口头审理。在口头审理过程中，合议组当庭将被请求人 2005 年 9 月 12 日提交的意见陈述书副本转送给请求人，并告知请求人鉴于北京市高级人民法院在判决书中已经认定本专利权利要求 1 相对于对比文件 1 不具备新颖性，合议组对此不再予以审查；请求人当庭明确了证据的使用方式，即对比文件 1 破坏权利要求 3 的新颖性，对比文件 2 和对比文件 3 的结合破坏权利要求 2 ~4 的创造性，对比文件 7 用于证明导热介质属于本领域中的公知常识。

在上述程序的基础上，合议组认为本案事实已经清楚，可以依法作出如下审查决定。

二、决定的理由

1. 关于专利法实施细则第二条第二款

专利法实施细则第二条第二款规定：专利法所称实用新型，是指对产品的形状、构造或者其结合所提出的适于实用的新的技术方案。

本专利权利要求 1 要求保护的是一种油井自热源超导防蜡降粘装置，其要求保护的客体是产品，且该权利要求的特征部分描述了该产品的形状和构造，权利要求 1 整体上构成了专利法上的技术方案。因此，权利要求 1 符合专利法实施细则第二条第二款的规定。权利要求 2 ~4 从属于权利要求 1，它们要求保护的客体也是产品，并且包含权利要求 1 中的全部技术特征，从整体上也构成了专利法上的技术方案，因此权利要求 2 ~4 也符合专利法实施细则第二条第二款的规定。

2. 关于本专利的新颖性和创造性

专利法第二十二条第二款规定：新颖性，是指在申请日以前没有同样的发明或者实用新型在国内外出版物上公开发表过、在国内公开使用过或者以其他方式为公众所知，也没有同样的发明或者实用新型由他人向国务院专利行政部门提出过申请并且记载在申请日以后公布的专利申请文件中。

专利法第二十二条第三款规定：创造性，是指同申请日以前已有的技术相比，该发明有突出的实质性特点和显著的进步，该实用新型有实质性特点和进步。

对比文件 1、2、3 和对比文件 7 均为专利文献，属于公开出版物，这些证据经合议组核实无误。其中对比文件 1 的申请日早于本专利的申请日，其授权公告日晚于本专利的申请日，故对比文件 1 仅能用于评价本专利的新颖性；对比文件 2 和对比文件 3 的公开日期均早于本专利的申请日，故对比文件 2 和对比文件 3 可以作为评价本专利创造性的已有技术；对比文件 7 的授权公告日晚于本专利的申请日，其不属于本专利申请日以前公开的现有技术，故对比文件 7 不能作为用于证明公知常识的证据来使用。

（1）关于本专利权利要求 1 的新颖性

鉴于北京市高级人民法院在（2005）高行终字第 38 号行政判决书中已经认定本专利权利要求 1 相对于对比文件 1 不具备新颖性，专利复审委员会本案合议组执行北京市高级人民法院的生效判决，认定本专利权利要求 1 相对于对比文件 1 不具备新颖性。

（2）关于本专利权利要求 3 的新颖性

本专利权利要求 3 如下：“3. 根据权利要求 1 所叙的油井自热源超导防蜡降粘装置，其特征是：

真空管（1）内导热介质（2）的充装量一般为真空管容积的10% ~20%”。

从属权利要求3是对权利要求1的进一步限定，其限定部分的附加技术特征已经被对比文件1所公开：“加热体的灌注体积占空心采油杆内腔容积的10% ~30%”（参见对比文件1的权利要求3和说明书第4页第2行），故在权利要求1不具备新颖性的前提下，从属权利要求3相对于对比文件1同样不具备专利法第二十二条第二款规定的新颖性。

（3）关于本专利权利要求2和权利要求4的新颖性和创造性

本专利权利要求1、2和4如下：

“1. 一种用于高粘度高含蜡原油防蜡降粘开采的油井自热源超导防蜡降粘装置，其特征是：该装置由多级空心抽油杆密封连接抽真空并充装导热介质组成真空管（1），真空管（1）下部装有与抽油泵连接的下接头（3），管内充装导热介质（2），真空管（1）上部装有充液抽气接头（4），充液抽气接头（4）上部与上接头（5）连接，各连接部位分别用‘O’形密封圈（6）和密封脂（7）作径向密封和轴向端面密封。

2. 根据权利要求1所叙的油井自热源超导防蜡降粘装置，其特征是：导热介质（2）由蒸馏水、汽油、重铬酸钾、硫酸钾按一定配比在小于50℃的温度下完全溶解，然后加入一定比例乙醇、乙醛配制而成。

4. 根据权利要求1所叙的油井自热源超导防蜡降粘装置，其特征是：端面密封脂（7）为WH－2型专用密封脂。”

请求人认为：本专利权利要求2和权利要求4相对于对比文件1不具备新颖性。

合议组认为：本专利从属权利要求2和权利要求4的附加技术特征均未被对比文件1所公开，该权利要求2、4所保护的技术方案与对比文件1相比是不同的技术方案，故权利要求2和权利要求4相对于对比文件1具备专利法第二十二条第二款规定的新颖性。

请求人认为：本专利权利要求2和权利要求4相对于对比文件2和对比文件3的结合不具备创造性。

对比文件2公开了一种从深井中开采石油的热采装置，其由空心管、电热元件及绝缘导热体组成电加热管，电加热管相互连接成泵杆，上端与抽油杆和连接吊卡相连，下端与抽油泵相连，通过控制电源提供电力。其空心管的一端有外螺纹，另一端有内螺纹，两空心管通过螺纹螺旋连接；也可将空心管制成现有泵杆的外形，通过管箍连接两空心管。

对比文件3公开了一种用于油田油井口冬季防冻保温的电加热热管散热器，包括散热管、加热室、温度控制器和防爆接线盒，在管壁上均布着散热片的散热管，其端部封闭，散热管的下端连接着在外壁上安装有电热膜的加热室，在加热室中装有液态介质，散热管内抽真空，从电热膜上引出的导线串联着温度控制器，导线的引出线连接着防爆接线盒。

合议组认为：由于从属权利要求2和权利要求4均从属于独立权利要求1，故本专利权利要求2所保护的技术方案是由权利要求1的全部技术特征和权利要求2限定部分的附加技术特征组合在一起所限定出来的技术方案，本专利权利要求4所保护的技术方案是由权利要求1的全部技术特征和权利要求4限定部分的附加技术特征组合在一起所限定出来的技术方案。本专利权利要求2、4所分别保护的均是一种用于高粘度高含蜡原油防蜡降粘开采的油井自热源超导防蜡降粘装置，该装置所采用的是以自热源作为加热方式，即利用油井内部自身的热量对该装置进行加热而不需要外部热源对其进行加热，从而将油层泵筒部位自身的较高温度迅速传导到井筒易结蜡部位和全井段，以实现利用油井自身热源防蜡降粘的目的。而对比文件2和对比文件3所采用的均是利用外部电热源来对电加热管或电热膜产生热能，从而对泵杆进行加热以达到防蜡降粘的目的（参见对比文件2说明书第1页第16～

19 行和对比文件 3 说明书第 1 页第 10 ~ 14 行）。由此可见，本专利权利要求 2、4 所分别保护的技术方案与对比文件 2、3 所分别公开的内容相比，其主要区别在于它们是具有不同技术主题的装置，所采用的是不同的加热方式来实现防蜡降粘的目的，并且它们实现加热方式的具体结构形式也不相同，故对比文件 2 和对比文件 3 均未给出采用自热源的技术启示，本专利权利要求 2、4 所分别保护的技术方案相对于对比文件 2 和对比文件 3 是非显而易见的。因此本专利权利要求 2、4 相对于对比文件 2 和对比文件 3 的结合具有实质性特点和进步，具备专利法第二十二条第三款规定的创造性。

三、决定

宣告 01279530.5 号实用新型专利权的权利要求 1 和 3 无效，在权利要求 2 和权利要求 4 的基础上维持专利权继续有效。

当事人对本决定不服的，可以根据专利法第四十六条第二款的规定，自收到本决定之日起三个月内向北京市第一中级人民法院起诉。根据该款的规定，一方当事人起诉后，另一方当事人应当作为第三人参加诉讼。

自动卷管器案

无效宣告请求审查决定（第7597号）

决　定　号　第7597号
决　定　日　2005年10月20日
发明创造名称　自动卷管器
国际分类号　B65H 75/38
无效请求人　佛山市南海格霖堡流体机械有限公司
专利权人　黄　健
专　利　号　02260856.7
申　请　日　2002年10月17日
授权公告日　2003年9月17日
合议组组长　魏　屹
主　审　员　冯　涛
参　审　员　宋鸣镝

法律依据　专利法第二十二条第二款、第三款
决定要点

如果权利要求所要求保护的技术方案与对比文件所披露的技术内容相比，仅是实现的功能相同，具体结构不同，对比文件不能给本领域技术人员以启示获得权利要求所要求保护的技术方案，则该权利要求具备创造性。

一、案由

本无效宣告请求案涉及的是专利号为02260856.7、名称为“自动卷管器”的实用新型专利，该专利的申请日为2002年10月17日，授权公告日为2003年9月17日，专利权人为黄健。

该专利授权公告的权利要求书如下：

“1. 一种自动卷管器，包括左壳体（1）、右壳体（2）、卷管轮（3）、通气中间轴（4），左、右壳体（1、2）相互配合，卷管轮（3）设置在通气中间轴（4）上，通气中间轴（4）活动设置在左、右壳体（1、2）上，其特征是：在左壳体（1）与卷管轮（3）之间设有卷簧（22），卷簧（22）一端固定在通气中间轴（4）上，另一端固定在左壳体（1）的侧壁；通气中间轴（4）右侧固定设有轴盖（13），通气中间轴（4）侧向设有出气口，其上设有气管连接座（11）；在通气中间轴（4）与右壳体（2）之间设有支承轴座（5），支承轴座（5）一端与右壳体（2）固定连接，另一端与通气中间轴（4）活动连接，支承轴座（5）纵向设有出气口，该出气口位于通气中间轴（4）与轴盖（13）形成的封闭区域内，支承轴座（5）轴向设有进气口并与固定在右壳体（2）的气管连接座（111）连接。

2. 根据权利要求1所述的自动卷管器，其特征是：在右壳体（2）和卷管轮（3）之间设有自动锁定装置，该装置包括设置在卷管轮（3）端面上的弧形齿条（26）、设置在右壳体（2）上的自锁棘爪（6）和拉簧（24），拉簧（24）一端固定在右壳体（2）上，另一端与自锁棘爪（6）连接，自锁棘爪（6）的尖端与弧形齿条（26）相对应。

3. 根据权利要求1或2所述的自动卷管器，其特征是：在管子出口的左、右壳体（1、2）上活动设有两根水平的转动柱（19）和两根竖直的转动柱（19）。

4. 根据权利要求3所述的自动卷管器，其特征是：所述的右壳体（2）上设有管扣（110）和右低盖（12），进气管（23）通过右低盖（12）和管扣（110）与气管连接座（111）连接。

5. 根据权利要求4所述的自动卷管器，其特征是：在左、右壳体（1、2）结合处设有至少两个不锈钢扣（9）。

6. 根据权利要求5所述的自动卷管器，其特征是：在左、右壳体（1、2）上通过支承圈（21）设有支承架（20）。

7. 根据权利要求6所述的自动卷管器，其特征是：在左、右壳体（1、2）上设有提手（8）。"

佛山市南海格霖堡流体机械有限公司（下称请求人）针对上述专利权（下称本专利）于2005年1月28日向专利复审委员会提出了无效宣告请求，请求宣告本专利全部无效。其理由是本专利不符合专利法第二十二条的规定，并同时提交了两篇附件作为证据：

附件1：美国专利说明书US5392808及其中文译文，公开日为1995年2月28日（下称对比文件1）；

附件2：欧洲专利说明书EP0968952A2及其中文译文，公开日为2000年1月5日（下称对比文件2）。

请求人认为，权利要求1~2相对于对比文件1不具备新颖性和创造性，从属权利要求2~4，6，7的附加技术特征在对比文件2中公开，因此权利要求2~4，6，7相对于对比文件1和2的结合不具备创造性，从属权利要求5的附加技术特征是本领域的公知常识，因此在引用的权利要求不具备创造性的情况下，权利要求5也不具备创造性。

经审查，上述无效宣告请求符合专利法及其实施细则规定的形式要求，专利复审委员会予以受理，于2005年1月28日发出无效宣告请求受理通知书，并将无效宣告请求书及附件副本转给了专利权人（下称被请求人），要求被请求人在指定期限进行意见陈述，同时成立合议组对此案进行审查。

被请求人于2005年3月4日针对上述无效宣告请求作出答复，认为本专利的权利要求与对比文件相比具备专利法意义上的专利性。

复审委员会本案合议组于2005年7月7日向双方当事人发出了无效宣告请求口头审理通知书，并同时将被请求人的意见陈述书转送给无效宣告请求人。合议组于2005年8月2日和2005年8月18日两次向双方当事人发出了口头审理重新确定通知书，最终定于2005年10月11日在专利复审委员会举行口头审理。口头审理如期举行，双方当事人均到庭，被请求人对证据的真实性和译文无异议。

本案合议组经过合议，认为本案的事实已经清楚，可以作出审查决定。

二、决定的理由

1. 关于证据的认定

对比文件1和对比文件2是专利文献，属于公开出版物，合议组经核实对其真实性予以确认，且其授权公告日均在本专利的申请日之前，故可以作为评判本专利新颖性和创造性的现有技术。

2. 关于新颖性

根据专利法第二十二条的规定，新颖性，是指在申请日以前没有同样的发明或者实用新型在国内外出版物上公开发表过、在国内公开使用过或者以其他方式为公众所知，也没有同样的发明或者实用新型由他人向国务院专利行政部门提出过申请并且记载在申请日以后公布的专利申请文件中。

对比文件1公开了一种卷管器，包括：相互配合的罩壳14和罩壳插入部件16（分别相当于本专利的左右壳体1，2），弹性卷轴52（相当于本专利的卷管轮3），具有中间通道32的中央转动轴30

（相当于本专利中的通气中间轴 4 和支承轴座 5），弹性卷轴 52 设置在中央转动轴 30 上，在罩壳 14 与弹性卷轴 52 之间设有张力弹簧 58（相当于本专利的卷簧 22），张力弹簧 58 缠绕在中央转动轴 30 上，并安装在弹簧挂钩 40 上，张力弹簧还安装在弹性卷轴 52 上。中央转动轴 30 侧向设有出气口，其上设有延伸部件 42（相当于本专利中的气管连接座 11），流体输送导管 22（相当于本专利中的气管连接座 111）与中央转动轴 30 的中间通道 32 连通，并通过延伸部件 42 将流体输送到弹性的流体导管 50（参见该对比文件译文的第 1 ~5 页及图 1 ~7）。

权利要求 1 所要求保护的技术方案与对比文件 1 所披露的技术方案之间的区别在于本专利权利要求 1 中的以下特征：通气中间轴（4）活动设置在左右壳体上，卷簧一端固定在通气中间轴上，另一端固定在左壳体的侧壁；通气中间轴（4）右侧固定设有轴盖（13），在通气中间轴（4）与右壳体（2）之间设有支承轴座（5），支承轴座（5）一端与右壳体（2）固定连接，另一端与通气中间轴（4）活动连接，支承轴座（5）纵向设有出气口，该出气口位于通气中间轴（4）与轴盖（13）形成的封闭区域内。

合议组认为，权利要求 1 中的上述区别技术特征均未在对比文件 1 中公开，因此权利要求 1 具备新颖性，从属权利要求 2 ~7 在权利要求 1 具备新颖性的情况下，也具备新颖性。

3. 关于创造性

根据专利法第二十二条第三款的规定，创造性，是指同申请日以前已有的技术相比，该发明有突出的实质性特点和显著的进步，该实用新型有实质性特点和进步。

合议组认为，对比文件 1 所披露的使流体保持连通的结构与本专利的使流体保持连通的结构不同，它们是以不同的方式完成相同的目的，即功能相同而结构不同，它们具有不同的元件及元件之间的特定的位置关系和连接关系，本领域技术人员不能从对比文件 1 中得到启示容易地获得权利要求 1 所要求保护的技术方案，则权利要求 1 所要求保护的技术方案具有实质性的特点和进步，因此权利要求 1 具备创造性。

在权利要求 1 具备创造性的情况下，从属权利要求 2 ~7 也具备创造性。

鉴于请求人认为对比文件 2 公开了权利要求 2 ~4，6，7 的附加技术特征，在对比文件 1 破坏本专利权利要求 1 的新颖性和创造性的基础上，对比文件 2 与对比文件 1 结合破坏权利要求 2 ~4，6，7 的创造性。

由于合议组对于请求人提出的对比文件 1 破坏本专利权利要求 1 的新颖性和创造性的主张不予支持，故不再对对比文件 2 进行评述。

三、决定

维持 02260856.7 号实用新型专利权有效。

当事人对本决定不服的，可以根据专利法第四十六条第二款的规定，自收到本决定之日起三个月内向北京市第一中级人民法院起诉。根据该款的规定，一方当事人起诉后，另一方当事人应当作为第三人参加诉讼。

北京市第一中级人民法院
行政裁定书

（2006）一中行初字第 272 号

原告佛山市南海格霖堡流体机械有限公司，住所地广东省佛山市南海区丹灶桂丹路沙水工业区。

法定代表人游庆雄，总经理。

委托代理人陈卫，广州粤高专利代理有限公司专利代理人。

委托代理人郑永泉，男，26岁，汉族，广州粤高专利代理有限公司专利代理人助理，住所地广东省广州市荔湾区黄沙大道29号。

被告国家知识产权局专利复审委员会，住所地中华人民共和国北京市海淀区北四环西路9号银谷大厦10~12层。

法定代表人廖涛，副主任。

委托代理人冯涛，男，国家知识产权局专利复审委员会审查员。

委托代理人耿博，男，国家知识产权局专利复审委员会审查员。

第三人黄健，男，47岁，汉族，住浙江省永康市东城街道电动小区3幢2单元302室。

委托代理人李东辉，上海市一平律师事务所律师。

原告佛山市南海格霖堡流体机械有限公司因专利行政裁决一案，不服被告国家知识产权局专利复审委员会作出的第7597号无效请求审查决定（下称无效决定）向本院提起行政诉讼。本院受理后依法组成合议庭，根据《中华人民共和国行政诉讼法》第二十七条、《中华人民共和国专利法》（下称《专利法》）第四十六条第二款的规定，通知黄健作为第三人参加诉讼，并于2006年3月22日公开开庭审理了本案。原告的委托代理人郑永泉、被告的委托代理人冯涛和耿博、第三人的委托代理人李东辉到庭参加了诉讼。本案现已审理终结。

本院认为，根据《中华人民共和国行政诉讼法》第三十九第一款的规定，公民法人或其他组织直接向人民法院提起行政诉讼的，应当在知道作出具体行政行为之日起三个月内提出，法律另有规定的除外。根据《专利法》第四十六条第二款的规定，对专利复审委员会宣告专利权无效或者维持专利权的决定不服的，可以自收到通知之日起三个月内向人民法院起诉。经本院审查，被告于2005年10月20日作出无效决定，该决定明确告知当事人对无效决定不服的，可在收到决定书之日起三个月内向人民法院提起行政诉讼。庭审中，原告的代理人在其代理权限范围内认可其收到无效决定书的时间是2005年11月6日，同时出具了被告向其邮寄送达无效决定书的信封，该信封载明的日期与原告认可的时间相符，现原告迟至2006年2月9日才针对无效决定向本院提起行政诉讼，其起诉已经超过法定起诉期限，依法应予驳回起诉。

根据最高人民法院《关于行政诉讼证据若干问题的规定》第六十五条的规定，代理人在其代理权限范围内明确表示认可的事实，法院可以予以认定，但有相反证据足以推翻的除外。原告在明确认可其于2005年11月6日收到无效决定书以后，提出其不知道收到无效决定书具体时间，但其在本院指定的期限内，没有提交推翻其自认收到无效决定书时间的证据；对于原告当庭明确表示认可的事实，被告无须承担举证责任，人民法院可以予以认定，原告关于其不知道收到无效决定书具体时间及要求被告依法承担起诉超过法定期限举证责任的诉讼主张，缺乏事实依据，本院不予支持。原告庭审以后提出适用《中华人民共和国专利法实施细则》第五条第三款关于国务院专利行政部门邮寄文件自发出之日起满十五日推定为当事人收到文件之日规定的诉讼主张，亦缺乏事实依据，本院亦不予支持。

据此，本院依照最高人民法院《关于执行〈中华人民共和国行政诉讼法〉若干问题的解释》第六十二条第一款、第四十四条第一款第（六）项、第六十三条第一款第（二）项的规定，裁定如下：

驳回原告佛山市南海格霖堡流体机械有限公司的起诉。

案件受理费1000元，由原告佛山市南海格霖堡流体机械有限公司负担（已交纳）。

如不服本裁定，可在本裁定书送达之日起十日内向本院递交上诉状，并按对方当事人人数提交副本，上诉于北京市高级人民法院。上诉人在接到人民法院预交诉讼费用通知后七日内未预交又不提出缓交申请的，按自动撤回上诉处理。

审 判 长 张 杰
代理审判员 乔 军
代理审判员 刘井玉
二〇〇六年六月二十日
书 记 员 龙 非

172

自动卷缆器案

无效宣告请求审查决定（第7598号）

决　定　号　第7598号
决　定　日　2005年10月20日
发明创造名称　自动卷缆器
国际分类号　B65H 75/38
无效请求人　佛山市南海格霖堡流体机械有限公司
专利权人　黄　健
专　利　号　02260857.5
申　请　日　2002年10月17日
授权公告日　2003年10月1日
合议组组长　魏　屹
主　审　员　冯　涛
参　审　员　宋鸣镝

法律依据　专利法第二十二条第二款、第三款
决定要点

如果权利要求所要求保护的技术方案与对比文件所披露的技术内容相比，仅是实现的功能相同，具体结构完全不同，对比文件不能给本领域技术人员以启示获得权利要求所要求保护的技术方案，则该权利要求具备创造性。

一、案由

本无效宣告请求案涉及的是专利号为02260857.5、名称为“自动卷缆器”的实用新型专利，该专利的申请日为2002年10月17日，授权公告日为2003年10月1日，专利权人为黄健。

该专利授权公告的权利要求书如下：

“1. 一种自动卷缆器，包括左壳体（1）、右壳体（2）、绕线轮（3）、中间轴（4），左、右壳体（1、2）相互配合，绕线轮（3）固定在中间轴（4）上，中间轴（4）活动设置在左、右壳体（1、2）上，其特征是：在左壳体（1）与绕线轮（3）之间设有卷簧（22），卷簧（22）一端固定在中间轴（4）上，另一端固定在左壳体（1）的侧壁；中间轴（4）的右侧设置绝缘套（16），在绝缘套（16）两侧各自设有接触片（15），绝缘套（16）的右侧设有绝缘垫片（14），绕线轮（3）上固定设有接线座（11）和压线板（10），接触片（15）通过插扣（23）及导线与接线座（11）相连；在右壳体（2）内侧固定有绝缘固定板（5）、外侧固定设有接线座（111）和压线板（110），在绝缘固定板（5）上设有两个接触块（13），两个接触块（13）对应搭在两个接触片（15）上，接触块（13）通过导线与接线座（111）连接。

2. 根据权利要求1所述的自动卷缆器，其特征是：在右壳体（2）和绕线轮（3）之间设有自动

锁定装置，该装置包括固定在绕线轮（3）端面上的弧形齿条（28）、设置在右壳体（2）上的自锁棘爪（6）和拉簧（24），拉簧（24）一端固定在右壳体（2）上，另一端与自锁棘爪（6）连接，自锁棘爪（6）的尖端与弧形齿条（28）相对应。

3. 根据权利要求1或2所述的自动卷缆器，其特征是：在出线口的左、右壳体（1、2）上活动设有两根水平的转动柱（19）和两根竖直的转动柱（19）。

4. 根据权利要求3所述的自动卷缆器，其特征是：所述的右壳体（2）上设有右低盖（12），在右低盖（12）上设有电线护套（27）。

5. 根据权利要求4所述的自动卷缆器，其特征是：在左、右壳体（1、2）结合处设有至少二个不锈钢扣（9）。

6. 根据权利要求5所述的自动卷缆器，其特征是：在左、右壳体（1、2）上通过支承圈（21）设有支承架（20）。

7. 根据权利要求6所述的自动卷缆器，其特征是：在左、右壳体（1、2）上设有提手（8）。"

佛山市南海格霖堡流体机械有限公司（下称请求人）针对上述专利权（下称本专利）于2005年1月28日向专利复审委员会提出了无效宣告请求，其理由是本专利不符合专利法第二十二条的规定，并同时提交了两篇附件作为证据：

附件1：中国实用新型专利说明书ZL99214595.3，授权公告日为2000年6月7日（下称对比文件1）；

附件2：欧洲专利说明书EP0968952A2及其中文译文，公开日为2000年1月5日（下称对比文件2）。

请求人认为，权利要求1~2相对于对比文件1不具备新颖性和创造性，从属权利要求2，3，6，7的附加技术特征在对比文件2中公开，因此权利要求2，3，6，7相对于对比文件1和对比文件2的结合不具备创造性，从属权利要求4和权利要求5的附加技术特征是本领域的公知常识，因此在引用的权利要求不具备创造性的情况下，权利要求4和权利要求5也不具备创造性。

经审查，上述无效宣告请求符合专利法及其实施细则规定的形式要求，专利复审委员会予以受理，并于2005年1月28日发出无效宣告请求受理通知书，将无效宣告请求书及附件副本转给了专利权人（下称被请求人），要求被请求人在指定期限内陈述意见，同时成立合议组对此案进行审查。

被请求人于2005年3月4日针对上述无效宣告请求书及附件副本作出答复，认为本专利的权利要求与对比文件相比，具备专利法意义上的专利性。

复审委员会本案合议组于2005年7月7日向双方当事人发出了无效宣告请求口头审理通知书，同时将被请求人的意见陈述书转送给无效宣告请求人。合议组于2005年8月2日和2005年8月18日两次向双方当事人发出了口头审理重新确定通知书，最终将口头审理确定于2005年10月11日在专利复审委员会举行。

口头审理如期举行，双方当事人都出席了口头审理。被请求人对证据的真实性及译文无异议，双方当事人当庭都充分发表了意见。

本案合议组经过合议，认为本案的事实已经清楚，可以作出审查决定。

二、决定的理由

1. 关于证据的认定

证据1和证据2是专利文献，属于公开出版物，合议组经核实对其真实性予以确认，且其公开日均在本专利的申请日之前，故可以作为判断本专利新颖性和创造性的现有技术。

2. 关于新颖性

专利法第二十二条第二款规定：新颖性，是指申请日以前没有相同的发明或实用新型在国内外出版物上公开发表过、在国内公开使用过或者以其他方式为公众所知，也没有同样的发明或者实用新型由他人向国务院专利行政部门提出过申请并且记载在申请日以后公布的专利申请文件中。

对比文件1公开了一种卷线盒，包括：第一壳体10和第二壳体11，第一壳体10与第二壳体11相互配合，枢轴103，第一导电盘3外侧具有外凸环30，第二通信线缆5卷绕在外凸环30外，第一导电盘3穿枢于枢轴103上可自由转动，在第一壳体10与第一导电盘3之间设有卷簧4，卷簧4的一端嵌固于枢轴的剖槽102中，另一端则钩固于外凸环的钩片301上，第一导电盘3内侧设有一线槽32及与之配合的一定位块33，线槽两侧交错形成有不等圆径的复数弧形槽，而定位块33两侧以对应交错形态固定有复数弧形导电片34，使各导电片能容置于相对应的弧槽中，第二通信线缆5一端伸入第一导电盘3的线槽32中，使其各导线能与相对应的各导电片衔接，第二导电盘6固定于第一壳体上，其内侧面设有不等径的复数同心导电环63，分别与第一导电盘上的各导电片保持接触，且各导电环均分别与第一通信线缆的各导线衔接（参见该对比文件的说明书第2~3页和图1、图3和图4）。

权利要求1所要求保护的技术方案与对比文件1所披露的技术方案之间的区别在于本专利权利要求1的以下特征：绕线轮（3）固定在中间轴（4）上，中间轴（4）活动设置在左、右壳体上；卷簧（22）一端固定在中间轴上，另一端固定在左壳体的侧壁；中间轴（4）的右侧设置绝缘套（16），在绝缘套（16）两侧各自设有接触片（15），绝缘套（16）的右侧设有绝缘垫片（14），绕线轮（3）上固定设有接线座（11）和压线板（10），接触片（15）通过插扣（23）及导线与接线座（11）相连；在右壳体（2）内侧固定有绝缘固定板（5）、外侧固定设有接线座（111）和压线板（110），在绝缘固定板（5）上设有两个接触块（13），两个接触块（13）对应搭在两个接触片（15）上，接触块（13）通过导线与接线座（111）连接。

合议组认为，权利要求1中的上述区别技术特征均未在对比文件1中公开，因此权利要求1具备新颖性，从属权利要求2~7在权利要求1具备新颖性的情况下，也具备新颖性。

3. 关于创造性

根据专利法第二十二条第三款的规定，创造性，是指同申请日以前已有的技术相比，该发明有突出的实质性特点和显著的进步，该实用新型有实质性特点和进步。

合议组认为，对比文件1所披露的使卷绕的第二通信电缆保持电连接的结构与本专利中的使卷绕的电线保持电连接的结构完全不同，它们是以不同的方式完成相同或类似的目的，即功能相同而结构不同，它们具有不同的元件及元件之间的特定的位置关系和连接关系，本领域技术人员不能从对比文件1中得到启示容易地获得权利要求1所要求保护的技术方案，则权利要求1所要求保护的技术方案具有实质性的特点和进步，因此权利要求1具备创造性。

在权利要求1具备创造性的情况下，从属权利要求2~7也具备创造性。

鉴于请求人认为对比文件2公开了权利要求2，3，6，7的附加技术特征，在对比文件1破坏本专利权利要求1的新颖性和创造性的基础上，对比文件2与对比文件1结合破坏权利要求2，3，6，7的创造性。

由于合议组对于请求人提出的对比文件1破坏本专利权利要求1的新颖性和创造性的主张不予支持，故不再对对比文件2进行评述。

三、决定

维持02260857.5号实用新型专利权有效。

当事人对本决定不服的，可以根据专利法第四十六条第二款的规定，自收到本决定之日起三个月内向北京市第一中级人民法院起诉。根据该款的规定，一方当事人起诉后，另一方当事人应当作为第三人参加诉讼。

北京市第一中级人民法院
行政裁定书

（2006）一中行初字第273号

原告佛山市南海格霖堡流体机械有限公司，住所地广东省佛山市南海区丹灶桂丹路沙水工业区。

法定代表人游庆雄，总经理。

委托代理人陈卫，广州粤高专利代理有限公司专利代理人。

委托代理人郑永泉，男，26岁，汉族，广州粤高专利代理有限公司专利代理人助理，住广东省广州市荔湾区黄沙大道29号。

被告国家知识产权局专利复审委员会，住所地中华人民共和国北京市海淀区北四环西路9号银谷大厦10～12层。

法定代表人廖涛，副主任。

委托代理人冯涛，男，国家知识产权局专利复审委员会审查员。

委托代理人耿博，男，国家知识产权局专利复审委员会审查员。

第三人黄健，男，47岁，汉族，住浙江省永康市东城街道电动小区3幢2单元302室。

委托代理人李东辉，上海市一平律师事务所律师。

原告佛山市南海格霖堡流体机械有限公司因专利行政裁决一案，不服被告国家知识产权局专利复审委员会作出的第7598号无效请求审查决定（下称无效决定）向本院提起行政诉讼。本院受理后依法组成合议庭，根据《中华人民共和国行政诉讼法》第二十七条、《中华人民共和国专利法》（下称《专利法》）第四十六条第二款的规定，通知黄健作为第三人参加诉讼，并于2006年3月22日公开开庭审理了本案。原告的委托代理人郑永泉、被告的委托代理人冯涛和耿博、第三人的委托代理人李东辉到庭参加了诉讼。本案现已审理终结。

本院认为，根据《中华人民共和国行政诉讼法》第三十九第一款的规定，公民法人或其他组织直接向人民法院提起行政诉讼的，应当在知道作出具体行政行为之日起三个月内提出，法律另有规定的除外。根据《专利法》第四十六条第二款的规定，对专利复审委员会宣告专利权无效或者维持专利权的决定不服的，可以自收到通知之日起三个月内向人民法院起诉。经本院审查，被告于2005年10月20日作出无效决定，该决定明确告知当事人对无效决定不服的，可在收到决定书之日起三个月内向人民法院提起行政诉讼。庭审中，原告的代理人在其代理权限范围内认可其收到无效决定书的时间是2005年11月6日，同时出具了被告向其邮寄送达无效决定书的信封，该信封载明的日期与原告认可的时间相符，现原告迟至2006年2月9日才针对无效决定向本院提起行政诉讼，其起诉已经超过法定起诉期限，依法应予驳回起诉。

根据最高人民法院《关于行政诉讼证据若干问题的规定》第六十五条的规定，代理人在其代理权限范围内明确表示认可的事实，法院可以予以认定，但有相反证据足以推翻的除外。原告在明确认可其于2005年11月6日收到无效决定书以后，提出其不知道收到无效决定书具体时间，但其在本院指定的期限内，没有提交推翻其自认收到无效决定书时间的证据；对于原告当庭明确表示认可的事实，被告无须承担举证责任，人民法院可以予以认定，原告关于其不知道收到无效决定书具体时间及要求被告依法承担起诉超过法定期限举证责任的诉讼主张，缺乏事实依据，本院不予支持。原告庭审以后提出适用《中华人民共和国专利法实施细则》第五条第三款关于国务院专利行政部门邮寄文件自发出之日起满十五日推定为当事人收到文件之日规定的诉讼主张，亦缺乏事实依据，本院亦不予支持。

据此，本院依照最高人民法院《关于执行〈中华人民共和国行政诉讼法〉若干问题的解释》第六十二条第一款、第四十四条第一款第（六）项、第六十三条第一款第（二）项的规定，裁定如下：

驳回原告佛山市南海格霖堡流体机械有限公司的起诉。

案件受理费1000元，由原告佛山市南海格霖堡流体机械有限公司负担（已交纳）。

如不服本裁定，可在本裁定书送达之日起十日内向本院递交上诉状，并按对方当事人人数提交副本，上诉于北京市高级人民法院。上诉人在接到人民法院预交诉讼费用通知后七日内未预交又不提出缓交申请的，按自动撤回上诉处理。

审 判 长 张 杰

代理审判员 乔 军

代理审判员 刘井玉

二〇〇六年六月二十日

书 记 员 龙 非

173

储物盒案

无效宣告请求审查决定（第7599号）

决　定　号　第7599号
决　定　日　2005年10月26日
发明创造名称　储物盒
国际分类号　B65D 83/00
无效请求人　普兰贝勒有限公司
专利权人　吴　健
专　利　号　00219762.6
申　请　日　2000年3月23日
授权公告日　2001年5月9日
合议组组长　陈海平
主　审　员　武树辰
参　审　员　祁轶军

法律依据　专利法第二十二条第二款、第三款
决定要点

如果一项权利要求所要求保护的技术方案与对比文件所公开的技术方案相比，其区别仅在于所用构件的个数不同，而该构件的个数是本领域普通技术人员根据具体情况可以任意选择的，即本领域普通技术人员对构件的个数进行选择不需付出创造性劳动，则该权利要求不具备创造性。

一、案由

本无效宣告请求案涉及的是专利号为00219762.6、名称为“储物盒”的实用新型专利（下称本专利），本专利的申请日为2000年3月23日，授权公告日为2001年5月9日，专利权人为吴健。

本专利授权公告的权利要求书如下：

“1. 一种储物盒，有盒体和盒盖，其特征是：盒体的上端边与盒盖的内侧边间有扣合机构，扣合机构采用凹陷与突起的联接形式。

2. 根据权利要求1所述的储物盒，其特征在于：扣合机构为盒体的上端边外侧的凹坑与盒盖内侧边相应突起。

3. 根据权利要求2所述的储物盒，其特征在于：盒体上端边外侧的凹坑位于盒体上端的凸边上，每条凸边上有2~3个凹坑；相应地，盒盖上的突起也为对应的每边2~3个。

4. 根据权利要求1或2、3所述的储物盒，其特征在于：在盒体的一端装有与盒体连为一体的挂钩或挂环。”

针对上述实用新型专利权，普兰贝勒有限公司（下称请求人）于2004年10月20日向专利复审委员会提出了无效宣告请求，请求专利复审委员会宣告该专利权全部无效，无效理由是本专利不符合

专利法第二十二条第二款、第三款的规定，同时提交了下列附件作为证据：

附件1：专利号为95212028.3的中国实用新型专利说明书，授权公告日为1996年2月21日（下称对比文件1）；

附件2：专利号为97218808.8的中国实用新型专利说明书，授权公告日为1999年1月20日（下称对比文件2）；

附件3：专利号为98234649.2的中国实用新型专利说明书，授权公告日为1999年8月18日（下称对比文件3）。

经审查，上述无效宣告请求符合专利法及其实施细则规定的形式要求，专利复审委员会予以受理，于2004年12月24日向请求人和专利权人（下称被请求人）发出了无效宣告请求受理通知书，并将专利权无效宣告请求书及所附证据副本转送给被请求人，要求被请求人在指定期限内进行意见陈述，同时成立合议组对此案进行审查。

专利复审委员收到被请求人于2005年2月3日提交的意见陈述书，被请求人认为：请求人所提交的对比文件1~3不能否定本专利权利要求1~4的新颖性和创造性，因此本专利符合专利法第二十二条第二款、第三款的规定。

专利复审委员会于2005年9月6日向双方当事人发出口头审理通知书，定于2005年10月25日在专利复审委员会进行口头审理，随同口头审理通知书，将被请求人于2005年2月3日提交的意见陈述书转送给请求人。

口头审理如期进行，仅请求人一方参加了口头审理。

在口头审理过程中，请求方明确其无效理由是本专利权利要求1~4不符合专利法第二十二条第二款和专利法第二十一二条第三款的规定，并结合证据对上述无效理由进行了充分的论述。

至此，合议组经过合议，认为涉及本案的有关事实已经清楚，可以作出审查决定。

二、决定的理由

1. 关于证据认定

请求人提交的对比文件1~3为专利文献，合议组已核实其真实性，其公开日均在本专利申请日之前，可以用来评价本专利的新颖性和创造性。

2. 关于新颖性和创造性

专利法第二十二条第二款规定：新颖性，是指在申请日以前没有同样的发明或者实用新型在国内外出版物上公开发表过、在国内公开使用过或者以其他方式为公众所知，也没有同样的发明或者实用新型由他人向国务院专利行政部门提出过申请并且记载在申请日以后公布的专利申请文件中。

专利法第二十二条第三款规定：创造性，是指同申请日以前已有的技术相比，该发明有突出的实质性特点和显著的进步，该实用新型有实质性特点和进步。

请求人认为：权利要求1相对于对比文件1或对比文件3分别不具备专利法第二十二条第二款所规定的新颖性，权利要求2相对于对比文件1不具备新颖性，权利要求3相对于对比文件1不具备新颖性，权利要求4相对于对比文件1和对比文件2的结合不具备专利法第二十二条第三款所规定的创造性。

合议组经合议后认为：本专利权利要求1所要求保护的技术方案不具备专利法第二十二条第二款规定的新颖性。对比文件1公开了一种消毒纸巾容器（相当于权利要求1中的储物盒），并在其说明书第2页倒数第2行~第3页第4行以及附图1中具体公开了以下内容：该容器有盒底1（相当于权利要求1中的盒体）和盒盖2，盒底1（相当于权利要求1中的盒体）的上部周沿设置凸缘11（相当于权利要求1中的突起），而在盒盖2的侧向周沿相应部分设置凹槽21（相当于权利要求1中的凹陷），凸缘与凹槽配合组成了扣合机构。由此可见，对比文件1已经公开了权利要求1的全部技术特征，且对比文件1所公开的技术方案与该权利要求1所要求保护的技术方案属于同一技术领域（即储物容器领域），并能产生相同的技术效果，因此权利要求1所要求保护的技术方案不具备新颖性。

本专利从属权利要求2对权利要求1作了进一步的限定，其限定部分的附加技术特征同样已被对比文件1公开，参见该对比文件的说明书第2页倒数第2行～第3页第4行以及附图1可知，在盒底（相当于权利要求2中的盒体）的上部周沿可设置凹槽，在盒盖的相应位置上可设置凸缘，从而构成扣合机构，因此当其引用的权利要求1不具备新颖性时，该从属权利要求所要求保护的技术方案也不具备专利法第二十二条第二款所规定的新颖性。

本专利从属权利要求3对权利要求2作了进一步的限定，其附加技术特征是："盒体上端边外侧的凹坑位于盒体上端的凸边上，每条凸边上有2～3个凹坑；相应地，盒盖上的突起也为对应的每边2～3个"，在对比文件1的说明书第3页第8～9行中公开了："在罩盖3和盒底1的相关密配位置上分别设置若干个凸点和凹点即可"，罩盖是用来封闭盒体的盒盖。因此，对比文件1给出了采用多个凸点和凹点（相当于该权利要求中的突起和凹坑）作为盒体与盒盖的扣合机构的启示，本领域普通技术人员为了适应储物盒的尺寸和具体用途，可以选择凸点和凹点（相当于该权利要求中的突起和凹坑）的具体个数，采用2～3个突起与凹坑相配合构成扣合机构是本领域普通技术人员容易想到的，而且对于本领域普通技术人员而言，对突起与凹坑的具体个数进行选择是无需付出创造性劳动的。因此，在其引用的权利要求2不具备新颖性的前提下，权利要求3所要求保护的技术方案不具备实质性特点和进步，因而不具备专利法第二十二条第三款规定的创造性。

本专利从属权利要求4是权利要求1、2或权利要求3的从属权利要求，其限定部分附加技术特征为："在盒体的一端装有与盒体连为一体的挂钩或挂环"，但这些特征已在对比文件2中相应地公开（参见对比文件2的说明书第1页倒数第3段，图1、图3），且其在对比文件2中所起的作用与其在本发明中所起的作用相同，由此可知在对比文件1的基础上结合对比文件2得出该权利要求进一步限定的技术方案，对本领域的技术人员来说是显而易见的。因而，在其引用的权利要求不具备新颖性或创造性的情况下，该从属权利要求不具备专利法第二十二条第三款规定的创造性。

三、决定

宣告00219762.6号实用新型专利权全部无效。

当事人对本决定不服的，可以根据专利法第四十六条第二款的规定，自收到本决定之日起三个月内向北京第一中级人民法院起诉。根据该款的规定，一方当事人起诉后，另一方当事人应当作为第三人参加诉讼。

174

亲水铝箔双工位收料机案

无效宣告请求审查决定（第7601号）

决　定　号　第7601号
决　定　日　2005年10月27日
发明创造名称　亲水铝箔双工位收料机
国际分类号　B65H 19/00
无效请求人　杭州曙光印染机械厂
专利权人　陕西省户县东方机械厂
专　利　号　01247054.6
申　请　日　2001年9月18日
授权公告日　2002年6月19日
合议组组长　徐媛媛
主　审　员　魏屹
参　审　员　崔峥

法律依据　专利法第二十二条第二款、第三款
决定要点

通过被请求人的自认，可以确定本专利产品在申请日以前已在国内公开使用。

尽管被请求人提出因其与五星公司存在口头上的保密协议而使得本专利应享受专利法二十四条规定的宽限期的主张，但是在被请求人与五星公司订立的协议书中，并没有明确关于本专利技术内容的保密约定，也无法从合同内容中推知五星公司在本专利申请日之前对本专利技术方案存在保密义务。被请求人也没有其他证据证明其与五星公司存在口头上的保密约定，故合议组对被请求人提出的关于本专利应享受专利法二十四条规定的宽限期的主张不予支持。

鉴于本专利产品在申请日以前已在国内公开使用，本专利权利要求1和权利要求2所限定的技术方案不具备专利法第二十二条第二款规定的新颖性。

一、案由

本无效宣告请求案涉及国家知识产权局于2002年6月19日授权公告的、名称为“亲水铝箔双工位收料机”的01247054.6号实用新型专利，其申请日是2001年9月18日，专利权人是陕西省户县东方机械厂。

该专利授权公告的权利要求书如下：

“1. 一种亲水铝箔双工位收料机，它包括原有的单工位收料机（1）本身及底座（4），其中，单工位收料机（1）主要包括有一台电机，减速机，它们通过连轴节与收料辊筒构成一体，收料辊筒通过其心轴座落在两块墙板上，其特征是在底座（4）延长部分上设有与单工位收料机（1）结构完全相应、运转方向相反的另一单工位收料机（3），在两台单工位收料机（1）、（3）之间设有保持双工

位收料机连续工作的中转机构（2）。

2. 根据权利要求1所述的亲水铝箔双工位收料机，其特征是所述双工位收料机的中转机构（2）主要由前后一付中转支撑墙板（2-1），在其上端设有两个过辊（2-2），其下端设有一滑差牵引辊（2-3），橡胶压辊（2-4），以及驱动滑差牵引辊的调速电机（2-5）、减速机（2-6），驱动橡胶压辊的汽缸（2-9）组成。”

针对上述专利权（下称本专利），杭州曙光印染机械厂（下称请求人）于2002年11月25日向专利复审委员会提出无效宣告请求，其理由是本专利不符合专利法第二十二条第二款、第三款规定的新颖性和创造性，并提交了如下证据：

证据2：合同编号为198、签订时间为1999年8月5日的一份加工定作合同复印件1页；

证据3：签订时间为2001年1月13日的一份加工定作合同复印件1页；

证据4：一组付款票据复印件17页；

证据5：一份合同附件复印件1页；

证据6：亲水铝箔涂布机结算单复印件1页；

证据7：设备及配件款结算单复印件1页；

证据8：一组双工位收料机及控制箱照片共四张。

请求人认为：证据2、3导致本专利使用在先，申请在后，故本专利不具备新颖性；本专利的设计构思是将单工位改为双工位，这种改变无需作出创造性的劳动，故不具备创造性。

经形式审查合格后，专利复审委员会受理了上述无效宣告请求，并将无效请求书及所附的附件副本转送给了专利权人，并成立合议组对此案进行审查。

2002年12月23日，请求人又补交了如下八份证据：

证据9：有关亲水铝箔涂布机的照片的保全证据公证书（2002）浙证字第010511号；

证据10：杭州五星制冷设备配件公司于2002年11月21日出具的陕西省户县东方机械厂的专利产品在本公司使用情况的证明；

证据11：经上海图书馆上海科学技术情报研究所认证的美国《轻金属时代》1993年第7、8期相关部分复印件共15页，以及其中第10、第18、第24页相关部分的中文译文；

证据12：黑龙江科学技术出版社出版的《实用铝加工手册》封面及第556~559页等复印件共6页，出版日期为1987年3月；

证据13：冶金工业出版社出版的《民用铝板、带、箔材生产》封面及第220~225页等复印件共8页；

证据14：《出国参观考察报告》——南斯拉夫铝加工厂概况复印件共4页；

证据15：《华东铝加工》1994年第3~4期复印件共14页；

证据16：东方机械厂生产的亲水铝箔涂布机布置图复印件。

请求人认为：证据9、10使本专利不具备新颖性，而证据11~15使本专利不具备创造性。

2002年12月27日，专利权人陕西省户县东方机械厂（下称被请求人）提交了意见陈述书，其中认为：证据2、3并不能构成本专利的使用公开；本专利增设了中间接带机构，换卷不停机，故本专利具备新颖性和创造性。

经过文件转送和口头审理，专利复审委员会于2003年8月19日针对上述无效宣告请求作出第5257号无效宣告请求审查决定（下称第5257号决定），宣告本专利权利要求1无效，在权利要求2的基础上维持专利权有效。该决定认定如下：

1. 证据认定

证据13是冶金工业出版社出版的《民用铝板、带、箔材生产》（封面及第220～225页）复印件，口审中请求人出示了该证据的原件。证据1、13属于公开出版物，且其公开日均早于本专利的申请日，构成了本专利申请日前的已有技术，故可以用来评价本专利的新颖性和创造性。

证据2、3是加工定作合同复印件；证据4是一组付款票据复印件；证据5是一份合同附件复印件；证据6是亲水铝箔涂布机结算单复印件；证据7是设备及配件款结算单复印件。合议组认为：首先，证据2～7均为复印件，请求人并未提供其原件，复印件不能作为有效证据使用；其次，其上没有反映出产品的具体结构，同时又没有其他证据与之形成完整的证据链，故证据2～7不能构成本专利已有技术的证据，合议组对证据2～7不予采信。

证据8是一组双工位收料机及控制箱照片。照片上没有记载任何时间信息，无法证明所示的产品在本专利申请日前已被公开，故该证据不能被采信。

证据9是有关亲水铝箔涂布机的照片的保全证据公证书，公证日为2002年12月4日。公证书是公证机关对当前时刻所发生事实作出的证明，该公证书可以证明在2002年12月4日拍摄的照片中所显示的设备已经存在，该设备的具体结构与照片中所显示的结构是一致的。而对于发生于公证日期之前的事实，例如该设备公开使用的日期，公证机关是无法进行公证的。因此，通过该公证书无法直接证明照片所示的设备在本专利的申请日之前就已经公开使用了。故证据9不能被采信。

证据10是杭州五星制冷设备配件公司于2002年11月21日出具的陕西省户县东方机械厂的专利产品在本公司使用情况的证明，其上有自然人的签字，其意在证明陕西省户县东方机械厂自1999年起开始生产本专利产品。合议组认为：该“使用证明”就其内容而言属于主张或声称，是出证人对多年前所发生事件进行追忆后所作的陈述，此类证据的真实性与出证人的感觉、记忆力、理解力、表述能力以及对事件的介入程度等主观因素有关，因而在证人没有出庭接受质证及没有其他客观原始证据来支持或相互印证的情况下，该证据不能被采信。

证据11是经上海图书馆上海科学技术情报研究所认证的美国《轻金属时代》1993年第7、第8期相关部分复印件，以及其中第10、第18、第24页相关部分的中文译文；证据12是黑龙江科学技术出版社出版的《实用铝加工手册》（封面及第556～559页等）复印件，口审中请求人出示了证据12的原件。证据11、12属于公开出版物，且其公开日均早于本专利的申请日，构成了本专利申请日前的已有技术，故可以用来评价本专利的新颖性和创造性。

证据14是《出国参观考察报告》——南斯拉夫铝加工厂概况复印件，该证据属于企业内部资料，而且没有记载任何时间信息，故该证据不能被采信。

证据15是《华东铝加工》1994年第3～4期复印件共14页，口审中请求人出示了该证据的原件。证据15属于公开出版物，且其公开日早于本专利的申请日，构成了本专利申请日前的已有技术，故可以用来评价本专利的新颖性和创造性。

证据16是东方机械厂生产的亲水铝箔涂布机布置图复印件。合议组认为：首先，该证据是复印件，请求人并未提供其原件，复印件不能作为有效证据使用；其次，图纸是企业内部资料，不属于公开出版物，同时请求人也没有提供相关的证据，证明图纸中所涉及的技术内容在本专利申请日前已被公开，故该证据不能被采信。

证据17是中国发明专利申请公开说明书CN1282278A，属于公开出版物，公开日为2001年1月31日，早于本专利的申请日，构成了本专利申请日前的已有技术，故可以用来评价本专利的新颖性和创造性。

综上所述，合议组将在证据1、11～13、15、17的基础上评价本专利的新颖性和创造性。

2. 关于本专利的新颖性、创造性

证据13涉及一种铝箔裱染机，其中披露了与本专利相关的以下技术特征：在裱染机上采用双卷取机可以在铝箔卷运行期间将另一个卷子准备好。当第一个卷子卷取结束时，将中间两根导辊的位置旋转180°，就可以在不停机的情况下把第二个卷子接上去继续运行（参见证据1、13的第223～224页，图3－8－9）。同时，所述铝裱染机必然包括有“电机”。

证据11涉及一种铝箔涂布生产线，其中披露了与本专利相关的以下技术特征：成品卷取机（22）为双工位结构（参见第10页）。

证据12涉及一种铝箔涂布生产工艺，其中披露以下技术特征：将铝带材由开卷装置供料，经涂漆、干燥冷却后卷取（参见第558页）。

证据15介绍了几种涂层工艺与设备，主要包括带卷输入、清洗与化学处理、涂漆、固化和成品输出。

证据17涉及一种卷取机，其中披露了与本专利相关的以下技术特征：电机、大小齿轮、支承壁、卷取芯轴等（参见说明书第4页第1～25页，附图1、2）。

通过上述分析可知，证据13是与本专利最为接近的已有技术。将本专利权利要求1与证据13相比，证据13未公开权利要求1中的“底座（4），电机，减速机，它们通过连轴节与收料辊筒构成一体，收料辊筒通过其心轴座落在两块墙板上”这些技术特征。由于存在上述区别之处，故本专利的权利要求1相对于证据13具备新颖性。

在上述区别特征中，“电机，减速机，它们通过连轴节与收料辊筒构成一体”属于常规的、且是必然采用的驱动/传动机构，而“底座（4），收料辊筒通过其心轴座落在两块墙板上”属于常规结构设置。由此可见，在证据13所给出的技术启示或教导下得出权利要求1所要求保护的技术方案，对于本领域普通技术人员来说是显而易见的，而且并未带来预料不到的技术效果。故合议组认为，本专利的权利要求1与证据13相比，缺乏实质性特点和进步，不具备创造性。

权利要求2的附加技术特征是：所述双工位收料机的中转机构（2）主要由前后一付中转支撑墙板（2－1），在其上端设有两个过辊（2－2），其下端设有一滑差牵引辊（2－3），橡胶压辊（2－4），以及驱动滑差牵引辊的调速电机（2－5）、减速机（2－6），驱动橡胶压辊的汽缸（2－9）组成。权利要求2与证据13相比，其附加技术特征未予公开。而证据11～13、15、17也未公开上述技术特征。而且本专利的中转机构在实现停卷不停机并提高了生产效率的同时，还减少了生产过程中的头尾率，提高了成品率。同时，上述证据也未就上述区别之处给出任何技术启示或教导。故合议组认为，权利要求2相对于证据11～13、15、17具备创造性。

请求人对专利复审委员会作出的第5257号决定不服，在法定期限内向北京市第一中级人民法院提起诉讼，请求人认为：第5257号决定中以证据2～7为复印件为由而不予采信是错误的。因证据2～7的原件涉及“亲水铝箔双工位收料机”的使用单位在不同时期已装订成册的财物档案，故无法提交。另外，被请求人在其提交的意见陈述书中对合同所涉及的产品的真实性已作了印证，与之形成了完整的证据链，事实说明本专利属于使用在前，申请在后，不符合专利法第二十二条第二款关于新颖性的规定，请求法院判决撤销第5257号决定。

被请求人在法定期限内没有对第5257号决定提起行政诉讼。

北京市第一中级人民法院针对请求人的上述诉讼请求于2004年5月20日作出（2003）一中行初字第850号行政判决。法院认为：原告（即请求人）请求撤销第5257号决定的理由成立，本院予以支持。专利复审委员会应当在对证据2～7予以采信的基础上，重新作出无效宣告请求审查决定。依照《中华人民共和国行政诉讼法》第五十四条第（二）项第1目之规定，判决如下：一、撤销被告国家知识产权局专利复审委员会作出的第5257号无效宣告请求审查决定。二、被告国家知识产权局专利复审委员会对该无效宣告请求重新作出审查决定。

原告（即请求人）、被告（即专利复审委员会）和第三人（被请求人）均未因对北京市第一中级人民法院作出的（2003）一中行初字第850号行政判决不服而在法定期限内向北京市高级人民法院提起上诉，北京市第一中级人民法院作出的（2003）一中行初字第850号行政判决已生效。故专利复审委员会重新成立合议组，对上述无效宣告请求重新进行审查。

合议组于2004年10月13日分别向请求人和被请求人发出口头审理通知书，定于2004年12月15日在专利复审委员会进行口头审理。

口头审理如期举行，请求人和被请求人均参加了口头审理。在口头审理过程中，双方当事人对双方出庭人员的身份和资格无异议，双方当事人对变更后的合议组成员无回避请求。合议组当庭告知双方当事人此次口头审理的内容是对证据2~7所要证明的事实的调查。被请求人承认证据2~7所反映的合同是真实的，以及合同中所反映的产品是本专利产品，并且承认本专利产品已在2001年9月18日之前销售，但是认为应享受专利法二十四条规定的宽限期。

在上述程序的基础上，合议组作出本审查决定。

二、决定的理由

根据专利法第二十二条第二款的规定，新颖性是指在申请日以前没有同样的发明或实用新型在国内外出版物上公开发表过，在国内公开使用过或者以其他方式为公众所知，也没有同样的发明或者实用新型由他人向国务院专利行政部门提出过申请并且记载在申请日以后公布的专利申请文件中。

根据专利法第二十四条第（三）项的规定，申请专利的发明创造在申请日以前六个月内，他人未经申请人同意而泄露其内容的，不丧失新颖性。

审查指南第二部分第三章第5.3节规定，他人未经申请人同意对发明创造所作的公开，包括他人未遵守明示的或者默示的保密信约而将发明创造的内容公开，也包括他人用威胁、欺诈或者间谍活动等手段从发明人或者申请人那里得知发明创造的内容而后造成的公开。这两种情况的公开都是违反申请人的本意的。

被请求人已承认证据2~7所反映的合同是真实的，以及合同中所反映的产品是本专利产品，并且承认本专利产品已在2001年9月18日之前销售，但是认为其与五星公司存在口头上的保密协议，按照专利法第二十四条的规定，申请专利的发明创造在申请日前六个月内，他人未经申请人同意而泄露其内容的，不丧失新颖性，因此本专利应享受专利法第二十四条规定的宽限期。

通过被请求人的自认，可以确定本专利产品在申请日以前已在国内公开使用。尽管被请求人提出因其与五星公司存在口头上的保密协议而使得本专利应享受专利法第二十四条规定的宽限期的主张，但是在被请求人与五星公司于2002年1月31日订立的协议书中，并没有明确关于本专利技术内容的保密约定，也无法从合同内容中推知五星公司在本专利申请日之前对本专利技术方案存在默示的保密义务。被请求人也没有其他证据证明其与五星公司存在口头上的保密约定，故合议组对被请求人提出的上述关于本专利应享受专利法第二十四条规定的宽限期的主张不予支持。

鉴于本专利产品在申请日以前已在国内公开使用，故本专利权利要求1和权利要求2所限定的技术方案不具备专利法第二十二条第二款规定的新颖性。

三、决定

宣告01247054.6号实用新型专利权全部无效。

当事人对本决定不服的，可以根据专利法第四十六条第二款的规定，自收到本决定之日起三个月内向北京第一中级人民法院起诉。根据该款的规定，一方当事人起诉后，另一方当事人应当作为第三人参加起诉。

175

自关闭阀门案

无效宣告请求审查决定（第7608号）

决　定　号　第7608号
决　定　日　2005年10月21日
发明创造名称　自关闭阀门
国际分类号　F16K 1/00
无效请求人　罗达莱克斯阀门（上海）有限公司
专利权人　陈永茂
专　利　号　03274232.0
申　请　日　2003年9月6日
授权公告日　2004年9月15日
合议组组长　陈海平
主　审　员　冯　涛
参　审　员　宋鸣镝

法律依据　专利法第二十二条第二款、第三款
决定要点

权利要求所要求保护的技术方案已在对比文件中公开，则该权利要求不具备新颖性。

一、案由

本无效宣告请求案涉及的是专利号为03274232.0、名称为“自关闭阀门”的实用新型专利，该专利的申请日为2003年9月6日，授权公告日为2004年9月15日，专利权人为陈永茂。

该专利授权公告的权利要求书如下：

“1. 自关闭阀门，包括阀体（9）、密封帽（2）、透气压盖（13）和密封机构，其特征在于：密封机构由阀杆（8）、密封体（6）、阀杆套（10）和阀杆弹簧（12）构成，阀体（9）内的阀门进口（14）上方装有带通孔（25）的透气压盖（13），透气压盖（13）上面连接阀杆套（10），阀杆弹簧（12）的一端顶在阀杆套（10）腔内底端，阀杆弹簧（12）的另一端顶在阀杆（8）的下端面，阀杆（8）上部的阀杆环台（7）内装有密封体（6），阀杆（8）顶端通过阀体座（5）置于阀门出口（1）的下方，阀门出口（1）内装有密封帽（2）。

2. 根据权利要求1所述的自关闭阀门，其特征在于：阀门出口（1）的内外圆处分别制有一环形槽（15）、（16）。

3. 根据权利要求1所述的自关闭阀门，其特征在于：密封帽（2）是由橡胶材料制成且呈圆管状置于环形槽（15）中。

4. 根据权利要求1所述的自关闭阀门，其特征在于：由橡胶材料制成的密封体（6）的中心处是套在圆柱形杆（17）上的圆柱形孔，与阀体座（5）接触的工作面为圆锥面。

5. 根据权利要求1所述的自关闭阀门，其特征在于：阀杆（8）上部有凸起的阀杆圆锥（4）。

6. 根据权利要求1所述的自关闭阀门，其特征在于：阀杆套（10）的内腔是圆柱形孔，与透气压盖（13）接触的底端中心有一个透气通孔（23）。

7. 根据权利要求1所述的自关闭阀门，其特征在于：阀杆套（10）外部有4个轴心对称的定位棱（11）和阀体（9）的内腔壁配合，使阀杆套（10）内的圆柱形孔与阀体腔同轴，4个定位棱（11）之间有空隙供流体通过。

8. 根据权利要求1所述的自关闭阀门，其特征在于：透气压盖（13）上的螺纹与阀体（9）上的螺纹啮合连接。

9. 根据权利要求1所述的自关闭阀门，其特征在于：阀体（9）的一侧有一限压机构与阀体（9）的内腔或阀体（9）上的独立通道相通。

10. 根据权利要求9所述的自关闭阀门，其特征在于：限压机构腔内装有密封垫（19），密封垫（19）镶嵌在安全阀芯（18）的一端，安全阀芯（18）的另一端内装有弹簧（20），弹簧（20）的另一端顶在透气压盖（21）上，透气压盖（21）装有防尘盖（22）。”

罗达莱克斯阀门（上海）有限公司（下称请求人）针对上述专利权（下称本专利）于2005年3月16日向专利复审委员会提出了无效宣告请求，请求宣告本专利全部无效，其理由是本专利不符合专利法第二十二条第二款和第三款的规定，并同时提交了两篇附件作为证据：

附件1：欧洲专利说明书EP0393234B1及其中文译文，公开日为1990年10月24日（下称对比文件1）；

附件2：机械工业出版社于1992年12月北京第1版，1995年5月第2次印刷的《阀门设计手册》的版权页和第99页复印件（下称对比文件2）。

请求人认为，权利要求1、2、5~9相对于对比文件1不具备新颖性，权利要求3和权利要求4相对于对比文件1不具备创造性，权利要求10相对于对比文件1和对比文件2的结合不具备创造性。

经审查，上述无效宣告请求符合专利法及其实施细则规定的形式要求，专利复审委员会予以受理，于2005年5月9日发出无效宣告请求受理通知书，并将无效宣告请求书及附件副本转给了专利权人（下称被请求人），要求其在指定期限进行意见陈述，同时成立合议组对此案进行审查。

被请求人针对上述无效宣告请求在指定期限内未作出答复。

复审委员会本案合议组于2005年8月26日向双方当事人发出了无效宣告请求口头审理通知书，定于2005年10月19日在专利复审委员会举行口头审理。

口头审理如期举行。仅请求人一方参加口头审理，请求人未提交附件2的原件，由于附件2《阀门设计手册》是常见的技术手册，合议组同意在口审后核实其真实性。

至此，本案合议组认为本案的事实已经清楚，可以作出审查决定。

二、决定的理由

1. 关于证据的认定

对比文件1是专利文献，属于公开出版物，合议组经核实对其真实性予以确认，并且其公开日早于本专利的申请日，其中所公开的技术方案与本发明属于相同的技术领域，可以作为评价本专利新颖性和创造性的现有技术。

对比文件2是公开出版物，合议组经核实对其真实性予以确认，并且公开日期早于本专利的申请日，其中所公开的技术方案与本发明属于相同的技术领域，可以作为评价本专利新颖性和创造性的现有技术。

2. 关于新颖性

根据专利法第二十二第二款条的规定，新颖性，是指在申请日以前没有同样的发明或者实用新型在国内外出版物上公开发表过、在国内公开使用过或者以其他方式为公众所知，也没有同样的发明或者实用新型由他人向国务院专利行政部门提出过申请并且记载在申请日以后公布的专利申请文件中。

对比文件1公开了一种自关闭阀门，并具体公开了以下技术特征（参见该对比文件1说明书译文第3~4页及图3）：包括阀体16，密封帽32，透气压盖72和密封机构，密封机构由阀杆62、密封体、阀杆套76和阀杆弹簧64构成，阀体16内的阀门进口上方装有带通孔74的透气压盖72，透气压盖72上面连接阀杆套76，阀杆弹簧64的一端顶在阀杆套76腔内底端，阀杆弹簧64的另一端顶在阀杆62的下端面，阀杆62上部的阀杆环台内装有密封体，阀杆62顶端通过阀体座18置于阀门出口12的下方，阀门出口12内装有密封帽32。

对比文件1已经公开了权利要求1的全部技术特征，因此权利要求1不具备新颖性。

权利要求2的附加技术特征已在对比文件1中公开，其中阀门出口处的内外环形槽与其相对应（参见该对比文件的图3），因此权利要求2不具备新颖性。

权利要求5的附加技术特征已在对比文件1中公开，其中阀杆上部的阀杆圆锥与其相对应（参见该对比文件的图3），因此权利要求5不具备新颖性。

权利要求6的附加技术特征已在对比文件1中公开，其中阀杆套76的内腔是圆柱形孔，与透气压盖72接触的底端中心有一个透气通孔（参见该对比文件的图3），因此权利要求6不具备新颖性。

权利要求7的附加技术特征已在对比文件1中公开，其中阀杆套76外部有轴心对称的定位棱和阀体的内腔壁配合，使阀杆套内的圆柱形孔与阀体腔同轴，定位棱之间有空隙供流体通过（参见该对比文件的图3），并且从对比文件的图3可知，为保证阀杆套内的圆柱形孔与阀体腔同轴，图3中必然设置了4个轴心对称的定位棱，因此权利要求7不具备新颖性。

权利要求8的附加技术特征已在对比文件1中公开，其中透气压盖72通过螺纹与阀体16连接（参见该对比文件的图3），因此权利要求8不具备新颖性。

权利要求9的附加技术特征已在对比文件1中公开，其中阀体16的右侧有一限压机构22与阀体16的内腔相通（参见该对比文件的图3），因此权利要求9不具备新颖性。

3. 关于创造性

根据专利法第二十六条第三款的规定，创造性，是指同申请日以前已有的技术相比，该发明有突出的实质性特点和显著的进步，该实用新型有实质性特点和进步。

权利要求3和权利要求4的结构特征也已在对比文件1中公开（参见该对比文件的图3），其中密封帽32呈圆管状置于阀体出口的内环形槽中，密封体套在阀杆62的圆柱形部分70上，与阀体座18接触的工作面为圆锥面，而其中的材料特征即密封帽和密封体由橡胶材料制成是本领域的公知常识，因此权利要求3和权利要求4不具备创造性。

对比文件2公开了一种内装式安全阀结构，并具体公开了以下技术特征：限压机构腔内装有密封垫，密封垫镶嵌在安全阀芯的一端，安全阀芯的另一端内装有弹簧，弹簧的另一端顶在透气压盖上，透气压盖装有防尘盖。

权利要求10限定部分的附加技术特征是限压机构的具体结构特征，在对比文件2中均已公开，在对比文件1的基础上结合对比文件2得出该权利要求所要求保护的技术方案是本领域技术人员容易做到的，因此权利要求10不具备创造性。

综上所述，合议组认为本专利的权利要求1~10均不具备新颖性或创造性。

三、决定

宣告03274232.0号实用新型专利权无效。

当事人对本决定不服的，可以根据专利法第四十六条第二款的规定，自收到本决定之日起三个月内向北京市第一中级人民法院起诉。根据该款的规定，一方当事人起诉后，另一方当事人应当作为第三人参加诉讼。

176

电瓶前置的轮式拖拉机案

无效宣告请求审查决定（第7611号）

决　定　号　第7611号
决　定　日　2005年10月28日
发明创造名称　电瓶前置的轮式拖拉机
国际分类号　B60K 1/04　B62D 49/00
无效请求人　潍坊圣剑拖拉机制造有限公司
专利权人　苑凤山
专　利　号　01115200.1
申　请　日　2001年8月4日
公　开　日　2002年1月9日
授权公告日　2004年3月10日
合议组组长　魏　屹
主　审　员　陈海平
参　审　员　武树辰

法律依据　专利法第二十二条第二款、第三款
决定要点

通常情况证人证言中所追忆的往事的真实性需要确凿的客观证据的进一步佐证。

一、案由

本无效宣告请求案涉及苑凤山（下称专利权人）于2001年8月4日向国家知识产权局专利局提出的名称为"电瓶前置的轮式拖拉机"的发明专利申请，其申请号为01115200.1。

该专利申请于2004年3月10日公告授权（下称本专利），其授权公告的权利要求书如下：

"1. 电瓶前置的轮式拖拉机，包括发动机、传动机构、行走机构、转向机构、操纵机构和电器系统，电器机构包括电瓶以及与电瓶连接的各种电器，其特征在于：电瓶固定连接在拖拉机机架的前端、左右框架（1）之间。

2. 根据权利要求1所述的电瓶前置的轮式拖拉机，其特征在于：在拖拉机机架的前端、左右框架（1）之间固定连接有电瓶架（2），电瓶（3）安装在电瓶架（2）上。

3. 根据权利要求1所述的电瓶前置的轮式拖拉机，其特征在于：所述的拖拉机机架上的保险杠（4）为可拆卸式结构，通过固定螺栓连接在左右框架（1）的前端。

4. 根据权利要求3所述的电瓶前置的轮式拖拉机，其特征在于：保险杠（4）上焊接有两片槽钢板（5），槽钢板（5）上带有螺栓孔，该槽钢板（5）的形状与构成左右框架（1）的槽钢相配合，可以插入左右框架的凹槽中，左右框架（1）上相应带有螺栓孔，左右框架（1）之间固定连接有电瓶架（2），电瓶（3）安装在电瓶架（2）上。

5. 根据权利要求3所述的电瓶前置的轮式拖拉机，其特征在于：机架上的左右框架（1）的前端带有连接板，保险杠通过螺栓连接在左右框架（1）的连接板上。”

针对上述专利权，潍坊圣剑拖拉机制造有限公司（下称请求人）于2005年6月2日向专利复审委员会提出了无效宣告请求，其理由为本专利权利要求1～5不符合专利法第二十二条第二款、第三款，也不符合专利法实施细则第二条及专利法第十三条的规定。请求人并提交了下述附件作为证据：

附件1：《机械工程手册》第70篇 拖拉机，机械工业出版社1978年10月第1版第1次印刷（封面、版权页、第70－20至第70－29页复印件）；

附件2：（2005）北证内经字第52号《公证书》复印件；

附件3：《机械设计手册》第4版第5卷，化学工业出版社出版（封面及第21篇中的两页的复印件）。

经形式审查合格，专利复审委员会受理了上述无效宣告请求并将无效宣告请求书及附件副本转给了专利权人，同时成立合议组对本案进行审理。

专利权人于2005年7月7日提交意见陈述书进行答辩。

请求人于2005年6月9日提交意见陈述书，同时提交补充证据如下：

附件4：《农业机械》杂志2001年第3期，2001年3月8日出版（封面、目录页共2页及封三复印件）。

请求人再次于2005年7月1日提交意见陈述书，同时继续提交补充证据如下：

附件5：中国一拖集团有限公司《东方红－300/304/400型拖拉机使用保养说明书》（封面、前言、第17、第37页复印件）；

附件6：附件3之《机械设计手册》的2000年第3版（未提交具体附页）。

专利复审委员会于2005年8月25日发出口头审理通知书，定于2005年10月18日进行本案的口头审理，同时将专利权人于2005年7月7日提交的意见陈述书转给请求人，将请求人于2005年6月9日、7月1日提交补充证据转给专利权人。

本案的口头审理按期举行，双方当事人出席了口头审理。

口头审理开始时，请求人声明放弃以专利法实施细则第二条及专利法第十三条的规定作为其无效理由，并放弃了其所提交的证据中的附件3、附件6。

请求人当庭出示了其所提交的附件1、2、4、5的原件，专利权人对上述原件的真实性予以承认。

请求人认为，其所提交的附件1、2、4、5及附件4与附件5的结合均能否定本专利权利要求1的新颖性与创造性；而本专利从属权利要求2的附加技术特征被附件1所公开，从属权利要求3、5的附加技术特征被附件2所公开，从属权利要求4的附加技术特征属于一般公知技术。

在上述程序的基础上，合议组作出了本决定。

二、决定的理由

1. 请求人认为本专利的权利要求1～5不具备新颖性与创造性

专利法第二十二条第二款规定：新颖性，是指在申请日以前没有同样的发明或者实用新型在国内外出版物上公开发表过、在国内公开使用过或者以其他方式为公众所知，也没有同样的发明或者实用新型由他人向国务院专利行政部门提出过申请并且记载在申请日以后公布的专利申请文件中。

专利法第二十二条第三款规定：创造性，是指同申请日以前已有的技术相比，该发明有突出的实质性特点和显著的进步，该实用新型有实质性特点和进步。

2. 对本专利独立权利要求1新颖性与创造性的评述

本专利独立权利要求1全文如下：

“1. 电瓶前置的轮式拖拉机，包括发动机、传动机构、行走机构、转向机构、操纵机构和电器系统，电器机构包括电瓶以及与电瓶连接的各种电器，其特征在于：电瓶固定连接在拖拉机机架的前端、左右框架（1）之间。”

请求人所提交的附件1公开日在本专利申请日之前，其所公开的技术方案与本专利均涉及轮式拖拉机这一技术领域，因而附件1可以作为评价本专利的新颖性与创造性的现有技术。

下面以附件1为基础对本专利独立权利要求1的新颖性及创造性进行评述：

（1）参见附件1图70·2－12以及表70·2－13：在附件1图70·2－12中公开了一种轮式拖拉机，其中的部分零件的名称可以在表70·2－13中查明。其中标号（6）所指零件名称为“蓄电池及固定支架”，同时该零件（6）位于图中的轮式拖拉机前端。因此可见本发明的技术主题即“电瓶前置的轮式拖拉机”已经为附件1所公开。

（2）附件1图70·2－12以及表70·2－13中所记载“轮式拖拉机”也具有本专利独立权利要求1的前序部分中所述之结构特征，即“发动机、传动机构、行走机构、转向机构、操纵机构和电器系统、电器机构包括电瓶以及与电瓶连接的各种电器”。

（3）本专利独立权利要求1的特征部分中所述之结构特征为：“电瓶固定连接在拖拉机机架的前端、左右框架（1）之间”，但在附件1第70－23页左下栏“调整重心位置的方法”一节中已经指出可以借助“改变……蓄电池的位置”（该栏倒数第2行）来调整轮式拖拉机的重心，据此并参照现有技术中拖拉机蓄电池设置在拖拉机前端的技术方案，本领域普通技术人员不难想到在需要进一步调整拖拉机重心时可以根据拖拉机机架的具体构形来选用“电瓶固定连接在拖拉机机架的前端、左右框架（1）之间”这一技术手段。

专利权人认为：附件1中的拖拉机没有“机架”，故在机型上与本专利完全不同。合议组的意见为：在附件中的“5·2 轮式拖拉机的总体布置”一章中已指出其中所述的轮式拖拉机具有“机架”（参见附件第170－21页文字部分左栏末段中的叙述），故专利权人的上述意见不能成立。

综上所述，本专利权利要求1相对于附件1的技术方案具备新颖性，但不具备创造性。

3. 对本专利从属权利要求2的评述

“2. 根据权利要求1所述的电瓶前置的轮式拖拉机，其特征在于：在拖拉机机架的前端、左右框架（1）之间固定连接有电瓶架（2），电瓶（3）安装在电瓶架（2）上。”

如前文所述，从附件1图70·2－12以及表70·2－13中可以得知在其中所公开的轮式拖拉机中“蓄电池及固定支架”安装在拖拉机的机身前端；而在附件1第70－23页左下栏“调整重心位置的方法”一节中已经指出可以借助“改变……蓄电池的位置”（该栏倒数第2行）来调整轮式拖拉机的重心，据此并参照现有技术中拖拉机蓄电池设置在拖拉机前端的技术方案，本领域普通技术人员不难想到在需要进一步调整拖拉机重心时可以根据拖拉机机架的具体构形来选用“电瓶架”“固定连接”“在拖拉机机架的前端、左右框架之间”这一技术措施。

综上所述，在所引用的权利要求1不具备创造性的前提下，该从属权利要求2也不具备创造性。

4. 对本专利从属权利要求3、5的评述

请求人认为，由于权利要求3、5的附加技术特征已为附件2所公开，故权利要求3、5均不具备新颖性与创造性。

请求人所提交附件2的公证书的出证日期为2005年4月28日，其中的主要相关内容包括有拖拉机车主的证言、拖拉机照片及该拖拉机的零件图册，其中的拖拉机照片系2005年4月17日对该拖拉机进行现场摄制所得，当时并有拖拉机车主作证，称该松江180A型拖拉机为其于1997年7月购买。

合议组认为：附件2的公证书的制作、证人的出证及照片的摄制均进行于本专利申请日之后。由于证人证言属于一种主观陈述，故要证实该陈述的真实性（即该拖拉机确于1997年7月购买）则需要进一步的客观佐证。另外，从该拖拉机的零件图册本身也不能看出该图册的公开日期；虽然在照片上的拖拉机铭牌上可以看到该拖拉机的“出厂日期”，但是“出厂日期”本身亦不能直接认定为该拖拉机的公开日期。故在本案中附件2不能用于评判本专利新颖性与创造性的现有技术证据，即请求人认为权利要求3、5不具备新颖性和创造性的理由不能成立。

5. 对本专利从属权利要求4的评述

本专利从属权利要求4的全文如下：

“4. 根据权利要求3所述的电瓶前置的轮式拖拉机，其特征在于：保险杠（4）上焊接有两片槽钢板（5），槽钢板（5）上带有螺栓孔，该槽钢板（5）的形状与构成左右框架（1）的槽钢相配合，可以插入左右框架的凹槽中，左右框架（1）上相应带有螺栓孔，左右框架（1）之间固定连接有电瓶架（2），电瓶（3）安装在电瓶架（2）上。”

请求人认为，本专利权利要求4的特征部分所述之本专利的附加技术特征属于一般公知常识，故该权利要求4不具备创造性。

合议组认为，在本专利权利要求4中描述了适用于实现在本专利说明书中所述的本发明目的的专用技术方案，请求人认为该技术方案仅属于一般公知常识的理由缺乏依据，故不能被接受。

三、决定

宣告01115200.1号发明专利权权利要求1~2无效，在该专利权利要求3~5的基础上维持本专利权有效。

当事人对本决定不服的，可以根据专利法第四十六条第二款的规定，自收到本决定之日起三个月内向北京市第一中级人民法院起诉。根据该款的规定，一方当事人起诉后，另一方当事人应当作为第三人参加诉讼。

北京市第一中级人民法院
行政判决书

（2005）一中行初字第1216号

原告苑凤山，男，汉族，1957年4月21日出生，住山东省潍坊市奎文区樱桃园文化路69号。

委托代理人戴武军，男，汉族，1968年3月5日出生，住山东省潍坊市潍城区胜利东市科委集体。

被告国家知识产权局专利复审委员会，住所地北京市海淀区北四环西路9号银谷大厦10~12层。

法定代表人廖涛，副主任。

委托代理人陈海平，国家知识产权局专利复审委员会审查员。

委托代理人王丽颖，国家知识产权局专利复审委员会审查员。

第三人潍坊圣剑拖拉机制造有限公司，住所地山东省寿光市上口镇政府驻地。

法定代表人李剑明，经理。

委托代理人张曰俊，潍坊正信专利事务所专利代理人。

委托代理人刘本领，男，汉族，1969年5月12日出生，潍坊正信专利事务所职工，住山东省潍坊市潍城区北关张辛庄槐香小区2号楼3单元602号。

原告苑凤山不服被告国家知识产权局专利复审委员会（下称专利复审委员会）于2005年10月

28日作出的第7611号无效宣告请求审查决定（下称第7611号决定），于法定期限内向本院提起行政诉讼。本院于2005年11月21日受理后，依法组成合议庭，并通知潍坊圣剑拖拉机制造有限公司（下称圣剑公司）作为本案第三人参加诉讼，于2006年1月10日公开开庭进行了审理。原告苑凤山及委托代理人戴武军，被告专利复审委员会的委托代理人陈海平、王丽颖，第三人圣剑公司的法定代表人李剑明及委托代理人张曰俊、刘本领到庭参加了诉讼。本案现已审理终结。

第7611号决定系专利复审委员会针对圣剑公司就苑凤山所拥有的01115200.1号发明专利（下称本专利）所提出的无效宣告请求而作出的。专利复审委员会在该决定中认定：

一、在附件1图70·2－12中公开了一种轮式拖拉机，其中的部分零件的名称可以在表70·2－13中查明。其中标号（6）所指零件名称为“蓄电池及固定支架”，同时该零件（6）位于图中的轮式拖拉机前端。由此可见本发明的技术主题即“电瓶前置的轮式拖拉机”已经为附件1所公开。附件1图70·2－12以及表70·2－13中所记载的“轮式拖拉机”也具有本专利独立权利要求1的前序部分中所述之结构特征，即“发动机、传动机构、行走机构、转向机构、操纵机构和电器系统，电器机构包括电瓶以及与电瓶连接的各种电器”。在附件1第70－23页左下栏“调整重心位置的方法”一节中已经指出可以借助“改变……蓄电池的位置”来调整轮式拖拉机的重心，据此参照现有技术中拖拉机蓄电池设置在拖拉机前端的技术方案，本领域普通技术人员不难想到在需要进一步调整拖拉机重心时可以根据拖拉机机架的具体构形来选用“电瓶固定连接在拖拉机机架的前端、左右框架（1）之间”这一技术手段。此外，在附件1中的“5·2轮式拖拉机的总体布置”一章中已指出其中所述的轮式拖拉机具有“机架”。本专利权利要求1相对于附件1的技术方案具备新颖性，但不具备创造性。

二、从附件1图70·2－12以及表70·2－13中可以得知在其中所公开的轮式拖拉机中“蓄电池及固定支架”安装在拖拉机的机身前端；而在附件1第70－23页左下栏“调整重心位置的方法”一节中已经指出可以借助“改变……蓄电池的位置”来调整轮式拖拉机的重心，据此并参照现有技术中拖拉机蓄电池设置在拖拉机前端的技术方案，本领域普通技术人员不难想到在需要进一步调整拖拉机重心时可以根据拖拉机机架的具体构形来选用“电瓶架”“固定连接”“在拖拉机机架的前端、左右框架之间”这一技术措施。在所引用的权利要求1不具备创造性的前提下，该从属权利要求2也不具备创造性。三、附件2不能作为评判本专利新颖性与创造性的现有技术证据，即第三人认为权利要求3、5不具备新颖性和创造性的理由不能成立。四、本专利权利要求4中描述了适用于实现在本专利说明书中所述的本发明目的专用技术方案，第三人认为该技术方案仅属于一般公知常识的理由缺乏依据，故不能被接受。据此，专利复审委员会作出第7611号决定，宣告本专利权利要求1～2无效，在权利要求3～5的基础上维持本专利权有效。

原告苑凤山不服第7611号决定，向本院提起行政诉讼，其诉称：一、附件1、4和附件5所公开的都是没有机架的整体承重式的拖拉机，与本专利所述的带有机架的轮式拖拉机具有本质的区别，被告以上述材料公开的内容评判本专利的“三性”存在概念上的错误，此“拖拉机”非彼“拖拉机”，此“机架”非彼“机架”。二、附件1中虽然指出拖拉机“调整重心位置的方法”可以通过“改变蓄电池的位置”来实现，但并不足以使普通技术人员得出本专利的技术方案，因为除了拖拉机驾驶座两侧的平台可以放置蓄电池以外，如果要在拖拉机的其他位置放置蓄电池，都必须增加一个放置电瓶的部件，如电瓶筐等。第三人提供的附件1、2、4和证据5正好说明了这一点，这些材料公开的拖拉机都是在前面增加一个电瓶筐，将电瓶安装在电瓶筐中。本专利是利用原有的拖拉机机架作为放置电瓶的载体，没有增加的部件，不破坏拖拉机原有的整体结构，设计和制造成本都更加合理。同时，将电瓶放在这里还可以起到防盗的作用。这些都无法从第三人提供的附件中得到任何技术启示，普通技术人员不可能考虑到。

综上所述，被告作出的第7611号决定事实认定错误，请求人民法院撤销该决定。

被告专利复审委员会在书面答辩中坚持其在第7611号决定中阐述的意见，认为该决定认定事实清楚，适用法律法规正确，请求人民法院维持该决定。

第三人圣剑公司未提交书面意见陈述，其在庭审过程中表示被告作出的第7611号决定正确，请求法院予以维持。

本院经审理查明：

本案涉及国家知识产权局专利局于2004年3月10日授权公告、专利号为01115200.1、名称为“电瓶前置的轮式拖拉机”的发明专利（即本专利），其申请日是2001年8月4日，专利权人为苑凤山。本专利授权公告的权利要求书包括独立权利要求1、分别从属于权利要求1的从属权利要求2、3以及分别从属于权利要求3的从属权利要求4、5，其中权利要求1和从属权利要求2的内容如下：

“1. 电瓶前置的轮式拖拉机，包括发动机、传动机构、行走机构、转向机构、操纵机构和电器系统、电器系统包括电瓶以及与电瓶连接的各种电器，其特征在于：电瓶固定连接在拖拉机机架的前端、左右框架（1）之间。

2. 根据权利要求1所述的电瓶前置的轮式拖拉机，其特征在于：拖拉机机架的前端、左右框架（1）之间固定连接有电瓶架（2），电瓶（3）安装在电瓶架（2）上。”

本专利说明书中记载：“本发明的目的是提供一种电瓶前置的轮式拖拉机，在不增加成本的前提下将电瓶安装在拖拉机前端的中轴线附近，达到既能防盗又能平衡配重的目的”。“另外，电瓶位于拖拉机罩的覆盖之下，可以防止灰尘、泥浆的污染”。

2005年6月2日，圣剑公司以本专利权利要求1~5不符合专利法第二十二条第二款、第三款，专利法实施细则第二条及专利法第十三条的规定为由向专利复审委员会提出无效宣告请求，并先后提交了六份证据，其中：

附件1：《机械工程手册》第70篇 拖拉机，机械工业出版社1978年10月第1版第1次印刷（封面、版权页、第70-20页至第70-29页复印件）。附件1中图70·2-12为轮式拖拉机总布置侧视示意图；表70·2-13显示了几种轮式拖拉机各部件结构重量，该表第1列为总成名称，第2列为与总成名称一一对应的图上代号，该图上代号见图70·2-12，其中包括发动机（1）、蓄电池及固定支架（6）、前轮（8）、电器及仪表（11）、发动机操作机构（12）、转向器（13）、最终传动（21）和后轮（22）等。蓄电池及固定支架（6）位于图70·2-12中轮式拖拉机前端。附件1第70-25页左下栏“调整重心位置的方法”中包括“改变燃油箱和蓄电池的位置”。附件1的“5·2轮式拖拉机的总体布置”一节的第70-21页左栏末段中记载了“机架常用无架式或小半架式，无架式机架由前桥托架、发动机及传动系各部件壳体直连接在一起组成，中小功率的拖拉机常用这种型式。小半架式机架由安装发动机和前桥的纵横梁及传动系壳体组成（见图70·2-18c），发动机机体不承受整机载荷，拆装保养方便，大功率的拖拉机常采用这种型式”。附件1的图70·2-18显示了拖拉机的几种机架，其中包括半架式、全架式和小半架式，这三种拖拉机机架前端均具有左、右框架的构造。

2005年10月28日，专利复审委员会作出第7611号决定。

原告在庭审过程中表示对第7611号决定中关于权利要求1的主题和前序部分的技术特征的评述不持异议。此外，原告还主张本专利取得了巨大的商业成功可以证明本专利的创造性。

以上事实有本专利授权公告文本、第7611号决定、附件1以及当事人陈述等证据在案佐证。

本院认为：

根据专利法第二十二条第三款的规定，发明专利的创造性是指，同申请日以前已有的技术相比，该发明有突出的实质性特点和显著的进步。在评定发明的创造性时，应将要求保护的发明与现有技术相比，如果发明的技术方案是非显而易见的，并且具有有益的技术效果，则该发明具备创造性，否则，不具备创造性

1. 关于权利要求 1 的创造性

由于原告对第 7611 号决定中关于权利要求 1 的主题和前序部分的技术特征的评述不持异议，本院对此不再进行审理。因此，权利要求 1 是否具备创造性的关键在于权利要求 1 的特征部分的技术特征是否被附件 1 所公开或者是否可以从附件 1 中得到技术启示。附件 1 中图 70·2-12 公开的轮式拖拉机的蓄电池设置在其前端，同时附件 1 还指出可以通过改变蓄电池的位置来调整轮式拖拉机的重心。在现有技术公开上述内容的基础上，为了进一步调整轮式拖拉机的重心，所属技术领域的技术人员根据轮式拖拉机机架前端具有左、右框架的具体构造，很容易想到将蓄电池固定于其间，即采用“电瓶固定连接在拖拉机机架的前端、左右框架之间”这一技术手段，从而实现了节省成本（如电瓶筐）兼有防盗、防污染等功能的技术效果。因此，由附件 1 得出权利要求 1 请求保护的技术方案是显而易见的，权利要求 1 请求保护的技术方案相对于附件 1 不具备创造性。

针对原告关于附件 1 公开的拖拉机没有机架以及权利要求 1 中所述机架与附件 1 中所述“机架”并不相同的主张，本院认为：首先，附件 1 中已经明确指出所述轮式拖拉机具有机架。其次，本专利的权利要求 1 中并未对其中的“机架”进行任何限定，本专利的说明书也没有对本专利所述“机架”进行相应的描述，所属技术领域的技术人员不能看出本专利所述“机架”与附件 1 中所述机架存在任何差别。因此，原告的上述主张缺乏事实依据，本院不予支持。原告关于本专利在商业上获得成功的主张缺乏事实依据予以佐证，更没有证明该种成功是由于发明的技术特征直接导致的，本院亦不予支持。

2. 关于权利要求 2 的创造性

附件 1 公开的蓄电池设置在前端的轮式拖拉机所包括的蓄电池的固定支架即一种电瓶架。在现有技术公开上述内容的基础上，为了进一步调整轮式拖拉机的重心，所属技术领域的技术人员根据轮式拖拉机机架前端具有左、右框架的具体构造，很容易想到选用电瓶架作为固定连接的手段将蓄电池固定于其间，即采用权利要求 2 进一步限定的“在拖拉机机架的前端、左右框架之间固定连接有电瓶架、电瓶安装在电瓶架上”这一技术手段。因此，在权利要求 1 不具备创造性的前提下，从属权利要求 2 也不具备创造性。

综上，被告作出的第 7611 号决定证据充分，适用法律正确，程序合法，应予维持。原告请求撤销该决定的理由不能成立，本院不予支持。依照《中华人民共和国行政诉讼法》第五十四条第（一）项之规定，本院判决如下：

维持被告国家知识产权局专利复审委员会作出的第 7611 号无效宣告请求审查决定。

案件受理费 1000 元，由原告苑凤山负担（已交纳）。

如不服本判决，各方当事人可于本判决送达之日起十五日内，向本院提交上诉状及其副本，并交纳上诉案件受理费 1000 元（开户行：中国工商银行北京分行黄楼支行；户名：北京市第一中级人民法院；账号：144537-48），上诉于北京市高级人民法院。

审 判 长 姜 颖

代理审判员 赵 明

人民陪审员 李 渤

二〇〇六年二月二十七日

书 记 员 朱 平

北京市高级人民法院
行政判决书

（2006）高行终字第282号

上诉人（原审原告）苑凤山，男，汉族，1957年4月21日出生，住山东省潍坊市奎文区樱桃园文化路69号。

委托代理人杨秋荣，男，汉族，1952年10月2日出生，山东华山拖拉机制造有限公司职员，住山东省潍坊市潍城区曹家巷10号7号楼2单元102号。

委托代理人戴武军，男，汉族，1968年3月5日出生，潍坊名家知识产权代理有限公司职员，住山东省潍坊市潍城区胜利东市科委集体。

被上诉人（原审被告）国家知识产权局专利复审委员会，住所地北京市海淀区北四环西路9号银谷大厦10~12层。

法定代表人廖涛，副主任。

委托代理人陈海平，国家知识产权局专利复审委员会审查员。

委托代理人耿博，国家知识产权局专利复审委员会审查员。

原审第三人潍坊圣剑拖拉机制造有限公司，住所地山东省寿光市上口镇政府驻地。

法定代表人李剑明，经理。

委托代理人张曰俊，潍坊正信专利事务所专利代理人。

委托代理人刘本领，男，汉族，1969年5月12日出生，住山东省潍坊市潍城区北关张辛庄槐香小区2号楼3单元602号。

上诉人苑凤山因专利权无效行政纠纷一案，不服北京市第一中级人民法院（2005）一中行初字第1216号行政判决，向本院提起上诉。本院2006年6月14日受理后，依法组成合议庭，于2006年7月10日公开开庭进行了审理。上诉人苑凤山及委托代理人戴武军、杨秋荣，被上诉人国家知识产权局专利复审委员会（下称专利复审委员会）的委托代理人陈海平、耿博，原审第三人潍坊圣剑拖拉机制造有限公司（下称圣剑公司）的委托代理人张曰俊、刘本领到庭参加了诉讼。本案现已审理终结。

本案涉及国家知识产权局专利局于2004年3月10日授权公告、专利号为01115200.1、名称为“电瓶前置的轮式拖拉机”的发明专利（下称本专利），其申请日是2001年8月4日，专利权人为苑凤山。2005年6月2日，圣剑公司以本专利权利要求1~5不符合专利法第二十二条第二款、第三款，专利法实施细则第二条及专利法第十三条的规定为由向专利复审委员会提出无效宣告请求。2005年10月28日，专利复审委员会作出第7611号无效宣告请求审查决定（下称第7611号决定），宣告本专利权利要求1~2无效，在权利要求3~5的基础上维持本专利权有效。苑凤山不服第7611号决定，于法定期限内向北京市第一中级人民法院提起诉讼。

北京市第一中级人民法院判决认为，附件1中图70·2-12公开的轮式拖拉机的蓄电池设置在其前端，同时，附件1还指出可以通过改变蓄电池的位置来调整轮式拖拉机的重心。在现有技术公开上述内容的基础上，为了进一步调整轮式拖拉机的重心，所属技术领域的技术人员根据轮式拖拉机机架前端具有左、右框架的具体构造，很容易想到将蓄电池固定于其间，即采用“电瓶固定连接在拖拉机机架的前端、左右框架之间”这一技术手段，从而实现了节省成本（如电瓶筐）兼有防盗、防污染等功能的技术效果。因此，由附件1得出本专利权利要求1请求保护的技术方案是显而易见的，权利要求1请求保护的技术方案相对于附件1不具备创造性。

附件1公开的蓄电池设置在前端的轮式拖拉机所包括的蓄电池的固定支架即一种电瓶架。在现有技术公开上述内容的基础上，为了进一步调整轮式拖拉机的重心，所属技术领域技术人员根据轮式拖拉机机架前端具有左、右框架的具体构造，很容易想到选用电瓶架作为固定连接的手段将蓄电池固定于其间，即采用本专利权利要求2进一步限定的“在拖拉机机架的前端、左右框架之间固定连接有电瓶架、电瓶安装在电瓶架上”这一技术手段。因此，在权利要求1不具备创造性的前提下，从属权利要求2也不具备创造性。

综上，北京市第一中级人民法院依照《中华人民共和国行政诉讼法》第五十四条第（一）项之规定判决：维持专利复审委员会作出的第7611号决定。

苑凤山不服原审判决，向本院提出上诉，请求撤销原审判决，撤销第7611号决定。其理由为：1. 附件1、4和附件5所公开的都是没有机架的整体承重式的拖拉机，与本专利所述的带有机架的轮式拖拉机具有本质的区别，专利复审委员会以上述材料公开的内容评判本专利的“三性”存在概念上的错误，此“拖拉机”非彼“拖拉机”，此“机架”非彼“机架”，原审法院对此认定错误；2. 附件1中虽然指出拖拉机“调整重心位置的方法”可以通过“改变蓄电池的位置”来实现，但并不足以使普通技术人员得出本专利的技术方案，因为除了拖拉机驾驶座两侧的平台可以放置蓄电池以外，如果要在拖拉机的其他位置放置蓄电池，都必须增加一个放置电瓶的部件，如电瓶筐等。圣剑公司提供的附件1、2、4和附件5正好说明了这一点，这些材料公开的拖拉机都是在前面增加一个电瓶筐，将电瓶安装在电瓶筐中。本专利是利用原有的拖拉机机架作为放置电瓶的载体，没有增加部件，不破坏拖拉机原有的整体结构，设计和制造成本都更加合理。同时，将电瓶放在这里还可以起到防盗的作用。这些都无法从圣剑公司提供的附件中得到任何技术启示，普通技术人员不可能考虑到。专利复审委员会、圣剑公司服从原审判决。

经审理查明，本案涉及国家知识产权局专利局于2004年3月10日授权公告、专利号为01115200.1、名称为“电瓶前置的轮式拖拉机”的发明专利（即本专利），其申请日是2001年8月4日，专利权人为苑凤山。本专利授权公告的权利要求书包括独立权利要求1、分别从属于权利要求1的从属权利要求2、3以及分别从属于权利要求3的从属权利要求4、5，其中权利要求1和从属权利要求2的内容如下：

“1. 电瓶前置的轮式拖拉机，包括发动机、传动机构、行走机构、转向机构、操纵机构和电器系统、电器系统包括电瓶以及与电瓶连接的各种电器，其特征在于：电瓶固定连接在拖拉机机架的前端、左右框架（1）之间。

2. 根据权利要求1所述的电瓶前置的轮式拖拉机，其特征在于：拖拉机机架的前端、左右框架（1）之间固定连接有电瓶架（2），电瓶（3）安装在电瓶架（2）上。”

本专利说明书中记载：“本发明的目的是提供一种电瓶前置的轮式拖拉机，在不增加成本的前提下将电瓶安装在拖拉机前端的中轴线附近，达到既能防盗又能平衡配重的目的”。“另外，电瓶位于拖拉机罩的覆盖之下，可以防止灰尘、泥浆的污染”。

2005年6月2日，圣剑公司以本专利权利要求1~5不符合专利法第二十二条第二款、第三款，专利法实施细则第二条及专利法第十三条的规定为由向专利复审委员会提出无效宣告请求，并先后提交了六份证据，其中：

附件1：《机械工程手册》第70篇 拖拉机，机械工业出版社1978年10月第1版第1次印刷

（封面、版权页、第70－20页至第70－29页复印件）。附件1中图70·2－12为轮式拖拉机总布置侧视示意图；表70·2－13显示了几种轮式拖拉机各部件结构重量，该表第1列为总成名称，第2列为与总成名称一一对应的图上代号，该图上代号见图70·2－12，其中包括发动机（1）、蓄电池及固定支架（6）、前轮（8）、电器及仪表（11）、发动机操作机构（12）、转向器（13）、最终传动（21）和后轮（22）等。蓄电池及固定支架（6）位于图70·2－12中轮式拖拉机前端。附件1第70－25页左下栏“调整重心位置的方法”中包括“改变燃油箱和蓄电池的位置”。附件1的“5·2轮式拖拉机的总体布置”一节的第70－21页左栏末段中记载了“机架常用无架式或小半架式，无架式机架由前桥托架，发动机及传动系各部件壳体直连接在一起组成，中小功率的拖拉机常用这种型式。小半架式机架由安装发动机和前桥的纵横梁及传动系壳体组成（见图70·2－18c），发动机机体不承受整机载荷，拆装保养方便，大功率的拖拉机常采用这种型式”。附件1的图70·2－18显示了拖拉机的几种机架，其中包括半架式、全架式和小半架式，这三种拖拉机机架前端均具有左、右框架的构造。

2005年10月28日，专利复审委员会作出第7611号决定，专利复审委员会在该决定中认定：1. 在附件1图70·2－12中公开了一种轮式拖拉机，其中的部分零件的名称可以在表70·2－13中查明。其中标号（6）所指零件名称为“蓄电池及固定支架”，同时该零件（6）位于图中的轮式拖拉机前端。由此可见本发明的技术主题即“电瓶前置的轮式拖拉机”已经为附件1所公开。附件1图70·2－12以及表70·2－13中所记载的“轮式拖拉机”也具有本专利独立权利要求1的前序部分中所述之结构特征，即“发动机、传动机构、行走机构、转向机构、操纵机构和电器系统、电器机构包括电瓶以及与电瓶连接的各种电器”。在附件1第70－23页左下栏“调整重心位置的方法”一节中已经指出可以借助“改变……蓄电池的位置”来调整轮式拖拉机的重心，据此参照现有技术中拖拉机蓄电池设置在拖拉机前端的技术方案，本领域普通技术人员不难想到在需要进一步调整拖拉机重心时可以根据拖拉机机架的具体构形来选用“电瓶固定连接在拖拉机机架的前端、左右框架（1）之间”这一技术手段。此外，在附件1中的“5·2轮式拖拉机的总体布置”一章中已指出其中所述的轮式拖拉机具有“机架”。本专利权利要求1相对于附件1的技术方案具备新颖性，但不具备创造性。2. 从附件1图70·2－12以及表70·2－13中可以得知在其中所公开的轮式拖拉机中“蓄电池及固定支架”安装在拖拉机的机身前端；而在附件1第70－23页左下栏“调整重心位置的方法”一节中已经指出可以借助“改变……蓄电池的位置”来调整轮式拖拉机的重心，据此并参照现有技术中拖拉机蓄电池设置在拖拉机前端的技术方案，本领域普通技术人员不难想到在需要进一步调整拖拉机重心时可以根据拖拉机机架的具体构形来选用“电瓶架”“固定连接”“在拖拉机机架的前端、左右框架之间”这一技术措施。在所引用的本专利权利要求1不具备创造性的前提下，该从属权利要求2也不具备创造性。3. 附件2不能作为评判本专利新颖性与创造性的现有技术证据，即圣剑公司认为权利要求3、5不具备新颖性和创造性的理由不能成立。4. 本专利权利要求4中描述了适用于实现在本专利说明书中所述本发明目的的专用技术方案，圣剑公司认为该技术方案仅属于一般公知常识的理由缺乏依据，故不能被接受。据此，专利复审委员会作出第7611号决定，宣告本专利权利要求1～2无效，在权利要求3～5的基础上维持本专利权有效。

以上事实有本专利授权公告文本、第7611号决定、附件1以及当事人陈述等证据在案佐证。

本院认为，根据专利法第三十二条第三款的规定，发明专利的创造性是指，同申请日以前已有的技术相比，该发明有突出的实质性特点和显著的进步。本案的关键问题在于相对于附件1，本专利权利要求1、2是否具备创造性。

1. 关于权利要求1的创造性

本案中，附件1中图70·2－12公开的轮式拖拉机的蓄电池设置在其前端，附件1同时还指出可以通过改变蓄电池的位置来调整轮式拖拉机的重心。在现有技术公开上述内容的基础上，为了进一步调整轮式拖拉机的重心，所属技术领域的技术人员根据轮式拖拉机机架前端具有左、右框架的具体构造，很容易想到将蓄电池固定于其间，即采用“电瓶固定连接在拖拉机机架的前端、左右框架之间”这一技术手段，从而实现了节省成本（如电瓶筐）兼有防盗、防污染等功能的技术效果。因此，由附件1得出权利要求1请求保护的技术方案是显而易见的，本领域技术人员无须付出创造性劳动。因此，权利要求1请求保护的技术方案相对于附件1不具备创造性。苑凤山关于本专利权利要求1具备创造性的上诉主张没有事实和法律依据，本院不予支持。

针对苑凤山关于附件1公开的拖拉机没有机架以及权利要求1中所述机架与附件1中所述“机架”并不相同的主张，本院认为，一方面，附件1中已经明确指出所述轮式拖拉机具有机架，而且机架本身是上位概念，无架式机架是下位概念，无架式机架也是机架的一种；另一方面，本专利的权利要求1中并未对其中的“机架”进行任何限定，本专利的说明书也没有对本专利所述“机架”进行相应的描述，所属领域技术人员不能看出本专利所述“机架”与附件1中所述机架存在任何差别，是否具有“机架”与本案评价本专利创造性没有直接关系。苑凤山的上述主张没有事实依据，本院不予支持。

2. 关于权利要求2的创造性

附件1公开的蓄电池设置在前端的轮式拖拉机所包括的蓄电池的固定支架即一种电瓶架。在现有技术公开上述内容的基础上，为了进一步调整轮式拖拉机的重心，所属技术领域的技术人员根据轮式拖拉机机架前端具有左、右框架的具体构造，很容易想到选用电瓶架作为固定连接的手段将蓄电池固定于其间，即采用权利要求2进一步限定的“在拖拉机机架的前端、左右框架之间固定连接有电瓶架、电瓶安装在电瓶架上”这一技术手段。因此，在权利要求1不具备创造性的前提下，从属权利要求2也不具备创造性。

综上，原审判决认定事实清楚，适用法律正确，应予维持。苑凤山的上诉主张没有事实和法律依据，本院不予支持。依照《中华人民共和国行政诉讼法》第六十一条第（一）项之规定，本院判决如下：

驳回上诉，维持原判。

一审案件受理费1000元，由苑凤山负担（已交纳）；二审案件受理费1000元，由苑凤山负担（已交纳）。

本判决为终审判决。

审 判 长　刘继祥
代理审判员　李燕蓉
代理审判员　焦　彦
二〇〇六年九月二十七日
书 记 员　毕　怡

177

孔加工机械的激光定位系统案

无效宣告请求审查决定（第7612号）

决 定 号 第7612号
决 定 日 2005年10月31日
发明创造名称 孔加工机械的激光定位系统
国际分类号 B23B 49/00
无效请求人 屠文贤
专 利 权 人 青岛地恩地机电科技股份有限公司
专 利 号 01268601.8
申 请 日 2001年11月20日
授权公告日 2003年4月23日
合议组组长 杨克菲
主 审 员 魏屹
参 审 员 陈勇

法律依据 专利法第二十二条第二款、第三款 专利法第二十六条第三款
决定要点

对比文件1所公开的加工位置显示装置与本专利权利要求1所请求保护的激光定位系统在结构设计上明显不同，本领域技术人员根据对比文件1所公开的技术方案得到本专利权利要求1所限定的技术方案是非显而易见的，并且本专利权利要求1所限定的技术方案具有调节方便、定位快捷等技术效果，因此本专利权利要求1所限定的技术方案相对于对比文件1所公开的技术方案具有实质性特点和进步，具备创造性。

一、案由

本无效宣告请求案涉及的是专利号为01268601.8、名称为“孔加工机械的激光定位系统”的实用新型专利，该专利申请日为2001年11月20日，授权公告日为2003年4月23日，专利权人为青岛地恩地机电科技股份有限公司。

该专利授权公告时的权利要求如下：

“1. 一种孔加工机械的激光定位系统，其特征在于它由固连在孔加工机械的床头箱上的左右两个固定底座和安装在左右固定底座的左右两个发出细一字形光束而且自身平行的激光发射器所构成。

2. 按照权利要求1所述的孔加工机械的激光定位系统，其特征在于所说的激光发射器为笔形。

3. 按照权利要求1或2所述的孔加工机械的激光定位系统，其特征在于所说的固定底座上带有孔，激光发射器安装在固定底座的孔中，其尾部带有内螺纹，内螺纹中安装着一个带有外螺蚊和凸肩的调节螺钉，调节螺钉和激光发射器借螺纹夹持在固定底座上。”

针对上述专利权（下称本专利），屠文贤（下称请求人）于2005年1月18日向专利复审委员会

提出了无效宣告请求，其理由是本专利不符合专利法第二十六条第三款，第二十二条第二款、第三款的规定，本专利不符合专利法实施细则第二十一条第二款的规定，请求专利复审委员会宣告该实用新型专利权全部无效，同时提交了以下附件作为证据：

附件1：专利号为01268601.8的中国实用新型专利说明书（即本专利的授权文本）；

附件2：公开号为特开2000－343309的日本公开特许公报的复印件及其中文译文，其公开日为2000年12月12日（下称对比文件1）；

附件3：公告号为411888的中国台湾专利公报的复印件，其公告日为1989年11月11日（下称对比文件2）；

附件4：公开号为DE 19819332 A1的德国专利申请公开说明书的复印件及其中文译文，其公开日为1998年11月5日（下称对比文件3）；

附件5：授权公告号为US6301997 B1的美国专利说明书第3、第4栏和图9、图9A的复印件及其中文译文，其授权公告日为2001年10月16日（下称对比文件4）；

附件6：授权公告号为US 5316014的美国专利说明书的复印件及其中文译文，其授权公告日为1994年5月31日（下称对比文件5）；

附件7：专利权人在其他国家就相同主题提出的同族专利申请，包括公告号为582314的中国台湾专利公报的复印件、公开号为EP1319466A2的欧洲专利申请公开说明书的复印件、公开号为US 2003/0095840 A1的美国专利申请公开说明书的复印件。

请求人在无效宣告请求书中的主要观点是：（1）本专利说明书中对激光发射器发射出的光线的描述是不清楚的和自相矛盾的；本专利说明书中没有对如何使左右两个激光发射器所发出的细一字形光束的交线与孔加工机械的主轴刀具中心完全重合进行描述；说明书中没有对激光发射器的特定位置关系进行说明，因此说明书没有对本专利作出清楚、完整的说明，致使所属领域的技术人员无法实现，本专利不符合专利法第二十六条第三款的规定；（2）关于如何使左右两个激光发射器所发出的细一字形光束的交线与孔加工机械的主轴刀具中心完全重合的技术特征是实现发明目的的必要技术特征，而权利要求1中没有记载该必要技术特征，因此本专利权利要求1不符合专利法实施细则第二十一条第二款的规定；（3）对比文件1破坏本专利权利要求1~3的新颖性，对比文件2破坏本专利权利要求1~2的新颖性，对比文件1破坏本专利权利要求1~3的创造性，对比文件2与对比文件3~5中任何一篇结合破坏本专利权利要求1~3的创造性。

经审查，上述无效宣告请求符合专利法及其实施细则规定的形式要求，专利复审委员会于2005年3月3日予以受理并将专利权无效宣告请求书及所附证据材料的副本转送给专利权人，并成立合议组对此案进行审查。

专利权人青岛地恩地机电科技股份有限公司（下称被请求人）于2005年4月5日针对上述无效宣告请求进行了意见陈述，被请求人认为：本专利符合专利法第二十六条第三款和专利法实施细则第二十一条第二款的规定，请求人提供的所有证据都不能破坏本专利的新颖性和创造性，要求专利复审委员会作出维持专利权有效的决定。同时提交了以下附件作为反证：

附件1：专利号为93215898.6的中国实用新型专利说明书的复印件；

附件2：天津市激光技术研究所产品样本；

附件3：专利号为01205813.0的中国实用新型专利说明书的复印件；

附件4：国家知识产权局出具的针对本专利作出的实用新型检索报告复印件。

合议组于2005年8月5日向双方当事人发出口头审理通知书，定于2005年9月16日上午9时在专利复审委员会第四口审厅进行口头审理，并在发出口头审理通知书的同时将被请求人于2004年4

月5日提交的意见陈述书及其附件清单中所列的附件的副本转送给请求人。

口头审理如期进行，请求人和被请求人均参加了口头审理。在口头审理过程中，双方当事人对双方出庭人员的身份和资格无异议，对合议组成员无回避请求。被请求人对请求人提交的证据的真实性以及其中的外文证据的中文译文无异议。在口审过程中，请求人当庭放弃以本专利不符合专利法实施细则第二十一条第二款的规定作为无效宣告请求的理由，明确其无效宣告请求的理由是本专利不符合专利法第二十二条第二款、第三款，专利法第二十六条第三款的规定。请求人认为：（1）从对比文件1～5所公开的技术方案以及附件7的三份同族专利中可以看出，平面光束的产生需要类似透镜的光学器件，而本专利中没有公开这样的光学器件，因此本专利不符合专利法第二十六条第三款的规定；（2）对比文件1破坏本专利权利要求1和权利要求2的新颖性和创造性，本专利权利要求3的限定部分技术特征已在对比文件3中公开，对比文件1和对比文件3结合破坏本专利权利要求3的创造性。合议组当庭明确告知双方当事人，以请求人在口头审理中提出的无效宣告请求的理由和证据使用方式为基础进行审查。双方当事人对各自的观点进行了充分论述。

专利复审委员会于2005年9月21日收到被请求人提交的关于口头审理内容的书面材料。专利复审委员会于2005年9月26日收到请求人提交的关于口头审理内容的书面材料。

至此，合议组经过合议，认为涉及本案的有关事实已经清楚，可以作出本审查决定。

二、决定的理由

1. 关于证据的认定

被请求人对请求人提交的证据的真实性以及其中的外文证据的中文译文无异议，合议组对于请求人提交的对比文件1～5和附件7中所涉及的三份同族专利申请的真实性以及对比文件1、3～5的相关部分的中文译文予以认可。

2. 关于专利法第二十六条第三款

根据专利法第二十六条第三款的规定，说明书应当对发明或者实用新型作出清楚、完整的说明，以所属技术领域的技术人员能够实现为准；必要的时候，应当有附图。摘要应当简要说明发明或者实用新型的技术要点。

请求人认为：（1）激光发射器发出的应该是线性激光，而如果将线性激光转换为平面激光束则必须利用类似透镜的光学器件来实现，但本专利说明书中没有公开这样的光学器件，说明书中所述及的激光发射器发射出的细一字形光束应该理解为线性激光，两道线性激光不可能有交线，更不可能与主轴刀具中心线重合而起到指示钻孔位置的作用，因此本专利说明书中对激光发射器发出的细一字形光束的描述是不清楚的；（2）本专利说明书中没有对如何使左右两个激光发射器所发出的细一字形光束的交线与孔加工机械的主轴刀具中心完全重合进行描述；（3）两激光发射器必须满足特定的位置关系，即必须使其发出的光束与工作台面垂直，其交线才能与工作台面垂直，这样才有可能使得交线与主轴刀具中心重合，而说明书中没有对激光发射器的特定位置关系进行说明。从以上三个方面可以看出，说明书没有对本专利作出清楚、完整的说明，致使所属领域的技术人员无法实现，因此本专利不符合专利法第二十六条第三款的规定。

合议组认为：细一字形光束指的是能够在投影面上形成直线的光束，关于利用类似透镜的光学器件将线性激光转变为细一字形光束的方法以及激光发射器相对于工作台面的位置关系都是现有技术中的内容，都是本领域技术人员从现有技术中可以直接惟一得出的。说明书中虽然没有记载这些技术内容，但是通过本专利说明书中对激光发射器的功能的限定，即发出细一字形光束并使光束的交线与孔加工机械的主轴刀具中心完全重合，本领域技术人员利用本领域常识即可实现本专利的技术方案。另外，说明书中已经对调节左右两个激光发射器所发出的细一字形光束的交线使其与孔加工机械的主轴刀具中心完全重合的方法进行了清楚的描述（见本专利授权公告文本的说明书第1页第27~30行）。因此，合议组对于请求人提出的上述关于本专利不符合专利法第二十六条第三款的规定的主张不予支持。

3. 关于新颖性和创造性

根据专利法第二十二条第二款的规定，新颖性是指在申请日以前没有同样的发明或实用新型在国内外出版物上公开发表过，在国内公开使用过或者以其他方式为公众所知，也没有同样的发明或者实用新型由他人向国务院专利行政部门提出过申请并且记载在申请日以后公布的专利申请文件中。

根据专利法第二十二条第三款的规定，创造性是指同申请日以前已有的技术相比，该发明有突出的实质性特点和显著的进步，该实用新型有实质性特点和进步。

请求人认为：对比文件1破坏本专利权利要求1和权利要求2的新颖性和创造性，本专利权利要求3的限定部分技术特征已在对比文件3中公开，对比文件1和对比文件3结合破坏本专利权利要求3的创造性。

下面合议组对请求人提出的上述关于本专利不具备新颖性和创造性的主张进行评述。对比文件1和对比文件3都是在本专利申请日之前公开的出版物，可以用于评价本专利新颖性和创造性。

（1）关于本专利权利要求1和权利要求2的新颖性和创造性

对比文件1公开了一种加工位置显示装置，该加工位置显示装置包括安装在钻孔机1的柱体上的加工位置显示装置主机架5，在主机架的两端装有可视激光发射装置2和透镜3。

在对比文件1所公开的技术方案中，主机架和分别安装在主机架两端的两组可视激光发射装置2和透镜3一体地形成了可发出两个细一字形光束的加工位置显示装置，整个加工位置显示装置安装在钻孔机的柱体上。在本专利权利要求1所限定的技术方案中，激光定位系统包括两个单独的可分别发出一个细一字形光束的激光发射器，而这两个激光发射器分别安装在两个固定底座上，这两个固定底座固连在孔加工机械的床头箱上。由此可以看出，对比文件1所公开的技术方案与本专利权利要求1所限定的技术方案的不同之处在于：对比文件1中的可发出两个细一字形光束的加工位置显示装置为一个整体结构，并且该整体结构直接安装在钻孔机的柱体上，而本专利权利要求1所限定的技术方案中采用了两个单独的可分别发出一个细一字形光束的激光发射器，分别带有各自的安装底座，两个安装底座固连在孔加工机械的床头箱上。因此，对比文件1所公开的技术方案与本专利权利要求1所限定的技术方案不同，故本专利权利要求1所限定的技术方案相对于对比文件1所公开的技术方案具备新颖性。

通过以上的分析可以看出，对比文件1所公开的加工位置显示装置与本专利权利要求1所请求保护的激光定位系统在结构设计上明显不同，本领域技术人员根据对比文件1所公开的技术方案得到本专利权利要求1所限定的技术方案是非显而易见的，并且本专利权利要求1所限定的技术方案具有调节方便、定位快捷等技术效果，因此本专利权利要求1所限定的技术方案相对于对比文件1所公开的技术方案具有实质性特点和进步，具备创造性。

权利要求2是独立权利要求1的从属权利要求，在本专利权利要求1所限定的技术方案相对于对比文件1所公开的技术方案具备新颖性和创造性的前提下，权利要求2所限定的技术方案相对于对比文件1所公开的技术方案也具备新颖性和创造性。

合议组对于请求人提出对比文件1破坏本专利权利要求1和权利要求2的新颖性和创造性的主张不予支持。

（2）关于本专利权利要求3的创造性

对比文件3公开了一种板加工机，其具有机床3和设置有多个螺杆的刀架头6，在其旋转方向可安装与多个螺杆相应的刀具，可见对比文件 3 没有公开对比文件 1 与本专利权利要求 1 的区别技术特征，并且对比文件 1 和对比文件 3 之间不存在任何可以结合的技术启示，因此对比文件 1 和对比文件 3 结合不能破坏本专利权利要求 1 的创造性，更不能破坏本专利权利要求 3 的创造性。

因此合议组对于请求人提出的对比文件 1 和对比文件 3 结合破坏本专利权利要求 3 的创造性的主张不予支持。

三、决定

维持 ZL01268601. 8 号实用新型专利权有效。

当事人对本决定不服的，可以根据专利法第四十六条第二款的规定，自收到本决定之日起三个月内向北京第一中级人民法院起诉。根据该款的规定，一方当事人起诉后，另一方当事人应当作为第三人参加起诉。

178

全自动瓶盖印码机案

无效宣告请求审查决定（第7622号）

决　定　号　第7622号
决　定　日　2005年10月24日
发明创造名称　全自动瓶盖印码机
国 际 分 类 号　B65B 61/02
无 效 请 求 人　王文华
专　利　权　人　王建平
专　利　号　03278310.8
申　请　日　2003年8月31日
授 权 公 告 日　2004年9月1日
合 议 组 组 长　白剑锋
主　审　员　武树辰
参　审　员　祁轶军

法 律 依 据　专利法第二十二条第三款　专利法实施细则第二十一条第二款
决 定 要 点

对于在先申请在后公开的专利文献而言，其背景技术部分所公开的技术方案没有具体出处和公开时间，因此不能作为评价本专利创造性的已有技术。即使将其公开时间认定为在先申请在后公开的专利文献的公开日，由于其公开时间在本专利的申请日之后，因此不能作为评价本专利创造性的已有技术。

一、案由

本无效宣告请求案涉及的是专利号为03278310.8、名称为“全自动瓶盖印码机”的实用新型专利（下称本专利），本专利的申请日为2003年8月31日，授权公告日为2004年9月1日，专利权人为王建平。

本专利授权公告的权利要求书如下：

“1. 一种全自动瓶盖印码机，由瓶盖送料机构、定位机构、油墨输送机构、油印机构、电机及控制柜组成，其特征在于：瓶盖送料机构包括料斗、排盖装置及输送管道；所述的排盖装置由排盖上板、排盖下板和调节螺丝组成，并固定在固定支架内；其中的排盖上板中心开有通孔，其下端面的边缘设有均匀排列的凸块，下板的相对面设有止挡凸环，上板和下板通过调节螺丝固定连接。

2. 如权利要求1所述的一种全自动瓶盖印码机，其特征在于：所述的两个凸块的顶点的距离略小于瓶盖的直径。

3. 如权利要求1所述的一种全自动瓶盖印码机，其特征在于：所述的三个凸块的顶点之间的距离略小于瓶盖的直径。

4. 如权利要求1、2或3所述的一种全自动瓶盖印码机，其特征在于：所述的凸块的表面呈圆弧状。

5. 如权利要求1、2或3所述的一种全自动瓶盖印码机，其特征在于：所述的凸块直面组成的锥形。

6. 如权利要求1所述的一种全自动瓶盖印码机，其特征在于：所述的调节螺丝包括螺栓、两个螺母和垫片，螺栓依次穿过垫片、下板、螺母、上板和螺母，并由两个螺母固定。”

针对上述实用新型专利权，王文华（下称请求人）于2005年2月21日向专利复审委员会提出了无效宣告请求，认为本专利权利要求1~6不符合专利法第二十二条第二款、第三款的规定，请求专利复审委员会宣告该专利权全部无效。请求人同时提交了下列四份附件作为证据：

附件1：张家港市（三兴）汇源饮料机械厂的QGF桶装生产线和DGP系列冲洗罐装旋盖三合一机的宣传资料复印件；

附件2：武进市新城包装机械制造厂的产品宣传资料复印件；

附件3：浙江台州黄岩恒达机械彩印厂的产品宣传资料复印件；

附件4：武汉市辉煌食品（饮料）包装机械有限公司的产品宣传资料复印件。

经审查，上述无效宣告请求符合专利法及其实施细则规定的形式要求，专利复审委员会予以受理，于2005年2月22日向请求人和专利权人（下称被请求人）发出了无效宣告请求受理通知书，并将专利权无效宣告请求书及所附证据副本转送给被请求人，要求被请求人在指定期限内进行意见陈述，同时成立合议组对此案进行审查。

请求人于2005年3月21日提交了意见陈述书并补充提交了七份附件作为证据：

附件5：专利号为03248282.5的实用新型专利说明书复印件；

附件6：专利号为88212180.4的实用新型专利说明书复印件；

附件7：张家港市汇源饮料机械厂的DGP系列冲洗罐装旋盖三合一机的宣传资料复印件；

附件8：张家港市汇源饮料机械厂的WFG系列旋盖机的宣传资料复印件；

附件9：《江南日报》题为“苏州电话升8位 区号统一用0512”的新闻报道复印件；

附件10：销售“全自动瓶子罐装旋盖机”的增值税专用发票复印件；

附件11：销售“全自动罐装旋盖机”的增值税专用发票复印件。

请求人认为：本专利权利要求1~6相对于附件5不具备新颖性，权利要求1~6相对于附件5和附件6的结合不具备创造性，权利要求1~6相对于附件5~11的结合不具备创造性。

被请求人于2005年3月22日针对专利复审委员会于2005年2月22日发出的无效宣告请求受理通知书提交了意见陈述书。

被请求人认为：请求人所提交的附件1~4均是产品样本，无公开时间，因此不能用来评价本专利的新颖性和创造性。另外，从附件1~4仅显示了产品的外部形状和功能，而未公开本专利所要求保护的产品的结构，因此无效宣告请求人的理由不能成立。

专利复审委员会于2005年8月16日向双方当事人发出口头审理通知书，定于2005年10月11日在专利复审委员会进行口头审理，随同口头审理通知书将请求人于2005年3月21日提交的意见陈述书和补充证据副本转送给被请求人，将被请求人于2005年3月22日提交的意见陈述书副本转送给请求人。

口头审理如期进行，双方当事人均参加了口头审理。在口头审理过程中，双方对对方出席口头审理人员的资格没有异议，对合议组成员无回避请求。

请求方明确其无效理由是本专利权利要求1不符合专利法实施细则第二十一条第二款的规定，权利要求1~6不符合专利法第二十二条第三款的规定。请求人认为：本专利权利要求1缺少解决其技术问题的必要技术特征，不符合专利法实施细则第二十一条第二款的规定。具体而言，权利要求1缺少凸块间距离的必要技术特征。请求人还指出：附件5的背景技术与附件6相结合可以破坏本专利权利要求1~6的创造性，明确在评价创造性时最接近现有技术是附件5。请求人当庭提交了附件1~4、7、8的原件，被请求人表示对上述附件的真实性有异议，认为请求人所提供的附件均不能作为公开出版物来使用。合议组当庭告知请求人，由于没有提交附件9~11相应的原件或公证件，无法核实其真实性，因此合议组在本案无效请求的审理过程中对附件9~11不予考虑。合议组当庭告知被请求人，于口头审理结束后十日内提交针对权利要求1不符合专利法实施细则第二十一条第二款的意见陈述，逾期不提交不影响本案的审查。

被请求人于口头审理结束后10日内未向本案合议组提交针对权利要求1不符合专利法实施细则第二十一条第二款的意见陈述。

口头审理结束后，合议组收到被请求人于2005年9月28日针对上述无效宣告请求作出的意见陈述，由于被请求人的意见陈述及主张已经在口头审理中作出了明确的说明，两者的内容是一致的，因此合议组不再将该意见陈述转送给请求人。

至此，合议组经过合议，认为涉及本案的有关事实已经清楚，可以作出审查决定。

二、决定的理由

1. 关于证据

首先，合议组已经在口头审理过程中当庭告知请求人，由于没有提交附件9~11相应的原件或公证件，无法核实其真实性，因此合议组在本案无效请求的审理过程中对附件9~11不予考虑。

审查指南第二部分第2.1.3.1节给出了专利法意义上的出版物的定义："专利法意义上的出版物是指记载有技术或设计内容的独立存在的有形传播载体，并且应当表明其发表者或出版者以及公开发表或出版时间。"

附件1~4、7、8均为产品宣传资料，其上均未记载公开发表或出版时间，而且也不能确定其上所记载的技术内容是否处于任何人想得知即可得知的状态，因此附件1~4、7、8不是专利法意义上的"出版物"。另外，请求人未提供其他间接证据来支持附件1~4、7、8可以作为使用公开的证据。因此，合议组对附件1~4、7、8不予考虑。

附件5和附件6均是专利文献，被请求人对其真实性没有异议，经核实合议组对附件5和附件6的真实性予以认可。

2. 关于专利法实施细则第二十一条第二款

专利法实施细则第二十一条第二款规定：独立权利要求应当从整体上反应发明或者实用新型的技术方案，记载解决技术问题的必要技术特征。

审查指南第二部分第3.1.2节给出了必要技术特征的定义，即，"必要技术特征是指，发明或者实用新型为解决其技术问题所不可缺少的技术特征，其总和足以构成发明或者实用新型的技术方案，使之区别于背景技术中所述的其他技术方案。"

请求人认为，本专利所要解决的技术问题是使盖朝着一个方向排列，如果凸块间距离大于瓶盖直径，则无法解决上述技术问题，因此独立权利要求1缺少关于凸块间距离的必要技术特征。

合议组认为，虽然独立权利要求1所要求保护的技术方案中并未对凸块之间的距离加以限定，但本领域普通技术人员根据权利要求1所限定的技术方案（即利用排盖上板下端面边缘均匀排列的凸块和下板的相对面上设置的止挡凸环来自动排盖的技术方案）必然会对考虑到均匀排列在排盖上板下端面边缘上的凸块之间的距离，使至少一个凸块容置在瓶盖的腔体内，使开口朝上的瓶盖可通过上板和下板之间的间隙，进入到输送管道中，从而解决本专利所要解决的技术问题，而不会将凸块之间的距离设置得大于瓶盖直径。另外，相对于本专利背景技术中所记载的手动排盖和送盖的技术方案而言，独立权利要求1中所记载的技术特征的总和已足以构成本实用新型专利的技术方案，使之与上述的背景技术中所记载的技术方案区别开来，因此独立权利要求1能够从整体上反应发明或者实用新型的技术方案，记载了解决技术问题的全部必要技术特征，符合专利法实施细则第二十一条第二款的规定。

3. 关于创造性

请求人认为结合附件5背景技术部分的技术方案与附件6，可否定本专利权利要求1～6的创造性。

根据专利法第二十二条第三款的规定，创造性是指同申请日以前已有的技术相比，该发明有突出的实质性特点和显著的进步，该实用新型有实质性特点和进步。

根据专利法实施细则第三十条的规定，专利法第二十二条第三款所称已有的技术，是指申请日（有优先权的，指优先权日）前在国内外出版物上公开发表、在国内公开使用或者以其他方式为公众所知的技术，即现有技术。

审查指南第二部分第三章第2.2节对抵触申请给出了进一步解释说明，即“根据专利法第二十二条第二款的规定，在一件专利申请的新颖性判断中，由他人在该申请的申请日以前向专利局提出并且在申请日以后（含申请日）公布的同样的发明或者实用新型专利申请，损害该申请日提出的专利申请的新颖性。为描述简便，在判断新颖性时，将这种损害新颖性的专利申请，称为抵触申请”。

该条还指出：“由于抵触申请不属于专利法实施细则第三十条规定的现有技术，所以抵触申请只在确定发明或者实用新型的新颖性时才予考虑，在确定发明或者实用新型的创造性时，不予考虑。”

合议组认为：附件5是实用新型专利说明书，其申请日2003年7月15日在本专利的申请日2003年8月31日之前，其公开日2004年7月14日在本专利的申请日之后，因此仅可用于评价木专利的新颖性。

请求人指出：附件5在其背景技术中记载的技术内容为其申请日之前的公知技术。也就是说，该技术是在被请求专利的申请日之前就已经公知的技术，而且该技术内容同样涉及解决瓶盖中“开口朝上的盖子”自动排列的问题，所以在附件5中记载的该公知技术可以作为评价被请求专利的创造性的现有技术。请求人还指出：其所依据的是审查指南第四部分第一章第12.2.8节的规定，即“对于申请日以前的使用公开或者口头公开在申请日或者申请日以后以书面或者其他方式记载下来的情况，所述记载内容在复审或者无效宣告案件涉及的专利申请权或者专利权的相关纠纷发生之前已有记载的，如果没有证据证明该书面或者其他方式记载的内容与使用公开或者口头公开的技术（或设计）内容不同，并且没有证据证明该书面或者其他方式记载的内容是非真实的，则该书面或者其他方式记载的内容视为该使用公开或者口头公开的真实记录”。

合议组认为：对于附件5背景技术中所记载的技术内容而言，由于本专利说明书中未记载其来源和公开时间，因此不能作为评价本专利创造性的已有技术。即使将该部分的技术内容的公开时间认定为附件5的公开时间，其公开时间在本专利申请日之后，不能作为评价本专利创造性的已有技术。对于请求人所引用的审查指南第四部分第一章第12.2.8节的规定，由于该规定是针对“使用公开或者口头公开以书面或者其他方式记载”的规定，而非对出版物公开的规定，对于出版物公开方式应当参照审查指南中有关出版物公开的规定，因此合议组对其主张不予支持。

附件6公开了一种理盖结构，如图6、图7和说明书中相应的描述可知，这种理盖结构在旋转盘

31 上安装有锥套螺钉 30，而旋转环 32 的下端面平的，锥形瓶盖从锥套螺钉 30 之间排出，从而实现理盖功能，然而本专利权利要求 1 所要求保护的技术方案是在排盖上板下端面边缘设有均匀排列的凸块，下板的相对面设有止挡凸环，瓶盖是从上板下端面的凸块与下板之间排出，从而实现理盖功能。由此可见，附件 6 所公开的技术方案与权利要求 1 所要求保护的技术方案不同，而且在请求人所提供的现有技术中也不存在获得权利要求 1 所要求保护的技术方案的技术启示，因此权利要求 1 具备专利法二十二条第三款所规定的创造性，由于从属权利要求 2 ~6 均是权利要求 1 的从属权利要求，因此权利要求 2 ~6 也具备专利法第二十二条第三款所规定的创造性。

由于请求人未对其“本专利权利要求 1 ~6 不具备创造性”的主张提供充分的证据，故合议组对请求人的上述主张不予支持。

综上，本专利权利要求 1 符合专利法实施细则第二十一条第二款的规定，本专利的权利要求 1 ~6 相对于请求人所提供的证据具备创造性。

三、决定

维持 03278310. 8 号实用新型专利权有效。

当事人对本决定不服的，可以根据专利法第四十六条第二款的规定，自收到本决定之日起三个月内向北京第一中级人民法院起诉。根据该款的规定，一方当事人起诉后，另一方当事人应当作为第三人参加诉讼。

北京市第一中级人民法院
行政判决书

（2006）一中行初字第 443 号

原告王文华，男，1967 年 3 月 25 日出生，汉族，无业，住浙江省温州市瓯海区牛桥村 15 －3 号。

委托代理人李求轶，浙江轶雄律师事务所律师。

被告国家知识产权局专利复审委员会，住所地北京市海淀区北四环西路 9 号银谷大厦 10 ~12 层。

法定代表人廖涛，副主任。

委托代理人武树辰，国家知识产权局专利复审委员会审查员。

委托代理人耿博，国家知识产权局专利复审委员会审查员。

第三人王建平，男，1963 年 9 月 30 日出生，汉族，黄岩恒达机械彩印厂职员，住浙江省台州市黄岩区城关镇桥上街居 8 组 16 户。

委托代理人蔡正保，台州市方圆专利事务所专利代理人。

原告王文华不服被告国家知识产权局专利复审委员会第 7622 号无效宣告请求审查决定（下称第 7622 号决定），向本院提起行政诉讼。本院受理后，依法组成合议庭，向被告送达起诉状副本及应诉通知书。依照《中华人民共和国行政诉讼法》第二十七条的规定，本院通知王建平作为本案第三人参加诉讼，并于 2006 年 6 月 13 日公开开庭审理了本案。原告的委托代理人李求轶，被告的委托代理人武树辰、耿博，第三人王建平的委托代理人蔡正保到庭参加了诉讼。本案现已审理终结。

2005 年 10 月 24 日，被告作出第 7622 号决定，以名称为“全自动瓶盖印码机”的 03278310. 8

号实用新型专利权（下称本专利）权利要求1符合《中华人民共和国专利法实施细则》（下称《专利法实施细则》）第二十一条第二款的规定，本专利的权利要求1～6相对于原告所提供的证据具备创造性为由，维持本专利权有效。被告在法定举证期限内向本院提供了作出第7622号决定的证据，用以证明该决定的合法性：1. 张家港市（三兴）汇源饮料机械厂的QGF桶装生产线和DGP系列冲洗罐装旋盖三合一机的宣传资料复印件（下称附件1）；2. 武进市新城包装机械制造厂的KG－8型XG－8A型自动旋盖机的宣传资料复印件（下称附件2）；3. 浙江台州黄岩恒达机械彩印厂的全自动印码机宣传资料复印件（下称附件3）；4. 武汉市辉煌食品（饮料）包装机械有限公司的产品宣传资料复印件（下称附件4）；5. 专利号为03248282.5的实用新型专利说明书复印件（下称附件5）；6. 专利号为88212180.4的实用新型专利申请说明书复印件（下称附件6）；7. 张家港市汇源饮料机械厂的DGP系列冲洗罐装旋盖三合一机的宣传资料复印件（下称附件7）；8. 张家港市（三兴）汇源饮料机械厂的WFG系列旋盖机的宣传资料复印件（下称附件8）；9. 来源于人民网的《江南日报》题为“苏州电话升8位 区号统一用0512”的新闻报道复印件（下称附件9）；10. 销售“全自动瓶子罐装旋盖机”的增值税专用发票复印件（下称附件10）；11. 销售“全自动罐装旋盖机”的增值税专用发票复印件（下称附件11）；12. 本专利权利要求书及说明书。

原告诉称：

一、被告对于附件9～11的认定是毫无理由的。附件9是《江南日报》的公告，附件10～11为增值税专用发票复印件。上述证据虽不是原件，但公告是公开的、公知的，并注明了来源和印章证明，无须原件。增值税专用发票是开具发票单位出具的，且已盖上该单位的公章，证明其出处和原件相符。从证据的书面形式上看，已具备证据真实性原则。

二、决定书认为权利要求1从整体上反映实用新型的技术方案，记载解决技术问题的必要技术特征是不正确的。根据被诉决定关于“虽然独立权利要求1所要求保护的技术方案中并未对凸块之间的距离加以限定，但本领域普通技术人员根据权利要求1所限定的技术方案（即利用排盖上板下端面边缘均匀排列的凸块和下板的相对面上设置的止挡凸环来自动排盖的技术方案），必然会对考虑到均匀排列在排盖上板下端面边缘上的凸块之间的距离，使至少一个凸块容置在瓶盖的腔体内，使开口朝上的瓶盖可通过上板和下板之间的间隙，进入到输送管道中，从而解决本专利所要解决的技术问题，而不会将凸块之间的距离设置得大于瓶盖直径”的认定，本实用新型专利中该部分就不存在任何创造性。另外，第三人的技术方案不仅仅是针对手动排盖和送盖的缺陷，而且是一种自动的整理（排盖）的技术方案。其内容必然涵盖必要技术特征所涉及的各方面技术特征。由于整体上的重要组成部分已为常识和通理，因此其不具备必要技术特征要求。

三、根据附件1～11，在本专利申请日前已经有“全自动瓶子罐装旋盖机”和“全自动罐装旋盖机”公开使用、生产销售，根据《中华人民共和国专利法》（下称《专利法》）第二十二条第三款、《专利法实施细则》第五十条等规定，第三人权利要求书所述技术为已有的技术，第三人“全自动瓶盖印码机”与现有的“全自动罐装旋盖机”相对比无实质性特点和进步，从而不具备新颖性和创造性。据此，被告由于对证据效力审查上存在明显错误，导致认定事实错误，并作出错误决定书，故请求法院判决撤销第7622号决定。

原告为支持其诉讼主张，向本院提交了下列证据：1. 中国食品工业（2002年第八期）复印件；2. 食品科学（2001年第七期）复印件；3. 食品科学（2001年第一期）复印件；4. 中国机电产品目录复印件；5. 包装机械选用手册复印件；6. 中国食品工业（1998年第七期）复印件；7. 包装机械产品供应目录复印件；8. 机械产品目录（第六册）复印件；9. 2002年4月10日人民邮电第一版《成都、苏州、深圳、海东本地电话网号码将升位》文章复印件。

被告辩称：

一、关于原告所提交的附件9~11：附件9为来源于人民网的《江南日报》题为“苏州电话升8位 区号统一用0512”的新闻报道复印件，该证据属于互联网上公开的信息，原告在口头审理时并未提供任何能够证明该证据真实性的证据，例如经公证处公证的公证件，由于互联网公开极易修改的特点，我委认为对该证据的真实性无法确认，因此对该证据不予采信。附件10为销售“全自动瓶子罐装旋盖机”的增值税专用发票复印件；附件11为销售“全自动罐装旋盖机”的增值税专用发票复印件。由于原告在口头审理过程中未出示上述增值税发票的原件或经公证处公证的公证件，我委无法核实其真实性，因此对上述证据不予采信。

二、根据《审查指南》第二部分第二章第3.1.2节规定：独立权利要求应当从整体上反映发明或者实用新型的技术方案，记载解决技术问题的必要技术特征。必要技术特征是指，发明或者实用新型为解决其技术问题所不可缺少的技术特征，其总和足以构成发明或者实用新型的技术方案，使之区别于背景技术中所述的其他技术方案。本专利独立权利要求1中所记载的技术特征的总和足以构成本实用新型专利的技术方案，并且能够使之区别于背景技术中所记载的其他技术方案，因此，独立权利要求1符合《专利法实施细则》第二十一条第二款的规定。

三、关于创造性问题，我委仍坚持第7622号决定书中的观点。综上所述，我委所作出的第7622号决定认定事实清楚、适用法律法规正确、审理程序合法、审查结论正确，请求法院维持第7622号决定。

第三人王建平陈述，被告作出的被诉决定适用法律正确、认定事实清楚、审查程序合法，请求维持被告作出的第7622号决定。第三人王建平未向本院提交证据。

经庭审质证，本院经审查认为，被告提交的证据与本案被诉决定的合法性审查有关，且合法、真实，本院予以采纳。其中证据12能够证明本专利的相关内容，被告提供的其余证据能够证明原告在无效宣告程序中提交了上述证据及相关内容。原告提交的证据均为诉讼中提交的新证据，不能作为评价被诉决定合法性的依据，本院不予采纳。

根据确认的有效证据以及当事人无争议的陈述，本院认定事实如下：

2003年8月31日，第三人向国家知识产权局专利局提出名称为“全自动瓶盖印码机”的实用新型专利申请，国家知识产权局专利局经审查于2004年9月1日授予专利权，即本专利。本专利授权公告的权利要求书如下：

“1. 一种全自动瓶盖印码机，由瓶盖送料机构、定位机构、油墨输送机构、油印机构、电机及控制柜组成，其特征在于：瓶盖送料机构包括料斗、排盖装置及输送管道；所述的排盖装置由排盖上板、排盖下板和调节螺丝组成，并固定在固定支架内；其中的排盖上板中心开有通孔，其下端面的边缘设有均匀排列的凸块，下板的相对面设有止挡凸环，上板和下板通过调节螺丝固定连接。

2. 如权利要求1所述的一种全自动瓶盖印码机，其特征在于：所述的两个凸块的顶点的距离略小于瓶盖的直径。

3. 如权利要求1所述的一种全自动瓶盖印码机，其特征在于：所述的三个凸块的顶点之间的距离略小于瓶盖的直径。

4. 如权利要求1、2或3所述的一种全自动瓶盖印码机，其特征在于：所述的凸块的表面呈圆弧状。

5. 如权利要求1、2或3所述的一种全自动瓶盖印码机，其特征在于：所述的凸块直面组成的锥形。

6. 如权利要求1所述的一种全自动瓶盖印码机，其特征在于：所述的调节螺丝包括螺栓、两个螺母和垫片，螺栓依次穿过垫片、下板、螺母、上板和螺母，并由两个螺母固定。”

2005 年 2 月 21 日，原告以本专利权利要求 1～6 不符合《专利法》第二十二条第二款、第三款的规定为由，向被告提出无效宣告请求，同时提交了附件 1～4 作为证据。同年 3 月 21 日原告又补充提交了附件 5～11。被告受理后，进行了转文，并于同年 10 月 11 日举行了口头审理。在口头审理过程中，原告明确其无效理由是本专利权利要求 1 不符合《专利法实施细则》第二十一条第二款的规定，权利要求 1～6 不符合《专利法》第二十二条第三款的规定。并明确附件 5 的背景技术与附件 6 相结合可以破坏本专利权利要求 1～6 的创造性，在评价创造性时最接近的现有技术是附件 5。被告在口头审理过程中当庭告知原告，由于其没有提交附件 9～11 相应的原件或公证件，无法核实其真实性，对附件 9～11 不予考虑。

经审查，被告作出第 7622 号决定，其中认为，附件 1～4、7、8 均为产品宣传资料，其上均未记载公开发表或出版时间，而且也不能确定其上所记载的技术内容是否处于任何人想得知即可得知的状态，因此附件 1～4、7、8 不是专利法意义上的“出版物”。另外，原告未提供其他间接证据来支持附件 1～4、7、8 可以作为使用公开的证据。故对附件 1～4、7、8 不予考虑。附件 5 和附件 6 均是专利文献，经核实对附件 5 和附件 6 的真实性予以认可。《审查指南》第二部分第二章第 3. 1. 2 节规定：必要技术特征是指，发明或者实用新型为解决其技术问题所不可缺少的技术特征，其总和足以构成发明或者实用新型的技术方案，使之区别于背景技术中所述的其他技术方案。

虽然独立权利要求 1 所要求保护的技术方案中并未对凸块之间的距离加以限定，但本领域普通技术人员根据权利要求 1 所限定的技术方案（即利用排盖上板下端面边缘均匀排列的凸块和下板的相对面上设置的止挡凸环来自动排盖的技术方案），必然会对考虑到均匀排列在排盖上板下端面边缘上的凸块之间的距离，使至少一个凸块容置在瓶盖的腔体内，使开口朝上的瓶盖可通过上板和下板之间的间隙，进入到输送管道中，从而解决本专利所要解决的技术问题，而不会将凸块之间的距离设置得大于瓶盖直径。

另外，相对于本专利背景技术中所记载的手动排盖和送盖的技术方案而言，独立权利要求 1 中所记载的技术特征的总和已足以构成本实用新型专利的技术方案，使之与上述的背景技术中所记载的技术方案区别开来，因此独立权利要求 1 能够从整体上反映发明或者实用新型的技术方案，记载了解决技术问题的全部必要技术特征，符合《专利法实施细则》第二十一条第二款的规定。

根据《专利法实施细则》第三十条的规定，专利法第二十二条第三款所称已有的技术，是指申请日（有优先权的，指优先权日）前在国内外出版物上公开发表、在国内公开使用或者以其他方式为公众所知的技术，即现有技术。根据《审查指南》第二部分第三章第 2. 2 节规定，抵触申请不属于《专利法实施细则》第三十条规定的现有技术，所以抵触申请只在确定发明或者实用新型的新颖性时才予考虑，在确定发明或者实用新型的创造性时，不予考虑。

附件 5 是实用新型专利说明书，其申请日 2003 年 7 月 15 日在本专利的申请日 2003 年 8 月 31 日之前，其公开日 2004 年 7 月 14 日在本专利的申请日之后，因此仅可用于评价本专利的新颖性。对于附件 5 背景技术中所记载的技术内容而言，由于本专利说明书中未记载其来源和公开时间，因此不能作为评价本专利创造性的已有技术，即使将该部分的技术内容的公开时间认定为附件 5 的公开时间，其公开时间在本专利申请日之后，因此也不能作为评价本专利创造性的已有技术。

对于原告所引用的《审查指南》第四部分第一章第 12. 2. 8 节的规定，由于该规定是针对“使用公开或者口头公开以书面或者其他方式记载”的规定，而非对出版物公开的规定，对于出版物公开方式应当参照《审查指南》中有关出版物公开的规定。附件 6 公开了一种理盖结构，如图 6、图 7 和说明书中相应的描述可知，这种理盖结构在旋转盘 31 上安装有锥套螺钉 30，而旋转环 32 的下端面是平的，锥形瓶盖从锥套螺钉30之间排出，从而实现理盖功能。然而本专利权利要求1所要求保护的技术方案是在排盖上板下端面边缘设有均匀排列的凸块，下板的相对面设有止挡凸环，瓶盖是从上板下端面的凸块与下板之间排出，从而实现理盖功能。由此可见，附件6所公开的技术方案与权利要求1所要求保护的技术方案不同，而且在原告所提供的现有技术中也不存在获得权利要求1所要求保护的技术方案的技术启示，因此权利要求1具备《专利法》第二十二条第三款所规定的创造性，由于从属权利要求2~6均是权利要求1的从属权利要求，因此权利要求2~6也具备《专利法》第二十二条第三款所规定的创造性。综上，决定维持本专利权有效。

在本院庭审中，原告、第三人对被告作出第7622号决定的程序没有异议。

本院认为，根据《专利法实施细则》第二十一条第二款规定，独立权利要求应当从整体上反映发明或者实用新型的技术方案，记载解决技术问题的必要技术特征。本专利所要解决的技术问题是“瓶盖开口向上的排列问题”，权利要求1所记载的技术特征的整体已构成解决该技术问题的完整的技术方案，与本专利背景技术中记载的手动式输送瓶盖完成瓶盖印刷的技术方案是可以区分的。虽然权利要求1没有限定凸块之间的距离，但是为实现整理瓶盖的目的，本领域技术人员可以想到各凸块之间的距离应当小于瓶盖直径。因此，第7622号决定认定本专利权利要求1符合《专利法实施细则》第二十一条第二款的规定正确。

专利法意义上的出版物是记载有技术或设计内容的独立存在的有形传播载体，并应当表明其发表者或出版者以及公开发表或出版的时间。本案中，原告在无效程序中提交的附件1~4、7、8均属于生产厂家的产品宣传资料，公开的内容是设备的名称及外形图片，没有公开设备的技术内容，不属于专利法意义上的“出版物”，被告对上述附件不予采纳符合《审查指南》第二部分第三章第2.1.3.1的规定。原告提交的附件9~11系为证明前述证据的公开日，因前述证据本身不能采纳，因此附件9~11亦不能证明相关技术方案在申请日前公开。

虽然附件5说明书在背景技术部分记载有“现有技术领域内旋转理盖机构”的技术方案，但是没有该技术方案的来源以及公开时间的明确指示，因此只能以记载该技术方案的附件5及其公开的时间来认定该技术方案的公开。而附件5是申请在先，公开在后的专利文献，不属于《专利法实施细则》第三十条规定的现有技术，不能评价本专利的创造性。原告认为附件5说明书背景技术中记载的技术方案是作为一种现有技术来描述的。由此可见，该技术方案在附件5公开之前，已经成为本领域的现有技术，并以此为由提出附件5的背景技术可以作为评价本专利创造性的对比文件的诉讼主张，缺乏事实及法律依据，本院不予采纳。

附件6所公开的理盖器，是在一个旋转盘上均布锥套螺钉，瓶盖从锥套螺钉之间排出，从而实现理盖功能。而本专利权利要求1所保护的技术方案是排盖上板下端面的边缘设有均匀排列的凸块，下板的相对面设有止挡凸环。通过排盖上板的凸块与下板的止挡凸环结合后，使瓶盖以一个方向运送到输送管道入口，从而实现理盖功能。因此，附件6公开的技术方案与本专利权利要求1所保护的技术方案不同，本领域技术人员从附件6中亦不能获得权利要求1所保护的技术方案的技术启示。因此，被告认定本专利权利要求1相对于附件6是具备创造性的结论正确。在权利要求1具备创造性的情况下，被告认定其从属权利要求2~6也具备创造性亦是正确的。

综上，被诉决定认定事实清楚，适用法律正确，审查程序合法，本院予以维持。原告关于本专利不具备创造性的诉讼理由，缺乏事实及法律依据，其诉讼请求本院不予支持。综上所述，依照《中华人民共和国行政诉讼法》第五十四条第（一）项，判决如下：

维持被告国家知识产权局专利复审委员会二〇〇五年十月二十四日作出的第7622号无效宣告请

求审查决定。

案件受理费1000元，由原告王文华负担（已交纳）。

如不服本判决，可在本判决书送达之日起十五日内向本院递交上诉状，并按对方当事人的人数提交副本，上诉于北京市高级人民法院。上诉人自提交上诉状之日起七日内，未预交上诉费，又不提出缓交申请的，按自动撤回上诉处理。

审　判　长　吴　月
审　判　员　刘景文
代理审判员　何君慧
二〇〇六年九月二十日
书　记　员　郎莉萍

179

机电一体化启动装置案

无效宣告请求审查决定（第7629号）

决 定 号 第7629号
决 定 日 2005年10月28日
发明创造名称 机电一体化启动装置
国际分类号 F02N 11/00
无效请求人 山东华盛农业药械股份有限公司
专利权人 胡济荣
专 利 号 03228427.6
申 请 日 2003年1月23日
授权公告日 2003年10月29日
合议组组长 魏 屹
主 审 员 冯 涛
参 审 员 祁轶军

法律依据 专利法第二十六条第三款 专利法实施细则第二十一条第二款 专利法第二十二条第三款

决定要点

本领域技术人员根据权利要求书和说明书的记载能够理解和实施本发明的技术方案并实现本发明的目的，即符合专利法第二十六条第三款的规定。

本领域技术人员根据权利要求的记载能够理解和实施权利要求所保护的技术方案并实现发明目的，即权利要求已经记载了解决本发明技术问题的全部必要技术特征，符合专利法实施细则第二十一条第二款的规定。

权利要求所要求保护的技术方案与对比文件所披露的技术内容相比，其相应部件的位置关系和连接关系完全不同，而这些特征产生了显著的技术效果，因此该权利要求具备创造性。

一、案由

本无效宣告请求案涉及的是专利号为03228427.6、名称为“机电一体化启动装置”的实用新型专利，该专利的申请日为2003年1月23日，授权公告日为2003年10月29日，专利权人为胡济荣。

该专利授权公告的权利要求书如下：

“1. 一种机电一体化启动装置，包括启动盘组件（7）、启动器总成（8）、拉手柄（6）、罩壳（9）以及曲轴箱（2）和曲轴总成（1），启动器总成（8）设置在罩壳（9）内，启动器总成（8）上的拉绳与拉手柄（6）连接，启动盘组件（7）与启动器总成（8）配合，其特征是：所述曲轴箱（2）与罩壳（9）之间设置由壳体（3）、定子（5）和转子（4）组成的电机，所述电机壳体（3）的一端固定在曲轴箱（2）上，另一端与罩壳（9）固定；曲轴箱（2）侧的转子（4）与曲轴总成

（1）输出轴固定连接，所述启动盘组件（7）固定在转子（4）的另一侧。

2. 根据权利要求1所述的机电一体化启动装置，其特征是：所述转子（4）设有中心孔（11），曲轴总成（1）输出轴与中心孔（11）相配合，转子（4）通过固定在中心孔（11）内的双头螺栓（10）与曲轴总成（1）输出轴固定，所述启动盘组件（7）通过双头螺栓（10）固定在转子（4）上。”

山东华盛农业药械股份有限公司（下称请求人）针对上述专利权（下称本专利）于2004年7月12日向专利复审委员会提出了无效宣告请求，其理由是本专利不符合专利法第二十六条第三款、专利法实施细则第二十一条第二款、专利法第二十二条第二款和第三款的规定，同时提交了附件1～3作为证据：

附件1：美国专利说明书US4909200及其中文译文，公开日为1990年3月20日（下称对比文件1）；

附件2：美国专利说明书US5010858及其中文译文，公开日为1991年4月30日（下称对比文件2）；

附件3：美国专利说明书US4615311及其中文译文，公开日为1986年10月7日（下称对比文件3）。

经审查，上述无效宣告请求符合专利法及其实施细则规定的形式要求，专利复审委员会予以受理，于2004年8月4日发出无效宣告请求受理通知书，并将无效宣告请求书及附件副本转给了专利权人（下称被请求人），要求被请求人在指定期限进行意见陈述，同时成立合议组对此案进行审查。

被请求人于2004年9月9日针对上述无效宣告请求书及附件副本作出答复，认为本专利具备专利法意义上的专利性。

复审委员会本案合议组于2005年8月26日向双方当事人发出了无效宣告请求口头审理通知书，定于2005年10月26日进行口头审理，并同时将被请求人的意见陈述书转送给无效宣告请求人。

口头审理如期举行，仅请求人一方到庭，请求方当庭明确表示放弃本专利不符合专利法第二十二条第二款规定的无效理由，请求人明确表示其主张的无效理由是本专利不符合专利法第二十六条第三款、专利法实施细则第二十一条第二款、专利法第二十二条第三款的规定，其具体陈述意见与请求书相同。请求人明确表示对比文件1～3均与本专利权利要求进行单独对比评价本专利权利要求的创造性。

本案合议组经过合议，认为本案的事实已经清楚，可以作出审查决定。

二、决定的理由

1. 关于专利法第二十六条第三款和专利法实施细则第二十一条第二款

根据专利法第二十六条第三款的规定，说明书应当对发明或者实用新型作出清楚、完整的说明，以所属技术领域的技术人员能够实现为准；必要的时候，应当有附图。摘要应当简要说明发明或者实用新型的技术要点。

根据专利法实施细则第二十一条第二款的规定，独立权利要求应当从整体上反映发明或者实用新型的技术方案，记载解决技术问题的必要技术特征。

请求人认为，（1）在发动机的启动装置中应当存在超越离合器或单向离合器，而在本专利的说明书或权利要求书中，却没有提到上述装置，也没有从技术上说明本专利的结构可以不使用上述装置，因此本专利的说明书没有对其所要求保护的发动机启动装置作出清楚、完整的说明，致使所属技术领域的技术人员无法实现，不符合专利法第二十六条第三款的规定；（2）超越离合器或单向离合器是发动机启动装置的必要技术特征，而在本专利的独立权利要求中没有记载该技术特征，也没有记载可以说明不需要超越离合器或单向离合器的技术特征，因此本专利的独立权利要求不符合专利法实施细则第二十一条第二款的规定。

合议组认为，普通发动机都配有手动启动和电启动装置，在拉绳启动装置中，启动的动力由拉动绕在与发动机的曲轴连接的绳轮提供，上述连接是通过一种单向离合器或超越离合器完成的。当发动机启动并且曲轴以高于绳轮的速度转动时，绳轮就能有效地与曲轴脱开连接，这是一种常用的技术。本发明的目的是为小缸径单缸发动机提供一种既能手动启动，又能电启动的机电一体化启动装置，其发明点主要在于对已知部件的位置关系和连接关系进行改进。虽然在权利要求书和说明书中没有明确记载在启动盘组件与启动器总成之间存在单向离合器或超越离合器，而只是使用“启动盘组件与启动器总成配合”这样的描述，但是本领域技术人员能够想到这种配合必然是具有已有技术中的单向离合器或超越离合器功能的配合，即该技术特征的采用为本领域技术人员的常用技术手段，不必在权利要求书和说明书中详细说明，本领域技术人员就可以理解和实现本发明。因此本专利符合专利法第二十六条第三款的规定；同理，由于该技术特征为本领域的公知常识，本领域技术人员根据权利要求1的记载能够理解和实施本发明的技术方案并实现本发明的目的，即权利要求1已经记载了解决本发明技术问题的全部必要技术特征。因此，本专利的权利要求1符合专利法实施细则第二十一条第二款的规定。

2. 关于证据的认定

对比文件1、2和对比文件3是专利文献，属于公开出版物，合议组经核实对其真实性予以认可，被请求人在意见陈述书中对其中文译文未提出异议，且其公开日均早于本专利的申请日，故均可以作为评判本专利新颖性和创造性的现有技术。

3. 关于专利法第二十二条第三款

根据专利法第二十二条第三款的规定，创造性，是指同申请日以前已有的技术相比，该发明有突出的实质性特点和显著的进步，该实用新型有实质性特点和进步。

对比文件1公开了一种发动机的手动与电动联合启动器，其中，手动启动器包括：启动卷筒、拉绳和驱动套筒；电启动装置包括：电机、行星齿轮装置、中间轴第一段、柔性联轴结和90、中间轴第二段和超越离合器；手启动装置位于曲轴和启动电动机之间（参见该对比文件说明书的译文第4页和图1）。

对比文件2公开了一种内燃机用的启动装置，其中，手动启动器包括：启动器把手、拉绳、拉绳鼓、离合器鼓、离合器鼓对应件；电启动器包括：电动机、齿轮、插销装置和支架，电动机位于曲轴下方，经齿轮传动、插销装置和支架驱动曲轴（参见该对比文件说明书的译文第2~3页和附图）。

对比文件3公开了一种汽油发动机的手动和电动联合启动装置，其中，手启动装置包括：手持部件、拉绳、绳轮、辅助离合器、外轴套和主离合器；电启动装置包括：启动装置、驱动件、杯状驱动器、内轴套和主离合器；该技术方案中并不存在一个固定的启动电机，而是为发动机配备一个用电钻带动的简单的附件（参见该对比文件说明书的译文第4页和图1）。

本专利的权利要求1所要求保护的技术方案与对比文件1或对比文件2或对比文件3所披露的技术方案相比，对比文件1中的手启动装置位于曲轴和启动电动机之间；对比文件2中的电动机位于曲轴下方，经齿轮传动、插销装置和支架驱动曲轴；对比文件3中并不存在一个固定的启动电机，而是为发动机配备一个用电钻带动的简单的附件；而本专利的启动电机设置在曲轴和手启动装置之间；对比文件1或对比文件2或对比文件3中曲轴、启动电机和手启动装置的位置关系和连接关系均与本专利不同，即均没有公开权利要求1的如下技术特征“所述曲轴箱与罩壳之间设置由壳体、定子和转子组成的电机，所述电机壳体的一端固定在曲轴箱上，另一端与罩壳固定；曲轴箱侧的转子与曲轴总成输出轴固定连接，所述启动盘组件固定在转子的另一侧”，而且这些区别技术特征带来了显著的技术效果。本领域技术人员不能从对比文件1或对比文件2或对比文件3中获得启示，从而不花费创造性劳动地获得权利要求1所要求保护的技术方案，因此权利要求1具备创造性。

在权利要求1具备创造性的情况下，其从属权利要求2也具备创造性。

三、决定

维持03228427.6号实用新型专利权有效。

当事人对本决定不服的，可以根据专利法第四十六条第二款的规定，自收到本决定之日起三个月内向北京市第一中级人民法院起诉。根据该款的规定，一方当事人起诉后，另一方当事人应当作为第三人参加诉讼。

绒毛制品和绒毛组合物案

无效宣告请求审查决定（第7630号）

决 定 号 第7630号
决 定 日 2005年10月12日
发明创造名称 绒毛制品和绒毛组合物
国际分类号 D03D 27/00
无效请求人 三菱丽阳株式会社
专 利 权 人 钟渊化学工业株式会社
专 利 号 96100450.9
申 请 日 1996年1月25日
授权公告日 2002年11月27日
合议组组长 金泽俭
主 审 员 朱 芳
参 审 员 赵 明

法律依据 专利法第二十二条第三款
决定要点

在判断一项权利要求是否具备创造性时，首先，应当确定与该权利要求所述技术方案最接近的现有技术；继而，将该权利要求中所述技术方案和现有技术中最接近的技术方案进行特征分析，确定二者之间的区别技术特征，并确定要求保护的发明相对于最接近的现有技术实际解决的技术问题；然后，从最接近的现有技术和发明实际解决的技术问题出发，判断要求保护的发明对本领域的技术人员来说是否显而易见。如果对比文件给出了将上述区别特征应用到该最接近现有技术的技术方案中以解决其存在的技术问题的启示，则该权利要求所保护的技术方案对本领域的技术人员来说是显而易见的，不具备创造性。

一、案由

本无效宣告请求案涉及国家知识产权局专利局于2002年11月27日公告授予的、名称为“绒毛制品和绒毛组合物”的第96100450.9号发明专利权（下称本专利），其申请日为1996年1月25日，优先权日为1995年1月25日，专利权人为钟渊化学工业株式会社。

该专利授权公告的权利要求如下：

“1. 一种绒毛制品，其具有绒毛部分，该绒毛部分包括在绒毛编织后的收缩处理中经收缩纺液染色的、可收缩的纤维所得到的短绒毛和不可收缩纤维的长绒毛，其中，染色短绒毛和长绒毛之间的长度差为2~70mm。

2. 如权利要求1所述的绒毛制品，其中，染色短绒毛在绒毛部分的纤维中占20%~98%重量。

3. 一种绒毛组合物，包括形成短绒毛的、纺液染色的、可收缩的纤维和形成长绒毛的、不可收缩的纤维的混合物，所说的混合物用于制备绒毛制品，其中，在绒毛编织后的收缩处理中，绒毛部分中所述的染色短绒毛和长绒毛之间的长度差为2~70mm。

4. 如权利要求3所述的绒毛组合物，其中的染色可收缩纤维是收缩率为15%或更高的纤维。

5. 如权利要求3所述的绒毛组合物，其中的染色可收缩纤维的细度为1~10旦。

6. 如权利要求3所述的绒毛组合物，其中的染色可收缩纤维间的静摩擦率为0.230或更低。

7. 如权利要求3所述的绒毛组合物，其中的染色可收缩纤维是用染料、颜料或染料和颜料的混合物染色的纤维。

8. 如权利要求3~7任一项的绒毛组合物，其中的染色可收缩纤维是丙烯酸合成纤维。

9. 如权利要求3所述的绒毛组合物，其中的不可收缩纤维的细度为3~40旦。

10. 如权利要求3或9的绒毛组合物，其中的不可收缩纤维的截面为扁形或椭圆形。”

2003年12月2日，三菱丽阳株式会社（下称请求人）针对上述专利权第一次向专利复审委员会提出无效宣告请求（下称请求Ⅰ），其中认为本专利说明书不符合专利法第二十六条第三款的规定，权利要求1~10不符合专利法第二十二条第三款的规定，权利要求1不符合专利法实施细则第二十一条第二款的规定。为支持其主张，请求人提交了下述附件：

附件1：日本专利JP昭60-209048A，共6页，公开日为1985年10月21日，及其使用部分的中文译文（下称对比文件1）；

附件2：日本专利JP昭60-259684A，共4页，公开日为1985年12月21日，及其使用部分的中文译文（下称对比文件2）。

请求人在请求Ⅰ中指出，在翻译上述对比文件时使用了下述工具书来确定译文的中文词汇以及作为公知常识，但没有提交这些工具书的复印件：

1. 日汉纺织工业词汇，中国纺织工业出版社，1983年第1版（下称A1）；
2. 英汉化学纤维词汇，中国纺织工业出版社，1982年第1版（下称A2）；
3. 新日汉辞典，辽宁人民出版社，1979年第1版（下称A3）；
4. 化学纤维词典，纺织工业出版社，1981年版（下称A4）；
5. 中国大百科全书，纺织卷，中国大百科全书出版社，1984年版（下称A5）；
6. 纤维便览，原料篇，丸善株式会社，1968年版（下称A6）；
7. 日本语大辞典，讲谈株式会社，1989年第1版（下称A7）；
8. 科学技术25万语大辞典，株式会社アィピ-シ-，1987年第1版（下称A8）。

（1）关于充分公开

说明书实施例1~9中所使用的纤维是“可收缩改良丙烯酸纤维和不可收缩改良丙烯酸纤维”（请求人注：更准确地应为“可收缩改良丙烯腈纤维和不可收缩改良丙烯腈纤维”）。由于参加共聚的丙烯腈含量以及单体种类、数量和含量不同时，所得纤维性质会有很大不同，然而说明书中缺少上述说明，因此所属技术领域的技术人员在不付出创造性劳动的情况下无法再现本发明并达到本发明的目的。

对于改性丙烯腈的静摩擦系数，说明书及其实施例均没有给出其测定方法，使所属技术领域的技术人员无法在不付出创造性劳动的情况下再现本发明。因此说明书公开不充分，不符合专利法第二十六条第三款的规定。

（2）关于创造性

在请求Ⅰ中，请求人认为，权利要求1请求保护“绒毛制品”，其特征部分仅限定了绒毛制品的绒毛部分，包括以下三个技术特征：

（a）包括形成短绒毛的纺液染色的可收缩的纤维和形成长绒毛的不可收缩的纤维的混合物；

（b）所说的混合物用于制备绒毛制品；

（c）在绒毛编织后的收缩处理中，绒毛部分中所述的染色短绒毛和长绒毛之间的长度差为2～70mm。

对比文件1第4页左上栏第10行至右上栏第6行公开了长绒毛制品的制作，将收缩性纤维和非收缩性纤维混绵、调湿后，经开松、梳理作成梳毛机毛条，接着用长毛绒编织机进行毛条喂入式长毛绒编织，再通过剪毛对绒毛部进行剪切，使绒毛成为一定长度后，用丙烯酸酯系粘合剂对绒毛的里面进行单面涂层。此时向绒毛的里面喷吹蒸汽，使绒毛部的收缩性纤维收缩，同时提高粘合剂的附着性。接着在130℃下干燥10分钟，同时使收缩加工牢固，然后进行上光，最终作成长毛绒制品。第3页右上栏第2行公开了该发明的收缩性纤维优选丙烯腈系合成纤维，第3页左下栏第18行至右下栏第2行指明了……制成纺液，在不影响纺丝的范围内，也可以使用氧化钛或着色用颜料那样的无机和/或有机颜料。

对比文件1中“长毛绒制品”是本专利“绒毛制品”的下位概念，因此对比文件1公开了上述技术特征（a）和（b）。

对比文件2公开了人造毛皮的制造方法，第3页左上栏倒数第3行至右上栏第3行记载了长绒毛和短绒毛长度之差在2～20mm范围内。该范围落在本专利权利要求1的绒毛长度差2～70mm的范围内且具有一个相同的端点，因此对比文件2公开了技术特征（c）。对比文件1和对比文件2属于相同或相近的技术领域，所属技术领域的技术人员在对比文件1的基础上结合对比文件2的上述提示，可显而易见地得到权利要求1的全部技术特征。因此，权利要求1不具备专利法第二十二条第三款规定的创造性。

独立权利要求3要求保护一种绒毛组合物，但其特征部分实际上是将独立权利要求1特征部分的两种绒毛混合而成，其用途也就是用于制备绒毛制品。因此，基于与独立权利要求1相同的对比文件和理由，权利要求3不具备创造性。

对比文件1第1页的权利要求1公开了一种绒毛组合物，其特征在于将含有20wt%～98wt%、具有收缩率15%以上、纤维—纤维间的静摩擦系数显示0.230以下的收缩性纤维作为绒毛部纤维。另外，对比文件1的实施例1第4页左下栏第6～7行公开了“得到最终细度4.0旦的收缩纤维”。

从属权利要求2、4～6的附加技术特征已在对比文件1中被公开，在其引用的权利要求相对于对比文件1和对比文件2不具备创造性的情况下，权利要求2、4～6也不具备创造性。

权利要求7的附加技术特征为“其中的染色可收缩纤维是用染料、颜料或染料和颜料的混合物染色的纤维”。

如上所述，对比文件1第3页左下栏第18行至右下栏第2行指明了在不影响纺丝的范围内，也可以使用氧化钛或着色用颜料那样的无机和/或有机颜料。该权利要求用“或”字概括颜料和染料，表明二者具有等同替代的效果。而且对于纺液染色来说，说明书中没有指明使用颜料和染料的区别，属于所属技术领域惯用手段的简单替换，而且是所属技术领域技术人员容易想到的，因此权利要求7不具备创造性。

对比文件1第1页的权利要求2公开了收缩性纤维是丙烯腈30wt%以上共聚得到的丙烯腈系合成纤维，因此权利要求8的附加技术特征在对比文件1中被公开，权利要求8不具备创造性。

从属权利要求9和从属权利要求10进一步限定了不可收缩纤维。对比文件2第2页左下栏倒数第3行至右上栏第1行公开了长绒毛纤维的细度可以有效地使用10～200旦的范围，特别由手感出发，更优选10～80旦的范围。对比文件2第2页左上栏第3～10行、左上栏倒数第3行至右上栏第1

行公开了将扁形纤维用作长绒毛以及使用中空形状的纤维作为长绒毛，如上所述，长绒毛就是不可收缩纤维。因此对比文件2公开了扁形不可收缩纤维。另外，在上述基础上选择椭圆形截面纤维是所属技术领域惯用手段的简单替换。因此权利要求9和从属权利要求10不具备创造性。

（3）关于必要技术特征

独立权利要求1的特征部分仅仅记载了绒毛制品的绒毛部分。作为绒毛制品，基布和用于防止构成绒毛的纤维脱落的粘合剂树脂是不可缺少的。因此，权利要求1没有记载绒毛以外的为达到本发明目的的必要技术特征，不符合专利法实施细则第二十一条第二款的规定。

同日，三菱丽阳株式会社针对同一专利权向专利复审委员会提出另一无效宣告请求（下称请求Ⅱ），认为本专利说明书不符合专利法第二十六条第三款的规定，权利要求1~10不符合专利法第二十二条第三款的规定，权利要求1不符合专利法实施细则第二十一条第二款的规定。为支持其主张，除重申了请求Ⅰ中的附件2以外，请求人在请求Ⅱ中还提交了下述附件：

附件1：日本专利JP昭61-12910A，共5页，公开日为1986年1月21日（下称对比文件3），及其使用部分的中文译文；

附件3：日本专利JP昭60-21978A，共7页，公开日为1985年2月4日（下称对比文件4），及其使用部分的中文译文。

另外，请求人在请求Ⅱ中还声称使用与请求Ⅰ相同的8本工具书来确定对比文件译文的中文词汇以及作为公知常识，但没有提交这些工具书的复印件。

在请求Ⅱ中，请求人认为，对比文件3第1页右栏第9~14行公开了人造毛皮由长绒毛和短绒毛构成，高收缩性丙烯腈合成纤维特别适于短绒毛。第3页左上栏第1~7行公开了高收缩性纤维必须在2次延伸前进行染色，此时可以在纺丝原液中添加着色剂，或者可以在2次延伸前纤维束的状态下染色后再进行2次延伸，也可以两种方式并用。因此，权利要求1与对比文件3的区别在于：（a）没有明确指明长绒毛是非收缩性纤维，（b）没有记载染色短绒毛和长绒毛之间的长度差，（c）没有记载“在编织后对可收缩纤维进行收缩处理”，并特别指出“人造毛皮”是“绒毛制品”的下位概念。

对比文件2第2页右下栏最后一行到第3页左上栏第9行记载了“……将30wt%纤维长51mm的长绒毛成分纤维和70wt%具有30%~40%收缩率的纤维长32mm的短绒毛成分纤维混绵……在编织并剪断成一定长度之后，经加热使短绒毛收缩，使短绒毛纤维的长度成为一定，得到显著的长度差效果”。从中可知，加热是为了使短绒毛收缩而不使长绒毛收缩，从而得到长度差，隐含地公开了长绒毛是非收缩性纤维这一特征，因此根据对比文件2的上述记载可推出上述区别特征（a）；

对比文件2第3页左上栏倒数第3行至右上栏第3行记载了长绒毛和短绒毛长度之差在2~20mm范围内。因此对比文件2公开了上述区别特征（b）；

对比文件2第3页左下栏第8~18行公开了“将该梳条用长毛绒编织机编织得到立毛布帛，用剪毛机将该立毛布帛剪成绒毛长18mm后，由布帛里侧喷吹100℃的蒸汽1秒钟，使收缩性纤维收缩。接着用丙烯酸酯系树脂背面涂布，在130℃下加热干燥，将绒毛固定。将该立毛布帛上光。进行该纤维的上光后，再次用剪毛机将绒毛长剪切成22mm，进行织物整理。此时的立毛布帛的单位面积重量为900g/m^2，绒毛长度差为9mm”。因此，对比文件显然公开了区别特征（c）。在对比文件3的基础上结合对比文件2可得到权利要求1的全部技术特征，而且二者的领域相同或相近，因此上述结合是显而易见的。权利要求1不具备创造性。

如上所述，对比文件3公开了高收缩性丙烯腈合成纤维可以进行纺液染色，对比文件2的实施例1中公开了“使用含有市售改性聚丙烯腈系收缩纤维‘可耐可龙’60wt%作为短绒毛，作成梳条，用长毛绒改性针织机对其进行编织，得到立毛布帛”。因此，对比文件3结合对比文件2破坏权利要求

2 的创造性。

权利要求 3 要求保护一种绒毛组合物，虽然与权利要求 1 的主题不同，但技术特征完全相同。因此，基于同样的理由，对比文件 3 结合对比文件 2 破坏权利要求 3 的创造性。

对比文件 3 第 1 页右栏第 13 ~ 16 行记载了“作为短绒毛使用的高收缩性丙烯腈系合成纤维，较适宜的是具有 30% 以上的收缩率，更优选 35% 以上的收缩率”。因此，权利要求 4 同样不具备创造性。

对比文件 2 第 2 页右下栏第 5 ~ 9 行记载了“短绒毛成分纤维的细度，特别优选 1 ~ 7 旦”，因此权利要求 5 不具备创造性。

对比文件 4 公开了一种绒毛用收缩性纤维，在第 3 页左上栏第 15 ~ 18 行记载了“收缩性纤维的静摩擦系数必须为 0.230 以下”。因此，将对比文件 4 的上述特征与对比文件 2 和对比文件 3 结合可显而易见地得到权利要求 6 的全部技术特征，因此权利要求 6 不具备创造性。

在对比文件 4 的实施例 3 中，记载了在纺丝原液中添加炭黑进行染色，而炭黑是颜料的一种。对于纺液染色而言，使用颜料和染料属于所属技术领域惯用手段的直接替换，是容易想到的。因此，将对比文件 4 的上述特征与对比文件 2 和对比文件 3 结合可显而易见地得到权利要求 7 的全部技术特征，因此权利要求 7 不具备创造性。

对比文件 2 第 2 页右下栏第 2 ~ 3 行公开了“使用上述……丙烯腈纤维作为短绒毛成分纤维，而且希望该纤维具有 50% 以下的收缩率”。因此权利要求 8 的附加技术特征已经在对比文件 2 中被公开，权利要求 8 不具备创造性。

关于权利要求 9 和权利要求 10 的附加技术特征，已在对比文件 2 中被公开（参见请求人 I 对该权利要求的评述），因此权利要求 9 和权利要求 10 不具备创造性。

请求人在请求Ⅱ中对说明书不符合专利法第二十六条第三款的规定，权利要求 1 不符合专利法实施细则第二十一条第二款的规定的理由与请求Ⅰ完全相同，在此不再赘述。

经形式审查合格后，专利复审委员会受理了上述无效宣告请求，于 2004 年 1 月 15 日向双方当事人发出无效宣告请求受理通知书，并将专利权无效宣告请求书及其附件清单中所列附件副本转送给专利权人（下称被请求人），要求其在指定的期限内答复，同时成立合议组对上述无效请求案进行审理。

针对请求Ⅰ，被请求人于 2004 年 3 月 9 日提交了意见陈述书。

关于公开不充分，被请求人认为，本领域的技术人员在通常的作业范围内只要对聚合体成分、纺织条件进行适当调整，不用付出创造性劳动就能制造出具有实施例 1 ~ 9 记载的静摩擦系数、细度、纤维长度、颜色、断面形状等特性的纤维。例如将收缩性纤维进行第一次延伸之后，放在热水、水蒸气或热风中进行第二次延伸是常识，对应于聚合体成分，对通过适当选择上述二次延伸的温度、倍率而得到的收缩性纤维的收缩率进行控制是很容易的。

另外，至于请求人认为说明书中没有给出静摩擦系数的测定方法的问题，说明书中记载了在“JP – A60 – 209048”中，绒毛制品的上述静摩擦系数已被公开，其中明确记载了静摩擦系数的测定方法（第 3 页右下栏 14 ~ 17 行）。另外，对比文件 4 中也有关于上述静摩擦系数及其测定方法的记载。因此上述测定方法是公知技术，所属技术领域的技术人员无须进行过多的实验就能制造出本专利的产品。

关于创造性，被请求人认为，（1）对比文件 1 中根本没有记载使用纺液染色的收缩性纤维作为形成短绒毛用纤维，而且对于染色用颜料，只是列举记载了氧化钛具有防锈、防染色、耐光性等效果的稳定剂和“对于纺线不会带来困难”的添加剂，没有有关经纺液染色的收缩性纤维的实施例。实施例3中虽然记载了在纺液中加入氧化钛，但它只是削光剂；（2）对于特征（c）在对比文件2中被公开也不予认可。尽管其中公开了由天然毛皮类推决定长毛绒成分纤维的纤维量以及短绒毛成分纤维的纤维长及收缩率优选将绒毛长度差取在2~20mm，但所说的“长毛绒成分纤维”是“由断面形状为多个中空形状的纤维组成”（第1页左栏第5~6行）的成分，该绒毛长度差指的是使用上述具有特殊形状的纤维作为长毛绒使用的情况。另外对比文件2也没有记载使用纺液染色的收缩性纤维作为形成短绒毛用纤维来形成具有与天然皮毛近似、具有色差的双层结构的绒毛结构。因此，对比文件1与对比文件2的结合得不到权利要求1的技术方案，权利要求1具备创造性。同理，权利要求3也具备创造性。

由于对比文件1中没有记载收缩性纤维是染色的收缩性纤维，因此，权利要求2、4~8具备创造性。

虽然对比文件2中记载了长绒毛纤维的细度可以有效地使用10~200旦的范围，特别由手感出发，更优选10~80旦的范围。但如上所述，“长绒毛纤维”是“由断面形状为多个中空纤维的纤维组成”，另外，对比文件1中没有记载具有这种特殊断面形状的纤维。因此，将对比文件2中记载的上述长绒毛成分纤维的细度作为对比文件1中的非收缩性纤维的细度不妥当。对比文件1和对比文件2的组合得不到权利要求9的技术方案。

虽然对比文件2中记载了使用断面为扁平状的纤维作为长绒毛，但得到的制品在手感、外观上与天然皮毛依然相差甚远。因此，对于本领域的技术人员来说，使用对比文件1中的断面形状为扁平的纤维作为非收缩性纤维不是容易想到的。因此，结合对比文件1和对比文件2得不到权利要求10的技术方案。

关于缺少必要技术特征，请求人所主张的在绒毛制品中的基布和粘合剂树脂是必然的构成要件，但同时在绒毛制品中也是公知的。另外，这些特征与本发明目的，即具有与天然皮毛近似的双层结构和起绒结构，由双层结构产生的色泽效果以及具有丝绒性之间完全没有关联，没有必要进行记载。

针对请求Ⅱ，被请求人于2004年3月9日提交了意见陈述书。

关于创造性，被请求人认为，关于区别特征（a），对比文件3中根本没有记载绒毛制品中的长绒毛，而且对于上述长绒毛是非收缩性纤维既无记载，也无暗示；关于区别特征（b），由于对比文件3中完全没有记载绒毛制品中的长绒毛，因此也不可能记载绒毛差；关于区别特征（c），通过在绒毛织成后的收缩加工而使收缩性纤维收缩在对比文件3中既无记载，也无暗示。因此，对比文件3完全没有记载权利要求1的技术特征。

对比文件3结合对比文件2也不能破坏权利要求1的创造性。在对比文件3中记载的只不过是高收缩性纤维的制造方法，对于长绒毛完全没有记载或暗示，因此根据对比文件2的记载得不到区别特征（a）；对比文件2中关于上述绒毛长度差的记载，指的是使用断面形状为多个中空形状的纤维作为长绒毛使用的情况，而对比文件3中既没有记载具有这样特殊断面形状的纤维，也没有记载长绒毛本身，因此根据对比文件2的记载得不到区别特征（b）；关于区别特征（c），对比文件2记载的只是使用长绒毛编织机将毛条进行编织，得到立毛布帛用剪毛机对绒毛长度进行剪切后，向布帛里侧喷吹蒸汽，使收缩性纤维收缩。完全没有记载使用纺液染色的收缩性纤维作为形成短绒毛用纤维，使收缩性纤维通过绒毛编织后的收缩加工收缩，从而得到近似或与天然皮毛具有色差的双层机构的绒毛结构。因此，对比文件3、对比文件2的结合得不到权利要求1的技术方案。同理，权利要求3也具备创造性。

由于对比文件2、3或对比文件4中没有记载纺液染色的收缩性纤维作为形成短绒毛用纤维，因此权利要求2、4、5、6、7、8也具备创造性。

虽然对比文件 2 中记载了长绒毛纤维的细度可以有效地使用 10～200 旦的范围，特别由手感出发，更优选 10～80 旦的范围，但“长绒毛纤维”是“由断面形状为多个中空纤维的纤维组成”，另外，对比文件 3 中没有记载具有这种特殊断面形状的纤维，也没有记载非收缩性纤维。因此，对比文件 3 和对比文件 2 的组合得不到权利要求 9 的技术方案。

虽然对比文件 2 中记载了使用断面为扁平状的纤维作为长绒毛，但得到的制品在手感、外观上与天然皮毛依然相差甚远，而且在对比文件 3 中没有关于非收缩性纤维的记载。因此，结合对比文件 2 和对比文件 3 也不容易得到权利要求 10 的技术方案。

被请求人针对请求Ⅱ中说明书不符合专利法第二十六条第三款的规定，权利要求 1 不符合专利法实施细则第二十一条第二款的规定的论述与针对请求Ⅰ的论述完全相同，在此不再赘述。

2004 年 6 月 24 日，请求人提交了意见陈述书，进一步补充了请求Ⅰ的证据：

（1）对比文件 1（JP 昭 60－209048A）全文的中文译文共 8 页；

（2）对比文件 2（JP 昭 60－259684A）全文的中文译文共 5 页；

（3）《化学纤维词典》，上海化学纤维公司主编，纺织工业出版社出版，1991 年第 4 版第 1 次印刷，封面、出版信息页和第 188 页复印件共 3 页（即 A4）；

（4）《中国大百科全书（纺织）》，中国大百科全书出版社，1984 年 6 月第 1 版，1984 年 6 月第 1 次印刷，封面、版权页和第 308 页复印件共 3 页（即 A5）。

请求人针对请求Ⅰ进一步补充陈述了下述内容：

（1）在评述权利要求 10 的创造性时所使用的对比文件 2 中公开的内容“扁形”修正为“扁平形”；

（2）权利要求 3 要求保护“绒毛组合物”，但仅仅记载了组合物的组分，没有记载各组分的含量。另外，用于形成绒毛制品的长、短绒毛部分的各成分纤维的含量比例关系也是其必要技术特征，因此权利要求 3 不符合专利法实施细则第二十一条第二款的规定。

（3）关于从属权利要求 7 和从属权利要求 10 的创造性

A4 的第 188 页左栏第 23～29 行指出“着色剂可在单体聚合时加入，亦可在聚合物溶解（或熔融）前或后加入。此法比制成纤维后染色的成本低、色泽均匀、颜料或染料的利用率高、产品的各项色牢度高和拼色方便”。因此，对于化学纤维的纺液着色而言，使用染料、颜料或染料和颜料的混合物进行纺前着色均属于本领域公知常识的惯用手段。在对比文件 1 和对比文件 2 的基础上结合公知常识容易得到权利要求 7 的技术方案，因此，权利要求 7 不具备创造性。

对比文件 2 第 2 页左上栏第 3～10 行记载了：作为现有技术，将扁平形纤维作为长绒毛，该长绒毛就是不可收缩纤维，而扁平形属于扁形的下位概念。另外，附件 8 第 308 页左栏第 15 行至右栏第 11 行中记载了：异形纤维的断面有三角形、五角形、椭圆形等多种。因此，使用椭圆形截面的纤维作为不可收缩纤维是所属技术领域作为公知常识的惯用手段，将其与对比文件 1 和对比文件 2 结合不必付出创造性劳动。因此权利要求 10 不具备创造性。

2004 年 6 月 28 日，请求人进一步补充了请求Ⅱ的证据：

（1）对比文件 2（JP 昭 60－259684A）全文的中文译文共 5 页；

（2）对比文件 3（JP 昭 61－12910A）全文的中文译文共 6 页；

（3）对比文件 4（JP 昭 60－21978A）全文的中文译文共 8 页；

以及与请求Ⅰ中相同的公知常识性证据 A4 和 A5。

请求人针对请求Ⅰ进一步补充陈述了意见，其中关于评述权利要求 10 的创造性时所使用的对比文件 2 中公开的内容的修正；权利要求 3 不符合专利法实施细则第二十一条第二款的规定，以及从属权利要求 7 和从属权利要求 10 的创造性补充陈述的内容同请求Ⅰ。

2005 年 3 月 7 日，专利复审委员会将被请求人于 2004 年 3 月 9 日针对请求Ⅰ和请求Ⅱ提交的意见陈述书均转给请求人，并将请求人针对请求 1 于 2004 年 6 月 24 补充提交的意见陈述书以及附件的副本以及针对请求Ⅱ于 2004 年 6 月 28 日补充提交的意见陈述书以及附件的副本转给被请求人。

2005 年 4 月 22 日，被请求人针对上述转文通知书，一并进行了答复。关于权利要求 3 不符合专利法实施细则第二十一条第二款的规定，被请求人认为，权利要求 3 的绒毛组合物的特征在于经溶液染色的可收缩纤维和不可收缩纤维的组合本身，而二者的含量是本领域技术人员可以适当设定的，没有必要限定其含量，再者也没有必要限定成分纤维的内容或比例，这是本领域的技术人员可以从公知的纤维或通过公知的制造方法制造出来的各种纤维中进行适当选择和组合，得到双层结构所带来的色泽效果的绒毛产品。因此，权利要求 3 符合专利法实施细则第二十一条第二款的规定。关于对比文件 3、对比文件 2 结合 A4 得到权利要求 7 的技术方案，对比文件 3、对比文件 2 结合 A5 得到权利要求 10 的技术方案，被请求人也不予认可。

2005 年 4 月 22 日，请求人针对上述转文通知书进行了答复。

在请求Ⅰ中，关于创造性，请求人认为：对比文件 1 中已经公开了可以在绒毛组合物中使用纺液染色的可收缩性纤维来赋予其不同色泽的技术手段。对比文件 2 公开了构成天然毛皮的毛的纤维长度差为 2 ~ 70mm。为了模仿天然毛皮，一般也使得构成人造毛皮的纤维的长度差落在该范围内，至于采用何种断面的纤维是次要的，本领域技术人员可根据实际需要来选择。因此，对比文件 1 结合对比文件 2 得到权利要求 1 的技术方案是显而易见的，没有创造性。同理，权利要求 3 也不具备创造性。

由于对比文件 1 中已经公开了短绒毛是经过纺液染色的这一技术特征，被请求人的主张不能成立。因此，权利要求 2、4 ~ 8 具备创造性。

权利要求 9 的附加技术特征对不可收缩纤维细度的限制在对比文件 1 的实施例中多处被公开，因此，权利要求 9 不具备创造性。

权利要求 10 的附加技术特征对纤维截面形状进行了限定，对比文件 2 中已经公开了扁平形不可收缩纤维，另外作为公知常识的 A5 中也公开了可采用椭圆形截面纤维。因此，权利要求 10 不具备创造性。

关于说明书不符合专利法第二十六条第三款的规定和权利要求 1 不符合专利法实施细则第二十一条第二款的规定，请求人在请求Ⅰ中仍坚持自己的观点。

在请求Ⅱ中，关于创造性，请求人认为，对比文件 3 中公开了人造毛皮由长绒毛、短绒毛和质地料构成，并优选高收缩性丙烯腈系列合成纤维作为短绒毛。对被请求人关于对比文件 3 中没有记载“长绒毛”的事实进行了反驳。进一步重申了权利要求 1 ~ 10 不具备创造性。

关于说明书不符合专利法第二十六条第三款的规定和权利要求 1 不符合专利法实施细则第二十一条第二款的规定，请求人仍坚持在请求Ⅱ中的观点。

2005 年 2 月 17 日，三菱丽阳株式会社针对上述专利权向专利复审委员会第三次提出无效宣告请求（下称请求Ⅲ），认为权利要求 1 ~ 5、7 ~ 9 不符合专利法第二十二条第二款的规定，权利要求 6、8 和 10 不符合专利法第二十二条第三款的规定，权利要求 3 不符合专利法实施细则第二十条第一款、第二十一条第二款的规定。为支持其主张，除重申请求Ⅰ中提到的对比文件 1 及其全文的中文译文和公知常识性证据 A5 以外，请求人在请求Ⅲ中还提交了下述附件：

附件 1：日本专利 JP 平 2 - 139476A，共 9 页，公开日为 1990 年 5 月 29 日，及其全文的中文译文（下称对比文件 5）。

另外，请求人在请求Ⅲ还声称使用与请求Ⅰ相同的 8 本工具书来确定对比文件译文的中文词汇以及作为公知常识，但除了提交 A5 以外，没有提交其他工具书的复印件。

在请求Ⅲ中，请求人认为：对比文件5公开了一种仿毛皮的绒毛织物及其制造方法，该绒毛织物可按照下述方法制造：用编织机得到织物的粗制坯，再对该粗制坯施加刷绒、上光、剪切等处理而得到绒毛织物。使用热收缩性为10%～49%左右的热收缩性纤维作为绒毛状纤维，非收缩性纤维作为针毛状纤维，通过热处理，使绒毛状纤维收缩，纤维长度变短，从而得到绒毛织物。对比文件5的实施例1具体公开了以经原液着色的收缩性纤维AHD（HS）和非收缩性纤维LAR为原料纤维，进行绒毛编织，然后通过加热使经原液着色的收缩性纤维AHD（HS）收缩，得到针毛与绒毛长度差为5.5mm的绒毛织物。权利要求1请求保护的技术方案与对比文件5相比，除了文字的简单变换以外，二者的技术内容实质上相同，因此，不符合专利法第二十二条第二款规定的新颖性。同理，权利要求3也不符合专利法第二十二条第二款规定的新颖性。

权利要求2、4、5、7、8、9的附加技术特征已在对比文件5中被公开，因此不具备专利法第二十二条第二款规定的新颖性。

对比文件1公开了一种绒毛组合物，该绒毛组合物包括20wt%～98wt%、收缩率15%或更高、纤维间的静摩擦系数为0.230或更低的可收缩纤维作为绒毛部分的纤维。由于收缩了的纤维间的静摩擦系数低，所得绒毛制品具有优异的外观。因此，对比文件1给出了采用静摩擦系数为0.230或更低的纤维作为染色可收缩纤维，并能够利用其较低的静摩擦系数而使绒毛制品具有优异外观的技术启示。因此，对比文件5结合对比文件1得到权利要求6的技术方案是显而易见的，因此其没有创造性。

对比文件5第4页公开了当使用扁平断面等异形断面纤维或发泡纤维时，可以得到看似粗但柔软的效果。A5中也公开了可采用椭圆等异形纤维断面。因此，使用扁形截面在对比文件5中被公开，采用椭圆形截面是本领域的公知常识，将A5与对比文件5结合不需付出创造性劳动，权利要求10不具备创造性。

权利要求3请求保护的是“绒毛组合物”，但没有记载组合物的组分和含量，因此，权利要求3不符合专利法实施细则第二十一条第二款的规定。

权利要求3请求保护的绒毛组合物没有清楚地指明是用于编织绒毛制品的纤维混合物，还是指绒毛制品中的纤维混合物，导致该权利要求不清楚，不符合专利法实施细则第二十条第一款的规定。

经形式审查合格后，专利复审委员会受理了上述无效宣告请求，于2005年4月5日向双方当事人发出无效宣告请求受理通知书，并将专利权无效宣告请求书及其附件清单中所列附件副本转送给被请求人，要求其在指定的期限内答复，同时成立合议组对本无效请求案进行审理。

2005年5月20日，被请求人对请求人在请求Ⅲ中提出的无效请求作出答复并提交了新的权利要求书。新提交的权利要求如下：

“1. 一种绒毛制品，其具有包括由在绒毛编织后的收缩处理中收缩染色可收缩的纤维得到的短绒毛以及不可收缩纤维的长绒毛的绒毛部分，上述收缩加工后，通过进行在高温下的上光和刷绒和在中温及低温下的上光和剪毛，上述染色短绒毛和长绒毛之间的长度差为2～70mm。

2. 如权利要求1所述的绒毛制品，其中，染色短绒毛在绒毛部分的纤维中占20%～98%重量。

3. 一种绒毛组合物，包括形成短绒毛的、纺液染色的、可收缩的纤维和形成长绒毛的、不可收缩的纤维的混合物，所说的混合物用于制备绒毛制品，通过绒毛编织后的收缩、收缩加工后在高温下的上光和刷绒、还有在中温及低温下的上光和剪毛，绒毛部分中所述染色短绒毛和长绒毛之间的长度差为2～70mm。

4. 如权利要求3所述的绒毛组合物，其中的染色可收缩纤维是收缩率为15%或更高的纤维。

5. 如权利要求3所述的绒毛组合物，其中的染色可收缩纤维的细度为1～10旦。

6. 如权利要求3所述的绒毛组合物，其中的染色可收缩纤维间的静摩擦率为0.230或更低。

7. 如权利要求3所述的绒毛组合物，其中的染色可收缩纤维是用染料、颜料或染料和颜料的混合物染色的纤维。

8. 如权利要求3~7任一项的绒毛组合物，其中的染色可收缩纤维是丙烯酸合成纤维。

9. 如权利要求3所述的绒毛组合物，其中的不可收缩纤维的细度为3~40旦。

10. 如权利要求3或9的绒毛组合物，其中的不可收缩纤维的截面为扁形或椭圆形。"

被请求人认为，相对于新修改的权利要求书，权利要求1、3的特征部分"收缩加工后，在高温下进行上光和刷绒，在中温及低温下进行上光和剪毛"在对比文件5或对比文件1中完全没有记载，而且将其进行组合也不能得到权利要求1和对权利要求3的技术方案，因此，修改后的权利要求1和权利要求3具备新颖性和创造性。权利要求2、4~10从属于权利要求1或权利要求3，而且还具有进一步的技术特征，因此，权利要求2、4~10相对于对比文件5和对比文件1具备新颖性和创造性。

关于权利要求3不符合专利法实施细则第二十一条第二款的规定，被请求人认为，没有必要对成分纤维的含量、比例进行限定。

关于权利要求3不符合专利法实施细则第二十条第一款的规定，被请求人认为，其中的纤维混合物指的是制成绒毛制品前的纤维混合物，因此该权利要求是清楚的。

2005年6月24日，本案合议组向双方当事人发出无效宣告请求口头审理通知书，拟定于2005年8月23日对该专利权的无效宣告请求Ⅰ、请求Ⅱ和请求Ⅲ进行口头审理。同时将被请求人针对请求Ⅲ于2005年5月20日提交的意见陈述转送给请求人，针对请求Ⅰ和请求Ⅱ于2005年4月22日提交的意见陈述转送给请求人。将请求人针对请求Ⅰ和请求Ⅱ于2005年4月22日提交的意见陈述书转交给被请求人。

双方当事人均出席了2005年8月23日举行的口头审理。在口头审理过程中，合议组对请求人请求无效的理由和提交的证据进行了调查，充分听取了当事人的意见陈述。口头审理中认定并记录了以下事项：

(1) 被请求人放弃针对请求Ⅲ于2005年5月20日修改的权利要求书，同意按照授权时的权利要求进行审查；

(2) 请求人放弃权利要求1缺少必要技术特征的无效理由；

(3) 关于说明书公开不充分，请求人放弃说明书没有记载改性丙烯腈的静摩擦系数的测定方法这一事实，但仍坚持说明书没有具体公开是何种改性丙烯腈纤维；

(4) 请求人放弃提交的对比文件1~4的部分中文译文，以其全文的中文译文为准；

(5) 请求人放弃作为公知常识提供的证据A1~A3、A6~A8；

(6) 被请求人对请求人提交的对比文件1~5以及A4和A5的真实性和公开时间没有异议；

(7) 被请求人对请求人提交的中文译文的准确性没有异议。

至此，合议组认为本案的事实清楚，可以作出审查决定。

二、决定的理由

1. 证据的认定

请求人提交的对比文件1~5是日本专利文献，被请求人对其真实性予以认可，其公开时间均早于本专利的优先权日（1995年1月25日），因此对比文件1~5属于本专利的现有技术。请求人作为公知常识提交的证据A4和A5，被请求人对其真实性予以认可，其公开时间均早于本专利的优先权日，因此A4和A5属于本专利的现有技术。

2. 关于创造性

专利法第二十二条第三款规定：创造性，是指同申请日以前已有的技术相比，该发明有突出的实质性特点和显著的进步，该实用新型有实质性特点和进步。

在判断一项权利要求是否具有创造性时，首先应当确定与该权利要求所述技术方案最接近的现有技术；继而将该权利要求中所述技术方案和现有技术中最接近的技术方案进行特征分析，确定二者之间的区别技术特征，并确定要求保护的发明相对于最接近的现有技术实际解决的技术问题；然后，从最接近的现有技术和发明实际解决的技术问题出发，判断要求保护的发明对本领域的技术人员来说是否显而易见。如果对比文件给出了将上述区别特征应用到该最接近现有技术的技术方案中以解决其存在的技术问题的启示，则该权利要求所保护的技术方案对本领域的技术人员来说是显而易见的，不具备创造性。

对比文件5公开了一种仿毛皮的绒毛织物及其制造方法，该绒毛织物可按照下述方法制造：将由15%的丙烯腈系纤维LAR（20d，纤维长51mm，色泽为金黄色的纺纱用人造短纤维）和85%的丙烯腈系纤维AHD（HS）（4d，纤维长32mm，色泽为深棕色的纺纱用人造短纤维）组成的原料纤维进行调和，将其均匀混合，继之以开松和梳理，然后用条子编织机编成长绒毛粗制坯。在通过预剪切调整剪毛长度（立毛的长度）为15mm后，使之通过125℃的干热空气型针板拉幅机，停留时间5分钟，以完成通过丙烯酸系树脂的背涂和热收缩纤维的收缩。这里，通过热收缩变短的纤维形成绒毛。然后，经过上光和剪毛得到剪毛长为17mm的立毛绒毛，作为粗制坯（参见对比文件5的实施例1）。其中LAR纤维为扁平断面的非收缩性的针毛状纤维，AHD（HS）纤维是原液着色、100℃热水的热收缩率为32%的热收缩性绒毛状纤维，针毛与绒毛的长度差为5.5mm（参见对比文件5的实施例1和中文译文的第4页第2和第3段）。

权利要求1的技术方案与对比文件5的实施例1中公开的技术方案相比，二者均具有包括纺液染色的可收缩纤维得到的短绒毛和不可收缩纤维得到的长绒毛的绒毛部分，对比文件5中的绒毛部分经编织后的收缩处理得到的短绒毛和长绒毛的长度差落在权利要求1的范围内。二者的区别在于，权利要求1为最终制品，而对比文件5的实施例1得到的是粗制坯，即本专利实际解决的技术问题是将粗制坯制成仿天然毛皮的绒毛制品。然而，在对比文件5中还公开了可对该粗制坯施加刷绒、上光、剪切等处理，使绒毛状纤维收缩，纤维长度变短，从而得到绒毛织物（参见对比文件5中文译文第5页第4段）。因此，对于本领域的技术人员来说，结合对比文件5的上述内容，可容易地将粗制坯制成最终制品，得到权利要求1的技术方案，因此，相对于对比文件5，权利要求1不具备创造性。

被请求人在口头审理和口头审理之后的意见陈述中均强调对比文件5完全没有记载本专利的绒毛制品的起绒结构，以及类似于天然动物毛皮的色泽效果。但这种效果是在特定温度条件下进行上光、刷绒和剪毛等整理步骤产生的，然而，这些步骤并没有记载在权利要求书中。因此，被请求人关于本专利效果优于对比文件5的理由不能接受。

对比文件5的实施例1中公开了原料纤维的组成为绒毛状纤维85%和针毛状纤维15%，在其引用的权利要求1不具备创造性的情况下，权利要求2也不具备创造性。

权利要求3请求保护“绒毛组合物”，它实际上包括权利要求1特征部分的两种绒毛，其用途也是用于制备绒毛制品。因此基于与权利要求1相同的理由，权利要求3相对于对比文件5不具备创造性。

对比文件5第5页第4段公开了使用热收缩性为10%～49%的热收缩性纤维作为绒毛状纤维。实施例1中公开了AHD（HS）纤维是一种原液着色、100℃热水的热收缩率为32%的丙烯腈系、热收缩性绒毛状纤维，其纤维细度为4旦，LAR纤维为扁平断面的非收缩性的针毛状纤维，其纤维细度为20旦。因此，权利要求4、5、7、8、9、10的附加技术特征已在对比文件5中被公开，在其引用的权利要求3不具备创造性的情况下，权利要求4、5、7～10也不具备创造性。

权利要求6进一步限定了染色可收缩纤维的静摩擦系数。对比文件1第1页的权利要求1公开了一种绒毛组合物，其特征在于将含有20wt%～98wt%、具有收缩率15%以上、纤维—纤维间的静摩擦系数显示0.230以下的收缩性纤维作为绒毛部分的纤维。因此，对比文件1中已经给出了采用静摩擦系数为0.230或更低的纤维作为染色可收缩性纤维，并利用其较低的静摩擦系数使绒毛制品具有优异的外观的技术启示。因此，本领域的技术人员将对比文件1披露的这一信息结合到对比文件5中得到权利要求6的技术方案是显而易见的，并且没有带来预料不到的技术效果。因此，权利要求6不具备创造性。

由于权利要求1～10均不具备创造性，因此，关于其他无效理由和证据在此不作评述。

基于以上事实和理由，本案合议组作出如下审查决定。

三、决定

宣告第96100450.9号发明专利权无效。

当事人对本决定不服的，可以根据专利法第四十六条第二款的规定，自收到本决定之日起三个月内向北京市第一中级人民法院起诉。根据该款的规定，一方当事人起诉后，另一方当事人应当作为第三人参加诉讼。

草支垫案

无效宣告请求审查决定（第7632号）

决　定　号　第7632号
决　定　日　2005年1月21日
发明创造名称　草支垫
国际分类号　B65D 19/22
无效请求人　黄朝阳　蒋恩泉
专利权人　鞍钢附企冷轧经贸有限公司
专　利　号　98237354.6
申　请　日　1998年4月21日
授权公告日　1999年2月17日
合议组组长　于　萍
主　审　员　盛　昭
参　审　员　黄玉平

法律依据　专利法第二十二条第二款、第三款
决定要点

在请求人提供的证据中没有给出各个证据所公开技术方案相结合的启示，并且本专利权利要求1的技术方案对于本领域技术人员来讲不是显而易见的，并且取得了积极的技术效果，因此本专利相对于请求人提供的证据具备新颖性和创造性。

一、案由

本无效宣告请求案涉及国家知识产权局专利局于1999年2月17日授权公告、名称为“草支垫”的实用新型专利（下称本专利），其申请日为1998年4月21日，申请号为98237354.6，专利权人是鞍钢附企冷轧经贸有限公司（下称被请求人）。

本实用新型授权公告时的权利要求书如下：

“1. 一种草支垫，由草（1）和捆扎于其上的钢丝（2）构成，其特征在于整个草支垫采用凸凹结构。

2. 根据权利要求1的草支垫，其特征在于在草支垫上设有钢带（3）。

3. 根据权利要求2的草支垫，其特征在于所述的钢带（3）设置在凹面的草（1）与钢丝（2）之间。

4. 根据权利要求1或2的草支垫，其特征在于所述的两个凸面的顶部至底部分别开有圆孔（5）。

5. 根据权利要求1的草支垫，其特征在于所述的下凹面部分两侧分别设有斜拉加强钢丝（4）。

6. 根据权利要求1或2的草支垫，其特征在于所述的草支垫可由两个凸型支垫组合而成。

7. 根据权利要求4的草支垫，其特征在于所述的草支垫可由两个凸型支垫组合而成。”

针对上述专利权，黄朝阳（下称第一请求人）于2003年7月21日向专利复审委员会提出无效宣告请求，其请求的理由是本专利不符合专利法第二十二条第二款、第三款的规定，请求宣告本专利全部无效，其依据证据如下：

证据1：申请号为92108021.2号中国发明专利公开说明书，名称为“草支垫及其加工方法”，公开日为1993年8月4日；

证据2：专利号为89203292.8号中国实用新型专利公告说明书，名称为“装载带钢卷的座架”，授权公告日为1989年11月29日。

经形式审查合格，专利复审委员会于2003年8月20日向第一请求人和被请求人发出无效宣告请求受理通知书，并将无效宣告请求书及其附带的证据副本转送给被请求人。

第一请求人于2003年8月20日递交了补充证据如下：

证据3：铁路货物装载规则复印件；

证据4：公告号为CN3113618号中国外观设计专利公开摘要，授权公告日为1999年6月23日；

证据5：公告号为CN2341909号中国实用新型专利公开摘要，授权公告日为1999年10月6日；

证据6：公告号为CN2189091号中国实用新型专利公开摘要，名称为“防滑草支垫”，授权公告日为1995年2月8日。

专利复审委员会于2003年8月20日发给被请求人的无效宣告请求受理通知书及转送的无效宣告请求书及其附件，因被请求人的通讯地址不详而被退回。

故此专利复审委员会在2003年第19卷45号专利公报上将上述文件公式送达。

被请求人没有在规定的期限内陈述意见。

针对上述专利权，蒋恩泉（下称第二请求人）于2003年7月30日向专利复审委员会提出无效宣告请求，其请求的理由是本专利不符合专利法第二十二条第二款、第三款的规定，请求宣告本专利全部无效，其依据证据如下：

证据7：授权公告号为CN2189091Y号中国实用新型专利说明书，名称为“防滑草支垫”，授权公告日为1995年2月8日；

证据8：授权公告号为CN 1028731C号中国发明专利说明书，名称为“草支垫及其制造方法”，授权公告日为1995年6月7日；

证据9：本专利授权公告文本。

经形式审查合格，专利复审委员会于2003年9月11日向第二请求人及被请求人发出了无效宣告请求受理通知书，并将无效宣告请求书及其附带的证据副本转送给被请求人。

被请求人没有在规定的期限内递交意见陈述。

第二请求人于2003年8月27日递交了补充证据如下：

证据10：西南交通大学1995年设计的卷钢装载加固钢座的设计图纸复印件1页；

证据11：1995年3月成都科技大学出版的“中华人民共和国铁道部铁路货物装载加固规则附件——铁路货物装载加固定型方案”封面、封底及第190~192、第293页复印件；

证据12：成都科技大学出版的“中华人民共和国铁道部铁路货物装载加固规则附件——铁路货物装载加固定型方案”封面、封底及第407、第587页复印件；

证据13：中华人民共和国铁道部铁路货物装载加固规则版权页、第8~9页、第28~29页复印件。

专利复审委员会于2003年9月11日发给被请求人的无效宣告请求受理通知书及转送的无效宣告请求书及其附件，因被请求人的通讯地址不详而被退回。

故此专利复审委员会在2003年第19卷47号专利公报上将上述文件公式送达。

被请求人没有在规定的期限内陈述意见。

合议组于2004年2月5日向第一请求人、第二请求人和被请求人发出口头审理通知书，定于2004年3月17日14时进行口头审理。

合议组于2004年2月6日将第一请求人和第二请求人提交的补充证据转送给被请求人。

被请求人和第一请求人递交了口头审理通知书回执；第二请求人于2004年3月16日递交了口头审理通知书回执，其中第二请求人的代理人说明第二请求人不能到庭，请求延期举行口头审理。

口头审理如期进行，被请求人和第一请求人到庭，第二请求人没有到庭。

在口审过程中，被请求人和第一请求人对合议组成员无回避请求；被请求人对第一请求人递交的证据1~6的真实性无异议；第一请求人放弃证据4和证据5。

在口审过程中，第一请求人认为本专利权利要求1和权利要求5相对于证据1不具备新颖性，权利要求1相对于证据1与证据2或证据3的结合不具备创造性，权利要求3~7也不具备创造性。

在口审过程中，被请求人坚持：由于第二请求人没有出庭质证，拒绝对第二请求人的证据7~13陈述意见。

合议组于2004年3月22日向第二请求人发出了合议组成员告知通知书，第二请求人在规定的期限内没有提出回避请求。

在上述审查的基础上，合议组认为事实已经清楚，可以作出无效宣告请求审查决定。

二、决定的理由

1. 证据的认定

第一请求人提供的证据1~3、证据6均为公开出版物，被请求人对其真实性没有异议，且上述证据的公开时间均早于本专利的申请日，故可以作为本专利的已有技术，评价本专利的新颖性、创造性。第一请求人提供的证据4、证据5因在口头审理时第一请求人已放弃，故对证据4、证据5不再予以考虑。

第二请求人提交的证据7和证据8与上述证据6和证据1相同。

第二请求人提交的证据10~13是复印件，第二请求人没有参加口头审理，未提供上述证据的原件，合议组对第二请求人提交的证据10~13的真实性不能确认，故不予采信。

2. 关于新颖性

专利法第二十二条第二款规定：新颖性，是指在申请日以前没有同样的发明或者实用新型在国内外出版物上公开发表过、在国内公开使用过或者以其他方式为公众所知，也没有同样的发明或者实用新型由他人向国务院专利行政部门提出过申请并且记载在申请日以后公布的专利申请文件中。

本专利现有的权利要求1为“一种草支垫，由草（1）和捆扎于其上的钢丝（2）构成，其特征在于整个草支垫采用凸凹结构”。

合议组认为：证据1、证据3和证据6公开了铁丝捆扎草茎构成了平整的草支垫，证据2公开了装载带钢卷的座架，而本专利的草支垫是由钢丝捆扎的草茎构成凸凹结构，在证据1~3和证据6中，均没有公开本专利权利要求1的这种结构。

因此，本专利权利要求1限定的技术方案符合专利法第二十二条第二款规定的新颖性。

从属权利要求2~7是以技术特征对其所直接或间接引用的权利要求1的进一步限定，在权利要求1具备新颖性的前提下，同样具备新颖性。

3. 关于创造性

专利法第二十二条第三款规定：创造性，是指同申请日以前已有的技术相比，该发明具有突出的实质性特点和显著的技术进步，该实用新型具有实质性特点和进步。

合议组认为：证据1、证据3和证据6公开了用铁丝捆扎的草茎构成的表面平整的草支垫，证据2公开了装载带钢卷的座架，然而在证据1~3和6中没有给出这些技术方案相结合的启示，并且本专利权利要求1的技术方案对于本领域技术人员来讲不是显而易见的。因此，本专利权利要求1具有实质性特点，并且取得了技术效果，符合专利法第二十二条第三款规定的创造性。

从属权利要求2~7是以技术特征对其所直接或间接引用的权利要求1的进一步限定，在权利要求1具备创造性的前提下，同样具备创造性。

三、决定

维持ZL98237354.6号实用新型专利权有效。

当事人对本决定不服的，可以根据专利法第四十六条第二款的规定，自收到本决定之日起三个月内向北京市第一中级人民法院起诉。

根据该条款的规定，一方当事人起诉后，另一方当事人应当作为第三人参加诉讼。

使用于烤肉炉具上具有照明设备的旋转装置案

无效宣告请求审查决定（第7645号）

决 定 号 第7645号
决 定 日 2005年11月4日
发明创造名称 使用于烤肉炉具上具有照明设备的旋转装置
国际分类号 A21B 1/50
无效请求人 廖聪明
专利权人 许煌熙
专 利 号 03262332.1
申 请 日 2003年5月22日
授权公告日 2004年7月21日
合议组组长 陈海平
主 审 员 冯 涛
参 审 员 祁轶军

法律依据 专利法第二十二条第二款、第三款
决定要点

如果本领域技术人员很容易想到把一篇对比文件中披露的技术内容直接应用到另一篇对比文件中去即可得到权利要求所要求保护的技术方案，则该权利要求不具备创造性。

一、案由

本无效宣告请求案涉及的是专利号为03262332.1、名称为“使用于烤肉炉具上具有照明设备的旋转装置”的实用新型专利，该专利的申请日为2003年5月22日，授权公告日为2004年7月21日，专利权人为许煌熙。

该专利授权公告的权利要求书如下：

“1. 一种使用于烤肉炉具上具有照明设备的旋转装置，其特征在于，包括：一中空壳体，该壳体内设有一马达；至少一嵌扣元件，其设在壳体的一侧面上，该嵌扣元件可将壳体嵌卡在一炉具的一侧壁上，壳体于该侧面上设有一转轴孔，该转轴孔与其内马达的一传动轴相对应，一杆体的一端可插入该转轴孔内，另一端则可将一烤物叉设固定在该炉具内地跨设在该炉具的另一侧壁上；一照明设备，其以照明设备的灯光照射在该炉具内的烤物上设在该壳体上。

2. 如权利要求1所述的使用于烤肉炉具上具有照明设备的旋转装置，其特征在于，其中该马达与照明设备连接到一可透过壳体上的电源线，该电连接线与外界所提供的一电源连接。

3. 如权利要求1所述的使用于烤肉炉具上具有照明设备的旋转装置，其特征在于，其中该照明设备可多角度调整的设在一外层包覆有金属层蛇管的挠性管体的一端上，挠性管体的另一端则设在壳体上。

4. 如权利要求1所述的使用于烤肉炉具上具有照明设备的旋转装置，其特征在于，其中该照明设备可枢设在一活动支撑架的一枢设端上，该活动支撑架的另一端则枢设在壳体上，且该照明设备上分别设有一罩体及一开关，该照明设备可以该枢设端角度旋转地设置，该活动支撑架上的一转动部，可作一上升或下降的高度调整，且在下降至该壳体的表面，相对凹设有一对应的收合处。

5. 如权利要求1或2或3或4所述的使用于烤肉炉具上具有照明设备的旋转装置，其特征在于，其中该壳体的任一周边设有至少一电源插座。

6. 如权利要求5所述的使用于烤肉炉具上具有照明设备的旋转装置，其特征在于，其中该马达及照明设备可分别透过其上所设的至少一开关控制，且于该照明设备上可设有一灯罩。

7. 如权利要求1所述的使用于烤肉炉具上具有照明设备的旋转装置，其特征在于，其中该炉具的二相对侧壁上分别设有一固定架及另一固定架，该壳体的嵌扣元件则嵌卡在该另一固定架的一端处。"

廖聪明（下称请求人）针对上述专利权（下称本专利）于2005年1月27日向专利复审委员会提出了无效宣告请求，其理由是本专利不符合专利法第二十二条第二款和第三款的规定，请求宣告本专利全部无效，并同时提交了附件1~6作为证据：

附件1：中国实用新型专利说明书03237010.5，授权公告日为2004年1月14日（下称对比文件1）；

附件2：美国外观设计专利Des.261469，授权公告日为1981年10月27日（下称对比文件2）；

附件3：美国外观设计专利Des.261470，授权公告日为1981年10月27日（下称对比文件3）；

附件4：美国外观设计专利Des.261471，授权公告日为1981年10月27日（下称对比文件4）；

附件5：美国专利说明书US5664875及其中文译文，公开日为1997年9月9日（下称对比文件5）；

附件6：美国专利说明书US4924766及其中文译文，公开日为1990年5月15日（下称对比文件6）。

经审查，上述无效宣告请求符合专利法及其实施细则规定的形式要求，专利复审委员会予以受理，于2005年5月11日发出受理通知书，并将无效宣告请求书及附件副本转给了专利权人（下称被请求人），同时成立合议组对此案进行审查。

被请求人未在指定期限内针对上述无效宣告请求作出答复。

复审委员会本案合议组于2005年9月5日向双方当事人发出了无效宣告请求口头审理通知书，定于2005年11月1日进行口头审理。

口头审理如期举行，仅请求人一方出席口头审理。请求人明确表示：对比文件1破坏本专利权利要求1的新颖性，本专利背景技术与对比文件2~5中任一篇结合破坏本专利权利要求1的创造性，对比文件6与对比文件2~5中任一篇结合破坏本专利权利要求1的创造性；对比文件1破坏本专利权利要求2和权利要求3的新颖性，对比文件6与对比文件5结合破坏本专利权利要求2和权利要求3的创造性；权利要求4和权利要求6的附加技术特征为本领域公知常识，权利要求5的附加技术特征在对比文件5中公开，权利要求7的附加技术特征在对比文件6中公开。

本案合议组经过合议，认为本案的事实已经清楚，可以作出审查决定。

二、决定的理由

1. 关于证据的认定

对比文件1~6均为专利文献，属于公开出版物，合议组经核实对其真实性予以确认，对比文件1的申请日早于本专利的申请日，公开日在本专利的申请日之后，属于抵触申请，只能用于评价本专利的新颖性；对比文件2~6的公开日均早于本专利的申请日，可以作为评价本专利新颖性和创造性的现有技术。

2. 关于创造性

对比文件6公开了一种烤肉装置，并具体公开了如下技术特征：该装置包括一中空壳体28，该壳体内设有一马达，壳体的一侧面上设有嵌扣元件48，该嵌扣元件可将壳体嵌卡在炉具的一侧壁上，壳体于该侧面上设有一转轴孔，该转轴孔与其内马达的一传动轴相对应，杆体10的一端可插入该转轴孔内，另一端跨设在炉具的另一侧壁上，可将烤物叉设固定在炉具内（参见该对比文件的图5）。

权利要求1所要求保护的技术方案与对比文件6所披露的技术内容相比，区别仅在于设在壳体上的照明设备，该照明设备的灯光照射在炉具内的烤物上。对比文件2公开了烤肉机的马达和可延长的灯组合的外观设计，本领域技术人员很容易想到可以将这样的设计应用于对比文件6所公开的烤肉装置中，以达到夜晚户外烤肉时能清楚地观视烤物的目的，即对比文件6和对比文件2的结合是显而易见的，不需要花费本领域技术人员创造性的劳动，因此权利要求1所要求保护的技术方案不具备创造性。

权利要求2的附加技术特征"其中该马达与照明设备连接到一可透过壳体上的电源线，该电连接线与外界所提供的一电源连接"。为本领域公知常识，设置在壳体内的马达和设置在壳体上的照明设备必然存在一可透过壳体的电源线与外界电源连接，以给马达和照明设备供电，这是本领域技术人员容易做出的常规技术设计，因此在权利要求1不具备创造性的前提下，权利要求2不具备创造性。

权利要求3的附加技术特征"其中该照明设备可多角度调整的设在一外层包覆有金属层蛇管的挠性管体的一端上，挠性管体的另一端则设在壳体上"。已在对比文件2中公开（参见对比文件2的附图），因此在权利要求1不具备创造性的前提下，权利要求3不具备创造性。

权利要求5的附加技术特征"其中该壳体的任一周边设有至少一电源插座"为本领域公知常识，在电器壳体的周边设置电源插座以提供使用者更多的便利性是本领域技术人员容易想到和做到的，不需要花费创造性的劳动。因而在其引用的权利要求不具备创造性的前提下，权利要求5不具备创造性。

权利要求6的附加技术特征"其中该马达及照明设备可分别透过其上所设的至少一开关控制，且于该照明设备上可设有一灯罩"。为本领域公知常识，马达及照明设备通过其上所设的开关来控制，以及为照明设备设置灯罩都是本领域技术人员容易做出的常规技术设计，因此在其引用的权利要求不具备创造性的前提下，权利要求6不具备创造性。

权利要求7的附加技术特征"其中该炉具的二相对侧壁上分别设有一固定架及另一固定架，该壳体的嵌扣元件则嵌卡在该另一固定架的一端处"。已在对比文件6中公开（参见对比文件6的附图5），其中设置在炉具的二相对侧壁上的固定架46和32，壳体的嵌扣元件48嵌卡在固定架46上，因此在其引用的权利要求不具备创造性的前提下，权利要求7不具备创造性。

请求人认为，权利要求4的附加技术特征是本领域的公知常识，因而权利要求4不具备创造性。

合议组认为，请求人对其提出的上述主张没有提交相应的证据进行支持，因此合议组对请求人提出的权利要求4不具备创造性的主张不予支持。

三、决定

针对授权公告的03262332.1号实用新型专利权，宣告权利要求1～3和权利要求5～7无效，在权利要求4的基础上维持本专利权继续有效。

当事人对本决定不服的，可以根据专利法第四十六条第二款的规定，自收到本决定之日起三个月内向北京市第一中级人民法院起诉。根据该款的规定，一方当事人起诉后，另一方当事人应当作为第三人参加诉讼。

183

踏板式摩托车车架案

无效宣告请求审查决定（第7668号）

决　定　号　第7668号
决　定　日　2005年11月8日
发明创造名称　踏板式摩托车车架
国际分类号　B62K 11/02
无效请求人　常州光阳摩托车有限公司
专利权人　吴俊萍
专　利　号　03234746.4
申　请　日　2003年6月2日
授权公告日　2004年6月30日
合议组组长　魏　屹
主　审　员　祁铁军
参　审　员　宋鸣镝

法律依据　专利法第二十二条第三款
决定要点

本专利权利要求1~2所限定的技术方案与现有技术所公开的技术内容相比，不具有实质性特点和进步，因此本专利权利要求1~2不具备创造性。

一、案由

本无效宣告请求案涉及的是专利号为03234746.4、名称为“踏板式摩托车车架”的实用新型专利（下称本专利），本专利的申请日为2003年6月2日、授权公告日为2004年6月30日，专利权人为胡俊萍。

本专利授权公告时的权利要求书如下：

“1. 踏板式摩托车车架，包括主管（1）、连接在主管上端的车头立管（2），其特征在于：在主管（1）下部的两侧焊接有两根对称的边梁管（3）；边梁管（3）有三处折弯，在两根边梁管（3）前部的弯折处之间焊接有前横管（4），前横管（4）的中部与主管（1）的下端焊接；在两根边梁管（3）的平直段之间焊接有中横管（5）；在两根边梁管（3）后部的弯折处之间焊接有后横管（6）；在两根边梁管（3）的平直段靠近中部的弯折处的下部分别焊接有主支架（7）；在两根边梁管（3）的平直段上分别焊接有前脚踏板支架（8）在两根边梁管（3）中部弯折处之后焊接有后脚踏板支架(9)。

2. 根据权利要求1所述的踏板式摩托车车架，其特征在于：在两根边梁管（3）的后端部之间连接有尾灯支架（10），在两根边梁管（3）的中部弯折处与后部弯折处之间倾斜段的中部下面连接发动机悬挂件（11）。”

针对上述专利权，常州光阳摩托车有限公司（下称请求人）于2004年10月19日向专利复审委员会提出了无效宣告请求，请求宣告本专利全部无效。其理由是：本专利不具备创造性，不符合专利法第二十二条第三款的规定，同时提交了附件1和附件2作为证据：

附件1：《光阳SB10AJ零件型录》封面、封底及相关页的复印件共5页；

附件2：授权公告日为1998年5月13日的中国实用新型专利CN2281305Y的专利说明书。

经审查，上述无效宣告请求符合专利法及其实施细则的形式要求，专利复审委员会对上述无效宣告请求予以受理并于2004年11月5日将上述无效宣告请求书及其附件的副本转给了专利权人（下称被请求人），要求其在指定的期限内答复，同时依法成立合议组对本案进行审查。

被请求人未在指定的期限内对上述无效宣告请求书及其附件的副本作出答复。

专利复审委员会本案合议组于2005年9月6日向双方当事人发出了无效宣告请求口头审理通知书，定于2005年11月3日在专利复审委员会举行口头审理。

口头审理如期举行。仅请求人一方参加了口头审理，请求方对合议组成员无回避请求。在口头审理过程中，合议组对请求人提出的理由及提交的证据进行了调查。请求人当庭提交了附件1的原件，经合议组核实，复印件与原件相符。请求人结合附件1和附件2及本专利针对其提出的无效宣告理由充分陈述了意见并明确其无效理由为：本专利权利要求1和附件2相对附件1或附件2不具备创造性，不符合专利法第二十二条第三款的规定。

本案合议组经过合议，认为本案的事实已经清楚，可以作出审查决定。

二、决定的理由

根据专利法第二十二条第三款的规定，创造性，是指同申请日以前已有的技术相比，该发明具有突出的实质性特点和显著的进步，该实用新型有实质性特点和进步。

在口头审理过程中，请求方当庭提交了附件1的原件，经合议组核实，附件1的复印件与该原件相符，因此合议组对附件1本身的真实性予以认可。

经审查，合议组认为，公开出版物应当具备这样两个特点：第一，公众中任何一个人都具有同等的权利和机会通过购买、租赁、借阅或索取等方式获得该资料；第二，它具有可检索性，即公众可通过正当的、确定的途径获得该资料。根据公开出版物的上述特点，合议组认为，作为附件1的这本零件型录不是用于公司内部的生产或设计图纸，而是面向公众、面向用户的、以介绍本公司不同规格和型号的零配件产品为目的的宣传性材料。作为附件1的《光阳SB10AJ零件型录》在其首页印有“亲爱的顾客：本零件目录手册所提供之零件价格仅供参考，若价格变动依本公司询价单之实际价格计算，恕不再另行通知。谢谢惠顾!”，在其前言部分印有“本零件型录适用于SB10AJ机种，订购零件时，请参考本册。”，这种表述清楚地表明，该零件型录针对的读者不是企业内部人员，而是普通消费者、购买者、顾客或公众；另一方面，本案中附件1记载了资料的名称，即《光阳SB10AJ零件型录》，出版者的名称为“光阳机车（KYMCO）”，出版时间为1984年12月1日，公众可以通过该零件型录上所提供的线索，向出版者索取或直接从出版者处领取。也就是说，公众可以通过正当的、确定的渠道获得本零件型录，因此合议组认为，本案中的零件型录已经具备了公开出版物的基本属性，可以被认定为公开出版物。

由此，作为公开出版物的附件1其出版时间为1984年12月1日，早于本专利的申请日，因此，根据专利法第二十二条第三款及审查指南中的有关规定，附件1可以用于评价本专利的创造性。

附件1公开了一种踏板式摩托车车架，该车架包括：主管；与该主管上端相连接的车头立管；在主管下部的两侧连接有两根对称的边梁管；边梁管有三处折弯，在两根边梁管前部的弯折处之间连接有前横管，前横管的中部与主管的下端相连接；在两根边梁管的平直段之间焊接有中横管；在两根边梁管后部的弯折处之间连接有后横管；在两根边梁管的平直段上连接有前脚踏板支架，在两根边梁管中部弯折处连接有后脚踏板支架（见附件1第F22页）。

据此，由本专利权利要求1所限定的技术方案与附件1所公开的内容相比，区别点主要在于：a. 附件1没有具体公开“在两根边梁管（3）的平直段靠近中部的弯折处的下部分别焊接有主支架（7）”这一技术特征；b. 附件1没有具体公开本专利权利要求1中“各部件之间采用焊接方式进行连接”这一技术特征。

合议组认为：一方面，摩托车的车架是摩托车的安装基体和骨架，发动机、传动机构、操纵机构、制动机构、换挡机构等部件都是直接或间接地安装在车架上并使它们之间保持一定的相对位置，有机地连接起来，从而构成一个整体，本领域技术人员可以根据需要通过在摩托车的车架上设置相应的连接件或支架的方式将摩托车的某些部件或机构直接或间接安装在车架上，因此，通过“在两根边梁管（3）的平直段靠近中部的弯折处的下部分别焊接有主支架（7）”来连接制动机构和换挡机构对本领域技术人员而言是显而易见的，不需要付出创造性的劳动，也没有产生显著的技术效果。另一方面，为保证摩托车车架具有一定的强度而采用焊接方法将摩托车车架的各个零部件连接起来是本领域技术人员的一种常规技术选择，不需要付出创造性的劳动。因此，由本专利权利要求1所限定的包括有上述区别技术特征的技术方案相对附件1所公开的技术内容不具有实质性特点和进步，不具备专利法第二十二条第三款所规定的创造性。

权利要求2作为独立权利要求1的从属权利要求，其附加技术特征为：“在两根边梁管（3）的后端部支架连接有尾灯支架（10），在两根边梁管（3）的中部弯折处与后部弯折处之间倾斜段的中部下面连接发动机悬挂件（11）。”该附加技术特征已经在附件1中公开（见附件1第F22页），因此，在其所引用的权利要求1不具备创造性的前提下，该权利要求2也不具备专利法第22条第3款所规定的创造性。

综上，本案合议组对请求人所提出的本专利权利要求1和权利要求2不具备创造性的主张予以支持。

三、决定

宣告03234746.4号实用新型专利权无效。

当事人如对本决定不服，可以根据专利法第四十六条第二款的规定，自收到本决定之日起三个月内向北京市第一中级人民法院起诉。根据该款的规定，一方当事人起诉后，另一方当事人应当作为第三人参加诉讼。

一种多色组柔性版印刷机案

无效宣告请求审查决定（第7678号）

决　定　号　第7678号
决　定　日　2005年10月28日
发明创造名称　一种多色组柔性版印刷机
国际分类号　B41F 5/16
无效请求人　潍坊东航精密机械有限公司
专利权人　陈震华　王海峰
专　利　号　01236144.5
申　请　日　2001年3月26日
授权公告日　2002年4月3日
合议组组长　白剑锋
主　审　员　武树辰
参　审　员　杨克菲

法律依据　专利法第二十二条第二款、第三款、第四款
决定要点

如果本领域普通技术人员根据权利要求中所记载的全部技术特征能够实现该权利要求所要求保护的技术方案，则该权利要求具备实用性。

如果请求人提供的对比文件中公开了权利要求所限定的技术方案的最接近现有技术，同时披露了将该现有技术改进为权利要求所要求保护的技术方案的技术启示，则该权利要求相对于该对比文件不具备创造性。

一、案由

本无效宣告请求案涉及的是专利号为01236144.5、名称为“一种多色组柔性版印刷机”的实用新型专利（下称本专利），本专利的申请日为2001年3月26日，授权公告日为2002年4月3日，专利权人为陈震华、王海峰。

本专利授权公告的权利要求书如下：

“1. 一种多色组柔性版印刷机，主要包括有机架［2］，和在机架［2］上按顺序安装的放卷机构［1］、印刷机构［4］、覆膜压印机构［7］、打孔机构［8］、裁切机构［9］、回卷机构［10］和收纸台［11］，其特征在于所述的印刷机构［4］可以多个组合，在每个印刷机构［4］上的导纸辊［5］是在印刷机构［4］的底部。

2. 根据权利要求1所述的多色组柔性版印刷机，其特征在于所述的每个印刷机构［4］的导纸辊［5］的一侧还有一个副导纸辊［6］。

3. 根据权利要求1或2所述的多色组柔性版印刷机，其特征在于所述的每个印刷机构［4］上的烘干箱［3］是在导纸辊［5］上方的纸路上。

4. 根据权利要求3所述的多色组柔性版印刷机，其特征在于所述的多个印刷机构［4］中的一个，上顶部还装有一个纸路转向机构［12］。”

针对上述实用新型专利权，潍坊东航精密机械有限公司（下称请求人）于2005年1月31日向专利复审委员会提出了无效宣告请求，其理由是本专利不符合专利法第二十二条第二款、第三款、第四款，专利法实施细则第二条第二款的规定，请求专利复审委员会宣告该专利权全部无效。请求人同时提交了下列三份证据：

证据1：1999年第一期《印刷技术》复印件共4页；

证据2（包括证据2－1至证据2－7）：2000年第11～12月《中外印刷、包装》复印件共7页；

证据3（包括证据3－1至证据3－8）：2000年第7～8月《中外印刷、包装》复印件共8页。

经审查，上述无效宣告请求符合专利法及其实施细则规定的形式要求，专利复审委员会予以受理，于2005年1月31日向请求人和专利权人（下称被请求人）发出了无效宣告请求受理通知书，并将专利权无效宣告请求书及所附证据副本转送给被请求人，要求被请求人在指定期限内进行意见陈述，同时成立合议组对此案进行审查。

被请求人于2005年3月8日提交了意见陈述书，被请求人认为：请求人提供的证据并不能全面否定本专利的新颖性和创造性，因此，本专利相对于证据1～3具备新颖性和创造性。

专利复审委员会于2005年8月3日向双方当事人发出口头审理通知书，定于2005年9月26日在专利复审委员会进行口头审理，同时将被请求人于2005年3月8日提交的意见陈述书的副本转送给请求人。

口头审理如期举行，双方当事人均参加了口头审理。

在口头审理过程中，双方当事人对对方出席口头审理人员的资格无异议，对合议组成员无回避请求。请求人明确其无效理由是专利法第二十二条第二款、第三款、第四款，放弃专利法实施细则第二条第二款的理由，请求人放弃证据2－7，将证据2－4改为证据3－8，其他证据在原件中的页码如下：

证据2包括证据2－1封面；证据2－2封二；证据2－3封四；证据2－4改为证据3－8；证据2－5第60页＋1；证据2－6第70页＋1；

证据3包括证据3－1封面；证据3－2第48页＋3；证据3－3第60页；证据3－4第60页＋1；证据3－5第32页＋1；证据3－6第86页＋1；证据3－7第70页＋1；证据3－8封二。

请求人明确使用证据1～3评价权利要求1的新颖性，使用证据1～3结合证据3－8评价权利要求1的创造性，请求人指出权利要求2、3的附加技术特征在证据1～3中公开，权利要求4的附加技术特征在证据3－8和证据3－2中分别公开，也在证据1～3中公开。被请求人对证据1～3的真实性予以认可，并认可权利要求2的附加技术特征在证据1～3中公开，权利要求4的附加技术特征在证据3－8中公开，被请求人认为，权利要求3中所限定的烘干箱与证据1～3中的干燥装置不同。

至此，合议组经过合议，认为涉及本案的有关事实已经清楚，可以作出审查决定。

二、决定的理由

1. 证据认定

请求人在无效宣告口头审理过程中使用的证据如下：

证据1包括证据1－1封面；证据1－2目录；证据1－3第20页；证据1－4第21页。

证据2包括证据2－1封面；证据2－2封二；证据2－3封四；证据2－5第60页＋1；证据2－6第70页＋1。

证据3包括证据3－1封面；证据3－2第48页+3；证据3－3第60页；证据3－4第60页+1；证据3－5第32页+1；证据3－6第86页+1；证据3－7第70页+1；证据3－8封二。

证据1、2、3均是期刊，在口头审理过程中请求人出示了上述三份证据的原件，被请求人对其真实性无异议，合议组对上述三份证据的真实性予以认可。

审查指南第二部分第三章第2.1.3.1节规定：出版物的印刷日为公开日，印刷日只写明年月或者年份的，以所写月份的最后一日或者所写年份的12月31日为公开日。

证据1为《印刷技术》1999年第1期，其目录页记载有："出版日期：每月8日"，由此可以得知证据1的公开日为1999年1月8日；证据2为2000年第11～12月《中外印刷、包装》，根据审查指南的规定，证据2的公开日为2000年12月31日；证据3为2000年第7～8月《中外印刷、包装》，根据审查指南的规定，证据3的公开日为2000年8月31日。由于上述三份证据的公开日均在本专利的申请日之前，因此可以用来评价本专利的新颖性和创造性。

2. 关于实用性

根据专利法第二十二条第四款规定，实用性，是指该发明或者实用新型能够制造或者使用，并且能够产生积极效果。

审查指南第二部分第五章第3.1节对实用性的审查原则作出了规定："（2）能否实施是以所属技术领域的技术人员能否实现为标准。"

请求人认为：权利要求1、2、3、4仅仅是对一种柔性版印刷机的机构罗列，缺少其中的控制部分，普通工程技术人员根据上述描述，不能够实施，因此本专利不具备实用性。

合议组认为：柔性版印刷机中的控制部分是印刷技术领域中的公知技术，即本领域普通技术人员可根据柔性版印刷机中所包括的各种机构对控制部分进行选择，从而实现柔性版印刷机的功能。因此，本领域普通技术人员根据权利要求中所记载的全部技术特征能够实施该技术方案，本专利权利要求1、2、3、4具备专利法第二十二条第四款所规定的实用性。

3. 关于新颖性和创造性

根据专利法第二十二条第二款，新颖性，是指在申请日以前没有同样的发明或者实用新型在国内外出版物上公开发表过、在国内公开使用过或者以其他方式为公众所知，也没有同样的发明或者实用新型由他人向国务院专利行政部门提出过申请并且记载在申请日以后公布的专利申请文件中。

根据专利法第二十二条第三款，创造性，是指同申请日以前已有的技术相比，该发明有突出的实质性特点和显著的进步，该实用新型有实质性特点和进步。

请求人认为：权利要求1、2、3、4分别不具备新颖性和创造性。

合议组认为：权利要求1所要求保护的技术方案相对于证据1具备新颖性。证据1－4中公开了一种机组式柔印机（相当于权利要求1的多色组柔性版印刷机），并具体公开了以下的技术特征"该柔印机包括有机架，和在机架上按顺序安装的供料单元（相当于权利要求1中的放卷机构）、上置式印刷单元（相当于权利要求1中的印刷机构）、复卷单元（相当于权利要求1中的回卷机构），所述的印刷单元可以多个组合，在每个印刷单元上的导纸辊是在印刷单元的底部"（参见证据1－4的文字部分的说明和图4）。该权利要求所要求保护的技术方案与证据1－4所公开的技术内容相比，存在以下区别，权利要求1所要求保护的印刷机还包括：腹膜压印机构、打孔机构、裁切机构和收纸台。而证据1－4的技术方案中仅公开了在柔印机上有后加工单元，且证据1－4中并未具体公开后加工单元具体包括何种机构，因此权利要求1相对于证据1具备专利法第二十二条第二款所规定的新颖性。由于权利要求2～4是权利要求1的从属权利要求，因此权利要求2～4相对于证据1也具备专利法第二十二条第二款所规定的新颖性。

权利要求1所要求保护的技术方案不具备专利法第二十二条第三款规定的创造性。证据1-4中公开了一种机组式柔印机（相当于权利要求1的多色组柔性版印刷机），并具体公开了以下的技术特征“该柔印机包括有机架，和在机架上按顺序安装的供料单元（相当于权利要求1中的放卷机构）、上置式印刷单元（相当于权利要求1中的印刷机构）、复卷单元（相当于权利要求1中的回卷机构），所述的印刷单元可以多个组合，在每个印刷单元上的导纸辊是在印刷单元的底部”（参见证据1-4的文字部分的说明和图4）。该权利要求所要求保护的技术方案与证据1-4所公开的技术内容相比，其区别仅在于，权利要求1所要求保护的印刷机还包括：腹膜压印机构、打孔机构、裁切机构和收纸台。而证据1-4的技术方案中仅公开了在柔印机上有后加工单元，在第21页第3栏第17~20行中公开了“在有的柔印机上还装备了上光、覆膜、烫金、分切、模切、打孔、丝印及凹印单元等装置，成为柔印联合生产线”，虽然证据1-4并未具体公开后加工单元具体包括何种机构，但是给出了这种后加工单元可以包括覆膜、打孔、裁切等机构的技术启示，本领域普通技术人员可以根据实际需要在后加工单元部分安装覆膜、打孔和裁切机构，这对于本领域普通技术人员来说是不需付出创造性劳动的。另外，对于收纸台而言，虽然证据1-4中并未公开收纸台这一特征，但是本领域普通技术人员公知的是，如果所需要的印刷品是单张的，则必然需要收纸台这一机构，因此在柔性版印刷机上安装收纸台是印刷技术领域的公知常识。综上，权利要求1所要求保护的技术方案相对于证据1不具有实质性特点和进步，因而不具备创造性。

权利要求2是权利要求1的从属权利要求，其限定部分附加技术特征：“所述的每个印刷机构的导纸辊的一侧还有一个副导纸辊”也已在证据1-4中相应地公开（参见证据1-4的图4，而且被请求人在口头审理过程中对该事实已经认可），且其在该证据中所起的作用与其在本专利中所起的作用相同，因此在其引用的权利要求1不具备创造性的情况下，该从属权利要求也不具备专利法第二十二条第三款规定的创造性。

权利要求3是权利要求1或2的从属权利要求，其限定部分附加技术特征：“所述的每个印刷机构上的烘干箱是在导纸辊上方的纸路上”也已在证据1-4中相应地公开（参见证据1-4的图4），虽然在证据1-4中公开的是干燥单元，而权利要求3中记载的是烘干箱，然而这仅仅是文字表达方式上的差别，其技术方案实质上是相同的。因此在其引用的权利要求1或2不具备创造性的情况下，该从属权利要求也不具备专利法第二十二条第三款规定的创造性。

权利要求4是权利要求3的从属权利要求，其限定部分附加技术特征为：“所述的多个印刷机构中的一个，上顶部还装有一个纸路转向机构”，这些特征已在证据1-4、证据3-2、证据3-8中相应地公开（被请求人在口头审理过程中对该事实也表示认可），如在证据1-4第21页第2栏第10~12行中公开了：“通过导向辊改变料带的运行路线，可以实现一次印刷双面”。由此可知，在多个印刷机构中的一个上可以安装纸路转向机构，且其在证据1-4、证据3-2、证据3-8中所起的作用与其在本专利中所起的作用相同，都是用于纸路转向，上述证据均给出了将上述附加技术特征应用到所引用的权利要求3的技术方案以进一步解决纸路转向的技术问题的启示，因而在其引用的权利要求3不具备创造性的情况下，该从属权利要求不具备专利法第二十二条第三款规定的创造性。

三、决定

宣告01236144.5号实用新型专利权全部无效。

当事人对本决定不服的，可以根据专利法第四十六条第二款的规定，自收到本决定之日起三个月内向北京第一中级人民法院起诉。根据该款的规定，一方当事人起诉后，另一方当事人应当作为第三人参加诉讼。

一种卷皮机案

无效宣告请求审查决定（第7682号）

决　定　号　第7682号
决　定　日　2005年11月9日
发明创造名称　一种卷皮机
国际分类号　C14B 9/00
无效请求人　霞浦东方宠物皮件制品有限公司
专利权人　周青标
专　利　号　02220994.8
申　请　日　2002年6月1日
授权公告日　2003年5月28日
合议组组长　白剑峰
主　审　员　王丽颖
参　审　员　陈　勇

法律依据　专利法第二十二条第二款、第三款
决定要点

请求人提供的证据包括证言、领借凭证、照片，而上述证据并未能形成完整的证据链来证明请求人所主张的本专利已经在先公开使用的事实。

仅根据一篇专利文献中专利权人关于背景技术的描述并不能惟一得出其背景技术中所记载的技术方案必定属于本专利申请日前的现有技术这样的结论。

一、案由

本无效宣告请求案涉及国家知识产权局专利局于2003年5月28日授权公告的02220994.8号实用新型专利权（下称本专利），名称为"一种卷皮机"，申请日为2002年6月1日，专利权人为周青标。

授权公告的权利要求书如下：

"1. 一种卷皮机，包括机架、电动机及传动机构，其特征在于：所述卷皮机设有一个或一个以上的卷皮转轴（9），卷皮转轴（9）上动配合套设有挂钩固定盘（10），挂钩（2）固定其上，挂钩固定盘（10）与卷皮转轴（9）之间构成离合结构。

2. 根据权利要求1所述的卷皮机，其特征在于：所述离合结构包括一个固定在卷皮转轴（9）端部的传动盘（11）、分离弹簧（12）和橡胶环（13），挂钩固定盘（10）邻近传动盘（11）而设并留有前后滑动空间，分离弹簧（12）动配合套设在传动盘（11）与挂钩固定盘（10）之间的卷皮转轴（9）上，橡胶环（13）动配合套设在分离弹簧（12）外，分离弹簧（12）的自由长度大于橡胶环（13）的厚度。"

针对本专利权，霞浦东方宠物皮件制品有限公司（下称请求人）于2005年2月17日向专利复审委员会提出无效宣告请求，其理由是本专利不符合专利法第二十六条第三款、第四款，第二十二条第二款及专利法实施细则第二十一条第二款的规定，请求宣告本专利全部无效。请求人同时提交了如下证据：

附件1：02220994.8号实用新型专利说明书（本专利）；

附件2：曾善标证人证言及所附照片4幅；

附件3：吴家祥证人证言及所附照片2幅；

附件4：朱招宠证人证言及所附购买打卷机照片2幅；

附件5：周青坝证人证言及所附购买打皮卷机收款收据1张及打皮卷机照片2幅；

附件6：皮卷产品专业户证明；

附件7：曾善标证明及附件；

附件8：李信峰证明及附件；

附件9：华辉公司购买打绳机收据。

请求人认为：附件2、3、4、5公开了一种打皮卷机，其照片上所公开的内容与本专利相比使权利要求1~2不具备新颖性。本专利不符合专利法第二十六条第三款、第四款，专利法实施细则第二十一条第二款的规定。认为权利要求1~2所述的技术方案中都涉及“动配合”，然而在说明书中并没有对何谓“动配合”作详细说明，使得所属领域技术人员不能实现，因此不符合专利法第二十六条第三款的规定；同样，权利要求书也得不到说明书的支持，不符合专利法第二十六条第四款的规定。权利要求1中因缺少机架、电动机、传动机构以及卷皮转轴之间的相互位置的必要技术特征而不符合专利法实施细则第二十一条第二款的规定，基于此权利要求2也无效。

经形式审查合格后，专利复审委员会于2005年3月18日受理了上述无效宣告请求，并将无效请求书及其所附附件的副本转送给了专利权人（下称被请求人）。

被请求人于2005年4月27日提交了意见陈述书，认为由于在先已生效的第6817号无效决定中已经对本专利是否符合专利法第二十六条第三款、第四款，专利法实施细则第二十一条第二款进行了认定，因此可以作为本案的定案依据，也即请求人的无效请求不成立。对于请求人认为附件2~5影响本专利新颖性的主张，被请求人认为上述证据都是复印件，其真实性无法证实，且附件2、附件5为证人证言，而上述证人都与请求人有业务关系，为本案的利害关系人，其证言不能作为本案的定案依据，且上述证据形成于本案专利申请日之后，不能影响本案专利的新颖性，与本案没有关联性。请求人列举了众多的销售证据，但按照正常的商业惯例，应该有相应的设计图纸、订购合同、正规的销售发票等客观证据形成完整的证据链，否则上述证人证言的真实性无法得到证明；且在附件2、5、7中都有“曾善标”的签名，但每个签名都不同，因此上述证据之间也缺乏相互印证性。请求人所提供的证据不足以影响本专利的新颖性。

请求人于2005年3月17日提交了补充证据，即

附件10：98227004.6号实用新型专利说明书，授权公告日为1999年9月1日。

请求人认为将附件1与本专利背景技术手摇打绳机相结合，得出本专利权利要求1所描述的技术方案不需要付出创造性劳动，权利要求1不具备创造性。

请求人又于2005年3月25日提交了补充证据，即

附件11：《机械设计》（机械类），高等学校机械设计系列教材，机械工业出版社，1993年5月北京第1版，其中的封面、版权页、第1页、第46页、第140~141页、第270~271页、第382~383页。

请求人认为结合本专利的背景技术手摇打绳机，该领域技术人员不需要进行创造性劳动，就可以直接将附件11所公开的内容与手摇架打绳机相结合，得出权利要求1、2的技术方案，因此权利要求1、2不具备创造性。

专利复审委员会本案合议组于2005年8月4日向双方当事人发出口头审理通知书，定于2005年9月20日举行口头审理，并同时将被请求人于2005年4月27日提交的意见陈述书转文给请求人，将请求人于2005年3月17日和2005年3月25日两次提交的补充理由及证据转文给被请求人。

口头审理如期举行。双方当事人均参加了本次口头审理，对合议组成员无回避请求，对对方出庭人员的身份和资格无异议。请求人明确了无效理由为专利法第二十六条第三款、第四款，专利法实施细则第二十一条第二款，专利法第二十二条第二款、第三款；以附件2～9来证明本专利已经在先公开使用，因此不具备新颖性，并当庭提交了附件5、6、8、9的原件，被请求人对原件的真实性无异议；以附件10、11分别与本专利背景技术中所述的打绳机结合，使本专利不具备创造性。被请求人对上述证据的真实性无异议。

合议组当庭告知双方当事人由于第6817号无效决定已生效，且在该决定中已经对本专利是否符合专利法第二十六条第三款、第四款，专利法实施细则第二十一条第二款进行了审查，故本次审查仅针对本专利是否符合专利法第二十二条第二款、第三款进行。双方当事人在此基础上对本专利是否具备新颖性和创造性充分发表了意见。庭审中请求人的证人周青坝出庭作证。证人周青坝承认附件5中所附照片上的皮卷机是三个工位的，是后来买的，何时买的记不清了。而当时（2002年2月17、18日）买的四台皮卷机的工位是四个的，并认为当时（从曾善标处）买的与后来买的皮卷机都一样，只是工位上的增加和减少。证人周青坝还承认与谢怀恩（请求人的法定代表人）是业务上的关系。

至此，本案合议组认为案件事实已调查清楚，在此基础上作出如下审查决定。

二、决定的理由

1. 关于无效理由

请求人明确无效理由为专利法第二十六条第三款、第四款，专利法实施细则第二十一条第二款，专利法第二十二条第二款、第三款。其中关于本专利不符合专利法第二十六条第三款、第四款以及专利实施细则第二十一条第二款的无效理由，由于在已生效的第6817号无效决定中已经进行了审理，并作出了本专利符合专利法第二十六条第三款、第四款及专利法实施细则第二十一条第二款的审查结论，因此根据审查指南第四部分第三章第3.3节一事不再理的原则，本次无效审查仅针对请求人所提出的本专利权利要求不符合专利法第二十二条第二款、第三款的无效理由进行审查。

2. 新颖性

根据专利法第二十二条第二款的规定，新颖性，是指在申请日以前没有同样的发明或者实用新型在国内外出版物上公开发表过、在国内公开使用过或者以其他方式为公众所知，也没有同样的发明或者实用新型由他人向国务院专利行政部门提出过申请并且记载在申请日以后公布的专利申请文件中。

请求人以附件2～9来证明本专利已经在先公开使用，因此不具备新颖性。

合议组认为：请求人提供的证据（附件2～9）包括证言、领借凭证、照片，而上述证据并未能形成完整的证据链来证明请求人所主张的本专利已经在先公开使用的事实。主要理由在于：（1）在提供证言的证人中，仅附件5涉及的证人周青坝出庭参与质证，其他提供证言的证人均未出庭作证；（2）出庭作证的证人周青坝在庭审中声称附件5证言后所附的照片中的打皮卷机是三个工位的，是后来买的，具体何时买的记不清了。而这些陈述与其在附件5中称照片中的打皮卷机是四个工位，与2002年2月购买的证言不符；（3）附件5、8、9中都附有领借凭证，但合议组认为领借凭证的填写随意性较大，且由于附件5中证人周青坝的证言不足以被采信，因此从附件5的领借凭证中无从知道其中涉及的产品的具体结构，而附件 8、9 中的领借凭证的右上角均有“日听”两字，且字体相同，而实际上该两份凭证上的时间及签字人均不同。对此，请求人在口头审理也未对此作出合理解释。

综上所述，请求人所提供的证据（附件 2 ~9）不能形成完整的证据链来证明与本专利相同的产品已于申请日前被公开使用过，因此本专利权利要求 1 ~2 具备新颖性。

3. 创造性

根据专利法第二十二条第三款的规定，创造性是指同申请日以前已有的技术相比，该实用新型有实质性特点和进步。

附件 10 公开了一种机动脱谷机，请求人认为将附件 10 与本专利背景技术中的手摇架打绳机结合，使权利要求 1 不具备创造性。附件 11 是高等学校机械系列教材，请求人认为将附件 11 与本专利背景技术中的手摇架打绳机结合，使权利要求 1 ~2 不具备创造性。

合议组认为，附件 10 公开的是一种脱谷机，与本专利用于宠物用品皮卷的生产工具的卷皮机相比，二者的发明目的、解决的技术问题、技术方案均不同，因此与本专利不具有可比性。附件 11 作为高等学校机械设计系列教材，在其中仅公开了机构零部件，而这些零部件适用于所有的机械部件，与本专利所公开的一个完整的、包括各种部件之间的连接、传动关系的技术方案亦不具有可比性。而且，实际上仅根据一篇专利文献中专利权人关于背景技术的描述也不能唯一得出背景技术中所记载的技术方案必定属于本专利申请日前的现有技术这样的结论，故对于请求人提出的本专利相对于附件 10 或附件 11 与本专利的背景技术的结合不具备创造性的主张，合议组不予支持。

综上所述，本专利权利要求 1 ~2 具备创造性。

三、决定

维持 02220994.8 号实用新型专利权有效。

当事人对本决定不服的，可以根据专利法第四十六条第二款的规定，自收到本决定之日起三个月内向北京市第一中级人民法院起诉。根据该款的规定，一方当事人起诉后，另一方当事人应当作为第三人参加诉讼。

北京市第一中级人民法院
行政裁定书

（2006）一中行初字第 318 号

原告霞浦东方宠物皮件制品有限公司，住所地福建省霞浦县松城镇工业桃园区 7 号区。

法定代表人高则春，董事长。

委托代理人崔军，广东星辰律师事务所律师。

委托代理人谢怀恩，男，汉族，1973 年 1 月 13 日出生，宁德华闽进出口有限公司职员，住福建省宁懿市环城路 13 号 1 - 505。

被告国家知识产权局专利复审委员会，住所地北京市海淀区北四环西路 9 号银谷大厦 10 ~12 层。

法定代表人廖涛，副主任。

委托代理人王丽颖，国家知识产权局专利复审委员会审查员。

委托代理人徐媛媛，国家知识产权局专利复审委员会审查员。

第三人周青标，男，汉族，1969 年 7 月 6 日出生，住浙江省温州市平阳县南雁镇南雁东路

99 号。

委托代理人林建军，北京金之桥知识产权代理有限公司专利代理人。

委托代理人赵红梅，女，汉族，1973 年 7 月 22 日出生，北京金之桥知识产权有限公司职员，住河北省邢台市桥西区集体户章村煤矿。

原告霞浦东方宠物皮件制品有限公司（下称东方公司）不服国家知识产权局专利复审委员会（下称专利复审委员会）于 2005 年 11 月 9 日作出的第 7682 号无效宣告请求审查决定，在法定期限内向本院提起诉讼，本院于 2006 年 2 月 20 日受理本案后依法组成合议庭进行审理，并通知周青标作为第三人参加诉讼。在本案审理过程中，原告东方公司于 2006 年 6 月 27 日向本院提出撤诉申请。

本院认为，原告东方公司的撤诉申请系其真实意思表示，未违反法律的相关规定，应予准许。依照《中华人民共和国行政诉讼法》第五十一条之规定，裁定如下：

准许原告霞浦东方宠物皮件制品有限公司撤回对被告国家知识产权局专利复审委员会的起诉。

案件受理费 1000 元，减半收取 500 元，由原告霞浦东方宠物皮件制品有限公司负担（已交纳）。

审 判 长　仪　军
代理审判员　赵　明
人民陪审员　陈　源
二〇〇六年七月五日
书 记 员　朱　平

186

竹酒筒案

无效宣告请求审查决定（第7694号）

决　定　号　第7694号
决　定　日　2005年11月14日
发明创造名称　竹酒筒
国际分类号　B65D8 5/72
无效请求人　阳朔观桥酿酒厂
专利权人　张庚年
专　利　号　02276561.1
申　请　日　2002年9月17日
授权公告日　2003年9月3日
合议组组长　陈海平
主　审　员　王丽颖
参　审　员　祁轶军

法律依据　专利法第二十二条第三款
决定要点

本专利权利要求1与对比文件1所涉及的是两种不同结构的竹酒筒，如果仅根据对比文件1所公开的竹酒筒与公知常识结合而得到本专利权利要求1所限定的技术方案，对于本领域技术人员是非显而易见的，故权利要求1限定的技术方案具有实质性特点和进步，具备创造性。

一、案由

本无效宣告请求案涉及国家知识产权局专利局于2003年9月3日授权公告的02276561.1号实用新型专利权（下称本专利），名称为“竹酒筒”，申请日为2002年9月17日，专利权人为张庚年。

授权公告的权利要求书如下：

“1. 竹酒筒系由竹筒（1）、软木塞（5）等组成，其特征是：用一节或多节竹筒（1），在竹筒（1）上端横隔开设一个洞口（2），在竹筒（1）内腔安装一个内胆（3），内胆口（4）略小于竹筒洞口（2），略高出竹筒洞口（2），用软木塞（5）塞住内胆口（4）。”

针对本专利权阳朔观桥酿酒厂（下称请求人）于2005年5月9日向专利复审委员会提出无效宣告请求，其理由是本专利权利要求1不符合专利法第二十二条第三款的规定，请求人同时提交了如下证据：

证据1：ZL99251010.4号中国实用新型专利说明书（下称对比文件1），公开日为2000年10月11日。

请求人认为本专利权利要求1相对于对比文件1区别之处在于：（1）竹筒为一节或多节，并且两端带有横隔；（2）在竹筒上端横隔开设一个洞口，在竹筒内腔有一内胆，内胆口略小于竹筒洞口并略高出竹筒洞口；（3）用软木塞塞住内胆口。并认为上述三点区别或属于本领域惯用手段的等效替换或属于本领域技术人员的公知常识，因此本专利权利要求1与申请日以前的现有技术相比不具有实质性特点和进步，不符合专利法第二十二条第三款的规定。

经形式审查合格后，专利复审委员会于2005年6月28日受理了上述无效宣告请求，并同时将无效请求书及其所附附件的副本转送给了专利权人（下称被请求人）。

被请求人于2005年7月20日提交了意见陈述书。被请求人认为，本专利与对比文件完全不同，本专利的竹酒筒与对比文件公开的“竹制复合酒筒”在其结构上是明显不同的，本专利的竹酒筒使用的竹筒是一个整体的竹筒，而对比文件公开的“竹制复合酒筒”使用的竹筒是由两个完全敞开的竹筒盖在一起而成的。这样的结构没有本专利“竹筒”密封性好，而且本专利使用了“软木塞”的封装结构，其结构简单，而且能够使储存的酒长期不变质。因此，本专利与对比文件相比较，具有实质性特点和进步，即本专利的权利要求书符合专利法第二十二条第三款规定的创造性，请合议组依法驳回对本专利权人的实用新型专利权的无效宣告请求，维持其专利权有效。

2005年10月12日，专利复审委员会本案合议组向双方当事人发出口头审理通知书定于2005年11月7日举行口头审理，同时将被请求人于2005年7月20日提交的意见陈述书一并转给请求人。

口头审理如期举行。双方当事人均出席了本次口头审理，对对方出庭人员的身份和资格无异议，对合议组成员无回避请求。请求人明确无效理由为权利要求1相对于对比文件1不具备创造性；被请求人对对比文件1的真实性无异议。双方当事人在此基础上进行了充分的辩论。

至此，本案合议组认为案件事实清楚，依法作出如下审查结论。

二、决定的理由

根据专利法第二十二条第三款的规定，创造性是指同申请日以前已有的技术相比，该实用新型有实质性特点和进步。

请求人请求宣告本实用新型专利无效的理由是本实用新型不具备创造性，其提交的证据为一篇专利文献，即对比文件1，合议组经核实，对该份证据的真实性予以确认，因此对比文件1为有效证据。由于对比文件1的公开日在本专利申请日前，因此可以用来评价本专利的创造性。

对比文件1公开了一种竹制复合酒筒，由竹制外筒和装酒内瓶组成，其装酒内瓶装在竹制外筒中；其竹制外筒由筒体和筒盖组成，其筒体底和筒盖顶均为自然竹节；其装酒内瓶由瓶体和瓶盖组成，瓶体和瓶盖之间有密封垫。

本专利权利要求1所要求保护的技术方案是“竹酒筒系由竹筒、软木塞等组成，用一节或多节竹筒（1），在竹筒（1）上端横隔开设一个洞口（2），在竹筒（1）内腔安装一个内胆（3），内胆口（4）略小于竹筒洞口（2），略高出竹筒洞口（2），用软木塞（5）塞住内胆口（4）”。可见，本专利权利要求1与对比文件1相比，其区别技术特征是：（1）竹筒为一节或多节，并且两端带有横隔；（2）在竹筒上端横隔开设一个洞口，在竹筒内腔有一内胆，内胆口略小于竹筒洞口并略高出竹筒洞口；（3）用软木塞塞住内胆口。

由于每一节竹筒均包括上、下横隔，对比文件1所公开的竹制酒筒是将一节竹筒分成筒盖和筒体两部分；而本专利是将一节竹筒作为筒体，并在该节竹筒的上横隔上开设一个洞口，并使在筒体内腔形成的内胆口略小于竹筒洞口且略高于竹筒洞口，再用软木塞塞住内胆口密封。可见，对比文件1与本专利权利要求1所涉及的是两种不同结构的竹酒筒，本领域技术人员仅根据对比文件1所公开的竹酒筒与公知常识结合得到本专利权利要求1所限定的技术方案是非显而易见的，因此本专利权利要求1具备创造性。

三、决定

维持 02276561.1 号实用新型专利权有效。

当事人对本决定不服的，可以根据专利法第四十六条第二款的规定，自收到本决定之日起三个月内向北京市第一中级人民法院起诉。根据该款的规定，一方当事人起诉后，另一方当事人应当作为第三人参加诉讼。

187

手摇牛奶分离机案

无效请求审查决定（第7709号）

决　定　号　第7709号
决　定　日　2005年11月10日
发明创造名称　手摇牛奶分离机
国际分类号　B04B 5/04
无效请求人　青海农牧机械制造有限公司
专利权人　四川省岷山机械有限责任公司
专　利　号　02222045.3
申　请　日　2002年4月1日
授权公告日　2003年3月19日
合议组组长　陈海平
主　审　员　冯　涛
参　审　员　陈　勇

法律依据　专利法第二十二条第二款、第三款
决定要点

权利要求所要求保护的技术方案与对比文件所披露的技术内容相比，区别仅在于公知常识，则该权利要求不具备创造性。

一、案由

本无效宣告请求案涉及的是专利号为02222045.3、名称为“手摇牛奶分离机”的实用新型专利，该专利的申请日为2002年4月1日，授权公告日为2003年3月19日，专利权人为四川省岷山机械有限责任公司。该专利授权公告的权利要求书如下：

“1. 牛奶分离机，其特征在于箱体（17）内有传动装置与立轴（12）传动连接，流奶器（8）位于箱体（17）上，油咀座（7）位于流奶器（8）上，流油器（6）位于油咀座（7）上，漏斗座（5）位于流油器（6）上，漏斗（3）位于漏斗座（5）上，奶锅（1）位于漏斗（3）上，有开关芯（2），分离钵（9）位于流油器（6）下与立轴（12）连接，分离钵（9）的底座（28）有腔（30）与漏斗（3）流出口相通，钵盖（21）与底座（28）连接，形成腔（31），分离片（23、24、25）位于腔（31）内与分离片座（26）连接，腔（30）与腔（31）连通，钵盖（21）上部有小孔与流奶器（8）相通，腔（30）与流油器（6）相通。

2. 根据权利要求1所述的牛奶分离机，其特征在于立轴（12）与箱体（17）的立孔之间装有上轴承（10），轴承（10）与立孔之间装有防振弹簧（11），防振弹簧（11）为管状，管壁上有蟹爪（34），下轴承为装于箱体（17）上的钢球上推轴承（35）。

3. 根据权利要求1所述的牛奶分离机，其特征在于所说的传动装置有摇柄（19）与一级轴（18）

连接，轴（18）上有齿轮（16）与二级轴（14）上的齿轮（15）啮合，二级轴（14）上有伞齿轮（13）与立轴（12）的伞齿轮啮合。

4. 根据权利要求1所述的牛奶分离机，其特征在于所说的传动装置有摇柄（19）与一级轴（18）连接，轴（18）上有齿轮（16）与二级轴（14）上的小齿轮（15）啮合，小齿轮（15）与蜗轮（13）传动连接，蜗轮（13）与立轴（12）的蜗杆段配合。

5. 根据权利要求1所述的牛奶分离机，其特征在于小齿轮（15）的端面上有一螺旋面与蜗轮（13）上的销钉构成单向离合器。

6. 根据前1所述的牛奶分离机，其特征在于钵盖（21）为钵形，分离片为上分离片（23）、中分离片（24）、下分离片（25）、分离片都为漏斗形，与分离片座（26）通过键槽连接，钵盖（21）与底座（28）的下连接处有密封圈（27）。

7. 根据权利要求1所述的牛奶分离机，其特征在于手摇把转速70转/分，分离钵转速为9700转/分。

8. 根据权利要求1所述的牛奶分离机，其特征在于钵盖（21）上有调节螺钉（29），钵盖（21）与上分离片（23）之间有分离片盖（33）。”

青海农牧机械制造有限公司（下称请求人）针对上述专利权（下称本专利）于2005年3月1日向专利复审委员会提出了无效宣告请求，其理由是本专利不符合专利法第二十二条第二款和第三款的规定，请求宣告本专利全部无效，同时提交了附件1～5作为证据：

附件1：MF50型手摇牛奶分离器的技术鉴定证书复印件3页；

附件2：MF50型手摇牛奶分离器的说明书复印件11页；

附件3：鉴定资料——MF50型手摇牛奶分离器的产品图复印件3页；

附件4：1987年12月轻工业出版社出版的《乳品工业手册》的首页和版权页及第393～395页的复印件；

附件5：9N－50型手摇牛奶分离器荣获的奖状复印件3页。

经审查，上述无效宣告请求符合专利法及其实施细则规定的形式要求，专利复审委员会予以受理，于2005年5月9日发出无效宣告请求受理通知书，并将无效宣告请求书及附件副本转给了专利权人（下称被请求人），要求其在指定期限内陈述意见，同时成立合议组对此案进行审查。

被请求人未在指定期限内针对上述无效宣告请求作出答复。

复审委员会本案合议组于2005年9月5日向双方当事人发出了无效宣告请求口头审理通知书，定于2005年11月3日进行口头审理。

口头审理如期举行，仅请求人一方参加口头审理。请求人明确表示：附件1～5破坏本专利权利要求1～8的新颖性和创造性，请求人当庭提交了附件4的原件。

本案合议组经过合议，认为本案的事实已经清楚，可以作出审查决定。

二、决定的理由

1. 关于证据的认定

请求人未提交附件1～3和附件5的原件，合议组对它们的真实性无法核实，因此合议组对附件1～3和附件5不予采信；附件4属于公开出版物，合议组经核实对其真实性予以确认，其第1版第1次印刷的时间早于本专利的申请日，可以作为评判本专利新颖性和创造性的现有技术。

2. 关于新颖性

根据专利法第二十二条的规定，新颖性，是指在申请日以前没有同样的发明或者实用新型在国内外出版物上公开发表过、在国内公开使用过或者以其他方式为公众所知，也没有同样的发明或者实用新型由他人向国务院专利行政部门提出过申请并且记载在申请日以后公布的专利申请文件中。

附件4中公开了一种手摇牛乳分离机，并具体公开了以下技术特征（参见附件4的第395页第1~16行及第394页图3-6-9）：箱体内有传动装置与立轴传动连接，流乳器6位于箱体上，流油器5位于流乳器6上，漏斗座位于流油器上，漏斗4位于漏斗座上，盛乳盆1位于漏斗4上，有开头2，分离钵7位于流油器5下与立轴连接，分离钵7的底座有第一腔与漏斗4的流出口相通，钵盖与底座连接形成第二腔，分离片位于第二腔内与分离片座连接，第一腔与第二腔连通，钵盖上部有小孔与流奶器相通，第一腔与流油器相通。

权利要求1所要求保护的技术方案与附件4所披露的技术内容相比，区别在于"油嘴座位于流奶器上，流油器位于油嘴座上"，因此权利要求1具备新颖性。

在权利要求1具备新颖性的情况下，从属权利要求2~8也具备新颖性。

3. 关于创造性

根据专利法第二十二条第三款的规定，创造性，是指同申请日以前已有的技术相比，该发明有突出的实质性特点和显著的进步，该实用新型有实质性特点和进步。

本专利权利要求1的技术方案中，在流奶器与流油器之间设置了油嘴座，在本专利的说明书中并未对采用油嘴座的功能和效果进行描述，故按常规理解为安装或固定的作用，则油嘴座的设置属于本领域的常规技术设计，不需要花费本领域技术人员创造性的劳动，因此权利要求1不具备创造性。

权利要求3的附加技术特征是"所说的传动装置有摇柄（19）与一级轴（18）连接，轴（18）上有齿轮（16）与二级轴（14）上的齿轮（15）啮合，二级轴（14）上有伞齿轮（13）与立轴（12）的伞齿轮啮合"，而附件4中的传动装置是将摇手把的转动通过两级齿轮增速传给分离钵（参见附件4的第395页第14~16行），权利要求3所限定的技术方案只是将其中的二级传动改为伞齿轮传动，在给定传动比的情况下，设计各种齿轮增速传动机构来实现相同的目的是本领域技术人员容易做出的常规技术设计，不需要花费创造性的劳动，即权利要求3的附加技术特征不具有实质性的特点和进步，因而在其引用的权利要求1不具备创造性的前提下，该权利要求也不具备创造性。

权利要求4的附加技术特征是"所说的传动装置有摇柄（19）与一级轴（18）连接，轴（18）上有齿轮（16）与二级轴（14）上的小齿轮（15）啮合，小齿轮（15）与蜗轮（13）传动连接，蜗轮（13）与立轴（12）的蜗杆段配合"，而附件4中的传动装置是将摇手把的转动通过两级齿轮增速传给分离钵（参见附件4的第395页第14~16行），权利要求4所限定的技术方案只是将其中的二级传动改为蜗轮蜗杆传动，在给定传动比的情况下，设计各种常规的增速传动机构来实现相同的目的是本领域技术人员容易做到的，不需要花费创造性的劳动，即权利要求4的附加技术特征不具有实质性的特点和进步，因而在其引用的权利要求1不具备创造性的前提下，该权利要求也不具备创造性。

权利要求6的附加技术特征是"钵盖（21）为钵形，分离片为上分离片（23）、中分离片（24）、下分离片（25）、分离片都为漏斗形，与分离片座（26）通过键槽连接，钵盖（21）与底座（28）的下连接处有密封圈（27）"，其中"分离片与分离片座（26）通过键槽连接"是常见的连接方式，属于本领域技术人员的常规技术设计，而其余技术特征均已在附件4中公开（参见附件4的第394页图3-6-9和第395页第7~13行），如："分离体由分离钵底座、分离碟片、下分离片、分离片支撑、分离片盖、分离钵盖、橡胶密封圈、铜螺母、调节螺丝等零件组成"，因而在其引用的权利要求1不具备创造性的前提下，该权利要求也不具备创造性。

权利要求7和权利要求8的附加技术特征已在附件4中公开（参见附件4的第394页图3-6-9和第395页第7~16行），其中"较重的脱脂乳被甩到分离片的外围，沿着分离钵盖的内壁上升，通过分离片盖和分离钵盖之间的空隙，从颈部的调节螺丝孔流出"表明了调节螺钉的存在位置和它的作用，因此在它们分别引用的权利要求1不具备创造性的前提下，权利要求7和权利要求8也不具备创造性。

请求人认为权利要求2和权利要求5的附加技术特征为本领域公知常识，但没有提供相应的证据支持其主张，因此合议组对其提出的权利要求2和权利要求5不具备创造性的主张不予支持。

三、决定

针对授权公告的02222045.3号实用新型专利权，宣告权利要求1、3、4、6~8无效，在权利要求2、5的基础上维持本专利权继续有效。

当事人对本决定不服的，可以根据专利法第四十六条第二款的规定，自收到本决定之日起三个月内向北京市第一中级人民法院起诉。根据该款的规定，一方当事人起诉后，另一方当事人应当作为第三人参加诉讼。

真空储物袋案

无效宣告请求审查决定（第7714号）

决　定　号　第7714号
决　定　日　2005年11月14日
发明创造名称　真空储物袋
国际分类号　B65D 81/20、33/16
无效请求人　上海镁嘉实业有限公司
专利权人　李文昭
专　利　号　02202652.5
申　请　日　2002年2月4日
授权公告日　2003年1月22日
合议组组长　魏　屹
主　审　员　祁轶军
参　审　员　武树辰

法律依据　专利法第二十二条第二款、第三款
决定要点

本专利权利要求1所要求保护的技术方案已经被附件3和附件4所公开，而且附件4已经给出了明确的技术启示来解决相应的技术问题，因此在附件3所公开的技术内容的基础上结合附件4所公开的技术内容及相应的技术启示得到权利要求1所限定的技术方案对本领域技术人员而言是显而易见的。故本专利不具备实质性特点和进步，不具备创造性。

一、案由

本无效宣告请求案涉及的是专利号为02202652.5、名称为“真空储物袋”的实用新型专利（下称本专利），该专利的申请日为2002年2月4日、授权公告日为2003年1月22日，专利权人为李文昭。

该专利授权公告时的权利要求书如下：

“1. 一种真空储物袋，它包括一端留有袋口的密封袋体，袋底为密封压制结构，其特征在于：所述袋体由两层套袋组成，所述袋口处设有黏性材料的涂层，所述密封压制的袋底处设有管状开口。

2. 根据权利要求1所述的真空储物袋，其特征在于：所述袋口两侧各设有凸起的半圆。

3. 根据权利要求1所述的真空储物袋，其特征在于：所述两层套袋袋口内侧分别设有黏性材料的涂层。

4. 根据权利要求1所述的真空储物袋，其特征在于：所述管状开口处活动套接有一管套。

5. 根据权利要求4所述的真空储物袋，其特征在于：所述管套一侧为开口，另一侧为密封口。

6. 根据权利要求4或5所述的真空储物袋，其特征在于：所述管套为网状结构。

7. 根据权利要求1或4所述的真空储物袋，其特征在于：所述管状开口处内侧设有黏性材料的涂层。”

针对上述专利权，上海镁嘉实业有限公司（下称请求人）于2005年5月12日向专利复审委员会提出了无效宣告请求，其理由是本专利权利要求1~7不具备新颖性和创造性，不符合专利法第二十二条的规定。请求人同时提交了附件2~6作为证据：

附件2：公开日为1996年1月16日的日本专利特许公报特开平8-11942的说明书复印件；

附件3：公开日为1986年8月20日的中国实用新型专利申请CN86200325U的说明书复印件；

附件4：授权公告日为1999年3月24日、授权公告号为CN2311458Y的中国实用新型专利的专利说明书复印件；

附件5：授权公告日为1994年9月21日、授权公告号为CN2177689Y的中国实用新型专利的专利说明书复印件；

附件6：授权公告日为1998年12月2日、授权公告号为CN2299039Y的中国实用新型专利的专利说明书复印件。

经审查，上述无效宣告请求符合专利法及其实施细则的形式要求，专利复审委员会对上述无效宣告请求予以受理并于2005年5月12日发出无效宣告请求受理通知书，将上述无效宣告请求书及其附件的副本转给了专利权人（下称被请求人），要求其在指定的期限内答复，同时依法成立合议组对本案进行审查。

针对上述无效宣告请求，被请求人于2005年6月24日作出了答复，并认为对比文件1~5不能否定本专利的新颖性和创造性。

专利复审委员会本案合议组于2005年8月23日向双方当事人发出了无效宣告请求口头审理通知书，定于2005年10月18日在专利复审委员会举行口头审理。同时将被请求人于2005年6月24日提交的意见陈述书的副本转给了请求人，要求其在指定的期限内答复。

专利复审委员会本案合议组于2005年8月25日向请求人发出了外文证据处理通知书，要求请求人在指定期限内补交附件2所用部分的中文译文。

请求人于2005年10月8日向专利复审委员会提交了附件2所用部分的中文译文。

口头审理如期举行。双方当事人均参加了口头审理，双方当事人对合议组成员无回避请求，对对方当事人出席本次口头审理人员的身份无异议。在口头审理过程中，合议组对请求人提出的理由及提交的证据进行了调查，同时将请求人于2005年10月8日提交的附件2的中文译文当庭转给被请求人并告知被请求人，如果对附件2的中文译文的正确性有异议，须在五日内以书面形式提交合议组。请求人明确表示放弃将附件5和附件6作为证据使用，同时明确其无效理由为：本专利权利要求1不具备新颖性；附件3为最接近的现有技术，其与附件2或附件4的结合可否定本专利权利要求1~7的创造性，而且结合附件3与附件2或附件4针对其提出的无效宣告理由充分陈述了意见。被请求人对附件2~4的真实性无异议，并对“所述袋体由两层套袋组成”和“黏性材料的涂层”作出了解释。

本案合议组经过合议，认为本案的事实已经清楚，可以作出审查决定。

二、决定的理由

1. 证据认定

请求人在口头审理过程中明确表示放弃将附件5和附件6作为证据使用。根据审查指南第四部分第三章第3.1节关于请求原则的规定，合议组在评价本专利新颖性和创造性时，仅考虑附件2、附件3和附件4。经核实，合议组对附件2、附件3和附件4的真实性予以认可。作为专利文献的附件2、附件3和附件4均为公开出版物，其中附件2的公开日为1996年1月16日，附件3的公开日为1986

年8月20日，附件4授权公告日为1999年3月24日，均早于本专利的申请日。因此，根据专利法第二十二条第二款和第三款及审查指南中的有关规定，附件2、附件3和附件4所披露的技术内容可以作为评价本专利新颖性和创造性的已有技术。

2. 关于新颖性

根据专利法第二十二条第二款的规定，新颖性，是指在申请日以前没有同样的发明或者实用新型在国内外出版物上公开发表过、在国内公开使用过或者以其他方式为公众所知，也没有同样的发明或者实用新型由他人向国务院行政部门提出过申请并且记载在申请日以后公布的专利申请文件中。

在口头审理过程中，被请求人将“所述袋体由两层套袋组成”解释为：袋体包括有一个袋口，袋口处增设一个黏性材料层，从而形成具有双层结构的袋口；将“黏性材料的涂层”解释为：黏性材料层的表面因受到过相应的表面处理而具有黏性。

附件3公开了一种真空储存袋，它由塑料袋1、密封胶层2和气阀3组成，其中塑料袋1开口处预涂有密封胶层2，塑料袋1上装有排气阀3（见附件3的说明书和附图）。

请求人认为：在附件3中所公开的预涂在塑料袋开口处的密封胶层2相当于本专利的“黏性材料的涂层”，排气阀3相当于本专利的“管状开口”，将密封胶层预涂在塑料袋上形成了一种双层结构，这种双层结构相当于本专利的“两层套袋”。因此，本专利权利要求1限定的技术方案相对该附件3所公开的技术内容不具备新颖性。

合议组认为，虽然被请求人对本专利权利要求1中出现的技术特征“所述袋体由两层套袋组成”和“黏性材料的涂层”作出了解释，但是这种解释并不足以将权利要求1限定的技术方案与附件3所公开的技术内容区别开来。具体而言，在附件3中所公开的预涂在塑料袋开口处的密封胶层2相当于本专利的“黏性材料的涂层”，通过将密封胶层预涂在塑料袋上而形成的双层结构相当于本专利的“两层套袋”，由此可以看出，权利要求1所限定的技术方案与附件3所公开的技术内容相比其区别主要在于：本专利的管状开口不同于附件3的排气阀。

可见，附件3没有公开与本专利权利要求1相同的技术方案，因此根据专利法第二十二条第二款的规定，权利要求1限定的技术方案相对附件3具备新颖性。

3. 关于创造性

根据专利法第二十二条第三款的规定，创造性，是指同申请日以前已有的技术相比，该发明具有突出的实质性特点和显著的进步，该实用新型有实质性特点和进步。

请求人认为：附件3所公开的技术内容与附件2或附件4所公开的技术内容相结合可否定本专利权利要求1~7的创造性。

附件3公开了一种真空储存袋，它由塑料袋1、密封胶层2和气阀3组成，其中塑料袋1开口处预涂有密封胶层2，塑料袋1上装有排气阀3（见附件3的说明书和附图）。

附件2公开了一种压缩保存袋，该保存袋在袋口处设有开闭具，在袋底设有开口，吸尘器的吸管可插入到该开口内（见附件2的附图及中文译文）。

附件4公开了一种真空储物袋，该储物袋上设置有排气口，该排气口之一是在袋体的主体部分上延伸制出一段中空管状的排气通道（见附件4的说明书及附图）。

合议组认为，由于本专利权利要求1所限定的技术方案与附件3所公开的技术内容相比，其区别主要在于：本专利的管状开口不同于附件3的排气阀；附件4已经公开了在袋体的主体部分上延伸出一段中空管状排气通道的技术特征，而且附件4明确给出了将这种管状排气通道应用于真空储物袋上的技术启示。本领域技术人员基于附件3所公开的技术内容可以很容易地与附件4所公开的技术内容相结合，得到本专利权利要求1所限定的技术方案，这对本领域技术人员而言是显而易见的，故本专利权利要求 1 所限定的技术方案不具有实质性特点和进步，不具备专利法第二十二条第三款所规定的创造性。

从属权利要求 3 对独立权利要求 1 作出了进一步限定，其附加技术特征为“所述两层套袋袋口内侧分别设有黏性材料的涂层”，但该附件技术特征已经被附件 3 所公开（见附件 3 的权利要求书）。因此，在该从属权利要求 3 所引用的权利要求 1 不具备创造性的前提下，权利要求 3 所限定的技术方案也不具有实质性特点和进步，不具备专利法第二十二条第三款所规定的创造性。

从属权利要求 2 对独立权利要求 1 作出了进一步限定，其附加技术特征为“在所述袋口两侧各设有凸起的半圆”，该技术特征未在附件 2 ~4 中公开，附件 2 ~4 也未给出相应的技术启示，而且该技术特征还产生了使封口平滑黏合的有益效果。这对本领域技术人员而言并非是显而易见的，需要付出创造性的劳动，因此具有实质性特点和进步，故权利要求 2 所限定的技术方案相对附件 3 与附件 2 或附件 4 的结合具备创造性。

从属权利要求 4 对独立权利要求 1 作出了进一步限定，其附加技术特征为“所述管状开口处活动套接有一管套”，该技术特征未在附件 2 和附件 3 中公开，附件 4 中虽然公开了“在两层袋体面料热压缝合之界面处夹装一段中空管作为排气通道”，但未公开该中空管活动套接管状开口内，附件 4 也未给出这种活动套接的技术启示。而且，由于管套活动套接在管状开口内，在将袋内空气吸走后，可将吸尘器的吸管及管套一起从管状开口内取出，这样袋内就不含有坚硬的部件，不会将袋体或容纳在袋体内的物品弄破，故权利要求 2 所限定的技术方案相对附件 3 与附件 2 或附件 4 的结合具备创造性。

从属权利要求 5 对权利要求 4 作出了进一步限定，其附加技术特征为“所述管套一侧为开口，另一侧为密封口”，该技术特征未在附件 2 ~4 中公开，附件 2 ~4 也未给出相应的技术启示，这对本领域技术人员而言并非是显而易见的，需要付出创造性的劳动，具有实质性特点和进步，故权利要求 5 所限定的技术方案相对附件 3 与附件 2 或附件 4 的结合具备创造性。

从属权利要求 6 对权利要求 4 或权利要求 5 作出了进一步限定，其附加技术特征为“所述管套为网状结构”，该技术特征未在附件 2 ~4 中公开，附件 2 ~4 也未给出相应的技术启示，这对本领域技术人员而言并非是显而易见的，需要付出创造性的劳动，具备实质性特点和进步。同样对权利要求 6 所限定的技术方案相对附件 3 与附件 2 或附件 4 的结合具备创造性。

从属权利要求 7 对权利要求 1 或权利要求 4 作出了进一步限定，其附加技术特征为“所述管状开口处内侧设有黏性材料的涂层”，该技术特征未在附件 2 ~4 中公开，附件 2 ~4 也未给出相应的技术启示，这对本领域技术人员而言并非是显而易见的，需要付出创造性的劳动，具有实质性特点和进步，故权利要求 7 所限定的技术方案相对附件 3 与附件 2 或附件 4 的结合具备创造性。

综上，本案合议组对请求人所提出的本专利权利要求 1 和权利要求 3 不具备创造性的主张予以支持，对请求人所提出的本专利权利要求 2、权利要求 4 ~7 不具备创造性的主张不予支持。

三、决定

针对授权公告的 02202652.5 号实用新型专利权，宣告权利要求 1 和权利要求 3 无效，在权利要求 2 及权利要求 4 ~7 的基础上维持专利权继续有效。

当事人如对本决定不服，可以根据专利法第四十六条第二款的规定，自收到本决定之日起三个月内向北京市第一中级人民法院起诉。根据该款的规定，一方当事人起诉后，另一方当事人应当作为第三人参加诉讼。

药用冷成型复合铝箔案

无效宣告请求审查决定（第7715号）

决　定　号　第7715号
决　定　日　2005年11月17日
发明创造名称　药用冷成型复合铝箔
国 际 分 类 号　B65D 65/40
无 效 请 求 人　郭纯武
专 利 权 人　欧阳少波
专　利　号　0320117062.8
申　请　日　2003年10月16日
授 权 公 告 日　2004年11月17日
合 议 组 组 长　魏　屹
主　审　员　宋鸣镝
参　审　员　武树辰

法 律 依 据　专利法第二十二条第二款、第三款
决 定 要 点

如果实用新型的权利要求所保护的技术方案与证据所公开的内容相比，其区别仅仅在于相应特征的材料不同，而材料的不同并未带来产品在形状、构造或者其结合上发生变化的，该材料特征在实用新型的创造性审查中不予考虑，则该权利要求不具备创造性。

一、案由

本无效宣告请求案涉及国家知识产权局专利局于2004年11月17日公告授权的、专利号为0320117062.8、名称为“药用冷成型复合铝箔”的实用新型专利（下称本专利），其申请日为2003年10月16日，专利权人为欧阳少波。

授权公告的权利要求书如下：

“1. 一种药用冷成型复合铝箔，其特征在于：选用无毒的聚酯片材作为与药片直接接触层的内层；中间层为铝箔层，外层为具有良好的抗拉伸强度的尼龙或聚酯片材层，外层与中间层之间为粘合层，内层与中间层也具有粘合层。

2. 根据权利要求1所述的一种药用冷成型复合铝箔，其特征在于：聚酯片材材料一般厚度可以降至20μm以下。

3. 根据权利要求1所述的一种药用冷成型复合铝箔，其特征在于：外层材料可以为尼龙材料层或聚酯片材层；

4. 根据权利要求1所述的一种药用冷成型复合铝箔，其特征在于：该材料五层结构总厚度不超过0.11mm。”

针对本专利权，郭纯武（下称请求人）于2004年12月7日向专利复审委员会提出了无效宣告请求，请求专利复审委员会宣告本专利全部无效。请求宣告无效的理由是本专利的权利要求1~4不具备专利法第二十二条第二款、第三款规定的新颖性和创造性。请求人同时提交了以下三份证据：

证据1：专利号为93218575.4的中国实用新型专利说明书复印件，其授权公告日为1994年3月30日；

证据2：专利号为01258594.7的中国实用新型专利说明书复印件，其授权公告日为2002年12月18日；

证据3：2001年12月出版的《中国包装》杂志第69~71页复印件中的文章《成型铝——药用包装的好耗材》。

请求人认为：本专利权利要求1所述的药用冷成型复合铝箔已由证据1所公开，该权利要求1与证据1相比不具备新颖性，在该证据的基础上结合常用技术手段获得权利要求1所保护的技术方案是显而易见的，该权利要求1不具备创造性。同时，证据2公开了权利要求3的附加技术特征，权利要求2和权利要求4的附加技术特征是所属技术领域的公知常识，故本专利权利要求2~4相对于证据1和证据2的结合不具备创造性。

2005年1月31日，请求人提交了意见陈述书，查询本无效宣告请求的受理情况。

经形式审查合格后，专利复审委员会受理了上述无效宣告请求，于2005年3月2日向请求人和专利权人（下称被请求人）发出了无效宣告请求受理通知书，并将上述专利权无效宣告请求书及其相关文件副本转送给被请求人，要求被请求人在指定期限内进行意见陈述，同时依法成立合议组对本案进行审理。

针对上述无效宣告请求，被请求人于2005年4月12日提交了意见陈述书，同时还修改了权利要求书。

经修改的权利要求书如下：

“1. 一种药用冷成型复合铝箔，其特征在于：选用无毒的聚酯片材作为与药片直接接触层的内层；中间层为铝箔层，外层为具有良好的抗拉伸强度的尼龙或聚酯片材层，外层与中间层之间为粘合层，内层与中间层也具有粘合层。

2. 根据权利要求1所述的一种药用冷成型复合铝箔，其特征在于：聚酯片材材料一般厚度可以降至20μm以下。

3. 根据权利要求1所述的一种药用冷成型复合铝箔，其特征在于：该材料五层结构总厚度不超过0.11mm。”

被请求人认为：修改后的权利要求1~3所保护的技术方案相对于请求人所提供的证据1~3具备专利法第二十二条第二款、第三款规定的新颖性和创造性。

专利复审委员会于2005年8月4日向双方当事人发出口头审理通知书，定于2005年9月13日在专利复审委员会举行口头审理，同时将被请求人在2005年4月12日提交的意见陈述书及其相关文件副本转送给请求人，将请求人在2005年1月31日提交的意见陈述书及其相关文件副本转送给被请求人，并要求双方当事人在指定期限进行意见陈述。

2005年8月22日，请求人提交了意见陈述书并补充提交了如下证据：

证据4：专利号为03236586.1的中国实用新型专利说明书复印件，其授权公告日为2004年2月11日。

请求人认为：修改后的权利要求1相对于证据1不具备新颖性和创造性，修改后的权利要求1~3相对于证据1和证据2的结合不具备创造性，证据4用于证明选用无毒的聚酯片材作为与药片直接接触的内层为现有技术。

被请求人在指定期限内未进行意见陈述。

口头审理如期举行，双方当事人均到庭。在口头审理过程中，双方当事人表示对合议组成员无回避请求，对对方出庭人员的身份和资格无异议。合议组当庭将请求人于2005年8月22日提交的意见陈述书转送给被请求人，并告知双方当事人随该意见陈述书所提交的证据4属于超期证据，合议组对该证据不予考虑；请求人当庭声明放弃证据3；请求人当庭明确了证据的使用方式，即引用证据1来评述本专利权利要求1~3的新颖性和创造性，引用证据1和证据2的结合来评述本专利权利要求1~3的创造性；被请求人称本专利和证据2都是基于证据2中的背景技术“公知技术中的高密封冷冲压型包装铝通常是OPA粘合AL再粘合PVC三层粘合”（参见证据2说明书第1/3页第12~14行）所作出的改进，本专利的改进之处在于将PET材料层取代PVC材料层，以提高环保性能；合议组当庭告知双方当事人根据审查指南第四部分第六章2.1节之规定技术方案中的材料特征在实用新型创造性审查中不予考虑；被请求人表示口头审理后不再提交书面意见陈述，合议组告知双方当事人审查以口头审理中双方所发表的意见为准，对于口头审理后所提交的新的意见陈述和证据合议组不予考虑。

在上述程序的基础上，合议组认为本案事实已经清楚，可以依法作出如下审查决定。

二、决定的理由

1. 本案审查的基础

鉴于被请求人于2005年4月12日所提交的对权利要求书的修改为仅将授权时的权利要求3删除，而对其他权利要求未作修改，合议组认为该修改符合专利法实施细则第六十八条及审查指南的相关规定，未扩大原专利的保护范围，故本无效宣告请求审查决定所针对的文本是被请求人于2005年4月12日提交的权利要求第1~3项、国家知识产权局专利局于2004年11月17日公告授权的本专利说明书第1~3页和说明书附图第1页。

2. 关于创造性

专利法第二十二条第三款规定：创造性，是指同申请日以前已有的技术相比，该发明有突出的实质性特点和显著的进步，该实用新型有实质性特点和进步。

证据2为中国专利文献，属于公开出版物，经合议组核实对它们的真实性予以确认，其授权公告日早于本专利的申请日，故证据2可以作为评价本专利创造性的已有技术。

（1）关于本专利权利要求1的创造性

本专利权利要求1如下：“1. 一种药用冷成型复合铝箔，其特征在于：选用无毒的聚酯片材作为与药片直接接触层的内层；中间层为铝箔层，外层为具有良好的抗拉伸强度的尼龙或聚酯片材层，外层与中间层之间为粘合层，内层与中间层也具有粘合层。”

证据2涉及一种用于包装药品的高密封冷冲压型塑铝复合压型包装版袋（相当于本专利的药用冷成型复合铝箔），在证据2的背景技术中公开了“公知技术中的高密封冷冲压型包装铝通常是OPA（相当于本专利中的外层尼龙）粘合AL（相当于本专利中的中间铝箔层）再粘合PVC三层粘合”这一技术内容（参见证据2说明书第1/3页第1~14行）。将本专利权利要求1所保护的技术方案与证据2所公开的技术内容相比，证据2中虽未明确将三层之间的粘合结构称之为粘合层，但其所具有的粘合结构与本专利中所具有的粘合层结构实质上是相同的，故证据2所公开的内容与本专利权利要求1的区别在于：本专利中选用无毒的聚酯片材作为与药片直接接触层的内层，证据2中选用PVC材料作为与药片直接接触层的内层，即证据2与本专利的区别在于内层材料的不同。

根据审查指南第四部分第六章第2.1节之规定，材料特征在实用新型创造性审查中不予考虑。技术方案中的材料特征与最接近的现有技术中的相应特征相比，其区别在于材料不同，而材料的不同并未带来产品在形状、构造或者其结合上发生变化的，即使由于材料的不同使得包括材料特征在内的该技术方案的效果优于或不同于最接近的现有技术，该材料特征在实用新型的创造性审查中仍然不予考虑。

被请求人在口头审理过程中称：本专利和证据2都是基于证据2中的背景技术所作出的改进，本专利的改进之处在于将本专利中的内层PET材料层取代证据2中的内层PVC材料层，以提高环保性能。对此合议组认为，本专利与证据2在内层材料上的不同，并未使得本专利所保护的药用冷成型复合铝箔与证据2所公开的高密封冷冲压型包装铝在形状、构造或者其结合上发生变化，虽然本专利与证据2相比在环保性能上有所提高，但根据审查指南的相关规定，该材料特征将不予考虑。且合议组当庭已告知双方当事人有关审查指南第四部分第六章第2.1节技术方案中的材料特征在实用新型创造性审查中不予考虑的相关规定，故在不考虑本专利与证据2在内层材料不同的情况下，本专利权利要求1所保护的技术方案相对于证据2不具备专利法第二十二条第三款规定的创造性。

(2) 关于本专利权利要求2和权利要求3的创造性

本专利从属权利要求2和从属权利要求3均引用权利要求1，它们的附加技术特征分别为“聚酯片材材料一般厚度可以降至20μm以下”和“该材料五层结构总厚度不超过0.11mm”，而本技术领域的普通技术人员可以根据实际需求来制造具有某种特定厚度的聚酯片材材料层以及药用冷成型复合铝箔，将聚酯片材材料层制造成具有20μm以下厚度的材料层以及将药用冷成型复合铝箔制造成具有不超过0.11mm五层结构总厚度的复合铝箔仅仅是本领域中的一种常规选择，无须付出创造性的劳动。因此，在权利要求1不具备创造性的情况下，权利要求2和权利要求3相对于证据2同样均不具备专利法第二十二条第三款规定的创造性。

综上所述，本专利的全部权利要求1~3均不具备创造性，不符合专利法第二十二条第三款的规定。

鉴于本专利权利要求1~3相对于证据2已经不具备创造性，所以对于请求人所主张的其他理由和证据，合议组不再评述。

三、决定

宣告200320117062.8号实用新型专利权全部无效。

当事人对本决定不服的，可以根据专利法第四十六条第二款的规定，自收到本决定之日起三个月内向北京市第一中级人民法院起诉。根据该款的规定，一方当事人起诉后，另一方当事人应当作为第三人参加诉讼。

190

啤酒瓶回收机案

无效宣告请求审查决定（第7726号）

决 定 号 第7726号
决 定 日 2005年11月10日
发明创造名称 啤酒瓶回收机
国际分类号 B67C 7/00
无效请求人 郭俊玲
专利权人 辽宁天江工贸有限公司
专 利 号 03212030.3
申 请 日 2003年3月21日
授权公告日 2004年4月14日
合议组组长 陈海平
主 审 员 武树辰
参 审 员 宋鸣镝

法律依据 专利法第二十二条第二款、第三款
决定要点

如果一项权利要求所要求保护的技术方案与对比文件所公开的技术方案之间的区别特征是本领域普通技术人员通常采用的常规技术手段，则该权利要求不具备创造性。

一、案由

本无效宣告请求案涉及的是专利号为03212030.3、名称为“啤酒瓶回收机”的实用新型专利(下称本专利)，本专利的申请日为2003年3月21日，授权公告日为2004年4月14日，专利权人为辽宁天江工贸有限公司。

本专利授权公告的权利要求书如下：

“1. 啤酒瓶回收机，它包括机架、电控箱和汽缸，其特征在于：机架（6）上方装有切削汽缸（2），切削汽缸（2）下方装有上固定架（9），上固定架（9）下方装有切削回酒管（3），切削回酒管（3）装有下固定架（10），下固定架（10）上方装有对盅汽缸（4），下固定架（10）下方装有对盅头（5），对盅头（5）在对盅汽缸（4）的作用下可以向下运动，切削回酒管（3）可以在切削汽缸（2）的作用下向下运动，机架（6）下方装有平台（11）和定位器（8）。

2. 根据权利要求1所述的一种啤酒瓶回收机，其特征在于：对盅头（5）可以为6个、12个或24个。

3. 根据权利要求1所述的一种啤酒瓶回收机，其特征在于：切削回酒管（3）的数量应与对盅头（5）相同。”

针对上述实用新型专利权，郭俊玲（下称请求人）于2005年3月23日向专利复审委员会提出了

无效宣告请求，请求专利复审委员会宣告该专利权全部无效。请求人同时提交了下列3份附件：

附件1：专利号为03212030.3的中国实用新型专利说明书复印件（即本专利）；

附件2：专利号为00232663.9的中国实用新型专利说明书复印件，授权公告日为2001年3月7日；

附件3：专利号为01261680.X的中国实用新型专利说明书复印件，授权公告日为2002年7月3日。

请求人认为：本专利权利要求1～3相对于附件3不具备专利法第二十二条第二款所规定的新颖性和专利法第二十二条第三款所规定的创造性。

2005年4月19日，请求人又提交附件4、5、6、7作为证据：

附件4：专利号为00203789.0的中国实用新型专利说明书复印件，授权公告日为2001年3月14日；

附件5：日本公开特许公报特开平8－72989号复印件，公开日为1996年3月19日；

附件6：日本公开特许公报特开平9－132295号复印件，公开日为1997年5月20日；

附件7：日本公开特许公报特开平10－211914号复印件，公开日为1998年8月11日。

请求人认为上述证据表明本专利不具备创造性，同时还认为本专利不符合专利法第二十六条第三款、第四款的规定。

2005年4月22日，请求人又提交了附件8、9、10作为证据：

附件8：购物导报啤酒专刊（刊号：CN11－0219）啤总201期3.6版复印件2页，2003年3月17日出版；

附件9：购物导报啤酒专刊（刊号：CN11－0219）啤总205期复印件2页，2003年5月19日出版；

附件10：附件5即日本公开特许公报特开平8－72989号的中文译文。

2005年4月25日，请求人提交了附件11作为证据：

附件11：附件6即日本公开特许公报特开平9－132295号的中文译文。

请求人认为，上述证据表明本专利不具备新颖性和创造性。

经审查，上述无效宣告请求符合专利法及其实施细则规定的形式要求，专利复审委员会予以受理，于2005年6月2日向请求人和专利权人（下称被请求人）发出了无效宣告请求受理通知书，同时将专利权无效宣告请求书及所附证据副本和请求人于2005年4月19日、2005年4月22日、2005年4月25日提交的证据副本转送给被请求人，要求被请求人在指定期限内进行意见陈述，同时成立合议组对此案进行审查。

被请求人未在指定期限内对上述无效宣告请求作出意见陈述。

专利复审委员会于2005年9月20日向双方当事人发出口头审理通知书，定于2005年11月4日在专利复审委员会进行口头审理。

口头审理如期进行，仅请求人一方参加口头审理。在口头审理中，请求方对合议组成员无回避请求。请求人放弃附件9作为证据使用，并当庭提交了附件8的原件；请求人认为：附件3和附件8分别可以否定权利要求1的新颖性，使用附件3与附件8的结合、或附件3与附件4的结合、或附件3与附件4与附件8的结合来否定权利要求1的创造性，并认为权利要求2和权利要求3的附加技术特征是本领域的常规技术手段，而且在附件3中也被相应公开。请求人明确：附件2、5、6、7、10、11用于说明现有技术。

至此，合议组经过合议，认为涉及本案的有关事实已经清楚，可以作出本审查决定。

二、决定的理由

1. 关于证据

附件8（下称对比文件2）是消费日报社主办的国内统一刊号CN11－0219的购物导报·啤酒专刊第1432期（啤总201期）的复印件2页，请求人在口头审理过程中出示了附件8的原件，合议组经核实对其真实性予以认可，其出版日2003年3月17日在本专利的申请日之前，因此可以用来评价本专利的新颖性和创造性；

附件3（下称对比文件1）是中国实用新型专利说明书，属于公开出版物，合议组经核实对其真实性予以确认，其公开日均在本专利的申请日之前，因此可以用来评价本专利的新颖性和创造性。

2. 关于创造性

专利法第二十二条第三款规定：创造性，是指同申请日以前已有的技术相比，该发明有突出的实质性特点和显著的进步，该实用新型有实质性特点和进步。

对比文件1公开了一种啤酒瓶回收机（相当于权利要求1的啤酒瓶回收机），并具体公开了以下的技术特征：该回收机包括机架（图1中附图标记7、1、2组成的整体）和汽缸（回收缸8和开盖缸9），机架上方装有回收缸8（相当于权利要求1中的切削汽缸），回收缸8下方装有上导板6（相当于权利要求1中的上固定架），上导板6下方装有吸酒管11（相当于权利要求1的切削回酒管），吸酒管11下方装有下导板5（相当于权利要求1的下固定架），下导板5上方装有开盖缸9（相当于权利要求1的对盅汽缸），下导板5下方装有套瓶固定板16（该套瓶固定板中设有可容纳瓶颈的锥形孔，该锥形孔就相当于权利要求1的对盅头），开盖缸可以带动套瓶固定板向下运动，而回收缸可带动吸酒管向下运动，机架下方装有下固定板1（相当于本权利要求的平台）（参见对比文件1的说明书第6页第18行至第8页第19行，附图1）。

从以上对比可以看出，权利要求1所要求保护的技术方案与对比文件1的区别点在于，权利要求1中的回收机还包括定位器和电控箱。然而，根据本专利的回收机的工作原理可知，在采用汽缸带动的管状吸酒装置对啤酒瓶中的啤酒进行回收的回收机中，必然要采用定位器来使瓶口与吸酒装置对准，采用电控设备来控制整个回收机的工作，否则回收机无法进行工作，也无法完成回收酒瓶的功能。因此在该回收机中包括定位器和电控箱是本领域普通技术人员的公知常识；另外，从对比文件2中辽宁天江工贸有限公司（被请求人）的“BHS－Ⅱ型酒瓶回收机”的广告中可以看出，该“BHS－Ⅱ型酒瓶回收机”中明显包括位于机架上方的电控箱和位于平台上的定位器。因此权利要求1所要求保护的技术方案对于本领域普通技术人员来说是显而易见的，不具有实质性特点和进步，因此不符合专利法第二十二条第三款有关创造性的规定。

从属权利要求2对权利要求1作了进一步的限定，其限定部分的技术特征为“对盅头可以为6个、12个或24个”。

然而，参见对比文件1的说明书第5页倒数第3行至第6页第2行中的叙述，即“吸酒管及与之相配的吸酒管座、单向阀、瓶盖冲孔具、冲具座、管接头、密封垫、密封圈的数量可以根据需要设置，如本实用新型用于开启周转箱内的啤酒瓶时，可根据周转箱内啤酒瓶数及位置来设置，如用于开启捆扎啤酒时，可根据一捆扎的啤酒瓶数及位置来设置，这样就可以在一个工作循环完成一箱或一捆扎的啤酒回收工作”。可见，对比文件1已经给出了对盅头的个数可以根据实际需要进行选择的技术启示，因此本领域普通技术人员根据实际需要选择合适的对盅头的个数，是不需要付出创造性劳动的。因此，在其引用的权利要求1不具备创造性的前提下，权利要求2所要求保护的技术方案不具有实质性特点和进步，因而不具备专利法第二十二条第三款规定的创造性。

从属权利要求3对权利要求1作了进一步的限定，其附加技术特征是“切削回酒管的数量应与对盅头相同”。

然而，“回酒管的数量与对盅头相同”是一种自适应的设计，同时也是本领域普通技术人员的常规技术手段，本领域普通技术人员在设计回酒管和对盅头时必然会想到使它们一一对应（即数量相等）。因此，在其引用的权利要求1不具有创造性的前提下，权利要求3所要求保护的技术方案也不具有实质性特点和进步，因而不具备专利法第二十二条第三款规定的创造性。

三、决定

宣告03212030.3号实用新型专利权全部无效。

当事人对本决定不服的，可以根据专利法第四十六条第二款的规定，自收到本决定之日起三个月内向北京第一中级人民法院起诉。根据该款的规定，一方当事人起诉后，另一方当事人应当作为第三人参加诉讼。

191

镶嵌式快速割炬割嘴案

无效宣告请求审查决定（第 7733 号）

决 定 号 第 7733 号
决 定 日 2005 年 11 月 17 日
发明创造名称 镶嵌式快速割炬割嘴
国 际 分 类 号 B23K 7/00 F23D 14/42
无 效 请 求 人 上海新中冶金设备厂
专 利 权 人 高士乐
专 利 号 01248094.0
申 请 日 2001 年 6 月 6 日
授 权 公 告 日 2002 年 4 月 3 日
合 议 组 组 长 陈海平
主 审 员 祁轶军
参 审 员 冯 涛

法 律 依 据 专利法第二十六条第三款、第四款 专利法实施细则第二十条第一款、第二十一条第二款 专利法第二十二条第二款、第三款

决 定 要 点

本专利权利要求 1 所限定的技术方案已经基本被两篇对比文件所公开，而且第二篇对比文件已经给出了相应的技术启示来解决相应的技术问题，因此权利要求所限定的技术方案相对于这两篇对比文件的结合不具备创造性。

一、案由

本无效宣告请求案涉及的是专利号为 01248094.0、名称为“镶嵌式快速割炬割嘴”的实用新型专利（下称本专利），该专利的申请日为 2001 年 6 月 6 日、授权公告日为 2002 年 4 月 3 日，专利权人为高士乐。

该专利授权公告时的权利要求书如下：

“1. 一种镶嵌式快速割炬割嘴，其特征在于：在割嘴的主体外套内置 20～60 个燃气、氧气通道－预热氧支路管、燃气支路管和切割氧通路管，通过枪头与割嘴连接；割嘴内镶嵌一孔道载体，其内部形腔是流线型孔道为非实体形腔，分为稳定段、收缩段、喉部、扩散段四部分，流线型孔道采取了表面电镀处理。”

针对上述专利权，上海新中冶金设备厂（下称请求人）于 2005 年 4 月 4 日向专利复审委员会提出了无效宣告请求，其理由是：本专利权利要求 1 不具备新颖性和创造性，不符合专利法第二十二条第二款和第三款的规定；本专利不符合专利法第二十六条第三款、专利法实施细则第二十一条第二款的规定。请求人同时提交了附件 1～3 作为证据：

附件1：由新华书店北京发行所发行并由机械工业出版社于1997年3月出版的《切割技术手册》的封面、首页、目录及第115~119页和第128~135页的复印件；

附件2：由新华书店北京发行所发行并由机械工业出版社于1999年11月出版的《现代实用气动技术》的封面、首页、第Ⅱ-27页和第Ⅱ-28页的复印件；

附件3：授权公告日为2001年3月14日的中国实用新型专利CN2423487Y的专利说明书复印件。

经审查，上述无效宣告请求符合专利法及其实施细则的形式要求，专利复审委员会对上述无效宣告请求予以受理并于2005年4月4日发出无效宣告请求受理通知书，将上述无效宣告请求书及其附件的副本转给了专利权人（下称被请求人），要求其在指定的期限内答复，同时依法成立合议组对本案进行审查。

请求人于2005年4月27日向专利复审委员会提交了附件4~14作为补充证据并以附件4~14为基础认为本专利不符合专利法第二十二条第三款的有关规定，附件4~14具体如下：

附件4：由国家知识产权局专利检索中心出具的《检索报告》复印件；

附件5：授权公告日为1996年3月20日的中国实用新型专利CN2222855Y的专利说明书复印件；

附件6：授权公告日为1999年4月28日的中国实用新型专利CN2316078Y的专利说明书复印件；

附件7：授权公告日为2000年8月2日的中国实用新型专利CN2390102Y的专利说明书复印件；

附件8：授权公告日为1992年1月22日的中国实用新型专利CN2093970U的专利说明书复印件；

附件9：GeGa公司割炬产品维修和使用样本的复印件；

附件10：GeGa公司割嘴产品维修和使用样本的复印件；

附件11：《冶金设备和技术》1996年第1期的封面、目录及第52页的复印件；

附件12：附件1之《切割技术手册》第142、第143页和第160~163页的复印件；

附件13：《电解铸造快速割嘴及应用阶段小结》的复印件；

附件14：《火焰精切技术》（1977年9月版）的复印件。

针对上述无效宣告请求，被请求人于2005年5月13日作出了答复并认为附件1~3不能否定本专利的新颖性和创造性，同时提交了附件1~7作为反证，具体如下：

反证1：连铸切割机专用系列产品的产品说明书样本；

反证2：钢厂试用技术报告的复印件；

反证3：由机械工业火焰切割机械产品质量监督检测中心出具的检验报告的复印件；

反证4：超音速喷嘴实验报告（清华大学工程力学系激光测速实验室）的复印件；

反证5：产品性能及社会效益简介的复印件；

反证6：专利授权使用声明；

反证7：辽宁省人民政府 辽政［2003］77号有关公司变更批复文件的复印件。

专利复审委员会本案合议组于2005年8月24日向双方当事人发出了无效宣告请求口头审理通知书，定于2005年10月20日在专利复审委员会举行口头审理。同时将请求人于2005年4月27日提交的意见陈述书及其附件的副本转送给被请求人，将被请求人于2005年5月13日提交的意见陈述书及其附件的副本转送给请求人，要求其在指定的期限内答复。同时，本案合议组向请求人发出了外文证据处理通知书，要求其在指定的期限内补交所使用部分的中文译文。

请求人于2005年10月9日提交了附件9和附件10相关部分的中文译文。

口头审理如期举行。双方当事人均参加了口头审理，双方当事人对合议组成员无回避请求，对对方当事人出席本次口头审理人员的身份无异议。

在口头审理过程中，请求人当庭提交了附件15~17作为补充证据，其中附件15为附件1之《切割技术手册》第107页、第136~139页、第141页和第147页的复印件，附件16为中华人民共和国机械行业标准第JB/T7950-1999号的复印件，附件17为与附件13相关联的证明的复印件。合议组将请求人于2005年10月9日提交的附件9和附件10相关部分的中文译文及当庭提交的附件15~17的副本当庭转送给被请求人，同时对请求人提出的无效理由及提交的证据进行了调查。请求人当庭提交了附件1、附件2、附件9~17的原件，但附件9、10、14的原件本身就是复印件，请求人明确表示附件9、10、14在取得时就是复印件。

被请求人对附件1、附件2、附件12、附件15和附件16的真实性无异议。

请求人明确其无效理由为本专利不符合专利法第二十六条第三款和第四款、专利法实施细则第二十条第一款、专利法实施细则第二十一条第二款、专利法第二十二条第二款和第三款的有关规定，并认为《切割技术手册》（附件1+附件12+附件15）可否定本专利权利要求1的新颖性，该《切割技术手册》（附件1+附件12+附件15）为最接近的现有技术，它与附件3或附件5相结合或者附件5与附件6的结合或附件3与附件6的结合可否定本专利权利要求1的创造性。

双方在口头审理过程中分别陈述了意见并进行了充分的辩论。

本案合议组经过合议，认为本案的事实已经清楚，可以作出审查决定。

二、决定的理由

1. 关于专利法第二十六条第三款

根据专利法第二十六条第三款的规定，说明书应当对发明或者实用新型作出清楚、完整的说明，以所属技术领域的技术人员能够实现为准；必要的时候，应当有附图。摘要应当简要说明发明或者实用新型的技术要点。

请求人认为：本专利权利要求1所限定的技术方案未在说明书中作出清楚、完整的说明，不能实现其发明目的，具体表现在：a. 说明书未公开燃气、氧气通道及各个支路管的排列方式；b. “非实体形腔”表述不清楚；c. 稳定段、收缩段、喉部、扩散段四部分的分布方式不清楚。

被请求人当庭明确表示：a. 燃气、氧气通道的布置方式为中心对称式分布，即“在同心圆上均布”；b. 所谓“非实体形腔”就是具有稳定段、收缩段、喉部、扩散段的变截面空心腔体，这些技术内容都是本领域技术人员所熟知的；c. 从本专利说明书附图中可清楚地看出稳定段、收缩段、喉部、扩散段这四部分的分布方式。

合议组认为，鉴于燃气和氧气通道的布置方式、非实体形腔是具有稳定段、收缩段、喉部、扩散段四部分的变截面流线型空心腔体及稳定段、收缩段、喉部、扩散段这四部分的分布方式是本领域技术人员的公知常识，本领域技术人员按照说明书所记载的内容，不需要付出创造性的劳动，就能够再现本专利的技术方案，解决其技术问题，实现其发明目的并产生预期的技术效果。因此，合议组对请求人提出的本专利不符合专利法第二十六条第三款的主张不予支持。

2. 关于专利法实施细则第二十条第一款

根据专利法实施细则第二十条第一款的规定，权利要求书应当说明发明或者实用新型的技术特征，清楚、简要地表述请求保护的范围。

请求人认为：本专利权利要求1中出现的“非实体形腔”含义不清楚，从而导致权利要求1的保护范围不清楚。

鉴于被请求人已经对该“非实体形腔”的含义作出了清楚、明确的解释，被请求人也明确表示这种解释是本领域技术人员的公知常识，而且这种解释也能够得到说明书及其附图的支持。因此，合议组认为本专利权利要求1所要求保护的范围是清楚的，符合专利法实施细则第二十条第一款的规定。

3. 关于专利法第二十六条第四款

根据专利法第二十六条第四款的规定，权利要求书应当以说明书为依据，说明要求保护的范围。

根据审查指南第二部分第二章第3.2.1节的规定，权利要求书应当以说明书为依据，是指权利要求书应当得到说明书的支持。权利要求书不仅应当在表述形式上得到说明书的支持，而且应当在实质上得到说明书的支持。就是说，权利要求书中的每一项权利要求所要求保护的技术方案应当是所属技术领域的技术人员能够从说明书中公开的内容直接得到或者概括得出的技术方案，并且权利要求的范围不得超出说明书记载的内容。

请求人认为：权利要求1所限定的技术方案得不到说明书的支持，不符合专利法第二十六条第四款的规定。

合议组认为：权利要求1所限定的技术方案是本领域技术人员能够从说明书中所公开的内容直接得到或概括得出的技术方案，而且权利要求的范围并未超出说明书记载的内容，因此，权利要求1符合专利法第二十六条第四款的规定。

4. 关于专利法实施细则第二十一条第二款

根据专利法实施细则第二十一条第二款的规定，独立权利要求应当从整体上反映发明或者实用新型的技术方案，记载解决技术问题的必要技术特征。

根据审查指南第二部分第二章第3.1.2节的规定，必要技术特征是指，发明或者实用新型为解决其技术问题所不可缺少的技术特征，其总和足以构成发明或者实用新型的技术方案，使之区别于背景技术中所述的其他技术方案。

请求人认为，权利要求1中缺少下述必要技术特征：a. 割炬通过枪头与割嘴的连接方式；b. 稳定段、收缩段、喉部、扩散段的具体位置；c. 燃气、氧气通道的具体布置方式，因此权利要求1不符合专利法实施细则第二十一条第二款的规定。

合议组认为：通过枪头将割炬与割嘴连接起来的具体方式是本领域技术人员的常规技术选择；稳定段、收缩段、喉部、扩散段的具体位置是本领域技术人员的公知常识；燃气、氧气通道的具体布置方式为中心对称式，这也是本领域技术人员的公知常识。而且，被请求人在意见陈述书中也承认本专利的发明点在于“将流线型拉伐尔喷管（孔道）采用整体镶嵌的方式、利用电镀技术将其应用于连铸机的割嘴中”。根据本专利权利要求1所记载的技术方案，已经能够实现本专利所要达到的发明目的并与背景技术中所述的其他技术方案相区别。因此，上述技术特征a、b和c并非本专利为解决其技术问题所不可缺少的技术特征。基于此，合议组对请求人提出的本专利权利要求1不符合专利法实施细则第二十一条第二款之规定的主张不予支持。

5. 关于专利法第二十二条第二款

根据专利法第二十二条第二款的规定，新颖性，是指在申请日以前没有同样的发明或者实用新型在国内外出版物上公开发表过、在国内公开使用过或者以其他方式为公众所知，也没有同样的发明或者实用新型由他人向国务院专利行政部门提出过申请并且记载在申请日以后公布的专利申请文件中。

请求人认为：《切割技术手册》（即，附件1+附件12+附件15）可否定本专利权利要求1的新颖性。

作为公开出版物的《切割技术手册》（即，附件1+附件12+附件15，下称证据1）其公开出版日为1997年3月，早于本专利的申请日，根据专利法第二十二条及审查指南中的有关规定，证据1可以用于评价本专利权利要求1的新颖性和创造性。

证据1公开了一种割嘴，这种割嘴可与割炬连接在一起，在割嘴内设置有多个燃气、氧气通道，在割炬内设置有多个通过枪头与割嘴相连接的预热氧支路管、燃气支路管和切割氧通路管；割嘴内镶套有喷管（相当于“本专利的孔道载体”），该喷管的内部腔体可以为流线型并分为稳定段、收缩段、喉部、扩散段四个部分（参见证据1的第116页、第128页、第131页、第138页和第139页）。

权利要求1限定的技术方案与证据1所公开的技术内容相比，其区别技术特征主要在于：a. 在本专利权利要求1中，在割嘴的主体外套内置20~60个燃气、氧气通道，而证据1未公开燃气、氧气通道的数量为20~60个；b. 在本专利权利要求1中，流线型孔道采取了表面电镀处理，而证据1未具体公开该技术特征。

由此，可以看出，本专利权利要求1限定的技术方案相对证据1具备新颖性。

因此，本案合议组对请求人所提出的本专利权利要求1不具备新颖性的主张不予支持。

6. 关于专利法第二十二条第三款

根据专利法第二十二条第三款的规定，创造性，是指同申请日以前已有的技术相比，该发明具有突出的实质性特点和显著的进步，该实用新型有实质性特点和进步。

附件5为专利文献，应被请求人的请求，合议组对附件5的真实性进行了核实，并对其真实性予以认可。

作为专利文献的附件5属于公开出版物，其授权公告日为1996年3月20日，早于本专利的申请日。因此，根据专利法第二十二条第三款及审查指南中的有关规定，附件5属于申请日以前已有的技术。

请求人认为：证据1与附件5的结合可否定本专利权利要求1的创造性。

被请求人认为：在本专利权利要求1中，孔道载体整体镶嵌在整个孔道内并贯穿整个割嘴，而证据1所公开的技术内容则采用部分镶嵌在孔道内的形式，而且未贯穿整个割嘴；在本专利权利要求1中所采用的表面电镀处理不同于附件5中的电镀处理。因此，本专利权利要求所限定的技术方案相对证据1与附件5的结合具备创造性。

证据1公开了一种割嘴，这种割嘴可与割炬连接在一起，在割嘴内设置有多个燃气、氧气通道，在割炬内设置有多个通过枪头与割嘴相连接的预热氧支路管、燃气支路管和切割氧通路管；割嘴内镶套有喷管，喷管的内部腔体可以为流线型并分为稳定段、收缩段、喉部、扩散段四个部分。

附件5公开了一种割嘴的喷管（相当于本专利的“孔道载体”），该喷管中的氧流孔道包括有稳定段、收缩段、喉部及扩散段，在该孔道内电镀有一个耐磨保护层，这种割嘴喷管“具有能量损失小、风线长而挺拔有力、动性好、穿透力强、割缝细而平整、使用寿命长的优点”（参见附件5的说明书第1页）。

本权利要求1所限定的技术方案与证据1和附件5的结合相比，区别技术特征主要在于：在本专利权利要求1中，割嘴的主体外套内置20~60个燃气、氧气通道，而在证据1中，割嘴的外套内设置有多个燃气、氧气通道，但未公开这些通道的数量值“20~60”。

合议组认为：附件5已经明确给出了这样的技术启示：具有这种结构的割嘴喷管具有能量损失小、使用寿命长、割缝细而平整的优点。在此技术启示下，本领域技术人员可以很容易地将其应用到证据1所公开的技术内容中来解决本专利所提出的技术问题，而不需要付出创造性的劳动；本专利权利要求1所限定的技术方案与证据1和附件5的结合相比虽然存在上述区别技术特征“割嘴的主体外套内置20~60个燃气、氧气通道”，但该区别技术特征并未带来显著的技术效果，而且在本专利的说明书中也未记载其技术效果，本领域技术人员可以根据割嘴的具体应用条件或对割嘴的技术要求来选择燃气、氧气通道的具体数量，无须付出创造性的劳动，这对本领域技术人员而言是显而易见的。至于被请求人所声称的“孔道载体镶嵌在整个孔道内并贯穿整个割嘴”这一技术特征并未记载在权利要求1中，因此被请求人以此为依据认为本专利权利要求1具备创造性的观点不能成立。

综上，本专利权利要求 1 相对证据 1 与附件 5 的结合不具备实质性特点和进步，不具备专利法第二十二条第三款所规定的创造性。

三、决定

宣告 01248094. 0 号实用新型专利权无效。

当事人如对本决定不服，可以根据专利法第四十六条第二款的规定，自收到本决定之日起三个月内向北京市第一中级人民法院起诉。根据该款的规定，一方当事人起诉后，另一方当事人应当作为第三人参加诉讼。

192

双滚筒稻麦脱粒机案

无效宣告请求审查决定（第7746号）

决　定　号　第7746号
决　定　日　2005年11月23日
发明创造名称　双滚筒稻麦脱粒机
国际分类号　A01F7/04　A01F 12/18
无效请求人　遂宁市船山区明鑫机械厂
专利权人　何义平
专　利　号　02244553.6
申　请　日　2002年10月26日
授权公告日　2003年12月17日
合议组组长　魏　屹
主　审　员　陈海平
参　审　员　祁轶军

法律依据　专利法第二十六条第四款
决定要点

如本领域技术人员不能依据本专利说明书中所公开的内容实现本专利权利要求所限定的技术方案，则该权利要求在实质上并未得到说明书的支持，不符合专利法第二十六条第四款规定。

一、案由

本无效宣告请求案涉及何义平（下称专利权人）于2002年10月26日向国家知识产权局专利局提出的名称为“双滚筒稻麦脱粒机”的实用新型专利申请，其申请号为02244553.6。该专利申请于2003年12月17日公告授权（下称本专利），其授权公告的权利要求书如下：

“1. 双滚筒稻麦脱粒机，包括电动机、皮带轮及传动皮带、篷罩、机架、工作台、主滚筒、主筛网、集粮斗、风机、扬谷器、分离桶、出渣口构成，其特征在于：（1）主滚筒的后面或前面设置一个与主滚筒并排着安装的副滚筒装置，主滚筒轴右端与副滚筒轴右端各装一个三角皮带轮，套一根三角皮带传动；（2）副滚筒上装有2～4排弓形齿，每排8～12个齿，相邻排的弓形齿交叉安装，呈螺旋线状，副滚筒上对称地装有两条扇叶状筋片，副滚筒的外径≤主滚筒外径的1/2～1/3；（3）副滚筒下方设置有一个副筛网，副筛网的下方接集粮斗，副筛网与副筛网架连接，副筛网架的右端与装在副滚筒轴的右边轴上的圆柱凸轮相连（圆柱凸轮亦可安装在左边），副筛网架的两端分别与固装在机架上的两弹簧片相连；（4）主滚筒的出渣口与副滚筒的人料口装有一个副滚筒罩，副滚筒罩内布有副导料板，副滚筒罩的后部开有出渣口。”

针对上述专利权，遂宁市船山区明鑫机械厂（下称请求人）于2004年12月3日向专利复审委员会提出了无效宣告请求，其理由是本实用新型专利不符合专利法第二十六条第四款，专利法第二十二条第二款、第三款的规定。针对本专利不符合专利法第二十二条第三款的规定这一理由请求人提交了下述对比文件作为证据：

对比文件1：00259824.8号中国实用新型专利说明书，公告日为2001年12月12日；

对比文件2：97205162.7号中国实用新型专利说明书，公告日为1998年3月11日；

对比文件3：97237365.9号中国实用新型专利说明书，公告日为1998年12月23日；

对比文件4：95208326.4号中国实用新型专利说明书，公告日为1996年3月27日；

对比文件5：92214173.8号中国实用新型专利说明书，公告日为1993年6月2日。

经形式审查合格，专利复审委员会受理了上述无效宣告请求并将无效宣告请求书及对比文件副本转给了专利权人，并成立合议组对此案进行审查。

专利权人于2005年1月10日提交"意见陈述书"进行答辩，并同时提交了如下新修改的权利要求书：

"双滚筒稻麦脱粒机，包括电动机、皮带轮及传动皮带、篷罩、机架、工作台、主滚筒、主筛网、集粮斗、风机、扬谷器、分离桶、出渣口构成，其特征在于：(1) 主滚筒的后面设置一个与主滚筒并排着安装的副滚筒装置，主滚筒轴右端与副滚筒轴右端各装一个三角皮带轮，套一根三角皮带传动；(2) 副滚筒上装有2~4排弓形齿，每排8~12个齿，相邻排的弓形齿交叉安装，呈螺旋线状，副滚筒上对称地装有两条扇叶状筋片，副滚筒的外径≤主滚筒外径的1/2~1/3；(3) 副滚筒下方设置有一个副筛网，副筛网的下方接集粮斗，副筛网与副筛网架连接，副筛网架的右端与装在副滚筒轴的右边轴上的圆柱凸轮相连（圆柱凸轮亦可安装在左边），副筛网架的两端分别与固装在机架上的两弹簧片相连；(4) 主滚筒的出渣口与副滚筒的入料口装有一个副滚筒罩，副滚筒罩内布有副导料板，副滚筒罩的后部开有出渣口。"

专利复审委员会本案合议组于2005年3月4日将专利权人的上述意见陈述书转寄给请求人。

请求人于2005年4月4日提交意见陈述书对专利权人的上述意见陈述进行答复。

合议组于2005年7月26日向双方方当事人发出了口头审理通知书，并同时将上述请求人于2005年4月4日提交的意见陈述书转给专利权人。

专利复审委员会于2005年9月7日收到专利权人提交的声明不参加口头审理的口头审理回执及意见陈述书。

口头审理于2005年9月13日举行，仅请求人出席了本次口头审理。口头审理是在上述专利权人新修改的权利要求书的基础上进行的。

在口头审理中，请求人坚持其在无效宣告请求书中所提出的无效理由。并具体指出在评判本专利创造性时的对比文件使用方式，即结合对比文件1、对比文件2或对比文件1、对比文件3以评判本专利的创造性，对比文件4、对比文件5仅作为本专利的背景技术使用。

专利复审委员会于2005年9月14日专利权人发出合议组成员告知通知书，专利权人没有在上述合议组成员告知通知书中所指定的期限内向专利复审委员会提出回避请求。

在上述程序的基础上，合议组作出了本决定。

二、决定的理由

合议组认为，前述专利权人于2005年1月10日提交的新修改的权利要求书符合审查指南的相关规定，可以被允许，并在该新修改的权利要求的基础上对本案作出决定。

该新修改的权利要求书全文如下：

"双滚筒稻麦脱粒机，包括电动机、皮带轮及传动皮带、篷罩、机架、工作台、主滚筒、主筛网、集粮斗、风机、扬谷器、分离桶、出渣口构成，其特征在于：(1) 主滚筒的后面设置一个与主滚筒并排着安装的副滚筒装置，主滚筒轴右端与副滚筒轴右端各装一个三角皮带轮，套一根三角皮带传动；（2）副滚筒上装有2~4排弓形齿，每排8~12个齿，相邻排的弓形齿交叉安装，呈螺旋线状，副滚筒上对称地装有两条扇叶状筋片，副滚筒的外径≤主滚筒外径的1/2~1/3；（3）副滚筒下方设置有一个副筛网，副筛网的下方接集粮斗，副筛网与副筛网架连接，副筛网架的右端与装在副滚筒轴的右边轴上的圆柱凸轮相连（圆柱凸轮亦可安装在左边），副筛网架的两端分别与装固在机架上的两弹簧片相连；（4）主滚筒的出渣口与副滚筒的入料口装有一个副滚筒罩，副滚筒罩内布有副导料板，副滚筒罩的后部开有出渣口。”

请求人认为：在权利要求书中，对于“副滚筒上对称地装有两条扇叶状筋片”，公众无法知道该两条扇叶状筋片的具体位置和安装连接方式以及功能作用，而且说明书附图中也没对其有明确标识。因此，该专利不符合专利法第二十六条第四款规定。

专利法第二十六条第四款规定：“权利要求书应当以说明书为依据，说明要求专利保护的范围。”

合议组的相应意见如下：由于在本专利说明书（包括说明书附图）中缺少对上述“扇叶状筋片”的具体结构和具体安装位置的描述，因而使得本领域技术人员不能依据本专利说明书中所公开的内容实现本专利权利要求所限定的技术方案。故本专利权利要求在实质上没有得到说明书的支持，请求人认为本专利不符合专利法第二十六条第四款规定的理由可以成立。

三、决定

宣告02244553.6号实用新型专利权无效。

当事人对本决定不服的，可以根据专利法第四十六条第二款的规定，自收到本决定之日起三个月内向北京市第一中级人民法院起诉。根据该款的规定，一方当事人起诉后，另一方当事人应当作为第三人参加诉讼。

193

行间覆膜通用耕播机案

无效宣告请求审查决定（第7778号）

决　定　号　第7778号
决　定　日　2005年12月5日
发明创造名称　行间覆膜通用耕播机
国际分类号　A01C 5/06
无效请求人　瓦房店市精量播种机制造有限公司
专利权人　史　丰
专　利　号　03260380.0
申　请　日　2003年8月8日
授权公告日　2004年10月27日
合议组组长　黄毅斐
主　审　员　程　华
参　审　员　左　一

法律依据　专利法第二十二条第二款、第三款
决定要点

根据专利法第22条规定，破坏某专利新颖性的现有技术的公开方式，包括在专利申请日前国内公开使用的行为，如在国内公开生产或销售的行为。附件1~7不符合证据的法定形式要件，属于无效证据，附件8~11并不能反映2BQLP-8型播种机的产品结构，因此，合议组认为依据请求人所提供的附件1~11尚不足以认定与本专利相同的产品在本专利申请日前已公开销售的事实，请求人提出的由于使用公开而导致本专利不具备新颖性、创造性的无效宣告请求理由不能成立。

一、案由

本无效宣告请求案涉及国家知识产权局专利局于2004年10月27日授权公告、专利号为03260380.0、名称为“行间覆膜通用耕播机”的实用新型专利权（下称本专利），其申请日为2003年8月8日、专利权人为史丰（下称被请求人）。本专利授权公告的权利要求书如下：

“一种行间覆膜通用耕播机，包括机架（2）及其配装其上的肥箱（1）、种箱（3）、镇压轮（4）、排种器（5）、圆盘覆土器（6）、地膜辊（7）、地膜开沟器（8）、施肥总成（9）和压膜轮（10），其特征在于在地膜辊（7）后方、地膜宽度两端外侧部位对称配装排种器（5），两排种器（5）的排种行间距尺寸L大于地膜辊（7）上的地膜宽度尺寸L。”

针对上述专利权，瓦房店市精量播种机制造有限公司（下称请求人）于2005年3月16日向专利复审委员会提出了无效宣告请求，并提交了以下附件：

附件1：瓦房店市精量播种机制造有限公司产品证明材料复印件3页；

附件2：2003年8月3日开具的销售2BQLP-8型气吸式播种机的发票存根联复印件；

附件3：黑龙江省尾山农场农机科于2005年2月26日出具的证明；

附件4：黑龙江省格球山农场农机科于2005年2月23日出具的证明；

附件5：黑龙江省引龙河农场农机科于2005年2月26日出具的证明；

附件6：黑龙江省赵光农场农机科于2005年2月22日出具的证明；

附件7：黑龙江省建设农场农机科于2005年2月26日出具的证明；

附件8：农垦北安分局二龙山农场农机科于2003年4月17日开具的接货验收单复印件；

附件9：黑龙江省红色边疆农场农机科于2003年5月13日开具的收条复印件；

附件10：黑龙江省红星农场农机科于2003年5月19日开具的收条复印件；

附件11：黑龙江省襄河农场农机科于2003年4月20日开具的收条复印件；

附件12：史丰申报的行间覆膜通用耕播机专利公告。

请求人的无效理由为：附件1~11充分证明本专利产品在其申请日2003年8月8日之前已是公开使用的农机产品，本专利不符合专利法第二十二条第二款、第三款的规定。

经形式审查合格，专利复审委员会依法受理了上述无效宣告请求，并于2005年5月23日随受理通知书将请求人的无效宣告请求书及其附件的副本转送被请求人。被请求人在受理通知书指定的答复期限内未提交答复意见。

专利复审委员会依法成立合议组对本案进行审理。

合议组于2005年8月9日向双方当事人发出无效宣告请求口头审理通知书。

口头审理于2005年9月29日如期举行，请求人的代理人及其公司代表出席了口头审理，被请求人既未提交口头审理回执，也未出席口头审理。请求人对合议组成员变更无异议。请求人当庭提交了附件1第2页的原件，并出示了附件8~11的原件，明确其无效理由是：本专利不符合专利法第二十二条第二款、第三款的规定，附件1~11构成证明与本专利产品相同的2BQLP-8型行间铺膜气吸精量播种机已在本专利申请日之前在先销售的证据链。合议组于2005年10月17日向被请求人发出了合议组成员告知通知书，逾期未收到被请求人的答复。

基于上述的工作，合议组认为本案事实已经清楚，可以作出本决定。

二、决定的理由

根据专利法第二十二条规定，破坏某专利新颖性的现有技术的公开方式，包括在专利申请日前国内公开使用的行为，如在国内公开生产或销售的行为。

作为国内公开使用的销售证据，应是证明销售行为全过程的事实。间接证据只能证明销售行为过程中的某一个环节，只有把能够证明各个环节的证据，按它们之间的联系形成一个完整的证明链，才能使用其作为定案的依据。

请求人对其提出的请求宣告专利权无效的主张有责任提供充分的证据。如果其提供的证据不够充分，请求人应承担其主张不能成立的法律后果。附件1共3页，请求人当庭未能出示附件1第1、第3页的原件以及附件2的原件，合议组无法核实其内容的真实性，因此附件1第1、第3页及附件2不能作为有效证据使用；附件1的第2页包括一张照片和瓦房店市精量播种机制造有限公司出具的证明一份，由于该证明上仅有单位印章，而无单位负责人的签字，所以该证据不符合证据的法定形式要件，属于无效证据。另外，从附件1第2页所示照片无法确认其所拍摄的播种机的型号，及其地膜辊10与排种器2之间的位置尺寸关系。也就是说，附件1第2页无法证明与本专利产品结构相同的产品已在本专利申请日之前已公开销售的事实。

附件3~7的性质相同，均是黑龙江省各农场出具的证明，用以证明2003年4月已从瓦房店市精量播种机制造有限公司（请求人）购买了2BQLP-8型铺膜播种机这一事实。由于上述证明上仅有单位印章，而无单位负责人的签字，所以附件 3～7 不符合证据的法定形式要件，属于无效证据。此外，从附件 3、4 的照片中无法确认 2BQLP－8 型播种机的具体结构尺寸，无法证明该型号播种机与本专利产品结构相同。

附件 8～11 均是各农场出具的接货验收单或收条，分别记载了于 2003 年 4 月 17 日、2003 年 5 月 13 日、2003 年 5 月 19 日和 2003 年 4 月 20 日收到瓦房店市精量播种机制造有限公司（请求人）2BQLP－8 型铺膜播种机若干台。请求人当庭出示了附件 8～11 的原件，可以确认其真实性，但由于附件 8～11 未能反映出 2BQLP－8 型播种机的产品结构，从而无法证明与本专利相同的产品已在本专利申请日之前已公开销售的事实。

综上所述，合议组认为依据请求人所提供的附件 1～11 尚不足以认定与本专利相同的产品在本专利申请日前已公开销售的事实。因此，请求人提出的由于使用公开而导致本专利不具备新颖性、创造性的无效宣告请求理由不能成立。

三、决定

维持第 03260380.0 号实用新型专利权有效。

当事人对本决定不服的，可以根据专利法第四十六条第二款的规定，自收到本决定之日起三个月内向北京市第一中级人民法院起诉。根据该款的规定，一方当事人起诉后，另一方当事人应当作为第三人参加诉讼。

194

冰下鱼网绳牵引器案

无效宣告请求审查决定（第7804号）

决　定　号　第7804号
决　定　日　2005年11月29日
发明创造名称　冰下鱼网绳牵引器
国 际 分 类 号　A01K 75/00
无 效 请 求 人　张文林
专 利 权 人　吕云杰
专　利　号　200320112864. X
申　请　日　2003年12月11日
授 权 公 告 日　2005年1月5日
合 议 组 组 长　杨克菲
主　审　员　冯　涛
参　审　员　武树辰

法 律 依 据　专利法第二十二条第三款
决 定 要 点

若权利要求所要求保护的技术方案与对比文件所披露的技术内容相比，区别仅在于本领域技术人员容易作出的常规技术设计即属于机械领域的公知常识，则该权利要求不具备创造性。

一、案由

本无效宣告请求案涉及的是专利号为200320112864. X、名称为“冰下鱼网绳牵引器”的实用新型专利，该专利的申请日为2003年12月11日，授权公告日为2005年1月5日，专利权人为吕云杰。

该专利授权公告的权利要求书如下：

“1. 一种冰下鱼网绳牵引器，该牵引器包括密封轻浮壳体（1）、电池供电装置（2）、电机及减速装置（3、4）、驱动轴（5）、驱动齿轮（6），开关装置（7），其电池供电装置（2）、电机及减速装置（3、4）和开关装置（7）设置在密封轻浮壳体（1）内，驱动轴（5）通过减速装置（4）和电机（3）相连，驱动齿轮（6）连接在驱动轴（5）的两端，其特征在于：

①所述密封轻浮壳体（1）的圆柱体段两端带有防变形加强筋（8），一端带有整体拉伸的电池盒盖（9），密封轻浮壳体（1）的锥体段尖端设置有防穿指示灯（10），在密封轻浮壳体（1）的圆柱体段的上面还设置有指示灯（11）、方向舵（12）和双排导向护罩（13）；

②所述驱动齿轮（6）为穿销式驱动轮，轮体上带有加强筋（14），轮体中心设置一带有固定孔（15）的固定套凸起（16）。”

张文林（下称请求人）针对上述专利权（下称本专利）于2005年1月17日向专利复审委员会

提出了无效宣告请求，其理由是本专利不符合专利法第二十二条第二款和第三款的规定，请求宣告本专利权全部无效。请求人同时提交了五篇附件作为证据：

附件1：中国实用新型专利说明书ZL97200476.9，授权公告日为1998年3月11日；

附件2：中国实用新型专利说明书ZL00233324.4，授权公告日为2001年2月7日；

附件3：中国外观设计专利00306212.0，授权公告日为2000年11月29日；

附件4：中国外观设计专利02330867.2，授权公告日为2003年2月5日；

附件5：中国外观设计专利02330866.4，授权公告日为2003年1月1日。

经审查，上述无效宣告请求符合专利法及其实施细则规定的形式要求，专利复审委员会予以受理，于2005年5月8日发出无效宣告请求受理通知书，并将无效宣告请求书及附件副本转给了专利权人（下称被请求人），要求其在指定期限内陈述意见，同时成立合议组对此案进行审查。

被请求人未在指定期限内针对上述无效宣告请求作出答复。

复审委员会本案合议组于2005年9月5日向双方当事人发出了无效宣告请求口头审理通知书，定于2005年11月8日进行口头审理。

口头审理如期举行，仅请求人一方参加口头审理，请求人明确表示放弃本专利不符合专利法第二十二条第二款的无效理由，放弃以附件1和附件3作为证据使用；请求人主张附件2与附件4或附件5的任一篇结合破坏本专利权利要求1的创造性。

本案合议组经过合议，认为本案的事实已经清楚，可以作出审查决定。

二、决定的理由

1. 关于证据的认定

附件2、附件4和附件5是专利文献，属于公开出版物，合议组经核实对它们的真实性予以确认，且它们的授权公告日均早于本专利的申请日，可以作为评判本专利创造性的现有技术。

2. 关于创造性

根据专利法第二十二条第三款的规定，创造性，是指同申请日以前已有的技术相比，该发明有突出的实质性特点和显著的进步，该实用新型有实质性特点和进步。

附件2公开了一种冰下布网引线机，并具体公开了以下技术内容（参见该对比文件的说明书第2页第18行至第3页第7行及图1）：冰下布网引线机包括浮体1、电源盒6（相当于本专利中的电池供电装置）、电机16及传动轮17、驱动轴3、齿状轮5（相当于本专利中的驱动齿轮）、拉线开关7，电源盒6、电机16及驱动器2和拉线开关7设置在浮体1内，驱动轴3通过传动轮17与电机16相连，齿状轮5连接在驱动轴3的两端，浮体1的一端带有电池盒盖，在浮体1的圆柱体上面设有显示灯8，方向舵22和滑杆9（相当于本专利中的双排导向护罩）。

权利要求1所要求保护的技术方案与附件2所披露的技术内容相比，区别在于本专利权利要求1中的下述技术特征：①密封轻浮壳体（1）的圆柱体段两端带有防变形加强筋（8）；②一端带有整体拉伸的电池盒盖（9）；③密封轻浮壳体（1）的锥体段尖端设置有防穿指示灯（10）；④驱动齿轮（6）为穿销式驱动轮，轮体上带有加强筋（14）；轮体中心设置一带有固定孔（15）的固定套凸起（16）。上述技术特征均未在附件2中公开。

针对上述区别技术特征，合议组认为，在零件需要加强强度的位置设置加强筋是机械领域技术人员容易作出的常规技术设计；用"整体拉伸"的方法形成电池盒盖是本领域技术人员的常规技术选择；在浮体的锥体段尖端设置常亮的防穿指示灯以提示浮体的位置，在浮体上面的指示灯已经存在的情况下，从本专利的工作原理看，在浮体的前端设置指示灯无益于本专利功能的实现，即这样的设计并没有有益的技术效果，且该设计属于本领域技术人员容易做出的常规技术设计；附件5公开了冰下布网引线机扒冰轮（Ⅱ）的外观设计，上述区别技术特征④已在附件5中公开（参见附件5的附图）；上述区别技术特征没有使本专利权利要求所要求保护的技术方案相对于现有技术而言具有实质性的特点和进步，因而本专利权利要求1不具备创造性。

三、决定

宣告200320112864. X号实用新型专利权无效。

当事人对本决定不服的，可以根据专利法第四十六条第二款的规定，自收到本决定之日起三个月内向北京市第一中级人民法院起诉。根据该款的规定，一方当事人起诉后，另一方当事人应当作为第三人参加诉讼。

新型文件夹案

无效宣告请求审查决定（第7821号）

决　定　号　第7821号
决　定　日　2005年12月12日
发明创造名称　新型文件夹
国际分类号　B42F 13/00
无效请求人　李　炎
专　利　权　人　上海浩丰文具有限公司
专　利　号　200420021414.4
申　请　日　2004年3月30日
授权公告日　2005年3月2日
合议组组长　徐媛媛
主　审　员　柴爱军
参　审　员　王　颖

法律依据　专利法第二十二条第三款
决定要点

如果一项权利要求所要求保护的技术方案与现有技术相比，省去了其中的一项或多项要素，而该省略同时也使得其具有的功能相对应地消失，则该权利要求所要求保护的技术方案不具备创造性。

一、案由

本无效宣告请求案涉及国家知识产权局专利局于2005年3月2日授权公告的、名称为“新型文件夹”的实用新型专利权（下称本专利），其专利号是200420021414.4，申请日是2004年3月30日，专利权人是上海浩丰文具有限公司。

本专利授权公告的权利要求书为：

“1. 一种新型文件夹，它包括夹体（1）、开合器（2），开合器（2）设在夹体（1）中部，其特征在于开合器（2）由两条形状对称、其截面呈矩形的条块组成。

2. 根据权利要求1所述的文件夹，其特征在于所述的开合器（2）上设有搭扣（3）、压簧（4）。

3. 根据权利要求1所述的文件夹，其特征在于所述夹体（1）、开合器（2）结合处设有固定片（5），固定片（5）上设有卡钩（6）。”

针对上述专利权，李炎（下称请求人）于2005年6月29日向专利复审委员会提出无效宣告请求，其无效理由是本专利权利要求1～3不具备新颖性、创造性，请求人提交了US1667744美国专利文献及其译文（下称对比文件1）作为证据。

请求人认为，由对比文件1的各附图可看出所公开的活页夹的中间部位也是由两条对称的截面呈类似矩形的条块组成，因此权利要求1不具备新颖性；对比文件1的说明书原文及其译文的最后一段中，所说的弹簧锁紧元件 22 及 23 就是权利要求 2 所述的搭扣及压簧，其功能和作用是一样的，因此权利要求 2 不具备新颖性和创造性；在对比文件 1 的原文第 1 页的倒数第 4 行，译文第 1 页具体实施方式的第二自然段，其中所述的角条 11 及 12 就是权利要求 3 所述的固定片，所述的保持杆 13、14 就是权利要求 3 所述的卡钩，其作用和功能是完全一样的，因此权利要求 3 不具备新颖性和创造性。

经形式审查合格后，专利复审委员会受理了该无效宣告请求，于 2005 年 8 月 17 日向双方当事人发出了无效宣告请求受理通知书，并将无效请求书及所附证据副本转送给了专利权人上海浩丰文具有限公司（下称被请求人），并要求其在指定的期限内答复。

2005 年 9 月 8 日，被请求人提交了意见陈述书，被请求人认为：请求人虽提出权利要求 1 中所述的开合器与对比文件 1 中附图中的形状相同，但是在对比文件 1 的说明书中未见说明，从附图中不能看出其开合器是由两条对称的截面呈矩形条块组成，只能看出是两个三角形的条块组成，其开合过程会使文件夹的面板跟其同时开合，而本专利的开合器其形状及开合过程均与对比文件 1 不同；作为开合器上的搭扣、压簧其作用都是为了夹住文件，而本专利设计的搭扣、压簧不仅是为了夹住文件，而且具有结构简单、受力分布合理，包裹文件不易变形，对文件夹的开启，关闭轻巧方便；本专利设计的固定片及卡钩使得文件夹在取、存文件时只需单手推住夹体中部即可轻便的操作，而不像对比文件 1 那么繁琐及复杂。

2005 年 11 月 4 日，合议组向双方当事人发出了口头审理通知书，拟定于 2005 年 12 月 8 日进行口头审理，并随该口头审理通知书将被请求人于 2005 年 9 月 8 日提交的意见陈述书副本转送给请求人。

口头审理按期进行，双方当事人均出席了口头审理。在口头审理中，请求人明确本案的无效理由是权利要求 1 ~ 3 不具备新颖性和创造性，所依据的证据是美国专利文献 US1667744 及其译文；被请求人对该证据的真实性及其译文的准确性表示没有异议。双方当事人就本专利权利要求 1 ~ 3 的新颖性、创造性充分发表了各自的意见。此外，请求人明确表示针对被请求人于 2005 年 9 月 8 日提交的意见陈述书不再进行书面答复。

在上述工作的基础之上，合议组认为本案事实已经清楚，可以依法作出审查决定。

二、决定的理由

1. 关于证据

请求人提交的对比文件 1 是美国专利文献 US1667744，被请求人对该证据的真实性及其译文的准确性均无异议，因此合议组对该证据的真实性及其译文的准确性予以认可。对比文件 1 的公开日为 1928 年 5 月 1 日，在本专利的申请日之前，因此对比文件 1 所公开的技术内容构成本专利的现有技术。

2. 关于创造性

专利法第二十二条第三款规定：创造性，是指同申请日以前已有的技术相比，该发明有突出的实质性特点和显著的进步，该实用新型有实质性特点和进步。

如果一项权利要求所要求保护的技术方案与现有技术相比，省去了其中的一项或多项要素，而该省略同时也使得其具有的功能相对应地消失，则该权利要求所要求保护的技术方案不具备创造性。

对比文件 1 公开了一种除打开和关闭位置以外还具有一个或多个中间位置的活页夹，并提供一种用以将上述活页夹保持在多个这些位置上的装置（参见译文第 1 页第 5 ~ 6 行，图 1 ~ 7）。该活页夹的头部通过铰链 4 将两部分 2、3 结合在一起而构成。分别沿着这两个部分 2、3 的边缘，还设置着角条 5、6，这两个角条是锁紧机构的主要元件。在图 2 中，角条 5、6 的前端被折成直角，形成臂 7、8。如图 1 所示，这些臂相互交接。在上述臂 8 的左侧或前端上，轴接着平连杆 9，在其上从自由端开有超过长度一半的槽 15，从而可以通过臂 7 上的销 10 和上述臂 7 的前端进行滑接配合（参见译文第 1 页倒数第二段）。上述角条 5、6 可以由合适的螺钉固定到活页夹上。在这些角条的内侧，还设置着其他的角条11、12。这些角条上固定有合适的保持杆13、14，这些保持杆以上述铰链作为中心弯曲成圆弧，活页夹的活页固定在上述保持杆上（参见译文第1页倒数第一段）。当活页夹处于第一位置时，其由弹簧锁紧元件22、23锁紧，这些弹簧锁紧元件超出活页夹后部，因而如美国专利US1138019中的改进一样，可通过压下上述弹簧锁紧元件23的前端，将上述活页夹打开。如有需要，上述保持杆13、14可直接被固定到上述角条5、6上（参见译文第2页最后一段）。

本专利权利要求1请求保护一种新型文件夹，将其与对比文件1所公开的技术相比可以看出：二者均具有夹体；权利要求1中的开合器2相应于对比文件1图1、图2中所示的标号为2、3的两部分，其所设置的位置是相同的，均是设在夹体的中部。所不同的仅是权利要求1中的开合器2是由两条形状对称、其截面呈矩形的条块组成，而对比文件1中标号为2、3的这两部分形状并非完全对称，其截面也并不呈矩形。但是对比文件1中标号为2、3这两部分的不对称，是由于在标号为3的该部分的前端安装有弹簧锁紧元件23，为了使得弹簧锁紧元件23在被按压时具有一较小的活动空间。因此在标号为3的该部分的前端有一凹缺，但标号为2、3这两部分在局部的不对称并不会给这两部分的开合功能及其相互的配合带来任何实质性的影响。至于截面形状不同的该区别技术特征则是属于相同功能的已知手段的等效替换，是本领域普通技术人员很容易想到并容易实现的，无需付出创造性的劳动。对比文件1除披露了权利要求1所要求保护的技术方案以外，还在此基础上公开了一种主要由角条5、6，臂7、8，平连杆9，槽15以及一些销和按钮所组成的锁紧装置，该装置可使得活页夹除保持在打开和关闭位置以外，还可保持在一个或多个中间位置上。该区别也就是被请求人所一直强调的本专利与对比文件1在整体结构方面并不相同，本专利的结构简单，而对比文件1的结构复杂，是由很多部件组合在一起才起到锁紧作用的。对此，合议组认为，本专利的结构简单是省略了对比文件1中的锁紧装置所带来的，但同时该锁紧装置能够使活页夹保持在除打开和关闭位置以外还具有一个或多个中间位置上的功能也相应地消失了。与现有技术相比，该种省略所带来的结构简单并不具有实质性特点和进步，因此，被请求人的该主张合议组不予支持。综上所述，权利要求1所要求保护的技术方案相对于对比文件1而言不具备专利法第二十二条第三款规定的创造性。

权利要求2是权利要求1的从属权利要求，其进一步限定了在所述的开合器2上设有搭扣3、压簧4，而该搭扣3和压簧4分别相应于对比文件1中所公开的弹簧锁紧元件22和23，二者的安装位置及其所实现的功能是相同的。因此，在独立权利要求1不具备创造性的前提下，从属权利要求2也不具备创造性，不符合专利法第二十二条第三款的规定。

权利要求3是权利要求1的从属权利要求，其进一步限定了在所述夹体1、开合器2结合处设有固定片5，固定片5上设有卡钩6，该固定片5和卡钩6分别相应于对比文件1中的角条11、12和保持杆13、14，二者的相对位置是相同的，所不同的是对比文件1的角条11、12是被固定在角条5、6上的，而本专利的固定片5是固定在夹体上的。但该区别如前所述是由于省略了对比文件1中的锁紧装置，并同时牺牲了锁紧装置的相应功能所带来的，与现有技术相比，并不具有实质性特点和进步。因此，在独立权利要求1不具备创造性的前提下，从属权利要求3也不具备创造性，不符合专利法第二十二条第三款的规定。

基于以上理由，合议组作出如下决定。

三、决定

宣告第200420021414.4号实用新型专利权全部无效。

当事人对本决定不服的，可以根据专利法第四十六条第二款的规定，自收到本决定之日起三个月内向北京市第一中级人民法院起诉。根据该款规定，一方当事人起诉后，另一方当事人应当作为第三人参加诉讼。

北京市第一中级人民法院
行政判决书

（2006）一中行初字第542号

原告上海浩丰文具有限公司，住所地上海市丰翔路1299号。

法定代表人杨新，总经理。

被告国家知识产权局专利复审委员会，住所地北京市海淀区北四环西路9号银谷大厦10～12层。

法定代表人廖涛，副主任。

委托代理人柴爱军，女，国家知识产权局专利复审委员会审查员。

委托代理人杨存吉，男，国家知识产权局专利复审委员会审查员。

第三人李炎，男，1959年8月24日出生，汉族，EMC上海代表处总经理，住上海市长宁区伊犁路190弄9号207室。

委托代理人杜林雪，上海市伯瑞杰知识产权代理有限公司专利代理人。

原告上海浩丰文具有限公司不服被告国家知识产权局专利复审委员会作出的专利行政裁决，于2006年3月14日向本院提起行政诉讼。本院受理后，依法组成合议庭，并依据《中华人民共和国行政诉讼法》第二十七条的规定通知李炎作为本案第三人参加诉讼，于2006年6月22日公开开庭审理了本案。原告的法定代表人杨新，被告的委托代理人柴爱军、杨存吉，第三人李炎及其委托代理人杜林雪到庭参加了诉讼。本案现已审理终结。

2005年12月12日，被告作出第7821号无效宣告请求审查决定（下称无效决定），依据《中华人民共和国专利法》（下称《专利法》）第二十二条第三款的规定，宣告200420021414.4号实用新型专利权（下称本专利）全部无效。在法定期限内，被告向本院提交了以下证据的复印件：1. 本专利说明书一份，用以证明本专利权利要求的保护范围；2. 美国专利说明书US1667744及其中文译文（下称对比文件）一份，用以证明本专利不具备创造性；3. 无效决定书。以上证据用以证明被诉决定认定事实清楚，适用法律正确。

原告诉称，原告所拥有的实用新型专利是对产品的形状、构造所提出的新的技术方案，与第三人提出的对比文件是完全不同的。对比文件是由两条对称的截面呈矩形的条块组成，只能看出是两个三角形的条块组成，其开合过程会使文件夹的面板跟其同时开合。本专利的开合器形状及开合过程均与对比文件不同，本专利设计的搭扣、压簧不仅是为了夹住文件，而且结构简单，受力分布合理，成本低，使用方便。本专利省略了铰接、角条和锁紧装置，效果是夹体不易变形。本专利和对比文件相比具备创造性。据此，原告请求：1. 撤销被告作出的无效决定；2. 维持本专利有效。

原告在法定期限内向本院提交了以下证据：1. 本专利说明书，用以证明本专利权属于原告；2. 无效决定书，用以证明被告作出的无效决定没有事实和法律依据；3. 对比文件，用以证明该专利与本专利在技术上是不同的。

被告辩称，本专利权利要求1请求保护一种新型文件夹，本专利与对比文件所公开的技术相比可以看出：二者均有夹体。权利要求1中的开合器2相应于对比文件图1、图2中所示的标号为2、3的两部分，其所设置的位置是相同的，均是设在夹体的中部。所不同的是本专利权利要求1中的开合器2是由两条形状对称、其截面呈矩形的条块组成，对比文件中标号为2、3的两部分形状并非完全对称。截面形状不同的区别技术特征则是属于相同功能的已知手段的等效替换，是本领域技术人员很容易想到的。本专利的结构简单是省略了对比文件的锁紧装置所带来的，该锁紧装置使活页夹保持在除打开和关闭位置以外还具有一个或多个中间位置上的功能也相应地消失了。与现有技术相比，该种省略所带来的结构简单并不具有实质性特点和进步。所以本专利权利要求1所要求保护的技术方案相对于对比文件不具备《专利法》第二十二条第三款规定的创造性。权利要求2和权利要求3是权利要求1的从属权利要求，所以也不具备创造性。综上，无效决定认定事实清楚、适用法律正确、审查程序合法，原告的诉讼请求无法律和事实依据，请法院驳回原告的诉讼请求，维持无效决定。

第三人述称，从对比文件中可以看出，本专利和对比文件的区别是一个锁紧装置，本专利的技术特征已经在对比文件中全部公开了。截面形状不同不代表使用功能不同，二者的区别是本领域技术人员容易想到的。本专利权利要求1没有新颖性和创造性，所以从属权利要求2和3也没有新颖性和创造性。故请求维持无效决定。

第三人未向法庭提交证据。

在庭审中，本院向被告调取了2005年12月8日的口头审理记录。

经庭审质证及合议庭评议，本院认为被告、原告提交的证据及本院向被告调取的证据均与本案具有关联性，且符合合法性、真实性的要求，本院予以确认。上述证据以及各方当事人无争议的相关陈述可以作为认定本案事实的根据。

本院经审理查明，本案涉及国家知识产权局专利局于2005年3月2日授权公告的、名称为“新型文件夹”的实用新型专利权（即本专利），专利号为200420021414.4，申请日是2004年3月30日，专利权人是本案原告。

本专利授权公告的权利要求书为：

“1. 一种新型文件夹，它包括夹体（1）、开合器（2），开合器（2）设在夹体（1）中部，其特征在于开合器（2）由两条形状对称、其截面呈矩形的条块组成。

2. 根据权利要求1所述的文件夹，其特征在于所述的（1）开合器（2）上设有搭扣（3）、压簧（4）。

3. 根据权利要求1所述的文件夹，其特征在于所述夹体（1）、开合器（2）结合处设有固定片（5），固定片（5）上设有卡钩（6）。”

针对上述专利权，第三人于2005年6月29日向被告提出无效宣告请求，其无效理由是本专利权利要求1~3不具备新颖性、创造性，第三人提交了US1667744美国专利文献及其译文（即对比文件）作为证据。

经形式审查合格后，被告受理了该无效宣告请求，于2005年8月17日向双方当事人发出了无效宣告请求受理通知书，并将无效请求书及所附证据副本转送给了原告，并要求其在指定的期限内答复。

2005年9月8日，原告提交了意见陈述书。2005年11月4日，被告向双方当事人发出了口头审理通知书，拟定于2005年12月8日进行口头审理，并随该口头审理通知书将原告于2005年9月8日提交的意见陈述书副本转送给第三人。

口头审理按期进行，双方当事人均出席了口头审理。在口头审理中，第三人明确本案的无效理由是权利要求1~3不具备新颖性和创造性，所依据的证据是对比文件；原告对该证据的真实性及其译文的准确性表示没有异议。双方当事人就本专利权利要求1~3的新颖性、创造性充分发表了各自的意见。此外，第三人明确表示针对原告于2005年9月8日提交的意见陈述书不再进行书面答复。

在上述工作的基础之上，被告认为本案事实已经清楚，遂作出以下认定：

1. 关于证据

第三人提交的对比文件是美国专利文献 US1667744，原告对该证据的真实性及其译文的准确性均无异议，因此被告对该证据的真实性及其译文的准确性予以认可。对比文件的公开日为 1928 年 5 月 1 日，在本专利的申请日之前，因此对比文件所公开的技术内容构成本专利的现有技术。

2. 关于创造性

如果一项权利要求所要求保护的技术方案与现有技术相比，省去了其中的一项或多项要素，而该省略同时也使得其具有的功能相对应地消失，则该权利要求所要求保护的技术方案不具备创造性。

对比文件公开了一种除打开和关闭位置以外还具有一个或多个中间位置的活页夹，并提供一种用以将上述活页夹保持在多个这些位置上的装置（参见译文第 1 页第 5 ~ 6 行，图 1 ~ 图 7）。该活页夹的头部通过铰链 4 将两部分 2、3 结合在一起而构成。分别沿着这两个部分 2、3 的边缘，还设置着角条 5、6，这两个角条是锁紧机构的主要元件。在图 2 中，角条 5、6 的前端被折成直角，形成臂 7、8。如图 1 所示，这些臂相互交接。在上述臂 8 的左侧或前端上，轴接着平连杆 9，在其上从自由端开有超过长度一半的槽 15，从而可以通过臂 7 上的销 10 和上述臂 7 的前端进行滑接配合（参见译文第 1 页倒数第二段）。上述角条 5、6 可以由合适的螺钉固定到活页夹上。在这些角条的内侧，还设置着其他的角条 11、12。这些角条上固定有合适的保持杆 13、14，这些保持杆以上述铰链作为中心弯曲成圆弧，活页夹的活页固定在上述保持杆上（参见译文第 1 页倒数第一段）。当活页夹处于第一位置时，其由弹簧锁紧元件 22、23 锁紧，这些弹簧锁紧元件超出活页夹后部，因而如美国专利 US1138019 中的改进一样，可通过压下上述弹簧锁紧元件 23 的前端，将上述活页夹打开。如有需要，上述保持杆 13、14 可直接被固定到上述角条 5、6 上（参见译文第 2 页最后一段）。

本专利权利要求 1 请求保护一种新型文件夹，将其与对比文件所公开的技术相比可以看出：二者均具有夹体；权利要求 1 中的开合器 2 相应于对比文件图 1、图 2 中所示的标号为 2、3 的两部分，其所设置的位置是相同的，均是设在夹体的中部，所不同的仅是权利要求 1 中的开合器 2 是由两条形状对称、其截面呈矩形的条块组成，而对比文件中标号为 2、3 的这两部分形状并非完全对称，其截面也并不呈矩形。但是对比文件中标号为 2、3 这两部分的不对称，是由于在标号为 3 的该部分的前端安装有弹簧锁紧元件 23，为了使得弹簧锁紧元件 23 在被按压时具有一较小的活动空间，因此在标号为 3 的该部分的前端有一凹缺，但标号为 2、3 这两部分在局部的不对称并不会给这两部分的开合功能及其相互的配合带来任何实质性的影响。至于截面形状不同的该区别技术特征则是属于相同功能的已知手段的等效替换，是本领域普通技术人员很容易想到并容易实现的，无须付出创造性的劳动。对比文件除披露了权利要求 1 所要求保护的技术方案以外，还在此基础上公开了一种主要由角条 5、6，臂 7、8，平连杆 9，槽 15 以及一些销和按钮所组成的锁紧装置，该装置可使得活页夹除保持在打开和关闭位置以外，还可保持在一个或多个中间位置上。该区别也就是原告所一直强调的本专利与对比文件在整体结构方面并不相同，本专利的结构简单，而对比文件的结构复杂，是由很多部件组合在一起才起到锁紧作用的。对此，被告认为，本专利的结构简单是省略了对比文件中的锁紧装置所带来的，但同时该锁紧装置能够使活页夹保持在除打开和关闭位置以外还具有一个或多个中间位置上的功能也相应地消失了，与现有技术相比，该种省略所带来的结构简单并不具有实质性特点和进步，因此，原告的该主张被告不予支持。综上所述，权利要求 1 所要求保护的技术方案相对于对比文件而言不具备《专利法》第二十二条第三款规定的创造性。

权利要求 2 是权利要求 1 的从属权利要求，其进一步限定了在所述的开合器 2 上设有搭扣 3、压簧 4，而该搭扣 3 和压簧 4 分别相应于对比文件中所公开的弹簧锁紧元件 22 和 23，二者的安装位置及其所实现的功能是相同的。因此，在独立权利要求 1 不具备创造性的前提下，从属权利要求 2 也不具备创造性，不符合《专利法》第二十二条第三款的规定。

权利要求 3 是权利要求 1 的从属权利要求，其进一步限定了在所述夹体 1、开合器 2 结合处设有固定片 5，固定片 5 上设有卡钩 6，该固定片 5 和卡钩 6 分别相应于对比文件中的角条 11、12 和保持杆 13、14，二者的相对位置是相同的，所不同的是对比文件的角条 11、12 是被固定在角条 5、6 上的，而本专利的固定片 5 是固定在夹体上的。但该区别如前所述是由于省略了对比文件中的锁紧装置，并同时牺牲了锁紧装置的相应功能所带来的，与现有技术相比，并不具有实质性特点和进步。因此，在独立权利要求 1 不具备创造性的前提下，从属权利要求 3 也不具备创造性，不符合《专利法》第二十二条第三款的规定。

据此，被告作出无效决定。原告不服，诉至本院。

本院认为，本案审查焦点在于本专利与对比文件相比是否具备创造性。根据《专利法》第二十二条第三款的规定，创造性是指同申请日以前已有的技术相比，该发明有突出的实质性特点和显著的进步，该实用新型有实质性特点和进步。

将本专利与对比文件相比较，二者均具有夹体；本专利权利要求 1 中的开合器 2 对应于对比文件图 1、图 2 中所示的标号为 2、3 的两部分，其所设置的位置相同，区别仅在于本专利权利要求 1 中的开合器 2 是由两条形状对称的条块组成，而对比文件中标号为 2、3 的两部分形状并非完全对称，在标号为 3 的部分的前端有一凹缺。这是为了使安装在 3 号部分前端的弹簧锁紧元件 23 在被按压时具有一较小的活动空间所致。但 2、3 号部分在局部的不对称并不会给这两部分的开合功能及其相互的配合带来任何实质性的影响。至于截面形状不同的区别技术特征则是属于相同功能的已知手段的等效替换，是本领域普通技术人员很容易想到并容易实现的，无需付出创造性的劳动。

对比文件除披露了本专利权利要求 1 所要求保护的技术方案以外，还在此基础上公开了一种主要由角条 5、6，臂 7、8，平连杆 9，槽 15 以及一些销和按钮所组成的锁紧装置，该装置可使得活页夹除保持在打开和关闭位置以外，还可保持在一个或多个中间位置上。本专利虽然省略了对比文件中的上述锁紧装置，但同时也省略了该锁紧装置的特有功能，与现有技术相比，该种省略所带来的结构简单并不具有实质性特点和进步。因此，本专利权利要求 1 所要求保护的技术方案与对比文件相比不具备创造性。

本专利权利要求 2 是权利要求 1 的从属权利要求，其进一步限定了在所述的开合器 2 上设有搭扣 3、压簧 4，而该搭扣 3 和压簧 4 分别对应于对比文件中所公开的弹簧锁紧元件 22 和 23，二者的安装位置及其所实现的功能是相同的，与现有技术相比不具有实质性特点和进步。因此，在本专利独立权利要求 1 不具备创造性的前提下，从属权利要求 2 也不具备创造性。

本专利权利要求 3 是权利要求 1 的从属权利要求，其进一步限定了在所述夹体 1、开合器 2 结合处设有一固定片 5，固定片 5 上设有卡钩 6，该固定片 5 和卡钩 6 分别对应于对比文件中的角条 11、12 和保持杆 13、14，二者的相对位置是相同的，区别在于对比文件的角条 11、12 是被固定在角条 5、6 上的，而本专利的固定片 5 是固定在夹体上的。但如前所述，这是由于本专利省略了对比文件中的锁紧装置所带来的不同，与现有技术相比不具有实质性特点和进步。因此，在本专利独立权利要求 1 不具备创造性的前提下，从属权利要求 3 也不具备创造性。

综上，无效决定认定事实清楚、适用法律正确、程序合法，本院应予维持。原告要求撤销无效决定的诉讼请求缺乏事实和法律依据，本院不予支持。据此，依照《中华人民共和国行政诉讼法》第五十四条第（一）项，判决如下：

维持被告中华人民共和国国家知识产权局专利复审委员会于二〇〇五年十二月十二日作出的第 7821 号无效宣告请求审查决定。

案件受理费1000元，由原告上海浩丰文具有限公司负担（已交纳）。

如不服本判决，各方当事人可在本判决书送达之日起十五日内，向本院递交上诉状，并按对方当事人的人数提出副本，上诉于北京市高级人民法院。上诉人在上诉期满后七日内未交纳上诉案件受理费又不提出缓交申请的，按自动撤回上诉处理。

审 判 长　强刚华
代理审判员　梁　菲
代理审判员　贾志刚
二〇〇六年九月二十五日
书 记 员　张　莹

196

蛙式运动车案

无效宣告请求审查决定（第7841号）

决　定　号　第7841号
决　定　日　2005年12月9日
发明创造名称　蛙式运动车
国际分类号　B62K 17/00　B62M 1/00
无效请求人　深圳信隆实业股份有限公司
专利权人　江建勳
专　利　号　200320126465.9
申　请　日　2003年12月4日
授权公告日　2004年12月15日
合议组组长　陈海平
主　审　员　冯　涛
参　审　员　祁轶军

法律依据　专利法第二十二条第二款、第三款
决定要点

若权利要求所要求保护的技术方案与对比文件所披露的技术内容相比较，仅仅是文字表达方式上略有差别，其技术方案实质上是相同的，且两者属于相同的技术领域，并能产生相同的技术效果，则该权利要求所要求保护的技术方案不具备新颖性。

一、案由

本无效宣告请求案涉及的是专利号为200320126465.9、名称为“蛙式运动车”的实用新型专利，该专利的申请日为2003年12月4日，授权公告日为2004年12月15日，专利权人为江建勳。

该专利授权公告的权利要求书如下：

“1. 一种蛙式运动车，其特征在于包括立柱、前轮、连接体、左右两个活动架和左右两个后轮，所述立柱上端设有车把，下端通过前轮支架与所述前轮的心轴固定连接，所述连接体前部设有套在所述立柱上的套管，所述套管同所述立柱转动配合，所述连接体的后部设有左右两个安装座，所述两安装座分别通过各自的活动架心轴同与其对应的活动架铰接，所述两后轮分别设有与各自心轴固定连接的后轮支架，所述两后轮支架分别设有各自的上、下两个联接端，所述各后轮支架上联接端分别通过各自的联接心轴同与其对应的活动架的后端铰接，所述各后轮支架下联接端分别固定连接各自拉簧的后端，所述各拉簧的前端分别同与其对应的活动架固定连接。

2. 如权利要求1所述的蛙式运动车，其特征在于所述立柱和所述套管之间通过滚珠轴承联接。

3. 如权利要求2所述的蛙式运动车，其特征在于所述立柱设有同所述滚珠轴承配合的立柱固定座。

4. 如权利要求1所述的蛙式运动车，其特征在于所述左右两个安装座固定安装在所述连接体后部，或者同所述连接体后部做成一体。

5. 如权利要求4所述的蛙式运动车，其特征在于所述左右安装座的左右两外侧分别对称设置限位螺栓限制左右活动架的最大张开角度，左右活动架相互之间的最大张开角度是80度。

6. 如权利要求1所述的蛙式运动车，其特征在于所述各拉簧分别位于各自对应的活动架的下面，所述各活动架下面分别设置拉簧套管，将拉簧置于相应的套管内，所述套管可以是圆管，也可以是方管。

7. 如权利要求1所述的蛙式运动车，其特征在于所述各后轮支架均由左右两侧的斜杆和直杆构成，所述各侧斜杆和直杆的后端连为一体，并设置用于安装后轮心轴的通孔，所述斜杆向前上方延伸，其前端构成所述支架的上联接端，所述直杆位于斜杆下方，向前延伸，其前端构成所述支架的下联接端。

8. 如权利要求7所述的蛙式运动车，其特征在于所述后轮支架左右两侧的斜杆前端相互连接，直杆前端也相互连接。

9. 如权利要求1所述的蛙式运动车，其特征在于所述左右活动架上面设有踏板，所述左右活动架及活动架上的踏板的后部向上弯。

10. 如权利要求1所述的蛙式运动车，其特征在于还设有两套线闸刹车系统，分别与左右后轮相配合，所述线闸刹车系统的两个刹车手柄分别联接在车把的左右两个把手上，与刹车手柄连接的刹车线的另一端分别连接在各自的刹车片上部，所述各刹车片分别位于左、右后轮的前面，其中部同相应的后轮支架铰接。”

深圳信隆实业股份有限公司（下称请求人）针对上述专利权（下称本专利）于2005年3月22日向专利复审委员会提出了无效宣告请求，其理由是本专利不符合专利法第二十二条第二款和第三款的规定，请求宣告本专利全部无效，同时提交了四篇对比文件作为证据：

对比文件1：中国实用新型专利说明书98223876.2的复印件，授权公告日为1999年9月8日；

对比文件2：中国实用新型专利说明书01270011.8的复印件，授权公告日为2002年8月21日；

对比文件3：中国实用新型专利说明书00242912.8的复印件，授权公告日为2001年7月4日；

对比文件4：经台湾台北地方法院公证处认证的环讯亚太股份有限公司的声明书及其2003年6月出版的《体育用品采购指南2003秋季版》的封面、版权页和第72页的复印件，并提交了相应部分的中文译文。

经审查，上述无效宣告请求符合专利法及其实施细则规定的形式要求，专利复审委员会予以受理，于2005年5月8日发出无效宣告请求受理通知书，并将无效宣告请求书及附件副本转给了专利权人（下称被请求人），要求其在指定期限内陈述意见，同时成立合议组对此案进行审查。

被请求人未在指定期限内针对上述无效宣告请求作出答复。

复审委员会本案合议组于2005年9月5日向双方当事人发出了无效宣告请求口头审理通知书，定于2005年11月10日进行口头审理。

口头审理如期举行，仅请求人一方参加口头审理，请求人当庭出示了对比文件4的原件及北京市公证员协会的认证书原件。请求人明确表示：对比文件1的图6所公开的技术内容影响本专利权利要求1的新颖性，对比文件1的图1所公开的技术内容影响本专利权利要求1的创造性；权利要求2、3、7和8的附加技术特征已在对比文件1中公开；权利要求4的附加技术特征已在对比文件1或对比文件4中公开；权利要求5、6、9和权利要求10的附加技术特征已在对比文件4中公开，其中权利要求6中设置套管为公知常识。

本案合议组经过合议，认为本案的事实已经清楚，可以作出审查决定。

二、决定的理由

1. 关于证据的认定

对比文件 1～3 是专利文献，属于公开出版物，合议组经核实对其真实性予以确认，且其授权公告日均早于本专利的申请日，可以作为评价本专利新颖性和创造性的现有技术。

对比文件 4 是环讯亚太股份有限公司 2003 年 6 月的公开出版物，符合在台湾地区形成的证据的公证认证要求，合议组经核实对其真实性予以确认，且出版日早于本专利的申请日，可以作为评价本专利新颖性和创造性的现有技术。

2. 关于新颖性和创造性

根据专利法第二十二条第二款的规定，新颖性，是指在申请日以前没有同样的发明或者实用新型在国内外出版物上公开发表过、在国内公开使用过或者以其他方式为公众所知，也没有同样的发明或者实用新型由他人向国务院专利行政部门提出过申请并且记载在申请日以后公布的专利申请文件中。依该条第三款的规定，创造性，是指同申请日以前已有的技术相比，该发明有突出的实质性特点和显著的进步，该实用新型有实质性特点和进步。

对比文件 1 公开了一种摇摆式自走动力滑板车，并具体公开了以下技术内容（参见该对比文件的说明书第 2～3 页和图 6－8 及图 3）：该滑板车包括立柱、前轮、转向部 3、左右两个支架杆 12′和左右两个后轮 23；立柱上端设有车把，下端通过前轮支架与前轮的心轴固定连接；转向部 3 包括：上、下固支板 36、37，支架杆 12′上端的支撑管 121′通过螺栓 361 枢接在固支板 36、37 的左右两侧，把手支杆 35 卡挚上、下固支板 36、37 的中部，立柱可转动地套在把手支杆 35 内；两后轮 23 分别设有与各自心轴固定连接的后轮架 21 和挚动支架 22，后轮架 21 和挚动支架 22 分别设有各自的上、下两个联接端，各后轮架 21 上联接端 211 分别通过各自的联接心轴同与其对应的支架杆 12′的后端 20 铰接，各挚动支架 22 下联接端分别固定连接各自拉簧 24 的后端，各拉簧的前端分别同与其对应的支架杆 12′固定连接。

该对比文件中的转向部实质上包含了本专利中连接体的功能，该转向部起到了转向和连接车的前部和后部两个主要作用，即把手支杆 35 相当于本专利中设于连接体前部的套管，上、下固定支板 36，37 和螺栓 361 等构成左右两个安装座（相当于本专利中设于连接体后部的左右两个安装座）。在本专利与对比文件 1 中实际上都是通过套管和安装座起到连接车的前部和后部的作用，虽然文字表达方式上略有差别，其技术方案实质上是相同的，且两者属于相同的技术领域，并能产生相同的技术效果。因此，该权利要求所要求保护的技术方案不具备新颖性。

权利要求 2 和权利要求 3 限定部分的附加技术特征已在对比文件 1 中公开（参见该对比文件的图 1 和图 2 及说明书第 2 页第 16～19 行），虽然在对比文件 1 中没有明确指出该对比文件的图 2 中的轴承是滚动轴承和图 6 中立轴与把手支杆之间的内部构造，但这些区别技术特征对本领域技术人员来讲是容易想到的，不需要进行创造性的思考，因此权利要求 2 和权利要求 3 不具备创造性。

权利要求 6～8 限定部分的附加技术特征已在对比文件 1 中公开（参见该对比文件的图 3 和图 9），其中，出于安全和美观的考虑，在拉簧外设置套管以及套管的形状设计也是本领域技术人员容易想到的，因而权利要求 6～8 也不具备创造性。

权利要求 4、5、9 和权利要求 10 限定部分的附加技术特征已在对比文件 4 中公开（参见该对比文件第 72 页中的 JTS－648 产品图），其中位于活动架安装座侧面的红色螺栓起限位的作用是显而易见的，而在权利要求 5 中所具体限定的最大张开角度属于公知常识的范畴。对本领域技术人员来讲，在对比文件 1 的基础上结合对比文件 4 获得上述权利要求所要求保护的技术方案是显而易见、容易做到的，不需要付出创造性的劳动，因此权利要求4、5、9、10也不具备创造性。

三、决定

宣告200320126465.9号实用新型专利权全部无效。

当事人对本决定不服的，可以根据专利法第四十六条第二款的规定，自收到本决定之日起三个月内向北京市第一中级人民法院起诉。根据该款的规定，一方当事人起诉后，另一方当事人应当作为第三人参加诉讼。

197

工地照明车案

无效宣告请求审查决定（第7847号）

决　定　号　第7847号
决　定　日　2005年12月8日
发明创造名称　工地照明车
国际分类号　B60Q 1/02　F21V 25/02
无效请求人　天津市恒博科技发展有限公司
专利权人　周京舟
专　利　号　00265350.8
申　请　日　2000年12月12日
授权公告日　2002年8月14日
合议组组长　杨克菲
主　审　员　祁轶军
参　审　员　冯　涛
法律依据　专利法第二十二条第四款　专利法第二十六条第三款、第四款　专利法第二十二条第二款、第三款、第四款
决定要点

权利要求所限定的技术方案未被现有技术所公开，现有技术也未给出相应的技术启示来解决相应的技术问题，而且该技术方案能够产生有益效果，因此权利要求所限定的技术方案相对于该现有技术所公开的技术方案具备实质性特点和进步，具备创造性。

一、案由

本无效宣告请求案涉及的是专利号为00265350.8、名称为“工地照明车”的实用新型专利（下称本专利），该专利的申请日为2000年12月12日、授权公告日为2002年8月14日，专利权人为周京舟。

本专利授权公告时的权利要求书如下：

“1. 一种工地照明车，包括照明车底盘，底盘下的轮子，底盘上的升降装置和照明装置，其特征是：升降装置是由滑轮5个，钢丝绳1条，升降管3节，底盘管1节和绞盘组成，其中两个滑轮分别固定在第2节升降管内两端上，两个滑轮分别固定在第3节升降管内两端上，另一滑轮固定在底盘管上外侧，绞盘固定在底盘管上，钢丝绳一端固定在第一节升降管上，中间通过固定在第二节升降管上的滑轮、第三节升降管上的滑轮和底盘管上的滑轮后，其另一端固定在绞盘上，绞盘轴上安装有棘轮及摩擦片。

2. 按照权利要求1所述的工地照明车，其特征是：滑轮上安装有升降保护装置，该装置由滑轮、拉簧、齿片和滑轮架组成，滑轮通过滑轮轴安装在升降管上固定的滑轮架上的长孔内，齿片的一端铰接在滑轮轴上，另一端上开有一个长条孔，该孔套在滑轮架上固定的销轴上，拉簧套在滑轮架上固定

的销轴和滑轮轴的端部。

3. 按照权利要求 1 或 2 所述的工地照明车，其特征是：该照明车安装有防倒自锁装置，其中带有固定销的支撑架的一端与小固定架铰接，固定锁盘与大固定架铰接，其铰接点与圆心有一偏心距，小固定架、大固定架、挡板与车底盘固定连接。”

针对上述专利权，天津市恒博科技发展有限公司（下称请求人）于 2005 年 5 月 12 日向专利复审委员会提出了无效宣告请求，其理由是：本专利权利要求 1 不具备新颖性，不符合专利法第二十二条第二款的规定；本专利不符合专利法第二十六条第三款、专利法第二十二条第四款的规定；本专利权利要求 1 不符合专利法实施细则第二十一条第二款的规定，同时提交了附件 1 和 2 作为证据：

附件 1：公开日为 1998 年 5 月 29 日、公开号为特开平 10 - 144109 的日本专利公开特许公报的摘要的复印件及其摘要的中文译文（下称证据 1）；

附件 2：北京工业大学出版社出版发行的《机械设计基础》版权页和第 491 页的复印件，其公开日为 1995 年 12 月（下称证据 2）。

经审查，上述无效宣告请求符合专利法及其实施细则的形式要求，专利复审委员会对上述无效宣告请求予以受理并于 2005 年 5 月 12 日发出无效宣告请求受理通知书，将上述无效宣告请求书及其附件的副本转给了专利权人（下称被请求人），要求其在指定的期限内答复，同时依法成立合议组对本案进行审查。

请求人于 2005 年 6 月 3 日向专利复审委员会提交了补充证据，该补充证据为《工程机械》2000 年 7 ~ 11 期的复印件共 10 页（下称证据 3）。

针对上述无效宣告请求，被请求人于 2005 年 6 月 10 日作出了答复并认为：证据 1 和证据 2 不能否定本专利权利要求 1 的新颖性；本专利权利要求 1 符合专利法实施细则第二十一条第二款的规定；本专利符合专利法第二十六条第三款及第二十二条第四款的规定。

专利复审委员会本案合议组于 2005 年 9 月 5 日向双方当事人发出了无效宣告请求口头审理通知书，定于 2005 年 11 月 1 日在专利复审委员会举行口头审理。同时将请求人于 2005 年 6 月 3 日提交的意见陈述书及其附件的副本转送给被请求人，将被请求人于 2005 年 6 月 10 日提交的意见陈述书及其附件的副本转送给请求人，并分别要求被请求人和请求人在指定的期限内答复。

被请求人于 2005 年 9 月 21 日针对请求人于 2005 年 6 月 3 日提交的意见陈述书及其附件的副本作出了答复。

口头审理如期举行。双方均参加了口头审理，双方对合议组成员无回避请求，对对方出席本次口头审理人员的身份和资格无异议。在口头审理过程中，合议组将被请求方于 2005 年 9 月 21 日提交的意见陈述书当庭转送给请求方，同时对请求方提出的无效理由及提交的证据进行了调查。请求方当庭提交了证据 1 ~ 3 的原件，被请求方对证据 2 和证据 3 的真实性无异议，对证据 1 的真实性有异议，合议组当庭告知请求方须在七日内提交经过认证的日本专利特开平 10 - 144109 的公开文本及其摘要的中文译文。请求方当庭明确表示放弃将实施细则第二十一条第二款作为无效理由，并明确其无效理由为本专利不符合专利法第二十六条第三款的规定；本专利权利要求 1 不符合专利法第二十六条第四款的规定；本专利权利要求 1 ~ 3 不符合专利法第二十二条第二款和第四款的有关规定；权利要求 1 不符合专利法第 22 条第 3 款的规定。请求方当庭提交了有关被请求人诉请求人侵权一案的民事起诉书的原件并认为该起诉书与证据 3 构成了一个证据链，证明被请求人在申请日前已经公开销售本专利产品的事实，因此本专利权利要求 1 ~ 3 不符合专利法第二十二条第二款所规定的新颖性；请求方认为证据 1 和证据 2 的结合可否定本专利权利要求 1 的创造性。双方在口头审理过程中分别陈述了意见并进行了充分的辩论。

请求人于2005年11月4日提交了经国家知识产权局专利局检索咨询中心认证的日本专利特许公报特开平10－144109的公开文本，并明确因该公开文本的摘要的中文译文与在先提交的相应的中文译文相同，故未提交该摘要的中文译文。

本案合议组经过合议，认为本案的事实已经清楚，可以作出审查决定。

二、决定的理由

1. 关于实用性

根据专利法第二十二条第四款的规定，实用性是指该发明或者实用新型能够制造或者使用，并且能够产生积极效果。

根据审查指南第二部分第五章的有关规定，在产业上能够制造和使用的技术方案，是指符合自然法则、具有技术特征的任何可实施的技术方案。能够产生积极效果，是指发明或者实用新型专利申请在提出申请之日，其产生的经济、技术和社会的效果是所属技术领域的技术人员可以预料到的。这些效果应当是积极的和有益的。

请求人认为本专利权利要求1～3所限定的技术方案不能够使用并产生积极效果，因此不符合专利法第二十二条第四款关于实用性的规定。

合议组认为：在本专利的权利要求1～3及说明书中都清楚地记载了一种工地照明车，其包括照明车底盘，底盘下的轮子，底盘上的升降装置和照明装置，其中升降装置是由滑轮5个，钢丝绳1条，升降管3节，底盘管1节和绞盘组成，其中两个滑轮分别固定在第2节升降管内两端上，两个滑轮分别固定在第3节升降管内两端上，另一滑轮固定在底盘管上外侧，绞盘固定在底盘管上，钢丝绳一端固定在第一节升降管上，中间通过固定在第二节升降管上的滑轮、第三节升降管上的滑轮和底盘管上的滑轮后，其另一端固定在绞盘上，绞盘轴上安装有棘轮及摩擦片；滑轮上安装有升降保护装置，该装置由滑轮、拉簧、齿片和滑轮架组成，滑轮通过滑轮轴安装在升降管上固定的滑轮架上的长孔内，齿片的一端铰接在滑轮轴上，另一端上开有一个长条孔，该孔套在滑轮架上固定的销轴上，拉簧套在滑轮架上固定的销轴和滑轮轴的端部；该照明车还安装有防倒自锁装置，其中带有固定销的支撑架的一端与小固定架铰接，固定锁盘与大固定架铰接，其铰接点与圆心有一偏心距，小固定架、大固定架、挡板与车底盘固定连接。这种工地照明车由于具有上述的升降保护装置而能够实现安全升降，由于具有上述结构的防倒自锁装置而能够确保安全使用。因此本专利权利要求1～3所要保护的技术方案，对于本领域普通技术人员而言，能够制造和使用，具有再现性，没有违背自然规律，且可以产生积极效果，故符合专利法第二十二条第四款的规定。

2. 关于专利法第二十六条第三款

根据专利法第二十六条第三款的规定，说明书应当对发明或者实用新型作出清楚、完整的说明，以所属技术领域的技术人员能够实现为准；必要的时候，应当有附图。摘要应当简要说明发明或者实用新型的技术要点。

请求人认为：本专利权利要求1～3所限定的技术方案未在说明书中作出清楚完整的说明，不能实现其发明目的，具体表现在：a. 本领域技术人员不能根据本专利说明书记载的内容实现升降管的升降；b. 本领域技术人员不能根据本专利说明书所记载的内容实现升降保护装置的防止升降管下滑的功能；c. 本领域技术人员根据本专利说明书所记载的内容无法实现防倒自锁功能。

被请求人当庭明确表示：a. 以绞盘为动力利用滑轮实现升降管的升降是本领域技术人员的公知常识；b. 本领域技术人员根据本专利说明书所记载的内容，能够实现升降保护装置的防止升降管下滑的功能；c. 本领域技术人员根据本专利说明书所记载的内容能够实现防倒自锁功能。

合议组认为：a. 以绞盘作为动力并利用滑轮来实现升降管的升降是本领域技术人员所公知的常

识性技术；b. 本专利说明书及附图 2 已经公开了升降保护装置的具体结构，本领域技术人员在其技术能力范围内可以将具有这种结构的升降保护装置应用到本专利权利要求 1 所限定的技术方案中并实现其防止升降管下滑的功能，而不需付出创造性的劳动；c. 本专利说明书及附图 3 已经公开了防倒自锁装置的具体结构和操作方式，本领域技术人员在其技术能力范围内可以将具有这种结构的防倒自锁装置应用到本专利权利要求 1 或权利要求 2 限定的技术方案中，无需付出创造性的劳动。因此，本领域技术人员按照说明书所记载的内容，不需要付出创造性的劳动，就能够再现本专利权利要求 1 ~ 3 所限定的技术方案，解决其技术问题，实现其发明目的并产生预期的技术效果。因此，合议组对请求人提出的本专利不符合专利法第二十六条第三款的主张不予支持。

3. 关于专利法第二十六条第四款

根据专利法第二十六条第四款的规定，权利要求书应当以说明书为依据，说明要求保护的范围。

根据审查指南第二部分第二章第 3. 2. 1 节的规定，权利要求书应当以说明书为依据，是指权利要求书应当得到说明书的支持。权利要求书不仅应当在表述形式上得到说明书的支持，而且应当在实质上得到说明书的支持。就是说，权利要求书中的每一项权利要求所要求保护的技术方案应当是所属技术领域的技术人员能够从说明书中公开的内容直接得到或者概括得出的技术方案，并且权利要求的范围不得超出说明书记载的内容。

请求人认为：由于权利要求 1 中所出现的技术特征“两个滑轮分别固定在第 3 节升降管内两端上”得不到说明书的支持，因此权利要求 1 所限定的技术方案得不到说明书的支持，不符合专利法第二十六条第四款的规定。

合议组认为：“两个滑轮分别固定在第 3 节升降管内两端上”这一技术特征已经在本专利说明书及说明书附图中明确公开，权利要求 1 所限定的技术方案是本领域技术人员能够从说明书中所公开的内容直接得到或概括得出的技术方案，而且权利要求的范围并未超出说明书记载的内容。因此，权利要求 1 符合专利法第二十六条第四款的规定。

4. 关于新颖性

根据专利法第二十二条第二款的规定，新颖性，是指在申请日以前没有同样的发明或者实用新型在国内外出版物上公开发表过、在国内公开使用过或者以其他方式为公众所知，也没有同样的发明或者实用新型由他人向国务院专利行政部门提出过申请并且记载在申请日以后公布的专利申请文件中。

请求人认为：在被请求人诉请求人专利侵权的起诉书中，被请求人已经承认申请日前销售专利产品的事实，而且证据 3 中的销售广告也证明被请求人于本专利申请日前销售其专利产品的事实。因此，本专利权利要求 1 ~ 3 不具备新颖性。

被请求人认为：请求人提交的上述起诉书不构成销售证据，不能证明在本专利申请日前存在销售行为的事实，因此不能否定本专利的新颖性。

合议组认为：虽然请求方在提出无效宣告请求时作为附件提交了上述起诉书的复印件，但并未以此作为说明本专利不符合专利法第二十二条第二款之规定的证据而加以使用；在口头审理时，请求人当庭提交的作为破坏新颖性的证据的起诉书属于新证据，根据专利法实施细则第六十六条及审查指南第四部分第三章第 3. 1 节的有关规定，合议组对此证据不予考虑。即使接受此证据，由于其不能证明公开销售的事实，因此不能证明本专利在申请日之前已经处于公开状态。

证据 3 为《机械工程》2000 年第 7 ~ 11 期的复印件，在口头审理过程中，请求方当庭提交了该证据 3 的原件，经核实，复印件与原件相符，被请求方对证据 3 的真实性无异议。

合议组认为：证据 3 仅能够反映出一种工地照明车的某些外部结构特征，而未公开其内部结构，因此仅依据证据 3 不能认定销售广告中的产品就是本专利所要求保护的工地照明车。就是说，仅凭证据3尚不能证明本专利权利要求1~3所限定的技术方案已经在申请日前处于公开使用或销售状态下的事实，故合议组对请求人所提出的本专利权利要求1~3不具备新颖性的主张不予支持。

5. 关于创造性

根据专利法第二十二条第三款的规定，创造性，是指同申请日以前已有的技术相比，该发明具有突出的实质性特点和显著的进步，该实用新型有实质性特点和进步。

证据1为公开号为特开平10－144109的日本专利公开特许公报的摘要及附图的复印件及摘要的中文译文，请求人于2005年11月4日向合议组提交了经国家知识产权局专利局检索咨询中心认证的该专利文献的公开文本，经核实，合议组对证据1的真实性予以认可。

证据2为《机械设计基础》（第491页）的复印件，请求人当庭提交了证据2的原件，经核实，复印件与该原件相符，被请求人对证据2的真实性无异议

作为专利文献的证据1和作为公开出版物的证据2，其公开日分别为1998年5月29日和1995年12月，均早于本专利的申请日，因此，根据专利法第二十二条第三款及审查指南的有关规定，证据1和证据2属于申请日以前已有的技术。

请求人认为：证据1与证据2的结合可否定本专利权利要求1的创造性。

被请求人认为：本专利权利要求1的发明点就在于通过在绞盘轴上安装棘轮和摩擦片实现对现有技术的改进，从而达到简化结构、节约原材料、降低能源消耗、缩短生产周期、提高生产效率、降低生产成本的目的和效果。因此，本专利权利要求所限定的技术方案相对证据1与证据2的结合具备创造性。

证据1公开了一种照明设备，该照明设备包括：车架（相当于本专利的底盘）；安装在车架下的轮子；升降装置，该升降装置又包括滑轮、钢丝绳、多节套装在一起的灯杆（相当于本专利的升降管）、设置在最下部灯杆上的绞盘等部件；一个滑轮设置在灯杆的上端，多个滑轮分别以阶梯状嵌插的方式固定在灯杆的上部和下部，钢丝绳的一端与最上端灯杆14的动力端相连接并顺序从顶端的滑轮缠绕至底端的滑轮，钢丝绳的另一端通过在最低端灯杆11上部的滑轮与绞盘固定在一起（参见证据1的摘要的中文译文及附图）。

本专利权利要求1所限定的技术方案与证据1相比，其区别点实质上在于：在本专利权利要求1所限定的技术方案中，绞盘轴上还安装有棘轮及摩擦片。

证据2公开了一种可防止机器设备逆转的常规型棘轮机构，该棘轮机构包括棘轮和棘爪（参见证据2第491页）。

合议组认为：证据2所公开的这种可防止机器设备逆转的常规型棘轮机构，其基本结构是机械设计领域的常识性技术内容，但证据2并未明确给出将这种棘轮机构应用到照明设备尤其是可升降的工地照明车上以解决本专利所提出的技术问题的技术启示。本领域技术人员基于证据1所公开的技术内容结合证据2所公开的棘轮机构得到本专利权利要求1所限定的技术方案并非是显而易见的，需要付出创造性的劳动，而且本专利权利要求1限定的技术方案还产生了使绞盘受到阻尼而不滑落、从而可以使升降管顶端随意停在1.3~4.5m之间的位置上，进而实现安全升降的有益效果。因此，本专利权利要求1所限定的技术方案具备实质性特点和进步，具备专利法第二十二条第三款所规定的创造性。故合议组对请求人所提出的本专利权利要求1不具备创造性的主张不予支持。

三、决定

维持00265350.8号实用新型专利权有效。

当事人如对本决定不服，可以根据专利法第四十六条第二款的规定，自收到本决定之日起三个月内向北京市第一中级人民法院起诉。根据该款的规定，一方当事人起诉后，另一方当事人应当作为第三人参加诉讼。

北京市第一中级人民法院
行政判决书

（2006）一中行初字第124号

原告天津市恒博科技发展有限公司，住所地天津市西青区南河镇潘楼村北。

法定代表人王继祥，总经理。

委托代理人王丽英，女，1971年11月25日出生，汉族，天津市北洋有限责任专利代理事务所专利代理人，住天津市塘沽区三槐路胜利楼17栋2门301号。

委托代理人赵宇，男，1977年9月10日出生，汉族，天津市北洋有限责任专利代理事务所职员，住天津市河东区津塘路156号。

被告国家知识产权局专利复审委员会，住所地北京市海淀区北四环西路9号银谷大厦10～12层。

法定代表人廖涛，副主任。

委托代理人祁轶军，国家知识产权局专利复审委员会第一申诉处审查员。

委托代理人柴爱军，国家知识产权局专利复审委员会行政诉讼处审查员。

第三人周京舟，男，1968年5月18日出生，汉族，蓝通工程机械（天津）有限公司董事长，住北京市海淀区复兴路24号93楼17号。

委托代理人侯力，天津元普律师事务所律师。

原告天津市恒博科技发展公司（下称恒博公司）不服国家知识产权局专利复审委员会（下称专利复审委员会）于2005年12月15日作出的第7847号无效宣告请求审查决定（下称第7847号决定），向本院提起诉讼。本院于2006年1月10日受理后，依法组成合议庭，并通知周京舟作为第三人到庭参加诉讼，于2006年3月7日公开开庭进行了审理。原告恒博公司的委托代理人王丽英、赵宇，被告专利复审委员会的委托代理人祁轶军、柴爱军，第三人周京舟的委托代理人侯力到庭参加诉讼。本案现已审理终结。

专利复审委员会第7847号决定系针对恒博公司请求宣告周京舟享有的名称为“工地照明车”的第00265350.8号实用新型专利（下称本专利）无效而作出的。

第7847号决定认为：

一、关于本专利的实用性

在本专利的权利要求1～3及说明书中都清楚地记载了一种工地照明车，其包括照明车底盘，底盘下的轮子，底盘上的升降装置和照明装置，其中升降装置是由滑轮5个，钢丝绳1条，升降管3节，底盘管1节和绞盘组成，其中两个滑轮分别固定在第2节升降管内两端上，两个滑轮分别固定在第3节升降管内两端上，另一滑轮固定在底盘管上外侧，绞盘固定在底盘管上，钢丝绳一端固定在第1节升降管上，中间通过固定在第2节升降管上的滑轮、第3节升降管上的滑轮和底盘管上的滑轮后，其另一端固定在绞盘上，绞盘轴上安装有棘轮及摩擦片；滑轮上安装有升降保护装置，该装置由滑轮、拉簧、齿片和滑轮架组成，滑轮通过滑轮轴安装在升降管上固定的滑轮架上的长孔内，齿片的一端铰接在滑轮轴上，另一端上开有一个长条孔，该孔套在滑轮架上固定的销轴上，拉簧套在滑轮架上固定的销轴和滑轮轴的端部；该照明车还安装有防倒自锁装置，其中带有固定销的支撑架的一端与小固定架铰接，固定锁盘与大固定架铰接，其铰接点与圆心有一偏心距，小固定架、大固定架、挡板与车底盘固定连接。这种工地照明车由于具有上述的升降保护装置而能够实现安全升降，由于具有上述结构的防倒自锁装置而能够确保安全使用。因此本专利权利要求 1 ~3 所要保护的技术方案，对于本领域普通技术人员而言，能够制造和使用，具有再现性，没有违背自然规律，且可以产生积极效果，故符合专利法第二十二条第四款的规定。

二、关于专利法第二十六条第三款

1. 以绞盘作为动力并利用滑轮来实现升降管的升降是本领域技术人员所公知的常识性技术；

2. 本专利说明书及附图 2 已经公开了升降保护装置的具体结构，本领域技术人员在其技术能力范围内可以将具有这种结构的升降保护装置应用到本专利权利要求 1 所限定的技术方案中并实现其防止升降管下滑的功能，而不需付出创造性的劳动；3. 本专利说明书及附图 3 已经公开了防倒自锁装置的具体结构和操作方式，本领域技术人员在其技术能力范围内可以将具有这种结构的防倒自锁装置应用到本专利权利要求 1 或权利要求 2 限定的技术方案中，无需付出创造性的劳动。因此，本领域技术人员按照说明书所记载的内容，不需要付出创造性的劳动，就能够再现本专利权利要求 1 ~3 所限定的技术方案，解决其技术问题，实现其发明目的并产生预期的技术效果。因此，对恒博公司提出的本专利不符合专利法第二十六第三款的主张不予支持。

三、关于专利法第二十六条第四款

两个滑轮分别固定在第 3 节升降管内两端上，这一技术特征已经在本专利说明书及说明书附图中明确公开，权利要求 1 所限定的技术方案是本领域技术人员能够从说明书中所公开的内容直接得到或概括得出的技术方案，而且权利要求的范围并未超出说明书记载的内容。因此，权利要求 1 符合专利法第二十六条第四款的规定。

四、关于本专利的新颖性

虽然恒博公司在提出无效宣告请求时作为附件提交了周京舟诉恒博公司专利侵权起诉书（下称起诉书）的复印件，但并未以此作为说明本专利不符合专利法第二十二条第二款之规定的证据而加以使用；在口头审理时，恒博公司当庭提交的作为破坏新颖性的证据的起诉书属于新证据，根据专利法实施细则第六十六条及《审查指南》第四部分第三章第 3.1 节的有关规定，故对此证据不予考虑。即使接受此证据，由于其不能证明公开销售的事实，因此不能证明本专利在申请日之前已经处于公开状态下。证据 3 仅能够反映出一种工地照明车的某些外部结构特征，而未公开其内部结构，因此仅依据证据 3 不能认定销售广告中的产品就是本专利所要求保护的工地照明车，仅凭证据 3 尚不能证明本专利权利要求 1 ~3 所限定的技术方案已经在申请日前处于公开使用或销售状态下的事实，故对恒博公司所提出的本专利权利要求 1 ~3 不具备新颖性的主张不予支持。

五、关于本专利的创造性

证据 2 所公开的这种可防止机器设备逆转的常规型棘轮机构，其基本结构是机械设计领域的常识性技术内容，但证据 2 并未明确给出将这种棘轮机构应用到照明设备尤其是可升降的工地照明车上以解决本专利所提出的技术问题的技术启示。本领域技术人员基于证据 1 所公开的技术内容结合证据 2 所公开的棘轮机构得到本专利权利要求 1 所限定的技术方案并非是显而易见的，需要付出创造性的劳动，而且本专利权利要求 1 限定的技术方案还产生了使绞盘受到阻力而不滑落、从而可以使升降管顶端随意停在 1. 3 ~4. 5mm 之间的位置上、进而实现安全升降的有益效果。因此本专利权利要求 1 所限定的技术方案具备实质性特点和进步，具备专利法第二十二条第三款所规定的创造性。

综上，专利复审委员会作出第 7847 号决定，维持本专利权有效。

原告恒博公司不服第 7847 号决定，在法定期限内向本院提起诉讼，其诉称：

一、关于本专利的新颖性

1. 对于证据3《工程机械》期刊广告，被告认为证据3未公开其内部结构，而认定未破坏新颖性是适用法律错误。依据北京高院《关于审理专利复审和无效行政纠纷案件若干问题的解答（试行）》（京高法发［1999］388号）的第六条的规定，只要刊登了广告，而不要求广告公开其内部结构，就推定技术方案处于公众能够了解和看到的状态，即构成销售公开。故证据3已经破坏了本专利的新颖性。

2. 对于证据4起诉书，被告认定“证据4是新证据且不能证明公开销售的事实”。依据最高人民法院《关于民事诉讼证据的若干规定》第七十四条的规定，证据4所述的“原告（即第三人）设计的工地照明车在1997年试生产，2000年12月12日申请专利”和“在原告申请专利前后，原告将其设计的工地照明车在蓝通工程机械（天津）有限公司投产，销售情况良好”即为第三人自认的事实，我方不需举证。

前述广告和起诉书已形成证据链，足以破坏本专利的新颖性。

二、关于本专利的创造性

无效程序中当事人双方认可“证据1和本专利的区别特征是：绞盘轴上安装有棘轮及摩擦片”。证据2作为教科书明示了棘轮机构为公知常识，给出了技术启示。对于本领域技术人员不需要付出创造性的劳动。进一步说，即使被告将证据2不作为是公知常识而作为另一篇对比文件，证据2也给出了技术启示。证据2中明示“……使用棘轮机构防止机构逆转的停止器，棘轮停止器广泛用于卷扬机，提升机以及运输机设备中”与区别特征“绞盘轴上安装有棘轮及摩擦片”的作用是相同的，均为“防止机器逆转，保持升降机构顺利工作”。需要特别指出的是，前述棘轮机构广泛应用的“提升机”已经包含了本专利的升降装置（正如本专利权利要求1记载的“底盘上的多节升降装置”），对于本领域技术人员来说，将“提升机”中棘轮机构应用到本专利的“升降装置”，是不需要付出创造性的劳动的。除此之外，被告在评判创造性时，将“工地照明车升降机构”混淆成上位概念“工地照明车”，因为证据2所示的“棘轮机构”产生的技术启示的对象应当是“工地照明车升降装置”而不是“工地照明车”。

三、关于本专利的实用性

1. 结合本专利的说明书和附图1，本领域普通技术人员无法达到将升降管上升到附图1所设置的目的，按照附图1的实施方案升降管只能上升到3号滑轮下方的位置，并且由于设置在升降管上的滑轮会对滑轮产生干扰，因而升降管无法升降。

2. 根据本专利说明书及附图2的记载，无法实现升降保护装置的防止升降管下滑的功能。由于照明灯的重量达上百斤，而作用在齿片上的摩擦力仅为重力的分力X摩擦系数，摩擦力的值显然小于重力值，所以权利要求2记载的技术方案显然无法达到升降保护的功能。

3. 根据本专利说明书及附图3的记载，防倒自锁功能是无法实现的。因此，本专利不符合专利法二十六条第三款、第二十二条第四款的规定。

四、本专利权利要求1的技术方案只是说明两个滑轮分别设置在升降管内两端上，并未说明滑轮的具体设置位置，在说明书附图1中只给出了一种实施方式，未得到说明书的支持，因此本专利权利要求1的技术方案不符合专利法二十六条第四款的规定。

综上所述，被告在无效程序中，适用法律法规错误，在认定证据时也有失公允。原告在无效程序中提出的证据足以破坏本专利的新颖性、实用性和创造性，请求人民法院依法撤销第7847号决定，直接判决本专利权无效。

被告专利复审委员会辩称：原告提交的证据3仅能够证明在本专利申请日之前有一种具有广告所

示外部结构的照明车处于公开销售状态，但由于证据 3 未公开这种工地照明车的内部结构，因此仅凭证据 3 不能认定销售广告中的产品就是本专利权利要求 1 ~ 3 所要求保护的工地照明车，不能证明本专利权利要求 1 ~ 3 所限定的技术方案已经在申请日前处于公开销售状态。原告在提出无效宣告请求时以附件的形式提交了起诉书的复印件，但并未以该起诉书作为证明本专利不符合专利法第二十二条第二款之规定的证据而加以使用，而是在提出无效宣告请求时作为程序文件提交，证明该无效请求涉及专利侵权案件，以便我委将该无效宣告请求案的法律状态及审查结论及时通知相应的人民法院或其他相关职能部门。原告当时具体请求理由为：

1. 在无效宣告请求书中，原告没有在评述新颖性时作出相应的说明，而是仅以公告号为特开平 10 - 144109 的日本专利特许公报的复印件作为证据 1 用来否定本专利权利要求 1 的新颖性。

2. 原告在提出无效宣告请求时并没有像提交其他证据那样提交一式两份，而仅提交一份。同时原告也未在专利法实施细则第六十六条所规定的期限内提交将该起诉书作为本专利权利要求 1 ~ 3 不具备新颖性的证据加以使用，而是在口头审理时提出该主张，因此第 7847 号决定将其在口头审理时提交的起诉书认定为新证据是恰当的。原告认为该起诉书中所述“在原告申请专利前后，原告将其设计的工地照明车在蓝通工程机械（天津）有限公司投产，销售情况良好”表明本专利已经使用公开的事实的理由不能成立。该表述不能清楚准确地证明其销售时间发生在本专利申请日之前，因此该起诉书不能证明本专利权利要求 1 ~ 3 所限定的技术方案在本专利申请日前已经处于公开使用或公开销售的状态。关于本专利是否符合专利法第二十二条第三款、第四款及第二十六条第三款、第四款的规定，我委坚持在第 7847 号决定中的相关事实、理由及结论。综上，第 7847 号决定认定事实清楚，适用法律正确，审理程序合法，审理结论正确，原告的诉讼请求不能成立，故请求法院依法驳回原告的诉讼请求，维持第 7847 号决定。

第三人周京舟的书面陈述意见：原告在本案起诉书中所提的理由在第 7847 号决定中均给出了详尽的论述和说明，该审查决定认定事实清楚，适用法律正确，故请求人民法院驳回原告的诉讼请求，维持第 7847 号决定。

在本院审理过程中，专利复审委员会为支持其答辩理由，向本院提交了如下证据材料：1. 公开号为特开平 10 - 144109 号的日本专利公开特许公报；2. 北京工业大学出版社出版发行的《机械设计基础》版权页及第 491 页的复印件；3.《工程机械》2000 年 7 ~ 11 期的复印件共 10 页；4. 起诉书复印件；上述证据 1 ~ 4 用于证明第 7847 号决定认定事实清楚，适用法律正确。5. 本专利权利要求书及说明书；6. 原告于 2005 年 5 月 12 日提交的无效宣告请求书；7. 原告于 2005 年 6 月 3 日提交的补充意见陈述书；证据 6 ~ 7 欲证明原告用以支持其无效理由所采用的证据。8. 口头审理记录表，证明原告用以支持其无效理由所采用的证据及口头审理中重要事项的记录。

原告恒博公司为支持其诉讼请求向本院提交了六份证据，其中证据 1 ~ 4 与被告证据 1 ~ 4 相同。5. 第 7847 号决定（即被诉具体行政行为）；6. 《辞海》版权页和第 1843 页的复印件。

第三人周京舟的证据与被告提交的证据 6 ~ 7 相同。

本院将上述证据向各方当事人进行了交换，并在庭审过程中对上述证据进行了质证。各方当事人对上述证据的真实性均不持异议。根据庭审质证，本院对上述证据的真实性、合法性及与本案的关联性予以确认。根据对上述证据的质证和认证及当事人的陈述，本院确认如下事实：

周京舟于 2000 年 12 月 12 日向国家知识产权局专利局提出了名称为“工地照明车”的实用新型专利申请，该申请于 2002 年 8 月 14 日被授权公告，专利号 00265350. 8。授权公告文本载明的权利要求如下：

“1. 一种工地照明车，包括照明车底盘，底盘下的轮子，底盘上的升降装置和照明装置，其特征是：升降装置是由滑轮5个，钢丝绳1个，升降管3节，底盘管1节和绞盘组成，其中两个滑轮分别固定在第2节升降管内两端上，两个滑轮分别固定在第3节升降管内两端上，另一滑轮固定在底盘管上外侧，绞盘固定在底盘管上，钢丝绳一端固定在第1节升降管上，中间通过固定在第2节升降管上的滑轮、第3节升降管上的滑轮和底盘管上的滑轮后，其另一端固定在绞盘上，绞盘轴上安装有棘轮及摩擦片。

2. 按照权利要求1所述的工地照明车，其特征是：滑轮上安装有升降保护装置，该装置由滑轮、拉簧、齿片和滑轮架组成，滑轮通过滑轮轴安装在升降管上固定的滑轮架上的长孔内，齿片的一端铰接在滑轮轴上，另一端上开有一个长条孔，该孔套在滑轮架上固定的销轴上，拉簧套在滑轮架上固定的销轴和滑轮轴的端部。

3. 按照权利要求1或2所述的工地照明车，其特征是：该照明车安装有防倒自锁装置，其中带有固定销的支撑架的一端与小固定架铰接，固定锁盘与大固定架铰接，其铰接点与圆心有一偏心距，小固定架、大固定架、挡板与车底盘固定连接。”

针对上述专利权，恒博公司于2005年5月12日向专利复审委员会提出了无效宣告请求，专利复审委员会于2005年11月1日进行了口头审理，恒博公司在口头审理中当庭明确放弃将专利法实施细则第二十一条第二款作为无效理由，并确认其无效理由为：本专利不符合专利法第二十六条第三款的规定；本专利权利要求1不符合专利法第二十六条第四款的规定；本专利权利要求1~3不符合专利法第二十二条第二款和第四款的规定；本专利权利要求1不符合专利法第二十二条第三款的规定。专利复审委员会于2005年12月15日作出第7847号决定，维持本专利有效。

原被告在本案审理过程中提交的证据1~3为第7847号决定中的证据1~3。证据1为日本专利公开特许公报，公开日早于本专利申请日；证据2为《机械设计基础》，出版于1995年12月，在第491页中有如下记载……所示为使用棘轮机构防止机构逆转的停止器。这种棘轮停止器广泛应用于卷扬机、提升机以及运输机等设备中；证据3为《工程机械》2000第31卷第7~11期，所对应的年份为2000年7~11月在上述期刊的广告页中，有名称为照明车的广告，型号分别为PB420G、PB440G、PB442G、PB1200G，功率分别为800W、1600W、2000W。广告主为蓝通工程机械（天津）有限公司。在无效程序的口头审理中，原告当庭提交了周京舟于2005年4月4日在天津市第一中级人民法院起诉恒博公司侵犯专利权的起诉书（本案中原被告提交的证据4），在该起诉书中有如下表述，原告设计的工地照明车于1997年试生产，2000年12月12日申请专利，2002年8月14日被授予专利权。在原告申请专利前后，原告将其设计的工地照明车在蓝通工程机械（天津）有限公司投产，销售情况良好。2003年4月，被告从蓝通工程机械（天津）有限公司购买了PB440G和PB1300G两种型号的工地照明车进行仿制和销售……

在本案诉讼中，原告认为证据3与证据4中的产品具有同一性。

本院认为：本案各方当事人争议的主要焦点问题为以下三点：1. 本专利是否具备实用性；2. 本专利是否具备新颖性；3. 本专利是否具备创造性。

1. 关于本专利的实用性问题

专利法第二十二条第四款规定：实用性，是指该发明或者实用新型能够制造或者使用，并且能够产生积极效果。在评判一项发明或实用新型专利是否具有实用性时，其评判主体为本领域的普通技术人员。即本领域普通技术人员根据发明或者实用新型的权利要求书、说明书及附图能够完整地了解所述技术方案并进行制造和使用。本案中，根据权利要求1~3所记载的技术方案以及说明书和附图对权利要求的解释，已经清楚地再现了该技术方案的结构。即在本专利的权利要求1~3及说明书中都清楚地记载了该工地照明车，其包括车底盘，底盘下的轮子，底盘上的升降装置和照明装置，升降装置是由滑轮，钢丝绳，升降管，底盘管和绞盘组成，其中两个滑轮分别固定在第2节升降管内两端上，两个滑轮分别固定在第3节升降管内两端上，另一滑轮固定在底盘管上外侧，绞盘固定在底盘管上，钢丝绳一端固定在第1节升降管上，中间通过固定在第2节升降管上的滑轮、第3节升降管上的滑轮和底盘管上的滑轮后，其另一端固定在绞盘上，绞盘轴上安装有棘轮及摩擦片；滑轮上安装有升降保护装置，该装置由滑轮、拉簧、齿片和滑轮架组成，滑轮通过滑轮轴安装在升降管上固定的滑轮架上的长孔内，齿片的一端铰接在滑轮轴上，另一端上开有一个长条孔，该孔套在滑轮架上固定的销轴上，拉簧套在滑轮架上固定的销轴和滑轮轴的端部；照明车安装有防倒自锁装置，其中带有固定销的支撑架的一端与小固定架铰接，固定锁盘与大固定架铰接，其铰接点与圆心有一偏心距，小固定架、大固定架、挡板与车底盘固定连接。本领域普通技术人员根据上述结构内容，能够制造和使用，因此具有工业再现性。

原告关于本领域普通技术人员无法达到将升降管上升到附图1所设置的目的、无法实现升降保护装置的防止升降管下滑的功能及防倒自锁功能是无法实现的理由没有事实依据，因此，本院对原告认为本专利不符合专利法第二十二条第四款规定的诉讼请求不予支持。

2. 关于本专利的新颖性问题

专利法第二十二条第二款规定：新颖性，是指在申请日以前没有同样的发明或者实用新型在国内外出版物上公开发表过、在国内公开使用过或者以其他方式为公众所知，也没有同样的发明或者实用新型由他人向国务院专利行政部门提出过申请并且记载在申请日以后公布的专利申请文件中。在评判本专利是否具备新颖性之前，需要对何为新证据进行论述。根据相关法律规定和司法解释，新的证据应当是在庭审结束后新发现的证据，在此之前发现或者形成的证据应当进行证据交换。原告在口头审理时当庭提交的起诉书其形成时间为2005年4月，口头审理是在2005年11月1日，该证据形成的时间早于被告要求原告和第三人进行证据交换及陈述意见的时间。原告在口头审理时当庭提交的起诉书显然不具有新证据的属性，因此原告在无效程序中延迟提交该证据只能承担不利的后果。然而，该起诉书却是不争的法律事实，该法律事实使得无效程序的启动，并最终导致被告具体行政行为的产生以及本诉的发生。但该起诉书在时间上给出了一个模糊的概念，即“在本专利申请日前后”。因此单凭该起诉书尚不能认定本专利在先公开的事实。然而在将《工程机械》期刊所刊登的广告与起诉书中所述文字结合，则不难看出广告中的真实内容，二者指向一致，即均指向以本专利技术方案制造出来的产品，具有同一性，对该同一性，本院予以确认。《中华人民共和国广告法》于1994年10月27日颁布，1995年2月1日实施。广告法颁布后要求做广告必须有现成的产品，因此从法律意义上刊登广告后则意味着产品已处于公开销售的状态。而公开销售是使用公开的一种形式，即技术方案处于一种不特定公众只要愿意都能够了解、看到的状态。由于以本专利技术生产的照明车以广告的形式在《工程机械》期刊上刊登发布，该时间早于本专利申请日，导致本专利的技术方案以产品的形式公开使用和销售，因此使得本专利权利要求1~3的新颖性受到破坏并丧失。故本院对原告关于本专利权利要求1~3不具备新颖性的主张予以支持。

3. 关于本专利的创造性问题

由于本专利权利要求1~3已丧失新颖性，因此本院对本专利是否具备创造性则无须进行评判。

综上所述，由于第7847号决定对新颖性的认定错误，故导致第7847号决定错误，应当依法撤销。

依照《中华人民共和国行政诉讼法》第五十四条第（二）项之规定，判决如下：

一、撤销被告国家知识产权局专利复审委员会作出的第7847号无效宣告请求审查决定；

二、第00265350.8号“工地照明车”实用新型专利权全部无效。

案件受理费1000元，由被告国家知识产权局专利复审委员会负担（本判决生效后七日内交纳）。

如不服本判决，可在判决书送达之日起十五日内，向本院递交上诉状，并按对方当事人的人数提交副本，并交纳上诉案件受理费1000元，上诉于北京市高级人民法院。

审 判 长 刘海旗
审 判 员 任 进
代理审判员 周云川
二〇〇六年三月二十日
书 记 员 乔 平

北京市高级人民法院
行政判决书

（2006）高行终字第274号

上诉人（原审第三人）周京舟，男，汉族，1968年5月18日出生，蓝通工程机械（天津）有限公司董事长，住北京市海淀区复兴路24号93楼17号。

委托代理人侯力，天津元普律师事务所律师。

上诉人（原审被告）国家知识产权局专利复审委员会，住所地北京市海淀区北四环西路9号银谷大厦10～12层。

法定代表人廖涛，副主任。

委托代理人祁轶军，国家知识产权局专利复审委员会审查员。

委托代理人王伟艳，国家知识产权局专利复审委员会审查员。

被上诉人（原审原告）天津市恒博科技发展有限公司，住所地天津市西青区南河镇潘楼村北。

法定代表人王继祥，总经理。

委托代理人张有振，男，汉族，1952年5月25日出生，该公司职员，住天津市红桥区新开大街爱华里3门313号。

委托代理人赵宇，男，汉族，1977年9月10日出生，天津市北洋有限责任专利代理事务所职员，住天津市河东区津塘路156号。

上诉人周京舟、国家知识产权局专利复审委员会（下称专利复审委员会）因专利权无效行政纠纷一案，不服北京市第一中级人民法院（2006）一中行初字第124号行政判决，向本院提起上诉。本院2006年6月9日受理后，依法组成合议庭，于2006年7月12日公开开庭进行了审理。上诉人周京舟的委托代理人侯力，上诉人专利复审委员会的委托代理人祁轶军、王伟艳，被上诉人天津市恒博科技发展有限公司（下称恒博公司）的委托代理人张有振、赵宇到庭参加诉讼。本案现已审理终结。

本案涉及名称为“工地照明车”的实用新型专利（下称本专利），由周京舟于2000年12月12日向国家知识产权局专利局提出申请，2002年8月14日被授权公告，专利权人为周乐舟。针对本专利权，恒博公司于2005年5月12日向专利复审委员会提出无效宣告请求。专利复审委员会于2005年11月1日进行了口头审理，恒博公司当庭确认其无效理由为：本专利不符合专利法第二十六条第三款的规定；本专利权利要求 1 不符合专利法第二十六条第四款的规定；本专利权利要求 1 ~ 3 不符合专利法第二十二条第二款和第四款的规定；本专利权利要求 1 不符合专利法第二十二条第三款的规定。专利复审委员会于 2005 年 12 月 15 日作出第 7847 号无效宣告请求审查决定（下称第 7847 号决定），维持本专利权有效。恒博公司不服该决定，在法定期限内向北京市第一中级人民法院提起诉讼。

北京市第一中级人民法院认为，1. 本专利具备实用性。2. 恒博公司在口头审理时当庭提交的周京舟于 2005 年 4 月 4 日在天津市第一中级人民法院起诉恒博公司侵犯专利权的起诉书（下称起诉书）的形成时间早于专利复审委员会要求恒博公司和周京舟进行证据交换及陈述意见的时间，该起诉书显然不具备新证据的属性，恒博公司在无效程序中延迟提交该证据只能承担不利的后果。然而，该起诉书却是不争的法律事实，该法律事实使得无效程序启动，并最终导致专利复审委员会具体行政行为的产生以及本诉的发生。将《工程机械》期刊所刊登的广告与起诉书中所述文字结合，不难看出广告中的真实内容，二者指向一致，即均指向以本专利技术方案制造出来的产品，具有同一性。我国广告法颁布后要求做广告必须有现成的产品，因此，从法律意义上刊登广告后则意味着产品已处于公开销售的状态。而公开销售是使用公开的一种形式，即技术方案处于一种不特定公众只要愿意都能够了解、看到的状态。由于以本专利技术生产的照明车以广告的形式在《工程机械》期刊上刊登发布，该时间早于本专利申请日，导致本专利的技术方案以产品的形式公开使用和销售。因此，本专利权利要求 1 ~ 3 的新颖性受到破坏并丧失。3. 由于本专利权利要求 1 ~ 3 已丧失新颖性，因此，对本专利是否具备创造性无需进行评判。

综上所述，第 7847 号决定对本专利新颖性的认定错误，导致第 7847 号决定结论错误，应当依法撤销。故北京市第一中级人民法院依照《中华人民共和国行政诉讼法》第五十四条第（二）项之规定，判决：（一）撤销第 7847 号决定；（二）第 00265350. 8 号“工地照明车”实用新型专利权全部无效。

周京舟不服原审判决，向本院提出上诉，请求撤销原审判决，维持第 7847 号决定。其理由为，原审判决对证据的认定错误：1. 原审判决对起诉书能否作为无效证据的认定是错误的。恒博公司在无效案件口审前从未将起诉书作为证据使用，而是将其作为启动无效程序的必要文书。2. 证据 3《工程机械》期刊中只有工地照明车的相关文字描述，没有记载任何有关的技术方案，不能证明该证据与本专利之间的关联性。

专利复审委员会不服原审判决，向本院提出上诉，请求撤销原审判决，维持第 7847 号决定。其理由为：第一，恒博公司提出无效请求时以附件形式提交了起诉书的复印件，但并未以该起诉书作为证明本专利不符合专利法第二十二条第二款之规定的证据加以使用，而是作为程序文件提供给专利复审委员会；第二，该起诉书不能证明本专利权利要求 1 ~ 3 所限定的技术方案在本专利申请日之前已经处于公开使用或者公开销售状态下的事实；第三，该起诉书与证据 3 之间缺乏关联性。恒博公司服从原审判决。

经审理查明，周京舟于 2000 年 12 月 12 日向国家知识产权局专利局提出了名称为“工地照明车”的实用新型专利申请，该申请于 2002 年 8 月 14 日被公告授权，专利号为 00265350. 8，专利权人为周京舟。

该专利授权公告文本载明的权利要求如下：

“1. 一种工地照明车，包括照明车底盘，底盘下的轮子，底盘上的升降装置和照明装置，其特征是：升降装置是由滑轮 5 个，钢丝绳 1 条，升降管 3 节，底盘管 1 节和绞盘组成，其中两个滑轮分别固定在第2节升降管内两端上，两个滑轮分别固定在第3节升降管内两端上，另一滑轮固定在底盘管上外侧，绞盘固定在底盘管上，钢丝绳一端固定在第1节升降管上，中间通过固定在第2节升降管上的滑轮、第3节升降管上的滑轮和底盘管上的滑轮后，其另一端固定在绞盘上，绞盘轴上安装有棘轮及摩擦片。

2. 按照权利要求1所述的工地照明车，其特征是：滑轮上安装有升降保护装置，该装置由滑轮、拉簧、齿片和滑轮架组成，滑轮通过滑轮轴安装在升降管上固定的滑轮架上的长孔内，齿片的一端铰接在滑轮轴上，另一端上开有一个长条孔，该孔套在滑轮架上固定的销轴上，拉簧套在滑轮架上固定的销轴和滑轮轴的端部。

3. 按照权利要求1或2所述的工地照明车，其特征是：该照明车安装有防倒自锁装置，其中带有固定销的支撑架的一端与小固定架铰接，固定锁盘与大固定架铰接，其铰接点与圆心有一偏心距，小固定架、大固定架、挡板与车底盘固定连接。"

针对上述专利权，恒博公司于2005年5月12日向专利复审委员会提出了无效宣告请求，并提交了以下证据：

附件1：公开号为特开平10-144109号的日本专利公开特许公报；

附件2：北京工业大学出版社出版发行的《机械设计基础》版权页及第491页的复印件。

2005年6月3日，恒博公司向专利复审委员会提交了下列补充证据：

附件3：《工程机械》2000年7~11期的复印件共10页，所对应的年份为2000年7~11月。在上述期刊的广告页中，有名称为照明车的广告，型号分别为PB420G、PB440G、PB442G、PB1200G，功率分别为800W、1600W、2000W。广告主为蓝通工程机械（天津）有限公司。

专利复审委员会于2005年11月1日进行了口头审理，恒博公司在口头审理中当庭确认其无效理由为：本专利不符合专利法第二十六条第三款的规定；本专利权利要求1不符合专利法第二十六条第四款的规定；本专利权利要求1~3不符合专利法第二十二条第二款和第四款的规定；本专利权利要求1不符合专利法第二十二条第三款的规定。在口头审理中，恒博公司当庭提交了起诉书，在起诉书中有如下表述："原告设计的工地照明车于1997年试生产，2000年12月12日申请专利，2002年8月14日被授予专利权。在原告申请专利前后，原告将其设计的工地照明车在蓝通工程机械（天津）有限公司投产，销售情况良好。2003年4月，被告从蓝通工程机械（天津）有限公司购买了PB440G和PB1300G两种型号的工地照明车进行仿制和销售……"恒博公司认为该起诉书与证据3构成了一个证据链，证明被请求人在申请日之前已经公开销售本专利产品的事实。因此，本专利权利要求1~3不符合专利法第二十二条第二款所规定的新颖性。

2005年12月15日，专利复审委员会作出第7847号决定，其中认为：（一）关于本专利的实用性。本专利权利要求1~3所要保护的技术方案，对于本领域普通技术人员而言，能够制造和使用，具有再现性，没有违背自然规律，且可以产生积极效果，故符合专利法第二十二条第四款的规定。（二）关于专利法第二十六条第三款。本领域普通技术人员按照说明书所记载的内容，不需要付出创造性劳动，就能够再现本专利权利要求1~3所限定的技术方案，解决其技术问题，实现其发明目的并产生预期的技术效果，因此，本专利符合专利法第二十六条第三款。（三）关于专利法第二十六条第四款。本专利权利要求1符合专利法第二十六条第四款的规定。（四）关于本专利的新颖性。虽然恒博公司在提出无效宣告请求时作为附件提交了起诉书的复印件，但并未以此作为说明本专利不符合专利法第二十二条第二款之规定的证据而加以使用；在口头审理时，恒博公司当庭提交的作为破坏新颖性的证据的起诉书属于新证据，根据专利法实施细则第六十六条及《审查指南》第四部分第三章

第3.1节的有关规定，对此证据不予考虑。即使接受此证据，由于其不能证明公开销售的事实，因此，不能证明本专利在申请日之前已经处于公开状态下。证据3仅能够反映出一种工地照明车的某些外部结构特征，而未公开其内部结构。因此，仅依据证据3不能认定销售广告中的产品就是本专利所要求保护的工地照明车，仅凭证据3尚不能证明本专利权利要求1~3所限定的技术方案已经在申请日前处于公开使用或销售状态下的事实，故对恒博公司所提出的本专利权利要求1~3不具备新颖性的主张不予支持。（五）关于本专利的创造性。本专利权利要求1所限定的技术方案具备实质性特点和进步，具备专利法第二十二条第三款所规定的创造性。综上，专利复审委员会维持本专利权有效。

以上事实，有第7847号决定、公开号为特开平10—144109号的日本专利公开特许公报、北京工业大学出版社出版发行的《机械设计基础》版权页及第491页的复印件、《工程机械》2000年7~11期的复印件共10页、起诉书复印件、本专利权利要求书及说明书以及当事人陈述等证据在案佐证。

本院认为，专利法第二十二条第二款规定：新颖性是指在申请日以前没有同样的发明或者实用新型在国内外出版物上公开发表过、在国内公开使用过或者以其他方式为公众所知，也没有同样的发明或者实用新型由他人向国务院专利行政部门提出过申请并且记载在申请日以后公布的专利申请文件中。本案的关键问题在于恒博公司在无效程序口头审理过程中提交的起诉书能否被接受以及起诉书与证据3组合能否证明依照本专利技术生产的产品已经于申请日之前公开销售。

首先，根据《审查指南》的相关规定，对请求人在提出无效宣告请求之日起一个月后提交的用于证明在提出无效宣告请求之日起一个月内未举证主张的具体事实的新证据，专利复审委员会不予考虑。由此可以认为，请求人在提出无效宣告请求之日起一个月内举证主张的具体事实，请求人在提出无效宣告请求之日起一个月后提交其他证据用于证明同一具体事实，并未禁止专利复审委员会对该证据予以认可。本案中，恒博公司在提出无效宣告请求之日起一个月内提交的证据3用于证明依照本专利技术生产的产品已经于本专利申请日之前公开销售。在口头审理期间，恒博公司提交起诉书用于补强证据3，证明的是同样的具体事实。因此，起诉书可以予以认定。专利复审委员会和周京舟关于起诉书不应予以认定的上诉主张于法无据，本院不予支持。

其次，虽然恒博公司在提出无效宣告请求之日起一个月内未将起诉书作为证据提交，专利复审委员会亦未将其作为证据予以交换，但是，恒博公司在口头审理期间明确将其与证据3结合评价本专利的新颖性，专利复审委员会也就起诉书组织恒博公司和周京舟进行了充分的辩论，而且起诉书是周京舟在另一案中起诉恒博公司专利侵权而向有关法院提交的。因此，将该起诉书作为新证据予以认定并未损害周京舟在无效宣告请求审查程序中的权利。

将《工程机械》期刊所刊登的广告与起诉书中所述文字结合，能够证明以本专利技术生产的照明车以广告的形式在《工程机械》期刊上刊登发布的时间早于本专利申请日，导致本专利技术方案以产品的形式公开销售；因此，本专利权利要求1~3不具备新颖性。原审法院关于本专利权利要求1~3不具备新颖性的认定是正确的，应予维持。

综上所述，原审判决认定事实清楚，适用法律正确，应予维持。专利复审委员会和周京舟的上诉主张没有事实和法律依据，本院不予支持。依照《中华人民共和国行政诉讼法》第六十一条第（一）项之规定，本院判决如下：

驳回上诉，维持原判。

一审案件受理费1000元，由国家知识产权局专利复审委员会负担（于本判决生效后七日内交纳），二审案件受理费1000元，由国家知识产权局专利复审委员会负担500元（已交纳），由周京舟负担500元（已交纳）。

本判决为终审判决。

审 判 长 刘 辉
审 判 员 岑宏宇
代理审判员 焦 彦
二〇〇六年八月八日
书 记 员 毕 怡

198

破碎机辊筒齿板案

无效宣告请求审查决定（第7867号）

决　定　号　第7867号
决　定　日　2005年12月13日
发明创造名称　破碎机辊筒齿板
国际分类号　B02C 4/28
无效请求人　遂宁华能机械有限公司
专利权人　李寿海
专　利　号　03249349.5
申　请　日　2003年7月2日
授权公告日　2004年10月20日
合议组组长　魏　屹
主　审　员　王丽颖
参　审　员　陈　勇

法律依据　专利法第二十二条第三款
决定要点

若一项权利要求与一篇最接近的对比文件相比存在区别特征，而该区别特征为另一篇对比文件中披露的相关技术手段，该技术手段在该对比文件中所起的作用与该区别特征在本专利中所起的作用相同，则认为现有技术中已经给出了将上述区别特征应用到该最接近的对比文件中以解决其存在的技术问题的启示。因此该项权利要求对本领域技术人员来说是显而易见的，不具备创造性。

一、案由

本无效宣告请求案涉及国家知识产权局专利局于2004年10月20日授权公告的03249349.5号实用新型专利权（下称本专利），名称为“破碎机辊筒齿板”，申请日为2003年7月2日，专利权人为李寿海。

授权公告的权利要求书如下：

“1. 一种破碎机辊筒齿板包括弧形板体，弧形板体上的扇形齿，其特征在于在弧形板体底面设有燕尾榫。”

针对本专利权，遂宁华能机械有限公司（下称请求人）于2005年7月13日向专利复审委员会提出无效宣告请求，其理由是本专利权利要求1不具备创造性。请求人同时提交了如下附件：

附件1（下称对比文件1）：专利号为02223021.1的实用新型专利说明书，授权公告日为2003年5月14日；

附件2（下称对比文件2）：机械行业标准（JB/ZQ4241－1986）燕尾槽摘录。

请求人认为将附件1与附件2结合使权利要求1不具备创造性。

经形式审查合格后，专利复审委员会受理了上述无效宣告请求，并于2005年7月14日将无效宣告请求书及其所附附件的副本转送给了专利权人（下称被请求人）。被请求人在指定期限内没有提交意见陈述书。

请求人在2005年8月10日向专利复审委员会提交了补充证据：

附件4（下称对比文件3）：公开号为CN1171298A的发明专利申请公开说明书，公开日为1998年1月28日；

附件5：检索报告。

2005年10月13日，专利复审委员会本案合议组向双方当事人发出口头审理通知书，定于2005年11月24日举行口头审理。同时将请求人于2005年8月10日提交的补充证据转文给被请求人。

被请求人于2005年11月11日提交了意见陈述书，针对请求人提出的本专利权利要求1相对于对比文件1与对比文件2的结合，或者对比文件1与对比文件3的结合，或者对比文件1与对比文件2和对比文件3的结合，均不具备创造性具体陈述了意见。

2005年11月24日被请求人也提交了一份检索报告，用以证明请求人所提交的由同一单位出具的同一实用新型专利检索报告的结论不一致，认为附件5不应当采信。

口头审理如期举行。请求人认为对比文件1和对比文件3、对比文件1和对比文件2、对比文件1～3的结合均使权利要求1不具备创造性。被请求人对上述证据的真实性无异议，对上述证据作为对比文件使用评价权利要求1的创造性无异议。对权利要求1与现有技术相比具备创造性的观点进行了充分的意见陈述。

二、决定的理由

根据专利法第二十二条第三款的规定，创造性是指同申请日以前已有的技术相比，该实用新型有实质性特点和进步。

若一项权利要求与一篇最接近的对比文件相比存在区别特征，而该区别特征为另一篇对比文件中披露的相关技术手段，该技术手段在该对比文件中所起的作用与该区别特征在本专利中所起的作用相同，则认为现有技术中已经给出了将上述区别特征应用到该最接近的对比文件中以解决其存在的技术问题的启示。该项权利要求对本领域技术人员来说是显而易见的，不具备创造性。

对比文件1公开了一种破碎机辊筒齿板，包括弧形板体，弧形板体工作面设有扇形齿，弧形板体背面设有滑块，在弧形板体的两端设有螺孔，弧形板体用螺钉固定在辊筒体上。将权利要求1与对比文件1相比，其区别在于，弧形板体底面设有燕尾榫。该区别特征在本专利中所起的作用是利用燕尾榫燕尾槽的装卡固定，代替螺钉固定。而对比文件1中在弧形板体的背面设置的是滑块，且由于滑块相对辊筒体在径向是可以活动的，因而需要螺钉在径向进行固定。然而为了防止螺钉被磨损脱落，从而造成弧形齿板脱落，本领域技术人员会考虑能避免此问题的其他固定方式。对比文件3公开了一种易快速更换的组合式耐磨损冲击锤，并具体公开了“锤头具有燕尾状槽，装卡在两端具有燕尾状凸沿的锤柄上”。可见，对比文件3披露了一种采取燕尾榫及燕尾槽固定的方式，且对比文件1和对比文件3都属于破碎机领域。因此，将对比文件3中所披露的这种固定方式应用到对比文件1中，就可以得到权利要求1限定的技术方案，且这种结合对本领域技术人员来说是显而易见的。因此，权利要求1不具备创造性。

三、决定

宣告03249349.5号实用新型专利权全部无效。

当事人对本决定不服的，可以根据专利法第四十六条第二款的规定，自收到本决定之日起三个月内向北京市第一中级人民法院起诉。根据该款的规定，一方当事人起诉后，另一方当事人应当作为第三人参加诉讼。

北京市第一中级人民法院
行政判决书

（2006）一中行初字第519号

原告李寿海，男，53岁，汉族，江油黄龙破碎输送设备制造有限公司董事长，住四川省广元市市中区112厂20栋。

委托代理人刘佳，女，34岁，汉族，江油黄龙破碎输送设备制造有限公司职员，住重庆市南岸区花园山村8号2单元7－1。

委托代理人冯德海，男，36岁，汉族，江油黄龙破碎输送设备制造有限公司副总经理，住四川省江油市中坝镇成衣街94号附5号。

被告国家知识产权局专利复审委员会，住所地北京市海淀区北四环西路9号银谷大厦10～12层。

法定代表人廖涛，副主任。

委托代理人王丽颖，女，国家知识产权局专利复审委员会审查员。

委托代理人张鹏，男，国家知识产权局专利复审委员会审查员。

第三人遂宁华能机械有限公司，住所地四川省遂宁市安居区解元村。

法定代表人邹功全，董事长。

委托代理人陈旭，男，29岁，汉族，遂宁华能机械有限公司职员，住四川省成都市成华区玉双路138号1栋2单元4号。

原告李寿海不服国家知识产权局专利复审委员会作出的第7867号无效宣告请求审查决定，于2006年3月16日向本院提起行政诉讼。本院于2006年4月6日受理后，于2006年5月8日向被告送达了起诉状副本及应诉通知书。本院依法组成合议庭，并依法通知遂宁华能机械有限公司（下称华能公司）作为第三人参加诉讼。本院于2006年6月14日不公开开庭审理了本案。原告李寿海的委托代理人刘佳、冯德海，被告国家知识产权局专利复审委员会（下称复审委）的委托代理人王丽颖、张鹏，第三人华能公司的委托代理人陈旭到庭参加诉讼。本案现已审理终结。

2005年12月13日，经对华能公司针对李寿海的第03249349.5号专利（下称本专利）提出的无效宣告请求进行审查，复审委作出第7867号无效宣告请求审查决定（下称第7867号决定）如下：

将本专利权利要求1与对比文件1相比，其区别在于，弧形板体底面设有燕尾榫。该区别特征在本专利中所起的作用是利用燕尾榫燕尾槽的装卡固定，代替螺钉固定。而对比文件1中在弧形板体的背面设置的是滑块，且由于滑块相对辊筒体在径向是可以活动的，因而需要螺钉在径向进行固定。然而为了防止螺钉被磨损脱落，从而造成弧形齿板脱落，本领域技术人员会考虑能避免此问题的其他固定方式。对比文件3公开了一种易快速更换的组合式耐磨损冲击锤，并具体公开了“锤头具有燕尾状槽，装卡在两端具有燕尾状凸沿的锤柄上”。可见，对比文件3披露了一种采取燕尾榫及燕尾槽固定的方式，且对比文件1和对比文件3都属于破碎机领域。因此，将对比文件3中所披露的这种固定方式应用到对比文件1中，就可以得到权利要求1限定的技术方案，且这种结合对本领域技术人员来说是显而易见的。因此，权利要求1不具备创造性。依据上述理由，第7867号决定宣告本专利无效。

复审委于2006年5月15日向本院提供了如下证据用以证明第7867号决定的合法性：1. 本专利

说明书；2. 口头审理记录表附页；3. 对比文件1；4. 对比文件3；5. 对比文件3的寄出信封。

原告李寿海诉称：

首先，第7867号决定认定事实错误。1. 被告认定对比文件1与对比文件3涉及的技术领域相同，缺乏事实基础。2. 第7867号决定完全背离了对比文件1所表述的内容，错误地认为对比文件1给出了“为了防止螺钉被磨损脱落，从而造成弧形齿板脱落，本领域技术人员会考虑能避免此问题的其他固定方式”的结论。3. 第7867号决定中，错误地认定对比文件3披露了本专利区别技术特征，从而在此基础上展开对本专利区别技术特征的作用评述。4. 第7867号决定错误地认定本专利区别技术特征的作用与对比文件3的带燕尾状的止退凹槽和凸柄连接机构作用相同，因此得出了现有技术对本专利有技术启示的结论。

其次，本专利与已有技术相比，具有实质性特点和进步。对比文件3中的燕尾状止退凹槽和凸沿与本专利的燕尾榫在各自发明中所起的作用有着实质性差别。将本专利发明的技术解决方案同发明目的与技术效果三者结合起来与现有技术对比，其实质性特点也是明显的。本专利还取得了商业上的成功。本案中与本专利有关的侵权背景，也说明了本专利具备创造性。

综上，请求法院撤销第7867号决定，维持本专利有效。

原告向法院提交了以下证据材料：1. 第7867号决定；2. 本专利说明书；3. 对比文件1；4. 对比文件3；5. 《破碎与筛分机械设计选用手册》，其上载明破碎机的类型有锤式破碎机、辊式破碎机等，用以证明对比文件3与本专利所属技术领域不同；6. 演示文稿三份，用以演示证据5说明的问题、对比文件1、3与本专利的区别、对比文件3的固定连接装置和本专利燕尾机构作用的区别；7. 技术协议二十七份、销售增值税专用发票十四张，证明本专利技术方案得到了比较广泛应用，商业上取得了成功；8～10. 本案第三人诉江油黄龙破碎输送设备制造有限公司侵权诉讼相关证据材料、江油市公安局起诉意见书、相关公司投标文件、李寿海诉华能公司侵权诉讼民事起诉状，用以证明本专利有较大的商业价值及创造性；11～12. 法定代表人身份证明及工商登记资料，用以证明原告身份；13. 设备销售收入发票共二十五份，证明技术协议的真实性；14. 200420006934.8实用新型专利说明书，用以证明本专利具有创造性和意想不到的技术效果；15. 关于燕尾齿板横向断裂演示文稿，用以说明本专利具备创造性和意想不到的技术效果。

被告复审委辩称，本专利权利要求1相对于对比文件1和3的结合不具备创造性，对此我委仍坚持第7867号决定中的认定。原告在诉状中认为本专利取得了商业上的成功，首先这一主张在无效程序中并未提出过，且其也未能提出证据支持其主张。综上，请求法院依法驳回原告的诉讼请求，维持第7867号决定。

第三人华能公司述称，对比文件1、3和本专利技术领域相同，本专利没有创造性。请求法院维持第7867号决定。

经庭审质证，本院对当事人提交的证据作如下确认，被告提交的证据能够证明本案的案件事实，本院予以认证。原告提交证据1能够证明第7867号决定的内容，本院予以认证；原告提交的证据2、3、4与被告提交的证据1、3、4相同，本院不再重复认证；原告提交的证据5不能证明对比文件3与本专利所属技术领域不同，本院不予认证；证据6、15的演示文稿系原告在庭审陈述意见时的辅助说明，本院认为，对于本专利及对比文件1、3所保护的技术方案及相关区别，应以本专利说明书及对比文件1、3的内容为准，因此，对于证据6、15中与本专利说明书、对比文件1、3一致的内容，本院予以认证。证据7～14均未在行政程序中提交，且或与本案没有关联，或不能证明商业上的成功是本专利的技术特征直接导致的，故本院不予认证。根据上述经过认证的证据，本院对以下案件事实予以认定。

2004 年 10 月 20 日，国家知识产权局专利局授权公告了专利号为 03249349. 5 号、名称为“破碎机辊筒齿板”的实用新型专利权（即本专利），其申请日为 2003 年 7 月 2 日，专利权人为李寿海。授权公告的权利要求书如下：

“1. 一种破碎机辊筒齿板包括弧形板体，弧形板体上的扇形齿，其特征在于在弧形板体底面设有燕尾榫。”

针对本专利权，第三人于 2005 年 7 月 13 日向复审委提出无效宣告请求，其理由是本专利权利要求 1 不具备创造性。第三人同时提交了三份对比文件，其中对比文件 1 为专利号为 02223021. 1 的实用新型专利说明书，授权公告日为 2003 年 5 月 14 日；对比文件 3 为公开号为 CN1171298A 的发明专利申请公开说明书，公开日为 1998 年 1 月 28 日。第三人认为对比文件 1 和对比文件 3、对比文件 1 和对比文件 2、对比文件 1 ~ 3 的结合均使权利要求 1 不具备创造性。

另查，对比文件 1 名称为“一种破碎机辊筒齿板”，其公开了一种破碎机辊筒齿板，包括弧形板体，弧形板体工作面设有扇形齿，弧形板体背面设有滑块，在弧形板体的两端设有螺孔，弧形板体用螺钉固定在辊筒体上。对比文件 3 名称为“易快速更换的组合式耐磨损冲击锤”，说明书记载了其为锤式破碎机的一个主要零件。对比文件 3 公开了一种易快速更换的组合式耐磨损冲击锤，并具体公开了“锤头具有燕尾状槽，装卡在两端具有燕尾状凸沿的锤柄上”。

本院认为，实用新型的创造性，是指同申请日以前已有的技术相比，该实用新型有实质性特点和进步。

本专利保护的是一种破碎机辊筒齿板，其与对比文件 1 公开的破碎机辊筒齿板相比，区别在于本专利的弧形板体底面设有燕尾榫以达到固定的目的；而对比文件 1 设置的是滑块，同时使用螺钉径向固定。对比文件 3 与对比文件 1 同属破碎机领域，其提供了用燕尾榫固定的方式。本领域技术人员在对比文件的启示下，很容易想到用燕尾榫固定的方式代替滑块及螺钉固定，从而得出本专利权利要求 1 所保护的技术方案。因此，本专利的权利要求 1 不具备创造性。第 7867 号决定以没有创造性为由宣告本专利无效，本院应予支持。原告不能证明其主张的商业上的成功是本专利的技术特征直接带来的，同时，专利是否有创造性应根据《中华人民共和国专利法》第二十二条第三款进行审查，原告在本案中述及的侵权背景不能作为本专利有创造性的理由，因此，原告的相关诉讼理由本院不予支持。

综上，依照《中华人民共和国行政诉讼法》第五十四条第（一）项之规定，判决如下：

维持被告国家知识产权局专利复审委员会第 7867 号无效请求审查决定。

案件受理费 1000 元，由原告李寿海负担（已交纳）。

如不服本判决，可在本判决书送达之日起十五日内，向本院递交上诉状，并按对方当事人人数提出副本，预交上诉案件受理费 1000 元，上诉于北京市高级人民法院。在上诉期满后七日内未预交上诉案件受理费又不提交缓交申请的，按自动撤回上诉处理。

审 判 长 娄宇红

审 判 员 李纪红

代理审判员 张靛卿

二〇〇六年六月二十日

书 记 员 许 纯

北京市高级人民法院
行政判决书

（2006）高行终字第491号

上诉人（一审原告）李寿海，男，53岁，汉族，江油黄龙破碎输送设备制造有限公司董事长，住四川省广元市市中区112厂20栋。

委托代理人刘佳，女，34岁，汉族，江油黄龙破碎输送设备制造有限公司职员，住重庆市南岸区花园山村8号2单元7－1。

委托代理人冯德海，男，36岁，汉族，江油黄龙破碎输送设备制造有限公司副总经理，住四川省江油市中坝镇成衣街94号附5号。

被上诉人（一审被告）国家知识产权局专利复审委员会，住所地北京市海淀区北四环西路9号银谷大厦10～12层。

法定代表人廖涛，副主任。

委托代理人王丽颖，女，国家知识产权局专利复审委员会审查员。

委托代理人张鹏，男，国家知识产权局专利复审委员会审查员。

被上诉人（一审第三人）遂宁华能机械有限公司，住所地四川省遂宁市安居区解元村。

法定代表人邹功全，董事长。

委托代理人陈旭，男，29岁，汉族，遂宁华能机械有限公司法律顾问，住四川省成都市成华区玉双路138号1栋2单元4号。

上诉人李寿海因专利无效决定一案，不服北京市第一中级人民法院（2006）一中行初字第519号行政判决，向本院提起上诉。本院受理后，依法组成合议庭于2006年11月22日公开开庭进行了审理。上诉人李寿海的委托代理人冯德海、刘佳，被上诉人国家知识产权局专利复审委（下称专利复审委）的委托代理人张鹏，被上诉人遂宁华能机械有限公司（下称华能公司）的委托代理人陈旭到庭参加了诉讼。本案现已审理终结。

北京市第一中级人民法院（2006）一中行初字第519号行政判决认定，本专利保护的是一种破碎机辊筒齿板，其与对比文件1公开的破碎机辊筒齿板相比，区别在于本专利的弧形板体底面设有燕尾榫以达到固定的目的；而对比文件1设置的是滑块，同时使用螺钉径向固定。对比文件3与对比文件1同属破碎机领域，其提供了用燕尾榫固定的方式。本领域技术人员在对比文件的启示下，很容易想到用燕尾榫固定的方式代替滑块及螺钉固定，从而得出本专利权利要求1所保护的技术方案。因此，本专利的权利要求1不具备创造性。第7867号决定以没有创造性为由宣告本专利无效，本院应予支持。李寿海不能证明其商业上的成功是本专利的技术特征直接带来的主张，同时，专利是否具备创造性应根据《中华人民共和国专利法》第二十二条第三款进行审查，李寿海在本案中述及的侵权背景不能作为本专利有创造性的理由，因此，李寿海的相关诉讼理由本院不予支持。依照《中华人民共和国行政诉讼法》第五十四条第（一）项之规定，判决维持专利复审委作出的第7867号无效请求审查决定。

李寿海对上述判决不服，于2006年7月28日向本院提起上诉。

李寿海上诉称，第7867号无效请求审查决定错误地认定弧形板体底面设有燕尾榫的区别技术特征在本专利中的作用仅为固定。对燕尾榫区别技术特征作用的片面认识降低了对本专利创造性的评价。本专利燕尾榫槽连接结构具有固定性，在工作过程中不会磨损，齿板不会脱落且其刚度增加，使用寿命延长，齿板断裂几率降低等优点，这些有益效果是正确评价本专利创造性的基础。

对比文件1所要解决的技术问题是在“单用螺钉固定，螺钉磨损后，弧形板会脱落”的情形下，通过在其背面设置的滑块减少对螺钉的磨损，增加牢固固定的效果，从而解决“螺钉磨损后，弧形板会脱落”的技术问题。第7867号无效请求审查决定对对比文件1发明目的错误认定降低了对本专利创造性的评价。对比文件1在解决“连接结构磨损后，弧形板会脱落”的技术问题时，思维仍限制在螺钉这种连接方式上，而本专利采用燕尾榫连接结构是一次质的飞跃。

第7867号无效请求审查决定错误地认定本专利区别技术特征的作用与对比文件3的带燕尾状的止退凹槽和凸柄连接机构作用相同，因而得出了现有技术对本专利有技术启示的结论。在锤式破碎机中，该燕尾状止退凹槽和凸柄连接结构暴露在工作环境中，根本不可能给出解决本专利连接结构的不磨损脱落，弧形齿板不脱落的技术启示。

证据7~14不仅与本案有关联，而且能证明商业上的成功是本专利的技术特征直接导致的，一审判决以证据7~14在行政程序中未提交，与本案没有关联或不能证明商业上的成功是本专利的技术特征直接导致的认定是错误的。请求二审法院撤销一审判决，撤销专利复审委作出的第7867号无效请求审查决定。

专利复审委答辩认为，关于本专利权利要求1相对于对比文件1、3的结合不具备创造性，仍坚持第7867号无效请求审查决定中的认定。上诉人认为本专利取得了商业上的成功，应当具备创造性，但上诉人的这一主张在无效程序中并未提出过，其在诉讼中提供的证据也不能支持其主张。请求二审法院判决驳回李寿海的上诉请求，维持一审判决。

华能公司认为，根据《专利法》第二十二条第三款的规定，将对比文件1和对比文件3结合可以得出本专利不具备创造性；将对比文件1和对比文件2结合或将对比文件1、2、3结合均可以得出本专利不具备创造性。同意专利复审委关于在商业上取得成功的答辩意见及一审判决对此问题的认定。专利复审委作出的7867号无效请求审查决定及一审判决，认定事实清楚，证据充分，适用法律正确，程序合法，请求二审法院驳回上诉，维持一审判决。

经审理查明，李寿海于2003年7月2日，向知识产权局提出名称为“破碎机辊筒齿板”的实用新型专利权申请。2004年10月20日，国家知识产权局予以授权公告，专利号为03249349.5号。授权公告的权利要求书如下：

“1. 一种破碎机辊筒齿板包括弧形板体，弧形板体上的扇形齿，其特征在于在弧形板体底面设有燕尾榫。”

2005年7月13日，华能公司以本专利权利要求1不具备创造性为由，向专利复审委提出无效宣告请求，同时提交了三份对比文件，并认为对比文件1和对比文件3、对比文件1和对比文件2、对比文件1~3的结合均使权利要求1不具备创造性。又于2005年8月15日向专利复审委补充提交了附件4、5。对比文件1为专利号为02223021.1的实用新型专利说明书，授权公告日为2003年5月14日；对比文件2为机械行业标准（JB/ZQ4241-1986）燕尾槽摘录；对比文件3为公开号为CN1171298A的发明专利申请公开说明书，公开日为1998年1月28日；对比文件4为公开号为CN1171298A的发明专利申请公开说明书，公开日为1998年1月28日；附件5为检索报告。

专利复审委受理该请求后，分别将上述对比文件转送上诉人，并要求其在指定期限内陈述意见。上诉人在其提交的意见陈述书中针对华能公司提出的问题陈述了意见。

口头审理期间，华能公司明确以附件1、4结合评价本专利权利要求1的创造性，以附件1、2结合评价本专利权利要求1不具备创造性，以附件1、2、4结合评价本专利权利要求1不具备创造性。上诉人对附件1~5真实性无异议，对使用上述对比文件评价本专利权利要求1的创造性无异议。专利复审委通知双方当事人附件5作为检索报告不能作为评价本专利的证据使用，仅作为参考。

对比文件1名称为“一种破碎机辊筒齿板”，其公开了一种破碎机辊筒齿板，包括弧形板体，弧形板体工作面设有扇形齿，弧形板体背面设有滑块，在弧形板体的两端设有螺孔，弧形板体用螺钉固定在辊筒体上。对比文件3名称为“易快速更换的组合式耐磨损冲击锤”，说明书记载了其为锤式破碎机的一个主要零件。对比文件3公开了一种易快速更换的组合式耐磨损冲击锤，并具体公开了“锤头具有燕尾状槽，装卡在两端具有燕尾状凸沿的锤柄上”。

专利复审委经审查认为，将本专利权利要求1与对比文件1相比，其区别在于：弧形板体底面设有燕尾榫。该区别特征在本专利中所起的作用是利用燕尾榫燕尾槽的装卡固定，代替螺钉固定。而对比文件1中在弧形板体的背面设置的是滑块，且由于滑块相对辊筒体在径向是可以活动的，因而需要螺钉在径向进行固定。然而为了防止螺钉被磨损脱落，从而造成弧形板脱落，本领域技术人员会考虑能避免此问题的其他固定方式。对比文件3公开了一种易快速更换的组合式耐磨损冲击锤，并具体公开了“锤头具有燕尾状槽，装卡在两端具有燕尾状凸沿的锤柄上”。可见，对比文件3披露了一种采用燕尾榫及燕尾槽固定的方式，且对比文件1和3都属于破碎机领域。因此，将对比文件3中所披露的这种固定方式应用到对比文件1中，就可以得到本专利权利要求1所限定的技术方案，且这种结合对本领域技术人员来说是显而易见的。因此，本专利权利要求1不具备创造性。依据《专利法》第二十二条第三款的规定，宣告本专利全部无效。

本案一审期间，专利复审委提交了以下证据：1. 本专利说明书；2. 口头审理记录表附页；3. 对比文件1；4. 对比文件3；5. 对比文件3的寄出信封。

上诉人提交了以下证据：1. 第7867号决定；2. 本专利说明书；3. 对比文件1；4. 对比文件3；5.《破碎与筛分机械设计选用手册》；6. 演示文稿三份；7. 技术协议二十七份、销售增值税专用发票十四张；8~10。本案一审第三人诉江由黄龙破碎输送设备制造有限公司侵权诉讼相关证据材料、江油市公安局起诉意见书、相关公司投标文件、上诉人诉华能公司侵权诉讼民事起诉状；11~12：法定代表人身份证明及工商登记资料；13. 设备销售收入发票共二十五份；14. 0420006934.8实用新型专利说明书；15. 关于燕尾齿板横向断裂演示文稿。

上述证据均随案移送本院，经庭审质证和合议庭评议认为，专利复审委提交的证据和上诉人提交的证据1~4内容真实，来源合法，能够证明本案事实，本院予以确认。上诉人提交的证据5因不能证明对比文件3与本专利所属技术领域不同，本院对该证据不予采纳。因上诉人提交的证据6、15的演示文稿系上诉人在庭审时陈述意见的辅助说明，因此，对于证据6、15中与本专利说明书和对比文件1、3一致的内容本院予以确认。上诉人提交的证据7~14因在行政程序中未提交，且与本案没有关联性，亦不能证明其商业上的成功是本专利的技术特征直接导致的，本院对该证据不予采纳。

本院认为，《专利法》第二十二条第三款规定，实用新型的创造性，是指同申请日以前已有的技术相比，该实用新型有实质性特点和进步。

专利复审委将本专利与对比文件1公开的破碎机辊筒齿板相比，认为区别在于本专利的弧形板体底面设有燕尾榫以达到固定的目的；而对比文件1设置的是滑块，同时使用螺钉径向固定，并得出对比文件1公开的技术方案与本专利的技术方案所起的作用相同的结论正确。对比文件3与对比文件1同属破碎机领域，其提供了用燕尾榫固定的方式，专利复审委通过比对认为，本领域技术人员在对比文件的启示下，很容易想到用燕尾榫固定的方式代替滑块及螺钉固定，从而得出本专利权利要求1所保护的技术方案，本专利的权利要求1不具备创造性的结论是正确的。

上诉人在无效程序中并未主张其商业上的成功是本专利的技术效果带来的，在诉讼中亦不能证明其商业上的成功是本专利的技术特征直接带来的。上诉人在本案中述及的侵权背景不能作为本专利具备创造性的理由，其相关的诉讼理由本院不予支持。一审判决认定事实清楚，证据充分，适用法律正确，审判程序合法。依照《行政诉讼法》第六十一条第（一）项之规定判决如下：

驳回上诉，维持一审判决。

二审案件受理费1000元，由上诉人李寿海负担（已交纳）。

本判决为终审判决。

审 判 长 郭 宜
审 判 员 张学磊
审 判 员 王 燕
二〇〇六年十二月七日
书 记 员 程钰玮

199

木工压刨进料装置

无效宣告请求审查决定（第7868号）

决　定　号　第7868号
决　定　日　2005年12月13日
发明创造名称　木工压刨进料装置
国际分类号　B27C 1/04　B27C 1/12
无效请求人　宁波协顺机电有限公司
专利权人　青岛金岭电器有限公司
专　利　号　01205056.3
申　请　日　2001年1月22日
授权公告日　2001年12月19日
合议组组长　魏　屹
主　审　员　王丽颖
参　审　员　宋鸣镝

法律依据　专利法第二十二条第二款、第三款
决定要点
对于由现有技术"拼凑"的实用新型，可以根据情况引用多篇现有技术评价其创造性。

一、案由

本无效宣告请求案涉及国家知识产权局专利局于2001年12月19日授权公告的01205056.3号实用新型专利权（下称本专利），名称为"木工压刨进料装置"，申请日为2001年1月22日，专利权人为青岛金岭电器有限公司。

授权公告的权利要求书如下：

"1. 木工压刨进料装置，包括与刨轴平行的进料输送辊（1）和与刨轴平行的出料输送辊（2）；其特征是：出料输送辊（2）由金属轴（3）和附着在金属轴（3）外表面上的橡胶辊套（4）组成。

2. 根据权利要求1所述的木工压刨进料装置，其特征是：还包括进料防退装置。

3. 根据权利要求2所述的木工压刨进料装置，其特征是：进料防退装置具有轴（5）、套装在轴（5）上的若干挡块（6）和挡轴（7）；轴（5）安装在机体上，它与刨轴平行；挡轴（7）安装在机体上，它与轴（5）平行并位于轴（5）的前方；挡块（6）的下端具有棘爪（8）。

4. 根据权利要求3所述的木工压刨进料装置，其特征是：进料输送辊（1）的表面上具有螺旋槽（9）。

5. 根据权利要求1、2、3或4所述的木工压刨进料装置，其特征是：进料输送辊（1）通过同步传动机构与出料输送辊（2）连接。

6. 根据权利要求5所述的木工压刨进料装置，其特征是：同步传动机构采用链轮链条传动机构，

它包括安装在转轴（22）上的链轮（14）、安装在出料输送辊（2）上的链轮（16）、安装在进料输送辊（1）上的链轮（17）、张紧链轮（18）、张紧链轮（19）和链条（20）；张紧链轮（18）和张紧链轮（19）分别通过各自的转轴安装在机体上，转轴（22）安装在机体上；链条（20）与链轮（14）、链轮（16）、链轮（17）、张紧链轮（18）和张紧链轮（19）啮合。

7. 根据权利要求6所述的木工压刨进料装置，其特征是：同步传动机构通过皮带传动机构和齿轮传动机构与刨轴连接。

8. 根据权利要求7所述的木工压刨进料装置，其特征是：皮带传动机构包括安装在刨轴上的皮带轮（10）、安装在转轴（21）上的皮带轮（11）和皮带（15）；皮带（15）套在皮带轮（10）和皮带轮（11）上；齿轮传动机构包括安装在转轴（21）上的齿轮（12）和安装在转轴（22）上的齿轮（13）；转轴（21）安装在机体上，齿轮（12）与齿轮（13）啮合。"

针对本专利权，宁波协顺机电有限公司（下称请求人）于2005年6月16日向专利复审委员会提出无效宣告请求，其理由是本专利权利要求1~8不具备创造性，并同时提交了如下证据：

证据1：ZL94221668.7实用新型专利说明书，授权公告日为1995年11月1日；

证据2：DE8417560U德国专利说明书及相关中文译文，公开日为1984年9月13日；

证据3：DE3108458C2德国专利说明书及相关中文译文，公开日为1982年9月23日；

请求人认为证据1公开了一种木工压刨进料装置，故权利要求1、4的全部技术特征为已知技术；证据2公开了木工刨床的进料装置包括进料防退装置，故该权利要求2、3的全部技术特征为已知技术；证据3公开了一种木工刨床的进料装置，故该权利要求5、6、7、8的全部技术特征为已知技术；权利要求2中提出的"还包括进料防退装置"不符合专利法第三十一条有关单一性的规定。

综上，该专利全部权利要求的技术方案属于已知技术的"拼凑"，这些技术方案同该专利的申请日以前公开的技术相比不具有实质性特点和进步，不符合专利法第二十二条第三款的有关创造性的规定，故请求复审委员会宣告本专利全部无效。

经形式审查合格后，专利复审委员会受理了上述无效宣告请求，并于2005年8月3日将无效宣告请求书及其所附附件的副本转送给了专利权人（下称被请求人）。

被请求人在指定期限内没有提交意见陈述书。

请求人在2005年7月14日向专利复审委员会提交了补充证据：

证据4：DE4108063C2德国专利说明书及相关中文译文，公开日为1992年9月17日。

2005年10月12日，专利复审委员会本案合议组向双方当事人发出口头审理通知书，定于2005年11月8日举行口头审理。同时将请求人于2005年7月14日提交的补充证据转文给被请求人。

被请求人在指定期限均未提出任何书面意见陈述。

口头审理如期举行。仅请求人一方参加了本次口头审理。请求人明确无效理由为权利要求1不具备新颖性，权利要求1~8不具备创造性。并当庭放弃了证据2；以在先提供的证据1、3、4来评价本专利的新颖性和创造性。

至此，本案合议组认为案件事实已经清楚，依法作出如下审查决定。

二、决定的理由

1. 关于证据

由于证据1、3、4均为专利文献，且其公开日均在本专利申请日之前，因此可以作为对比文件来评价本专利的新颖性和创造性。

2. 关于权利要求1的新颖性

根据专利法第二十二条第二款的规定，新颖性是指在申请日以前没有同样的发明或者实用新型在国内外出版物上公开发表过、在国内公开使用过或者以其他方式为公众所知，也没有同样的发明或者实用新型由他人向国务院专利行政部门提出过申请并且记载在申请日以后公布的专利申请文件中。

证据1公开了一种成型木线条压刨床，其中也公开了一种压刨进料装置（见说明书附图1、2、3），包括与刨轴5平行的右辊筒7（相当于本专利的进料输送辊）和与刨轴5平行的左辊筒8（相当于本专利的出料输送辊），右辊筒的辊子是外表面带有螺旋齿的钢辊，可避免木线条再刨削时跑偏，左辊筒的辊子由金属辊芯19和橡胶外环20组成。

可见，本专利权利要求1的技术方案已被证据1完全公开。且二者技术领域，所要解决的技术问题、技术效果实质相同。因此，权利要求1不具备新颖性。

3. 关于权利要求2~3的创造性

根据专利法第二十二条第三款的规定，创造性是指同申请日以前已有的技术相比，该实用新型有实质性特点和进步。

证据4中公开了一种用于刨床的进料防退装置（见说明书第2栏第58行至第3栏第35行及附图1~3），具体公开了如下技术特征：一种刨床H，设有一横置于工作通道的、可旋转驱动的刨工工具W，在该刨工工具的前面安装了一个进给辊V，再进给辊的前面又安装了一个用于木材工件A在经过工作通道1全部宽度时的防退安全装置R，该进给辊V在其周边上设有沟槽6。该防退装置R由一个横置于工作通道1走向上的横向杆8（相当于本专利的轴5）和一个挡轴9构成，在横向支杆8上，多个防退插件10（相当于本专利的挡块）相邻地串接，挡轴9与横向杆8平行并位于横向杆8的前方，在该防退插件10上设置的齿11嵌入在未加工的表面2上；设有圆形突起12和13的防退插件10各自设置在挡轴9上，以避免防退插件10沿圆周满转。

可见，权利要求2、3的附加技术特征都已经被证据4公开，本领域普通技术人员将证据1与证据4结合不需要付出创造性劳动就可得到权利要求2、3所限定的技术方案。因此，权利要求2、3均不具备创造性。

4. 关于权利要求4的创造性

证据1中公开了右辊筒的辊子（相当于本专利的进料输送辊）是外表面带有螺旋齿的钢辊，可避免木线条在刨削时跑偏；本专利权利要求4限定部分的技术特征是“进料输送辊的表面上具有螺旋槽”，如说明书所述，螺旋槽可以增大进料输送辊的表面与被加工的木材的表面之间的摩擦力。可见，在证据1和本专利中，在进料输送辊的表面采用螺旋槽或螺旋齿其目的都是为了增大摩擦力，而对本领域技术人员来说，为了增大进料输送辊的表面与被加工的木材表面之间的摩擦力，在进料输送辊的表面采用螺旋槽还是螺旋齿是本领域技术人员的常规选择。因此，当权利要求3不具备创造性时，引用权利要求3的从属权利要求4也不具备创造性。

5. 关于权利要求5~8的创造性

证据3中公开了一种平－压刨装置，其中公开了进料输送辊通过同步传动机构与出料输送辊连接，其中具体公开了同步传动机构（见附图9及说明书第6栏第46~68行），该同步传动机构采用皮带传动机构完成第一级减速，采用齿轮传动机构实现第二级减速，采用链轮链条传动机构实现第三级减速。可见，权利要求5~8的限定部分的技术特征已经被证据3公开。而且，在压刨机床上，进料输送辊与出料输送辊通过同步传动机构连接，以及同步传动机构如何设置均是本领域技术人员的公知常识，本专利权利要求5~8限定部分的技术特征均属于现有技术的拼凑。因此，当权利要求1~4不具备新颖性或创造性时，引用权利要求1~4中任一项权利要求的权利要求5不具备创造性；引用权利要求5的从属权利要求6也不具备创造性，引用权利要求6的从属权利要求7也不具备创造性，引用权利要求7的从属权利要求8也不具备创造性。

综上所述，本专利权利要求1不具备专利法第二十二条第二款规定的新颖性；本专利权利要求2～8均不具备专利法第二十二条第三款规定的创造性。

三、决定

宣告01205056.3号实用新型专利权全部无效。

当事人对本决定不服的，可以根据专利法第四十六条第二款的规定，自收到本决定之日起三个月内向北京市第一中级人民法院起诉。根据该款的规定，一方当事人起诉后，另一方当事人应当作为第三人参加诉讼。

多功能农用粉碎机案

无效宣告请求审查决定（第7882号）

决 定 号 第7882号
决 定 日 2005年12月9日
发明创造名称 多功能农用粉碎机
国际分类号 A01F 29/00
无效请求人 甘肃省临夏州农业机械制造有限责任公司
专 利 权 人 马忠德
专 利 号 98232868.0
申 请 日 1998年7月10日
授权公告日 1999年10月20日
合议组组长 董 琤
主 审 员 李金光
参 审 员 崔国振

法 律 依 据 专利法第二十二条第二款、第三款、第四款
决 定 要 点

如果权利要求请求保护的技术方案与现有技术相比，存在区别技术特征，而现有技术并未给出相应的技术启示，且区别技术特征给技术方案带来了新的技术效果，使权利要求保护的技术方案相对于现有技术具有实质性特点和进步，则权利要求具备专利法第二十二条第三款规定的创造性。

一、案由

本无效宣告请求案涉及国家知识产权局专利局于1999年10月20日公告授予的、名称为“多功能农用粉碎机”的第98232868.0号实用新型专利权（下称本专利），其申请日为1998年7月10日，专利权人为马忠德。

该专利授权公告的权利要求如下：

“1. 一种多功能农用粉碎机，是由机壳、进料斗、出料口、电机、传动装置、粉碎器组成，其特征是：所述的进料斗（4）下端装定刀片（1），在粉碎器的主轴（9）上装有与定刀片（1）相搓合的动力片（2）。

2. 根据权利要求1所述的多功能农用粉碎机，其特征是：所述的动力片（2）是由刀架（12）、上刀片（13）、下刀片（13′）组成，刀架（12）固定在主轴9上，刀架（12）一方装上刀片（13），刀架（12）另一方装下刀片（13′）。

3. 根据权利要求2所述的多功能农用粉碎机，其特征是：在所述的上刀片刀架（12）的另一侧装风叶片（14），在所述的下刀片刀架（12）的另一侧装风叶片（14）。”

针对上述专利权，甘肃省临夏州农业机械制造有限责任公司（下称请求人）于2005年5月17日向专利复审委员会提出无效宣告请求，认为本专利权利要求1、2不具备专利法第二十二条第二款规定的新颖性和第三款规定的创造性，权利要求3不具备专利法第二十二条第四款规定的实用性和该条第三款规定的创造性，并提交了下述附件：

附件1：本实用新型专利说明书复印件共6页；

附件2：第93208725.6号实用新型专利说明书复印件共5页；

附件3：全国高等农业院校试用教材《畜牧业机械化》，东北农学院主编，农业出版社出版，1981年8月第1版，封面、编写说明页、第199~202、211、217页、版权页复印件共9页；

附件4：第96217322.3号实用新型专利说明书复印件共5页；

附件5：第95223167.0号实用新型专利说明书复印件共7页；

附件6：JB5155-91《饲草粉碎机 技术条件》复印件共7页；

附件7：JB/T 7144.1-93《青饲料切碎机 技术条件》复印件共4页；

附件8：第94230533.7号实用新型专利说明书复印件共11页；

附件9：被请求人向兰州市中级人民法院提交的民事起诉状及兰州市中级人民法院向请求人送达的《应诉通知书》各1份复印件共3页。

经形式审查合格后，专利复审委员会受理了上述请求，于2005年5月17日向双方当事人发出无效宣告请求受理通知书，并将宣告专利权无效请求书及其附件清单中所列附件的副本转送给专利权人(下称被请求人)，要求其在指定的期限内答复，随后成立合议组对本无效请求案进行审理。

被请求人于2005年5月30日作出答复。被请求人认为：请求人提供的“这些专利号不存在不符合实地情况”；“新型专利的新颖性，见附图3、4、5”；“创造性是能铡能粉干的或者湿的茎杆草料，能用于脱粒麦子、玉米的实用性，省工、省时间、功效高、能铡能粉”。因此，本实用新型专利具备实用性、新颖性和创造性。同时，被请求人提供以下文件：

文件1：《专利生效请求书》打印件共1页；

文件2：《无效宣告请求受理通知书》原件共1页；

文件3：《专利权无效宣告请求书》打印件共1页；

文件4：本实用新型专利说明书复印件共6页；

文件5：国家知识产权局专利局专利收费收据复印件共4页；

文件6：本专利证书复印件共1页；

文件7：图纸复印件共1页；

文件8：9FQ32-20型多功能饲料粉碎机说明复印件共1页。

2005年10月28日，本案合议组将被请求人的上述答复转送给请求人，要求其在指定期限内陈述意见。同时，合议组向双方当事人发出无效宣告请求口头审理通知书，拟定于2005年12月6日对该专利权的无效请求进行口头审理。

2005年12月6日，口头审理如期进行，双方当事人均出席了口头审理。庭审过程中，合议组就本案的无效理由及证据逐一进行了调查。请求人出示了附件3、6、7的原件，被请求人对请求人提交的附件1~9的真实性无异议。请求人对被请求人提交的文件1~8的真实性也无异议，但认为文件7不是本实用新型专利附图。双方当事人充分陈述了意见。请求人认为附件2、3分别影响本专利权利要求1的新颖性。附件2是与本专利权利要求1最接近的现有技术，附件2分别与附件4、5、6、7组合影响本专利权利要求1的创造性；附件3影响本专利权利要求2的新颖性，附件3分别与附件4、8组合影响本专利权利要求2的创造性。双方当事人共同认定附件3公开了本专利权利要求1、2记载的全部技术特征，未公开本专利权利要求3记载的技术特征。针对本专利权利要求3中记载技术特征风扇叶片配置在刀架另一侧，请求人认为该技术特征导致该专利权利要求3请求保护的技术方案不具备实用性和创造性。

被请求人认为，该技术特征的作用在于将杂质土粉尘等和铡碎物向下方吹送，不会导致杂质土等粉尘吹向操作者，也不会导致杂质土等粉尘以及铡碎物影响转盘上其他部件的工作，本专利权利要求3请求保护的技术方案具备实用性和创造性。

至此，合议组认为本案的事实清楚，可以作出审查决定。

二、决定的理由

1. 关于本专利权利要求1、2的新颖性

专利法第二十二条第二款规定：新颖性，是指在申请日以前没有同样的发明或者实用新型在国内外出版物上公开发表过、在国内公开使用过或者以其他方式为公众所知，也没有同样的发明或者实用新型由他人向国务院专利行政部门提出过申请并且记载在申请日以后公布的专利申请文件中。

附件3的公开日为1981年8月，在本专利申请日之前，可以作为评价本实用新型专利新颖性的现有技术。附件3介绍了粉碎机的结构和功能，其中记载了切向进料式粉碎机由喂料斗、机体、转子、锤片、齿板、筛片、风扇和集料筒等组成（参见附件3第200页最后两行），并指出轴向喂入式锤片粉碎机的结构基本与切向进料式粉碎机的结构相同，不同在于喂入口位于靠近轴线的粉碎机一侧，形成轴向喂入，另外增加了初切装置，一般由两把切刀和底刃构成。图10-6示出了轴向喂入式锤片粉碎机的结构，有机架、风扇接管、皮带轮、轴承座、风扇叶片、筛片、动刀、定刀、喂入口，其中定刀位于喂入口下方，动刀安装在轴上（参见附件3第201页图10-6及其文字解释部分）。将本专利权利要求1记载的技术特征与附件3中图10-6所示轴向喂入式锤片粉碎机相比，附件3中的机体与该权利要求1记载的机壳相对应，喂入口与进料斗相对应，集料筒与出料口相对应，转子、皮带轮及轴承座与传动装置相对应，筛片和锤片与粉碎器相对应；虽然附件3中未标出电机，但对本领域的普通技术人员来说，粉碎机中配置电机是不言而喻的，而且从附件3图10-6可以看出其中具有转子、皮带轮和主轴，可以认为由电机来提供动力，因此是技术人员可直接导出的惟一内容。由此可见，本专利权利要求1的技术方案已在附件3中公开，并且，二者所属技术领域、所解决的技术问题、预期效果均相同，对此被请求人也予以认可。所以，本专利权利要求1请求保护的技术方案相对于附件3不具备专利法第二十二条第二款规定的新颖性。

本专利权利要求2的附加技术特征限定了粉碎机所用刀及刀架。在附件3的图10-6的右视图中，动刀8由刀架及两片刀片组成，两刀片按180度均布在刀架上，且刀架安装在主轴上，与权利要求2的方案相同。被请求人对此也予以承认。所以，相对于附件3，本专利权利要求2请求保护的技术方案也不具备专利法第二十二条第二款规定的新颖性。

2. 关于本专利权利要求3的实用性

专利法第二十二条第四款规定：实用性，是指该发明或者实用新型能够制造或者使用，并且能够产生积极效果。

本专利权利要求3将风叶片的位置限定为安装在刀架的另一侧。合议组认为：风叶片是现有技术中通用的部件，本领域的普通技术人员按照本专利权利要求3限定的部件位置关系，不需要创造性劳动就可以制备出权利要求3所限定的结构。在这种结构中，随着刀片切割和粉碎器的粉碎，风叶片将粉碎物以及杂质土等粉尘从出料口吹出，不会使粉尘扬向操作者，也不会使杂质土等粉尘积存堵塞在转动盘和连轴上以及粉碎器的相应部件上，能提高效率，节约能源。所以，本专利权利要求3请求保护的技术方案具备实用性。

3. 关于本专利权利要求 3 的创造性

专利法第二十二条第三款规定：创造性，是指同申请日以前已有的技术相比，该发明有突出的实质性特点和显著进步，该实用新型有实质性特点和进步。

如果权利要求请求保护的技术方案与现有技术相比，存在区别技术特征，而现有技术并未给出相应的技术启示，且区别技术特征给技术方案带来了新的技术效果，使权利要求保护的技术方案相对于现有技术具有实质性特点和进步，则权利要求具备专利法第二十二条第三款规定的创造性。

虽然请求人提供的附件 2、3、5 中涉及了风叶片，但附件 2、3、5 的风叶片均设置在主轴上，不同于本专利权利要求 3 限定的风叶片位置，且附件 2、3、5 中均未教导将风叶片配置在对应于刀片的刀架上另一侧。在此情况下，本领域普通技术人员不会想到将风叶片配置在刀架上。因此，本专利权利要求 3 限定的风叶片位置相对于附件 2、3、5 具有实质性特点。由于本专利权利要求 3 中这种风叶片配置不会使粉尘扬向操作者，也不会使杂质土等粉尘积存堵塞在转动盘和连轴上以及粉碎器的相应部件上，这显示出这种配置有技术进步性。所以，本实用新型专利权利要求 3 请求保护的技术方案具备创造性。

基于以上事实和理由，本案合议组作出如下审查决定。

三、决定

宣告第 98232868. 0 号实用新型专利权利要求 1、2 无效，在权利要求 3 的基础上维持该专利权有效。

当事人对本决定不服的，可以根据专利法第四十六条第二款的规定，自收到本决定之日起三个月内向北京市第一中级人民法院起诉。根据该款的规定，一方当事人起诉后，另一方当事人应当作为第三人参加诉讼。

钢绳十字卡扣案

无效宣告请求审查决定（第7888号）

决　　定　　号　第7888号
决　　定　　日　2005年12月16日
发明创造名称　钢绳十字卡扣
国际分类号　F16G 11/00
第一无效请求人　成都润力边坡防护有限责任公司
第二无效请求人　成都国力科技有限公司
第三无效请求人　成都航发液压工程有限公司
专　利　权　人　周云武
专　　利　　号　99251862.8
申　　请　　日　1999年12月29日
授权公告日　2000年9月20日
合议组组长　徐媛媛
主　　审　　员　王丽颖
参　　审　　员　王　颖

法律依据　专利法实施细则第二十条第一款、第二十一条第二款　专利法第二十六条第四款

决定要点

在判断一项权利要求是否清楚时，首先该项权利要求的类型应当清楚；其次，该项权利要求所确定的保护范围应当清楚。

一、案由

本无效宣告请求案涉及国家知识产权局专利局于2000年9月20日授权公告的99251862.8号实用新型专利权（下称本专利），名称为“钢绳十字卡扣”，申请日为1999年12月29日，专利权人为周云武。

授权公告的权利要求书如下：

“1. 一种钢绳十字卡扣，由钢片加工成带长形孔的卡扣底座和卡扣卡子构成，其特征在于：卡扣底座形状是缺角的正方形片状体，有两对长形孔和两对凹凸齿对应排列，长方孔和凹凸齿交叉排列，中间有孔；卡扣底座的形状像两个大小纵横重叠的十字，中间有孔。

2. 根据权利要求1所述的钢绳十字卡扣，其特征在于：底座上的凹凸齿与卡子上的小十字叉相对应，底座上的长形孔与卡子上大十字叉相对应，在使用时凹凸齿和小十字叉与钢绳接触。

3. 根据权利要求1所述的钢绳十字卡扣，其特征在于：使用状态的结构是底座和卡子的中间孔心对准钢绳十字交叉中心，卡子的片大十字叉折弯穿过底座长形孔，再折弯卡在底座上。”

针对本专利权，成都润力边坡防护有限责任公司（下称第一请求人）于2005年6月22日向专利复审委员会提出无效宣告请求，其理由是根据对比文件 2、3、4、5、6、7 证明本专利权利要求 1、2、3 不符合专利法第二十二条第三款的规定；本专利权利要求 1、2、3 不符合专利法第二十六条第四款，权利要求 1 不符合专利法实施细则第二十一条第二款，权利要求 1、2、3 不符合专利法实施细则第二十条第一款的规定；对比文件 1 证明权利要求 1、2、3 不符合专利法实施细则第十三条第一款的规定。请求人同时提交了如下附件作为证据：

附件 1：对比文件 1，授权公告号为 2419417Y 的实用新型专利说明书，授权公告日为 2001 年 2 月 14 日；

附件 2：对比文件 2，公告号为 2255970Y 的实用新型专利说明书，授权公告日为 1997 年 6 月 11 日；

附件 3：对比文件 3，公告号为 2241062Y 的实用新型专利说明书，授权公告日为 1996 年 11 月 27 日；

附件 4：对比文件 4，公告号为 2371391Y 的实用新型专利说明书，授权公告日为 2000 年 3 月 29 日；

附件 5：对比文件 5，公告号为 2263071Y 的实用新型专利说明书，授权公告日为 1997 年 9 月 24 日；

附件 6：对比文件 6，公告号为 2216105Y 的实用新型专利说明书，授权公告日为 1995 年 12 月 27 日；

附件 7：对比文件 7，公告号为 2214357Y 的实用新型专利说明书，授权公告日为 1995 年 12 月 6 日；

附件 8：本专利授权公告文本。

经形式审查合格后，专利复审委员会受理了上述无效宣告请求，并于 2005 年 6 月 22 日将无效请求书及其所附附件的副本转送给了专利权人（下称被请求人）。

专利复审委员会于 2005 年 8 月 1 日收到被请求人提交的意见陈述书。被请求人认为本专利符合专利法及专利法实施细则的规定，故请求专利复审委员会驳回请求人请求，维持本专利权有效。

第一请求人在 2005 年 7 月 12 日向专利复审委员会提交了如下补充证据：

附件 9：对比文件 8，专利号为 5199673 的美国专利中英文对照授权公布文本，授权公告日为 1993 年 4 月 6 日。

请求人认为，相对于对比文件 8，本专利权利要求 1 ~ 3 均不具备新颖性；将对比文件 8 与对比文件 2、4、5 中任意一篇结合，本专利权利权利要求 1 ~ 3 也不具备创造性。

针对本专利权，成都国力科技有限公司（下称第二请求人）于 2005 年 6 月 22 日向专利复审委员会提出无效宣告请求，其理由及证据与第一请求人相同。

经形式审查合格后，专利复审委员会受理了上述无效宣告请求，并于 2005 年 6 月 22 日将无效请求书及其所附附件的副本转送给了被请求人。

专利复审委员会于 2005 年 8 月 1 日收到被请求人提交的意见陈述书。该意见陈述书的内容与被请求人在答复第一请求人时的意见陈述书的内容相同。

第二请求人于 2005 年 7 月 12 日向专利复审委员会提交了补充证据，其补充证据及理由与第一请求人相同。

针对本专利权，成都航发液压工程有限公司（下称第三请求人）于 2005 年 6 月 22 日向专利复审委员会提出无效宣告请求，其理由及证据与第一请求人相同。

经形式审查合格后，专利复审委员会受理了上述无效宣告请求，并于 2005 年 6 月 22 日将无效请求书及其所附附件的副本转送给了被请求人。

专利复审委员会于2005年8月1日收到被请求人提交的意见陈述书。该意见陈述书的内容与被请求人在答复第一请求人时的意见陈述书的内容相同。

第三请求人于2005年7月12日向专利复审委员会提交了补充证据，其补充证据及理由与第一请求人相同。

根据审查指南第四部分第三章第3.5节审查原则的相关规定，合议组决定对上述三个无效请求合案审理，并于2005年10月8日发出了口头审理通知书，并将请求人（由于三个请求人所提无效理由及证据均相同，委托的代理人相同，故下面将三个请求人简称为请求人）于2005年7月12日提交的补充证据及意见转文给被请求人，将被请求人的意见陈述书转文给请求人；请求人于2005年11月11日针对合议组的上述转文提交了书面意见，其中包括以下几方面内容：认为被请求人主动修改的权利要求书不符合审查指南的相关规定，重申本专利不符合专利法第二十六条第四款、专利法实施细则第二十条第一款及第二十一条第二款的规定，并认为本专利权利要求1~3相对于附件1~6及附件9不具备新颖性和创造性。

之后，口头审理因故改期，合议组再一次发出了口头审理通知书。口头审理于2005年12月1日举行，请求人及被请求人均参加了口头审理。

被请求人于口头审理前提交了意见陈述书，其中包含了修改的权利要求书及一份检验报告，合议组当庭将上述意见陈述书转文给请求人。合议组经过合议后认为：被请求人所提交的修改的权利要求书，不符合审查指南第四部分第三章第5.4节中关于无效宣告程序中专利文件的修改的规定。鉴于此，被请求人明确仍以本专利授权公告时的文本作为审查基础。

请求人当庭声明放弃以专利法实施细则第十三条第一款，专利法第二十二条第二款、第三款作为无效理由，放弃对比文件1~8（即全部证据）；仅以专利法实施细则第二十条第一款、第二十一条第二款、专利法第二十六条第四款作为无效理由。

被请求人声明放弃于口头审理前提交的意见陈述书中的检验报告。被请求人认为，无论从权利要求书还是从说明书中均可看出，本专利权利要求1中的最后一行中的“卡扣底座”应为“卡扣卡子”，属于明显笔误，且该笔误可从本专利中惟一导出。

请求人明确表示口头审理后，对被请求人于口审前提交的意见陈述书不再提交书面意见。

在上述程序的基础上，合议组认为本案事实已经清楚，可以依法作出审查决定。

二、决定的理由

1. 专利法实施细则第二十条第一款规定：权利要求书应当说明发明或者实用新型的技术方案，清楚、简要地表述请求保护的范围。

请求人认为，权利要求1的特征部分，前一节描述了“卡扣底座形状是缺角的正方形片状体”。后一节又描述了“卡扣底座的形状像两个大小纵横重叠的十字”。如此，公众就无法确知该“卡扣底座”的形状，无法明确本专利的保护范围，因此权利要求1没有清楚、简要地表述请求保护的范围，不满足专利法实施细则第二十条第一款的规定。

在判断一项权利要求是否清楚时，首先该项权利要求的类型应当清楚；其次，该项权利要求所确定的保护范围应当清楚。

就本专利权利要求1来说，其保护类型是清楚的，其要求保护的是一种钢绳十字卡扣，即产品权利要求；而要判断其所确定的保护范围是否清楚，还应该从该项权利要求的整体来进行判断。权利要求1中，首先限定了所要求保护的钢绳十字卡扣由卡扣底座和卡扣卡子构成，在特征部分首先限定了卡扣底座的形状，即卡扣底座形状是缺角的正方形片状体，有两对长形孔和两对凹凸齿对应排列，长方孔和凹凸齿交叉排列，中间有孔；然后又限定了“卡扣底座的形状像两个大小纵横重叠的十字，中间有孔”。对本领域普通技术人员来说，在阅读了权利要求1的技术方案后，完全可知，权利要求1中的“卡扣底座的形状像两个大小纵横重叠的十字，中间有孔”实际上应该是对卡扣卡子的形状进行的限定。即此处的“卡扣底座”应该指的是“卡扣卡子”。而并不会像请求人认为的会产生无法确知卡扣底座的形状的问题。

综上，权利要求1所确定的保护范围是清楚的。权利要求1中将“卡扣卡子”写成“卡扣底座”属于明显笔误。本专利权利要求1符合专利法实施细则第二十条第一款的规定。从而，从属权利要求2~3也符合专利法实施细则第二十条第一款的规定。

实际上，本专利说明书的技术方案部分也有和权利要求1相同的描述，并添加了附图标记，其中卡扣底座1和卡扣底座2分别对应权利要求1中的2个卡扣底座，从说明书的具体实施例、附图说明及附图均可知，附图标记2指的就是卡扣卡子。

2. 专利法实施细则第二十一条第二款规定：独立权利要求应当从整体上反映发明或实用新型的技术方案，记载解决技术问题的必要技术特征。

根据审查指南的规定，必要技术特征是指，发明或者实用新型为解决其技术问题所不可缺少的技术特征，其总和足以构成发明或者实用新型的技术方案，使之区别于背景技术中所述的其他技术方案。

请求人认为权利要求1中未给出卡扣卡子的形状构造特征，以及卡扣卡子与卡扣底座的结合(包括连接关系)，因此独立权利要求1不符合专利法实施细则第二十一条第二款的规定。

合议组认为，如1中所述，可知权利要求1中已经给出了卡扣卡子的形状结构特征，对于完成本发明的任务来说，权利要求1中已经给出了完整的技术方案来对其所要求保护的钢绳十字卡扣的具体结构进行限定。至于请求人所称的卡扣卡子和卡扣底座的结合只是对这种钢绳十字卡扣的进一步限定，并不是构成本发明的必要技术特征。

3. 专利法第二十六条第四款规定：权利要求书应当以说明书为依据，说明要求专利保护的范围。

请求人认为，本专利权利要求1后一节描述了“卡扣底座的形状像两个大小纵横重叠的十字”，但综观说明书和说明书附图，都没有支持该特征的内容，因此权利要求1不能得到说明书的支持，不满足专利法第二十六条第四款的规定。因此权利要求2和权利要求3作为权利要求1的从属权利要求也不满足专利法第二十六条第四款的规定。

合议组认为，正如上述有关本专利是否符合细则二十条第一款的论述，本专利权利要求1后一节描述的“卡扣底座的形状像两个大小纵横重叠的十字”实质上应该是“卡扣卡子的形状像两个大小纵横重叠的十字”，而这一技术特征在说明书中有明确记载，是完全能够得到说明书的支持的。故权利要求1符合专利法第二十六条第四款的规定。因此，从属于权利要求1的权利要求2和权利要求3也符合专利法第二十六条第四款的规定。

三、决定

维持99251862.8号实用新型专利权有效。

当事人对本决定不服的，可以根据专利法第四十六条第二款的规定，自收到本决定之日起三个月内向北京市第一中级人民法院起诉。根据该款规定，一方当事人起诉后，另一方当事人应当作为第三人参加诉讼。

北京市第一中级人民法院
行政判决书

（2006）一中行初字第380号

原告成都国力科技有限公司，住所地四川省成都市三友路179－181号。

法定代表人曾凡清，总经理。

原告成都航发液压工程有限公司，住所地四川省成都市金牛区全兴路25号附2号。

法定代表人周旭，总经理。

二原告之共同委托代理人徐丰，成都天嘉专利事务所专利代理人。

二原告之共同委托代理人张新，成都天嘉专利事务所专利代理人。

被告国家知识产权局专利复审委员会，住所地北京市海淀区北四环西路9号银谷大厦10～12层。

法定代表人廖涛，副主任。

委托代理人王丽颖，女，国家知识产权局专利复审委员会审查员。

委托代理人王颖，女，国家知识产权局专利复审委员会审查员。

第三人周云武，男，1967年12月30日出生，汉族，成都宝力实业有限责任公司董事长，住四川省成都市成华区下涧槽路48楼6号。

委托代理人王芸，四川君士达律师事务所律师。

第三人成都润力边坡防护有限责任公司。

原告成都国力科技有限公司（下称国力公司）、成都航发液压工程有限公司（下称航发公司）不服被告国家知识产权局专利复审委员会（下称专利复审委）作出的无效宣告请求审查决定，于2006年2月28日向本院提起行政诉讼，本院于2006年3月2日受理后，依法组成合议庭，并依法通知与被诉具体行政行为有利害关系的周云武、成都润力边坡防护有限责任公司（下称润力公司）参加诉讼。本院于2006年6月21日公开开庭审理了本案。原告国力公司及航发公司的委托代理人徐丰，被告专利复审委的委托代理人王丽颖，第三人周云武的委托代理人王芸到庭参加了诉讼。第三人润力公司经本院合法传唤，未到庭参加诉讼，但庭前向本院明确表示同意被告所作无效宣告请求审查决定，并声明放弃参加本行政诉讼。本案现已审理终结。

2005年12月16日，被告作出第7888号无效宣告请求审查决定（下称第7888号决定），宣告99251862.8号实用新型专利权（下称本专利）有效。

被告于答辩期内向本院提交了本专利授权公告文本复印件，用以证明被告作出被诉决定认定事实清楚、适用法律正确、程序合法。

原告国力公司及航发公司诉称：

一、被告认为权利要求1“卡扣底座的形状像两个大小重叠的十字”中的“卡扣底座”就是“卡扣卡子”属于主观臆断。被告仅结论性地指出本领域普通技术人员在阅读权利要求1的技术方案后完全可知“卡扣底座”就是“卡扣卡子”，并未给出支持该论点的充分理由和任何证据。综观说明书和说明书附图，都没有“卡扣卡子的形状像两个大小重叠的十字”的描述。而《中华人民共和国专利法》（下称《专利法》）、《中华人民共和国专利法实施细则》（下称《实施细则》）及《审查指南》都没有规定或给出提示，即在无效宣告程序中可以依据说明书附图修改、修正、勘正权利要求书。被告的认定属于主观臆断，本领域普通技术人员在阅读权利要求1的技术方案后并不能明显得出

“卡扣底座”就是“卡扣卡子”的结论。说明书附图说明部分指出标记2为卡子，“卡子”是否为“卡扣卡子”不得而知。即便理解为“卡扣卡子”，但其形状并非“形状像两个大小重叠的十字”，而是两个纵横交错的十字。“卡扣底座的形状像两个大小重叠的十字”这一特征在说明书中无法得到支持。因此，权利要求1、2、3不满足《专利法》第二十六条第四款的规定。本专利独立权利要求没有从整体上反映技术方案，没有记载全部必要特征，不符合《实施细则》第二十一条第二款的规定。此外，权利要求1、2、3不符合《实施细则》第二十条第一款的规定。

二、第三人专利文件出现的错误不应由被告来确定为笔误，更不能以第三人的笔误为由替第三人更正权利要求。授权公告文本作为一个法定的法律文书，对公众具有约束力，同时公众也只能通过授权公告文本中的权利要求书来理解和明白该专利的保护范围。专利授权公告文本特别是权利要求书中的错误不应当由公众承担。专利权人因自己的错误而造成的不利后果应当由自己承担。此外，在无效宣告程序中，无论《专利法》或者《审查指南》都没有规定“说明书和附图在无效程序中可以用于解释权利要求书。”

综上，被告第7888号决定认定事实不清，主观臆断第三人权利要求的保护范围，请求法院予以撤销。

原告未向法院提交证据。

被告专利复审委辩称，第7888号无效宣告请求审查决定认定事实清楚，适用法律正确，程序合法，请求予以维持。

第三人周云武述称，被告第7888号决定认定事实清楚，适用法律正确，审查程序合法，请求法院予以维持。

第三人未向法院提交证据。

经庭审质证，原告及第三人对被告证据无异议。

经审查，被告提交的证据与本案具有关联性，且合法、真实，本院予以确认。

经审理查明，本无效宣告请求涉及国家知识产权局专利局于2000年9月20日授权公告的99251862.8号实用新型专利权（即本专利），名称为“钢绳十字卡扣”，申请日为1999年12月29日，专利权人为本案第三人周云武。

授权公告的权利要求书如下：

“1. 一种钢绳十字卡扣，由钢片加工成带长形孔的卡扣底座和卡扣卡子构成，其特征在于：卡扣底座形状是缺角的正方形片状体，有两对长形孔和两对凹凸齿对应排列，长方孔和凹凸齿交叉排列，中间有孔；卡扣底座的形状像两个大小纵横重叠的十字，中间有孔。

2. 根据权利要求1所述的钢绳十字卡扣，其特征在于：底座上的凹凸齿与卡子上的小十字叉相对应，底座上的长形孔与卡子上大十字叉相对应，在使用时凹凸齿和小十字叉与钢绳接触。

3. 根据权利要求1所述的钢绳十字卡扣，其特征在于：使用状态的结构是底座和卡子的中间孔心对准钢绳十字交叉中心，卡子的片大十字叉折弯穿过底座长形孔，再折弯卡在底座上。”

针对本专利权，润力公司于2005年6月22日向被告提出无效宣告请求，其理由是根据对比文件2、3、4、5、6、7证明本专利权利要求1、2、3不符合《专利法》第二十二条第三款的规定；本专利权利要求1、2、3不符合《专利法》第二十六条第四款，权利要求1不符合《实施细则》第二十一条第二款，权利要求1、2、3不符合《实施细则》第二十条第一款的规定；对比文件1证明权利要求1、2、3不符合《实施细则》第十三条第一款的规定。润力公司同时提交了如下附件作为证据：

附件1：对比文件1，授权公告号为2419417Y的实用新型专利说明书，授权公告日为2001年2月14日；

附件2：对比文件2，公告号为2255970Y的实用新型专利说明书，授权公告日为1997年6月11日；

附件3：对比文件3，公告号为2241062Y的实用新型专利说明书，授权公告日为1996年11月27日；

附件4：对比文件4，公告号为2371391Y的实用新型专利说明书，授权公告日为2000年3月29日；

附件5：对比文件5，公告号为2263071Y的实用新型专利说明书，授权公告日为1997年9月24日；

附件6：对比文件6，公告号为2216105Y的实用新型专利说明书，授权公告日为1995年12月27日；

附件7：对比文件7，公告号为2214357Y的实用新型专利说明书，授权公告日为1995年12月6日；

附件8：本专利授权公告文本。

经形式审查合格后，被告受理了上述无效宣告请求，并于2005年6月22日将无效请求书及其所附附件的副本转送给了周云武。

被告于2005年8月1日收到周云武提交的意见陈述书。周云武认为本专利符合《专利法》及《实施细则》的规定，故请求被告驳回润力公司请求，维持本专利权有效。

润力公司在2005年7月12日向被告提交了如下补充证据：

附件9：对比文件8，专利号为5199673的美国专利中英文对照授权公布文本，授权公告日为1993年4月6日。

润力公司认为，相对于对比文件8，本专利权利要求1~3均不具备新颖性；将对比文件8与对比文件2、4、5中任意一篇结合，本专利权利要求1~3也不具备创造性。

针对本专利权，国力公司于2005年6月22日向被告提出无效宣告请求，其理由及证据与润力公司相同。

经形式审查合格后，被告受理了上述无效宣告请求，并于2005年6月22日将无效请求书及其所附附件的副本转送给了周云武。

被告于2005年8月1日收到周云武提交的意见陈述书。该意见陈述书的内容与其在答复润力公司时的意见陈述书的内容相同。

国力公司于2005年7月12日向被告提交了补充证据，其补充证据及理由与润力公司相同。

针对本专利权，航发公司于2005年6月22日向被告提出无效宣告请求，其理由及证据与润力公司相同。

经形式审查合格后，被告受理了上述无效宣告请求，并于2005年6月22日将无效请求书及其所附附件的副本转送给了周云武。

被告于2005年8月1日收到周云武提交的意见陈述书。该意见陈述书的内容与其在答复润力公司时的意见陈述书的内容相同。

航发公司于2005年7月12日向被告提交了补充证据，其补充证据及理由与润力公司相同。

根据《审查指南》第四部分第三章第3.5节审查原则的相关规定，被告决定对上述三个无效请求合案审理，并于2005年10月8日发出了口头审理通知书，并将三请求人于2005年7月12日提交的补充证据及意见转文给周云武，将周云武的意见陈述书转文给三请求人；三请求人于2005年11月11日针对合议组的上述转文提交了书面意见。之后口头审理因故改期，被告再一次发出了口头审理通知书。口头审理于2005年12月1日举行，请求人及周云武均参加了口头审理。

周云武于口头审理前提交了意见陈述书，其中包含了修改的权利要求书及一份检验报告，被告当庭将上述意见陈述书转文给请求人。被告经过合议后认为：周云武所提交的修改的权利要求书，不符合《审查指南》第四部分第三章第5.4节中关于无效宣告程序中专利文件的修改的规定。周云武鉴于此，明确仍以本专利授权公告时的文本作为审查基础。

请求人当庭声明放弃以《实施细则》第十三条第一款，《专利法》第二十二条第二款、第三款作为无效理由，放弃对比文件1~8（即全部证据）；仅以《实施细则》第二十条第一款、第二十一条第二款、《专利法》第二十六条第四款作为无效理由。

周云武声明放弃于口头审理前提交的意见陈述书中的检验报告。周云武认为，无论从权利要求书还是从说明书中均可看出，本专利权利要求1中的最后一行中的“卡扣底座”应为“卡扣卡子”属于明显笔误，且该笔误可从本专利中唯一导出。

三请求人明确表示口头审理后，对周云武于口审前提交的意见陈述书不再提交书面意见。

被告经审查认为：

1.《实施细则》第二十条第一款规定：权利要求书应当说明发明或者实用新型的技术方案，清楚、简要地表述请求保护的范围。

三请求人认为，权利要求1的特征部分，前一节描述了“卡扣底座形状是缺角的正方形片状体”，后一节又描述了“卡扣底座的形状像两个大小纵横重叠的十字”。如此，公众就无法确知该“卡扣底座”的形状，无法明确本专利的保护范围，因此权利要求1没有清楚、简要地表述请求保护的范围，不满足《实施细则》第二十条第一款的规定。

在判断一项权利要求是否清楚时，首先该项权利要求的类型应当清楚；其次，该项权利要求所确定的保护范围应当清楚。就本专利权利要求1来说，其保护类型是清楚的，其要求保护的是一种钢绳十字卡扣，即产品权利要求；而要判断其所确定的保护范围是否清楚，还应该从该项权利要求的整体来进行判断。权利要求1中，首先限定了所要求保护的钢绳十字卡扣由卡扣底座和卡扣卡子构成，在特征部分首先限定了卡扣底座的形状，即卡扣底座形状是缺角的正方形片状体，有两对长形孔和两对凹凸齿对应排列，长方孔和凹凸齿交叉排列，中间有孔；然后又限定了“卡扣底座的形状像两个大小纵横重叠的十字，中间有孔”。对本领域普通技术人员来说，在阅读了权利要求1的技术方案后，完全可知，权利要求1中的“卡扣底座的形状像两个大小纵横重叠的十字，中间有孔”实际上应该是对卡扣卡子的形状进行的限定。即此处的“卡扣底座”应该指的是“卡扣卡子”。而并不会像请求人认为的会产生无法确知卡扣底座的形状的问题。

综上，权利要求1所确定的保护范围是清楚的。权利要求1中将“卡扣卡子”写成“卡扣底座”，属于明显笔误。本专利权利要求1符合《实施细则》第二十条第一款的规定。从而，从属权利要求2~3也符合《实施细则》第二十条第一款的规定。

实际上，本专利说明书的技术方案部分也有和权利要求1相同的描述，并添加了附图标记，其中卡扣底座1和卡扣底座2分别对应权利要求1中的2个卡扣底座，从说明书的具体实施例、附图说明及附图均可知，附图标记2指的就是卡扣卡子。

2.《实施细则》第二十一条第二款规定，独立权利要求应当从整体上反映发明或实用新型的技术方案，记载解决技术问题的必要技术特征。

根据《审查指南》的规定，必要技术特征是指，发明或者实用新型为解决其技术问题所不可缺少的技术特征，其总和足以构成发明或者实用新型的技术方案，使之区别于背景技术中所述的其他技术方案。

三请求人认为权利要求1中未给出卡扣卡子的形状构造特征，以及卡扣卡子与卡扣底座的结合（包括连接关系），因此独立权利要求1不符合《实施细则》第二十一条第二款的规定。

被告认为，如1中所述，可知权利要求1中已经给出了卡扣卡子的形状结构特征；对于完成本发明的任务来说，权利要求1中已经给出了完整的技术方案来对其所要求保护的钢绳十字卡扣的具体结构进行限定。至于请求人所称的卡扣卡子和卡扣底座的结合只是对这种钢绳十字卡扣的进一步限定，并不是构成本发明的必要技术特征。

3.《专利法》第二十六条第四款规定：权利要求书应当以说明书为依据，说明要求专利保护的范围。

三请求人认为，本专利权利要求1后一节描述了“卡扣底座的形状像两个大小纵横重叠的十字”，但综观说明书和说明书附图，都没有支持该特征的内容，因此权利要求1不能得到说明书的支持，不满足《专利法》第二十六条第四款的规定。因此权利要求2和权利要求3作为权利要求1的从属权利要求也不满足《专利法》第二十六条第四款的规定。

被告认为：正如上述有关本专利是否符合《实施细则》第二十条第一款的论述，本专利权利要求1后一节描述的“卡扣底座的形状像两个大小纵横重叠的十字”，实质上应该是“卡扣卡子的形状像两个大小纵横重叠的十字”，而这一技术特征在说明书中有明确记载，是完全能够得到说明书的支持的。故权利要求1符合《专利法》第二十六条第四款的规定。因此，从属于权利要求1的权利要求2和权利要求3也符合《专利法》第二十六条第四款的规定。

综上，被告作出第7888号决定，原告不服，诉至本院。

本院认为，原告提起的无效理由是本专利不符合《实施细则》第二十条第一款、第二十一条第二款及《专利法》第二十六条第四款的规定。结合上述理由，本案的焦点问题是权利要求1对技术特征的限定是否清楚。

判断一项权利要求是否清楚，应当结合权利要求书、说明书及附图综合判断。本案中，结合本专利权利要求书、说明书及附图，本领域普通技术人员可以判断出本专利权利要求1中的后一节描述的“卡扣底座的形状像两个大小纵横重叠的十字”，实质上是对“卡扣卡子”形状进行的描述。因此，对于本领域普通技术人员来说，本专利权利要求1限定的技术特征应当是清楚的。权利要求1中已经给出了本专利所要保护的具体结构的完整技术方案。同时，说明书也给出了这一技术特征的明确记载，权利要求书能够得到说明书的支持。

综上，本专利权利要求1符合《实施细则》第二十条第一款、第二十一条第二款及《专利法》第二十六条第四款的规定。作为权利要求1的从属权利的权利要求2、3亦符合上述规定，故被告认定本专利权有效并无不当。原告要求撤销第7888号决定的诉讼请求缺乏事实和法律依据，本院不予支持。据此，依照《中华人民共和国行政诉讼法》第五十四条第（一）项之规定，判决如下：

驳回原告成都国力科技有限公司、成都航发液压工程有限公司的诉讼请求。

案件受理费1000元，由原告成都国力科技有限公司、成都航发液压工程有限公司负担（已交纳）。

如不服本判决，可在本判决书送达之日起十五日内，向本院提交上诉状，并按对方当事人人数提出副本，上诉于北京市高级人民法院。上诉人在接到人民法院预交诉讼费用通知后七日内未预交又不提出缓交申请的，按自动撤回上诉处理。

审　判　长　强刚华
代理审判员　梁　菲
代理审判员　贾志刚
二〇〇六年九月七日
书　记　员　许　纯

北京市第一中级人民法院
行政裁定书

(2006) 一中行初字第380号

我院于二〇〇六年九月七日作出的（2006）一中行初字第380号行政判决第11页倒数第八行中的"据此，依照《中华人民共和国行政诉讼法》第五十四条第（一）项之规定"应为"据此，依照《最高人民法院关于执行〈中华人民共和国行政诉讼法〉若干问题的解释》第五十六条第（四）项之规定"。特此更正。

审 判 长 强刚华
代理审判员 梁 菲
代理审判员 贾志刚
二〇〇六年十一月二十日
书 记 员 许 纯

北京市高级人民法院
行政判决书

(2006) 高行终字第524号

上诉人（一审原告）成都国力科技有限公司，住所地四川省成都市三友路179-181号。

法定代表人曾凡清，总经理。

上诉人（一审原告）成都航发液压工程有限公司，住所地四川省成都市金牛区全兴路25号附2号。

法定代表人周旭，总经理。

二上诉人的共同委托代理人徐丰，成都天嘉专利事务所专利代理人。

二上诉人的共同委托代理人张新，成都天嘉专利事务所专利代理人。

被上诉人（一审被告）国家知识产权局专利复审委员会，住所地北京市海淀区北四环西路9号银谷大厦10~12层。

法定代表人廖涛，副主任。

委托代理人王丽颖，女，国家知识产权局专利复审委员会审查员。

委托代理人杜微科，男，国家知识产权局专利复审委员会审查员。

被上诉人（一审第三人）周云武，男，1967年12月30日出生，汉族，成都宝力实业有限责任公司董事长，住四川省成都市成华区下涧槽路48楼6号。

委托代理人王芸，四川君士达律师事务所律师。

上诉人成都国力科技有限公司（下称国力公司）、成都航发液压工程有限公司（下称航发公司）因专利无效宣告请求审查决定，不服北京市第一中级人民法院（2006）一中行初字第380号行政判决，向本院提起上诉。本院受理后，依法组成合议庭，公开开庭审理了本案。上诉人国力公司、航发公司的共同委托代理人徐丰，被上诉人国家知识产权局专利复审委员会（以下简称专利复审委）的委托代理人王丽颖，被上诉人周云武的委托代理人王芸到庭参加诉讼。本案现已审理终结。

北京市第一中级人民法院（2006）一中行初字第380号行政判决认定，国力公司、航发公司提起的无效理由是本专利不符合《中华人民共和国专利法实施细则》（下称《实施细则》）第二十条第一款、第二十一条第二款及《中华人民共和国专利法》（下称《专利法》）第二十六条第四款的规定。结合上述理由，本案的焦点问题是权利要求1对技术特征的限定是否清楚。判断一项权利要求是否清楚，应当结合权利要求书、说明书及附图综合判断。本案中，结合本专利权利要求书、说明书及附图，本领域普通技术人员可以判断出本专利权利要求1中的后一节描述的“卡扣底座的形状像两个大小纵横重叠的十字”，实质上是对“卡扣卡子”形状进行的描述。因此，对于本领域普通技术人员来说，本专利权利要求1限定的技术特征应当是清楚的。权利要求1中已经给出了本专利所要保护的具体结构的完整技术方案。同时，说明书也给出了这一技术特征的明确记载，权利要求书能够得到说明书的支持。综上，本专利权利要求1符合《实施细则》第二十条第一款、第二十一条第二款及《专利法》第二十六条第四款的规定。作为权利要求1的从属权利的权利要求2、3亦符合上述规定，故专利复审委认定本专利权有效并无不当。国力公司、航发公司要求撤销第7888号无效宣告请求审查决定（下称第7888号决定）的诉讼请求缺乏事实和法律依据，本院不予支持。据此，依照《最高人民法院关于执行〈中华人民共和国行政诉讼法〉若干问题的解释》第五十六条第（四）项之规定，判决驳回原告成都国力科技有限公司、成都航发液压工程有限公司的诉讼请求。

上诉人国力公司、航发公司不服上述判决，向本院提起上诉，上诉称：第一，一审判决认定事实不清。上诉人提出的无效宣告请求理由是本专利不符合《实施细则》第二十条第一款、第二十一条第二款及《专利法》第二十六条第四款，均为法定无效理由。一审判决只对第一点理由进行分析，对于后二点理由只有结论没有判断分析，因此对事实认定不清。第二，一审判决缺乏法律依据。一审判决提出判断一项权利要求是否清楚，应当结合权利要求书、说明书及说明书附图综合判断，《专利法》及《实施细则》均无上述规定。第三，一审判决认定事实错误。本专利权利要求1限定的“卡扣底座的形状像两个大小纵横重叠的十字”，“卡扣底座”四个字的含义非常确切，不会将其理解为“卡扣卡子”；从说明书附图可清楚地看出卡扣底座的形状并不是“像两个大小纵横重叠的十字”，这样的描述直接导致该权利要求不清楚。。此外，一审判决认定“卡扣底座的形状像两个大小纵横重叠的十字”实质是对“卡扣卡子”的形状进行描述的依据也没有法律依据。假定这里的“卡扣底座”是“卡扣卡子”，但“卡扣卡子”的形状事实上是“纵横交叉的十字”，重叠与交叉截然不同，这进一步说明本专利权利要求1不清楚，一审判决对事实认定是错误的。上诉人认为，专利权人的专利文件出现的错误不应由专利复审委确定为笔误，更不能以笔误为由替专利权人更正权利要求。即使专利权人进行修改，修改方式不符合《审查指南》的规定也不应准许。专利复审委以笔误为由替专利权人解释权利要求违背了法理和《专利法》的立法宗旨，被诉决定是错误的。综上，请求二审法院撤销一审判决，改判撤销专利复审委作出的第7888号决定。

被上诉人专利复审委答辩认为：第一，本专利符合《实施细则》第二十条第一款、第二十一条第二款及《专利法》第二十六条第四款的规定：第二，在判断一项权利要求是否清楚时，首先该项权利要求的类型应当清楚；其次，该项权利要求所确定的保护范围应当清楚。本专利权利要求1的保护类型是清楚的，本领域普通技术人员在阅读权利要求1的技术方案后完全可知“卡扣底座的形状像两个大小纵横重叠的十字，中间有孔”实际上是对“卡扣卡子”的形状进行的限定，即此处的“卡扣底座”指的是“卡扣卡子”。综上，第7888号决定认定事实清楚，适用法律正确。请求二审法院驳回上诉，维持一审判决。

被上诉人周云武发表答辩意见称，同意第7888号决定和一审判决。本专利权利要求1中后一节“卡扣底座”应为“卡扣卡子”，这一点可从两项从属权利要求及说明书、附图得到印证。请求二审法院驳回上诉，维持一审判决。

经审理查明，本案涉及的实用新型专利权（即本专利）名称为“钢绳十字卡扣”，申请日为1999年12月29日，授权公告日为2000年9月20日，公告号为99251862.8号，专利权人为周云武。本专利授权公告的权利要求包括如下内容：

1. 一种钢绳十字卡扣，由钢片加工成带长形孔的卡扣底座和卡扣卡子构成，其特征在于：卡扣底座形状是缺角的正方形片状体，有两对长形孔和两对凹凸齿对应排列，长方孔和凹凸齿交叉排列，中间有孔；卡扣底座的形状像两个大小纵横重叠的十字，中间有孔。

2. 根据权利要求1所述的钢绳十字卡扣，其特征在于：底座上的凹凸齿与卡子上的小十字叉相对应，底座上的长形孔与卡子上大十字叉相对应，在使用时凹凸齿和小十字叉与钢绳接触。

3. 根据权利要求1所述的钢绳十字卡扣，其特征在于：使用状态的结构是底座和卡子的中间孔心对准钢绳十字交叉中心，卡子的片大十字叉折弯穿过底座长形孔，再折弯卡在底座上。

2005年6月22日，成都润力边坡防护有限责任公司（下称润力公司）、国力公司、航发公司分别向专利复审委申请宣告本专利无效，同时提交了七份对比文件及本专利授权公告文本。上述三方请求人所持无效理由一致，均为对比文件2～7证明本专利权利要求1～3不符合《专利法》第二十二条第三款的规定；本专利权利要求1～3不符合《专利法》第二十六条第四款，权利要求1不符合《实施细则》第二十一条第二款，权利要求1～3不符合《实施细则》第二十条第一款的规定；对比文件1证明权利要求1～3不符合《实施细则》第十三条第一款的规定。

专利复审委经审查受理了上述三方请求人提出的无效宣告请求，于2005年6月22日向周云武转送了无效宣告请求副本。

2005年7月12日，润力公司、航发公司又向专利复审委提交了补充证据对比文件8，并认为本专利权利要求1～3相对于对比文件8均不具备新颖性；将对比文件8与对比文件2、4、5中任意一篇结合，本专利权利要求1～3也不具备创造性。

2005年8月1日，周云武向专利复审委提交了意见陈述书，认为本专利符合《专利法》及《实施细则》的规定，请求维持本专利权有效。

专利复审委决定对上述三个无效宣告请求合并审理，将各方当事人提交的意见陈述及证据分别进行了转送，于2005年12月1日举行口头审理，三方请求人及周云武均参加了口头审理。周云武于口头审理前提交了意见陈述书，其中包含经修改的权利要求书及一份检验报告。专利复审委当庭将上述意见陈述书转文给三方请求人。专利复审委经合议后认为，周云武提交的经修改的权利要求书不符合《审查指南》第四部分第三章第5.4节中关于无效宣告程序中修改专利文件的规定。周云武表示仍以本专利授权公告的文本作为审查基础。三方请求人当庭确认以本专利不符合《实施细则》第二十条第一款、第二十一条第二款、《专利法》第二十六条第四款作为无效理由，同时声明放弃其他无效理由及8份对比文件。周云武声明放弃检验报告。三方请求人明确表示口头审理后，对周云武于口审前提交的意见陈述书不再提交书面意见。

2005年12月16日，专利复审委作出第7888号决定，决定维持本专利有效。主要理由为：

1. 在判断一项权利要求是否清楚时，首先该项权利要求的类型应当清楚；其次，该项权利要求所确定的保护范围应当清楚。就本专利权利要求1来说，其保护类型清楚，是一种钢绳十字卡扣，即产品权利要求；而要判断其所确定的保护范围是否清楚，还应该从该项权利要求的整体来进行判断。

权利要求 1 中，首先限定钢绳十字卡扣由卡扣底座和卡扣卡子构成，在特征部分首先限定了卡扣底座的形状，即“缺角的正方形片状体，有两对长形孔和两对凹凸齿对应排列，长方孔和凹凸齿交叉排列，中间有孔”；然后又限定了“卡扣底座的形状像两个大小纵横重叠的十字，中间有孔”。本领域普通技术人员在阅读了权利要求 1 的技术方案后，完全可知这里的“卡扣底座的形状像两个大小纵横重叠的十字，中间有孔”实际上是对卡扣卡子的形状进行的限定，即此处的“卡扣底座”应该指的是“卡扣卡子”，不会产生三方请求人认为的无法确知卡扣底座形状的问题。

综上，权利要求 1 所确定的保护范围是清楚的。权利要求 1 中将“卡扣卡子”写成“卡扣底座”属于明显笔误。本专利权利要求 1 符合《实施细则》第二十条第一款的规定，从属权利要求 2 ~ 3 也符合《实施细则》第二十条第一款的规定。实际上，本专利说明书的技术方案部分也有和权利要求 1 相同的描述，并添加了附图标记，其中卡扣底座 1 和卡扣底座 2 分别对应权利要求 1 中的 2 个卡扣底座，从说明书的具体实施例、附图说明及附图均可知，附图标记 2 指的就是卡扣卡子。

2. 《实施细则》第二十一条第二款规定：独立权利要求应当从整体上反映发明或实用新型的技术方案，记载解决技术问题的必要技术特征。如前所述，权利要求 1 中已经给出了卡扣卡子的形状结构特征；对于完成本专利的任务来说，权利要求 1 中已经给出了完整的技术方案来对其所要求保护的钢绳十字卡扣的具体结构进行限定。至于请求人所称的卡扣卡子和卡扣底座的结合只是对这种钢绳十字卡扣的进一步限定，并不是构成本专利的必要技术特征。

3. 本专利权利要求 1 后一节描述的“卡扣底座的形状像两个大小纵横重叠的十字”，实质上应该是“卡扣卡子的形状像两个大小纵横重叠的十字”，这一技术特征在说明书中有明确记载，完全能够得到说明书的支持。故权利要求 1 ~ 3 符合《专利法》第二十六条第四款的规定。

国力公司、航发公司不服第 7888 号决定，向一审法院提起诉讼。一审法院受理后，依法通知润力公司作为第三人参加诉讼。润力公司向一审法院明确表示同意第 7888 号决定，放弃本案诉讼的权利。

一审期间，专利复审委在法定期限内向一审法院提交了本专利授权公告文本。国力公司、航发公司及周云武均未提交证据。专利复审委提交的证据已随案移送本院。二审期间，三方当事人均未提交新的证据。国力公司、航发公司及周云武对专利复审委提交的证据无异议。本院予以确认。本院依据经确认的证据及当事人陈述确认本案事实。

本院认为，判断一项发明或实用新型专利权的保护范围应当以权利要求书的内容为准，说明书及附图可用以解释权利要求。根据本专利授权公告文本的记载，权利要求 1 部分有两处限定卡扣底座形状的内容，且表述不一致。上诉人国力公司、航发公司针对本专利提出的无效宣告请求理由能否成立，关键在于如何认识权利要求 1 中后一节关于“卡扣底座的形状像两个大小纵横重叠的十字，中间有孔”的表述。专利复审委认定这里的“卡扣底座”实际上应为“卡扣卡子”为明显的笔误，其在被诉决定中所作的分析符合本领域普通技术人员的逻辑推理过程，结论也能得到说明书及其附图的印证，且不存在扩大或缩小保护范围的情形，是成立的。在此基础上，专利复审委认定权利要求 1 对本专利的必要技术特征作出了清楚的限定，给出了本专利所要保护的具体结构的完整技术方案，权利要求书的内容能够得到说明书的支持，进而认定本专利权利要求 1 及从属权利要求 2、3 符合《实施细则》第二十条第一款、第二十一条第二款及《专利法》第二十六条第四款的规定，其作出的宣告本专利有效的决定并无不当。一审判决认定事实清楚，论述完整，审判程序合法，本院应予支持。上诉人国力公司、航发公司所持诉讼理由缺乏事实和法律依据，本院不予采纳。据此，依照《中华人民共和国行政诉讼法》第六十一条第（一）项的规定，判决如下：

驳回上诉，维持一审判决。

二审案件受理费1000元，由上诉人成都国力科技有限公司、成都航发液压工程有限公司共同负担（已交纳）。

本判决为终审判决。

审　判　长　王　燕
审　判　员　朱世宽
代理审判员　任全胜
二〇〇六年十一月一日
书　记　员　张　怡

点电焊机焊头夹案

无效宣告请求审查决定（第7895号）

决 定 号 第7895号
决 定 日 2005年12月20日
发明创造名称 点电焊机焊头夹
国际分类号 B23K 20/18 B23K 20/26
无效请求人 滕章奇
专利权人 杨仕桐
专 利 号 01114831.4
申 请 日 2001年6月20日
授权公告日 2004年7月21日
合议组组长 陈海平
主 审 员 魏 屹
参 审 员 宋鸣镝

法律依据 专利法第二十二条第二款、第三款
决定要点

请求人提供的证据不能证明使用本专利技术的产品在本专利申请日之前在国内公开使用，故合议组对于请求人提出的本专利不具备新颖性的主张不予支持。

当事人对其主张负有举证责任，由于请求人没有提供证据来说明其提出的本专利不具备创造性的主张，故合议组对请求人提出的本专利不具备创造性的主张不予支持。

一、案由

本无效宣告请求案涉及的是专利号为01114831.4、名称为“点电焊机焊头夹”的发明专利，该专利的申请日为2001年6月20日，授权公告日为2004年7月21日，专利权人为杨仕桐。

该专利授权公告时的权利要求如下：

“1. 一种点电焊机焊头夹，包括左右两夹块（1a、1b）、绝缘的连接套（2）、连接螺丝（5a、5b）和焊头松紧螺丝（3）；连接套装于焊头夹后部的圆孔（15）中，连接螺丝从侧面穿过夹块，顶住连接套；两夹块前端内侧各有一互相对称的夹槽（11a、11b）；焊头松紧螺丝（3）于焊头夹前部从侧面穿过一夹块，再拧于另一夹块相对应的螺孔上；其特征是：在焊头夹中部设有稳定左右夹块相对位置的绝缘定位销（4），一夹块（1b）后部内侧有一凸起（12），另一夹块（1a）有一与该凸起相配合的凹槽（13），焊头夹上用于安装连接套（2）的圆孔（15）就位于该凸起处；有一连接螺丝（5b）从外侧面穿过带凸起的夹块（1b），顶住连接套（2），另一连接螺丝（5a）从外侧面穿过另一夹块（1a）拧于凸起（12）上，该连接螺丝（5a）上套有绝缘套（51）。

2. 按照权利要求1所述的焊头夹，其特征是：所说的凸起（12）和与其相配合的凹槽（13）为半圆弧形或其他弧形。

3. 按照权利要求1所述的焊头夹，其特征是：在焊头夹两夹块上设有两个小功率照明灯（8a、8b）。

4. 按照权利要求3所述的焊头夹，其特征是：所说的两个小功率照明灯的主轴线相交于焊头下方的被焊接物（10）上。

5. 按照权利要求3或4所述的焊头夹，其特征是：所说的两个小功率照明灯分别位于焊头夹前端焊头（9）的两侧边。

6. 按照权利要求3或4所述的焊头夹，其特征是：所说的两个小功率照明灯为发光二极管。”

针对上述专利权（下称本专利），滕章奇（下称请求人）于2005年1月4日向专利复审委员会提出了无效宣告请求，请求专利复审委员会宣告本专利全部无效，其理由是本专利不符合专利法第二十二条第二款、第三款的规定。请求人同时提交了下列证据：

证据1：《中国电子报》2001年1月2日发行第17版复印件1页；

证据2：《SW电子点焊机使用说明书》第1~4页以及第23页的复印件；

证据3：广州微点焊设备有限公司宣传材料复印件1页；

证据4：李言亮先生的《说明》的复印件；

证据5：许宏兴先生身份证明的复印件；

证据6：合同书；

证据7：许宏兴先生的证词。

请求人在提出无效宣告请求时的主要观点如下：通过以上证据证明，本专利在其申请日之前，其技术产品已因为销售、宣传及公开使用而为公众所知，成为社会公有技术，所以不具备新颖性，并且认为本专利不具备创造性。

经审查，上述无效宣告请求符合专利法及其实施细则规定的形式要求，专利复审委员会于2005年3月18日予以受理并将专利权无效宣告请求书及所附证据材料的副本转送给专利权人，并成立合议组对此案进行审查。

专利权人（下称被请求人）针对上述无效宣告请求于2005年5月5日提交了意见陈述书。被请求人在意见陈述书中认为，请求人所提交的证据并不能证明本专利的技术方案在申请日之前就已公开，证据1未公开本专利的具体内容，从该文内容上也不能证明使用本专利的产品在该文发表时已公开使用；证据2上记载的产品标准号：Q/（GZ）WDH1－2002表明证据2是在本专利申请日后印刷的，请求人所提交的证据3并没有公开本专利的内容，也无法断定证据3是何时出版发行的，证据4和证据5的来源和真实性无法确认，并且请求人提出的本专利不具备创造性的理由也不能成立。被请求人认为本专利的技术特征并未在申请日之前以任何形式为公众所知，请求人的无效理由不能成立，恳请驳回无效请求，维持专利权有效。

合议组于2005年10月19日向双方当事人发出口头审理通知书，定于2005年12月9日在专利复审委员会进行口头审理，并在发出口头审理通知书的同时将被请求人于2005年5月5日提交的意见陈述书转送给请求人。

请求人针对被请求人的答辩意见于2005年11月17日提交了意见陈述书，请求人认为被请求人未对自己提出的证据1~3的真实性提出异议；并且在证据1中已经披露出的事实是“在2001年1月2日前，SW电子点焊机已在国内外公开销售和使用；在证据2中认定了在SW电子点焊机中使用了本专利技术，以上证据足以表明本专利产品在其申请日之前已经通过销售、使用而公开，故不具备新颖性和创造性”。

口头审理如期进行，仅请求人一方参加了口头审理，在口头审理过程中，请求人当庭放弃证据4~7。请求人当庭出示了证据2、3的原件，经合议组核实，原件与复印件内容相符。请求人称证据1的原件在请求人针对专利号为01242321.1的实用新型专利提出的无效宣告请求时提交，证据1的原件应在专利号为01242321.1的实用新型专利的案卷中，合议组调取专利号为01242321.1的实用新型专利的案卷。经核实，证据1与该案卷中的原件内容相符。请求人在口审过程中对其观点进行了充分的意见陈述。

至此，合议组经过合议，认为涉及本案的有关事实已经清楚，可以作出本审查决定。

二、决定的理由

1. 关于证据的认定

请求人在口头审理时提交了证据1 、2、3的原件，被请求人未对证据1、2、3的真实性提出异议。经合议组核实，可以确认这些证据的真实性，故合议组对这些证据予以采信。

2. 关于新颖性

根据专利法第二十二条第二款的规定，新颖性是指在申请日以前没有同样的发明或者实用新型在国内外出版物上公开发表过、在国内公开使用过或者以其他方式为公众所知，也没有同样的发明或者实用新型由他人向国务院专利行政部门提出过申请并且记载在申请日以后公布的专利申请文件中。

请求人认为：证据1~3可以证明使用本专利技术的SW电子电焊机在本专利申请日之前在国内公开使用，故本专利不具备新颖性。

合议组认为，通过证据1可以认定的事实是：在该证据的发行日（即2001年1月2日）之前，也就是在本专利的申请日之前，被请求人杨仕桐已经发明了SW电子点焊机，并由广州微点焊设备有限公司开始生产销售，该电子点焊机销售给了美国的Mini - Circuits公司、国防科委891厂等单位，这些事实也可以和证据3相互印证，即SW电子点焊机已经在本专利的申请日前通过销售而公开。但通过证据1、3无法认定在本专利申请日之前销售的SW电子点焊机的具体结构，无法得出本专利所要求保护的专利产品在申请日之前已经通过销售而公开的事实。而在证据2的第23页可以看到SW电子电焊机使用了本专利技术（即ZL01114831.4号专利），但是证据2中标有产品的标准号“Q/（GZ）WDH1 - 2002”，而通过该产品的标准号“Q/（GZ）WDH1 - 2002”可以认定该产品的标准是在2002年制订的，而证据2中记载了该产品的标准号说明该证据的公开发行时间是在2002年以后，即在本专利的申请日之后。故该证据所能证明的是，在本专利的申请日之后销售的SW电子点焊机使用了本专利技术。SW电子点焊机是一产品名称，而不是一产品的型号，所以在请求人没有提交证据表明SW电子点焊机的结构一直没有变化的情况下，不能认定在本专利的申请日之前销售的SW电子点焊机的结构与在本专利的申请日之后销售的SW电子点焊机的结构相同，即不能认定在本专利的申请日之前销售的SW电子点焊机使用了本专利技术。

综上，请求人所提交的证据不能证明应用本专利技术的SW电子点焊机已经在本专利的申请日之前通过销售而公开，故合议组对请求人提出的本专利不具备新颖性的主张不予支持。

3. 关于创造性

根据专利法第二十二条第三款的规定，创造性是指同申请日以前已有的技术相比，该发明有突出的实质性特点和显著的进步，该实用新型有实质性特点和进步。

当事人对其主张负有举证责任，由于请求人没有提供证据来说明其提出的本专利不具备创造性的主张，故合议组对请求人提出的本专利不具备创造性的主张不予支持。

三、决定

维持01114831.4号发明专利权有效。

当事人对本决定不服的，可以根据专利法第四十六条第二款的规定，自收到本决定之日起三个月内向北京第一中级人民法院起诉。根据该款的规定，一方当事人起诉后，另一方当事人应当作为第三人参加起诉。

点电焊焊头案

无效宣告请求审查决定（第7919号）

决　定　号　第7919号
决　定　日　2005年12月21日
发明创造名称　点电焊焊头
国际分类号　B23K 11/30　B23K 11/11　B23K 35/04
无效请求人　滕章奇
专利权人　杨仕桐
专　利　号　01114808. X
申　请　日　2001年6月12日
授权公告日　2004年2月25日
合议组组长　陈海平
主　审　员　魏屹
参　审　员　宋鸣镝

法律依据　专利法第二十二条第二款、第三款、第四款
决定要点

证据9所公开的技术方案与本专利权利要求1所限定的技术方案相比，区别在于，在本专利权利要求1所限定的技术方案中，绝缘层为绝缘粘胶，而证据9所公开的技术方案则未对绝缘物进行限定。绝缘粘胶指的是一种具有绝缘性能的粘接剂，而使用这样的材料作为绝缘层对于本领域技术人员是公知常识，在证据9所公开的技术方案的基础上结合上述本领域公知常识得到本专利权利要求1所限定的技术方案对于本领域技术人员是显而易见的，并且无须付出创造性劳动，这种结合也没有带来意想不到的技术效果，因此本专利权利要求1所限定的技术方案不具有突出的实质性特点和显著的进步，不具备专利法第二十二条第三款规定的创造性。

一、案由

本无效宣告请求案涉及的是专利号为01114808. X、名称为“点电焊焊头”的发明专利，该专利的申请日为2001年6月12日，授权公告日为2004年2月25日，专利权人为杨仕桐。

该专利授权公告时的权利要求如下：

“1. 一种点电焊焊头，由耐高温金属材料制成的、合在一起的两个平行电极及其中间的绝缘层组成，其特征是所说的两个平行电极之间的绝缘层为同时起粘合固连和绝缘分隔作用的绝缘粘胶。

2. 一种如权利要求1所述的点电焊焊头，其特征是两个平行电极的尖端部分相互欧姆接触，其余部分由绝缘层绝缘分隔开。

3. 一种如权利要求2所述的点电焊焊头，其特征是两个平行电极的尖端部分相互欧姆接触的接触电阻≤200mΩ。

4. 一种如权利要求1、2或3所述的点电焊焊头，其特征是焊头尖端端面的形状为平面型，或弧面型，或一侧平面型、另一侧弧面型，或斜面型，或V字型，或凹弧型，或楔型。

5. 一种如权利要求1、2或3所述的点电焊焊头，其特征是两个平行电极之间的绝缘层的绝缘分隔间隙为0.02～0.15mm。”

针对上述专利权（下称本专利），滕章奇（下称请求人）于2005年1月4日向专利复审委员会提出了无效宣告请求，请求专利复审委员会宣告本专利全部无效，其理由是本专利不符合专利法第二十二条第二款、第三款、第四款的规定，请求人同时提交了下列证据：

证据1：《中国电子报》2001年1月2日发行第17版复印件1页；

证据2：《SW电子点焊机使用说明书》第1～4以及第23页的复印件；

证据3：广州微点焊设备有限公司宣传材料复印件1页；

证据4：李言亮先生的《说明》的复印件；

证据5：许宏兴先生身份证明的复印件；

证据6：合同书；

证据7：许宏兴先生的证词；

证据8：民事起诉书副本的复印件。

请求人在提出无效宣告请求时的主要观点如下：（1）权利要求2所限定的技术方案不具备实用性；（2）通过以上证据证明，本专利在其申请日之前，其技术产品已因为销售、宣传及公开使用而为公众所知，成为社会公有技术，所以不具备新颖性，并且认为本专利不具备创造性。

请求人于2005年1月17日提交了意见陈述书，并补充提交了一份证据：

证据9：授权公告号为CN2180393Y的中国实用新型专利说明书，其授权公告日为1994年10月26日。

请求人认为：证据9能够破坏本专利的创造性。

经审查，上述无效宣告请求符合专利法及其实施细则规定的形式要求，专利复审委员会于2005年3月8日予以受理并将专利权无效宣告请求书及所附证据材料的副本以及请求人于2005年1月17日提交的意见陈述书及所附证据材料的副本转送给专利权人，并成立合议组对此案进行审查。

专利权人（下称被请求人）针对上述无效宣告请求于2005年4月21日提交了意见陈述书。被请求人在意见陈述书中认为，请求人所提交的证据并不能证明本专利的技术方案在申请日之前就已公开，证据1未公开本专利的具体内容，从该文内容上也不能证明使用本专利的产品在该文发表时已公开使用；证据2上记载的产品标准号：Q/（GZ）WDH1－2002表明证据2是在本专利申请日后印刷的，请求人所提交的证据3并没有公开本专利的内容，也无法断定证据3是何时出版发行的，证据4和证据5的来源和真实性无法确认，并且请求人提出的本专利不具备实用性和创造性的理由也不能成立。被请求人认为本专利的技术特征并未在申请日之前以任何形式为公众所知，请求人的无效理由不能成立，恳请驳回无效请求，维持专利权有效。

合议组于2005年10月19日向双方当事人发出口头审理通知书，定于2005年12月8日在专利复审委员会进行口头审理，并在发出口头审理通知书的同时将被请求人于2005年4月21日提交的意见陈述书转送给请求人。

请求人针对被请求人的答辩意见于2005年11月17日提交了意见陈述书，请求人认为被请求人未对自己提出的3份证据的真实性提出异议；并且在证据1中已经披露出的事实是“在2001年1月2日前，SW电子点焊机已在国内外公开销售和使用”；在证据2中认定了在SW电子点焊机中使用了本专利技术，以上证据足以表明本专利产品在其申请日之前已经通过销售、使用而公开，故不具备新颖性，并且认为绝缘粘胶是公知的物质，本专利不具备创造性。

口头审理如期进行，仅请求人一方参加了口头审理，在口头审理过程中，请求人当庭放弃证据4~7。请求人当庭出示了证据2、3的原件，经合议组核实，原件与复印件内容相符，请求人称证据1的原件在请求人针对专利号为01242321.1的实用新型专利提出的无效宣告请求时提交，证据1的原件应在专利号为01242321.1的实用新型专利的案卷中，合议组调取专利号为01242321.1的实用新型专利的案卷，经核实，证据1与该案卷中的原件内容相符。请求人在口头审理过程中对其观点进行了充分的意见陈述。

至此，合议组经过合议，认为涉及本案的有关事实已经清楚，可以作出本审查决定。

二、决定的理由

1. 关于证据的认定

证据9是一份中国专利文献，合议组经核实，对其真实性予以认可。

2. 关于创造性

根据专利法第二十二条第三款的规定，创造性是指同申请日以前已有的技术相比，该发明有突出的实质性特点和显著的进步，该实用新型有实质性特点和进步。

证据9是在本专利申请日之前公开的出版物，可以用于评价本专利的创造性。

证据9公开了一种预应力点电焊焊极，它由两个金属构成，两个金属的一端成尖端部分，两个金属之间有绝缘物并牢固结合，但尖端部分之间则无绝缘物并以应力接触，两个金属为耐高温金属。

证据9所公开的技术方案与本专利权利要求1所限定的技术方案相比，证据9中的“两个金属”对应于本专利权利要求1中的“两个平行电极”，证据9中的“两个金属之间牢固结合的绝缘物”对应于本专利权利要求1中的“两个平行电极之间的绝缘层”。上述两个技术方案之间的区别在于，在本专利权利要求1所限定的技术方案中，绝缘层为绝缘粘胶，而证据9所公开的技术方案则未对绝缘物进行限定，绝缘粘胶指的是一种具有绝缘性能的粘接剂，而使用这样的材料作为绝缘层对于本领域技术人员是公知常识。在证据9所公开的技术方案的基础上结合上述本领域公知常识得到本专利权利要求1所限定的技术方案对于本领域技术人员是显而易见的，无须付出创造性的劳动，这种结合也没有带来意想不到的技术效果。因此，本专利权利要求1所限定的技术方案不具备突出的实质性特点和显著的进步，不具备专利法第二十二条第三款规定的创造性。

本专利的权利要求2是引用独立权利要求1的从属权利要求，其限定部分的技术特征为“两个平行电极的尖端部分相互欧姆接触，其余部分由绝缘层绝缘分隔开”。本专利权利要求2的限定部分技术特征已在证据9中公开，因此在本专利权利要求2引用的权利要求1所限定的技术方案没有创造性的情况下，本专利权利要求2所限定的技术方案也不具有突出的实质性特点和显著的进步，不具备专利法第二十二条第三款规定的创造性。

本专利的权利要求3是引用权利要求2的从属权利要求，其限定部分的技术特征为“两个平行电极的尖端部分相互欧姆接触的接触电阻≤200mΩ”。该权利要求对于两个平行电极的尖端部分相互欧姆接触的接触电阻的数值范围进行了限定，本领域技术人员通过常规手段可以确定接触电阻的数值范围，无须付出创造性的劳动，并且由本专利说明书也无法看出上述接触电阻的数值范围能够带来任何意想不到的效果。因此，在本专利权利要求3引用的权利要求2所限定的技术方案没有创造性的情况下，本专利权利要求3所限定的技术方案也不具有突出的实质性特点和显著的进步，不具备专利法第二十二条第三款规定的创造性。

本专利的权利要求4是引用权利要求1、2或权利要求3的从属权利要求，其限定部分的技术特征为“焊头尖端端面的形状为平面型，或弧面型，或一侧平面型、另一侧弧面型，或斜面型，或V

字型，或凹弧型，或楔型”。本专利权利要求4对于焊头尖端端面的形状进行了限定，本专利权利要求4所限定的焊头尖端端面的形状是本领域技术人员可以根据具体的设计方案和实施情况而具体确定的，属常规设计之列，无须付出创造性的劳动，并且由本专利说明书也无法看出本专利权利要求4限定的焊头尖端端面的形状能够带来意想不到的效果。因此，在本专利权利要求4引用的权利要求所限定的技术方案没有创造性的情况下，本专利权利要求4所限定的技术方案也不具有突出的实质性特点和显著的进步，不具备专利法第二十二条第三款规定的创造性。

本专利的权利要求5是引用权利要求1、2或权利要求3的从属权利要求，其限定部分的技术特征为“两个平行电极之间的绝缘层的绝缘分隔间隙为0.02～0.15mm”。该权利要求对于两个平行电极之间的绝缘层的绝缘分隔间隙进行了限定，本领域技术人员通过常规手段可以确定两个平行电极之间的绝缘层的绝缘分隔间隙，无须付出创造性的劳动，并且由本专利说明书也无法看出上述间隙的数值范围能够带来任何意想不到的效果。因此，在本专利权利要求5引用的权利要求所限定的技术方案没有创造性的情况下，本专利权利要求5所限定的技术方案也不具有突出的实质性特点和显著的进步，不具备专利法第二十二条第三款规定的创造性。

鉴于本专利权利要求1～5所限定的技术方案相对于证据9所公开的技术方案不具备专利法第二十二条第三款规定的创造性，因此合议组对于请求人提出的其他理由不再进行评述。

三、决定

宣告ZL01114808.X号发明专利权全部无效。

当事人对本决定不服的，可以根据专利法第四十六条第二款的规定，自收到本决定之日起三个月内向北京第一中级人民法院起诉。根据该款的规定，一方当事人起诉后，另一方当事人应当作为第三人参加起诉。

北京市第一中级人民法院
行政判决书

（2006）一中行初字第475号

原告杨仕桐，男，56岁，汉族，广州微点焊设备有限公司董事长，住所地广州市荔湾区芳村东沙荷景南路43号。

委托代理人刘延喜，广东三环汇华律师事务所律师。

委托代理人陈艳，广东三环汇华律师事务所律师助理。

被告国家知识产权局专利复审委员会，住所地北京市海淀区北四环西路9号银谷大厦10～12层。

法定代表人廖涛，副主任。

委托代理人魏屹，男，国家知识产权局专利复审委员会审查员。

委托代理人王丽颖，女，国家知识产权局专利复审委员会审查员。

第三人滕章奇，男，33岁，汉族，一定音知识产权公司职员，住湖南省永州市芝山区南津南路15号附46号。

委托代理人梁国华，永州市零陵专利事务所专利代理人。

原告杨仕桐因专利行政裁决一案，不服被告国家知识产权局专利复审委员会作出的第7919号无效宣告请求审查决定（下称无效决定）向本院提起行政诉讼。本院受理后依法组成合议庭，根据

《中华人民共和国行政诉讼法》第二十七条、《中华人民共和国专利法》（下称《专利法》）第四十六条第二款的规定，通知滕章奇作为第三人参加诉讼。本院依法组成合议庭，于2006年6月13日公开开庭审理了本案。原告杨仕桐及其委托代理人刘延喜、被告的委托代理人魏屹和王丽颖、第三人的委托代理人梁国华到庭参加了诉讼。本案现已审理终结。

被告针对第三人提出的无效请求于2005年12月21日作出了无效决定，其主要内容如下：

本无效宣告请求案涉及的是专利号为01114808.X、名称为“点电焊焊头”的发明专利（下称本专利），该专利的申请日为2001年6月12日，授权公告日为2004年2月25日，专利权人为原告。本专利授权公告时的权利要求如下：

“1. 一种点电焊焊头，由耐高温金属材料制成的、合在一起的两个平行电极及其中间的绝缘层组成，其特征是所说的两个平行电极之间的绝缘层为同时起粘合固连和绝缘分隔作用的绝缘粘胶。

2. 一种如权利要求1所述的点电焊焊头，其特征是两个平行电极的尖端部分相互欧姆接触，其余部分由绝缘层绝缘分隔开。

3. 一种如权利要求2所述的点电焊焊头，其特征是两个平行电极的尖端部分相互欧姆接触的接触电阻≤200mΩ。

4. 一种如权利要求1、2或3所述的点电焊焊头，其特征是焊头尖端端面的形状为平面型，或弧面型，或一侧平面型、另一侧弧面型，或斜面型，或V字型，或凹弧型，或楔型。

5. 一种如权利要求1、2或3所述的点电焊焊头，其特征是两个平行电极之间的绝缘层的绝缘分隔间隙为0.02～0.15mm。”

针对本专利，第三人于2005年1月4日向被告提出了无效宣告请求，请求宣告本专利全部无效，其理由是本专利不符合《专利法》第二十二条第二款、第三款、第四款的规定，同时提交了下列证据：

证据1:《中国电子报》2001年1月2日发行第17版复印件1页；

证据2:《SW电子点焊机使用说明书》第1～4以及第23页的复印件；

证据3：广州微点焊设备有限公司宣传材料复印件1页；

证据4：李言亮先生的《说明》的复印件；

证据5：许宏兴先生身份证明的复印件；

证据6：合同书；

证据7：许宏兴先生的证词；

证据8：民事起诉书副本的复印件。

第三人向被告提交了意见陈述书，并补充提交了一份证据：

证据9：授权公告号为CN2180393Y的中国实用新型专利说明书，其授权公告日为1994年10月26日（下称对比文件）。

第三人认为：对比文件能够破坏本专利的创造性。

被告经审查受理了该无效宣告请求，并将请求书、意见陈述书及所附证据材料的副本转送给原告。被告成立合议组对此案进行审查。

原告向被告提交了意见陈述书，原告认为本专利的技术特征并未在申请日之前以任何形式为公众所知，第三人的无效理由不能成立，恳请驳回无效请求，维持专利权有效。

被告向原告和第三人发出口头审理通知书。2005年12月8日进行了口头审理，第三人一方参加了口头审理，原告未参加口头审理。第三人在口审过程中对其观点进行了充分的意见陈述。

被告认为：

1. 关于证据的认定

对比文件是一份中国专利文献，被告经核实，对其真实性予以认可。

2. 关于创造性

对比文件是在本专利申请日之前公开的出版物，可以用于评价本专利的创造性。

对比文件公开了一种预应力点电焊焊极，它由两个金属构成，两个金属的一端成尖端部分，两个金属之间有绝缘物并牢固结合，但尖端部分之间则无绝缘物并以应力接触，两个金属为耐高温金属。

对比文件所公开的技术方案与本专利权利要求1所限定的技术方案相比，对比文件中的“两个金属”对应于本专利权利要求1中的“两个平行电极”，对比文件中的“两个金属之间牢固结合的绝缘物”对应于本专利权利要求1中的“两个平行电极之间的绝缘层”。上述两个技术方案之间的区别在于，在本专利权利要求1所限定的技术方案中，绝缘层为绝缘粘胶，而对比文件所公开的技术方案则未对绝缘物进行限定，绝缘粘胶指的是一种具有绝缘性能的粘接剂，而使用这样的材料作为绝缘层对于本领域技术人员是公知常识。在对比文件所公开的技术方案的基础上结合上述本领域公知常识得到本专利权利要求1所限定的技术方案对于本领域技术人员是显而易见的，无须付出创造性的劳动，这种结合也没有带来意想不到的技术效果。因此，本专利权利要求1所限定的技术方案不具有突出的实质性特点和显著的进步，不具备《专利法》第二十二条第三款规定的创造性。

本专利的权利要求2是引用独立权利要求1的从属权利要求，其限定部分的技术特征为“两个平行电极的尖端部分相互欧姆接触，其余部分由绝缘层绝缘分隔开”。本专利权利要求2的限定部分技术特征已在对比文件中公开，因此在本专利权利要求2引用的权利要求1所限定的技术方案没有创造性的情况下，本专利权利要求2所限定的技术方案也不具有突出的实质性特点和显著的进步，不具备《专利法》第二十二条第三款规定的创造性。

本专利的权利要求3是引用权利要求2的从属权利要求，其限定部分的技术特征为“两个平行电极的尖端部分相互欧姆接触的接触电阻≤200mΩ”。该权利要求对于两个平行电极的尖端部分相互欧姆接触的接触电阻的数值范围进行了限定，本领域技术人员通过常规手段可以确定接触电阻的数值范围，无须付出创造性的劳动，并且由本专利说明书也无法看出上述接触电阻的数值范围能够带来任何意想不到的效果。因此，在本专利权利要求3引用的权利要求2所限定的技术方案没有创造性的情况下，本专利权利要求3所限定的技术方案也不具有突出的实质性特点和显著的进步，不具备《专利法》第二十二条第三款规定的创造性。

本专利的权利要求4是引用权利要求1、2或权利要求3的从属权利要求，其限定部分的技术特征为“焊头尖端端面的形状为平面型，或弧面型，或一侧平面型、另一侧弧面型，或斜面型，或V字型，或凹弧型，或楔型”。本专利权利要求4对于焊头尖端端面的形状进行了限定，本专利权利要求4所限定的焊头尖端端面的形状是本领域技术人员可以根据具体的设计方案和实施情况而具体确定的，属常规设计之列，无须付出创造性的劳动。并且，由本专利说明书也无法看出本专利权利要求4限定的焊头尖端端面的形状能够带来意想不到的效果。因此在本专利权利要求4引用的权利要求所限定的技术方案没有创造性的情况下，本专利权利要求4所限定的技术方案也不具有突出的实质性特点和显著的进步，不具备《专利法》第二十二条第三款规定的创造性。

本专利的权利要求5是引用权利要求1、2或权利要求3的从属权利要求，其限定部分的技术特征为“两个平行电极之间的绝缘层的绝缘分隔间隙为0.02～0.15mm”。该权利要求对于两个平行电极之间的绝缘层的绝缘分隔间隙进行了限定，本领域技术人员通过常规手段可以确定两个平行电极之间的绝缘层的绝缘分隔间隙，无须付出创造性的劳动，并且由本专利说明书也无法看出上述间隙的数值范围能够带来任何意想不到的效果。因此，在本专利权利要求5引用的权利要求所限定的技术方案没有创造性的情况下，本专利权利要求5所限定的技术方案也不具有突出的实质性特点和显著的进步，不具备《专利法》第二十二条第三款规定的创造性。

鉴于本专利权利要求1～5所限定的技术方案相对于对比文件所公开的技术方案不具备《专利法》第二十二条第三款规定的创造性，因此被告对于第三人提出的其他理由不再进行评述。

被告依照《专利法》第二十二条第二款、第三款、第四款的规定，决定宣告本专利全部无效。

原告诉称：1. 本专利权利要求1中的绝缘粘胶与现有技术中的云母片相比，具有耐高温、耐高电压、降低成本等实质性特点和显著进步；2. 无效决定与被告作出的第7350号和第7351号无效宣告请求审查决定的结论相矛盾；3. 对比文件中的“二个平行电极中间有绝缘物并牢固结合”，没有实质性结构，没有对绝缘物进行具体描述，本专利使用绝缘粘胶对于本领域技术人员并非公知常识，本专利对于对比文件亦非显而易见。原告请求法院判决撤销无效决定、维持本专利有效。

原告向本院提交了下列证据证明被告的审查标准错误：1. 第7919号无效决定书（即被诉具体行政行为），证明无效决定的内容；2. 第7350号无效宣告请求审查决定书；3. 第7351号无效宣告请求审查决定书，证据2、3证明无效决定与被告作出的第7350号和第7351号无效宣告请求审查决定的结论相矛盾；4. 原告获得中国机械工程学会焊接学会聘书及中国机械工程学会焊接学会文件，证明原告对该技术领域较为熟悉；5. 口头审理通知书回执，证明原告向被告陈述了口头审理的意见。

被告辩称：关于本专利的创造性问题，坚持无效决定的理由；其他案件的无效宣告请求审查决定与本案无关；使用绝缘粘胶这样的材料作为绝缘层对于本领域技术人员是公知常识，被告依职权引入技术手册等公知常识，符合《审查指南》的规定；无效决定认定的事实清楚、适用法律正确、程序合法、审查结论正确。被告坚持无效决定的理由，请求维持无效决定。

被告向本院提交了下列证据：1. 本专利说明书；2. 授权公告号为CN2180393Y的中国实用新型专利说明书（即对比文件）；3. 江苏科学技术出版社于1989年6月出版的《工程师通用手册》。证据1、2用以证明无效决定合法性，证据3证明使用绝缘粘胶作为绝缘层对于本领域技术人员是公知常识。

第三人同意被告意见，请求维持无效决定。

第三人向本院提交了江苏科学技术出版社出版的《工程师通用手册》，证明使用绝缘粘胶作为绝缘层对于本领域技术人员是公知常识。

针对原告提交的证据，被告对证据1没有异议，证据2～4与本案无关，对证据5的关联性、合法性、真实性没有异议，证据5仅能够证明原告告知被告其不参加口头审理的事实，第三人同意被告的质证意见。针对被告提交的证据，第三人没有异议，原告对被告提交证据的关联性、合法性、真实性没有异议，对其证明作用持有异议，且认为证据3不属于公知常识。针对第三人提交的证据，被告没有异议，原告认为该证据在行政程序中未予提交，超出举证期限，不具有证据效力。

经庭审质证，本院对当事人提交的证据认证如下：被告和第三人提交的证据均能够证明本专利、对比文件、公知常识及被作出无效决定的相关情况，本院对上述证据的关联性、合法性、真实性均予以确认；原告提交的证据1及证据5可以证明无效决定的情况及原告接到被告的口头审理通知后回函表示不参加口头审理，本院对证据1予以确认，对证据5的关联性、合法性、真实性予以确认，对证据5的证明作用不予支持，原告提交的证据2～4，因在行政程序中未向被告提交，且与本案无关，本院不予确认。

依据上述有效证据，本院认定事实如下：原告于2001年6月12日向国家知识产权局专利局申请了名称为“点电焊焊头”的发明专利（即本专利），授权公告日为2004年2月25日，专利号为01114808. X。第三人于2005年1月4日针对本专利向被告提出了无效宣告请求，并提交了相关证据，被告受理该请求后，经转文并向原告和第三人发出口头审理通知，原告收到通知后回函表示不参加口头审理。2005 年 12 月 8 日进行了口头审理，第三人一方参加了口头审理，原告未参加口头审理。被告于 2005 年 12 月 21 日作出无效决定，宣告本专利全部无效。原告不服无效决定，向本院提起行政诉讼。

本院认为，根据《专利法》第四十六条第一款的规定，被告具有受理无效请求和作出无效决定的法定职权。经各方当事人确认，本案的争议焦点是：1. 被告依职权引入《工程师通用手册》作为公知常识是否正确；2. 本专利权利要求 1 中的绝缘粘胶相对于对比文件中的绝缘物是否具备创造性，用绝缘粘胶取代绝缘物对于本领域技术人员是否属于公知常识。

一、根据《审查指南》第四部分第三章关于依职权调查的原则，被告在必要时可以引入技术词典、技术手册、教科书等所属技术领域中的公知常识性证据。

《工程师通用手册》的出版日早于本专利申请日，该手册公开的内容相对于本领域普通技术人员属于公知常识。被告在审查本案时，引入该手册作为本领域公知常识，符合法律、法规和规章的规定。

二、根据《专利法》第二十二条第三款的规定，创造性是指同申请日以前已有的技术相比，该发明有突出的实质性特点和显著的进步，该实用新型有实质性特点和进步。

对比文件的公开日早于本专利申请日，可以用于评价本专利的创造性。

本专利是点电焊焊头发明专利，本专利权利要求 1 中披露了“所说的两个平行电极之间的绝缘层为同时起粘合固连和绝缘分隔作用的绝缘粘胶”的技术特征。

对比文件公开了一种预应力点电焊焊极，它由两个金属构成，两个金属的一端成尖端部分，两个金属之间有绝缘物并牢固结合，但尖端部分之间则无绝缘物并以应力接触，两个金属为耐高温金属。

对比文件所公开的技术方案与本专利权利要求 1 所限定的技术方案相比，对比文件中的“两个金属”对应于本专利权利要求 1 中的“两个平行电极”，对比文件中的“两个金属之间牢固结合的绝缘物”对应于本专利权利要求 1 中的“两个平行电极之间的绝缘层”。上述两个技术方案之间的区别在于，在本专利权利要求 1 所限定的技术方案中，绝缘层为绝缘粘胶，而对比文件所公开的技术方案则未对绝缘物进行限定，绝缘粘胶指的是一种具有绝缘性能的粘接剂，而绝缘粘胶作为绝缘层对于本领域技术人员是公知常识。在对比文件所公开的技术方案的基础上结合上述本领域公知常识得到本专利权利要求 1 所限定的技术方案对于本领域技术人员是显而易见的，无须付出创造性的劳动，这种结合也未带来意想不到的技术效果。因此，本专利权利要求 1 所限定的技术方案不具有突出的实质性特点和显著的进步，无效决定认定本专利权利要求 1 相对于对比文件不具备创造性正确，原告关于本专利相对于对比文件具备创造性和本专利使用绝缘粘胶对于本领域技术人员并非公知常识的诉讼主张，本院不予支持。

综上所述，无效决定认定的事实清楚，适用法律、法规、规章正确，程序合法，本院应予支持。原告关于撤销无效决定的诉讼请求缺乏事实和法律依据，本院不予支持；原告关于维持本专利有效的诉讼请求，不属于人民法院行政审判权限范围。据此，本院依照《中华人民共和国行政诉讼法》第五十四条第（一）项及最高人民法院《关于执行〈中华人民共和国行政诉讼法〉若干问题的解释》第六十二条、第四十四条第一款第（一）项的规定，判决如下：

一、维持被告国家知识产权局专利复审委员会发于二 OO 五年十二月二十一日作出的第 7919 号无效宣告请求审查决定。

二、驳回原告杨仕桐的其他诉讼请求。

案件受理费 1000 元，由原告杨仕桐负担（已交纳）。

如不服本判决，可在本判决书送达之日起十五日内向本院递交上诉状，并按对方当事人人数提交副本，上诉于北京市高级人民法院。上诉人在接到人民法院预交诉讼费用通知后七日内未预交又不提出缓交申请的，按自动撤回上诉处理。

审 判 长 张 杰
代理审判员 乔 军
代理审判员 刘井玉
二〇〇六年六月二十日
书 记 员 周晓航

北京市高级人民法院
行政判决书

（2006）高行终字第554号

上诉人（一审原告）杨仕桐，男，1950年12月15日出生，汉族，广州微点焊设备有限公司董事长，住广东省广州市荔湾区芳村东沙荷景南路43号。

委托代理人刘延喜，广东三环汇华律师事务所律师。

委托代理人白哲，北京市信睿律师事务所律师。

被上诉人（一审被告）国家知识产权局专利复审委员会，住所地北京市海淀区北四环西路9号银谷大厦10～12层。

法定代表人廖涛，副主任。

委托代理人魏屹，男，国家知识产权局专利复审委员会审查员。

委托代理人王丽颖，女，国家知识产权局专利复审委员会审查员。

被上诉人（一审第三人）滕章奇，男，1972年12月14日出生，汉族，一定音知识产权公司职员，住湖南省永州市芝山区南津南路15号附46号。

委托代理人梁国华，永州市零陵专利事务所专利代理人。

上诉人杨仕桐因专利无效宣告请求审查决定，不服北京市第一中级人民法院（2006）一中行初字第475号行政判决，向本院提起上诉。本院依法组成合议庭，公开开庭审理了本案。上诉人杨仕桐及其委托代理人刘延喜、白哲，被上诉人国家知识产权局专利复审委员会（下称专利复审委）的委托代理人魏屹、王丽颖，被上诉人滕章奇的委托代理人梁国华到庭参加诉讼。本案现已审理终结。

北京市第一中级人民法院（2006）一中行初字第475号行政判决认为，经各方当事人确认，本案的争议焦点是：

1. 专利复审委依职权引入《工程师通用手册》作为公知常识是否正确；2. 本专利权利要求1中的绝缘粘胶相对于对比文件中的绝缘物是否具备创造性，用绝缘粘胶取代绝缘物对于本领域技术人员是否属于公知常识。

根据《审查指南》第四部分第三章关于依职权调查的原则，专利复审委在必要时可以引入技术词典、技术手册、教科书等所属技术领域中的公知常识性证据。《工程师通用手册》的出版日早于本专利申请日，该手册公开的内容相对于本领域普通技术人员属于公知常识。专利复审委在审查本案时，引入该手册作为本领域公知常识，符合法律、法规和规章的规定。

对比文件所公开的技术方案与本专利权利要求 1 所限定的技术方案相比，对比文件中的“两个金属”对应于本专利权利要求 1 中的“两个平行电极”，对比文件中的“两个金属之间牢固结合的绝缘物”对应于本专利权利要求 1 中的“两个平行电极之间的绝缘层”；上述两个技术方案之间的区别在于，在本专利要求 1 所限定的技术方案中，绝缘层为绝缘粘胶，而对比文件所公开的技术方案则未对绝缘物进行限定。绝缘粘胶指的是一种具有绝缘性能的粘接剂，而绝缘粘胶作为绝缘层对于本领域技术人员是公知常识。在对比文件所公开的技术方案的基础上，结合上述本领域公知常识得到本专利权利要求 1 所限定的技术方案对于本领域技术人员是显而易见的，无须付出创造性的劳动，这种结合也未带来意想不到的技术效果。因此，本专利权利要求 1 所限定的技术方案不具有突出的实质性特点和显著进步，无效决定认定本专利权利要求 1 相对于对比文件不具备创造性正确，杨仕桐关于本专利相对于对比文件具备创造性和本专利使用绝缘粘胶对于本领域技术人员并非公知常识的诉讼主张，本院不予支持。

综上所述，无效决定认定的事实清楚，适用法律、法规、规章正确，程序合法，本院应予支持。杨仕桐关于撤销无效决定的诉讼请求缺乏事实和法律依据，本院不予支持；杨仕桐关于维持本专利有效的诉讼请求，不属于人民法院行政审判权限范围。据此，本院依照《中华人民共和国行政诉讼法》第五十四条第（一）项及最高人民法院《关于执行〈中华人民共和国行政诉讼法〉若干问题的解释》第六十二条、第四十四条第一款第（一）项的规定，判决如下：一、维持国家知识产权局专利复审委员会于 2005 年 12 月 21 日作出的第 7919 号无效宣告请求审查决定（下称第 7919 号决定）。二、驳回原告杨仕桐的其他诉讼请求。

上诉人杨仕桐不服一审判决，向本院提起上诉称，专利复审委在口头审理后十三天即仓促作出第 7919 号决定，没有全面审查案件材料；在第 7919 号决定中没有提及《工程师通用手册》，也未向上诉人转送，在公知技术的引用上存在程序瑕疵。证据 9 不是本专利的现有技术，本专利是对证据 9 没有限定的技术方案进行的发明创造。传统上焊接领域认为，两个平行电极之间的绝缘必须具有耐高温、耐高电压的要求，最好使用云母片。绝缘粘胶的耐高温、耐高电压性能与云母片相差很远，本领域技术人员不会使用绝缘粘胶做两个平行电极间的绝缘固定，这是本领域的公知常识。被诉决定把以绝缘粘胶当绝缘层说成是本领域的公知常识，完全是脱离焊接领域的错误判断。本人为焊接领域的技术专家，花费多年心血研制成功本专利，简化了生产工艺、降低了生产成本，取得了意想不到的技术效果，获得了巨大的社会效益和经济效益，已在多个国家取得专利权。

综上，被诉决定程序上存在瑕疵，关于创造性的判断错误。请求二审法院撤销一审判决和被诉决定，维持本专利有效。

被上诉人专利复审委答辩称，本委坚持在第 7919 号决定中陈述的观点和理由。第 7919 号决定事实清楚，适用法律正确，审查程序合法。一审判决予以维持是正确的。上诉人杨仕桐的上诉理由不成立，请求二审法院驳回上诉，维持一审判决。

被上诉人滕章奇答辩称，同意一审判决，请求二审法院驳回上诉，维持一审判决。

经审理查明，本案涉及的发明专利（即本专利）名称为“点电焊焊头”，申请日为 2001 年 6 月 12 日，授权公告日为 2004 年 2 月 25 日，专利权人为杨仕桐。本专利授权公告时的权利要求如下：

“1. 一种点电焊焊头，由耐高温金属材料制成的、合在一起的两个平行电极及其中间的绝缘层组成，其特征是所说的两个平行电极之间的绝缘层为同时起粘合固连和绝缘分隔作用的绝缘粘胶。

2. 一种如权利要求 1 所述的点电焊焊头，其特征是两个平行电极的尖声部分相互欧姆接触，其余部分由绝缘层绝缘分隔开。

3. 一种如权利要求2所述的点电焊焊头，其特征是两个平行电极的尖端部分相互欧姆接触的接触电阻≤200m。

4. 一种如权利要求1、2或3所述的点电焊焊头，其特征是焊头尖端端面的形状为平面型，或弧面型，或一侧平面型、另一侧弧面型，或斜面型，或V字型，或凹弧型，或楔型。

5. 一种如权利要求1、2或3所述的点电焊焊头，其特征是两个平行电极之间的绝缘层的绝缘分隔间隙为0.02~0.15mm。”

2005年1月4日，滕章奇向专利复审委申请宣告本专利无效，其理由是本专利不符合《专利法》第二十二条第二款、第三款、第四款的规定，先后提交了下列证据：证据1《中国电子报》2001年1月2日发行第17版复印件一页；证据2《SW电子点焊机使用说明书》第1~4及第23页的复印件；证据3广州微点焊设备有限公司宣传材料复印件1页；证据4李言亮先生的《说明》的复印件：证据5许宏兴先生身份证明的复印件；证据6合同书；证据7许宏兴先生的证词；证据8民事起诉书副本的复印件；证据9授权公告号为CN2180393Y的中国实用新型专利说明书，授权公告日为1994年10月26日（下称对比文件）。

专利复审委受理该请求后向杨仕桐进行转文，杨仕桐提交了意见陈述书，认为滕章奇提出的无效理由不成立。接到专利复审委发出的口头审理通知后，杨仕桐回复称，其以与本专利相同的文件另申请了实用新型专利，滕章奇曾请求宣告该实用新型专利无效，已被专利复审委以第7350号无效宣告请求审查决定予以驳回；现滕章奇以相同理由申请宣告本专利无效，其决定不参加口头审理。在口头审理中，滕章奇放弃了证据4~7。

2005年12月21日，专利复审委作出第7919号决定，依照《专利法》第二十二条第三款宣告本专利无效。理由如下：

证据9为中国专利文献，出版日早于本专利申请日，可用于评价本专利的创造性。该对比文件公开了一种预应力点电焊焊极，它由两个金属构成，两个金属的一端成尖端部分，两个金属之间有绝缘物并牢固结合，但尖端部分之间则无绝缘物并以应力接触，两个金属为耐高温金属。与本专利权利要求1所限定的技术方案相比，对比文件中的“两个金属”、“两个金属之间牢固结合的绝缘物”分别与本专利权利要求1中的“两个平行电极”、“两个平行电极之间的绝缘层”相对应。上述两个技术方案之间的区别在于，本专利权利要求1的技术方案限定绝缘层为绝缘粘胶，对比文件公开的技术方案对绝缘物未作限定。绝缘粘胶是一种具有绝缘性能的粘接剂，使用这样的材料作为绝缘层对于本领域技术人员是公知常识。在对比文件所公开的技术方案的基础上，结合上述本领域公知常识得到本专利权利要求1所限定的技术方案，对于本领域技术人员是显而易见的，无须付出创造性的劳动，这种结合也没有带来意想不到的技术效果。因此，本专利权利要求1所限定的技术方案不具备创造性。

本专利的权利要求2是引用独立权利要求1的从属权利要求，其限定部分的技术特征为“两个平行电极的尖端部分相互欧姆接触，其余部分由绝缘层绝缘分隔开”，已在对比文件中公开。因此在权利要求1所限定的技术方案没有创造性的情况下，权利要求2所限定的技术方案也不具备创造性。

本专利的权利要求3是引用权利要求2的从属权利要求，其限定部分的技术特征为“两个平行电极的尖端部分相互欧姆接触的接触电阻≤200m”，对两个平行电极的尖端部分相互欧姆接触的接触电阻数值范围进行了限定。本领域技术人员通过常规手段可确定接触电阻的数值范围，无须付出创造性的劳动；且由本专利说明书也无法看出上述接触电阻的数值范围能够带来任何意想不到的效果。因此，在权利要求2所限定的技术方案没有创造性的情况下，权利要求3所限定的技术方案也不具备创造性。

本专利的权利要求4是引用权利要求1、2或权利要求3的从属权利要求，其限定部分的技术特征为“焊头尖端端面的形状为平面型，或弧面型，或一侧平面型、另一侧弧面型，或斜面型，或V字型，或凹弧型，或楔型”，对焊头尖端端面的形状进行了限定。本专利权利要求4所限定的焊头尖端端面的形状是本领域技术人员根据具体的设计方案和实施情况而具体确定的，属常规设计，无须付出创造性的劳动；且由本专利说明书也无法看出本专利权利要求4限定的焊头尖端端面的形状能够带来意想不到的效果。因此，在所引用的权利要求限定的技术方案没有创造性的情况下，本专利权利要求4所限定的技术方案也不具备创造性。

本专利的权利要求5是引用权利要求1、2或权利要求3的从属权利要求，其限定部分的技术特征为“两个平行电极之间的绝缘层的绝缘分隔间隙为0.02～0.15mm”，对两个平行电极之间绝缘层的绝缘分隔间隙进行了限定。本领域技术人员通过常规手段可以确定两个平行电极之间绝缘层的绝缘分隔间隙，无须付出创造性的劳动；且由本专利说明书也无法看出上述间隙的数值范围能够带来任何意想不到的效果。因此，在所引用的权利要求所限定的技术方案没有创造性的情况下，本专利权利要求5所限定的技术方案不具备创造性。

鉴于对比文件破坏了本专利权利要求1～5所限定的技术方案的创造性，专利复审委员会对于滕章奇提出的其他理由没有进行评述。

杨仕桐不服第7919号决定，在法定期限内向一审法院提起诉讼。

一审期间，专利复审委员会向法院提交了下列证据：1. 本专利说明书；2. 授权公告号为CN2180393Y的中国实用新型专利说明书（即对比文件）；认为上述证据能够证明第7919号决定合法。专利复审委与滕章奇均向法院提交了江苏科学技术出版社于1989年6月出版的《工程师通用手册》，以证明使用绝缘粘胶作为绝缘层对本领域技术人员属于公知常识。

杨仕桐向法院提交了下列证据：1. 第7919号决定书；2. 第7350号无效宣告请求审查决定书；3. 第7351号无效宣告请求审查决定书；认为上述证据可证明第7919号决定与上述生效的无效宣告请求审查决定矛盾；4. 中国机械工程学会焊接学会文件及聘书，证明杨仕桐为焊接学会压力焊工艺及设备专业委员会委员；5. 口头审理通知书回执，证明杨仕桐向专利复审委说明了关于口头审理的意见。

上述证据均已随卷移送本院。二审期间，杨仕桐补充提交了以下证据：6. 专利号为01112785.7“可直接焊漆包线的点电焊机”发明专利说明书；7. 中国机械工程学会焊接分会压力焊工艺及设备专业委员会2006年12月4日出具的专家咨询意见，证明本专利采用绝缘粘胶作为绝缘层克服了一定要采用耐高温高压绝缘材料的传统观念，是对对比文件所描述的技术方案的本质突破。

二审庭审中，杨仕桐对专利复审委提交的证据的真实性、合法性无异议，但对上述证据的证明作用有异议，且认为证据3不能证明采用绝缘粘胶作为绝缘层属于焊接领域的公知常识。专利复审委对杨仕桐提交的证据1没有异议，认为证据5只能证明杨仕桐不参加口头审理的原因，认为证据2～4与本案无关，补充提交的证据6～7不属于新证据，法院不应接纳。滕章奇对专利复审委提交的证据无异议，同意专利复审委对杨仕桐提交的证据的质证意见。

经审查，本院认为，专利复审委、滕章奇提交的证据与本案有关联，真实、合法，予以确认。杨仕桐提交的证据5与本案有关联，真实、合法，予以确认；证据1为被诉决定，不属于证据；证据2～3，能够证明专利复审委于2005年6月27日驳回了滕章奇针对杨仕桐所有的，名称为“电子点焊机焊头”和“可除漆的点焊机焊头”两项实用新型专利提出的无效宣告请求，因滕章奇在该无效审查程序中主张的无效理由及证据与本案不同，故不能证明第7919号决定与上述两份无效宣告请求审查决定矛盾；证据4系杨仕桐个人专业能力证明，与本案无关联，不予评价；证据6不属于新证据，不予接纳；证据7属于专家咨询意见，但出具意见的专业人员既未签名，也未出庭说明并接受质询，故本院不予评价。本院根据经认证的证据及当事人陈述确认本案事实。

本院认为，公知常识是公众或特定领域的公众均知晓的事实，为众所周知的事实或知识；对于此类事实或知识，行政机关可依职权以认知的方式进行确认。绝缘粘胶是一种具有绝缘性能的粘接剂，采用绝缘粘胶作为绝缘层对于特定领域技术人员来讲是众所周知的，属于公知常识，专利复审委在无效审查程序中依职权对上述事实可径行确认；在诉讼中，专利复审委亦提交了相关的技术手册对上述事实属于公知常识进行了释明；尽管专利复审委在无效程序中未向杨仕桐转送相关的技术手册、在第7919号决定中也未写明相关技术手册的名称，但不能据此认定专利复审委违反了行政程序有关案卷排除性规则的规定。因此，本院对于杨仕桐主张的专利复审委在公知常识的引入上存在程序瑕疵的意见不予采纳。

关于本专利的创造性问题。专利复审委认定本专利权利要求1要求保护的技术方案中的“两个平行电极”、“两个平行电极之间的绝缘层”技术特征被对比文件中的相应技术特征“两个金属”、“两个金属之间牢固结合的绝缘物”公开；与对比文件相对比，本专利权利要求1技术方案的区别技术特征为明确限定绝缘层为绝缘粘胶，对比文件的技术方案对绝缘物未作限定。专利复审委的上述认定是清楚的。在能够确认采用绝缘粘胶作为绝缘层对于本领域技术人员属于公知常识的情况下，专利复审委认定本领域技术人员在对比文件公开的技术方案的基础上结合上述公知常识，无须创造性劳动即可得到本专利权利要求1所限定的技术方案、本专利权利要求1所限定的技术方案不具备创造性是成立的。

权利要求2~5均是在权利要求1的基础上提出的从属权利要求，专利复审委经对上述权利要求逐一审查，在已确认权利要求1不具备创造性的情况下，认定上述权利要求亦不具备创造性的论述清楚，理由充分，本院不持异议。杨仕桐主张本专利采用绝缘粘胶作为绝缘层克服了一定要采用耐高温高压绝缘材料的传统观念，本专利属于克服偏见的发明，但是本专利说明书未涉及上述内容，而且本专利说明书中也说明“该焊头焊接工作时，脉冲电压低（≤4.0V），脉冲时间短（≤40ms），电极发热少，因而对两个平行电极间绝缘层的绝缘性及耐热性要求不高”，这也说明在焊接领域是存在采用绝缘粘胶作为绝缘层的条件的。因此，杨仕桐的这一主张缺乏事实依据，本院不予支持。

综上，第7919号决定认定事实清楚，程序合法，一审法院判决予以维持正确。杨仕桐的上诉理由缺乏事实与法律依据，本院不予支持。据此，依照《中华人民共和国行政诉讼法》第六十一条第（一）项之规定，判决如下：

驳回上诉，维持一审判决。

二审案件受理费1000元，由上诉人杨仕桐负担（已交纳）。

本判决为终审判决。

审　判　长　王　燕

代理审判员　任全胜

代理审判员　朱海宏

二〇〇六年十二月二十日

书　记　员　马　军

204

一种纸纱条制作的地毯案

无效宣告请求审查决定（第7936号）

决 定 号 第7936号
决 定 日 2005年12月20日
发明创造名称 一种纸纱条制作的地毯
国际分类号 D04G 3/00
无效请求人 黄宗强
专利权人 许赞有
专 利 号 98111460.1
申 请 日 1998年18月12日
授权公告日 2000年8月23日
合议组组长 陈海平
主 审 员 王丽颖
参 审 员 武树辰

法律依据 专利法第二十二条第二款、第三款
决定要点

发明或者实用新型的技术领域应当是要求保护的发明或者实用新型技术方案所属或者直接应用的具体技术领域，而不是上位的或者相邻的技术领域，也不是发明或者实用新型本身。

一、案由

本无效宣告请求案涉及国家知识产权局专利局于2000年8月23日授权公告的98111460.1号发明专利权（下称本专利），名称为“一种纸纱条制作的地毯”，申请日为1998年8月12日，专利权人为许赞有。

授权公告的权利要求书如下：

“1. 一种纸纱条制作的地毯，其特征在于：地毯是由纸为主原料制造的纱条织造而成。

2. 根据权利要求1所述的纸纱条制作的地毯，其特征在于：地毯以纸为主原料配有棉纱类、棕麻类、毛类纤维混纺或混编或混纺混编织造而成。

3. 根据权利要求1所述的纸纱条制作的地毯，其特征在于：将编织前的纸纱条或编织后的地毡喷或涂有一层防水材料。

4. 根据权利要求1所述的纸纱条制作的地毯，其特征在于：地毯的背面附着有硫化胶层。

5. 根据权利要求1所述的纸纱条制作的地毯，其特征在于：切块的地毯包有装饰边。”

针对本专利权黄宗强（下称请求人）于2005年7月1日向专利复审委员会提出无效宣告请求，以本专利无新颖性和创造性为理由，请专利复审委员会宣告本专利权全部无效。请求人同时提交了如下证据：

附件1：国家知识产权局专利局检索咨询中心出具的检索报告复印件，每份4页；

附件2：US3543504A美国专利及其中文译文，其公开日为1970年12月1日（下称对比文件1）；

附件3：日本公开特许公报特开平9-188928及其中文译文，其公开日为1997年7月22日（下称对比文件2）。

请求人认为本案专利的权利要求1、3、4要求保护的技术方案不具备专利法第二十二条第二款规定的新颖性。对比文件1在本专利申请日前已经公开了本专利权利要求1的全部技术特征，而且两者涉及同一领域、解决相同的技术问题、取得同样的技术效果；权利要求3、4中的技术方案在对比文件1中也公开了，因此权利要求1、3、4都不具备新颖性。对比文件1与本专利权利要求2的区别技术特征已被对比文件2公开，在其所引用的独立权利要求不具备新颖性的前提下结合该区别技术特征的技术方案，本领域普通技术人员是显而易见的，因此权利要求2不具备创造性；权利要求5的区别技术特征为所属技术领域的公知常识，权利要求5所要保护的技术方案也不具备创造性。

经形式审查合格后，专利复审委员会受理了上述无效宣告请求，于2005年8月4日向双方发出无效宣告请求受理通知书，并将无效请求书及其所附附件的副本转送给了专利权人（下称被请求人）。

被请求人在指定期限内没有向专利复审委员会提交意见陈述书。

2005年10月13日，专利复审委员会本案合议组向双方当事人发出口头审理通知书，定于2005年11月22日举行口头审理。

口头审理如期举行。

庭审中，请求人明确以对比文件1来评价本专利权利要求1、3、4不具备新颖性；以对比文件1和对比文件2结合来说明本专利权利要求2不具备创造性；以对比文件1与公知常识结合来说明本专利权利要求5不具备创造性。被请求人对对比文件1和对比文件2的真实性无异议；对对比文件1和对比文件2的中文译文基本无异议，并指出对比文件1中的单词“yarn”译为“纱”而非“纱条”。被请求人认为本专利与对比文件1二者的技术领域不同，制备方法不同。双方当事人关于本专利的新颖性和创造性充分发表了意见。

至此，合议组认为本案事实清楚，特作出如下决定。

二、决定的理由

根据专利法第二十二条的规定，授予专利的发明和实用新型，应当具备新颖性、创造性和实用性。

新颖性，是指在申请日以前没有同样的发明或者实用新型在国内外出版物上公开发表过、在国内公开使用过或者以其他方式为公众所知，也没有同样的发明或者实用新型由他人向国务院专利行政部门提出过申请并且记载在申请日以后公布的专利申请文件中。

创造性，是指同申请日以前已有的技术相比，该实用新型有实质性特点和进步。

1. 关于证据

对比文件1和对比文件2是两份专利文件，且其公开日在本专利申请日前，因此可以作为对比文件来评价本专利的新颖性和创造性。

2. 关于本专利权利要求1、3、4的新颖性

权利要求1要求保护的是一种纸纱条制作的地毯，其特征在于地毯是由纸为主原料制造的纱条织造而成。

对比文件1公开了“一种制备纺纱的方法”，包括将至少一股纸纤维丝和至少一股人造细丝捻合到一起、并且对拉紧的加捻细丝进行热定形处理。还提供了一种由上述方法制备的纺织纱。并指出地毯制备中使用的纺织纱细丝可以适当地为具有0.1~0.25英寸宽度和0.005英寸厚度的平直条带，适

于地毯制备的“纺纱”可以含有40% wt ~90% wt 的纸（相当于本专利的由纸为主原料制造的纱条）。可见，对比文件1中已经公开了一种由纸为主原料制造的纱条，且这种纱条适于地毯的制备。可见权利要求1所要求保护的技术方案与对比文件1公开的技术内容完全相同。权利要求1不具备新颖性。

被请求人认为本专利要求保护的是一种纸纱条制作的地毯，而对比文件1中公开的是一种制备纺纱的方法，因此二者的技术领域不同；合议组认为，发明或者实用新型的技术领域应当是要求保护的发明或者实用新型技术方案所属或者直接应用的具体技术领域，而不是上位的或者相邻的技术领域，也不是发明或者实用新型本身。本专利涉及的是用纸纱条制作的地毯，对比文件1中公开了一种纺纱（相当于本专利的纸纱条），且明确指出这种纺纱适于地毯制备，从对比文件1中公开的这种纺纱所直接应用的具体技术领域来看，其与本专利的技术领域是相同的。因此，合议组对被请求人的这一主张不予支持。被请求人还指出：对比文件1的“yarn”应统一译成“纱”，而不应译成“纱条”。如前所述，对比文件1的说明书中指出了地毯制备中使用的纺织纱细丝可以适当地为具有0.1 ~0.25英寸宽度和0.005英寸厚度的平直条带，因此合议组认为，对比文件1译文中的“纱”和“纱条”其实质应是相同的。

本专利权利要求3其限定部分的技术特征是：“将编织前的纸纱条或编织后的地毯喷或涂有一层防水材料”。可见，该处实际上包含了四个并列的技术特征，即即将编织前的纸纱条喷一层防水材料或将编织前的纸纱条涂有一层防水材料或将编织后的地毯喷一层防水材料或将编织后的地毯涂有一层防水材料；这四个并列的技术特征在本专利中均是为了解决地毯防水的问题，所起的作用是相同的。

而对比文件1中还公开了下述技术手段：“如果纱条中的纸具有聚乙烯涂层，该聚乙烯涂层在热定形过程中可以适当地被熔化，从而熔化的聚乙烯流动并渗透纱条，并且因而使纱条具有抗水性。当纱条用于制备地毯时，这一点是尤为需要的，因为这样的地毯就可以在原处安全地被水洗（见译文第3页第1 ~4行）。”即对比文件1中公开了将编织前的纸纱条涂有一层防水材料的技术手段。可见本专利权利要求3与对比文件1的区别仅仅是所属技术领域惯用手段的直接置换。因此权利要求3不具备新颖性。

权利要求4作为权利要求1的从属权利要求，其限定部分的技术特征是：“地毯的背面附着有硫化胶层。”而对比文件1中公开了下述技术手段：“当需要将纱条粘附于橡胶组合物时，纱条可以具有粘合剂组合物，如间苯二酚－甲醛－乳胶组合物的涂层……本发明的纱条尤其适应于地毯底布。”可见，对比文件1中并开了地毯的背面附着有橡胶组合物。实际上，橡胶可分为生橡胶（未硫化的）和熟橡胶（硫化过的）两种，生橡胶非常脆，熟橡胶的弹性较好，故用于地毯背面的橡胶必定会使用硫化过的橡胶。这样，权利要求4的限定部分的技术特征也被对比文件1公开。当其所引用的权利要求1相对于对比文件1不具备新颖性时，权利要求4也不具备新颖性。

3. 关于权利要求2、5的创造性

对比文件2公开了一种构成榻榻米表面的纸布，将已定宽度的纸浆纸带捻成中空的螺旋状纸线，并将该纸线编织成纸布，成榻榻米表面；本发明的纸布并不仅仅局限于含有上述纸线，也可以混入棉、尼龙、聚酯、毛等其他材料混织或混编。可见将对比文件2中所公开的上述技术特征与对比文件1结合从而得到权利要求2所要求保护的技术方案不需付出创造性劳动。因此，权利要求2不具备创造性。

权利要求5限定部分的技术特征是“切块的地毯包有装饰边”。将地毯切块后再包一层装饰边，以防止切块后的地毯边缘脱散，同时还可以增加地毯的装饰性，这属于地毯生产领域惯常采用的技术手段。将对比文件1与该惯常采用的技术手段结合得到权利要求5所要求保护的技术方案不需付出创造性劳动。因此，权利要求5不具备创造性。

三、决定

宣告98111460.1号发明专利权利要求1～5全部无效。

当事人对本决定不服的，可以根据专利法第四十六条第二款的规定，自收到本决定之日起三个月内向北京市第一中级人民法院起诉。根据该款的规定，一方当事人起诉后，另一方当事人应当作为第三人参加诉讼。

北京市第一中级人民法院
行政判决书

（2006）一中行初字第527号

原告许赞有，男，1948年1月8日出生，回族，连云港天明自然纤维制品有限公司董事长，住江苏省连云港市海州幸福路55号。

委托代理人刘子阳，男，山东北极之星律师事务所律师。

被告国家知识产权局专利复审委员会，住所地北京市海淀区北四环西路9号银谷大厦10～12层。

法定代表人廖涛，副主任。

委托代理人王丽颖，女，国家知识产权局专利复审委员会审查员。

委托代理人崔国振，男，国家知识产权局专利复审委员会审查员。

第三人黄宗强，男，1975年12月5日出生，汉族，广东天道勤律师事务所律师，住广东省佛山市顺德区大良街丹桂路6号翠华轩二座602室。

原告许赞有不服被告国家知识产权局专利复审委员会作出的第7936号无效宣告请求审查决定（下称无效决定），向本院提起行政诉讼。本院受理后，依法组成合议庭，依照《中华人民共和国行政诉讼法》第二十七条、《中华人民共和国专利法》（下称《专利法》）第四十六条第二款的规定，通知黄宗强作为本案第三人参加诉讼，本院于2006年6月6日公开开庭审理了本案。原告的委托代理人刘子阳，被告的委托代理人王丽颖、崔国振，第三人到庭参加了诉讼。本案现已审理终结。

被告针对第三人提出的无效请求，于2005年12月20日作出无效决定：

本无效宣告请求案涉及国家知识产权局专利局于2000年8月23日授权公告的98111460.1号发明专利权（下称本专利），名称为“一种纸纱条制作的地毯”，申请日为1998年8月12日，专利权人为原告。

授权公告的权利要求书如下：

“1. 一种纸纱条制作的地毯，其特征在于地毯是由纸为主原料制造的纱条织造而成。

2. 根据权利要求1所述的纸纱条制作的地毯，其特征在于地毯以纸为主原料配有棉纱类、棕麻类、毛类纤维混纺或混编或混纺混编织造而成。

3. 根据权利要求1所述的纸纱条制作的地毯，其特征在于将编织前的纸纱条或编织后的地毡喷或涂有一层防水材料。

4. 根据权利要求1所述的纸纱条制作的地毯，其特征在于地毯的背面附着有硫化胶层。

5. 根据权利要求1所述的纸纱条制作的地毯，其特征在于切块的地毯包有装饰边。”

针对本专利，第三人于2005年7月1日向被告提出无效宣告请求，以本专利无新颖性和创造性为理由，宣告本专利全部无效；同时提交了如下证据：

附件1：国家知识产权局专利局检索咨询中心出具的检索报告复印件，每份4页；

附件2：US3543504A美国专利及其中文译文，其公开日为1970年12月1日（下称对比文件1）；

附件3：日本公开特许公报特开平9-188928及其中文译文，其公开日为1997年7月22日（下称对比文件2）。

第三人认为本专利的权利要求1、3、4要求保护的技术方案不具备《专利法》第二十二条第二款规定的新颖性。对比文件1在本专利申请日前已经公开了本专利权利要求1的全部技术特征，而且两者涉及同一领域、解决相同的技术问题、取得同样的技术效果；权利要求3、4中的技术方案在对比文件1中也公开了，因此权利要求1、3、4都不具备新颖性。对比文件1与本专利权利要求2的区别技术特征已被对比文件2公开，在其所引用的独立权利要求不具备新颖性的前提下结合该区别技术特征的技术方案，本领域普通技术人员是显而易见的，因此权利要求2不具备创造性；权利要求5的区别技术特征为所属技术领域的公知常识，权利要求5所要保护的技术方案也不具备创造性。

经形式审查合格后，被告受理了上述无效宣告请求，于2005年8月4日向双方发出无效宣告请求受理通知书，并将无效请求书及其所附附件的副本转送给了原告。原告在指定期限内没有向被告提交意见陈述书。

2005年10月13日，被告向双方当事人发出口头审理通知书，定于2005年11月22日举行口头审理。口头审理如期举行。

口头审理中，第三人明确以对比文件1来评价本专利权利要求1、3、4不具备新颖性；以对比文件1和对比文件2结合来说明本专利权利要求2不具备创造性；以对比文件1与公知常识结合来说明本专利权利要求5不具备创造性。原告对对比文件1、对比文件2的真实性无异议；对对比文件1和对比文件2的中文译文基本无异议，并指出对比文件1中的单词“yarn”译为“纱”而非“纱条”。原告认为本专利与对比文件1二者的技术领域不同，制备方法不同。双方当事人关于本专利的新颖性和创造性充分发表了意见。

至此，被告认为本案事实清楚，作出无效决定。其理由如下：

根据《专利法》第二十二条的规定，授予专利的发明和实用新型，应当具备新颖性、创造性和实用性。

新颖性，是指在申请日以前没有同样的发明或者实用新型在国内外出版物上公开发表过、在国内公开使用过或者以其他方式为公众所知，也没有同样的发明或者实用新型由他人向国务院专利行政部门提出过申请并且记载在申请日以后公布的专利申请文件中。

创造性，是指同申请日以前已有的技术相比，该实用新型有实质性特点和进步。

1. 关于证据

对比文件1和对比文件2是两份专利文件，且其公开日在本专利申请日前，因此可以作为对比文件来评价本专利的新颖性和创造性。

2. 关于本专利权利要求1、3、4的新颖性

权利要求1要求保护的是一种纸纱条制作的地毯，其特征在于地毯是由纸为主原料制造的纱条织造而成。

对比文件1公开了“一种制备纺纱的方法”，包括将至少一股纸纤维丝和至少一股人造细丝捻合到一起、并且对拉紧的加捻细丝进行热定形处理。还提供了一种由上述方法制备的纺织纱。并指出地毯制备中使用的纺织纱细丝可以适当地为具有0.1~0.25英寸宽度和0.005英寸厚度的平直条带，适于地毯制备的“纺纱”可以含有40% wt~90% wt的纸（相当于本专利的由纸为主原料制造的纱条）。可见，对比文件1中已经公开了一种由纸为主原料制造的纱条，且这种纱条适于地毯的制备。可见权

利要求 1 所要求保护的技术方案与对比文件 1 公开的技术内容完全相同。权利要求 1 不具备新颖性。

原告认为本专利要求保护的是一种纸纱条制作的地毯，而对比文件 1 中公开的是一种制备纺纱的方法，因此二者的技术领域不同；被告认为，发明或者实用新型的技术领域应当是要求保护的发明或者实用新型技术方案所属或者直接应用的具体技术领域，而不是上位的或者相邻的技术领域，也不是发明或者实用新型本身。本专利涉及的是用纸纱条制作的地毯，对比文件 1 中公开了一种纺纱（相当于本专利的纸纱条），且明确指出这种纺纱适于地毯制备，从对比文件 1 中公开的这种纺纱所直接应用的具体技术领域来看，其与本专利的技术领域是相同的。因此，被告对原告的这一主张不予支持。原告还指出：对比文件 1 的"yarn"应统一译成"纱"，而不应译成"纱条"。如前所述，对比文件 1 的说明书中指出了地毯制备中使用的纺织纱细丝可以适当地为具有 0.1 ~ 0.25 英寸宽度和 0.005 英寸厚度的平直条带，因此被告认为，对比文件 1 译文中的"纱"和"纱条"其实质应是相同的。

本专利权利要求 3 其限定部分的技术特征是："将编织前的纸纱条或编织后的地毯喷或涂有一层防水材料。"可见，该处实际上包含了四个并列的技术特征，即将编织前的纸纱条喷一层防水材料或将编织前的纸纱条涂有一层防水材料或将编织后的地毯喷一层防水材料或将编织后的地毯涂有一层防水材料；这四个并列的技术特征在本专利中均是为了解决地毯防水的问题，所起的作用是相同的。

而对比文件 1 中还公开了下述技术手段："如果纱条中的纸具有聚乙烯涂层，该聚乙烯涂层在热定形过程中可以适当地被熔化，从而熔化的聚乙烯流动并渗透纱条，并且因而使纱条具有抗水性。当纱条用于制备地毯时，这一点是尤为需要的，因为这样的地毯就可以在原处安全地被水洗。"（见译文第 3 页第 1 ~ 4 行），即对比文件 1 中公开了将编织前的纸纱条涂有一层防水材料的技术手段。可见本专利权利要求 3 与对比文件 1 的区别仅仅是所属技术领域惯用手段的直接置换。因此权利要求 3 不具备新颖性。

权利要求 4 作为权利要求 1 的从属权利要求，其限定部分的技术特征是："地毯的背面附着有硫化胶层。"而对比文件 1 中公开了下述技术手段："当需要将纱条粘附于橡胶组合物时，纱条可以具有粘合剂组合物，如间苯二酚 - 甲醛 - 乳胶组合物的涂层……本发明的纱条尤其适应于地毯底布。"可见，对比文件 1 中并开了地毯的背面附着有橡胶组合物。实际上，橡胶可分为生橡胶（未硫化的）和熟橡胶（硫化过的）两种，生橡胶非常脆，熟橡胶的弹性较好，故用于地毯背面的橡胶必定会使用硫化过的橡胶。这样，权利要求 4 的限定部分的技术特征也被对比文件 1 公开。当其所引用的权利要求 1 相对于对比文件 1 不具备新颖性时，权利要求 4 也不具备新颖性。

3. 关于权利要求 2、5 的创造性

对比文件 2 公开了一种构成榻榻米表面的纸布，将一定宽度的纸浆纸带捻成中空的螺旋状纸线，并将该纸线编织成纸布，成榻榻米表面；本发明的纸布并不仅仅局限于含有上述纸线，也可以混入棉、尼龙、聚酯、毛等其他材料混织或混编。可见将对比文件 2 中所公开的上述技术特征与对比文件 1 结合从而得到权利要求 2 所要求保护的技术方案不需付出创造性劳动。因此，权利要求 2 不具备创造性。

权利要求 5 限定部分的技术特征是"切块的地毯包有装饰边"。将地毯切块后再包一层装饰边，以防止切块后的地毯边缘脱散，同时还可以增加地毯的装饰性，这属于地毯生产领域惯常采用的技术手段。将对比文件 1 与该惯常采用的技术手段结合得到权利要求 5 所要求保护的技术方案不需付出创造性劳动。因此，权利要求 5 不具备创造性。

综上，被告作出无效决定，宣告本专利权利要求 1 ~ 5 全部无效。

被告在法定期间内向本院提交了无效决定及以下证据用以证明无效决定认定事实清楚，适用法律正确：1. 本专利公开文本；2. 对比文件1及其部分译文；3. 对比文件2及其部分译文；4. 口头审理记录表。

原告诉称，被告作出的无效决定认定事实不清，适用法律错误，违反法定程序应予撤销。理由如下：1. 在无效口头审理时，被告未对第三人的身份进行核实，故无效程序违法；2. 无效决定中采用的对比文件与本专利不属于相同的技术领域，且不在同一国际专利分类上，故不能作为本专利的现有技术；3. 无效决定认定本专利权利要求1、3、4不具备新颖性，权利要求2、5不具备创造性错误。

综上，原告请求法院撤销被告作出的无效决定并判令被告承担本案的诉讼费。原告未提交证据。

被告辩称，1. 关于第三人身份问题，在口头审理结束后三日内，第三人的代理人向被告提交了第三人的身份证，故无效程序并不违法；2. 关于对比文件与本专利是否是同一的技术领域，被告认为国际专利分类仅作为一种参考，并不是限定的标准，本专利是用纸纱条制作的地毯，对比文件1中公开了一种纺纱（相当于本专利的纸纱条），且明确指出这种纺纱适于地毯制备。对比文件2公开了一种构成榻榻米表面的纸布，将一定宽度的纸浆纸带捻成中空的螺旋状纸线，并将该纸线编织成纸布，成榻榻米表面；本发明的纸布并不仅仅局限于含有上述纸线，也可以混入棉、尼龙、聚酯、毛等其他材料混织或混编。因此，对比文件与本专利属于同一技术领域。3. 关于新颖性及创造性的审查，被告坚持无效决定认定的事实及理由。

综上，被告认为无效决定认定事实清楚，适用法律正确，符合法定程序，故请求法院维持无效决定，驳回原告的诉讼请求。

第三人发表意见，其认为无效决定认定事实清楚，适用法律正确，故请求法院维持无效决定，驳回原告的诉讼请求。第三人未提交证据。

经庭审质证，原告对被告提交的证据的关联性、合法性、真实性无异议，但认为不能支持被告的主张。第三人同意被告的举证。

经庭审质证及合议庭评议，本院认为被告提交的证据真实、合法，能够证明本案的相关事实，本院予以确认。

经审理查明，原告于1998年8月12日向国家知识产权局专利局提出本专利申请，2000年8月23日授权公告。2005年7月1日第三人向被告提出无效宣告请求并提交了相关证据。被告受理后，于2005年8月4日依照法定程序进行转文，并于同年11月22日进行了口头审理。在口头审理结束后规定的期限内，第三人向被告提交了身份证复印件。被告在充分听取双方当事人的陈述意见后，于同年12月26日作出无效决定。原告不服无效决定，于2006年4月7日向本院提起行政诉讼。

本院认为，根据各方当事人的庭审陈述，本案争议焦点有三：一是被告在无效口头审理时对第三人的身份未进行核实，是否属于程序违法；二是对比文件与本专利不在同一国际专利分类上，是否与本专利属相同的技术领域，能否作为本专利的现有技术；三是本专利权利要求1、3、4是否具备新颖性，权利要求2、5是否具备创造性的问题。

一、无效口头审理时对第三人的身份未进行核实，是否属于程序违法

被告于2005年11月22日进行了口头审理，在口头审理记录表中明确记载了：第三人的代理人在口审结束后，在3日内向被告提交第三人的身份证复印件。口头审理结束后，第三人在规定的期限内向被告提交了身份证复印件，被告对此进行了核实。原告认为被告在无效口头审理时对第三人的身份未进行核实，属于程序违法的主张，因缺乏事实及法律依据，对其主张本院不予支持。

二、对比文件与本专利不在同一国际专利分类上，是否与本专利属相同的技术领域，能否作为本专利的现有技术

《审查指南》第一部分第四章关于专利分类规定如下："1. 引言：专利局采用《国际专利分类

法》（Int. CI）对发明专利申请和实用新型专利申请进行分类……分类的目的是：（1）建立有检索价值的专利文档；（2）把发明专利申请和实用新型专利申请分配给主管的审查部门；（3）使发明专利申请和实用新型专利申请能按分类号编排，系统地向公众公布或者公告。”

《审查指南》第二部分第二章第2.2.2节关于技术领域规定如下：发明或者实用新型的技术领域应当是要求保护的发明或者实用新型技术方案所属或者直接应用的具体技术领域，而不是上位的或者相邻的技术领域，也不是发明或者实用新型本身。

本专利涉及的是用纸纱条制作的地毯，第三人在无效程序中提交的对比文件1中公开了一种纺纱，其说明书中明确指出这种纺纱适于地毯制备。本院认为，从对比文件1中公开的这种纺纱所直接应用的具体技术领域来看，其与本专利的技术领域是相同的，因此，对比文件1已经构成本专利的现有技术，其可以作为本专利的对比文件。对比文件2公开了一种构成榻榻米表面的纸布，将一定宽度的纸浆纸带捻成中空的螺旋状纸线，并将该纸线编织成纸布，成榻榻米表面；本发明的纸布并不仅仅局限于含有上述纸线，也可以混入棉、尼龙、聚酯、毛等其他材料混织或混编。本院认为，从对比文件2中公开的这种纸布所直接应用的具体技术领域来看，其与本专利的技术领域是最接近的，因此，对比文件2已经构成本专利的现有技术，其可以作为本专利的对比文件，本院对上述证据予以确认。原告认为对比文件与本专利不在同一国际专利分类上，与本专利不属于相同的技术领域，不能作为本专利的现有技术的主张，因缺乏事实及法律依据，对其主张本院不予支持。

三、关于本专利权利要求1、3、4是否具备新颖性，权利要求2、5是否具备创造性的问题

《专利法》第二十二条第二款的规定：新颖性，是指在申请日以前没有同样的发明或者实用新型在国内外出版物上公开发表过、在国内公开使用过或者以其他方式为公众所知，也没有同样的发明或者实用新型由他人向国务院专利行政部门提出过申请并且记载在申请日以后公布的专利申请文件中。

权利要求1要求保护的是一种纸纱条制作的地毯，其特征在于地毯是由纸为主原料制造的纱条织造而成。

对比文件1公开了一种制备纺纱的方法，包括将至少一股纸纤维丝和至少一股人造细丝捻合到一起、并且对拉紧的加捻细丝进行热定形处理；同时，还提供了一种由上述方法制备的纺织纱。其指出地毯制备中使用的纺织纱细丝可以适当地为具有0.1~0.25英寸宽度和0.005英寸厚度的平直条带，适于地毯制备的“纺纱”可以含有40% wt~90% wt的纸（相当于本专利的由纸为主原料制造的纱条）。因此，对比文件1中公开了一种由纸为主原料制造的纱条，且这种纱条适于地毯的制备。权利要求1所要求保护的技术方案与对比文件1公开的技术内容完全相同。原告认为权利要求1具备新颖性的主张，本院不予支持。

权利要求3其限定部分的技术特征是：将编织前的纸纱条或编织后的地毯喷或涂有一层防水材料。

对比文件1中（见译文第3页第1~4行）公开了下述技术手段：如果纱条中的纸具有聚乙烯涂层，该聚乙烯涂层在热定形过程中可以适当地被熔化，从而熔化的聚乙烯流动并渗透纱条，并且因而使纱条具有抗水性。当纱条用于制备地毯时，这一点是尤为需要的，因为这样的地毯就可以在原处安全地被水洗，即对比文件1中公开了将编织前的纸纱条涂有一层防水材料的技术手段。权利要求3与对比文件1的区别仅仅是所属技术领域惯用手段的直接置换。原告认为权利要求3具备新颖性的主张，本院不予支持。

权利要求4作为权利要求1的从属权利要求，其限定部分的技术特征是：地毯的背面附着有硫化胶层。对比文件1中公开了下述技术手段：当需要将纱条粘附于橡胶组合物时，纱条可以具有粘合剂组合物，如间苯二酚－甲醛－乳胶组合物的涂层……本发明的纱条尤其适应于地毯底布。对比文件1

中还公开了地毯的背面附着有橡胶组合物。因此，权利要求4的限定部分的技术特征也被对比文件1公开。原告认为权利要求4具备新颖性的主张，本院不予支持。

《专利法》第二十二条第三款的规定：创造性，是指同申请日以前已有的技术相比，该实用新型有实质性特点和进步。

权利要求2限定部分的技术特征是：地毯以纸为主原料配有棉纱类、棕麻类、毛类纤维混纺或混编或混纺混编织造而成。

对比文件2公开了一种构成榻榻米表面的纸布，将一定宽度的纸浆纸带捻成中空的螺旋状纸线，并将该纸线编织成纸布，成榻榻米表面；本发明的纸布并不仅仅局限于含有上述纸线，也可以混入棉、尼龙、聚酯、毛等其他材料混织或混编。将对比文件2中所公开的上述技术特征与对比文件1结合从而得到权利要求2所要求保护的技术方案不需付出创造性劳动。原告认为权利要求2具备创造性的主张，本院不予支持。

权利要求5限定部分的技术特征是：切块的地毯包有装饰边。将地毯切块后再包一层装饰边，以防止切块后的地毯边缘脱散，属于地毯生产领域惯常采用的技术手段。将对比文件1与上述惯常采用的技术手段结合得到权利要求5所要求保护的技术方案不需付出创造性劳动。原告认为权利要求5具备创造性的主张，本院不予支持。

综上，原告认为无效决定认定事实不清，适用法律错误，违反法定程序的诉讼主张，因缺乏事实及法律依据，对其请求本院不予支持。被告作出的无效决定认定事实清楚，适用法律正确，程序合法，本院应予维持。据此，依照《中华人民共和国行政诉讼法》第五十四条第（一）项之规定，判决如下：

维持被告国家知识产权局专利复审委员会于二〇〇五年十二月二十日作出的第7936号无效宣告请求审查决定。

案件受理费1000元，由原告许赞有负担（已交纳）。

如不服本判决，可在本判决书送达之日起十五日内向本院递交上诉状，并按对方当事人的人数提出副本，上诉于北京市高级人民法院。

审 判 长 张 杰
审 判 员 乔 军
人民陪审员 欧万雄
二〇〇六年六月十六日
书 记 员 龙 非

喷油泵挺柱体滚轮锁簧装置案

无效宣告请求审查决定（第7937号）

决　　定　　号　第7937号
决　　定　　日　2005年12月23日
发明创造名称　喷油泵挺柱体滚轮锁簧装置
国 际 分 类 号　F02M 59/18
无 效 请 求 人　上海电装燃油喷射有限公司
专 利 权 人　上海浦东伊维燃油喷射有限公司
专　　利　　号　01238898. X
申　　请　　日　2001年4月17日
授 权 公 告 日　2002年1月23日
参　　审　　员　陈　勇
主　　审　　员　王丽颖
合 议 组 组 长　魏　屹

法 律 依 据　专利法第二十二条第二款
决 定 要 点

若请求人所提供的证据能够形成完整的证明链用于证明与本专利权利要求所要求保护的技术方案相同的产品已经在本专利申请日前公开销售的事实，则本专利权利要求不具备新颖性。

一、案由

本无效宣告请求案涉及国家知识产权局专利局于2002年1月23日授权公告的01238898. X号实用新型专利权（下称本专利），名称为“喷油泵挺柱体滚轮锁簧装置”，申请日为2001年4月17日，专利权人为上海浦东伊维燃油喷射有限公司。

授权公告的权利要求书如下：

“1. 一种喷油泵挺柱体滚轮锁簧装置，由挺柱体、滚轮、滚轮销、锁簧组成，其特征在于锁簧安装于挺柱体内侧面之外，位于滚轮一侧端面上的滚轮凹槽和滚轮销上的锁簧槽所构成的容腔内，滚轮直接安装于滚轮销上，滚轮销与滚轮、挺柱体内孔之间为滑动配合。

2. 根据权利要求1所述的喷油泵挺柱体滚轮锁簧装置，其特征在于锁簧是圆截面或其他截面形状的开口弹性钢丝。”

针对本专利权，上海电装燃油喷射有限公司（下称请求人）于2005年7月7日向专利复审委员会提出无效宣告请求，其理由是在本专利申请日前，与本专利相同的产品就已经被公开销售过。因此本专利权利要求1和权利要求2不符合专利法第二十二条第二款的规定。请求人同时提交了如下证据：

证据1：上海浦东伊维燃油喷射有限公司于1999年8月31日向上海柴油机股份有限公司销售了

规格型号为9400366002的P7加强泵喷油总成的增值税专用发票和销售清单；

证据2：9400366002型P7加强泵喷油泵总成图纸及挺柱体图纸。

请求人认为证据1、2证明早在1999年8月31日，上海浦东伊维燃油喷射有限公司就已向上海柴油机股份有限公司公开销售过规格型号为9400366002的P7加强泵喷油泵总成，这种产品与本专利权利要求1~2所限定的技术方案相同。所以，被请求人专利权利要求1~2不具备新颖性，请求专利复审委员会宣告该实用新型专利权全部无效。

经形式审查合格后，专利复审委员会受理了上述无效宣告请求，于2005年7月7日向双方发出无效宣告请求受理通知书，并将无效请求书及其所附附件的副本转送给了专利权人（下称被请求人）。

被请求人于2005年8月12日向专利复审委员会提交了意见陈述书。被请求人认为，请求人的证据1虽是事实，但由于被请求人当时生产、销售该泵的数量都极小，而且从请求人提交的证据1也可看出，请求人也仅仅举证销售1台的事实，被请求人认为仅仅销售少量柴油泵的事实并不能否定被请求人专利的新颖性。

2005年8月6日请求人向专利复审委员会提交了本案的补充证据，证据如下：

证据3：署名为上海柴油机股份有限公司的三张装配明细表；

证据4：请求人和被请求人上海浦东伊维燃油喷射有限公司签订的《P7、PE型柴油喷射泵技术转让协议》。

请求人称证据3与前述证据2中署名为上海浦东伊维燃油喷射有限公司的3张装配明细表相同；证据4用于证明请求人上述图纸文件从被请求人处转让获得。

本案于2005年11月21日举行了口头审理。（依双方当事人以书面意见提出的于2005年11月21日进行口头审理的请求，且本案与同一日由同一合议组举行口头审理的另一无效请求案的双方当事人相同，请求人所提交的证据也基本相同）

合议组当庭将上述请求人提交的补充证据转交给被请求人，将被请求人提交的意见陈述书转交给请求人。被请求人对请求人的全部证据的真实性均无异议。请求人进一步具体指出了证据2中所开的权利要求1~2的全部技术特征。被请求人对上述的比对予以认可。

至此，合议组认为本案事实清楚，可以依法作出审查决定。

二、决定的理由

根据专利法第二十二条的规定，授予专利的发明和实用新型，应当具备新颖性、创造性和实用性。

新颖性，是指在申请日以前没有同样的发明或者实用新型在国内外出版物上公开发表过、在国内公开使用过或者以其他方式为公众所知，也没有同样的发明或者实用新型由他人向国务院专利行政部门提出过申请并且记载在申请日以后公布的专利申请文件中。

请求人提交的证据1为：上海浦东伊维燃油喷射有限公司于1999年8月31日向上海柴油机股份有限公司开具的增值税发票（NO 00287752），其上的应税劳务名称为配件（附清单），从其后所附的销货清单中可见货品名称中有“P7加强泵喷油泵总成”一项，其对应的规格型号为9400366002。由证据1能够证明：规格型号为9400366002的P7加强泵喷油泵这一产品已经在本专利申请日前公开销售。证据2包括署名为上海柴油机股份有限公司的12缸喷油装置总成（左转机）装配明细表，其中列明件号为9400366002、图纸见9400366001，在该明细表的首页印有上海柴油机厂油泵分厂小批生产的字样，其上的制订及批准日期为1994年；证据2在装配明细表之后还附有两份图纸，一是图号为9410366001，名称为12缸P7加强泵喷油泵，二是名称为P7加强泵挺柱体部件，两份图纸上也均印有上海柴油机厂油泵分厂小批生产的字样，其上的签字人及日期也与前述明细表相对应。由此，由证据1和证据2相结合能够证明在本专利申请日前公开销售的P7加强泵喷油泵产品的具体结构如证据2中的图纸所示。将两份图纸相结合，能够得到喷油泵挺柱体滚轮锁簧装置，由挺柱体、滚轮、滚轮销、锁簧组成，锁簧安装于挺柱体内侧面之外，位于滚轮一侧端面上的滚轮凹槽和滚轮销上的锁簧槽所构成的容腔内，滚轮直接安装于滚轮销上，滚轮销与滚轮、挺柱体内孔之间为滑动配合。锁簧是圆截面的开口弹性钢丝。

至此，上述证据1~2能够形成完整的证明链用于证明与本专利权利要求1~2所要求保护的技术方案相同的产品已经在本专利申请日前公开销售的事实。因此，本专利权要求1~2均不具备新颖性。

三、决定

宣告01238898.X号实用新型专利权全部无效。

当事人对本决定不服的，可以根据专利法第四十六条第二款的规定，自收到本决定之日起三个月内向北京市第一中级人民法院起诉。根据该款的规定，一方当事人起诉后，另一方当事人应当作为第三人参加诉讼。

206

矩形截面柱塞弹簧喷油泵案

无效宣告请求审查决定（第7938号）

决 定 号 第7938号
决 定 日 2005年12月21日
发明创造名称 矩形截面柱塞弹簧喷油泵
国际分类号 F02M 59/18
无效请求人 上海电装燃油喷射有限公司
专利权人 上海浦东伊维燃油喷射有限公司
专 利 号 01238896.3
申 请 日 2001年4月17日
授权公告日 2002年1月23日
参 审 员 陈 勇
主 审 员 王丽颖
合议组组长 魏 屹

法律依据 专利法第二十二条第二款
决定要点

若请求人所提供的证据能够形成完整的证明链用于证明与本专利权利要求所要求保护的技术方案相同的产品已经在本专利申请日前公开销售的事实，则本专利权利要求不具备新颖性。

一、案由

本无效宣告请求案涉及国家知识产权局专利局于2002年1月23日授权公告的01238896.3号实用新型专利权（下称本专利），名称为“矩形截面柱塞弹簧喷油泵”，申请日为2001年4月17日，专利权人为上海浦东伊维燃油喷射有限公司。

授权公告的权利要求书如下：

“1. 一种矩形截面柱塞弹簧喷油泵，由泵体、柱塞、柱塞套、出油阀偶件，油量控制套筒、柱塞弹簧、弹簧座、挺柱体、滚轮组成，其特征在于：柱塞弹簧是矩形截面钢丝螺旋弹簧。”

针对本专利权，上海电装燃油喷射有限公司（下称请求人）于2005年7月7日向专利复审委员会提出无效宣告请求，其理由是：在本专利申请日前，与本专利相同的产品就已经被公开销售过，因此本专利权利要求1不符合专利法第二十二条第二款的规定。请求人同时提交了如下证据：

证据1：上海浦东伊维燃油喷射有限公司于1999年8月31日向上海柴油机股份有限公司销售了规格型号为9400366002的P7加强泵喷油总成的增值税专用发票和销售清单的复印件；

证据2：9400366002型P7加强泵喷油泵总成图纸及柱塞弹簧图纸复印件。

请求人认为证据1、2证明早在1999年8月31日，上海浦东伊维燃油喷射有限公司就已向上海柴油机股份有限公司公开销售过规格型号为9400366002的P7加强泵喷油泵总成，这种产品与被请求人专利权利要求1中的技术特征相同。所以，被请求人专利权利要求1不具备新颖性，请求专利复审委员会宣告该实用新型专利权全部无效。

经形式审查合格后，专利复审委员会受理了上述无效宣告请求，于2005年7月7日向双方发出无效宣告请求受理通知书，并将无效请求书及其所附附件的副本转送给了专利权人（下称被请求人）。

被请求人于2005年8月12日向专利复审委员会提交了意见陈述书。被请求人认为，请求人的证据1虽是事实，但由于被请求人当时生产、销售该泵的数量都极小，而且从请求人提交的证据1也可看出，请求人也仅仅举证销售1台的事实，被请求人认为仅仅销售少量柴油泵的事实并不能否定被请求人专利的新颖性。

2005年8月6日请求人向专利复审委员会提交了本案的补充证据：

证据3：署名为上海柴油机股份有限公司的三张装配明细表复印件；

证据4：请求人和被请求人上海浦东伊维燃油喷射有限公司签订的《P7、PE型柴油喷射泵技术转让协议》的复印件。

请求人称证据3与前述证据2中署名为上海浦东伊维燃油喷射有限公司的3张装配明细表相同；证据4用于证明请求人上述图纸文件从被请求人处转让获得。

2005年10月13日，专利复审委员会本案合议组向双方当事人发出口头审理通知书，定于2005年11月21日举行口头审理；同时将请求人于2005年8月6日提交的补充证据转交给被请求人，将被请求人于2005年8月12日提交的意见陈述书转交给请求人。

口头审理如期举行。被请求人对请求人的全部证据的真实性没有异议，并称其发明创造在1994年就生产了，2001年才申请的专利，希望能保持本专利继续有效。请求人称，本专利是2001年申请的专利，从发票上可以看出是在1999年8月31日销售的本专利的产品；被请求人称，把这个产品卖给原来的专利权人（上海柴油机股份有限公司）是一个事实。请求人进一步具体指出了证据2中所开的权利要求1的全部技术特征。被请求人对上述的比对予以认可。

至此，合议组认为本案事实清楚，可以依法作出审查决定。

二、决定的理由

根据专利法第二十二条第一款、第二款的规定，授予专利的发明和实用新型，应当具备新颖性、创造性和实用性。新颖性，是指在申请日以前没有同样的发明或者实用新型在国内外出版物上公开发表过、在国内公开使用过或者以其他方式为公众所知，也没有同样的发明或者实用新型由他人向国务院专利行政部门提出过申请并且记载在申请日以后公布的专利申请文件中。

请求人提交的证据1为：上海浦东伊维燃油喷射有限公司于1999年8月31日向上海柴油机股份有限公司开具的增值税发票（NO 00287752），其上的应税劳务名称为配件（附清单），从其后所附的销货清单中可见货品名称中有“P7加强泵喷油泵总成”一项，其对应的规格型号为9400366002。由证据1能够证明：规格型号为9400366002的P7加强泵喷油泵这一产品已经在本专利申请日前公开销售。证据2包括署名为上海柴油机股份有限公司的12缸喷油装置总成（左转机）装配明细表，其中列明件号为9400366002、图纸见9400366001，在该明细表的首页印有上海柴油机厂油泵分厂小批生产的字样，其上的制订及批准日期为1994年；证据2在装配明细表之后还附有两份图纸，一是图号为9410366001，名称为12缸P7加强泵喷油泵，二是名称为P7加强泵柱塞弹簧，两份图纸上也均印有上海柴油机厂油泵分厂小批生产的字样，其上的签字人及日期也与前述明细表相对应。由此，由证据1和证据2相结合能够证明在本专利申请日前公开销售的P7加强泵喷油泵产品的具体结构如证据2中的图纸所示。从第一份图纸中能够得出所述喷油泵由泵体、柱塞、柱塞套、出油阀偶件，油量控制套筒、柱塞弹簧、弹簧座、挺柱体、滚轮组成；从第二份图纸中能够得出所述柱塞弹簧是矩形截面钢丝螺旋弹簧。

至此，上述证据 1 ~2 能够形成完整的证明链用于证明与本专利权利要求 1 所要求保护的技术方案相同的产品已经在本专利申请日前公开销售的事实。因此，本专利权要求 1 不具备新颖性。

三、决定

宣告 01238896.3 号实用新型专利权全部无效。

当事人对本决定不服的，可以根据专利法第四十六条第二款的规定，自收到本决定之日起三个月内向北京市第一中级人民法院起诉。根据该款的规定，一方当事人起诉后，另一方当事人应当作为第三人参加诉讼。

一种永磁吸盘案

无效宣告请求审查决定（第7939号）

决 定 号 第7939号
决 定 日 2005年12月21日
发明创造名称 一种永磁吸盘
国 际 分 类 号 B23Q 3/15
第一无效请求人 骆春秋
第二无效请求人 吕金来
专 利 权 人 徐义峰 李 钢
专 利 号 03214433.4
申 请 日 2003年1月8日
授 权 公 告 日 2004年2月25日
合 议 组 组 长 魏 屹
主 审 员 王丽颖
参 审 员 宋鸣镝

法 律 依 据 专利法第二十二条第二款、第三款
决 定 要 点

本专利权利要求所限定的技术方案与现有技术公开的技术方案之间存在区别技术特征，而该区别技术特征属于本领域技术人员根据设计需要的一种常规选择，故该项权利要求不具备创造性。

一、案由

本无效宣告请求案涉及国家知识产权局专利局于2004年2月25日授权公告的03214433.4号实用新型专利权（下称本专利），名称为“一种永磁吸盘”，申请日为2003年1月8日，专利权人为徐义峰、李钢。

授权公告的权利要求书如下：

“1. 一种永磁吸盘，包括底座，面板组件，由定磁板、动磁板及磁钢块构成的磁源组件，可使动磁板作相对平移的操纵机构，其特征在于：操纵机构由与手柄相连的齿轮转轴及与齿轮转轴做传动配合的齿条滑块构成，磁钢块安装在由不锈钢板通过线切割制作的定磁板、动磁板上。

2. 根据权利要求1所述的一种永磁吸盘，其特征在于：不锈钢板的厚度以2毫米为优选。

3. 根据权利要求1所述的一种永磁吸盘，其特征在于：磁钢块纵向间距以18毫米为优选。”

针对本专利权，骆春秋（下称第一请求人）于2005年8月18日向专利复审委员会提出无效宣告请求，请求宣告本专利全部无效，其理由是本专利权利要求1～3不具备新颖性、创造性和实用性。第一请求人同时提交了如下证据：

证据1（下称对比文件1）：ZL01260372.4实用新型专利说明书，授权公告日为2002年8月

14 日；

证据2（下称对比文件2）：ZL91104376 发明专利说明书，授权公告日为1993 年9 月22 日；

证据3（下称对比文件3）：ZL02217707.8 实用新型专利说明书，授权公告日为2003 年3 月19 日。

第一请求人认为，权利要求1 与对比文件1 相比，除齿轮转轴与齿条做传动配合的结构外，其余结构全部被对比文件1 公开。然而用齿轮轴与齿条做传动配合并通过手柄带动齿轮轴转动从而使动磁板移动的结构替代通过手柄带动偏心轮转动从而使动磁板移动的结构，对于本领域技术人员来说是显而易见的，且该区别特征也在对比文件2 和对比文件3 中完全公开。因此，权利要求1 不具备新颖性和创造性。权利要求2 对不锈钢板厚度的限定是本领域中的常识性内容，也不具备创造性；不论是以底座的长度方向为纵向还是以底座的宽度方向为纵向，权利要求3 中磁钢块的纵向间距为18 毫米不具备实用性。

经形式审查合格后，专利复审委员会受理了上述无效宣告请求，并于2005 年8 月18 日将无效宣告请求书及其所附附件的副本转送给了专利权人（下称被请求人）。

被请求人于2005 年9 月23 日提交了书面意见，意见包括以下几方面内容：（1）采用齿轮转轴带动齿条滑块从而驱动动磁板相对定磁板作相对平移，其机械加工较简单，且传动轻便、灵活、可靠；（2）本专利申请日前，市场上的永磁吸盘所用的磁钢厚度大都在4 ~5mm 厚，而本专利采用的不锈钢板为2mm 厚；（3）本专利中采用的磁钢块的纵向间距为18mm，这是由所设计的齿轮转轴的齿数和模数所决定的。即旋转齿轮转轴180 度，则齿条滑块推动动磁板相对定磁板移动18mm，从而使磁盘处于工作状态和退磁状态。由于采用了磁钢块的纵向间距为18mm，使吸盘的吸力的均匀性和吸力大大提高了。综上，本专利具备新颖性、创造性和实用性。

针对本专利权，吕金来（第二请求人）于2005 年8 月18 日向专利复审委员会提出无效宣告请求，其无效理由及所依据的证据与第一请求人完全相同。

经形式审查合格后，专利复审委员会受理了上述无效宣告请求，并于2005 年8 月18 日将无效宣告请求书及其所附附件的副本转送给了专利权人（下称被请求人）。

根据审查指南第四部分第三章第3.5 节审查原则的相关规定，合议组决定对上述两个无效宣告请求合案审理，并于2005 年10 月13 日发出了口头审理通知书，定于2005 年11 月16 日在专利复审委员会举行口头审理，并将被请求人于2005 年9 月23 日提交的书面意见转交给请求人（由于第一请求人和第二请求人所提无效理由及证据均相同，委托的代理人相同，故下面将该两个请求人简称为请求人）。

口头审理如期举行。请求人和被请求人均参加了口头审理。

请求人声明放弃对比文件3，仅以对比文件1 和对比文件2 来评述本专利权利要求1 ~3 的新颖性和创造性。请求人声明放弃权利要求3 不具备实用性的无效理由。认为权利要求1 相对于对比文件1 不具备新颖性；权利要求1 相对于对比文件1 和对比文件2 的结合不具备创造性，权利要求2、3 的附件技术特征为公知常识，因而权利要求2 ~3 也不具备创造性。

被请求人解释权利要求3 中的“磁钢块纵向间距”是指相邻磁钢块的中心距。并对本专利权利要求1 具备新颖性、权利要求1 ~3 具备创造性进行了充分的意见陈述，并提交了口头审理意见陈述书面材料。

在上述程序的基础上，合议组认为本案事实已经清楚，可以依法作出审查决定。

二、决定的理由

1. 证据认定

请求人所使用的证据，即对比文件1 和对比文件2，为两份专利文献，合议组经核实后，对其真实性予以确认，且该两份专利文献的公开日均在本专利申请日之前，因此均可以作为对比文件来评价本专利的新颖性和创造性。

2. 关于权利要求 1 的新颖性

根据专利法第二十二条第二款的规定，新颖性是指在申请日以前没有同样的发明或者实用新型在国内外出版物上公开发表过、在国内公开使用过或者以其他方式为公众所知，也没有同样的发明或者实用新型由他人向国务院专利行政部门提出过申请并且记载在申请日以后公布的专利申请文件中。

对比文件 1 公开了一种薄型永磁吸盘（见对比文件说明书第 2 页第 3 ~ 13 行及说明书附图），该永磁吸盘由面板组件、磁源组件、底座和操纵机构组成。磁源组件包括动磁板、定磁板和安装在动磁板和定磁板上的磁钢块，操纵机构由安装在底座上的双偏心转轴、滑块和手柄组成；扳动手柄，双偏心转轴通过滑块驱动动磁板相对定磁板作平移离合，从而使吸盘处于工作和关闭状态。将权利要求 1 与对比文件 1 相比较，其区别在于：其一，权利要求 1 的操纵机构采用的是齿轮转轴与齿条滑块作传动配合的结构，而对比文件 1 中操纵机构是双偏心转轴与滑块作传动配合的结构；其二，权利要求 1 是由不锈钢板通过线切割制作的定磁板、动磁板，而对比文件 1 中未公开利用线切割制作定磁板、动磁板这一方法。可见，权利要求 1 与对比文件 1 的技术方案不同。因此，权利要求 1 具备新颖性。

3. 关于权利要求 1 ~ 3 的创造性

根据专利法第二十二条第三款的规定，创造性是指同申请日以前已有的技术相比，该实用新型有实质性特点和进步。

本专利权利要求 1 与对比文件 1 相比存在两个区别技术特征，即其一，权利要求 1 的操纵机构采用的是齿轮转轴与齿条滑块作传动配合的结构，而对比文件 1 中操纵机构是双偏心转轴与滑块作传动配合的结构；其二，权利要求 1 是由不锈钢板通过线切割制作的定磁板、动磁板，而对比文件 1 中未公开利用线切割制作定磁板、动磁板这一方法。

对比文件 2 中也公开了一种永磁吸盘，并公开了“使部分磁体移动的传动机构和操作部件由齿条、齿轮、传动轴，操作手柄组成。”这一技术方案。可见，上述区别特征“操纵机构采用的是齿轮转轴与齿条滑块作传动配合的结构”已在对比文件 2 中公开；而对于“通过线切割制作的定磁板、动磁板”这一区别特征，由于用线切割制作并未使定磁板、动磁板的宏观形状、宏观构造发生变化，因此该区别特征属于审查指南第六章第 2. 1 节中规定的实用新型创造性审查中不予考虑的技术特征。因此，对于本领域技术人员来说，将对比文件 1 与对比文件 2 结合从而得到权利要求 1 所要求保护的技术方案是显而易见的。本专利权利要求 1 不具备创造性。至于被请求人所强调的由于采用了“齿轮转轴与齿条滑块作传动配合的结构”而使钢板的厚度变小的技术效果，实际上是由于采用这种结构本身所带来的必然效果。

权利要求 2 的限定部分的技术特征是“不锈钢板的厚度以 2 毫米为优选”，权利要求 3 的限定部分的技术特征是“磁钢块纵向间距以 18 毫米为优选”。合议组认为，对于上述权利要求 2 ~ 3 限定部分的技术特征属于本领域技术人员根据设计需要的一种常规选择，因此在其引用的权利要求 1 不具备创造性时，从属于权利要求 1 的权利要求 2 ~ 3 也不具备创造性。

综上所述，本专利权利要求 1 ~ 3 均不具备专利法第二十二条第三款规定的创造性。

三、决定

宣告 03214433. 4 号实用新型专利权全部无效。

当事人对本决定不服的，可以根据专利法第四十六条第二款的规定，自收到本决定之日起三个月内向北京市第一中级人民法院起诉。根据该款的规定，一方当事人起诉后，另一方当事人应当作为第三人参加诉讼。

榨螺案

无效宣告请求审查决定（第7962号）

决　定　号　第7962号
决　定　日　2005年12月23日
发明创造名称　榨螺
国际分类号　B30B 15/00
第一无效请求人　公安县公发粮食机械厂
第二无效请求人　王庆喻
专　利　权　人　公安县公乐粮油机械有限公司
专　利　号　01273526.4
申　请　日　2001年12月26日
授权公告日　2003年1月15日
合议组组长　黄玉平
主　审　员　魏屹
参　审　员　宋鸣镝

法律依据　专利法第二十二条第二款、第三款
决定要点

证据8和证据5相互印证，可以证明湖北公乐粮油机械股份有限公司生产的YZYX85-3型螺旋榨油机在本专利申请日之前已在国内公开使用，并且在该YZYX85-3型螺旋榨油机中使用的7号榨螺结构与本专利权利要求1所限定的技术方案相同，即可以证明结构与本专利权利要求1所限定的技术方案相同的产品已在本专利申请日之前在国内公开使用。因此本专利权利要求1所限定的技术方案不具备新颖性，不符合专利法第二十二条第二款的规定。

一、案由

本无效宣告请求案涉及的是专利号为01273526.4、名称为"榨螺"的实用新型专利，该专利申请日为2001年12月26日，授权公告日为2003年1月15日，专利权人为公安县公乐粮油机械有限公司。

该专利授权公告时的权利要求书如下：

"1. 一种榨螺，它由榨螺本体1、螺纹肋7、内孔6及键槽8组成，其特征在于：榨螺本体1的外表面为一圆锥面，在圆锥面上附着有螺纹肋7，榨螺本体1的中心制有内孔6，内孔6上开有键槽8，螺纹肋7的直径为80mm，内孔6的直径为42mm，端面3的直径为73mm，端面2的直径为80mm，端面2、3的间距为60mm，螺纹肋7端面4、5的间距为42mm。"

针对上述专利权（下称本专利），公安县公发粮食机械厂（下称第一请求人）于2004年5月11日向专利复审委员会提出了无效宣告请求。其理由是本专利不符合专利法第二十二条第二款、第三款关于新颖性和创造性的规定，请求专利复审委员会宣告本专利全部无效，第一请求人同时提交了以下证据：

证据1－1：YZYX85－3螺旋榨油机的铭牌的复印件1页；

证据1－2：张月浩出具的证言的复印件；

证据1－3：销货发票的复印件3张；

证据1－4：荣誉证书复印件1页；

证据1－5：湖北省农机产品质量监督检验站出具的检验报告的复印件6页。

第一请求人在无效宣告请求书中的主要观点是：本专利所涉及的榨螺已用在湖北省公安县粮食机械厂生产的YZYX85－3螺旋榨油机中，而YZYX85－3螺旋榨油机已在本专利申请日之前在国内公开使用，因此本专利不具备新颖性和创造性。

经审查，上述无效宣告请求符合专利法及其实施细则规定的形式要求，专利复审委员会于2004年8月24日予以受理并将专利权无效宣告请求书及所附证据材料的副本转送给专利权人，并成立合议组对此案进行审查。

专利权人公安县公乐粮油机械有限公司（下称被请求人）于2004年9月18日针对上述无效宣告请求进行了意见陈述，被请求人认为，第一请求人提供的所有证据都不能破坏本专利的新颖性和创造性，要求专利复审委员会作出维持专利权有效的决定。

合议组于2005年2月4日向双方当事人发出口头审理通知书，定于2005年3月15日下午14时在专利复审委员会第六口审厅进行口头审理，并在发出口头审理通知书的同时将被请求人于2004年9月18日提交的意见陈述书转送给第一请求人。

口头审理如期进行，第一请求人和被请求人均参加了口头审理。在口头审理过程中，双方当事人对对方出庭人员的身份和资格无异议，对合议组成员无回避请求。第一请求人当庭放弃证据1－4，并出示了证据1－2、1－3、1－5的原件。合议组当庭告知第一请求人，由于没有提供证据1－1的原件，而无法认定其真实性，故对证据1－1不予采信。被请求人对于第一请求人提供的原件与复印件相符无异议，被请求人对证据1－2的真实性有异议，对证据1－3和证据1－5的真实性无异议。在口审过程中，双方当事人对各自的观点进行了充分论述。

被请求人于2005年3月31日提交了意见陈述书，被请求人坚持其在口审时提出的意见，认为第一请求人提交的证据不能影响本专利的新颖性和创造性。

针对本专利，王庆喻（下称第二请求人）于2005年1月25日向专利复审委员会提出了无效宣告请求，其理由是本专利不符合专利法第二十二条第二款、第三款关于新颖性和创造性的规定，请求专利复审委员会宣告本专利全部无效。第二请求人同时提交了以下证据：

证据2－1：湖北省农机产品质量监督检验站出具的检验报告的复印件6页（同证据1－5）；

证据2－2：罗孟伟出具的证言复印件2页；

证据2－3：湖北省荆州市公证处出具的（2003）荆公证字第36号公证书的复印件；

证据2－4：湖北省公安县公证处出具的（2003）公证字第198号公证书的复印件；

证据2－5：湖北公乐粮油机械股份有限公司的产品批发价格表的复印件9页；

证据2－6：公乐牌YZYX70、85、90、95、10型系列螺旋榨油机的使用说明书的复印件7页；

证据2－7：湖北省农业机械化管理办公室颁发的《农业机械推广许可证书》的复印件1页；

证据2－8：YZYX70、85、90等型号榨油机销货发票复印件共7页；

证据2－9：王海强1999年12月31日购买的YZYX85－3型发票复印件1页；

证据2－10：原公安县粮食机械厂部分职工的证言的复印件1页。

第二请求人在无效宣告请求书中的主要观点是：本专利所涉及的榨螺已用在湖北省公安县粮食机械厂生产的YZYX85－3螺旋榨油机中，而YZYX85－3螺旋榨油机已在本专利申请日之前在国内公开使用，因此本专利不具备新颖性和创造性。

经审查，上述无效宣告请求符合专利法及其实施细则规定的形式要求，专利复审委员会于2005年3月2日予以受理并将专利权无效宣告请求书及所附证据材料的副本转送给被请求人。

合议组于2005年10月7日向双方当事人发出口头审理通知书，定于2005年12月7日在专利复审委员会进行口头审理。

针对本专利，第二请求人于2005年6月8日再次向专利复审委员会提出了无效宣告请求，其理由是本专利不符合专利法第二十二条第二款、第三款关于新颖性和创造性的规定，请求专利复审委员会宣告本专利权全部无效，同时提交了以下证据：

证据3－1：公乐牌YZYX70、85、90、95、10型系列螺旋榨油机的使用说明书（封面印有省级先进企业）的复印件3页；

证据3－2：湖北公乐粮油机械股份有限公司的产品批发价格表的复印件5页；

证据3－3：湖北省农业机械化管理办公室颁发的《农业机械推广许可证书》的复印件1页（同证据2－7）；

证据3－4：湖北省农业机械鉴定站出具的编号为HT2001B103的农业机械推广鉴定报告的复印件8页；

证据3－5：河南省新野县公证处出具的（2005）新证民字第33号公证书的复印件；

证据3－6：湖北省公安县公证处出具的（2003）公证字第198号公证书的复印件（同证据2－4）；

证据3－7：湖北省荆州市公证处出具的（2003）荆公证字第36号公证书的复印件（同证据2－3）；

证据3－8：河南省新野县公证处出具的（2005）新证民字第36号公证书的复印件。

第二请求人在无效宣告请求书中的主要观点是：本专利所涉及的榨螺已用在湖北省公安县粮食机械厂生产的YZYX85－3螺旋榨油机中，而YZYX85－3螺旋榨油机已在本专利申请日之前在国内公开使用，因此本专利不具备新颖性和创造性。

经审查，上述无效宣告请求符合专利法及其实施细则规定的形式要求，专利复审委员会于2005年6月23日予以受理并将专利权无效宣告请求书及所附证据材料的副本转送给专利权人。

被请求人于2005年8月4日针对上述无效宣告请求进行了意见陈述，被请求人认为：第二请求人提供的所有证据都不能破坏本专利的新颖性和创造性，要求专利复审委员会作出维持专利权有效的决定。

合议组根据合案审查原则于2005年10月17日向双方当事人发出口头审理通知书，定于2005年12月7日在专利复审委员会与第二请求人于2005年1月25日提出的无效宣告请求一并进行口头审理，并在发出口头审理通知书的同时将被请求人于2005年8月4日提交的意见陈述书转送给第二请求人。

口头审理如期进行，第二请求人和被请求人均参加了口头审理。在口头审理过程中，合议组当庭告知双方当事人根据合案审查原则对第二请求人于2005年1月25日提出的无效宣告请求和于2005年6月8日提出的无效宣告请求进行合案审查。双方当事人对对方出庭人员的身份和资格无异议，对合议组成员无回避请求。第二请求人明确其无效宣告请求的理由为本专利不符合专利法第二十二条第二款的规定。第二请求人当庭对其两次提交的证据重新进行了编号，保留其中12份证据，其余证据放弃，这12份证据分别是：证据1：公乐牌YZYX70、85、90、95、10型系列螺旋榨油机的使用说明书（封面印有省级先进企业）的复印件3页；证据2：湖北公乐粮油机械股份有限公司的产品批发价格表的复印件5页；证据3：湖北省农业机械化管理办公室颁发的《农业机械推广许可证书》的复印件1页；证据4：湖北省农业机械鉴定站出具的编号为HT2001B103的农业机械推广鉴定报告的复印件8页；证据5：河南省新野县公证处出具的（2005）新证民字第33号公证书的复印件；证据6：湖北省公安县公证处出具的（2003）公证字第198号公证书的复印件；证据7：湖北省荆州市公证处出具的（2003）荆公证字第36号公证书的复印件；证据8：河南省新野县公证处出具的（2005）新证民字第36号公证书的复印件；证据9：罗孟伟出具的证言复印件2页；证据10：85型产品的两张销售发票的复印件（No. 0015338以及No. 0000062）；证据11：原公安县粮食机械厂部分职工的证言的复印件1页；证据12：公乐牌YZYX70、85、90、95、10型系列螺旋榨油机的使用说明书的复印件7页。

第二请求人当庭出示了证据1、2、5、6、8、9、10、11、12的原件。被请求人对证据1、2、5~12的真实性无异议，对证据3、4的真实性有异议。第二请求人认为证据12、1、4、5、8用于证明榨螺的结构，证据2、6、7、9、10、11用于证明包含本专利的产品在本专利申请日之前公开销售。

被请求人认为：YZYX85型螺旋榨油机中的7号榨螺的结构基本相同，但尺寸不同。罗孟伟以及作为原公安县粮食机械厂部分职工代表的欧阳代伟出庭作证，并接受了合议组和被请求人的询问。在口头审理过程中，双方当事人对各自的观点进行了充分论述。

至此，合议组经过合议，认为涉及本案的有关事实已经清楚，可以作出本审查决定。

二、决定的理由

合议组根据审查指南第四部分第三章第3.5节关于合案审查原则的规定对第一请求人和第二请求人针对本专利分别提出的无效宣告请求进行合案审查。

1. 关于证据的认定

被请求人对第二请求人提交的证据1、2、5~12的真实性无异议，合议组对证据1、2、5~12予以接受。第二请求人未出示证据3和证据4的原件，被请求人对证据3和证据4的真实性提出异议，合议组无法确认证据3和证据4的真实性，对于证据3和证据4不予接受。

2. 关于专利法第二十二条第二款

专利法第二十二条第二款规定：新颖性是指在申请日以前没有同样的发明或者实用新型在国内外出版物上公开发表过、在国内公开使用过或者以其他方式为公众所知，也没有同样的发明或者实用新型由他人向国务院专利行政部门提出过申请并且记载在申请日以后公布的专利申请文件中。

证据8是河南省新野县公证处出具的（2005）新证民字第36号公证书，该公证书涉及以下事实：新野县公证处公证人员翁西国、李富收以及湖北省农机产品质量监督检验站检验员夏世荣等人于2005年3月28日在新野县城关镇朝阳路南段菜市场对罗孟伟于2000年购买的由湖北公乐粮油机械股份有限公司生产的YZYX85－3型螺旋榨油机进行了现场检验和拍照。该公证书包括现场工作记录一份、现场拍摄的照片8张、罗孟伟于2000年4月20日与湖北公乐粮油机械股份有限公司签订的2000－10第25号订货合同的复印件以及购货发票的复印件。该公证书还证明了上述订货合同的复印件以及购货发票的复印件与原件相符。通过该公证书可以证明，湖北公乐粮油机械股份有限公司生产的YZYX85－3型螺旋榨油机在本专利申请日之前已在国内公开使用。

证据5是河南省新野县公证处出具的（2005）新证民字第33号公证书。该公证书对湖北省农机产品质量监督检验站出具的No. H2005B011检验报告进行了公证。No. H2005B011检验报告所涉及的事实如下：湖北省农机产品质量监督检验站受公安县公发粮食机械厂的委托，在河南省新野县公证处公证人员翁西国、李富收两位公证员现场公证的情况下，对河南省新野县城关镇朝阳路南段菜市场罗孟伟购买的YZYX85－3型螺旋榨油机内的7号榨螺进行了现场测绘，并制作了现场测绘图。该检验报告的取样日期为2005年3月28日，检验员为夏世荣等，取样地点为河南省新野县城关镇朝阳路南段菜市场。在检验报告中的关于YZYX85-3型螺旋榨油机内的7号榨螺的现场测绘图中可以看出，该榨螺包括榨螺本体、螺纹肋、内孔及键槽，榨螺本体的外表面为一圆锥面，在圆锥面上附着有螺纹肋，榨螺本体的中心制有内孔，内孔上开有键槽，螺纹肋的直径为79.20mm，内孔的直径为42.40mm，端面的直径为72.6mm，另一端面的直径为79.64mm，两个端面之间的间距为60.20mm，螺纹肋的端面之间的间距为41.20mm，其构造与本专利权利要求1所限定的技术方案相同。

证据8和证据5相互印证，可以证明湖北公乐粮油机械股份有限公司生产的YZYX85-3型螺旋榨油机在本专利申请日之前已在国内公开使用，并且在该YZYX85-3型螺旋榨油机中使用的7号榨螺结构与本专利权利要求1所限定的技术方案相同，即可以证明结构与本专利权利要求1所限定的技术方案相同的产品已在本专利申请日之前在国内公开使用，因此本专利权利要求1所限定的技术方案不具备新颖性，不符合专利法第二十二条第二款的规定。

三、决定

宣告01273526.4号实用新型专利权全部无效。

当事人对本决定不服的，可以根据专利法第四十六条第二款的规定，自收到本决定之日起三个月内向北京第一中级人民法院起诉。根据该款的规定，一方当事人起诉后，另一方当事人应当作为第三人参加起诉。